上海交通大學
百年报刊集成

第一辑（1896—1949）
学 术 学 科

经管卷（第一册）

上海交通大学
档案文博管理中心 编

内容提要

《上海交通大学百年报刊集成·第一辑（1896—1949）·学术学科》是上海交通大学“双一流”校园文化建设专项“交通大学百年报刊搜集整理、影印出版和数字化工程”第一期成果。本丛书第一期共22册，依照学科属性分为六卷：《综合卷》《工程卷》《理学卷》《经管卷》《研究所专刊卷》《国文卷》。

本卷收录民国时期交通大学经济、管理类学术期刊十种，分别是《经济学报》《经济周刊》《经济论丛》《交通管理学院院刊》《交大经济》《管理》《交通大学实业管理学会会刊》《运输管理学报》《工业管理年刊》《工业管理通讯》，按创刊时间先后与期刊属性，编为五册。这些期刊不仅反映了交通大学早期经济、管理学科的发展脉络与代表性学人的经典成果，而且矢志将谋求学术昌明、实业振兴与国富民强紧密结合，彰显出强烈的“匡时济世”情怀与服务民生之精神。

本卷期刊既是交通大学经济、管理类学科学术史研究的重要文献，又有助于中国近现代工业史、工程史、经济史等领域的学术研究，具有较高的史料价值。

图书在版编目（CIP）数据

上海交通大学百年报刊集成．第一辑：1896—1949．学术学科·经管卷 / 上海交通大学档案文博管理中心编；胡端主编．—上海：上海交通大学出版社，2022.3

ISBN 978-7-313-25832-8

Ⅰ．①上… Ⅱ．①上… ②胡… Ⅲ．①上海交通大学—经济管理—学术期刊—汇编—1896-1949 Ⅳ．① Z62

中国版本图书馆 CIP 数据核字（2021）第 222092 号

上海交通大学百年报刊集成•第一辑（1896—1949）•学术学科•经管卷

SHANGHAI JIAOTONG DAXUE BAINIAN BAOKAN JICHENG · DI-YI JI（1896—1949）· XUESHU XUEKE · JINGGUAN JUAN

编　　者：上海交通大学档案文博管理中心

主　　编：胡　端

出版发行：上海交通大学出版社　　地　　址：上海市番禺路951号

邮政编码：200030　　电　　话：021-52717969

印　　制：上海雅昌艺术印刷有限公司　　经　　销：全国新华书店

开　　本：787mm×1092mm　1/16　　总 印 张：281.25

字　　数：5 203千字

版　　次：2022年3月第1版　　印　　次：2022年3月第1次印刷

书　　号：ISBN 978-7-313-25832-8

定　　价（共五册）：4 998.00元

《上海交通大学百年报刊集成》编纂委员会

主　　任： 杨振斌　林忠钦

成　　员：（按姓氏笔画排序）

丁奎岭　万晓玲　王伟明　王宗光　毛杏云　李新碗　张安胜

张　凯　胡　昊　顾　锋　钱天东　奚立峰　徐学敏　谈　毅

《上海交通大学百年报刊集成·第一辑（1896—1949）·学术学科》编纂组

总 主 编： 张安胜

副总主编： 胡　昊　欧七斤　胡　端

组　　员：（按姓氏笔画排序）

叶　璐　朱　恺　孙　萍　何　菲　欧七斤　胡凤华　胡　端

许雯倩　曹灵钰　章玲苓　漆姚敏

本卷主编： 胡　端

总序一

盛世修史，懿年纂志。在上海交通大学建校126周年之际，学校“双一流”校园文化建设专项“交通大学百年报刊搜集整理、影印出版和数字化工程”第一期成果《上海交通大学百年报刊集成·第一辑（1896—1949）·学术学科》正式出版发行，实为学校一以贯之地实施“文化引领”战略的一项重要成果。

《上海交通大学百年报刊集成》由学校档案文博管理中心组织整理、编纂。此套“学术学科”类丛书共计22分册，荟萃了49种期刊，近两千万字的宏大体量，依照学科属性，分为六卷：综合卷、工程卷、理学卷、经管卷、研究所专刊卷和国文卷，是新中国成立前交通大学学术期刊首次集成与影印出版，并建成可供检索和全文阅读的电子数据库，这对增强上海交大“双一流”建设的文化底蕴，提升学校文化软实力，具有重要的历史价值和现实意义。

作为一所深具厚重历史底蕴并以“理工见长、工文并重”著称的高等学府，交通大学在百年办学历史上创办刊行了数量极为可观的报纸、期刊。据不完全统计，仅新中国成立前就有155种，体量庞大，内容宏富，大致囊括学术学科、新闻资讯、文体社团、年报一览、毕业专刊、校友通讯、特别专刊七大类。从办刊水准而言，由于交通大学在中国高等教育史与科学技术史上具有非同寻常的代表性，且地处通商巨埠上海，得风气之先，领思潮之新，其所创办的报刊很大程度上构筑了20世纪上半叶我国高校科技文化报刊的顶端平台，并以其示范作用和诸多创新引领了同期其他大学办刊办报的发展方向。从内容而言，这些报刊不仅是交大百年演进历程与发展脉络最原始、最全景式的真实记录，而且涉及内容之广，视野之阔，远远超出“一校之史”的范畴，举凡我国近代经济、工程、科技、教育、文化、思想状况，无所不包，巨细兼收，是研究中国近现代科技史、经济史、政治史、教育史、学术史、社会史值得深挖细掘的一座富矿，洋溢着充沛的学术生命力，更是一份颇为珍贵的大学文化遗产。

长期以来，这批报刊资源养在高校“深闺”，对外开放程度不高，主动公布更是少见，严重制约着中外学术界以及交大师生校友对它们的研究与利用，更不利于百年交大历史文化遗产的传承与发扬。鉴于其重要史料价值与现实意义，学校档案文博管理中心以“交通大学百年报刊搜集整理、影印出版和数字化工程”为题，申报了2018—2020年上海交通大学“双一流”建设校园文化类项目，成功获得立项。该项目旨在全面搜集整理并影印出版上海交通大学1896—1949年公开刊印的各类期刊、报纸等出版文献，并建成可供校内外检索利用的数据库。此次影印出版的“学术学科”丛书，就是该项目的第一期成果。

翻阅这套大部头的报刊集成，大量校内外名家名师的高水平学术成果赫然在列，一批早期外国科学家与工程师的中译本文章也出现在其中，涉及的学人与学术成果不少都是各学科极具知名度的。例如，茅以升的钱塘江桥设计与施工研究，淩鸿勋的中国铁路研究，徐名材的化工教育研究，张廷金的无线电研究，赵祖康的公路交通研究，沈奏廷的铁道管理研究，辛一心的船海研究，顾澄的数学研究，陈柱的中国文学研究，马寅初的财政金融研究，杜定友的图书馆学研究，等等，不胜枚举。这些文章阐发宏论，探赜发微，各擅胜场，所阐述的问题除了具有较强的专业性外，还直指国计民生，关注社会生产力发展，深具交大“求实学、务实业”的优良学风，绝非躲在象牙塔内闭门造车式的学问。从中既可以了解交大前辈学人的学术气派，也可以吸收有益的治学经验，还能为新一代学人提供真实的历史借鉴，避免或减少不必要的曲折，更加稳健地走好自己的学术创新之路。

更激励人心的是，这些历史报刊中所反映的代表性学人、学科与学术成果的辉煌，正是如今建设交大“一流学科”历史必然性的坚实印证。在2017年上海交通大学入选国家“双一流”学科建设名单的17个学科中，船舶与海洋、数学、机械、土木、化工、电子电气、商业与管理等多个学科，历史上都办有专门的学术刊物，如《交大工程》《交大电机》《交大机械》《交大土木》《交大造船》《科学通讯》《震光数理》《管理》《经济学报》等等，这充分显示出厚重的学科积淀和清晰的学术传承。整理出版这些期刊，不仅是对交大先贤学术成就的致敬与礼赞，更增强了新时代交大人扎根中国大地，建设世界一流大学的底气与自信。

正所谓：“其作始也简，其将毕也必钜”。校史史料文献的收集整理与出版是一个永远在路上的文化工程，只有起点，没有终点。《上海交通大学百年报刊集成·第一辑（1896—1949）·学术学科》的出版仅仅是良好的开端，更多的后续成果将会陆续呈现，由此产生的整体效应必将发挥更大的存史、资政、育人效果，不仅为交通大学126年的成长留下真实写照，有利于我们深刻理解认识交大优良传统和优秀文化，而且更能提升大学文化软实力和影响力，凝聚起建设中国特色世界一流大学的最大向心力和最强精神动力。

是为序。

杨振斌　　林忠钦

上海交通大学党委书记　　上海交通大学校长

2022年1月

总序二

以《遐迩贯珍》(*Chinese Serial*)改名《六合丛谈》(*Shanghae Serial*),于清咸丰七年(1857)迁上海出版为标志,表明上海取代香港成为我国近代最大的商埠。同时,上海也逐渐发展成为我国最大的经济中心、最大的工业基地和国内外贸易中心,以及全国出版中心。同时,上海也是1949年以前我国高等学校最为集中的城市,在1947年达最高年份,高校总数为36所,并出版我国最早的文理综合性大学学报《约翰声》(*The St.John's University Echo*)等303种期刊。① 其中,清光绪二十二年(1896)由南洋公学发展而来的交通大学,于清光绪二十九年(1903)相继创刊《童子世界》(*The Childen' s World*)等75种期刊。

看历史比看未来要更为清楚,研究高校期刊不仅可知高等教育的过去,还可预知高等教育的未来。在学校"双一流"校园文化建设专项立项资助的背景下,上海交通大学的同仁全力开展"交通大学百年报刊搜集整理、影印出版和数字化工程"工作,实为功在当代、利在千秋之举。作为一位有着40余年编龄的期刊工作者和期刊研究爱好者,很乐意与大家分享我所了解的交通大学百年报刊史。

(一)

创刊于清光绪二十九年(1903)4月6日的《童子世界》(*The Childen' s World*)旬刊是晚清时期交通大学的代表性期刊,迄今已有118年的悠久历史。

甲午以还,忧国之士深感教育在培植治国兴邦之才方面的重要作用,遂有废科举、兴学堂之举。为求弥补西学师资不足的状况,也为求辅助课堂教学,晚清学堂或成立译书院,或订阅大量报刊,或自己创办期刊,作为日课,组织学子阅读学习。由此,确立了报刊在近世学堂中"何能舍此"的重要地位,成为清季所倡"研究""广育""报章"学务三端

① 姚远:《中国大学科技期刊史》,陕西师范大学出版社,1997,第167—190页。

之一。[①]

南洋公学亦于光绪二十四年(1898)成立译书院,“诹访通材,博求善本,数月之间,略之端绪”,并逐渐形成“先章程而后议论”“审流别而定宗旨”“正文字以一耳目”“选课本以便教育”等编辑原则,逐步翻译出版各国有关政治、历史、科技的书籍。以我国出版界前辈张元济为主持者(1899—1903年任主事),译述新学书籍。在其短暂的四五年存在期间,译书院曾出版了严复译述的《支那教案论》和《原富》(现通译《国富论》,[英]亚当·斯密所著)等30余种。光绪二十七年(1901)11月,张元济创办《外交报》旬刊,由商务印书馆代印出版。该刊从光绪二十七年(1901)至宣统二年(1911)1月共出300期,连续刊行10年。在翻译出版西书的同时,公学也出版了一些学生的国文习作。如光绪三十年(1904)印行的4卷本《南洋公学课文汇选》,即系南洋公学创办者盛宣怀、代总办张美翊在料检课文时,发现毕业生的课文,宗旨端正,词义渊雅,遂将其“汇为一编”。之后,又有1914年刊行的《南洋公学新国文》、1917年刊行的《南洋公学国文成绩二集》和1922年刊行的《南洋大学国文成绩第三集》,成为早期交大学生的国文成绩或教学辅助读物之一,与《童子世界》一起,形成晚清学校书、报、刊出版,并辅助教学与学术的新态势。

虽然南洋公学是一所以培养“新政”人才为主的学校,但它的教学体制、课程安排、规章制度、教员配备以至待遇等等,无不使人强烈地感受到封建社会的烙痕。部分旧派教员钳制学生思想,严禁学生传阅《新民丛报》等进步刊物,不准议论时政,因而引起学生强烈不满。光绪二十八年(1902)11月,学校掀起了一场空前规模的反封建专制的斗争,200多名学生退学抗议,素具民主思想的特班主任蔡元培,也因同情学生而愤然辞职。学生们退出公学后,为了继续求学,便向蔡元培主持发起的中国教育会请求帮助。是年11月20日,退学学生在教育会的支持下,成立了爱国学社,并于11月下旬正式开学。蔡元培被推为总理,南洋公学师范生吴稚晖任学监,章太炎、蒋观云等为教员。创刊于光绪二十九年(1903年)4月6日的《童子世界》旬刊,就是由南洋公学退学学生组织爱国学社的学生主办的。

尽管爱国学社后因吴稚晖等在《苏报》案中受到牵连而被迫解散,但它却为各地受压制的学生树立了榜样,并在当时社会各界引起强烈的反响。进步舆论纷纷对南洋公学退学学生的行动予以支持,并给予极高的评价。由此也不难看出,交大所具有的追求真理、爱国爱校的优良传统,早在南洋公学时期便已播下了种子。

---

① 姚远、颜帅:《中国高校科技期刊百年史》,清华大学出版社,2008,第7—8页。

(二)

交通部上海工业专门学校于1915年6月创办的《上海工业专门学校学生杂志》(*The Nanyang Students*)是辛亥革命以后和五四运动前夕,交通大学最具代表性的一份文理综合性期刊。

《上海工业专门学校学生杂志》实际上由中文、英文两部分组成,英文刊名为*The Nanyang Students*(《南洋学生》),可谓中西合璧。其创刊号载有中文文章30余篇,英文文章20余篇,自然科学和工程技术中的英文文章占绝大多数。其中有专文对中国工业不发达之故进行论述,而对"华人与狗不得进入"也有鞭辟入里的痛斥。

1915年1月,上海工业专门学校学生"感于本校精神之涣散、情谊之淡薄"而组织了南洋学会。该会"以联络感情,交换知识,焕发精神,引起兴趣为宗旨",于1915年6月创办了会刊《上海工业专门学校学生杂志》,由上海中华书局代印。校长唐文治在序中指出,"盖徒知文明之足以治天下,而不知甲胄戈兵之已随其后,悲夫。近代学子稍稍研求科学,徐而究其实,乃徒知物质之文明,而于有形无形之竞争,曾未尝少辨焉……我知中国必将有圣人者出,先以无形之竞争趋于有形之竞争,乃复以有形之竞争归于无形之竞争……我校诸生讲求工业,谋印杂志,公诸当世。余特发挥文明之学说,以勖勉之益,将以振起我国民也"。[①] 主要办刊人张荫熙在"发刊宣言"中也进一步指出:"铁道、电报、船舶、电话,有形之交通也;方言、国语、报章、杂志,无形之交通也。吾国进步之滞在有形之交通,尤在无形之交通。本校造就之材在有形之交通,亦在无形之交通。……本杂志发轫伊始,倚重科学,意在实艺,不务修辞,文旨谫陋,顾形自惭。博雅君子,宏垂教诲,所欣慕焉"。该刊在注重学术的同时,还大力宣传爱国主义思想,如张荫熙的"发刊宣言",便饱含忧国忧民、爱校爱国之情,他说:"以吾之心度天下千万人之心,吾以吾之性测天下千万人之性,必不尽一性,必不尽同。然观国徽而致敬,瞻校帜而生爱,油然而自发者。此天下千万人之性皆同,心皆一也。推此心达此性,虽以之救国可也。同人不揣绵薄,上欲:以一二人爱校爱国之心为天下千万人爱国之心;下欲:以一二人好察好问之性起天下千万人好学之性。此本杂志之所为刊也。"[②] 他由国旗联想到校旗,由爱国联想到爱校,由一二人爱校爱国谋求千万人爱国,由一二人好学好问谋求千万人爱好学术,反映了该刊独特的爱校爱国观。

该刊于1920年停刊,共出版14期,为中英文合版,先后发表学术性文章62篇。其内

---

① 唐文治:《上海工业专门学校学生杂志·序》,《上海工业专门学校学生杂志》1915年(创刊号),第1页。

② 张荫熙:《发刊宣言》,《上海工业专门学校学生杂志》1915年(创刊号),第2—3页。

容包括：论著、工艺、科学、文苑、记载、说部、杂俎、体育等。其中在工艺与科学两个栏目中，每期都发表学术性文章若干篇，涉及数、理、化、天文、生物、地质等基础科学的各个领域。

张荫熙在述及其栏目时，言简意赅地概括出杂志的层次性和丰富内容。此处不妨罗列如下：第一，论著类——“贤良对策，下帷功勤，神龙嘘气，上薄为云，翻江泻海，写我云云，倒倾三峡，辟易千军”；第二，工艺类——“郢人垩墁，运斤成风，秦台毕午，缘木腾空，昆明大匠，蔗蒻纤工，广参玄化，判白批红（述及建筑、工具、航空等巧夺天工的工艺技术）；第三，科学类——“铄凝金石，辨析元霜，立竿求影，法出圆方，铜山西响，斗柄北芒，潮流往复，海换沧桑（述及冶金、化学、计时、数学、天文、海洋、地球演化等科学内容）；第四，体育类——“射御书数，干戈翰墨，入室生徒，拔山气力，起陆龙蛟，眈吞四国，乾乾天行，自强不息”；第五，文苑类——“词追回波，诗宗皮陆，屈宋文章，芙蓉初沐，西子笑颦，强效捧腹，春华秋实，贵称厥服”；第六，杂俎——“解人颐旨，妙语连环，凤麟毛角，文豹一斑，竹头木屑，如叶满山，包罗天地，收纳尘寰”；第七，说部类——“山海鬼神，寓言所讬，出入齐谐，东方北郭，芸芸众生，沉溺一壑，觉世觉人，亦天之铎”；第八，记载类——“羲皇结绳，周人削漆，杌梼春秋，谨严一笔，三百六旬，尘事乙乙，纸上爪鳞，驹影何疾”；第九，欧文类——“春蚕食叶，秋螯行秔，分王海国，贝叶千行，不龟手药，洴澼洸方，因人设用，作我渡航”。

总的来看，《上海工业专门学校学生杂志》仍属以自然科学和工程技术为主的综合性期刊。在英文目录中，其栏目被分为Engineering（工程技术）和Science（科学）两部分。在科学技术与社会研究方面，创刊号发表有蓝兆乾的《科学救国论》（续至第3期）；林若履的《论本国工业不发达之故及其将来之推测》（续至第2期）；第3期发表有蓝兆乾的《欲兴实业引起社会热心其道何由》，第2卷第1期发表有鲍国宝的《说学会》和蔡其标的《以国文治科学平议》等。在自然科学基础理论研究方面，创刊号发表有李石林的《化学上之心得》，陈长源的《炮术与落体抛射体之互相关系》（续至第2期），金云的《论多次方》，金汤的《肥皂泡及其膜之张力》等；第2期发表有裘维裕的《几何三题》，林若履遗稿《空气杀人论》，心塞的《摄影谈》（续至第3期）等，第3卷第1期发表有戴茅澜的《裂殖菌》等。在工程技术方面，其内容较自然科学基础论文的内容更为丰富，包括电气工业、铁路建筑、电车运营技术、水利工程、无线电技术、海底电报技术、探海灯、双翼飞机制造、道路工程、房屋建筑、安源煤矿调查等诸多方面，反映了早期交通大学在译介西方现代工程技术知识方面的一些贡献，以及在几何学、微生物学、科学社会学研究方面的一些心得。

之后，随着学校的发展，交通大学创刊了一批重要期刊，忠实记载了学校各个时期的发展。诸如：交通大学由多科性大学实现向工科大学转型的代表性刊物——《南洋季刊》和《交大月刊》；交通大学综合性自然科学代表性期刊——《科学世界》和《科学通讯》；交通大学管理科学与工业经济代表性期刊——《交通管理学院院刊》《管理》和《经济学报》；工程技术学科的代表性期刊——《工程学报》，等等。

（三）

交通大学在长期的办刊实践中，也形成了独特的办刊思想。校长唐文治在宣统三年（1911）四月给主辖部门邮传部转咨学部的呈文中，认为“科举既停，专重科学，科学尚实，不宜诱之以虚荣”。他立足于科学救国和实业救国，本着中学为体、西学为用的原则，既弘扬中华民族的传统文化，又积极汲取西方先进的科学技术和工业文明。唐文治于宣统元年（1909）四月将这种崇尚实学、爱校即爱国的思想写进校歌：“珠光灿，青龙飞，美哉吾国徽；醒狮起，搏大地，壮哉吾校旗；愿吾师生全体，明白旗中意，既醒勿睡，既明勿眯，精神常提起。实心实力求实学，实心实力务实业。光辉吾国徽，便是光辉吾校旗。”唐文治对新一代学生寄予莫大希望，呼吁社会予以爱护和培养。他认为：“今者科举停，宪政举，天下之人将尽出于学校，天下之言政治、言学术、言外交法律、为农工商诸实业者，将尽出于学生，天下之所仰赖者非学生而谁赖？而世乃疑之、忌之、摧之、残之、废之，弃之者抑又何也？”[①]在谈到学生、学校与国家的关系时，他认为：“学生之对于学校，爱情已矣。有爱情于学校，乃能有爱情于国人。”[②]“我校诸生讲求工业，谋印杂志，公诸当世。余特发挥文明之学说，以勖勉之益，将以振起我国民也。”[③]这种将学校、国家，以及将期刊、国民相联系的思想，突出地反映了高校期刊的社会纽带作用。

南洋公学向以“注重国学、国文，以保存国粹和注重科学工艺，以增进民智”为校风，而这种“精神所汇集之点，则爱国救民也”。工业专门学校时期的学校章程亦在第一章宗旨中规定：“教授高等工业专门学科，养成工业人才，并极意注重道德，保存国粹，启发民智，振作民气，以全校蔚成高尚人格为宗旨。”这种讲求文理融通的学风甚至比北京大学还要早些，而且增加了注重国学、国文以保存国粹和爱国济民的内容。早在南洋公学时期，

---

① 唐文治：《学校培养人才论》（1909 年），载《交通大学校史》撰写组编：《交通大学校史资料选编第一卷》（1896—1927），西安交通大学出版社，1986，第 146 页。

② 唐文治：《学生格》（1912 年），载《交通大学校史》撰写组编：《交通大学校史资料选编第一卷》（1896—1927），西安交通大学出版社，1986，第 158 页。

③ 唐文治：《序》，《上海工业专门学校学生杂志》，1915 年第 1 卷第 1 期，第 1—2 页。

该校即提出："我国学者多讲求哲理，而少研究科学；多重视文学，而少注重艺术……今我国之所不及他国者，其尚在哲理之少讲求，文学之多不重视乎，抑亦于科学之少研究，艺术之多不注意也。夫科学少研究，则新理何由发明；艺术多不注意，则新物亦何由制作，徒固守数千之哲理文字，其能免天演物竞之淘汰乎？！母校知其然也，故以科学艺术与哲理文学并重。[①]。正因为这种通才教育模式，故该校成为政治家、实业家、教育家、小说家，"乃至有震古铄今之名将"等各种优秀人才的渊薮。[②]

学术期刊，历来代表着一种最富创造力的文化现象，也是报道新思想、新发明和传播新理论的主要途径。进入 19 世纪以来，期刊取代了 16 至 18 世纪学者间的通信形式或图书小册子形式，逐渐成为记载和传播学术最迅捷、最重要、最系统和最权威的媒介。英国学者迪克认为："假设没有定期刊物，现代学术当会以另一种途径或缓慢得多的速度向前发展，而且无论是科技工作还是社会科学工作也不会成为如同现在一样的职业。"[③]国立北平大学的欧阳诣教授曾精辟地揭示西方文明何以进步的两大标志，即："试观泰西文明之进步其原因果何在？以吾所知，亦不外一实验室、一出版物耳。"[④]

吴宓曾指出，"大学是保存人类精神文化遗产的地方，一国一族有它自己光荣的文化遗产，全人类有全人类的公共产业。一般高级的文化遗产，都少实利的效用，所以必须靠最高的学术机构去保存它、去光大它"。[⑤]而精神或思想不能仅存于大脑，或满足于课堂宣讲，必须通过学校期刊这样的媒介公之于众才能发挥大学的价值，这正是学校期刊的功能与责任所在。这说明大学学术期刊是与社会沟通的一座桥梁，是学术成果流入社会的一道闸门，是大学学术传承与发展的一个品牌。

上海交通大学档案文博管理中心主持的"交通大学百年期刊搜集整理、影印出版和数字化工程"，意义在于：一可展现学校厚重的文化底蕴，提升学校世界"一流大学""一流学科"建设的历史底气，增强师生校友建设实现"双一流"建设的自信心和使命感；二可通过期刊史料发掘，深化学术文化研究，深化校史文化研究，展示各个历史时期学术探索的轨迹，丰富校史文化资源建设，有利于落实文化引领战略；三可通过饮水思源，回顾历史，提炼爱国、爱校精神，联络海内外校友感情，增强广大校友、师生的凝聚力。因此，这显然

---

① 陈容：《南洋公学之精神》，载南洋公学同学会编：《南洋》1915 年第 1 期。

② 邹恩润：《对吾校廿周年纪念之感言》，《上海工业专门学校学生杂志》1917 年第 1 卷第 1 号。

③ ［苏］米哈依洛夫等：《科学交流与情报学》，徐新民等译，科学技术文献出版社，1983，第 64—65 页。

④ 欧阳诣：《卷头语》，《工业月刊》1929 年（创刊号），第 2—3 页。

⑤ 吴宓：《大学的起源与理想》（1948 年 4 月 16 日），载《国立西北大学校刊》1948 年第 36 期，第 7—9 页。

是一项艰巨浩大的校园文化工程,是高等学校传承优秀高等教育文化的一个创造,具有重大历史意义和现实价值。

姚远

西北大学科学史高等研究院特聘教授

2022年1月

影印说明

《上海交通大学百年报刊集成》整理、影印交通大学1896—1996年期间出版发行的报纸、刊物，是大型史料丛书，丛书将分批整理、影印出版百年交大的期刊、报纸资源。"第一辑（1896—1949）·学术学科"，整理影印新中国成立前交通大学[①]及各院系、研究所及相关社团自主创办、编辑、出版印行的"学术学科"类期刊共49种，共22册。第一辑依内容的学科属性，分为6卷：《综合卷》《工程卷》《理学卷》《经管卷》《研究所专刊卷》《国文卷》。为便于读者了解丛书的搜集、整理、编辑和影印过程，特作如下说明：

（1）本套丛书影印所依据的底本，尽量采用期刊的刊印原件，以保证文献的原始性与原真性。期刊原件主要有两个来源：一是本校档案馆馆藏历史档案。这些档案类期刊品相良好，质量上乘，虽已实现数字化保存，但此次为了保证影印精度，均调取原件予以重新扫描与技术处理。二是本校党史校史研究室历年搜罗购置的期刊原件，如查无原件，则以购置的电子资源替代。此外，还有来自上海图书馆馆藏期刊电子扫描件。该馆以较全面地收录晚清民国期刊报纸并建成特色数据库见长，其中就包含不少稀见的交通大学学术期刊。

（2）秉持"广泛搜罗，择优入书"的原则，在选择期刊版本的过程中，编者对不同馆藏地的版本优劣进行互勘比对，择取品相优质、内容完整、装帧美观者入书。

（3）为保留报刊内容的原真原貌，本次影印不作信息更动或删减，请读者使用时自鉴；若遇期刊底本漫漶、文字错误、划痕褶皱等问题，则酌情予以更正、补充或说明。

（3）丛书各卷卷首，配有"导语"，内容涉及学科沿革史、学科特色、期刊地位、重要学人以及学术贡献。编者为每一种期刊撰有"简介"，简要交代馆藏信息、创刊缘起、办刊宗旨、运作方式、特色栏目、学术成果、社会影响等，便于读者研究时参考。

（5）本套丛书后续将出版作者索引卷。凡在期刊中发表过文章的作者，按照笔画顺序

① 交通大学校名在新中国成立前曾出现多次变更，1896—1905年称"南洋公学"，1905—1911年称"上海高等实业学堂"，1912—1920年称"上海工业专门学校"，1921—1922年称"交通大学上海学校"，1922—1927年称"南洋大学"，1927年至1949年称"国立交通大学"，此处统称"交通大学"。

先后排列，并在作者姓名后面注明发表文章所在的册数、页码，以便读者查考利用。

由于时间匆忙，体量浩繁，加之期刊底本来源多元，部分底本中出现正文缺损、字迹模糊、字句与公式难以识别等问题，敬请读者谅解。

总目录

综合卷

叶璐 主编

综合卷　导语

综合卷（第一册）

《南洋学报》（1921—1922） ······ 001

《科学大众》（1937） ······ 419

《交大学报》（1945） ······ 621

综合卷（第二册）

《南洋季刊》（1926） ······ 001

综合卷（第三册）

《南洋大学卅周纪念征文集》（1926） ······ 001

《交通大学四十周纪念刊》（1936） ······ 421

综合卷（第四册）

《交大季刊》第一期—第七期（1930—1931） ······ 001

综合卷（第五册）

《交大季刊》第八期—第十二期（1932—1933） ······ 001

综合卷（第六册）

《交大季刊》第十三期—第十八期（1934—1935） ······ 001

综合卷（第七册）

《交大季刊》第十九期—第二十四期（1936—1937） ······ 001

工程卷

何菲 主编

工程卷　导语

工程卷（第一册）

《旅杭测量日记》（1909） ······ 001

《工程学报》（1925） ······ 055

《工程》（1929） …… 211
《工程半月刊》（1930） …… 397
《交大工程》（1934—1935） …… 465

工程卷（第二册）

《交大土木》（1943—1946） …… 001
《交大工程》（1947） …… 377
《交大电机》（1947） …… 461
《交大造船》（1947） …… 533
《交大机械》（1948） …… 683
《交大轮机》（1948） …… 777

理学卷

漆姚敏 主编

理学卷　导语

理学卷（第一册）

《科学世界》（1920） …… 001
《科学介绍》（1935） …… 087
《震光数理》（1941—1945） …… 419

理学卷（第二册）

《科学通讯》（1935—1937） …… 001

经管卷

胡端 主编

经管卷　导语

经管卷（第一册）

《经济学报》（1924、1927、1933） …… 001
《经济周刊》（1930—1932） …… 635

经管卷（第二册）

《经济论丛》（1927、1929） …………………………………………… 001

经管卷（第三册）

《交大经济》（1934—1936） …………………………………………… 001

经管卷（第四册）

《管理》（1936、1937、1947） ………………………………………… 001

经管卷（第五册）

《交通管理学院院刊》（1929） ………………………………………… 001

《交通大学实业管理学会会刊》（1939） ……………………………… 445

《运输管理学报》（1945） ……………………………………………… 673

《工业管理年刊》（1947） ……………………………………………… 727

《工业管理通讯》（1948） ……………………………………………… 767

研究所专刊卷

孙萍 主编

研究所专刊卷　导语

研究所专刊卷（第一册）

物理组第1号《地下流水问题之解法》（1934） ……………………… 003

化学组第1号《油漆试验报告》（1934） ……………………………… 023

化学组第2号《油漆试验报告》（1935） ……………………………… 081

化学组第3号《油漆试验报告》（1936） ……………………………… 271

会计组第1号《美国铁道会计实务》（1935） ………………………… 413

交通组第2号《解决中国运输问题之途径》（1934） ………………… 471

交通组第3号《铁路零担货运安全办法》（1936） …………………… 501

研究所专刊卷（第二册）

社会经济组第1号《中国国民经济在条约上所受之束缚》（1936） …… 003

社会经济组第2号《皖中稻米产销之调查》（1936） ………………… 125

社会经济组第3号《小麦及面粉》（1936） …… 291
社会经济组第4号《平汉沿线农村经济调查》（1936） …… 367
社会经济组第7号《中国海关铁路主要商品流通概况（1912—1936）》（上册）（1937） …… 551
研究所专刊卷（第三册）
《铁道问题研究集》（第一册）（1936） …… 001

国文卷

欧七斤、朱恺 主编

国文卷　导语
国文卷（第一册）
《南洋公学课文汇选》（1904） …… 001
《南洋公学新国文》（1914） …… 415
国文卷（第二册）
《南洋公学国文成绩二集》（1917） …… 001
国文卷（第三册）
《南洋大学国文成绩第三集》（1926） …… 001

经管卷　导语

该卷收录民国时期交通大学管理学科(院)所属学会编辑刊行的经济、管理类期刊十种,分别是《经济学报》《经济周刊》《经济论丛》《交大经济》《管理》《交通管理学院院刊》《交通大学实业管理学会会刊》《运输管理学报》《工业管理年刊》《工业管理通讯》,时间起讫1924—1948年,共计5册。

作为一所以工程特色见长的高等学府,民国时期的交通大学为何开设管理学科(院)?经济、管理类期刊为何如此发达?从这些期刊可以看出交大的经济学、管理学有何特色?与当时商科大学所设的经济学、金融学、会计学等又有何差异?欲解答这些问题,首先需要了解交大管理学科的缘起与流变。

交大之设管理科,始于1917年"工科先驱"唐文治校长"鉴于吾国铁路路政穷败,实由于缺乏管理专才所致"[①],呈准交通部,设立铁路管理专科。这一方面是由于当时交通事业发展对于管理人才的急迫需求。"以其时铁路展筑渐多,而管理权已逐渐收回,划一会计制度及运输规章,需才至多也"。[②]另一方面,则是受到西方强国先进教育潮流的冲击。即第二次工业革命之后,在资本主义国家生产力加速发展、社会分工日趋专门化的背景下,现代管理科学应运而生。"欧美各国,对于管理学术之研究,已有相当之成绩,吾国自宜急起直追,庶可不落人后。"[③]1918年,铁路管理科批准设立,标志着交大在专业上突破工科限制,从原来的单一工科演化为工程与管理相结合。

不过,在1928年交通大学隶属于南京国民政府铁道部之前,铁路管理科侧重养成"如会计、营业、客运、货运、经济运费、列车转运、统计、工厂及材料管理"[④]等辅助铁路交通事业的科学管理人才,本与财经实业没有太多关联。而自改隶铁道部之后,孙中山之子孙科、孙中山实业计划的忠实服膺者黎照寰先后掌校,在培养交大学生成为"实业计划的实

---

① 交通大学编:《交通大学概况》1936年,第17页。

② (台湾)国立交通大学同学会:《友声》第15期,1953年10月8日,第24页。

③ 钟伟成:《发刊例言》,《管理》1936年第1卷第1期。

④ 叶恭绰:《上海工业专门学校铁路管理科头班纪念册·序言》(1920年)。

行家”[①]的背景下，铁路管理学院于1931年改称“科学管理学院”，铁道营业被视为社会经济组织之一，“其业务之盛衰，与政治财政及实业各项之进退，实辅车相依；而管理既为专门技术，必须应用科学方法，又不仅限于铁道业务为然”。[②]于是，管理学院在系科设置上，开始突破单纯的铁道管理，添设事业管理、公务管理、财务管理三科，延伸为对接国家商业单位、工厂、市政机关和金融机构的需求，“以造就各项科学管理专门人才为宗旨”[③]。

这种顺应“实业计划”、强化经济学属性的管理学科转向，在学生课程设置方面亦有鲜明反映。如1929年铁道管理学院一至四年级课程中涉及财政、贸易、会计、商业、统计、财务的有：银行学、经济学、商业组织及管理、保险学、高等会计学、成本会计学、统计学、公家财政、财务报告析论、国外贸易、国内贸易等，共计22门，约占全部课程的43%[④]。以代表性的期刊而论，《经济学报》《经济周刊》《经济论丛》《交大经济》颇能反映这一时期较强的经济学、商学属性。

至1945年抗战胜利后，战时迁至西南地区的各类工厂、企业、学校的复员运动，依托于国内航空、铁路、公路、船务等运输管理事业之发达；同时，战后百废待举，工业复兴最为急迫，工业管理需才孔亟。在这种管理科学发展出现新趋势、新动向的背景下，交大师生积极响应中国运输学会、中国工业管理协会的成立，成立中国运输学会交通大学分会、交通大学工业管理学会，创办《运输管理学报》《工业管理年刊》《工业管理通讯》等刊物，以开国内工业界、运输界认知之先河。诚如《工业管理通讯》创刊词所言：“工业管理乃近二十年来新兴的科学，其受我国之注意，当以我交大之创设本系为嚆矢。国内一般工业界人士对之自尚不知其详，而我毕业系友因辄有吾道独孤，不克一展其长之憾焉。”[⑤]

从北洋时期创刊的《经济学报》，到南京国民政府“十年建设时期”的《交大经济》《交通管理学院院刊》，再到战后复员时期的《运输管理学报》《管理》《工业管理通讯》等，虽然这些期刊所面临的具体时代情境、交通事业建设环境、新兴学科发展潮流不尽相同，但仍有一以贯之的办刊思想与理念传承。

一是“交通救国”的使命与担当。交大管理学院师生认识到国家的实业振兴和文化进步必须以发展交通事业为基础，而交通、铁道本身又是一个大系统，必须有科学的管理，因而将发展交通事业作为自己的责任和使命，大力倡导“交通救国”的思想。如1929年第2期的《交通管理学院院刊》专门刊载学生杨燮廷《交大之使命》一文，开篇即道：“吾校

① 《交通大学校史》编写组：《交通大学校史（1896—1949年）》，上海教育出版社，1986，第224页。

② 《铁道管理学院改称科学管理学院》，《交大三日刊》第九十八号，1931年1月28日。

③ 《交通大学教课章则》，《交通大学规章》，上海交通大学档案馆藏，档号：LS4-076。

④ 《本校各院教员一览铁道管理学院》，《交大三日刊》（国庆特刊），1929年10月10日。

⑤ 史佩栋：《创刊词》，《工业管理通讯》（创刊号）1948年12月，第1页。

以交通名,则发展与建设中国交通事业,自为交大惟一之使命。"① 他在研究了我国交通事业的落后实况后,进一步指出:"苟非有科学训练,学术根基,世界认识,忠诚有为之青年,作社会组织之中坚,谋生产的企业基础之确定,安置一般同胞,以挽国运而息钻营,实不足以救危亡而图自强"②,因而积极提倡科学文明,提倡交通救国。

二是关注学术学科发展的世界动态,具有对标欧美先进研究的国际视野,又注意与本国国情相结合。1931 年,交通大学管理学院成立,虽在国内尚属首创,但此时发达的西方国家已在管理学一般理论、原则等方面有大量的专著和教材问世,其阐述的理论和原则适用于各行各业、各类组织的管理。相比之下,我国管理学方面的研究仍是空白。由此,《管理》的主编钟伟成在其创刊号的发刊例言中说:"管理为近代之新科学。其方法之应用,虽因事业而互有差异,然基本上固有共同之原则可循。欧美各国,对于管理学术之研究,已有相当之成绩,吾国自宜急起直追,庶可不落人后。"③

然而,国外形形色色的管理理论和方法,虽然可以广泛借鉴,却不可照搬。照搬并不能得到同样的管理效率,甚至适得其反。通过对交大早期管理学期刊的研究发现,当时的管理学院已充分认识到管理科学的这一特征,已有意识地将西方管理科学的基本原理与中国的具体国情相结合,尝试建立本土特色的科学管理组织与方法。"交大之管理学院,实为集合并整理各国所现有之原则相同而应不同之各种管理学科于一炉。另成一管理教育之特殊系统。四科内容均较美国各大学为充实。"④ 其所办刊物的研究内容均为当时我国亟待解决的各类管理问题,如《管理》第 1 卷第 2 期发表的马寅初的《非常时期的管理经济》,文中除详细阐明了非常时期及非常时期经济的意义外,还提出三大要点:一为我国不能盲从欧美在欧战时所用之统治方法;二为战时经济接济问题,应由军事当局早为筹集;三为战时财政之出路,惟有征收所得税。文章简明扼要,饱含忧国忧民之情,颇具启迪性和可读性。⑤

综上,交通大学经济管理类期刊以"促进经济建设""为中国交通前途而努力"为己任,将谋求学术进步、实业振兴与国富民强紧密结合,具有强烈"经济匡时"情怀与服务国计民生之精神。同时,这些期刊能够从学科逻辑与特点出发,紧密跟踪国外管理科学的发展趋势,结合本国具体国情,在内容的编排上注意把握学术价值和时代意义,而且也注意

---

① 杨燮廷:《交大之使命》,《交通管理学院院刊》1929 年第 2 期,第 1 页。

② 杨燮廷:《交大之使命》,《交通管理学院院刊》1929 年第 2 期,第 3—8 页。

③ 钟伟成:《发刊例言》,《管理》1936 年第 1 卷第 1 期。

④ 严厉平:《大学教育中之管理学程》,《管理》1936 年第 2 期,第 95—102 页。

⑤ 荆树蓉、赵大良:《交通大学早期管理学期刊的传播理念》,《河北农林大学学报》(农林教育版),2005 年第 4 期。

知识面的拓宽，以及研究深度与特色的相互配合，真正做到"启国内研究斯学之嚆矢"。这些期刊对推动我国早期管理科学的发展产生了重要作用，许多经典论题、精彩论断对今天的经济学、管理学研究仍具有一定的指导意义。

目 录

《经济学报》简介 …… 001
《经济学报》第一期(1924) …… 003
《经济学报》第二卷 第四期(1927) …… 241
《经济学报》创刊号(1933) …… 411
《经济周刊》简介 …… 635
《经济周刊》(1930) …… 637
《经济周刊》(1931) …… 737
《经济周刊》(1932) …… 905

《经济学报》简介

该刊1924年6月创刊于上海，由南洋大学铁路管理科经济学会编辑并发行，是学会会刊。刊名由著名经济学家、时任北京大学经济系教授的马寅初题写。出版至1927年3月第2卷第6期停刊。目前，该刊存世已有残缺，以国家图书馆与上海图书馆收录相对齐全[①]。限于条件，本书选录1924年第1卷第1期、1927年第2卷第4期、1933年第1期。

该刊之创办，缘始于1923年11月南洋大学铁路管理科学生发起组织经济学会，“以研究经济学说，考察经济状况为宗旨”[②]。据《发刊词》介绍，当时“中级以上的学校多组织学会发行出版物，争着起来研究介绍学术”[③]，是风靡国内的潮流。在此潮流的推动之下，铁路管理科同学认为“研究学问不是读了几本教科书，便算得了万世皆准的金科玉律”[④]，遂决计以经济学为主要，组织学会。成立之后，“发行出版物，记载本会成绩”[⑤]成为三大会务之一，这就是该刊之由来。

该刊以交流经济学术，发展经济科学为目的。诚如校长陈杜衡所言：“余维诸生之学，有心得将著之于篇，为研究经济学者之借镜，其裨益匪浅尠也。”[⑥]主要栏目有论著、译述、调查、演说、文坛、书报介绍、经济新闻、专件。撰稿人主要来自铁路管理科师生，有周增奎、梅自新、萧淑恩、吴维翰、许葆诚、高祖武、李庭三等。内容涉及范围较广，但都以经济为主，包括经济管理、财政银行、金融会计、税收制度等诸多方面，是一份综合性的经济学类刊物。

---

① 国家图书馆收录5期（1924年第1卷第1期，1926年第2卷第1—4期），上海图书馆收录5期（1924年第1卷第1期，1926年第2卷第1—3期；1927年第2卷第4期）。

② 《交通部南洋大学经济学会会章》（1923年10月），《南洋周刊》1923年第3卷第6期。

③ 《发刊词》，《经济学报》1924年第1卷第1期。

④ 《发刊词》，《经济学报》1924年第1卷第1期。

⑤ 《交通部南洋大学经济学会会章》（1923年10月），《南洋周刊》1923年第3卷第6期。

⑥ 《序一》，《经济学报》1924年第1卷第1期。

經濟學報

第一期

THE JOURNAL OF THE ECONOMIC SOCIETY
NANYANG UNIVERSITY
NO. 1

交通部
南洋大學
經濟學會出版

南洋大學經濟學會出版

經濟學報

馬寅初書端

經濟學報第一期目錄（瑗）

發刊詞

序

校長序
教務長序
鐵路管理科科長序

論著

銀行行政概要　吳維翰
工廠消防管見　高祖武
國際新銀行團在經濟上之意義　李炳瑗
唐明賦稅之異同　梅自新
中國社會主義之採擇　李芸
廣告學概論　奚復旦
改善勞工待遇談　周增奎教授
長生會　許葆誠

譯述

消費者的購買動力　華立
麻雀牌商業之崛興　邱褚聯
鐵路之開支　高祖武
分銷處之成立執行及取消　蕭淑恩
個人消費統計及安其爾氏之定律　梅自新
交通救國論　蔣鳳五
聯邦準備銀行與貼現率　施家俊
生產之要素　孫孝鈞
旅行販賣及通信販賣業概要　梅自新

調查

膠濟鐵路參觀記　達思儉
本校學生籍貫人數比較表　李庭三

演說

經濟之原素 陸費逵先生講 左景鴻 武書麟筆記

上海錢莊制度 胡仁源先生講 陳文松 邵玉賡筆記

鐵路與中國今日之需要 曹麗順

文壇

黨見 高塝

詩 陳文松

詩 高塝

詩詞 陳雲章

書報介紹

書 奚復旦

雜誌 高祖武

經濟新聞

經濟零拾 高祖武

專件

經濟學會章程

經濟學會紀事錄 陳文松

職員及會員錄

捐助本會諸先生台銜

發刊詞

（瑗）

今天我們的經濟學報經各位師長的獎勵和同學的熱心幫助居然出版了記者在這裏所要略爲聲明的就是他的動機和我們所抱的前途希望

近年來我國中級以上的學校多組織學會發行出版物爭着起來研究介紹學術雖然不能達到博大精微的地步但是在初步的時候確是學術進步前途的好現象我們南洋大學鐵路管理科在交通大學移京時候也曾有聲聞社及聲聞雜誌的組織但不久學校改組仍回南洋忽南忽北弄得不能不暫時停頓只是同人認爲研究學問不是讀了幾本教科書便算得了萬世皆準的金科玉律可以一生應用無窮的所以去年繼續倡議擴充舊日的計劃因爲我們的功課是以經濟學爲主要所以決計來組織經濟學會成立之後演說參觀出版各項都分途進行這便是刊布和介紹本刊的動機

說到經濟學上範圍太廣現象也太紛繁更因爲是一種與時變化的學識所以研究的時候因果周律往往對於一個問題求其勾心鬥角的潛勢隱力不能簡單攏統的用「一言以蔽之曰」和「推而至於某事某物則皆然」的歸納演繹出來就是精密的統

計觀察也不過是片面的並且實驗考查也是同學理一樣的困難複雜但是我們要曉得大凡一種科學的發生進步統統是先從不識不知的漸漸的懷疑考察起來纔能有初步的基本學識又經過許多苦心勞力的研究試驗纔能夠條分縷晰以至於燦然大備呢現在的經濟科學已由基本初步進化到條分縷晰時代各種經濟的現象已有統上系的研究律則可以爲社會人民的晨光嚮導並且正在精益求精的地步論起來世界本沒有絕對的成功盡美盡善的時候但是不怕困難的繼續研究下去漸漸進步到燦然大備是一定可能的同人對於經濟學術的前途是抱有這種希望的對於研究討論也拿這種精神自己勉勵對於本刊也是在這初步時候希望他一天天的進步直達到燦然大備的地位

至於討論學術是公開的根據研究進步的精神我們還要請求並且歡迎閱者的嚴格批評況且本刊是創始簡陋錯誤的地方是不敢自己掩飾的也在這裏聲明一下請閱者原諒

序一

立乎社會而欲執操縱經濟之權苟不深明乎經濟之本義與夫經濟之界限則對於人生需要必有供不應求之勢吾校鐵路管理科之有經濟學科誠重之也夫經濟學之大綱不外生産及消費兩端化而裁之雖千變萬化要不能越乎經濟之範圍自昔强國足食足兵可以無敵下於天今則時移勢易不以兵戰而以商戰吸收利權以至於盡而國乃不國譬之人精血已亡雖具四體宛如槁木然則經濟學之研究蓋可忽乎哉今諸生有經濟學報之刊乞余一言以弁卷首余維諸生之學有心得將著之於篇爲研究經濟學者之借鏡其裨益匪淺尠也故樂而爲之序校長陳杜衡

序二

明體達用之學古今一轍孟子言幼而學之壯而行之設學非所用用非所學則未有不敗壞隕裂者今者鐵路管理科諸同學將有經濟學報之刊是欲出其所學而貢諸於世意甚善也吾聞人生於世與經濟之環境最爲密切他如經濟制度之沿革與夫現時搆造之狀況凡習經濟學者類能言之棄糟粕而抉精微則是刊焉雖非連城之値亦必人

置一編爲研究經濟之助是則余之所厚望也教務長顧惟精

序三

十九世紀以還文化進步科學日興人類相生相養之道迥異往昔因欲望之增加往來之頻繁而社會之組織遂日趨于複雜於是各種經濟之研究乃成爲獨立之科學焉海禁既開西學東漸我國人士震於歐美國運之隆盛以爲皆物質科學之能力有以使然於是盡力模倣亦步亦趨而于各種經濟學科實爲歐美各國社會組織之基礎者反視爲無足輕重漫不經心數十年來日日提倡工藝製造而成效所得常與願違至於今日全國金融運輸商業之機關均操縱于外人之手國計民生日趨憔悴揆厥原因非偶然矣夫物質科學與社會科學如車之有兩輪鳥之有兩翼交相爲用而不可偏廢者也物質科學所以研究自然之法則而使利國厚生之技能日以進步苟無社會科學以爲之助則組織失序管理無方生產消費失其平衡需要供給無以調劑欲求物質文明之進步固有不可得者吾校設立之初注重工藝數年以前乃有鐵路管理科之設以樹研究社會科學之基礎然至于今日而抑揚輕重之見猶未能免甚矣固蔽之入人深也去歲

來以管理科同學乃有經濟學會之組織頃將以研究所得賦諸印刷以貢獻于社會夫歐美各國關于經濟之箸述每歲出版者車載斗量持此相較能無汗顏然江河之水源于涓滴參天之木始于萌芽此區區一編安知他日不能發揮光大而與國家社會以極大之影響責任所在端賴吾人之黽勉而已鐵路管理科科長胡仁源

銀行行政概要

吳維翰

銀行之規模宏大者，分部率以數十計；其營業範圍狹小者，亦有五六部之夥。情形繁複，管理至爲棘手，萬非學術膚淺經驗缺乏之者所能勝任。主持各部者，皆精明幹練之人，深諳商情，隨機應變。故銀行之盛衰問題，係全乎人之問題，而其組織之完美與否，猶其次焉者也。茲將其各項行政以及職務分錄如下。

股東　招募股東，務須詳加考慮。蓋股東爲一行行政之源，一切行務均須承命於股東。故國家銀行律載股東之資格，謂股東所擁財產須經法律承認。

股東投資後，受股票一紙，詳載投資股數，經理會計簽名於其上以證其實。每股以百元爲滿額。銀行中有股票簿一本，該簿內有股票及存根。當股票發出時，股票上詳載號數發出日期投資股數以及股東姓名。存根上亦一一載出，故存根實爲股票之緊要部份。

股票亦可轉售他人，惟須有律師之證實。當轉售之時，舊股票即行作廢，黏貼於存根對面，重發新股票與新股東。若股東轉售僅其股票之一部份，則舊股票作廢，重發新股票兩紙，一與新股東，一與舊股東。

(售餘之股數)惟此種股票轉售，均須在該行可靠之時，否則無效。此項轉售賬目，悉登入股票贍清簿，如遇銀行倒閉，則各股東除損失所投資本外，對於該行所負各債，以及各種條約合同，亦須負責。惟其責任之大小，視投資股數之多少而定。

董事　銀行董事人數，並無定律，或多或少，隨各行而異，大抵自五人至二十五人爲止。惟每人須有該行十股資本，此項股票不得作爲抵押品。

董事對於一行行務，完全負責，尤須規劃政策，妥爲經營。故彼等才能之大小，品性之優劣，關係一行之興替，實非淺鮮。此外彼等更當監察行務，熟悉各部營業。

董事長大概爲一行之總經理，而董事會議時之記錄書記，則以行中之會計任之。所用職員，均由各董事核定之，或得其同意。

董事不支薪金，惟於開會時則支車馬費。然此項津貼，亦非定律。選擇董事一事，頗非易易。有時股東投資巨大者，選爲董事，以其對於行中之盈虧，有切身利害之關係也；有時則有權勢之人被選爲董事，以其能擴充營業，推廣貿易；至若商界巨子，或專門人材，亦選爲董事者，蓋能使行中金融流通，應付裕如。總之銀行董事，必須品格純良，社會敬仰，而智足善決，斯爲上乘。

總經理　總經理由行董互選而產生，任期大概以一年爲限。行董開會時，總經理例爲主席，報告一行營業狀況，以及行政情形，對於行董議決之計劃及方針，總經理尤須竭力執行，不負行董之重託。銀行之小者，其總經理往往爲有財勢之人，而不行使職權，徒擁虛名而已，一切行務，悉委之於副經理。惟大者則不然，其總理恆爲一經驗豐富資格老練之銀行家，故其對於行中繁而且複之職務，頗能應付裕如。

總經理對於一行之主要職務，厥惟出借款項。此項職權，大概由總理一人決定，而董事會限制之權甚微。但如此辦理，銀行之礎礎難以穩固。蓋無論總理才識如何之精明，經驗如何之豐富，然智者千慮，必有一失，則其壟斷或利己之事，亦在所不免。故較善辦法，則莫如董事會予總經理以全權出借款項，而加以一定界限以制之。或則由董事會另組一理財委員會，專事討論各種借款及兌現問題。開會日期，則一日一次，或一星期數次不定。苟能如是，則總經理之責任輕，而銀行之礎礎奠矣。

副經理在小銀行中職務甚少，每遇總經理缺席或失職時，則副經理暫就其位，而行使職權以代之。惟於較大之銀行則不同，其職務亦甚繁複。如接見顧客，管理某項借款，以及襄助總經理等。故銀行之極大者，往有副經理五六人不等，各有專職，以司其事。

會計　會計爲一行行政員中之重要職員。故於行中各部詳情，務須熟悉，且具經驗，否則不足以指揮下級職員。每當開董事會時，會計任書記之職。其於行務之責任，繁而且重。例如收藏股票簿及紅利簿，查核報告單，簽名於行中所發之紙幣上等。此外如銀行中之款項，抵押品，以及寶貴之物，均須會計負責。其餘如銀行匯票，會計支單等，均須經會計簽字，方爲有效。會計更可作投機事業，或將抵押品重再兌現，惟須徵董事會同意。

會計常須深諳行中詳情，更須措置得當，調度合法、以謀一行之發展，營業之擴充。故簿記主任，每日作一借貸對照表，以備會計之查攷。

付款主任　銀行之主要營業，不外銀行之出入而已。惟小規模之銀行，往往因其營業有限，遂將收付兩部併而爲一，名之曰出納科。該科職員，專事收付之職。然營業範圍巨大之銀行則不同，款項之出入爲數頗巨，斷非少數人所能應付，於是有付款收款兩部之分，各部均有主任，以總其事。

付款主任位在會計之下，專司一行之支出款項，其職務頗爲重要，大抵任此職者，必須品行純潔，敏捷善決，尤宜謙而有禮。蓋此等職員，常與顧客相周旋，而顧客恆視彼等之謙和與否，以斷該行之優劣。故其性情之善否，對於其營業之關係甚大。

每日未開市時，付款主任先在庫室內取出一宗款項，大約足供一日之需用。如遇不足之時，可向收款主任支取，惟須另給收據。付款主任須熟悉各種錢幣，及善於調度。若付款有誤，即貽害銀行，實非淺鮮。故每當存戶支款時，付款主任必先審其支票之眞僞，存款之多少，以及持票人之應得與否，然後再定其應否付款。如付出之支票，係屬僞造，則銀行受其損失。職是之故，付款主任備有各戶簽字簿、以備支款時之核對。

收款主任　收款主任之惟一職務，厥惟收納存款。此種職務，以精細正確及謙和爲主要。存進之款，增有存單一紙，詳載存款總數•（更將錢幣紙幣及支票各數一一註明）收款主任先將此單查核無誤，始收納該款故對於各項貨幣務須熟悉始克稱職收市時收款主任將一日所收下之存款檢點包紮，備表送交付款主任處，索取收據一紙•

期票主任　存款之中往往包括期票甚多•此項期票，均由銀行中代爲收取•期票主任，專任斯職，故對於收款主任，有襄助之責•收款地點不外本埠及外埠各處銀行，前者另由收款員負責，後者由通信員收集•所收款項，悉交期票主任•每日收市時，期票主任作一收入之記錄，更備表以證明之•現錢送至付款主任處，而支票等則依類分出，送交收款主任處•

兌現員　兌現出借，均爲銀行中大宗營業，故一經經理或董事會認可後，一切調度，悉由兌現員任之•每日兌現之期票，及認支匯票，皆由兌現員登錄入册，且將各該票之發票者，票背簽名者，到期日期，及收款處兌現率以及兌現款數一一分類載出，然後依其到期日期之次序而疊置之•如遇到期之票，即送交期票主任，請其代爲收取，如是則可免疏漏之弊•

抵押借款，亦爲銀行營業之一種•此種借款，務須時時留意，而以投機活動之時爲•再抵押品之價值，升降不定，頗難逆料•故司押款之職者，尤須機警敏捷，熟諳商情，始能維持其一定之賣買價格之差•其職務之重要，於此可見•

銀行簿記　銀行中之主要部份及職員已如上述，茲更將簿記一部約略述之•

該部所用主要賬簿，不外各戶膽淸，銀錢滾存，以及膽淸總賬等。各戶膽淸，專載各戶存款借款支款等。此項賬簿大槪分爲數册，由簿記員簿數人分任記錄之職，蓋如是則各簿記員可同時記賬，不致荒廢時刻。如有外埠存戶，則另設外埠各戶膽淸，以免混雜。

膽淸賬大槪分收付兩項，收入賬內大半係收款主任收下之存款，故收款主任彙集各戶存單，送交簿記部，以備簿記員分錄各戶賬內。此外則爲存戶之期票，向銀行兌現後，而存入銀行者；或託銀行代爲收取，而存入者。付出賬內，不外存戶之借款或支款等。

銀錢滾存及膽淸總賬之式樣及名目，並無一定，大抵隨銀行營業之大小或需要而定。銀行普通所用之銀錢滾存，僅收付兩項已足。惟較大之銀行，則分收付爲兩册。以其營業廣大，而賬目繁複也。至於膽淸總賬所載，乃一行每日營業之簡明賬目。是書爲簿記主任所記。會計所用之借貸對照表，亦由簿記主任根據是簿而作。

工廠消防管見

高祖武

工廠無論他怎樣的大小。總有多少資本的投入、生命的集合、和材料物品的屯積。除非這裏頭的執事先生發了瘋病。又怎願這生命財產無端受火神菩薩的糟糕。但火神菩薩是個何等無情的怪物。又豈能因爲你不願就肯大發慈悲不來光臨的麽。所以工廠之中。一定有講究消防之必要。而區區素來是

嫉火如仇的、所以不揣譾陋。也來貢獻一些子消防的管見。閱者你看如何，

一 起火的振源

其實起火自有起火的根源。那裏有什麽火神菩薩和水菩薩的說數。其根源大概不外(一)光、(二)熱、(三)力、(四)鍋爐(五)垃圾及油質物、(六)吸烟(七)原料的貯存及運轉、(八)原料的配置製造及完工的手續(九)鄰火被累(十)故意放火等種類。第一項是各種的燈。如電燈煤油燈煤汽燈、獵燭之類。現在一般的工廠。大都採用電燈。電燈最凶的是走電。走電的原因。總是電線電炮採用的不當裝置的不善保護的不周、使用的不慎。第二項是火爐。蒸气、熱空氣之類。這三種若是不考究如何利用、如散洩。很足以僨事。第三項是輪軸或負重部份的磨擦發熱。引擎馬達的滑脫或旁射。還有那貫通樓板裏的皮帶洞、也是危險的導火點。因爲皮帶常在那裏經過。很容易發熱生火。並且還能把火從下層傳到上層。如此蔓延開去。第四項是燃料或燃餘排洩物的處置不慎、火星的飛爆、煙囱的失修以及鍋爐的炸烈。第五項是垃圾或油質物的安插失檢。此等物最易引火。而工廠中大都隨隨便便。所以這裏頭起的火。也着實不少。第六項好算最晋通的了。所以工廠中。若見有一枝在口。呑雲吐霧的。簡直就是不祥之兆。第七第八兩項也很危險。即以棉花一物而論。紗廠裏的失火。大半是碰着這兩項的頂子。至於末兩種只好算他例外。不過第九項也得看廠屋建築的如何。第十項完全是個人格的問題。

有人或者要問。我你說的起火原因。總是各方面的如何不好。但一項項究竟應該如何辦法呢。我道這

一本經濟學報。不是專備我做消防文章的，橫豎這這篇本是管子裏的一空之見。況且還有下文。所以我不能多寫也是無可如何的事啊。

二 廠屋的建築

工廠的消防第一件要注意到建築。照地他們外國的說法。建築有緩火 (Slow-burning) 和防火 (Fire proof) 的兩種、可以限制火的燃燒。新英倫的紡織廠家。很流行緩火的。因爲比較防火的費用、要略爲便宜些。這種緩火式建築的原則。有十條須得多多注意。

一、樓板中間。無論皮帶洞樓梯升降機、種種穿行的空道。一概不宜有。須另行搆造。自成一體。譬如皮帶走的道路。最好在各層樓的一端。另建一個皮帶間。再從這皮帶間中。一條條的通到各層樓去。如此各層的樓板上。就沒有皮帶洞了。

二、樓板牆壁、宜緊密。不宜有隱藏罅隙的地方。使火有散展的餘地。樓板木料須重。闊度只好三四英寸。托樑的間隔須在八英尺至十二英尺之間。下面須露出。以便水的濆射。

三、廠屋的外牆須用磚砌。或用水泥。屋面的山牆。至少須高出三英尺。以免火的越過。

四、牆壁間的窗戶。須用鉄絲絡好。門尤須笨重一點。才好。這意思、就是要那火只在起火的一間燒、不至衝到別間去、

五、引擎間須與總部或其他房屋分開。並不得過一層。高工作的房屋。也不得過五層。或高出地面六十

五英尺。

六、煙囱煙管和一切煙火通過的處所。須用磚砌。或其他公認的不導火材料。

七、屋頂須用金屬物鋪蓋。或細石屑亦可。除天雨流水須略有斜坡外。務求平坦。所用的簷板、須包以絕燃的物質。

八、一幢廠屋。須分成幾個消防區。每區若沒有裝置充分的自動濆水管(見後)。至大不得過五英方尺的面積。

九、無論廠屋湫狹到如何程度。總得多開太平門。多設太平梯。外面直達空曠的地方。

十、宿舍須與工廠隔離。

以上所說的。就是緩火式的大概情形。是很見功効的。不過後來因爲太費心。應用木料太不經濟。慢慢地便有防火式建築出來取而代之了。說到這防火式的建築。上面幾條原則。也得注意。所不同的。就是全用鋼鐵。水泥、燒泥、或其他絕燃的材料來代替木質的。不過用了鋼鐵之類。上面還須包一層絕燃的物質。因爲綱鐵遇着熱。還是要膨脹彎曲的。總之建築上一切所用材料。都要不怕火的。

歷來對於材料的孰優孰劣。眞是聚訟紛紜。莫衷一是。有一時、大家歡迎磚頭。但近來很暢用三合土了。因爲三合土富有防火的特性。比較綱鐵來得便宜。美國探瑙建築公司曾說明過。三合土的建築費。比較用頭等鋼鐵的估計。要省去百分之十還强。而比較緩火式的建築費。也不過多貴百分之五。還有一家很大的造紙廠。一共有三處工場兩處是緩火式的。一處是三合土的防火式。都是同樣的作用。後來據該廠正式的報告。三合土的工場每年却省了五千元的消防費。所以講到建築費這一層。緩火式確乎佔百分之五的便宜。而三合土比較頭等鋼鐵。却有百分之二十可省。記得美國有一家名叫台登汽車公司的隔壁是一所三合土的房子。有一天這間三合土房子的四層樓上起了火。三層五層都沒燒到。却打從邊門裏燒着了台登公司。可憐台登公司就此燒去了上面兩層樓房屋內什麼東西都同歸於盡。這似乎也是一個例證呢。

三　器具的設備

廠屋的建築問題講過了。可是火神菩薩不是專會跟屋殼子作對的。他見屋殼子凛然難犯。也就會想到別的身上去出氣的。所以防火器具的設備。也講須究講究。纔是到此我就來介紹一個自動漬水管(Automatic Sprinkler)的法子出來罷。這個法子可說是第一等的救火利器了。美國國立救火會有個記錄。據說在六千〇六十四起失火之中。竟有四千〇三十七起是被這種自動漬水管撲滅的。一千六百四十七起是與有力焉。其餘無能為力的却不過三百七十八起。可是這三百七十八起也有不得已的原因。如若不信請觀下表。

一、裝置不妥密式不夠用　八十七起
二、水力不通　八十七起

三、火勢太猛　三十八起
四、廠屋搆造不良多或阻礙　三十五起
五、人家起火他們去湊數　二十九起
六、自來水供給不足　二十起
七、自來水管斷脫　十二起
八、自來水管冰凍　九起
九、管子上的開關不濟事　十起
十、莫明所以的　五十起

說了半天。自動潰水管究竟是怎麼一回事呢。閱者別忙。待我來交待一下。這種潰水管是跟地底下的自來水管子一樣的牽牽連連的。不過他運氣好。是高高在衆人頭上。沿着天花板走的。儘可四通八達。只要每隔一個相當的段落。有個開關。平時用容易溶解的金屬物封好口子。等到火起的時候。室內的熱度增高。便把金屬物溶掉。口子一開。局就汩汩的射出來了。可是要想這自動潰須水的効率管高。增還辦到下面的四條條件。

一、房子的搆造和管子的裝置。都要分配得適當。使射出來的水路。不至虛費。

二、局的供給要多、繼續不繼、要壓水力恆足。使歌力可以持久和遠到。

三、管子的直徑要適當。使充分的水量可以通行無阻。開關亦須常使靈活。

四、留心水不要凍牢在管子裏。水的質地亦須考察。不要含了別的東西起起化學作用。在管子裏或管子口作起怪來。那就全功盡棄了。

倘使事到其間。不能禁止管子裏某段的水不凍。那水只得另想別法。這法子就是用乾瀆水管（Dry Sprinkler）先把空氣打進管子。將水驅到不凍的段落。一待屋子裏熱度把封牢開關的東西溶掉。空氣逃出。隨即水就可安然射出來了。

保存管子裏水的壓力。有兩種法子。一用種重力水池(Gravity Tank)。一種用壓力水池(Pressure Tank。)兩種之中。重力水池比較的舊些。但用處也較大些。他的容量。平常是五千加倫（約合中國二百十五石）但一萬十萬加倫的。也並不少見。他的高度。至少須在最高噴水管子的二十五英尺以上。位置水池的法子。也有兩種。若是廠屋造成一堆的。或廠地有限。那末就請他高高在上。雄据屋頂。不過那廠屋要造得堅固。否則保險公司也不答應的。所以無論如何。最好囤出一塊空地。特別爲這位水池先生起一座水塔。讓他老人家獨個兒享受。至於壓力水池呢。却是一種自動的法之。容量雖要從四千五百到九千加倫之譜。却儘可擱在廠裏的頂上層樓上。因爲他只要裝滿三分之二的水。還有三分之一。讓給空氣居住。空氣每英方寸所受的壓力。通常在七十五磅左右。有時也可升到一百五十磅以上的水池上接兩個打氣機。一個管空氣。一個管水。如此、當水開始流出、或壓力下降的時候。水與空氣立刻都可以補足了。

有些廠家並不用濆水管的法子。却用橡皮救火管 (Fire Hose) 來代勞。但上面說的兩種水池。還須幫忙。不過壓力的高度供給的繼續。尤其要緊。這裏接濟水的管子。仍舊要的每隔一百幾十英尺。就要一個接救水管的龍頭。救火管的長度。須在五十英尺到一百英尺之間。不用的時候須收拾清潔。圈在旁邊的壁架子上。再補說一句。用這救火管有三點要注意。一、要有高度的壓力和充足的水量。二、使用的人要格外小心。三、便宜的貨色切不可買。因爲到緊要關頭。很容易炸烈。所以在美國保險公司常常要到市上去檢查。可用的打上一個印戳。人家買起來。就知所取捨了。

除此之外。還有什么藥品滅火机了、救火桶了、種種用起來麻煩得很。並且不十分可靠。這裏不請出來與閱者相見了。

不過對於用自動噴水管的。這裏還有個小小的忠告。有時這種管子。反要澆了一屋子的水。把東西都弄糟了。比火燒的損失還大。所以最好有一個警鐘 (Sprinkle Alarm)。萬一起了火。他先來報信屋裏的人。可以先盡力滅火。不必多費無謂的寃枉水。弄得眞所謂水火既濟。不好開交。並且用了這警鐘。還有個好處。如屋子裏並沒有火。而噴水管倒忽的開了口了。若有警鐘。人們就可先事預防。把他關住了。

倘使不用濆水管。那警鐘尤其不可少。現在美國市上賣的種類很多。有一種用熱度調制表 (Thermostas!)。每隔十幾英尺之一只。他的原理是利用電流回綫接着兩塊銅片。銅片受着熱澎漲起來。警鐘受着感應便濡了。這件東西在鍋爐間裏、或在煤礦裏最用得着。此外救火應用的便梯、汽車、水桶、斧鑿等等。當然頂好一應俱全。不然也得看廠中的經濟力儘多置辦。這裏不必贅述。

四　人力的接濟

閱在諸君、不要看了我上面說的天花亂墜。以爲便已盡了消防的能事。因爲上述種種。就算百二十分的周詳妥善。其實總是死的。最大的要素。還是在於人力的接濟。至於何謂人力的接濟。却也其道多端。現在且約舉五點如下。

一、工廠中要訂有詳細的規則。務使各部上下人等明白自己所管事情的性質及其責任。並恪不違。

二、要有精勤敏捷的看守人如更夫之類。當心工廠內外。最好不止一人。大家分段巡視。一遇事變。須立即盡力施救。一面警報全廠。寫到這裏。我又記起一件故事來了。有一家工廠隨便雇了個老頭兒當更夫。他老人家剛到天黑。沿着工廠踱了兩圈。便算完事。自己高臥床中去了。豈知適逢其會。火神菩薩惠然光臨。等到他驚惶失措的喊將起來。那燎原的火勢。却早已驚動了廠內外的人和街上的救火車了。你想如此糊塗。還當了得。

三、要組織廠中消防隊。並且時時要有不先通告的練習。

四要獎勵出力人員。

五、萬一起了火。無論救火的人、運物的人、逃難的人、以及一切在場的人。都須堅守鎮靜。不要像熱鍋上的螞蟻、砍了頭的蒼蠅。大驚小怪東搶西奪。

國際新銀行團在經濟上之意義

李炳瑗

The Economic Significance of The Proposed International Consortium

（一）引言

吾人讀史。觀乎古今。對於人類相侵陵之謀略。當可見其變遷大勢。世愈文明。則其謀益精。蓋古人之競爭生存。專屬自私。既爲羣治。則充之爲羣私。遂使弱肉强食。物競紛然。雖今日言羣治專務公德。痛絕自私之個體厶己。然就羣言之。則對於其羣以外之人羣。仍積極進行推演其私。私之愈大。得愈多。私之愈精。力愈偉。此實無可諱言之事實。就今日世勢推之。則大同兩字。不過仍屬理想上之名詞。倘即大地得統於數尊。或即統於一尊。則亦不過爲某一羣之能殺殘去臏夷滅他羣而爲獨勝之孤耳。

在遂古未開化時。人競在殺戮。羣與羣相侵以甲兵。(Military aggression) 此風相續。迄於今茲。仍垂來葉。未知所止。茹血之刃愈礪。而利矣。然殺傷實多。又不可盡。則思以羣治羣。以强轄弱。而管笠之驅馳之。欲其受治。漸以同化而滅絕之。於是政治之侵陵 (Political aggression) 遂出。佐以兵威之震懾。使被治者容忍不敢怒抗。實則一仍其恃强蔑理以奴隸驅畜異族耳。敗亡之慘。雖異乎蹈刃斷脰之痛。而樂生不得。求死無從。局擠茹苦。亦終歸於盡。方以兵凶則殺戮之於囚檻。等困而異途耳。在政治侵略中其最文明之途徑。尚有所謂宗教教育之侵略。(Religious aggression and educational aggression) 皆政治上緩進之侵略方法耳。

十九世紀以還。工商發達。舉事爲之一變。後進各國。瞠乎其後。學藝既不如人。漏巵增貧。仰人告貸。純爲經濟所迫。此時雖文明日高。正義公理。昭揭於衆。而羣虎眈眈搏鬬正酣。深懼敗傷而無獲。遂賭智尚術。起爲經濟上之侵略 (Economic aggression) 矣。就表面上言之。則似乎後者較前兩種侵略爲勢稍殺其慘酷之機。然總之皆羣私侵略之計劃。所不同者。一則殺人越貨。一則奴隸馬牛。一則蛭血而助其自斃耳。

以上所言。不過欲明示侵略之進化史。吾今所討論之銀行團問題。自是屬於經濟侵略之一端。甚明。所以絜絜者。意欲出示其進化之自然趨勢、俾對此問題不持驚異而訝其突如。詳察其進行方向。討論其意義。而從容審愼求所以爲羣治自救也。須知國既貧弱。不圖自振。奚以能呼嘘而止人交加重壓之經濟侵略。况借貸之道。惟利是視。此中安能求慈善公道。然既不能甘忍受之苦。以趨自殺之一途。則惟有如何謀自奮勵。乃所急也。

(二)　舊銀行團略史

銀行團之源起　吾人所應注意者即銀行團並非專因聯合借款圖利息而設其要因乃列國涎視中國未啓富源爭欲得之以爲担保而求佔有之也

(A)二國銀行團

溯自中日日俄戰罷日以餘威震動歐亞列强深懼日獨據東亞中國乃首當其衝倘日得志則各國不但不能染指分得羹杯且前途爲各國患害者正多計此時决非僅以政治侵略計劃所能獨進而用武力又恐俱傷乃不得不互相聯絡以謀協力並進之經濟侵略於時中國亦當百瘡千痍痛定思痛鑒於文化前途亦少勉振作以求自保遂不得不出於押產借款之一途而又昧於主權昏於多金喪權失勢爲後世禍樹各國在華勢力範圍不拔之基西人眩於我富源之厚且易與也於是爭昭以徵利而得我權產命脈各國目光移注遠東問題展拓日急各不相讓此見彼得肥而噬則怒彼覩此攫利而吞則妬抵牾爭觸紛呶叫囂所不卽鬬者恐兩敗俱傷耳中國亟亟不自保而惟得金揮霍是急各國旣不能驅他人而獨攫我富源計惟有取均勢主義協同爲謀矣初英法鑒於減利率輕擔保之競爭投資爲大不利乃組織一英法資本團凡於長江一帶各處鉄路及其他礦山航業等權利之投資彼此求互相提攜協以謀我

一九〇五年以前英法以爭欲得四川鐵路建築權英國公使及匯豐怡和合辦之中英公司代表英國資本團百計運動中政府而同時法國資本團代表之東方匯理銀行則從而竭力謀所以抵抗之英既

不得逞。而一面又亟欲排斥德國。遂不得不勉强俯就法比資本團。相聯絡而共謀發展。

一九〇五年十月二號遂由英國資本家代表墨亞氏。及法之西門氏、與華中鉄路公司代表奇拔氏三人簽訂所組織之英法銀公司合同。考其內容英國資本團方面卽爲中英公司及福公司合辦之華中鐵路公司。比法方面卽爲東方匯理銀行。言定兩方面對華投資各出半數定名爲義卜經營公司。仍由華中鐵路公司出面兜攬生意。而英法銀公司中人則運籌帷幄。掌其實權。當時簽定條件共十有四款。大致謂浦信及津浦兩鐵路建築權歸英法銀公司所得。以前英法兩方所運動自漢口至信陽至四川成都之鐵路建築權亦取而納之。此公司共分其利。(Pooling the interest)以免爲不利之爭。並訂明鐵路技師及一切外國人員購辦材料及包攬工人均英法各半。在初此團意欲盡攬富源。其謀略至可驚異。以上卽所謂二國銀行團之初示朕兆也。

(B)四國銀行團

張之洞在湖廣鐵路總辦任內。欲收回粵漢鐵路建築權於美。曾商由香港英政府不用擔保而假我一百十萬鎊於湖北。以備交還中美啓興公司收回粵漢鐵路權。當時張公以爲英如此厚我。竟與約定以後如湖北境內造川粵漢線。必儘先向英借款。後此川粵漢鐵路借款問題發生。適英法銀公司甫立。英頗自負財雄力大。故商議之條件甚苛。德憤其見擯於英法。至是乃乘勢而出。與英法暗爭。由德華銀行兜攬。與中國交涉。以極優異條件願借六千萬馬克。英聞之大窘。乃從中極力破壞之。正紛擾間。日本駐京公使出任調停。改爲由英法德合借五百五十萬鎊。其條件則粤漢段技師英任之。川漢段技師德任之。

但此時美聞之大憤。以川粤漢路權乃其既得囊中物。今中國既贖之。而一轉移間又讓之英法德。已乃轉以既得復失而獨向隅。情不甘默。美總統塔佛脫氏 (Taft) 曾親自電詰前清攝政王。要求必允其加入投資。清廷不得已。亦允之。遂改爲由英法德美四國合借六百萬鎊。於一九〇九年五月共訂川粤漢鐵路借款合同。此卽所謂四國銀行團之略史也。

(C) 六國銀行團

民國成立以後。財政益窘。因與四國交涉求借六萬萬元。當時四國團以日俄在東方有特殊勢力。且較各國土壤鄰近。知其爲自謀計。必從中破壞。因力勸其亦加入。共組織一六國銀行團。其主謀。仍係求列國均勢。免競爭失利。限制獨侵耳。

日本自明治維新後。振作極速。雖財力不及各國雄厚。然爲勢力計亦允加入。於一千九百十二年三月十八日正式答復四國銀行團。

惟俄國對於四國銀行團素抱不平。遂設法屢屢擾之。暗中指使比國資本團借款與中國。攫取特別權利。並藉此破壞大借款之成立。且與日亦不相能。然此時日本所最恐懼者卽大借款之擔保或侵入其既得之滿蒙特殊勢力範圍。乃不得不竭力運動俄國加入。以求將來可共同要求大承借款中不妨礙

乃未能稍藉千載一時之機會以求發展日本野心素大乘各國自顧不暇佔青島奪膠濟鉛路我國不過忍辱含垢宣布局部中立更可痛者，則迫我承認其二十一條是時中國遭洪憲之禍，復辟之亂，安福之禍患難方與官吏既不得大借款以飽私見內債又無信用遂不得不仰承東隣以求逞其黨爭之私圖矣

日本自日俄中日戰後國勢大振財力漸富以中國爲唯一之商場既以各國之迫退還遼東更以羣雄爭此俎肉(Bone of conten tion)力持均勢主義抑制日本之侵略乃不得不少變其向之所以對琉球台灣朝鮮武力侵略之方法而實行其經紀侵略佐以政治手腕震以武力之後盾乃大唱其所謂東亞主義(Pan-Asianism)而猶奇者則其對銀行團之言曰「惟日本人足以處置(Handle)中國銀行團最好將其全部事務付之日人並借款亦以經日人手爲上策」(見密勒氏評論週報)此種論調實司馬昭之心竭示路人矣

日本既日事考察中國情形竭力鼓助中國內亂煽惑南北使無甯日更賄買中國親日武人官吏使之自鬨此策行之數年大着亂迹計自歐戰後所借用以助內亂之日債已不止二萬五千萬元而日人由此種投資所獨得經濟上政治上之特殊祕密權利亦可至駭異矣

歐戰後英法原氣大傷德以戰敗內亂不已俄勢尤紛蹷如無政府獨日美在戰後進爲債權國勢力日大美見日之飛揚跋扈嫉之特甚而其國在世界經濟上又執牛耳遂大唱公道聲言助我在巴黎和會

爲各國所牽掣不獲如願。而我國自身旣無所以力爭。又乏外交政策。結果不過僅能拒絕簽約。及華盛頓會議雖爭得青島交還。而廿一條則竟無談取消之機會。凡以上所述皆日本乘勢在歐戰時期之進展。美嫉之、遂聯絡英法於千九百十八年十月再議均勢之新銀行團。以抵制日本之單獨侵略矣。

（四） 新銀行團之會議及其討論之範圍

（A）新銀行團之會議

新銀行團在巴黎開籌備大會。拉門德氏(Thomas W. Lomont)爲主席。其所商議大致如下，

一、不許單獨取得特殊勢力範圍。 (Special Inflnence sphere)

二、竭力使各國所調查事項，(指中國富源利權) 皆提付此團共行討論。

三、對中國四國應取一致行動。

四、新銀行團先以借款與中國政府及各省政府爲討論之範圍。

此外所討論關於中國國內財政路礦擔保等事項。

此議旣倡，日本極力反對以上條件。並正式聲言如列强不將滿蒙魯閩日本旣得之特殊勢力範圍劃出新銀行團討論外。日本卽不加入而取單獨行動。以破壞新銀行團借款。惟對於俄比加入及其加入湖廣鐵路借款等項，則不持異議。一面在本國大行鼓吹民氣。一面在中國實行賄買親日派使之製造反對新銀行團空氣。更復在其駐華各報如順天時報濟南日報等。冒爲中國輿論以反對之。而鼓吹親

日。中國社會對此事注意者少。國民向以教育太淺太少。依然持其所謂老大不過問政治主義。遂使迎拒紛如。輿論界多爲外人所收買矣。

時各國對日本要求之滿蒙魯閩特殊勢力範圍除外之條件。本不能遽與認可。以墮其均勢之初衷。然此事實際上滿蒙魯閩日本壞得之權利各國又何能分染。況更進一步言之。各國在華亦靡不有其特殊勢力範圍。尤不過列强所爭者在媢日本之乘各國不暇東顧而獨據得許多權利。而銀行團目的。乃在討論制止現在及將來之任何一國單獨侵略耳。倘各國不承認日本已據得權利。則各國亦須將其既得權利一一吐而出之。以平均分潤。况遼東一偶本日之戰利品。陸以各國威脅竟拱還中國。久非所甘矣。果使大家如此根本解決。則直是大吵瓜分中國之爛賬矣。

各國志在以此團拘束日本之單獨侵略。故決不能使之退出。如日不加入。其單獨侵略自若也。則此團仍無用。故各國不得不委屈損益以少遷就日本。

千九百二十年五月十一號日本始正式答復加入新銀行團。並聲明撤消其滿蒙等處特權之初議。實則其進行辦法自在。而其暗中惑亂中國固日以益亟。卽就表面至明顯處觀之。則各國遷就日本之條件。（見拉門德答復日本書）直不啻滿蒙等處特權除外之變相耳。茲譯之如下

一、南滿鐵路及支線及沿路附屬礦山均不在新銀行團範圍之內。

二、已規劃之洮南熱河鐵路。及其接於一海岸之一線。則歸銀行團討論佈置中。

三、吉林會甯路，鄭家屯洮南路，長春洮南路，開源吉林路，（經過海龍）吉林長春路，新民府奉天路及四平街鄭家屯路均不在新銀行團範圍內。

在此種條件中閱者乍見之似乎尙以爲新銀行團居然爭得一洮熱路權而在他一方面，試默思之則除此條件以外所未提及之日本特殊權利尙多列强豈不知之甚審果未表示承認其得以獨享則何以輕輕置開不提日本苟不得列强之承認則又何以不大聲疾呼以反對且卽就本條件言之則日本所得已多且更正式經過各國之承認閱者於此對於除外條件之彼此默認當思過半矣。

在新銀行團問題正紛擾中拉門德於千九百二十年來華其言論如下，

一、舊銀行團宗旨在壠斷中國互爭之利權。

二、新銀行團宗旨則不然純以助中國實施其社會及政治上種種改進事業。

三、贊成中國資本團加入（如得各國同意後）

向例外交言論好爲粉飾之詞舊銀行團亦曾宣言相助而拉氏自揭其醜況新團各國仍舊團各國也。何以能忽變其狠呑虎噬之凶而爲提攜愛護之仁乎。拉氏云允許中國資本團加入矣在我國銀行界本欲於此窮迫急蹙之秋少盡綿薄以救國冀得加入。以有一部分表决權然據美國電告則所謂贊成中國資本團加入者不過言可以在中國市場發行一種銀元券使中國人亦可投資耳是直不許中國資本團加入並欲吸收資本爲其利用耳拉氏言論之不可信如此。

後此新銀行團成立後。史梯芬(Frederick W. Stevens)由美赴日。又由日來華。到處接洽鼓吹。以新團代表資格接洽借款。及調查財政事件。自云所調查者，爲

一、粵漢鐵路債票問題。

二、鐵路統一問題。

(a)密查原訂路款草約。以爲此後運輸及商業上權利之標準。

(b)支配路線區域與交通運輸商業上權利問題。

其對人言及所發表新團之宗旨則曰『新銀行團解決對華遠東事務可得各國之共同圓滿諒解及調和』吾意畢竟史氏言論痛快些。雖仍是外交言詞之文飾圓滑。而使吾人細味『同共』『圓滿』『諒解』及『調和』等名詞。頗易聯想到勢力範圍之『均勢』或卽以此爲瓜分之絕妙好詞。亦甚工也。史氏又言。『深以中國不付湖廣路債利息爲憾。認爲破產之先聲。不惟失信也。故爲保護借權計。各國不得不聯合以成立新銀行團』。

就破產先聲一語言之。則吾人悉知個人或公司法人之因債務而破產者。率由法庭以其擔保之資產。付之債權人而清了之。國家政府亦是法人之一種。則今日各國既認中國將破產。而欲速得其擔保而有之。且銀行團之商務較普通商業交易之道。更有進者。卽欲聯合共同取盡中國資產之凡可以爲擔

保者。盡納諸囊中耳。

（ ）新銀行團在美國討論之範圍

新銀行團之通知書（Jointnotes）於千九百二十年九月二十八日送達我國政府。惟其照會祕密文件。不令人民知之。遂使外間有毒同中日密約之言。

據九月二十五日駐美專使顧維鈞電告新銀行團在美所討論之範圍如下。

一、
二、此兩款爲會議中手續。

三、通過上年五月十一日十二日巴黎會議記事錄。改「各國政府贊助」一節。爲「各該政府於本約實行既已承諾。嗣後欲借款訂合同時。四國駐京外交代表亦必設法會同協助。」等語。

四、解擇政府擔保一語。（聞地丁抵押乃日人提議。似尙是日人反對破壞時論調。）

五、上年在巴黎所訂新銀行團合同正式簽字。

六、比國銀行團加入案。（比以盎凡爾，不魯捨爾千脫及列日等大銀行組織一資本團而加入。）

七、義國銀行團加入案。

八、討論四國舊銀行團事務並前參與借款之俄國地位。

九、討論中國組織銀行團事務應贊成否及早日將現時各合同及優先權開單交由新銀行團共同辦理。

十、中國財政之需要。

(a)中國政府對代發債票之態度。

(b)太平洋公司借款及烟酒征收。

(c)改革幣制。

(d)地丁稅問題。

十一、討論以地丁稅爲擔保議由各國設稽核員及監督制仿鹽稅辦法。

十二、新銀行團鐵路政策。

(a)鐵路統一問題。

(b)比較各幹路支路之重要及優先轉機辦法。

(c)各路設備之劃一及投票之平等。

(d)鐵路工程師之會議。

十三、東清鐵路問題。

十四、湖廣鐵路。

(a)發行第二次借款。

(b)本年四月二十日北京中國各銀行團代表向交通部提出之意見書。

(c)取消各段辦法。

(d)銀幣借款爲本地用途。

十五、調查中國最近情形。

(a)南北統一 制定憲法。裁兵問題。選舉國會。

(b)建設適當財政制度。

(c)裁撤違背條約之議。

(d)下年預算案。

(e)監督借款用途辦法。

原議改定條件外。又加

一、借款後不得拖欠息金及延誤分還日期。

二、舊債在新債成立以前須結束。

三、指定用途不得更改。

據官塲密息新銀行團在美確曾共同商議。以下各項

一、促成中國國務院。

二、設中國財政總監督。

三、設裁兵委員會。

四、共同管理中國鐵路委員會等等。

觀顧使報告則地丁擔保確曾討論三萬萬善後借款有中國表示願以田賦作抵之說。有由來矣。

（四）新銀行團對中國鐵路計劃

又據美國商務調查員保羅威丹氏在美報告云。『中國鐵路如可發展。則對外貿易可自現在之一萬五千萬美金。增至四五萬萬美金合計目下各國在遠東貿易額六萬五千萬美金。若照新銀行團計劃。則不久可增至百廿億。以至百三十億美金。在此中美國對華貿易至少可分得廿億或三十億美金。』『中國現有鐵路六千五百英里。再增二萬一千英里。即可獲得如上所述之發展。新銀行團者。即欲助中國築如此路。作如是發展者也。』

（五）新銀行團之成立及其合同

新銀行團既經過長期討論。及對日疏通條件交換後。又在美特商議擔保品。及中國現狀各出其調查之結果。而共商權之。遂於千九百二十年十月十五日在美簽訂合同。

此合同之大致內容。多係普通合資例有之條件。互訂各國在新團中合資之交互關係。權利負責之支配。及如何可以消納發行之債票。及暫定債務人為中國中央政府及各省政府。並不限制各銀行團單獨貸與中國商人或私人以發展實業之借款。

至擔保一層。則仍未道及。吾人既知其會議時曾作深長之討論。其結果必尙有若干之祕密協定。特不出以示人。故吾人尙夢夢耳。實則吾人苟明瞭其前後情形。則對於擔保一節。當早料及其所指矣。

至於監督用途一節(Supervision of the Expenditvre of the Loans) 史據梯芬及拉門德兩氏之言。意均謂監督用途。乃各國不得已之行動。純為協助中國整理財政起見。否則中國將因此益亂。並極力聲明無要求以田賦作抵之事。

此合同之期間為五年。其大致謂各銀行團意旨。皆為中國人民利益計。各代表其國協同辦理投資貸與中政府以經營必要事項。如整頓經濟及發展交通之計劃等。各國因欲協力共助中國之故。並歡迎中國資本團加入。(卽發行債劵於中國市場之謂)以共同建設中國社會公共事業。此約根據完全平等主義。故各團皆享有經營平等之利益責任。及簽訂各債約之權。其餘各款。均銀行團組織內部大綱。無關現在討論之範圍。為篇幅所限。從略不記。

(六)　我國輿論之趨勢

關於銀行團消息既如上述。今且觀察吾國輿論之一斑。其派別大抵如下。

一、親日派。即決然反對派。

二、親美派。即決然贊成派。

三、銀行團派。即觀察派。

四、非銀行團派。即反對外債派。

一、此派在中國者。即軍閥官吏之親日者。及日本報紙所鼓吹之論調。其所論列。極應注意。武人官吏。因銀行團成立後。不得濫借濫用。不易實行其政治上黨爭之活動。及中飽私囊之利。故力反對之。意謂如承認銀行團。則其條件必苛。萬不及自由投資時之可因競爭關係而得以較輕利率及擔保而得金也。又監督用途。政權喪失。尤不可認。新團仍專爲經濟侵略上之均勢耳。又日本報紙有云『美將投巨資以得中國地丁。鹽稅。關稅。今之新銀行團。直一美國之第二東印度公司。(The second east India Co.)欲以巨餌得大魚耳』此派論調對於中國中級社會。不盡了然世界大勢。及銀行團者。多爲所動。

二、親美派。則多留學者及各大商埠熟悉外事之商人。其理由則美向少野心。對我素親善。且在歐戰後已以經濟充裕雄於世界。相助處如教育等項甚多。不似他國之蠻在華盛頓會議時。亦少助我。以我國現狀言之。欲整理發展。自不能不假借債之一途。與其任武人官吏之濫借肥飽。及結合日人喪失國權孰若置之銀行團之可免盜賣國產。而得徐徐整理內政發展實業也。且如不指定監督用途。則又何以別於前此之濫借濫用。故苟能因此以取得政治經濟上之發展。則不妨少犧牲一部份之利益。即使利率較重（約在一分二厘以上）亦可爲也。

三、銀行團派。此派論調乃受旅居中國歐美人言論影響。其人對中國情形調查甚悉。且對日本種種謀略均詳知之。其言論則曰『中政府如此昏昏。年復一年。主權將盡行斷送之東鄰。而仍懵懵無所悟。在此時既不能陡然興國自當借債。借而不受監督用途。則仍不能發展實業。』此派在中國人方面多懷疑觀察派。大意以爲條件苛則拒之。寬則借之。一面對於日人陰謀憾之至深。一面對之美較親善亦僅半信。尤懼美爲日所利求。若再承認其除外條件。則直代我保障必斷送我國主權矣。是則必反對之。其對銀行團聲明之希望如下。

(a)望各國撤去其在華之勢力範圍。

(b)望其尊重中國輿論勿專與昏懵政府爲謀。

(c)望其不干涉中國政治。

四、非銀行團派。多守舊愛國人士及學生商人。痛恨中國政治之腐敗。及日人之專橫。又生平所聞之外債皆喪權辱國。供人吞噬。及助長內亂之類。國民交痒。觸目悲觀。且債額過多。人民擔負太大。將至破產。是根本反對外債者。大意以爲數年來日債固可駭。即歐美苟不得資產富源擔保。則亦必不肯相假。而尤以政府之不顧教育實業而務黨爭營私爲悲。又聞其提議以田賦爲擔保。組織各種監督委員會。更認爲瓜分亡國步驟矣。

此派（一）少數爲無可如何之悲觀派。（二）其激烈排日者對美亦多責備。（三）其進取之一部分則主張自決的改革政府。（四）建設者則主張國民自動的助政府展展。然大抵對主權皆以爲決不可受外人干涉。不惟日債不宜借債。卽歐美債亦有所不可也。更聞英美日法對中國鐵路林業礦業工業各有欲分爲獨據之暗謀。故尤力事反對。

觀以上各種論調吾甚悲其雜糅無一致之輿論。試分析之則知，

一、爲日本化之論調。

二、爲美國化之議論。

三、爲歐化之言談。

四、多爲無可如何之悲觀語。

一、二、少偏激。三、持論懸於觀察。似少平允。四、則固愛國矣。然而默於世勢國情。且乏進展之論。作者以爲吾人應不徒示迎拒。而須考查其進行。而籌應付之方。其說詳後（八）（九）（十）三節中。

（七）　新銀行團意義及其勢力態度

一、意義

(一)新團自聲明憑確切之担保利息而貸與中國資本使此款總一文之徵亦必收確助中國實際物質上及人民生活方面之進展。

(附註) Lend money to China upon sound secureties and assured interest and in such a manner as to make every dollar for the material development of the country and the uplift of the people

(二)各國欲將各銀行團所得中國之利權公之此團以免單獨之侵略。

(附註) Concessions held by individual banking groups be pooled with the Consortium

(三)又云因中國失信不付利息各債權國不得不聯絡以自求保護其既得權利且共商所以免去損失資本及担保之謀耳。

(四)又一派言新銀行團大意為英法日之聯合除非至各該國經濟上不足以與美國抗爭時則各該國必防美國以優異條件多貸與中國資本因而取得極多經濟利權上之利益。

(五)又有謂新銀行團為英法美之聯合欲制止日本之獨吞中國及其暗中實行賄買中國官吏盜賣政策。

(六)觀察亞美時勢者謂在美國有過剩資本又欲分得東亞利權以為發展計且極不欲使日獨得侵略以影響其太平洋霸權。

(七)就商務上言之。歐美利率低於中國。爭投資者。爲多利耳。

(八)英法在戰後本顧不及遠東。然既爲保護其既得權利。及勢力範圍。不得不加入。

(九)日本方面加入之原因。　日本對中國情形極熟。狡計百出。今既强各國幾於完全承認其除外條件。則其侵略所獲已定。而其擾亂侵略計劃正多。進行正力。斷非新銀行團所能限制。故亦毅然加入矣。

(十)新銀行團爲在華永久機關。將來調查分配權利計處處可得具體辦法。逆知中國今日非借債不能度日也。

以上爲新銀行從種種方面解釋之意義。劍拔弩張。蛛絲馬跡。閱者當自會其指。吾今且總結其意而以一言釋之。

『新銀行團者。爲各國均勢計。而共同協定今後投資之程序。以免單獨侵略。及向隅而有衝突也。

(二)　新銀行團勢力態度之表示

其言曰『此團宗旨在從速促進中國政治。因現在中國內亂之甚。影響外人。處處與人以口實。而改進之機。尚渺乎無覩。遂引起外人之討論。』又其宣言中有『無論如何。此團決不因中國之反對或贊成。而停止其進行。且志在助中國發展。故必稽核担保。監督用途。』其恐嚇之言則曰『如欲拒絕則須即清償舊債。』此蓋明知我國今日不能償舊債。且不能不再借。故又曰『此團成立後。亦不强中國之必借。』

（八）我國之現狀及其前途

爲欲申言何以對付新銀行團問題。不得略及我國之現狀前途。對內外債方面少詳。他皆約略。作者意以爲我國苟能積極進行圖謀整頓發展。則不惟不抱無可如何之悲觀。且猶有希望也。

一、政治方面　我國最不堪者卽政治現狀。黨爭營私。喪權辱國。上下爭到。道揆法守。潰蕩藩籬。人民疾首痛心。似所仰以爲護持發展者皆絕望也。

二、軍政方面　按民國二年時中央月支陸軍費不過百數十萬元。今日則每月需及千萬左右。臨時支出尚不在內。歷年積欠軍餉已達一萬萬元以上。而政府之所以維持之者。則僅濫借外債。濫發國庫券。賤買公債。盜押印花。終日言裁兵而日招日多。除蛭吸國民膏血外。更助內亂土匪。海軍方面總變亂較少。然蠹國無用等耳。

三、內債方面　計我國所發公債未償者，約三萬萬八千八百一十四萬元。計以人口四萬萬平均之。每人約尚不及一元。較之歐美人擔負。實徼乎其徼。所大患者。政府腐敗。信用日減。然內國公債固依然發行。未嘗不受。果決計整理。不再失信。則未嘗不可恢復信用。過而不改。其奈今之政府何。

四、外債方面　吾國負債總額約三十萬萬元。以人口總額平均之。每人擔負約七元餘。以比英國每人擔負之一千七百七十七元。法國之每人擔負一千五百元。德國之每人擔負一千三百三十三元。及奧國之每人擔負三千一百九十三元。蓋爲數甚少也。（各數皆以各國錢幣折合中幣約計數。）

此中除內債已述及外鐵路借款未償者約三萬萬四千七百二十萬元。關鹽兩稅作抵者約八萬萬六千八百四十七萬元。德奧債之未償者約三千四百五十六萬元。及近年所借短期外債約二萬萬六千八百九十七萬元。其關鹽鐵路作抵者果能分期償還付息。尙無大憂。且德奧暫時仍可停付本息。統觀內外債情形。未必卽成無可如何之時。況外債尙可借。而內債更可舉。特政府不用之生利發展之途。而盡以之助內亂飽私囊爲可痛耳。國內各銀行其直接借與政府及各省甚多。並非不助政府。乃政府倒行逆施。不顧民生耳。更就金融言之。則北京銀行界曾力救中法實業銀行之倒閉。以中國內亂窮蹙之金融界。尙能如此。亦不可謂非愛國矣。

五實業教育及社會方面　我國現在實業固極幼稚。然就近年進步及將來發展機會上觀之。至可樂觀。如上海漢口天津南通無錫各市。皆純爲近年國民自動的發展工業之卓卓者也。他如棉紗米麵及各種製造廠。雖甫萌芽。皆有較前進步之好象。教育方面似進步緩。此則須政治兵餉問題解決後。方可大展。社會方面亦有進步。國民似有知國家意義者。輿論尙少淸醒。使教育大進。亦可循序漸進也。

（九）吾人對新銀行團應具態度

吾人既明瞭新銀行團之宗旨。則不宜徒事驚恐或偏爲迎拒之論。而應注意以下各點。

一、應時時詳細調查以求洞悉其進行計劃。以爲將來對付之標準。

二、應絕對的嚴行監督政府之濫借濫用。以防再誤。且對回扣一層應嚴加繩限。

三、新銀行團既勢在必行。則須知借否在我。不能純然歸罪於其苛酷。而不自改其濫借。及所以對付之也。

四、外債向分興業與消耗兩種。我國所借多有害之消耗。而少興業者。故爲累太甚。果能借而置之確實興利事業。則又何嘗不可。即更進一步言之。如裁兵化工。實行一種詳計確善辦法。借款以袪此毒。而興他利。則亦未始非策也。

（十） 對付新銀行團我國應改革事項

作者於此論開端。曾絮絮言侵略乃今世人類不可免去之事實。歷明其進化之程序。即欲使討論銀行團問題者。知所以對付之者。不在乞憐於他人。而在自奮以求發展之爲要務。就債權國自衞計。各國之成立此團。乃勢所必至。何能以片言阻止之。惟有力事根本改革政治社會實業前途。而借外債不再用於消耗之途。以求必生利耳。此所謂以經濟改革應付經濟付略者也。至各項改革問題。茲略舉大綱。以爲結論。

一、道德建設　吾國內亂腐敗。爭利擾民。無復知恥。此須國民之自新自警。以遷善一方面再得領袖人才。俾高風嚮往。化俗從新。又國民視國事多消極。漠漠然視政府之腐敗。如羣犬之爭。不涉己也。此無論中級以下之社會矣。即商學智識界亦多太息痛恨而已。此以視美國洗衣傭婦。高談選舉總統問題者。誠相去遠而可愧甚矣。

一、政治方面　（甲）裁兵節流　裁兵須愼重善後。如改兵爲築路之工。節流以省歲費。使收相抵支。自不至加稅苦民。更進而國庫充裕。以用之興發實業。則可以裕國與民。　（乙）整理內外債　不再失信。則可舉內債。興利源。則可借外款。此外如改良幣制。規定本輔幣。確定兌換制度。限制紙幣之發行。及實行造幣公開等。皆經濟上亟須整理者也。

三、啓富源　吾國礦富素著。農林亦茂。倘能啓發寶藏。以裕國民。更從事製造之發展。可以漸富。至鐵路爲發展實業先鋒。國家脈命。以今日之國有路綫六千八百十八里。方之美國鐵路不過三十八分之一。我與美方員略等。如之何其不貧蹙也。政府能獎勵於前。人民能振奮於後。乃要圖也。吾觀中國今日實業。進步多能不恃政府。而自爲發展。是以樂觀而抱絕大希望也。

四、教育及社會方面　教育與文化爲正比例。人盡知之。中國今日教育之隘限。且遭厄運。良可懼。所冀裁兵清政後。能由維持而發展。從事科學。注重工商各要圖。以先其急而後其緩。至社會方面。尤須國民對於愛國公德慈善衛生勞工等問題。勤加討論改革。以求進步之爲急。

以上所述雖迂緩常談。然欲解外力侵略之困。求國民之幸福。舍此莫由。苟不整理改進中國之前途。斯亦無從對付新銀行團之經濟侵略。至改進詳細計劃。自須專論。非本篇所可盡。綱目略及之耳。所望國民默而識之。持以恆毅。羣治精義。厥惟協進。以共禦外侮。噫、今日濟經侵略之謀亟矣。莫再鬩牆絕其鴆蛭。庶少挽既傾以救國。則作者所再三不得已於言也。

唐明賦稅之異同

梅自新

唐明兩代。相距數百歲。而其賦稅之制。不無異同之處。請述如次。唐太祖之位也。以治民曰黃。六歲曰小。二十一歲曰成丁。六十歲爲老。分曰依資產。初分爲三等。後易九等。民可以遷居。明則分爲官田與民田而已。是則其田制之異同。不無出入也。納賦之法。唐太宗結民丁田一頃。廢疾者十畝。寡妻妾三十畝。單丁則三十畝。丁百畝中二十爲永業田。餘則爲口分。蓋可以依人口之多少而給也。於是有寬鄉、狹鄉之分。卽人多田少人少田多之別也。每丁授田可以將永業及口分田賣買。而不得再授。寬鄉與狹鄉。皆得以遷徙。由此觀之。契約文據之件。殆卽於此時始也。蓋安史之亂。尤以使之然耳。賦法則有租調庸法。卽畝納粟二石爲租。每丁納絹三疋。綿三斤。如布須五之一。再加麻三斤。曰調。役丁歲二十日。閏加二日。如不役。須出布三尺。謂之庸。明制則無此制。蓋已在田地丁稅取之也。唐有兩稅法。卽夏秋二稅徵之。明亦有之。夏稅收米、麥、錢、鈔、絹。無過十一月。秋稅則收麥、錢、鈔、絹。無過明年六月。故唐明兩稅之法。則同行之。青苗法。唐以國用急。遂有早徵之舉。每畝十五錢。亦有地頭錢。畝五文。農器錢。畝一文五分。凡此皆租稅外徵收者。明無此名。其正稅除上述錢、米、帛之外。尚有以馬革爲稅。且有以馬草贖罪例。蓋亦明代之新稅制也。明代尚有大耗之例。亦新制之一。然而粟俸以折銀解京。俸每石二錢五分。唐之制所無也。明稅蘇、松、常獨重。尤爲唐之所無。蓋以特殊情形故耳。唐制中之兩稅法。則爲明所沿襲者。延至今日。卽所謂上忙下忙者是也。

論中國社會主義之採擇

李芸

海禁大開。歐化東漸。今者社會主義之聲浪。又盈於吾人之耳矣。何謂社會主義。以吾觀之。社會、主義。當以增進社會全體之自由幸福為目的。人人之權利義務當平等。一切之生產機關當共有。生活及享樂之資料。當公平分配。俾社會中之一員。不得對於他之一員。有所掠取。此社會主義之共同原則也。考社會主義之起源。淵源甚遠。上古之世。如柏拉圖亞里士多德已倡共產之說。我國孔子嘗曰。均無貧。又曰。不患寡而患不均。頗含有均貧富之義。及西儒福祿特爾。阿羅加伯拉託爾甫。馬克斯。康德諸人相繼出世。研究更詳。迨至奧塞啓釁。歐戰方酣之時。俄皇尼古勒被戮。德皇威廉被逐。軍國主義從此告終。社會主義從此實現。愈演愈烈。直有一日千里之勢。學說紛歧。派別繁多。考其宗旨。各有短長。倘走極端。流弊斯出。故不得不綜集諸說。而加以比較也。

一、無政府主義　無政府主義謂人性皆善。無待管理。主張人須管理者。無非挾治人治於人之愚民政策。以多數人供少數人之犧牲耳。此種主義。非人皆聖賢。決難實行。數千百年後。或有實現之一日。在今日似無研究之價值也。

二、共產主義　共產主義謂無論何物。皆應共有。各盡所能。各取所需。屬人屬我。毫無界限。甚至倡解除夫妻之名義。以期公妻主義之實現。倡解除父子之名義。以期兒童國有之實現。反逆心理。背叛人道。孰有過於此哉。

三、工團主義　工團主義又曰工人管理產業主義。其主旨。謂凡百財貨先有生產。而後有消費。產業管理之權。當完全畀之工人。此種主義。專保護生產之人。而不顧及消費之人。難免工人壟斷之弊矣。

四、集產主義　集產主義又曰國家管理產業主義。其主張。以消費者組織地方團體與國家政府。管理之全權。生產之機關。均爲地方團體與國家政府所有。此種主義。專保護消費之人。工人依然賣力而生活。依然被雇傭而勞動。是曩日受制於資本家者。今日將受制於地方團體與國家政府矣。如之何其可也。

五、基爾特社會主義　基爾特社會主義者。國家與工人共同管理產業之主義也。生產機關既爲國家所有。則消費者自不致受工人之壟斷。生產事業既歸工人管理。則工人自不致受資本家之壓制。消費生產。兩有裨益。諸主義中。此爲較善。

六、溫情主義　溫情主義者。日本學者新創之學說也。其主旨。謂資本家當優待勞動者。凡土地，勞動，資本企業所得之地租，賃銀，利息，利潤。當爲公平之分配。此種主義。近於勞資結合。在產業幼稚時代。誠爲一種最良之社會政策。然勞動者之利益。根本上無確實之保障。產業發達之後。勞動者之地位。終難免不淪於奴隸之域。故此主義仍非一成不變之良法也。

上述各主義中。無政府主義，共產主義，工團主義。似嫌偏於理想。溫情主義，集產主義，基爾特社會主義。似尙便於實行。然則究以何種主義爲當乎。曰未可以一概論也。社會之進化。既日新月異。社會之政策。即今昔不同。是故同一主義。在甲國可行。在乙國則不可行。在昔日之甲國可行。在今日之甲國則不可行。此何故哉。時世有不同也。當今之時。處今之世。吾國應採何種主義。斯不得不一研究焉。

吾國今日。儼然一封建制度之國也。督軍猶諸侯。政客猶策士。官僚及官僚之子弟親戚猶世家。立於諸侯之地位者。則擁兵自固。日思擴張領土。立於策士之地位者。則縱橫遊說。日思立取卿相。立於世家之地位者。則濫竽充數。只知驕奢淫佚。明搶暗奪。富民不敢投資。相率歇業。貧民無計謀生。坐以待斃。是故勞動者之大患。非資本家也。乃封建制度中之諸侯，策士，世家也。且資本家所受之痛苦。不減於勞動者資本家非不欲滋潤勞動者。誠以與勞動者同處於封建制度之下。不敢放款營業。雖欲滋潤。而不能也。爲今之計。惟有提倡溫情主義。實行勞資攜手。凡諸侯之擁兵縻餉者。停納租稅以抗之。策士之遊說自私者。揭其陰謀以逐之。世家之不事坐食者。數其罪惡以廢之。同心協力。勇往直前。不推翻封建制度之惡魔不已。封建制度既廢。富民從此可以自由投資。貧民從此可以自由勞動。產業不期而自發達。迨產業發達之後。始可由溫情主義。進而爲集產主義。由集產主義。再進而爲基爾特社會主義焉。或曰。行溫情主義斯可矣。何必進而爲集產主義乎。不知溫情主義。係勞資給合。一面推翻封建之專橫。一面企圖產業之發展。倘一成不變。則產業將集中於資本家之手。勢必代封建制度之惡魔而肆其壓制之手段。

豈能保其永久溫和耶。欲矯其弊。非將重要生產機關。收歸國有不可。此集產主義之所以起也。行集產主義斯可矣。又何必進而爲基爾特社會主義乎。不知集產主義之發生。實因工人智識淺陋。工團稀少。不得已委之國家管理也。若長此完全委之國家管理。不提高工人之地位。勢必由集產主義一墮而入官僚主義。此基爾特社會主義又繼集產主義而實現也。要而論之。就吾國現在情形而言。應以溫情主義爲改革社會之一種發軔政策，以集產主義爲改革社會之一種過渡政策。以基爾特社會主義爲改革社會之一種歸宿政策。庶幾可收社會主義之利。而免其害。雖然。社會爲有機的。非無機的。爲進化的。非不變的。今日之所謂利者。安知異日不謂爲害。今日之所謂害者。安知異日不謂爲利。觀察不同。利害自殊。是在研究社會主義者因勢而利導之可也、

廣告學概論

奚復旦

一 廣告學與經濟及心理之關係

處此商戰時代。商業之競爭日烈。欲求營業之發達。非講求廣告學不可。而於新設之商店。新營之事業廣告尤爲重要。蓋廣告非特足以發生人類之新需要。且足以牢固人類固有之需要。使之不購他物。而購此廣告所載之物。此廣告之所以重要也。凡作廣告者。於市場之情形。貨物之供給與需要。人類購買之能力。競爭之情形。必詳加研究。而後定廣告之方針。此皆關於經濟者也。故凡作廣告者。必具有經濟

之學識而後得有適當之廣告。

既有經濟上之研究則作廣告者。必進而建設貨物與需要之聯想。(Association between commodity and need) 使觀者見此廣告。卽發生需要。而實現于動作。卽購買是也。惟如何可以建設貨物與需要之聯想。如何可以引起觀者之興趣。則必研究人類之心理。此廣告之關係於心理者也。

作廣告者。對於經濟心理二者。詳加研究。則強有力之廣告。不難得矣。

二　廣告之文字

廣告之文字。卽包括辭句，記號，顏色，形式，舉例等而言。而辭句又爲重要之部。廣告之有效與否。全視其辭句如何。其關係甚大。

廣告之文字與他種文字不同，他種文字常限於一定之法則。而廣告之文字。則得以自由出之。不泥拘於法則。他種文字之善惡。每以其辭句結構而斷。而廣告之文字。則雖有極妙之辭句。至美之結構。猶不足爲佳。蓋廣告以發生或牢固人類之需要。使之實現於動作。爲惟一目的。故於文字結構外。必復有經濟上效果而後可。卽推銷其貨物是也。

廣告之文字。與文學更大相懸殊。文學所以供人研究。故可不備艱深。廣告之文字。則所以供衆人觀看。務必簡單明瞭。使人一望而知。且必適衆人之程度。文字宜淺近明晰。否則非特一般人不能明白。且令人望而生厭。廣告之效力既無。廣告之本意亦失矣。

廣告文字之體裁。以貨物而異。蓋貨物與需要之聯想。各各不同。讀廣告者之程度。亦因貨物而異。廣告文字之體裁。必因之而異。例如寶石之廣告。與香煙之廣告。文字之體裁必不同。蓋注意寶石廣告之人。與注意香煙廣告之人必不同。而貨物與需要之聯想亦不同也。

三 廣告文字之四大要件

凡有效之廣告。必具有四大要件。所謂四大要件。清晰正確。簡單特異是也。此四要件互相並重。不能偏廢苟缺其一。則廣告之效力必大減。故作廣告者。不可不兼顧也。玆分別論之如左。

一 清晰 清晰爲四要件中之最要者。凡廣告之文字。必清晰明瞭。使觀者一望而知。艱深之辭句。不易認識之字。不常用之成語。均不能得一般觀者之明白。若用之於廣告中。則效力亦必大爲減少。故必絕對免去而後得有效果。他若浮泛之詞句。如「貨物精美」「價廉物美」等。均有損清晰。蓋觀者見之。非特心中無甚影響。甚且不辨其爲何物之廣告。故欲爲有效之廣告。必竭力免此等辭句。而後不失其清晰。

二正確 廣告之文字。必須爲一般觀者所習慣者。且必須爲一般觀者所認爲正確者。而後觀者對此廣告。不發生疑慮。效力得以發生。否則對於觀者之信用既失。貨物與需要之聯想。無從建設。更無從實現於動作。廣告之効力全無矣。

三簡單 廣告之文字。在使人一望而知。故辭句以簡單爲要。凡人見一廣告。除非對於該物有特別與

三發生信用　觀者對於廣告上之貨物。僅發生欲望。猶不能收最後之效果。故廣告必俱有第三種官能。即發生信用是也。所謂發生信用者。即使觀者深信此貨物之效用。能滿足其欲望。購買此貨物。有莫大之利益。是即廣告對於觀者所發生之信用也。通常廣告所用名人之證明。或顧客之函件。皆所以發生信用者也。

四鼓勵動作　廣告之第四官能曰鼓勵動作。所謂鼓勵動作。即使觀者購買是也。以上三種官能。亦皆所以使人購買。此最後之官能。則所以使觀者所發生之欲望信用。實現於動作。而收廣告最後之效果。鼓勵動作之法甚多。或用命令式之文字。「看明商標。」「欲購從速」等語。使其購買便利。如開明各分售處及附預約單及定貨單等。或用引誘法。如附有贈券贈品獎品等。此鼓勵動作之三法。乃近世商業上所常用。有時則合併三法而用之。以鼓勵動作。而收效果。

以上所述。即廣告之四大官能也。通常有效之廣告。於此四官能。無一或缺。今有一廣告在其上繪一美麗之書桌。其下則一醒目之題示曰「君願以六個螺絲釘而省十三元乎」其下則說明理由。更下則爲分售處之地址。觀者則因此圖畫而注意。題示觀此題示而生欲望。即發生欲望也。觀其理由。而生信用。即發生信用也。更以有分售之地址。而便於購買。即鼓勵動作也。如是則官能俱備。此廣告之效力必大矣。設或此四官能不全。則此廣告不能稱完全。效力亦必因之而小矣。

五　廣告法結構上之原則一　一致 (Unity)

廣告法結構上原則之最要者爲一致。蓋無論何種廣告。必有一談話之點。一切文字。以此點而發。而後可以一致。他若與該點無關係之文字。及該點有牴觸之文字。均有損一致。與此原則不合。廣告上不宜有之。蓋廣告之目的。在使觀者之腦海中深印一集中之觀念。意義一致。則此集中之觀念。自不難得矣。廣告中之最弱者。爲樣本式之廣告。所謂樣本式之廣告。非誠樣本之謂。卽言廣告之羅舉貨物之優點者。此類廣告在作者之初意。不過欲使觀者腦海中。深印其種種優點。而其結果。則大謬不然。蓋羅舉之優點既多。於一致者原則有背。於觀者心中。竟絲毫無影響。故無論何物。其優點雖多。而作廣告者。必擇其最要者。而爲談話之點。卽其各優點之重要相等。亦不能並駕齊驅。羅列一廣告上。所以免混淆。而使觀者易於記憶也。通常貨物必有一特異之點。爲他競爭者所不及。則此特異之點。必爲談話之點無疑。有時一廣告上。每有二個或三個談話之點。惟此中必有一主要者。其餘均附屬此點而發。故仍與「一致」之原則無背。如二點不相附屬。且無關係者。則與一致之原則有背。廣告之效力必亦弱矣。當戰爭之時。或遇非常大事。則作廣告者。每可以此點引人注意。惟廣告所載之物。與戰爭及大事無關係者。則又不可引用。因有損「一致」之原則也。

六　廣告法結構上之原則二　黏合 (Coherence)

結構上第二原則爲黏合。所爲黏合者。卽字句與字句間之黏合也。蓋廣告之文字。必排列有序。句句啣接。依論理之層次。庶幾讀者得一觀卽瞭然於心。不致枉費精神。是卽黏合所致也。關於黏合之問題有三。一曰論理之次序。二曰齊整之結構。三曰密切之聯接。

廣告文字之次序。須依論理學之次理。乃作廣告者之所共認。普通廣告之順次。每依其官能之順序而定。卽以引人注意爲第一部分。引起欲望爲第二部分。發生信用爲第三部分。鼓勵動作爲第四部分也。論理之次序。可分三大類。一曰敍述法。(Nar-rative order) 二曰描寫法。(Deseriptive order) 三曰階升法。(Cummlatie order)

敍述法者。卽敍述發生之次序。如公司之歷史。製造之手續。發明之順序。以顯出貨物之優美。而該物特異之點。亦卽包括其中。此法有類歸納法。(Inductive melhod)

描寫法者。卽以貨物特優之點。作爲全篇之綱領。其後詳述其理由。以補綱領之不足。此法有類演繹法。(Deductive meehod)

階升法者。卽以重要與否爲序。愈重要則次序愈後。每見廣告之上。有連續之問題。而以一主要之句答之。卽應用是法也。

整齊之結構。爲「黏合」上之重要者。蓋非有整齊之結構。則不能合於「黏合」之定則也。凡一廣告。如稱讀者爲「君」則自始至終必一律稱「君」。如以公司爲「我」則全篇必稱公司爲「我」。蓋所以得整齊之結構。而合黏合之定則也。

密切之聯合。爲黏合上所不可少。蓋字句之中。無密切之聯合。必不能合於「黏合」之定則也。求密切聯合之法甚多。通常叚落之上。表以數字。如（一）（二）（三）（甲）（乙）（丙）等。或用適當之虛詞。如（而）（及）（雖然）等。均所以得密切之聯法也。

七 廣告法結構上之原則三 加重 Emphasis

廣告法結構上最後之原則。爲「加重」。所謂「加重」者。卽字句之加重也。蓋廣告上緊要之事實。必以加重之字句出之。而後得發生效力。加重之法甚多。通常每多用顯示法者。如用特別之字體。奪目之顏色。較大之文字。或字句上加以綫及圈點者。均屬此類者也。

「加重」與「空間」(Space)及「位置」(Positior)之關係甚大。蓋加重之字句。必有極大之空間。極佳之位置。始能得其效力。位置之最佳者。莫如首尾。故廣告之首。必爲最重要之言語。緊要之題示。不置之中間。而置之首叚。卽以此也。而「鼓勵動作」之言語。及廣告者之地址。必置之末。以其重要耳。空間則宜以比例之定律而定。愈重要則所佔之空間亦宜愈大。普通作廣告者。每以極大之空間而攻擊其同行之劣。則失加重之本旨矣。

總之。無論任何廣告。必有一大意。全篇一致。與大意無關之文字。一概免去。其組織也。則必須有合論理之順序。適當之結構。密切之聯接。而後讀者得自首至尾。一意貫穿。至於加重之詞句。又必予以最佳之位置。最大之空間。能如是。則廣告結構上之原則。盡於此矣。

八　說理廣告法（二）

一區別　廣告分為兩大類。一為說理廣告法。(Reason-why copy)一為興趣廣告法。(Haman-interest copy)說理廣告法。所以說明理由。使觀者發生信用。故屬於知慧上的。興趣廣告法。所以引人興趣。故屬於感情上的。說理廣告法與文章上之辯論體等。而興趣廣告法。則等於文章上之敘述體及描寫體此其大別也。

說理廣告法雖為於合理論之辯論。惟宜以規勸之口氣出之。有時說理廣告中。亦含有興趣之性質。每不能辯別其說理與興趣者。

二用途　說理廣告法之用。較興趣廣告法為廣。作廣告者對於競爭劇烈之貨物。非特引起觀者之欲望。且使觀者深信其貨物之優。而不購他物。是非用說理法不可。通常以感情而購買之物。如寶石樂器等。類用興趣法。競爭劇烈之物。或切於實用之物。類用說理法。用說理法之貨物。可分為左列五類。

(甲)貨物之關於商業或農業或工業上之用而購買者。如機器農具工具等。

(乙)貨物之關於建築上之用而購買者。如瓦，木料，屋頂等。

(丙)貨物之購作輔助品者。如汽車橡皮鞋等。

(丁)貨物之競爭劇烈者。如汽車保險剃刀等。

(戊)貨物之關於投資而購買者。如股票不動產等。

除此五類之外。貨物之可以用說理廣告法者。尙不勝枚舉。要之說理之爲較興趣廣遠矣。

九　說理廣告法　(二)

三說理法之四部　說理法之廣告。必有四部。茲分述如左。

第一部　使觀者發生欲望。

第二部　使觀者承認其廣告所載之物。足以滿足其欲望。

第三部　使觀者承認其貨物之優美。出乎同行貨物之上。

第四部　使觀者心中有購買之决心。

廣告之注重於何部。以貨物而異。如新出之貨物。爲人類所未諳熟者。則廣告必注重於第一部及第二部。如商用留聲機 (Business phohogrph) 等是也。如貨物已爲人類所習用。而競爭劇烈者。則廣告必注重於第三部及第四部。如汽車打字機等是也。無論何種貨物。必經同一之廣告歷史。在貨物發明之初。衆人未知其利益。未知其用法。作廣告者必詳言其利益。詳述其用法。此之謂教育時期 (Educational stage) 貨物之已風行。競爭之已劇烈者。則作廣告者必專述其貨物之特優。此之謂競爭時期 (Competitive stage) 教育時期與競爭時期。爲廣告史上之兩大時期。無論何種貨物。均不能免去者也。

尙有一種說理法與前述之四部稍有差異者。卽置讀者於困擾之地位。描寫無此貨物時。如何不便。如何困難。而後敍述此貨物後之種種便利。此法在廣告學上。稱爲困擾法 (Predicamendmethod) 亦說理中之重要者也。

十　說理廣告法　(三)

四排斥同類貨物　說理廣告法用於競爭劇烈之貨物時。非顯出其優美之點駕乎他物之上不可。故排斥同類貨物於此類廣告上。似乎可以引用。惟排斥同類貨物。必使說理法之第一部第二部失其效力。蓋觀者於此類廣告。對於被排斥之物固不發生絲毫欲望。卽對於廣告所載之物。亦難於發生欲望。以其爲同類也。其結果非特對於他人之營業有影響。卽自己之營業。亦感受其害者也。且排斥同類貨物有背於「加重」之定則。蓋依該定則而言。凡重要之部分。以必加重之語氣出之。排斥同類貨物。非重要之部分也。

聲譽卓著。人人認爲上品之貨物。對於同類貨物。不妨稍加排斥。惟亦非妙法。蓋用正面之勸告。其效力恆較反面之警戒爲大。戒人毋入誤途。不如勸人入正道之爲佳。故與其排斥同類之貨物。曷若勸人購我之貨物。對於物非同類之貨物而排斥之。其爲害較小。得偶一用之。如茶之廣告。對於咖啡。則不妨稍加排斥。牙膏之廣告。對於牙粉。則不妨稍加排斥。若以茶而排斥茶。以牙膏而排斥牙膏。則非計之得矣。

對於同行之假冒而排斥之。固事理上之所宜。但亦不能處之過激。普通以「嚴防假冒」「謹防假冒」等字句。置之廣告之首。皆非計之得者。作廣告者。對於此等事項。仍宜先用正面之勸告。說出其貨物之特長。而於末部。卽鼓勵動作之部分。插入警告假冒之字句。其效力較一味排斥爲大也。

五證據 (Evidenee) 說理廣告。必根據種種證據。而後效力益大。證據約可分爲三大類。茲分述如左。

(甲)試驗及保證。(Tests and gnrantes) 證據之最有力者。莫如讀者之經驗。惟作告廣者之試驗及保證。其效力亦頗不弱。如酸性物之試驗。試驗紙金屬之吹管試驗。及其他一切對於貨物之試驗。作廣告者。皆得以其試驗所得之效果。披露於廣告中。無論讀者之實行試驗與否。其能發生信用。固無疑也。至於作廣告者保證貨物之用途。使用之年限。並能立有保單等。於發生信用上。其效力亦至大也。

(乙)證明)Testimony)證據中之第二類。卽證明。所謂證明者。卽買者對於此貨物使用後。得極大之效果。詳知其利益。出而證明其貨物之優美也。此種證明頗足發生信用。但近年來已大失其效力。蓋因其常用於可疑之藥品廣告上。有時證明者。並未經使用該物。不過因友誼之關係。特別之利益。故作此虛僞之證明。其無効力可知。證明中之最有力者。莫如名人之證明。其名譽之佳。道德之高。爲人人所欽仰者。一言一語。皆足以使人深信無疑。其發生信用之效力可知矣。他若著明工程師。對於建築上材料之證明。著名醫士。對於藥品之證明。其效力亦至巨也。

(丙)事實與數目(Facts and figures)證據之第三類。爲事實與數目。所謂事實者。卽公司銷售該物之事實。及該物所著之成效等均是也。數目者。卽該公司於一定時間內。所銷貨物之統計也。此二者皆足以顯出該貨物之優美。而使人發生信用也。惟此種事實與數目。必依可靠之紀載。正確之統計而後可。否則反滋人疑慮。於事無補也。此類證據用於工業出產品最佳。於他種貨物。則不甚相宜。因其乏興趣也。

十四　說理廣告法　（五）

六演繹法與歸納法　通常作說理廣告之前。必分作種種問題。選擇一談話之點。及廣告之材料。待胸中既有成見。而後定表現之程序。表現之程序有二。一爲演繹法。(Deductive method) 一爲歸納法。(Inductive method) 二者適處於相對地位。茲當分別論之。

演繹法者。卽以主要之辭句。全篇之綱領。置於首部。而後加以解釋、理由、及證明者也。此主要之辭句。卽爲提示。有時爲眞說式。如「奇特之衣箱。」「最盛行之香煙」等均是。有時爲發問式。如「民國十三年將如何。」「何以君必須攷察？」等均是也。

演繹法之公佈能力甚大。蓋觀者對於此類廣告。一經寓目。能卽得其要領。雖不讀畢全篇。亦能知其大意。故廣告之欲得羣衆觀看者。以用是法爲最佳。廣告登於報章及其他印刷品之推銷廣遠者。恆用此法。因其公佈能力之大也。

演繹法亦有其弊。蓋所用之提示。恆不免泛指。不足引觀者之興趣。而有時行廣告者。每於提示之下。

陳述種種理由。既乏意味。又不聯接。均足以減小效力。不可不愼也。

歸納法與演繹法。其次序適相反。蓋歸納法恆於結束之處。結出全篇綱領。卽全篇主要之辭句也。而證明或一部分之證明。恆在一篇之首。此法說理較爲明晰。於觀者心中影響亦較大。惟其公佈能力甚弱。因非讀畢全篇。則不能知其大意也。通常廣告之欲得羣衆之觀看者。不宜引用是法。若廣告之僅須得少數人之注意者。則引用是法較爲有效。故報紙之廣告。以演繹法爲佳。而廣告之刊於工業雜誌及其他銷行較狹之雜誌者。卽以歸納法爲然耳。

十五　興趣廣告法　（一）

興趣廣告法之主要目的。爲引人興趣。其效果不在使人理喩。而使人對於該物發生興趣。故屬於感情上者。與說理法之說明理由。而屬於知慧上的。大相懸殊也。

興趣法既所以引人興趣。故登廣告者。必用種種方法。以達其目的。或用圖示。或用舉例。而廣告主要之部分。恆佔一小部分。惟其所佔之部分雖小。亦必含有引人興趣之性質。方爲合體。

以嚴格言之。無論何種廣告。均含有興趣之意味。蓋通常文字顏色圖畫等。均足引起觀者種種聯想。(Association of Iden) 一若吾人見一人名。則必回想吾人所熟悉之同名者。此卽聯想是也。故作廣告者。不論其爲說理法與趣法。對於文字顏色圖畫等之使用。必謹愼小心。文字顏色圖畫之足以擾亂觀者之心意。或足以引起不愉快之聯想者。均宜一概免去。在說理法中。則能免去此等文字圖畫顏色已足。而在興趣廣告中。則除免去外。尚須建設文字圖畫顏色之能引起愉快之聯想者。以博觀者之興趣。興趣廣告法上之最要者。爲設想 (Suggestion) 蓋興趣法之効果。恆由觀者之設想而得。吾人給一圖畫而缺其一部。觀者見之。一若能見其全璧者。則此所缺之部。卽由觀者之設想而得者也。興趣法所用之設想。卽是類也。故興趣法之文字。恆有首無尾。蓋以所缺之部。觀者卽不難以設想而得者也。此設想既可以引人興趣。又可以使觀者易於記憶。爲興趣廣告法上至要之法也。

十六　興趣廣告法　(二)

興趣廣自法所恃者爲「聯想」與「設想」。夫聯想與設想之發生。全賴觀者過去之經驗。新出之貨竟。觀者對之。本無經驗之可言。則聯想與設想。亦不能發生。故廣街之用於新出貨物者。不宜用興趣法。且新出貨物之廣告。引人興趣。雖爲必要。但其他廣告之官能。如發生信用。鼓勵動作等。更爲重要。若以興趣而犧牲各部。則其效反弱矣。普通貨物之以嗜好而購買者。恆用興趣法。茲可分爲左列之五類。

(甲)貨物爲美觀或裝飾而購買者。如寶石。衣服。手飾。裝飾品等。

(乙)貨物供家庭娛樂而購買者。如鋼琴。留聲機器。玩具等。

(丙)足以增進個人之安全或生命者。如保險等。

(丁)食物飲料之以適口而購買者。如糖菓。酒。香煙等。

（戊）貨物之克爲贈品者。如銀器。書。花等。

廣告之須用說理法與興趣法。恆以其價值之高下而斷。價值較廉之貨物。如肥皂香煙糖菓等。宜於興趣法。惟鋼琴鑽石等則價值雖昂。而仍用興趣法者。此乃例外也。價值較昂之貨物。恆用說理法。如引擎機器等均是也。他若貨物之專適用於女子者。以用興趣法爲宜。貨物之適用於男子者。以用說理法爲宜。蓋因女子之感情較厚也。貨物之聲譽卓著者。以用興趣法爲宜。若貨物之不甚著明者。以用說理法爲宜。此其使用之大別也。

十七　興趣廣告法　（二）

引人興趣之法甚多。其巧妙變化。全視作者之能力如何。無一定之法則可以依據。茲將主要方法述之。

感覺上之直接法　興趣法之最簡單者。爲感覺上之直接法（Dircet appeato senses）所謂感覺上之直接法者。即於觀者之感覺上。直接發生其興趣也。此法用圖畫者多。用文字者少。蓋貨物之聲色味嗅。均非文字所能描寫盡致。故欲使觀者設想貨物之若何情狀。圖畫固百倍於文字也。敷泛之字如「精美」「愉快」等。均失引人興趣之能力。以其常用也。故凡用此法。以引人興趣者。必愼擇其貨物特優之點。對於觀者之感覺上。能直接發生興趣者。斯爲適當。字句之足以發生不愉快之聯想者。務宜免去。因足以減人興趣也。如糖果之廣告曰「此糖果含有麥麯」則此麥麯爲藥品之名。閱者見之。足發生不愉快之聯想。而此廣告之效力亦失矣。又如酒之廣告曰「此酒濃若酒精」。則此酒精爲有害之物。觀者亦足以發生不愉快之聯想。除非酒量洪大者。否則決不以「濃於酒精」之酒爲佳也。

普通人所用之貨物。不宜與講究者所用之貨物。以引起興趣。而致混合。設或以仙女牌香煙之廣告。而曰「梅蘭芳亦吸此煙。」則此仙女牌將以此而不見售於普通之人矣。

感覺上之直接法。不必均直接描寫貨物也。有時得描寫貨物製造之手續。或貨物之環境。以顯其優美。如牛乳之廣告。可以不描寫牛乳。而描寫養牛之法。或麵包之廣告。可以不描寫麵包。而描寫製造之手續。以顯其清潔精美。皆屬此類也。

十八　興趣廣告法　（四）

模倣法(Imitation)　人類富於模倣性。故興趣廣告法中。得利用此性。以引人興趣。嘗見廣告之中。有繪一家屬聚萃一處。引頸舉首。而聆留聲機器者。有繪一少年口吸香煙。而喜形於色者。其他類於此之廣告甚多。吾人見此廣告。恆發生興趣。而欲模倣之者。此卽利用模倣。而發生之効力也。惟所繪之人。必爲一般人所願模倣者。否則非但不發生效力。反令人生厭矣。

感情上之直接法。　興趣廣告中之用感覺上之直接法者甚少。用感覺上之間接法(Indirect appeal to emotion)　者爲多。夫喜、怒、哀、樂、愛、惡、欲、以及「野心」「好奇心」等。均人類之感情也。惟怒哀惡恐懼等爲感情上之反面者。除非用以防患之貨物。如救火器消毒物等。可以引用。普通廣告上。不能常用也。感情上之直接法。在使觀者之感情。直接發生影響。卽引起觀者之喜樂欲野心好奇心等是也。如函授學校之廣告、每告觀者以將來之責任。前途之負擔。及求學之法。謀生之方。使觀者見其廣告。卽發生野心。而入校之志願。亦隨野心而起。此卽感覺之間接法也。

戲劇式(Dramatic form) 此爲廣告中之有力者。廣告之上。繪一伶人。而廣告之文字。對於觀者之勸導。均出自伶人之口。此非特可以引人興趣。且其能力得與談話相彷。此乃單人戲劇式也。尙有雙人戲劇式者。言語均用問答體。惟不免冗長之弊。反不若單人戲劇式之爲生動。

故事式(Story form) 亦爲興趣廣告法中之一種。其爲用頗廣。蓋其文字體。卽與小說或雜誌上之故事無異。在故事之中。而使讀者之感覺上發生興趣。惟所述之故事、必使人以可信。愈正確愈妙。否則反失其能力矣。

十九　廣告技術上之定則（一）

廣告上方法之選擇。以及全篇之結構。固與廣告之效力有關。惟廣告之用同一方法。同一謬結。同一形狀。而其效力有逈乎不同者。何也。蓋因字之結構。句之作造。有不同耳。廣告上之技術所以尙也。字句於廣告上關係既甚大。故必詳爲研究。作廣告者既定廣告之方法。全篇之結構。更進而注重於字搆。句訛之地。不切之處。必竭力免去。字之變易。句之交換。足以增大廣告能力者。必盡力爲之。此皆關係技術上者也。關於技術上之定則甚多。茲分述如左。

字之適當　廣告上最小之單位爲字。故茲先以字論之。字之最要定則。爲「用字之適當」。所爲用字之適當者。卽所用字之義意爲大衆所承認之謂也。在普通文學上字之意義。祇須有著明文學家及演說家之承認。而廣告上之字。必經大衆之承認。方爲適用。關於用字之適當上。有三大要點。茲分別論之。

(甲)合時　字義因時而變換。昨日所習用之字今日或已廢棄。今日所習用之字。明日或將變更。而廣告上之文字。欲博大衆之觀看。其用字必絕對合時。蓋所用之字。必宜以現時普通人所常用者。已廢棄之字或現代所不常用之字。均宜免去。庶幾觀者不致發生困難矣。

(乙)普及　廣告之文字。必爲普通人所知悉者。市井所習用之字。杜撰之字。以及僅適用於某一地點之字。如「勿要」「頂刮刮」「那摩溫」等均不行宜用。以其不普及也。

(丙)簡單　廣告上所用之字。以簡單爲貴。蓋簡單之字。必爲人人習用習見者。如同一意義之字。一爲簡單。一爲繁複。則作廣告時。甯取其簡單者爲佳耳。

俱以上三要件。則廣告上之用字。斯爲適當矣。

二十　廣告技術上之定則　(二)

適合觀者　廣告上之字。必用之適當。前已論之矣。惟適當之標準。有時以區域而異。有時以觀者之等級而異。如在廣東稱爲「用字適當」之廣告。在江蘇或不能稱爲適當。故廣告之祇須得一部分人之觀看者。得用該一部分人所認爲適當之字。卽所謂適合觀者也。故對於工程師之廣告。得用工程師所習用之字。及工業上之術語。爲他人所不諳熟者。亦可使用。對於醫生之廣告。得用醫生所習用之字。撰醫學上之名詞。爲他人所不諳熟者。亦可使用。其他對於律師。商人。農夫等之廣告、莫不如斯。惟廣告之用於大衆者。則必用大衆所習用之字。斯爲適當。要之無論任何廣見其用字之適當與否。必以適合觀者爲前題。卽無論任何定則。亦不可不以適合觀者爲商榷也。

用字之精確　用字旣能適當。又能適合觀者。則可進而論用字之精確矣。夫同意義之字甚多。作廣告者。必選擇最佳之一字。足以代表其眞確之思想者。是卽所謂用字精確也。敷泛之弊。務必免去。字意之敷泛者。如「好」「精美」「上等」「妙」「佳」等。其爲用過廣。無一定之意義。均不宜常用。蓋有妨乎用字精確之定則也。廣告之以用字不精確而失其効力者。十居八九。蓋無精確之字。卽不能代表精確之思想。對於觀者之腦中。亦無甚影響矣。

以上所述。均關於字之定則。其他關於句之定則尙多。卽句之一致。（Unitg of sentence）句之沈合。(Coherence of sentence) 句之加重。(Eurphasie of sentence) 等。是也。惟與前述之結構上之原則相彷。玆不多贅矣。

改善勞工待遇談

周增奎教授

吾國近數十年來。工商實業。逐漸發展。工廠工場。日增月盛。而作工於其中之工人。因此亦日多。農商部雖於民國十二年三月二十九日公布暫行工廠通則但頗不完備且遵行此通則者甚少故勞工待遇並未見佳工作狀況無所改良幼年童工未滿十歲者依然充滿各工場未見取締男女工人工作時間依然甚長毫無限制未滿十六歲之童工從事夜工者亦不禁止工頭管工濫用威權毆打鞭撻辱罵苛罰種種虐待無所不至工場構造不合衛生工人易致疾病工廠建築不合新式廠屋格式一遇火警時有焚斃工人情事工資微薄不敷贍養家室以致年來罷工時聞工潮時起要求改善待遇之聲震盪耳鼓又加之以物價日昂生活維艱所得工資不敷日用所需安問娛樂教育勞工運動已見萌芽苟非及早設法消弭舉凡歐美各國五六十年來勞資間之爭執僱主傭工間之惡感同盟罷工之惡劇雇主工人人民三方面所受損失將一一重演於中國不佞目睹情形眞不勝杞人之憂爰草是篇以請命於諸大資本家大工程師大實業家經理先生之前從速改善所僱勞工之待遇至少彼等應受着人的待遇不當以奴隸視之不當以牛馬待之其所以亟謀改善勞工待遇之理由略舉如下

(一)爲國家社會人民計資本家或雇主應以人的待遇待勞工並非爲人道主義起見亦非爲慈善事業起見乃爲社會國家着想實因種族强弱關係蓋一國或全社會之人民中勞動者爲數不少富裕者反居少數故男女勞工在一國之中或社會上占一重要位置彼等之生活關係國民全體之生活彼等之程度關係國民全體之程度彼等之體面關係國民全體之體面彼等之强弱關係國民全體之强弱苟彼等因工作時間太長工作環境欠佳而勞動過度而身體羸弱而疾病殘廢苟彼等因每日所得工

資低微而不能仰事俯畜而不能成家立業而不能生男育女即有子女而因薪工微薄之故而不能得充分營養而無力教育其子女長此以往則全體國民之中豈非多數將變爲病夫廢人多數將無受教育機會多數將變爲無知無識之愚民馴良者將流而爲苦力夫役强悍者將流而爲盜賊匪徒婦女輩將流而爲娼妓婢妾夫一國之中以人民爲主體假使多數國民平日既無飽食暖衣安居又無教育娛樂休息終日操作時刻不停有家者不得養老撫幼無家者自己亦祗過牛馬生活至老死養老無資棺木無着葬身無地試問此等國家將成何局面數十百年之後非至亡國滅種不止此英對緬甸法對越南日對高麗之愚民滅種政策而我中華民國主人翁之國民豈可以此弱民方法對待同胞乎

(二)爲實業家資本家自身計 本佞 主張 善待 勞工並非鼓吹社會主義亦非傳播過激主義實爲消弭勞資間之爭執實爲改善傭僱間之關係實爲預防勞働者之罷工實爲遏抑過激潮流之蔓延實爲減少資本家之損失亦即爲國家剷除隱患亦即爲人民消滅苦痛蓋吾儕認定資本勞工同爲生產要素資本家不能離勞工而獨立勞働者亦不能離資本而獨存二者相依爲命應合作互助不可互相仇視當工潮一起工人相率罷工在工人固犧牲甚巨有不能形容之苦痛但爲維持生活迫於生計不得不忍痛耐苦而出此罷工要求一途在人民方面因生產減少而受物價昂貴之害因運輸阻滯而受交通不便之累(如輪船工人鐵路工人搬運工人等罷工)而在資本家因罷工而工廠停閉其所受之損失動輒以萬數計所謂罷工要挾於理不取廠家不宜聽從可將老工開除招用新工然一轉瞬間所

上海交通大学百年报刊集成·第一辑（1896—1949）·学术学科

費已屬不貲蓋新工須訓練訓練需時費財新工工作效率不如老工因新工技藝不若老工純熟新工因人地生疏不熟廠中情形不諳運用機器恆有發生危險多耗原料損壞機器情事故新工成績遠不如老工廠家方面所受損失可想而知吾爲資本家計與其不允其要求而傷勞資間感情與其工人罷工而遭損失與其罷工之後而仍曲從工人要求反不若自動的改良工作狀況改善勞工待遇以祛除罷工要求之惡習以改進僱主傭工之關係以掃除勞資雙方之障礙以避免商民所受罷工之損失亦卽所以解除雇主之直接損失一舉而福善備焉又況對於改善勞工待過所費之資本並不算爲費用可以作爲投資蓋費用無利息投資有利息假若廠主肯投資於改善勞工待遇則勞工將感而圖報作工愈益忠勤生產因而加增質言之廠主所得利益將十百倍其所費矣

吾國廠家雇主對於勞工待遇必須改善已無待言不過遲早之問題而已矣弟其所取之途徑或有不同約可分爲四途

(一)由資本家實業家廠主或雇主自動的改善其傭工之待遇

(二)由工人自組職工組合或勞工團體要求雇主改善待遇

(三)由政府制定保護勞工法規强迫廠主實行改善勞工待遇

(四)由輿論鼓吹改善勞工待遇社會促進廠家實行改良

各工廠若取第一條途徑其實施最易而效力最大事半而功倍若取第二條途徑工人之犧牲甚巨而

廠主之損失亦大。若夫第三第四兩條。則爲國家社會。對於勞工應盡之責任。願我國各廠家從速採取第一條途徑。使勞工勿取第二條途徑。以致勞資雙方受損。至於改善勞工待遇之具體辦法。因限於篇幅。不能詳細論列。茲按中國目下實業情形。簡單述之於後。聊備有志改善勞工待遇之實業家資本家之參考焉。

(一)工作時間應有限制。成年工每日工作除休息時間外。至多不得過十小時。幼年工至多不得過八小時。

(二)對於成年工。至少應每月給予二日之休息。對於幼年工至少應每月給予三日之休息。

(三)女工因生理上關係。應特別優待。每日工作不得過八小時。且廠主應爲女工備工作時用之坐凳。勿使久立。

(四)廠主對於女工之產前產後。應各停止其工作五星期。照常發給工資。如不能發給全月薪工。至少須給半薪。

(五)幼年工只能從事於輕便工作。

(六)廠主不應令幼年工從事於夜間工作。

(七)因特別事情。暫將工作時間延長時。每日不得過二小時。每年不過得四十八日。各個人一星期中作延長時間之工作。至多不得過三日。

(八)工資之多寡。應按生活費用之高下。而約給相當數目。每月所得工資。不特祇能養活本人生命、須足數養老撫幼之用。使其子女不致在受義務教育年齡內因須出外作工養家而失學。

(九)廠中須設傭工管理部。對於工人中之受冤枉者得由工人伸訴、為之理直。對於工頭管工。虐待工人者。加以相當懲戒

(十)廠中對於職工。應賞罰分明。不得託詞賠償損害。有意剋扣工資。或偏聽管工一言。藉端扣減工資

(十一)廠中罰辦工人之不守廠中規則者。不得流於苛細虐待如罰扣半薪私刑吊打游廠示衆等。應明定罰則。照章執行。工頭管工人等。不得上下其手。隨意苛罰。任情毆辱。倘有屢戒不悛者。可立即斥革。勿得傷害其身體。

(十二)廠主應按照所辦工廠情形。擬訂撫卹規則獎勵金及養老金辦法。佈告全廠工人知悉。使廠中辦事員。對於傭工因公受傷或死亡及年老不能作工之工人之處置辦法。所有遵循。不致有草率從事。薄待職工等情事。

(十三)廠中對於傷病之職工。應酌量情形。限制或停止其工作。其因工作致傷病者。應給以醫藥費。並不得扣除其傷病期內應得之工資

(十四)廠中於職工。貯蓄保險或為職工各種利益起見。提存工資之一部份時。應得工人同意。

(十五)工廠內於工人衛生。及危險預防。應為相當之設備。如多設樓梯。多開太平門。裝置救火噴射器、

及滅火藥水。以備火警。至闢窗戶。以透空氣而使光綫充足。設安置防全護物於機械上。以減少危險部分掃除廢棄之物。洒灑消毒藥水。維持廁新所淨等。以重清潔之類。

（十六）廠中對於幼年工之失學者。廠工於內予以補習相當教育並担負其費用。

長生會

許葆誠

語曰。天有不測風雲。地有山崩川裂。人有旦夕死亡。此極言萬事預難逆料。須未雨而綢繆。不致臨時而失措而已。風雲之不測。山川之崩裂。非人力所能挽回。而人力之所可及者。如生命與資產。猝遭危害。得以取價於法律之所許。對方之所願。此保險之所由來也。

保險類分人壽與資產兩種。資產又分水火二險。宗旨不外乎集腋成裘。藉以救個人猝遭極大之損失。使貧者不致於破產。富者不致於墜落而已。人壽保險。從社會方面觀。爲社會上之一種計畫。集小數金錢於大衆。償個人先期之死亡。使妻子無凍餒之虞。從個人方面觀保險公司受被保者相當之酧報。允伊死後或遇其他指定事照雙方協定金額賠償。純爲一紙契約而已。

人壽保險。遠後於資產。創於一六九九 英之 Society of assurance for widows and orphans 與一七〇六年之 Amicable society for a perpetual assusance office 而爲人民所注意及之者。不過半世紀耳。此業東來。亦已三四十年。我國前此。並非無保險。但祇有人壽而無資產。且內部組織與管理方法。又異常簡單。茲將長生會各項。記載於下。介紹於我國人士一覽焉。

定名長生會。取長生不老意義。以互助精神爲該會宗旨。會員資格。不論年齡之大小身體之强弱。凡有志者具可入會。但年齡在三十以下者。又絕無僅有也。各埠人壽保險公司。規模固十百倍於是。但資本之厚薄固不論。然不得如該會之無需分文消費也。會員入會證。卽等於保險單。收費數目。不管年齡之大小。一律平均。而收費時期。亦無一定。與 Fraternal and assessment insurance 相同。譬如甲會員死。由伊家屬報告會中幹事長。幹事長再派幹事關照各會員。立時照章繳費。不得有所欠宕。翌日會齊。着死者家屬具條領取。亦無扣折酬報等種種條例也。該會一因不設公共辦事處。又因辦事人員祗盡義務而無權利。欲便於管理。不得不狹小範圍。故會員數有一定限制。(大約六十至一百念一次招足)既滿後。不能復有增加。會員死盡之日。卽爲該會終止之期。內部組織。異常簡單。由會員公舉幹事員數人。再由幹事公推一長。以總其綱。幹事又有會員流值者。此法最爲公允。對於社會上之利弊。(一)收費甚小。平時用去不爲過度。有此足使人民養成儲蓄習慣。俾積少成多。臨事不致措手無策。(二)促成人民互助精神。但繼續繳費。似嫌煩瑣而已。此種集會。社會上固不甚注意。而省縣亦無專律以繩之。如普通保險公司者。至於收費數之太小。一任多數會員之協定。本無足討論者也。

附注一、此種集會之創始。在洪楊亂前。聞已有之。殆已無可考矣。

附注二、該會外觀似與保險公司同一類。而實際則燗不相符。緣保險公司爲謀利起見。而本會則純粹互助與儲蓄二義也。

譯述

消費者的購買動力 (Consnmer's Buying Motives)

立譯

為了研究消費者的購買動力。作者曾在各雜誌各報章上調查過七百十七種廣告。這種表面的觀察。雖不能將消費者的購買動力一一揭示出來。但是也可知其大概了。不過這裏所說的購買動力。祇限于各個的而未及於批發商的。

『出品的銷路怎樣。』『廣告上最合宜的暗示是什麼。』這些問題都是賣者所應當解答的。但是要解答這些問題。非對於消費者的購買動力先有一番精密的剖析不可。因為廣告効力的大小全視賣者怎樣去鼓動買者的購買動力。總之賣者對於買者的心理。須有十二分的了解。在七百十七個廣告裏。二十四個對于消費者的購買動力毫無暗示與鼓動。這就因為賣者不明買者心理的緣故。這種廣告就無效力之可言了。

購買動力有原始的 Primary 與選擇的 Selective 兩種。原始動力是一種發端的動力。使消費者發生購買某宗貨物的動機。譬如鐘表廣告上說『鐘表是家庭必需之品』這就能使消費者有購買鐘表的動機了。選擇動力是一種動力使消費者在同樣的貨品中選購一種。譬如鐘表廣告上說『這種美字夜明表是表中之王』這就可說是鼓動選擇購買動力了。物品的價格常爲構成這種動力的要素。但是一般消費者並不祇爲了物品價格的低廉而購買。必定先有一種原始動力使他有買這宗物品消動機。然後價格纔能使他在同宗的物品中選購一種。

在上述的一種區別外。購買動力還可分爲天性的 Instinctive 感情的。Emotional 與意識的。Rational 三類。這種區別比較上面分原始與選擇兩種更爲切實。因爲這裏是依據消費者的心理而區別的。

第一類的購買動力包括『特殊』Distinctiveness『仿倣』Emulation『好奇心』Romantic Instinct『維持康健』Maintaining health『滿足食欲』Satisfaction of the appetite 等項。這些都是從內心自然而發生的。所以說是天性的購買動力。

第二類的購買動力包括『個人容貌及器物的修飾』Pride of Personal appearance, pride in appearance of property『娛樂的傾向』Pleasure of recreation 及『謀家庭安樂』Securing home Comfort 等項。這些都是自知的動力。從情感上發生的。所以說是感情的購買動力。

第三類是意識的動力包括『耐久』durability『購買經濟』Economy in Purchase 等項。因爲這些都是從理智上考慮而發生的。所以說是意識的動力。

（甲） 天性的購買動力

(一)『特殊』Distinctiveness　在七百十七稱廣告裏共有二十七種是鼓動這類動力的。普通人的心理大概是喜歡出人頭地。與衆不同。標奇立新。以示特異。歐美女子都喜歡買巴黎最新式的服裝。無非爲這種『特殊』動力所驅使。他們都想做第一個穿那新式服裝的人。某家廣告上說『敝號所製家庭應用器具顏色衆多。備買客自由選配。以與房屋內部顏色相一致。此非與衆不同特色非凡乎』這種廣告就是鼓動『特殊』動力最顯著的例子。

用這種方法來鼓動購買動力的。大都是 Specialty Goods 這種貨物自有他特殊的吸引力去吸引消費者毅然的購買。至於那種 Shopping Goods 就不適用了。因爲這種貨物消費者總要估算他的價值質地等等。所以要利用消費者喜歡特殊的天性去鼓動他的購買動力。必定先要有一種 Specialty 貨物。

(二)仿傚 Emulation　共有二十七種廣告。是利用人們仿傚之心去鼓動購買動力的。被仿傚心驅使而購買者的心理。無非要在親戚朋友之中做一個不落伍者。某芥末漿的廣告上說『敝號芥末漿久已馳名天下。爲一般鑑味家所稱許』還有一個製箱子的人說『現在一般女子都很講究他們的服裝。因爲旁的人見了他們的服裝。就知道他們是怎等樣人了。』『時式』常爲構成這種動力的要素。因爲消費者都歡喜合時。可是新的花色一來就厭舊了。風行愈速。厭舊亦愈速。仿傚的動力使一種式樣風行一時的時候。那般改變式樣的領袖者受了特殊心的鼓動。覺得這種式樣太普徧了。他們往往敝棄他而另覓一種新的式樣了。這兩種動力的互相因果。遂使市上的貨物。不時的變更式樣。

(三)『虛榮』Ambition and Social Achievement　這項動力的目標。是要在社會上表示他的人品與才能。而求個人的名譽及利益。七百十七種廣告裏共有十七種是鼓動這種購買動力的。一種是儀客須知的廣告書中詳述應酬時種種禮節。還有一種信箋廣告說『寫信用的紙箋。在無形中表現我們一部分的性格與人品。』還有一個靴子廣告上說『大人物做大事業。應當穿適宜的靴子。因爲這總可使血脈流通思想靈敏動作敏捷。』這些廣告都是鼓動消費者虛榮心的很好的例子。

(四)好奇 Romantic instinct　凡爲了滿足好奇心所生的購買動力也很多的。曾見有一個薰香廣告上寫着道『縷縷的薰香。今夜將示汝以東方的神祕。』此外還有四處輪船公司的廣告鼓動乘客去遨遊遠東神祕的景色。及地中海神怪的城市。

(五)保持健康 Maintaning health　保持各個的健康也可說是人類普偏的心理。共有三十種廣告是鼓動這種動力的。五種是牙粉。三種是肥皂。其餘的是炊具雜物等。大都是從反面鼓動的。

(六)護育小孩 Proper care of children　鼓動這類動力的廣告。共有十八種。這十八種都是鼓動父母爲孩兒去購買適宜的衣服及食品等。這項動力與前項動力稍異。因爲此地是完全爲父母慈愛之心的表露。

(七)滿足食欲 Satisfaction of appetite　爲了滋養身體飲食欲就成爲人類的天性了。鼓動這種動力不着重在衛生等等。而在食味的怎樣。香烟廣告常寫着『烟味清香可口。』糕餅店常自稱他店裏的糕餅怎樣味美。這都是鼓動消費者爲滿足食欲而發生購買動力。

(八)防禦危險 Securing from danger 防禦危險。——或爲各個自身或爲各個家族。——也是人類固有的本性。鼓動這類動力的廣告有九種。如汽車及各種保險等。

(乙) 感情的購買動力

(一)個人與器物外貌的修飾 pride of kersonal and propertry appearance 這種動力與上述的仿傚動力差不多。不過一則自高自驁憑自己的識見去求美麗。一則隨俗沈浮只顧合時。不問合時的是否美麗。這類的廣告大都是化裝品。

(二)藝術的賞鑑 這種動力只用在推銷那種特殊貨物。Specialty Goods 消費者起這種購買動力並不爲『特殊』或『炫耀』。不過爲欣賞精美的工藝罷了。某家伙廣告上說『敝號家伙玲巧而美觀。』某鋼琴廣告上說『敝號所製鋼琴聲音響喨非他家所能比擬。』七百十七種廣告共有十七種是屬于此類的。三種是鋼琴。四種是銀器。還有幾種是家伙。

(三)娛樂 Pleasure of Recreation and Lntertainment 娛樂是籍樂意的活動。振刷體力與精神。雖然娛樂生活這樣普遍。但是這種動力現示于各廣告上的很少。各汽車公司的廣告能注意及此的祇有茄達 Jordon 一人。他在廣告上寫着下面一行大字 A million mile from dull care 此外還有幾種樂器廣告也是鼓動這種動力的。

(四)節省工作 Obtaining opportunity for less work and greater leisure 貪逸是人之常情。誰也想節省工作多得閒暇去遊樂。電氣洗刷機的賣主。常對買者說『這種電氣自動洗刷機可以節省工作與氣力。使你多得暇時去遊樂或安息。』

(五)求個人的安適 Securing personal comiort 這種動力是很普遍而有力的。他的目的是在求體魄上的安適與快樂。——維持健康。但是維持健康與求個人安適自有廣狹之不同。爲求個人安適而購買的物品。或者竟與健康沒有甚麽關係。

(六)求家庭的安適 Securing home comfort 這種購買動力是爲了求家庭安適而發生的。他的目標不是求家庭的外表。而在家庭的有生氣。磁器商推銷他磁器的銷路。就在告廣上說『這種磁器陳設在室裏可使家裏有生氣。』美國某無線電話公司的廣告上說『劇場內和諧的音樂與歌曲將彌佈在你的屋裏使你的家庭愉快而安適。』

(丙)　意識的購買動力

(一)便捷 Handiness 鼓動這種動力的時候着意在謀便捷的方法。物品用途的廣大確是激成這種動力的主因。七百十七種廣告共有二十九種是屬于此項的。某吸棉製造者。自稱他出的吸棉。有不可勝數的用處。並且可以吸收重二十倍的水量。

(二)質地的優良Dependability in quality 物品質地的優良。也是購買動力最有力的一種鼓動。消費者被這種動力驅使的時候。必是要買那質地均勻的貨物。這種動力可說也是選擇動力的一種。因爲使買者在同樣的貨物中。爲了質地的優劣而選買。一種鐘表廣告上都說鐘表走的正確。汽車行裏也時誇他汽車構造得堅固。因爲要使購買者信任他們的話。常常有保單給買主。不過保單上注明一定的期限。過了期限他們就不負其咎了。

(三)價格的低廉 Economy in Purchase 這種動力也是選擇動力的一種。因爲構成這種動力的要素。是價格的高下。價格的高下。使買者在同樣的貨物中。決定選購一種。

結論

從實地的觀察裏找到幾句結論。對于賣者及研究廣告學者。或不無小助。最有力的廣告。常常是鼓動原始動力而不僅選擇動力。有幾處鋼琴廣告只說他們的鋼琴爲一般人所讚許及需要。這種暗示只能鼓動那般想買鋼琴的人。而對大于多數一般人還並無買琴的動機。他們到反不去鼓動了。

還有一點狠可注意的。就是大半廣告都是從正面去鼓動買者的購買動力。因爲反面的激動。雖可引起人們怕懼之心。不過只能在短時期間有效。所以正面的鼓動。常較反面的鼓動爲有力。

天性的感情的及意識的購買動力。萬不能同時同地並用。在鼓動意識動力的時候。對于消費者購備這種貨物的理由。必須明白表示。在鼓動天性的及感情的動力的時候。這就不必了。因爲消費者發生這兩種動力時的心理。是完全不同賣者對于這種區別須要十二分的注意。總之要定一完善的銷賣計劃。必定先要明了消費者的心理。而要明了消費者的心理。必定先要深切的測蠡消費者的購買動力。

From" Haroard Business reviers,,

麻雀牌商業之崛興

麻雀牌商業的崛興，狠有許多緣因其中狠重要的，就是從事麻雀牌事業的和販賣麻雀牌的，對麻雀牌的歷史上，虛構了一種新的定義，於是大家對於麻雀牌這種遊戲，增了一種新的興趣。五年以前，海外的地方，鮮有知道有這種遊戲。然而到了現在，差不多無論什麼地方，多當他是一種午後消遣的妙品。在三十年以前，就是在麻雀牌產生的祖國，也很少和他親近的人。然而不到半世紀，全世界人士都像發狂一般的歡迎他，甚至圖利的人大登其廣告說：「中國大聖人如孔子，也在敎誨之暇，作麻雀牌的消遣。」

雖然世界上人士都知道有這種麻雀牌，並且也都歡迎這種娛樂品。然而却沒有一個人能夠確實說出麻雀牌發明的歷史。有人說：「麻雀牌是一個窮學者發明的。他相信人的生存，如曇花一現，不久就到了另外一個世界了。他發明這種遊戲，就寓着這種意思。」不過這種說法，國外很不佔優勝。實在講起來，國外售牌的，常常對他的主顧說：「麻雀牌是一種極古的消遣品，不是人力所創造的，乃是仙人的一種禮物。」雖然當此科學極盛的時代，總狠難使他們相信這是中國的出品，並沒有什麼神奇的歷史。其他還有一樁關於麻雀的歷史，但是也不可靠的。他們相信在三千年以前，係幾個從甯波來的漁夫想出來醫治他們的船暈的。在發明以前，這些漁夫相信心神專注在另一種工作，就能免去發生船暈，所以他們發明這樣能使心神專注的娛樂品。還有許多人說：「麻雀是一位明朝（一三六八—一六四三）大將發明的。他恐怕他的兵卒一有了空暇，就想作不法的行爲，因此發明這種娛樂品，使他們沒有一刻沒有事做，就可以減少他們的罪惡。所以「麻雀牌」有時也叫「麻將牌」「將」是「大將」的「將」「麻」或者是這位大將的姓。這倒也有幾分可信。「東風」「南風」「西風」「北風」或者是指中國古時的城門，「竹」表明所射的箭，「圈」是箭的鵠，其餘的也不必多說了。」

上面所的說麻雀牌的起原和歷史，都是沒有歷史的考據，不過各人的想像罷了。但是他的特然崛興，無論什麼地方都有他的蹤跡，沒有一處不歡迎他，却係一件事實，而並無可辯駁的。海關上麻雀牌出口的計算，雖然不能完全表明運至外國的實在數目——因爲有許多係附在雜物中輸出的——已狠可以顯出麻雀牌在海外的勢力。

	一九二一年	一九二二年
海外各國	六三〇五兩	一九八八一〇兩

海關的報告，這種預料已成事實。

照上面的報告，麻雀牌出口一九二三年一年內，雖達三百萬元。然尚不能代表中國輸出的確數。因爲有許多旅客附帶的，都沒有算入。 有些帶在衣箱中，有些附在裝飾品中 麻雀牌眞可算中國的紀念物。香港一埠現在對於麻雀牌事業，十分注意。一九二三年起三個月內，運至美國總數亦達二三六〇五元美金，運至檀香山亦達二萬元美金之巨。

近二十年中中國揚子江一帶及南部許多城縣，都有麻雀牌出產。然而在崛起以前，其出產祇限於這幾處縣城，其銷路亦祇限於中國。就是講到現在，這些舊式店家，仍舊照着舊時的方法，不知推銷國外。所以同現在的新式工廠，專做西式麻雀運至國外的，顯然不同。

外人雖然十分歡迎這種娛樂品，然而完全中國式的麻雀牌，他們狠覺得困難，因爲他們尚沒有充分懂得中國文字。爲了這許多特殊的需要，很多製造家就去製了一種較大的，有英文數目的，去滿足這種新需要。於是上海，蘇州，甯波，漢口等處，就設了許多工廠，從事這新式事業。上海既有極大生產，且係分配要埠。可算麻雀牌事業的樞紐。

自從歐美狂熱的需求麻雀牌，麻雀牌的需要驟然增加。當這價格飛漲的第一年，狠平常的一付麻雀牌，常欲極大的代價。普通人都以爲需求象牙太多而致缺乏的緣故，所以價格無論什樣高，外人總當他尚爲便宜。然而到了現在，纔知道從前所謂象牙者，不過是牛脛骨罷了，因爲外人對於麻雀牌的一切智識和經驗逐漸進步，加之同業競爭的結果，他的價格也逐漸有標準了。

當這價格飛漲買客大盛的時機，輸出麻雀牌的貨質日趨惡劣。並且雜以贋物，這也是中國出口品信用上一大不幸。然也有兩層緣故，一來因爲這種極大的需要，突然其來，製造家却沒有充分預備，以致原料不夠，爲勢力所趨出此下策。二來因爲出口家沒有充分的經驗，去辨劣他的好劣。因爲他們都沒有辨過這種新出品的出口貨。並且他們也以爲這種事體不是長久的，所以也不想長久做這種生意，不過有利可圖，暫時爲之罷了。但是後來銷路非但不見收縮，並且需要日見增加，大有一日千里之勢。始有大宗商家加入此種新營業。對於麻雀牌的質料等，也逐漸研究而注意，這輩新人物，非但對於製造上特別注意，對於運輸出口上，也非常留心考察。

製造家雜以贋鼎，還有可以原諒的地方。因爲這種狂熱的需要，實在從未有過。一來缺乏原料，二來缺少人工，然而有人要問臨時檯高薪資，也不難得到大宗製牌工人。然而這却不可能的事情，因爲製造工人，不同乎常工人一樣。他需有精巧的技能和純熟的手藝，然而這些精熟的技能，非經長時間的練習不能得到。

所以麻雀牌事業，實在是一件狠不容易辦理的實業。非但欲有專門的學識，並且欲有長時期的經驗。加之現在國外進口商家對於麻雀牌的智識，漸次增進。一旦大宗現貨運至他國，苟進口商家在詳細審查之後，知道貨質不良，退至中國，這不是辦理麻雀事業的極大危險麽？

因此，出口商家最要的智識，就是麻雀牌所用原料的適宜與否。例如在四五種竹片中間欲選出那一種是適用的，非專家不能辨別，因爲這四五塊的竹片在普通人看起來，毫沒有分別。一到專家的眼中，他就一片一片的分別出來：這一塊是要生蟲的，那一片是容易壞的。這一塊是有伸縮性的，那一片是適用的。這都是麻雀牌製造家應有的智識。譬如有大宗貨品出口，利益甚豐，假使中間被進口家找出了一付生蟲的，他就要推想到所進的貨品都靠不住的，那時所受的損失，眞是非同小可。然而欲知道那一種竹是要生蟲的，那一種是不會的，却是一個狠不容易解決的問題。在一定時期中蟲將生蛋在竹中，所以在那時期中，就不能割下來，製牌的，對於這些事情却不能自己試驗，祇好靠住售竹者信用罷了。

還有一層困難，就是選擇其他的原料，骨，祇有牛的脛骨可以應用，然而也須專門的智識可用的牛脛骨需有一定的重量。所含的脂肪，需有一定的成分。因爲製造麻雀牌需骨太多所以牛脛骨的價格較一二年前已經增加二三倍了。大部分運至中國的牛脛骨，都是去供給那些竹牌製造家。雖然大部分出口的麻雀牌運至美國，然而大部分製造麻雀牌的牛脛骨，多從美國來的。在一九二一年，美國運至中國的牛脛骨，僅值美金一百四十九元，一九二三年自一月至十月已達美金十三萬七千八百元。如果算到年底，他的數目，將更大呢，這樣看起來就可以想像國際貿易的重要了。

所以進口的牛脛骨，同出口的麻雀牌，有密切的關係。因爲中國出產牛脛骨狠有限，差不多完全仰給於美國。所以自從麻雀牌銷路一旺以後，牛脛骨運至中國的數目，也忽然增加了不少。這種地方又是麻雀牌製造家一件困難，一來牛脛骨的價格飛漲，二來他的供給又沒有一定。所以他們狠難預受各國預定麻雀牌的合同。就是他欲預先知道以後牛脛骨大略的價格，也是不可能的事。這豈不是他們一件狠困難的事麽?

照現在的價格牛脛骨一噸大約値四百元一噸牛脛前腿，能夠製成壹百八十付麻雀牌。一噸後腿，可製成二百二十五付然而牛脛骨前腿一噸製成一百八十付中間，不過十付可是說最上等的就是說最厚的。

再講到製造麻雀牌的竹，大都產在沿長江的甯波漢口一帶，供給製牌的竹，是另外一宗事業。實在講起來也不果製造麻雀牌許多事業中的一種。因爲麻雀牌製造家不過集合各種事業罷了。所有各種手續，都是別人家做的。不但竹須如此，脛骨也是這樣。進口的牛脛骨不是整整件件的售給雀牌製造家，乃係零星賣給骨牌工匠。他們拿來一片一片的切好，並且拿來一塊一塊同竹連在一起。所以這種工匠，有時也叫做 Joiner 他拿了這些狠粗的製造物，去賣給麻雀牌製造家。

這步手續以後，就把這一片一片的粗貨磨擦得十分光滑，而後雕刻上色，及配以一切附物骰子，碼子，匣子等這些也都是別處的出產物，總而言之所謂麻雀牌製造家者，不過集合各種事業而置於市場出售罷了。

為此緣故，欲欲詳描寫他一步一步的手續，及研究其工資的問題。是狠難的一件事情，因為他們的分工實在太細了。就是同一的手續也有在兩處不同的工廠中同時出產。

上海的梅倫公司是新設的麻雀牌工廠，他却多是自己製造，同舊式店家不同。然而狠少工人，能夠勝任這種工作。梅倫公司除了竹片須從別廠購來擔保合用外，其餘一切手續都是自己做的。象牙製的牌，實在狠少，就是雜象牙的也不甚多。眞象牙的一付，需值一百五拾元至三百元。脛骨的約十元，雜象牙的約六十元。然而脛骨的好劣也大有分別，有大至四十元的，運至國外也有漲至七十元八十元的。麻雀牌常常裝五十付為一箱，共分十紙匣。其餘附帶物如骰子，碼子等，也紮成二大紙匣。所以每一箱中，共有一打紙匣。致於每箱重量，也因貨質的等次而常有不同。他所佔據的地位，每一百付約為四十方呎。照太平洋運貨率，每一噸約美金十五元，經過巴拿馬運河每噸須美金十元。

至於遊戲麻雀牌的方法及規則，却不止一種。近來英國曾有一種組織，使遊戲的方法及規則，有一定的標準。J.Babcock 曾經著有專書，詳述各種規則，然而以圓圓公司出版 Harold Sterling 所著的最佔勢力。講到麻雀牌的名稱，也因各處的方言而有不同，此地不再細說了。

From "Chinese Economic Monthly"

鐵路之開支（美國 William G. Raymond 原著）

高祖武

鐵路之開支大別有二。曰經常費。曰營業費。經常費利息租稅等屬之。其額約佔全路總開支自百分之十八至四十之譜。美國平均則爲百分之二十四。然遇特別事故。未源無極大之變更。設嘗辦開絕鉅而營業所得至少。或投資過多。則其路必負担較高之經常費。反之則低。雖然此亦恃理財方策之如何。初不能預爲斷定者。美國鐵路平均每哩費四萬金元。利息作五厘計。便爲二千金元。房屋設備約須七千金元。餘爲路線實價。此外每哩之有利無期公債。在一九一〇年約爲三萬八千五百金元。稅捐之規定。則頗不一。蓋各州政策有不同也。于阿立屬那(Arizona)每哩稅捐約一百六十金元。於紐球賽(New Jersey)則爲二千三百金元。其相差若是。設以全國平均計之。在一九一〇年爲每哩四百三十一金元。但嗣後又不止此數矣。

美國用「列車哩」爲計算營業費之單位。卽一列車開行一哩之意。至若「乘客哩」與「噸哩」似雖較切於事理。然變更太煩。以之與作單位。未免太覺瑣屑。蓋每行一客車。無論乘客多少有無。其其所亦幾相若。且客車之開行也。今日乘客多。明日或少。娛段乘客多。他每或少。盈虛消長。至難捉摸。故以「乘客哩」作單位。其實在之價值。亦且至微。貨車亦然。

自另一方面言之。若運價之規定。其單位則仍用「乘客哩」與「噸哩」。譬如客車運輸。自一站至某站。票價多少。乃必以此單位向所經成數及每此價率中求之。但物運貨價。大都與路程之遠近無關。所收在每皆以每噸或每百磅之價率計算。此其價率。據又皆根所謂「惟事業之力所能負」之常規向定。與運載之遠近僅有一部份之關係。卽運載之距離愈長。則每噸哩之价率愈低微。

大凡經業一鐵路之所費。恆憑藉諸多事物而爲斷。諸事者殊難縷述。今舉其犖犖大者三點而言。一曰管理。二曰鐵路之所在地。三曰戡定路線之技能。

若夫人員之選擇。務服之紀律。爲何使原動力與車輛材料適合運輸之用。廠屋爲何維持。運價爲何規定。與外界爲何接近等事。皆屬管理之範圍。而管理者有恃乎辨別與判斷。

鐵路所經之處。宜察其地形、氣候、物價、材源、工資之貴賤與其性質、戶口是否繁盛。而于運輸事業有無發展之可能。尤宜三加之意。

戡定路線之技能。貴于善用地形與節省可免之糜費。爲鑿山渡河。塡低平高。以乃坡度轉角等工程。可免則免。不可免則優爲之。是在工程師之才識與毅力。

坡度之高下。其影響首及于列車之載重與數額。此路線轉灣曲坡度之多少。足以增減每列車之費用。年來每列車開行一路之費用。其加漲可謂速矣。一八九四年（距今三十年前）平均不至一金元者。迨一九一〇年（十六年後）則已漲至一元四角九分矣。其上漲爲不規則的。愈後則愈烈。探其主因。不外三端。一曰工資之較高。二曰車輛之競求美適及重量較大。三曰速率之加增。

凡鐵路在五百哩以上者。其營業費于各州商務委員念一九一〇年之報告中。曾分列一百十六項。每一項復明估總數百分之幾之成數。欲知某項每「列車哩」之費用者。但將某項之成數乘平其「列車哩」所費之總數卽得。又設「列車哩」所費爲一金元。則其百分數卽爲某項每「列車哩」之用費。

茲以該報告之表式列下。用資參考。

鐵路營業費分類表（一九一〇年六月三十日止）

項目	與總營業費之比例	項目	與總營業費之比例
一、路基與建築之部			
監督	·九五七	石子	·四九七
枕木	三·〇九九	鐵軌	·九二二
其他軌道材料	一·一三四	路道與軌道	七·五三一
糞除冰雪沙礫	四·六五	隧道	·〇六四
橋梁	一·七〇九	坡度交义	·〇六一
竹籬標記	·三四三	防雪或泥之墻	·〇二二
信號	·四五九	電話電報線	·一九一
電力傳達	·〇二一	房屋裝修及地基	一·八〇五
船塢及碼頭	·一九八	路用器械	·二八八
傷人撫恤	·二〇六	文具及印刷	·〇四〇

雜費	.〇一八
接軌貨場等(付)	.五一八
二、設備之部	
監督	.六四三
改新蒸升機車	.一八四
電氣機車修理	.〇一二
電氣機車折舊	.〇〇一
客車改新	.〇九〇
貨車修理	七.七三一
貨車折舊	一.七二二
改新車上電氣設備	.〇〇二
動用什物修理	.〇五二
動用什物折舊	.〇二一
改新工廠設備	.〇四二
機械	.五二九

接軌貨場等(收)	.六八一
總計	二〇.〇九三
修理蒸汽車機	七.七七〇
蒸汽機車折舊	.六五九
電氣機車改新	
客車修理	一.七二一
客車折舊	.三二七
貨車改新	.六九七
修理車上電氣設備	.〇〇九
車上電氣設備折舊	.〇〇三
動用什物改新	.〇〇三
修理工廠設備	.二五〇
工廠設備折舊	.〇五〇
動力廠設備	.〇一〇

項目	數
傷人撫恤	·〇七七
雜費	·〇四七
總站設備(付)	·〇四七

三、車務用費之部

項目	數
監督	·七八三
廣告	·四六八
貨車速運	·二二四
文具及印刷	·三六五
文具及印刷	·〇五五
總站設備(收)	·〇七八
總計	一二·七三八

四、運輸用費之部

項目	數
監督	一·一九八
車站雇員	六·九〇二
煤塢	·一四三
塲長乃其書記	·八一七
轉轍及信號夫	·二一八
局外經理人	一·〇九九
車務集會	·〇八五
工業及移民局	·〇五二
雜費	·〇〇七
總計	三·〇八一
派出車輛	·九一一
磅秤會	·一三四
車站用物費	·五七八
車守及管輪員	二·七〇四
車塲用物費	·〇七〇

車場司機人	一·五六四
軍場機車燃料	一·五八七
車場車機用油	·〇三二
合辦車場及總站	一·一七一
汽車夫	·〇二七
在路機房用費	一·七一五
在路機車用水	·六五二
其他需要物品	·二〇八
購得動力	·〇二三
車輛用品費	一·七八三
交點司旗員	·三五四
清道	·二五二
動用器械	·一六一
文具及印刷	·四五五
貨物指失	一·二二〇

車場機間用費	·四五四
車場機車用水	·〇九八
其他需要物品	·〇三六
合辦貨場及總站	·七二七
在路司機人	六·〇八三
在路機車燃料	一〇·三五二
在路機車用油	·二〇〇
動力廠	·〇四一
在路管車員	六·四〇〇
信號	·四九〇
吊橋	·〇五一
電語電報	·三二六
特別快車	·〇〇一
雜費	·一一七
行李損失	·〇二〇

分銷處之成立執行及終了

蕭淑恩

分銷處者。有廣狹二義。狹義卽協理店主推廣營業之處所也。廣義則凡一處所。代理他處所作事之謂也。其執行分銷事務之人。卽爲分銷人。有普通及特別二種。普通分銷人。有分銷店主各種貨物之權。特別分銷人。僅分銷指定之某項貨物耳。二人在一定範圍內。均能自由分銷。並可雇用他人幫助。不必得店主之承諾。定義既明。請言其成立執行及終了。

甲成立

欲分銷店主貨物。必經過法定手續。方能有效。查現時各國流行之法。約有四端。

一曰成於店主之明白允許。口頭允許。或書面允許。或印書允許。均爲有效。分銷貨物微細。則口頭允許足矣。但非正式。正式之允許。必用書面言明。指定某君爲某店分銷。如店主與分銷人有爭執時。兩方各有標準、不致妄言加害。印書允許。大半於分銷地基及不動産時用之。卽將書面上加蓋一章之謂。尤覺正式不苟也。

二曰成於行爲及親戚之關係。合股公司中之股東。互相分銷貨物。初無何人表示明白允許。旅館中帳房、本無若何關係於旅客。但旅客之寶貴什物。往往能交櫃保存。則賬房與旅客。卽發生分銷關係。此乃行爲成立之者也。夫妻不和。妻被逐亡外。並其日用供給而無之。則妻之分銷人。（卽代理人）對外因供養其妻所獲債務。其夫有賠償之責。此乃親族成立之者也。

三曰成於無可推托之承認。乙無心治事。甲再三挽之出。而請其爲分銷人。迨後乙作事雖有不週。而甲不能推託也。

四曰成於已往之事蹟。甲無起用乙爲其分銷人之心。而乙在外公言爲甲之分銷。甲實聞之。而不加干涉。及甲已受乙分銷上利益。則分銷之關係已成。甲雖欲反目。勢不能矣。

乙、執行

一、分銷人對於主人之義務。　分銷人必忠信於其主。應遵守主人之指導。無論指導之優劣及明昧。分銷人不能違背。苟指導不善。所受損失。主人亦不能令分銷人攤償。商業上往往有一定習慣及風俗。此時卽主人無明白指導。分銷人亦應相機行事。然主人若存心不良。其指導出乎法軌。或傷害分銷人個人權利及生命。分銷人得不遵守。分銷人既受主人酬潤。則不應遊手消閑。作事笨劣。必須供給相當才能於相當時間之內。但彼決不保險分銷獲利。虧折及損失等事。非分銷人之輕忽所致者。均由主人負責。若分銷人曾對主人明言某事彼能勝任。自薦其有某項特別才能。而結果卽因缺乏此項才能。以致損失。主人能使之賠償。又若分銷人憑分銷之機會。攫得酬潤以外之利益。而使主人損失。則主人能奪去其所攫之利。乙爲甲之分銷人。同時又爲丙之分銷人。而不告知甲丙。雖無損害甲或丙之行爲。一旦甲丙發覺。雙方均應解其伙。而扣留其酬潤。分銷人貨物售完。不可無清白記帳。苟記帳不清。將私人銀錢混於分銷之所得而不克辨別公私者。分銷人一切產業。應盡數歸主人接收。

二、 分銷人對於第三者之義務。 分銷人對第三者往往不生何種責任。卽因分銷所發生之爭執。第三者亦可直接向主人交涉。而置分銷人於不顧。但分銷人於事前。不使第三者知其爲主人分銷。第三者得於主人及分銷人二者擇一交涉。交涉完了。不可換擇其他。當交易時。分銷人越出主人指定範圍而仍用主人名義以成事。主人並無切實聲明者。則分銷人對第三者。不負責任。若分銷人承主人之命、損害第三者。則分銷人與有有罪焉。

三、 店主對於分銷人之義務。 店主因得分銷人之利益。應酬其勞。或得兩方同意。言明每月薪金數目。或視分銷數量少寡。而定比例式之酬金。主人聘人分銷而無報酬之允許者。分銷人得向其索相當之價值。若主人並未延聘分銷人自薦其職。則店主無報酬之必要。分銷完竣。店主又續伙或解伙之權。若分銷之事半途終止。成績不能使店主滿意。而店主又能證明分銷人疏忽者。店主得酌量減其酬資。店主有保護分銷人健全之責。不能逼其觸犯條章。或使其分銷危險器具。苟分銷人因此身體受傷及隕命者。店主應分配盈餘若干作爲養卹金。

四、 店主對於第三者之義務。 分銷人發生於第三者之一切行動。店主負完全責任。（除第二條外）雖分銷人逾越範圍。不使第三者知悉者亦然。他如對第三者有詐誤行爲。或侵害事實者更不必言。但店主往往於刑事犯罪。不肯承認。則第三者可起訴分銷人矣。第三者致分銷人之文件。或分銷人致

度支項目	每年進款 $225-$300 百分數 %		每年進款 $450-$600 百分數 %		每年進款 $752-$1000 百分數 %	
食品	62%		55%		50%	
衣服	16%	95%	18%	90%	18%	85%
住所	12%		12%		12%	
燈火	5%		5%		5%	
教育，宗教	2%		3.5%		5.5%	
法律保護	1%	5%	2%	10%	3%	15%
娛樂，遊戲	1%		2.4%		3.5%	
衛生	1%		2%		3%	
總計	100%		100%		100%	

由表卽得安其爾氏定律。歸納如下。(一)家庭進款增。加食品之百分數減低。(二)進款每增。衣服費之比例。幾無變動。(三)進款變動。房租。燃料及燈火費之百分數不變。(四)當進款增加。教育娛樂。及其他雜用費之比例。亦因之而增。此卽所謂安其爾氏定律(Angels, Low)。由此消費統計。可以推測通常家

庭消費之趨勢焉。

交通救國論（前交通總長葉恭綽原著）

蔣鳳五譯

（一）中國交通之現狀

近世交通方法之輸入中國。逾五十年。但國民能知交通之眞義者。尙居少數。以謂交通等問題。約略討論。尙有價值。欲精密研究其對於國家佔若何位置。而力謀發展整理之法。則可不必。昔李鴻章興辦鐵路電報。羣議以謂徒供軍事作用。但三十年之後。卽軍界要人。亦何嘗注意路電。盛宣懷管理鐵路海軍電報。羣議謂未臻發達。但以現在情形而論，執政者五日京兆。且不能自固其位。遑論發展中國交通之歷史如此。前途寧有指望乎。

（甲）交通之重要

吾等知交通之重要乎。交通能保衛國家。開發財源。歐美各國。知交通之重要也。改良促進。不遺餘力。返觀吾國數十年來。曾有若何設施。若何進步。此等危急情形。國民再不能夢夢而不事補救之法矣。爲今之計。吾等宜先朝野一心。開誠布公。謀挽救此目前危局。著者以謂中國現時交通制度。於設施之前。先宜根本改造。欲改造交通制度。非國民通力合作。不能爲功。（篇中交通二字。指鐵路陸道內河海道空中傳遞并電報郵政電話等項。但北京交通部所訂交通範圍。尙不止此。前此著者曾建議交通制度。當分四科。卽陸路交通水道交通空中交通及遞訊是也。該項計劃。曾經交通部採納。惜未實行。）

（乙）交通與國家之關係

中國倘能一統南北。建設良好政府。堅固國防。普及教育。振興實業。則猶可挽救。但解決上列諸點。皆有賴於交通。國民不幸程度尙有未逮。未能洞鑒及此。與中國有關係各國。知交通之重要。於我國邊境設立鐵道。（有時且侵入吾國邊界。）於我國國境。駛行輪船。並享受類此各種權利。凡此種種。皆與建國有莫大關係。但中國大權旁落。滋可慨也。

（丙）交通與外國之關係

中國交通。將來與國際間頗有關係。卽與世界和平。亦不無影響。中國處此地位。爲世界和平計。實負整理交通之責任者也。

歐戰之興。著者卽主張加入協約。與英法美各國。取一致態度。蓋欲增高中國國際間地位。鞏固吾國對於列强之信用。非此不足以成功也。但以限於交通現狀。一切運輸。未能迅數派兵赴歐。一節卒未實行。致聯軍對中國感情。因此冷淡。華盛頓會議。中國號召開放門戶利益均等諸主義。而迄未得若何巨大利益。推厥原因。交通之不良。有以致之也。

再就國家防衛而論。當一九一三年時。頗有人主張建設鐵路。貫通歐亞。取道東北。設是項計劃能早日實現。則關於蒙古對俄一切交涉。當不至若是棘手也。

（丁）交通與南北統一之關係

中國安危視國內能否統一爲定。南北分裂。危象甚著。前此政府屢欲設法使南北兩方諒解。互相攜手。顧屢歸失敗。此失敗之原因。又當歸於交通之不良。非謂交通便利、易於運兵。能以武力統一。交通便利之後。各省積見自易泯除。種種障礙。日易消滅。而全國於是能通力合作。更有進者。近年以來。頗有人主張先裁兵以促成統一。同時使被裁兵丁。築路濬河。以發展國內交通。則裁兵統一問題。尤與交通有直接關係矣。

（戊）交通之功用

近年交通部歲獲巨貲。武人於是倚爲利藪。誅取毫無限制。而交通之財源涸矣。按中國交通現狀。少數機關雖能獲利。然國內各項交通。正待建設。所需經費極巨。況交通要素。在防禦國家。振興實業。政府將交通一切收入。充各項建設之外。猶虞不足。何能將區區歲入。供武人揮霍。武人提取交通收入。實飲酖止渴。其害不可勝言者也。

交通主旨。在鞏固國防。振興實業。就河南省而論。河南富煤斤食料。每年煤斤食料經京漢隴海或道清鐵路運至各省者。約五〇〇〇〇〇〇〇元。而輸入各品如糖及棉花等類。每年不及三〇〇〇〇〇〇〇元。河南一省每年藉此三路得增加財產二千萬元。倘河南交通設置。更能改良。此等財產。當更增數倍、河南一省如此。他省亦何獨不然。中國交通制度完備。每年財產當增至十萬萬元以上。此十萬萬元之巨款。與設置交通之損失相較。其懸殊固不可以同日語矣。

吾儕參閱各種統計。知設置交通。類可獲利。中國鐵路之開支極省。（實爲全世界鐵路開支之最經濟者）而營業有逐漸增加之望。如京漢鐵路。當一九〇五年時。進款年不過五〇〇〇〇〇〇元。至一九二一年。竟增至二五〇〇〇〇〇〇元。營業增加五倍之巨。中國交通事業。前途頗爲光明。開發交通。決不至受若何損失也。

（二）交通與財政

世人僉以謂中國交通。行將破產。此種現象。誰實爲之。此不可不詳加研究者也。中國國民。未嘗運用固有之權力。依順正軌。而盡監督指導政府之責任。是以軍閥截款扣車。肆行無忌。而中國交通界。遂是此等腐敗現象。所幸痼疾未深。挽救有術。國民前此昧於監督指導政府者。因未知中國交通現狀如是腐敗也。苟知中國交通現狀。必將投袂奮起。與執政者合作。而奠中國交通於永久之基矣。

（甲）中國國有交通事業之情形

（子）鐵路

中國自採用近世交通方法以來。國有鐵路之收入。輒與支出不能相抵。（支出包括還債等項）探其原因。厥有三端。（一）前此所籌貲本不敷應用。（二）鐵路收入太少。（三）提舊路盈餘。以供建築新路。其實此種出入不敷。係挪作他種貲本。不能謂之虧損。但近年以來。鐵路之負担日重。舉辦實業。如開闢煤礦。

其貲本仰給於鐵路者甚多。收贖鐵路。如京漢路備價收回。其貲本亦仰給於鐵路。政府收回私有鐵路。如收購滬杭甬路。其貲本亦仰給於鐵路。最後如償付宿逋。以及養路護路一切開支。皆莫不仰給於鐵路。泰西各國政府歲撥巨款以振興鐵路。在中國則各項用途皆仰給於此。中國鐵路收入雖年有增加。然用途隨之日增。亦何濟於事。抑更有進者。一般軍閥更恃此爲利藪。任意提取路款。使交部更窮於應付。中國於一九一二及一九一三年時路款歲虧二〇〇〇〇〇〇元。此種虧絀除運兵費數十萬元之外。皆非作無爲之用。袁世凱執政時。常命交部供給政府。計自一九一四年至一九一六年兩年之間。交部供給政府不下四〇〇〇〇〇〇元。此時交部已陷窘境。但尚非絕對不可救藥。自一九一七年之後。政府更視交部爲利藪。各種政費莫不仰給於此。同時交部負擔增加。如償付國內借款。建造新路。(京綏及粵漢川路)增設支線。修理車輛。貲助虧折鐵路(廣九道清及粵漢川路)等。不一而足。故鐵路收入雖年有增加。而負擔太重。亦不免窮於應付。至一九二〇年。軍閥更逕向鐵路提款。而鐵路前途。更不堪聞問矣。

(丑)電報電話

電報包括有線電及無線電兩種。中國電報電話。皆歸國有。目前宜設法推廣路線。減低報價。以爲改良之計。但近年政府濫用電報。使電報收入頓形減少。以致入不敷出。與鐵路情形彌復相類。電話雖可獲利。然以餘利彌補電報虧負。並建築無線電臺。亦覺不敷支配。故電報電話收入雖無外界阻礙。亦無若何良好現象。一九一八年政府舉辦電報電話及無線電借款四〇〇〇〇〇〇〇日元。使交部負担益重。其實政府祇以是項借款百分之二十舉辦電政。餘則悉充政費。此項借款。以電政為抵押。故現時電報電話大權。皆操諸外人。其情形正與鐵路相似也。

（寅）郵政

中國郵政。由政府僱用外人管理。每年收入。較鐵路為少。故尚未有截留等事發生。郵餘每年報解交通部者。在六〇〇〇〇〇元至七〇〇〇〇〇元之間。

（乙）中國交通將來之危機

就著者管見所及。解決中國交通。厥有二途。交通事業。或歸民有。或由國際共管。中國現狀混亂如此。交部復有若何能力以謀振頓。設人民不計利害。不自為謀。則外人自當樂為庖代。外人非存侵略主義。為保護一己利益計。不得不如是也。倘中國交通由外人管理。則一切情形。不難預測。時機危迫。國民其共起力圖乎。

（丙）現時所需要者

中國交通現狀如此複雜。而論其設施。則實在幼稚時代。中國現有鐵路六千英里。電報綫七萬英里。無綫電臺十一所。裝設電話者五十二處。長途電話數處。此外有輪船二八七〇〇〇噸。商用飛機十八架。中國幅員廣大。此區區之數。何濟於事。郵政雖屬發達。然尚須推廣。道路河道亦皆在幼稚時代。亟宜開濬建築著者以謂中國地大物博。各種交通。鐵路路線應再加十倍。電報綫增加三倍。電話線增加十倍輪船噸位增加十倍。無線電臺就現在計劃所將興築者外。再加兩倍。飛機宜增至一百架。此外河道宜加開濬。海港宜即興築。道路宜即建造。就上述諸項計算。約需貲本六五〇〇〇〇〇〇〇〇元。設此等計劃分二十年舉辦。則年需貲本三二〇〇〇〇〇〇〇元。此等巨款。似屬可驚。其實亦非絕對無籌措之法。政府苟能担保此等款項絕對爲擴充交通而用。信用既孚。投貲者諒不乏人。倘此項計劃能一旦實現。則中國富强可立而待矣。

(丁)解決之一法

試研究交通部經濟狀況。就一九二〇年而論。鐵路收入四〇〇〇〇〇〇〇元。（電報及郵政收入較小。無足輕重。）設以收入之半。償付到期借款及各種利息。則交部年尚可盈餘二〇〇〇〇〇〇〇元。以此贏餘發行債券三〇〇〇〇〇〇〇元。年息一分。每年還本三分之一。計第一年應付一三〇〇〇〇〇〇元。第二年應付一二〇〇〇〇〇〇元。第三年應付一一〇〇〇〇〇〇元。而交部於第一年可餘七〇〇〇〇〇〇元。第二年餘八〇〇〇〇〇〇元。第三年餘九〇〇〇〇〇〇元。以此餘款作各項開支。交部遂得以債券所得。償還舊債。以減輕前此負擔。此項計劃。係根據一九二〇年收入而論。近年以來。鐵路收入年有增加。則籌款更易。故交部近日雖陷窘境。殊不致即行破產也。

(三)交通與各國之關係

上海交通大学百年报刊集成·第一辑（1896—1949）·学术学科

中國交通自創辦之初。即與外交發生關係。中國於一九〇五年拳亂之前。各種交通事業。皆隸屬於外交部。故交通與外交財政頗具密切關係。尤有進者。中國素召開放門戶及利益均等主義。故外人之在中國舉辦交通者甚多。即如中東鐵路。由銀行界投貲興築。交通外交關係之密。於此可見。

（甲）外交上各種阻力

交通部措置一切。阻力甚多。而就以外交關係爲甚。交通部有若何計劃。將實行矣。輒以外債關係或事前未有此例而止。而我國交通事業。遂無復有發展之望。歷年以來。中國經濟界及政治界所需要之鐵路。多未舉辦。蓋有爲中國所需要者。或於外人有所不利。遂致停頓。如廣九粵漢兩路。粵漢路較廣九路爲切要且易獲利。但因外人關係。廣九路早已告成。年有虧折。而粵漢路則至今尚未成功也。

再就河道海港而論。中國河道。幾無一非外人興辦。故各種貨物。運輸多歸外人管理。近日以來。外人投資築吳淞浦口龍門海州及葫蘆島等海港。中國運河已抵借外債。其餘如揚子江衛河遼河及直隸省內五巨河。皆漸爲外人所垂涎。至外船之在中國河道行駛者。爲松花江黑龍江金沙河揚子江及珠江等處。中國國內航權。拱手讓人。外人雖略存侵略之心。而華人不自振拔。實爲最大原因也。

此外如無線電海底電線電話電報及飛機各項。皆因外債關係。受種種牽制。郵政幸有全權。顧對於僱用人員。亦與法政府訂約。未能自由黜陟也。

就上述諸端而論。中國交通。欲免除種種障礙。必先措還外債。顧外債爲數極巨。一時難於籌措。則國民當盡全力以赴之。須知交通爲國家血脈。交通不良。國勢難期興盛。國民其好自爲之。

（四）改良交通之計劃

欲謀改良交通。必先研究人材資本原料進行方法組織大要及行政管理權諸問題。蓋各項皆與將來發展有莫大關係者也。茲將各項一一分述如左。

（甲）人材

無論舉辦何種事業。各項職務。須得各種適宜人材。就目前而論。交通部冗員如鯽。國內專門學校畢業生。以及國外留學生。一時皆未易覓相當位置。頗有人浮於事之患。但究其實際。此等冗員辦事率未能稱職。應在淘汰之列。適當之人材。因尚供不應求也。

近世交通方法輸入中國之初。各機關重要位置。率以毫無專門學識之官僚充任之。其實權則皆操之外人。華人不過供翻譯等職務。襄佐一切而已。爾時華人懷材莫遇。即倖得一二位置。亦限於環境。未克盡展所長。故自一八七五年至一九〇五年間。中國幾無有一人堪稱爲專門家。迨至詹天佑建造京綏路。中外人士於是瞿然知留學生之價値。第爾時留學生不多。故所成事業亦鮮。

著者爲養成專門人材起見。於一九一三年時。嘗主張交部應遣送國內專門學校畢業生至國外專攻一科。或在外國鐵路實習。以造就專門人材。結果此種留學生回國後任重要職務者甚多。或爲車務總管。或爲總工程師。或爲高等會計。或爲機務總管。或爲段工程師。此亦一好現象也。路局人員。亦應受此等待遇。得遣送至歐美各國。以廣學識。而宏造就。留學生自國外歸來。准其在鐵路供職。使學識經驗。並臻豐富。其他如電機工程及造船航海等學生。亦受此等鼓勵。故年來交通界此等人材。日有增加。此等專門人材之外。交部另設專門學校。畢業生約及一千。故交部所陶冶之人材。不論直接間接。其數約逾三千。但此等人材。是否全數適用。亦屬疑問。或學識豐富。而乏領袖能力。或惑於利祿。妄冀高位。卽謂此等人材。皆堪任用。但爲數不多。不敷支配。蓋鐵路河道海港以及其他交通機關。在在需專門人材也。現交部年支六十萬元。爲訓練專門人材之用。此數與交部全年經費幾埒。然十年種樹。培植人材。爲計固不可謂左也。

現時交通界所需要者。大概爲下列諸項人材。卽土木工程師水利工程師電機工程師機械工程師鐵路管理專家實業管理專家造船專家以及船長等是也。設此等人材每年每項須添增五十人。則各項合計當在五百人左右。此交部所應設法訓練者也。

（乙）貲本

（子）鐵路

鐵路資本問題。頗爲複雜。興築鐵路。是否由政府舉辦。抑由外人投貲。鐵路是否國有。抑歸民有。凡此問題。在在皆須研究。就現在情形而論。國民尙不願投貲興築鐵路。但欲全恃外貲。則近來歐洲經濟界頗

起恐慌。亦非上策。資本一項。吾等須善自為謀。經濟能自立。將來發展。未可限量也

中國鐵路不敷應用。亟宜計劃興築。其已經完工之鐵路。亦宜力加整頓。添畢支線。俾營業日有起色。大概興築幹綫。可分三類。(一)建築路線已告成功。此種鐵路。或係政府貲本。或賴外人投貲。(二)鐵路尚未告成。但舉借外債。已經訂約。(三)鐵路尚未告成。同時外債亦未訂約。此三類鐵路。雖情形不同。興築時當不能以外債之已否訂約為先後。宜比較路綫之需要與否而定。需要最殷者。儘先建築。餘則以次依其効用而斷。至於外人投貲。甚屬難恃。新銀行團為外人投貲唯一機關。年能舉借四〇〇〇〇〇〇〇金元。為興造鐵路之用。依普通兌換計算。四千萬金元約合華幣九〇〇〇〇〇〇〇元。平均能造鐵路一千公里。二十年後。銀行團投貲計能造鐵路二萬公里。似太嫌遲緩。中國現時需要。雖以二萬之數。倍為四萬。亦尚不敷應用。至於中國政府。二十年之內。尚須振興他種實業。未能全力顧及鐵路。故欲解決鐵路貲本問題。舍人民與外人通力合作外。不能成功。合作之方法甚多。(一)舉借外債。以已經訂約者為限。(二)國民投貲購買股票。或購買債票。(三)將現時鐵路所有盈餘。提充興築新路之用。欲引起人民投貲鐵路之興趣。此種投資須確實可靠。即謂鐵路須於最短期間能獲巨利。顧路綫之能於最短時期內獲利者。多已興築。或已訂約舉借外債。故新路之有此種利益者。恐難多得。現可將政府現時獲利鐵路。不受外債關係者。售之人民。將此種資本建造新路。俟新路獲利。再以之售諸人民。而更築其他新路。如此使政府所築鐵路。漸歸民有。而各處幹線能一一竣工。同時舉借外債之鐵路。倘能獲利。可將

贏餘彌補虧負之路線。此外有鐵路舉借外債。而有特殊情形。如隴海及湖廣鐵路。（路線尚未竣工。而還本之期將屆。）浦口新陽及南京長沙鐵路、（路綫尙未動工。而各項費用已屬可驚。）高齊與順濟鐵路。（資本已移作他用。）則財政部須與債權團開誠討論、謀解決之方法焉。

（丑）道路

中國古有官道。但久乏修理。漸形湮沒。道路與國家。人知其爲重要。爲今之計、宜力謀鼓勵築路之法。中國政府限於經濟。一時未能建築長距離道路。可行强迫服役之法。凡男子年在若干歲之間。家居路旁五十里以內。無論直接間接、須服役築路。倘人數不敷。則兵士獄囚。亦可應用。工人可供給膳宿。工資除工程師工頭及兵士以外。概不發給。原料如砂石等類。可取給於官產、至工具及一切器械。可聯合附近各縣設法。工程竣事。卽可將工具出售。道路告成以後。一切保管修理等事。可由各縣處理之。國道修理費可由中央政府擔負。省道修理費。由省政府擔任。道路築成之後。路旁居民。可得莫大利益。此種强迫服役方法。亦不難實行。但有一層。須先加注意者。築路之前。必先詳加測量。道路位置。須經富有經驗之工程師規訂。此等測量費。可由中央政府或省政府担負。照上述計劃而言。所需資本極小。而爲效絕大。國民其亟起圖之。

（寅）河道

中國河道極爲重要。而以南方爲尤甚。欲改良河道。必先深加研究。測量研究及一切費用。約合二〇〇

○○○○元。可以增加關稅所得之一部分充之。其開浚及一切建築費用。可發售債券。苟此等借款能担保除浚河之外不作他種用途者。國民自當樂於購買。倘有人民組織公司開浚河道以營業爲目的。一切規法與政府無相違犯。則政府於必要時宜讓以地土且盡力貲助之。

(卯)海港

中國東部濱海海岸線極長。惜無良好海港。現時所謂海港者。皆屬次等。且爲數不過十餘。建築海港經費工程備極浩大。政府近日庫藏如洗。甯有餘力將海港全行修築。爲今之計。可將各處海港。熟加考斷。孰者最爲重要。儘先修築。餘則依其效用之重要與否而定其修築之次序。大概修築海港需時頗久。約在六年以外。閱時既久。一切經費支配較易。一切工程可與建築公司訂約由其負責辦理。

(辰)電報電話

中國電報。較爲發達。但推廣改良。亦刻不容緩。電報收入。爲數無幾。而電報借款之待償付者甚多。故籌款方法。惟有將電話推廣。電話獲利較豐。爲用較亟。推廣電話。可舉辦借款。推廣方法。最宜裝設長途電話。蓋長途電話。爲近今諸大城鎮之最爲需要者也。無線電亦宜切實研究。詳加規劃。使商界得以應用。中國西北西南各部。多高山峻嶺。電報難於設置。則無線電更爲當務之急矣。

(巳)飛機

中國航空事業。因飛機借款關係。一時恐無發展之望。飛機對於國防。對於商業。皆有莫大關係。故國民當設法取消此項借款。借款取消之後。中國航空事業。乃有興振之望矣。

（午）結論

吾國交通事業。方在萌芽。謀集取資本。以便改良。實爲要策。就上述諸端而論。集取資本。約得下列諸點。

（A）國內各省未能統一。和平尚未恢復。人民尚不願輕於投資。

（B）人民雖有巨額資本。然未有確實担保。終未敢輕於嘗試。

（C）世界經濟恐惶。自歐戰之後。尚未恢復原狀。欲恃外債。勢有未能。政府庫藏如洗。思藉國帑。亦屬夢想。

（D）交通部須於金融界樹堅强信用。俾籌款較易。

（E）改良交通。需款極巨。交部對於一切計劃。胥宜審愼周詳。借款時期。若干手續若何。皆宜細加討論者也。

（丙）材料

改良交通。須用絕大工程。故材料一項。與人材資本同屬重要。材料大概分爲三類。即金屬石料及木料是也。查閱前此統計。知交通界所用材料。運自外洋者。約佔百份之七十。今改良中國交通如前述計劃。約需資本六五〇〇〇〇〇〇〇元。設材料佔百分之六十。當爲四〇〇〇〇〇〇〇〇元。倘以百分之十購買中國土產。其餘購自外洋。則輸出者不下三五〇〇〇〇〇〇〇元。欲減少此項輸出。惟有舉辦工。廠銳意製造。下列各種工廠。在必須創辦之列。

鐵廠（每日至少能產鐵一千噸）

鍊鋼廠（每日至少能產鋼五百噸）

鋼鐵製件廠（每日至少能產貨三百噸）

鍊銅廠（每日至少能產銅一百噸）

造船廠（每日至少能造船八百噸位）

車頭車輛製造廠

木材廠

塞門德廠（每日至少能產塞門德三千桶）

機械廠

電機及電力廠

電線製造廠

此等皆爲重要工廠。工廠之外。尚有鐵礦煤礦銅礦及森林等各種事業。各工廠一均設備。屬於工程方面者。姑不具論。茲就經濟方面。約略言之。舉辦此等工廠。約需資本一〇〇〇〇〇〇〇〇元。與前述輸入三五〇〇〇〇〇〇〇相較。相差何止數十倍。倘政府財力有所不逮。無力舉辦此等大規模工廠。

(己)行政管理權

中國交通事業之重要者。率以借款關係由外人管理。鐵路電報郵政重要職員。幾盡為外人。一切事務、悉聽其指揮。華人轉俛首係頭。仰其鼻息。大權旁落。良可慨已。近日愛國之士。僉以謂此等管理。權不能再授外人。顧權利與義務。常相輔而行。華人學識經驗與責任心。是否適宜。將來管理權收回之後。能勝任愉快。吾等苟能早日培養人材。籌措經費。使將來各種位置。各有適當之人材。則時機成熟。外人自不能藉口壟斷。吾濟第好自為之可耳。

(五)結論

討論交通問題至此可告一結束。篇中所言。不無疵誤。第著者就歷年經驗立論。或非盡為紙上空談。讀者幸勿河漢視之。

就著者管見所及。世界各國。不惜歲擲巨帑。改良交通。蓋國際間問題。日趨接近。一國國內發生問題。潛伏危機。影響或能及於世界。就現在情形而論。中國於國際間地位。頗屬重要。蓋大戰之後。歐洲經濟恐慌。世界各國。羣相注意於遠東。蓋利用遠東資本。恢復歐洲原狀也。中國地大物博。蘊藏極富。惜經濟政治二端。未臻鞏固。此皆交通不良所致。苟能發展交通。則南北自易統一。富源自易開發。而世界皆蒙其利。世界各國。垂涎於中國久矣。苟吾人不自振拔。外人將越俎代謀。非特中國蒙其不利。亦將引起世界糾紛。則中國交通之重要。寧復待言。

聯邦準備銀行與貼現率

施家俊

Federal Reserve Bank and the Rate of Discount Prof. J. A. Estey 原著

聯邦準備制度Federal Reserve System 有許多好處。且不細說。單就抑制貼現率Rate of Discount 一端而論。已有研究的價值。現今各準備銀行很注意再貼現率 Rediscount 的變更。顯而易見。聯邦銀行抑制貼現率。是刻不容緩的了。再則人們覺得貼現率政策和人羣有密切的關係。所以貼現率的用處。已成爲一種重要問題。

舊國家銀行制度下的統一機關。事實上決不能抑制貼現率。因此影響不能及於金條運輸。更不能使商業擴大後之危機消滅。預防危機。穩固貿易。必須有貿易盛衰 Business Cycle 的常識。準備機關抑制貼現率實是達到以上目的底工具。

「抑制貼現率的用處」

我們進一層討論。抑制貼現率的用處。準備銀行採用貼現政策。可以阻止商業擴大和價格的上漲。貼現率能夠穩固市面。達到價格水平 Price Level 穩定的目的。得到歐文弗許隨物價而準定之銀元 Compensated dollar 的一樣成績。

銀行貼現率的影響金條運輸的抑制。價格水平的穩定。及於商場貼現率。那末可以鼓勵或抑止貿易。

所以關於再貼現率用處的問題。值得在此地簡單的申說一下。銀行限止借款最簡單的方法是提高再貼現率。營業穩定可以說是全受再貼現率的賜了。

這個問題可以從二方面解釋。（一）提高聯邦準備銀行率。是否同時提高貿易借款的市場率。Market Rate 換一句話說。銀行對待顧主。是否有提高再貼現率的必要。（二）提高市場率。是否有影響於借款。就是提高市場率。是否減少貿易借款。蒙着影響的有三種人。第一種是投機借資人。因爲受了商業恐慌產生的惡果。第二種是奢華品的生產人。因爲他們的貿易是不穩固的。第三種是最低限度的生產人。他們生產力是很薄弱的。僅足產生。

再貼現率變更與市場率變更的關係

討論第一方面——提高聯邦準備銀行率。是否同時提高貿易備借款的市場率。——都根據英國錢幣市場過去之經驗。英倫銀行變更銀行率。市場率亦連帶變更了。每星期四銀行刊行銀行率。是錢幣市場最有價值的出版品。所以從歷史上觀察。可以曉得銀行率及市場率的升縮。實有互相的關係。譬如英倫銀行率提高。合資營業家和其他銀行借資擔負比較要重一些。他們貸資也提高他們的貸資率。以上所論的。不過表面情形。銀行率假使發生影響。其他各銀行都須加重担負。但是不向英倫銀行借資的。不受這樣的担負。他們金融轉折不靈便的時候。纔要借資。所以銀行率發生的影響是有限止的。貿易蕭條的時候。和營業興盛的時代。銀行率的重要。不過是名義上的。假使銀行要使銀行率發生影響。他們在市場出售據票和其他證券。那末減少賒欠票據經紀人和借貸者。不得不求銀行的資助了。抑制貼現率在英國亦不是銀行率單獨所能影響的。美國沒有中央集權銀行。更沒有十分發達的貼現市場。還有許多機關。不靠聯邦準備銀行的資助。所以困難更多了。再貼現率的影響。如果祇及於借貸者。影響眞微乎其微。無足輕重了。許多機關不加入聯邦準備銀行。加入的會員也不向準備銀行借貸。有許多國家銀行信用都很好的。一九二〇一九二一二年商業恐慌。也幷未向聯邦準備銀行借過墨金一元。準備銀行以外的錢幣適應市面的需要。幷不竭蹶。戰時如有多量的製造。或國家政用浩大的時候。那末不动了。但是去春製造大增。準備銀行貸款。亦未能十分增加。一九二二年大宗金條輸入。賣出證券亦甚多。所以營業不振的時候。許多款子。積不能用。所以銀行界亦無須準備銀行的資助。營業不振時競購證券是很普通的。有時政府要穩定貿易。亦採用此種方法。加發證券以資助建質及政府事業。那末準備銀行變更再貼現率影響市場。率不是十分有把握的。因爲貸資銀行競爭很劇烈的。提高貼現率。免不了營業上的損失。種種阻礙。康率斯城 Kansas City 準備區的準備制度史一九二〇年和一一九二二年之紀載最詳。

康率斯城計劃

本地需款孔極的時候。不得不求助於聯邦準備銀行。聯邦準備銀行因爲欲減少貸款之故。所以定下很公允的指數。但是到了現在。我們知道貿易盛衰了。論事論物。如能根據許多資科。不是更精確了麽。統計學家有了許多指數。方肯下斷語，準備銀行不應當如此做麽。

密爾君說以下諸點都和規定貼現率有相互的關係。(一)國內外的貿易情狀。(二)國內外現金市場的狀況。(三)國際的金銀輸運。(四)某時期的需要款項。(五)偶然的騷擾。(六)國內外政治情形。(七)貿易盛衰的時期。(八)價格的變動。(九)銀行準備金的現況。

完全信托準備比是不行的。別的報告和預測。都是很重要的。

聯邦準備銀行的責任是很重大。果能信任貼現率更改的有效。和信任準備比是一種指數。這是何等樂觀呢。準備銀行要給各銀行一種再貼現的信號。各銀行亦應當明白并須執行市場率的變更。壓迫借資者以穩定市面。這是適應時勢的舉動。

以後會員銀行都能向準備銀行借款。一個完全的貼現市場更容易發展了。現在有許多人很肯下功夫去研究貿易盛衰貼現政策的鎖鑰。這正是可樂觀的現象呢。

生產之要素 (Frederick C. Mills) 原著

孫孝鈞譯

自從十八世紀以來，工業界因爲採了分工制度與及得了歷年多少有價值的發明，生產上就築了一座很可靠的基礎了。物質方面經了這樣的進化，世界上的政治在不知不覺中也跟着前進了不少。歐洲百年中所更變的經濟情形，甚至超過前二千中所更變的；現在牠的土地生產能力較之昔日已超過二三倍了；其餘如買賣僱主與被僱者彼此的關係，和經濟界一切的聯絡等等，比之從前都大大的改變了。

現在的經濟制度，我們簡直可以叫牠爲一件很大的機器：從這機器裏面，可以產生出貨物來，（goods）產生出工力來（services）從粗笨的原料變成精緻的商品；牠的各部機件（如煤礦，田地，鋼廠，鐵路，銀行等等）的合作是牠的主要生產的命脈；所以這些各部機件的工作一定要得力。假使沒有協力合作的精神，那末不消說得，經濟界當然要受牠紊亂的影響了。

經濟之發展（The Economic Development）經濟發展的歷史和上面所說的機器構造的歷史，彼此是很彷彿的。牠的全部構造一天複雜一天，卻如機器上附屬的另星機件一天一天的加多一樣；甚至各個部也能漸漸的獨立自動了。不觀從前的經濟單位（Economic Units）是獨立的，現在不是連爲一氣了麼？社會上的那些各個工人，與各個商業單位，（Business Units）在這種機器上不過可以算得齒輪上的一個齒罷了，但是這一個齒牠的本身遇有損壞時，尙不要緊；然以全機的動作而言，那牠影響大局的程度就可想而知了。

生產能力經了這番複雜的進步，雖然牠的各部彼此依靠較前更密些；然而同時牠們合作的精神破用這個國家的生產額，勢必逐漸減低。由此觀之：維持消耗剩餘的事，與維持生產額是極相關的。但是怎樣才可維持消耗剩餘呢？主要的方法就是利息。這個方法在表面上看來，似乎是目前的損失；然而將來的這個方法一經採取了，將來的生產額就不致減低了。

生產與人口 (Popnlation and Production) 如果消耗剩餘已經保存好了，那末我們應當怎樣利用牠呢？有些人將這些消耗剩餘再去作直接生產，也有些人用於別種經營上。這樣用法確有良好結果；但是假如用於軍事上，過分奢侈的消費上，或供給不能生產的閒人，那就不能說這樣用法是合宜的了。我們并不是以爲海陸軍在軍事吃緊的時候是可免的；但海陸軍究竟是經濟上的消耗。除非他們對於社會另有供獻，如此用途，方爲正當。

生產的第三個要素是人口的繁殖。換言之，就是人工的供給。The Supply of Labor 人口之於生產，與上面所說的兩個生產要素，彼此的性質完全不同：因爲人一方面作了消耗者，而一方面又作了生產者。人口增加了，生產額必得也跟着增高。同時消耗也一樣的增加。增加消耗，就是減少個人的應得，若生產增加率較人口繁殖率爲大，就理論上說，當然各人都沒贏餘了；但是如果不採分工制度，不利果器具，開闢天然富源，這種情形是不得出現的。

遞減贏餘定律 (The Law of Diminishing Returns) 一國的天然富源如已儘量的利用了，分工制度如已到最高效率了；在這個時期，若工人的數目加增，每人的平均出產額定要比前降低，而生活程度勢必亦受影響。開闢利源，託機械進步，人口的確因之可以加增的。即如工業革命與新大陸發現之後，歐洲一部分的人民，就移殖到美洲去了。後來美洲人口繁殖的速度，是非常可驚的。但是人口如儘管一直照這樣的繁殖下去，恐怕早遲一天，那種人多事少的恐慌，又在出現了。我們可以預料那個時候的生活，必定是很困難的，現在印度與中國的一部不是有這種情形嗎？

工人缺不了應用的智識。這話大約是人人公認的了。假使生產的方法，祇是因循不改，新式的機器已經發明而不改用，或是經濟制度不完備，在這樣情形中，工人缺乏點智識，尚不要緊；但是世界是進行不息的，今日有什麽發明了，明日又有什麽製造新法了，這樣的改變，是要有敏慧有智識的工人來輔助與維持的。一個工人，如只能死板板的做一件呆事，遇着稍爲新奇的工做，就要束手，這樣的工人，在經濟的地位上，已是只能分利而不能生利的了。

組織能力與生產(Organizing Ability and) Production　除了以上幾個生產要素外，還於一個緊要的要素，就是一個經濟團體的組織力。

一國卽使沒有丰富的天然供給，充分的資本，有智識的工人，假使無有創始果斷的管理人材去經營，她的經濟狀況，恐怕永遠不會發達的。所以現在社會上，因爲要這樣人材的原故，竟有以很大的獎品去鼓勵來者。

商業單位之組織(Constiuction of the Individual Business Unit) 以上所說的四個生產要素，在濟經制

觸者祇前進之商人。其範圍則囿於地域貨品。以及相與交接之商人數。

跑街之營業。悉聽命於總店或支店銷貨部Sales Department 經理。經理有管理其員司及全部販夥之權。支店銷貨部經理有管理其所授地域之權。習慣每一地區設置經理一人。督率販夥。經理員監察跑街之責職。至關重要。首須富于經商及識人能力。又以其熟悉商務市面情形。助貨價之定行。故販夥爲總店所直接或間接支配。然或商業擴至較廣地域。常設支店。而貨棧 Warchouse 之設置卽與支店相關繫焉。

經理員之首要問題。在販夥之選擇。及地域之區分。後者之要素。爲運輸制度 Transportation system 售店數Nmber of Retotl stores 及貨品之範圍 Line of goods 劃分畛域。多由總店或支店任之。銷貨部常設法在準定時間內與顧客相交接。其久暫則視營業爲之保證。亦卽視貨品之範圍爲轉移。運輸當然爲第一支配之要素。至於地域之大小。須視所訪之商店數而定。一地之人烟稠密。則區地亦小。嘗有數處大商家。採取一種政策。以每週找主顧一次。行於大鎭。此種習慣。大規模躉售雜貨商多行之。區域以長距離時間之尋訪而致擴大。每一販友多授一地或一段。此制之利益。爲能使跑街詳悉其地之需要。而啓發顧客之信仰。有時販夥結成團體。由隊長指揮之。未出發途行之先。初步訓練課程。必不可少。若是則可以熟悉貨品情形。蓋或遇歡迎或遭反對之意見。此種計劃。常爲商店與個人相接觸者所採取。跑街巡遊各地域。其制有三。(一)常度制。The Regular trip syrtun (一) 一定地點之特別遊行制 The Regular districtsprcide tripsystun (三)支店制 The Branch-Office Systun 就中以第一制爲最普通。第二制在分配中亦屬重要。第三制則祇有商店用貨棧方法。較受總店之命爲切近者用之。

販夥離店以前應將每鎭之主顧單開列。其身分須細加考慮。所用樣品。當由店友之司此事者預備。再由各部部長作標記。跑街離店之先。當專心致志於其全部職務。其兜攬營業全賴一巳之力。優良販夥。不惴惴然惑于定貨。蓋誠實及勞績。爲其寶貴之貲産。

販夥之責任。常不止貨品之出售而已。而其主顧。必須有堅實可靠之信用。設或對于信用淺薄之人。售貨過多。須絕之。當顧客定貨時。定購單經信用部 Credit Department 時最好販夥出其審判力。以助其從違。因此可以省商行之麻煩。且跑街對于其應能以彼區內之熟悉情形。如需要上之變動。新業之開幕。競業之性質。以及其他有關係之重要情事。以供獻其有價値之職務。

跑街之酬報制度。通行者有三。(一)給薪制 salary (二)佣金制 Commission (三)薪佣混合制 a Concbination of salary and Commission 販夥任用訂立合同。常聲明狀况職務、薪水費用等項。通常有效期限一年。亦有商店不訂明文合同。常爲大商店所詬病。其第一通行條款。爲販夥應出其時間與精神謀其店之利益。各種條款類多編入費用 Expense 一項。有須細查販夥之用費賬目者。亦有關於此項賬目取寬放態度者。迄未能一律。但大多須備有款目之程式。將此項及其他事情報告店中。其最便利之方式。爲旅行報告册 Traveller's Report Book 上等商店常以用費之制定爲良好政策。故多採用後式。取寬放主義者。常視贏利之邊額Margin of Profiyt及其營業性質而定。若無需販夥之完全任務者。則採取第二種傭金制。幾家商店銷貨。得以祇雇一夥友已足。此制多行於較小製造業及掮商業。然往往小製造業。交售貨事于躉售商。再由販夥銷售焉。採取傭金制者。一切開費。悉由獨任。採取薪傭混合制者。若得銷貨至一定數額。始有傭金。專以鼓勵販夥。常行於較大之製造業及躉售商。故販售愈多。其傭金亦愈增。有時有取分利制 Profit system 販夥於其銷售所獲之贏利內。得占潤焉。

販夥之選擇。亦殊重要。蓋商店對於營業上之信託。代表商店優劣之品評。對于販夥品能之重視。實不亞於貨品之優劣。有誠正之性情。商店卽蒙其利。欲預占販夥之成功。誠非易事。蓋其成功品性之分析。原非易爲。彼引人入勝。以招徠主顧。純屬個人方面。歲歲常與顧客交接。日浸月漸。可以窺其需要。及其經商購買之道。而主顧方面。於式樣需要之新趨勢。則常賴販夥之忠告也。銷貨部經理。對于販夥之監督。並無一定規程。端賴商業才智。多數有統系的管理細則。第一大多商家須作逐日報告Daily Report 至少亦須每週報告 Weekly Report 內容訊息。當然視其營業而異。對於銷貨部經理。最有味之項目。爲商業狀況費用銷數及其他各項。日常與跑街相接觸。欲遇主顧。當先由販夥或總店將通知單送與主顧。總店內大多置一銷貨區域圖。每夥之地位。以有色筆記之。是以在任何時期。欲知跑街之在何處。卽可一目瞭然。用此法可以明商業狀況矣。

收賬 Colletion of bills 爲跑街他項職務之一。多數商家另設一部。專司其事。販夥並不與聞。由收賬員數人專往各區處。以理賬目。若零售商爲之經理。則多行此制。通常將清單送交主顧。直接寄款至總店。以清賬目。磁器業由總店送一清單於主顧。然後允其付款於跑街。躉售雜貨商中。亦有絕對採用此制者。然爲販夥者須有夥實之保證。以示穩妥。此外有用總清賬法者。Ledger Method此法備二小總清簿。一交販夥。一存總店。每簿歸入一定區域。其一既用登賬。其他一份。即用以轉結者 Post 上述跑街之組織。足以知其對於商店及商業方面之關係。其行動雖蒙廣告 Advertising 與組合 Consolication 產生之影響。而受限制。然仍爲分配上之一重要連帶物。疋頭貨如雜貨、衣服、磁器等業。多用此販夥。蓋此類商業。多以大量銷售。購者多樂觀貨樣。故跑街在商業上之站位者亦多。

近世商業活動之重要方面。爲通信販賣業之起興。本地商人。賴通信以銷售者。爲時已久。然欲得一種有秩序之力。由通郵以應顧客之命者。爲時未久。信託業 Trusts 組織之原由。亦有提倡發展通信商店者。蓋除去中間人 Middle man 爲此制之特徵。而尤以自鄉村商人。至分配連鎖爲最 Chain of Distribution 通信業之產生。自然而順理。運輸 Transportation 之進步。郵務之擴增。在在足以使城中商人。便於取得樣品。以及轉運貨物。由是定貨者紛至沓來。足以創設通信部。此即引至單純通信商店組織之緣由也。

在美國之城市地點。頗有合於通信商業。然無有過於大城支加哥者。Chicago 支城爲人民衆多之大農區。多鄉村及小城交通便利。與支加哥城相聯絡。職是之故。其所有完全通信商併合其業。計每歲幾及美金一萬萬＄100,000,000 最大之業有二。一曰西亞斯洛勃公司 Sears, Roeback and Co. 二曰茂華洋行 Montgomery ward and Co.（按駐滬有茂華洋行經理在博物院路）又有零售通信店者。此外有營躉售通信事業。而多數城內商店。亦有通信部。通信店之組織及規模頗大。有數優良商店之習慣。專營鄉村業。而不願售貨於城市主顧者。

通信商專賴宣傳 Publicity 式樣各各不同。除得有限制之新聞紙廣告 Newspaper Advertising 外。賴傳單 Circulars 目錄 Catalogues 爲主要品。因鄉商對於通信商家之惑覺不良。鄉間新聞紙多不願登載此項廣告。因此須賴向各方搜集通信單 Mailing list 憑發目錄。及特別傳單。

目錄之編製預備。最感困難。普通目錄 General Catalogue 最關重要。首應注意此目錄包含普通貨物之主要者。及需要不變者。商店中每欲出售其所有貨品於市場。故其目錄。擴張至較大之內容。其說明及價目表。多至 70,000 貨品。更有特別傳單 Special circulars 小册 booklets 及樣品Samples 之發送。以爲每季之用。

目錄及傳單。不可忽視。其敍述貨品。須簡明準確。及實眞。蓋爲無聲販夥 Silent Salesman 一入人手。即有找貨之可能。目錄至何處。即其商店至何處。而郵務部 Post office Department 即爲傳遞機關。

通信商首須一有統系的組織。第二交貨時。貨品須有滿意之狀況。價格從廉。而應貨之審愼。爲經商成功之基礎。商業非特可以持久。且得主顧對於鄰人作傳揚之舉。不啻一販售經理。鄉間購容。樂於價廉物美。而通信商常如城市分部商店 City Department store 之採取經濟二字爲目的。後者爲特別零售店之總所。亦猶通信之爲鄉間零售店之總所也。

據此以觀。彼售於消費者之價目。當較鄉間商人爲廉。營業之範圍既大。其購買力 Purchasing Power 亦增。鄉間零售商之利潤無與。而工廠之由通信銷售。則掮商 Jobber 及零售商之利潤得無與焉。（按經濟學原則。生產者 Producer 或製造業 Manufacturer 與消費者 Consumers 之間。所經中人 middle man 爲躉售商 whohsaler 零售商 retailer 掮商 Jobbers 經理處 agency 等之手愈少。則生產家或製造家獲利愈多。同時消費者購買時之價格。亦愈廉。因一經中間人。即須剝去其應得之微潤故也）通信商之費用。爲廣告、目錄、樣品、郵費、貨運價 freight 捷運費 express charges 書記員司等薪水、以及房產上之各種費用 Fixedcharges upon the investment in buildings 因其營業銷售總數甚大。故其費用之比例。較營別式同等之事業爲小。其存貨直接向廠家大宗批發。故其購入甚廉。鄉間對于時式二字。不甚注意。彼所重視者。乃價廉物美。而此業對於顧客方面之節省。尤爲重視。更得多種貨品之供獻。通信業大多較本地商人 Local merchant 售價尤廉。而貨運及郵費爲費用中之小者。其結果鄉間主顧購買。可得城中之價。除通信店獲利外。並無中人利潤。且其經商業多以現交。以此可以減費。

欲利是業。不可不注意組織一項 Organization 店中分部與通常商店營城市零售者相似。最要之異點。爲前者之商業多由通信捷運及貨運爲機關。不得不有雄厚之組織。得敏捷及準確以營其業。

大行家普通定制將鄉間四周劃分爲區通常分部商店 Department Store 所有各部通信商店。多同有之。其間最重要之不同處在於營業上之接觸。通常零售商店。與其營業之關係。爲密切的及人的問題。以夥友之人格爲重。通信商店則不在人的。而其求沽。端賴價值及公平交易爲本。

通信商有規模及職務上擴大之可能。於鄉商手中占去營業不少。然亦不得卽謂爲障礙。蓋得通信商則可以改進營業。及選擇較精細之貨品。而其最足以爲障礙者在其售價減低。其故原於除去零售商之經手。概以現金爲本。然鄉間零售商。對付此種情形。常向製造家購買。而得省躉售商之利潤。顧客向通信商之購數。常較向鄉商者爲小。通信店之有迅速之進步。原于效能 Efficiency 及經濟 Economy 若營以大規模由主顧方面觀之。足證其購買經濟之法。而消費者Consumer 購買貨多。其利卽見。且通信商不若本地商人。可以掉換貨物。

自各方面作、一總觀察。通信事業日多。增加頗速。因其有除去中間部分在生產家製造家與消費者三者間之趨勢。愈多愈利。更得城市報紙。及價廉雜誌之助力。通信制度。得以大登廣告。近來分配制度組織之變化。其通信業。不可不謂之重要矣。

距離遠近。不足以爲其障礙。蓋得郵運之迅速。鄉間各處。皆得有制度的開發。通信業對于鄉間商業。爲

一清算義度 Clearing Instirution 用郵運者。約有百分之七十五。多自農地來者。

今試述鄉間商人方面之態度觀之。此制之特點中有足以危害及其本地商業者。若自消費者觀之。則爲之闢一外界市場。得極多廉價貨物之供獻。然農產品如米、穀、牲畜等屬。多視市場之有利者售之。有時售於城市。故通信商業之發達。乃一經商問題。亦卽爲價格與貨品之優劣問題。鄉間顧客。常視市面之利己者從而購之。

調查

膠濟鐵路參觀記

思達儉

負笈此校。瞬居八載。今年春有長途旅行參觀之舉。目的所在。爲調查各鐵路管理、行車、會計等實施情形。足跡所至。爲滬甯、京奉、津浦、京綏、正太、膠濟等路。就中唯膠濟爲民有鉄路而公開營業者。國民對於該路。因有呼籲奔走收贖儲金等事。腦海之中。已具特別印象。則其設施當亦爲國民所特别重視而欲亟求詳知者。思儉此次旅行。迫於期限。參觀該路。僅一日程。時短事繁。未窺全豹。良用慊然。茲姑將參觀所得。分爲鐵路現狀及個人觀念。筆述於左。俾儕朋問訊。藉代口談。亦此行之雪泥鴻爪也。

吾於紀述本路狀況及個人觀念之先。姑將該路歷史簡略言之。該路之緣起。蓋因遜清光緒二十一年德人藉山東兗州有戕殺德敎士一案。肆其武力。佔據膠州灣。提出建築山東全省鐵路權爲和議條件之一。磋商再四。乃以膠州灣至濟南鉄路權與之。定期五十年後得由中政府任意贖回。期內中國政府得分紅利。而沿路三十里內。德人得有開採煤礦權。至二十五年九月。德人遂由青島興工。二十八年開始通車營業全綫成功。爲三十年七月。歐戰起後。日人於民國三年九月間。乘德國無暇東顧我國宣布中立之時。奪取青島。於是膠濟鐵路。遂爲日人所佔有。厥後歐戰告終。抗不我與。意圖久佔。力行水陸聯運之策。敷設枝路。（金嶺鎮至鐵山）開辦鐵鑛。增加各種車輛。是爲日人管理時代。嗣經華盛頓會議之結果。歸還青島。膠濟鐵路由中國以國庫支付券贖回。其贖金分十五年償淸。五年後亦得一次付淸。車務長及會計長則由日人充任。至十二年一月一日。始由我國正式接收。數十年來損失之國土主權。富源命脈。仍隸屬于五色旗之下。因贖路款項關係。交通部應人民之請。定爲民有焉。

（甲）鐵路現有之狀況

（一）管理局　管理局在青島。直接受交通部之監督。設局長副局長各一。爲該路最高首領。而負完全責任者。下分七處。（子）總務處、爲全局事務總彙之樞。凡編制規章、印刷圖書、辦創鐵路醫院、及小學等事屬之。（丑）工務處、掌管各項工程事務、整理沿綫森林、保管經租房屋土地等事屬之。（寅）車務處、全路運輸胥受其指揮。（卯）機務處、掌管全路機務、行車安危須其職責。（辰）會計處、爲全路收支款項之總匯。各項帳目。須經其查察、綜核、指導、糾正。（巳）材料處、負採購各項應用材料之責。（午）路警處、管轄幷訓練護路隊、密探隊、消防隊等。負全路治安之責。每處又分爲若干課。計七處共二十一課。附圖

局長
副局長
警察處
材料處
車務處
會計處
總務處
機務處
工務處
採買課
計核課
勤務課
文牘課
文牘課
商務課
電務課
運輸課
計核課
檢查課
出納課
綜核課
廠務課
車輛課
產業課
工程課
核算課
文書課
庶務課
營業課
公益課

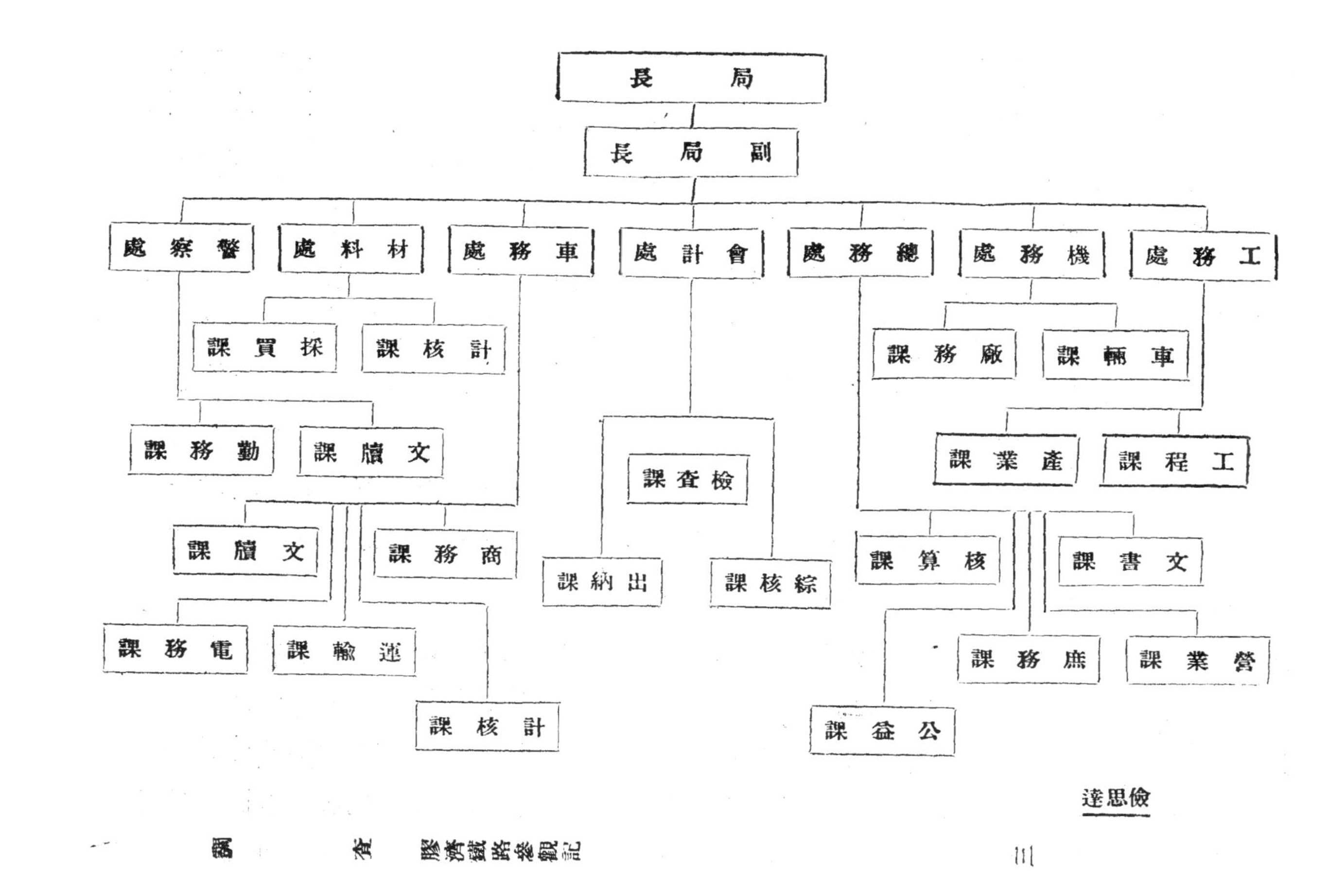

達思儉

(二)建築物與車輛　全路長八百華里。大小車站五十有六。平均每十分鐘可抵一站。鋼軌每碼重六十磅。軌間 Guage 爲四尺八寸半。軌枕 Sleeper 大都鐵製。用木條者甚少。經過大小橋樑三百五十座。中以濰河橋爲最巨。沿路種植樹木甚多。車輛頗清潔。行駛時車身顛簸尚不劇烈。各站月臺 Planform 約出地面尺許。視他路爲低。機廠在四方。除修理一切車輛機械外。能自製客車及車頭。該路建設之初。偏重軍用。故橋鋼樑、軌質料輕簡。機車以及客貨車輛。輕而且小。民國二年。德人擬全加改造。將原有車軌等移作舖設順濟鐵路之用。以歐戰忽起。謀遂中止。至日人接管後。行駛美國機車。載重超出彈性以外。車行橋上。時呈動搖之象。爲之目怵心驚。路局有鑒于此。有于三年內將橋樑逐一更換以保客貨之安全營業之順利之說。該路共有機車百餘輛。(中有美國式車頭六輛)客貨車二千輛。惟機車拖曳力較弱。貨車每輛載重只二十噸。現因貨運發達。車輛不敷分配。擬向美國訂購四十噸鋼車數十輛。以利運輸云。

(三)營業　該路接收後十個月內。運貨一百五十餘萬噸。乘客三百萬人。總共收入約七百餘萬元。與民國十一年日管時代同月中比較。已多收百餘萬元。其所運貨物以牛隻、木材、煤斤、焦炭、豆、棉花、花生、小麥、棉紗、麵粉爲大宗。將來車輛增加。運輸利便。營業之進步。固未可限量也。

(四)青島車站　該站爲膠濟鐵路終點之一。Termial客運貨運。俱以是爲歸納。四月二十二日。由舊同學姚君章桂導至車站。晤張段長郇陪同予等參觀一切。其電氣路籤。運用甚易。蓋其構造與他路不同。路籤係藏于抽屜中。但須抽開抽屜。卽可取用。(其運用步驟從略)不若他路須費大力也。是機爲日人管理時代所設。亦安全而便利者也。出至貨棧。參觀貨帳及貨單。貨單分紅白二種。紅者係表明運費掛帳。若納現款者。則用白色單。旋赴材料處。轉入苗圃中。植梧桐等樹秧甚多。聞沿路所植樹木。率自此圃移去者。

(乙)個人參觀之觀念

(一)該路之優點　車輛整潔。可以增加乘客之安適。沿途植樹。痊多可以利用餘地。蔽烈日。禦風沙。固路基。而每年售樹之款。亦爲增加收入之一途。列車開到鐘點。能確依行車時間表。殊爲難能可貴。全路員司。能通力合作。實事求是。增加工作效率。有優良之大港。可以便利出入口貨物之運輸。該路大港車站。與膠州灣西南之大港相距不過數十武。有碼頭三。萬噸大船。出入自由。該路分設支路于各碼頭之上。舟車間運輸之便利。遠非其他國內鐵路所能及也。

(二)應行禁止之點　司機人往往將燼餘煤屑傾入路中。枕木因之被焚者時有所聞。不獨怠玩職務。損壞鐵路財產。且或因而遲誤行車。關係匪淺。故對于於司機人。不可不加以告誡。

(三)應行改良之點　該路客貨運日漸發達。現有車輛。爲數不多。加之載重又少。爲發達營業計。爲便利運輸計。添購重車頭及鋼車之舉。爲不可或緩者矣。改用或添用重車頭及鋼車後。列車重量。必較現時者倍增。而遠非原有橋樑所能負重。故橋樑之改建。當在行駛鋼車前行之。

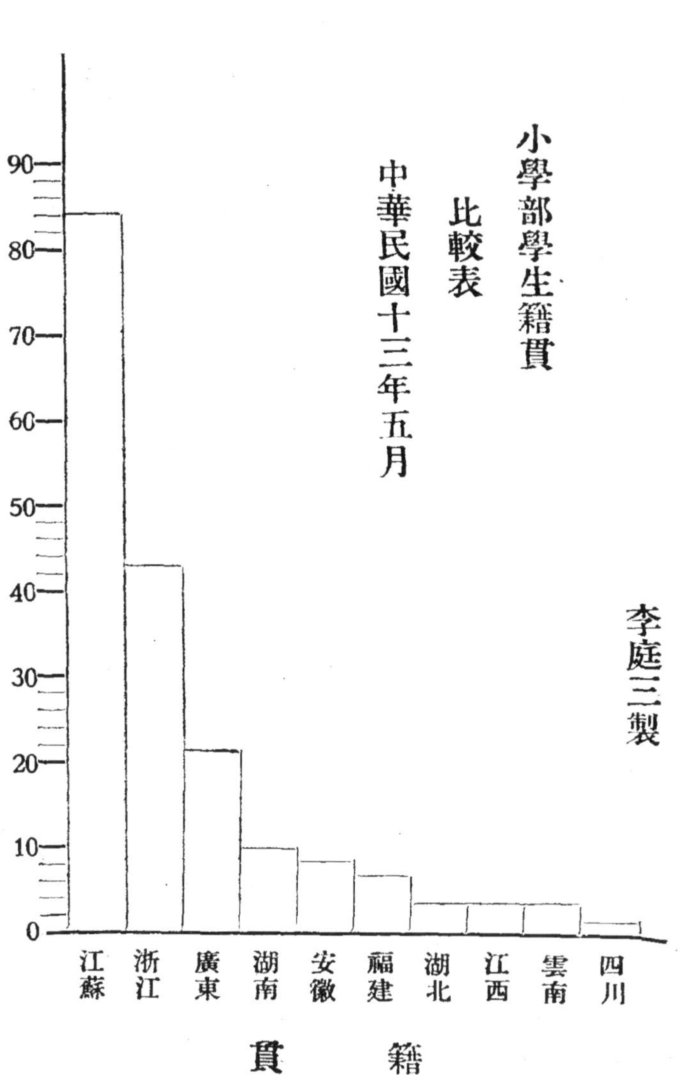
小學部學生籍貫比較表
中華民國十三年五月
李庭三製
90
80
70
60
50
40
30
20
10
0
江蘇
浙江
廣東
湖南
安徽
福建
湖北
江西
雲南
四川
貫籍

調查

中學部學生籍貫
比較表
中華民國十三年五月
150
140
130
120
110
100
90
80
70
60
50
40
30
20
10
0
江蘇
浙江
廣東
福建
安徽
湖南
四川
湖北
廣西
江西
直隸
貴州
雲南
陝西
奉天
山東
河南
貫籍

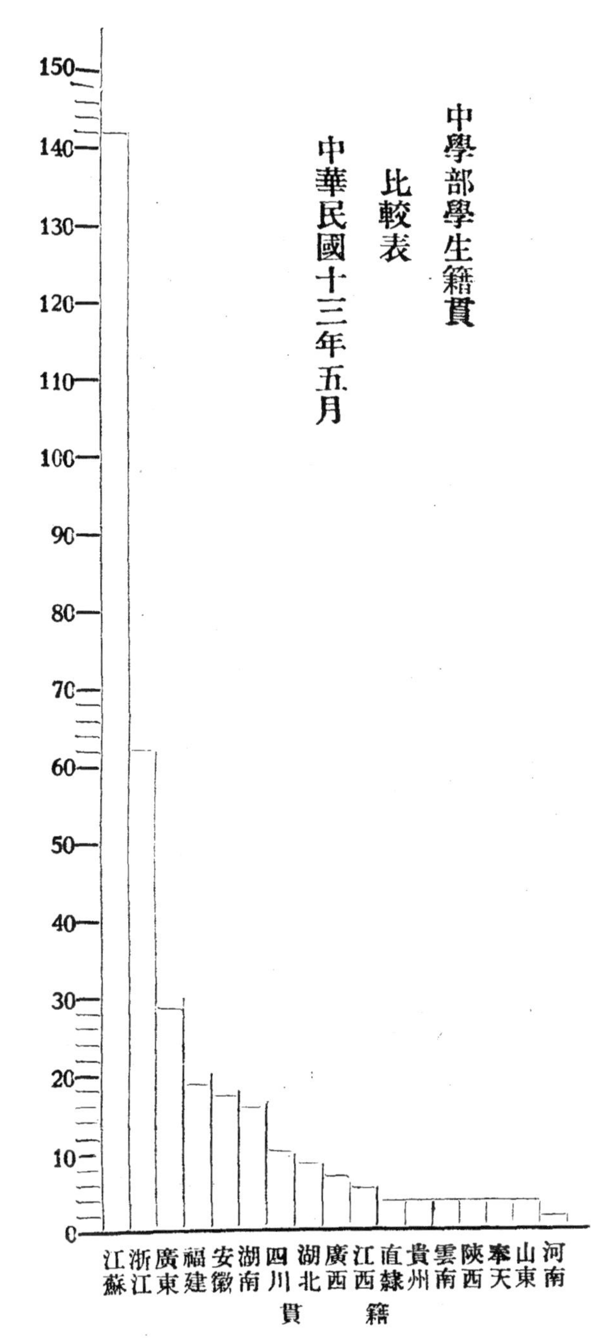

九

之儲蓄。即爲資本。譬之森林伐木。深山鑿石。遠如捕魚。非集數天或數十天之糧食不可。所集糧食。即是資本。亦即所謂勞働之儲蓄是也。今世資本以錢計算。然錢之爲物。非異勞働之儲蓄也。徒以潮流所趨。自成定制。故處今之世。不得不注意於錢。錢多即勞働有效。亦即經濟發展之表現也。雖然。勞心勞力。皆謂之勞働。欲求發展經濟。非勞力勞心並進不可。茲將勞力勞心兩種勞働。分述之於下（一）利用技能。此即勞力之謂。爲今日之恃力而食者是也。此只可算最低之經濟原素。（二）利用藝術。此即勞心之謂。如古代戰爭。始則拳脚。繼則刀弓。今乃鎗砲。又以交通而論。往日則帆船木車。今日陸則火車。水則汽船。空則飛艇。非勞心不足以臻此。是勞心較勞力之經濟能力所得者大。以諸君趨向而論。日後必多從事於勞心運動。則先須放出眼光。打定主意。切實預備。灌足精神。始克有成。否則終歸失敗也。昔日有二友人。一辦機械。一造玻璃。二人學問頗深。然因資本缺乏之故。卒遭失敗。故辦事不專在學問。而又在乎經驗。歸根結蒂。即在乎勞動。在經濟學家言。辦事而賺錢。即謂之成功。辦事而虧本。即爲失敗。吾實願諸君將來一舉成功。而雅不願稍遭失敗也。茲將個人經驗得來之辦事基本條件。一爲供獻焉。

（一）健康　大凡作大事業之人。精神必甚飽滿。乃能耐勞。否則失之心有餘而力不足。亦大可惜。故欲創大業。先須有一副銅筋鐵骨之體軀方可。西諺云。健康之精神寓於健康之身體。願共識之。

（二）道德　苟道德不高尚。必失他人之信仰心。中國實業之不發達。此實一大原因也。即以絲茶棉三項而論。從前輸往外國。獲利頗豐。後來國人希圖目前利益。種種舞弊。至失外人信仰。此所以勢將一蹶不振也。可不痛哉。反是則道德可以救濟困窮。某君開辦紗廠。不幸受世界潮流影響。虧失甚鉅。然各股東以某君道德高尚。不欲窘之。反加以援助。該廠竟趨平穩。故欲講求經濟。先須講求道德。

（三）觀察力　譬如上海有如許學校。而學校向爲近視眼製造所。則可開眼鏡公司。必獲厚利。如開設者漸多。無多利可獲。則可行可止。可大可小。必得有成竹在胸。庶不至失敗。曾有二紙商。同於歐戰時起家。一則致富。一則潦倒。蓋在能與不能審機

上海交通大学百年报刊集成·第一辑（1896—1949）·学术学科

度勢之間耳。

（四）計劃 凡事多考慮。處處向先着方面設想。則事必多成功而少失敗。卽以開辦公司而論。如房屋、機器、材料、薪俸、雜項、銷路、盈餘等等。必須作正確之計算及寬舒之預備。始不至呼應不靈。至於盈餘之處置。則每年可提出幾分之幾作公積金。以備不虞。此皆計劃中事耳。

（五）決斷力 既有精明之眼光及正確之計劃矣。則對於將作之事。須下決心。萬不可稍事猶疑。至失機會。所謂不羈之馬。稍縱卽逝是也。

（六）忍耐 此卽待時而動之意。世人往往有因不能忍耐。而後來發生懊惱者。故事業愈大。愈須有忍耐能力。西諺曰。人能忍耐。必有所得。旨哉斯言也。

以上六條件。爲作事業之基本。苟人能具有以上六基本條件。則可實行學問。大展宏才矣。然而人之環境與志願各有不同。故以上六種之鍛練亦當各有所異。要在平時勤勉、多讀、多看、多留心、多記錄而已。如在管理科讀書。則關於管理科之書報。多讀多看。關於管理科之事物。多留心多記錄。日積月累。裨益無量。故予對於鍛練心身。有三要訣。茲略述之。（一）多做事。此則暫時似無酬報。久乃有效。（二）隨處留心。蓋偶爾留心之事物。有時大可應用。（三）懶惰者須自奮勤苦。勤苦者須節勞。此蓋作事不在多勞。而在扼要也。總而言之。多作事也。隨處留心也。懶惰者須自奮勤苦。勤苦者須節勞也。無非勞働之應用而已。故勞働之於事業之進行。與經濟之發展。有莫大之關係。且以予觀之。勞働與國家經濟。個人經濟。恰成一正比例。蓋勞働多一份。經濟卽加一份。勞働少一份。經濟卽減一份。增加勞働。卽所以減少消耗。孔子曰。生財有大道。生之者衆。食之者寡。爲之者節。用之者舒。則財恆足矣。願吾輩共識之。願吾輩共識之。

上海錢莊制度

本科教授胡次珊先生演講 陳松文 邵玉賡 筆述

吾人對於外國銀行組織法知者甚多。而於國內組織。反多不甚明瞭。其故有二。

1. 吾人所讀之書。率多稗販外國。而於國內情形。則從事實地調查者較少。

2. 吾國金融界之組織。系統複雜且不完備者居多。故調查亦覺困難。

顧吾國金融界各種組織。雖多不甚完備。然其中亦有比較的完美者。舍銀行外。則錢莊是已。上海為全國中心。商業發達。金融界之影響及活動亦大。故上海錢莊之制度。實較他處為勝。今日演題。即為「上海錢莊之制度」。約略言之。以引助諸君研究之興趣。

（一）錢莊之分類　上海錢莊可分下列三類。

1. 匯劃　2. 拋打　3. 零兌

1.2.二種。範圍甚廣。營業亦甚大。其組織制度。皆頗完善。若第3.種則範圍甚狹。營業甚小。雖名為錢莊。實則僅可稱為錢店。初不足以語錢莊。故今日講演。惟及1.2.二種。而第3.種不與焉。

（二）錢莊之來原　錢莊歷史。知者甚稀。通商以前。吾國並無若何正式組織。其有類似銀行者。實自山西票行始。但其營業範圍甚狹。利率亦微。不過百分之二左右（2%）且與之來往者以官場中人居多。商人絕少。其次如京鋪子等。亦為類似之營業。又次如當鋪等業。有時亦為放款押款之營業。因此類商店信用較佳。存款既多。而即資以營業。厥後錢店漸多。營業漸廣。而江浙二省以商務發達之故。此類營業。遂愈推愈廣。錢莊之名。因以產生。推論其本原者。計有二說。

1. 錢店因營業範圍漸大。因漸改為錢莊。

2. 大家賬房有經理錢財之權。其初僅個人對外放款。嗣範圍漸大。需要日增。遂由各個人自由集合。在外另立機關。專為此類營業。而遂變為錢莊焉。

以上二說。各有理由。但余則以第2.說較為可靠。因個人放款。全以借款人信用為憑。不必有所抵押。與銀行性質根本不同。（詳後）、而今日錢莊。則實以此爲基礎也。故余取第2說爲近。

最初錢莊之發原。大抵如是。上海爲商業中心。故此類發達特早。

（三）錢莊成立之手續　今日錢莊不受政府若何之束縛。故其成立手續殊簡。僅須數人同意。各出資本若干。再經幾度會議。規定內部組織、營業範圍、股東權限、及利益損失之分配。然後立一議單。將上列規定登記及各股東之姓名住址等項。由各股東及經理簽名。每人各持一份。此錢莊卽以成立。若欲加入錢業公會。則再覓一同業爲保人。簽字担保介紹。卽可入會。若不欲加入。則此項手續。亦可不須。

（四）錢莊之資本　錢莊之資本大抵甚小。有一二十萬。已爲其中資本之最大者。據前年調查。北市錢莊。共計二十五家。其中資本最大者不過十五萬兩。最小者有僅一二萬兩者。此皆指已入錢業公會者而言。卽未入公會者。亦大抵相同。可見錢莊皆無須若何充大之資本。其故實以資本與錢莊並無十分密切之關係。因錢莊營業爲無限公司之性質。全恃各股東之信用。信用苟佳。營業自廣。若夫資本。不過藉以流通而已。

錢莊資本分二種。

1. 股本　此卽各股東投資之數。利率較大。分紅時卽以之爲標準。

2. 副本　各股東於所投資之股本外。再存款若干於莊中。議明永不動用。卽謂之副本。此類利率較微。且分紅時不以之爲標準。

顧錢莊資本之小既如上述。而其營業活動大抵能甚大者。實恃下列三種。

1. 存款　錢莊營業。以信用爲基礎。故信用佳者。則存戶必多。凡存款者。非有要用。必不輕易提出。錢莊因得資此數以爲營業。

2. 拆票　有時苟存款不敷所用。則可向銀行借款。謂之拆票 Chop Loan 此種借款不須他項抵押。卽以莊票爲抵押品。利率以銀拆 Native Loan Interest 爲標準。（每兩每日自五六分至五六錢。最多者亦不過一兩、惟光復時至三兩、則例外也、）但爲期甚短。至多不過二三日。

拆票營業。中國銀行爲之者甚少。但外國銀行則頗多。因銀行如遇周轉不靈。時亦須向錢莊設法。彼此借重。故不敢拒絕也。

拆票大抵由銀行買辦經手。故亦由買辦負其全責。但所得利益。亦由買辦享之。因買辦向銀行取款。僅付常利。而借與錢莊。則利率較重。因可獲其餘利也。

但此種借款。既無抵押。雖還款時有優先權。然究不免含有危險。如光復時銀根甚緊。錢莊既不能對外活動。銀行亦難向錢莊收款。遂致兩方俱陷停頓恐慌狀態。因此近時銀行爲拆票營業者漸少。而錢莊亦不無稍受影響焉。

3. 轉賬　錢莊同業。每遇緩急。亦有相通者。此種謂之轉賬。其利率比銀拆略高。但錢莊往來收付。多於隔日行之。若當日即須現金者。則須貼水。謂之劃頭。（每千兩一兩上下、）各票如是。

（五）錢莊之組織　錢莊之組織如下。

股東——董事——經理（舊稱當手）——副經理（舊稱管事）——店夥學徒。副經理人數無定。有一人者。有數人者。但普通設二人。分司內外各事。曰內管事。外管事。

內管事之下。有信房。來往信札屬之。有賬房。會計核算屬之。有庫房（一稱管棧）存款付款屬之。

外管事人下。則有跑街、出店、及學徒等。

錢莊結賬。有三年一次者。但普通每年一次。亦有每月一次者。

其盈餘分配法。皆照議單行之。普通提若干成爲公積金。其餘以十五股分配。股東得十股。經理一股。副經理共一股。餘三股則以各夥及學徒等職位高下分派之。

對外各項賬目。則概於年終結清。此時各方關係。不啻斷絕。至次年正月初十左右。再分別送摺。重生關係。

（六）錢莊之營業　分下列七種。

1. 存款　2. 信用放款　3. 抵押放款　4. 莊票
5. 匯兌　6. 匯劃　7. 買賣

1. 存款　存款復分二種

（甲）往來存款　其法與銀行相彷。存款者須先覓妥人介紹。然後由錢莊送支票簿與之。以後支錢。即憑支票照付。但錢莊支票與銀行支票略有不同。銀行支票。見票即付。錢莊支票。則必須存款人先行知照。始可照付。故錢莊支票皆分三聯。一聯付與持票者。一聯存根。其餘一聯。則由存款人付莊知照。持票人赴莊領款時。錢莊普通皆不付現金。僅用期票。以十日五日者為最多。往來存款利率視人而定。無一定之標準。此亦與銀行不同之點也。大抵存戶家資富足。信用卓著者。利率較高。次者較低。又次更低。純為對人性質。然大抵以每月拆息為準。皆較銀行為高。故家資富足者。多喜與錢莊往來也。

（乙）定期存款　定期存款者。存款時與錢莊先議定期限。在期限內。概不能提款。否則不付利息是也。此亦與銀行相似處。但亦有例外。則以錢莊係對人性質。若存戶信用感情甚佳。亦偶破例為之。冀以後仍有往來也。定期存款。分一月、二月、三月、六月、一年、等種。其利率較往來存款為高。自六釐至八釐不等。亦視人而定。若市面不穩。銀根緊急時。則較常時為高。

2. 信用放款　亦分往來定期二種。皆不須抵押。惟特借款人之信用。與銀行不同。大抵錢莊必先調查借款人之身分、財產、職業、等項。然後定其去就。

（甲）往來放款　如欲投資於某種事業而苦無資。可先覓妥人介紹。（若本係存戶、則可不必、）與錢莊議定所借數目。錢莊允後。立可撥放。但如一時不需全數。則可任意先提若干。其餘由錢莊另立存摺。亦付利息。至全數提出為止。與往來存款無異。所不同者。一係先有存款。一係以借款爲存款耳。

往來放款利率亦視人而定普通多照轉賬（見前）利率加百分之二十左右。至年底結賬。此時必須清還。其不能還清而記於明年賬上者甚少。即有之。必爲與該莊素有往來之人。例外事也。但如所借之款。尙未全部提出。因有多存而記於明年賬上者。則比比皆是。

（乙）定期放款　與定期存款相似。分一月、三月、六月、等種。亦間有一年者。利率自七八釐至一分不等。若市面不穩。則有高至一分以上者。

3. 抵押放款　錢莊爲此類放款者甚少。因錢莊純係對人性質。故多爲信用放款。即間爲之。其抵押品之選擇亦甚寬。仍含信用性質。與銀行根本不同之點。此亦其一也。亦分往來定期二種。辦法與前大抵相同。不復贅。

4. 莊票 Native Order　莊票性質與銀行之鈔票相似。其形式甚簡。除必須現金外。錢莊營業。概以莊票爲之。放款及貼現時皆然。且票面不規定持票之人。故可輾轉流通。此其相同處也。其不同處亦有三點。鈔票可向銀行直接交涉。莊票則須收票者加蓋圖章。如此輾轉相授均然。因此苟遇擱淺時。可次第退還。直至最初收受此票之人。再向錢莊交涉。一也。鈔票概爲見票即付 Payable on demand 性質。莊票則分即期及期票（有三日五日十日等種、但無十日以外者、）二種。即期票用於支取存款及貼現之時。其餘[illegible]用期票。二也。鈔票無照票貼現等手續。莊票則須持至錢莊照票。再有貼現（詳後）手續。且支取現金時。又須加出票貼（每千兩自二錢至五錢）票力二費。票力更分單雙二種。同業來往。概用單力。（七分）其餘則用雙力。（加倍、）三也。

錢莊發行莊票。亦須有準備金。但多爲虛名。每有準備金不滿十萬。而發行莊票至三四十萬以上者。以此常有擱淺之虞。略含危險性質。故銀行不甚歡迎。一九一一年、外國銀行議決只收五日期票。一九一二年、再改爲只收三日期票。嗣因公衆反對近

始改為關於棉布營業者只收五日期票。其餘則收十日期票。但如有危險。則由買辦負責。（見前）

莊票票面有加印「匯劃」二字者。則係已加入匯劃總會者。（詳後）同業可以互為收付。不至留難。故此種莊票。信用最佳。

莊票票面價值不等。但最多不過一萬兩。

上海現有莊票。每莊約三四十萬。總數約在千萬左右。因現金不敷週轉。鈔票流通者尚不甚多。故多用莊票也。

期票貼現與銀行貼現 Discount 相仿。須扣去未到期日數之票面利息。但所付者為即期票。若必須現金。須於清晨先行知照。至晚間方可取款。取款時須加出票貼等費。

5. 匯兌 匯兌與銀行相同。有普通匯兌、電匯、平行交款、倒匯、擔保、運匯、等種。匯票亦分即期及期票（自三日至十數日不等）二種。期票取現。亦須先行照票。與莊票同。匯率較銀行低。

6. 匯劃 此為錢莊營業中最便利之一種。因各錢莊有時不收他莊莊票。即肯收受。亦必立即向發行該票之莊支取現款。以抵銷之。故有時有擱淺之事。惟匯劃莊票。則皆已入匯劃公會者。他莊收取時。不必即取現金。僅分別彙開公單。至每日下午到會核算。抵銷各莊互收之數。而記其差數於往來帳項。至年底結清之。較他種便利多矣。

7. 買賣 買賣者。每日金銀兌價行市不同。故錢莊可乘之以為買賣。亦投機事業之一種也。亦有顧客託錢莊代為買賣者。與交易所相似。但此實不良之法。因須防莊中店夥私為投機事業。或至虧空。去年交易所風潮。錢莊頗有倒閉。大抵皆坐此也。

（七）錢莊同業之組織 約分四種。

1. 錢業總公所 在城內邑廟豫園附近。為錢業對外之正式機關。對外一切交涉屬之。

2. 錢業會館 錢莊同業對內之正式機關。凡同業爭執、行市、及一切困難問題。皆於此中解決。

3. 錢行 舊稱錢業公所。每日有早晚二次為集。多於此中討論每日行市。此外則為同業休息娛樂之處。與俱樂部相仿。

4, 匯劃總會 與外國之票據交換所 Clearing House 同一性質每日二時起收各莊公單。以五百兩以上者爲大公單。五百兩以下者爲小公單。至四時彙集。分別結清。

此外小組織如大公房、小公房、等以無甚關係。故不詳述。

（八）錢莊與銀行之比較 錢莊與銀行。其爲金融機關則一。顧其性質根本不同。舉其要者約有三端。

1, 銀行係對物的故利率一致。辦法一律借款無論何人。均須抵押。錢莊係對人的。故利率辦法。視人而定。且借款純恃信用。不須抵押。但此種辦法在內地較爲得宜。因地境較小。戶口較少。易於調查。且少投機事業。富家不至有頃刻傾產之事。故信用較。所借之款亦不甚大。錢莊自較易營業。若大商業如上海等處。交通便利。人口稠密。調查更爲費事。借款無抵押品。其危險甚大。且投機事業甚易。朝爲富翁暮卽破產者。非不可能之事。如此則信用不盡可恃。故錢莊制度。於大商業處。實不甚相宜。

2, 銀行資本較大。故組織繁複。錢莊則資本較小。故組織簡單。

3, 銀行爲有限性質。錢莊則爲無限性質。此亦錢莊不及銀行穩固處也。

由上觀之。吾人不難推測上海錢莊之將來若何。大抵目前以歷史習慣種種關係。多少尙占一部分之勢力。惟將來銀行日多。鈔票之流通漸廣。此種制度。必當日漸衰滅。可斷言也。若夫內地則銀行制度一時尙難通行。各種組織多不完備。錢莊制度之存在。當可較爲永久。亦一定之理也。

鐵道與中國今日之需要（英文演說稿譯文）

曹麗順

夫以中國土地之廣袤。人口之衆多。物產之豐富。其有賴于交通之便利。無待贅言。而各種交通方法之中。以鐵道爲尤堪注意。蓋鐵道者。乃運送人物。溝通思想最良之具也。其平時之關係。固已如是。而當我國處此風雨飄搖之秋。其重要更有甚焉。苟一究鐵道與中國今日之需要。則其理自明。此鄙人所欲與諸君一商榷者也。

中國今日之需要。蓋莫重大莫急切于國家統一及經濟發展二事。而鐵道何以能遇此二種之需要。實吾人所亟欲知者。

今且先於統一問題。加以討論。以政治言。中國之分裂。未有更甚于今日者。不特南北對峙有年。實則省省獨立。各有主腦。使諺所謂「合則共存。分則同亡」(United we stand, divided we fall.)一語。仍含至理。則政治上之統一。乃中華立國之第一要件矣。譬諸人身。其意志與動作。所以能趨于一致者。由于神經系。故欲求一國之和平團結。非有一鐵道系統不可。遇有外患。則鐵道之有功于保衛國家者。可于輸送軍隊之速。及連絡各地休戚之誼見之。若承平無事。則鐵道非特可使一國有表面之統一。抑且造成精神上之團結。此則不在一黨一派之勝利。或軍人政客之會議。而先在言語習俗見解理想之能歸一致也。王正廷博士有言「中國歷史上最顯著之一事。厥為缺乏團結力之應響于一國之發展與進步。一省有一省之風俗焉。特異之人物焉。不同之語言焉」按此情形。吾人可想見地方主義之危。及國家主義。以及冷淡猜忌傾軋仇恨之深入于同室兄弟之心也。欲救此種現象。其惟一之方法。在納全國國民之言行思想于一軌。而欲達此目的。端在人民往來之頻。報紙流傳之廣。此則不得不有賴于鐵道者也。試觀太平洋彼岸之姊妹共和國。而知其鐵道系統未完成以前。固亦曾經分裂。當南北戰爭之時。大總統林肯某日在軍事會議中。觀其本國之輿圖。而有鑒于戰略所需之南北鐵道甚為缺乏。一鐵道專家對曰。「苟吾國已有貫通南北之鐵道。如總統所需者。則初不復有此次之戰爭矣」此正中國今日力爭民主與合法政府之情形也。故應按照需要之程度。從速添築鐵道。則一國之內。將無復內鬨猜疑傾軋仇恨矣。反之。則有和平諒解同情合作矣。而後吾人之心思言行。乃能趨于一要。不如是則統一二字。為國家存立之要素者。不能有也。

鐵道之關係于國家之統一者。有如是矣。其于經濟之發展。則又如何。吾國古代大政治家管仲。曾于其著作「管子」一書中。下一政治之格言曰。「凡治國之道。必先富民。」以言近代。尤其在歐戰之後。西方各國。均遭遇經濟改造之工作。而在財源隱藏。貧困漫延之中國。此舉更見重要。以言我國之農夫。則終年不得一飽。工人之工資廉。最商人之收入。無以自存。而況賦閑無業之氓。更不在少數。然謂中國眞貧者又非也。夫以我國有如是變化之氣候。廣大之面積。膏腴之土壤。優越之位置。遂得享數量極富種類極繁之礦產及農產。但舉煤之一項。按目下世界每年消耗一千兆噸之數。足供全球一千年之用。由此觀之。中國之所缺少者。非爲財源。而爲發展財源之工具也。是則又孰有勝于鐵道者乎。其一、以滿洲及西北之地曠人稀。土壤肥沃。苟將東南過密之人口。移殖于此。則農林之發達可斷言也。于是而有人口分佈問題。是則待鐵路而解決者也。其二、中國工商業之前途頗可樂歡。礦產豐富有待開闢。原料無窮可供製造。然如何而礦產能至需用之所。如何而原料能入工廠。製造之後。又如何而能赴市場乎。內地搬運輸物所賴者背負也。騾也。馬也。駱駝也。帆船也。獨輪車也。其缺點有二。經時久而費用大。猶有進者。近世之工業。皆有集中之趨勢。以此種古舊粗陋之轉運方法用之于大規模之物品交易。曷有濟乎。是故無近世運輸之便利。則不能有工商業之發展。而新式運人之中。鐵道其主要者也。其三則建築及管理鐵道。需用人才至夥。亦爲救濟職業缺乏之一法也。總之、世界今後之軍事戰爭漸少。而經濟之戰爭日亟。中國即爲今後世界經濟角逐之場。欲謀生存。不得不開闢富源。提倡工商。而凡此種種事業之順利。實有賴于充足之鐵道也。

紐約大學霍奇教授 (Prof Charles Hodges) 曾評論中國鐵道哩程短少之影響。其言曰「此種形勢之關係非淺。（一）足以保持地方之分裂。致政治統一之死命。（二）因缺少團結力及保衛廣大土地之方法。則一遇外患。即顯國家之弱。（三）牽制物產之發展。而不能成爲領袖東方之工業國。（四）商業凋敝。遂使富于財源之中華。成一貧弱之國家。爲世界政治之犧牲者。」諸位朋友諸位同胞。余今已告諸君以中國今日之要需及其應付之方法。而此應付之方法。即爲中國最大之需要也。此乃工程及鐵路管理學生一生之良機。除爲國家建築及管理鐵道外。吾人實負更重大之使命。更高尚之責任。即爲國家謀統一。救同胞于困苦。而使我中華執東亞之牛耳。佔列強之一席是也。吾輩以適當之人。處適當之地。居適當之時。即應作適當之事。不特爲已。抑亦爲國也。

文壇

黨見上 (Party Spirit I)

高　塒譯自 Addison's Sir Roger De Coverley Papers.

民國肇造十有餘年。數載以來內爭日烈。閭閻騷擾。雞犬不甯。兄弟鬩牆。外侮斯啓。我民何辜。遭此荼毒。偶讀安迪生文稿。得斯編。所論黨爭之禍。至爲明切。泚筆譯之。隱疼曷極。持餉國人。諒亦憂時君子所願觀也。至譯筆之不文。辭句之疏散。明知不盡百一。唐突作家。則望閱者之諒其心而取其意也可。賓識。

間嘗與老友勞謬論黨爭之害。勞謬乃追述其幼時所遭曰。當圓顱勇士紛爭之時。（按當時英國清淨教當權。王黨曰勇士。民黨曰圓顱。圓顱黨卽淸淨教徒。一千六百四十二年內亂時。此黨與王黨區別。剃髮極短。故王黨以是名之。）讎怨日深。私鬥益烈。彼纔童稚。不識不知。一日行失道。問一田父曰。往聖安娜巷何由。（倫敦巷名。王黨尊之爲聖。）田父不答。且詈之曰。教皇之狗。更曰。誰使安娜爲聖者。吾友驚惶莫解。更遇一人。又問曰。往安娜巷何由。其人亦不告。而訶之曰。賈耳之犬。更詈曰。爾生之前。爾死之後。安娜之爲聖也久矣。勞謬悟。不敢再發前問。乃卽鄰人。詢以巷名。得至其地。自以爲計巧。未干兩方也。迺既嘆曰。嗟乎。黨爭之爲害也大矣。鄉里情疏。仁人互恨。地稅則意見紛歧。畋獵又毫無秩序。此豈非國家之患哉。

夫以一國之中。互分畛域。乃至陌路相仇。有同秦越。天災人禍。孰有甚于若此者乎。紛爭之果。非特貽害于一黨之公仇。抑且不利於個人之私德。馴至是非不明。見解偏謬。國家之道德淪胥。綱常掃地。

更至一發而不可遏。禍啓蕭牆。流血遍野。幸或傾而未頹。決而未潰。則已誣譏迭起。權詐萌生。欲政治之清明公正。其可得耶。宿怨深讎。愁憤塡咽。惻隱之心日滅。人道之念日亡。可不悲哉。

畢魯太克曰。（希臘著名哲學家兼史學家。畢魯太克家傳其名著也。）人不可惡其仇敵。蓋恨心一生。最易遷怒。其初所恨者固仇敵也。旣而惡念漸熾。怒及朋友。怒及同人。善哉言乎。推此旨也。（原注○恨心之生由意氣。初非有何定的。）直與百年前之名論吻合矣。（卽指耶蘇基督恨汝者善待之。詛汝者祝頌之等語。）然而蚩蚩者氓。其心皆雜黨見。其爲聲應氣求者。去古人之理教箴言（理指畢氏。教指耶氏。）遠矣遠矣。言念及此。我心傷悲。夫熱誠爲國。有德者豈無是心。獨除私見。不激不隨。其誰得而誘之哉。

今彼黨爭之爲患于道德也。固不待言。而我人鑒別力之受其影響者。亦非淺鮮。每聞枯澀無味之文。則家弦戶誦。慷慨莊嚴之作。反覆瓿糊窗。亦全視乎著者讀者之心理何如耳。幾致黑白混淆。媸妍莫辨。皆黨見惑之也。一二賢人君子。主義旣殊。竟若物象之現於絕不相同之兩傳質。無論其本體之正直不殘。終似支離屈曲。是故偏我國中。不能得一人焉。而無兩相背謬之特性。相反如光明之與黑暗。也。學問文章之蒙其偏激。至此時而上下通行。全國一轍矣。昔日之以才能蜚聲社會者。今日則以熱忱袒護其本黨而自顯。卽載籍之品評。亦豈獨異。此鄙俚侮辱之語。目爲諷時。主奴頑鈍之辭。謂之佳構。

尤有甚者。街譚巷談。荒誕不經。口述微言。心懷叵測。專以傷人私德。毀人聲名。而得之者遂據爲實事。深信無疑。更故爲附會。張大其辭。二黨莫不皆然。詛爲詭論。亦宜乎。猶有含沙暗射之瞽唱。爲捕風捉影之詞。而一二詹詹末學之徒。奉爲天經地義。按題紬繹。力事推敲。其中心明知其虛謬。或頗覺其可疑。而本性已移。豈顧貽羞大雅。自然曲意斡旋。言與題合矣。長此以往。廉恥道消。襃貶義絕。君子憂焉。

自古以來。天下各國。罔不有其一時之黨禍。意大利以二族傾軋而崩裂。（按十二世紀時。及而夫與勃拉二名族。仇讎之甚。不共戴天。）法蘭西以教會爭執而分離。（按一千五百七十六年。法國亨利三世時。瞿以思公爵創天主教同盟會。以圖天主教徒嬗皇位。）

皆前車也。似此風雨飄搖。國家多事。人民之生于其時者。殆極天下之至不幸矣。其狡黠者。大言炎炎。野心勃勃。竊愛國之美名。驅正人以從己。植黨營私。專事宰割。而正人之被其愚者。不知其凡幾也。忠厚者變爲殘薄。樸實者反爲淫兇。苟遇敵黨之人。雖品學兼優。爲當世所宗仰。理宜加以敬禮者。今亦百方抨擊。吹毛求疵。暴戾恣睢。無所不至。忠信篤謹之輩。一念之差。遽爲所惑。至于喪廉鮮恥。怙惡營私。誤解愛國之眞義。遂爲天下之大僇。不亦悲乎。西班牙之格言曰。無虞無詐。天下一心。善哉善哉。

余誠心誠意。願我邦人君子。羣起國中。創爲一社。苟有設計圖我者。我惟公敵是視。無黨無偏。嚴守中立。則宵小之熱心黨事徼幸權位者。可以絕跡。而君子之翛然事外。不屑爲一黨作牛馬者。亦知所重矣。然後拾罪人于黨中。一一鋤而去之。勿使滋蔓。更宜庇護無辜。保衞良善。雖復蒙訴被謗。概置不聞。一言蔽之。無民黨亦非王黨。親賢人而遠小人。則我英國其有豸乎。

黨見下 (Party Spirit II)

昨述鄙意。議合各黨之正人。共入一社。互相佐護。以滅公仇。不倚不偏。維誠與正。蠲先入之私見。去隘狹之熱誠。茲更爲計及下列之組織。發爲簡明之宣言曰。凡我同人。掬誠盟誓。本我良心。二二爲四。有或敢違。公敵是視。又曰。六弱於七。隨處隨時。赴湯蹈火。我不更辭。又曰。今日之十。今時之十。三年之後。同此一十。又曰。白白。黑黑。地久天長。堅強剛毅。竭力宣揚。無日無年。罔敢反常。顚倒黑白。妄肆雌黃。

嗟乎。凶惡狂徒。卑鄙鄉愿。假公德之美名。以國家爲孤注。自利營私。熱中逞慾。又有姦邪手足。鮮恥爪牙。一心媚主。更不足論。苟我同志。誠監於斯。戮力盡忠。以圖澌滅。則黨爭之熄。即在目前。否則騰笑異邦。嗚呼。豺狼當道。魑魅跳梁。撲而去之。俾讓賢路。此誠國家之福矣。

嘗憶大華圖勒辟克勒隨筆中（按辟氏爲耶穌降生前一世紀西雪蘭希臘人。著有世界史一書。都四十冊）記有貓鼬者。甚小而活潑。性奇特。專覓鱷魚之蛋。破而勿食。人莫知其故也。然辟氏謂苟無貓鼬之孜孜不倦滅此鱷卵者。則埃及之鱷魚。將遍全國。蓋埃及人奉鱷爲神。決不願殺此惡物也。

今試反觀一般黨人有能除惡務盡若此動物（指貓鼬）之無私者乎。非特不除惡也。且從而戕賊良善。效彼韃韃人之妄想。以爲非常之人。雖極聰明才智。苟我一朝得而殺之。則其人所有之本能。自然羣來奔我。其野心有如此者。

余既概論偏見之危。私利之病。兢兢以消弭黨禍爲己任。今更不憚辭費。反覆詳明。蓋默察遐陬僻壤黨見之烈。實有甚於大邑通都。暴戾凶私。侵成習性。彬彬君子。難如鳳毛。當二派黨魁。解甲偃戈。固未嘗不以禮相繩。自全身世。雍容和睦。互相往來。而爲之走狗者。鄉居四處。反叫哮勃谿。從未諧聚居二黨於鬥雞場者。（按十八世紀時鬥雞爲鄉間子弟通行之游戲。）乃至禮貌全亡。以黨見而施於揖讓。不亦過乎。民黨之販馬。王黨之獵狐。年有會期。莫不如是。則四季常會之間。其席上之咒詛惡聲。腹誹背語。不必言矣。

前數日報中。余不知曾否迯及吾友勞鏐特克佛蘭與安及盧勿離樸二先生主義之不同。勞氏主地產。而安氏主錢產。二人者雄辯高談詼諧雜出。此嘲彼諷自足悅人。殊爲吾會增興不少。但我觀勳爵（指勞氏）王黨之主義。在鄉時恆較在市爲甚。此所以維持其本身之利益與責任。彼曾與余耳語謂實有不得不然之勢也。每余等二人自倫敦返家。未嘗就食於民黨之飯店。偶或御者止非其所。則勞氏之僕。奔向主人前。喁喁竊語曰。此店之居停。乃上屆選舉時反對某某者也。於是亟顧而之他。飲食之粗。旅舍之劣。皆誘於此一語之徵。蓋余等之於飯店。原非斤斤計較若飯店之主人之甚者也。苟其主人之主義相同。則供應之陳腐與否。皆可不問。是以居停愈相得。則供應愈麤疏。彼等固明知其人之食宿我處者。必與我黨道合。既與我黨道合。則單瓢陋室。有所不辭。而余則不適滋甚矣。故途中行經各店。而爲勞氏所賞識。盛稱其主人之忠誠。余輒蹀躞趦趄而不敢入也。

溯自余客勞鏐家。平日所見所聞於此鄉之黨見若此其偏隘者。不啻恆河沙數。憶往日在鄰市拋球場（打大彈子之平草地。按此戲自中世紀時已行於英國。可以金錢爲勝負。原注。此處係一方之同黨每週會集所。）遇一人。溫文爾雅。望而知爲可與比賽者。然竟無一人願與入局。余甚怪之。問諸旁人。知彼在上屆國會中。曾投某案之不同意票。致犯衆怒。今日之無人與語。一若不屑勝其金者。職此故也。

諸如此類不勝枚舉其有涉余本人之一端余茲不欲漏紀一昨衞爾惠勃爾偶述某偉人之軼事數則摭拾耳聞莫知所自余注目覘之彼卽戛然而止蓋若斯之事初未嘗竊語于市上而今乃得聞于鄉間實屬奇異而衞爾多疑頗後私問勞氏可決我之必非溺惑某黨者否不亦可笑也乎

嗚呼黨見之爲患於家國若此其甚邪四維不張同舟敵國我已言之而怨恨日深戾氣日積數世而後有加無已心長力短我憂如何狐鼠之內訌已萌兄弟之鬩牆立現撫時感事前路茫茫不得不爲我子子孫孫永抱無涯之戚也悲夫悲夫

過浦鎭韓信將臺感賦　　陳雲章

千年遺跡尙崔嵬未許雄心化刼灰豈是熱中依霸主誰從胯下賞奇才鹿鳴狐散羣相競鳥盡弓藏絕可哀將將將兵庸妄語君侯身後此高臺

題園棋賭墅圖

輕裘緩帶意從容鶴唳風聲動八公驅得豺狼歸塞北果然龍虎盛江東指揮若定看兒輩談笑之餘見戰功莫道奕棋輸一着至今淝水尙流紅

詞

蝶戀花（春晚）

天涯忽起春歸訊無計留春潘鬢空愁損只把啼鶯和淚問問君饒舌心何忍

佳期再誤渾難定風雨難消刻骨相思病話到別離聲已哽阮郎況有窮途恨

踏莎行（送友人放洋）

河滿一聲陽關三疊灞橋楊柳空攀折風前握手漫沾裳男兒慷慨輕離別

此日金蘭他年車笠征帆遠送青雲客喜君先着祇生

鞭。故人洗耳聽消息。

滿江紅（艮嶽懷古）

花石嵯峨玲瓏窟。深藏狐兔人道是汴京勝景。道君游處。亭上似聞天樂奏。坡前不見神仙舞。一霎時荒草映斜陽。日將暮。　泥馬馱。夾江渡。胡騎逼。西湖住。看鳳凰山色青排窗戶。縹緲層樓成燼土。輝煌宮殿餘禾黍。祇後人席地話興亡。談變故。

晨起臨樓眺湖　陳文松

山連朝霧霧連天。遠黛低迷映碧漣。我尚未曾餐秀色。纔觀倩影已情牽。

謁岳鄂王墓

十二金牌召元戎。壯志休。丹心飛碧血。毅魄委青邱。柏以依忠著（墓前有精忠柏）鐵還鑄佞羞。典型今已遠。憑弔幾搔頭。

遊飛來峯

何處峯飛來。峥嶸亦壯哉。靈山千佛相。平地一聲雷。溪澗都幽越。岡巒盡突厎。最奇峯底洞。一綫破空開。（洞名一綫天）

遊冷泉

心冷泉還冷。山奇水更奇。驚湍衝石急。亂澗遶山遲。古木通幽徑。孤亭矗淺陂。持酬熱中客。此意豈君知。

遊紫雲洞（洞在棲霞嶺上）

紫氣非王氣。山雲即野雲。洞還連太傅。（嶺半有香山洞）墓更伴將軍。（嶺上有牛皋墓）谷底宜蛟隱。林間看霧分。何當棄軒冕。俗事莫相聞。

遊杭第一日與周伯鼎聯句

春江十里地。（鼎）塵囂不可居。（木）此地亦人世。（鼎）翛然俗慮除。我來正值莫春月。（木）濛濛細雨無休歇。（鼎）纔從館驛卸征塵。（木）一望湖山已心折。遶湖便向北山發。（鼎）北山勝處多芳跡。（木）棲霞嶺下棲忠魄。（鼎「岳墓」）棲霞嶺上埋烈骨（牛皐墓）、紫雲深處最銷魂。（木）巉巖斜削凌天門。（鼎）却向玉泉觀魚躍。（木）一池八百盡知禪。野徑逶迤峯忽拔。（鼎）一綫天開更幽越。（木）疊嶂蒼蒼瀉冷泉。（鼎）古寺沉沉隱靈蹟。靈蹟今何在。（木）寺前流碧空千載。（鼎）碧水何潺湲。（木）辭山連雨到湖邊。西冷一曲春無限。（鼎）蘇小香墳骨猶豔。（木）絕勝酒招樓外樓。（鼎）蓴菜鱸魚事清宴。宴罷旋教買棹游。（木）煙波湖上儘消愁。（鼎）三潭峙望多清澈。（木）雙塔遙連黛色浮。一行疏柳難成浪。（鼎）雷峯蔽雨空夕望。（木）佳景豈從名裏求。（鼎）奇情還待幽人賞。湖光澄碧湖水寒。（木）一槳雙渦舟子閒。（鼎）孤山遙聳白雲間。（木）南北高峯霧裏看。雨破清波萬點圓。（鼎）微風和淑漾輕瀾。（木）湖山半璧一日盡。（鼎）與能歸來暮色闌。（木）

輿中遠望雷峯

雷峯矗立亂山間。一帶湖流妙若環。日對美人無綺想。老僧畢竟勝癡頑。（雷峯塔與保叔塔對峙、有老衲美人之稱、）

遊虎跑泉次壁間蘇文忠公石刻韻

寺外山花送暗香。聽泉不覺境清涼。負嵎想見神威猛。撲地眞教勝跡長。洗耳無須深入谷。清心何必遠求方。興來和罷蘇公韻。便取茶甌仔細嘗。

遊煙霞洞

乘輿披蒙茸。登峯又降峯。煙從山岫出。霞向洞門封。嶺樹迷雲密。巖花帶露濃。憑高遙極目。天末隱帆蹤。

雨中遊九溪十八澗次周伯鼎韻

怪石崚嶒疊亂堆。羊腸小徑自盤迴。山色空濛雨乍催。春風駘蕩花半開。溪流錯落灘聲急。大木交柯梁棟材。白雲舒捲嵐光亂。晚霧低迷葉影披。橫嶺亘山層翠嶂。斷碑殘碣隱青萊。仙境應教高士住。奇峯端只雅人懷。莫更窮幽探勝跡。青松掩映崖邊崖。

遊西溪花塢

花隝深深野徑幽。千竿修竹傍溪流。泉聲嗚咽和松韻。葉蔭扶疎影黛浮。大好春光宜作樂。飽餐秀色更忘憂。詩人漫詡秦淮勝。如此湖山始莫愁。

登韜光觀海樓

纔過靈隱又韜光。一望湖山盡渺茫。戛玉千竿徵送響。樓頭佇立看斜陽。

自觀海樓乘筍輿登北高峯

已上觀海樓。更上北山頂。筍輿數轉側。石磴愈高迥。山外錢塘江。眼底西湖影。對此宜行樂。快哉陽春景。忽聞山寺鐘。令人發深省。俗障盡消除。禪心明鏡淨。

小憩龍井

龍泓清且澈。萬古流不歇。引匯羣山中。風景自幽絕。

辯才久不作。坡老亦難遇。山泉雖自清。幽人誰共語。

重遊九溪十八澗

九溪十八澗爭傳。造化神工不偶然。瘦石嶙峋當徑立。輕荇蕩漾傍溪眠。灘流破寂微衝岸。黛色參空別有天。我欲誅茅山下住。清幽何必羨神仙。

自煙霞洞攀度南高峯

尋山不辭遠。登山不憚險。煙雲眼底收。湖海畫圖展。人似蟻緣壁。車猶蛇穿阪。陰壑生清風。深林發幽籟。攀藤復援葛。此興眞不淺。天門如可叩。更欲星辰摩。

登六和塔試效漁洋體

錢王江畔浮圖湧。錢王江中風景長。絕頂憑欄試遙望。天邊雲水兩蒼茫。

游湖雜詩

晴雨皆宜湖上好。煙雲雙絕澗邊幽。天堂只合杭人住。未許蘇州占並頭。（諺有「上有天堂、下有蘇杭」之語、）

山花山鳥總移神。湖水湖光俗洗塵。信是武林風物勝。桃源勿復怨迷津。

六橋曲護水縈迴。紅杏夭桃取次開。處處遊人添雅興。齊歌陌上緩歸來。

秀色天然屏粉脂。西湖直欲勝西施。嬌啼淺笑都增媚。最是銷魂落日時。

壬戌之秋七月既望懷東坡

君賓

扁舟一葉泛長江。擊空明兮泝流光。月白風清此良夜。狂歌釃酒千百觴。予懷渺渺在何處。望美人兮天一方。洞簫嗚咽淒風注。西望夏口東武昌。聊借英雄發感慨。一世之傑今安在。銅駝遼鶴雜悲鳴。滄海桑田幾易代。古今多少閱興亡。中原逐鹿天地晦。吁嗟乎中原逐鹿天地晦。剩水殘山憂破碎。釜魚幕燕危乎危。更有眈眈虎視瞰關塞。雖然天道好循環。不生不滅皆往還。盈虛如彼逝如此。物我無盡原一般。色即是空空即色。同未始異異自同。天地日月莫消長。蒙莊佛理無終窮。眼前境界自足樂。風月清佳娛耳目。山巔水涯混漁樵。席地蓋天友麋鹿。脩然與世長相忘。敝屣功名與利祿。優游歲月寄蜉蝣。一壺一客浪鷗逐。坡仙去我八百載。亮節今誰追玉局。回顧藐躬二十年。營營擾擾涉塵俗。生也不辰變亂頻。豺狼當道蛇蝎毒。人情燕雀妖雲蔽。世路崎嶇虞失足。羨魚入水方嬉嬉。羨鳥高飛亦即托。我愛坡仙才。我慕坡仙趣。耿耿此衷情。鬱鬱不得吐。此夜今時赤壁賦。羽化登仙天上坐。瑤階露冷懷仙人。願拂輕衫騰雲噓氣尋仙路。仙乎仙乎。讀書萬卷。看得紅塵破。參透禪機齊了悟。風月不死公千古。

狂風嘆

君賓

大風起兮雲飛揚。榱崩棟折兮傾屋梁。摧枯拉朽兮勢若狂。夜半披衣起。斗室走徬徨，老夫攜稚子。稚子驚且惶。少婦懷嬌兒。嬌兒哭以傷。悵悵何所適。躑躅道路旁。月落西山阿。黯然闃無光。心意俄蕩動。轆轤鳴飢腸。一寒乃徹骨。何來薄羅裳。不餒亦凍死。頹然仆臥僵郊原。白骨黑。江上青草黃。

書報介紹

經濟新書之介紹

社會日漸進步經濟問題也日趨繁複，經濟書籍自然也應該『日新月異。』近來英美兩國所出版的經濟書籍，真是『汗牛充棟』『美不勝收。』現在因爲篇幅的關係，只好拿最新出版的，最有價值的，約略介紹一下：

（1）James E. Le Rossingnol Economics for Everyman——an Introduction to Social Economics (Pp. 322)

這書和別的經濟教本不同，大部分是取材於社會學歷史和商業地理。對[illegible]社會上各種問題，討論很詳。抽象的定理很少，因爲所有各種定理。都和實際上的問題，在一塊討論。所以這書非但可以做教本之用，就是學過經濟的，要應用到社會上，讀這本書是很有好處的。

（2）Ely, R.T. Outlines of Esonomics. Fourth revised edition (Pp. 729)

這書已經過大大的修正，和三版再版完全不同。一來是爲求理論的精密，二來是爲適應最近七八年中的經濟上之變遷。在賦稅，貨幣，國際貿易，運輸，農業問題，社會主義幾章裏面，增加了許多新材料。凡以前滿意這書的人，一看修改以後的書，一定更滿意了。

（3）Faubel, A. E. Principoles of Economics.An elementary text (Pp. 413)

簡單明瞭，是本書的特長。做高中的教本，最爲相宜。每章之後羅列各種經濟問題，是很有益的。

(4)Gide, C. First principles of politcal economy (Pp. 158)

全書共分七章：第一章論欲望和工作第二章論交易與貨價；第三章論貨幣，第四章論財產與保險，第五章論租金與利息，第七章論競爭與合作。至於本書的結構，簡而不略，非但可以做經濟教本，就是從來沒有學過經濟的，閱讀也很相宜。

(5)Williamson, T. R. Introduction to Economics (Pp. 538)

這書有以下幾個優點：（一）簡單明瞭，（二）合於論理，（三）切於實用。每章之後，有一段總論，總括全章的大意；最後又有數章總括全書的大意。文字簡明，說理清晰，確是一本有益初學的書。

(6)editor. Readings in Economies (Pp. 537)

這也是有益初學的書。全書包括許多短篇文字，平均每篇二頁。內容很富於興趣，間有一二處不合的地方，（如對於社會主義一段）但是對於大體，沒有妨礙。

(7)Laree, L. F. Railroad Freight Transportation (Pp. 771)

關於鉄道運輸的書很多，但是能注重一切實際問題的，確很少。本書是依着著者的經驗，對於鉄道工程，機械，行車，終站，機車和軌道的佈置，車輛的供給與分配，鉄路人員的組織，和一切實際問題，都有詳細的討論。這就是本書特優之點。

(8)Seager, H. R. Principles of Economics. Third editiou, revirsed and enlarged (Pp. 698)

因爲適應大戰後的各種問題，所以本書於去年修改一回。新的材料，也增加了許多。原理方面，並沒有變動。關於貨幣，銀行，貨價，國外匯兌，運輸，賦稅，勞工問題，社會主義，等的討論，確是很新，很合時的。

(9)Fisk, G. M. and Pierce, P. S. In'ernational Commlrcial Policy with-special reference to the United States (Pp. 322)

费氏的商業政策一書，在一九〇七年的經出版，直到去年，還沒有修改。一般讀這書的人，常常把他當做一個缺憾。但是經過去年彼氏的修改，一切不合式的東西被他約略刪去；而且對於各種問題，好像出口稅，自由貿易，保護政策等，都用新的眼光來討論，成了一本合時的書。

（10）Cowdwick, E. S. Industrial History of United Stats （Pp. 414）

本書是用敍述法，寫出美國實業上的歷史全書可分三大部：第一部大約占六十頁，敍述美國未立國以前的實業狀況；第二部大約占一百四十頁，敍述美國萌芽時代之實業狀況；第三部占全書之半，敍述美國南北戰爭以後的實業狀況，對於近代煤鉄事業，和一切現在發達的實業，敍述更詳。

（11）Sanders, T. H. Problems in Industrial Accouting （Pp. 643）

在一簡單之緒論裏面，說明成本會計Cost Accounting之原理和實習，許多問題，都詳細的分析和解釋。關於礦務，森林，金屬，機器，糧食，機織，橡皮等事業的會計，無不完備。

（12）Starch, D. Principles cf Advertising （Pp. 998）

本書取材的新，結構的好，比他以前所著的廣告學，有過無不及。尙有許多新增的材料，好像是廣告的等類，廣告的實驗，廣告的考察和估價等，都是很有價值的。

（13）Douglas, P. H. The Worker in Modern Economical Soeiety （Pp. 924）

本書共分七部總合之又可分爲三大討論：（一）緒論——討論人類的天性，和經濟組織在英美的發達史；（二）討論工資，時間，和危險三大問題；（三）解決工人，雇主，和社會所提出的問題。全書取材豐富，大可供研究。

（14）Cassel, G. Money and Foreign Exchange ofertn 1914 （Pp. 287）

蓋氏對於幣制和幣制上的種種問題，是很有研究的，在他的『Theoretische Sozial Oekonomic』及『Two Memoranda to the League of Nations』二本書裏已將幣制問題討論一回；但以上二書，都是狹義的。本書範圍很廣，適合於羣衆之用。

(15) Bockel, R. Labor's Money (Pp 181)

勞工的牽入財政範圍，却是大戰以來工人組合（Trodeuien）發達的效果。本書於勞工問題之起源，發達，和哲理，都有討論。

(16) Foster, W. T. and Catehings, W. Money (Pp. 409)

本書是貨幣學上緊要的基礎，可以解決二十年來貨幣上平進步的結果。對於經濟界的人——不論他是學生，經濟家，或是商人——都很適用。本書的主要論文，是設立一比金更穩固的單位。

(17) Brunton, J. Letters on Practicat Baking (Pp. 144)

本書是出版品裏很罕見的東西。內中包括的許多信扎，都是從一銀行稽查（Bank Ispector）寫到英國分行經理的信，討論銀行員對於顧客的關係。所以關係銀行種種實際問題，在本書可見一斑。

(18) Cleverand. F. A. Funds and Their Uses (Pp. 425)

本書的初版，在二十年前；但此次的修改，却增加了一百多頁。內容有一小部分的變動，并且加了許多新材料。原書的宗旨，並沒有改變，却是有用的教科書。

(19) Carr-Saunders, A. M. The Population Prodlem A Study in Human Evolution (Ph. 512)

大戰以後，引起了許多學者研究人口問題的興趣。在英美德法諸國，都有許多關於人口問題的出版品。本書是著者讀各種書籍和他自己見解的結晶品。

（20）Wright, H. Population （Pp. 180）

一個極大的問題，用寥寥五萬字總括起來，還絲毫沒有遺漏，這就是作本書的難處，也就是本書的好處。適當的選材，合宜的體裁，都足以顯出作者判斷能力。書裏沒有一句費話，却是精采之作。

以上所介紹的書有的是一九二三年出版的，有的是一九二三修正再版的。一本有一本的好處，一種有一種的特長。還有沒有介紹，但是也很有價值的，也是不知萬幾。還有德法兩國出的經濟書籍，也不在少數。你看他們對於學術上何等講究！現在回過頭來看：我們中國呢，那末除了商務印書館出了幾本中等商業用書之外，差不多別無長物了。可歎！ 十三，五，二十，奚復旦於南洋大學

本校圖書館現有各種經濟雜誌

祖武

1 經濟統計

2 中外經濟週刊

3 上海物價季刊

4 銀行週報

5 社會科學季刊

6 交通公報

7 鐵路協會會報

8 東方雜誌

9 太平洋

10 民鐸

11 科學

12 學藝

13 The Journal ot Political Economy—bi-monthly

26 The Statist—weekly

14 Commerce and Finance—weekly

15 Management and Administration—monthly

16 The Economist—weekly

17 The China Weekly Review—

18 The Commercial and Financial Chronicle—weekly

19 Railway Age—weedly

20 Industrial Management—wonthly

21 The World's work—monthly

22 Industrial Arts Index—monthly

23 Federal Reserve Bulletin—monthly

24 The Banker's Magazine—menthly

25 The Journal of Accountancy—monthly

27 ThtChinese Economic Bulletin

28 The Chinese Economic Monthly

29 The Chinese Social and PoliticalScience Review —quarterly

30 The Boardof Trade Journal and Commercial Gazette.

31 The American Economic Jouornal

32 The Magazine of Wall Street—monthly

33 American Exporter—monthly

34 System—monthly

35 The Far Eastern Review—monthly

36 China Review—monthly

37 The Traffic World—weekly

38 The World's Market

經濟零拾

高祖武輯

(一)都市與農村　昔周禮載『以八則治都鄙。』注曰。『天子所居曰都。都者。人所聚也。公卿大夫之采邑。王子弟所食邑皆在焉。鄙者。小邑也。然則我國古時早有都市與農村之區域矣。……今日都市問題與農村問題之論爭。我國亦屬起端。其實都市問題。亦卽農村問題。因互相依輔。互相連帶。並不可謂談農村問題者。定需與都市問題絕緣。不可在都市中談農村也。近代都市問題中。最急要者。爲都市之農村化。蓋自工業制度發達以後。都市方面之精神墮落。道德破壞。衞生不講。已達極點。欲救此弊。舍提倡田園生活。無他道。質言之。都市方面非有精神的農村化之覺悟不可。況夫都市之政治賢碩。工業專家。何嘗非經由田園生活而來。吾國昔時之虞舜起於畎畝之間。伊尹耕於有莘之野。村店學徒瓦特。奏蒸汽機之大功。放牛童子司替分生。發明鐵路之大道。可見田園生活之能養人浩然之氣。培人科學凝思之力大矣。近代農村問題中最急要者。爲農村之都市化。生產機關。交通機關。社交機關。娛樂機關。皆不及都市之完備與便利。於是都市之「人口集中」勃然興起。欲救此弊。不可不望農村之物質的都市化也。

(二)婦女界之福音　近有嚴順貞女士與歐彬夫人等組織女子商業儲蓄銀行。其原因據云有三點如下。(一)近時女界中在學界。醫界。商界。及勞工界服務者。職業既廣。人才漸多。而營業往來。自不能不有利便之金融機關以爲之輔助。(二)中國女子之性質情形。與西國不同，西國女子對於男子資財。不生問題。中國婦女每有所積蓄。若在普通銀行存放。容有不便之處。必得有一女子銀行。以應需要。（三）中國商業不能與各國頡頏之故。良由於二萬萬之女子。缺乏智識與才力。助理男子。共同維持生活。直接爲自身之累。間接即爲男子之累。嘗有男子因其妻揮霍坐食。不克專心服務社會。因成事業俱疲之現象。女子銀行。即將在商業方面。爲女界建立基礎。以冀分任男子負擔云。

（三）論銀行之增發紙幣　通貨流通社會之數。當以當時社會需要爲斷。設通貨流通之量過於社會所需。則物價必漲。反是流通量小於社會所需則物價必落。太過與不及。均足擾亂金融。貽禍社會。而匯兌之波瀾。且於是乎發生矣。故財政情形順適之國家。需求均衡。必無畸重畸輕之弊。以上就實幣論也。若紙幣則尤有甚焉。紙幣運行。最易濫發。其結果也市場上實幣絕跡。所爲用者。類皆紙幣。紙幣既多。準備不足。而跌價之事發生。物值日騰。幣值日落。直接影響於民生。間接影響於匯兌。且其落也。無可制止。觀於盧布馬克之往事。繩以此理。蓋非虛矣。

（四）商業發達之利益　（甲）商業發達。經濟方面所得之利益。

一、使需要少的地方之物價提高。需要多的地方之物價降低。以致物價平均。

二、使貨物在最具生產條件之地方而充分生產。

三、保持農工業者之安全。因出產物不致缺乏銷路。

四、促進資本之融通。

五、激起人類之新慾望。而使之於生活上獲得無限之幸福。

（乙）商業發達。社會方面所得的利益。

一、免除人心之偏狹與輕外國重內國之弊病。使國民產生世界的平等的好觀念。

二、商業發達。則與各地各國的人相接觸之機會多。如此可以採取異地文明之長。以補己之短。使互相調劑。而得美滿之結果。

三、使窮鄉僻野之地方漸漸與文明交接。

四、增進交通之便利與人類之福祉。

（五）我國應多設貨價調查處　凡以數十百種之貨物。逐時以其價格之高下。加以統計而比較之。列成表式。在經濟學上。名爲物價指數表。其用極廣。茲略述一二於左。

一、物價指數。可以證明貨物供需之情形。與貨幣購買力之強弱。

二、國民生活程度之高下。胥賴物價指數表以測驗。

前者凡研究經濟學者。均以爲重要參考。各國學者。畢生研究物價指數者。實繁有徒。後者凡考查國民經濟。均基於是。無論官吏及工商業之傭僱人。其俸薪之支配。苟參考物價表。則或多或少。於個人之生活程度。是否合宜。一索即得。各國政府。於國民生計程度。研究惟恐不詳盡。故調查物價。視爲要政。而吾國政府。對於此點。向不注意。研究經濟學者。每苦缺乏本國之參考。而全國公私機關。支給薪俸漫無標準。每使辦事人。感個人之收入不合於生活程度。

（六）敬告我企業界　吾國商店。泰半由經理人拉攏組織。而由股東自動創設者較少。故使此輩經理人稍稍活動。則新創數十百家之商店並非難事。惟舊式商店之組織。通例爲拚股式的無限公司制度。其照兩合或有限公司組織者甚少。因而股東不能過多。資額亦不能過大。欲求資力之雄厚。非先改良組織方法不可。夫資力既不雄厚。則同業之增加。非徒無益而又害之。何以故。同業愈多。則競爭愈烈。生意愈濫。且力量脆薄。能進而不能退。一遇逆境。立見崩摧。影響所及。或且波及於全體。歷來失信中外。擾亂市面之同業。多屬此類也。記者嘗主張由進出口各業組織販賣組合。以期衆擎易舉。力圖推廣。不幸時機過早。未能見之於事實。故吾所盼望者。獨資力之加厚耳。若同業之增多與否。於商業上並無重大之關係。

（七）我國綢布商聽者　東洋疋頭之來華。有與日俱進之勢。現花旗之花布絨布。已盡爲東洋貨所驅逐。本廠貨雖發達頗速。

（十二）農業教育　一、農業機關應實施通俗農業常識二、游學生回國任事不當一味採新捨舊三、農業學校當利用假期開農業講習會四、應提倡女子農業教育全中國除雲南及蒙藏未詳外。計有農家四六七七六二五六戶。田園面積一四四二三三三六八八畝。（腹地邊境之荒壤尚不在內。）米之耕種面積爲五七九二二三八六八畝。收獲量爲二一三八四八三〇三九石。種麥面積爲三七四七六二三六一畝。收獲量爲三五二九六八二一七石。全中國除蒙藏未詳外。計有荒地四〇四三六九九四八畝。假令不使荒廢每畝農產收入以四元計。則每年可增收一萬萬六千一百七十四萬九千七百九十二元。

（十三）我國國庫收入之源　一、田賦而經界不清中飽難除二、鹽課而權操外人且所餘幾全供武人三、關稅然亦權操外人我難增益四、釐金收入雖大而病商五、常關而付賠款之用六、菸酒稅而稅則不一省各異制七、契稅賣四典二八、礦稅而收入甚微九、營業稅十、印花稅而印發太濫至折扣極低以上各項收入之大部份用途　一、抵押還債基金二、各省扣留三、各國銀行扣留四、軍費五、黨費六、其他

（十四）西北各省之牛羊乳　牛乳一物。爲近世紀全世界人類養生必需之品。產生之地。端賴農產發達之區。因牛乳爲農產附產物之一種也。而羊乳亦然。惟世人對於羊乳之利用爲養生品。發行較遲耳。我國西北各省區。素爲農產區域。且青海。蒙古各特別區域。猶未脫除游牧習慣。故所產牛羊乳較之山西、河南、直隸、陝西、甘肅等省爲多。惟我國人對於農業一事。素不求改良。而對於農業附產。尤其漠視。以致牛羊乳原料。十九捐棄於地。舶來品充斥市場。漏卮之數。歲以千萬計。西北各省區所產牛羊乳原料。如能製造適合衛生之牛羊乳。預計所產額量。既敷本國人之用。又可運輸外洋。不特可挽利權且有獲利之希望。查母牛產生之區。以多倫、甯夏、包頭、科布多、呼林等地爲最多。母羊之多乳者。以青海、察哈爾、庫倫等地所產爲最佳。如能在察哈爾之豐鎮。或外蒙之庫倫。或甘肅之甯夏。設一大規模之製造牛羊乳廠。每年獲利之豐厚。可以預卜也。

（十五）內外蒙之駝毛利益　內外蒙古土地廣大。物產豐盈。不亞東北之南北滿洲。蒙古人民至今猶未脫除游牧習慣。多以

牧業以生。交通方面。現雖有京綏路直貫北朔之包頭。然因土地廣遠。運輸各種貨物。仍多用駱駝。以其能耐渴耐寒。利於行沙漠之地也。駱駝用處既多。所需駱駝之數自巨。故駝毛爲庫倫、包頭、綏遠、張家口一帶特產。每年所產之駝毛。數約五百萬擔。除土人自用者外。出口亦不下二百萬擔。約值洋三百萬元。此項原料。用以製絨。名駱駝絨。中外人士常用以作衣服及被褥等裏子。其煖異常。近年來。洋商羣知蒙古駝毛價值極廉。均前往購買。以之爲製駝絨材料。故價格已漸次提高。但外人所製駝絨。原料雖取諸吾國蒙古。而其製造品仍然大多數售於吾國。每碼價值自八九元至十四五元不等。我國人士。均樂購用。以其煖而質輕。吾國實業界如能實事求是。在庫倫、或包頭、或綏遠、或張家口設廠製造駝絨。成本既輕。獲利必巨。是亦挽回國權之一也。又駝毛布爲內蒙綏遠特產。每布一尺。售價洋四角七八分至七角不等。視貨之良否以爲差別。此項駝毛布。亦用以製衣服或被裏之用。惜用土法製造。顏色花樣均不美觀。若能加以改良。織成細軟布疋。與舶來品能在市場競爭時。統計每年出產品。其價值當不下五十萬元。

（十六）雲南將實行兵築路　雲南交通司前計劃修築三迤通省外國外各道。現已派員測勘完竣。分期進行。其計劃先修土路。後敷鐵軌。取漸進主義。修竣一段。推及他段。全段修竣。再以其餘利與修他路。如此辦法。不須籌鉅大之基金。輕而易舉。誠法之善者也。現訂辦法如次。先修滇西至緬甸一綫。此路若告成。則可與緬甸新街之路接軌。凡歐洲之旅行華地暨貨物之輸入中土者。可不經海道直由阿富汗俾路支等以入滇。初步辦法。由省修至舍資。爲第一段。若修至舍資後。則滇地阿陋各井之鹽入省及轉運迤南者。可減少時日與運脚。而免鹽荒之患。以其餘利推修第二段（由舍資至大理）再由第二段之利修第三段（由大理至騰衝與緬甸接軌）全路落成後。歐亞之交通已較前便利。再行興修由滇入內地各要道如滇渝滇邕等。至全部告成時。亞歐交通之重心。恐不在港滬而在滇矣。修路人工則由軍隊挑撥勤苦耐勞之士兵組織路工隊。由技術員指揮率領工作。又通令各縣知事於農暇時。酌派路綫經過各村之村民助理興修。路工及村民除日給以少數工資外。復發給股票。照作業之多少。享有股東權利。此項公司即由該路工程者所組織。以勞力爲資本。凡附近路線之礦產森林。公司亦有權利享之云。

（十七）奉天撫順煤礦之生命　日人在奉經營之撫順煤礦。素有東亞第一煤田之稱。然該礦共藏煤若干。因尚無準確調查。不能斷說。據從來之測定。總理藏量約有十萬萬噸。若就各礦坑分別言之。卽千金寨坑有一萬萬三千五百萬噸。大山坑有一萬萬三千噸。楊伯堡坑有三千八百萬噸。東鄉坑有七千萬噸。老虎台坑有一萬萬五千三百萬噸。萬達坑有一萬萬六千百三萬噸。新屯坑有一萬萬五千萬噸。龍鳳坑有一萬萬六千萬噸。惟上述各坑。迄現在止所出之煤。千金寨爲九百萬噸。大山坑爲四百萬噸。楊伯保坑爲六百萬噸。東鄉坑爲四百萬噸。老虎台坑爲五百萬噸。萬達坑爲百萬噸。新屯坑爲四十萬噸。龍鳳坑爲九十萬噸。合計共爲三千三十萬噸。此後尚餘煤九萬萬七千萬噸。惟因採掘費及其他關係上。能否全體開採。尚未可知。假定全體開採。此後該礦之生命。能保持若千年。假定每年出煤七百五十萬噸。此後尚有生命百三十年。又假定採煤一千萬噸。約可保持百年。惟每年千萬噸之出煤。由煤礦之能力觀察非不可能。然由賣煤之政策上言之。則頗難實現。故每年以七百五十萬噸之產煤爲限度。頗當。而該礦之生命。尚有百三十年。

（十八）日本擬壟斷奉省電氣事業　日人經營之南滿鐵路公司。每年獲利至四五百萬之鉅。實爲中國外溢之莫大利權。近[illegible]窺伺奉天之電車鐵道。當奉天市政廳等辦省垣電車公司。未能實現之時。日人大倉組等。急起直追。運動南滿鐵路公司出資二百五十萬元。創辦奉天電車公司。以期抵制中國方面。卽不能達到完全目的。亦能辦到中日合辦利益均霑。此事業經滿鐵地方事務所所長竹中致一商安大連總社。擬定由滿鐵出資十分之八。大倉組出資十分之二。一切辦法。俱照大連電車。爲商滿鐵路興業課之一部份。其運轉途徑適與奉天市政廳所劃定電車道路相符合。兩相抵觸。自難並行。而日人之意。實欲壟斷獨吞。以爲把持利權之基礎。奉天市政廳或因此停辦。或歸中日合辦。卽爲日人完全達到目的。

（十九）媚外者其捫心　近外交部有一通令云。歐戰以後。各國人民爭向我國投資。不獨新設公司工廠。建築碼頭倉庫。并有私購地皮。惹起紛擾之事。爲防範未來糾葛計。各省地方官實宜預先嚴加管束。爲此特將大綱四項。通令各該地方長官注意等語。其四項如下。（一）除按照條約規定之外。不許外人設立工廠。（二）外人不許在中國各地輸運及販賣牛馬等類家畜。（三）外人不許購買中國內地地皮。（四）外人無護照者不許任意游歷內地。

（二十）四國爭我濱黑鐵路　由哈爾濱至黑河之鐵路。自民四倡議建築以來。迄今將近十年。以籌款維艱。終未實行開工。民五冬季道勝銀行曾撥出勘測費六十萬盧布。當時並擬翌年春即行動工。不料尚未到期。俄亂遂作。羌帖亦相繼跌價。道勝行亦無力擔任此項鉅款。該路遂由此擱淺。但該路經過之地。實為北滿富庶之區。俄人當勘測時。因擬將北滿名城巨鎮。盡畫入此路線範圍以內。以握北滿之命脈。如第一段由哈埠至海倫。其間所經過者。若呼蘭、綏化、海倫、望奎等縣。均係江省農產著名之富區。第二段第三段所經過者。若克山、黑爾根一帶。亦均係絕大平原。沃野千里。將來亦有發展之希望。其餘如璦琿境內之金礦煤礦。嫩江流域之森林漁業。皆係天然之利源。特以交通不便。致未開辦。將來該路一成。前途發展。豈有限量。因此情形。故各國對於此路。各擬借予款項。惟黑龍江省議會及各團體。均欲息借美款。前年江省人士。曾與美國某公司接洽一次。草合同已經訂立。其後終未能成為事實者。所以雙方主張之點。尚有不同之處。此事遂作罷論。日人方面見借美款未成。遂亦向該路之當事人。要求承借此款。後經拒絕。遂亦中止。現在法國政府。亦欲攫取該路。法使前曾向中央政府聲稱。該路原由道勝承借款項而建築。道勝現在雖無力借此巨款。法為道勝之股東。情願代道勝照合同辦理等語。當局以中東路問題尚未解決。若再與道勝合辦濱黑路。將來勢必益形糾紛。當即嚴詞拒絕。乃一波未平。一波又起。俄國駐京代表加拉罕氏。亦有要求合辦該路之說。據聞其理由。謂濱黑鐵路原議係中俄合辦。嗣因俄國內亂發生。中國方面收回自辦。俄國並未承認。今歷數載。中國始終未能動工。則籌款之艱難。已可想見。中俄會議開幕在即。請將此案提出大會討論。仍以照原合同由中俄合辦為宜云。

（二十一）奉天商業勃興之後　奉天省城。業一變其舊式之狀況。而為商業之城市。外商各重要公司之總事務所。概自牛莊大連等處。移至省城。而牛莊一埠。因奉天之勃興。地位尤見降落。奉天交通便利。不僅鐵路四處可通。即自動車亦進展甚速。據駐奉之外國自動車公司言。每日可賣去四輛。將來自動車與汽油兩項。將成爲滿洲之大商業。奉天至山海關之軍用路。現正建築。此三百哩之長途。兩旁皆遍植樹木。每英哩需費五千元。共需一千五百萬元。路線所經之城鎭。凡工人及土地等。皆由各該城鎭負責辦理。省政府僅供給碎石。石灰及水門汀等，兩年之內。自動車可於十五小時自奉天直達長城矣。奉天南滿鐵路之大和旅館。現重改造。於宮旅館旁建造新旅館。奉天城內漸與城外之租界相似。日本鐵路附近市面。漸有不及之勢。日人在滿洲勢力似較小。其最受打擊者。卽爲大連採用金建制度。中國大商店。皆從該處遷出。中國政治雖不甯靜。而商業上則日有進展。奉天現有居民約七十五萬。數年之後。可望將增至百萬。

（廿二）國貨棉紗暢銷東三省　東三省棉紗。大部分皆由日本輸入。（卽從前市上所謂福島紡織產十六扇面牌之日本紗。）每年溢出之金錢。數逾千百萬。自去年九月一日。震災發生以來。日本輸入我國之棉紗。漸次減退。自本年一月以至現今。除一種細紗外。東三省各地市場。迨不見有日本棉紗之影。此項日本棉紗之市場銷路。已盡爲吾國自紡棉紗所奪囘。吾國棉紗在東三省銷路最好者。首爲上海棉紗（仙桃豐年兩牌。）其次則青島棉紗（銀月金貨兩牌。）此外雜牌甚多。尙未調查明確。查上海青島兩處棉紗。銷行三省。皆經由安東營口兩地入口。近頃以來。幾盡經由安東。以商人重利。安東入口之貨。所納之稅。比較其他各地入口。有三分輕減之利益也。查日本震災之後。工商業雖受打擊。然各地之棉紗產量。已逐漸恢復。何以吾國之紗。能侵其勢力範圍。而佔據其領域。此有二因。一則因震災之後。日人首惟振興是謀。對外貿易。稍有未能致力。而三省市場需用棉紗之處。不能一日間斷。市間既無日本棉紗。則必有起而代之者。以供需要。於是吾國棉紗。乃因各地市場需要之故。得乘機而入。此其一。其次則日本生活。近年逐漸增高。震災以還。特殊尤甚。中國各地生活。比較日本低廉。工用既賤。成本自輕。吾國紗廠所出之紗。因成本較輕。比較日本成本昂貴之棉紗。價值自當低賤。各地市場商販。因需要之故。又有價值低賤之紗。以供其購買。自當舍貴而購賤。此爲最重之第二原因。據一般有識之商業家揣測。至五六月時。吾國各廠預定之貨。全部交齊。在東三省市場。必與日本棉紗起極大之爭競。因日本紗廠。近來已注意此事。着手爲爭競之謀也。然有以上之二大原因。又兼以吾商民耐勞克己之奮鬥。日本之紗。必終至在三省市場失其銷路。惟青島之紗。並非完全中國商業。係與日本合辦。將來日本棉紗與中國棉紗競爭。其必以青島棉紗爲先鋒。而以日本內地之棉紗爲其後盾。就大連市場現在棉紗市場價目而論。日本內地之棉紗十六支扇面牌約三百零二元。青島之棉紗。十六支銀月牌約二百九十元。上海之棉紗。仙桃牌約二百八十九元。競爭之結果如何。目下尚未能預卜也。

（廿三）滿洲中俄貿易之現狀　今年哈爾濱開航以後。黑龍江上商業之如何進行。此爲哈埠商界及松花江船輪公司最注意之問題。若黑河伯力尼古拉扶斯克諸埠之航線仍照舊通行。則松花江船隻之噸數。有無變動。此亦一問題。經由尼古拉扶斯克出口之大豆。世人最爲注意。其初試行者爲黑龍江船商公司。當一九一〇年頃。集松花江上之大豆。計凡七十五萬普特。此後逐年增加。至一九一四年。增至二百十萬普特。一九一四年以後。因歐戰及俄國革命影響。數乃大減。去年俄政府船隻。擬重行運豆出口。惟以中俄愛琿之爭執。未果。又自俄國革命而後。黑紗江許多船隻均被逐至松花江。全江船隻載重。計汽船五十八萬七千六百普特。帆船二百七十九萬五千普特。估計本季運輸之貨物。其最當在一千五百萬噸。惟去年各輪船公司。除中東路及沙斯金公司之輪船外。其他各船。損失頗多。中國之戊通公司。損失尤多。今年以抵價出租輪船十艘。僅留其四。專自松花江之下流。載運燃料至哈。如今年黑龍江商業關係能仍舊回復。貨物仍得經過尼古拉扶斯克出口。中國當道。殊應從速振作。否則本年哈埠商界所受之損害。必更甚於去年矣。中國黑龍江邊之華商。因俄政府之苛稅。實行斷絕商業關係。不與俄方往來。厥後私運貨物者盛行。兩岸恢往來不絕。俄人因其價廉。咸爭相購買。華商乃亦改變方針。與私運者往來。承接大宗貨物。此項不規則商業。遂益見盛行。如茶糖印花布及其他貨物。均常偸運入俄境。私運之商人。更組合團體。以防俄境警察之檢查。故被查獲者極少。大概僅占百分之五。從俄國私運至中國者。則以糧食及牲口爲大宗。其中馬匹一項。運入中國者尤多。我國農家之馬匹。已減至百分之五十。蘇俄政府已決定其蒙古直接運輸商費。并與俄國東部聯合。黑龍江及赤塔鐵路之轉運。將在庫倫設立代理處。以低廉運費直接運輸貨物。庫倫及色倫額河各處。皆可直接自海參

（廿七）華茶在英美之銷數　吾國產茶。比較日本足多十倍。每年產額。約有九億餘斤。其三分之二。銷售俄國。自民國七年。俄亂發生後。每年輸出減少六萬磅。茶商賠累不支。生產因減色。出口茶類。紅茶占十分之七。而美洲所需者。爲綠茶。日人則投其所好。積極推廣銷路。故日茶之在美洲。殆成獨占營業。近來吾國茶商。漸有覺悟。對於製造綠茶。特別注意。去年華商之銷路亦漸增加。茲將近兩年。中日茶運銷美國者比較如下。一九一三年。中國一一三三千磅。一九二二年六四六六千磅。一九二三年日本一六三七四千磅。一九二二年一七四一五千磅。觀上表。華茶去年在美國銷額。殆增一倍。再能努力改良設法推廣。前途大有希望。關心斯業者。幸留意焉。又據自倫敦歸國友人所言。據云華茶在英銷路年來漸廣。查去年自六月起至上月底。其輸出額較上年增一千九百萬磅。其中運八百五十萬磅。即係至倫敦。更可注意者。即同時期內印茶之輸出。反見減少。錫蘭茶亦無所增減。不過印度錫蘭茶人因茶價日漲。一九二一年至一九二二年之一季。每磅僅一先令二九一便士。一九二三年之一季。每磅漲至一先令五八一便士。一九二三年至一九二四年之一季每磅漲至一先令七四三便士。以故獲利仍豐。目下英國或將即有鼓勵購用華茶之舉。然英人對於華茶實有許多不便之處。其主要原因。爲揀擇茶色不純。此爲中國出口茶商及種茶人所不可不知者也。

（廿八）上海于運輸上之地位　上海與各埠之接通鐵路有滬甯滬杭二路。滬甯可以過渡至浦口。而與山東天津北京等鐵路接通。而滬杭甬鐵路今已落成。水路大者有揚子江。其餘小者極多。與上海直通輪船各埠沿海者。有青島、天津、秦皇島、旅順、安東、大連、甯波、温州、福州、廈門、海川、香港及日本諸埠。內河則有通州、鎮江、揚州、南京、浦口、蕪湖、大通、安慶、九江、漢口、岳州、長沙、沙市、宜昌、等埠。所有貨物由此轉者。實居大半。外貨輸入者以棉織品、金屬礦質、化學品、捲烟、煤、燃液、顏料、機器、煤油、燕、糖、木料、火柴、雜貨等爲大宗。土產之運入及輸出者以棉花、棉織品、煤、金屬礦質、皮、絲、纖維、豆、米、粉、蛋、肉等食料、捲烟、茶、羊毛、植物油爲大宗。（稅餉之徵收）凡貨物之運輸。均須完稅。通常稱値抽五。大都進口稅百分之五。出口百分之二。外貨運入內地則完通行稅。約進口稅之半。土產之通行各通商口岸。則完出口稅。抵埠復完沿海稅。此外尚有厘金稅。

（廿九）接收後一年之膠濟鉄路　魯訊。膠濟鐵路自民國十二年元旦收回以來。迄今一載。（十三年元旦）我國民奔走呼號。一致力爭之魯案。得此結晶。犧牲既如彼重大。價值乃彌覺珍貴。[illegible]庫劵未贖、担負猶在。民有公司。亟待實現。則該路之營業狀況發展計畫。胥爲國民所急須明瞭。庶知昔日奮爭之不虛、更覺此後努力之必要。記者有鑒於此。特加調查。詳爲報告。如下。（一）營業。該路運貨。多於載客。貨運與客運。約爲三與一之比。客運收入。每日約得七千元。貨運約二萬一千元。總計民國十二年該路收入實數。在九百八十萬元以上。更以十二年度月入與十一年同月相比較。則一月份增收十七萬。二月份以雲阿橋時險停運旬日之故。減收十一萬零。三月本爲貨運最旺輸期。乃以雲阿橋出險。臨時修築便橋。運輸諸感不便。路局人員懲前後。對於行車調度。力主緩和。運輸能率。因之低減。雖商貨堆積。而收入較減一萬一千餘元、其後人手熟練。營業收入。月有增加。計四月份增收十一萬零。五月份增收二十五萬零、六月份增收十七萬零。七月增三十萬八千零。八月增十萬五千零。九月增十五萬九千零。十月增十一萬二千零。十一月增十二萬七千零。十二月增二十一萬一千零。總計全年共增一百六十萬元。分言之。客運貨運。除二三兩月因斷橋出險。影響收入。低減係屬特殊情形外。實有逐年遞增之傾向。蓋交通需要、隨時勢爲演進。社會愈進化。需要愈甚。而客貨運輸。愈益發展也。（二）支出。該路十二年度支出概况。薪工約二百六十餘萬元。退職日員一個月薪水及一個月薪額之川資。約五十二萬元。材料約二百萬元。煤約一百萬元。應負日本國庫劵利息日金二百四十萬元。約合華幣二百二十萬圓。魯案善後督辦公署借墊經費。指定由鐵路籌還者。三十四萬元。支出總計約八百七十餘萬元。（三）淨利。十二年收入狀况。既如上述。則淨利計算。當得一百十萬元。然前項所列材料支出。大部分爲日本移交之品。而非全以現款購用者。故實際上至十二月止。尚存現款一百七十餘萬。合之日華協信公司等積欠運費四十餘萬。共存二百餘萬元。接收後第一年內。遭逢斷橋大故。復負退職日員薪資。魯案公署墊款等特種費用以外。尚得如此成積。不可不謂差強人意。此後經營愈久。獲利愈豐。當屬意中事也。（四）發展計畫。膠濟鐵路營業公里。幹線長四百十里。支線長十七里。西達濟南省會。與津浦綫相聯絡。東出青島商埠。有海運爲疏通。其所經之地。如長山縣之周村。桓台縣之張店。益都縣之青州。濰縣之坊子。

卽墨縣之城陽。以及高密膠州等站。或屬商業繁盛之地。或當內地交通之衝。商貨雲集。皆出是途。而由張博支線輸出之煤。常年運費。可達三百萬元。佔全路收入三分之一。地位之優。可想而見。接收以後。因情形未盡諳熟。調度不甚靈敏。更遭變故。停運旬日。尙能比較十一年度增加。此後運輸成績。日就優良。民有公司。早日成立。完成其商業鐵路之性質。不受政治之影響。與黑暗勢力之支配。用其全力於開源節流。其效果必更可觀。茲舉大端。略述於後。（一）車輛。車輛爲鐵路營業惟一之工具。營業之盛衰。視運輸能率之高下。運輸能率之高下。視車輛之多寡。膠濟路接收之際。計有機車一百零二輛。客車一百九十六輛。貨車一千六百三十七輛。各項合計共一千九百四十五輛。其間因損壞而待修理者。約百分之十五。可以使用之車。實約一千五百輛。運輸時虞不敷。各站貨物壅積。無車裝運。現該路局已添講五十噸貨車八十輛。使當事者更能以敏捷之手段。爲適量之支配。使貨不停留。車無閒遺。則車輛之效能著而運輸之能率高。貨運收入隨之增加矣。（二）橋梁。膠濟鐵路沿線河道甚多。大小橋梁計千餘架。長約十四華里。橋孔一百尺以上者。計一百零七架。近年以來。以添用美國式機車。其軸重超過橋梁能受之載重。以致橋墩發現裂縫。運輸能率。亦受影響。而雲阿橋斷。更爲鉅大之損失。現路局已有於三年內。儲款三百萬元。更換橋梁九十六架之計畫。幷定臨時補救辦法。每月提備工款四萬元。以十個月爲期。凡滿三十公尺之橋梁分別修理。（三）運率。鐵路營業收入。直接運率有關。而運率之規定。實與國家保商政策相爲表裏。日本佔領膠澳後。獎進該國工商界來華企業。不遺餘力。青島至滄口一帶爲租界。迤西爲內地。租界內規模較大之工廠商號。計二五家。與鐵路特約。凡該商號等之棉花、絲繭、花生、雜糧、生卵、灰石等原料。由內地運至租界。或麵粉、製麩、洋灰火柴、麥酒等製成品。由租界運往內地者。其運費均扣還二成三成以至五成不等。而華商在博山大崑崙等處煤礦運率。每公里每噸銀二分。多至三分不等。日商所辦規模極大之淄川等礦。則每公里每噸僅七釐。相差至三四倍。接收以後。路局將運率逐漸改訂。特約折扣辦法。於八月一日起。一律取消。而運煤專價。亦經議定。任何礦商。一律以每公里每噸銀一分二厘計算。不日可見實行。據路局按照新定均一運率計算。崐博等處華商。應減一萬六千四百七十八元。淄川等日商。應增八十二萬五千五百三十三元。兩相抵補。尙可增收七十九萬九千餘元。（四）員工。膠濟鐵路收回之初。二月份薪給。不到二十萬元。以後逐漸添人。至六月份爲二十三萬元。刻已增至二十四萬五千元。至員司總數。爲一千四百八十八日管時代爲九百六十八人。計增五百十二人。工役總數爲五千九百二十三人。日管時代爲四千九百四十四人。計增九百七十九人。此爲鐵路事業受政治支配之影響。將來民有公司成立。員司酌加甄別。工役更番訓練。減少其名額。增進其效能。則員工薪給較十二年度減少十份之二三。非難事也。一言以蔽。整頓行車以增加收入。淘汰冗員以撙節開支。苟能逐漸推行。則每年收入千餘萬。淨利三百餘萬。不難達到。五年合計得利千數百萬。舉還日債。幾去其半。五年以後。年付利息。隨之減輕。本利逐年遞減。則淨利逐年遞增。十五年後。成績之佳。獲利之厚。尙待言哉。（五）公司組織。鐵路營業之優良。既如上述。盈餘年可獲二百萬以上。大利所在。羣思染指。一年以來。政府提挪之消息。軍閥借撥之聲浪。耳熟能詳。此後贏利愈多。危險愈甚。非有保障。終難幸免。保障維何。則民有公司之成立是已。蓋膠濟鐵路之得以收回。國民之力居多。故魯案解決之初。政府卽頒民有民辦之令。嗣以民業鐵路公司。不能先期成立。而五年以內。日本不收贖路償價。因此外交上。與國庫擔保之關係。不得不暫歸部轄。別設理事會爲民意機關。並爲傳遞與民有公司之預備。國民方面。苟能按照民業鐵路法。籌集股款五分之一。多則千萬。少亦七百五十萬。卽可創立公司。接管鐵路。易官辦爲民有。則該路營業上之地位。當更鞏固。而積存款項。亦不能任意挪用。發展自可逐漸推行。將來希望之大。利息之厚。遠非他種企業。所可比擬云。

（三十）美國物質上之實力　美國物質上之實力。確乎可以支配世界經濟。試觀下表。

人口	一一〇、〇〇〇、〇〇〇人
土地	三七、〇〇〇、〇〇〇方哩
財富	三〇〇、〇〇〇、〇〇〇、〇〇〇金元
銀行存款	四〇、〇〇〇、〇〇〇、〇〇〇金元

改良農田面積	五〇、〇〇〇、〇〇〇哀克
改良農田價值	七七、〇〇〇、〇〇〇、〇〇〇金元
玉蜀黎年產額	三、〇〇〇、〇〇〇、〇〇〇布希
小麥年產額	一、〇〇〇、〇〇〇、〇〇〇布希
製造品年產價	六〇、〇〇〇、〇〇〇、〇〇〇金元
粗油年產量	二三、〇〇〇、〇〇〇、〇〇〇加倫
鐵路線	二五〇、〇〇〇哩
電話綫	八〇〇、〇〇〇哩

（卅一）英美日三國之國債　英國　一九二二年底。英國現負之國債總數。共爲英金七十八億磅。比較一九二二年三月底。約增加二億磅。其中包含對美債務延期利息併入本金之數。　美國　一九二四年一月底。美國現負之國債總數。共爲美金二百十五億元。比較一年以前約已減少美金十四億元。　日本　一九一三年底日本現負之國債總數。共爲日金三十八億五千萬元。比較上年底。計增加一億三千萬元。

（卅二）我國修正工廠通則　一、本通則適用於下列之工廠。（甲）平時使用工人在百人以上者。（乙）凡含有危險性質。或有害衛生者。（丙）不適用本通則之工廠。另以部令定之。

二、凡在中華民國領域內。設立合於上條所定之外國工廠。亦應遵照本通則辦理。

三、男子未滿十歲。女子未滿十二歲。廠主不得雇用之。

四、男子未滿十七歲。女子未滿十八歲者。爲幼工。

五、幼年工只能從事輕便工業。

六、幼年工每日工作除休息時間外。至多不得過十小時。

七、廠主不得令幼年工從事於午後八時至翌日午前四時間之工作。

八、對於成年人。至少應每月給予二日休息。

九、無論何項工人。應每日給予一次或數次之休息。每次至少應在一小時以上。

十、凡特種工廠。有必須採用晝夜輪班制度者。應將職工班次。至少每十日互換一次。

十一、工資應全部付給通用貨幣。非得工人同意。不得以物品抵押。

十二、工資之付給。應有定期。至少每月付給一次。

十三、因特別情事。暫將工作時間延長時。應由廠主按照時間。加給較優工資。

十四、廠主對於職工。不得由工資內預先扣存若干。爲違約或損害賠償等用之款。

十五、爲職工貯蓄。或爲職工各種利益起見。提存工資之一部分時。應得工人同意。併詳擬辦法。呈由行政官署核准。

十六、職工解雇或死亡時。廠主應將該職工所得工資。全數即時付給本人。或其遺族。並將所儲金。一併發還。

十七、廠主應按照所辦工廠情形。擬訂撫恤規則。獎勵金及養老金辦法。呈請行政官署核准。

十八、廠主對於幼年工。及失學職工。應於本廠內予以補習相當教育。並担負其費用。

十九、廠主對於傷病之職工。應酌量情形。限制或停止其工作。其因工作致傷病者。應負担其醫藥費。並不得扣除其傷病期內應得之工資。

二十、廠主對女工之產前產後，應各停止其工作五星期。並酌給以相當之扶助金。

二十一、在機械運動中。或傳導動力裝置之危險部分。不得令幼年工及女工。作掃除注油檢查修理及帶索之調整上卸。幷其他危險事務。

二十二、關於處理毒藥爆發性藥。或其他有害物品。不得令幼年工從事工作。

二十三、凡有害衛生。或危險處所。以及塵埃粉末。或其他有害氣體散布最烈處所。均不得令幼年工從事工作。

二十四、工廠內於工人衛生及危險預防。應爲相當之設備。行政官署得隨時派員檢查之。

二十五、工廠及附設建築物。並其設備。行政官署。認爲易生危險。或於衛生及其他公益上。有妨害之處時。該廠主應即遵照官署命令。迅速施相當改革。

二十六、廠主得選相當人員。充任工廠管理人。主持廠內一切事務。幷須呈報行政官署備案。

二十七、工廠管理人。應代廠主負本通則上一切責任。

二十八、本通則自公布日施行。

本會紀錄

記者

（一）最初及籌備期 自十二年九月至十月十八日

經濟學會之發軔。實自十二年暑假前肇之。當是時。承驅盧風潮之後。管理科有裁撤之說。羣情洶懼。於是有臨時委員會之設。雖未幾底定。而痛定思痛。因此鑒於永久機關之不可無。且見校中工程科之已有工程學會也。益自覘欲然。其時管理科本有鐵路管理協會。而會務廢弛。負責無人。故臨時委員會嘗有促進之議。屬以暑假已屆。未克實行。開學後。臨時委員會業已解散。鐵路管理協會舊會長又已畢業離校。新職員并未產出。章程文件亦散佚殆盡。精神及形式上皆已喪失其存在價值。然管理科之有心者。終以無研究及聯絡機關為憾。於是九月下旬。三年級陳文松李庭三等發起另行組織經濟學會。先徵其本班意見。得全體通過。遂由班長李庭三吳維翰召集各班班長會議。徵求各班意見。均先後響應。每班各舉委員四人。籌備一切。其名單列左。

四年級	周乃洪（主席）	曹麗順	王光鼎	胡匡祖
三年級	陳文松（書記）	高祖武	吳維翰	施家俊
二年級	薛椿蔭	蔣士麒	徐承熙	武書麟
一年級	華立	邱褚聯	何壽孫	孫孝鈞

籌備委會員既成立。其間最重要之事。即討論會名、會員資格、起草會章、及籌備選舉等項。共開會四次。至十月十八而全部告竣。其大

事記如下。

九月　三年級發起組織交通部南洋大學經濟學會

各班班長會議

各班籌備委員先後產出每班四人

十月　一日　籌備委員會成立開第一次委員會舉曹麗順高祖武薛椿蔭陳文松爲起草委員

九日　起草告成

十二日　第二次委員會討論草章

同日　第三次委員會討論草章

十五日　第四次委員會修正草章

十六日　草章告成以油印分發各班

十七日　選舉及立法大會（職員表附後）

十八日　會章告成（附後）

同日　職員就職

同日　籌備委員會宣布解職移交文件

（二）　會務紀錄　自十月十八日至今

籌備委員會解職後。職員卽開始辦事。其間開成立大會一次。職員常會十次。特別會一次。以人數不足改談話會二次。流會一次。記者採簡明之法。亦以大事記形式紀之如下。

十月 十九日 第一次職員會 請校長立案 徵收會費 徵求準會員 籌備成立大會

廿四日 第二次職員會 起草職員會細則 調查會員錄 徵求名譽及特別會員

三十日 第三次職員會 公布校長允許立案函 議定成立大會秩序單

十一月 二日 成立大會 通過聘請顧問（名單附後）

十二日 第四次職員會 討論大組織事 修正職員會細則

二十日 第五次職員會 函覆學生會反對大組織 通過職員會細則（附後）

廿一日 特別職員會 討論會長曹麗順辭職事交各班表決之

廿八日 第六次職員會 人數不足改談話會 請顧問出席職員會 議決經濟學報每學期出版一次 修改會章交大會表決

十二月 十三日 第七次職員會 人數不足改談話會

廿七日 第八次職員會 大會挽留會長 通過會章修改

十三年一月 全校溫課及大考

二月 寒假

三月 三日 第九次職員會 催收學報稿件

十七日 第十次職員會 通過學報廣告價目

四月 春假 三四年級北上旅行

五月 二日 流會 以無事而職員多數小考也

（三）會章（十三年五月三十日大會修正）

第一章　定名

第一條　本會定名爲交通部南洋大學經濟學會

第二章　宗旨

第二條　本會以研究經濟學說考察經濟狀況爲宗旨

第三條　本會具下列三項職務

甲　發行出版物紀載本會成績

乙　參觀各項實業

丙　會員定期表述其各種心得並敦請名人演講

第三章　會員

第四條　凡交通部南洋大學鐵路管理科學生皆爲本會正會員

第五條　凡交通部南洋大學附屬中學學生有志入鐵路管理科修業者皆得爲本會準會員

第六條　凡交通部南洋大學鐵路管理科畢業生皆得爲本會名譽會員

第七條　凡交通部南洋大學其餘學生或畢業生有志共同研究經濟或輔助本會者皆得爲本會特別會員

第八條　凡本會正會員皆有選舉權被選舉權及同意權準會員皆有選舉權及同意權惟無被選舉權名譽及特別會員無以上三項權利

第四章　會費

第九條　本會正會員每學期須納會費小洋六角準會員小洋三角名譽及特別會員聽

第五章　組織及職員

第十條　本會組織大綱及職員如表（表另具）

第十一條　本會職員皆由大會選舉之

第十二條　凡交通部南洋大學教職員或校外名人富於經濟學說或經驗者得由會長選定或經會員三人以上之提議五人以上之連署付大會表決聘請爲本會顧問

第十三條　本會職員一年一任不得連任或兼職

第十四條　本會職員於每學年終時選舉之

第十五條　本會顧問不受第十三條第十四條之限制

第六章　職員職務

第十六條　正會長總理會務爲大會主席對外代表本會

第十七條　副會長襄理正會長辦理會務並於正會長離職時代行其職

第十八條　文牘員掌紀錄通信及保存一切文件事宜會計員司出納及預算決算事宜幹事理會中一切庶務

第十九條　各部部長統理各部事務各科科長統理各部事務各股股長統理各股事務

第二十條　顧問對於本會一切事宜負指導之責

第二十一條　如職員有不盡職務時經會員三人以上之提議五人以上之連署得提出不信任案由會長交大會表決以定去留如會長遭不信任則該次大會應暫時退席由副會長代行主席俟大會認該案不成立後始重行其職務

第七章　開會

第二十二條　本會每學期之始末各開大會一次

第二十三條　本會遇必要時得由會長或會員三人以上之提議五人以上之連署臨時召集特別大會

第八章　細則

第二十四條　本會各部各科各股之細則由各部各科各股自定之

第九章　修改

第二十五條　本會章經會員三人以上之提議五人以上之連署大會三分二以上之同意得修改之

第十章　施行

第二十六條　本會章自公布日施行

本會組織及職員表（會章第五章第十條）

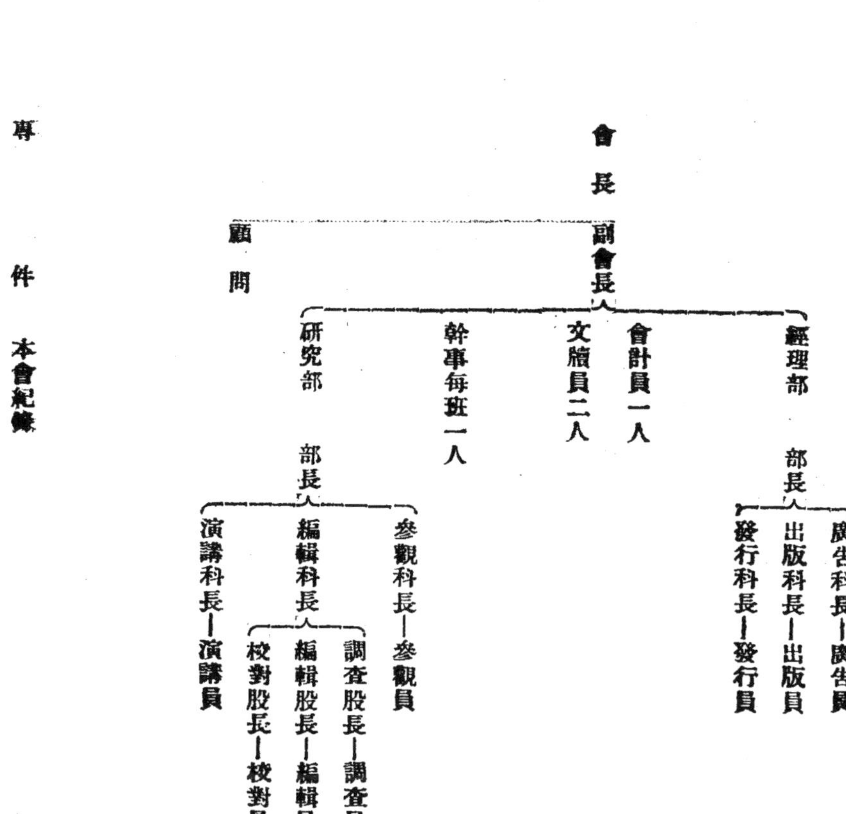
會長
副會長
顧問
經理部
部長
廣告科長—廣告員
出版科長—出版員
發行科長—發行員
會計員一人
文牘員二人
幹事每班一人
研究部
部長
參觀科長—參觀員
編輯科長
調查股長—調查員
編輯股長—編輯員
校對股長—校對員
演講科長—演講員

（四）職員會細則

一、本會以交通部南洋大學經濟學會職員組織之

二、本會具下列職務

甲 討論進行方針

乙 執行議決案件

丙 解釋會章

丁 通過各種細則

戊 監督各部事務

己 解決職員辭職問題

三、本會每二星期開常會一次如遇特別事故得由會長臨時召集會議

四、本會以會長爲主席如會長離職以副會長代之如副會長同時離職則由會中互推臨時主席但紀錄文牘員不得當選

五、本會開會時如職員有故缺席時須請代表出席以正式委狀爲證但不得請職員爲代表如不能請到代表時須正式備函向會長請假但不得連續二次違者概以無故論

六、本會開會時如職員無故不出席連續至二次者由通信文牘員去函勸告如第三次仍不出席者施以警告如再不出席即將該員提出大會討論之

七、本會出席人數以職員總數三分二爲法定數

八、本會議決案件以出席職員之過半數爲法定數如兩方相當則取決於主席

九、本會議案須於每次開會前交會長編入議事日程其臨時動議非有特別關係者皆於議事日程中議案議畢後再議凡職員提議無須附議

十、會員建議須於每開會前一日正式交會長編入議事日程後期交至者非有特別關係皆於下次開議匿名及無附議者不議

十一、本會議決案件在同一會場内不得提出復議

十二、提出復議案件須得出席職員三分二以上之同意始得推翻原案

十三、本會議決案件除指明暫緩者外皆須於散會後第二會前内執行之

十四、本會議決案件須於每次散會後由記錄文牘員分別通知各關係職員并擇要公布

十五、本細則有未盡者得隨時以出席職員三分二以上之同意修改之

十六、本細則自公布日施行

十二年十一月二十三日公布

（五）職員表

會長 曹麗順　副會長 周乃洪

紀錄文牘員 陳文松　通信文牘員 薛椿蔭

會計員 顧振亞　稽核員 王光鼎 甯樹藩

交際員 奚復旦 李庭三

四年級幹事　孫志鴻

二年級幹事　甲　章煥昌　乙　蔡光積

研究部部長　曾昭僖

經理部部長　高祖武

編輯科科長　李炳瑗

參觀科科長　高塝

廣告科科長　樂偉仁

發行科科長　楊文炳

三年級幹事　胡振洲

一年級幹事　邱褚聯

副部長　胡匡祖

副部長　程祖蔭

編輯股股長　朱承猶　戴道敬

調查股股長　梅自新　華立

校對股股長　呂偉彥　王素

演講科科長　陶天杏

出版科科長　連思儉

（六）顧問名單

陳杜衡　顧惟精　胡仁源　兪希稷　徐佩琨　張直夫　武書常　徐新陸

任筱珊　徐滄水　朱博泉

（七）會員錄

初年級

姓名	字	籍貫	家長號	家長稱謂	家長職業	通信處	備註
陳毓桂		江蘇吳縣	士梅	父		蘇州西北街	

史久寇 震懷 江蘇武進 屺望 兄 武進縣學旁
范濃濤 江蘇武進 龍田 父 儒 常州城內東下塘
王倫多 亞維 江蘇江陰 寶如 父 醫 江陰城內虹橋南沿十九號
陳漢光 漢光 福建建甌 伯簡 父 儒 福建建甌縣城內禪師巷
孟緒勳 紀將 福建閩侯 蘭楫 父 上海西門大興街崇義坊六十一號
莫若強 立羣 浙江吳興 奎麟 父 商 上海北浙江路延吉里第三六七號
張永錫 壽朋 浙江平湖 寅谷 父 政 平湖西門宮後底
華壽嵩 維嶽 江蘇無錫 華顧氏 母 居家 無錫石幢轉寄北七房最樂堂
盛餘度 也秋 浙江嘉興 萍旨 祖父 政 嘉興南門金明寺埭
尤玉照 光豪 江蘇無錫 柱臣 父 守產 無錫道長巷廿一號
婁德堯 浙江上虞 德渭 兄 商 上海白克路敦誼里五七四號
孫孝鈞 彙陶 江蘇江甯 梓材 父 商 上海楊樹浦新康里六八九號
高 檮 龍木 浙江嘉興 蟾 伯父 商 上海白克路久興里四三三號
鄭潤燊 廣東香山 覺生 兄 商 上海北四川路橫浜橋福德里十九號
黃綸芳 崙昉 廣西容縣 希陶 父 政 北京宣外方壺齋二號容縣黃寓
黃鼎元 定乾 安徽滁縣 軼凡 兄 學 滁縣石獅子街鼎康藥行
陳澤宜 叔侯 浙江吳興 心畬 祖父 政 上海閘北蒙古路晉康里一〇〇三號

許廣圻		江蘇無錫	蘊定	父	政	無錫中市橋
曾兆麟		江蘇	志光	兄	士	吳江同里東溪橋
徐承熙	季亮	廣東	穆均	父	政	杭州火藥局街
蔣士麒	嘉禾	江蘇	竹筠	父	農	上海閔行鎮
竇鳳藻	耀文	江蘇無錫	慕怡	父	商	無錫新街巷
黃振成	釋如	江蘇崇明	栗園	父	士	崇明橋鎮太平街
左景鴻		湖南湘陰	伯逵	兄	儒	長沙司馬橋三號
薛椿蔭	屺瞻	江蘇武進	槐苑	祖	儒	常州西郊鼎泰元
黃達言	珍伯	廣東順德	少侯	兄	政界	上海開封路正脩里五十四號
張國熹		廣東番禺	秉三	父	政界	本埠寶山路鴻興坊
高渭初		廣東香山	印愚	父	政	本埠北四川路Y五九六號
陸慶元	希賢	江蘇太倉	景周	父	士	江蘇太倉城內
呂慰詒	孝翼	江蘇武進	幼舲	父	士	上海白克路脩德里六七五號
張曾燮	理丞	江蘇太倉	仲文	父	商	太倉雙鳳
徐開宗	濟剛	江蘇常熟	扆雲	父	政	常熟董浜鎮
吳克超	仲拔	江蘇崇明	企虞	父	士	崇明廟鎮
費振東		江蘇吳江	璞庵	父	學	蘇州葑門十全街一三二號

上列通信處下月卽將更改

盧鴻植	寄萍	福建	有恆	兄	商	漢口四官殿盧仁聲隆號	
劉懷谷		廣東	鳳生	父	商	南洋婆羅洲山口洋埠錦源號	
文伯常		廣東惠陽		父	商	英屬馬來半島嘭哼文東埠廣惠隆號	

三年級

姓名	字	籍貫	家長號	家長稱謂	家長職業	通信處	備註
胡振洲	宣仁	湖北	成玉	父	政	湖北河市毛家巷胡德新號轉	
蕭叔恩	沐波	江蘇鹽城	瑞卿	父	學界	鹽城順昌店轉蕭家岸	
程祖蔭	樹嘉	湖北夏口				漢口輔堂里一百〇一號	
邵玉廣	志揚	江蘇常熟	福澍	父	教育界	常熟城內西弄	
高埗	君賓	江蘇金山	吹萬	父	文學家	松江張堰閑閑二山莊	
李炳璦	景遽	直隸任邱	湘岑	父	商界	濟南普利門外靜安里七號	
吳思循	祇寬	福建閩侯	芸愷	父	學界	天津河東敦益里第二號	
施家俊	彥升	浙江杭縣	子英	叔祖	絲業	卞德路大德里二九號	
吳維翰	雲屏	江蘇吳縣	紫翔	伯父	學界	蘇州胥門外萬年橋免乾昌布莊	
蔡煒	劍虹	江蘇無錫	蔭堦	父	學界	無錫東河頭巷二十三號	
李立楨	東硯	湖北	壽軒	父	司法界	河南高等審判廳	
高宏勳	德民	江蘇無錫	震叔	叔	商界	無錫西門棉花巷	

韓恩炎	慰農	江蘇上海	病秋	父	商界	湖北漢陽銅鐵廠鄰德里
潘鍾嶽	宗岳	浙江吳興	翰英	父	商界	南潯鎮楚芳橋南
蔣鳳五		江蘇常熟				常熟西街
程賢	渭傑	江蘇奉賢	少賚	父	商界	奉賢青村港
徐嘉猷	毓威	浙江平湖	美士	父	商界	乍浦徐和盛東宅
段儆科	進之	江蘇武進	雲嶺	父	學界	無錫西鄉潘家橋
姚葵皋	右桓	湖北羅田	秋武	兄	政界	羅田縣交
李大鵬		安徽和縣	少穆	父	政界	上海海甯路永樂里二七六四號
呂偉彥		江蘇吳縣	鑑伯	伯	學界	上海海甯路南林里九弄九十四號收轉
李庭三	植槐	浙江鄞縣				杭州興忠巷七六號 或杭州裏橋横河大河下三十五號
李芸	又卿	江蘇南通	少卿	兄	學界	南通縣西亭市
高耀武	念繩	江蘇無錫	崇山	父	商	無錫東門神仙橋九號
袁自強	力恆	江蘇崇明				崇明北門外
張紹琨	肇堃	東廣梅縣				本校
嚴壽祺	幼貞	廣東四會	兆貞	父	政界	天津英界廣東路四十七號
王爾昌	五峯	江蘇武進	艾峯	兄	學界	武進南門外鳴鳳鎮
李巍	遂生	廣西容縣	卓軒	父	紳	廣西容縣楊梅義信號

陳文松	木公	江西南城	爲三	父	學界	上海天津路乾記里新昌源報關行	

四年級

姓名	字	籍貫	家長號	家長稱謂	家長職業	通信處	備註
林壎	伯英	廣東南海	東山	父	鐵路	南口京綏鐵路	
許葆誠	寶城	江蘇武進	劍虹	兄	學	江蘇常州北門外鄭陸橋義泰	
胡匡祖	正誼	湖南澧縣	尊三	父	學	湖南津市邱家廠保衛團	
陳雲章	縵伯	安徽郎溪	翼如	父	政	北京西單闢才二條四號	
鄭汝驤	伯安	江蘇松江	梯雲	父	商	松江西門外荷葉地十八九號	
錢慰曾	景參	江蘇太倉	審階	父	政	太倉三家市	
凌孝瑜	叔奇	安徽定遠				揚州梅家巷	
梅自新	作民	浙江嘉善	同祿	父	學	嘉善西塘北棚中市	
孫志鴻	繼謀	江蘇江陰	郎山	父	士	無錫揚舍中興街	
張錫榮	綺園	江蘇崇明	我			崇明城內樊家衖	
奚復旦	伯華	江蘇武進	俠蒼	父	學	常州焦溪	
戴道敬	主一	江蘇嘉定	道隆	兄	商	嘉定內戴廣裕號	
金保賢	葆涵	江蘇上海	士吉	父	商	上海法華西鎮	
逵思儉	節庵	江蘇南通	濬源	祖	士	南通城內	

計炳達	仁安	江蘇南匯	峻齋	父	學	南匯四團倉南市	
甯樹藩	介人	安徽青陽	鈺亭	伯	商	天津河北日緯路三馬路轉角	
曹麗順	康成	江蘇溧陽	仲如	父	學	溧陽北門大街	
顧毓曾	孟周	江蘇無錫	康伯	父	商	無錫城內高虹橋灣六號	
華世忠	藎誠	江蘇無錫	秉麾	父	商	無錫東門喜春街二十四號	
周乃洪	少農	安徽定遠	硯農	父	陸軍	北京北長街一〇二號	
顧振亞	燕霞	江蘇	之昌	父	警政	蘇州喬目空巷	
汪光鼎	禹銘	上海	全畝	叔	學	上海白克路脩德里六七六號	

（七）會員錄

名會員錄

姓名	字	籍貫	家長號	家長稱謂	家長職業	通信處	備註
黃遠光		廣東香山	錦章	父	商務	虹江路昌明里十九號	
陳揆	秋思	廣東番禺	海籌	父	商務	寶山路華興里一〇九號	
蔡壽生		浙江德清	伯華	父	商務	新閘路大德一千〇八十八號	
程毓岐	建周	安徽霍邱	燦若	伯父	學界	安徽正陽關三流集	

（八）準會員錄

特別會員錄

姓名	字	籍貫	家長號	家長稱謂	家長職業	通信處	備註
趙曾珏	直覺	上海	芹波	父	蘇州銀行	上海城內當街	
顧國華	軼歐	無錫	凌雲	父	商	無錫張涇橋	
吳壽彭		無錫	域亭	父	士	無錫東湖塘	
駱美輪	孟奇	杭縣	亦庠	父	士	浙江義烏楂林	
潘秋齡	叔九	江蘇泰縣	繡夫	父	商	泰縣姜堰市花園頭	
金季明		江蘇吳縣	孟還	蘇	士	兄州葑門內觀音街六號	
范存忠		江蘇崇明	成之	父	士	崇明沈了家鎮	

（九）特別會員錄

（十）名譽會員錄缺

編輯科啓事

本刊倉猝出版對於整理校對多未周詳謬誤在所不免務祈閱者原諒賜教匡正不逮爲荷又稿件擁擠爲時間迫促急於付刊致多數稿件須緩俟下期再行刊布至希鑒察此啓

中華民國十三年六月初版發行

經濟學報 第一期

售大洋四角

編輯者 南洋大學經濟學會

發行者 南洋大學經濟學會 上海新閘路福康路六五〇號半

印刷者 中國印刷廠 電話西二五七九

精華眼鏡公司

南京路六十九號

電話中央一二四二號

本公司現由美國運到最新式賽金剛鑽自由鏡架光彩耀目極爲美觀且價廉又由法國新到各種日光鏡風鏡最適宜于夏令及旅行時所用其餘各種名目繁多不及細載倘蒙賜顧無任歡迎

The National Optical Co.,

69 Nanking road. Shanghai

今爲優待學界起見持此劵來購者勿論鏡片鏡架照碼

九折

精華眼鏡公司

南京路六十九號

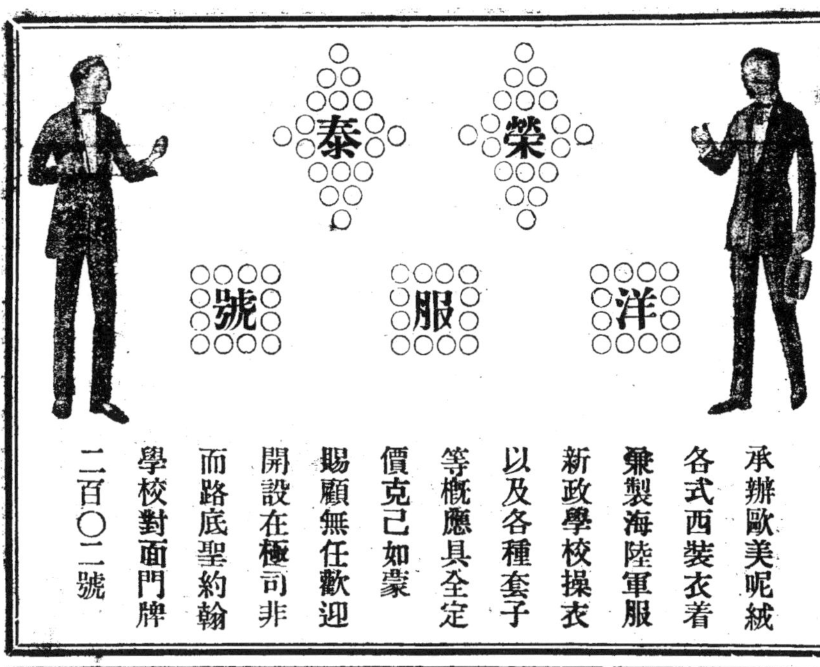
榮泰
洋服號
承辦歐美呢絨
各式西裝衣着
兼製海陸軍服
新政學校操衣
以及各種套子
等概應具全定
價克己如蒙
賜顧無任歡迎
開設在極司非
而路底聖約翰
學校對面門牌
二百〇二號

經濟學報

第二卷 第四期

目錄

論著

民治聲中之會計制度 俞希稷

爲解釋會計師暫行章程第九條規定陳述意見 童詩聞

今後我國經濟基礎之建設 章作霖

近年糧食價格飛漲之原因及其救濟方法 吳祿增

世界各國中央銀行之概觀 沈奏廷

十五年度之上海金融 華立

解決輔幣問題 吳家麟

九六公債市況之回顧 諫初

談英德輸出信用保險 沈奏廷

講演

日本帝國銀行在日本財界之地位 大串哲雄教授

消息

經濟消息 交通消息

叢載

會計法

南洋大學鐵路管理科經濟學會出版

民國十六年三月一日

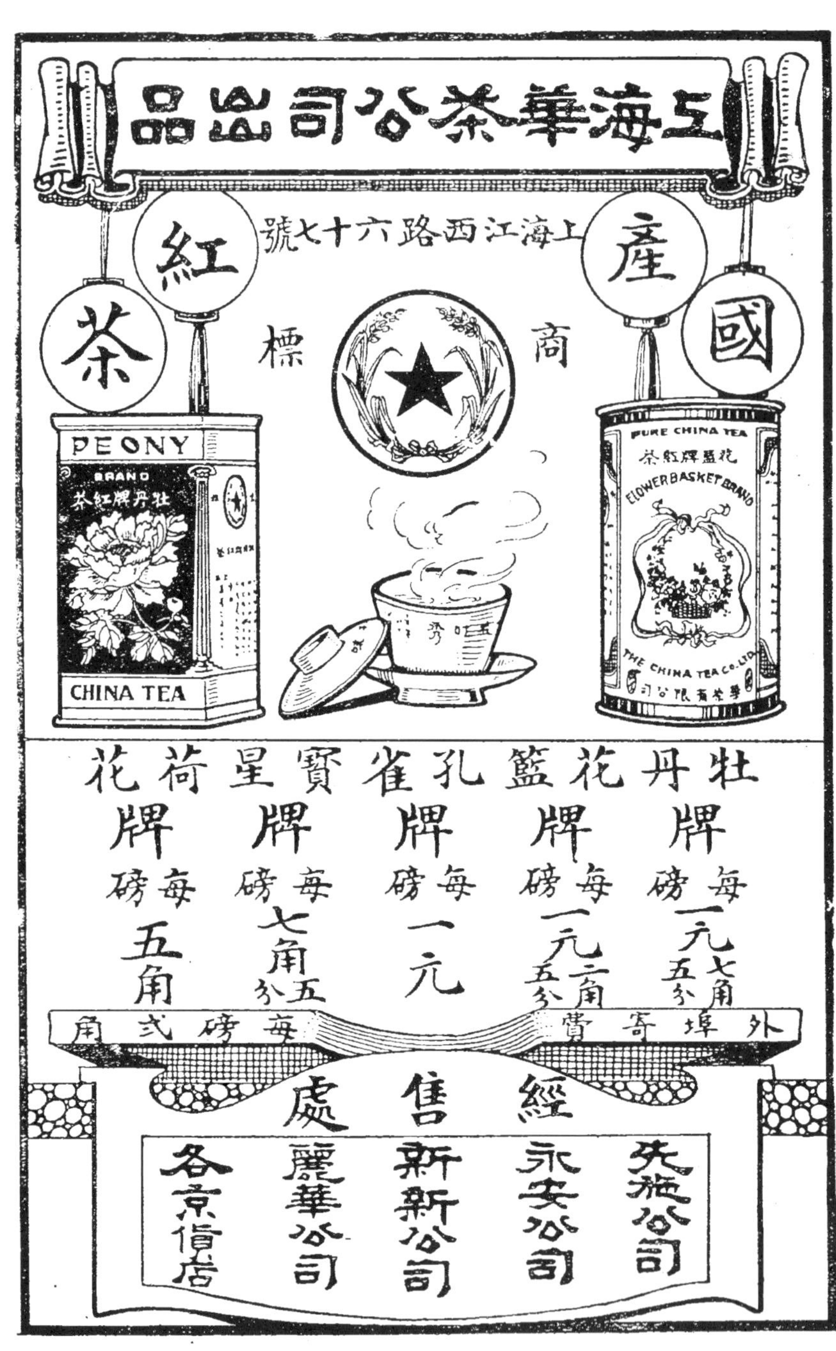

上海華茶公司出品
上海江西路六十七號
國產
紅茶
商標
PEONY
BRAND
牡丹牌紅茶
CHINA TEA
PURE CHINA TEA
花籃牌紅茶
FLOWER BASKET BRAND
THE CHINA TEA CO. LTD.
華茶有限公司
牡丹牌 每磅一元七角五分
花籃牌 每磅一元二角五分
孔雀牌 每磅一元
寶星牌 每磅七角五分
荷花牌 每磅五角
外埠寄費每磅弍角
經售處
先施公司
永安公司
新新公司
麗華公司
各京貨店

學識與經驗並重

上海總商會月報

內容

述評 時論 專論 商學 商情 調查 統計 工商界消息 名人傳記

定價 一冊二角 半年一元一角 全年二元

寄費 本埠一分 外埠二分 日本一分 外國一角

總發行處 上海北蘇州路天后宮橋 上海總商會月報營業部

甲 和兄爾我在學校裏成績相同考試時還是我列前茅的次數多現在同到社會辦事三年以來你竟飛黃騰達不次升遷我仍依然故我蠖屈不伸這究竟是什麼緣故

乙 謙兄我並沒有什麼過人之處不過我知道在社會辦事經驗與學識並重所以在學校裏的時候就訂閱上海總商會月報因爲該報的紀載都是工商業智識和經驗所以日就月將一到社會辦事措置應付適得其當竟和一個久在社會辦事的人一般因此就得經理的青眼朋輩的揄揚而地位遂漸漸的升遷了我飲水思源深感上海總商會月報所以源源購閱得閒卽讀他仿彿是我的良友

甲 原來如此我悔不早訂閱該報以致把寶貴的金錢和光陰都消耗在購閱稗史小說方面今後當卽訂閱該報以作亡羊補牢之計

乙 謙兄話眞不差況且該報定價又廉全年十二冊僅售洋兩元眞是所費少而獲益多呢我甚願天下青年都閱該報

漢口銀行雜誌 四卷五號 出版廣告

聽國民政府財政部宋部長發表意見以後歷告武漢各界……戴銘禮
評論關稅特別會議各國提案之要點（上）……楊汝梅
湖北之財政（上）……戴銘禮
對於上海中交兩行發行十進輔幣券之意見……潘序倫
國際貿易上駐外領事之使命……周粹民
匯兌市價上落與投機事業之影響（中）……范慕先
湖北之藍靛……黃旣明
江西銀行鈔票風潮本末
清理中之華俄道勝銀行
叢載 印度幣制改革中之觀察
此外子目繁多不及備錄

注意。本社特印半價卷千張奉贈讀者如蒙函索請附郵票一分當即寄贈以贈完爲止

定價 每冊一角五分半年十二冊一元六角全年念四冊三元郵費國外全年二元半年一元國內每冊二分五厘半年二角四分全年四角八分本埠每冊一分五厘半年一角二分全年二角四分（自取者免納郵費）

總發行所 漢口銀行公會內銀行雜誌社

外埠寄售處 北京 北京大學出版部 銀行月刊社 中國大學出版部 景山書社 上海 銀行週報社

武漢寄售處 武昌 時中書社 漢口 武漢印書館

銀行月刊

第六卷第十一期現已出版

民國十五年十月總稅務司經理內債基金處收支報告
九六風潮亟應救濟……譯公
大東大北海電續約問題……啓周
印度幣制改革及我國所受影響……皓白
銀行管理之最新方針……彭學沛
中國民食前途之危機……執無
日本信託業之發展……皓白
公債之研究……王逖之
我國鹽稅之概觀（五）……姜啓周
中比商約修改交涉與宣告廢止文件
華俄道勝銀行停業清理紀（二）
各省財政近訊
各埠金融市況
◉北京金融
◉經濟統計
△北京銀洋行市表△北京匯兌行市表△北京國外匯兌行市表△歐美日本匯兌行市及銀價表△北京證券市價表△天津銀洋行市表
◉上海金融商情月報
◉銀行界消息彙聞
◉國內財政經濟
◉國際財政經濟

價目 預定全年兩元半年一元一角國外另加郵費零售每冊二角

總發行所 北京前門內西皮市銀行公會樓上 銀行月刊社

代售處 上海銀行週報社 漢口銀行雜誌社 北京各大書莊 武昌時中書社

中國關稅問題 爲關稅會議之最好參考資料 存書無多購寄從速 每冊大洋一元

關稅特別會議史上編另售 每冊大洋六角

最近出版中國茶業之研究 全一冊大洋六角

民治聲中之會計制度

俞希稷

現今世界潮流。革命標的。羣衆希望。莫非民治二字。民治卽人民自行治理公共事業。而行使其所謂民權者也。財權亦民權之一種。而分爲三部。（一）表決租稅、雜捐等徵收額數、分配用途、及釐訂收付現金物品規程之權。（二）保管國庫及支付經費之權。（三）審查各官署帳册與會計報告之權。財政卽行使財權之一切設施。關係人民負担。實爲國家根本要計。必期信實昭著。軌度可循。然後制用胥得其平。民生並被其利。我國歷來處理度支。仍沿積習。課稅收入。旣未能悉數稽查。咸歸實在。用度支配。亦苦漫無裁制。以示大公。馴至財源愈涸。債累日增。不獨凡百庶政。無從振興。卽經常各費。亦皆窘於應付。在此情勢之下。一旦打倒軍閥。實現民治。從事善後。行使財權。其首先應注意者。當爲整理財政一事。以期減輕人民負担。

整理財政。宜從改良會計制度入手。嚴定會計章程。重申會計法令。力矯從前含混因循之弊。實行財政公開。將各官署收支各款。一律澈底清查。以期周密。會計制度。關乎財政之盈虧。會計報告。爲財政榮枯之寒暑表。財政統計。根據會計帳册編製。苟不遵照會計法令。科學原理。重行改革。認眞釐訂。則無以杜流弊而維財源。

改良會計制度之最穩妥方法。卽採用三角式會計制度。上述財權。分爲三部。所有會計事項。因亦分爲三部。（一）徵收事項。（二）保管及支付事項。（三）審計事項。各辦理會計事項之官署。亦因會計事項之區別而分爲三種。(一)徵收機關。(二)保管與支付機關。(三)審計機關。此三種機關依照三角式會計制度。應各個獨立直隸財政部財政廳或財政委員會。不受其他行政官署之干涉。各種機關責權與責任。應劃清界限。每一種機關不得兼理他種機關之事務。三種機關須同時設立。鼎足而形三角式。故謂之三角式會計制度。其詳細辦法與利益。分述如下。

徵收機關　財政部、各省財政廳、或財政委員會。應就國家地方租稅及其他收入性質之區別。設立徵收官署。並委任或荐任徵收官吏。依照法令之規定。徵收現款。直接解交國庫或指定保管之機關。各官署所管一切歲入。如司法衙門。警察所之訴訟費及贓罰各款。農商部之商業註册費等。均由徵收機關直接徵收。或派員收納。徵收官吏對於公款。應負一切責任。受審註機關之審查。無論如何。不得於未交國庫前移挪使用。並須具殷實保證人。或徵繳相當保證金。下級人員舞弊時。得處分其上級官吏。或責令賠償。各行政官署得設專員。掌理各該官署每會計年度內一切支付事宜。但不得派人辦理徵收事宜。各縣知事不得兼任徵收漕糧契稅等職務。總之。各地方行政官吏除依照預算、對於本官署歲入歲出、得自行掌管外。其他一切公家銀錢出納職務。概不准担任。

保管支付機關　各國金庫多由銀行掌理。銀行信用素著。保管方法。較爲精密。自爲保管金庫之適當機關。我國依照金庫條例及財政部委託交通銀行代理金庫暫行章程之規定。中國銀行與交通銀行或其分行有代理金庫之權。但關稅鹽稅因賠款及外債關係。皆由外國銀行保管。各省收入多由省銀行存放。有時竟由當局任意扣留。並無指定之保管機關。民治實現後。應謀金庫之統一。約定銀行代理金庫。所有徵收款項。應逐日或於定一期間解交銀行。分別存儲。各官署用款。應依照每會計年度內預算所定用途。統由金庫憑財政部、財政廳或財政委員會支付飭書支付之。無支付飭書者。不得擅行支付分文。保管機關。僅有支付之事實。而無支付之權能。各官吏不得於預算所定用途外使用金額。或將各項定額彼此流用。各出納官吏人員。不得兼任支付飭書之職務。

審計機關　審計機關爲監督財政保障財權之唯一工具。依照審計法令。辦理下列事項。(一)審定各官署決算之金額與金庫出納之金額是否相符。(二)審定歲出之徵收歲入之支用官有物之買賣讓與及利用、是否與法令之規定及預算相符。(三)審定有無超過預算及預算外之支出。(四)審查各徵收機關之收入計算書。證憑、單據、帳册。(五)審查各官署關於支出之計算書。證憑、單據、帳册。(六)審定各官署會計章程。(七)更正各官署規用簿記。民國三年頒布審計法及審計院編制法。設立審計院。直隸大總統。置審計官十五人。協審官二十七人。核算官若干人。專司審查國家歲入歲出及各官署會計報告。如認爲必要時。得派員實地調查。但主要職務。僅爲審查會計報告。對於各省官署證憑、單據、帳册。非發生疑問時。不暇顧問。且一國之大。出納之繁。各省既未設立分院。所有審查事宜。決非一審計院中數十人所能勝任。況值軍閥專橫之際。對於財政任意干涉。挪移公款。向無報告。審計院尤無從行使職權。不知審計機關爲人民監督財政之耳目。應任其自由行使職權。糾正會計上之錯誤。揭穿財政眞相。民治實現後。審計機關應有完備之組織。各省各縣應有審計分院之設立。各征收機關保管支付機關及各官署之證憑。單據、帳册。均由審計分院派員實地核對。製具審查報告書公布之。務使各項收入。消濟歸公。各項支出。適合經濟原理。不致糜濫。賬目與事實相符。報告與帳冊針孔相對。杜絕流弊。愼重公帑。

三角式會計制度實行後。其最大利益。卽爲增加公家收入。同時並不增重人民担負。蓋現有會計制度。非常紊亂。權限不明。交代不淸。收付保管機關未經劃分。往往以一官署兼任收付保管職務。且無審查手續。於是矇混掩飾。浮開虛報諸弊端。層見疊出。民間交納。大半歸經理人員私囊。公家收入。僅占少數。舉凡經理人員。皆面團團作富翁。一縣知事積資數十萬。一關監督積資數百萬。至軍人則有侵呑款項至千百萬以上者。今實行三角式會計制度。徵收機關。保管支付機關。及審計機關。權限完全劃分。且不使軍民行政官吏兼理其事務。再由審計機關切實行使職權。互相牽制。盡量剔除中飽。公家收入必較現在增加數倍。以達吾人整理財政之目的。報載國民政府財政部長宋子文語外報記者。湖北現在稅收每月僅一百五十萬。若將中飽剔除。月可增至五百萬。誠爲至言。會計機關既歸財政部財政廳或財政委員會管轄。則國庫統一。易於檢查。會計統一。便於核對。財政統一。當局得通盤籌劃而收指臂之效。故採用三角式會計制度。然後財政設施。方有頭緒。他如淸理債劵。維持交通。劃一幣制。調濟金融。亦屬整理財政之重要方案。然而不若改良會計制度效力之偉大而敏速矣。

為解釋會計師暫行章程第九條規定陳述意見

童詩聞

意見書總字第七十四號　公字第十六號

具意見書理事會計師童詩聞

公會部　理事會案

一件為解釋暫行章程第九條規定陳述意見由

案閱楊會員學優來函請求解釋暫行章程第九條規定經本會議決交評議員會討論而評議員會昨日會議則保留未決本理事對於是案略有鄙見相應具書奉陳即希

公鑒如次

（一）關於所詢規定之解釋　按暫行章程第九條規定原文意義本極明顯蓋謂與會計師本人有利害關係事件或與會計師之親屬有利害關係事件均應迴避耳至於如何為有利害關係似可比例大理院十一年統字一七六六號對公司條例第一百四十五條第三項特別利害關係人之解釋以解釋之查原解釋有云特別利害關係者乃因其事項（中略特別取得權利或免義務或喪失權利或新負義務之謂原解釋並規定（甲）對於董事造具監察人復核之簿册承認與否之表決（乙）關於監查人之選任兩事項惟股東之兼董事監察人者不得加入決議或為他人代理其餘股東雖兼任公司各部主任分店經理副經理及其他各使用人等職員若非曾經參預

編製簿册或掌管簿册所根據之帳目被攻擊爲有扶同舞弊情事者自不應在禁止之例惟關於職員獎勵金之議決則凡股東充當職員得受獎金之分配者自爲有特別利害關係不得加入決議或爲他人代理各等語又同年統字一七七九號解釋前解釋所謂曾經參預編製簿册所根據之帳目被攻擊爲有扶同舞弊情事者大意謂此項議決權之剝奪須實經股東會議決否則其權利卽不能遽認爲喪失惟該項應否剝奪之決議既與其人有特別利害關係卽不能加入議決並代理云云據上解釋則所謂利害關係者必與其事權利義務上有直接關係者方得謂之若僅與其事所屬之機關有名義份子或其他職務而與其事無直接權利義務者卽不得謂之有利害關係也證諸上述院釋凡股東同爲公司職員而其應迴避之決議事項各有不同已可明瞭至於被人攻擊則更須先經合法之確認而不能憑一二人之空言遽卽剝奪其權利也今據楊會員函述情形會計師與該校既祇有教員或講師關係苟非兼任職員或於被查事項有直接之權利義務卽不能認爲有利害關係而遽喪失其受委權利亦已明甚蓋所查事項旣屬於行政部份則自與教員無關卽使同爲職員倘與被查事件未曾參預亦不能認爲有利害關係况祇担任教務者乎楊會員主張似有理由惟原函後半以會計師所查尙須經教廳裁決云云爲無迴避必要理由之一鄙見不甚贊同蓋此項委託查核類似鑒定其查核報告卽爲官廳裁決之根據換言之旣委專家鑒定則其裁决卽應受鑒定之拘束否則會計師之查核鑒定將失其信用效力楊會員此項主張未免與會計師之信譽有礙合幷附陳及)

(二)關於請求解釋之程式　按解釋通例祇能抽象舉例而不能對具體事實爲之今閱楊會員來函雖未明言校名案情而所述則已近於具體事實似與通例不合擬請由會規定請求解釋之程式通函各會員查照

(三)關於解釋之辦法　按解釋事項大半關係法規或業務而法規業務之疑問則必須先事研究其學理方能決定查本公會定例凡關於研究者均有專務委員如法規屬於法規研究委員會業務屬於業務研究委員會而評議會職掌會務似凡解釋研究之事無提交評議會必要况案關研究決非短時間會議所能決定與其另組審查盍若交付專務委員之爲便利且凡學理有聯屬相互關係專務委員日事研究既可駕輕就熟又可先後參攷解釋自必較易鄙意由會成立議案嗣後凡遇請求解釋之案均分別性質交各專務委員會研究審查再由委員會依據研究結果書面報告理事會核議執行其性質關係兩委員會或以上者則交令聯席討論會銜報告其有不能解決之法規事項則由公會呈部請求解釋又凡經解釋決定者似可由會通函各會員一體查照俾遇有相同事項發生時得所依循而免參差且省重複詢釋之勞也

右述鄙見三項是否有當卽祈

公決施行實紉公誼須至意見書者　右致

本理事會

中華民國十五年十二月二十九日　　理事會計師童詩聞

今後我國經濟基礎之建設

章作霖

引言（一）農業經濟之建設（二）生產事業之發展（三）校正消費途徑（四）統一幣制採用金本位（五）金融機關之改善（六）關稅自主裁厘取締外人在華設廠特權（七）運輸機關之發展（八）勞資間之互解以協助產業　結論

引言

近世國際爭戰。可謂均因經濟爭執而發生。即此後國際之安甯。亦將以經濟政策爲轉移。雖不可謂世界以後不再發生歐戰同樣之慘劇。然在一定長期間內國際之競進。當爲和平而智慧的經濟政策之推進。在此時期之終了。國際間因經濟政策不能再爲和平之推進。或利益不能均佔時。則世界第二大戰必不能消弭也。我國處國際經濟壓迫之下。蓋已久矣。各國之覬覦我地大物美而欲攫爲己有。亦非一日。徒以國際間經濟政策之平衡未失。無可獨占之機會。我國得苟安自存。然我國土遂爲各國逐鹿之場。其間經各國經濟政策之侵略。本國之經濟基礎破壞殆盡。使生產事業無由發展。生產無由發展。則民生凋敝。民生凋敝。則國計奇窮。此經濟基礎破壞。不能發展生產。而關係我國國家民族存亡者也。故爲自救計。亟宜謀經濟基礎之建設以發展生產事業。且使我國不自謀生產事業之發展。而聽各國之逐鹿。則各國間對華經濟政策不能和平推進。不能保持利益平衡時。能不以我國爲戰爭勝敗之彩物乎。此經濟基礎破壞不能自謀生產。而任外人逐鹿爲釀成國際戰爭之危險者也。故爲世界和平計。亟宜謀經濟基礎之建設以發展生產事業也。今特舉經濟基礎與生產事業直接間接有關。犖犖大者數端。說明建設之重要。及過去破壞之影響。更略述建設之途徑。管見一得。未能深策遠大。願與建設我國諸同志。共起討論之。

（一）農業經濟之建設

我國以農立國。則農業之消長。即國民經濟之進退之先示。同時農民佔全國人口四分之三。則農民生活之緊迫安裕。實影響社會及今後全國之安甯。今爰我國農政。遠溯神農。歷數千年。雖於編制多有更變。（法之田區田代。）而耕稼一仍舊法。即海禁開後。新事業之輸入者多屬工業。而農耕仍復墨守舊法。迄今全國農業之以科學方法新工具耕種者。可謂絕無僅有。考我國農業制度可謂歷久均屬租庸制。貸主人之田而輸其租。凡地之所有。皆主人所有也。其犂曾不得以自私焉。因耕稼而墨守陳法。則農產減少。品質低劣。坐是以最大農國。而糧食輸出不及其進口三分之一。其他絲茶豆為農產出口大宗者。亦因不師新法。貨品日劣。產額日減。印日之於茶。意日之於絲。均殫精改進。故我國絲茶之市場位置益危。棉產我國曾列世界第三。而晚近棉產不能供現有紡績錠數。故外棉之輸入日增。綜上列主要農業品。所以產額減少。外貨日侵者。雖天災兵禍與運輸阻滯為重要原因。而生產方法之守舊。實為根本病源。再因農產方法守舊。而農民多從事單種農業。未能因地制定。視土壤所含植物養料施行複種農業。以推廣農產品數。而避荒歉之患。更因固守舊習。農產無一定標準。不能於市場佔勝利。而影響出口。更因農民於農產市場起落無知。脫售農產。多受商賈蒙蔽。而不能得勤耕相當之酬報。末因田制之仍為租庸。農民存為人作嫁之心。苟收獲足以維持輸租並一家戶口。則不再從事改良。雖南中因佃戶多。故每人平均所佔地畝祇有二畝至十畝之地。多事種耕。但中土人口漸稀。一農民可得田五畝至二十五畝之地。西北諸省。則每人可得五十至百畝之地。觀此則全國農戶之分配。如不再設法移墾。則南中土地將日益瘠羸。而中土西北諸省因非私有田畝。將永無深耕之望。地利不發。故蕉荷盛於魯豫陝晉。此國民經濟之所以日迫也。反觀南中佃戶與佃主之間。除佃主之照例收租。佃戶之照例輸租外。於天時之旱潤有減收獲。佃主不問也。於土地之肥瘠收獲有異。佃主不問也。有豐收之地。佃戶則藉口荒歉而欠輸租價。更有多方躲懶頑強不可理喻者。故佃主如遇佃戶橫暴之時。則自恃接近紳董及地方機關。每征吏頻發。高迫農民。佃戶則積怨所發。結合抵禦。有焚燬佃主收租莊舍。毆辱催租人役者。故兩方水火。其勢日迫。苟有存心擾亂社會治安者。登高一呼。百谷響應。則禍患所及。將幷中產及農戶兩種人民盡驅淵澈。社會治安日亂。國民經濟益窮。而察其齟齬之因。均屬兩方不能接近合作所致。設使佃主能因天時災旱與土地肥瘠。而分等定輸租之多寡。視穀類市價而定折租之多少。要以體貼佃戶為主。而佃戶更宜不因租田而惰種。因借荒歉而躲避。佃主方面因知識較高。市場聲息靈應。自居佃戶保護人。而謀農產之改良。定農產標準。代為脫售農產。而佃戶方面。尤宜日知受教不足。視佃主為導師。而採納其指導。以免無知而受奸商之欺詐。更宜謀農民經濟之活動。而改貸借之習。設農業銀行。以輔助農民。使能從事於農業有關之生產事業。兩方互助以謀均利。俾我國農業當有新紀元。而同時國產將日見增加。品質日見提高。俟農業標率規定。國際農產市場位置亦因以提高。而農產出口將維持我國際貿易之平衡。然我國農會之組織。其宗旨亦欲改良農政。頒發迄今。近十數年。而農業之現狀存舊。將何以自解。此則當痛責我國政府各部之擬具法令之人。未能先事調查事實。深察病源糾紛所在。而爲切實可辦之計畫。乃多爲空廓膚淺之詞。及其頒發。多不實行。或具有機關而徒多糜公帑。即如農會之設。漸見普遍。然因條文之膚廓。即有專門學識之辦事者。亦無從着手。更無論此輩濫竽充數者。故今後一切之建設。將絕望如暮氣頹唐之政府。即以後能有切實計畫。而在前具文之法令信用已失。決無實施之望。此建設之責任。將付之今後政府矣。今因農業經濟基礎之建設。其重要有關我國人口四分之三國民經濟之消長。故拈而列爲所應建設之第一。茲就管見所及。因建設農業經濟基礎而當重行創設之機關如下。

（一）農會（仍名農會然照現存之農會所改組）爲佃主佃戶間之立法機關。依照土地肥瘠。劃分一地方田畝爲若干區。一區中又別爲若干等。然後釐訂各一區輸租之多寡。折價之多寡。如遇天時水旱。勢將影響農產時。則宜於收租之前。切實估計收成之折減。而爲該年度轉訂輸租之多少。組織則佃戶佃主當有均等之代表。而存案地方機關。以爲憑證。其經費則於輸租中提若干成充之。

（二）農產改善會。爲改良擴充農產方法之機關。其應辦事宜如試驗新式農具之效率。以期農民之採用。演講農產新技術。以期改良及擴充農產品之種類。確定農產等第。而指導農民如何培種。使得合等第之標準。以及其他關於農業專門術技之灌輸與實施。組織由佃戶佃主均等代表組合。而聘農業專門家主持應辦之事。經費如專家及演講員之薪水。農具購辦及試驗費。農產標率準定之化驗試驗物品。介紹農業技術之出版物。及其他。則由私有田主依照畝數捐納。

（三）農業銀行。爲農民金融機關。以低利金出借押款。以備農民購辦新式農具。購置種子。擴充農產之資本。抵押品以畝單據。如係活田佃戶而欲押款者。則可立活田指贖據爲抵押。如借款係用辦其他農產者。則不能還款時。可將所辦之事業折價山售。不足再以抵押品出售補充。然農業銀行以供給農民擴充營產之資本及設法改良農產方法爲本旨。故於有確切抵押品之時。如遇農民不能還款時。當調查其不能還款事實原因。限寬還款時期。俾農民可設法補救。如農民無補救時。則可將田畝資產歸銀行地產部接受管理。而該項農民即爲銀行地產部之雇工。俾免失業。如是銀行可增加資本管理得法。則仍無所失也。要之抵押務求確實。使銀行無所損失。利息務期減輕。使農民易於償還。組織則以佃戶佃主爲股東。而撥地方公款以爲補助。蓋改良農產代謀農民生計。使農安居而少流離。則萑苻之靖。即地方之福。故撥地方公款以補助之。至其詳細組織方法及業務規定。當取法美之土地貨款會社。德之土地抵押銀行。參酌國情。而縝密規劃。本文不及具贅。

（四）農產平賣所爲脫售農業之團體機關。以調查農產市況。收集一地方農產而脫售與中外商人者。其主旨在免農民無市場知識消息而賤售農產。更得以團體結合居有多量供給之數。善價出售。并得依照農產等第。分等標價出售。以提高我農產品質之信用。而增加農產出口之數量。組織以佃主佃戶爲主體股東。而聘熟悉農產市場之商人爲經理。佃主佃戶之農產均得托本機關代售。佃主或佃戶如欲得現款者。則照市價交割。如欲待市況而售者。則須負担棧費。及曬晾整理標準等第一切費用。及手　費。更須指定待價時期。如在時期內市況漲高。則平賣所得於漲高後之第一格。即行交易。如市況跌落。則到待價時期之終了一日。不論市價如何。均必交割。

（二）生產事業之發展

世界各國。無論經濟政策主張若何。苟生產事業不謀發展。則國家民族難以生存。蓋晚近互市以來。世界生產事業。實爲商戰之後盾。況在價格經濟制度之下。各國運輸機關之便捷。物產轉運旦夕間事耳。一國生產事業發達。生產代價低微。生產方法敏捷。生產額量增加。則價格低廉。其貿易勢力所及之國家。勢將使低該國能生產機關。無從立足。而盡奪其市場。其結果必將操縱該國市場。而攫多量資金。收買原料品。再行製造。如是輾轉渣取。此種經濟侵略之惡果。將使一國民間資金流出。而無力謀生產事業。即無從謀生。國民經濟之窮迫。則社會事業不舉。則國家稅源枯竭。而國家政務廢弛。而國防不固。故無論政治勢力變遷若何。苟生產事業不予保護。則國計蓋入立足弱點。我國受上述經濟壓迫者百年於茲。生產事業綿。延不絕者如縷其勢。衰力薄去歐。美各國固遠。卽方之任何獨立小國。亦復不如。其結果外貨充斥。人民習於安逸。不事生產。力求物質享用。奢侈品消耗品之輸入固無論矣。卽日常需用之毛織物。棉製品等。亦均仰給外貨。近十年來我國流出之資金。總額已在十億萬元以上。資金之流出。則國內生產工具缺其一。至於勞力一項。我國因生活程度之較低與各國相比。是屬低廉。應卽利用低値勞力。以開發生產。然因通商口岸新式工廠畸形發達。及外廠之林立。加以通商口岸生活費畸形之增加。致勞資間不成熟之爭執已見。風氣所被。內地勞工亦將存暴動影像。故生產之又一要素亦在動搖之中。至於我國土地雖大。而因運輸機關不便。亦歸無用。故我國生產之基礎。一壞於資金之無量流出。再壞於誤解勞資而有畸形之勞動風潮。更壞於運輸機關之破缺。此外幣制紊亂。而資金用於投機。不能用於生產。輔幣充斥。價落與兌換剝蝕。使勞工生活之緊迫。以致罷工。而關稅不能自主。俾得保護幼稚工業。摒絕奢侈消耗品之輸入。及通商口岸外人設廠之特許。用我低値原料勞力。從事生產出品。又無如華人生產者之輾轉受籬下之剝奪。使我國生產難以圖存。凡此種種。均爲生產基礎破壞之主因。而其他如內

戰纏綿。天災流行等。不過暫時劇烈之催折耳。故吾人鑒於生產事業有關國家民族重要如此。而我國生產事業基礎之殘破又如此。苟不謀對外之一致以擺脫國際經濟壓迫。謀對內之妥協。去勞資兩方之誤解。則以手工制度之工業時期而步武資本主義過旺之歐美。遽受經濟政策猛烈之變遷。則國際經濟侵略。將如狂瀾直搗。更無藩籬。而謀生產者。勞資兩方。同歸於盡。國將何存。民將焉附。故爲民族。爲國家。凡我國之以建國自存者。於實行政策之中。步步需以維護生產現狀。謀鞏固生產基礎爲識志。凡我從事生產事業。無論勞資兩方。當力謀互解以求內部之妥協。就現狀力謀進展。不故步自封。不絕塵而走。以擺脫國際經濟壓迫。謀國內生產之發展爲職志。而於維護已有生產及銷弭生產障礙之時。當力圖生產經濟基礎之建設爲主旨。茲列述建設之要點於下。

（一）校正消費途徑。（另詳校正消費途徑一節）以減少資金之流出。鼓勵生產事業。獎勵仿製外貨以爲抵制。而謀內國資金之積貯。

（二）排除勞資間之誤解。力謀兩方協助生產。（另詳勞工問題一節）

(三)發展運輸機關而完成土地爲生產之要素。流通產物。使有時間及地點效用。俾謀生產有利可圖以爲鼓勵（另詳發展運輸機關一節）

(四)關稅自主。以保護幼稚生產事業。摒絕奢侈品消耗品之輸入。廢除外人設廠特權。及子口半稅覆進口稅之陋規。設法收回或限制外廠在華經營之事業。（另詳關稅自主一節）

(五)改善現在之金融機關。設立輔助生產事業之金融機關。俾資金有徵集流轉之所。（另詳金融機關改善一節）

(六)注意國內經濟生產消費兩方之實力。進行適當度量之生產事業。以免大量生產之失敗。

(七)避免羣趨一途。致資本分散。外受資力雄厚者之壓迫。內受同業之傾軋。庶不致有資本而不善運用。陷於耗費。有資本而不善聚集。陷於分散。

(三)校正消費途徑

生產固恃消費。而消費同時當維護生產。蓋有害消費及無益消費之過量。必引起過量投資於此等有害及無益之生產。而於有益生產反無人投資與辦。故雖消費而取給國內。亦當注意消費不純正。以啓導正當之生產。今觀我國現有之消費狀態。有害消費之普遍全國者有鴉片、紙烟、賭、購買獎劵、酒、等。而民習奢靡奢侈品消耗品之輸入者年達二萬七千一百九十四萬兩。此無益之消費也。更有無形之消費。如有獎儲蓄之於外人儲蓄機關。保險費之於外人壽險公司等。蓋資金之投入此類機關者。等於不生產之消費。特可收回本金已耳。更有過度之消費。如大家族之不惜物力。一物之可供數日用者。盡於一日。故因過度消費所耗之金錢。本可儲蓄而貸與生產投資者。至此無着矣。綜上所述。消費途徑使均取給於國內。則已呈浪費資金於有害無益過度消費。足以阻遏正當生產之發展。乃不幸一察各種消費品之來源。則盡爲外貨。其取給於國內者轉少數耳。是以消費不當。而更盡以外貨充之。其惡果乃使資金無量流出。國內資金枯竭。而一切生產事業無從發展。故欲謀目前生產事業之活動。非設法減少資金之流出不可。欲使今後正當生產事業之發展。非革除有害無益過度消費不可。當務之亟。胥以抵減少使用外貨以保持資金。校正消費途徑。以引導正當生產。前者如於關稅自主國家。不難以重稅徵收進口貨。增加其貨值。使國民無力購買。然我國關稅去自主尚遠。故目前辦法。非喚醒國民抵制外貨。別無他策。後相持之時間愈久。兩方之損失愈多。如經多此工潮之摧殘。則已成之生產事業形將瓦解、更何望生產事業之發展。此幣制紊亂（銀本位此處似無直接影響）之阻遏生產事者三。

貨幣紛亂及銀本位之害甚多。幣制紊亂而經濟統計之難於編纂。進出口貿易必用規元。海關徵收稅款必用海關銀兩。用銀之弊。在銀價日低關稅收入之扣付外債之數日多。而關餘少。關餘少則內國債劵基金低落。而內國公債之市面必落。公債之信用失。國家之財政枯窮。乃出之濫發紙幣之舉。於是擾亂金融。其他連累之病毒。可謂罄竹難書。要之紙幣之急待統一。金本位之急待採用。乃今後經濟基礎建設之一大問題。蓋生產事業之發展。國家財政上之彌補。財政金融之劃分。均是賴也。然統一整理幣制。與虛金本位。規元本位等之建議甚多。無如外人越俎代謀。其計畫可謂不諳國情。不謀永久。故虛金本位。規元本位之說。已成陳說。不復可以引用。從目前之需要。及可能範圍觀察。我國幣制之整理。當分爲二步。（一）廢規元。用國幣爲單位。限制輔幣之鼓鑄。維持輔幣之兌換定率。限制紙幣濫發。（二）暫時以法定國幣折合大條銀購買匯票。而同時進行籌備金本位之採用。

（一）

（甲）廢規元必許人民自由鑄造國幣。今考規元用以爲單位之理由。主因在銀洋價格高低不定。故廢除規元非使銀元價格穩定不可。欲固定國幣之價格。非履行國幣條例許人民自由鑄造不可。自由鑄造所以使消弭貨幣因供求而發生之價值漲落者也。此爲本位幣之要素。蓋自由鑄造後可以使實值與面值相等。（卽國幣價格可以穩定）然我國自民三公佈國幣條例後。迄未實行。乃因政府欲以鼓鑄國幣屯積而出賣於洋釐高漲之時。蓋視鑄幣爲專賣事業。以圖厚利者。又何肯允人民輸銀造幣乎。今後之政府。當卽認定國幣爲本位。依照國幣條例。切實做去。實行接受人民輸銀鼓鑄。確實擔保重量成色之可靠。則國幣之價格既無漲落。卽其本位之地位確定。華商行之。洋商多從而行之。上海一埠行之。則全國亦將起而效之。

（乙）輔幣之於各國。其鼓鑄均由政府有限制鑄造。蓋輔幣之實值均低於面值。如可自由鑄造。則人民將濫鑄圖利。供多於求其值自落。必使不能維持其與本位幣一定之兌換率矣。今我國之輔幣。政府既已不依限定數量（適合生口）鑄造。而中外奸商竟多私鑄者。故輔幣之欲維持其十進兌換率。必先限制鼓鑄。嚴懲私鑄。自所望於今後之政府者也。至於目前輔幣之糾紛。幸有中交兩行輔幣劵之發行。以謀整理金融維持十進之計。然劣角仍舊流通。一角以下之輔幣仍用銅元，換算之煩。一仍其舊。故輔幣劵一方宜十成準備。以堅社會信用，一方宜儘量發行。使多多流轉市場。因受授之便利。則劣角之流通自少。至於銅元之補救。國人多主張停鑄、禁運、及折扣通用等法。然此皆非根本之計。蓋救濟之策，在限制銅元鑄造。須由政府監督。而政府必能負流通兌現之責任。確遵國幣條例。十足收兌銅元。則銅元流通可視社會需求。而由政府鑄造或收兌。則十進法可以維持。而銀本位之幣制至此可謂完成統一矣。

(丙)我國發行鈔票之制度。可謂多數制。雖有紙幣條例之頒發。規定準備金之定率。及其他監視之具文。然書面之規章。迄無遵守者。故紙幣發行之濫。卽不因停兌而過多之紙幣。必使幣價下落。物價騰貴。獎勵投機。其反動必惹起市面金融之恐慌。國內經濟之紊亂。且近年各省紙幣之發行。均爲軍閥籌餉之用。更無所謂準備金。蓋視紙幣爲騙取民間財物之工具矣。焉能不停兌而成爲廢紙乎。紙幣之濫發其擾亂金融。阻礙幣制統一爲害大矣。故紙幣發行須採用集中制。限制發行之資格。歸之中央銀行。使政府易於監督。且紙幣由中央銀行發行之後。方有伸縮之餘地。紙幣發行之總文易於明悉。如是可視社會通貨需求。而定發行收回辦法。以使物價平衡金融安甯。

(二)

(甲)暫時以國幣折合大條銀購買匯票。在目下規元爲單位而支付國際債款時。亦須以銀元購買匯票。今易以國幣爲單位。付現時使用銀元可免折合之煩。其換算之法定率。祇須計算一次。可以永久使用。如國幣之地位可以確定。銀本位幣制得先統一。而後可以進謀採用金本位。

(乙)我國之必須採用金本位制。不過遲早問題。故吾人明知採用之難。而必先事預備。認明積貯金貨。則事無不成者。民七有金劵條例之公布。惜未實行。如能再行修正由政府勵行。則金本位之實行不難也。

(五)金融機關之改善

吾人皆知金融機關爲輔助生産事業之主要機關。吾設金融機關乃生産事業要素之一。蓋生産事業要素之一爲資金。而資金之集中自儲蓄之餘裕。及資金之分配。於正當生産事業者。將惟金融機關是賴。換言之卽資金之能用於生産事業與否。亦惟金融機關之是問。或設金融機關之能克盡厥職。當視生産事之發展。是可知金融機關實恃商業企業而生存。則生產事業之頹破。必使金融機關之業務凋零。卽亦金融機關之生機斷絕。故金融機關當知本身生存之根源。而培殖維護之。當不能視此爲圖利之藪。視生產之凋敝。不一援手。而反謂生產之凋敝。投資危險。不敢嘗試者。此將昧於金融機關之天職。與其生命之根源。而欲妄圖厚利。是則皮之不存。毛將安附。我國之金融機關。視爲票號錢莊。其組織其業務。純以圖利爲目的。祇知其爲商業之一點。而不知其於一般商業生產業中之地位與責任。故今後所望於金融機關之能助長生產者。當求之於主體之銀行。今考銀行之歷史。亦且卅餘年。而過去之事實。外感各國銀行之競爭。內受錢莊之傾軋。其能絕續至今。實非易事。然我國銀行事業之發展。其主因可謂眩於其事業之新敏。可以謀利。相率創設。而其服務地域。不外通商及繁盛地點。其發展不免傾向畸形。無補國民生計。其事業限於存放無助於生產事業。然歷年來。分業金融機關如棉業鹽業植業等以開發爲名者設立甚多。一考其實際業務。其始則在得政府特許之發鈔權。以濫發鈔票爲能事。其成也。則亦不過注重普遍商業銀行之業務。幾何能顧名實而盡輔助生產事業者。而鈔幣之濫發。反足以擾亂金融。至於普遍商業銀行。則拘拘於存款主義。專注於商業金融。以爲利雖薄而危險較小。不知牢守存款主義。而欲望營業之發達。非能如美國之於國際貿易擅勝。則必致苟延殘喘。而永無活動之望。何論如我國商務之凋敝。而有又多數外資銀行之大力排擠。是牢守存款主義。之必歸失敗也無疑。蓋以有限商業金融之需求。欲分配於多數商業銀行。其營業範圍之小可知。則去發展益遠大。此猶屬金融機關之不能盡責輔助生產之事實。乃金融機關近年來之成績。竟足以妨害生產事業（其關係詳幣制節內）者。卽以市場流資。多量之傾向投機事業（匯兌證劵）之一途。而使有可用於生產事業之資金。爲此危險之事業。是不能不痛責我國金融界之混朦者也。故今後金融機關之改革。不在創設銀行以爲此虛僞之發達。而在視國家需要之推移。改變營業方針。矯正過去之惡習。而謀克盡天職。共謀生產事業之發展。救此垂危之弱國。此宜卽時覺悟勉力做去者也。至如儲蓄保險事業之擴充。海外金融機關之設立。發行集中以期收調濟金融之功能。合并金融機關以雄資力等。間接輔助生產事業之建設。均需隨時努力進行。以達金融機關本身統一。福國利民之正旨。茲依實施之先後。決列於次。

（一）限制投機事業。以現在可得之流資。貸放於生產事業。雖利息稍薄。亦當極力援助。

(二)全國商業銀行。其營業方針。應由存款主義而改爲兼營主義。對於國內生產事業。常爲鉅額之投資。於公司債劵之承受募集。盡力指導援助。

(三)整斥分業銀行之未能專營而反爲商業銀行業務者。

(四)銀行需自身加入企業之中。使於監督。以免危險而杜藉口生產業危險無可投資之說。

(五)金融機關之聯合。創設創業金融機關。即大規模之工業銀行。包括發起工程等業務。

(六)廣設農業銀行。(見前農業經濟之建設一節內)以輔助指導農業有關之生產事業。

(七)創設海外金融機關。辦理國人海外貿易事業。代兌金劵。以免外銀行期票之壟斷。并預備金本位之採用。

(八)推廣儲蓄保險事業。以集中資金用於投資生產事業。以免多量資金之流入外人手中。變爲無形之消費。

(九)金融機關之統一。發行制之集中。以期調劑金融高下利息。以採一國現貨吐納之威權。

(六)關稅自主後而裁釐并修正不平等條約。以取締外人在華設廠之權。

關稅之必由我自主。固盡人皆知。釐金之必歸裁撤。亦無可異議。然兩事截然不同。雖關稅之不能自主。釐金之迄未裁撤。全爲阻遏我國生產事業之障礙。但可同時進行而不可挾裁厘爲自主之交換條件。今雖各國無條件允許我國關稅自主。而必限於三年內盡裁釐金。是則仍以裁釐爲要挾也。今夫關稅之片面協定。爲各國所未受之痛苦。而我國獨受之不平等待遇也。釐金者。我國生活程度較低。不能多抽直接稅而以此間接稅替代之舊稅制也。前者爲現代國際間不能生存之岐視待遇。故商之各國而謀自主。後者爲經濟變遷未發達之舊稅制。各國所多有。如法之(Octroi)純屬內政範圍者。况我國釐金之徵收。固未及於進口之外貨。則外人何得干涉內政而爲挾持之工具乎。吾人深知釐金之累商病民。在現在協定稅制之下。阻遏生產一如關稅之不能自主。然釐金之利弊存廢。當適應我國經濟發展程度及政策之傾向而定。無與外人事也。故關稅自主。既已由各國無條件之承認。不相要挾。乃我國關稅會議代表。竟不察釐金歷史上之位置與裁釐之困難。而昧然自動聲明於一九二九年將厘金完全裁撤。其昏憒如此。實堪痛恨。故今後之政府。當即取消上項聲明。

而逐步漸次依照國民經濟程度。而淘汰厘金。不應於三年期限驟然裁去。代以新稅。使國家財政國民經濟變動太驟。而生危險。是爲至要。然關稅自主成功之後。而外人在華設廠之權仍在。則關稅自主。仍不能保護生產也。故必修正不平等條約以取締之。

今再側重關稅不能自主及釐金與外人設廠之阻遏生產事業。論列之以見其致病之因。而謀今後建設之途徑。

關稅之設立。所以保護本國生產事業。故須有絕對自主權。以重懲奢侈品及有害物品之輸入。以免國內資金之流出。而矯正國民之消費。以重懲國內應保護之工業仝樣貨物之輸入。以免外貨之賤售於國內。而奪我生產事業之市場。需要品原料品之輸入。則輕徵或免徵。以減少國民之生活費。幷減輕國內生產之成本。反之原料品則當重徵以禁出口。而保持爲國內生產之用。製造品則當輕徵或免除。以擴張生產事業之海外市場。蓋關稅之徵收非僅以增加國家收入。實欲以維護國內生產而謀民族國家之生存也。然欲得利用關稅以保護生產。則稅制度（一）宜絕對自主。（二）複式稅則。（進出口當然不同）（三）從價從量之並用。然我國關稅制度之特殊。其所以阻遏生產者不勝枚舉。今就主要諸點述之如下。

（一）片面協定稅制無論外貨之爲奢侈品需要品皆值百抽五。使外貨充斥國內奢侈品有害品之多量輸入。以致資金之無限之流出。需要品製造之輸入以致國內仝樣幼稚生產事業不能發展。不能防止外貨之賤售及外貨之受政府補助者。

（二）單一稅制之不能重徵奢侈品有害品。及應保護生產之仝樣製造品。不能輕減或豁免需要品與原料品。

（三）進出口稅率相同。使原料品不能重徵。而禁出口。

（四）復進口稅之不公平。本國貨須納復進口稅。而外貨則不受此稅之束縛。此一如厘金之病害國內生產也。

（五）出廠稅一律規定。固有外廠在華。使本國貨無從免稅以資暢銷。

（六）多用從量稅之不能重徵奢侈品。以免貨金流出。

從上述各點吾人知關稅自主之必要。及應行注意要點如下。

（一）釐訂進出口各個之複式稅則。

（一）修正物價採用從量稅法。

（三）廢止復進口稅之惡例。

（四）免除國產之出廠稅而增加外廠之出廠稅。

今試觀釐金之病害生產如何。

(一)稅制紛歧。稅則不一。商人及生產者無從預計負擔之輕重。而定成本之大小。以計算盈餘之厚薄。於是視爲畏途。

(二)稅率無定。一任官吏之隨意魚肉。工商業血本攸關。故輒虧折而不思進取。

(三)征收時期及手續無定。留難之故。久稽時日。時失良好市價之機會。

(四)因貨物在途之時日過多。所需資本倍於尋常。而所負利息亦遂倍於尋常。

(五)貨物稽遲霉爛之損失不免。則耗折資本。何論護利以資發展。

(六)沿途查看拆裝之費不少。增加成本。減少銷場。

(七)外貨完納進口稅子口半稅後。可通行內地。而國產則須到處受重重之釐卡剝蝕。高價則無銷路。低價則虧血本。何能與外貨競爭。外人有在華設廠之權。多利用三聯單到內地採辦原料。祗付子口半稅。故外人在華之製造品。其成本輕。國內生產無從發展矣。外人此於關稅不能自主。而釐金之推殘生產之罪狀益顯著。

綜上述諸點。釐金之罪大惡極。其當裁撤固不在外人挾持。而我國當自動廢棄也。然釐金裁去。即海關加稅(值百抽十之五)猶不足抵裁釐之失。故有舉辦出產銷場兩稅之議。前定.025後定.05共即.075之產銷稅。今假定產銷稅已實行。而關稅自主成功。外廠出廠稅亦已增加。而仍以工廠在華。用我原料。其納稅額最輕。故外人在華設廠之權未能取締。則我國力爭自主以保護我國生產事業者。適足以保護在華之外人工廠。蓋不待自主。即於實行二•五附加及一二•五之後。洋貨負擔加重。與國貨競爭恐不容易。則在華設立之工廠。勢必日益加增。以避免關稅之擔負。則以洋商資本之雄厚。國內生產必歸失敗。故關稅即能自主。而外人設廠之特權不去。則生產事業仍未能保護也。故關稅問題之解決。不可謂成功於自主。當即修正不平等條約。取締外人設廠特權。然後我國關稅。方可謂完全自主。而能保護生產也。

(七)發展運輸機關

一國生產事業之盛衰。惟生產條件完缺與否是視。吾人知生產條件有三。曰勞動。曰資本。曰土地。今吾國生產事業之頹壞。如上文所述。誠係資金缺乏之故。然土地屬我國地處溫帶。膏腴占其軸。誠以生產運貨爲多。運貨以省費爲要也。我國有沿海航綫二千餘海里。乃大部沿海航業。盡爲外輪占據。於是大好南北捷運機關。任人掌握。則其不能爲我用也明矣。此沿海航權亟宜收回者一。我國不特南北有沿海航綫之便捷。而長江橫貫東西可通航者在一千哩內。江口至漢口七百哩間。六千噸大輪通行無阻。上至宜昌。可行汽船之小者。其水流深廣平直。可航距離既長。季候變化不烈。有湖泊之調節。內地廣大。人物殷繁。故無一不與運輸上良好河流條件相符。然長江航權多落外人掌握。上游小輪更多外人經營者。以大好河流。供外人經濟上之發展。而國內生產事業未曾沾其利。此內江航權亟宜收回者二。然使沿海內江內河之航權完全在我掌握。而無多量船舶通行。則仍坐棄其利也。故今後政府宜亟保護現有航商。而再補助造船業。獎勵航行業，幷培植航行人才。以盡此地理之利。而謀運輸機關之發展。

(三)汽車道路之建設。 各種運輸機關皆有其最適宜之環境。及最亟切之需要。凡在人口多而距離在百哩左右者。莫不宜於汽車道路。至於運輸貨物則汽車之效用尤大。而於人口稀少鐵道不易及不利興築之地。汽車之運輸功用尤大。今日各國汽車道路日闢。汽車日多。浸浸有籠蓋鐵道之勢。蓋汽車道路之優於鐵路者。約有四端。

(一)鐵路建築費鉅。較汽車路約多五倍以上。

(二)鐵路僅一種機車可以通行。汽車路則各種車輛。多可行駛。

(三)鐵路之方位及車站皆有定所。行駛次數及乘客貨物上下均有時間與地方之限制。不若汽車之自由。

(四)鐵路機車利於大宗運輸。故人口稀少。產業不甚發達之地。不利於鐵路。汽車運輸則能多能少。

今按吾國之現狀。則路政不修。鐵路之建築維艱。有卽鐵路而亦不爲人民所樂用。因有種種限制也。故可謂環境以汽車最爲適宜。我國產業未能發達。而欲進行生產事業。對運輸上所需要者。在適量之運貨。低廉之運費。運用之便利。故可謂需求亦以汽車最爲亟切。故汽車道路之建設。乃今後發展運輸機關之重要步驟也。然近代運輸之術。雖日趨精明。不免各有相當限制。其於汽車道路。則必有良好道路若道路上過於鬆浮粗糙。必損車輛。車遭損失。不但修理費巨。

且速率與載重之量亦因之大減。故我國之修築汽車道路。當以最低資本。謀最大最久之能効。是則道路專家所應研究者也。

（四）幹綫鐵路之定成及規劃。　我國地區遼闊。如產業發達。則長距離及重裝載之運輸機關。則鐵路必不可少。仍必爲全國主幹之轉運要道。然因現在能力之下。則吾人對鐵路應盡之責任。則完成全國未成或未聯接之幹綫。並規劃必不可少之幹綫。以求漸次建設。在鐵路行政成績。我國已有良善之規制。此後之鐵路問題。乃資本之來源。費用之節省。運率之釐訂。營業之擴充。惡習之改革。聯運之發展。（包括各種運輸機關而言）致於已成功之統一會計及工程上尺度之規定。當謹守繩飭。則他日鐵路及其他運輸機關於管理轉運聯絡上。受賜多矣。

（五）水道汽車路鐵路各種運輸機關之聯絡。　運輸機關之方式多。而不能聯絡劃一。則其能效低。而運輸機關之本旨失。故最近各國運輸機關。問題皆注意如何各種運輸機關之聯絡劃一。以謀節看兩重投資之耗費。及完成運輸機關全局之功能。我國今後既將水道汽車鐵路三者爲運輸機關之主幹。則三者之間。其聯絡劃一之設計。必先統盤籌算。訂定標準辦法。使新設運輸事業之告成。新舊之間。多能貫穿轉輸。而尤當詳察各地需求。定終點之大小。車輛之大小多少。裝卸機械等之大小。以免與營業及需求不相適應之耗費投資。更須避免競爭一途。使一區地有過多之運輸機關。而耗費及分散資金。故航業汽車路之建設。雖當獎厲。然政府應先調查社會需求。及應開發之生產事業。指定航綫或汽車路起迄點。公布全國。聽資本者。照政府標準辦法。各自擬具詳切計劃。呈閱。擇其良善者。允許營業權。再行補助其初開辦時營業不足之損失。此所以一方謀水道汽車鐵道之聯絡。一方免兩重或過度投資之耗費。而水道汽車鐵路三者間之過度、裝卸、起重諸器具。在可能範圍之內。當儘量使用勞力以節省機械之鉅大投資。

（八）勞資間之互解以協助生產事業之發展

當此世界潮流激盪之時。因各國產業極瑞發達。個人主義之支配太久。而有階級之爭。而有勞資之戰。其所謂資本家者。必具有操縱經濟壟斷勞動之能力。其所謂勞動者。必具有精熟技術。或能效之工作。是以挾持資本家。而勞資爭執發生之環境。必因產

近年糧食價格飛漲之原因及其救濟方法

吳祿增

(一)糧食價格飛漲之原因——供少求多——生活程度升高——交通不便——劣幣充斥——季令變動——囤積——偷運

(二)救濟方法——節省浪費——增加生產——交易上之救濟

(三)各國救濟農業衰落辦法大概

十數年來。我國糧食價格。日漲不已。計自民國成立以至今日。米價高者增加一倍有餘。麥價自五六成至一倍餘不等。中等以下人民莫不感糧食價格昂貴之苦。而尤以一般細工與農民爲甚。試一入內地農村。所見者十九衣衫襤褸。面有飢色。詢其所食則一日不復能常得米飯。或間以麥粥。或烹瓜當膳。產米之區而人民所食如此。非目擊其狀者。其誰信之。以農立國。而糧食不足若此。長此不圖補救。將來國家安寧。尙可得哉。卽以今日而論。農業之衰落。已現擾亂社會之象。北方之匪多於南方者。農業不如南方也。江北之(江蘇省)匪多於江南者。亦由農業不如江南也。夫知其幾而謀所以救濟之方。策之上者也。爰述近來糧食價格飛漲之故。及其救濟方法如次。

(一)糧食價格飛漲原因

在未述及糧價飛漲之前。我人應先知物價高貴之理。依經濟學原理言。物價之高低。由於供求之伸縮。供多於求則價廉。求多於供則價貴。換言之。卽物價常與貨量之供給成反比。貨量之供給愈多。則每單位貨物之價格愈廉。反之。貨量之供給愈少。則每單位貨物之價格愈貴。然此不過就原理言。事實上物價之高低。供求原因外。尚有其他種種原因。如貨幣數量。交通狀況。國家法制等等。皆與物價有密切關係。今爲簡明計。先就糧食供求關係言之。

甲　糧食之須求

我國所用糧食。以米麥麵粉三項爲主要。本篇亦卽以此三項代表一切糧食。藉便說明。

米之須要。以充膳爲最大。江南之人十九食米。每人每年平均食米以二石五斗計。則江南二百兆人民。每年須米約五百兆石。他如製餅釀酒等所費。爲量亦甚可觀。至麥與麵粉之需要。則江北大於江南。其主要去路。自以供膳爲最多。近來城鎭都會。不論南北。幾僅以麵供早餐。卽鄉僻小邑。早餐亦多用麵者。誠以米價既昂。烹煑費時。不如食麵之簡而價廉。故年來麥粉之須要。增長甚速。他如糕餅酒醬等製造。耗用麥粉亦極多。此僅就糧食需要之種類言。再述須要之性質。

中國年來糧食須要之增加。固由於人口之繁殖。然尤係乎生產者少消費者多也。依海關調查。民十中國人民約爲四萬四千三百萬民。十四爲四萬四千八百萬。四年中所加人口。約爲四百八十萬。平均每年增加百二十萬。此每年百二十萬人口之增加。決不能獨使糧價飛漲若是之速。重要原因。厥爲生產者少。所謂生產者少。係獨對中國而言。中國農業。全恃人力。故耕田之人減少。卽足減少糧食之生產。人皆曰中國農民約占全國人口百分之八十。然以余觀之。年來農民數目之減少。大有江河日下之概。吾鄉濱太湖。太湖素以丰富著。然年來因水災頻仍。兼受戰事影響。盜賊如毛。又復以物價高貴。一般農人。

除少數得耕田自足外。其他均入不敷出。因之改習工商業者。頗不乏人。女子亦以耕田所入無幾。反不如外出受人雇用。飲食仰給他人。且可博得些微收入。維持家用。因是年來湖濱。較遜之田。棄而不耕者甚多。推此而及全國。則每年糧食減收之量。誠非小數矣。又農田改種烟草。與糧食生產大有關係。茲且不論。請釋何謂消費者多。

普通城市居民。一切糧食皆仰給於內地農民之供給。依中國年鑑。全國主要都會人口約在二三千萬以上。內地市鎮以及兵隊游民不與焉。以中國年來農產品之衰落。除農民自供外。頗乏餘糧以供如許不耕而食之口。一查我國農產量數。則米年得三億餘萬石。麥可四億餘萬担。粉亦可得三四千萬袋。平均每人每年所得糧食。不到米一石麥一担。焉得不仰求外人。

由此卽知中國糧食須要。正在增長。而此增長非徒由於人口繁殖之一端。亦由於農人之改就工商者日多。此種趨勢在農業衰敗工業漸盛時代。各國皆有。非獨我國如此。若英若德。其先例也。

乙　糧食之供給

欲知糧食之供給。必先知農地之多少。我國江南產米。江北產麥。大概長江流域產米占全國米產十之八九。滿洲黃河流域產麥亦占全國麥產十之八九。詳言之。產米之區。有江浙之太湖。安徽之巢湖。湖南之洞庭湖。廣東三角洲。廣西容江流域等處。而洞庭湖一帶。所產尤丰。俗有湖廣熟天下足之諺。他如甘肅陝西灌漑便利之區。亦有小規模之稻田。滿旱近十年來旱稻亦浙浙擴充。此產米區域之大概也。至於產麥之區。則由山東河南直隸滿州等處。江南各省雖亦產麥。惟爲量不多。至麵粉則爲製造品之一種。初無所謂產麵之區者。大凡一地工商業發達。交通便利。小麥供給豐富者。常有麵粉廠之設立。我國東三省麵粉廠最多。江蘇次之。湖北又次之。其餘各省則均不足觀矣。糧食供給。我國向少確實統計。惟大概情形。可自典藉中檢得之。茲將長江流域七省最近每年產米數目舉其約數如左。

省名	產量(依中國年鑑)	產量(依中外經濟周刊)
浙江	二五九六萬石	一六六〇萬石
江蘇	二〇六〇	五九七六
安徽	三三六六	四六四八
江西	三七四四	三九九四
湖北	三一一九	三九八四
湖南	四四一一	四七八六
四川	三三三五	二七六五
共計(約數)	二三二五二	二七八一三

上列表中二種統計。出入至巨。惟總數相差尚不甚遠。姑存之作爲參攷可耳。又據農商部農商統計表。吾國米麥之累年收獲如下。

年次	米之產量萬石	麥之產量萬石

民國三年	二一三三四八	三五二九七
民國四年	二〇九一九六	三四四九九
民國五年	五三八八五	四五六九三
民國六年	五二六六四	二九三三一
民國七年	三〇二三〇	四三一四一
民國八年	九六六八	三八六四六
民國九年	八八七六	四二四六二

由上數可知我國糧食供給之大概情形。亦可見年來糧食供給之頓減。至歷年減少之量數。雖不能確實計算。然一觀歷屆洋米進口之日增。大致亦可得一概數。例如民十洋米進口爲一千萬担。十一年爲一千九百萬担。十二年爲二千二百萬担。十三十四兩年均在一千二三百萬担以上。國以農業立而糧食供給缺乏若是。豈非可怪。雖然有原因在。請略述之。

(一)曰天災　風雨冰雹潦旱蟲蝕是也。年來天災頻仍。北方告旱。輕則收穫重折。重則千里枯槁。南方水利不治。河道每多淤塞。一遇淫雨連綿。較低農區莫不浸成澤國。至於螟蝗爲災。雖不若水旱之重。然每年遭其害者。損失何祇千萬哉。

(二)曰人禍　內爭其著者也。自民國成立以來。各省莫能逃兵燹之禍。凡兵跡所及之區。每致鷄犬不留。其傷害禾稼。毀壞農具。更不待言而可知。例如昔年齊盧之爭。以產米產域爲戰場。而時間又當禾方秀而未實之際。其有害於糧食之收獲。不亦昭然若揭耶。

(三)曰農田減少　減少之原因不一。或以物價昂貴。小規模農作。收入不足以支所出。遂改習他業。而棄農田於不顧。或以連年災害。地方衰落。而農事亦遂不張。然最大原因。厥惟改種烟草。軍閥恃烟捐爲收入大宗。誘迫農民種植。農民或貪一時小利。改種穀爲種烟。以致糧價日貴。人民遭其毒者無算。因而奔走他去者甚衆。

(四)曰工商業之影響　中國自與外國通商以來。民生狀況。驟然改變。物價之高漲。洋貨之充斥。尤爲變更之至顯者。向來農人於耕田之外。多事布織。其收入足以彌補耕田之不足。今則洋貨勢力堅固。不破鄉僻小地。不復有布帛等坿產品之製造。而農民之收入。亦減少其一部份。同時城市區域。以工資多較鄉閭爲高。故農人棄田而移入城市者。不絕於途。糧食生產。以勞力減少之故。亦遂逐年減收。

(五)曰耕種方法不改良　自黃帝作耒耜。爲耕田之具。沿用至今二千餘年。未嘗稍加革新。夫以一人之力。揮盈尺之鋤。雖早出暮歸。竭其力亦不過能耕四五畝。以視泰西農業機器一日而耕百畝以上者。誠不可同日而語。此僅就耕具言。至於施肥。則不出獸糞豆餅二種。設一時不獲大量肥料。則惟坐視禾苗之日漸消瘦。曾不設法以救其衰。我國歷代重農。而士大夫之研究農業者。幾如鳳毛麟角。坐是我國農業窳敗日甚。近來研究農業人士日多。然尚未有顯著之改良。

再土中所含滋養植物成分。久用必漸耗。同一土地。初能產米十石者。後則不過能產九石。無他。土質漸衰故也。我國農人不察此故。(或因所耕土地有限)每於一片土地。層層種植。故雖肥料之施不加少。而生產則有漸減之勢矣。

上述我國糧食供求情形。及其所以增減之故。我人由是可斷定糧食價格之高漲。實由於供給少而須要多。供給日減而須要日增。供求相差年甚一年。故糧價亦年漲一年。雖然。此僅就糧食價格高漲之根本原因言之耳。所謂根本原因者。源流深遠。非一朝一夕之事。故其影響糧食價格。常爲一種緩和的高漲。徒以供求原因。糧食價格之增高決不至如今日之甚。其中蓋必有其他原因在焉。請逐一說明之。

丙　生活費增高

人類慾望之增加。經濟情形之發展。皆足使物價高升。海通以來。國際貿易大盛。歐美之生活程度。漸漸影響及於中國。試觀通商大埠。物價每較鄉間爲高，卽其明證。

物價高低。可以指數表之。物價指數云者。乃以某時間物價爲標準。與其他各時間同此物件之各種價格相較而所得之百分比也。換言之。指數者表示某間時內一般貨物之價格或各物件之平均價格，而以指示他時間內同宗貨物價格之變動也。指數爲物。雖不能將物價之變動表示盡似。然大致趨勢。仍可從此推見。故猶不失爲度量物價變動之工具。茲將近年來一般物價之變動及糧食價格之變動。作表以比較之，

近年來米麥麵物價指數表

物名 / 年份	高常河下白米（石） 價格（兩）	高常河下白米（石） 比價	漢口小麥（担） 價格（兩）	漢口小麥（担） 比價	機製綠兵船麵粉（袋） 價格（兩）	機製綠兵船麵粉（袋） 比價
民國二年	六•一五〇	一〇〇	二•二五〇	一〇〇	一•四七五	一〇〇
九年	八•五六〇	一三九•一	三•一九七	一四二•一	二•一九三	一四八•七
十年	七•四四四	一二一•〇	三•四六九	一五四•一	二•〇六一	一三九•七
十一年	八•八一一	一四二•七	三•七一四	一六五•〇	二•〇五八	一三九•五
十二年	八•八八七	一四四•五	三•八一三	一六九•五	二•一〇九	一四三•〇
十三年	八•三二〇	一三五•三	三•三九八	一五一•〇	一•八八七	一二七•九
十四年	八•五三四	一三八•四	四•二一九	一八七•五	二•三一四	一五六•九
十五年	*一一•三二七	一八四•二	*四•五六二	二〇二•六	*二•三七二	一六〇•八

*本年前六個月平均數

上海躉售物價漲落指數表

年份	指數	年份	指數
民國二年	一〇〇	民國九年	一五二
民國十年	一五〇・二	民國十一年	一四五・五
民國十二年	一五六・四	民國十三年	一五三・九
民國十四年	一五九・四		

上列指數。乃糧食、其他食物、尺頭、及原料、金屬、燃料、建築材料、工業用品、及其他八項。一四七件。一年間價格之平均指數。

上列圖表。示民九以來。我國物價高升之大概情形。其中米價高漲。頗不平穩。九年則以來源杜絕。間以天氣陰雨不定。早稻收獲有害。米商乘機居奇。米價漲至十六七元。十年價稍低。十一年後米價常在十兩以上。麥價高漲。除民十外。幾與米價平行。十三年曾稍跌。一二年來。則復大漲。至粉價之所以不如米麥價格增長之速者。蓋由於十二十三兩年北方荒災後。粉商廣購洋粉。儲備後用。同時製粉廠亦於去年力事吸收。以維持粉價故也。

丁　貨幣購買力之減低

依貨幣數量說。凡貨幣增加。而貨物不增加。則貨物價貴。或曰金錢購買力減。反之貨物增加。而貨幣不增加。則貨物價低。或曰金錢購買力長。本此原理。中國糧食價格飛漲。貨幣數量之增加。自爲重要原因之一。貨幣增加。可自各方面觀之。第一國內紙幣軍用票輔幣等之濫發也。省政府發行紙幣。軍閥發行

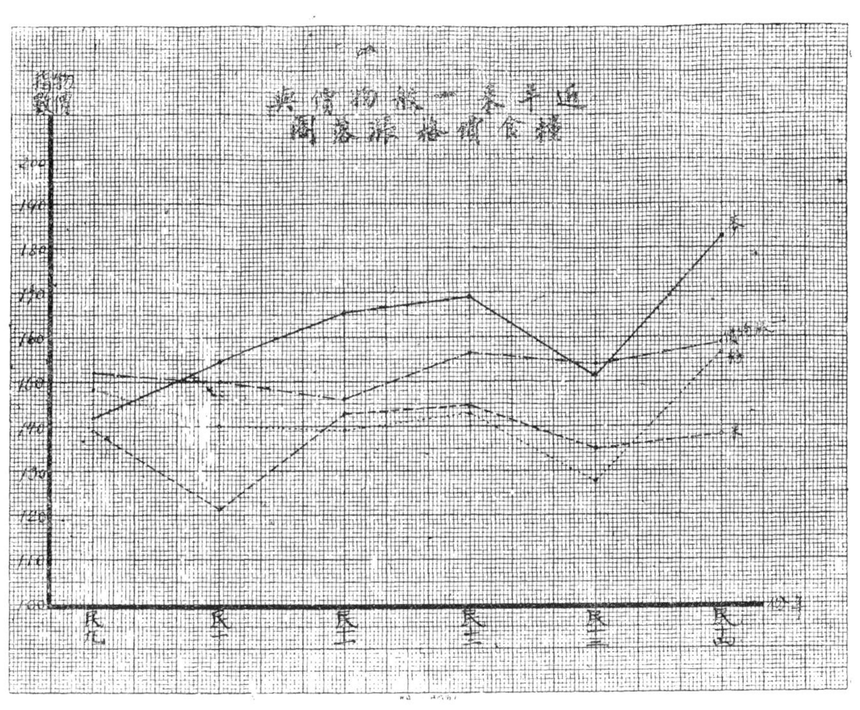
四
近年來一般物價與
糧食價格漲落圖
物價指數
200
190
180
170
160
150
140
130
120
110
100
民九
民十
民十一
民十二
民十三
民十四

軍用票均無確實基金以兌現。票面價值。每每跌至五六成二三成不等。而購買力亦遂因之減少。至輔幣則以成色低廉。鑄造簡易。不免流於濫鑄。藉取餘利。然其影響金融。一如軍用票。惟程度尚不如軍用票之深耳。第二世界金銀量增加。物價增高。而波及我國也。新金銀之發見。不論其即用於市場。或先存於銀行。其最後結果。必爲提高物價。物價之提高。經零售商批發商製造商間買賣及國際商業現金支付之故。不僅能使各物價格均提高。而且可以由一國波及他國。例如戰前歐美貨幣澎漲。物價徒增。吾國物價亦隨之增高是也。

戊　交通不便

交通包括轉運貨物流通消息而言。交通便利。足以調節物價之激變。例如上海爲交通便利之區。設某貨存積太多。卽可利用交通機關。轉運他處。反之。若某貨存積太多。亦可利用便利交通。於最短時間內由內地收集之。且交通便利之處。又可用電信爲買賣。增加交易範圍。故上海平日一般物價。常無大激變。然若因戰事影響。交通阻絕。上海所缺貨物。內地不能運出。上海所多貨物。亦不能推銷他處。於是物價發生激烈變動。糧食爲日日須要之物。故一遇來路被阻。因供少求多之故。價格必飛漲。例如民九六月。上海米之米源杜絕。米價漲至十六元以上云。

己　季令關係

農產品之供給。常有一定時期及一定次數。在糧食未登場之前。存貨漸漸銷罄。物價必漲。然一俟新貨上市。各地來源陡旺。物價必低。是曰季令變動。下表示歷年四季米價之漲縮。

季份	第一季 新米旺發例跌	第二季 青黃不接例漲	第三季 霉後蝕耗新陳不接例漲	第四季 新米登場例縮
民國十年	六·二九八兩	七·七〇四兩	八·四九二兩	七·二九六兩
民國十一年	八·二七三	九·三〇〇	九·五四五	八·二二八
民國十二年	八·七六〇	八·八四六	九·四九七	八·五三四
民國十三年	八·〇一四	七·七七六	九·六〇六	七·七四三
民國十四年	七·一九三	八·一二六	九·二四〇	九·〇七八

庚 囤積

糧商囤積居奇。足以漲高糧價。盡人皆知。毋容贅言。惟我人須知一地糧商之囤積。不僅足以提高一地之糧價。亦且影響全國。蓋產生糧食最富之區。卽爲糧食交易主要之區。故該區糧商之操縱糧食。足以斷絕他處來源。而影響全國。雖然囤積不過爲一時之計。糧商囤積。不能久積不散。方其積而散也。糧價必跌。是故囤積結果。不過爲短時間糧價漲落原因之一。非糧價漲落之根本原因也。

辛 偷運出洋

運米出洋。減少國內糧食供給。使糧價高漲。當局有鑒於此。佈禁米出洋之令。禁令綦嚴。稽查尤密。在外人視之。米糧出洋。似可斷絕。然其實則不然。所謂禁止私運者。不過禁止一般小商人。至於姦商巨賈。以及軍閥官僚。何嘗受禁令之限制。米糧出洋。仍未絕也。特爲量遠不如未禁前之大耳。

或曰。年來外米入境。遠過運米出洋。故偷運不足爲米價高漲原因。余謂不然。蓋外米入境。多在中國米價已漲之後。而不在米價未漲之先。故盡其用。不過維持米價於不更漲。而不能使一般米價減低。卽能減低。亦不過限於某種或某數種米而已。緣洋米體質遠不若本國白米之可口。故內國中等以上人民雖在米價高貴之際。仍食用本國白米。洋米銷路。僅限於一班貧民故也。

壬 其他

厘卡特捐亦爲糧價高漲原因之一。中國厘卡佈滿各口。糧食運輸。過關征稅。如是連征數次。糧價自不得不高。例如福建建甯米價每石不過二三元。運至福州則每石卽須十三四元。征稅之重。可以想見。

又戰爭亦爲糧價高漲原因之一。惟其影響大多屬局部的。然亦能影響全國。其原因與米商囤積同。

* * * * *

總上所論。可知年來糧食價格之飛漲。半由於供少求多。半由於生活程度之增高。貨幣購買力之減少。交通設備之不便。以及季令囤積偷運稅捐戰爭等影響。此等原因。交互活動。在一定時間內。頗不易分拆何種原因足以增高價格若干。然就大體而論。則供求物價貨幣交通等項。爲糧價高漲之根本原因。不論何時何地。莫不受其影響。其他諸因。有時雖亦能影響全國。然普通不過爲限於局部的原因而已。

既知糧價高漲之原因。於是可求補救之方。糧價飛漲之原因不一。補救之方自不得不兼顧並籌。於須要之日增而多浪費也。則謀所以節約之方。於生產之日減而少進步也。則謀所以發展之計。交通不便也則積極以擴充。貨幣購買力日縮也。則立法以限制之。他如季令變動。囤積偷運。戰爭苛捐等端。皆在人力範圍以內。我人當設法以改革之補救之。請就管見所及。述之如次。

(二)救濟糧食價格飛漲之辦法

我國現有救濟糧價飛漲之辦法。曰平糶。曰限制糧價。曰禁米出洋。曰禁止囤積居奇。然誠察其效果何如。糧價飛漲之原因。既如上述之複雜。徒以平糶限制糧價等等辦法。謂遂足以抑制糧價之復漲。未之有也。而況所謂平糶限制糧價等等辦法之徒有其名而無其實乎。凡事治本爲上。治標爲下。治本爲久遠之計。事難。治標不過爲一時權衡之計。事易。然不能得大益。故吾於救濟糧價飛漲辦法。重治本而疏治標。治本之道有二。一曰節省浪費。一曰增加生產。請分論之。

子　節省浪費

糧食所以充飢。腹飽則不復多求。似無所謂浪費者。然實際糧食之浪費。不計則已。計之則可驚人。此節省之所以不可緩也。

一、製酒之當限制或禁止也　酒之爲用。除烹調醫藥用外。我國筵席間以之爲不可少之物品。人民之終身汨沒於酒中者。又不知凡幾。美自一九〇五年至一九〇六年間。釀酒耗去玉蜀黍大麥黑麥等凡八千餘万斗。我國飲酒之風。不亞於美。每歲釀酒耗去糧食。亦可推知。爲節省浪費計。爲革除惡習計。不可不加以限制。限制之法。莫善於重其稅。酒稅不如鹽稅。人一日不食鹽則病。人一日不飲酒無礙。故多征酒稅不爲苛。

一、精製品製造之當節省也　精製品大多作爲消遣用。實際用以代膳者不多。然此類製造每年耗用米麥亦甚多。節省之法一方當養成人民節儉之風氣。他方當使零食商減少製造。然實際此種辦法。效力至微。惟我等仍不能不有此提倡。且謀所以減少耗用米麥之量。例如磨麥成粉。普通可得麵粉百分之七十至七十五。然歐戰時德人可磨得百分之九十四。又如機碾白米。通常在二次以上。若能改爲一次。則以全國計。每年可省出食米百分之五以上。

一、少食主義之提倡也　點察社會人士之心理。常以多食爲有益。爲父母者以子女能健飲爲快。此在丰裕之家。固於其經濟上無甚關係。然於一般貧民之抱此觀念者。則受害實非淺鮮。勞動之人易飢。此無容諱。然吾決不信人人生而善飯。由習慣而成者必占大多數。今設人人能習於少食。則每年所省。當非小數。此少食主義之提倡。所以亦爲節省糧食之一法也。

一、糧食運藏耗蝕之減輕也　昔年余家以戰爭遷避他處。年梢歸家。將白米七斗。袋置室中。明夏前往取之。則袋已洞穿。餘米不到三斗。時未半載。而鼠損之重若此。推而言之。全國米商因儲藏不究而遭之鼠損。其大亦可想見。故改良糧食。亦屬刻不容緩。堅土壁。嚴窗戶。多設阱以誘殺之。此補救鼠蝕之道也。至於因轉運或量斛所致之耗蝕。亦當留意以減小之。

一、參食他物以節省米麥也　可以飽腹之物。不獨米麥。瓜果蔬蓏皆可以飽。惟我人習食米麥。故非米麥卽若食而無味者。設能於米麥之外。切實參用山芋果蔬等物。以代膳。則米麥之須要。當可減少不小。而價格亦不致飛漲。目覩農人頗有烹瓜代膳者。然祇限於農人。際此米麥供給短少之秋。吾人極望各界之能採用此法也。

丑　增加生產

增加生産之法。範圍至廣。非專家無以道其詳。茲所論者。不過述其主要諸端。提綱挈領。以示其大概。

一 曰修水利

水利不修。無以言農業。我國歷代素重水利。自清失其政。降及民國。政治紊亂。無暇及此。而水旱爲害益烈。黃河氾濫不測。沿河民生農業。均無噍類。淮不濬。皖災無甯日。太湖下流不通。江浙水災總不止。救濟之道。當速濬灌溉河流。以消滅水旱於無形。至若山嶺峻峭之處。兩岸低窪之旁。尤當遍植樹林。以殺湍流而調水量。兼防風災。

二 曰培植農業人才

以我國教育之不發達。改良農業。自無望於一般農民。吾人所望者。惟一般農業家之能專心研究農業。實地試驗。以其心得經驗。明示農人。我國農人雖乏創造之能。然既見新法有利之後。亦必樂於相從。例如機器碾米機器戽水。昔常視爲不能用者。今則內地採用者已不少。吾故謂中國農業界如能積極從事農業之改良。一俟稍有成績。卽不難推行全國。至於培植農業人才之法。非擴充農業學校不可。農業大學應爲研究性質。普通中學中當以農業爲常識。小學校則尤當以農業科目爲必修之科。他如農事試驗場之推廣。亦當積極進行。遠效美利堅之農事推廣運動。以改良農業生產方法。增加農人經濟勢力。如是進行不息。則假以時日。成績必有可觀焉。

三 曰改良農業技術

改良農業技術云者。改革樸陋的農業。農業而易之以科學的農業也。科學方法之目的。爲用最小之勞力與成本求最大之生產也。至於如何達此目的。吾人當從各方面進行。

首言耕種方法　中國耕種方法之簡陋。舉世文明國家。殆無其匹。勞力多而收獲少。最爲可惜。補救之道。則利用機械當矣。東南地少人衆。百畝之田。阡陌縱橫。耕戶動以十計。若產用耕田機器。則誠有所不能。然若戽水碾米等機器。則未嘗不可多多採用也。又如西北土廣人稀。荒野千里。開墾之功。我知非利用機械。不能見最大最速之效矣。

次言肥料　地力久用則乏。施肥所以補地力之不乏。國人所用肥料。均屬獸糞豆餅。然獸糞豆餅之供給有限。而獸糞尤不易特運他處。豆餅久藏則剝蝕。吾人當有科學的肥料以補其不足。年來支利硝石德國肥田粉輸入漸增。農人亦有採用之者。然僅依重外貨。究非長久之計。我國應能自造始可。又保護地力。亦可用穀物輪植之法。

再次言選種　種子不良。其生不蕃。我國農人之選種也。揀種子之大者而藏之。至於下種之時。然後出而用之。或更入水以去其浮秕。手續不可謂不完善。然而種子大而沈者不必皆良種。而況種子之不盡爲大而沈者乎。補救之道。首在農業專家之改良。廣傳農人。或由農事試驗場生產良種。散售於農人。

四　曰深耕與廣耕

深耕者。耕種之加工加資而不加土地之謂。廣耕反是。深耕宜於地少人衆之區。廣耕宜於土廣人稀之地。吾國東南人滿。宜深耕。西北土滿。宜廣耕。若能二法斟酌進行。則收獲必豐。

歐戰前各國每英畝（合中國六·五八六畝）所產小麥量數如下。

阿根庭	九蒲司	加拿大	二十蒲司	比	三八蒲司
俄國歐洲部份	十一	法	二十	丹麥	四七
奧	十三	德	三二	美	十五
英	三二	（一蒲司合中國三斗五升一合）			

由此卽知人口愈密之國。用深墾之法。每畝所獲愈豐。雖麥量之增加費亦隨之增加。然所增之費。不必比例於其所增之量也。

深耕之反爲廣耕。我國滿蒙及其他邊境。人口稀少。計滿洲每平方公里居民十三人。蒙古祗〇・五人。西藏尤少。爲〇・二人。新疆爲一・四人。而本部每平方公里平均人口在一〇〇以上。直魯江浙人口最密。若能移民西北。從事開墾。則每人所得耕地。可在千百畝以上。既可增加糧食供給。又可保護邊界。國計民生。兩相俾益。誠當今之急務也。抑移民西北。不僅可耕種糧食。亦可從事畜牧植林。二者利益均大。願往者必多。今日人民移往西北之所以不踴躍者。由於國家扶護之不力。國家若能切實與以相當之扶護與便利。如減低運費。剿滅匪黨。貸給資本等。則人民之移往西北。有不踴躍者。吾不信也。

五　農人產業協濟會之組織

農人產業協濟會者。合多數小產業者結爲團體。本自助互助之精神。不以營利爲目的。而以寬裕一般農民經濟狀況爲目的者也。產業協濟會。包括金融協濟會。購買協濟會。販賣協濟會。及生產協濟會而言。(一)金融協濟會。亦稱平民銀行。對於會員有通融產業及經濟發達上所必須之資金。兼作會員儲

一般糧商。雖欲囤積居奇不可得。我國古時。對於米價昂貴之補救法。在官廳有常平倉。在人民有義倉及社倉。組織各不同。效力當亦異。今先略述常平倉之性質與功用。

常平倉者。以官府財力。觀察時機。買賣米穀。以平均米穀價格爲主旨。兼以豫防糧荒。法至良善。惟亦不無缺點。(一)基金浩大。常非官廳或國家所能任。若基金太少。則當收買糧食時。不足以提高糧價。當發賣時。亦無以低減糧價。不免名存實亡之憾。(二)常平倉爲防制官吏作弊計。嚴加封閉。積米易腐蝕(三)常平倉設立地點有限。一地米穀價格。不足影響他地。(四)常平倉所以調節米價。然在米價漲高或跌下至若何程度時開始買賣。又爲一極難問題。有上諸弊。故歷代雖行之而終無成績。我國今日自亦無仿行之能力。吾人不如求之於人民設立之義倉與社倉

義倉與社倉。本爲救濟糧荒之用。然若管理得當。推行極廣。則亦足以調節糧價。所難者。義倉非有慷慨富豪之義捐不可。且義倉設立地方不廣。不能盡統盤補救之效。又以官管性質。倉廒嚴禁。米易腐蝕。故義倉之法。雖較常平倉爲簡易。然仍未能謂完美。最通行而最易舉者。厥爲社倉。社會乃由一地多數人民任意之結合。各出米穀共藏一隅。舉人管理之。遇米荒則散米貸給貧乏。貸者定期收還。稍取利米。以爲擴充之用。如是一出一入。既可以賑貧無立錐之人。復可以舒糧食不給之民。使不受糧價飛漲之困。際此政府失恃之秋。糧食價格飛漲之際。惟此社倉最足以速收成效。願國人之急起而廣設之。

二　禁止運米出洋及限制洋米入口

或曰。運米出洋。誠足以高漲糧價。故當禁止洋米入口。正足以減低或維持米價。何道而應限制乎。則應

之日。洋米入口。所以救一時之缺乏也。若其輸入漫無限制。則將來我國農業。不將受其抑制乎。殷鑒不遠。在英吉利。英吉利初行自由貿易主義。外來農產品不加關稅。因之殖民地之農產品。源源輸入。遂奪取本國農業市場而代之。英國農業卒以不振。然近來英國對於外來農產品亦征關稅。誠爲保護本國農業計也。夫糧食爲國民生活要素。不能自給而惟仰求外國。良非計之得也。我國年來外米入口。年增不已。實足爲我國農業前途悲。茲將民國來糧食出入口數目列表示之。想亦社會人士之所樂觀也已。

主要糧食品進出口數糧表

年分	米			麥			粉		
	入口（千担）	出口（千担）	入超（千担）	入口（千担）	出口（千担）	▲入超出超	入口（千担）	出口（千担）	▲入超出超
民國元年	二七〇〇	—	二七〇〇	三	一三七七	一三七四	三〇三	六三七	▲二五六五
二年	五四一五	—	五四一五	二	二八四八	二八四六	二五九七	一三九	▲二四五八
三年	六八一四	二八	六七八六	一	一九七〇	一九六九	二二九七	七〇	▲二二二七
四年	八四七六	二二	八四五四	三	一五一五	一五一二	一五八	一九六六	三六
五年	一〇二八四	二三	一〇二六一	六〇	一一五五	一〇九五	二三三	二九〇	五六
六年	九八三七	三八	九七九九	三六	一五五八	一五二六	六七九	七九八	一一九
七年	六九八四	三三	六九五一	—	一八一五	一八一三	五	二〇一二	二〇〇七
八年	一八一〇	一二二八	五八二	—	四四五三	四四五三	二七一	二六九四	二四二三

九年	一一五二	三一二	九四〇	五	八四三一	八四二六	五二	三九六一	三四五〇
十年	一〇六二九	三五	一〇五九四	八一	五一九四	五一一三	七五三	二〇四七	一二九四
十一年	一九一五六	四五	一九一一一	八六三	一一五一	二七八	三六〇一	五九三	▲三〇〇八
十二年	三三四三五	六三	三三三七二	二五九五	六四〇	▲一九五五	五八二九	一三一	▲五六九六
十三年	一三一九八	四二	一三一五六	五一四五	一四〇	▲五〇〇五	六六五七	一五七	▲六五〇〇
十四年	一三六三五	三五	一三六〇〇	七〇〇	二〇七	▲四五三	二八二	二八八	▲二五二三

又有進者。今日洋米價格之所以廉。正受我國土米價格之限制。一旦我國糧食供給陡削。以供求不埒過巨之故。糧價必將倍蓰於今日。當此之時。洋米豈肯仍以今日之價格供我乎。不待言而知其爲不肯也。然則爲久計。利用外米調節糧價之不足久恃審矣。然此僅就平時言。若遇戰事。外米糧源陡絕。一則國民不將盡化爲餓莩乎。由此觀之。吾國强須利用洋米以調節物價。同時仍不當忘洋米調節物價之不足久恃。既知其不足久持。卽當酌量限制輸入。然此又及海關自主問題。以非本題所宜詳。故不贅。

三　防制物價飛漲

防制物價飛漲。與限制物價不同。前者爲對於物價未漲以前之設施。後者爲對於物價已高後之辦法。限制物價。卽非不可能。亦必不合經濟原則。惟防制物價之飛漲。可自各方面以求之。

一抑制劣幣之滋長。吾國政治不安。幣制不統一。劣幣充斥。軍用票濫發。均足影響物價。補救之法。首在整頓幣制。使主幣與輔幣價値常有定比。而輔幣數量尤當受政府限制。因時增減。務使金融市場得平易活動。至軍用票銅元票等之限制及收還。亦屬應有之事。

又發展交通。亦爲防制物價飛漲之法。蓋交通機關。運輸貨物。流通消息。有平均分配貨物之用。故能調節物價。

又廢除或減低稅捐。可以改少糧食成本。故亦爲防制糧價飛漲之一法。

* * * * *

總上所論。可見糧食飛漲之原因。錯綜復雜。遠源於供求之不相應。近由於分配之不平均。故補救之道。不能不多方兼顧。在國家應負切實提倡農業之責。須訂保護農業法規。廣開農業專門學校。振興水利。發展交通。減征稅捐。整頓幣制。限制運米出洋。以及限制洋米入境。在農民尤當盡相生相養之心。組織產業協濟會。發展農人經濟。改良農業技術。防制商人囤積。土少人多。則深其耕。土多人少。則廣其耕。如是上下合力。從事農業改良。十餘年後。農產品有不丰者。我不信也。農產品既丰。而糧價有飛漲不已者。未之有也。或曰。誠如子言。農業固可發達矣。其如我國今日情形之不足以語此乎。則應之曰。唯唯否否。我國今日誠不足以語此矣。然在一國貧弱之秋。政治顛亂。萬事莫不失其常。論救時之策。自不能不速及政治經濟之改革。若謂政治經濟情形不佳。而遂連根本救治之道而去之。是非因噎廢食而何。且嘗觀列國農業之盛衰。以及其所以盛衰之故。蓋未嘗不與政治經濟有關也。請略述當世列國農業盛衰情形。以及各種補救之方。藉爲吾國農業改良之殷鑒焉。

(三) 列國救濟農業衰落辦法

甲　英國

十八世紀以前。英國農業極幼稚。其後資本主義發生。促成農業革命。其重要原因。約舉之。可得四種。一曰應用資本於農務企業。如農人之富足者。籌資增購田產。創辦新式耕種方法。購買耕田機器肥料等類是也。二曰農業機器之創用及農業技術之改良。自有資本以從事農業。於是得應用科學試驗於農業。革勞力之耕種。易之以機械之耕種。變小規模之耕種。易之以大規模之耕種。他如人造肥料之使用。變化土質之推行。馬力打禾機之采用。排水方法之改善。皆屬改良農業技術之特色。三曰圈地之復興。圈地雖與一般小產農人不利。然能節省敞地制度之浪費。故以全國利害觀之。實亦不可謂非振興農業之一端。此亞丹斯密之所以諄諄而提倡之也。四曰土地集中。此種法則。遂成爲今日英國農田制度之特徵。總此四因。促成英國農業之改進。惟自工業革命之後。復以耕地減少。糧食供給不足。土地之用以畜牧者。所產肉食。不償耕種糧食之所失。農業漸見不振。兼之受工業發達影響。農人漸向城市移動。農業衰落益甚。是爲英國農業改進中之一大打擊。然近二三十年來。英國農業技術。續有進步。而小管業之增多。農業專門教育之振興。農業協作會之推行。農業信用之增加。輸入農產品關稅之征收。以及其他種種保護法規。尤大有造於農業。至今英國農業雖不能不仰給殖民地。然亦能半足自給云。

乙　法國

法國自大革命完成以後。廢除農奴制度。革除妨礙農業技術之法律。破除大地產。發達小地產。利用農業機器。傳佈科學耕種方法。自一八一五至一八四七年間。爲農業猛進時代。其後數因內政不安。以及第二次帝國建立克利米亞戰爭法與戰爭霍亂病流行連年歉收等擾亂。人民輕棄農業農產物一落千丈。然自一八六〇年以後。因各處舉辦墾曠。農業機械大量輸入又本科學方法。改良轉種培植施肥等事。又組織農業會社利用購買協作售賣協作推廣農業信用以利農務。如是進行不息。至今農產漸增。民食粗足自供。雖然法國農業之振興。一方固由於人民之積極改良。一方亦由于政府之切實扶助。法政府爲保護本國農業計。施行農產物保護關稅以抑制外來農產物。同時其農務部組織甚完善。有顧問會議襄助一切。顧問會員遍察全國各處農業狀況。編成報告。以爲國家撥款振興農業之根據。此外農業教育設備。亦極便利。國內廣設農業專門學校注意訓練農業人才。初級學校學生更以農業科爲必修課程。蓋不僅含有改良農業之意。亦具養成愛重鄉村生活之心也。

丙 德國

德國地處歐洲北部。天然富源。不若法之宜於農業。在十九世紀初葉。德國農業。非惟耕種方法陋舊而且生產無幾。國民輕視農業。自奴收制度廢。而小地產盛於西南大地產盛於東北。農業頗有轉重之機。兼之以農業機器之采用。科學耕種之宣傳。生產費得以減輕。農業顯有進步。惟在一八七四年至一八七五年間糧價祇落。農業數目銳減。農產品亦因而減少。推其原因約有三種。(一)外國糧食之輸入與本國糧食相競爭。(二)人工稀少。勞力參差不齊。因之工資增高。押抵土地加多。(三)工業擴張。人民向城市移動。造成經濟的社會的大變更。又自一九〇〇年以後。德國工業一日千里。農業上所受影響。亦日增不已。國家目覩人口蘇殖之速。農產物生產之日減。外國競爭之益烈。於是積極從事農業之改良。

一方增加可耕農地。一方採用深耕之法。鼓勵採用蒸汽農業機器。組織各種農業協作會社。創辦農業信用事業。（按此類信用德國最發達）孜孜不怠。至今德國糧食供給。雖不過能供國內須要四分之三。然觀其能於工業發達極盛之際。維持本國農業於不敗。要非輕而易舉事也。

經濟學報 第二卷 第四期 五四

世界各國中央銀行之概觀

沈奏廷

無銀行以供資金。則生產貿易難求發展。有銀行矣。而無中央機機關以資調濟。則金融緩急。莫由控制。此中央銀行之所以尙也。凡其國無中央銀行者。其金融必常感緊急之苦。生產貿易亦常隨金融而停滯。恐慌爆亂。隨時可發。是以先進之國。莫不以設置中央銀行爲立國之本。舉凡維護幣制。救濟金融。莫非中央銀行應盡之責。故有銀行之銀行之稱。其實謂爲立國基本亦不爲過。歐戰以後。各國幣價低落。整理改革。尤非中央銀行莫屬。中央銀行之功能。於是益顯。綜觀戰後各國中央銀行之趨勢。特點有三。(一)羣謀與國家財政脫離關係。(二)泰半採用準備比例制。卽鈔額增加。準備亦應作同比例之增加。否則課鈔劵稅以限之。(三)專事其應盡之責。不與商業銀行競爭。至於吸引金貨之傾向。則一如疇昔。金貨一入中央銀行之手。皆不輕易放出。卽如美國之多金。而亦宣稱無餘金以貸他國。列强之用金者。遂咸感金貨匱乏之虞。而有金貨集中保管以資撙節之議。然茲事體大。非日令所能實現也。閒嘗研究中央銀行之機能。頗饒樂趣。茲就搜求所得。將最近各國中央銀行概況略述一二。以供同好管中窺豹。僅見一斑。閱者諒之。

(英美兩國之中央銀行制度。蓋已共曉。茲姑從略。)

(一)歐洲

1, 德國

行名　德意志銀行　Reichsbank

資本　定額三萬萬馬克。繳足一二二・七八八・一〇〇馬克。

創設期　一八七五年。

發鈔規則　須有百分之四十現金準備。其餘百分之六十。以商業票據等充之。倘現金準備低至百分之四十以下。百分之三十七以上時。政府應對於其逾限鈔券。課稅百分之三。如低至百分之三七以下。百分之三十三又三分之一以上時。課稅百分之八。以後現金準備每低百分之一。卽增課百分之一之稅。

鈔券額　一九二五年底爲二九六〇・五九九・七七〇馬克。

現金準備額　一九二五年底爲一・四二〇・〇〇六・八六四馬克。

2, 法國

行名　法蘭西銀行。Banque De France

資本　繳足一八二・五〇〇・〇〇〇法郎。

創設期　一八〇〇年。

發鈔規則　準備由銀行自定。政府不加制限。最大發行額目下爲五八・五〇〇・〇〇〇・〇〇〇法郎。足爲發鈔準備之商業票據。必須有三家簽名。其有相當抵押者則僅二家簽名亦可。

鈔券額　一九二五年底爲四九・九九二・六〇六・〇〇〇法郎（膨脹程度甚巨蓋大戰餘害也）

現金準備額　一九二五年底爲一・四二〇・〇〇六・六八四法郎。（目下政府向民間收買金貨，準備必將大增）。

3, 荷蘭

行名　荷蘭銀行。Nederlandchse Bank

資本　繳足二千萬福祿令。

創設期　一八一四年。

發鈔規則　鈔券準備與他種即期負債準備併計。至少須達百分之二十。該行對于買賣外國匯票。異常活動。蓋吸收正貨唯一之捷徑也。故該行鈔券準備。外國貨幣與資金實居大宗。

鈔券額　一九二六年三月底爲八五一・五四六・四九五福祿令。

現金準備額　同期爲四五五・六二二・二九〇福祿令。超過法定準備額百分之二九。

4, 義大利

行名　義大利銀行。Banka d' Italia

資本　定額二萬四千萬里耳，繳足一萬八千萬里耳。

創設期　一八九三年。

發鈔規則　原與西西來銀行。Bank of Sicily 及耐伯爾銀行 Bank of Naples 同爲義大利發鈔銀行。自本年（一九二六年）五月上諭頒布後。義大利銀行獲得發鈔獨占權。規定鈔券準備須有四成現金。凡因商業需求而發之鈔券。其數量以七十萬萬里耳爲限。過必要時得擴充至八十萬萬里耳。惟逾限發行須得財政大臣之許可。幷繳付特別鈔券稅。稅率較貼現率加三之一。

鈔券額　一九二五年底爲一七・九七三・〇〇〇・〇〇〇里耳

現金準備額　同期爲一・九四八・〇〇〇・〇〇〇里耳。

5, 希臘

行名　希臘國家銀行。National Bank of Greece

資本　繳足二千萬特拉克馬。(Drachmas)

性質　該行具有六種特點。(一)担任中央銀行職務。有發鈔獨占權。(二)經營押款。(三)接濟農業上資金。(四)買賣債票股票幷兼涉有公共性質之事業。Public utilities (五)經營國外匯兌(六)經營儲蓄事業。

發鈔規則　待考。

鈔券額　一九二四年底爲五・二九二・〇六四・〇〇〇特拉克馬。

現金準備額　國內四八五・二九一・〇〇〇國外一・九八六・五五〇・〇〇〇特拉克馬。

6, 土耳其

行名　沃土門銀行。Ottoman Bank

資本　一千萬英鎊繳足五百萬鎊。

創設期　創于一八六三年。原名 Imperial Ottoman Bank 一九二五年。改今名。

發鈔規則　該行有發鈔獨占權。惟鈔券數量不大。規則待攷。

鈔券額　一九二五年底爲六九六・六一三鎊。

現金　一九二五年底爲二・五二五・八九二鎊。

7, 比利時

行名　比利時國家銀行。Bangue Nationale De Belgipue

資本　原爲五千萬法郎。按最近命令。增爲二萬萬法郎。卽四千萬比爾加 Belga

創設期　一八五〇年。

發鈔規則　按照本年十月二十六日安定佛郎價格及改革國家銀行之命令。鈔券準備至少須有四成現金。其中至少四分之三須爲金塊。或金幣。現金準備低至四成以下時。政府須課以鈔券稅。稅率與貼現率等。

鈔券額　一九二五年底爲七・八一三・六九一・七五二佛郎。（歐戰時德人强迫行使紙馬克。達五千兆法郎之巨。戰後比政府收回。代以比利時國家銀行鈔券。以五千八百兆法郎國庫債票作準備。故膨脹程度如此之巨）

現金準備額　將金銀與外國票據合計。達三九四・六〇〇・六七五法郎。（目下比國七個紙法郎。定爲等于一金法郎。則準備比率亦可得百分之三九。）

12，瑞士

行名　瑞士國家銀行。Banque Nationale Suisse

資本　定額五千萬佛郎。繳足二千五百萬佛郎。

創設期　一九〇五年。一九〇七年開始營業。

發鈔規則　準備除金銀與外國卽期票據外。其餘須爲期限不過十日之担保品。(Securities terminable in 10 days)

鈔劵額　一九二五年底爲八七五・七八九・八八五法郎。

現金準備額　同期爲五五八・〇九四・九七〇法郎。

13，愛多尼亞 Estonia

行名　愛斯第銀行。Eesti Bank

資本　繳足二萬五千萬愛多尼馬克。(emk.=estonian mark)

創設期　一九一九年。

發鈔規則　尙無發鈔獨占權。與國庫同爲發鈔機關。發行額以二十五萬萬愛馬克爲限。發鈔須以商業交易爲根據。現金準備除金幣外。得用外國貨幣與國庫劵。

鈔劵額　一九二五年底爲一・八九九・九〇〇・〇〇〇愛馬克。

現金準備額　同期爲(一)金貨四九一・九〇〇・〇〇〇(二)外國貨幣三〇・九〇〇・〇〇〇

(三)國庫券及其他四一一・八〇〇・〇〇〇(以上皆愛馬克)

14, 刺德維亞 Latvia

行名 刺德維亞銀行。Latujas Banka

資本 現爲一一・六五九・二四九刺德。(Lats該國貨幣名)將來擬由盈餘增爲二千五百萬刺德。

創設期 一九二二年。

發鈔規則 (一)發行額在一萬萬刺德以下時。須有五成金貨準備。餘以票據充之。(二)發行額在一萬萬以上一萬五千萬以下時。須有七成五之金貨準備。餘以票據充之。(三)一萬五千萬以上須有十足金貨準備。

鈔券額 一九二六年七月底爲二八・六三四・〇〇〇刺德。

現金準備額 同期爲(一)金幣一三・一二〇・〇〇〇(二)金貨九二六・〇〇〇(三)他種貴金屬及外國貨幣二三・〇五一・〇〇〇共計三七・〇九七・〇〇〇刺德。

15, 列蘇阿尼亞 Lithuania

行名 列蘇阿尼亞銀行。Lithuania Bankas

資本 繳足一千二百萬列答斯。(Litas該國貨幣名)

創設期 一九二二年。

發鈔規則 三分之一須用金準備。餘以易售之担保品充之。

鈔劵額　一九二五年底爲八一・九一八・〇〇〇列答斯。

現金準備額　同期爲(一)金貨三二・二八五・〇〇〇(二)外幣三〇・三九九・〇〇〇共計六二・六八四・〇〇〇列答斯。

16, 波蘭

行名　波蘭銀行。Bonk Polski

資本　繳足一萬萬士劵第。(Zloty該國貨幣名)

創設期　一九二四年。開始營業爲一九二五年四月。

發鈔規則　準備現金應不少于發行額百分之三十。得以金貨外幣及外國流通存款充之。其餘七成可用票據銀貨及輔幣。輔幣數量不得超過發行額百分之五。鈔劵稅視準備低落情形酌量課征。(目下該行發行五千萬波幣鈔劵借給政府。規定至一九四四年滿期。)

鈔劵額　一九二五年底爲三八一・四二四・六六〇士劵第。

現金準備額　同期爲(一)國內金貨七八・七二八・五〇〇(二)國外金貨五四・九一二・九〇〇(三)國外流通存款六九・七〇三・六〇〇共計二〇三・三四五・〇〇〇士劵第。

17, 芬蘭

行名　芬蘭銀行。

資本　原爲一萬萬芬馬克。(Finmark or markka)今將增爲五萬萬馬克。

創設期　一八七七年。

發鈔規則　保證發行額現爲十二萬萬馬克。兌換準備應用現金及芬蘭所有對外確實之債權。其餘準備得以內外票據外國鈔票外國有價證券等充之。

鈔券額　一九二六年八月底爲一•二九六•〇〇〇。〇〇〇馬克。

現金準備額　同期(一)金貨三三〇•〇〇〇•〇〇〇馬克。(二)外國存金及信用九七二•〇〇〇。〇〇〇馬克共計一•三〇二•〇〇〇•〇〇〇馬克。

18, 蘇俄聯邦

行名　蘇俄國家銀行。Stalt Bank of The U.S.S.R.

資本　繳足一千萬休佛涅賚。Chervonetz

創設期　一九二二年施行新經濟政策時。

發鈔規則　兌換準備應爲發行額百分之二十五。須用金幣金塊或安定之外幣。其餘準備可用短期商業票據或易售之貨物充之。但其中至少三分之二須用票據。政府欲將國庫券向該行貼現時。須先供給百分之五十之金準備。

鈔券額　一九二六年七月底爲七二•六六三•〇〇〇休佛涅賚。

現金準備額　同期現幣乃七•三五二•〇〇〇外幣及其他貴金屬爲二四•一一八•〇〇〇共計三一•四七〇•〇〇〇休佛涅賚。

此外尚有奧、匈、葡、捷、等國之中央銀行以搜求不周茲姑從闕容日補充焉。

(二)亞洲

1, 日本

行名 日本帝國銀行。Nippon Ginko

資本 定額六千萬元日金繳足三七・五〇〇・〇〇〇元。

創設期 一八八二年。

發鈔規則 保證發行額爲一萬二千萬元。現金準備中四分之三。須用金貨。逾限發行。須有十足現金準備。否則應得大藏省之許可。幷繳納百分之五之鈔券稅。

鈔券額 一九二六年八月底爲一・二三三・〇〇〇・〇〇〇元。

現金準備額 同期爲一・〇五八・〇〇〇・〇〇〇元。國外存金在內。

2, 朝鮮

行名 朝鮮銀行。Bank of Chosen

資本 定額四千萬元日金繳足二千五百萬元。

創設期 一九〇九年。

發鈔規則 須有三分之一之現金準備。其餘三分之二。以各項担保品充之。

鈔券額 一九二六年六月底爲八〇・〇六七・〇〇九元。

現金準備額　同期爲三五・二八七・六三九元。

該行在中國東三省有十二支行在我國中部有支行三

3、波斯

行名　波斯帝國銀行。Imperiel Bank of Persia

資本　定額四百萬英鎊。繳足六十五萬鎊。尙有雙重責任（Double or Reserve Liability）一千萬鎊。

創設期　一八九九年。

發鈔規則　未詳

鈔劵額　一九二六年九月二十日報告爲一・八四一・四二〇鎊。

現金準備額　同期爲四・二四三・九七二鎊。

(三)南美洲

1, 巴西

行名　巴西銀行。Banco Do Brasil

資本　繳足一萬萬密爾來斯。Milreis

創設期　一九〇三年。

發鈔規則　發行額三分之一。須用現金準備。其餘三分之二。應用三家簽名之票據充之。其中簽名者之一。必須爲第一流銀行。

鈔券額　一九二四年底爲七二六・八六二・五〇〇巴幣。

現金準備額　同期爲四四五・六七七・四〇〇巴幣。

2, 祕魯

行名　祕魯準備銀行。Banco De Reserva De Peru

資本　定額二百萬鎊實繳三五八・四四五鎊。

創設期　一九二二年。

發鈔規則　五成準備須用現金其餘五成用有價證券。發行定額爲七・二二一・〇〇〇鎊。

鈔券額　一九二六年八月底爲六・六四九・〇〇〇鎊。

現金準備額　同期爲四・六四六・〇〇〇鎊。

3, 智利

行名　智利銀行。Bance De Chile

資本　定額二萬萬配蘇。Peso 實繳一萬萬配蘇。幷有雙重責任一萬萬配蘇。

創設期　一八九三年自本年起始行今制。

發鈔規則　鈔額與存款額倂計。須有五成現金準備。如低至五成以下。則按不足之數。課以缺額稅。Deficiency tax 同時該行貼現率須提高至七厘。幷于七厘上至少再加稅率之半。

鈔券額　一九二六年八月底爲三六五・〇〇〇・〇〇〇配蘇。

準備現金額　同期爲(一)國內一四六・〇〇〇・〇〇〇(二)國外三四四・〇〇〇・〇〇〇共計四九〇・〇〇〇・〇〇〇配蘇。

(四)斐洲

埃及

行名　埃及國家銀行。National Bank of Egypt

資本　定額三百五十萬鎊。實繳三百萬鎊。

創設期　一八九八年。

發鈔規則　發行額之五成。須現金準備。除金幣外。英國國庫券亦可作現金用。其餘五成。以認可之證券充之。最大發行額現爲四一・九〇〇・〇〇〇鎊。

他如澳大利亞。尚無正式中央銀行。印度僅有印度帝國銀行。純爲商業性質，最近印度幣制委員報告中。亦不欲其變爲中央銀行。將來或須另行創設也。

綜觀上列各國中行發鈔之規則。約可別爲七類(一)規定保證發行額。非有十足現金準備。不准逾限發行。此爲英國首創之法。目今芬蘭挪威亦採用之。(二)規定保證發行額。并規定準備比率。逾限發行。亦須有十足現金準備。此制西班牙與剌德維亞用之。(三)按照國中情形。規定最大發行額。準備比率。由銀行自定。此制法國與愛多尼亞行之。(四)規定最大發行額。并規定準備比率。如秘魯是。(五)僅規定準備比率。如遇準備低落。則酌課鈔券稅。此制首行于美。現亦行於德比波蘭智利等國。(六)規定保證發行額。幷規定準備比率。逾限發行。非有十足準備者。課以鈔券稅。此制意大利日本行之。(七)僅規定準備比率。而未規定最大發行額。如蘇俄是。

上述七類規則。以第二類爲最嚴。第一類次之。第六類又次之。要皆未脫離英國一八四四年銀行律之遺氣。非盛行支票之國。不宜採用。目下日本已感受保證額拘絆之苦。而思有以改除之。獨剌德維亞國。變本加厲。較英制爲尤嚴。殆亦小國審慎之辦法乎。其實此類嚴厲條例。一方阻止國內產業之進展。他方減少金貨之功用。遂致金貨供給日虞不足。對內對外。咸多不利。非善計也。況一國通貨之安定。不在擁金之豐多。若其國財政紊亂。或貿易失利。雖有巨金。匯兌必仍呈逆勢也。觀乎此。則發鈔制限之不必太嚴也更審矣。

第三類辦法則失之過寬。其弊有二。(一)準備由中行自定。則或有失之太低之患。(二)最大限發行額必較實際需求爲高。如充其量而發行之。則有引起投機與通貨膨脹之患。

第四類辦法較第三類爲善。因其有準備比率爲之制限也。惟無具體方略。使法定準備。永不逾越。此爲其大缺陷。若遇準備低落。政府無法阻遏。法定比率。不且徒成文具乎。(第七法之弊同)

第五類辦法是謂純粹準備比例制。準備有定率。低則課稅以濟之。其法至簡。其效至大。不失之過寬。不失之過厲。誠中央銀行制度上之一新發明也。惟尙有一缺點。爲是法所不能補救者。卽鈔額之伸縮。隨金貨之多寡而定。然金貨多時。商業需求未必卽多。所增鈔額。或供投機之用。(如薑積貨物。促物價之高漲是。)雖各國重貼現規則。皆以眞正商業票據爲限。然薑貨投機。亦屬商業。眞僞之間。不易辨也。是以徒視準備比率爲進退。仍有失之過寬之患。近世國家。因利用物價指數。以當南針。物價擡漲過甚。即爲通貨膨脹之表示。雖準備十分豐足。亦有提高金利。從事收縮之必要。是在中央銀行之善爲調劑。而非可以法令概括也。惟第五類辦法終爲各法中之最善者。能用物價指數等以補濟之。則尤策之上者矣。

我國欲改良幣制。亦非先有眞正之中央銀行不可。將來發鈔規則似亦以採用第五法爲最宜。國中不乏精究斯道者。其亦有以教我否。

十五年度之上海金融

華立

上海爲中外互市之地。執全國金融之樞紐。舉凡國內外貿易之盛衰。工商業之興替。無一不影響其金融。譬如去年五卅慘案發生之後。罷市罷工。人心皇皇。厘價與標金。驟見跌落。同時外匯堅挺。大條滯呆。又如每遇戰事。銀根必立趨緊急。迨戰事一過。金融始漸歸和緩。蓋金融與商業相表裏。從未有商業衰微而金融流通者。又未有時事紛擾而商業發展者。此經濟學者之所以喻金融爲經濟界之寒暑表也。今者歲序更新。履端伊始。回溯去年一年間之金融。頗覺有錯綜變幻之跡。一年間之洋厘。除年終數月稍漲外。最先八九月從未超過七錢三分以上。至於銀拆常低至二三分。有時且白借。此外如銀價之暴落。標金之飛漲。外匯之昂騰。均爲一年來金融界大可矚目之事。茲將一年間之洋厘銀拆匯市分述於下。或亦關心金融者之所樂聞歟。

(一)洋厘

去年全年度洋厘趨勢頗爲平淡。無特異之上下。以十二月之七錢四分六厘爲最高。六月之七錢一分二厘爲最低。茲按月敘其變動如左。

一月　月初一星期。漲跌較驟。餘平平。市面供求。大致相等。

二月　初旬寧廠新幣來源甚湧。又値陰歷歲闌。帳款甚多。供過於求。致日下跌。十二日(大除夕)早市僅開七錢一分二厘七毫半。爲全月最低價。下旬交易暢旺。因而徐徐上升。得與月初相埒。

三月　上旬趨漲。但勢尙穩。中旬略疲。下旬較定。月尾去胃稍旺。來源不多。銀行方面買進不賣出。故稍堅俏。

四月　一日早市十六日午市與三十日早午兩市之七錢一分六厘。同爲本月之最低價。上半月交易沈寂。勢平穩。下半月漸盛。有旺象。因絲繭汛行將發動。需求漸增。寧杭兩廠開鑄甚忙。來源不竭。市上存底甚豐。厘價卒未十分高昂。

五月　上旬因繭汛開始。交易極旺。但存底豐湧。厘價反呈疲象。中旬以後。因繭用減色。而步跌。

六月　月初頗平疲。端節後求過於供。存底枯竭。一時頗呈漲勢。幸月尾爲各行半年結帳之期。市況沈寂。得稍趨疲。

七月　一二兩日爲金融界半年結帳之期。市况平淡。一日早市之七錢一分六厘。爲本月之最小價。三日午市廿一日午市與廿九日早市之七錢一分八厘半。爲本月之最高價。按本月天氣酷熱。市面頗爲閑散。厘價始終無甚大之變動。

八月　本月厘價頗有起伏之迹。一日早市之七錢一分六厘。爲全月最低價。十三日午市漲至七錢一分九厘。然其致漲原因。非因洋底枯竭與去路暢旺之故。實爲新幣之關係。因此時到滬之新幣。以市價不到七錢二分。不敷成本。到後卽關儲庫中。一面將流通市面之老幣。儘量收買。以冀市面高至七錢二分時。新幣出籠。故有一分九厘之高價出現。然此係人爲的。必不能久持。故翌日卽形回落。下半月汕廈閩粵津奉漢皋紛紛採購現洋。存底枯竭。二十七日厘價達七錢二分三厘半。不獨爲本月之最高價。

抑亦爲去年第一次之大變動。

九月　月初承上月汕廈津奉等處進胃極盛之後。厘價頗有高昂之勢。但寧杭兩廠。鼓鑄甚速。至五日現洋已充。去路反滯。厘價轉跌。十六日午市降至七錢一分八厘八毫。爲全月之最小價。蓋武漢戰事正烈。往來長江各埠之貨物。均行梗塞。現洋去胃。頓形靜寂。下旬中秋節已過。棉花登場。照理用途正殷。厘價應呈漲勢。但今年戰禍蔓延。運輸阻梗。厘價幾無活躍之勢。廿九日實業銀行因誤會發生擠兌。華商銀行。均願代兌現洋。需要頓時大振。厘價竟因之提高至七錢二分一厘七毫半。爲全月之最高價。然此究非正式用途。故次日即回跌如前。

十月　因時局關係。曾發生劇變。上旬市況平疲。以時令而論。適值棉穀登場。現洋周轉。勢必較繁。厘價本應大昂。無如戰禍不已。商民咸有戒心。而外匯變化之巨。又爲數十年來所僅見。進口商既大受損失。出口貨復橫遭梗阻。需要懈怠。厘價遂盤旋於七錢一二分之間。中旬浙局變化。人心慌亂。十七日漲至七錢二分六厘。廿一日後。銀行方面肯供給需要轉懈。遂跌進七錢二分四厘內。至月尾止。徘徊於七錢二分二三厘之間。

十一月　本月外埠去路暢旺。厘價逐步趨漲。加以來源缺乏。故市況更形堅俏。十四日杭廠始到新幣二十五萬。但各幣需要甚殷。雖有來洋。勢仍挺秀。中旬幾無日不站七錢三分關外。其後寧廠雖已開鑄。出貨均供軍用。同時奉軍南下消息甚熾。市面益覺不安。收現者大增。廿四日之七錢四分三爲本月之最高價。

十二月　月初承上月堅挺之勢。已漸有低靡之象。因客幫來洋不絕。杭廠又有新幣到申。但在初旬之末。江浙局勢緊張。杭幣來源中斷。十四日厘價忽漲至七錢四分六厘。不但爲本月之最高價。抑亦爲去年全年之最高價也。十八日後。時局漸趨和緩。人心稍定。市價隨之低落。至二十日依然高昂。廿二日長江方面來洋甚旺。本街買氣頓少。厘價跌進七錢四分。至廿七日午市。又超出四分關外。廿九日寧廠有開鑄說。但厘價依然高昂。仍站七錢四分一厘。

十五年上海洋厘行市表

月份	最大價	最小價
一月	○・七二	○・七一五六二五
二月	○・七一八七五	○・七一二七五
三月	○・七一八	○・七一二七五
四月	○・七一八五	○・七一六
五月	○・七一九二五	○・七一三二五
六月	○・七二	*○・七一二
七月	○・七一八五	○・七一六五
八月	○・七二三五	○・七一七
九月	○・七二二七五	○・七一八八七五

十月	○・七二六	○・七一九二五
十一月	○・七四三	○・七二一六二五
十二月	*○・七四六	○・七三

*爲全年之最高及最低價

(二)銀拆

去年銀拆之低。爲近年所罕見。最高不過五錢。最低僅二分。有時且白借。其故因去年戰事不息。國內外貿易均極衰頹。但觀存底之豐溢。可思過半矣。茲將逐月銀拆之變動狀況略述於下。

一月　大條湧到。現款充斥。又值陰歷年關將屆。各業進出款項。只收不放。存底益豐。以月初之五錢。視月尾之四分。相去遠矣。

二月　月初疲弱。常站數分。中旬因某錢莊及某銀行有意外風潮。銀根陡緊。加以陰歷年底結帳。彼此不相通融。遂有十一日三錢五分之高價。十二日爲大除夕。十三至十六爲新年。均無市。開業後勢甚鬆動。僅二十廿三兩日開二分。廿八日早市開三分。餘均白借。或竟無市。

三月　月初常站二三分間。旋卽步漲至五六分。中旬超出一錢外。下旬更爲緊張。二十五日到過二錢。以大條來源尚湧。故市面尚平穩。

四月　初低繼漲後。平二日三分。爲全月最低價。六日陡漲至二錢六分。下半月又逐步趨昂。至二十五六兩日。竟達三錢。形勢頗緊。

五月　月初甚堅挺。站二三錢之間。中旬則超過三錢外。因同行中開做長期票頭。銀行每日收銀進倉。致市面驟緊。二十二日雖偶跌進一錢五分。但其後仍因解款多而現底缺。回漲至五錢。

六月　大條到滬甚多。銀根逐漸緩漫。且時値夏令。商業滯疲。需要甚懈。十二日午市跌至一錢三分。爲全月之最小價。十四日（端節）後。雖日站二錢內外。但實際較前更爲寬鬆。因各銀行現款陸續出倉達數百萬。大條烊造寶銀。不在少數也。

七月　本月以二日午市之二錢六分爲最高價。中旬廻旋二錢左右。下旬因茶款及出口貨各款陸續出來。各銀行存底甚丰。銀拆遂續步下落。十七日午市開一錢。爲全月之最低價。

八月　本月銀拆更鬆於前月。蓋今年大條來源本較往年爲多。標金市價暴漲後。銀根更鬆。七日午市只開九分。小總會中時有白借。中旬始終站一錢餘。其後因銀行方面絲茶及進出口貨出款達六七百萬以上。大條湧到不已。至二十一日午市。銀拆竟小至七分。爲近三月來最小之市價。月尾因大條紛紛裝赴南京鑄幣。拆價稍見趨平。三十日及卅一日。曾回昂至二錢一分。爲本月之最高價。

九月　上旬五六兩日。曾高至二錢四分。中旬上落甚巨。十九二十爲中秋前兩日。各帳結束。收入不少。銀拆甚鬆。曾低至八分。廿七日道勝銀行淸理之訊傳出。銀拆稍緊。曾高至二錢。然不久卽又疲輭。

十月　照平常情勢。凡戰事發生。銀拆必呈漲風。今則反是。蓋自前月湘鄂戰起。各省殷商富民紛紛將現款匯申。寄存錢莊及華商各銀行。多至數千萬。苦無去路。銀根鬆動異常。上中兩旬。每日站住一錢餘者。尙係同業强爲撑支。下旬曾一度高至二錢四分。然廿八日又跌至八分。

十一月　一日曾做過二錢二分。但其後即鬆動。四日低至一錢。劃頭自四五分白劃。八九兩日。曾回復二錢關口。但十日復即又鬆動。中旬洋價步漲。需要更稀。銀拆因此轉見疲落。廿三日降至五分。為本月之最小價。

十二月　本月銀拆始終甚鬆。最高為五日及十九日之八分。最低為四日七日及廿五日之三分。市面平淡。無甚上下。

十五年上海銀拆行市表

月份	最高價	最低價	月份	最高價	最低價
一月	*○・五○	○・○三	二月	○・三五	借
三月	○・二二	*○・○二	四月	○・三○	*○・○二
五月	*○・五○	○・二五	六月	○・三八	○・二三
七月	○・三六	○・二○	八月	○・三二	○・○七
九月	○・二四	○・○七	十月	○・二四	○・○八
十一月	○・二二	○・○五	十二月	○・○八	○・○三

(三)外匯

去年銀市崩沮之速。實出吾人意表之外。因時英美匯價。縮勢甚猛。而日匯則有扶搖直上之勢。其影響所及。不但進口商受重大之打擊。即國家財政。社會生活。莫不隱受其害。蓋各國用金。我獨用銀。金銀市價。與外匯有直接之影響也。茲將匯市趨勢。逐月敍之如下。

一月　一二兩日。爲銀行決算之期。三日爲星期日。均無市。初旬英美匯交易稀少。市況趨軟。日匯華商陸續購進。大連幫則多售出。中旬交易較盛。華商仍傾向買進日金。英匯亦間有進胃。下旬英美市況。大致穩定。日匯華商方面。依然拋多買少。市況鬆動。

二月　上半月適値舊曆臘底歲首。交易異常清淡。且銀價趨縮。外匯市況尤軟。下半月日金市面。獨甚活躍。華商因日匯大勢漸見恢復。大都買進。其後因日本藏相聲明金解禁决不實行。日匯漲風。驟形頓挫。以致人心不安。交易清淡。市況穩定。月尾大條續縮。日美匯價囘漲。華商依然陸續購進。市況趨軟。

三月　上旬外國銀行均陸續購進。先令市況趨軟。華商多頭則拋出先令及日金甚鉅。中旬英匯進胃仍旺。故市況仍疲。日匯華商初買進。其後轉而售出。下旬日匯頗多買進。市況異常堅俏。英美匯交易清淡。市面穩定。

四月　月初爲復活節。無市。七日倫敦銀市趨軟。日美匯市堅硬。八日晨間。華商拋出英金二十萬鎊。美金三十萬元。日金三百萬元。交易甚暢。市況鬆動。十二日北京政局變化。華商方面。人心不安。又紛紛售出。十六日銀價暴縮。外匯買氣甚湧。又以金價昂騰。日金趨貴。市況堅俏。但次日卽囘平。下旬華商陸續拋出英金二百二十萬鎊。美金一百萬元。日金二千二百萬元。交易暢旺。市況堅硬。

五月　上旬華商賣氣頗盛。市況大致堅硬。陸續拋出日金六千萬元。英金二百萬鎊。中旬空頭方面。傾向補進。市況鬆動。但其後又稍稍售出。下旬華商方面紛紛購進。爭先補空。市況趨軟。英美兩匯。交易清淡。市況岑寂。

六月　月初外匯市況頗形鬆動。四日華商空頭。因聞東京市債日金一萬萬元在英募集成立。乃補進日金二百五十萬元。日商各銀行共售出日金一百萬元。市況堅俏。八日華商賣氣甚旺。抛出日金不下三百萬元。市況仍鬆。至於英美匯市。則始終堅硬。交易頗爲冷落。

七月　一二兩日。爲本埠各銀行決算之期。外匯無市。三日華商售出英金二十萬鎊。美金五十萬元。日金二百萬元。交易暢旺。市況堅俏。九日因印度幣制有改革之消息。華商空頭補進英金十萬鎊。日金二百萬元。市況趨軟。十日大條銀大跌。華商空頭又補進英金二十萬鎊。日金二百五十萬元。外匯更軟化。十二日倫敦銀價續縮。華商空頭猛烈購進。市況益疲。其後天氣漸熱。交易清淡。至下半月華商大做先令及日金多頭。買氣甚盛。市況遂始終軟化。

八月　本月上半月華商投機家大傾標金多頭。影響所及。不但本埠匯價日落。即世界銀市。亦爲之沮氣。下半月因投機家買進金貨已多。進胃漸形停頓。匯市因此未有大變。惟日金上漲仍猛耳。

九月　月初因傳聞武昌失守。人心頗爲驚惶。交易寥落。嗣後華商猛購英金二十萬鎊。日金四百萬元。交易暢旺。市況趨緊。八日漢陽入於南軍之手。人心爲之一震。加以寧杭兩幣廠運去大條四千餘條。本埠銀底見減。多頭紛紛賣出。各匯始稍回鬆。然下半月則無日不緊。爲數年來未有之現象。

十月　上半月匯市之主要氣象。爲人氣衰沈。對於銀價之維持無一定之決心。致各匯每況愈下。先令牌價由二先令七辨士三一二五縮至二先令五辨士。十八日至二十日。更由二先令五辨士降至二先令三辨士。落勢之猛。至堪驚人。且市面異常混亂。如二十二日早市電匯爲二先令五辨士三七五。中午時跌至二先令四辨士半。後又回至二先令五辨士一二五。倏忽萬變。進口商之趦趄莫前。有由來矣。

十一月　一二兩日。外匯掛牌頗平。三日英美匯驟縮。買戶忽增。銀行心思看高。四日掛牌見縮。內盤反鬆。交易不多。實因時局不定。人心軟弱之故。八日華商傾向抛出。市面鬆動。東匯尤甚。十二日大條放長。外匯見鬆。交易漸多。銀行頗有買進。十七日大條續長。外匯益落。十九日東匯大漲。英美匯亦轉緊。廿二日市面變動甚烈。月尾則鬆緊迭見。惟大勢尚穩。

十二月　大條縮。匯市緊。華商投機家買氣尚盛。初旬之末。交易清淡。外匯日見鬆落。中旬大致趨平。下旬因聖誕節及陽歷年終將屆。交易頗爲閒散。

十五年上海外匯行市表

月份	英匯		美匯		東匯	
	最長	最縮	最長	最縮	最長	最縮
一月	三•一 五/八	三•〇 七/一六	七五 二/四	七三	六二	五七 三/四
二月	三•〇 三/一六	三•〇 一/八	七四	七二 三/四	六四	六一
三月	三•〇 一/八	二•一一 五/八	七三	七二 一/八	六三 七/八	六一 五/八
四月	二•一一 五/八	二•一〇 一/二	七二 二/四	六九 一/八	六八 一/二	六四
五月	三•〇 三/一六	二•一一 五/八	七二 七/八	七〇 三/四	六六 三/四	六四 二/四
六月	三•〇 一/八	二•一一 九/一六	七二	七一	六六 一/四	六五

七月	二・一一 七/八	二・一〇 一/八	七一 一/二	七〇	六七 一/二	六五 五/八
八月	二・一〇 三/四	二・九 二/一六	七〇	六七 一/八	七一 一/八	六七 三/四
九月	二・九 五/一六	二・七 一/四	六七 三/四	六二 三/四	七七 一/四	七一
十月	二・七 五/八	二・四 一/二	六三 一/四	五四 一/二	八八 一/四	七六 三/四
十一月	二・六 三/四	二・五	五九 一/二	五七 一/二	八五	八二 一/四
十二月	二・五 二/一六	二・四 三/一六	五八 一/二	五八	八四 一/二	八三 三/四

十五年上海標金行市表

月份	最高	最低	月份	最高	最低
一月	三〇〇・二	二七六・五	二月	三一三・三	二九四・九
三月	三一一・五	二九七・九	四月	三三二・三	三〇九・五
五月	三二二・一	三〇一・〇	六月	三一九・四	三〇八・一
七月	三二八・六	三一二・四	八月	三四四・〇	三二九・二
九月	三七三・〇	三三九・〇	十月	四二八・〇	三六三・〇
十一月	四一五・四	三八〇・二	十二月	四一三・四	三九四・八

十五年上海銀行庫存表

月份	銀兩（單位千兩）最多	最少
一月	五一・二二〇	五〇・四〇〇
二月	五〇・八二〇	五〇・四二〇
三月	五四・三七〇	五一・二〇〇
四月	五六・五〇〇	五五・六〇〇
五月	五七・五五〇	五五・四五〇
六月	六三・六四〇	五九・五〇〇
七月	六三・六九〇	六三・三三〇
八月	六三・九三〇	六三・六〇〇
九月	七二・五〇〇	六五・六五〇
十月	六六・一四〇	六五・七三〇
十一月		
十二月		

月份	銀元（單位千元）最多	最少
一月	六三・二〇〇	六一・四〇〇
二月	六六・二五〇	六四・六九〇
三月	七二・二〇〇	六八・九〇〇
四月	六九・五六〇	六六・七九〇
五月	六五・九四〇	五八・三一〇
六月	五八・二六〇	五七・四八〇
七月	五九・五二〇	五八・七三〇
八月	六一・〇〇〇	六〇・四三〇
九月	七〇・三〇〇	六二・一二〇
十月	六七・七〇〇	六五・七五〇
十一月		
十二月		

解決輔幣問題

吳嘉麟

(一)總論

我國幣制之紛亂。舉世無比。本位既不統一。輔幣更形龐雜。弊害所及。舉凡國家財政社會金融工商實業。人民生計。無一幸免。顧平民生計。與輔幣更有切膚之關係。輕質輔幣之濫發。價格之跌落。釀成物價之上騰。生活之艱難。社會因之而不寧。倘不早為之計。後患堪慮。觀乎年來勞動界要求增資罷工之頻聞。尤覺解決輔幣問題之刻不容緩焉。

(二)治本法

(一)推行新輔幣　全國銅元發行總額。約計在五百億以上。其他輔幣。亦莫不供過于求。而一考其成色重量。無一合于國幣條例所規定。自宜逐漸收回改鑄。推行新輔幣。推行之法。以遵守左列數點為要。

(甲)設立特別會計　改造新輔幣上損耗。應由政府負担。從國庫支出之。政府遇款項無着。得向國內銀行籌借。或利用低利之外資。至造幣上所獲之利益。政府不得移作他用。須專款存儲。充將來新輔幣流通不便時。改鑄上損耗之塡補。履行兌換義務時之需用。以及實行統一銀本位之用。但欲求上項計畫之實現。首在設立造幣廠特別會計。以前各廠之特別會計。名實不符。是以幣竇叢生。莫可究詰也。

(乙)改造型式　新輔幣之型式。務求精美。全國一律。以示區別。而又不易仿造。蓋不如是。則新舊輔幣之間。辨別不易。難收推行之效。

(丙)暫照市價行用　新輔幣之價格。應暫照市價行用。與舊輔幣無軒輊之別。以免推行上之困難。及一切之幣害。惟在未推行以前。須先逐漸收買鉅額舊輔幣。以減少其流行額。抬高其價值。至發行新輔幣時。不致因市價之低下。受損失爲度。蓋新輔幣既含正確之成色重量。其實價如高于市價時。則不獨多受鑄造上之損失。且發行之後。難免鑄毀消失之弊也。

(丁)添鑄五釐二釐各種輔幣　國內所鑄各種輔幣。偏缺不全。改鑄時應擇需要者數種。添鑄之。其中五釐二釐之銅幣。需要尤切。蓋一旦一分銅幣市價高漲。不啻飭物價抬高。使五釐二釐等幣。同時並用。乃可調劑于其間。俾物價有伸縮之餘地。今之銅幣。上海等埠。僅有一分之一種。最低物價須以一分起算。則失其調劑之作用矣。此所以推行新輔幣時。宜添鑄五釐及二釐銅幣以平物價也。

(戊)限定舊輔幣有效期間　收盡舊幣。非一時所能。改鑄時若不准與舊輔幣有等值通流之效。勢必擾亂金融。但流通有效期間。應先限定。逾期而仍有使用舊輔幣者。科之以重稅。處之以重罰。務使一定期後。舊幣絕跡市場。新幣暢行而無阻。

(二)維持十進制　市上舊輔幣流行額。因收回改鑄之故。逐漸減少。新輔幣又含正確之成色重量。如是輔幣價值。必不復跌落。而反能自然上漲。假以時日。其市價與法價自可相差不遠。此時而宣佈十進制。即能實行無礙矣。或謂輔幣價值。繼續之上漲。足以引起投機。是實不然。蓋價格雖有繼續高漲之可能。而高漲之程度極微。于短時期內。每不易見。投機者無厚利可圖。從何施技乎。然則輔幣價值。何必定欲維持十進制。乃可稱解決輔幣問題耶。曰今日之輔幣。不啻為一種商品。其價值隨需要與供給而上下。毫無一定法價之可言。已不能以輔幣稱之矣。所貴乎輔幣者。在為有限法貨。其實質之價。較低于法價。一則免常有鑄毀而消失于流通之慮。再則國家可得取多大之差利于其間。為改鑄主輔幣損失之抵補。是故輔幣有使其不有實價之必要。夫惟不使有實價。而維持法價。乃可免弊害而收利益。維持法價之道維何。請申述之。

(甲)担負兌換之義務　銀行鈔票之能維持票面價值。暢行市場。以有發行銀行為之負兌換正貨之責。輔幣實價。較法價為低。與鈔票相類。欲保持法價。確立十進制。須由國庫或輔幣餘利存儲之銀行。負兌換之義務。國幣條例第六條。固曾規定租稅之收受。國家銀行之兌換輔幣用數。不受限制。惜自民國三年公佈以來。並未切實實行。徒為具文。無濟于事。固使兌換輔幣之義務而能履行。則輔幣不敢濫發。何也。發行過多。價格必致下落。受之者勢必求與主幣相兌換。濫發愈甚。兌換者愈多。發與不發等也。

(乙)限制授受及最高發行額　輔幣者。原以輔主幣之不足。及供零星之用。民間授受之額。法律設有限制。所以防濫鑄而維法價。惟輔幣之鑄造。係國家收入利益之一端。仍不免有濫發無度之弊。故須以法律豫設一定之限制。總以適合全國人口之比例及需要為度。各地輔幣需要額之明確數目。當先精密調查。以便立法之根據。其調查之責。可由政府組織貨幣檢查委員會專司之。各造幣廠之鑄造額及發行額。每週或每十日應由是委員會公佈之。但輔幣需要額。因國家經濟發達之程度。而時有增減。法定限制。自當以需要之變動。而加以修正。以奏伸縮之功。或曰國家既負兌換之義務。更毋庸于限制。不知兌換爲發行後之救濟。所以保障輔幣流通之信用。授受及最高發行額之限制。係鑄造前之制限。爲防止輔幣價格之下落。二者相互爲用。收效乃著。在試行改革幣制之中國。尤非設二重之保障不可也。

(三)統一造幣廠　劣質輔幣之濫鑄。以造幣廠在地方長官勢力範圍之內。視爲營私籌餉之惟一機關所致。欲言救濟。舍統一造幣廠。直隸于中央政府管轄之下不爲功。綜計現在全國造幣廠。共十有五處。各廠半都兼鑄輔幣。專鑄銅元者如重慶口北。此外尙有奉天、吉林、河南、山西、福建、于各該兵工廠或機械廠造船廠內附設鑄造銅元或小銀元機關。不知凡幾。其實在情形。無從懸揣。中央勢力强大時。急宜着手統一造幣廠。何處宜裁。何處可併。何處應添設。妥爲規畫。次第施行。倘造幣廠而不能統一。則廠自爲政。各不相謀。漫無統系。發行額之限制。新輔幣之推行。十進制之維持。皆無實現之可能。

(二)治標法

(一)監督造幣廠　際此時局不靖。南北分峙。欲言統一造幣廠。固爲事實所不許。但由人民組織團體監督。則尙在可能範圍之內。各省所以竟敢濫鑄劣質輔幣。破壞法制。大半以人民監督之不力。爲今之計。急宜由各造幣廠所在地之銀錢二業商會等有關係公共機關。合組監察委員會。負切實監督之責。

除此殆無其他善法。其監察之範圍。大略如左列數項。

(甲)方今造幣廠中央既不能直接管轄。徒負虛名。反不如暫時脫離中央政治之關係。而爲獨立經濟機關。由委員會釐訂妥善辦法管理之。以絕地方政府之干預。而爲救濟輔幣紛亂之初步。

(乙)造幣廠萬一不能爲獨立機關時。貪官污吏。應反對其充廠長或重要職員。以絕營私報效等弊。造幣廠用人權固仍在政府。但務以取得監督委員會之贊同爲宜。蓋不如是則幣務行政弊竇百出。總無已時。造幣廠爲供位置私人之優差。將成爲造弊機關矣。

(丙)全國銅元流行計。計達五百億以上。以四萬萬人爲比例。則已不啻每人當用一百枚以上銅元之數。其他銀輔幣發行總數。雖不得其詳。而要皆無一不超過實在需要。若今造幣廠繼續鼓鑄。輕質之輔幣。跌價不知伊于胡底。是要求暫時停止鑄造。最爲目下切要之圖。最低限度亦非達到限制各廠之發行額不可。

(丁)續鑄輔幣之成色重量。要以依照國幣條例所規定爲準。委員會應隨時抽出化驗。有無輕質等幣。不然今日多鑄一幣。即他日推行新輔幣時。多負一分改鑄上之損失。

(戊)各造幣廠之鑄造額。及發行額。應由委員會于一定期間內公佈。俾言論界加以精密之研究。而評論其設施。

(二)嚴禁私鑄　鼓鑄輔幣。收利非淺。每易誘發私人僞造贋造之之慾心。往者私鑄之事。層見迭出。而查獲後。未聞有按法嚴懲之者。不法者因之無所畏懼。私鑄不絕。今後再不嚴爲禁止。幣制將益形紛亂矣。

(三)嚴禁私運　各省造幣廠。無論濫鑄輔幣若干。皆有銷路。蓋有不肖之徒。爲之私運各埠。代爲銷販。更有數家銀錢業。與造幣廠有約。爲經理大批劣幣之推銷機關。故欲杜絕鑄造之無度。須從嚴懲私運私銷者爲最有效也。

(四)發行輔幣券　直隸之天津保定。山東之青島。江蘇之清江浦。早有輔幣券之發行。價值穩定。授受便利。深得社會之歡迎。上海中交兩行。經長時期之籌議。于上年十二月一日正式發行一角二角五角三種輔幣券。實可稱爲解决輔幣之先聲。是項輔幣券。信用可靠。兌換概以十進。無跌價之虞，貼水之煩。授受又復便利。人人自樂于授用。通流日廣。劣幣受自然之淘汰。需要大減。造幣廠再鑄劣幣。恐無銷路之場矣。總之發行輔幣券有驅逐劣幣之效。各地宜急起仿行。爲金融界放一綫曙光。不當因煙兌業之反對而退縮也。

(四)結論

綜上所論。解决輔幣問題之方法。分治本與治標二種。治本爲輔幣根本上之改革。其目的在推行新輔幣擁護十進。制治標則爲臨時之救濟。其功效在減少目前輔幣紛亂之程度。減除一切幣害及障碍。治本而不治標。則事不能舉。徒勞而無功。專治標而不佐以治本。則輔幣問題。仍不能全部解决。故治本與治標二法，性質雖有久暫之分。而要須相輔而行。不可偏廢者也。

九六公債市況之回顧

諫初

九六公債原名償還內外短債八厘債券。發行于民國十一年一月二十六日。票面總額爲九千六百萬元。分日金部份與國幣部份兩種日金部分票面總值爲三千九百餘萬元。用以還日本債權者之鹽餘担保債務。國幣部分之用以償還內國銀行鹽餘債務者約爲四千三百五十三萬餘元。其餘一千餘萬元。留充中央軍政各費此發行數額之大較也。日金部分現由鹽餘按月償還每月約扣六十萬元。由中政府交付橫濱正金銀行。匯往東京保管故其本息咸得按期償付至國幣部分。名義上亦以鹽稅作担保。幷照該債券條例第五條規定。俟關稅實行切實值百抽五之日起。改由所增關稅項下撥充云。發行第一年。僅付利息。自十二月一月三十一日起。用抽籤法分六年償清。然而所謂合同條例。至今猶是具文本息愆期。三有餘年。該債遂成市上投機物品。市價倏上倏落。影響金融。至非淺鮮。乃者盛極而衰。變動尤劇。上月華商證券交易所。乃有停板之事。既而奉農商部訓令停止九六交易今日該債祇有暗盤。盤旋于三四十元之間。較諸曩時六十餘元之高價。相差遠矣。雖然該債劇烈之變動。疇昔亦嘗有之。一聞好消息卽漲。迨知消息不眞。乃復轉而下跌。此其歷史上唯一特點也。茲將其過去三年間之市況約略述之。

癸亥年之市況

是年九六公債之價格。最爲平定。而尤以上半年爲最。至七月付息愆期。乃忽下跌。然跌勢尚不猛。迨九十月間。跌至十四五元。蓋該債價格從來最低之記錄也。綜計全年平均價。最高爲二三一・五一。最低爲二〇・六六。均較以後二年爲低。因是年之九六公債尚非投機之重心。故其平疲若是。觀上圖各月最高價之比較。即可知其變動不劇矣。

癸亥年九六公債市價（最高價）

70 60 50 40 30 20 10

一月 二月 三月 四月 五月 六月 七月 八月 九月 十月 十一月 十二月

甲子年之市況

上年十一十二兩月。各種公債暴漲。九六亦隨之提高。如一月最高價僅爲一八・九。至二月漲至二九・三。相差約十元之巨。蓋投機者競事買進。希圖與他債同漲。故漲風甚烈。三月間。以投機他債無利可獲。羣集中于九六。四月間因政府有與銀團協定以八四作價之說。將來有新稅源作基金時。九六有優先權。故市況頓形堅挺。最高價至四十三元。洎乎五月。盛極而衰。蓋八四作價整理之說。實空中樓閣也。六月間又聞政府有四種整理辦法。故價格仍得維持。其四種辦法維何。即（一）從德發債票本息及德賠款中撥一部份發九六息。（二）九六日金部分償清後。以其基金整理國幣部分。（三）鹽餘庫券還清時。其騰出之基金。亦用以整理九六。（四）三四年公債償清後。其基金應用以償還五年公債。如有盈餘。亦用以付九六息。但辦法雖多。無一實行。故七月市價一落千丈。厥後平疲狀況。可于第二圖中見之。惟至是年年底。忽以有付息謠傳。最高漲至三十四元。可謂烈矣。綜觀全年市況。

上半年趨漲。下半年趨跌。漲風以四月爲最。跌風則首推七月。蓋一則好消息傳來。適市價尚未甚高之時。故高漲之程度甚劇。一則付息失望。消息變爲謠傳。而又適值市價堅挺之候。故其跌也亦烈。然年末市價卽無十二月間付息之謠傳。亦較年初爲高。是殆漲後之餘勢乎。全年平均價格最高爲三〇・二二。最低爲二四・二八。較諸十二年份有過之無不及焉。

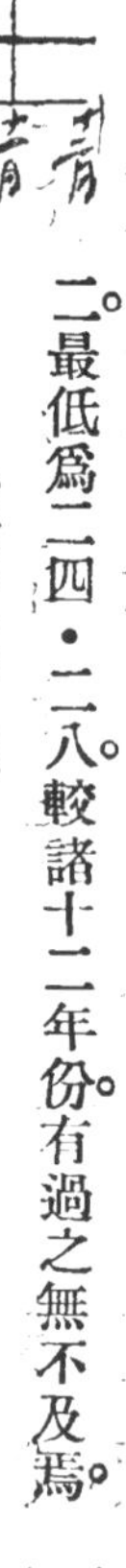

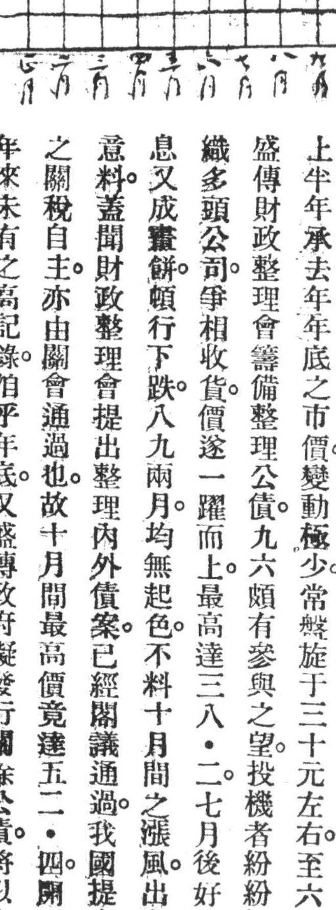

乙丑年之市況

上半年承去年年底之市價。變動極少。常盤旋于三十元左右。至六月盛傳財政整理會籌備整理公債。九六頗有參與之望。投機者紛紛組織多頭公司。爭相收貨。價遂一躍而上。最高達三八・二。七月後好消息又成畫餅。頓行下跌。八九兩月。均無起色。不料十月間之漲風。出人意料。蓋聞財政整理會提出整理內外債案。已經閣議通過。我國提出之關稅自主。亦由關會通過也。故十月間最高價竟達五二・四。開三年來未有之高記錄。洎乎年底。又盛傳政府擬發行關鹽公債。將以九六發息一次爲條件。漲風于是更烈。十二月中達六十九元。蓋可觀已。

綜觀全年市況。上半年平疲。下半年變動甚劇。而以十月之漲風爲最烈。較諸前二年之變動。實遠過之。全年平均價最高爲四〇・三四。最低爲三二・五一。較十二十三兩年。尤有增進。蓋下半年高漲之力也。

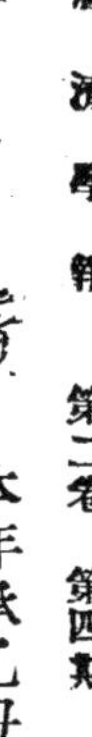

本年承乙丑年之餘勢。除最近之市況外。往往六十元出關。多頭之勢甚大。市上現貨收買殆盡。有時僅期貨交易而已。近則盛極而衰。跌勢驚人。然一觀其過去之歷史。亦不足怪。良以該債本息無着。所有價格盡爲投機所造成。無實質基礎之可憑。則其漲跌之程度。固無制限可言也。噫。天下本無事。庸人自擾之。不啻爲九六公債寫照耳。

雖然。政府飲酖止渴。藉短債以苟延殘喘。復發此無基金之債劵。以圖彌縫。大錯已成。挽救豈容再緩。爲金融計。爲商業計。均宜早日設法。從事整理。庶免風潮而杜投機。尤願將來之政府。勿濫事借款。以保國信。國家經濟。實利賴之。

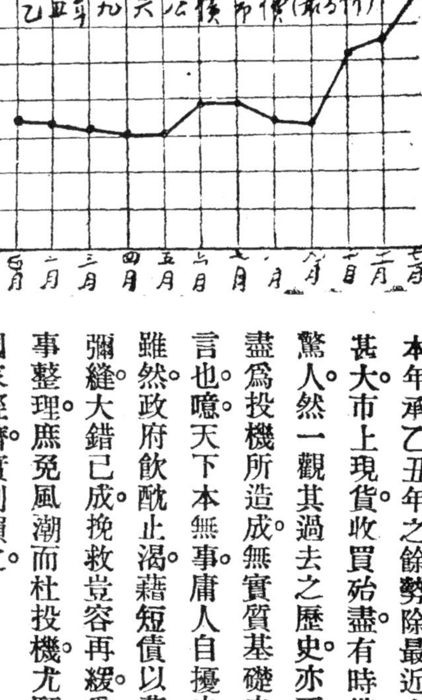

癸亥年九六公債市價表(單位國幣一元)

月份	最高價	最低價	月份	最高價	最低價	月份	最高價	最低價
一月	二九・〇〇	二四・〇〇	二月	二七・〇〇	二六・三〇	三月	二八・四〇	二六・一〇
四月	二六・五〇	二六・一〇	五月	二六・五五	二五・八〇	六月	二五・六〇	二三・三〇
七月	二二・〇〇	二一・五〇	八月	一七・三〇	一五・二五	九月	一六・三〇	一四・六〇
十月	一六・九〇	一四・〇〇	十一月	一六・九〇	一五・〇〇	十二月	一七・七〇	一六・〇〇

全年平均最高價二二・五一最低價二〇・六六

甲子年九六公債市價表

月份	最高價	最低價	月份	最高價	最低價	月份	最高價	最低價
一月	一八・九〇	一八・四〇	二月	二九・三〇	二四・九〇	三月	三二・二〇	二四・七〇
四月	四三・〇〇	三〇・二〇	五月	三八・八〇	三五・一〇	六月	三六・七〇	二四・二〇
七月	二五・〇〇	一七・八〇	八月	二五・二〇	二〇・〇〇	九月	二四・八〇	二一・八〇
十月	二八・五五	二三・九〇	十一月	二六・四〇	二四・八〇	十二月	三四・〇〇	二五・七五

全年平均最高價三〇・二二最低價二四・二八

乙丑年九六公債市價表

月份	最高價	最低價	月份	最高價	最低價	月份	最高價	最低價
一月	三四・九五	二九・三五	二月	三四・〇〇	三二・三〇	三月	三二・四〇	二九・六〇
四月	三〇・六〇	二九・六〇	五月	三〇・六〇	—	六月	三八・二〇	三〇・三〇
七月	三八・〇〇	三四・七〇	八月	三四・三〇	二七・四〇	九月	三三・一五	二八・七〇
十月	五二・四〇	三四・二〇	十一月	五六・五五	四八・〇〇	十二月	六九・〇〇	六六・〇〇

全年平均最高價四〇・三四最低價三二・五一

月份	最高價	最低價	月份	最高價	最低價	月份	最高價	最低價
一月	六六・七〇	六二・五〇	二月	六四・六〇	六四・〇〇	三月	六九・三〇	六七・二〇
四月	無	現	五月	六四・五〇	六三・二〇	六月	無	現
七月	仝	上	八月	仝	上	九月	六三・〇〇	六一・八〇

談英德輸出信用保險

沈奏廷

用輸出信之保證。原爲金融界之所有事。輸入商向其銀行請求。取得信用憑證。寄達輸出商。俾其出票取現。一切信用上之風險。全由銀行負担。此平時輸出貿易周轉之法也。乃以大戰影響。各國金融經濟。多呈不穩之象。而尤以中歐爲最。輸出信用。銀行有不敢保證者。而列强如英德。其希圖振興輸出貿易之心。較戰前尤爲急切。不得已乃由政府襄助。創設所謂輸出信用保險制度。將銀行之所不敢爲不欲爲者。而代謀之。商代爲之。其用意蓋亦深長矣。茲請一談其梗概。以見英德之經濟地位焉

(一)英國之輸出信用保險

英國最近輸出信用保險制度。創始于本年七月初。推行及于世界各國。(俄國除外)在海外貿易局設輸出信用保證科。專司其事。保險限度爲二千萬磅。對于長期信用。特加注意。其保證種類。約大別爲二。

(一)輸出商負責之保證。 政府對于此類保證。得保其票據面額之全部。因即使海外輸入商到期不付。而政府仍得取償于國內輸入商也。故得保其全部而絕少風險。

(二)輸出商不負責之保證。 此類保證。不過票據面額之七成五。因輸入商不付時。輸出商不負責任也。此與平時商業票據之出票人不負責者。draum uintant recaurse 酷相類似。此外輸出商提有担保品者。政府亦得保其全部。是以無論如何。輸出商之責任。最少應達票面百分之三五。焉輸出商之票據。既受政府保證。即可利用之以貼現。爾時貼現銀行見票據爲政府所承受。自樂于購

視爲最安全之投資。故向之無人敢負之風險。今一變而爲無上之安全。輸出商之受惠。不言可喻。所得保證之輸出物。當然爲英本國所出產或製造者。長期保證。可分次請求。如六月期票據。可分作三月期票據二張。一票期滿。再請求他票之保證。而用以贖回前票。其用意在求貼現之便利。法至善也。英國輸出信用保險原則大略如此。其他如再續條件等。以無關宏旨。姑不贅焉。

（二）德國之輸出信用保險

德國保證方法。與英不同。政府立于監督與補助之地位。而不直接負担保之責。據最近消息。德政府由失業救濟金移用一千萬馬克。以補助兩大保險公司。兩公司對于輸出商人保證其輸出信用。出口商對于其票據面額。須負三分之一之責任。如遇海外輸入商到期不付。則三分之二由保險公司賠償。三分之一由輸出商負担。若以重大災害之故。致輸入商無力償付時。則全部信用由政府清還保險公司與輸出商皆得不負責任。除此兩大保險公司外。後指定其他兩保險公司担任再保險之職務。以分責任而堅信用。至於保險原則。約有四端。（一）保險金額不得逾政府所定之限度。（二）對于一人或一家之保險、數額不得過巨。（三）對于輸出一國貨物之信用保險數目不得過巨。（四）所保證之輸出須確爲有利于國家者。前三條之用意。在限制責任。減少風險。後一條之用意。最爲深長。舉凡國內必須之食料原料。當然無保證其輸出之理由。反之如製造品奢侈品以及過剩之原料（如煤）輸出時自有保證之必要。所謂有利于國家者是也。監督機關爲一委員會。由德政府之經濟部、保險公司、出口製造業以及出口商人四方組成之。

（三）英德輸出信用保險之需要

戰前英德對外貿易原屬並駕齊驅。兩國均爲主要投資國。故皆年年入超。輸出咸爲製品。輸入咸係原料。針鋒相對。競爭殊烈。而金融地位。除英國外。亦以德國爲最。故兩方嫉忌甚深。歐戰以後。受創皆巨。表面觀之。似以德國受禍最烈。然英之打擊。實際亦不爲不深。乃者英之金融勢力。被奪于美。棉業勢力。被奪于日。煤鐵及電氣工業之出品。復爲德國所戰勝。貿易日落。入超日增。雖有大宗投資。終非久安之計。反之德自馬克安定之後。實業復興。經濟界有復甦之望。及時振作。正可恢復其舊有勢力也。加之道斯計畫。責令德國每年付賠款十二億五千萬馬克。尤非振興輸出貿易。不能應付。是以英德兩國對于輸出之發展。咸有欲罷不能之概。徒以歐洲諸邦之經濟。或正在改造。或尚未安定。其爲輸出貿易之障礙已久。非設法以補濟之。則英德貿易。必大爲減色。一則將失其海上霸權。而淪于貧弱。一則將無以付其賠款。而難期恢復。此輸出信用保險之所以爲英德之急務乎。茲將英德列年入超情形列表于下。以覘其貿易之趨勢。

年份	英國（千鎊）	德國（百萬金馬克）
一九一三	一三三・九一四	一・〇〇八
一九一四	一七〇・四〇〇	一・〇四八（八月初自年底）
一九一五	三六七・九六三	二・五一三 ｝平均數
一九一六	三四四・六六〇	二・五一三

一九一七	四六七·四〇八	二·五一三
一九一八	七八三·七八七	二·五一三
一九一九	六六二·七七一	四·八〇〇
一九二〇	三七五·四二六	一·九〇〇
一九二一	二七五·一八一	二·一〇〇
一九二二	一七九·八九七	二·二〇〇
一九二三	二一〇·四二四	——
一九二四	三四四·三三一	一·七七〇
一九二五	三八〇·〇〇〇	三·〇五四
一九二六一月至十月	四六七·二三九	一月至六月 出超四四七

觀上列數字。吾人可得而推論有二。(一)英國入超之趨勢。頗爲不利。以一九二五年與一九一三年相較。增加幾及三倍。然世界物價以安定貨幣計算。至多增漲百分之六十。是英國入超之激增。必非物價關係也。而一考其航運收入。近年反減。(一九二三年爲一二〇·〇〇〇·〇〇〇鎊。一九二四年爲一三〇·〇〇〇·〇〇〇鎊。一九二五年爲一一五·〇〇〇·〇〇〇鎊)投資收入。所增亦不多。(一九二三年爲六八六〇〇〇·〇〇〇元。美金一九二四年爲八一七·〇〇〇·〇〇〇元。一九二五年爲一·〇四六·〇〇〇·〇〇〇元。)兩者相抵。增加不及七千萬鎊。而一九二五年之入超。與一九二三年相較。激增一萬七千萬鎊。此一萬萬鎊之差額。其大部分必侵蝕英國之資本。或減少英

國之投資。其爲敗徵。不待言矣。今年以煤礦罷工之糾葛。十個月之入超。已超過去年全年八千萬鎊。宜英政府臨深履薄。戰戰兢兢。於信用保證設施而外。復欲令輸入外貨。標示來歷。俾愛國英人知所避棄而改用英貨也。(二)戰前德國海外投資達一百二十億馬克。每年利息收入達十億馬克。航途收入亦有五六億馬克。故入超爲應有現象。戰時戰後之入超。則侵入德國資本矣。歐戰告終。德國投資幾盡喪失。所餘者約僅二三十億馬克而已。是德國欲維持其貿易。決不可再有入超之現象發生。而況巨額賠款。尤非出超不能支付。果也一九二六年前半年。由入超而轉爲出超。德人之努力。可于此見之。此後貿易之出超。更爲德人所急需。否則無以脫列强之羈絆。而重圖與世界周旋也。

由是以觀。對外貿易。洵爲英德之生死關鍵。而輸出信用保險。爲其起死回生之聖劑。英德人之用心。蓋亦苦矣。

雖然信用保險。不過輔助工具之一。根本救濟。尚不在此。根本救濟維何。曰內部生產。必先振興。一也。關稅障礙。應速解除。二也。消費國家。培養好感。三也。諸邦經濟。從早安定。四也。無此四者。則輸出保險。非特無效果。抑亦不可能也。吾非爲强國設法。以助長其侵略毒燄。不過事有終始。物有本末。察秋毫而不見輿薪。烏乎可哉。故吾謂列强之圖發展。其法巧矣。其心苦矣。然不揣其本而齊其末。行見經濟戰爭。愈演愈烈。人類災禍。寧有涯耶。列强當局。蓋亦知之。第以積重難返。不得不舍本逐末耳。

既知對外貿易。爲列强存亡之樞紐。其維護不暇之狀態。吾人亦已見之矣。則此後我國之外交。儘可持以强硬之態度。卽至邦交決裂。彼亦必不願以武力對我。以自殘其貿易也。國人勉之。

日本銀行在金融界之地位

東亞同文書院教授 大串哲雄

我這兒把這論文的構造要分作二段。第一段是所謂靜的觀察。以明白日本銀行的性質作目的的就是就着。

日本銀行設立的理由

日本銀行的組織

日本銀行的營業課目

第二段是可以說動的觀察。以明瞭日本銀行在實際經濟上的作用爲目的。就是就着。

日本銀行之能動的及受動的業務之內容

日本銀行與一般普通銀行之關係

日本銀行利率之變動及其決定標準

日本銀行金利率與市中金利率之關係

（附日本金融界之季節的變動）

日本銀行的金利政策流通貨幣之關係

日本銀行改革之竟見

但是金利率以下的各項。要在下次講罷。

第一就說創立的理由。

六十年以前在我們敝國有歷史上一種 epock-making 的大變化。從經濟上的見地說。是由封建制度移到資本主義的經濟組織。從政治上的見地說。是由郡縣制度移到中央集權制度。我們把他叫作明治維新。明治維新成功了以後。明治政府當草創之際。國務多端。財政也自然極其膨張。以至於難以管理了。在這個時候。當局的人也沒有法子。只好想出一種彌縫策來臨時對付。是怎樣政策呢。就是發行一種政府紙幣——不換紙幣——初次發行還不算什麼大問題。然而到了明治五年。僅僅五年的工夫。誰知發行到八千萬圓的巨額。結果就是紙幣的價值一落千丈了。因爲那時日本的社會。是剛剛脫下封建制度的外衣。信用經濟還很幼稚。所以（這要是現在的話差不多不成問題的）這八千萬圓的流通貨幣。超過當時經濟界的收容。因爲這個緣故。纔現出這樣紙幣價值的大墜落的現象來。歐戰以後。德國馬克的奔落。雖然不用說是另外還有許多旁的原因。可是據兄弟看來也不能不認爲有許多共同的地方。

政府紙幣價值的墜落。一方面就可以說是政府信用下落的徵象。無論那一國家——尤其是國家草創之際政府最所苦慮的是怎樣去管理財政。怎樣去保持信用。明治政府也是因有保持自己信用的必要。感覺到須講紙幣計策。制定了國立銀行條例。而使據此設立的國立銀行發行正貨兌換劵（鈔票）拿這種鈔票逐漸收回政府的不換紙幣。可惜這個時候。對於這種政策成功的一個很要緊的條件——就是收回紙幣的方法上。他們並沒用過多大的思索。並且那時因爲財政上的關係越發增發。

結果就生出銀行紙幣要換取現金的時候。竟有要貼水的怪象發生。紙幣發行之後就要向發行銀行囘籠。所以不能十分流通。

在這種情形之下國立銀行的兌換準備金缺少起來。繼續發行紙幣是漸漸達到困難的地步。還有那時因爲信用制度的發達還很幼稚。存款額數也不能多。所以銀行劵（鈔票）的流通性要有阻害。國立銀行的營業成績。簡直是沒什麼可觀的了。那時設立的國立銀行也不過僅僅四個罷了。政府也知道。使國立銀行劵保持兌換正貨的性質是不可能的。並且同時又因爲政治上的理由感覺得須要奬勵國立銀行的設立。所以就改正國立銀行條例。在新改正法上。對於向來的種種限制是很通融。以便銀行營業容易經營。並且有許可拿通貨充當兌換準備金的這種便宜。以前可是不然。非有正貨不能充當兌換準備金的。這樣一來。國立銀行纔能夠得到發行紙幣的利益。設立的銀行數兒才逐漸增加。此後不過三年之內。設立的銀行竟有一百五十三行之多了。

可是。按照新法。國立銀行劵是可以拿那時的通貨——就是不換紙幣——兌換的。那麼以他的性質上說起來。實在是比那不換紙幣更要壞了。所以這種政策實際上沒什麼效果。不但是對於整理紙幣毫無効果。并且隨着銀行數的增加。紙幣的發行額也正比例的增加上去了。

在這樣遭際又碰着了很不利的政治上的事故。就是在一八七七年。西鄉隆盛反對新政府的施政方針。而發生的所謂西南戰爭。因爲這個內亂。政府又消費了四千二百萬圓的軍費。那時候的四千二百萬圓。是與現在的四千二百萬圓不可同日而語。那時支出四千二百萬圓對於政府的財政。眞可說是一個致命傷。在這樣情形之下。紙幣的發行額。自然是越發增加的。到了明治十三年的時候。紙幣的流通額已經達到一億七千萬圓。比較改正條例以前(四年以前)增加七千萬圓。就是增加百分之七十。結果就是物價的騰貴。比方拿一個米價的例說。也騰貴到一·七倍。對外貿易自然逐年輸入超過輸出。現金與紙幣價值的差額也越發加大。至於公債票價眞暴落到百分之六十哩。物價騰貴。紙幣價值下落。通貨購買力減少。是當然的事情了。再加上商人們向來在金融上很得到他便宜的公債票也一落千丈。以致商人唯一可走的途徑也擋住了。所以商工業家的資本很缺少起來。利息的騰貴也自然被他助長了。這麼一來。怨嗟誹謗之聲遍於朝野。政府也到了不能不站在趕快想法子整理紙幣的地位了。

政府當局就曉得通貨和鈔劵發行的統一實爲必要。因此就產生出日本銀行來了。那時候是明治政府十五年。從此以後。發行銀行劵的權利是日本銀行的特權。所以此後在日本流通的銀行劵。就不像中國這樣的有好幾種了。

照這麼看起來。我們就可以知道日本銀行創立的第一個目的。是在紙幣發行權的歸一。和紙幣的整理所以日本銀行的職務和他的營業組織也都是以關於發行銀行劵的事爲主。但是既然是一個中央銀行對於別的銀行居於 Mather Bank 的地位。除了發行銀行劵以外。還有統制金融界的責任。關於這一點。我們一看他的創立理由書就可以看出當時當局的用意。以下順便我把那理由書上所記載的事情略爲說一說。

第一個理由。是要使金融圓滑：當時全國雖有幾百個的銀行。但都是資本很少。而且偏於一個地方。很少聯絡。對於全國的商業或經濟上簡直是一點都沒有什麼貢獻。所以如果能使新設立的日本銀行處於銀行中的銀行的地位。而且和各地方的國立銀行發生一種代理處的關係，那還可以希望全國的金融達到流通圓滑的目的。（關於這一點是和後面講到組織的地方有關係的。）日本銀行的分行。在現在仍是很少。不過緊要的地方設了七八個分行。其餘地方依然不過有一種代理處的關係。

第二個理由。是要帮助他銀行的營業資本。大凡銀行資金的泉源不外資本金、存款、銀行劵和債權四類。（此外還有所謂積立金可是因爲這個是派生的且後生的所以在這個地方兄弟不願意論之。）當時銀行的資本既然很少。而且尤其在於信用發達沒有成熟的時候。縱存款方面是不能夠充分的去吸收資金。因此在金融繁忙的時期。一逢到貼現放款的請求或存款提出的時候。就要感着資金的缺乏。並且往往因爲拒絕存款的提出和票據的付現。而難免有信用交易停滯的弊病。還有發行紙幣一層。在銀行方面雖然藉此不難得到相當的資金。但是在不換紙幣充斥的當時。發行越多。紙幣價值也越漸漸的低落。並且隨之而把公債的市價也弄到低落去了。因此由公債担保的放款也不能不因爲担保價格的低落。而到完全固定爲止。當時商工業者的資金既完全依賴公債。所以就是說幾乎全部的放款都變固定也不算過言的。這樣一來。銀行要從發行紙幣籌措資金也變成末路了。要打開這種局面。救濟這個難局。不能不另外想出一種方法。這種方法就是設立中央銀行。當時的意思是要從貼現放款的一方面去開金融上的路。把在當時無法可想的金融機關。就是所謂「銀行」的這種機械上去添些兒油。使他再能運轉。而且照這樣做起來。卽使將來因爲事業膨脹而缺少資金供給的時候。也可以由供給資金機關的日本銀行。去救濟他們的急難了。

第三個理由。是要使利率低落。當金融業者的知識。還沒有十分發達的時候。他們只顧目前的利益。只求利率高昂。專做長期放款（長期放款的缺。點就是使資金的運用不自由）加之如上所述担保價值低落。放款固定。以致放款收回遲鈍的事情。常常發生。而缺少放款資金的困難。也就因此而起。本來利率的高低。是不隨資金流通額的多少。而隨放款資金額的增減。所以在這兒。就要引起金利利率的騰貴來了。在這種狀態之下。要振興產業。當然是不可能的事。所以要有中央銀行。能夠盡力於票據貼現。而選擇確實的並且是支付日期在一百日以內的票據。實行貼現的時候。纔可以援助資金的流通。且得着金利利率的低落了。

第四個理由。是要使於中央銀行代理國庫。到了當中央銀行事務整頓完好之後。如果政府把財務托付代管。譬如像「國庫金的收支」「國債償還」等事務。都托中央銀行去辦。那麼可以豫測國庫需要的緩急。把有些資金在實業界經濟界裏頭利用周轉。所以貨幣雖然因納稅或別的關係入了國庫。但是立刻就仍舊回到民間市場來。補足市場通貨的不足了。不但國庫資金可以得着利殖的利益。而在一般金融的調節上。卻有了極大的貢獻。所以把這件事情也稱作目的之一。

第五個理由。是要貼現外國的票據。日本自從明治初年。貿易情形。輸入超過輸出。再加上種種別的原因。正貨年年向國外流出。直到日本銀行設立的前一年止。合計總額已經達到七千萬圓之多。七千萬圓這個數目在當時直可以同國庫歲入額相匹敵。而在當時的經濟上也是非同小可的一件事。因此。所謂地金銀或吸收正貨一層在當局者方面眞是一件急不容緩的事情。所以極力的學法國中央銀行和比利時中央銀行的方法。想由外國票據的貼現。助成正貨的輸入。

想必諸君也都知道。法國的中央銀行。是和比利時的一個私立銀行。結有代理處的關係。常常注意比利時的貼現利率的。而比利時的中央銀行也是一樣。同巴黎的一個私立銀行訂有代理關係。也時常注意法國的貼現利率的。假定比利時中央銀行的貼現利率是四%。而在法國是三%的時候。法國的中央銀行就立刻命令在比利時的代理處。拿三%利率去做票據貼現。在這個當兒因爲法國代理處的貼現利率。在比利時比較的便宜。所以在比利時持有票據的人。都陸續向該代理處去貼現。因此。比利時的票據。多歸到法國手裏。一到支付日期。就都變成了正貨。回到法國去了。這就是他們幾個國家要助成正貨輸入的方法。也就是日本要想模仿過的方法。不過日本因爲金利利率太高。所以要想從貼現外國票據去吸收正貨是很難見效的了。

以上所講的。

銀行劵的統一整理。

金融的帮助金融的疏通。

金利的低落。

國庫事務的委托。

外國票據貼現。

這六種事情。是設立日本銀行的目的。因此銀行營業的種類。也就不得不依此而定。他的組織。也不能不求與這種目的相侔。至少限度也當有無傷於這幾種事情組織。這是很容易可以想到的。關於他的營業上的事情且等到後頭再講。現在先就着他的組織方面來說明一下罷。

第一日本銀行是一個股份有限公司。同普通民間的公司。性質上是沒有什麼不同的地方。當初資本金額。是一千萬圓（明治十五年）後來經過三囘的增加。到現在是已經成了六千萬圓。原來資本的追加。在股票面額還未交足以前。是決不能實行的。這是日本商法一般的規定。可是。雖然在股票面額還未交齊的時候。從新創辦一個公司。與舊公司合併起來。就可以不違背法律。而達到實際上增資的目的。這就是所謂變態增資了。但是在日本銀行增資的時候。却不能這樣做。不但是要註册而且要經過請求的手續。所以日本銀行。不能單單從股東一方面着想。而不顧經濟界上的實情。去自由增減他的資本。

其次、要想做日本銀行股東的人。必得經過大藏大臣之許可。並且不許把股東權讓渡於外國人的。前者是因爲要豫防財閥。或其他的團體獨占股東權。做出與社會全體利益相反的事。後者是因爲當時日本的經濟界還沒有達到獨立狀態的緣故。到了現在已經沒有這種規定的必要了。

還有關於股東的事情。我所不能不對諸君講的。就是當日本銀行剛設立的時候。政府自己承認出資本金的半額。而成了一個股東。這就是完全出於保護與贊助的精神。並不是與人民爭利。所以在分配利益的時候。是和一般股東不一樣。非把一定額數的股息。分給一般股東以後。政府是決不受他的股息的。并且政府所有的股票。三年後就被編入帝室財產之內。最近又決定把帝室所有的股票漸漸移到民間來。所以我想日本銀行之股票。不久完全就要移到人民手裏去了。

其次、是關於日本銀行營業年限的事。當初規定是三十年。但中途經過一次延長。所以現在的營業期限。可以說要到一九四二年爲止。若依照民國紀元算起來。就要到民國三十年爲止。

日本銀行的所在地是東京。各地方緊要的都市。都設有分行了。而且在全國各地的可稱爲經濟都市的地方。也都和這種地方的有力銀行。結有一種代理關係的。其中大坂分行。因爲大坂是統率日本經濟界的都市。所以大坂分行所負的職務。實不亞於東京總行。

日本銀行有總裁一人。副總裁一人。理事四人。監事三人。以總理監督一切的事務。他們的任期。總裁、副總裁都是五年。任期中禁止就別的職務。理事的任期是四年。是從股東大會選出。再由政府任命的。監事的任期是三年。也是從股東大會選出的。凡理事和監事都不准兼任他銀行的董事。這因爲日本銀行。是銀行的銀行。也就是一國的中央銀行。所以不能教他捲入漩渦。應當獨立的完成他公共的職責。

現在把營業的事情大略說說。關于營業的事情。雖可以從上面已經請過的地方推測出來。但是其中有足以了解日本的銀行制度和以後所要講日本銀行地位和作用的地方。所以我想把他簡單說明一下。

營業科目

一 政府發行之票據及其他商業票據之貼現買入

二 塊金銀之買賣

三 金銀貨幣及塊金銀之担保放款

四 代有交易往來之諸公司銀行或商人等淸理票據事務

五 承辦存款及保管金銀貨幣貴金屬債券證券等事務

六 以公債證券或政府發行之票據及他政府保證之證券爲担保時得爲活期放款或定期放款

七 處理國庫金

八 買賣公債證券、但此時須得財政總長之許可

九 發行鈔票

十 調查本支店及約定店之營業狀況至少每月一回報告財政總長

禁止營業科目

一 不得爲不動產担保放款及銀行公司發行之股票担保放款

二 對於本行所發行之股票不得買賣或作放款行爲

三 不得爲商工業公司之股東或直接間接關係於工業之事項

四 除有開設本支店及派出所必須之事務外不得有一切之不動產

日本銀行的營業科目大概如此。現在單就其中的三四項略說一說。

第一是關於貼現購買票據的事情。政府發行的票據從安全一點而論。當然要占第一位。因爲政府發行的票據是以豫算許可爲限。國家的財政本來有量出爲入的性質。在豫料歲入不足的時候。不能不用增稅或募債借款等種種方法去謀收支適合。那麼。政府所發行的票據可以說背後必定有支付準備金。在理論上當然是一種最確實的票據了。反之。財政如不安固。卽量入爲出。那就是一種最幼稚的財政組織了。在這樣幼稚財政組織之下。如果發行一個不能支付的票據。那除把政府信用失掉外。沒有什麼一點好處。所以總想極力的避去發行這種票據的。況且政府票據絕對沒有以詐僞爲目的而發行的事情。在實際上不能不說是確實的。

反之。商業上的票據是有量入爲出的性質。所以除信用確實的商人所發行票據以外。難保沒有超過收入而發出的票據。或沒有資源的票據。因此。有公共上性質的日本銀行爲其自身營業起見。對於貼現票據當然有一種制限。

第一、凡日本銀行裏貼現的商業上票據。在授受的時候必定要簽字。得有確實的有財產的人兩個人以上的簽字。而且以期限一百日以內的票據爲限。從這樣看來。在日本銀行貼現的票據。必須先在他的銀行貼現過一次。否則是不行的。可是單照這樣做去。對於一般金融。實直接貢獻。故以後規定凡貼現請求人能夠提供一種和票面額相等的一商品或提貨單做抵押的時候。就可以允許以一人的署名蓋章而做貼現。但是其後因當局中不喜歡個人交易的人很多。所以能爲一般所利用的事情是極少。

像這樣。日本銀行對於個人交易是不大歡迎。而專致力於國內各銀行的資金供給事宜。結果就是對於日本銀行制度全體上有一種特別的影響。

第一、日本銀行的貼現利率雖然是很低。但是私人是不能去利用的。所以市中銀行乃可利用日本銀行的低利資金。去做一般私人的高利貼現。所謂「從中取利」的幣由此發出。

第二、一般市中銀行僅知從中取利。不去努力吸收公衆的存款。所以以存款制度爲基礎的一般普通銀行。終不能望他發達了。

第三、因爲從日本銀行可以借資本。大家都設出小資本的獨立銀行來了。

第四、一般銀行僅賴日本銀行的資金。他的營業方針不免常常被日本銀行利率高低所左右。如果爲政府便利起見。日本銀行對政府放款稍多。以致資金缺乏。那麽金融市場全體恐怕立刻要發生影響。因財政方針而就妨害金融。這不是弊害嗎。

其次請講放款。日本銀行對於放款。也是異常愼重。比方說。像一般銀行所作的信用放款。當然是不做的了。卽使抵押放款。對於執押品也很有限制。除公債證書政府發行之票據和政府保證的證券以外。都不能向之抵押。而且這幾種裏頭。不論定期放款或活期放款。非日本銀行認爲有資產可靠者也不能得其承受的。放款期限須在六個月以內。放款金額以該日之證券市價的八成爲度。借款展期以一次爲限。

擔保品的種類有剛纔所說的那幾樣限制。此外對於以不動產銀行公司股票或日本銀行本行股票作爲抵押的放款。更是特別嚴禁的。這是一方面爲求營業安全起見。他一方面要使日本銀行專在商業上作一種中央金融機關。對於工業農業等另由特殊金融機關來補充調濟。這就是希望樹立銀行分業制度的原故。再看禁止營業科目的條項中規定日本銀行不得爲商工公司的股東。並且不論直接或間接亦不得參加關係於工業的事業。還有除有開設本分行必須之事務外。不得有一切不動產的規定。

如上所說銀行公司的股票作抵押放款是完全禁止的。但是這種限制。不免有不能充分帮助民間金融的弊病。並且現今堅實有力的銀行公司繼續出現。股票的擔保借款的必要也很趨於緩和的地步了。因此發明了一個追加擔保品票據貼現的新方法。不論名義上是怎樣。事實上仍舊是做股票擔保放款的行爲。追加擔保品票據貼現是限於有信用的公司股票。追加於其他的票據上。作爲一般商業票據貼現的抵押。現在能夠作這類抵押的是國債。橫濱正金銀行的股票。日本郵船公司的股票。大阪商船公司的股票。南滿鐵道公司的股票。大阪市債債券。東京市債債券。日本勸業銀行及日本興業銀行所發行的債券。

現在把存款和保護存儲的事情略說一下。關於貴金屬和證券等類的保護存儲方法。沒有什麼說明的必要。在日本的大銀行都是有幾百個大金庫以備這種存儲之用。尤其是日本銀行金庫的設備是很完美的。所以有很多人在日本銀行保護存儲。那是不待言了。順便我把這日本銀行金庫的設備也略微說給衆位聽聽。在二十多尺深的地下擱一塊大石頭。在這塊大石頭上面。敷滿了十呎厚的水門汀。周圍也是作同樣的嚴重裝置。再拿鋼鐵門圍着的。所以無論怎樣的暴徒强盜。用現在科學精粹的方法來想破壞。也可以支持到二十四小時以上。在上個東京大地震的時候建築的一部分損壞了。所以目下他們還在改築。聽說是這個新建築的大金庫。更比上次的堅牢結實。有十萬萬的黃金硬幣在那裏平安藏着哩。

閑話少談。言歸正文罷。說到日本銀行存款利息。都是狠低。定期存款年息三厘。活期不到二厘。現今日本銀行存款只限於二種。一種是民間銀行的票據交換餘頭交割用的存款。其二是政府的存款。頭一割的總額不過是五六千萬，可是政府的存款差不多有十億之多。這種存款就是日本銀行活動的一個大泉源。所以只付很低的利息。但是其中的數億元。是國庫出納資金。日本銀行不可利用。所以對於這個部份是不付利息的。

現在我要講銀行劵發行的事情。日本銀行初創的時候。正是紙幣極混亂的當兒。因恐甫行設立卽發行正貨兌換劵。將蹈國立銀行正貨兌換劵的覆轍。爲愼重起見。不得不將兌換劵延到適當的時期。然後發行。一方要達整理能幣的目的。不能不消極的設法。於一定年限後取消國立銀行的發行權。以防止通貨的膨脹。他方要達紙幣收回的目的。不能不積極令國立銀行。將其資本金及每營業期的利益金之中。抽出數成作爲贖回紙幣基金。存入日本銀行。用來購買公債。所謂「通貨的公債化」就是指這個說的。換句話說。就是使這一部分的通貨。變成非流通的東西。然後再將所購入的公債的利息及抽籤攤還的本金。拿來再反覆行這「通貨的公債化」。紙幣收回就緒了之後。結果居然良好。遂於明治十七年卽日本銀行設立第二年起。逐漸發行兌換券。自十九年起且居然開始兌換了。不過當時兌換準備金的比例。和最高發行額之多寡。因有種種困難。難於準確計算。只可謹愼將事。說是對於發行總額須爲相當之準備。設一種極緩和的規定而已。

正貨兌換旣見諸實施以後。一般人對於正貨與紙幣。也無所軒輊了。日本銀行券的流通日盛一日。因之有正貨準備以外，更以保證準備發行銀行券的可能。於是改正兌換銀行券的條例。而定現今制度的基礎。

第一、日本銀行可以拿他自己所有的金銀貨幣或生金銀作爲兌換準備而發行同額的兌換銀行券。

第二、以七千萬元爲限度。沒有正貨準備也可以拿政府發行的公債證書財政部證券與其他確實的證券或商業票據作保證而發行兌換券。這就是所謂「保證準備發行額。」

第三、日本銀行依經濟界的景況。認爲有增加流通貨幣的必要的時候。有了財政部長的許可。就可在剛才所說的（第一二裏）保證準備發行額的制度以外。再以保證準備發行兌換券。這就是所謂「制限外發行。」不過須納五厘以上的發行稅。

不過所謂制限外發行。大概都在資金需要過大的時候才有的。那時銀行的利率是在五厘或八厘。所以雖納五厘的發行稅。也有二三厘的利益。因爲有這樣關係。也許有日本銀行方面有意胡亂發行的弊害。如果這樣決不是使有公共性質的中央銀行盡其職務的道理。所以徵收發行稅的時候。雖然定限最低爲五%。而實際上按照那時候的金利的情形可以增減發行稅率的。

以上列舉的正貨準備發行、保證準備發行、制限外發行的這五種。是日本現今發行銀行劵制度的全部。也是現今流通銀行劵的本體。

至於保證準備發行額。當時為什麼限定為七千萬元呢、這是由於十數年的經驗而來的。因為我國通貨的需要額。當時未曾到一億二千萬元的數目。所以不到五分之三的七千萬元。無論如何總是流通上必需的數目。敢斷定其決無要求兌換的危險。並且經濟的發達和通貨需要量的增加。已經把這個七千萬元的數目擴張到八千萬元。一直到一億二千萬元了。尤其這次歐戰的中間。日本經濟界頓呈一種大發展的氣象。更有再求擴張的傾向。可是目下仍舊是拿這一億二千萬元的額數作保證準備發行額的限度。總之日本銀行發行的兌換劵的內容。是剛才所說的一億二千萬元的保證準備發行額。十億的正貨準備發行額。和二億六七千萬元的制限外發行額、共計大約十四億元光景。

日本銀行的活動力的泉源。第一是剛說的兌換銀行劵。其額數最近是大約十四億（最高記錄在大正十二年超過十七億）第二是政府的存款。其數六億元。但其中約有二億是海外代理店的保管金及國內政府日常出納資金所必要的。其餘四億元眞是對於日本銀行的活動力有貢獻的。還有積資本金約一億五千萬元。這樣合算起來。大約有十九億元是現在日本銀行活動力的量總額。可是如有金必要。還可以隨時請求制限外發行。那麼他的活動力就可以屈伸了。這是我們所宜留意的。但是這資力是向那方活動着呢。貼現票據約用四億元。公債投資約三億元。有一宗國際匯兌資金放給橫濱正金銀行的約為五六千萬元。（曾放至二億元以上）又按照法律規定的對於政府放款二千二百萬元。其餘的是對於市中銀行的放款。

可是日本銀行和普通銀行的關係今昔是不同了。從前日本銀行界的一般傾向。是拿日本銀行當作自己營業的資金供給者。就是以借日本銀行的資金而轉借與一般商工業。以得到金利差額爲目的。他們的資本金太少也是一個原因。因爲這個原故。一般銀行的地位是除了盲從日本銀行以外。別無方法。說「盲從」或者是說的太利害。但是被日本銀行的金利利率所左右是實在的確的事實。所以從日本銀行方面看起來。假使他要想縮少通貨的時候。只要把利率提高起來就夠了。利率提高往後的放款是必定減少了。從前的放款也都要想法子趕快付還。通貨都歸到日本銀行裏去。物價也就自然低落。那麼日本銀行警醒經濟界的目的就可以達到的。反之。如果日本銀行金利低廉的時候放款就相應的增加，那麼一般市場利率也就低廉而誘起經濟界的好現象了。像這樣子。一般銀行的資金都仰給於日本銀行的時候。市場金利以及一般經濟界的景況。都是與日本銀行的金利利率有直接很靈的關係。但是最近日本經濟界有大長足的進步。大半是歐戰中銀行存款大事增加的結果。現在已經沒有向日本銀行借營業資金的必要了。這種結果是使一般銀行的獨立性加强。因之今日一般銀行對於中央銀行的關係已經大有變化了。

要看一般銀行的存款增加的狀態。只要看現在加入全國票據交換所的那些銀行的存款額就明白了。歐戰以前大約有十億元的存款。過了十年的今日已經到了五十億元以上的數目。那麼對於這五十億元的存款。在那些銀行裏有多少現金支付準備金呢。只有五億。就是不過十分之一而已。這個數目當然是很不夠的。所以再把有價證劵來當作第二道的支付準備金。這個數額大約有十五億。那麼前後合算起來。也不過十分之四的準備。因此要是以現金準備感着不足的時候。就以第二線準備的公債或股票等拿到日本銀行去作擔保諸款變爲支付的準備。

這樣看起來。支付準備金的大部分是在平常的時候可以使他生利的。不過偶然遇見緊急的時候可以利用日本銀行來補其不足。這種制度是與世界各國的支付準備制度有非常不同的地方。差不多可以說是日本特有的制度。現在日本銀行同一般銀行的關係並不是營業資金的供給者。而却是支付準備最後的靠托者。所以日本於形式上是採用支付準備分散制度的國家。可是事實上說起來。却是分散與聯合的折衷制度的國家了。

像這樣子。兩者之間的關係既生變化。日本銀行的放款利率也就不能像從前那樣可以直接的在左右銀行的營業與市場上的利率了。可是對於一般金融界。倒能夠比從前拿一定的資金去直接放款的時候。格外有好幾倍的活動力呢。

經濟消息

——國內——

●粵農工廳解決罷工條例草案

東方社廣東二十八日電　廣東省政府農工長規定解決罷工之辦法。不日即將施行。昨日所議決之草案如左。

甲）關於商店主及工場主之規定●

（一）商店工場於罷工中。其所有者自行營業或作業。固所許可。惟不得臨時僱用工人以破壞罷工。

（二）商店工場遇事業中止工場鎖閉之場合。須一個月以前。通知工人。並發給薪工半月。若突然中止時須發給薪工兩月。

（三）商人不得無故解決工人。若無故解僱時。應發給薪工兩月。

（四）工人因要求加薪罷工其解決之際。店主方面應照新商妥之貨銀率補發罷工期內之工資。但工會方面。不得要求求額外之賠償罰金等。

（五）店主方面不得組織自衛工會以期破壞工會。

（六）商人工場主等爲工會員時。有選舉權而無被選舉權。有發言權而無表決權。

（七）商人不得禁止其工人參加工會運動若此點被工會告發時。農工長得與以相當之處分。

（八）罷工之際商人不得收買一部分工人及不良分子。以取對抗的態度。若發見此等行爲。農工長得嚴重處罰之。

（乙）關於工會方面之規定。

（一）工會工人未得政府之許可。不得濫捕工人商人。或犯及他人身體之自由●

（二）罷工之際。工人不得沒收商店工場之商品及器物。

（三）工會工人於罷工之際不得封鎖工場。或妨害商人自行作案。

（四）工會未得官廳之許可。不准成立。在批准前。不准征取會費及組織糾察隊自衛團等。

（五）工會不得用武力及他種脅迫手段。以募集會員。

（六）工人不得携帶武器棍棒等作示威游行。違反者則解散或逮捕之。

（丙）關於手工業及小商人之規定。

(一)自行勞動或使用工人不及五名者。視作手工業及小商人。

(二)手工業小商人加入工會與否。聽其自決。工會不得加以脅迫強令加入。

(三)罷工時之作業。僅許其經營者自身爲之。

(四)手工業小商人於罷工解決條件。須無條件承認。不得對於所解決與以反對。

(五)在家庭內自行作業並不雇用工人者。不適用右項條例。

●東洋疋頭充斥於中國

▲英貨已非其敵…占有進口疋頭額之六五•七%地位

去年英日兩國疋頭貿易在我國市場之地位。英貨自百分之三五•七三降至二三•八五。而日貨則自百分之五一•五七升至六五•七七。此一衰一盛之趨勢。固由於五卅慘案而引起抵制英貨之風潮。然亦日本人之銳意競爭。已非一日。不僅爲時勢所促成也。至論及貿易前途。英商咸抱異常之悲觀。雖中國政治狀況進步商務有復興之可望。但以棉織布疋而言。蘭格夏所能立足於中國市場者僅一部分品質精細之布疋而已。至需要較好之粗布。則皆非中國及日本貨之敵也。茲舉近三年來英日進

口疋頭價額於下

(一)棉織布疋

	民國十四年(關兩)	所占百分數
英國	三五•七七四•一一〇	二三•八五
日本	九八•六五五•九一一	六五•七七
進口總數	一四九•九八〇•二八五	一〇〇•〇〇

(二)毛棉呢織品

	英國(關兩)	總進口(關兩)	所占百分數
民國元年	三•八六九•八九五	七•〇〇四•四八一	五五•二四
民國二年	三•四九〇•七五六	六•九一五•一一六	五〇•四八
民國十三年	一六•一四一•六六〇	二五•三三六•一一三	六三•七一
民國十四年	一二•二三三•七三三	一九•七七二•二〇三	六一•八七

●抵補貿易損失之華僑匯國款額

▲元二年七千萬元

▲近年約三四千萬

中國對外貿易年處逆境。有以爲抵補貿易損失者。厥惟華僑寄款回國。但華僑寄款年有多少。以國內多故年見減少。大致華僑以粵閩爲多故。粵閩之寄金可明。則於華僑寄金之數可以見其

大致矣。所有匯國款項。大都經過香港。在民國元二年間每年皆達七千萬元。（以下皆香港換算）迨至民國七八年。降至四五千萬元。至民國十二年亦達六千萬元左右。此兩年來又略退步。因南洋商業樹膠。及金鎊升降。有極大關係。本年金鎊價高。樹膠漲價。就星架坡方面特訊。據云頃據外銀行消息。海外華僑每年均有巨款匯回中國。民國十三年中共匯四千五百九十餘萬元。十四年則因匯寄關係。僅四千五百十萬元。其中計南洋海峽殖民地一千九百零二萬九千萬元。菲律濱一千零二十二萬八千元。荷屬一千零八十四萬六千元。十五年亦達三千萬元以上。現陸續尚有匯寄到港。按每年新歷十二月前。各華僑匯款歸國。銀行極忙。亦牽動銀毫。西紙價必爲略落。刻下港紙價每千仝仕一百七八十元上下。亦基以上原因也。

◉華洋商業上契約應以華文爲主

▲農部徵求外部同意

近來我國商人與各國商人間之爭執。往往係因所訂契約華洋文意義不同而起。農商部近擬設法限制華洋商人間訂立契約。應以華文爲主。不通華文者。得以各該國文字譯爲副本。遇有爭執。仍應以華文爲主。曾將此意咨達外交部。聞外交部方面對於此項[illegible]。司[illegible]以爲應由各關係機關會商議定詳細辦法。然後始能轉商使團。徵詢同意。已將此情形函復農商部查照矣。

◉國民政府新頒兩公債條例

（一）整理湖北財政公債條例

第一條。　國民政府爲整理湖北財政及救濟商民因前軍閥勒借債款所受之財政困難起見。募集公債。總額爲通用銀元一千五百萬元。

第二條。　本公債利息指定湖北出產運銷二五特稅爲基金。俟金融公債還本後。繼續担保本公債還本基金。

第三條。　本公債利息。定爲週年四釐。

第四條。　本公債以每年六月三十日。十二月三十一日。爲給付利息之期。

第五條。　本公債票額爲三種如左。（一）萬元。（二）千元。（三）百元。

第六條。　本公債六年以內。祇付利息。自第七年起。用抽籤法分五年還清。每年抽籤兩次。每次抽籤總額爲十分之一。即一百五十萬元。至第十一年爲止。全數償清。

前項抽籤於每年六月底及十二月底在漢口執行之。

本公債之債票及息票自還本付息到期之日起除海關稅外。得用以完納一切租稅及代其他種種現款之用。

第七條。本公債票面概不記名。其有請求記名者。亦准照辦。

第八條。本公債得爲銀行之保證準備。

第九條。本公債得隨意買賣抵押。其他公務上須繳納保證金時得作爲担保品。

第十條。本公債之還本付息。由國庫及中央銀行湖北分行、省金庫、並政府指定之其他各機關經理支付。

第十一條。經理本公債之人員對於此項債票如有毀損信用之行爲。依現行法令懲罰之。

第十二條。本公債每屆抽籤還本之時由國民政府監察院財政部會同武漢各商會派員監視一切。

第十三條。本條例自民國十六年一月一日施行。

(二)整理湖北金融公債條例

第一條。國民政府爲整理湖北金融暨收回舊票清理新債起見。特發行本公債。總額爲通用銀元二千萬元。

第二條。本公債用途預定爲左之四項。

(甲)以七百萬元收回湖北官錢局舊票。

(乙)以三百萬元作九二五折還國民政府新債。

(丙)按債票金額以八折或以九二五出售抵借現金五百萬元。

(丁)其餘撥充中央銀行湖北分行預備基金。

第三條。本公債還本基金。指定湖北官錢局全部財產爲第一担保。湖北省出產運銷二五特稅爲第二担保。本公債利息。指定以湖北省出產運銷二五特稅撥付。

第四條。本公債利息定爲週年八釐。

第五條。本公債以每年六月三十日十二月三十一日爲給付息金之期。

第六條。本公債票額定爲四種如左。(一)萬元。(二)千元。(三)百元。(四)十元。

第七條。本公債先儘第一担保之湖北官錢局全部財產。分期標賣償還。得將此項債票繳納產價。如三年屆滿。標賣所得仍不敷償還時。則於第四年起將第二担保之稅收用抽籤法分三年還淸。每年抽籤兩次。前項抽籤於每年六月底及十二月底在漢口執行之。本公債之債票。自第四年抽籤還本到期之日起息票自付息到期之日起。除海關稅外均得用以完納本省一切租稅。及代其他種種現款之用。

第八條。本公債票面概不記名。其有請求記名者。亦准照辦。

第九條。本公債得爲銀行之保證準備金。

第十條。本公債得隨意買賣抵押其他公務上須繳保證金時。得作爲担保品。

第十一條。本公債之還本付息。由國庫及中央銀行湖北分行省金庫並政府指定之其他各機關經理支付。

第十二條。經理本公債之人員對於此項債票如有毀損信用之行爲。依照現行法令懲罰之。

第十三條。本公債每屆抽籤本之時。由國民政府監察院會同財政部及武漢各商會派員監視一切。

第十四條。本條例自民國十六年一月一日施行。

◉奉天物價昂貴

奉天自十月以來各物價貴至極點。人民無不感生活困難之痛苦。未幾物價平定委員會告成。而金融維持會又相繼出現。各項物價略爲遞減。消費者之担負亦鬆。人心爲安。市面活動。均以爲長此以往彼此可以相安。乃近來市上物價。竟有大謬不然者。無形中逐漸增加。而人民又感無限之痛苦。其棉帛金銀之屬。姑不具論。僅將與人生最關密切之物價爲各種人每日必需之物品。分列於下。

▲燃料　陳秫稭每百綑售奉小洋二十五元上下。新秫稭每百綑奉小洋十六七元上下。塊煤每噸奉小洋六十元上下。爐煤每噸奉小洋四十二元上下。木柴每百斤奉小洋五元上下。煤球每百斤奉小洋二元二角上下。木炭每斤奉小洋三角上下。

▲糧食　粳米每斗奉小洋十七八元。洋麵每袋奉小洋十七八元每斤奉小洋四角六七。小米子每斗奉小洋九元五六角。秫米每斗奉小洋五元六七。黃豆每斗奉小洋六元九角上下。小豆每斗奉小洋七元上下。蕎麵每斤奉小洋二角七八。

▲菜蔬　猪肉每斤奉小洋一元。牛肉每斤奉小洋八角。白菜每斤奉小洋一角四五。土豆子每斤奉小洋一角五六。酸菜奉小洋一角七八。蘿卜每斤奉小洋一角一二。雪裏紅菜每斤二角五六。葱每斤奉小洋一角一二。紅鹹菜每斤奉小洋二角一二。豆油每斤奉小洋九角六七。醬油每斤奉小洋七角五六。

以上各項物價。較之十月十一月份大相懸殊。於此正在逐增之際。倘無法以平抑販賣者之加價慾望。將達至不可思議之境矣。

當此錢法奇緊生活艱難之際。物價又暴漲不已。消費者之担負。有不堪之一日。無恆產而有恆心者能有幾人。方寸一變。而社會上之治安繫焉。當此秋收豐富金融動轉之時。正物價低落之期。乃於此安全期間反呈混亂之狀況。則時過境遷。豈不更難設想。要之以奉省歷年作戰。府庫已虛。近雖搜及關內。而關外之財政仍無補救之法。此奉票所以大落物價所以大漲也。生活之痛苦艱難。無殊於關內外也。

●浙省稅捐一覽

直接稅

（一）田賦　（甲）地丁每兩徵銀元一元五角省稅五角
（乙）抵補金（即漕米）每米一石納銀元三元省稅五角

（二）契稅　賣契徵百分之六典契徵百分之三

（三）牙帖捐稅　（甲）繁盛上則（貿易五萬元以上或牙用二千五百元以上者）帖捐八百元年稅四十元　（乙）繁盛中則（貿易四萬元以上或牙用二千元以上者）帖捐五百元年稅三十元　（丙）繁盛下則（貿易二萬元以上或牙用一千元以上者）帖捐二百五十元年稅十五元　（丁）偏僻上則（貿易三萬元以上或牙用一千五百元以上者）帖捐四百元年稅二十元　（戊）偏僻中則（貿易一萬元以上或牙用五百元以上者）帖捐二百元年稅十元
（己）偏僻下則（貿易五千元以上或牙用二百五十元以上者）帖捐一百二十元年稅五元

上列帖捐。皆指十年長期牙帖而言。年換牙帖。應按長期牙帖加二成完納十分之一。季換牙帖。按年換牙帖完納四分之一。

（四）當帖捐稅　（甲）帖捐　繁盛四百元偏僻二百元均以十年爲有效期間。凡設在城廂及繁盛鄉鎮者以繁盛論設在普通鄉鎮者以偏僻論　（乙）當稅　一律年納七十五元　（丙）架本正倍捐（子）架本十五萬元以上者年納三百元（丑）十萬元以上者年納二百四十元（寅）五萬元以上者年納一百八十元（卯）二萬元以上年納一百二十元（辰）二萬元以下者年納六十元

（五）店屋捐　按照房租十分稅一其爲本人佔用者照鄰近房屋租價計算月租在一元以下在免繳店屋捐

（六）錢業捐　（甲）上等年納一百五十元　（乙）中等年納一百二十元　（丙）次等年納九十元　（丁）又次等年納六十元

間接稅

（一）統捐　值百抽五（實察較少）一起一驗其近銷貨物不經第二關卡者得納半稅

（二）特別捐稅　（甲）繭捐　乾繭每百斤收正稅九元附捐一元四角滬捐一元浙西水利費五角共十一元九角鮮繭三斤作乾用一斤計算　（乙）絲捐　用絲每包百斤捐銀十七元六角運絲每包八十斤捐銀二十七元二角經絲每包八十斤捐銀三十四元八角　（丙）茶捐　箱茶每引百斤抽稅八角五分　簍茶袋茶每百斤抽一元三角　揀剩黃斤每百斤抽五角五分　茶梗茶末抽三角三分　（丁）糖捐係認捐認額每年爲一二六•二二五元　（戊）煤油捐每箱五十斤抽一角零八厘　（己）屠宰稅　猪每頭四角羊每頭三角

（三）貨物附加稅　按上列各捐抽百分之二十

——國外——

◉智利之勞資相爭調停法

▲經過仲裁而不決…求諸輿論之公判

智利政府所頒布關於解決勞資爭論之法律。含有強迫調解及自願公斷之兩層意義其要點如下。此種法律實用於礦業石坑工廠硝石業及商店僱員在十八以上者。

當勞動風潮發生時。工人方面應即選出代表與雇主或其代表共同解決爭論之點。而雇主方面。在接得工人書面請求後應於二十四小時以內接見工人之代表。設雇主對於工人之請求有不能立時決斷之處。除非與工人代表先有約定。其延長答復期間不得過五日。

經過以上手續無磋商無滿意結果時。則雙方提出其爭點。以待勞資仲裁會永久機關之解決。該機關共有十處。由勞資兩方各選三人組織之。其任期爲一年。但得復選連任。不加限制。開會一次取費二十比索。

上述機關。應保存關於各種爭端之記載。如勞資雙方已同意解決後。則將條件書在特別文書上由該機關會長祕書及勞資兩方之代表簽字。

設爭端仍不能同意解決或任何一方故意規避責任。則此機關即將經過情形刊之官報。以明責任所在。而求輿論之援助。

設上述方法用之已窮。則另採公斷。但須雙方自願公斷員出於推選一人或三人。由勞資兩方決定。苟此事亦相持不下。則內務部有下令任命之權。公斷員之判斷。至少在六個月內雙方應共同遵守。

罷工或停工之宣言。據此項法律規定。須具下列條件。(一)束縛公衆協約之時效已過。(二)秘密投票由公會之分工會員出席大多數之決定罷工。(三)上述之永久機關宣告法律之救濟已窮。

雇主方面之宣告停工。必須經公會會員三分二之出席。大多數取決。且由上述永久機關之代表證實雇主方面並未違背法律條件。乃工人方面之拒絕訴諸公斷勞資任一方面。苟有未經提出其爭點於上述永久機關之情事。在雇主方面應受五千以下五百以上比索之罰款。如在百人一方亦應受五百以下五十以上之罰款。雇主或其經理人拒絕接見工人代表而無充足理由者。應受五百以上五千以下之罰款。如雇主對於工人代表實行職務時加以留難。亦應罰款五十以上一千以下之比索。

◉今年橡皮產銷推測

▲生產較多於消費

今年世界橡皮生產及消費情形之預測。近據可靠統計有如下近似之數(單位噸)

生產方面	
馬來耶及錫蘭	二七〇•〇〇〇
荷屬東印度	一九〇•〇〇〇
其他	八二•〇〇〇
合計	五四二•〇〇〇
本年份交之存貨	一四二•〇〇〇
明年總計	六八四•〇〇〇
消費方面	
美國	三八〇•〇〇〇
英國	四五•〇〇〇
法國	四〇•〇〇〇
德國	二五•〇〇〇
意國	一二•〇〇〇
俄國	八•〇〇〇
他國(歐洲)	八•〇〇〇
日本	一二•〇〇〇
加拿大	三〇•〇〇〇

其他	一○•○○○
合計	五七○•○○○

據上表預核至今年十二月底止。橡皮產銷數額相抵尚可餘十一萬四千噸。但此時馬來耶之生產者及業橡皮之商人仍抱樂觀。猶堅持其存貨售價爲每磅一先令九辨士。究不知此市價能維持至何時。恐跌落爲不可免也。

●菲督批准新簿記律

▲定一九二八年元旦實行

菲參衆兩院通過新簿記律。已見本報。茲此項新律。已於本月二日由菲督在碧瑤簽字批准。並定一九二八年元旦施行。其最重要之一節。卽不用英西文或菲土語記賬之公司行戶合資商店或個人須以查賬費交厘務局。每頁付彬銀一仙。其將賬簿譯成英西文或菲土語者。則不必付費。此爭執數年之簿記案。既完全解決。新律原文。當爲讀者所注意。茲將菲督簽定之律文。詳載于次。第一條凡公司行戶合資商店或個人根據法律須付因珍那稅者。皆須預備總賬簿及日清簿。惟每季之總收入不到彬銀五千元者。登記總簿及日清簿否聽便。然苟無此項賬簿。則必遵照厘務局或財政部長所定之規例。登記因珍那售貨簿及其他查賬時必需之記錄。第二條。不用英西文或菲土語記賬之公司行戶合資商店或個人。須以查賬費交釐務局。每頁須付彬銀一仙。且每頁之大。不得逾七百五十平方生的米突。倘逾此限。則每頁查賬費酌量增加。又此項查賬費。於第一次查賬時徵收。且祗得徵收一次。又厘務查賬長或局長之代表。向商人索取此費後十日內。必須繳納。逾期則當加百分之五十。惟各店各公司商人之將賬簿譯成英西文或菲土語者。概免繳納查賬費。第三條。本法案所規定之各節。不得認爲與特准厘務局財政部得規定記賬方法之現行各律相抵觸。此項法律。一概繼續有效。第四條。行戶公司合資商店或個人之賬簿。自最後登記日算起之五年內。必須將賬簿保存。厘務局局員。隨時得向之索取檢查。至於行戶公司合資商局或個人之歇業者。應自歇業之日起十五天內。或於厘務局長特定之期限內。將賬簿交局長或局長之代表。以備查驗。查驗後當卽發還。第五條。財政部長得規定一切辦法。施行本律。第六條。違犯本律時得科以不逾彬銀一千元之罰款。或不逾六個月之監禁。或監罰並科。聽法庭自主。倘商人於本律規定之期內不付查賬費。則得罰以與應付之費不較少之罰款。及他項罰金。惟罰款總數。不得逾應付之費之一倍。第七條。本律定一九二八年正月一日起施行。

●去年各國之茶葉消費

▲亞洲各地未在內

去年世界各國消費茶葉之數量。據倫敦茶商公會之統計。列表於下。其中俄國消費之數係專指由歐洲及高加索之邊境入口者而言。

	進口消費磅數	每人所占磅數
大不列顛及北愛爾蘭	四〇一・九九六・二〇三	八・五〇
澳大利亞洲	四九・二〇六・三〇八	八・三九
紐西蘭	一〇・八三四・六一六	八・三七
坎拿大	三六・二五五・一四九	四・一三
英屬馬來亞	七・八三六・九四四	五・九六
非洲西海濱	四八・〇〇〇	〇・一二
硜耶	六〇〇・〇〇〇	〇・二三
南非聯邦	九・八一四・七五二	一・四六
南羅得西亞	三七七・二四五	〇・四七
愛爾蘭	二三・三〇五・三五六	七・〇四
法國	三・八五九・一九一	〇・〇九
德國	九・一五三・一五一	〇・一五
比利時	二四・四三八	——
丹麥	一・一四一・七七四	〇・三三
芬蘭	三一八・六四五	〇・〇九
荷蘭	一六・一五二・四〇〇	二・二八
意大利	四五五・〇三四	〇・〇一
立陶愛	二八三・八〇〇	〇・一四
挪威	三三五・七〇〇	〇・一三
波蘭	三・七一七・四三四	〇・一三
愛索尼亞	一八一・五五一	〇・一六
瑞典	六八五・九二〇	〇・一一
西班牙	三〇五・七八一	〇・〇一
瑞士	一・二二五・三二九	〇・三〇
捷克斯拉夫	一・四二二・四二二	〇・一〇
奧地利	八七五・〇一五	〇・一三
匈牙利	六二一・〇四二	〇・〇八
俄國	二三・三〇二・八五八	〇・一八
美國	一〇〇・一五九・一一〇	〇・八八

阿根廷	四•〇七一•〇〇三	〇•四二
智利	五•三一七•二二三	一•三六
秘魯	一•一一〇•九〇〇	〇•二四
埃及	九•六四二•〇五七	〇•六九
都里斯	二•四八三•五〇〇	一•一九
阿耳及耳	一•六九四•六九三	〇•二九

●英國紡織業之慘敗

▲進口貿易爲日人侵奪……在華紗廠復爲日商所吞併

歐戰以來。我國進口棉布疋頭價額及英貨所佔成數。有如下表。

（單位海關兩）

	英貨價額	進口總價額	英貨所占百分數
一九一三年	六〇•〇三八•一六〇	一一三•一四五•三八五	五三•五
一九一四年	六四•三四六•一二八	一一四•〇九三•五二七	五六•五
一九一五年	四二•八〇八•三六〇	八四•三二一•〇三三	五〇•〇
一九一六年	三三•二八二•四六〇	七七•二八八•一七五	四一•〇
一九一七年	三一•四三二•三八四	九九•二九四•六四五	三一•五
一九一八年	五一•六七一•三〇三	一〇二•二七四•四二九	五三•〇
一九一九年	三六•九二二•七四四	一四四•五六九•一六九	二五•〇
一九二〇年	七四•一四九•三一六	一七三•一八一•九一一	四三•〇
一九二一年	六四•七六六•五四七	一四九•一九三•一九八	四四•〇
一九二二年	六三•九六一•四二八	一五七•一九四•六二三	四一•〇
一九二三年	四七•六六八•七七〇	一三四•八五八•四五五	三六•〇
一九二四年	五三•六六五•〇〇〇	一三八•三二九•二四三	四〇•〇
一九二五年	三五•二九一•〇〇〇	一三四•三四七•二八三	二六•五

據上表以觀。十數年來我國疋頭進口。除歐戰期中來源稀減外。餘皆年在關銀一萬萬兩以上。而英貨所佔。恆能維持百分四十以上之多數。乃自五卅案起。遂一蹶不可收拾。迄今仍無復振之望。此固由於國人表示外抗強權之毅力。實則英商之謬妄守舊。與英貨之弱點暴露。與之競爭者已足推翻其地位。不必待吾人之起而抵制。本報已屢有記載。引起讀者之注意矣。今姑舍進口貨不言。一觀在華之英商紡織廠則何如。考英廠極盛時代。在一九一八年。上海所有之廠凡八。

	始創年代	椗子數	轉機數	資本金
東方	一八九六	五三•〇〇〇	四四八	一•四五〇•〇〇〇兩
老公茂	一八九七	四五•五一六	四四六	一•五〇〇•〇〇〇

楊樹浦	一九一三	三五·六三二	五一五	未詳
公益	一九〇七	二五·三六七	四〇〇	五·四〇〇·〇〇〇
怡和	一八九五	七三·三二二	七〇〇	未詳
上海	一八九六	九六·四二四	九八〇	五·〇〇〇·〇〇〇
合計		二四七·二八〇	三·四八九	

英人得風氣之先。在華創設紗廠極早。至一九一八年達全盛時代。但自是年以後。則逐漸衰敗。今上海紗廠已售與日人。而老公茂廠非於去年爲日商所歸併。此殘餘之四廠。尚有二廠猶急待出售也。

與紡織事業有連帶關係者。尚有紡織機械一項貿易。在一九一七年以前。大都爲英商所供給。自是年以迄今茲。美國輸入我國紗椗已在一百二十五萬以上。英貨漸至無人過問。每年損失必不止百萬元也。

●五國之納稅指數

▲俱比戰前爲高

近據英國財政部答下議院之質問過去七年來英美德法意五國人民對國家納稅義務與戰前之比較有如下表。（以各該國人口計平均每人所納稅額）

	英國			法國	德國	意大利	美國
	磅	先令	辨士	法郎	馬克	拉爾	元
一九一三	三	一一	四	八四·五	三一·三	五三·八	六·八
一九一九	二一	一四	五	三二一·一	——	一七九·三	五三·八
一九二〇	二二	〇	八	三九四·二	——	一四八·七	四五·二
一九二一	一八	一	一〇	四二六·九	——	二一三·九	三二·五
一九二二	一七	八	一	四六七·七	——	二三七·七	二八·六
一九二三	一六	二	五	五二三·七	——	二七三·二	二九·七
一九二四	一五	九	〇	六七六·一	一一七·〇	二九〇·二	二七·五
一九二五	一五	二	六	七〇二·四	一〇八·四	四四九·一	二九·六

（註）表中美國項下各州所舉之稅除外一九二二——一九二五年英國人民納稅額應除去愛爾蘭人

紙馬克跌落甚巨一九一九——一九二三年德國人民納稅數無統計上價值故不列

取一九一三與一九二五年五國人民所納稅額於同一金鎊匯兌下比較之。以一九一三年爲標準。而得其一九二五年增加之指數如下。英國自一〇〇增至四二五。法國（以平均匯價一〇五佛郎等於一鎊計算）自一〇〇增至二〇〇。德國自一〇〇增至三四六。意大利（以一九二五年平均匯價一二五拉爾等於一鎊計算）自一〇〇增至一六九。美國自一〇〇增至四三五。在英意兩國因貨幣價值繼續低落其實際上每人所納稅額或當較高於指數所示。然精密言之。此種指數絕對的可靠。必須同時考察各該國之歲收及每人之進款也。

●美國銀行信用膨脹

美國銀行信用膨脹後頗引起銀行家與經濟學者之研究。良以此種現象與貨幣購買力及金價前途關係異常密切。凡世界用金各國皆利害攸關。固不獨美國已也。

關於此問題。美國經濟界有兩種不同之觀察。其一根據準備金與信用之關係。而尤注意於聯邦準備制下之各銀行。彼意準備之膨脹乃出於(一)生金輸入(二)各行貸款。(三)投資公債。(四)法律變更準備金。因而過分由此精密解析之結果。而發現四種顯然不同之時期自一九一八年六月至一九一九年六月至同年十二月爲信用汎濫時期。自一九一九年十二月至一九二二年十二月爲信用恢復時期自一九二二年十二月至一九二五年六月爲信用重新膨脹時期。

又一觀察以爲一九二二年六月以來。銀行信用之膨脹遠出昔日歐戰時之上。自一九一九年六月以來美國各州及國家銀行與信託公司之存款增加達一百三十億萬元之巨數。雖以銀行信用擴大之驚人。然聯邦準備銀行之準備比率仍極高。縱準備金額減至十億元。亦無濟於事。準備銀行當局苟欲鞏固信用。今正其時也。

●去年之日本貿易

▲貿易入超⋯金銀出超

據日本大藏省發表去年一月以來至十二月二十日止。本國對外貿易額如下。（單位千圓）

輸出	二•〇一五•六九九
輸入	二•三四四•五四五
計	四•三六〇•二四四
入超	三二八•八四六

比之十四年同期等。輸出約二萬八千九百八十九萬一千元。輸入約二萬二千八百十一萬三千元之減少。合計爲五萬一千八百萬四千元。入超爲六千一百七十七萬八千元之增加。加之台灣朝鮮貿易輸出之六千七百九十八萬八千元。輸入之一萬七千二百四十萬三千元。合計爲二萬三千九百九十五萬一千元。入

超則爲一萬四百十三萬五千元至於去年一月至十二月二十五日止之金銀輸出額（單位千元）

輸出金銀貨	三五・八五七
輸入金銀貨	一・六二八
計	三七・四八五
出超	三四・二二九

比前年同期一千二百九萬八千元。出超增加。

●日本現有之現貨

▲十三萬三千六百萬元

十五年十一月三十日止日本所有現貨總額爲十三萬三千六百萬元。比十年增加九百萬元。其現貨所在地及所有者分列于下。（單位百萬元）

		前月末比較（▲減）
總數	一・三三六	九
內		
政府所有	二六二	九
日銀所有	一・〇七四	一
內地所在	一・一三五	▲八
海外所在	二〇一	一七

政府所有所以增加者。因有東京市債之成立。而國內所有額減少則分送現於海外之結果也。

●日本貿易減少原因

據日本商工省調査自正月以迄十二月中旬之外國貿易。輸出爲十九億八千五百八十六萬一千圓。輸入二十三億一千一百三十七萬元一千元。出入相抵。輸入超過三億二千五百五十一萬元。比前年輸出減少百分之十一。輸入減少百分之另七五。輸出減少之主要原因爲因對外匯兌之昇騰與銀價之低落。致銀本位國家需要減少。而鄰邦之中國時局不甯。亦其一故。輸入之減少則因財界尚未恢復。與因內外需要減退。故主要原料之輸入不暢所致。而因匯兌不安定。致輸入困難。與夫羊毛棉花之市價跌落。亦爲其主因也。

電通社二十六日東京電。日大藏省發表大正十五年昭和元年前日本對外貿易額。出口二十億一千五百六十九萬九千元。進口二十三億四千四百五十四萬五千元。入超三億二千八百八十四萬六千元。比大正十四年底出口減二億八千九百八十九萬一千元。進口減二億二千八百十一萬七千元。入超增加六千一百七十七萬八千元。

●蘇聯之實業復興

▲生產比往年增百分之四一

據華盛頓蘇俄通訊局之報告。俄國自革命以來。今已十年。實業生產情形逐月增進。頗有恢復戰前狀態之勢。五年前每月出產猶不足。一九一三年百分之十五。近二年間除去冬金融曾告緊急外。餘則進步甚可駭人截至一九二六年九月三十日之一年中。實業生產較過去之一年增加百分之四十一。國家產業獲淨利達二三一・七五〇・〇〇〇金元。

農產收穫據報告所載。五穀類達二十八億普式耳。較一九二五年增加二億二千五百萬普式耳此數已近於歐戰以前之平均產額。其他若棉花甘蔗煤油蕃薯等除棉花及甘蔗外。餘均有突過戰前平均產額之勢。產棉區域。因受旱災延長。收穫猶不逮去年。

一九二五年九月至一九二六年九月之一年間。對歐洲邊境貿易達六四八・六四二・五〇〇元。較前一年度增加百分之十三。但仍入超四四・三四一・五〇〇元。惟四五六三月進出足以相抵。八月中平均每日載貨之車達二四・八六六輛。較一九二五年八月百一九八七五輛。增加百分之二十五。

近二年間實業生產與戰前之比較如下。單位千噸。

	自一九二五 一九二六止	自一九二四 一九二五止	一九一三
煤	二四・三〇三	一六・一〇七	二八・三五八
煤油	八・四三八	六・九五〇	九・二〇五
生鐵	二・二〇〇	一・三〇四	四・二〇六
馬丁鐵	二・八七七	一・八六五	四・二四七
捲鐵	二・一三〇	一・三三五	三・五〇九
水泥	一・二八六	七一六	—
糖	一・〇五〇	四五一	一・五一三

紡織業出產較去年增加百分之三十。國家產業應用之工人。自一九二五年九月一日之一・六五三・五〇一人。至一九二六年九日一日增至一・九三一・四八七人。工資亦增加百分之一六・七。預料英俄貿易一九二六年可達八千萬金元。一九二五年爲一萬〇八百萬元一九一三年爲四千八百萬元。

●蘇聯之油源

蘇俄聯邦跨歐亞兩洲。其最著名之油田。藏量可達三十億至五十五億噸。其最近四年出產數額如下。（單位千噸）

一九二二—二三年	五•〇八四	一九二三—二四年	五•九四二
一九二四—二五年	六•九六一	一九二五—二六年	八•〇〇〇(估計)

蘇俄以油田之利莫可限量。現正積極英美購置採油機器。以期增加生產。預計明年度對于油礦之設備費用。當爲一四二•七二〇•〇〇〇盧布。而逐年出產數量。將如下列。(單位百萬噸)

一九二六—二七年	九•一	一九二七—二八年	一〇
一九二八—二九年	一〇•七	一九二九—三〇年	一一•二

際此美國將患油荒之候。而蘇聯油產獨有蒸蒸日上之勢。其關係于國際經濟之重要。不難于數年後見之也。

●世界之人口貿易與生產

據國際聯盟經濟金融股之調查。自歐戰發生以來。世界人口自一•七八九•三〇〇•〇〇〇(一九一三年數)增至一•八八四•七〇〇•〇〇〇(一九二五年數)其中亞洲無甚增進。其外可得而知者如次。

歐洲	增一•二%	南美	增二二%
北美	增一九•四%	海洋洲	增一五•六%

各物生產量。較一九一三年增百分之五。就中糧食(中國除外)及原料增加百分之十六至十八。歐洲之生產。以農作豐收。增加百分之四至百分之五。北美、亞洲、與海洋洲之糧食原料生產額。增加四分之一。南美與非洲(除金產外)增三分之一。中美以油產增多。原料之增進更巨焉。至於貿易。則歐洲較戰前減少十分之一。南美與非洲無甚增進。海洋洲增加三分之一弱。而亞洲北美。增進最多。約爲三分之一強云。

●美國自由貿易之呼聲

美國參議員恩德伍特氏 Oscar W. Underwood 近主張美國之保護政策亟宜寬放。以適合其經濟地位。恩氏之言曰。凡世界債權國。從未能屏除他國貨物之輸入。而同時能維持其對外貿易者也。美國現在輸出之生棉。爲其產額百分之五十。至六十。小麥爲其產額四分之一。肉類爲其產額百分之二五至三十。而歐洲各國既無偌大金幣。祗能藉美債以購美貨。然此終非能持久之事也。按現在歐洲情形。一年之後。美人將無有願購歐人之債券者矣。若美國仍堅持保護。不令歐貨輸入。則美之輸出貿易。必將受一打擊。國內農工兩業。必交受其害云。按自一九一五年一月至一九二六年一月。美貨已出超二百三十億金元。而在同期內之金貨幣進口。僅爲二十億元。故尚有二百十億元無從抵補。據聞此數之中。一百四十億元係由美國借與歐洲之各種公私債項抵銷。其餘七十億元。則由下列各項沖銷焉。（一）戰時由歐洲迻回之美國債票。（二）銀行界之通融放款等。至今猶未全行清償。（三）旅行者在外用費、移民匯款、以及各種業務費支出之增加。然抵銷之大宗。終爲歐洲欠美之債務。將來還本付息。終非引進歐貨輸入不可。聞本年美國應得之海外本息。已達十億元之巨。他日之增加。更可想見焉。但觀美國一九二五年下半年至一九二六年上半年之貿易。業已顯露債權國應有之形跡。其形跡維何。即（一）製造品輸出仍行增加。（二）原料生貨之輸出遽形減少。（三）生貨之輸入（主要者爲橡皮、茶、糖、三物）大有增加是也。吾人可預料將來美國之輸入。定須增進。惟必以生貨爲多。所謂三角式貿易。最適合美國之經濟情形。三角式貿易者。即由他國（如南美亞洲等地）輸入生貨。再由生貨輸出國向歐洲購進熟貨也。恩氏謂美國欲保持債權者之地位。非增進輸入不可。似覺頗有見地。惟放棄保護政策。一任歐洲熟貨之侵凌。則斷非美人所願嘗試無疑也。

●美國銀產業有實行聯合說（癸）

今年銀價暴落。美洲銀鑛業頗受打擊。欲圖控制銀價。惟有實行聯合。從限制生產着手。近聞美國銀產業聯合會有實行組織消息。加入是會者有 The American Smelting and Refining Co. 及 The U. S. Smelting, Refining, and Mining Co. 兩公司。此外如猶堵阿愛帶呼以及西部諸省之產銀公司。皆將加入。該會全體產銀。可達一億盎斯。當世界總產額百分之四十。可謂巨矣。惟所感困難者。銀產之一部分係他種金屬之副產品。（如銅是）每年祇見增加。不能強爲限制。此銀之異于他物之處也。目下坎拿大翁帶里烏 Ontarei 省之銀鑛。亦祇能就最良鑛質採冶。故較次之鑛。實難維持。墨西哥影響尤巨。聞自銀鑛停採後。已有十二萬工人失業。是以坎拿大與墨國聞亦有加入美國銀產業聯合會之說云。

●關于蘇俄經濟最近之數種統計（癸）

（一）農產品總值（百萬金盧布）

	價值	指數
一九一三年	一二•〇〇〇	一〇〇•〇
一九二一至二二年	六•二六〇	五〇•六
一九二二至二三年	八•七〇〇	七〇•三
一九二三至二四年	八•八〇〇	七三•三
一九二四至二五年	九•〇〇〇	七五•〇

一九二五至二六年	一一・一〇〇	九二・五

農產品價值已達戰前之百分之九二・五其恢復之程度可見矣

（二）工業品出產總值（百萬金盧布）

一九二三至二四年	三・四〇〇
一九二四至二五年	五・〇〇〇
一九二五至二六年	六・九〇〇（估計）

（三）國有工業每日每人工作之產量（單位金盧布）

一九一三年		六・七七
一九二一至二二年		三・九七
一九二二至二三年		四・一六
一九二三至二四年		四・七四
一九二四至二五年		六・四四
	一月	六・九〇
一九二六年	四月	七・二六
	七月	七・四九

每日工作產量之增加一由于組織改良二由于設備革新之故。

（四）輸出貿易之分配（單位千盧布）一九二五年

輸入國	貿易總值	百分數
英國	二一三・六一三	三八
德國	一〇一・八五四	一八・二
美國	二五・一七八	四・五
法國	三一・二七四	五・六
意國	二一・八九〇	三・九
荷蘭	二一・〇二八	三・七
其他	一四八，五五三	二六・一
合計	五六一・三九〇	一〇〇

（五）輸入貿易之分配（單位千盧布）一九二五年

輸出國	貿易總值	百分數
英國	一二三・六五七	一六・八
美國	二一一・八六一	一六・四
德國	一二〇・七三七	二八・七
法國	一三・二五九	一・八
意國	一一・三三七	一・五
荷蘭	二七・七〇五	三・七
其他	二二八・七八九	三一・一

合計　七三七•三四五　一〇〇

入迢一七五•九五五•〇〇〇盧布

（六）銀行業之發展（除第一項外單位爲百萬金盧布 銀行數內包括類似銀行之機關）

年份	銀行數	銀行資產	存款及往來賬	鈔券	放款及貼現	再貼現額	銀行資本及公積
一九二三年八月	五一四	八九四	三三三	三三五	四四七	三三	一二四
一九二四年八月	九一六	二〇四八	六一四	五二二	一〇二九	一一七	二九七
一九二五年八月	一•二二六	四三五二	一五三〇	七五六	二七八三	三九三	六一七
一九二六年七月	一•四〇五	五〇七九	一五七八	七二七	二四〇六	五二九	九三三

（註）鈔券係由蘇聯國家銀行發行

（七）國家歲出入與國債（單位百萬盧布）

年度	歲入	歲出	國債
一九二三至二四年	二•二九八	二•二九八	二四四
一九二四至二五年	二•九〇五	二•八三九	三六六
一九二五年十月至二六年七月	三•〇六〇	三〇一一	六四〇

（八）休佛涅資之對外匯價（一休佛涅資卽十金盧布合英美幣價）

時期	對美平價 五•一四六元	對英平價 一•〇五七鎊
一九二四年一月	四•五四五	一•〇六三
一九二四年七月	五•一四一	一•〇八九
一九二五年一月	五•一四一	一•〇八九
一九二五年七月	五•一四一	一•〇五八
一九二六年一月	五•一四一	一•〇六〇
一九二六年七月	五•一四一	一•〇五七

●建議中之印度中央銀行

印度幣制委員會。於建議印度改用金條本位制外。幷提出將來印度中央銀行之組織大綱。以備他日爲印度吸收海外金貨。擴充貼現市場。維持國內金融。意至遠也。玆覓得其所擬大綱。介紹于次。

一、定名爲印度準備銀行。The Reserue Bank of India

二、印度準備銀行之鈔劵準備發行額之四成。須用金貨。或金幣有價證劵。作兌換準備。其餘六成。得用商業票據。印度政府債票及銀貨充之。兌換準備低至四成以下時。政府應課以鈔劵稅。

三、資本定爲五千萬羅比或三百七十五萬鎊。所有股票。泰半將由印度帝國銀行股東購買之。

四、組織管轄機關爲地方部三。(3 local hoard.) 中央部一。地方部之部長與副部長由股東選舉之。中央部部員共有十四人。即（一）各地方部正副部長（二）各地方部再加派一員（以上九人皆由股東舉出）（三）正副總裁各一人。由印度總督任命。任期均爲五年。（四）其餘三員亦由總督任命之。此外政府尙得派一代表列席。惟無表決權。

國家行政立法官吏以及銀行家。不得爲中央部部員。亦不得爲地方部正副部長。

五、紅利分配 1, 股東累積紅利 (Cunmalative divielend) 爲常年五厘。分配股利有餘時。以其百分之七五作公積。百分之二五歸政府。至公積金等于實交股本四分之一爲止。 2, 以後分配股利後所餘之盈利。以一半作公積。一半歸政府。至公積金等于實交股本爲止。 3, 公積金已與股本相等後。則以其分配股利後之剩餘八分之一分給股東。八分之七仍歸政府。但股東所得部分不得超過實交資本之百分之三。（故股東所得至少爲五厘。至多爲八厘。）

六、營業上之制限 （一）不得收受外界存款。 （二）承受票據以卽期者爲限。 （三）所購入政府債劵。其總値不得較資本金公積金合計爲大。債劵期限在五年以上者。亦不得購入。 （四）有再貼現資格之票據爲下列數種。（1）三月期以內之商業票據。有一家銀行裏書者。（2）六月期以內之農業票據。惟以總貼現額百分之二十爲限。（3）因購買印度政府債票而出之票據。（4）六月期以內之國家庫劵及地方庫劵。惟以存款負債四分之一爲限。 （五）所有放款均不得過九十天。其足爲放款之抵押者。爲（a）受信托人得投資之股票 Trustee stocks (b) 有再貼現資格之票據。(c) 三月以內之外國匯票。在金本位或金匯兌本位國付款者。(d) 現金。 （六）固定之投資絕對禁止。

幷聞印度各銀行。按此組織大綱。皆須存款于印度準備銀行。其應存之款額。爲各行活期負債百分之十。與長期負債百分之三。

交通消息

——國內——

●大東大北借綫合同期限 定

▲扣展至一九三〇年止

關於大東大北兩公司之借綫合同。邇來外間曾有種種風傳。交通部對於此事已通電解釋一切。已見各報。茲聞外部方面。亦恐引起英丹兩國之誤會。分別致函駐京英丹兩使館。聲明英丹兩公司之借線合同。應卽扣算至一九三〇年爲止。內容略謂中國電報局與英國大東公司所訂大沽北京間陸綫借線合同。暨丹國大北公司之大沽賣買城間陸線借線合同。現旣未照第一項辦法辦理。卽應照第二項辦法。扣展至一九三〇年停止。應卽函請查照備案。大東大北兩公司亦有函致交部電政督辦。特錄如下。

逕啓者。近閱報章。紛紛登載。謂本公司曾與
貴督辦交涉延長合同。而對於一九三〇年年底期滿之專利權。尤爲注意。查此項交涉。並未舉行。固爲
貴督辦所深知。唯尙須鄭重聲明者。卽本公司等曾經屢次面陳。毫無請求延長專利權之意。如蒙將此函送登漢文各報。尤深感荷云。

◉北滿各道交通之概括談

哈爾濱一埠。爲東省鐵路各線交叉之點。然欲將其與東路各線之關係一一明確分別。殊屬困難。茲爲便捷起見。概括舉其狀態。左表所列。僅就各重要地方與哈爾濱埠經濟上所共有之關係。記其大略。凡不關於本問題者。概從略焉。

各重要城鎭與哈爾濱之聯絡

哈爾濱
- 賓州—巴彥—城慶（慶餘）
- 呼蘭
  - 綏化—海倫
  - 蘭西—望奎
- 阿城
- 太平莊
- 長春

左表所列。爲由哈爾濱起點至名城鎭之距離英里數。

呼蘭	約二〇里	巴彥	約六二里	阿城	約三〇里
綏化	約七三里	蘭西	約四三里	太平莊	約三〇里
海倫	約一四六里	望奎	約一三六里	長春	約一九里
慶城	約一二三里	賓州	約五三里		

哈爾濱海倫間之道路

此段道路約分三段。由海倫至綏化爲一段（約七三里）由綏化至呼蘭爲一段（約六〇哩）由呼蘭至哈爾濱爲一段（約十三哩）三段連續之。卽爲哈爾濱海倫間之道路。全路之中。有交通不便之地數處。不問天時旱澇。通行都至不易。然於經濟上之價値則甚重要。蓋因以上各地。爲北滿著名之膏腴。每年農產占輸出額之重要位置。卽以大豆而論。依最近之調査。年額均在三十

萬頓左右。（海倫縣約產十萬頓。綏化縣約十一萬頓。呼蘭縣約九萬頓。每年冬令向哈埠及東省鐵路沿線各地輸出之量。約有十五六萬頓之數。）其以綏化爲集中地點命慶城綏化間道路。（約四三里。）則比較的屬於舊路。爲西歷一千八百八十六年所修築。（清光緒二十二三年）查慶城地方每年出產之大豆。約有三萬二千頓。其中有二萬二千頓左右。概由此路輸運出口。更以呼蘭縣爲集中地點。與本段道路聯合者。有經過蘭西之望奎呼蘭道路。（由望奎至蘭西約九三哩。由呼蘭至蘭西約三一里。）及沿松花江岸東行遠經佳木斯（吉林樺川縣屬）其富錦縣者。則經巴彥呼蘭道路。（約四三里）惟望奎蘭西兩地。皆與東路對青山甜章崗兩車站聯絡。頗有經濟的關係。每年冬令經此向哈爾濱方面輸運出口之大豆。由望奎地方運出者。聞約有三萬五六千頓。由蘭西方面運出者。聞約有一萬七八千頓。巴彥縣每年出產之大豆額約有八萬頓。每年冬令經過呼蘭縣向哈爾濱方面由陸路運輸之量數。約有三萬七八千頓。以此之故。由呼蘭至哈爾濱間之道路。冬令大車往來。終日絡繹不絕。現在呼海鐵路。不久全部竣工。於經濟上益有重要之價值矣。

◉修建齊黑路計畫已妥協

▲資本二千五百萬

▲二年半完竣工事

黑龍江通訊。當局對於興修由齊齊哈爾至大黑河延長一千二百華里之齊黑鐵路計畫。籌措業已數年。惟因種種關係。迄未見諸實行。茲聞此項鐵路。已經黑省當局籌畫妥協。勢在必修。其計畫所需資本金。共爲大洋二千五百萬元。由官方出資一千萬元。商民方面担任一千五百萬元。組織鐵路機關。完全官商合辦。工事以二年半爲全路修成之限。目下已在研究股款支配方法。若在最近能有頭緒。則明春即可開始工作。據日人方面傳謂齊黑鐵路。在外人方面固不望其成立。而於中國方面。則利便殊甚。即由經濟方面觀察。該路若果成立。則特產之運輸。必將強半趨彼。其他事業。亦自集之而開發。是大黑河與齊齊哈爾之商業。實將不可限量。即於軍事方面。亦至爲重要。誠邊防必有之鐵路也。

◉建築韶贛鐵路

▲建築二百萬元

▲已通過聯席會議

十九日漢口通信臨時聯席會議於十七日在漢口南洋大樓舉行第三次會議公布議決之兩案如下（一）關於中央委員及

中央機關公用汽車輪船武漢電話等交通問題由交通部即日設立武漢交通局先將軍政各機關之汽車輪船電話調查支配及整理以利辦公（二）由韶州至贛州公路交交通部籌築限於民國十六年內完成新需工程經費着財政部於十六年三月份起至十二月止每月籌撥二十萬元共撥足三千二百萬元

●滬甯路更改段落

▲自十六年起實行

滬甯路局通告各站。自民國十六年正月一日起將原有各車務段長所轄各站。從事更改。計自吳淞炮台灣至蘇州爲第一段。滸墅關至丹陽爲第二段。新豐至南京江邊爲第三段。除第二段段長許朝元氏仍駐常州辦公外。第一段段長白勒脫與第三段段長陸克斯氏對調云。

●錦赤路着手測量

據滿洲卅日日新聞載稱、奉省現正籌設自錦州至熱河之鐵路。此項鐵路計畫。係以錦州爲起點。延長錦州至朝陽之舊計畫線。以達赤鋒。業已設立錫赤鐵路籌備處。委派陳鬮生爲處長。目下正在着手測量。預定淺路云。

●招商局停船後之航業

中國社云。滬粵間及汕頭福州溫州等地之華南航路。向爲招商局之根據航路、運費收入。月達二三十萬元。其成績占同業公司中第一位。及該局時局影響與罷工事件。不得已全部停船。是等航路。即爲外商輪船所侵略。華船僅滬閩間三北福興二船。滬溫間有益利達興二船。而廣東及汕頭廈門航路完全爲太古怡和日清商船等所獨佔。目下定期航行船如左。

▲航路	船數	輪船公司
上海廣東	二一	日清商船怡和太古
上海汕廈	一五	日清怡和太古
上海福州	二	三北　福星
上海溫州	二	益利　達興

又對廣東航路三北船公司配有不定期船肇興三雙三隻。其他溫州航路。僅俄商船隊每月停泊一次云。

●南滿路公司研究南滿工業

▲因豆業之不振

▲考究特殊技術

日人以滿州之豆粕豆粕製造業。向來經營未得其宜。及受肥料界之壓迫。以致甚形不振。現在大連油房之多數。已呈休業之狀態。故不得不講求救濟之法。南滿鐵路公司有鑒於此。特於明年度預算支出十七萬元。在中央試驗場內附設大豆研究工廠一處。先研究其關於製造能力之一方面。再進而考究滿洲特殊之技術。期於精製工業上發明特殊之方法。該路興業部長田村氏。已於前日赴東京與政府商議。至於新工廠便究主任之人選。將來或委托理化學研究所之鈴木博士充任之。東三省大豆爲我國出產之一大宗。我不自謀。人起而代謀矣。

●中東路通過十六年度預算

▲經四十七次會議…費一百三十小時…始告竣事

哈爾濱通訊。東鐵自上月以來。開始審核一九二七年度會計預算。聞該路此次審核預算中。經四十七次之會議及兩晝夜之長時間的核議。於日前已告竣事。計全路總收入爲四千七百萬金盧布。總支出爲三千六百萬金盧布。純利益金爲一千三百萬金盧布。比較一九二六年已增加不少。聞此次該路理事會審核預算時。共提出案件四十六件。會議時間共爲一百三十小時。每件平均廢時在二小時以上。現已完全通過云。

●奉海路將擴充

奉天當局擬擴充奉海路。以利交通。楊宇霆莫德惠特於前日偕同政務廳長王鏡寰視察一切云。

●膠路本年日息僅付四十萬

▲其餘二百萬元似將延期

膠州通訊。膠濟路局十二月上旬所收入現款共爲二十萬零六百八十八元五角二分。內有河工賑捐費約二萬元。較前月下旬減收三萬五千元。原因爲日內天氣過寒。行旅不多。及受運送軍隊之影響。但自入中旬以來。因撥還軍用票。增加輸送力。收入亦可恢復。惟本年上半期償還日本之利息一百二十萬元。中間雖已交付二十萬元。但對於下半期至十一月底僅有儲款十萬元。以現狀觀之。十二月之儲款收入亦不過十萬元左右。是以去年度應交付日本政府二百四十萬元之利息中。亦不過可交四十萬元。其餘二百萬元。似將延期云。

●吉海路暫難籌辦

▲因一時未有的款

吉林通訊。吉海鐵路籌辦處成立月餘。關於路務之進行。至爲遲滯。據政界人云。該路籌備款項原定吉大洋一千二百萬元（合現大洋一千萬）現以財政廳籌措之千萬元一時難有的款。雖擬定捲捌賬戶特捐。但亦杯水車薪。無濟於事。故官款籌措甚難。至指由省議會籌募之二百萬元。現在尙未着手。且議會改選伊邇。似已難於籌募。款項無着。是其進行遲滯之最大原因。近以大局未定。當局擬從緩籌辦。俟時局平靖。再籌進行。决意興修。以利交通。

●吉磐路明春興工

吉磐鐵路。磐石縣紳民久已提倡。未見事實。推其原因。以磐石縣知事徐伯勛本年夏間因母喪返安徽原籍。及歸磐後始招集十六鄉代作進各機關首領召開會議。其結果謂明年吉海路修築時。其所測路線經由本縣警境。不如再計籌興修。由縣城與吉海路聯絡。以縮短路綫。且經費亦節省云云。因上所述。以致延擱至今。近又舊話重提。决定由吉至磐。由磐至濛。由濛江再達海龍。與奉海路聯絡。於明春開始興修云。

●黨政府擬議中之航空郵綫

▲先就粵桂湘鄂贛五省試行

▲定六十年二月一日成立

頃由某方面傳出消息。黨政府現擬開辦飛行郵政。先就粵桂湘鄂贛五省試行。已由總司令部航空處擬具計畫書。由廣州航空局馬局長向郵政當局接洽。已得相當之贊成。其擬議中之空中航線凡四。（一）廣州至桂林。（二）桂林至長沙。（三）長沙至漢口。（四）長沙經南昌至九江。預計所需飛機至少十二架。惟此事實行頗不容易。卽桂林長沙九江等處之飛機場。建築亦甚費力。漢口南昌兩處。亦須略爲改造。現决計積極進行。其成立之期定十六年二月一日云。

●交部召集第七次機械會議

▲電飭各路局派總工程司來京

▲十六年一月十二日至十四日舉行

交通部爲研究各路機械起見。每年召集機械會議一次。現屆第七次會議之期。已定於十六年一月十二日至十四日舉行。業經電飭各路局派總工程司來京蒞會。覓錄原電於下。

本部定於十六年一月十二日至十四日舉行第七次機械會議。仰飭該路總工程司屆時到部參與會議爲要。交通部儉（二十八）印。

●錦赤路籌備訊

▲奉張委陳國生爲處長

▲派員來京向交部接洽

奉張前因錦州至熱河一帶交通甚爲不便。故令莫德惠省長進行籌畫錦赤鐵路。該路係由錦州至赤峯口經過延平、冷口、朝陽、喜峯口、熱河多處。已委陳國生爲籌備處長。修灤一爲高等顧問。前日修氏已由錦州來津。向奉張報告一切。張氏卽命其晉京向交通部磋商進行辦法云。

——國外——

●高麗鐵路現狀與日人之計畫

▲擬添築全國路線二十一條

▲建築費四億八千五百六十萬元

高麗鐵路創始於光緒二十四年美人承辦京仁線。其後日人收買之。自二十六年開通以來。實已有二十八年之歷史。自宣統二年日人併吞之後。至今又已十七年矣。而其國有已成之鐵路共十一線。延長一千三百〇九英里一分。建築費二億八百四十八萬五千七百七十一元。平均每英里十五萬九千二百七十一元。其內京釜京義兩綫。共六百二十英里。促成於軍事時代。其餘之七百里內計開湖南線京元線平南馬山平壤等線。共計三百九十一里。又現在工程建築中者分三段。未全開通之咸鏡線已通者三百英里。軌制爲四英尺八寸半。民有鐵路軌制四英尺八寸

半者八線。延長二百二十八英里七分。建築費三〇，九〇七，九二九元。平均每英里十三萬五千一百四十六元。軌制二英尺六寸者十二線。延長二百三十五英里九分。建築費一八，〇六〇，八七六元。每英里七萬六千五百六十一元。合計國有民有已成者一千七百七十三英里八分。此外國有未成線二百三十七英里二分。建築費八千一百六十八萬餘元。民有未成線一千〇三十英里七分。建築費九千〇十五萬餘元。鐵路交通之進步。每年平均祗得三十八英里八分。日人以爲進行如此遲緩。於統治上國防上殖產上之發展甚有妨碍。該國鐵路協會特設立委員會。從事調查。並代計畫建議於日政府。除現有既成及開工綫之外。再計畫路綫統系添設二十一綫。延長二千一百七十二英里。建築費四億八千五百六十萬元。分十八年完成。並補助民有鐵路息金由八釐增至一分。以期交通之普及。增進高麗之農產林產礦產水產之發達。而尤以該國內每年不敷之食米八百萬石。現就仰給於高麗者僅得四百七十萬石。擬再設法增加補給。爲目下最重要之問題云。

●中日聯運行李稅檢驗辦法

▲明年二月一日實行

據交通部消息。關於中日聯運行李稅檢驗辦法一節。昨經該部訓令各路局略謂前以日本擬加之第五案與關稅管理及稅收之權有礙經歷次中日聯運會議與日本鐵道省商改。允照總稅務司原擬辦法。字義上略加增改。並由本部咨准稅務處咨復照辦各在案。查該檢驗辦法既經稅務處暨日本鐵道省允予照辦。應即定於民國十六年二月一日起實行。除准稅務處咨復已分令遵辦。並分別知照日本鐵道省暨中日聯運各路屆期實行外。合行令仰該路遵照辦理。以便行旅至要。中英文中日聯運行李稅關檢驗辦法及簽條式樣二紙附發云云。茲覓錄中華民國稅關檢驗鐵路掛號聯運旅客行李規則四條如左。

（一）聯運旅客行李。必須係封鎖或捆紮衣箱、箱籠、皮包、包裹、等件。方准中途免驗。其由鐵路聯運之釘固或用螺旋釘釘固之箱隻。按本規則所規定稅務機關概不認為掛號聯運旅客之行李。無論如何情形。中途不得免驗。（二）所有掛號聯運行李。在邊界各車站。當由海關人員檢驗。其在上海北京漢口及其他掛號起運之各大車站以及行李運到之各大車站。當由內地稅局人員檢驗。倘有應稅貨物夾帶在內。應由各關局分別徵收相當之稅。並發給稅單為據。凡掛號聯運行李運入中國境內時。應由邊界海關於檢驗後粘貼簽條。俾可保護。該項行李直至到達地點沿途不再檢驗。如此北京或其他各大車站掛號起運者。當由該管關局於檢驗後粘貼簽條。俾可保護該項行李未至邊界以前。沿途不再檢驗。但運至到達地點或邊界時。應由該管關局照章檢驗。至各關局所用上項簽條式樣應歸一律。（三）中華國有鐵路及與之合作之其他各鐵路。對於彼此接運或由本路客票運送之掛號聯運行李。均須嚴密保管。除在邊界車站或運至到達地點外。若未經稅關允許。不得將行李交與旅客。或在中途開啓。（四）中華國有鐵路及其他當事各路。應按照本路發出之行李票或他路及他公司發出之行李票。開具掛號聯運行李清單一份。所有掛號聯運之行李票號數及行李種類。須逐一開明。俾易辨識。此項清單應交起運車站以及邊界地方各關局查閱。天津常關所派關員或在站上或在車上供職者。並得隨時取閱所有旅客自行携帶之行李。及由鐵路掛號聯運之件。而按照本規則第一條規定稅務機關不能認為掛號聯運旅客之行李者。無論其運往邊界或由邊界運入內地。沿途稅關得隨時檢驗。

◉日本修造海底隧道之計畫

▲由下關直達門司

▲路線長六英里

▲需款三千二百萬元

日本鐵路院決於一千九百二十八年開始建築一六英里長之海底鐵路洞。由下關至門司。此項工程預算四年後便可完竣。該二埠以何方法可能直達通車。交通界中人早已煞費苦心籌思此計。於一千九百十一年時。政府曾委紀萊博士計設鐵橋以通該二埠。同時區家那博士亦提出建築海底鐵路洞之計畫。後由鐵道院審核。遂採區家那博士之議。當一千九百十八年第四十一期國會。鐵路院曾提出建築海底鐵洞。需日金洋一千八百萬元。此款亦得國會通過。由一千九百十九年起分十年籌撥。由是已興工測量矣。至一千九百二十四年。始發覺區家那博士之計畫有更改之必要。國會決算之款。亦同時取銷。該項計畫之修改。由門司與下關兩路局會同商議。迨至本年九月八日。已將修正之計畫在鐵道大臣鐵那子爵府中開會討論。亦已決定。准明年便興工建築。該項工程。議由下關方面之哈塔島（譯音）站起。建一鐵橋。橫渡小瀨戶小海峽。而入廣島。然後在阿耶左（譯音）大海峽建設海底鐵路洞。通至九州地方。與幹路相接。至採用何種海底鐵路洞。現在主張仍未一致。當事人刻正研覓採

用管法或地洞法。若建設雙軌地洞。需日金三千二百萬元。如採用管法。只需日金二千萬元。一俟決定採取何法。鐵道院當即請款。以便興工云。

●世界各國航業之消長觀

倫敦特訊。據萊地士之統計册所載。世界上之航泊物。至六月終為止。計有六千四百七十八萬四千噸。此項數中。英國各海島所占有者計一千九百四十萬噸。合去年全世界所增之噸數。計六十一萬八千噸相較。而本年所增有一十四萬三千噸。美國之額數約減五十萬噸。而英國較之去年所增三十一萬五千噸。則較減四萬一千噸。自一九二四年六月至今。汽船及電船之最大增多者。計美國增九百五十萬噸。日本增一百二十五萬噸。意大利增一百七十二萬噸。法國增十四萬二千噸。荷蘭增一百零一萬噸。美國各地增一百零五萬七千噸。美國各地較之一九一四年已增加二巴仙。而各外國增有六巴仙、惟德國減少二百零七萬三千噸云。

◉英倫開電話五十週紀念會

▲為蘇格蘭人比爾氏所發明

倫敦通訊。發明電話之鼻祖比爾氏。乃蘇格蘭人。一八四七年三

月三日生於蘇首府愛丁堡。畢業於蘇英京各大學。一八七〇年偕父徙宅於美海加拿大。閱二年。任士[illegible]大學聲音科教授之職。由此遂得種種傳聲之經驗。乃於一八七六年發明電話。嗣再發明留聲機及電話攝影機。生平對於電學之著作甚多。而於聾啞學尤爲擅長。各國大學多賜以高等榮銜。明考其所以能致此者。實因其妻不幸聾而不聞。然夫妻情篤。乃苦心研究。欲發明一物。而能使其聾婦聽聞者。不期試驗之結果。竟能因此而發明電話也。遂在美國領取特許專賣權。一八七七年。携同其新發明品離美返英。而英國之第一所電話公司遂於翌年六月註册開辦。至一八七九年八月。始正式營業。其時民智未開。能知其利者少。是以英京用戶之數不過十家左右而已。今年六月二十四日。英國勒格比地方之電商會發明電話五十週年之紀念大會。以表揚比爾氏偉績。復將五十年來電話之進化史詳細演講。而又以無線電宣傳機遍傳於天下云。

●歐亞鐵路聯運會議

▲出席者十三國

柏林訊。柏林歐亞鐵路聯運會議出席者共十三國。協議由巴利不魯捨爾柏林羅馬巴拉叩各城至琿春北京上海東京各處運價。計由柏林至東京七千五百英里。僅行十二日卽能達到云。

●歐亞聯運票價

哈爾濱通訊。歐亞聯絡運送。自經今昨兩年之兩次會議後。各路車輛之設備。益進完善。而各國邊境之換車。亦甚敏速。歐亞旅行之客人。莫不極稱便利。兹將最近規定之由哈埠至歐洲各國之旅客票價探誌如下。

由哈至柏林一等一百九十一元。二等一百六十元。三等七十元。

由哈至列甯格勒一等一百九十元。二等一百三十元。三等五十三元。由哈至倫敦一等二百二十五元。二等一百七十四元。三等八十九元。由哈至莫斯科一等一百四十元。二等一百二十元。三等五十五元。由哈至巴黎一等二百十六元。二等一百七十八元。三等八十二元。由哈至羅馬一等二百十六元。二等一百七十六元。三等八十元。甲哈至瓦爾薩一等一百七十三元。二等一百四十七元。三等六十三元。

以上票費均係美金。幷含有急行寢台等費。又西北利亞急行列車。凡旅客所帶行李每人以三十二基羅格蘭姆爲限云。

●蘇夷士運河往來船數調查

▲及裝載重量表

一九二五年蘇夷士運河來往輪船裝載量比一九二四年多百分之五十八。茲將一九一二至一九二五年輪船來往回數及裝載重量表如左。

年號	輪船經過回數	裝載貨物數噸
一九一二年	六	二四〇〇〇
一九一三年	三八	六四〇〇〇
一九一九年	七七	三四七〇〇〇
一九二〇年	一〇五	四三七〇〇〇
一九二一年	一一〇	四九六〇〇〇
一九二二年	一六九	八一〇〇〇〇
一九二三年	一九四	八九八〇〇〇
一九二四年	二三五	一〇八九〇〇〇
一九二五年	三二四	一七二〇〇〇〇

據上表觀之。一九二五年輪船裝貨總噸數比一九二四年多六三一〇〇〇噸矣。

●美人發明飛行汽車

舊金山訊。美國俄[illegible]市住有發明家名摩亞氏。以製造飛機爲業。近日發明一種飛行之汽車。該車於飛行時則伸張兩翼。下地時則將兩翼摺起。自由駛入停車場。飛行時可載搭客兩名。及駕駛員一名。該發明家現擬製造此種汽車銷售云。

●上海英倫間之飛行

▲明年可以正式載客

德人發起之上海倫敦間之飛行。因去夏試飛一度之成績頗有希望。今年起將繼續再試飛數次。大約明年可以正式載客。去年之試飛。祇聞柏林至北京止。航綫原定自庫倫直達北京。時正戰事。改由北滿繞道而來。將來正式飛行。決取直綫。以省時間。據德國飛行工程師云。今年試行之機。將有中號可載卅人者。仍係金谷氏自倫敦至上海。飛行所需之時。約七十二時。行程約六日左右。如能夜間亦飛。則爲時更少。約二日半至三日。目下最速之交通。自上海而北京莫斯科以至柏林倫敦。均乘火車。非十七日不可。今年各國採行新章。巴黎至北京之時間。可望減至十二日。然而飛行比較相差尚遠。至於旅費。飛機祇比頭等火車貴一二成。乘客欲求其速達目的地。決不計及此一二成之增加。將來此航空線如成事實。將由英法德俄華五國合辦。因所經之地。有五國之廣。中國方面。自俄邊界起至上海。上海已有八組一公司。承辦售票及飛行之事。將來所用飛機有大小二號。大者可乘客百人。

小者三十八。加快郵件。均可由飛行遞送今年之試飛用三十客之機。聞德國方面已在趕造此號飛機五十架云。

◉本年全世界航業同陷困境

▲比歲首約增百分之四

吾國內戰蔓延。航務大受影響。招商局已被迫停航。其他各華輪公司。無論其爲江輪海輪。或內河小輪。亦多被波及。不可謂非航運界之阨運。惟査世界遠洋航業。今年同陷於航境。不特航業爲然。凡與航業有關。如造船業等。無論何國。均覺不甚順手。例如無貨可裝之專走海洋船隻。據査本年七月一日全世界達六百零八萬六千噸。比歲首約增百分之四。茲錄各國現有及歐戰初期之海運船隻總噸數於下以資參考。(單位千噸)

國別	民三	本年	增加
英國	一一•八九一	一九•二四六	三七二
英屬	一•六三二	二•六八九	一•〇五七
丹麥	七七〇	一•〇四九	二七九
法國	一•九二二	三•三二四	一•四〇二
德國	五•一三五	三•〇六二	減二•〇七三
希拉	八二一	九二二	一〇一
荷蘭	一•四七三	二•五五三	一•〇八一
意國	一•四三〇	三•一五〇	一•七二〇
日本	一•七〇八	三•九六八	二•二六〇
挪威	一•九五七	二•八〇七	八五〇
西班牙	八八四	一•二九五	二四二
瑞典	一•〇一五	一•二九五	二八〇
美海運	二•〇二七	一一•三九二	九•三六五
美湖運	二•二六〇	二•三四八	八八
其他	三•四七九	三•七二三	二四四
總計	四五•四〇四	六二•六六二	一七•二六八

◉日本政府補助民有鐵路成績

東京特約通訊。日本政府對於全國鐵路除重要之路線由政府直接修築外。其他地方支線均委之民辦。對於民有鐵路路公司營業分紅太少者。政府酌量補助之。十餘年來補助之成績如下。

年度	鐵路數	里數(英里)	營業分派利率	政府補助利率
民國元年度	二	四六	一•七	三•八
二年	一〇	一九三	二•五	二•八
三年	二八	三八五	一•六	三•六

四年	五〇	六五六	二•一	三•四
五年	五九	七三四	三•五	三•〇
六年	七一	八三二	四•一	二•〇
七年	七三	八〇八	四•五	一•七
八年	八〇	八八一	三•六	一•七
九年	七八	八六二	四•七	一•三
十年	七六	八七六	五•五	一•八
十一年	八一	九三一	五•〇	二•七
十二年	八五	九三六	四•三	三•二
十三年	八六	九五二	三•五	三•六
十四年	九二	一〇一七	三•四	三•九

其補助之利率標準。大概按照全國金融趨勢以合適合。

●日本全國官私設立無線電台調查

東京通訊日本遞信局調查報告日本全國官私設立無線電局。所共有一千一百餘處。其主管分別如下。

所管	陸上	船舶	合計
國內			一〇三二
台灣	三八		一四
		一四八	
南洋	七七	無	七七
關東州	一三	二九	四二
朝鮮	八	二	一〇
合計	二六四	八四四	一一〇八

下表示日本無線電台發達之速。

年次	施設數	年次	施設數
明治四十二年	一五	大正六年	三六
大正十年	四〇一	大正十五年	一一〇八

●英國航業霸權漸替

英國海上航業霸權十餘年來。竟被美利堅所奪有。下表示世界各國航業今昔之比較。

國名	民國三年 千噸	民國十五年 千噸	增加噸數 千噸
大不列顛及愛爾蘭	一八•八九二	一九•二六四	三七二
英國屬地	一•六三二	二•六八九	一•〇五七
丹麥	七七〇	一•〇四九	二七八
法	一•九二二	三•三二四	一•四〇二
德	五•一三五	三•〇六二	減少二•〇七三
希臘	八二一	九二二	一〇一

荷蘭	一•四七二	二•五五三	一•〇八一
意大利	一•四三〇	三•一五〇	一•七二〇
日本	一•七〇八	三•九六八	二•二六〇
挪威	一•九五七	二•八〇七	八五〇
西班牙	八八四	一•二九五	二四二
瑞典	一•〇一五	一•二九五	二八〇
美	四•二八七	一三•七四〇	九•四五三
其他各國	三•四七九	三•七二三	減少二四四
合計	四五•四〇四	六二•六一二	一七•二六八

民國三年時。美國商船噸數。占世界總額百分之九。今則增爲百分之二十二。英國民三以來。海上商船噸數。由百分之四十一。跌至百分之三十。

據本年十月一日美國航政調查局之統計。該國航行於海洋中之商船。在千噸及千噸以上者共二千一百卅艘。計一〇•六四六•七六四噸。其中私家所有者。一千二百十五艘。計五•八四七•七七六噸。國家所有者。九百十五艘。計四•七九八•九九八噸云。

●美歐亞各國航空實力比較觀

交通消息

英京特約通訊。中國除海陸軍外。航空軍正在積極擴張。各國最近軍用飛機數目如下。

國名	飛行機數目	在製造中者	駕駛飛機官	兵卒	預備飛行員
法	一•二五〇架	二•五〇〇架	一•九七四人	三四•四三二人	二三•一八四人
美	七五〇	一•二〇〇	一•六〇四	一三•二〇四	一•四七三
意	六〇〇	八〇〇	七五三	一〇•六五七	九五三
英	六〇〇	一•〇〇〇	三•二六二	二六•五六一	三•一四五
日本	四〇〇	六五〇	九八三	六•八五三	七四

●世界鐵路途程之統計

地名	全世界	歐洲	美洲	亞洲
全地鐵路哩數	七三八•五七七	二二七•四四〇	三六九•八三九	七五•八九四
國有鐵路哩數	二七九•七三一	一三三•三九八		五七•三五三
每百平方哩有鐵路數		五•九	二•四	
每英里人口	二•二四〇			二•四四一

●亞洲各國鐵路長途計算

俄	六•三四一英里	西比里亞及阿剌伯	三•八二〇英里
中國	六•八二二	法屬印度	一•八七八
日本連高麗	一〇•三六二	暹羅	一•四二〇

印度 四〇・四〇一 菲列濱 二五〇
錫蘭 七三〇 里藩的求里 五九
波斯 三五〇

叢載

會計法三年十月二日法律第三一號・十月三日政

第一章 總則

第一條 政府會計年度以每年七月一日開始次年六月三十日終止

等二條 每年度歲入歲出之納事務其整理完結之期不得逾次年度十二月三十一日

第三條 國家之租稅及其他收入爲歲入一切經費爲歲出歲入歲出均應編入總預算

第四條 各年度歲出定額不得移充他年度之經費

第五條 各官署除法令有特別規定外不得另有儲金

第二章 預算

第六條 歲入歲出總預算應於上年度提交立法院除因必不

可免之經費及本於法律或契約所必需之經費致生不足外不得提出追加預算

第七條 歲入歲出總預算分經常臨時二門每門須分款分項總預算於提出立法院時附送參照書類如左

（一）各官署所管歲入預計書區分爲款項目（二）各官署主管歲出預計書區分爲款項目（三）前會計年度之歲入歲出現計書但以能於上年六月三十日截止者爲限

第八條 預算中應設左列預算備金

第一預備金 第二預備金

預算內所生不足之數係必不可免者以第一預備金充之遇有預算外必需之費用以第二預備金充之

第九條 支用預備金須於次年度立法院開會時求其承諾

第十條 政府於歲計必要時得發行短期國庫證券短期國庫證券發行之程序以敎令定之

第三章 收入

第十一條 國家之租稅及其他收入依法令之規定徵收或收納之

無法令上確定之該管官吏資格者不得徵收國家之租稅或

收納其他之收入

第十二條　各年度歲計有剩餘時之款轉入次年度歲入出納完結年度之收入及其他預算外一切收入均編入現年度歲入

第十三條　因誤付透付及依法令預付估付墊付所繳還之款在出納期完結以前仍歸入原經費定額內在出納期完結後編入現年度歲入

第十四條　各官署所管一切歲入統由國庫收入之

第四章　支出

第十五條　每會計年度內政府應支一切經費之定額以該年度歲入充之

第十六條　各官署長官不得於預算所定用途外使用定額或將各項定額彼此流用但各官署因特別情事有流用各項定額之必要時應聲叙事由呈請大總統核辦經大總統認為必要准其流用者不在此限

各官署所管一切歲入不得於未交國庫以前先行使用但法令有特別規定者不在此限

第十七條　預算定額之使用由財政部對於國庫發支付飭書財政部依法令之規定得委任相當之官署發支付飭書

第十八條　支付飭書違背法令者國庫不得支付

第十九條　財政部及其所委任之官署非對于國家之正當債權人或其代理人不得發支付飭書

第二十條　左列各款經費由財政部委任主務官署及政府指定之銀行發給現款時得發預付之支付飭書

（一）國債之本利（二）軍隊軍艦或官有船舶經費（三）在外各公署之經費（四）前款以外凡在外國支付之經費（五）交通不便地方及未設定國庫地方所支付之經費（六）各官署常用雜款每年不滿五千圓之經費（七）無確定地點之辦公處所需之經費（八）各官署直接自辦工程上之經費但一主務官以付一萬圓為限

第二十一條　凡經費定額為預算內許其展至次年度使用者及一年度內應完竣之工程製造因變故遲延在該年度內不能支訖者均得轉入次年度使用

第二十二條　工程製造及其他事業必須數年竣工定有繼續費之總額者每年度支出剩餘之數得遞次展用至完工年度為止

第二十三條 各官署所管一切歲出統由國庫支付之

第五章 決算

第二十四條 總決算先經審計院審定後提交立法院其分門及款項之次序與總預算同並須開具左列各事項之計算

歲入部

歲入預算額 查定歲入額 已收訖歲入額 歲入虧短額 未收訖歲入額

歲出部

歲出預算額 預算決定後增加歲出額 支付飭書已發之歲出額 轉入次年度歲出額 歲出剩餘額

第二十五條 總決算提出立法院時附送審計院之審計報告書並左列書類

（一）各官署所管歲入決算報告書（二）各官署主管歲出決算報告書（三）各官署主管特別會計決算報告書（四）國債計算書

第六章 期滿免除

第二十六條 凡應納於政府之款經過本年度後五年以內不經政府通知令其完納者得免完納之義務但以特別法令規定期滿免除之期限者不在此限

第二十七條 政府應發之款經過本年度後五年以內未經債權人請領支付飭書或已領支付飭書未經請發現款者免除給發之義務但以特別法令規定期滿免除之期限者不在此限

第八章 工程及買賣貸借

第二十八條 凡政府之工程及財產物品之買賣貸借除法令別有規定外均應公告招人投標但左列事項不在此限

（一）購買及租借物品係一家專有或一公司專賣者（二）政府於工程及財產物品之買賣貸借時應守祕密者（三）凡工程及購買租借財產物品在非常緊要時不及用投標方法者（四）特種之物質或特別之需用須經由生產地製造地或生產人製造人直接購買者（五）非特別技術家不能製造之物品及器械（六）購買租借土地房屋限於一定之位置或構造者（七）訂立工程及購買租借財產物品之合同其價格不滿一千圓者（八）出售官有財產物品其估價不滿五百圓者（九）購買軍艦軍馬（十）試驗所需之工作製造及物品（十一）直接買賣政府設立農工業場罪犯

習藝所或公立各慈善團體生產及製造物品

第二十九條　凡政府之工程製造及購買財產物品不得預付價金但軍艦軍械及其他有特別情形者不在此限

第八章　出納官吏

第三十條　出納官吏掌現款及物品之出納對於現款及物品應負一切責任受審計院之審査

第三十一條　出納官吏如遇水火盜難及其他意外事故致所保管現款物品有遺失毀損時非以必不可免之事實證明於審計院得有解除責任允許者不得免其責任

第三十二條　出納規款官吏不得兼任支付飭書之職務

第三十三條　出納官吏於其所掌收支事務有關係之工作物品不得包辦

第九章　附則

第三十四條　凡特別事項不能依據本法者得設立特別會計特別會計別以法律定之

第三十五條　政府得指定銀行命其管理金庫出納事務

第三十六條　本法施行規則以教令定之

第三十七條　本法自公布日施行

本報投稿簡章

（一）凡關于經濟之「論著」「調查」「譯述」等稿不拘文言白話均所懽迎尤望海內經濟名宿隨時俯賜鴻著

（二）投寄之稿望繕寫清楚幷加圈點

（三）稿請註明姓名校外投稿諸君幷請註明住址以便通訊至登載時如何署名聽投者自定

（四）譯稿請將原文題目原著者姓名書報原名日期詳細敘明如能將原文附寄者尤佳

（五）來稿無論登載與否如聲明須寄還者概得寄還

（六）投寄之稿本會得酌量增刪其不願他人增删者請于原稿註明

（七）投寄之稿俟登載後每篇贈閱本報一份校外投稿者贈閱全年

（八）稿件請寄上海南洋大學經濟學會編輯科　沈奏廷君收

中華民國十六年三月一日出版　（每學期三期）

經濟學報第二卷第四期

售大洋二角

編輯者　南洋大學經濟學會

發行者　南洋大學經濟學會

印刷者　中國印刷廠　上海新閘路福康路　電話西二五七九號

廣告價目

地位	全面	半面
封面之背	十五元	
底面	十八元	
底面之背	十五元	七元
其他	六元	四元
封底面之左右	十二元	

廣告概用白紙黑字如用彩色及繪圖刻圖價目另議連登價目從廉

本刊價目表

每期	大洋二角
半年三期	大洋六角
全年六期	大洋一元二角
每期郵費	本埠一分　外埠二分

◎附告　凡轉載本報文字務乞註明『轉載南洋大學經濟學會經濟學報』字樣爲要

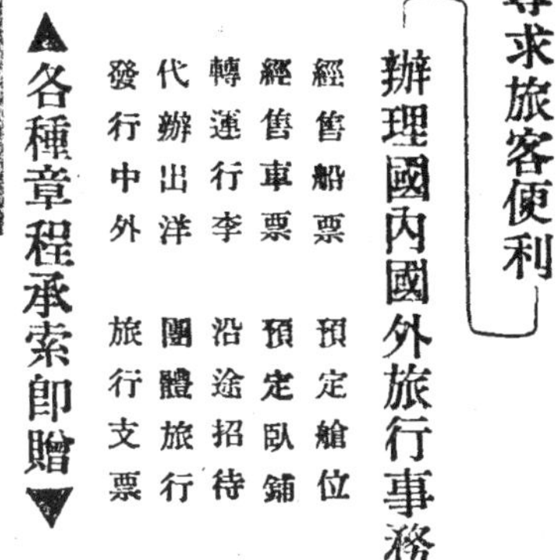

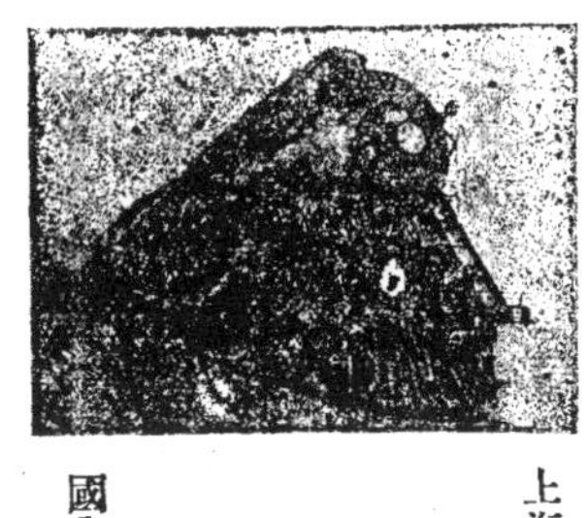

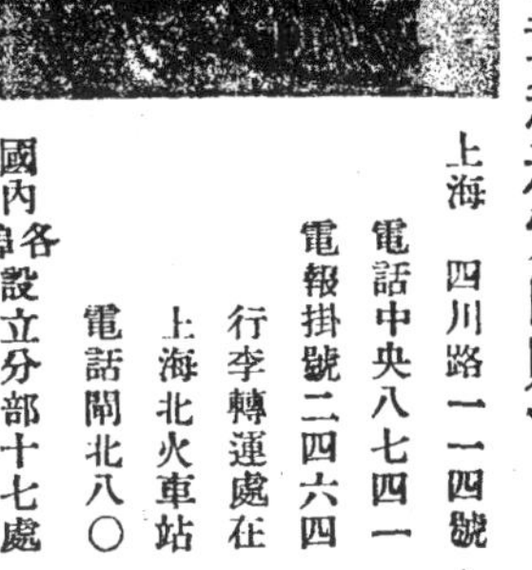

When You Travel, in China or Abroad:

OUR SERVICE MEANS YOUR CONVENIENCE

We Book Steamer & Rail Tickets

Reserve Cabins & Sleeping Car Berths

Transfer Baggage at various Stations

Issue Chinese & Foreign Traveller's Cheques

Supply Tourist Information

PLEASE APPLY TO

SHANGHAI OFFICE:	BAGGAGE BOOTH:
114 SZECHUEN ROAD	SHANGHAI NORTH STATION
PHONE: C. 8741	PHONE: CHAPEI 80

CABLE ADDRESS: "COMSAVBANK"

TRAVEL DEPARTMENT

THE SHANGHAI COMMERCIAL & SAVINGS BANK, LTD

Douglas

GET IT NOW

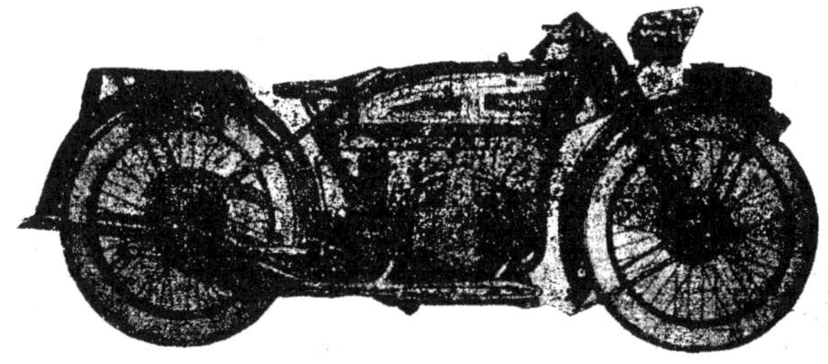

Peudine Championship held over Bank Holiday
Won the following events:

solo T. T. Race
First

Side car T. T. Race
First

30 miles solo Race
First

1 miles sprint Race
First

The leader of 1926

Airland LTD.
V. 234-5 YATES R'd
Shanghai
TEL. W. 4335

恆泰

中國最著名西裝成衣舖

本號自運歐美高等呢絨套頭衣料精製各種禮服西裝衣着承辦海陸軍裝並售西裝附屬用品以及各式呢帽草帽一應俱全價目之廉式樣之新久爲各界人士所推許如荷光顧竭盡歡迎

美租界北四川路六十八號
(即愛普盧影戲院北首)
電話北四千〇六十九號

本報前二期要目

第二卷第二期

各國汽車統計圖
各國鐵路哩數統計圖
各國每百方哩鐵路哩數比較圖
各國每萬人鐵路哩數比較圖
中日商約修改之必要……………………………………馬寅初
工場委員制……………………………………周增奎
三十年來我國之經濟趨勢……………………………………華　立
我國歷代國家財政之得失觀……………………………………章作霖
修改商約中之外人土地占有權問題……………………………………沈奏廷
抵制英貨具體辦法……………………………………史魍展
學校儲蓄之銀行功用……………………………………貢乙青
美國最近棉業情形……………………………………榮溥仁
坎拿大粉麥業之概狀……………………………………榮偉仁
上海日紗廠工人之工作與工資概況……………………………………榮溥仁
我國物價之上漲是否經濟上之進步……………………………………沈奏廷

第二卷第[illegible]

銀價騰落與中國國外貿易……………………………………邱誚聯
中交兩行發行輔幣券之利益……………………………………華　立
煙兌業反對輔幣券駁議
世界金產額減少後之金價……………………………………榮偉仁
工場委員制……………………………………周增奎
銀價跌落之前因後果……………………………………華　立
日金解禁之前提……………………………………諫　初
實行金本位制之新途徑……………………………………沈奏廷
釋金融……………………………………貢乙青
我國粉業觀……………………………………榮溥仁
人造絲輸入之將來……………………………………沈奏廷
證券交易清算單與物品交易清算單之比較……………………………………諫　初
匯劃之意義……………………………………王志莘
各國汽車統計表……………………………………孫詠沂
經濟消息　交通消息
江蘇省契稅章程

本會其他出版物

經濟學報

創刊號

本期目錄

發刊辭……鍾偉成

世界經濟大勢……馬寅初講

德國經濟大勢……黃蔭萊講

東北鐵路問題……陳廷炯講

最近世界航運之趨勢……熊大惠

一個美國鐵路的設備品折舊記帳法……沈奏廷

價值論……宋孝璠

鉄路公路與國防……劉世中譯

標金與外匯……范平鎬

國際貿易與關稅政策……袁永祝譯

中美貨運單據及簿記之比較……汪鑑衡

鐵路貨運單據概述……桂香先

中國之民用航空……黃寬劍

號誌之理論與實際……王萊

國立交通大學經濟學會出版

中華民國二十二年三月

本會出版物一覽

A. 定期刊物

1. 經濟學報（南洋時代）

2. 經濟週刊（時事新報副刊）

3. 經濟週刊（自第一期至第六十期，單獨發行）

4. 管理學院院刊（二期）

B. 書籍

1. 全國鐵路概要（一册）

2. 經濟論叢（上下二册　廣益書局印行）

3. 經濟新論（上下二册　廣益書局印行）

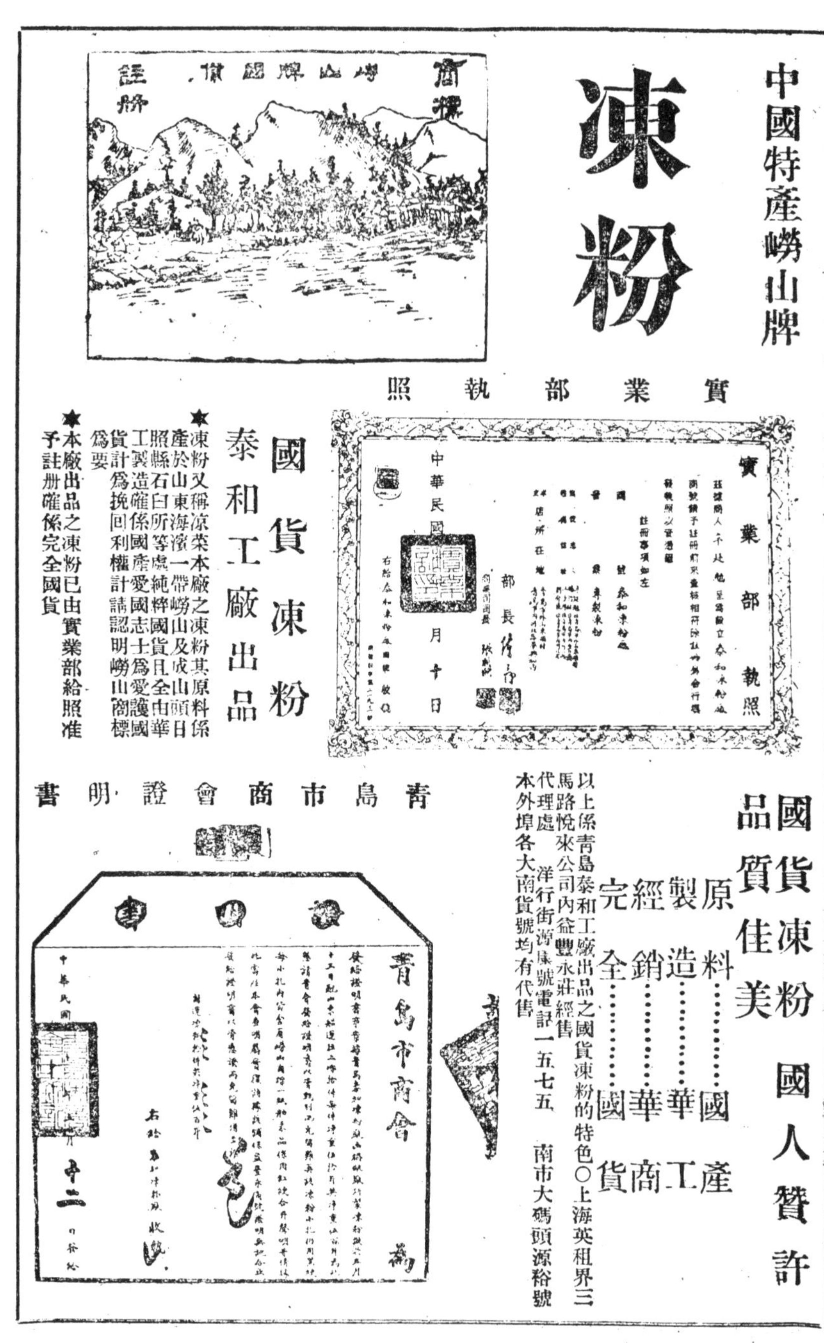
中國特產嶗山牌
凍粉
商標
嶗山牌國貨
註册
實業部執照
實業部執照
部長
中華民國
月
十日
國貨凍粉
泰和工廠出品
★凍粉又稱涼菜本廠之凍粉其原料係產於山東海濱一帶嶗山及成山頭日照縣石臼所等處純粹國貨且全由華工製造確係國產愛國志士爲愛護國貨計爲挽回利權計請認明嶗山商標爲要
★本廠出品之凍粉已由實業部給照准予註册確係完全國貨
青島市商會證明書
青島市商會
國貨凍粉
品質佳美
國人贊許
原料……國產
製造……華工
經銷……華商
完全……國貨
以上係青島泰和工廠出品之國貨凍粉的特色○上海英租界三馬路悅來公司內益豐永莊經售
代理處 洋行街源康號電話一五七五 南市大碼頭源裕號
本外埠各大南貨號均有代售

青島

貫華凍粉廠國貨凍粉

本廠置備新式機器聘請專門技師採辦國產石花菜爲原料精製純粹國貨凍粉經前工商部註册立案證明又蒙實業部發給國貨證明書等在案早經行銷各地頗蒙各界嘉許確駕舶來品有過之無不及誠恐尚有未經銷售之處誤爲外貨特此愼重聲明以免誤會愛國同胞倘荷賜顧務希認明青島山商標庶不致誤

青島貫華凍粉廠謹啓

總經理青島源慶恒號

上海 經理源餘海味行

法租界舟山路十二號
電話八〇八八一號
電報掛號〇八八八一號

交通大學學生自治會

消費合作社

文具部
中西文具 定價低廉

熱食部
經濟客飯 美味點心
清潔衛生 快來嘗試

糖果部
新鮮水菓 上等糖食

商務印書館復業後新出版

經濟學書

經濟學史（漢譯世界名著） 一册 二元五角

胡澤 許炳漢譯 著者J. K. Iagram爲英國歷史學派之中堅人物，本書乃其一生研究之結晶。其特點在敍述簡明，對於各家學說之精萃，均分別道出。此從Scott最近增補本譯出，清順可讀。

馬寅初經濟論文集 第一集

馬寅初著 一册 二元五角

本集包含論文四十四篇，多爲關於近年來我國經濟政策、經濟立法，經濟問題之作；他如世界經濟大勢及戰債賠款之緩付等問題，亦復論及。讀者欲知馬博士對於國內外經濟發展之最近言論，當於本書中求之。

歷史學派經濟學 一册 五角

朱謙之編歷史學派經濟學，乃純用歸納方法，故爲最合科學之經濟學。本書除說明歷史學派之根本概念外，又將歷史學派與古典學派及馬克思派的異同，作精密之分析；而於歷史學派中各種經濟發達階段說，亦敍述綦詳，並加以批評。

社會經濟學撮要（社會科學叢書）

Gusav Cassel著 林光澂譯 一册 三角

歐洲戰後經濟史

W. R. Sharp著 林光澂譯（卽出）

蘇俄制度汎繫制度及資本制度

George S. Counts等著 林光澂等譯（卽出）

經濟生活……劉南陔著（卽出）

中國新工業發展史大綱 一册 一元

龔駿編本書敍述鴉片戰爭以後中國新工業發展之現象及其因果，分列六個時期，直至最近爲止。內容以製造業爲主，兼及與農商運輸牽涉之各業。取材切實，系統分明，所採統計數字，尤正確可靠。

中國土地制度 陳登元著 一册 一元六角

書凡十九章，二十餘萬言。起自皇古，迄於今時。取材於正史各食貨志及九通，旁及四部諸書與近代雜記報章，鉤稽博採，費數年心力而成。自中山先生民生主義注重平均地權，學者對於歷代地制，仍未有完善之書可以備考。此書尙係創作，徵引精詳，評論明允，足資當世快覩也。

中國古田制考（國學小叢書） 謝无量著 一册 三角

◀ 商業小叢書 ▶

經濟常識……劉光華著 一册 三角

商業事務常識 李培恩著 一册 七角

貿易……H. J. P. Beaa著 陳長津譯 一册 二角

中國典當業……楊肇遇著 一册 二角半

實用簿記 W. M. Cole著 鄒祖烜譯 一册 四角

新學制高商 **商業學概論**……孔士諤編 一册 九角

公司財政（百科小叢書）……孔滌庵編 一册 四角

英文商業科講義 **銀行實踐** Baakiag Practice……朱彬元著 一册 三元

家計簿記……杜賡堯著 一册 一元

▲45-22;3

中華書局最近出版

經濟學參考書

社會科學叢書之一

社會學與經濟學

▲龍家驤譯 一冊 七角

一冊 七角

原著者René Maunier爲法國著名社會學家。本書分別討論社會學與經濟學的關係，除專論社會現象的定義與社會現象的分類外；又敘述從來學者對於經濟學與社會學之關係所發表過的意見，并分別討論經濟學與社會形態、法律、道德、語言、藝術、宗教、技術諸學科之關係。

世界產業大全

▲牧野輝智著 馮達夫譯

二冊 二元

本書內容分農業、畜產業、林業、水產業、鑛業、工業六編，把世界上之各種產業，詳細敘述。每種產業，先略述其發展大勢，次詳述現在各地生產的情形，並說明其地理背景。

產業革命史

▲凌璧如譯

五冊 二元四角

本書凡三十餘萬言，內容包含英、美、德、法、俄五國的經濟史，闡述各國自古代至現代的社會組織及經濟制度的變遷，詳明切要，可供一般研究經濟學者的參考。

產業革命史

▲上田貞次郎著 鄭誠譯

一冊 一元

全書凡二十萬言，分兩大部：第一部爲產業革命史論，第二部爲產業革命史研究，對於產業革命之由來與經過，俱以事實爲根據，反覆剖釋。書末附有參考書目及產業革命史年表。

蘇俄五年計劃概論

——五年計劃的理論與實際——

▲周憲文編

一冊 五角

本書所討論的中心問題，就是：一蘇俄五年計劃有何理論的根據？二蘇俄何以要有這五年計劃？三蘇俄五年計劃的內容如何？四蘇俄五年計劃何以會成功？五五年計劃成功後蘇俄的情形怎樣？編者純以客觀的態度，自理論以至實際，把整個的五年計劃，赤裸裸的介紹出來。

消費合作社之理論與實際

▲于樹德著

一冊 七角

本書詳述消費合作社之理論與經營，凡關於消費合作社之意義、利益、原則、歷史、以及一切經營方法、章程細則、應用書類等等，均詳述無遺，實爲辦理合作社者之良好導師。

發刊辭

經濟戰爭的戰略

今日之中國、一大戰場也、有武力之戰、有經濟之戰、武力之戰、敵人卽日本之飛機大砲、而經濟之戰、敵人則爲日貨、武力之戰、敵人尙在東北、經濟之戰、敵人已深入內地、故經濟之戰、較武力之戰、尤爲重要、吾人試以都市等於營盤、關稅等於溝壘、國貨等於鎗砲、交通等於戰線、工廠商店等於武庫、銀行錢莊等於後路粮台、行政長官等於主帥、羣衆等於小卒、而經濟學識之宣揚、則爲最效之戰略、今觀吾國所謂營盤如何、溝壘如何、鎗砲戰線如何、主帥小卒又如何、思之眞不寒而慄、此實有關我國眞正存亡問題、而有待於舉國上下共同籌謀者也、本校經濟學會、正爲求經濟常識之普及、將按期發行學報、索發刊詞于余、敬書右句付之、以達未盡之意、

鍾偉成 二二，二，一．

獻給

交通大學鐵道工業展覽會

世界經濟大勢

馬寅初博士講授
學生黃寶楓筆錄

第一講　人口論

一、人口問題（Population）

人口問題，是人類政治經濟上最大之問題，此為現代經濟學者所公認之事實，蓋一切政治經濟之設備與研究，乃為人而設，而人口問題實為人類之最大問題也。考湯姆遜（Thompson）之人口問題一書（population problem），於一九三〇年出版，其中內容，不無可資參考和研究，而於各項統計，更詳加修正，大概頗為可靠。其首三章，係重申馬爾塞斯人口原理（a restatement of Malthus' principle of population），其餘為其個人之論斷（Thompson's criticism）。

馬爾塞斯曰，人口增加，是幾何級數；而物產之增加，是數學級數；又曰，世界人口，若任其自然增加，毫無限制，當二十五年而一倍，考馬爾塞斯理論，歸納言之，卽一切生物，皆有增加到無以為養的趨勢，而馬爾塞斯氏又謂此種現象，今日尚不顯見者，蓋世界人口，咸受種種限制故也。人口增加之限制，大別為二：

（1）天然限制（Positive check）

（2）人爲限制（Preventive or Negative check）

天然限制，如饑饉，災荒，戰爭，疾病，瘟疫等是。人爲限制，如遲婚，減育，墮胎（abortion）等是。

當是時馬爾塞斯以爲天然限制，酷而不仁，消人滿於已然，在增高人類之死亡率，恆增加人類之痛苦，而人爲限制，利而無害，防人滿於未然，在減低人類之生育率，恆增加人類之福利，與其多育，而以多育而多亡，不如少育而少亡爲佳。故爲人類福利計，莫如行人爲限制，蓋一旦天然限制盛行，人類之銳減必劇，則影響人口問題，洵非淺鮮。

詎不料工業革命之後，一切「天然限制」，可消弭於無形，因藉機械動力之萬能，生產激增，又藉交通設備之完善，運輸暢通，於是饑饉等災象，日漸減少。至於疾病及瘟疫等，則因醫生之設法預防，努力診治，可告無虞，此馬爾塞斯所未嘗計及也。

馬爾塞斯氏，所提示之人爲限制，在工業革命以後，反見日趨嚴重，流弊百出，遲婚（late marriage），墮胎（abortion），此固馬爾塞斯氏所提示之「人爲限制」也，但因違犯法律，恐遭譴責，故今人另有巧妙方法，使之不受孕（contraceptive），則違犯法律之罪可免（there is no crime committed）。或曰，此法或有流弊，蓋一旦相傳成習，而需要多量人口時，恐難以挽回矣。

但此類事實，在馬爾塞斯時，因彼未聞未見，故容有不同之處，並非馬爾塞斯之誤也（no mistakes for Malthus could not foresee the condition existing to-day）。

當馬爾塞斯之時，適工業革命開始，一切機械萬能，盡量發揮，故人口雖增，而生產力亦因機械能力之輔助而日增，故人口不特不成嚴重問題，而人類之生活，亦且反見舒適，如生活程度提高(raising the standard of living)，人人享受快樂(every body enjoys happiness)，以此事實，與馬爾塞斯之理論相較，似覺相左，蓋馬氏所謂人口愈多，困苦(hardship)愈甚也。因此或以爲馬爾塞斯之理論有誤，其所持之理由，爲現在之人口，遠較馬氏時代更爲衆多，而食物反較馬氏時代爲豐，不特無所謂憂慮與痛苦(no misery and hardship)，而反可得一優適之生活也(it leads an easy life and high standard of living)。

惜乎，彼批評馬爾塞斯人口原理者，見其一而未見其二，固未注意於馬氏原理之所以未見明顯實驗者，蓋有故也，因人類於工業革命時，利用科學萬能：

1. 應用機械效能，製造工業物品，採取大地寶藏(Machine power applied to the manufacture of goods and applied to the extraction of goods from mine)——因此生產既多，物品增益，人口之膨脹，得以維持，不特如此，且有餘裕，於是工業革命之後，馬氏人口原理，爲其延緩(industrial revolution postpones the operation of Malthus principle)。

2. 應用交通便利，暢通運輸事務(Development of transportation and comunication)——以某處之所有，供某處之所無，苟調節有度，饑饉災荒戰爭等不幸事件，日可減少，以是所謂「天然限制」，無形消釋。

科學進步，一日千里，交通利器，日新月異，巨艦艨艟，噸以萬計，遠涉重洋，不以爲異，至若先進諸國，鐵道路綫，密如蛛網，汽車運輸，追風逐電，而天空飛機，更爲本世紀所稱道，憑風而翔，御風而行，故舟車所至，人力所通，朝發夕至，無遠弗屆，向之所謂膏腴沃壤，因遙遠而成荒遐絕塞，今則交通便利，開墾有人，一變而爲桃源樂土，此所以戶口蕃息，無以爲限。

不特此也，通信簡捷，遠勝往昔，有綫無綫，電報電話，一室設機，萬戶通問，遙遙數萬里，曾不崇朝而四播，今日商業之所以特別繁榮者，電力傳佈商情之功，最爲偉大也。

至於農產品亦然，昔時交通不便，某地所需之一切物品，均須本地生產，以至成本容有不利，大背經濟原則，今則不然，農夫可擇其所長者，成本較廉者生產之，因有舟車爲之調節，不患無所取償，而分工合作之利，又見於農業界，此不可謂非農業革命也。

他若灌溉(Irrigation)，亦有科學方法，如英人在埃及建築水閘，雇工專司啓閉，以便水利，而免水旱之患，不毛石田，因以而成膏腴沃壤，我國綏遠之民生閘，亦本此意，總之，期免饑饉天災，而後如此也。

査英國爲世界唯一之入超國家，而足制其死命者，莫如糧食，而她竟能健全維持者，端賴交通便利、運輸敏捷故也。

今以種田言，尚有一點，可資注意，即向之手工太不經濟(hard labor is not economical)，需人工太多，而所生產之物品，尚不及利用機器所生產者，而今工業革命以後，向之須工人百分之八十者，今僅須百分之五十至二十已足，而所餘之工人，可致力於其他事業，如改進醫道，謀人類衛生，藉以減少死亡率，或有研究生物學、生理學、人學、地質學、統計學、以謀進步，以維人生，所以工業革命以後，不但人口增加，而同時生活程度提高，快樂增進，不但食物足用，而且年有餘裕（surplus），因此馬爾塞斯人口原理，於此似不適用矣。

3.施行殖民政策：考先進各國民族，自十八世紀以來，將南美澳非諸洲領土，併吞殆盡，現今各該國之人民，享有數倍之領土，以供其食物營養，和人口分布之用，所以人口雖較往昔爲多，而不見其患。

以上種種，並非馬爾塞斯人口原理之不合，特因工業革命後，一切機械萬能，盡量發揮，人生快感特高，所以馬氏之原理爲之隱蔽耳，試觀今日承工業革命之後，崇尚自由競爭，資本主義已達相當止境，生產過剩，市場停滯，工廠關門，股券慘跌，銀行倒閉，工人失業，所以値此世界經濟衰頹時季，馬爾塞斯人口原理，不幸又被言中矣。今有一比喻，馬爾塞斯原理之所以一時不顯者，猶人之疾病，一時因醫藥之力，似告霍然，但病根未澈底清治，一旦衰邁，舊病勢必復發，惟遲早間耳。

工業革命後，對生育率（birth rate）有何關係，考馬爾塞斯時，彼以爲食物增多，則人口亦得以增多，如食物不足，則節育爲佳，然則工業革命後，生產量激增，食物豐足，而人口之蕃殖並不若馬爾塞斯氏之預測，且有一種矛盾現象，卽國家愈工業化，生育率愈減少，而生活程度愈提高，此何故歟？蓋人之生活程度係向上而行，旣向上決無下行之理，故爲自身與妻之福利計，不得不遲婚，非不欲多撫子女也，爲子女福利計，不得不減育，人類遲婚數年，卽可少養數子，若旣婚而後，夫婦仍爲多子苦，則宜施道德的節制，總不使子女多而賤，貧而愚，弱而不適於生存，以累及身家社會，故國家一旦工業化，則生產增多，衣食住行在在提高，錦衣玉食，高門大廈，極盡人生之樂事，而同時思及多子多女之累，所以此類思想，以一傳十，以十傳百，終至遍布全國，此所以工業化國家之生育率，日趨減低也。

但此類事實，亦有例外，如意日等工業國家，生育率不特不減低，且日有增加，蓋意日兩國，所持主義不同，而從事於鼓勵人口，此所以山格夫人被拒於日本，蓋有故也，但日本對人口蕃殖，已成問題，本國面積太小，食物不敷，高麗雖爲殖民地，而不適於日本移民，因人口密度更甚於日本，兼以生活程度（standard of living）太低，此所以日本政府另定北行或南行之政策也。

總之，馬爾塞斯人口論，在原則上千準萬確，但略有數項可商之處：

1.馬爾塞斯誤認人口增加，痛苦艱難，一定隨之增加，實則不然。

2.馬爾塞斯誤認千百年後之社會情形，仍如馬氏時代之情形，（he considers the conditions of his time as normal but the conditions existing at any time are normal. Each has its own normality）實則各時代各有其常規，如最初交通利器，以竹筏爲常規，後科學進步，有舟車以代竹筏，則舟車當然爲此時之常規，決不可再以竹筏爲常規，而視舟車爲反常也。

3.馬爾塞斯以爲如無天然限制，則人口決不致減少，實則不然，今日之天然限制，已消釋殆盡，而人爲限制，影響人口蕃殖，反見嚴重，此固馬爾塞斯氏初料所未之及也。

第二講　人口論(續)

上述之人口論，關於移民問題，須由三方面觀察，

一、由移出國的立場上觀察 (emmigrating country)

二、由移入國立場上觀察 (immigrating country)

三、由移民的本身立場上觀察 (emmigrant himself)

茲從各個立場上觀察如有某種利益，於各該立場者則各該立場，即致力於其所定之移民政策，以冀揚彼國光，昌彼民族。

如由移民本身立場上觀察，彼之所以出國者，必因有利於已，而使然，否則，不爲也，往昔之出國，或因政治關係，(political pressure)，或因宗教關係，(church pressure)，而今之政治政見，宗教信仰，均甚自由，故其出國之惟一原因，非政治宗教，而爲經濟問題矣。經濟如能充分，則生活優良，身心安適，爲其本人提高生活程度，利莫大也。但僑居外國，人之心理思想，道德信仰，禮教維繫，均爲環境所轉移，往往與祖國之風俗習尚，迴不相同，而彼本人，雖身處異域，尚不顯著，若子若孫，則無異一外人矣，故移民政策，移民問題，對移民，有利有弊，其本人所身受之利，爲：

(A)　一、享受經濟利益 (economieal benefit)

二、從事生存競爭 (relieve him from poverty)

三、提高生活程度（raising standard of living）

四、解脫祖國之束縛（free from all the restrictions of his mother country）

其本人所受之弊爲：

一、身心精神變易（his spiritual and psychological power is broken down）

二、風俗習尙異趨（traditions are changed and never guide him any more）

三、茫然不知祖國（He is placed in another world. His family is affected greatly and his children are adapted to the new air）

四、道德觀念不同（Morality changes）

（B）茲就移出國（Emmigrating country）方面立論，亦有利有弊。

其利爲：

一、如移出之民，果爲謀自己出路，增進個人經濟，則對於其本國，未始無利，蓋失業問題，可趨緩和，勞資糾紛，因以減少。

二、如本國工人，因移民而減少，則各工人之邊際生產力（Marginal productivity），略可提高。

三、因移民後，人口減少，於是糧食分配，可平均調劑。

其弊爲：

一、由國家培植，而已成就之青壯少年，使之出洋，人才外溢，宛若爲他國培植，在本國不啻造成一項損失。

二、意日等尚武國家，贊助多育壯丁，一旦國民外移，人口減少，窮兵黷武之志，恐難於立現，故移民外出，與尚武國家不利。

三、惟精明果斷，勇於任事之優秀份子，一旦外溢，豈不可惜。

(C)茲更從移入國 (immigrating country) 方面立論，亦各有利弊。

其利爲：

一、他國所栽培之青壯少年，輸入本國，爲本國增加力量不少。

二、尚武國家，尤爲贊助，因人口輸入愈多，募集精壯效命之士愈易，羽檄徵兵，指顧間事。

三、英明果斷，良知良能者，連袂而來，嘉猷定多，故移入國，對於此類人材，萬分歡迎。

但移入國，對移民問題，最大害處，莫若人種之不能調和而釀成雜種，宗教思想，歷史背景，在在不同，因此造成一個不易統制的國家，結果號令不施，統馭無法，諸事叢生，國法傾頹，爲害之烈，無與倫比。

或謂人種愈雜，思想愈周，進步愈速，則國體愈盛。但事實證明，人種複雜，並非良好現象，如滿漢不通婚，以致滿人習俗，與漢人隔離，智識淺陋，能力不足，又如美人與猶太人，永不聯姻，於是永遠隔閡，且人種複雜，往往思想矛盾，難於協調，結果釀成革命事端。更可痛心疾首者，往往在國難當前時，因人種複雜，而不能舉國一致，同禦外侮，可勝浩嘆。故從大體着想，人種宜以純一爲佳。

論世界經濟大勢，所以涉及人口與移民問題者，蓋人口與移民，爲振興工商業之起因，同時又爲振興工商業之結果，今可圖示如下：

{因人口衆多，兼之移民不成}——{所以發展工商業}——{工商業既已發展，生產激增}——{生產品既豐足，人口又因之衆多}

原因（人口問題）　　　　結果（人口問題）

上圖解釋：

（A）人口問題，爲振興工商業之原因。

一、因有人滿之患，所以移民。

二、因移民，而發生種種阻礙，爲維持生活計，所以發展工商業。

（B）人口問題，爲振興工商業之結果。

一、工商業既發達，於是生產激增，人口又因以蕃殖，結果人口衆多，問題又生。

二、於是移民問題，益見重大，移民問題，既見重大，各種爭端，因以發生。

因人口問題，所以謀種種方策，以資補救，而結果仍爲一人口問題，未能解決，成爲懸案，如此週而復始，競爭靡已，於是各國運用各種國際政策，以資應付，結果不幸之事，層出不窮，遂爲釀成國際戰爭原因之一。

世界現有人口，約計拾捌萬萬至拾玖萬萬之間，（1,800,000,000—1,900,000,000），但分佈不均，如亞洲東部，印度及歐美東部，人煙稠密，生計艱難，恐慌頗甚，種種爭執，無時或已，所以移民問題益見重大。

茲將1925年，各國每平方公里耕地之人口密度，列表如下。

(Population density per square kilometer of agricultural land)

法蘭西	178
瑞士	772
意大利	807
德意志	305
英吉利	800
荷蘭	802
比利時	640
英屬印度	205
日本	993
美利堅	85

此表應注意者有數點：

一、每平方公里耕地之人口，雖不同，但須注意其生產力，如生產力大，人口卽多，亦不妨。各國耕地之生產力不同，則單看人口數字，恐不足恃，且易滋誤會。

二、耕地與農地不同，農地大於耕地，因農地包括森林牧場等。而生產地比農地更大，因包括一切礦地及水力等等，所以本表所指者，僅耕地，範圍太覺狹小，故所示人口，大有商酌之處。

茲如單以地分配，則各國每平方公里之人數如下：

法蘭西	74
瑞士	95
意大利	131
德意志	132
英吉利	191
荷蘭	217
比利時	257
英屬印度	89
日本	154
美利堅	15

此係所有之地，統括在內，故每平方公里之密度，較前表爲小。

觀乎前表，或本表，日美之人口密度比例，總是在十與一之比左右，但日本土地之生產力，與美國較，苟亦能如人口比例之十與一之比，則絲毫無礙，若不然，日本國運之昌盛與否，未可逆料也。

因此日本爲維持大和民族生存計，亟謀殖民異域，或發達工商，但工商發達人口愈多，所以終至無可避免，仍須趨移民一途，或向東，或向西，各謀其生，苟向東，美國適首當其衝，但美國比年以來，頗惡外人移民入口，因其本國工人，常受失業影響，即係彼移入之僑工，與之競爭之故，於是美政府爲救濟其失業工人計，即實施移民律，對中日人民，絕對禁止，對歐人，加以限制，（restriction），自頒佈以後，即嚴格執行，日美惡感，因以肇端。

美國工人之工作效力（efficiency）較高，其原因不過爲利用其科學進步，物質文明，管理適當，組織完備，設備優良而已，苟華工，具上述各項條件，亦當成一有效力之工人，不特此也，華人富於耐勞，善於忍苦，故其效力，或較美工倍之，且因工資低廉，故美國工廠，競相雇用，至於華工本身，因生活程度較低，雖所入不豐，而於個人生計，固綽有餘裕，此華工之所以競相渡美，而美政府之所以堅決拒絕，蓋藉以保護本國工人，否則彼美工，不特感失業之患，亦將無以維持其固有較高之生活，而於日本，更形嚴格，蓋日本朝野，飽藏禍心，含有政治作用，早爲美政府所窺破，故爲防患未然計，嚴厲訂律。

一、不許日人購買土地。

二、絕對禁止日人入美（Prohibition）。

美政府對歐人入口，僅以限制，不使過多，今規定以1911年入口人口爲依據，釐訂新章，卽每年入口人數，不得超過該年所入者之百分之二，例如在1890年，英人在美國者有一萬人，今則至多每年入口二百，德有二萬，則僅可四百，其餘依此類推，苟日本亦如歐人之待遇，則年有154人，可以入美，無奈美人卽此區區之數，絕不通融，予以禁止，日人因以大忿，怨言百出，日美惡感種根於此。

考日爲尙武國家，平素驕慢成性，而國內人口，激增不已，因國民崇尙宗祧主義，年有七十萬至八十萬間之蕃殖，卽有意節育者，亦爲法律所不許，故食物一項，恐有不敷之患，蓋日本全國，山地林地占六分之五，耕地僅六分之一，人民容納無方，拓殖大計，因以孟晉，種種陰謀，相繼進行，並曰，爲日本立國計，印度菲律賓，將來非收歸日領不可。

外人移民美國，不特爲美工黨所反對，卽道德上，心理上，亦不能同化，此確係事實，所以美國常厲行考試，藉以禁止外人入口，其辦法如下：

一、經濟測驗（每人至少攜有若干美金）

二、道德測驗

三、常識測驗

以上係入口國之禁止辦法，至於出口國亦利用種種方法，以阻其國人出口，如中國昔時，亦不欲人民出國，今意國亦然，其目的爲人口衆多，則國運更可昌盛。

而出國者本人，亦時遭種種障礙，如遠涉重洋，旅費太貴，此其一也；不忍遠離手足，放棄可愛家庭，此其二也，故所謂移民問題，言之非艱，行之惟艱，如1911至1913三年中，歐洲人口爲450,000,000而實在每年移民，僅1,360,000占全數三百分之一而已，且所移出之民，他日仍有衣錦歸鄉 猶與未移相等，但既歸之後，問題叢生。

一、該人與祖國社會隔離已久，種種風俗習慣，不易陶冶，社會上多一怪現象。

二、如所娶之婦，爲外人，則一切生活更形隔閡，不易同化，經濟負擔太重。

三、所生兒女，國籍發生問題，於政治上法律上，易滋弊竇。

以上種種，均因移民而生之反象，而今有更爲重要之兩個問題在焉：

一、移出國，是否有權利，將過剩人口，移民外國。

二、移入國，是否有承受義務，抑拒絕之。

此兩個問題，確係國際間之懸案，而美國之移民律，固不足爲證，因僅美國所定，與國際無涉，而美國，則以爲此是她的權利，可是所謂權利者，又含有兩種意義：

一、政治上之權利（從移入國方面言），

禁止移民，係國家之主權，主權所繫，不得不行。

二、道德上之權利（從移出國方面言），

拒絕移民，爲道德所不容，增加關稅則亦然。

因此兩個矛盾現象，無以解決，不得不訴諸武力，以爲最後地步，戰端因以激起，但戰爭爲世人所厭惡，此國聯之所提倡合作方式，以和平辦法，藉以解決國際糾紛，或以振興實業，或以經濟援助，但實業既振，經濟既充，人口問題，是否可以解決，實一疑問，如不然則最後一步，仍不得不出之一戰，故曰，和平妥協，爲戰爭朕兆，洵非虛語，且振興實業，須國際間貿易暢行無阻，如有一方，有意阻擾，則進出口即不能平衡，工業化國家，影響更大，因須仰給於人，而又不便强人所行，故國家一旦工業化，其不自由之處有四：

一、食料仰給於人

二、原料仰給於人

三、市場受制於人

四、外洋投資全賴他國之安全

今日英國，即爲此絕佳例子，所以她爲自立計，不得不擴張海軍，以壯聲勢，以冀團結。

（注意：英國原料，並非絕對仰給於人，其煤鐵出口，即可足證，總之，以其所餘，易其所需而已。）

第三講　資源問題

資源問題 (Question of natural resouree)

資源可分爲四種：

（a） 食物問題（food problem）

（b） 燃料問題（fuel problem）

（c） 煤油問題（petroleum problem）

（d） 水力問題（water power problem）

（a） 食物問題（food problem）

食物以小麥（wheat），大麥（barley），燕麥（oat），黑麥（rye）米穀（grain and rice）等，最爲重要，生產國家，以美利堅，加拿大，阿根廷，俄羅斯，奥地利，羅馬尼亞等國，爲最著。世界各國，所產食物，種類異同，產量多寡，收獲豐歉，均有專家，預爲調查，以便編製統計，從事估測，惟俄國自戰後與世界隔絕，不相往來，故無從考稽。但自一九二二年後，她亦改變計劃，與世界互通往還矣。

食物之所以成問題者，厥爲分配不均，供給不繼。蓋工業國家，專事製造工業品，於食物原料，常感不敷，務須仰給於人。而今日農業國家，人口逐漸增多，自給尚可，供人不足。又如日本，昔爲農國，今亦工業化，棄農就工，食物不特不能輸出，且須仰給於人。以致原有之工業國家，所需食物，供給失恃，恐慌以起，問題遂生。

如農產品之產量能增加，即可不成問題。但事實又不然，歐洲各國之生產量，已達到極度，（Subject to the law of diminishing return），如無改良辦法，將無法維持，決不能與新大陸相頡頏矣。因美國係初創國家，富源大有用之不竭，取之不盡之概。故歐洲國家，現多半依賴他人，卽今日之日本，亦然。長此以往，爲之奈何。

玆因食物問題，困難叢生，歸納言之，卽發生以下四種現象：

（1）國家愈工業化，食物愈不敷，依賴性愈增進。

（2）世界趨勢傾向工業化，向之農業國，今亦不復如此，故於食物不敷供給，更形嚴重。

（3）卽農業國本身，因人口增加，食品須供自給，不再輸出。

（4）田地生產力，無法使其增大，食物問題之嚴重化，決難消釋。

因以上四個現象，將來決無善果，於是各國競相利用替代品，（substitute），以資補救，如馬鈴薯代麵包豕肉代牛肉等，因種植馬鈴薯，占地不若種麥之多，畜豬占地亦不若畜牛爲甚，故爲經濟地畝計，爲節省成本計，利用替代品，盛行一時。

工業國之食物給養，必須依賴他人，習慣已成自然，非可强也，如欲勉力自耕自種，當然亦可，同時，增加關稅，以阻食物進口，但成本太貴，頗不合算。在歐戰時，英嘗試行自耕自種，當是時，因在國難期中，食物不易進口，各國稅壘高築，以禁食物出口，故英國不得不然也，事後英仍復其原狀，不再耕種，蓋成本高貴，太不經濟也。

意大利亦然，她主張不依外人供養，從事自己耕種，因專恃外貨輸入，於貿易上必居不利地位，（unfaorable balance），必須購買他國匯票，以資冲銷，結果使本國匯兌率跌落，貨幣價格，不能穩定，隱患之深，無逾於此，但事實適又相反，因義國膏腴之地太少，所費成本特大，得不償失，大非善用資本之道，且補救匯率，宜從奬勵出口着手，出口多，則貿易上可居有利地位，固不必購買他國匯票，以供冲銷，則匯率自無降落之理，故惟一癥結，在乎出口暢旺，以本國之特長，從事生產，纔是正當辦法，否則，倒行逆施，誰願出此下策？故工業國家之不自由，必須依賴他人，係出之自然結果。

又農業國與工業國，雙方必須互惠，以其所餘易其所需，則進出口，庶可暢通，互助之局，纔可告成，猶人之血脈，務須息息相通，行動自如，否則病矣。

晚近以來，生產進化，都棄農就工，德自1870年後，卽與英開始競爭，美法日俄繼之，英爲工業先進國，受此制命之傷，頗爲難堪，恢復舊日之雄，恐將無望。

(b) 燃料問題（fuel problem）

查1925年，世界產煤總額，爲1,187,000,000噸，總額之四分之三，產自英美德三國。消費國家，如瑞士，阿根廷，瑞典，意大利，巴西，及加拿大等處，茲列表如下：

瑞士	（Switzerland）	全由外國輸入
阿根廷	（Argentine）	全由外國輸入
瑞典	（Sweden）	94%進口

意大利 (Italy) 87%進口
巴西 (Brazil) 86%進口
加拿大 (Canada) 62%進口

國家强盛，端賴工業發達，工業發達，全賴煤鐵豐富，英美德三國，具天然蘊藏，占地理優勢，此所以工商業發展特盛，雄視世界也。

煤係笨重物品，不良於運輸，且運費昂貴，故世界任何工廠之設也，以近煤礦者爲合度，蓋取其便也，如美之鋼鐵廠，設在不斯堡(Pittsburg)及伯明頓(Birmington)等處，德之工廠都設在魯爾，(Ruhr)蓋不斯魯爾等處，係世界著名煤礦開採地也。

苟工廠設在上述諸處，則需用煤斤，不勞往返，而其餘比煤爲輕者，如鐵砂等，運輸較易，不妨轉運至工廠所在地，以資應用也，苟煤鐵兩礦，同在一地，當然最佳，如不然則以產煤之處爲標準。

各國爲擴張本國工業計，自當竭力聯絡煤區，保護鐵砂，以致國際糾紛，因以釀成，德之魯爾，(Ruhr)，法之勞州，(Lorraine)，爭訟紛繁，都爲此故，德之魯爾產煤，法之勞州產鐵，因此兩國感情，激成水火永不相投。

(e) 煤油問題 (Petroleum Problem)

煤油問題爲今日世界最大問題，各國都很注意，競相爭執，藉謀開採之權，今列强猶在南美土耳其爭奪租借權，(Concession)，以冀獨占煤油事業，稱雄世界。

考世界煤油產量，以美利堅爲最多，威內瑞拉俄羅斯次之，玆將1928年，世界煤油產額表，錄之於下：

(Figures obtained from a pamphlet edited by the American Petroleum Institute)

國名		產額（單位爲桶，每桶以42化旗加倫計）	百分比
美利堅	(U.S.A.)	902,000,000桶	68.2%
威內瑞拉	(Venezuela)	106,000,000	8.0%
俄羅斯	(Russia)	87,800,000	6.7%
墨西哥	(Mexico)	50,150,000	3.8%
波斯	(Persia)	42,080,000	3.2%
羅馬尼亞	(Romania)	30,600.000	2.3%
荷屬東印度	(Dutch east India)	28.500.000	2.2%
哥倫比亞	(Columbia)	19,900,000	1.5%
其他	(others)	55,866,000	4.1%
總額	(Totals)	1,322,896,000	100.00%

查上表，日本不與焉，而美國有68.2%，占世界第一位，將來日美戰爭發生，此事實爲最重要的一個問題，因無論海陸空軍，在在需要此物，以充軍用，不特此也，煤油在工業上，亦占重要位置，如機械之發動，馬

達之運用，亦有燃燒煤油，發生原動力，而汽車輪船之行駛，亦莫不利用此物，因其攜帶輕便，質量潔淨，非若用煤之黑煙燎繞，有礙衛生也。

煤油之重要，於此可見，家庭之應用，猶不在內，故可曰，煤油之有無，蘊藏之豐絀與否，一國之盛衰繫焉，是故競相爭奪。或有人謂，世界油量有限，將來總有用盡之時，今何必先行爭執，又如一旦替代品發明，今之庸人自擾，豈非徒然。

(d) 水力問題 (Water Power Problem)

水力，或謂之白煤，(White coal)，蓋形容其有用而又清潔也，其效用較煤力為廣，因：

(1) 清潔

(2) 取之不竭，用之不盡。

(3) 利用水力，所生電流，傳播特廣。

蘇格蘭，意大利，瑞士等處，境內崇山峻嶺，絕壁千尋，瀑布飛流，傾瀉萬丈，故水力特多，此世界其他各國所不如也，但水力固佳，無如各國分配不均何，他日爭執，正未可預料也。

水力之功用，固如此偉大，何以今日水力之應用，仍不多見，其惟一原因，為利用水力，須投巨額資本，建築精良設備方可，試思處此世界經濟不景氣現象下，偌大資本，將何以籌，即使籌足，勉强開辦，將來所獲之利，是否能付息償本，亦是一個值得討論的問題，且資本一大，固定成本（Overhead cost）必巨，新創之業，恐不勝負擔。

煤及煤油水力等，本爲極廉之物，今所以昂貴者：

（1）煤因運費高貴。

（2）煤油，因開採，精煉，販賣，等費太大。

（3）水力，須巨大資本，以供建築設備。

結論：

（1）工業國家之食物原料等，均仰給於各農業國，而同時，各農業國購買其製造品，相互利用，法至善也，但事實上，不能長此以往，因農業國或許一躍而工業化，於是食物不敷供給，於焉發生。

（2）世界資源分配不均，將來國際間糾紛必多，將何以善其後。

（3）有許多物品，工業國可以自產，但成本太高，同時須利用保護關稅，似覺太不經濟耳。而另有數種物品，本國絕對不能生產者，如英之於棉，（須仰給於美國），德之於銅，意之於煤等，（缺乏煤斤，可用水力代替。）

（4）經濟學中之自然法，（Natural Law），已不適用於今日，蓋所謂自然法者，例如英肯出重價購買，則棉花必可進口，因物品之流動，趨向高價處而行，但今之經濟社會，自然法已不可靠，因政府可嚴訂法律，禁止物品出口也。

故一切問題，都非一國所能獨斷獨行，必須共謀解決，苟強欲獨立，非自種自食不可，但觀乎意大利之前事，可以鑒矣。

第四講 大量生產論

大量生產問題 (Large scale production)

甲、大量生產的特性 (nature of large scale production)：大量生產，成國際間普遍性，(universality of large scale production)例如美國，自一九一四到一九一九之六年中，

工廠增加	21%
工人增加	31%
資本增加	94%
出品增加	156%

由此可見，工廠與工人之增加率，少而緩，資本與出品之增加率，大而速，足證大量生產，已成普遍性，而爲不可掩之事實；蓋大量生產，一經開始，即無法停止，(當然亦有停者，但大半均繼續)其理由爲：

(a)工人難以處置——工人一旦失業，則必鬧事，且熟練工人(skilled labor)，必爲他工廠所收羅，將來如欲重開，無法招致，不熟練者(unskilled labor)，在外招搖肇事，產生種種激烈思想，影響社會安甯。

(b)固定成本之牽累——譬如鐵路營業，無論大小，在某種範圍以內，其固定成本，永久如此，如營業大則進益多，反是則進益少，蓋營業小時，各種固定開支，如局長，工程師之薪水，車輛鐵軌等之生銹，車站之維持以及債劵利息之支付，均不因營業小而減少，營業大時亦不因營業大而增加。故營業愈大，開支愈省，進益愈多。不但鐵道如此，任何工廠之大量生產亦然，故如一旦停止，相當之固定成本，仍須負擔，使她損失更大，深感危險，故不如苟延殘喘，或可尙能勉强維持。

有人計算，鐵路之固定成本，(overhead cost)，每一元運費中，占61%，其餘39%，爲不定成本。

乙、大量生產，成國際間糾紛之原因：

(a)因如上述，大量生產，只有進步，而不能退步，資本越弄越多，勢力越來越大，成爲國際間的競爭，而鬧成國際間的問題，如英德鋼鐵事業的競爭，便是最佳例子。

國內競爭，可以應用法律手續試行阻止，但國外則不行，以致競爭益烈。

其次在對外時，道德觀念不同，如美國對內，絕對禁止托辣斯，(trust)，而對外則不然，故國際間之競爭，國際間之糾紛又生。

(b)債權人與股東之要求，不能處置，因股東如無紅利，即不滿意，債權人如無利息，亦然，於是爲經理董事者，不得不力謀事業擴充，以資挹注，結果盲目競爭，釀成生產過剩，國際糾紛以起。

(c)因交通便利，運輸簡捷，故營業日益擴大，競爭之機會愈多。

（d）受報酬遞增，與成本遞減律的影響，故從事大量生產。

（e）受勞特南運輸律的影響，（Lardner's lawof squares），勞特南云，如半徑加倍，面積則加四倍，因

π半徑^2 ＝面積

如半徑加倍，則　π(2半徑)^2

＝π4半徑^2

＝4π半徑^2

＝4倍之原有面積

故交通一經擴大一倍，則四周勢力須增四倍，所以大量生產，更不可輕視也。

丙、國際競爭中影響最大者：

1. 造船業（shipping building）

2. 產煤業（coal production）

3. 製造鋼鐵業(iron and steel industry）

4. 紡織業（textile industry）

5. 化學品業（chemicals）

受大量生產，自由競爭之影響最大者，莫如英美德法意日等六國。

在一九二〇年以前，物價很高，所以大量生產國家，受惠非淺，一九二一年後，物價大跌，固定成本，不能償付，維持不易，於是用種種不正當手續，如利用傾銷(dumping)等方法，出而搗亂。

何謂傾銷，傾銷係利用保護關稅，抬高貨物在本國出售之價格，藉以賺錢，而在外國則特別廉價出售，以資打倒外國同樣工業，如有損失，則以本國所賺之利彌補之，但外國同樣工業，既倒之後，則任其所爲，隨意加價，而於本國，則定價弛鬆，以爲答報。

傾銷係不正當舉動，擾亂市場，自有抵制辦法，故各國有傾銷法頒布，藉圖限制。

今之惟一困難，卽在世界經濟變化太大，供求不稱，往往有時供過於求，有時求過於供，補救辦法莫如實行合併(Merger)，或合作(co-operation)，以免無謂競爭。

丁、大量生產之結果，(result of large scale production)，愈大量生產，則固定成本愈大，如担保工人無論有無工作，總是給以相當報酬，則担保之工資成爲固定開支矣。

又如爲謀推廣營業起見，利用廣告宣傳，以致費用又增，所以愈推廣，成本愈大，因成本愈大，所以更欲推廣，長此以往，循環不已，結果愈演愈劇，對外銷路既廣，貨價一時不易照付，卽對外帳目不易收回，勢非取買貨國之信用劵不可，(如股票債劵等類)，結果對外投資，日益增加，帝國主義不期而成。(詳專章)

第五講　市場問題

營利中之市場(Market for business profit)

一、市場之種類

物品因生產過剩，銷路停滯，其惟一救濟辦法，莫如找覓市場，藉以推廣銷路，考市場可分為二類：

A. 國內市場 (National Market)

B. 國外市場 (Foreign Market)

國內市場易於創造，其方法頗多，茲條舉如下：

（1）阻止外人入口——人的問題。

外人入口，足以影響本國生產，易使工資低廉；生活程度降落，市場發生問題，故為維持原有生活程度計，施行移民律，理不容緩，因生活程度，苟不降落，則消費範圍擴大，生產物品暢銷，貿易可以旺盛。

（2）禁止本國需要品原料品等出口——物的問題。

重征出口稅，使本國之需要品，不便輸出，則本國物品豐富，求供相應，市場隆盛，但所征出口稅稅率輕重與否，須視外人之需求該需要品之程度若何，如該需要品又為外人之絕對必需品，如中國之銻 (antimony) 智利 (Chili) 之硝 (Saltpetre)，則重征出口稅，亦無效，因彼一意購買，稅率雖高，僅略增彼外人之負擔，而需要程度，固一仍如舊，如此則非採取禁運出口不可。

（3）、禁止現金出口——現金問題。

市場興旺，金融暢通，流轉靈敏，端賴準備充足，運用活動。運用現金活動之惟一辦法，莫如操縱貼現率，要貼現率低，則必使中央銀行之金準備多，要金準備多，則非使現金不外溢纔行，一旦貼現率操縱能力失效，現金有外溢現象，則又非執行禁止辦法不可。

（4） 提高關稅——稅的問題。

提高關稅，不使外貨入口，則國貨暢銷，市場情形，自可趨佳。

由以上四點，可知國內市場，易於控制，非若外國市場，地面遼闊，不易永久占領，生產品瞬息萬變，新發明層出不窮，固無法制止，如昔之染料（dyestəff），以德為最著，安知法國無更精煉之染料發明，奪其地位耶？故國內市場，易於保護，非若國外之不易也，因不但不能阻止他國之新發明，即保護關稅，亦無法控制國外市場，例如甲國不能制止乙國不購丙貨，因乙丙間之貿易，固與甲國風馬牛不相關，安得妄事干涉哉？

茲再將國內市場，易於保護之理由，說明如下：

一、提高關稅，目的為振興國貨，保護本國市場，宗旨固佳，但政府之實行此項政策，完全根據少數生產者之意見耳，消費者絕未與聞，因生產分子簡單，組織易於周密，人數較少，合作容易，故有市場集中，聯合建議之可能性，例如中國火柴，前年曾大起恐慌，因瑞典火柴大王，開始掠取中國火柴市場，他最初進攻步驟，即利用傾銷方法，賤價出售，用以打倒華商，華商因此發生恐慌，羣相集議，以謀抵制，於是斷然要求中央政府，予以法律保障，否則，無以生存，結果中政府接受該商人等建議，正式頒佈法律，取締外貨在華傾銷，但消費者方面，寂靜無聲，其原因不外如下二端：

1. 消費者之利害關係較淺，不若生產者之綦深。

2. 消費者之人數衆多，意見紛紜，精神渙散，不易集中論調，故無人出而建議，條陳意見。

因此二故，所以消費者絕少干涉，故現在各國政府，爲生產者之政府，爲少數人之政府，不爲大體謀利益，僅爲一部分資本主義者謀利益，大背民主政治之眞意，故所成立之保護關稅，保護資本家而已，資本家感覺事業似不順利，則隨時可向政府請求保護，而政府亦樂於應之，至於消費者之因物價騰貴而受損失之處，則政府絕對不問。

二、保護政策與自由貿易

保護政策，人盡知其不妥，有害商業前途發展，苟與自由貿易，兩相比較，則更可顯明。考自由貿易之眞意，卽各盡其所能，各行其所長，因比較成本律及分工合作之作用（Law of comparative cost and the dvision of labor），故可使生產費低廉，出品優良，兩相交換，實行互助，故自由貿易，名之爲互助政策，亦無不可。

如各國以自給爲標準，以戰爭爲對象，則除數種必需品仰給於外國者外，其餘均自行生產，同時提高關稅，不使外貨輸入，實行保護政策，不啻閉關自守，結果浪費人工，徒耗資財，大背經濟原則。

英在亞丹斯密（Adam Smith）時，卽採自由貿易政策，當是時，自由貿易之於英，固有莫大之利，蓋國家工業化，英爲首倡，製造品豐足，而原料缺乏，故爲製造品謀出路計，爲設法取得原料計，於是提倡自由貿易，藉以利己，而他國如德法等，尚在農業時代，原料遍野，故英以工業出品，易其原料，獲利至厚，歸納言之，英採取自由貿易之優點有二：

1 利用自由貿易，於是入口之原料及食物，予以免稅，則將來該項物品之輸入，可源源而來，英國之工業生命，因以維繫。

2 他國，因自由貿易，潮流所趨，輸入品亦予以免稅，或減稅，於是英國工業品，暢銷於海外，市場推廣，遂其初衷。

由上述兩點觀之，故保護關稅，於英國大爲不利，蓋一旦施行保護，不啻作繭自縛，若他國紛紛效法，則本國工業品，難以暢銷，而所需之原料食物，接濟無着，反生問題。

不圖1900後，情形大變，世界經濟日趨繁雜，各國羣趨工業化，英國所產物品，在世界市場，已有强敵與之競爭，英國爲時勢所束，爲抵制外貨競爭計，亦將漸趨保護政策也。否則更無辦法，因大量生產，爲固定成本所羈，若不予以保護，將來成敗如何，未可逆料，故英國不得不謀此下策也。

且自歐戰之後，因匯兌傾銷（exehange dumping），又使英國不得不趨保護關稅一途，因戰後各國，經濟不振，產業落後，紙幣濫發，以致幣價，大爲貶落，如德之馬克，法之法郎，即其明證。但按之國際貿易原理，本國貨幣跌落，可使其輸出增加，德法因貨幣跌落，而增加輸出，則英國勢必大受影響，惟一補救辦法，莫若執行保護政策。

但保護關稅政策，至爲不通，且有大謬，因一國行之，固有大利，各國和之，則利害相殺，以世界目光觀之，實有百弊而無一利也，試觀今日，歐洲各國，貿易不振，產業凋敝，原因雖多，保護關稅，亦其一也。否則，不致如此。

國聯於1927年，卽主減輕稅率，係採取逐步的方式，因驟然減低，足以影響平時專賴保護，不能獨立之各種工業，如逐漸減低，則不致使該項工業，潰崩於俄頃，而無以維持也。

因各國爭相施行保護關稅的影響，國際貿易日益不振，試看下表，卽可明其一般：

自1913—1925　計十三年中

世界人口增加	5.3%
食物及原料增加	16-18%
國際貿易祇增加	4.5%

由此可證，國際貿易之增加率，較人口增加率或食物增加爲緩，足見保護關稅之爲害非淺，使世界貿易日趨下沉，難見起色。

單就歐洲而論，國際貿易亦見衰退，1924年反較1913年爲少，僅及該年之84.5%，而1925年爲1913年89%，可見近今之商務，尙不及1913年爲盛。

國際貿易不振，於美國不生問題，因美國全年貿易總額（國內外貿易統括在內），爲 91,000,000,000美金，而國外部分，僅占十分之一，即9,100,000,000美金而已。

英國則不然，國外貿易占總額之62%，所以他國實行保護關稅，英國大受影響，不但如此，各殖民地亦予以難堪，征以差別稅（preferential duties），稅率雖比較徵諸他國之貨物者爲低，究不如不稅也。

所以，因此保護關稅，都係生產過剩之結果，終至釀成劇烈之競爭，各走極端，故今可得一結論曰，以人口太多，故主殖民異域，如尚不能解決，惟有從事工業，努力生產，既係工業化，食品居處，似已豐足，人口又因以繁盛，人口愈形繁盛，工業化愈益深刻，結果，大量生產，物品過剩，於是亟須找覓市場，以謀出路，以維固定成本。找覓國內市場固易，而國外市場則不然，因此運用傾銷方法，在世界市場爭奪。

美國在近年間持自給自足主義（doctrine of self-containment or self-sufficiency），利用保護關稅禁止外貨入口，因其本國產量豐富，得以儘量推銷，不賴他人，足以自給。美國本屆國會，即信仰自給自足主義者，該屆國會，於1928年11月選出，自當爲人民代表，但其中資本家之代表占大多數，故今日之議會，僅少數人之代議機關耳，當該屆議會成立時，經濟現象，適在極度膨漲時代，故各種事業，均安穩萬分，間有數項，不甚景氣，亦無關大局。但不多時，世界經濟恐慌發生，美國亦遭同樣不幸事件，即如美國西部中區之農業品，生產過剩，價格慘跌，以致農人經濟窘迫，無路可走，蓋設法救濟，係議會應負之責，而該屆議會，所含分子，即以西部中區（middle west）者爲多，故不得不膺此鉅艱，以謀適當解決辦法。

查1929年，一般的躉賣價格（general whole sale price）在十年之內，跌30%

一般的農產品(farmer's product)跌33%

一般的原料(raw materials)跌33—34%

一般的製成品(finished goods)跌36%

如以各種物品計算，則跌勢更烈如下：

麥(wheat)跌54%

棉(cotton)跌38%

火油(Petroleum)跌51%

煤鐵(coal and pig iron)跌53%

以此情景，經濟恐慌，日益增劇，以致無法維持，蓋一旦銷路不暢，營業卽因之不振，工資大跌，民生發生問題，恐慌因以擴大，銀行押款，股票價格，在在均成憂慮焦點，資本家，因以相率潰崩。

政府爲設法救濟農工計，惟有施行保護關稅，不使外貨輸入競爭，如此則本國貨品，得以盡量出賣。

(a)爲農業界謀一國內市場(home market for farmer)

(b)爲實業界謀一國內市場(home market for producer)

此謂之「開闢內國市場策」(homemarket idea)，爲第七十一屆美會議所策劃者也，該策略之內容，爲先在本國市場，努力推銷，苟尙有餘裕，則設法推銷外國，如去年美麥運華，目的雖爲救濟中國災黎，而其最大成

分，則爲擴充市場，推銷貨物，但在外國找覓市場，如無適當機會，確實不易，故產農業品諸州建議，不如請
政府以庫款出而購買，將來可由政府之力，操縱價格，出賣餘裕貨品於外國，如此則不致影響內國市場，但胡
佛總統，不以爲然，其理由爲公款出諸國庫，不得妄用，且農人道德，素稱高尚，不可以此類辦法，汚彼神聖
，使其墮落，於政府良心上，殊覺不安，如定欲如此，則可向銀行設法，給以相當利息，由銀行給予借款便利
，自無不可，但此事卒未果行。

嗣後美國會，於毫無辦法中，找一辦法，計劃組織一農務會（farm board），其唯一辦法，爲執行買賣事
務，在各個農人團體中，從事合作組織，以便販賣（Co-operative organization），但政府亦供給基金，從事買
賣，此案不久，即由國會通過，而胡佛總統，亦無法，祇得表示同意，因舍此以外，別無良策也，但平心而論
，以公款從事購買物品，操縱價格，頗爲危險，因無論損益誰屬，均非有理，故胡佛總統所言，政府公款，不
得用之其他事業，言之誠然。

此合作組織，成立之後，因市價一再跌落，無法轉賣，苟强行賣出，則價格更將慘落，於是各個合作組織
對於農務會所借之款亦無從償還，爲解除合作社之困難起見，農務會遂用公款收買合作社已經買進之麥棉，其
買價略在市價之上，以期麥棉之上漲。爲達此目的計，由農務會組織一價格穩定會（Stabilization corporation）
，購買棉麥等，均以規定之固定價格，以相授受，雖其定價較市價略高，但購買以後，價格仍趨下沉，於是直
接向市場購買，以謀挽救，至1931年結果買進麥25,000,000美斗（Bushels）及1,300,000包之棉花，最後仍以價

格益跌，無錢購買而中止，結果帳上損失 150,000,000 金元，此項損失，誰爲之負擔，實一疑問，現在人民已處此不景氣狀態下，增加稅率，恐無力支持；如發行債券 (bond)，由將來人負擔則又似說不過去，唯一辦法，請農民減少種植，但效果全無，因據1930年之統計報告，該年度之種田畝數，較 1921-1925 年之平均數大4%。由此可見，政府之無能爲力，救濟辦法，竟毫無把握也。

美國情形，已如上述，過剩之生產，所以愈演愈劇，不可收拾者，由於規定固定價格，收買之故，蓋生產者，因既有人收買，乃盲目生產，絕不顧及大勢如何，實則此係失策，政府理應勸導人民減少生產，方爲治本之計，生產既嫌過剩，因此美政府非持自給自足主義，無以維護本國產業，所以提高稅率，以免外貨輸入競爭。

如油 (oil) 本爲免稅物品，今以本國產量太多，所以外貨進口，須征重稅。美國所產之糖，以塊糖爲多 (Bloek sugar)，所以塊糖稅率較高，而於液糖 (liquid sugar)，則稅率較低，因此各國利用液糖之稅率低，盡將塊糖溶爲液糖，輸入美國，美國不得已爲自衛計，將液糖稅率，亦予以提高，以免外貨侵入，又如其他一切農產品，如小麥 (wheat)，大麥 (barley)，燕麥 (oat)，黑麥(rye)，及米穀 (grain and riee) 等等，亦均施以重稅，以維國內市場，以拯農民生計。

惟銀則不然，美國絕不能抱自給自足主義，非與各國互相提攜，以謀補救不可，所以有辟的門之決議 (Pittmen's aet)，蓋銀子一物，欲謀安定價格，必須各國通力合作纔行。

洎乎1931年3月，美國鑒於世界經濟情形衰頽，於其本國亦然，不獨經濟上無辦法，一切均無辦法，深悉原持之政策，實至謬誤，因美之生產過剩，非與世界之生產過程，同時解決不可，斷非單獨進行，得以挽救。德國賠款問題，影響世界經濟，實非淺鮮，各國賠款，咸取償於德，而德國經濟窘枯異常，於是於無可奈何中，祇得將貨品賤售，廣銷外國，藉以償債，因此世界物品價格，祇有跌落，而無高漲希望，美國生產品，大受影響，因高價無以銷售，跌價有礙成本，不特此也，歐洲自大戰以後，各國人民之購買力衰退，需求美國物品，當然亦不如往昔，因此種種，價格難期起色，所以美當局，於1931年3月4日，突然醒悟，美國產業之所以不振，世界經濟紊亂之故也，欲謀補救方策，莫如與世界各國，和衷共濟，相互提攜，否則，勢難恢復。

歐洲有十三國，德國均須付以賠款，而此十三國，又爲美之債務國，故德國賠款，無論直接間接，終歸美國，而德之賠款總額，年須2 000 000 000馬克，經濟窘迫，呼籲無聞，不得不將貨品賤價出售，各國關阻雖厲，壘壁高築，無如爲生存計，絕不之顧，故提高關稅，僅能減少貨品進口，而無絕對禁阻之效力，因某貨志在進口，區區關稅，未能遏阻也。

近頃德國政府宣言，不願再付賠款，其所持之理由，爲賠款係舊德意志帝國政府所應負之責，與新德意志共和政府無涉，不應將舊政府之責，加諸新政府，因新政府，固未嘗作惡也。

法國則堅持德國必須償付賠款，因德國往昔，無端起釁，兩次侵法，以致法國繁盛都市，盡被破壞，輾轉而成瓦礫沙場，此後實行復興計畫，建築防禦工程，在在需款，所以賠款一項，斷無取消可能。（現在洛桑會

議已將賠款一筆鈎銷）

其他十三國，介乎二者之中，固無可無不可，如美國能允許取消戰債，則德國之取銷賠款建議自可接受，否則，爲事勢所趨，不得不然耳。

至於各國欠美之戰債，美國則絕對不允取消，彼之理由，爲賠款爲賠款，戰債爲戰債，此不可混爲一談，因各國向美借款時，並未聲明此款專供作戰經費故也。

但美國今日亦漸覺悟，明知各國之財力榨不勝榨，恐將無力支持，一旦傾覆，美國所受之影響，恐更甚於今日，故胡佛總統於去年毅然提議，停付戰債一年，以蘇世界經濟困苦，因美國至今日，已深知賠款與價格，係相互而成因果，並非二途，故爲謀安定價格計，不得不設法，以謀消弭因賠款問題而生之種種紛糾，藉以爲世界增福利，爲美國增福利。

第六講　世界不景氣之普遍觀

世界不景氣之普遍觀（A generalized view on the effect of world depression）

今日之不景氣現象，不能以各國個別來講，須以普遍的研究，但事實上，世界有五十餘國，各國言語文字，風俗習慣，法制經濟，財政稅則，貨幣單位，宗教信仰，在在不同，而所得到之害則一，曰不約而同之不景氣現象也，自前年以來，生產過剩，價格跌落，產業衰頹，商務不振，信用恐慌，銀行關門，如是者不一而足，且各國皆然，誠普遍之現象也，考一般物價跌落原因，有四：

1.自歐戰以後，各國愛國思想頗形濃厚，咸相自惕，惟恐二次大戰。故各自生產，不相爲謀，以致生產過剩，物價大跌。

2.因戰債賠款之牽累，所以物價跌落，已如前述。

3.農產品如棉麥咖啡橡皮等等，因生產過剩，而激成物價跌落，蓋生產農產品，最易釀成過剩之弊，因農人盲目的種植，以其能力可產若干，則產若干，絕不顧及需要如何，非若工業品之生產，有一定程序，視定貨多寡，需要程度而行。換言之工業品之一部份，大抵先有購買者定貨而後由製造家製品，供求或能相應，若夫農產品則先生產而後出售，易陷於過剩之恐慌。

礦產品，亦時有釀成過剩趨勢，如鐵砂銅鋅等類，因在礦中開取鐵砂時，漫無稽考，且須經許多手續，亙二三月之久，始可送至煉鐵廠，而煉鐵廠固知市上需要程度若何，而在鐵礦開取礦砂時，則盲目而不知市上之求供若何也，故農業品礦產品，處此世界不景氣潮流中，價格之慘跌，非偶然也。

4.世界各國，除少數絕對工業化國家外，國民以農人爲最多，農人既因生產過剩，收入不佳，以致購買力銳退，所以工業品以買方之購買力不强，銷路停滯，銷路一停，生產卽見過剩，於是工業品之價格，亦被累而跌落矣。

價格既跌，營業因以不振，生產漸漸收縮，工廠關門，工人失業，於是危機四伏：

（1）稅收銳減——一切世界不景氣現象，肇端卽在政府收入不豐，大概由於

(a)物價跌落，

(b)商業不振，

(c)因生產過剩，而發生收縮現象，以致工廠停閉；

(d)工人失業。

因以上種種原因，稅收當然不旺，國家財政，大受影響。

(2)負擔增加——收入減少，如負債亦減少，卽不成問題，但因契約關係，賴債當然不成，而因物價跌落，負擔反而增重，例如某甲欠債百鎊，如以物品償債，以綢十四卽可抵償，今因物品價格跌落，非二十四不可，所以負擔不特未嘗減輕，反且倍之。

(3)支出激增——更進一步，負担雖增，費用方面如能緊縮，未嘗非亡羊補牢之計，但因失業工人問題，警力務須加厚，工人必須補助，給以恤金，否則，何能維治安而體人道。

(4)國家財政收支不符——歐戰以還，所有國家開支，太半用於撫恤金，養老金，戰債利息等等，因此支出激增，與收入不能相符，預算因以短絀。

(5)籌畫彌補方策——今有四法，以供彌補。

(a)增加賦稅。

(b)緊縮開支。

(c)借債。

(d)以上三者，同時舉行。增稅之不可能，已如上述，開支不能節縮，前節亦已詳論，舉債亦非易事，須有信用方可，今結果一無所成，而債務固仍累在身上，無法避免。

(6)輸出現金以償債務——爲維持本國信用計，不得不將現金輸出，藉供抵償，以致各國中央銀行之金準備，日益減少，而大量黃金，頓形集中美法兩國，不均之局，不期而成，而此項現今集中美國，絕未利用，呆藏而已，否則，儘可發行數倍鉅額鈔票，以該項現金爲準備，以資流通，而美國現將此金，不但不作通貨之用，利息亦且放棄，但此項現金將來究竟如何處置，實一疑問。

各國既將現金輸出，以償債務，甚佳，但一旦告匱，則不得不出諸賴債一途，但賴債非體面之事，苟出諸國際間，豈非笑話，且此風一開，公私間信用，將何以維持，此今日戰債問題之所以急待解決，洛桑會議之所以急須召集之大故也，蓋賴債萬不可使其成功，爲體諒計，不如應許不付，則國際間信用，不致墮落，法紀得以維繫。

(7)使貨幣價值跌落(devaluation of currency)——如不賴債，則尚有一法，即增加發行，使通貨失其原有價值，如德之馬克，即可明證，以此償付，豈非大利，(德1,000,000,000,000紙馬克＝一金克)

(8)一切公私間，固定收入，俱被無形中取消。——原有通貨，既失價值，於是股票公債票，以及一切票據之面值，均無形消失，公私間之債務買賣，無形中一筆勾消，凡此皆施行貨幣跌價政策之結果。

(9)資本外流，生產減少，失業增多，利息趨高。——資本家見情狀日非，將所有資財，競相變爲現金，運往外國，或購外國貨幣匯出，藉以保持其富有，以致彼所經營之事業，宣告倒閉，因此生產減少，失業增多，市上現金日見稀少，於是利息騰貴，社會情況日益不安，不景氣現象，至此擴大，此貨幣跌價政策之所以不可行也。

(10)一隅之不安，累及世界，——因此結果，信用墮落，國際法規，視若具文，不但一國之情形破壞殆盡，即世界之經濟，亦宣告死刑，此情此景，荼毒正不知伊於胡底。

由上述十點觀之，因果相循，周而復始，起自渺小原因，終至國紀蕩然，執政無人，人民保障失恃，社會安寧可慮，此資本主義國家之不自覺，有以致之也。

而蘇俄則乘此時機，從事預備，以充分時間，努力建設，將來如何，正未可逆料也。

蘇俄之所以不受資本主義之激蕩，因有三故：

(1)一切大宗買賣，多係記帳，不用現金，所以不受黃金控制（買賣雙方均須在銀行開帳，俟買賣成立，即由雙方通知銀行，由銀行收賣者一筆付買者一筆此事遂了）。

(2)無呆帳倒帳(no frozen assets)，(美國放出歐洲之戰債，後一種呆帳，俄國無之。)

(3)無債務負担，非若其他各國之閙得烏煙瘴氣，因蘇俄在革命時，將債務早已宣言取消。

德國經濟大勢

黃蔭萊博士講
徐宗蔚筆記

第一章 德國經濟之回顧

第一節 德國經濟史略

今日德國國民經濟，已爲一極發達之高級資本主義的經濟，其工商業均已佔有世界重要地位，顧其發展，僅一世紀事耳；當英國工商業，在十八世紀已具現代資本主義之規模時，德國尚在初級資本主義時代，行會之制未廢，工商業大規模之發展，未爲環境所許，及1869年，行會崩潰，企業始得自由發展。想當時英德國民經濟間之差別，恐與今日中國與西洋諸國間之差別相似，但一經此短時期之推移，即能發達如今日者，當有其故。

在抽象的理論方面言之，此種原因，約有二大端：(一)德人富於研究性，故而學術昌明，各種新式技術與機械，不特無須仰求於人，且能駕人而上之。此於經濟之發展，有莫大裨益。(二)德人善於耐勞，此爲世界所共知，生產效力，因而增加，國民經濟因而易於發展，毋待贅述。平心觀察，德國國民經濟發展由乎此者，實不在少，此種見解，宗於崇拜德教授（Sombart）。其說固甚普通，而與德國國民經濟有密切關係，爲不可否認。夫美國國民經濟之發展，雖亦僅近百年事，惟美國除地大物博外，在地理上國際間之地位，不致如德國之終日在强鄰虎視中。關於此點，表面上，似與國民經濟之發展無大關係，但實際上，其與國民經濟關係之密切，陳伯莊先生在一九三二年中國經濟學社年會所宣讀之『經濟政策與經濟發展之關係』論文內早已詳論無遺。德國之國際地位既欠良佳，而仍能在較短時期內發展其國民經濟者，更可信以上二原因之不可忽視矣。

雖然，以上二端，僅德國國民經濟發展之原動力（德國之國民性）；此外在環境上，亦有數種不可忽視之事實，俾自一八七一年德國國民經濟得迅速發達。第一，自此日起，全國切實統一；國內關稅完全解除；其二，普法戰爭五十萬萬馬克之賠款，金本位藉以實行，建設事業得以舉辦（賠款之一部，用於金本位，一部用於各項新建設）；其三，一八七九年實行保護關稅，國內生產界得有保障；其四，一八八〇——一八八九年間聯邦政府努力於海外殖民地之建樹，並謀開發其在世界市場上之地位；其五，愛爾塞司與羅令（Alsace und Lorraire）歸入德國，德國因此獲有巨量煤鐵原料。凡此種種，確爲德國國民經濟迅速發展之具體原因，今日礙於時間，不能一一詳道，深望研究德國國民經濟發展史者，多多注意之。

德國國民經濟之總發展，既在一八七一年之後，故此處敍述之對象，亦僅限於一八七一至現在。卽此短時期，亦應分作三時期討論：一爲一八七一至一九〇〇，一爲一九〇〇至大戰，一爲戰後。戰前戰後之分，想已不解自明。劃一八七一至一九〇〇爲一期者，蓋有其故。就人口方面觀察，在此三十年中，人口增加甚速，自41,1 Mill. 增爲56.4 Mill.。自一九〇〇至一九一四之十四年中，增加更速，自56.4 Mill. 增爲67.8Mill.。

故卽就人口增加之速率爲標準，戰前諸年，似有分作二期之必要。其他就生產方面言，有一八九七年人造靛青之發明（數年前輸入德國之天然靛青年計二千萬馬克以上），迄一九〇〇，全德國之生棉消費量自四萬一千萬磅（一八八七——一八八八）增爲六萬二千六百萬磅。再如電工業，一八九五年僅雇用工人一萬五千人，一九〇二則增爲五萬人，及一九一〇年，則增至十萬人矣。凡此種種，故一八七一至一九〇〇可稱爲初步發展時期，自一九一〇起迄大戰爲興旺時期，大戰後至最近爲過渡時期。

在第一時期中，德國之主要生產，僅爲鉄及紡織工業。故鉄之生產量，在一八九五年計五百四十三萬三千噸，及一九〇〇，增爲八百四十六萬九千噸。其他工業，爲機器及化學工業，已有相當重要性，但較諸一九〇〇年以後之發展，祇能作爲幼稚時代論。

自一九〇〇後，各業均極發達而入黃金時代。人口自56•4mill.增爲67.8mill.。在一九〇七年以前，業農者計全人口四〇%，自一九〇七起減爲二七•一%；而工業企業者，自三五%增爲四〇•七%；業商者自九七%增爲一四•九%。故德國國民經濟自一九〇〇年起，已自農業國而躍爲工業國矣。此又僅就人民所屬業務而言，如再將各項事業分析之，則得一該時期內之實際經濟情形如次：

職業名目（一九〇七年）	職業單位		工作人數	
	絕對數	百分數	絕對數	百分數
（一） 鑛產及鹽田沙泥開墾事業	三、五五八	〇•二	四九五、二七九	五•〇

（二）	礦産附屬事業	—	—	—	—
（三）	磚石工業	三八、一三九	二・一	六八一、八八三	六・九
（四）	鉄及五金工業	二、一三四	〇・一	三八三、九九八	三・九
（五）	鉄及五金工業之附屬業	—	—	—	—
（六）	機器鋼器及五金器工業	一三五、一一七	七・五	六九五、四〇五	七・一
（七）	機器用具及交通使用物製造業	一四、一四四	〇・九	六九八、〇一七	七・一
（八）	電機細料機器幷光學用品製造業	二三、二四六	一・二	一七八、七四〇	一・八
（九）	化學工業	七、二八五	〇・四	一九六、五六〇	二・〇
（十）	紡織工業	一二五、四二九	六・九	一〇一六、〇三五	一〇・三
（十一）	造紙業及其附屬工業	三一、三四七	一・七	四一〇、八二五	四・二
（十二）	皮革及油漆工業	三一、九六九	一・八	一三〇、三九一	一・三
（十三）	樹膠業	三九六	〇・〇	二八、六六四	〇・三
（十四）	木工業及木器製造業	二三二、七七五	一二・八	七六四、八二五	七・八
（十五）	音樂用具及玩具工業	一四、三五七	〇・八	八三、〇九一	〇・八
（十六）	食品工業	二六七、三二三	一四・八	一一六八、〇〇〇	一一・九

（十七）	服料工業	六九七、六三九	三八·六	一、三五八、一〇一	一三·八
（十八）	營造業	二〇三、一一三	一一·一	一、四八六、六五六	一五·一
（十九）	水，煤汽及電之供給	三、三三四	〇·一	六六、九六五	〇·七
（二十）	總計	一、八〇八、一六五	100	九、八四三、〇六五	100

由上表觀之，此時期工業之重心，在服料工業，食品工業，磚石工業，木工業及木器製做業，紡織工業，電機製做業，及機器用具及交通使用物等製造工業。而居首位者，以企業單位論，爲服料工業。以工作人員論，爲營造工業。次要者，在企業單位方面，爲食品工業；在工作人員方面，爲服料工業。其他諸工業則更居次要矣。再就百分數比較之，在企業單位方面，服料工業最爲重要，計38·6%在工作人員方面，營造業居其首位，計15·1%；其次則爲食品工業及木材工業等。

以上爲企業情形之一斑，更請進而觀其生產情形。

年份	指數	（一九一三爲一〇〇）
一九〇〇	六四·七	
一九一〇	八八·六	

在此十年中，生產指數，竟增加 23 以上，國民經濟之發展情形，於此亦可窺見其一斑。

進步更較迅速者，則爲國際貿易（十萬萬馬克爲單位）：

	一九〇〇	一九一〇	一九一三
出口	四·六	七·五	一〇·一
進口	五·八	八·九	一〇·八

在生產上，國際貿易上，均呈猛烈之進步，此時期內之國民經濟，謂非黃金時代乎？

戰後一時期，所以名爲過渡時期者，以其國民經濟，內受馬克跌價之遺禍，外受賠款之榨壓，加以最近之世界經濟恐慌，德國國民經濟之歸途，究將爲計劃經濟乎？——現有許多學者均主實行，如崇拜德蘭德萊（Lederer）等——抑閉關經濟乎（Autakiewirtschaft）？——主張此種辦法有保皇黨——抑實行沒收已社會化之資本（Vergesellsehaftete kapitalien），而實行國家社會主義乎？均在不可知之數，故以過渡名之。

第二節　德國國民經濟在戰後所發生之重要的機體變遷

戰後德國國民經濟發生機體上之根本大變遷，此爲世所共知，變遷之所以發生，不出二大原因：一爲戰後世界經濟發生機體上之變遷，影響於德國國民經濟者；一爲德國國民經濟本身所發生之機體變遷。所謂世界經濟之機體變遷者，卽如美國國民經濟之猛進，如南美洲諸國工業之進步等等，致德國之出口改觀，而生產易其面目。德國國民經濟本身之機體變遷，略述於下：

在農業方面，戰前後所發生之機體變遷，卽邁深耕種（Intensive kultivierung）是也。故機器之使用增加，人工肥料之推廣應用，戰前固已有使用，但戰後則增加三倍以上。一九〇七年使用機器耕種之企業單位，計二，〇三九，二二九，及一九二五，則增爲七，〇一九，八八八。此處吾人須發一問題，德國係小農制度，使用機器自較大農制爲不便，而戰後又呈如此大進步者，全賴同志合作社之力也。機器耕種之所以優於人力耕種者，在生產費之減低，與工作之迅速，此與經濟原則相吻合，不得不謂非邁深工作之表現。機器之應用既增加三倍，故在機器方面而言，戰後德國農業邁深工作之程度，較戰前增加三倍。此不得不認爲戰前後之一大機體變遷也。外此吾人尚須附帶提及一問題，卽此機器之來源。此與本文固無關重要；但亦不無興味，故略述之。戰前機器之需要既少，且又大部份爲進口貨物；惟戰後除自供其激增之需要外，更能供給他國焉。其實數如次：

（百萬馬克爲單位）

年份	進口	出口	平衡數
一九一三	四二·七	四一·四	負 一·三
一九二五	四·七	三六·六	正 三一·九
一九二六	六·三	三九·四	正 三三·一
一九二七	一〇·〇	三四·四	正 二四·四

利用機器耕種，固用以節省成本（costs）又爲增加報酬起見，惟有在報酬遞增率範圍以內儘量的應用肥料。戰前後肥料之使用量，比較如下：（以啓羅格蘭姆爲單位）

一九一三	一五八二·六	一九二六	二一四九·八
一九二七	二三二六·二		

攷諸以上諸數字，其於報酬方面之努力，復何言哉！此處亦有附帶提及之一問題，即戰前之此項肥料，大都自智利(Chili)來，但自人工肥料發明後(在大戰期間)，智利之硝鹽，不能復插足於德國之農業界，而德人自供其需要矣。

戰後德國農業既從於邁深耕種，而在程度上，又甚猛進，故哈姆氏教授(Prof. Harms)謂戰後之德國農業(世界亦然)，爲已爲土地肥沃學(Lehre von Boden fortilitut)，然此邁深耕種之成効如何，亦爲吾人所急欲聞知者。此問題之答案，可在下表中尋之：

戰前後德國農產收獲表（千噸爲單位）

	一九一三	一九二六	一九二七	一九二八	一九二九	一九三〇
裸麥	一〇二二九・九	六四〇五・九	六八三三・六	八五二三・一	八一五五・〇	七六七九・一
小麥	四〇三六・二	二五九七・二	三三八〇・一	三八五三・六	三三四九・二	三七八八・九
馬鈴薯	四四〇一三・三	三〇〇三〇・七	三七五五〇・一	四一二六・九	四〇〇七・七	四七〇九・九
燕麥	八六一五・五	六三三四・六	六三四六・七	六九九五・七	七三八二・八	五六五六・三
玉蜀黍	三〇三五・五	二四六二・五	二七三七・九	三三四六・九	三一八〇・七	二八八〇・二

由此表所指示之統計，可知德國農業更努力於邁深耕種，但其收獲迄一九三〇年止，無有一年能如一九一三年者(一九一二，一九一一諸年之收獲亦較戰後諸年爲大)。此中惟一原因，即戰後諸年，雨水不調，氣候失

和，以致收獲低減。故耕種雖較邁深，收獲反見退步，可見人工之尚不克天然也。德國學者，無以名此，名之爲自然之恣意或武斷(Nature Wirllkur)。

戰後德國農業在耕種方面，所產生之機體變遷，概如上述。至於在農業債務上，亦有一必述之變遷焉。戰前德國之農業，本負有大批債務；但經四年久之馬克大跌價，所有巨額債務，無形中化爲烏有。無如以四年久之大戰，與四年久之馬克跌價，農民生活困苦萬端，所有耕種應用之工具與畜類，悉充臨時生活之需要，消費一空。至於灌漑上應有之設備，亦經八年而未修理。及德國幣價鞏固；農民爲增進其生產効力起見，不得不利用信用，以購買種種生產工具，與重修灌漑方面之各種設備，因而又是債臺高聳。故舊債雖經消滅，新債卽接踵而來。爲明瞭計，請以實數證之如次：

年份	債額	年份	每年應償之息額
			(百萬馬克爲單位)
一九二五	三二二三·二	一九二四—二五	四二五
一九二六	四二七七·三	一九二五—二六	六一〇
一九二七	五六八四·六	一八二六—二七	六二五
一九二八	六八三一·一	一九二七—二八	七八五
一九二九	七三四二·七	一九二八—二九	九二〇
一九三〇	七八一二·二	一九二九—三〇	九五〇

一九三一　八一〇四・六　一三〇・三　九一〇

一九一三　一七〇〇〇。〇至一八〇〇〇・〇之間　七五〇至八〇〇之間

戰後負債，較戰前(以一九三一年爲標準)僅一半左右，而其應償之利息，反過於戰前，此爲戰後德國息率較高所致。

農業之機體變遷，既明其大概，更請進而觀工業方面之機體變遷。第一明顯之機體變遷，厥惟各種工業地位間之更遞。戰前製成品工業及半製成品工業，並不居重要地位；惟戰後則駕乎原料工業——如礦產業等——之上。製成品工業之所以能得此重要地位者，實因一般往昔所認爲奢侈品而未爲大衆所使用者，戰後而需要大增。故衣服工業，鞋類工業，汽車工業，遊藝用品工業，電影無線電等工業，均蒸蒸日上，特形發達。至於半製品工業者，以各種人造原料——如絲，肥料等等——之新發明，其經濟活動亦隨以增加；更以戰後生產工具需要之激增，此類工業尤爲得益。除此等工業地位上之變遷外，戰後又有一新興工業，即公用事業(public utilities)工業是。此類工業，戰前早經存在，而此處又名新興者，蓋言其發展之迅速耳。此類工業，包括電煤汽及自來水，其中以電汽最爲發達。一九〇七年操作於電工業者，計一七八，七四〇人；及一九二五年 增爲五九八，八三九人。戰後三倍於戰前。其他諸工業之操作人員，當亦增加，但不如電工業之蓬蓬勃勃。

第二種機體變遷，則在工業之生產中求之。請以德國之化學工業爲說明。所謂化學工業者，以人造顏料爲

主要。戰前世界人造顏料之總產額（一九一三），計十一萬噸，值三千萬萬馬克。其中德國產量佔九萬五千噸。可見戰前之德國顏料工業，爲世界顏料之惟一製造者。故凡世界需要顏料諸工業，無不惟德國之顏料工業是賴。戰後各國爲避免戰爭期內顏料缺乏起見，均自製顏料，而以英美爲尤甚。今日英國國內使用之顏料，均係自給；美國則自給外幷能供給他國（以中國爲最）。其一九二五年之總產額，計四萬二千噸；而國內需要，計二萬五千噸，故有二萬噸之輸出。戰後德國失落其世界顏料市場之霸權，其勢然也。今日德國顏料工業之生存力，僅在一二特質顏料之製造。此種變遷，當然不利於德國國民經濟。然則此機體變遷之有益於德國國民經濟者何在乎？曰人造肥料之發明。自人造肥料發明以來，智利之硝鹽，即被見棄於德國之農業界。以上二種工業生產的機體變遷，實關重要，爲任何經濟學者所共知，故爲諸位提及。

第三種重要的機體變遷，即在工業的組織。戰前德國工業的組合，大都係買對兒（Kartel），但戰後則康采兒（Konzern）大行。據李夫們教授（Liefmann）說，康采兒的組織，自一九〇一年即實現於德國，但絲毫無關重要，因當時所合組之資本，僅一千三百萬馬克耳；迄乎戰後，則如雨後春筍，風行全德。其重要性，觀各業資本之已有此種組合之百分數，即可窺見。

業別	資本之已成康采兒之百分數
礦業	一〇〇
與礦業有關之企業	九七·七

白煤礦業	九五・五
石炭礦業	九〇・五
與製鐵及製五金有關之工業	八八・五
電機工業	八四・四
自來水煤汽電製造業	八三・六
製鐵及製五金業	八二・一
化學工業	七八・二
營造業	五四・八
細機械及光學用品工業	四七・七
磚石工業	四四・四
機器儀器及車輛製造業	四一・八
樹膠及石綿工業	四一・三
紡織工業	三七・五
養料及消遣食品工業	三七・二
鐵器鋼器及五金器製造業	三一・七

音樂儀器及玩具工業　　三•六

此外尚有數業，其康采兒之資本不及百分之三十者，恕不詳載。卽就上列諸工業而言，已可見康采兒所佔有之資本，平均定在百分之五十以上。此種組織之作用，各學者言人人殊，有謂係獨占性者，有謂僅有獨佔之趨向者。要之，競爭性更較買對兒爲減少，一切費用更爲節省，實爲無可致辯之事實。故此種機體變遷，孰謂非合理化之表現。

更較以上諸端爲重要之機體變遷，厥爲人口，土地，及因土地失落而失落之重要原料，礦產。以人口論，大戰所犧牲之壯丁，計十萬人。戰前後人口之總變遷，自六千七百萬（一九一三）降爲六千二百萬（一九二五），故其總損失達五百萬人。其所以損失之原因，當不盡爲大戰時沙場殉國；但因大戰而生育減少，亦不得不謂大戰之賜。壯丁減少，卽目前德國國民經濟之生產率低減；生育退步，卽未來之國民生產率退步。故此人口之損失，殊爲德國國民經濟之大不幸。但以戰前後能操作之人數爲比較，戰後勝於戰前。一九〇七年計三千三百八十萬餘，佔全人口百分之六十一另六。一九二五年計四千二百七十萬强，佔全人口百分之六十八另五。此種增加，並非眞正國民生產力之增加，乃因戰後殖民地之失落，向外移民大減，加以因大戰而移囘之原籍德人，與有德籍之外人戰後並未離德，故戰後能操作之成年人在表面較爲增加，實際上未必然也。

德國國土，本爲五十四萬强平方啓羅密達（kilo meter），及一九二五而僅計四十六萬八千七百餘平方啓羅密達。然此僅就其本國領土之失落而言，如以殖民地合計之，則更爲可觀矣。一九二四年，共有三百萬平方啓羅之殖民地（八口一千二百萬），大戰結果盡歸烏有。此種土地之損失，影響於經濟者至大。諸位知道經濟區域愈大，國民經濟亦愈易於發展，此德奧之所以力求關稅全盟，而法國則極其破壞之能事也。德國既罹此種領土上之大損失，其國民經濟之受累，豈復待言。更有進者，因領土割削之結果，德國失落其重要之煤鐵礦甚多。因愛爾塞司羅脫領（Elsass-Lothringen）及東上司萊壽（ost-obeschlesien），鐵與煤之寶庫也。德國既失落此寶庫，其生產之直接或間接的爲所影響，乃顯然之事實。故此種機體變遷，爲德國國民經濟最基本的機體變遷，其重要性又在其他機體變遷之上。

第二章　德國國民經濟在世界經濟中之地位

在戰前之十數年中，世界經濟中有三雄焉，卽英德美是也。故戰前德國國民經濟，在世界經濟中之地位，界於英美之間。大戰失敗，凡爾塞和約成立，德國國民經濟，除本身破產外，加以國際間之種種束縛，致置生於協約國鐵蹄之下，經濟發展幾陷絕望。嗣以國際借款成立，國民生產始得蘇醒，以迄今日，各種事業，又呈興旺現象。

吾人在未將統計的事實證明德國國民經濟在世界經濟中之地位前，尙有二事須加注意：（一）德國國民經濟之獨立性，依據下列諸表，世界經濟，大有無德國則不能充量發展之勢。無如德國之生產機關，大都利用外資，外資如一日歸其故鄉，則此等生產將入不安狀態。更以其國內投資（包括新設備與存貨）與國外債務比較之，則外資與德國國民經濟間之關係，益覺密切矣。

年份	國外債務（百萬馬克為單位）	國內總投資（百萬馬克為單位）
一九二四		八二一二
一九二五		七二三五
一九二六	一一七〇〇	二七〇六
一九二七	一五六〇〇	一一二七二
一九二八	二一五〇〇	九八九三
一九二九	二五〇〇〇	五一八四
一九三〇	二五五〇〇	八〇〇〇至一〇〇〇〇間
一九三一	二三〇〇〇	

以國外債務與國內投資相比較，當屬草率而欠精密，因外債不僅用於國內投資而已，國外投資，政府財政，均相當的利用。但以其外債數量之巨大，國內投資數量之微細，牽一髮而動全身之局，不解自明；更以其政府財政及國外投資與外債均屬有關，則外資在德國霸權，可謂無微不至者矣。換言之，德國國民經濟不能與外資須臾或離，德國國民經濟，不能片刻離外資而獨立。戰後之德國國民經濟，謂為世界資本之尾閭可，謂為世界資本之付息者亦可。(二)世界資本，必須利用德國國民經濟。自大戰後，吸收世界資本之諸經濟區域，已非昔日風光。如南美洲諸小國，本為英國資本之尾閭，戰後乃亦能有若干資本出口，外資將有被阻止之虞。印度

澳洲等久爲英資所獨霸，他人難於染指；中國內政不修，軍閥亂國，決非資本之安全所；其他東歐諸小國，生產能力既弱，加以經濟區域之褊狹，經濟發展較難，既不能吸收大量外資，外資亦不敢冒險前進；至於蘇俄，外資固所歡迎，無如以其外國匯兌之困難，大有能入不能出之概，外資更裹足不前。至於德國，人民生產能力甚強；經濟區域，在歐洲已屬較大；而又以其生產技術之精，國民經濟之發展，當在不遠。兼以無外國匯兌之困難，外資得安全回其故鄉；又無任何一國獨霸之障礙；加以政治穩定，其爲世界資本之惟一尾閭，自無待言。假如不有今日之德國，則定有若干資本不能盡其用，全世界之生產率定將減低。明乎此，可知德國之所以能吸收大宗外資，不僅在德國之需要外資，實外資亦不得不需要德國也。

僅就以上二點而言，德國國民經濟在世界經濟中之地位爲何，已思過半矣。

至於世界商業方面，德國所處之地位，約如下表：

年份	進口			出口		
	國別			國別		
	德	英	美	德	英	美
一九二八	九•一〇	一五•二〇	一一•八四	九•〇九	一〇•九三	一五•六一
一九二九	九•〇九	一五•三三	一三•三三	九•八九	一〇•九二	一五•八九
一九三〇	八•六四	一六•三三	一〇•八九	一一•〇六	一〇•六八	一四•五八

英國爲世界頭等商業國，宜其進出口之較德國爲大，美國戰後國民經濟更爲勃興，且以其經濟區域之大，人口之密，天富之裕，其出口之遠過英國，亦無足怪；而德國者，天富不豐，人口與經濟區域又較小，且於世界商業向無盛名，其世界商業，固後於英美。惟照前表所示，其與英美之差別，僅在伯仲之間，則在世界商業間德人所居之地位爲何，亦可略明一斑矣。

德國生產界，在世界生產之地位，有下表可證：

德國重要原料在世界總產額中之百分數

年份	產品							
	石煤	生鐵	生鋼	銅	錫	小麥	人造絲	棉花
一九一三	一五·六	二一·二	二一·四	四·九	二七·九	四·三	二一·六六	一·四三
一九二五	一一·二	一三·一	一三·四	五·七	五·五	—	—	一·三五
一九二六	一二·三	一二·二	一三·三	五·八	五·九	二·三	—	一·〇八
一九二七	一三·〇	一五·二	一六·二	—	—	二·九	一三·四二	一·〇〇
一九二八							一四·三	〇·九
一九二九							一三·四五	〇·八
一九三〇							七三·七	—

根據此表，德國重要原料產額，在世界生產界中之重要程度，已甚明瞭。假如無此德國之百分之十以上或以下之產額，則此種原料價格，在世界市場上定有相當變化。因之世界經濟之必有某種改觀，自屬意中事。但以上諸產品，戰後均較戰前為退步，其故有因戰後德國本身生產退步，而世界產額增加者；亦有因世界產量之進步，較德國之增加為大者。前者如棉花，一九一三年德產十九一九千大噸，一九二九年產十四萬五千大噸，而世界產量則自一百三十九萬二千五百增為一百六十四萬七千三大噸；後者如人造絲，德產一九一三計三百五十萬羅啓格蘭姆，一九三〇增為二千七百萬羅啓格蘭姆。增加量計八倍戰前之產額，而世界產額則自一千六百十萬五千增為十一萬九千六百萬啓羅格蘭姆，其增加量幾十二倍戰前產額。

第三章　最近德國國民經濟之重要問題

任何國家在任何時期任何環境之下，均有其各種重要問題。今日德國國民經濟之當務之急，大概有下列各項：

（一）短期外債問題
（二）出口問題
（三）勞工失業問題
（四）政府財政問題
（五）農業救濟問題

以上諸問題，除農業救濟問題及短期外債問題外，實際上僅一出口問題。蓋出口問題解決，則勞工失業，及政府財政均不成問題矣。吾人爲明瞭計，姑分別論之。

（一）短期外債延長問題：德國經濟之依賴外資，上文已略說明。此處所須補敍一語者。卽此項外資，長期者僅佔少數而短期者甚多。非特德國國民經濟須長期外資——因德國重工業爲主——且其在國外投資，又多爲長期之投資。故短期外債，於德國有莫大危險與威脅。一九三一年七月十三日之擠兌風潮，德國之金融界經濟界等均努力於此項短期外資之延長。於一九三一年七月以後，經長時間之磋商，始得半年之延長；但在此半年中，焉能將如許短期外債之淸償力，完全充實準備。故半年延長，尙非久計。又經多方會商，再得一年之展期。迄乎今日，此一年之展限，又將屆滿。故今日德國之經濟界等，又以此延長問題，爲當務之急。蓋此短期債務不得切實解决，國際擠兌風波，卽不能避免。能否達此目的，吾人拭目觀之。（欲詳知此問題者請參攷拙作最近英德之金融恐慌）

（二）出口問題：居今日而言德國之國民經濟者，其爲重商主義者可，其爲自由貿易者亦可，莫不以極力鼓勵出口爲急務。實以戰後德國國民經濟之衰落，與其國際賠款負担之繁重，除增進出口外，別無他途。然而今日世界各國，爲保護其己國之工商業起見，採用種種方法，如關稅壁壘及禁止進口等，以阻止外貨之輸進口。更以各國工業化之結果，德貨之輸出尤難。故如何得使德貨出口增加，實爲德國國民經濟之中心問題。其近年來出口之實情，則有下表可資研究：

戰後重要諸國每年每人平均應得之出口量（以馬克爲單位）：

年份	德	英	法	美	中國	日本
一九二八	一九三	三三五	二〇九	一七六	七	七三
一九二九	二一一	三三五	一九六	一七八	六	七九
一九三〇	一八七	二五三	一六六	一三九	四	五九
一九三一	一四九	一六二	一二八	八一	三	四六

自世界經濟恐慌以來，各國出口，均見退步，但德國退步較小，其故一在賠款出口，一在德人之努力於出口，例如一九三〇年與蘇俄成立三百兆馬克之欠款交易，實非出於德國經濟能力之所及，乃勉强謀其出口之增進耳。

（三）勞工失業問題：本問題已爲任何各國普遍的問題，無如此問題在德國之嚴重性，其他工業國無出其右者。一九三一年失業平均數，計四百五十一萬九千七百〇四人，計職工會會員之百分數爲三十三另七；英國是年之最高度，職工會會員計百分之二十二另六。故德國之失業情形，較英更覺嚴重。今日德國之人口，計六千五百萬强，而失業者竟在四百五十萬以上，幾將在每八人中，有一失業之勞工，即不啻國民經濟之購買力減少八之一。其影響於經濟發展，於社會秩序者，至匪淺鮮。縱捨此不顧，即每年失業津貼金一項，已屬大有可觀。其實數如后（馬克爲單位）：

一九二四	三萬一千九百萬	一九二五	二萬五千四百萬
一九二六	十一萬四千一百萬	一九二八	九萬〇九百萬
一九二九	十二萬三千二百萬	一九三〇	十七萬七千六百萬

如此巨款，如不爲此無報酬的失業者所消費，卽可變爲有用資本，用於生產事業，裨益孰大？故失業問題，一日不決，德國國民經濟，一日不能免此重大損失；至於失業保險，或縮短工作時間，或產生其他救濟工作，(Notstandsarbeit)，均屬治標方法。治本方法，恐舍增進出口外無他道。

（四）政府財政問題：德國國家，素採干涉主義。於國民事業，多所過問。較之英國之自由發展，不可同日語。因政府職務之繁重，其財政支出當較浩大。在國民經濟榮華發展之時，租稅雖重，尚無大礙；惟今者國民經濟正在步武艱難之際，而政府職務如故，財政支出如故，租稅有增無減。惟其租稅苛繁，故經濟之發展，尤覺艱困，而政府收入，更因而縮減；惟其經濟不能如意發展，政府須過問之事尤多，政府支出，愈趨加重：在此循環不絕的圈子中，政府財政之改善，誰謂爲非改善國民經濟之一大問題（不改善無以使國民經濟負擔減輕，其蘇醒發展自屬難能。

（五）農業救濟問題：誠如前文所述，戰後德國之農業收獲，較戰前爲劣，故戰後之農產品生產費較高，因而市場上之競爭力不如他國。價格不能因生產費之增加而亦增加，卽此一端，農家已受損失；何況戰後德國農業應付之利息較多，而此利息並不因其價格不振，隨而減低。農民負擔如故，而收入減少，此爲戰後德國農

業之大危機。政府無日不在設法救濟。救濟之道，據我所知，即利用關稅，使價目得以增加，藉蘇農民之苦

以上爲具體問題中之最重要者。此外問題尚多。惜爲時間所困，不及詳論。

最後尚須補充一點者，即今日德人每年之所得，此爲研究一國經濟所不可不知者。

戰前後德國國民所得表（拆成一九二八年之購買力）（馬克爲單位）

	每人所得	每成年人所得
一九一三	一千一百六十二	一千五百〇五
一九二五	一千另四十三	一千二百八十五
一九二六	一千另七十一	一千三百十八
一九二七	一千一百五十	一千四百十三
一九二八	一千一百八十五	一千四百五十三
一九二九	一千一百七十四	一千四百三十六
一九三〇	一千一百二十四	一千三百七十二
一九三一	九百八十六	一千二百〇一

戰後人口既較戰前爲減少，而每人之所得又較戰前爲減少，假如人口不變，則其減少程度將更烈，德人戰後購買力之低減，自無待言。

東北鐵路問題

陳延烱先生演講
陳錫記

筆者按：陳先生前曾任鐵道部總務司司長，及津浦鐵路局局長，現任鐵道部顧問，爲東北鐵路問題專家。國聯調查團來華時，先生由政府指派爲中國鐵路問題顧問，隨行供獻調查團意見，至東北時，先生亦俱往。此篇東北鐵路問題，乃應本校陳伯莊先生之請，在大四班上演講者。先生以中日事件之解決，不僅專恃外交，澈底的解決方針，則在所謂鐵路懸案。此見至爲精闢。本文記成後，以學報發排匆促，不及由陳先生親加核閱，文責當由筆記者自負。

東北自易幟以來，一切交通事業，均獨立經營，不隸屬中央政府，而由東北委員會主持之。瀋變以後，一切卷宗文件，均爲日人所得，故今日所講，乃東北鐵路之梗概。

東北鐵路最大問題乃集中於外資路及中外合資路。關內之外資鐵路，强半爲完全商業性質，如津浦，隴海等。而東北之外資鐵路，無一不含有政治軍事外交等背景，其內容複雜，自非一二小時所能盡道，今所說者，爲九一八事變與東北鐵路之連鎖性而已。

東北國有鐵路，按其資本性質，可分爲四種：

(一)中國自資　(二)外資　(三)省資　(四)商人資本。

惟詳攷每一路之起源，則均有外交的引導。

(甲)　茲先將東北築路歷史，劃戰事時代，分四大時期略述之。

(1)中國自資築路時期(一八八〇——一八九五中日戰爭時代)

主自資築路之事者，爲李鴻章。初築唐胥鐵路，旋自天津延至山海關，改稱津榆鐵路。中日戰事將發以前，延出關外，名曰關內外鐵路，繼至瀋陽，卽成京奉路卽今之北甯路是也。建築之初，李氏爲主張中國自資築路之最力者。京奉路之終點，原不僅止於瀋陽，本欲達圖門江岸。惟其進行甚慢，出關未及四十英里，中日戰事遂卽發生。

築路之初，俄人極予注意。中日戰事後，卽思在中國敷設鐵路。一八八六，俄國遂藉口干涉日本攫取遼東半島之功，請求允築中東路，自赤塔經滿州里，哈爾濱，通俄境達海參威。中國其時以中日戰敗，亦樂意聯俄制日，遂允之。一八九六年，中政府與俄訂喀希尼條約，合辦中東鐵路，並由許景澄與華俄道勝銀行，議訂合同十二條，由俄政府認五百萬羅布，吾國政府認股五百萬兩。路局方面，我國有督辦一人，董事一人，董事長一人。局內外各職員，中俄兼用。

(2)　俄國東省鐵路發展時期(自一八九六——一九〇五日俄戰爭時代)

一八九八年山東教士案起，德佔膠州灣，强敷膠濟鐵路。俄國遂亦乘機要求租借旅順大連，及南滿路之敷設與西伯利亞鐵道經中國境一千九百英里之允許。此種侵略行動，均以鐵路政策發展之。其時中國不覺，而日人感受威脅，遂與之挑戰，而成日俄戰爭。

（3）日俄瓜分東三省鐵路時期（一九〇五——一九一三世界大戰時代）

日俄戰爭之結果，自長春至大連之南滿鐵路，遂由俄國割讓日本。原訂三十六年後，由我國收回，自日本提出廿一條要求，已强欲延長爲九十九年矣。故日俄戰後，乃爲日本經營南滿鐵路之起原。

（4）日本南滿鐵路侵略時期（一九一四——目前九一八之變）

世界大戰之後，日人遂儘量利用南滿路勢力，獨佔東三省一切鐵路，禁止外人及華人投資。惟自一九一四以後，華人自資築路聲浪益高，日人嫉之，經過十數年之醞釀，終形成九一八之變。

（乙）東北各鐵路之重要性：

A.第一期日人侵略各路

（1）南滿鐵路： 一九〇五日俄戰事結束後，根據日俄博資茅斯條約第五條及中俄東省善後會議，中東路支線自長春至旅大一段及沿線開發權，悉歸日本，幷經中國承認。翌年，由日本設立南滿洲鐵道株式會社經營之，舉凡海上運輸，沿線鑛產，工業，電氣，旅館，醫院，學校及一切事業，靡不羅致其經營範圍之內。故該社名爲商業機關，實則不異於英之東印度公司爲政治侵略之大本營也。該路資金，定日金二萬萬元，一萬萬元爲日政府所出，餘一萬萬元由中日商人募集，旋我國不願附股，故全數由日人担任，於是據該路爲已有，此於日本地圖中可以見之。

(2)安奉鐵路： 日俄戰爭之際，日本從朝鮮運兵至日，僅恃南滿鐵路，及大連海口，每感不便，於是自奉天至安東間，敷設輕便鐵路。戰後中政府，要求撤去，日本不僅不允，且要求租借十五年，言明只營商業，不作他用。中政府允之，遂改爲寬軌。廿一條中，安奉路亦强迫租借九十九年，現十五年之租約，久已滿期矣。

B.第二期日人侵略各路：

尙有要求我國與以敷設權者，有滿蒙四路：

(1)吉長鐵路： 日俄戰事以前，此路乃由吉林省款八十一萬元興築者。起於長春，訖止吉林，俄國以與中東路平行，遂加反對，我政府讓步，與俄簽草約合辦。旋日俄事起，中止久之。事後我以草約無效，要求中國自築，俄以法律立場，遂亦應允。奈日本從中反對，經其要挾，遂訂約向日借一半資金。惟以人民反對，未果行。一九〇八，日又要挾我政府履行前約，遂借日金四百二十萬元，期限二十五年。二十一條中，吉長路亦同樣被强迫租借九十九年，奈人民反抗甚烈，日遂置之。民國六年，又訂吉長合同，借款增至六百五十萬元，償還期限改卅年。內用日員總工師及會計一人；條約言明中政府委托南滿會社代爲管理。設到期中政府不能償還債務，該路路權，卽歸南滿會社所佔有。此爲外資鐵路條約中最苛刻者。

(2)吉會鐵路： 此路問題非常嚴重，日本對此路異常重視。日相田中稱之爲東三省鐵路之大動脈。欲聯絡南滿路至朝鮮，此路爲其樞紐。將來日美戰爭，此路爲日本軍事之命脈。一九〇五年，日本要求自吉林至朝鮮會寧，設吉會路。其時已口頭允許。一九〇九之建島條約中，內載將來中國興築吉會路時，必借日資。民六要求無效。民七又向段其瑞要挾，段雖知此路之不容稍讓，奈內戰需款正殷，亦不遑顧及，日方現交一千萬，草約簽成。民七十一月，日派三代表磋商正式合同時，中國交通總長爲曹玉霖，雙方談判，歷時半年，卒以日本提出三處長問題，談判決裂，日代表宣布停議，曹氏謂吉會合同乃模範合同，此約不能滿意，則滿蒙四路亦絕無談判之餘地。故至今仍未解決。截至目前，國聯調查團，對吉會路亦非常重視，惟據私人消息，自九一八後，日人興工趕築，現路基已成，明年三四月即可通車矣。

(3)吉敦鐵路：　中國既反對吉會路之興築，日人遂要求縮改爲吉敦鐵路，起於吉林，迄於敦化。協商結果，遂訂民十四之吉長鐵路條約及包工合同，以避國務會議之通過。民十五政變，北京臨時政府宣布合同無效，張作霖以長官名義，承允之。借款自六千萬改爲二千四百萬。民十七即通車，其時以工程不符，相差九百餘萬元，東北鐵路專家，未予驗收。第二次日本不請驗收，中政府亦無控制之法，雖仍相差六百餘萬元，亦只得停爲懸案。吉敦路入不敷出，惟有延長爲吉會路，方能謀補救也。

(4)四洮鐵路：　是路原爲光緒末年擬築錦會鐵路之一段。當以俄日爭辨，勘而未修，迄民國二年十月，政府與日本訂立五路借款，是路亦爲其一。四年十二月，先與正金銀行訂四鄭合同，續於八年九月與南滿鐵路會社改訂四洮合同，續修鄭洮一段。借款爲四千五百萬元日金，嗣以金融緊迫，該項債劵，迄未發行，是亦所謂中日懸案之一。

（5）洮昂鐵路：　南滿中東爲北滿最重要之路綫，惟以政治及經濟關係，兩路立於對峙地位，競爭頗劇，欲佔勝利非敷設支路不可。滿鐵會社之要求承造洮齊鐵路亦爲此故。惟以中東路關係，只能築洮昂鐵路，起於洮南，訖於昂昂溪。是路資金，亦爲日款，計日金一千三百餘萬元，合同亦爲包工合同。惟營業以來，問題複雜，掛賬甚鉅，亦爲未解決之懸案也。

以上均爲中日有極大糾紛之鐵路。其築路之起原，無一路爲我國自動向日借資，而爲日本藉各種勢力，指定要挾，强迫敷築者，故所謂各路均含有政治，軍事外交背景者，卽指此也。

且各路營業不佳，負債又鉅，除吉長路外，殆無一路能償還本息。四洮每年淨虧一百五十餘萬，而吉敦亦有八十餘萬。故各路壽命，已如遊絲一息。截至今日，所謂滿蒙四路，雖爲我國借資興築，然早名存實亡。下爲四路之中國估計現值及日本宣稱之負債，其相差額，已陷於根本破產地步：

路名	中國官方估計現值	日本所稱負債總額	相差額
吉長路	七百六十餘萬	一千九百餘萬	一千一百餘萬
吉敦路	二千一百餘萬萬	三千二百餘萬	一千一百餘萬
四洮路	二千餘萬	五千二百餘萬	三千二百餘萬
洮昂路	一千二百餘萬	二千四百餘萬	一千二百餘萬

總額　　五千餘萬　　一萬二千餘萬　　六千餘萬

（註：數額均依日金計）

由上表約知四路負債已達一萬二千餘萬，其現值僅五千餘萬，相差之額，竟達六千餘萬。東三省中國國有鐵路，自築及商辦等路，總計約值一萬一千萬，卽將國有鐵路全數抵償日本欠債，仍不敷一千餘萬。以此觀之，日方卽不與九一八之役，僅恃鐵路政策，已足制東三省死命。退一步言，卽使外交勝利，東三省收回我有，而此種種鐵路懸案問題，亦不知如何了結也。

（丙）中國興築鐵路與外資之衝突：

中國東北興築自資鐵路，實起因於下列原因：

（1）感覺日人在東三省之壟斷，及各項經濟事業之壓迫。

（2）五卅事件促成之自覺。

（3）中俄協約及奉俄協約之結果，中國當比較勝利。

（4）南滿鐵路之壓迫，不僅使中國鐵路無發展之可能，抑且整個侵略東三省之經濟。

種種感覺，迫成中國下列五路：

（1）瀋海鐵路：　遼甯前省長王永江氏，爲是路之苦心籌劃者。全路資金爲國幣一千二百萬元，用人採料，均儘國內，是爲東三省自營自修鐵路之嚆矢。修築之際，日人以利害衝突，從中反對，而以築洮昂路爲要挾，方底於成。

(2)吉海鐵路：吉海綫爲日人要求滿蒙四路之一，吉省人士恐路權喪失，遂集資提前修築，日人時亦根據滿蒙四路而反對。

(3)打通鐵路：是路起於遼寧之打虎山，訖於通遼，日人以與南滿線平行抵觸，橫加阻止。惟修路事先祕密，逮日人提出反對時，路成已及半矣。

(4)呼海鐵路：是路爲制俄之侵奪北滿路權者。起於呼蘭，訖於海倫。

(5)齊克鐵路。

中國自資築路，日人無不嫉視，故出全力反抗，然所以有恃無恐，卒容中國鐵路底於成者，實有下列原因

(1)中國鐵路運輸不負責——其運貨單不能抵作銀押款，以致商人皆樂於由南滿路承運。

(2)設備不完全。

(3)國際公司均扶助南滿鐵路，蓋日方以回扣誘之也。及至去年，金價暴漲，七八月間，日金漲至華幣二元，約三倍以上，南滿運價不啻亦增加三倍之多。於是商人咸由中國鐵路承運，南滿路損失至鉅，不得不向中國要求妥協。先是三月初，予奉部命之東北，與東北交通委員會有所協商(予陳先生自謂)南滿路派木村向予私人談話，談判妥協，并提出四條件討論：

(1)中日鐵路業務合作；

(2)平行線問題；

(3)運價商訂問題；

(4)解決懸案。

彼時個人卽詰以日方旣要求中國鐵路提高運價以符南滿路，何如將南滿運價減低以符中國運價，較爲簡便乎？結果談判數月未成，日人憤憤，終宣布謂中國如因鐵路不讓步，致釀成東北嚴重問題時，南滿路決不負責。由此可見日人之處心積慮存心事變久矣。

(丁)解決東北鐵路問題與中日事件：

自上文詳細分析，九一八之變，大半實源於鐵路問題，故解決東北事件，一面當求外交路線進行，一面仍宜熟籌東北鐵路之善後，庶幾能收根本解決之效也。

南滿鐵路自身卽非法性質，於其包庇勢力之下，產生無數非法鐵路，危害吾之東北，故此種鐵路立場問題，實爲中日糾紛之焦點。國聯調查團來華之時，吾人卽指出南滿鐵路，請加注意，幷建議解決方針，申述南滿路問題，如獲解決，則其他違法鐵路懸案，自可迎刃而解，東北事件於此亦可得其解決端倪矣。國聯調查團報告書中，關於東北鐵路問題之兩種解決方案，殆卽接受此意見之一部分而定也。

最近世界航運之趨勢

熊大惠

歐戰後十五年來，世界各國之海運事業，變化萬千，不可究詰，而其發展程度，突飛孟晉，有非吾人所能預料者。茲本平日觀察研究所及，謹將最近趨勢，略述于後，以供關心海運業者之參考。

(一)發生原動力之燃料，昔日多採用煤，近則以煤價飛漲，來源日竭，多改用柴油以代，不但價格低廉，即所生馬力亦大，效率因之增加不少。據一九三○年之統計，以全世界汽船噸位計算，百分之三十八，已用柴油充作燃料矣。

(二)晚近輪船合併之風甚盛。例如：英國皇家郵船公司（Royal Mail），自一九二六年間，收買白星綫（White Star Line）以及其他附屬公司之股份以後，共有八大航線，其總噸數達二百七十萬。其他如英島東方公司（Peninsular and Oriental），內包含十四輪船航線，擁有二百五十萬噸之鉅，僅次于皇家郵船公司。此外古那線（Cunard Line），漢堡美線（Hanburg Ameriean Line）等，皆最著名之併合也。考其合併理由，不外下列三項：（甲）達到經營輪船業者統馭競爭之願望，（乙）獲得新資本，或擴充原有資本，（丙）發展原有輪船業務。

（三）輪船大小與速度之增加。近年來以航海工程進步，一日千里，世界客運業務，進展神速，因之船身及速率，不得不爲之增加，以應急需。昔日古那線第一艘，僅重一千一百三十九噸，每小時只行八海里左右，其速度之遲緩，已可概見。最近白星綫之雷維爾會（Leviathan），重達九萬九千九百五十七噸，速度每小時可行二十五海里以上，允稱世界第一最巨且速之輪也。

（四）輪船發動機之改變。昔時輪機初次發明，多屬互惠式（Rieiproeating type）蒸氣機，今則除此以外，凡屬高速度或大馬力之輪船，業已設置蒸氣透平機（Steam turbine）矣。其利益在於重量較普通蒸氣機爲輕，燃料經濟，以及佔據地位較少三項。歐洲輪船，近有採用低色兒內燃引擎及電氣者，（Diesel engine or electric）一則燃料節省，一則速力極快，利益各異，其使用要皆視情形而決定。近來更有又所謂透平電氣者（Turbine—Electric），則尚在萌芽時期，其將來採用程度如何，全在成本是否減低，燃料是否經濟，以爲判斷也。

（五）造船事業，漸趨向于專門化，以適合于裝載特種貨物爲度。例如：油船（Oil Tanker），冷藏船（Refrigerator Vessel），水門汀自卸船（Cement self-unloader），皆足以表示此種趨勢也。

（六）定期航線，日益增加，而不定期航線，日趨減少一途。良以前者，資本宏大，業務優良，是以客商多樂用之。至於無定期船業務，雖不及定期船，而以運價低落故，亦有存在之價值。至其噸位，在統計上之比較，惜無相當材料，以資研究。但定期船噸位，佔全世界噸數之太半，可以斷言。

（七）海洋航業保護政策，漸由間接，趨于直接；而于直接獎勵政策中，又由普通獎勵，入于特種獎勵。此種趨勢，最近益顯。此則由于一九二九年下季商業衰敗，貨物阻滯，輪船多無貨可裝，以致船公司倒閉者，比比皆是。各國政府，有見于此，不得不給以直接財政補助，以紓目前經濟上之困難。卽向反對直接政策之美國，以戰後不景氣，亦於一九二八年，通過郵政補助及造船借款兩種辦法，可見各國趨向于直接補助政策之一斑矣。

（八）世界海洋運價之低落。假定戰前一九一三年，其指數爲一百，戰後一九一八至一九一九年間，減爲九十八左右，雖此後一九二七，一九二八兩年，增爲一〇三及一〇五，然以商業不振興故，于一九二九年，減爲九十四，一九三〇年，復落爲八十五，迄乎一九三一年，則降至七十九，較諸戰前，減少二十一，其慘落之情形，可想而知。

敍述世界海洋運輸最近趨勢既竟，試觀我國航業之現狀，則其落後情形，更有不忍言者。輪船雖已漸見風行，然早已絕跡於外國之帆船，而在我國，仍佔相當勢力。輪船公司，不但不合併，且各小公司，互爲競爭，自相殘殺，不知聯合，一致對付外國航業公司，殊爲可歎。船舶大多年久失修，速度當日益退步。至于政府所取政策，不但不給予獎勵，反行橫加摧殘，一遇戰事發生，卽扣差運兵之不暇，經久不還，遑論租金之付還哉。似此以往，我國航運，處斯各國海運發展急速狂瀾中，若不亟求振興之道，恐將永淪于百刼不復之地位，可無疑矣。

一個美國鐵路的設備品折舊記帳法

沈奏廷

鐵路的設備品就是機車、客車、貨車、以及工事車、渡船、駁船、等物。他們的價值，在全路財產中間，佔居重大部分。所以每年的設備品維持費也是很大。不過維持費之外，還有一種極大的消耗；而且是與日俱進無時或息的；這就是所謂折舊（depreciation）。因爲這種設備品無論維持得怎麼樣的好，總有一天完全損壞，不能再用。換句話說，就是他的原價總有全部消失的一天。這恐怕是任何人所能懂的。現代會計學者對於這種折舊，已認爲是營業費用的一種，所以應該像其他營業用款一樣，按期或按月的記入帳內，不可等到那樣物品完全損壞無用的時候，才把他的原價消去。這樣一來，各期的費用負擔方能平均。而且一面將折舊的金額借營業用款帳，作爲一種支出，一面將同樣的金額貸折舊準備帳(depreciation reserve.)作爲一種負債。因此年終公司可分的紅利或盈餘也要減去此數，不至把應積儲的資本，不知不覺的靡費了。將來設備品損壞的時候，就可以拿錢來添買或添造，不會損及原有資本。不過所謂折舊準備，並不是一筆提起的款項。他的代表物，乃是公司財產的任何部分罷了。這些折舊的意義，都是狠淺顯的，不過要使初學會計者也懂得這篇文字的大意，不得不舊事重提的解說一下。

折舊的計算方法，在我們書籍裏面所講的，是很有幾種。最簡單的是直線法（straight line method）。此外則有遞減法(reducing balance method)公積金法（sinking fund method），年金法(annuity method)等。但是實際上所用的還以直線法居多。鐵路公司對於他們設備品的折舊，幾無不用直線法計算的。因爲折舊的金額根本是一個約計之數，不能千準萬確的。雖則直線法在理論上不無缺陷，但是實際應用起來，也不至過於差誤。至於他的計算簡便，那是他的唯一長處。不然決沒有人採用他的。讀者對於這直線法，想必多知道的。譬如有一輛機車，原價二十萬元，估計可用二十五年，他的剩餘價值（就是損壞後所可賣得的價值）假定爲一萬六千元（卽原價的百分之八），那末每年折舊就應該是七三六〇元。此數是從下式算出的：

$$(200{,}000-16{,}000)\div 25=184{,}000\div 25=\$7{,}360$$

這就是所謂直線法。計算的簡捷，想沒有人不承認的。

以上所說的，無非是淺顯的原理。現在我們所要講的，是一個實在的例子。作者在美國本雪文尼亞鐵路公司實習的時候，對於他們設備品的折舊會計，曾經加以相當的研習。此刻就想把他們所用的方法，作一簡單介紹。下面所說的，就是該路的折舊記帳法。

本雪文尼亞鐵路的設備品折舊會計，是由機務會計處(Supervisor of motive power expenditures）掌管的。該處隸屬於機務處處長之下，辦理一切設備品購置折舊和廢棄的會計事宜。現在我們所講的，祇限於折舊的會計。該路對於設備品折舊，也是用直線法計算的。每種設備品都有一定估計的使用年限，和剩餘價值對於原價的比率。現在先把該路主要設備品的折舊率列表如后以便解釋：

設備品種類	估計使用年限	剩餘價值對原價比率	每年折舊率
一、蒸氣機關車	二三	八%	四%
二、電氣機關車	二三	八	四
三、餐車（鋼製）	三〇	一〇	三
四、其他客車（木製）	二三	八	四
五、其他客車（鋼製）	三六	一〇	二·五
六、貨車（鋼製）	三二	二〇	二·五
七、貨車（木製）	二〇	二〇	四
八、渡船（鋼製）	四〇	八	二·五
九、駁船（木製）	三五	五·五	二·七
十、駁船（鋼製）	四〇	八	二·三
十一、吊車（鋼製）			
稱重百噸以上	一五	一〇	六
稱重百噸	一六	二〇	五

一個美國鐵路的設備品折舊記帳法

稱重百廿噸以上	二〇	二〇	四

以上所舉的，並非該路設備品的全部，不過為明瞭折舊方法起見，以上幾種也足夠昭示我們了。上面折舊率的算出是很簡單的。例如蒸氣機關車的使用年限既然估定為二十三年，剩餘價值對原價為百分之八，那末所餘百分之九十二的原價，就要分做二十三年來平均分配。以二三除百分之九十二，就得百分之四，這就是每年應該攤得的折舊率。此處我們應當注意的，就是折舊額不以金額表示，乃以百分率表示。他的用意在下面會明白的。

有了這種折舊率，究竟如何用法呢？這就是我們討論的焦點了。上面的折舊率是每年的，不是每月的。但是鐵路的會計是按月結束的，所以按年的折舊率還應該先化成按月的，方才可用。由年化月的方法，該路所用的可分兩種：一是把按月折舊率就作為按年折舊率的十二分之一。此法用於工事設備品，水上設備品，和其他數額或價值較小的設備品。例如渡船的按年折舊率既是百分之二·五，那每月折舊率就應為〇·二一%。餘可類推。二是把按月折舊率根據按年折舊率逐月變動，以符業務季節變化的現象。此法適用於機車、客車、貨車、數量和價值較大的設備品。現在把這種設備品折舊的逐月變動率表列如左：

月份	按月折舊率當按年折舊率之百分比	月份	按月折舊率當按年折舊率之百分比
一月	七·八〇%	二月	七·四八

三月	八·三三	八月	八·八七
四月	八·一七	九月	八·八二
五月	八·六〇	十月	九·二四
六月	八·四五	十一月	八·一七
七月	八·五四	十二月	七·五三

此種按月變更的百分比，爲什麼需要呢？因爲一年之中，各月的營業數量不同。旺月設備品的消耗大，淡月消耗小；所以旺月折舊率應該大些，淡月應該小些。而且旺月營業進款多，能夠負担較大的折舊，淡月進款少，祇能負担較小的折舊，這也是逐月變更的理由。

我們有了每種設備品的按月折舊率，又應如何用法呢？我們要知道機務會計處對於每輛機車，每輛客貨車以及每一設備品，均各於購置時備置記事片 (historical card) 一張，詳載購置年月原價暨一切關係事項。每種設備品的記事片，各按其號數(如貨車號數)順序排列。如某種設備品有增修和改造的部分，隨時由修理廠報告，將其增加的價值 (arbitrary values of additions and betterments) 記入記事片內。如有折去的部分，也從記事片內減去其價值。假使一輛設備品全部廢棄，那就將他的記事片取出，另行保存。所以從每種設備品的記事片內，可以逐月算得該種設備品全部的現在價值，是爲按月實價(monthly valuation)。根據這種按月實價，就可以計算折舊金額。例如上月蒸氣機關車全部實在價值從記事片算出應爲 $\$274,540,650^{00}$，如本月爲七月，則折舊金額可計算如次： 274,540,650•09×0.04×.0854=$938,230.86.

上面算出的九三八、二三〇•八六元，就是本月機關車的折舊金額，其最後記帳的方法就是：

	Dr.	Cr.
蒸氣機車—折舊 (steam locomotives-depreciation)	938,230.86	
折舊準備 (depreciation reserve)		938,230.86

其他設備品的折舊，也是同樣的計算，同樣的記帳，不必再說。由上面的方法看來，足使我們注意的，有下列五點：

一、計算折舊可用簡單的直線法．從使用年限及剩餘價值對原價的比率算出折舊率；

二、這種按年折舊率應該用相當方法化成按月折舊率；

三、計算實際折舊金額時，不必就每輛機車客車貨車，或其他設備品個別計算。可將每種設備品的全部現在價值乘按月折舊率，就可得折舊金額；

四、已經廢棄的設備品，應當把他的價值除去，所以折舊的期間，僅以設備品實際使用期間爲限，不得延長；

五、期限未滿中途廢棄的設備品，他的折舊積額可從他的實際使用年數比例計算，然後將此算出之數貸設備品帳，借折舊準備帳消除之。

價值論

宋孝璠

緒論

這學期馬寅初博士在班上講經濟學說，幾乎將各種重要的價值學說都介紹了，批評了。他說：價值是指導人類的經濟活動的，在經濟學中，價值論是很重要的。在他這種暗示之下，我便興起了作此文的動機。

在人類生活中，經濟生活是極基礎的，極重要的。所謂經濟生活，乃人類於滿足物質慾望或獲取生活資料時所營的活動及因此與爲此而起的各種活動。在經濟生活中，人類所關心的是財富 wealth（一）。人類的經濟行爲的目的只是如何增加財富，經濟學者也只研究這個問題，亞丹斯密便以『諸國民之富的性質及其原因之研究』名其書。但財富是一個抽象的名詞，在實際社會中，它是反映社會關係而以某種形態出現的，在交換經濟，尤其是在雇主經濟時代，牠是以商品的形態出現。商品是必須交換的，交換關係體現了商品的價值。在現實經濟中，商品的實體雖仍是一般經濟財貨，仍有牠們所具的性質——效用（二），但又蒙了社會關係，具有了一種社會性質——價值（三）。『價值根本與富不同』，這是李嘉圖的名言。我們可以說：『帶有社會關係的經濟財貨——商品，是與自然的，本質的經濟財貨——財富不同的。』在交換經濟中，生產者的目的不在財富之絕對增加，而在商品之絕對增加或財富之相對增加。因爲前者會使商品的價格低於價值，而後者是不會發生此種結果的。在這種情形之下，生產者不僅要知價格的變動，且要知構成價值的是什麽東西。因之，自斯密及李嘉圖以來的經濟學者，大都以價值爲經濟學的主題，由此去發現現實經濟關係的眞相。後來雖有人批評他們將經濟理論建立於經濟現象只是變動這概念之上，只從交換價值的觀點（或市場交換的觀點）了解經濟過程，而忽略了一切經濟現象是成就（或生產）之一種互相關係的構造，失掉了經濟過程中的重要特點——現實的成就，輕視了一切經濟活動之原因，以致將價值推定法則與經濟法則看成是一樣的東西。但無論如何，若經濟學是研究現實經濟關係的科學，以價值爲研究的主題是十分允當的。

（一）　多數經濟學家以爲財富是物質的經濟財貨；有些人，如德之歷史學派及今之斯班等，以爲財富不僅是物質的，卽抽象的效用也是財富。作者以爲在經濟學中，財富一詞應專指物質的經濟財貨。

（二）　此處效用一辭，與斯密之使用價值一詞同義。

（三）　價值一詞，非指交換價值，交換價值乃價值之表現形態。後文將語其詳。

價值學說略史

在經濟學上，也同在哲學及別的科學上一樣，客觀地解釋事實與主觀地解釋事實都佔有一角。在價值論上，這種對立是更顯明。在這兩方面都有很重要的意見，下面的敍述是取了史的形式而略論這些意見的。

在客觀價值說的陣營中，經濟學之父亞丹·斯密 Adams Smith 主張勞動價值說。在他的名著國富一書中曾有如下的文句：

『一切物的眞實價格（作者按：斯密常將價格與價值二名詞混用，此處之『價格』與『價值』同義），亦卽獲得此物的辛苦勤勞。貨物含有一定量的勞動的價值，依此價值，我們可與其他在想像上含有同量價值的物品交換。勞動是一切商品的價值的眞尺度，只有獲得物品的必需勞動量的比例率才能爲各物互相交換之尺度。』

亞丹•斯密的勞動價值說注重勞動本身有價值這一點，他以爲勞動的價值，經過勞動者的工作，便轉入商品而表現爲商品的價值。但勞動的價值是什麼呢？他以爲勞動是辛苦的，辛苦使勞動有價值。他的繼承者大衞•李嘉圖 David Rieado 却放棄了斯密的這種曲折的主張而直接地採取痛苦說。他不說商品之有價值是由於它具有有價值的勞動。而說是由於它具有帶痛苦的勞動。他說：『商品的價值或它所能交換得的別種商品之數量，是決定於生產此商品時所必需的相對勞動量。用於生產商品的勞動量決定商品的價值。』他說：『勞動是商品的價值的基礎。諸商品可用於交換的數量是決定於生產它們所必需的相對勞動量的。』

繼承斯密與李嘉圖而自另一出發點主張勞動價值論的是德國的加爾•馬克思 Karl Marx。他的資本論是被稱爲社會主義的聖經。他以爲商品的價值是包含於其中的勞動量。這勞動不是具體的勞動而是蒙着社會關係的抽象勞動或社會必要勞動。抽象勞動量的大小是正比例於勞動時間的，所以商品的價值可用社會必要的勞動時間來量度，用一句話來說，決定某種商品的價值之大小的，只是在那特定商品存在的時候之社會一般的通常的技術條件，以及在那種時候之平均程度的勞動熟練和勞動強度的下面，對於那個商品的生產，不能不要的勞動時間能了。

直接繼承斯密與李嘉圖的到不是馬克思。而是約翰·米爾John Stuart Mill與威廉·沈尼爾William Nassau Senior 等。在斯密與李嘉圖的著作中己萌露了生產費說，不過他們主張價值的最後泉源爲勞動。至沈尼爾與約翰·米爾雖也以勞力爲價值的最後泉源，但因感着此說不能解釋當時社會的情形，遂明白地將資本與土地加入勞動中，而以爲商品的價值是決定於它的生產費。在這裏沈尼爾與約翰·米爾和斯密與李嘉圖便分了野，後者的主張是自直接生產者方面去說明價值，而前者雖未放棄此種主張，却另外加了一點新東西：自謀利的生產者方面去說明價值。

古典學派和馬克思等只是自客觀方面說明價值，因此便引起反動。英國的傑文思 W.S. Jevons ，德之高申 Hermann Heu ich Gossen ，法之華拉士 Leon Walras ，奧之孟拏 Karl Menger 等，都從主觀方面說明價值。高申以爲財貨之有價值是由於它能夠足人們之慾望。傑文思極力反對生產費價值說，而主張價值是由末度效用 The final degree of utility 決定的。孟拏說：『價值的不同，是由於人類對於各種欲望滿足的估量不同，人所認定具體物的價值，是恰等於這物所能滿足這個人最小欲望的要徵。』他和傑文斯一樣，也反對古典派的價值學說，以爲勞動的數量及生產費與價值是沒有直接關係的。威叟 Friedrich Wieser 和龐巴威克 Eugen Bohn-Bawerk 出來，便奠定了價值主觀論。他們由人類心理解釋價值，以界限效用 marginal utility 來說明價值。威叟說：『生產物的價值蓋出於效用，價值是由界限效用決定的』。他幷說：『生產費不能決定使用價值，使用價值的存在是由於自身，且反有承認生產費的功能。』所謂界限效用是由財貨的效用性與稀少性及人們欲望三者決定的。龐巴威克說：『一財貨之價值，是決定於界限效用量。』

這兩方面的主張在上世紀末期及本世紀前二十年內有調和爲一的趨勢，效用與成本，或供給與需要同被認爲在決定價值中都各有位置。英國的馬夏爾 Alfred Marshall ，美國的克拉克J.B.Clark ，伊利 R.T.Ely ，拍登 S.N.Patten ，費特 F.A.Fetter ，及陶西格 F.W.Taussig 等，所見雖各各不同，但在這方面都有很大的貢獻。馬夏爾用剪刀的作用比喻成本與效用之爲同等重要：剪刀剪物時，兩刃都有同等的作用，我們不能說物之被剪斷是於上刃或下刃之力，同樣我們也不能說價值之決定是由於成本或效用之力，所以價值的決定是由於供給與需要（或成本與效用）的合作。馬夏爾溶合了古典學派與奧大利學派，巧妙地將成本說與效用說合而爲一了。美國的學者對於成本概念已有進一步的認識，不僅有邊際成本這一概念，且有社會邊際成本之說。稱這種成本爲邊際反效用以與邊際效用相對照。在這裏我們應注意的是：即使是極端主張成本說的人也不會否認過財貨的效用，不過他們以爲效用是一切財貨的性質，故在討論特殊財貨即商品之價值時便拋開它不論，但有些人則持窮源究本之說，專以效用說明價值；近人將他們的意見中和一下，對於效用既不若古典派之不論，又不若奧大利派之極端重視，而予以相當之位置。

成本說自勞動說而進至生產費說，效用說也便由邊際效用說而進至社會效用說。美國的安德遜 B.M.Anderson 便是繼承美國克拉克 J.B.Clark ，賽利格們 E.R.A.Seligman 等而發揚社會價值說的。他說經濟價值是價值之一種，乃個人心理與社會心理合起來所組成的現象。他與奧大利學派不同的是：他以社會的心理代替個人的心理，各方面的動機代替純經濟的動機。

依理，供給與需要間的鎖鍊是稀少 Scarcity。生產成本或勞動量僅能先影響市場上的商品的數量而後影響價值，它不能直接決定價值。在他方面，購買者所付之物價也是決定於商品之數量的。供給與需要對於價值的關係，恃稀少爲之媒介。瑞典經濟學家加塞爾 Gustav Cassel 便抓着了這一點，在一九一四年所出版的社會經濟學(Theory of Social Economy)的序文中，他這樣寫：『在我初次研究這個科學時，我便感覺着我們可以完全拋棄舊有的價值理論，將這門科學在最初即建築在價格論上。』他的價值理論便是建築在價格之基礎——稀少，及需要的上面，對於所謂邊際效用與邊際成本等邊際概念是毫不採用的。

伊第 Lionel D. Edie 以爲在今日貨幣經濟中，傳統的價值論不能解釋現今社會中一些重要現象。他以爲對價值論應擴大其範圍，矯正其中不合理之假定；故學者不應只高談玄理，應當作客觀的物價分析。

上文只是概述各家的價值的概念，他們對於價值的觀點對不對，是另一問題，下文會予以一個解答的。

各家對於價值論的意見

「價值」從來是經濟學的一個主題，而且是一個極重要的主題。法國季特 Charles Gide 說：『價值這個觀念支配着全部經濟科學。』龐巴威克說：『價值論已站在政治經濟學全部理論的中心。』法國狄維夏 F.Divisia 說：『經濟學是研究價值的科學。』以前的經濟名著，幾乎全是以價值論爲主題的，如古典學派，心理學派，以及社會主義者，都以爲價值論很重要。他們以爲在交換經濟中，價值乃人們經濟行爲的指針，價值溝通了生產，分配與消費的關係。但至本世紀，尤其是在大戰發生後，頗有著名經濟學家對價值論在經濟學中佔有如此重要的地位，很不滿意。如前所述的加塞爾，又如德之地慈 Heinrich Dietzel，渥德蘭菲爾 Gottl-Ottilienfeld，李夫曼 Liefmann，安夢 Alfed Amonn，斯班 O.spann 等，法之歐北地 A.Aupetit，畢露靄 CH. Brouilhet，白笠鷗 H. Iriot等，意之哥比 Gobbi，佐理 Zorli 等。畢露靄曾這樣說過：『價值的研究完全是匠心的虛構，價值本身的意義是一種無用的假設。』歐北地則謂：『價值這個術語的內蘊，到今日已空洞了無意義，據我們的見地，它應逐出科學詞彙之外。』

他們所排斥的乃是傳統的價值論。以前的經濟學家討論價值論的時候，雖然也把握着了事實，但只是在玩弄着邏輯，眩弄着玄虛，不大切實際。如奥大利派的心理解釋便犯了空虛的毛病。有些人以爲經濟學所研究的只不過是各種貨物互相交換的客觀關係，討論主觀現象的價值是與此無關的。所以一些新進經濟學家便完全不再繼續論究那些只是論難的，紙上的價值論；他們以爲這是最適宜的辦法。有些人不接受以前各派的價值論，以爲他們的根據是個人主義，如斯班便是，他雖也不否認價值論之存在，但却將它放在『成就說』（生產的學說）之下，他說：『價值與價格構成的主要原則是均衡或相等，它只是依着均衡的原則之一些關係的表現。』英美的經濟學者如費特，凱南 Edward Cannan，及皮革 Pigou 等，以幸福 welfare 觀念爲全部經濟理論的中心，而將價值論附爲旁支。有些人，如美之伊第 Lionel D.Edie 以爲正統的價值論（卽指馬夏爾等的學說）在相當的範圍內仍有其眞理，仍可解釋一些現象，但却非經濟學之中心。在解釋生產技術及爲消費者的選擇指針上，它是無能的。它也不能解釋貨幣上的各種現象。伊第的態度尙是和平保守的，然據伊第的意見，傳統的價値論是要修正與擴充，在今日，各家的意見雖不一致，但其趨勢似在貨幣經濟的價格分析，由主觀的價値理論轉到客觀的價格分析，由演繹推理變爲以數量爲工具的事實分析。

加塞爾那樣的價格論據說是包括了價値論。這誠如龐巴威克所云：『價格的規律，是解釋一件財貨，確實地可以得到如此如此的價格，及爲什么可以得到；同時又解釋財貨可能的與爲什么會可能的，得到一定的價格。所以，價格的規律，在事實上已包含了交換價値的規律。』在今日經濟情形之下，講到價値就連到價格，在價格論中，貨幣就成了討論的中心。加塞爾的理論就是以貨幣的價値理論爲骨幹的；而伊第也以爲傳統的價値論須與貨幣理論合作始能解釋今日的經濟現象。

價値論的地位如何，已經從上文中看出，似已到山窮水盡的境界。據蘇郎伊翁格兒 "heo Suranyi-Unger 講：『就各方面的情形看來，在最後，價値論是不能抗禦它的敵人的攻擊的。』他以爲現在是二大經濟學主潮之一的客觀研究抬頭的時候。德國的歷史學派是素不注重價格的，今日美國新興的制度學派，在重實際與輕理論一方面，是傳着歷史學派的衣鉢的。其他如法意之學者或倡經濟平衡說或經濟便利 Economic Convenience 說，在英國，經濟學者也多注重實際的研究或以人類的幸福爲論述的骨幹，這只要一看價値論在傑文斯，馬爾，及皮革諸人著作中的地位的變動便知。

但是，價值論的地位低降，却非由於其本身之缺陷，而在傳統的價值論不十分完美和人們對於經濟學未有清楚之認識。下面便是將經濟學的任務作一簡括的論述。

經濟學的中心

經濟學是一門科學，這是人人承認的。科學是研究事物的因果關係的：它敍述實際的事實狀況，分析事物的關係，探索事物的源委流變，然後綜合推理，得出法則，以供我們處置事物之用。例如：物理學告訴我們以宇宙間各種物理現象，說明這些現象之原因及現象間之關係，然後立出物理法則，以供我們處理物理世界之用。又如：心理學告訴我們許多心理現象，及其成因與其間之關係，然後提出法則，以供我們處理人們間關係之用。經濟學的任務也是如此的；牠告訴我們以各種經濟現象，說明這些現象是怎樣發生及這些現象之間發生了什么關係，并立下經濟法則，以供我們處理經濟生活之用。

科學只論究是非，不問應當。經濟學既爲科學之一，其任務當然是只問事實的眞相如何。我們研究經濟學時，自然是秉着科學家態度，不帶絲毫預見，忠實地研究人類的經濟關係。在對人類的經濟關係有了明白的認識後，經濟學者便應站在人的立場上，取着功利主義的眼光，去批判這種經濟關係是否適應人類的幸福。如其不適應，則指出應當如何改善這種關係，俾能適應人類的幸福。在這裏，經濟學者的任務有二重，一是客觀地發現事實之關係，一是主觀地批判這種關係而貢獻意見。有些科學家，如英之約翰•米爾，在論經濟學時，時而取科學家的態度，時而具人道主義者的精神，使經濟學失去了科學的面目。李權時博士也是同米爾一樣，治經濟學取了倫理的觀點，以為勞力價值說是公平的。其實科學是不問公平不公平的，牠只是如實地表現客觀的事實，所以凡是踰出「是非」之範圍的學問，若這些學問是以人類的經濟行為為主體的，不是經濟學之一部，只是經濟學者所應知道的一種學問；據日本經濟學者福田德三的意見，這些學問是研究經濟政策的。

經濟學的任務只是發現人類的經濟關係，所以如何獲得財富的問題在經濟學中是沒有地位的，因為這種問題是技術問題，其中所顧研究的是人與物的關係及物與物的關係。經濟學是一種社會科學，牠的對象自然只是人與人的關係。研究人與物及物與物的關係學問是企業經濟學，這包含得有農業經濟學，工業經濟學，商業經濟學等。經濟學與這些學問的關係恰如自然科學與各種工藝學的關係，其所不同的一點只是人類在今日尚不能改變自然關係而只能利用它，而在另一方面，我們不僅能利用經濟關係，且可改變它。

科學是客觀地研究事實的，當前的經濟事實是如何，我們也應有相當的認識。據經濟學者的研究，人類的經濟關係，在本質上，是人類在生產上的關係。人生的目的誠然是消費，人類的一切活動誠然是起於人類的要求，人類的生產行為雖是達到消費的手段，但在經濟現象總體中，消費只是可能性，而附屬於及被支配於現實的生產。消費只給予生產者以目的并刺激欲望而創造生產者的嗜好；而生產則為生產的消費的對象，消費的方法和消費的衝動。而且，根據事實，欲望是為生產所創造，需要是為生產中社會成員的分配所決定的。所以消費只是人類心理的可能性的，而不是經濟現象的起點。

在沒有交換，沒有主奴的時代，生產與消費是統一的。魯濱遜的故事，就是這種情形的寫照。在沒有交換，而有主奴的時代，生產與消費的統一是破壞了，在生產與消費的中間參加了分配的媒介，消費遂自生產獨立開來。分配的參加，是生產制度所引出來的，且構成生產之一部。在原始封建的生產制度中，分配是表現某種關係；在現今商品生產之下，分配又呈現着一種關係。牠是商品生產所引出的一種特殊關係，而爲商品生產之一現象。所以分配只是生產的附屬物，構成了生產的一要素。

人類文明的進步，自給經濟讓步與交換經濟，於是在生產與消費間，在消費與分配間，在生產與分配間，便參加了交換這一媒介。交換只是生產的歷史產物，是分工和私有制度之下的產生，而成爲商品生產的必要階段的。所以交換和分配及消費一樣，都是依存於生產，而構成生產的要素的。

我們的結論是：根據歷史上的事實及經濟現象間的內部關係，生產是現實經濟的起點，消費是和生產統一於可能與現實的生成及發展的關係之上。跟着歷史的發展，分配成爲生產的附屬物，交換又因着生產制度的變易，在三者之間成長起來。消費分配及交換三者，在生產的支配之下，形成一個現實經濟的總體。前三者各構成生產的要素，受生產的支配，而又作用於生產。由於生產過程的再生產，而又再生產了消費，交易與分配。

所以我們的研究出發點是生產現象。假若像奧大利學者去以消費者的觀點，以欲望爲出發點，就犯了福田德三博士所謂：『若照這樣說法，簡直把經濟學看做是一個心理學或應用心理學』了。對於這說法福田德三博士說：『大家都以爲這種說法是好，我却認爲不好，把經濟學看做一個心理學或應用心理學，便算了事，未免大錯。』——俱見陳家瓚譯福田德三著之經濟學原理第三篇一八六頁。

現在的生產是商品生產，生產者生產商品不是爲了自己的消費，而是拿至市場與人交換。雖然有些生產不是爲了交換，但是受商品的生產之法則所支配的，因此商品的生產是居於統率的地位的。所以在現在的經濟關係中，商品交換關係是最基礎的。生產是爲了交換，分配是藉着交換，消費物也是自交換得來。在這種無生產總組織，總計劃的社會中，個人要參與社會生產的成果，獲得生活資料，便須參與社會的勞動，便不得不從事商品的生產，將生產物拿至市場與人交換。交換好像以一種吸筒裝置的機械的方法統制着全體經濟。交換是做了各個生產者間的紐帶；強制他們的勞動，規制他們中間的分業，以及規定他們的財產和財產的分配。交換是統治着社會。

在現實中，商品的生產還有一個特徵，那便是雇主的生產。在一種社會中（這個社會也沒有在地球上存在過），生產者用自已的勞力，自己的生產工具，爲自己生產，自己將生產物與人交換，獲得自己的生活資料，這時勞動者都是有獨立的人格的。但在現實社會中，勞動者自已沒有生產工具，他沒有生產物與人交換，只有將他的勞力與人交換以獲得生活資料。這時生產者便不一定要用自己的勞力去生產商品，他可以付點代價用他人的勞力去生產商品，將此商品與人交換以獲得生活資料或利潤。在這種情形中，生產者所用去的或所關心的不是他的勞力，而是他的支出。這支出可以是物品，可以是貨幣。支出這一概念從此便深印人心，獨立的生產者所關心的也不是他的勞力，而是他的支出，他計算勞力却以在市場上勞力所得的報酬爲標準了。

生產物是必要交換的，於是便發生了幾個問題：生產物何以能互相交換？他們各以何比例互相交換？此比例是以何物決定？在今日貨幣經濟時代，價格是如何形成的？這些問題便是價值問題與價格問題，這些問題是很重要的。因爲解決了他們，就把握着了現實經濟現象的核心，解決了整個經濟問題。

我們且從另一方面看。

近世的生產方法是商品生產，商品生產者在商品完成的時候，便儘速運商品至市場出售，以求利潤，以所得的代價，再從事更大量的生產。這樣一而二，二而三的重複擴大的生產，生產者每次所生產的商品量，亦因而增大。商品的大量蓄積，構成了他的財富。

一種商品的被運至市場，乃以別種商品亦被運至市場爲前提，因爲這樣，他們便可互相交換其所有主。他們的所有主在市場上，都希望能在兩不相虧，且可達到生產的目的（利潤）的情形中，以互相交換的比例，交換商品。這種互相交換的比例，卽是他們各自商品的價值。

商品生產者一方面希望所生產的商品量儘可能增大起來，他方面又希望所生產的商品，能以儘可能的最適當的比例，與他人的商品交換。他一方面關懷到他的財富，他方面又關懷到他的商品的價值。近世經濟學者所關懷的也正是這兩個問題，雖因他們的觀點不同，然財富與價值問題乃是經濟學中兩個主要的題目。

財富與價值都是商品生產上的現象，財富是商品的蓄積，價值是商品間的交換的比例。商品的蓄積與其交換的比例相互間有密切的關係而是統一於商品生產的。

葉元龍教授曾著有價值學與經濟學分家一文，載在中央大學半月刊第一卷第三期。他主張價值論應脫離經濟學而爲價值學，其理由爲價值學是脫離倫理的，而經濟學是不能脫離倫理的，若將二者併在一起討論，便難免除許多矛盾的見解，他又以爲經濟學與價值學的內容不同，經濟學只能論到生產與消費，而價值學則分爲需求論，供給論，價值論和分配論。葉元龍教授的主張是錯誤的。他沒有認識生產，消費，交換與分配的內部關聯，他沒有認識在現實經濟社會中，交換關係是如何地重要。他只看到財富與價值的不同，沒有看到他們的統一。價值問題的解決是整個經濟問題的解決這件事，他是不曾意識到的。此外，他也沒有知道技術上的問題與科學上的問題的分別在什麼地方。

價值論在經濟學中是有其重要的地位的。近今有許多經濟學家却擯斥價值論，一則曰價值論不能解釋生產技術問題及爲消費者選擇的標準，二則曰價值論不能解釋貨幣現象，三則曰價值論近於玄學，不切實際情形，四則曰價值論侈談理論，不合實用：是皆昧於經濟學之任務及價值論之眞諦而發之責難。生產技術與消費者的選擇不是純粹一種自然事實，而有歷史的意味，他們的眞正問題還是存在於現實的經濟關係中。貨幣現象只是交換關係的一種形態，離開了價值論而談貨幣現象是猶之不管樹的根而只問其枝葉，其忘記根本的不澈底是一樣的。至於謂價值論近於玄學，是切實際的理論，是不知一般科學的情形而發的言論，以理論統馭事實，乃科學中一個原則。

上文已將主要的幾點前提敍述，下文將就價值本身來研究。

價值與價格

美國經濟學者安得遜在其貨幣價值 The value of Money 一書中說：『價值的作用是指導及控制人的經濟活動，使勞力自此業至彼業，使此物生產或彼物生產，及掖助與鼓勵工業的原動力。（一七頁）。價值是存在於交換之前他不能說是交換力，（九頁）。交換率 ratio of Exchange 是兩個價值量間的比率，兩種交換的單位財貨之價值間的比率（六頁）。價格只是一種特別交換率，乃一單位貨幣的價值與一單位財貨的價值間的比率（七頁）。交換是價值的一種表現（十頁）。在實際生活中，物品并不完全依照他們的價值互相交換（六頁附註）。』他這幾句話將價值與交換價值及價格的分別親切地表明了。在經濟社會中佔重要位置的不是價格而是價值，價格只是價值的表現。近人研究價格時，謂價格論可代替價值論；他們不知價格論只是論究價值的表現形態。價值論是研究價值的本質及本質與表現的關係的，只有從價值論才可發現交換社會中人類的經濟關係　才能明瞭控制人的經濟活動的東西是什麼。專談價格，只是見其形而不見其質；任你講得如何精密完善，終不免隔靴搔癢。而且價格論的任務與價值論的截然不同，價格論只告訴人如何去控制價格，對於經濟學的基本問題是沒有直接的貢獻的。關於價格，後面將有較詳的敍述。

經濟價值與一般價值

安得遜在其書二六頁上說：『我們的理論將法律，道德價值及經濟價值歸爲一類，同爲社會價值之一種，雖然他們的功用及背後的因子不同，但他們的心理性質及說明的原則都是一致的。』他以爲經濟價值是與一般價值相同：這意見是錯誤的。經濟價值與一般價值，同是主觀的產物，只是一個概念，雖同是控制人的活動，但其性質是截然不同的。在性質方面，一般價值與經濟學上的效用相當。一般價值與經濟價值，甚至與所謂邊際效用的不同之點，是後者含有犧牲或稀少觀念(二)而前者無。換言之經濟價值之發生，不僅由於物品之有用或經濟行爲能生產有用之物，且由於物品之數量不足，或生產時須受犧牲。此外，經濟價值既是性質，又可以數字表現，而一般價值只是性質不能求出數學之關係的(一)。而且經濟價值是有客觀的實體的，一般價值則無。但其最要之不同點是經濟價值只有在交換經濟的社會中才有其作用，在不是這種社會中，人類的經濟活動不是依物品的價值而是依照人類的需要或物品的效用；而一般價值，不論在何種社會中，均不改變其地位。故經濟價值只是一個社會關係的表現，經濟價值既是一個社會關係的表現，所以在不同性質的社會中它的本質是不同的，它的表現形態也就各別，這也是它與一般價值不同之點。

(一)東方雜誌第二十九卷第六號載有「質的道德與量的道德」一文，其所謂量，只是程度，并不可以他物來表現的，與經濟學上所謂的價值之量不同。

(二)此處所謂犧牲與稀少乃就整個社會爲一生產者而言，非就個人爲一生產者而言，且所謂犧牲與稀少，亦僅爲價值概念成立之可能性。

價值與使用價值及邊際效用

在經濟學中，價值，使用價值，邊際效用及交換價值數名詞常相混淆 沒有清楚的分別。昔亞丹·斯密分價值爲交換價值與使用價值 謂水之使用價值大，交換價值小，而金鋼鑽之交換價值大，使用價值小，他定以物品對人類的重要性爲使用價値，但他所指的重要性，乃自人類的生理上看，非自人類的心理上看。若自人類的心理上看，金鋼石的使用價値也是很大的，貴婦人視金鋼石比生命還貴重呢！其實使用價値即一般經濟學家所謂的效用，乃自人類的生理上與心理上作綜合的看的物品對人類的重要性。作者以效用一詞較使用價値爲佳，不致與價値一名詞相混。

邊際效用與效用不同，奧大利學者早已剖析明白，邊際效用含有物品的數量之意義，而且此一概念與人們獲得或生產物品的能力有關係。假使能力大或物品之數量多，物品的邊際效用是要改變的。然物品的效用，在同一的社會情形中，是依然如舊的。效用亦非物能，物能是物品的物理力與化學力，是滿足人們欲望的能力。物能是自然現象，而效用則爲心理現象，故物能是永遠不變的，除非物質起了變化，而效用的程度則隨社會的情形而變動的。

邊際效用不是自普遍人生去觀察而得的物品對人類之重要性的概念，而是自經濟方面去觀察所得的概念，故邊際效用與效用不同，是一個經濟概念Economic Concept價値雖亦爲概念，然與邊際效用不同，且亦與之無甚直接關係。奧大利派學者及其他經濟學家甚看重邊際效用，以爲它是價値的決定者，認爲『邊際效用說，不僅是價値論的鎖鑰，且能解釋一切經濟的事務，它又是經濟理論的鎖鑰。』一正資本論一四九頁。其實，全不是這麼一回事。價値這概念是產生於生產行程中。有人以爲他是產生於流通行程中，如日本福田德三便是這樣說，這是未握着本質的說法。吾人所謂生產行程及交換經濟中的生產行程，或社會生產行程，自然也含有流通之意義。價值的本質在生產行程中，而表現於流通行程中。若今非交換生產或社會生產，價值這一概念自不會發生。邊際效用這一概念既非產生於生產行程中，又非生產於流通行程中，只是人類在消費行爲中所生的概念，與價值可說是毫不相干。歷來許多經濟學者之未曾發現此種事實，由於他們自消費者的立場去研究價值，以消費者的欲望爲前提。日本福田德三以爲這種辦法，是把經濟學看做是一個心理學或應用心理學。若在個人自給或團體自給的經濟社會中，這種辦法也許可行，但在今日交換的經濟社會中，財貨的生產不是爲了自已消費而是拿去與人交換，交換的生產構成了整個經濟關係，商品的生產成了人的生活條件。關於商品的生產，消費者是沒有能力過問，最多也只予以消極的限制，而生產者則是操其全權，尤其是在今日，生產者的權力更大，它佔有各種優勢，消費者是不能與之對敵的，在商品的生產中，生產者的動機是要獲得生活資料，但他所急切關心的，却是得能否償失這一事。他可生產任何種商品去獲得生活資料，他之所以生產此種商品者，因交換時所得能償所失，他所要知道的是第一，失是什麼？第二，得是什麼？這不是欲望所能說明的。

據上所述，價值乃一經濟概念，是歷史的產物。他在起因上雖與一般價值相同，而在性質上則有其特點。價值不是物能，不是效用，與邊際效用也無直接與積極的關係。價值不是交換價值，交換價值乃價值之表現價格乃交換價值之一種，亦非價值，價值的本質存於生產行程中，而其出現爲一概念則在流通行程中。下文將價值分爲五部敘述，首論價值之原因，次論價值之本質、三論價值之實體，四論價值之尺度，五論價值之表現。在此五部中，臚舉各家意見，比其異同，抉其正誤，再附以已見。

價值之因

價值是一個經濟概念，乃社會關係的表現。它只能在交換經濟社會中才能存在。在此社會中，諸商品的外形不同，用處亦異，故必須有一共同單位，始能互相比較。價值便是這種共同單位，諸商品是以它爲共同單位而互相比較或交換的。沒有交換，價值便不必須，故價值這一概念之發生，實由交換關係之存在。商品之價值固存在被交換之先，但此概念之所以存在，實由於商品之必須交換這一概念之存在。安得遜說商品之能交換是由於它有價值，這話是對的；但他說價值不是起於交換，這話是錯的。他只機械地了解交換這一名詞，不知交換并非一定指商品的實在掉換。有些經濟學者不以爲價值是體現社會的關係，而以爲交換是一種自然範疇。這是錯誤的。魯濱孫在荒島中對物品所估的價值與現在所討論的價值不是一樣東西。他所謂的價值相當於我們所謂的邊際效用，因爲魯濱孫是以消費者的眼光去估量物品的，即他生產商品，是本着消費者的判斷的；而現在所討論的價值乃是自生產者方面言的，今日的生產非消費的生產，如魯濱孫式的，而是交換的生產；在這種生產制度下，指導生產者從事生產的不是物品對消費者的效用，而是商品的價值。

這不是抹殺消費者在價值這一概念上的地位。在現實經濟中，消費者只提供了可能的前提，對於價值的實現是沒有實際的力量的。一切商品要有價值，必須這商品能夠賣出，不能賣出的商品是沒有價值的，所以商品的效用是商品價值的前提。所以高申，華拉士，傑文思，孟拏及龐巴威克等以效用爲價值之原因，在某一點是對的；但效用決不是價值的唯一原因。他們雖另提出了所謂邊際效用，但這仍不能說明價值。只有將交換關係加進去，這才能說明價值。美國學者克拉克與塞利格們等以社會邊際效用說明價值，其是處與非處與龐巴威克等所主張的相同。他們仍是自消費的觀點去說明價值，只不過移個人爲社會而已。即社會價值說也未脫此藩籬。只有從交換的生產方面去論價值，才是尋出了價值之因。

價值之性質

價值是商品的性質，還是兩種商品的交換率呢？關於這個問題有二種意見。一派主張價值是商品的性質，且有分量，一派主張價值只是兩種商品的交換率。

主張價值是交換率的人很多，他們以爲商品本身是沒有價值的；一商品的價值，即其與他商品交換的比率，或即與其交換之別一商品的一定分量。所以一商品的價值，不僅要它和別商品交換，才能測度，而且要它和別商品交換，才能發生。商品幷不是因爲有價值才交換，乃是因爲交換，才發生價值，交換是在價值發生之前。價值既生於交換關係之下，故以交換價值爲價值，交換率爲價值了。因此，一商品的價值不因其本身發生變化而變動，反因其所交換的別商品發生變化而不絕的變動。因此，他們以爲全體商品的價值，既是各商品間的交換率，是不普遍的騰貴或普遍的跌落的。

馬夏爾的意見便是如此的。他說：『在一時一地以他物表現的一物的價值，也就是交換價值——乃是此物交換得來的他物的數量。因此，價值是相對的，它表示在一個特定的時間與地點的兩種物品間的關係。』——第八版經濟學原理六一頁。

約翰・米爾也是主張這一說的。他說價值在經濟學中是指交換價值，它是相對的，世上各物的價值不會一致漲跌的。米爾的價值定義是：『一物的價值或交換價值是一物的普遍購買力——保有一物對於別一般可購的貨物的支配力。』——政治經濟學第三卷第一章第二節末段。米爾的這種意見，亞丹・斯密早已說及。他說：『一種商品的交換價值，等於這物對於其所有者所提供的勞動支配權。』——原富上卷第五章第三節末段。

龐巴威克也是持此說的，不過他的說法比較精密一點，雖然對於價格的概念不清楚。他說：『交換價值是一件財貨與其他一定量財貨交換之力，價格則為其它財貨之量。』——正資本論一三二頁。龐巴威克先分價值為主觀使用價值與主觀交換價值，客觀交換價值及客觀使用價值四種，前三者是經濟學上所討論的，上文所引的交換價值指客觀交換價值，這種價值也是相對的。

這種主張是不能解決商品何以能交換的問題的。他只說明了兩物交換後的現象，沒有說明兩者何以能交換的原因。在前面我們雖說過價值是歷史的概念，交換關係中的產物，這并不是說商品的價值是生於交換，而是說價值這一概念是生於交換。一切商品，本來就有某種共通的性質，在交換關係中，這性質就表現為價值。

若以交換率為價值，便要陷於循環推理。例如甲商品的價值以乙商品計算，乙商品的價值以丙商品計算，如此推下去，則最後一商品的價值必須以其他商品之一而計算。其結果，即使能說明價值的變動，還是陷於循環推理，何況這又不能解決價值的本質問題。

主張這一說的人也許見到此說的無能，便說價值是一種購買力或交換力，如塞利格們便主張此說，他以為物品之有價值，由於它能滿足欲望，它之有價值，由於它能交換別物。當我們說及一物之價值時，我們不管它的一般效用，而是想到與別物相比之一定量貨物之效用。在私人經濟中的價值，只以二物爲前提，而在社會中的價值，則以二人之存在爲前提。但他雖以價值是相對的，却不承認它是比率或一種關係，而以價值是我們對於一物之相對交換力的估計之觀念。換言之，價值就是一物的交換力或人們對於交換力的估值。其實這種說法仍未解決他們所遇着的難題。關於此點，安德遜有很翔切的批評。他說：『這只是文字上的解決。說一物之能有價格（廣義的價格——作者註）是由於它有交換力，等於說雅之片烟使人睡是由於它有安眠力。醫生已經知道這是不會解決了難題，這只是一個意思的另一種說法。』——貨幣價值九頁。

主張這一說的，默默之間還是承認一切商品都有某種共同性質的，因爲沒有共同性質的事物是不能互相比較的。比如一匹布是不能和一升米比較的，因爲它們沒有共同的性質，如果它們是可交換的，它們必有某種共同的性質，這性質是在交換之前就爲它們所具有的。這種共同的性質不是商品的物理性質，也不是化學性質，表現這些性質的有別種單位，如尺，斤，熱，瓦特等等。

他們既知商品必有共同的性質，又何以不說出來呢？這是因爲他們只侷促於使用價值與交換價值二名詞之間。自從亞丹•斯密將價值分爲使用價值與交換價值以來，一般經濟學者都以爲交換價值即是經濟學上的價值的另一名詞。什麼是交換價值呢？亞丹•斯密說這是『一物所能購買所能支配的勞動量』，換言之，這就是一物所能購買的別物的數量，故價格就是交換價值之一種。後來龐巴威克以爲這兩個名詞不能表現價值的意義，他便將價值分爲主觀使用價值，主觀交換價值，客觀使用價值及客觀交換價值四種，以爲經濟學上的價值通常是指交換價值而言。他的這種說法，雖將商品的共同性質說了出來，但說法非常笨重，且亦不科學。依我們的意見，價值就是一切商品共同的性質，也是商品的交換力，交換價值只是交換率，這樣不僅使價值與交換價值二名詞各有意義，不致混淆及冗餘，而且使一切商品的共同性質有一專名因而得以表示出來。

主張價值是商品的性質，而且有一定的分量的經濟學者以爲一件商品，不論它與別物交換與否。它本身是具有一定分量之價值的。自然，價值的表現是在交換之後，但價值的本質却存在於交換之前。例如物品的長短輕重等性質，要確知其程度，當然要測度它，但不問測度與否，此種性質必早已存在，否則測度什麼呢？主張這種說法的人雖沒有主張前說的人多，但也不少。經濟學之父亞丹·斯密在他的國富一書中有時也露示過這種意見。大衛·李嘉圖也主張此說，他將交換分爲兩類，一爲眞實價值 real value ，一爲交換價值。他說勞力是眞實價值的要素，交換價值是兩種商品所含的勞力量的交換率。繼承他的沈尼耳也是如此說的。此外奧大利派的威叟，美國的老克拉克及安德遜，都是主張此說的。安德遜說：『價值是財富的共同性質。財富有很多地方是大不同的：草與乳，鐵與田，牛與布，人的服務與金錶，銀元與麵菓——這些物品，它們的物理性質是不同，但有一個共同性質；經濟價值。有了共同性質，財富便可加起來得出總數，各個單位財富便可互相比較，可以說此一單位財富是別一財富的百分比。這共同性質，價值，也是數量。它是那些可大可小的，在尺度上可升可降的性質之一——如熱，高，長一樣。這些性質就是數量。說性質也是數量不是創新的意見，在日常談話中是常有這種說法的。我們說一個人高，或重或那一間房子熱——性質的陳述；我們也可說人是多高，多重或房子是多熱——數量的陳述。在化學中，數量分析與質量分析二名詞是具同一意義的。我們可以說一件財富有一定量的價值，也可說一件財貨的價值是一定量。所以我們可以在不同量的價值中求出數學關係——總數，比率，百分比。』——貨幣價值五——六頁。

價值若是商品的共同性質，存在於商品的實際交換之前，則在理論上講得通，在應用上不致陷於循環計算。其實，每個經濟學者都知有此共同性質存在，只是爲交換價值一名詞所限，不曾再進一層研究，遂含含糊糊說價值就是交換價值。所以，說價值不是交換率，也不是交換力，而是性質又兼數量的東西，并不是新翻花樣，只是將未曾爲人所週知的事實說出能了。

價值的性質既已見分曉，第二步要研究的是此種性質是由何物構成的，這便是價值的實體問題。

價值的實體

價值是何物構成的？對這個問題有兩個相反的解答。有的人以爲價值是由商品所具的某種性質構成的，有的人則以爲價值是人們對於財富的判斷。主張前一說的人多歸之於客觀說派，而以主張後一說者爲主觀說派，但從另一方面觀察，這主觀與客觀二名詞又可用於別種意義上，即稱自個人觀點說明價值的爲主觀說派，自社會觀點說明價值的爲客觀說派。但這種分法只不過是爲便利起見，各種學說之間並沒有顯然的鴻溝，在這一方面看兩種學說可以極端相反，但從另一方面看，他們許是極相似的。且所謂客觀與主觀，不過是相對的名辭，在實際上，沒有絕對的客觀，也沒有絕對的主觀。沒有客觀，主觀無從而生；沒有主觀，客觀亦無從表現。因爲一切知識都是從認識來，而所謂認識，只是客觀以主觀表現。明于此，則便不膠柱鼓瑟，我們便可從事各種學說的敍述。因篇幅與結構關係，此處只略論大概，詳點留在另一文章敍說。

自商品的本身性質而言價值的有勞動說，生產成本說及社會必要勞動說。價值說是與人類的價值概念而俱生的，故勞動說的來源甚古，但將勞動說說爲有條有理而使能成爲價值說中之一派者，當首推亞丹•斯密及大衞•李嘉圖。斯密以爲『一國國民每年的勞動，原本就是供給這國國民每年消費的一切生活必需品及方便品的源泉』。價值是附於生產物之上的，故價值當亦爲勞動所產，因此他說『一切物的眞實價格（作者按此處價格一詞與價值一詞同義），即欲獲得此物的眞實的費用，亦即欲獲得此物的辛苦勤勞』。但實在講來，他的勞動說亦即是生產成本說。所以他很快地這樣說：『在文明國內，交換價值單由勞動構成的商品，極不常見。大部份商品都含有多量的利潤和地租。』這種改變是由於他是以成本來解釋價值的。在原始社會，只有勞力是成本，在現社會，生產者不僅用自己的勞力或別人的勞力，且要租用資本與土地，因此利息與地租與工資爲成本了。李嘉圖雖堅持着勞動不放，但也是以成本解釋價值的，他曾說：『價值不定於豐饒，但基於生產的難易。』他的勞動價值說的破綻，也就發生於此。他與斯密不同之點是斯密曾說明了勞動何以有價值，而他是不曾說明的；但他對於物品何以有價值這一問題却較斯密有精深的發揮。他以爲所謂的勞動，不僅是活的勞動，存蓄於資本中的死勞動也是價值之一部。也就是爲了這一點，他的價值論是不能完滿解決了問題。沈尼耳因此提出了忍欲說，但忍欲是否爲痛苦，也是一個問題。因此，約翰•米爾便爽快地提出了生產成本說。將生產成本這一概念拋開而講勞動價值的只有嘉爾•馬克斯。他提出了社會必要勞動說。雖然李嘉圖曾比斯密進了一步，以爲所謂勞動量乃生產此物時社會所認爲必須的勞動量，但仍含有犧牲或成本的意味。在馬克斯的意見，商品的惟一共通性質只有附麗於其上的人類的抽象勞動，這抽象勞動便構成了商品的價值，使商品的互相交換成爲可能。這所謂的抽象勞動乃是人類的具體勞動經過交換關係而化成的，因爲具體的勞動抽象化了，故成爲社會必要勞動，其意卽謂在某一定之生產技術的社會之中爲生產某一商品所必要的勞動。他可隨着社會的需要如何，應用到各種商品的生產上面去，因此他在這個社會方面，是具有無差別的平等性質的。他既是一切商品所共同具有的共通點，且表現一種社會關係，故他實是商品價值的實體。這個說法是個人的勞動只有經過交換成爲社會勞動，因而且有社會價值時，由他所製造的商品才會有價值。這是與李嘉圖的說法不同，因爲他所謂的社會所認爲必須的勞動乃指勞動的數量而言，而此處則兼指勞動的性質，指明這勞動帶有社會性，不是如李嘉圖所謂的個人性的；是活動的不是機械的。

當然，在這裏，他們并沒有忽略商品的效用，但他們却以爲效用只提供了具體勞動變爲抽象勞動的可能，而不能構成價值的實體。主張效用爲價值之實體的，則有邊際效用說，社會邊際效用說及社會價值說，。

同樣的，邊際效用說也是來自久遠的，據史家的意見，首先有系統地說明此說的乃德之高申。他以爲人生的最高的目的是享樂，他以爲人是自私自利的動物。他以爲財貨之有價值是因爲他能滿足人們的欲望而予人以快感。他發現了欲望滿足的程度之遞增遞減性，因而發現了效用漸減律。因之他便成立了價值乃人們對財貨的判斷，而此判斷是以財貨之邊際效用爲標準的意見。此後，英之傑文思，法之華拉士，奧之孟格，威塞及龐巴威克等繼承此說，雖各有所見，但大旨皆同。

史家稱他們爲快樂或功利主義者，因爲他們以利害或苦樂的心理來解釋價值，故又有稱之爲心理學派者。其實，前面所講生產成本說，其哲學根據也是快樂主義或功利主義，不過他們是從生產者方面立論，以苦感爲根據；不似邊際效用說是自消費者立場，以快樂爲根據而立論的。

邊際效用說者乃自個別的消費者方面立論，傑文思雖講集體，但仍以個人爲中心，因此其說與實際情形不大相合，其弱點與生產成本說所具者相若。新大陸上之經濟學家，以約翰·白惕斯·克拉克 John Bates Clark 爲首，倡社會邊際效用說。其與歐陸上之邊際效用說不同之點有二：一爲此說不復以個人爲主體，而以社會爲有機體，所謂邊際效用非個人所感覺者而乃社會所認識者。一爲此說不僅言及財貨之數量，且言及財貨之性質，故他們倡最後增加效用說：於是奧派之最後財貨之邊際效用說遂變爲最後效用之邊際效用說。

此說雖取了社會的觀點，但仍未脫快樂主義及功利主義的窠臼；百尺竿頭再進一步的是美之安得遜。他倡社會價值說，以爲經濟價值只是社會價值之一種，他的構成受制於社會情況的。在多方面，這一說是與馬克斯的價值論相同。他們皆拋棄了個人的觀點，功利主義，他們皆承認價值是主觀的評價；但有幾點絕不相同。安得遜以爲這種評價是主觀的創造，而馬克斯則以爲這是主觀的認識；因之，馬克斯所謂的評價是有客體，有標準的，而在安得遜的學說中是沒有標準的。他們二人的相同是由於環境之所示，其不同是由於師承之有異。安德遜的說法是很抽象的，玄妙的；雖然這種說法是很好，指明了價值及價格的許多方面。假使我們能一方面接受他的意見，而予以補充，那就是說，我們另外加進嘉爾的意見，則價值的實體問題就得有一個很好的答案了。

價值之測度

亞丹·斯密以商品能購得或能控制或能支配的勞動量來測度商品本身的價值。因為他的這種主張，與他的生產費這一觀念相合，使他走上了生產成本說的路。在斯密眼中，旁的物件也可測度價值，但因勞動之價值最穩定，故他以勞動量為價值之測度。勞動量的多少又是由勞動時間決定的，但在斯密看來，勞動之痛苦及其熟練與強度也應當注意的。

李嘉圖的意見比斯密精深多了。他專以勞動時間來測度勞動量，以生產時所費的社會所認為的必須勞動量來測度價值。對於工人的技術與熟練等。他不曾與以注意，因為他以為這些情形是與價值的相對量不大相關的。他之以勞動時間為測度者，正與斯密一樣，皆以為痛苦為抽象的，而實際的時間卻可表為痛苦之量。後來生產成本說者拋棄勞動說，故也拋棄了時間說，而以金錢的支出（即工資，利息，地租）為價值之測度。

但價值學說發展到馬克斯，勞動時間仍被認為價值之測度，百成百的測度，但對於此命辭的解釋卻與斯密的不同。馬克斯以為一商品的價值之大小是由被含在這商品的裏面社會必要勞動的分量決定的，但測定這種勞動的分量是勞動時間。因為勞動是運動的一種，而運動的量的存在是時間，所以勞動量的存在就是勞動時間。

這個測量的標準是天然存在於勞動自身中的。

邊際效用派的說法却全然不同，他們以人們的感覺的分量來作價值的測度。龐巴威克會說：『財貨價值是以具體的欲望或部分的欲望之重要而測度的：：故決定欲望的不是最大效用，不是平均效用，而是那種在實際情況之下可用此種財貨合理地滿足之最後效用。』簡捷地說，『一切財貨之價值是決定於它的邊際效用量。』但感覺未免太虛浮而不着實際，這一點龐巴威克自己也曾覺到，故他不得不抓着財貨的數量，而以為邊際效用是『決定於欲望及其準備的關係』。但這在實際上并沒有什麽改進，邊際效用仍是一個捉摸不住的人們之感覺。美國的克拉克等比龐巴威克等聰明，他們雖以社會邊際效用來說明價值之實體，但在價值的測度方面，却比較實在多了。他們以社會成本來作價值之測度。雖他們的意見是根據於社會成本與社會邊際效用是一致的這一意見，但他們之所以如此主張，只是因為成本是具體的。至於馬夏爾，他在價值的實體上沒有什麽意見，因為他根本就說價值是交換率，而是決定與邊際效用的成本之平衡的，但在價值的測度上，他是傾向於生產成本的。

新興的社會價值說，對於價值之測度，是沒有什麽解釋的。依安德遜的意見，經濟價值同別種價值一樣，只是人們的一種觀念，其不切實比邊際效用派的價值還要駕而上之。勉强地說，此說的價值的測度只可見之於價值之表現中。然而這不是本節之所應論的了。

假使是可能的話，價值的測度還當求之於價值之實體。雖然價值是主觀的判斷，但其判斷必有實在的根據。雖人們的認識是時常在修改，但比虛無的感覺總要確實些。從價值學史上看來，學者大都是以較具體的東西來作價值之測度的。假使在價值的實體方面，社會必要勞動說是正確的，則勞動時間是自然的價值的測度了。

價值之表現

一商品的價值常以與之交換的別一商品的物質表現出來，故別一商品的數量是此一商品的交換價值。交換價值只是價值之表現，并不是價值的本身，許多經濟學者常誤以交換價值爲價值，故常鬧出價值爲交換率的誤見。假使我們以一種商品專來作表現其他商品的價值之用，則此商品的若干數量，可以稱為其他各別商品的價格。隨着社會的進展，貨幣是被用爲專門表現商品的價值，故我們謂一商品的價格爲若干，意即它可交換若干貨幣。固然現今也有物物交換，但當其交換時，仍含有貨幣之計算的意味在內。所以價格便是在一種特殊情況下的交換價值，在本質上二者是沒有什麼分別的。

加塞爾曾斥責經濟學者不當分開價格與價值來討論，依他的意見，貨幣是與交易以俱生，價格也是與交易以俱來，在實際上價值是不存在的，它只是學者的腦中的概念。他以爲講價值就離不了貨幣，故專講價格實在是一件最適切實際情形的辦法。他的這種說法只是見其一而不見其二。他雖自稱他的價格論包括了價值論，依作者看來，這只包括了價值之表現這一個問題。價值之表現問題，亦即價格問題，在現在經濟社會中，是異常重要的，但近來經濟學者，尤其是美國的，對此問題却視爲唯一的問題，這却未免有所偏重，有所忽視了。價格問題的解決只是予企業者一個方針，不能滿足更深的問題。經濟學的性質據前文所述的，價格問題只是價值問題中的一部，而且是較枝葉的一部；經濟學上的問題的眞正解決，是繫於價值論的基本問題之解決之上的。

在斯密及李嘉圖等看來，價格是決定於它的生產費的，這便是所謂自然價格 但李嘉圖却除開了地租一項。利潤這一項，也有多數學者將它計算作價格之一部的 但一商品的市場價格則視它的需要與供給的情形而定。邊際效用派以爲『市場價格之限制與決定，在於兩邊際對偶之主觀評價』。這種說法也含着供給與需要的平衡觀念，但他們是不用供求律去說明價值的，因爲這個律大不完善。龐巴威克以爲邊際對偶之決定價格是受四個條件的支配即：（一）需求的度限，即對財貨需求的多少；（二）需求的强度，即買者對於財貨評價的高低；（三）供給的限度，即出售財貨的數量；（四）供給的强度，即賣者對於出售財貨的估價。後者又受兩個因素的支配。即：（一）賣者對於財貨之主觀評價；（二）賣者對於『等價物價格』之主觀評價。而這兩個因素，最後又決定於邊際效用的規律。以供求律來說明價格之決定，現雖受非難，但爲研究方便起見，這却是很好的一個定律。關於市場價格的決定。馬克斯以爲在短時間及小範圍中，是先決定於交換者心理上的邊際效用，其次是決定於客觀的供給與需要。而商品價格的根本決定，是生產成本加上利潤。這并不是指生產者個人而言，乃是就全社會的生產者而言，在現社會中，這不是指直接生產而言，乃指以營利爲目的的生產者而言。因此就個人而言，價格的決定也許不符合這個規律，但合社會而論，全體商品的價格在總的方面是如此的。加塞爾的價格論雖建築於稀少原理之上，以爲價格發生於人類滿足欲望之工具之稀少，且受此原理之支配，實則價格之決定，仍可以供需律解釋之。他的這種說法，只是舉出供給與需要何以會平衡的原因。

結論

曾有人批評亞丹·斯密在經濟學中過於重視了物質，批評李嘉圖偏重了商品的價值；也曾有人讚美馬夏爾，因為他不十分注重商品的價值，而諄諄地以人生的幸福為持論的目標。在近二十年中，經濟學者更多嗤研究價值者為玄想家或賣弄戲法者。這些批評者因此只尋工作於生產，消費或交易之上，縮小了價值論。從同一的立場出發，由斯密同李嘉圖的重視價值到今日的經濟學者之不重視價值論，是一貫的；因為他們研究經濟學的目的，是在求得一個役使現實經濟的方法，不在發現現實經濟的法則，以謀人羣之幸福。除了幾個有遠大眼光的學者外，這些經濟學家的興趣大多寄在經濟技術方面。

他們的工作對於人類幸福的貢獻之偉大，是不可否認的，他們的工作的重要性是不可抹殺的；但僅僅這種工作并不足夠，在經濟學中，我們還需要別種東西，這便是我們所討論的價值論。在討論價值的時候，不僅要注意於價值與價格在市場上的關聯，且要注意於價值在表現社關係這會一點上。加塞爾之責難也是由於未認識此點所致。

每種對於商品價值的意見都是真理的一部，假使我們想對於價值有較深切的認識，它們都是不可忽視的。在前面所述中，我們也許只看見了各種意見的互相排斥，其實這只是從片面或片段上觀察得來的現象，若從全面與全段上觀察，我們就可看出各種意見各有其適當的地位，各有各的供獻。而且有些意見是某些意見的伸引而加以若干修改，或變其量，或變其質：有些意見且是互相刺激，相反而相成的。沒有斯密及李嘉圖的勞動說，馬克斯的價值論也許不會如此精深，沒有他們的痛苦說，也不會逗出生產成本說，因而予勞動價值說以較完全的解釋。由邊際效用說到社會價值說是一線的發展，但在另一方面，却助成了勞動價值論。這僅是就價值論這一方面而論，假使自經濟學的別一方面而論，各種意見也各有其適當地位的。

前文曾述及經濟學乃研究事實因而說明事實的，故價值論亦不過爲事實之說明。至於此種價值現象是否應當，是否合於某種目的，這完全不是價值論的本身。假使事實變了，價值論的內容自然也要變，假使事實未變，我們是不能帶有色的眼鏡來作出符合於自己的口味的東西的。這篇粗枝大葉的敍述，純粹是學理上的研究。作者自審學膚才劣，又因功課繁重，時間不夠，無暇多讀深思，所見或有不深，表現亦有未到，尙望學者進而敎之。

鐵路公路與國防

John Earl Baker 講稿
劉世中 譯

中國的國防一向是依賴於巧妙的外交的，到了戰神蒞臨時，她才覺悟到爲自衛而戰爭的需要。查戰爭的勝利往往歸之於下列四個優越的因素：

(一)優越的軍備
(二)優越的地位
(三)優越的人數
(四)優越的軍紀

(一)軍備　近代的戰爭，大都爲機械的戰爭。敵人要想從自己的陣綫衝出來襲擊對方軍火猛烈的陣綫，在應用現代的機關槍，瓦斯礦質等等之下，決難敵人長時間支持，我們要驅逐這種侵略的人，必須先有充分炮火的準備。任何一國，無論攻擊或抵禦，要想自己能供給這許多的槍械，火藥，和各種軍需，第一，必需先有搬運製造軍貨所需要之原料的運輸系統。再退後一步講，必須先有一個運輸系統，以輸送製造此種殺人工具的工廠所需要的各種物品。所以軍貨的效力全視工業發展的狀況而定。

但是現在有許多國家的軍器和彈藥都賴外國的工廠，把他們有限的貨幣去買這許多東西，是一個最不經濟的方法。且購買外國的軍貨必須輸出自己的產物，如農產物，礦產物，或勞力等等以爲償付。要移動這許多產物以購買現代的防禦軍需，就非有廣大的運輸系統不可，而在此系統中鐵路實佔最重要的地位。

當軍貨製造或買來以後，仍留有搬運到戰場上以備應用的工作。倘若這種兵器是這樣的輕，可以由人力或獸力運送，便沒有多大困難。倘是極重的，必須用車輪的，那麼問題就來了。許多近代的大砲，是這樣的重，無論他的形狀如何，在公路上尙不能運送，必須以鐵路來搬運。雖然現在的中國，除了海防砲臺外尙沒有這種東西，但他有許多砲車，且有許多省份運運槍輸械的工具都沒有。

現在再講軍火。在世界大戰時，前線每十萬人每日約需一千四百噸的軍火。在抵禦時每日就需二萬五千噸了。這樣大的數量，獸力運輸是不可能的。而且兵工廠又是至少在百哩之外。即使有十四萬隻馱獸來裝這一千四百噸的東西，除非沿途有糧食的供給，這許多馱獸因爲不能攜帶充分的食料在途中必定要餓死的。所以機械的運輸，在現代的軍隊中是最緊要的工具。中國的戰爭，尙沒有到這個時期，如果達到這時期的時候，和平統一也就不遠了。

在這裏糧食亦須包括在內，因爲糧食給予人們的力量，和火藥供給子彈的力量有同等的重要。一個十萬人的軍隊，每日就需一百噸以上的糧食。而且當地方已劃爲戰區之後極少能夠供給幾天這樣多的糧食。倘若在十哩或十五哩外供給之，那就需一千隻馱獸搬運。可是每一隻馱獸每天又需二十五磅的食料，於是又須增加馱獸以搬運糧食。所以這種運輸，每增加十哩或十五哩的路程，便須增加一千五百隻的馱獸。倘道路上可以行動車輛則數目或可減至三分之一，但是休門將軍(Gen. W.T. Sherman)和華盛頓都承認過，用車輛運輸，至多不過一百哩的路程，因爲過此限度，馱獸來回的食料，就須牠所背負的車輛上的數量這樣的多。

(二)地位　地位優越，式樣正多，利用山嶽，可以表示各種式樣，所以現在即就山嶽論之。

山面多巖石，匿於山石之後，可以石子，矛，箭，子彈，射敵人，而己又可以石爲屏障，避免敵人的還擊。且用重大的兵器時，此種龐大之自然工作，又可給大隊人馬以比堡柵等防禦物更完善之保障。

從山上擲石子當然較從山下向上擲的距離遠，所以在山上的人又有先見敵人進行的便宜。以來福槍代替長槍，以砲代替弓箭，在地位上不發生若何的影響，並且敵人果能迫近營地，則彼自下攀援而上亦必疲憊不堪，而山上的人仍是活潑强壯，以逸待勞。若在上者衝下，則又可以得到極敏捷的速度，較自下向上者高出二倍或三倍以上。此時的力量，重重增加，又必四倍至九倍於原來的力量，因爲動物之運動量和速度是成乘方的比例。

山上是充滿着許多可以藏匿的處所，防禦者，可以隱藏在內，又佔有臨高下望的便宜。山路是這樣的狹，只有少數人可以集中在一起，所以抵禦者常可以據着重要的地方，控制多數的攻擊者。再加上山區的居民熟識山徑和地勢，所以少數的人便可擊敗多數的軍隊，又可博得勇敢戰士的美譽。

況且山地的土質往往不適於耕種，一地方只能產生極少量的食料。一個侵略的軍隊，若在那裏久駐，結果必有饑餓的恐慌，即使軍隊和糧食一同進行，則在此長而狹的山路亦必感到極端的困難。世界上的歷史大都是以山爲分界，因爲牠的强有力的力量壓制着互相競爭的軍隊。

直到經過溼地而達於環繞四週的高山之行車大道完成之前羅馬被困於十六平方哩的地區中足有百年之久。自此以後，羅馬便可進行大量的軍隊，攻擊敵人，且可極迅速的進行，使敵人不遑選擇抵禦的地位。後來道路失修，軍隊失效，阿爾泊斯山脈（Alps）亞平甯山（Appenines）和比利牛斯山（Pyrenees）仍分歐洲爲許多文字，衣服，習慣各各不同的區域，而產生國族觀念的偏見，形成若西班牙，法蘭西，意大利，巨哥斯拉維亞永久不會合一的障礙。

記着，這現象乃弓箭刀槍軍器時代的產物。現在的軍械有數百磅或竟至數噸的重量，槍砲所發出的子彈又是有這樣大的力量，因此以山爲疆的效用亦愈增加了。只要有幾個善於選擇地位與防禦的人留在後面，便可應付數倍以上的攻擊者。所以防禦的工作只須付之於少數人的手中，其餘的人民可以幹別的營生致國繁榮了。在平原的國家，只有河流爲間隔，戰爭時都在同一地位，因此抵禦的便不得不和攻擊的人數相彷。這就是德法，德俄間古代戰爭的現象，至於英美間，則互相協定，在四千多哩的加拿大邊境，各不駐防軍，然後相安無事。從上面的解釋，可以知道凡戰區延長到山嶽時，有選擇地位的一面總是佔着便宜。可是要得到這選擇的機會，迅速的行動，便是最大的因素。至於鐵路對于這方面的效用，暫且留下再講。

（三）人數　拿破侖有言：「上帝攻擊軍隊最密的一方面。」當然二人的力量比一人强。所以兵法家的策略總是要使敵人因少數人的阻礙而致損失。以寡克衆的例子，在歷史上正是指不勝屈，可是若把這種戰爭分析一下，便知道戰勝的一方面不是把敵人驅逐到位不利的地方，便是待大隊軍馬分散以後，極迅速的，把他們各個的擊破，使他們不能聯絡呼應。

（四）調動軍隊與優越的地位及人數之關係　要佔據到好的地位，而逼敵人於不利的地方，或要擊敗分散的軍隊，在彼沒有聯絡，或未曾合一之前，迅速的行動便是最要的因素。講到行動的速度，則在歷次戰役中鐵路要算是最重要的了。軍隊在不得已時每天至多行三十哩，平均不過十五哩路。若用管理精密的鐵路，則在同樣時間內便可行二百至七百哩而所運到的軍隊又是精神充足，可以接戰，若是步行的軍隊，一日之後已疲憊不堪，足痛等疾病都發作起來了。

在歷史上軍隊行動最速的記錄要算德國在一九一四年的一回事罷！在二十四小時內二百萬的軍隊已經從原駐地調到四百多哩的比國邊界。他們有十二個雙軌綫，每一線平均要運十萬人和他們的軍備馬匹等。因爲兵器，人和軍備合在一起運，每一雙軌綫，每十二小時內，就須行九十六次列車，這種的行動若與中國比較，即使在最好的情形之下，亦至少要高出四倍。後來他們就只用一個軍隊，到東到西的應戰。

德國是怎樣做的？我們中國要和他們一樣的就應怎樣的做？

記着，德國對於初次行軍是沒有記錄，吾亦不能找到她第一次的情形究屬若何。可是柏拉脫（Pratt），一個英國的有權威者，曾說過在一八五十年，奧國（德國第一個聯盟）運七萬五千的兵和他們的軍械經過一百五十哩路竟費去二十六天之多。

在一八五九年法國用火車運六十萬軍到意國邊界，費了八十六日，時間雖然這樣的多，他們在那時候尚認爲是極大的成功。在運輸量最高的一日，一個單軌曾運過一萬二千人。柏拉脫又謂這一八五九年法國的記錄，「與德國當時的鐵路比較，己高出二倍了。」經過這樣的比較，即六千人與十萬人比較，便可以顯出德國從一八五九年至一九一四年間進步之神速了。

現在我們看常常自豪鐵路的美國。這英國的權威，柏拉脫在他的序文中曾謂美國的南北戰爭才是美國人戰爭時利用鐵路的科學效用的開始，「許多有關係的問題都在那裏解決或剛從那裏發生；那裏設立了許多先例和榜樣，其餘的國家只是效尤，採用，和完成而已。」

可是我們在美國南北戰爭時得到什麼經驗呢？有許多軍官常常强索車輛以運他自己的軍隊，但只不過十哩的路程，於是一日夜的工作便給他擾亂了。最後他雖然得到車輛，可是在他們進車之前，激戰己經停止了。有的軍官，像發餉官等，常常把他的辦公處設在正停在幹線上的車廂中，除非有軍隊來驅逐，他是不許人家給他移動的。有時太多的車輛，都調在一個車站上，擠得別的車輛不能通過。許多軍官預先不通知要多少車輛，待到要運送時，却又要怒責人家調動車輛的遲緩。亦有許多軍官預先要了車輛到時候却不用，由他空廢時間，待他做完一切不重要的工作之後，才與朋友等在車中餐食或談話。軍官的夫人亦常常在幹路上抓持列車等待她在隣近找尋晚上住宿的房屋。這許多例子不是在那時候中國軍隊用鐵路時所找到的，而是在以鐵路自豪的美國所經驗着的。

我在中國十六年來雖沒有到過國民革命軍的前線，但其餘的亦曾到過數次。覺得大部份的軍隊對待鉄路人員總是像對待小工一樣，稍不舒服便把站長任意踢打。浦口總站的四週，曾給他們養過馬，在豐台的一個稽查，因爲兵隊要他轉換車輛而他不知道如何轉換，結果便被打得失去知覺至今沒有復原。在北京有一個司機，因爲對面有車駛入，不肯開車出站，便被擊斃。有幾個馮玉祥的部屬常常要一個機車多拖車輛，後來在坡道上不能前進，他們便把司機推出車外，再在他的腿上槍擊之。

這許多事情便造成了當今軍運緊急時，鐵路人員逃避的結果。行動車輛只剩幾個逃不了的，終日在愁雲的人。沒一個鐵路人員敢照着自己的意志做一點事，或有一點建議。因此軍隊只得照自己的方法進行。機器是繼續的燃燒着，直到爐格燒起來，或漏汽管發火。我曾見過隨營人員從煤車上傾出熱水來，直到機器死去爲止。另一次又看見一個軌道停着一列七個機車拖曳的車輛，而這許多機車在到達之後便不能再動了。

數年前的吳佩孚誰都承認他是一個大將。當一九二四年奉直戰時，他費了三十天的功夫才把八萬兵從原防調到山海關，平均約有三百哩的路程。這種成績和一八五九年的德國相彷，可是和一九一四德國的工作比較便相差太遠了。在情形最好的一日，一處最多經過十七列車，而德國的記錄，祇要在一半的時間中，便有九十六列車。吳佩孚所用那條鐵路的商用時刻表上亦有四十二次列車。不久之後他更弄得每天至多不過行五列車，有的日子竟只有一二次經過。因此騾馬等牲口在車上缺乏食料，或竟至餓死。部屬再要搶先，列車又因此遲延。

當他們從山海關退還的時候，便發生了一重大的爆裂，或許是鐵路史中最大的流血能！十一輛車頂對底的叠在一起，全部軍隊毀滅無存。

軍人的觀念似乎是，開火車和御馬車沒有什麼分別。他們不知道機車是鋼做的，是一件奧妙的東西，牠的力量，應用適當便會工作，應用不適當便會發生許多慘劇。倘使一個車務總管來調度軍隊，給軍官們見了，一定要以爲是笑話；可是他們沒有覺得自己把持了鐵路讓只受過幾年或幾月軍事訓練的田夫去管理亦是不適宜的。美德各國都以爲鐵路是國防上一個有力的工具，而且亦都承認鐵路管理是需要專門的技術和經驗，是一個特殊的職業，需要像外科醫生，化學師，兵法家一樣的相當的熟練。這許多國家現在都在設法改良，將來中國亦應同樣的做。

赫脫(Col. Haupt)在美國南北戰爭的第三年曾說，鐵路在那時候只發揮得幾分的效能，他再舉出三個理由解釋鐵路這樣的沒有效能。他以爲司令官和部屬有三個錯誤的觀念：「一、以爲鐵路和鐵路人員是他們個人的便利和指揮之下的附屬品；二、以爲他們的命令必須即刻施行，不管同時他方面有沒有命令或事實上有沒有困難；三、倘若命令沒有實行便可任意的嚴厲恐嚇，有時竟有更苛刻的處罰。」這許多事情都是中國今日所流行的現象。

（五）軍隊如何可以改良軍運　美國的陸軍部早已認識到，倘若沒有幫助，軍人單獨的運用鉄路總得不到最好的結果，所以在那次戰爭的最後一年便任命一個鉄路副局長爲軍政次長；一個從低級做起熟悉各事的高級職員亦做了鉄路的軍事指揮官，再有一個曾在陸軍專門學校畢業的鉄路工程師，亦被派在戰區裏和軍隊一同指揮鉄路的事宜。這樣做後，成績雖仍不能十分完美，但是這却可以爲軍人與鉄路合作的第一步。

詳細的情形雖有不同，在原則上法蘭西，德意志，英吉利都是彷照美國的方法務須鉄路在國防上發生效力。他們的兵法家都已覺悟到軍人對於鉄路管理是門外人，倘若沒有人家幫助，決得不到鉄路最高的效能；同樣的，鉄路人員亦不會知道軍隊的需要，倘若沒有人幫助亦不能給軍隊以最好的服務。所以第一步應當組織一個軍隊和鉄路人員的聯合機關；使兩方面都有相互的信仰。如此之後，軍隊才可知道鉄路有多少能力和限量，而鉄路職員亦可以知道應該有什麼設備以適合軍事的需要，這種適合，在軍人方面是一點不知道的；而且，倘使路員事先不曾和軍隊有密切的接觸，他們一定難以預料軍隊到底需要什麼東西。但是最要緊的一點就是這個中間物的組織是軍隊命令傳達到鉄路的唯一的媒介。沒有一個長官或司令可以有權力直接發命令給路員，並且除非在特殊情形之下，像敵人襲擊車站等事，他們沒有權力可以干涉鉄路的工作。

中國的情形不同，所以方法亦應稍爲改變。就大體言，中國的兵都沒有讀過書，他是一個村夫，對於鉄路極少接觸，更不知鉄路工作情形。在這一點，外國比較好了。所以在沒有訓練純熟的現在，最好在軍隊的組織中添加一個交通隊，駐紮在車站內保護鉄路財產和路員在軍隊中的行動。

這樣的辦理，有許多利益。照現在的情形，鉄路人員極難得，有時竟至沒有，伸雪救濟的機會，稍一錯誤，便受譴責，倘若軍人加以無理的責罰，除了向上司外，他便沒有伸訴的地方；可是上司亦是一個沒有權力的鉄路人員呀！卽使上司可以上訴於高級軍官，但這軍官，除了在他的部屬，這犯罪的人外，他處又得不到確實的消息。當然他們所講的只是利於自己的話！所以在理論上，這種交涉，必須一級一級的上去，直到部長以前，終得不到合理的解决；這是因爲鉄道部長和軍政部長是在同一地位。但是他們對於這種瑣屑的事又是不暇顧及的。現在各站都有保護的軍隊，軍人侮辱路員的事便可在他們的法庭上解决了，而且雙方都可以軍人來作證人，在迅速而有效的軍事方式之下，處罰便立刻可以執行了。

並且，關於鉄路工作的要素，在各級的軍官，大概從中尉起，亦應當有簡短的訓練。

當和平的時候，鉄路工作已認爲軍事教育的一部份。軍事訓練之後就須對於鉄路組織加以講解。在歐洲，鉄路的高級員司，不常受軍事的教育和經驗，他們只在每年軍隊調動時，處處想法和軍事接近，而得到不少關於這方面的學識。但是他們不因爲鉄路人員對於軍事的熟識而完全依賴之，軍隊中的交通組，對於他們所要受到的鉄路服役，像車輛，機車，坡度，路軌之距離，月台，堆棧，水與煤的供給，機廠，機房，修理物品之來源，職員的風紀，行車方法，改良的方法與所需要的時間，以及成本等等，亦必加以不斷的研習，他們不但對於本國，卽外國的鉄路情形亦加以研習，或是尋求改良的方法，或是探悉有可能性爲敵人的交通情形。我敢大膽的說：日本的高級軍官對於中國的鉄路情形和中國的高級軍官有同樣的認識。

美國的軍事專門學校有一部的必修課程，需要在那裏求學的官佐做一個凡有被敵人攻擊可能性的地方的防禦計劃。這種官佐必須先知道各種運輸的方式，能力，集車中輛所需要的時間，若進出月台的地位，每一軍事單位所需要的設備，進出所需的時間，沿途需多少停留以便裝煤加水，檢查，小修理，調換夫役，人員飲食等事；這許多都要有預先的準備。完善的計劃完成之後，若情形變更，新的改良產生，新的路線造成，或採用新的戰術，又須隨時加以修改。有人說當德法戰爭已經決定，局長得到通知書後，便毫不遲疑的在寫字檯的一個小格內取出一張預先做好的計劃，卽刻照着執行。這種動作或許在每一個參與同一戰爭的有高級權威的陸軍司令部都是同樣的情形罷！

（六）鐵路與軍紀之關係　從軍紀方面講，中國的鉄路對於國防上亦可有很大的貢獻。影響軍紀的勢力固是很多，但最大的要算地位的優越和軍備的充足了，而最足以破壞軍紀的却要算對於同伴的恐懼心。他們的武裝同志或許是靠不住的，奸詐的，在緊要時候，或許會分離開來，讓他們受着攻擊而不能抵抗。這種情形在最近二十年歷次大戰中轉機的時候最是常見的事。

軍旅不健全的緣故，大都是司令的過失，因爲只要糧餉有不斷的供給，兵士總是服從司令的。困難就是在如何可以得到這許多糧餉的資金。所以司令便成爲軍人們選擇糧餉多少的目標了。軍人們天天在追求着發展自己的機會，凡對於自己有利的地方，便趨附之。他們最善於探尋司令的短處，所以在心理轉變的時機，便會倒戈到勝利的一方去。這樣，非但可以免去失敗方面的譴責，並且他們可以向勝利方面討得一筆酬勞，以報答他們的早日倒戈，保證這方面一定勝利。

倘使司令能和部屬時常接近，他們的忠心或可長久的保住，若是離開得很遠，那末便有點靠不住了。他們在外邊獨立慣了；一切好像自已是最高的一個人，再加上他部屬的謠諛，處處說比司令高明。況且司令的敵人，原不是他的敵人，於是他們便接近起來了，而對方的引誘機會來了。把效忠主將的困難和人家的引誘一比較，便覺得後者是值得追求的了，於是和司令的關係便漸漸的從部屬移到聯盟。結果便會照着自已的意斷和人家聯合，他以爲拯救人民在戰爭時的痛苦起見，這種聯合，在道德上是有極大的價值。

這個國家的軍隊，是大家都知道的，難於使之服從紀律。拿破倫的一個軍官對於葡萄牙的戰役曾說過這樣的一段話：

「當士兵覺悟到將來是要靠自己的時候，軍隊的紀律便無形的消滅了。軍官的權威在欲望不能滿足時便不再發生了。倘使有一個兵能給他的生命所需要的營養料，便再不曾受到他的斥責了。」

倘使軍隊沒有一定執行職務的軍需官，便不得不到外邊，尤其是向本國人方面，去刼掠糧食，這時候的他們便不會想到自已所做的是盜竊行爲了。自尊心既已失掉，對於長官，司令，以及一切凡可以使訓練實施的敬重心，亦必不再曾存在了。

中國的軍隊再有地方觀念的弊病，什麼河南軍，廣東軍，湖南軍，甘肅軍等等都是以一地方人爲一軍。當一九二二年，馮玉祥從河南調到北平時，他的軍隊亦全部移駐京師。這不過是一個極普通的例而已。一九二六年，他打了敗仗，到外國去，一年後他還來，軍隊仍舊歸附他的指揮。這種軍隊正和歐洲十字軍時代很顯明的各歸各的君主的情形沒有分別。倘使再把他們的組織一步步分到很小的單位，仍可以見到他們是集中於個人，服從他們最近的軍官。

歐洲幾個大的陸軍國，和美國日本一樣的都忍受着很大的痛苦，施用各種方法去保持軍隊的忠心。每一團，無論是什麼名字，或有多少人，都以沒有個人的和地方的影響爲原則。軍官過着升級開除，或別的原因時便時常的把他們調動，使他們和士兵的個人關係不至於超過軍事例行公事的責任。軍士的訓練都是要使他們服從軍官的職位，而不是對於軍官的個人。但是最要緊的是每一團的人員須全國各部的人組織之，如此則對於國家的忠心始可超過對于地方的忠心了。

訓練的最好的地方終是在總司令部，那裏有許多便利的地方可以使士兵的本身，士兵的服裝，士兵的設備更爲完善。標準高了，各個軍士都可以有一個關於他自身所接近的高大的權威和富强的組織的印象，深刻在腦中。於是便發生一種自尊的心理，以爲他自已是這個有力量而可驚的機器的一份子。這種良好的思想與身體，再加上在軍營裏一種漂亮的外表，便造成了良好的軍紀。在外邊的軍隊是不能比的了。所以駐紮在外邊的軍隊至多只能留在那裏一個時期，過了時期必須調還總司令部。但倘使沒有鉄路把他們常常調動，沒有鉄路把這許多駐紮在總司令部附近的軍隊卽刻開到緊急的邊疆上，那末在遠而重要的地方便不得不永久的駐紮重軍，直到他們的軍紀腐化了然後調還來。

對於敗壞軍紀的最好的保障莫過於主將對於部屬時常的接近。乾隆王帝視察全國直到老年爲止。他所以能這樣做，完全是因爲國家已過了百多年的太平世界；他雖不在京都，一切事情仍能照常的進行着。現在的國民政府創立既非長久而幅員遼闊，一省所適用的方法未必適用於他省，所以蔣介石便不得不用飛機了。

但是總司令視察軍隊，集中對於部屬的管轄權只能算是作戰工作的一半，中國因爲缺乏鉄路，軍隊組織只能採用分段制，然事實上各個軍隊都是獨立的。歐美的組織便不同了；沒有一個軍隊可以獨立。政府財政部的發餉官管理着全部軍隊的糧餉。他不情願把數百萬的薪餉交給一個軍隊的司令，他或他的部員情願自已把軍餉交給一個個的兵士和買給他們東西的商人。有一個離開司令部很遠的軍需處管理着購買儲藏和分配，糧食服裝和軍火的事宜。又有一個軍醫處，在很遠的後方設着醫院，療養院，管理着受傷疾病的軍人。再有極敏捷的工作，在數百哩外設着支部，可以供給關於敵方的消息。步兵是依賴着砲火的掩護，而砲兵又是依賴空軍的指示，和他們自已的火力。因爲這分部制的緣故，無論那一個軍隊倘若離羣獨立，便成爲自殺的政策。中國的軍隊必需採用那分部的制度，然後國防的力量，在遼遠的省份，可以信任了。

標金與外匯

范平鎬

一三〇

我人欲研究一問題，必先覩其事實。茲將標金與外匯之起落大勢，列圖如左：

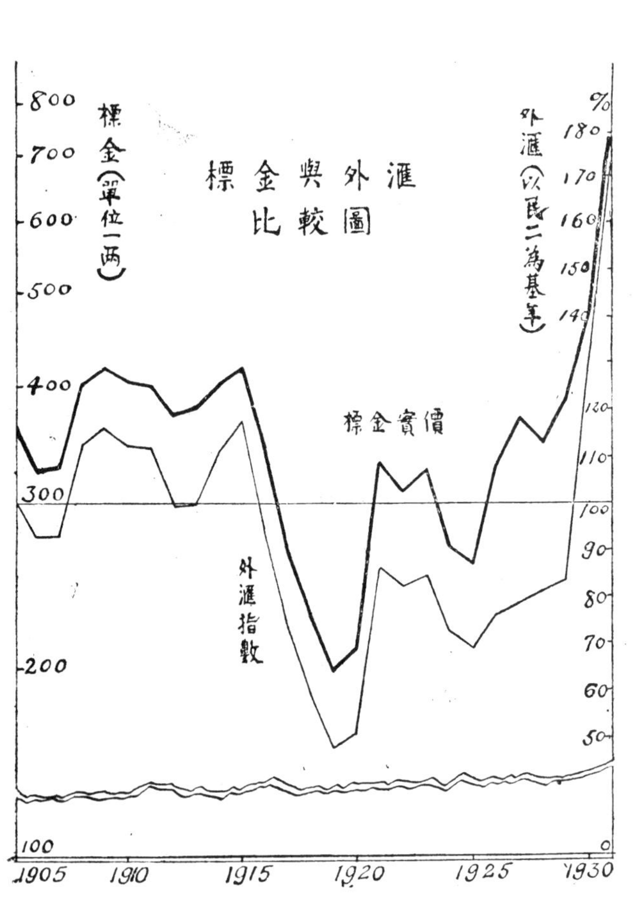

圖中外匯指數，係根據南開大學經濟學院所編製者(註一)：標金則係每年平均實價。標金指數，上海市社會局似亦有編製，但因手頭無此項材料，故以實價畫於比例標尺(Ratio Scale)圖上暫代之。外匯指數，則仍依普通標尺而繪。

外匯之意義，甚爲明顯，即以中國之銀兩，購買外國金幣時之比率是也。

至於標金之意義，就表面而言，固爲中國市場之金銀比價，亦即世界金銀市場之反影。但按諸實際，因標金結價常依某一國之外匯，故常有其國之經濟影響，侵入其間。如一九一七年以後，因日本幣值之低跌（時尚用日匯結價），致標金價格，亦低于世界市場中之眞正金銀比價，即其例也(註二)。

觀察上圖之結果，知標金與外匯漲跌之率，幾盡相符合，此蓋由於標金與外匯間，有一密切之關係在焉。若標金漲而外匯不動(或跌)，則人必買進外匯，賣出標金；反之亦然。此種買賣之結果，必使二者平衡而後已。(註三)

標金與外匯既可相互影響，而同時標金與外匯之漲跌，又各有其無數之原因，故此二者，皆可爲因，而亦皆可爲果。如標金先漲，外匯後跌，則標金上漲，爲外匯下跌之原因；反之，外匯先跌，標金繼漲，則外匯下跌，爲標金上漲之原因。雖然，推動標金之原動力與推動外匯之原動力，各有强弱久暫之分，茲略述如下。

一國外匯漲跌之原因，就普通一般而言，有下列數端：

(一)其國國際貿易之盛衰順逆。

(二)其國勞務貢獻之多寡，如銀行，保險，運輸等之服務多少。

(三)其國買賣證券之多少，國外投資，與外人投資國內之數額。

(四)償還或收入外債之本息。

(五)僑民匯款，僑民用款，遊歷者與公使，領事等費用等等。

(六)國際間之資金流動……(註四)

以上種種，為各國外匯漲縮之共同原因。我國除此等原因外，又因所用之本位幣材，與其他各國不同（我國用銀，外國用金），故影響我國外匯者，尚有世界之金銀比價，與中國之金銀比價。標金與外匯之關係，亦即由此。

大戰以還，及此次恐慌發生後，世界各國，多有停止其金本位者。結果，使此等國家之外匯，全憑其政府之貨幣政策而決定。與我國關係最深之英日二國，皆已停止其金本位，故我國外匯之漲跌，又多一原因矣。

此外外匯之投機，亦為匯價暫時漲跌之一原因。(註五)至於標金漲跌之原因，亦有數端：

對標金價格之影響最大者，為世界金銀比價。即世界金銀比價高，則標金價格，亦隨之而高。蓋一國供需之數額，遠不及全世界供需之數也。惟此說祇限於中國不限止金銀進出口時，始得通用。若中國限止金銀出口，則中國之金銀市場對世界之金銀市場，將無何等關係之可言。

其次，外匯對標金亦有甚大之影響。世界各國，多以金為本位，故中國之外匯，無異一變相之金銀比價。

外匯係受上述各種原因而變動，而其變動之結果，又影響於標金價格。

除上述種種外，中國對金銀之需要（如美術，工藝，儲藏，國際清償等）與標金之價格，亦有相當之關係，蓋價格莫不視供需而定。標金價格既爲中國之金價，則中國對金銀之須要，當爲決定其價格之一原素。

復次，標金投機，亦爲標金價格短期間上落之一大原因。對於此則，有謂全無關係者，然考諸事實亦不盡然。如印銀進口稅之徵收始於一九三〇年三月，惟是年一月，銀價即起始下降，而印度銀價亦于徵稅實行以前之二個月，即已高於英國之銀價。一九三一年三月之增稅亦有相似之現象。夫徵稅既未實行而徵稅以後之現象已發生者，自非徵稅以後世界銀貨需要減少，而印度銀貨供給減少之自然結果，僅出于投機家對于以後銀價之預測而已（註五）。其他同樣之例甚多。可知標金之投機於標金價格在短時期內，不無相當之影響。（註六）

標金與外匯升降之原因，既知其大概，則其二者間之關係，當可了然。爲明瞭起見，繪圖如左：

其他 ↓
外匯投機 ↓
各國幣制 ↓
一般原因 ↓
外匯

⇄

世界金銀比價 ↓（並 → 外匯）
中國需求 ↓
標金投機 ↓
其他 ↓
標金

此處應注意者，即標金與外匯間之關係，並非互相循環。例如外匯漲，則標金隨之而漲，即行平衡，標金價漲之結果，不再有影響於外匯。反之，標金漲，外匯亦漲，但外匯漲之結果，不再有影響於標金焉。

就標金與外匯升降原因之簡繁言，則外匯升降之原因，較諸標金，複雜多矣。凡足影響標金升降之原因，外匯幾盡有之（如投機，世界金銀比價等）。此外，一般原因中，尙多複雜關係。

又有進者，標金可謂外匯中最簡便粗陋之一種。蓋我人可不購外匯，而代以標金之輸送，其結果，亦相同也。反之，外匯可謂間接之標金，其間雜有時間，利息，幣制，等等複雜之元素。蓋我人購進外匯，不啻購進標金，不過須假以時日，變其形式而已。

綜觀上述，可知標金與外匯，雖互相影響，而非循環。至於二者相較，則外匯影響於標金者大，標金影響於外匯者小。

參考書

註一　其編製方法參看南開大學經濟統計季刊第一卷第一期一六六版至一六七版

註二　南開經濟統計季刊第一卷第一期一六五——一六六版及二一——三版

註三　馬寅初先生：「金貴銀賤之救濟方法」統計月報第二卷第一期八——九版或工商部工商訪問局編金貴銀賤問題叢刊九一——九二版

Edward Kann著蔡受百譯中國貨幣論三一六——三二五版

註四 E.S.Furniss: Foreign Exchange 第二章

註五 E.W.Kemmerer: Modern Currency Reforms 四一〇——四一六版

註六 見南開經濟統計季刊第一期七五——七六版

國際貿易與關稅政策

By Percy Wells Bidwell
袁永昶譯

普遍化的世界經濟恐慌整鬧了二年有餘，在近世史上可說從來未曾有過這樣嚴重的事實，顯示着世界經濟合作的必要了。各國中央銀行皆首當其衝，於是千方百計，策劃着許多緊急方案，以挽救金融整個的崩潰，而國際銀行(Bank for international settlements)的努力，在此狂瀾之中，也曾一現財政永久調協的可能。不過這種種迫切危急的情形，雖使各大國在國際理財上，表示合作精神，可是在亟待均衡的國際貿易上，這種合作精神還是難得表現。反之，這全世界的經濟恐慌非但沒有引起各國商業關係的相互合作，甚且使得各國貿易國家主義的思想蓬勃起來，形成尖銳對敵的形勢。解除關稅壁壘的趨勢已成泡影；稅率提高了；新稅又興；無理的約束復活了，而奇離的阻止國際間貨物流通的勾當亦層出不窮；結果恐慌愈形尖刻，蔓延。要知道關稅不只是經濟恐慌的結果，而且還是助長恐慌的原因。

過去兩年中國際貿易的崩潰，在近世商業史上實在是絕無僅有，再也沒有較之更利害的了！一九三二年一年之中，占全世界貿易價值總數百分之九十以上之五十四國的出口貿易價值是二〇，三〇〇，〇〇〇，〇〇〇金元，一九三〇年爲二七，八〇〇，〇〇〇，〇〇〇金元，而一九二九年則爲三〇，三〇〇，〇〇〇，〇〇〇金元。兩年之中，美國出口貿易的減少達二，〇〇〇，〇〇〇，〇〇〇金元，佔一九二八至一九二九年出口總額百分之四三。其他有十一個重要貿易國家出口銷售減少的數目都在四分之一以上。以整個世界來講，出口貿易，跌落若干，必然進口貿易價值亦有同樣相等的減少。（純粹數目字上的差別置之不論）

兩年之中，世界上忽地減少了一〇，〇〇〇，〇〇〇，〇〇〇金元的出口貿易價值，再加上同等進口價值，其重要究竟在那裏是值得研究的。從貿易價值上看，貨幣流通的收縮，對於私人企業將施極大的打擊；直接使各國關稅收入低落，以致各國政府拮据不堪。貿易額變遷尤其是於國際支付有極深的影響；當茲國際債務連鎖的時候，債務國應付債權國唯一的生機在維持貿易上出超的優勢，以圖抵付按期債務的利息，再看各債務國的出口貨多爲糧食，原料之類，而這類物品的價格又極受經濟恐慌的影響。因之她們的貿易出超大大的減少。阿根廷，澳大利亞，布利直（Brazil），加拿大，智利，以及印度這六國在一九二八年的首季出超總計有二七四，〇〇〇，〇〇〇金元之值，到了一九三一年的首季，不但沒有出超可言，反而還負了五一，〇〇〇，〇〇〇金元入超之數。貿易一旦入超，匯兌必立於不利地位。再加現金的輸出，結果出口物價格愈趨愈下。

因世界各國物價低落而起的國際貿易量的減少看起來沒有值的減少大，根據正式總計，美國自一九二九年到一九三一年貿易，出口的減少爲百分之三二，進口的減少爲百分之一九，最近國際聯盟公佈一報告書名曰世界經濟恐慌之面面觀（Course and phases of the world economic depression），內中分析十五個國家的貿易概況；分析的結果得知十五國之中有十三國一九三〇年的進口量較一九二九年小，有十國出口量大減。進口量的跌落在百分之一至百分之一九之間，出口量的減少則在百分之三至百分之一八之間。以上的數字總計，還可拿出進口貨物重量的比較來證實。德國，法國，意大利，捷克 (Czechoslovakia)，日本和布利直等六國在一九二九年進口貨達八九，九三八，〇〇〇噸，至一九三一年則減爲七六，二一四，〇〇〇噸；出口貨在一九二九達六二，二三三，〇〇〇噸，至一九三一年則減爲五二，九七六，〇〇〇噸。我們研究國際貿易，對於這種國際間貨物實質流通的減少，不得不覺到其嚴重性。要知今日世界紛擾的異乎往昔也只在於這一點。從前每次商業恐慌，當然貿易出入價值不免大大減低，不過這大抵是物價跌落的反映；而貨物流通的量始終沒有大的變化。韋格門教授(Prof. wagemann)曾經研究過，在十九世紀末的世界經濟恐慌中，世界貿易量只不過較長期水平線低落百分之七，一九〇七年恐慌之中也只低落了那麽多。可是經過這次恐慌，我們作同樣的估計得，知一九三一年第一季貿易量的低落已達百分之二〇上下了。

僅僅依據總計的記載，我們尚難明瞭所發生事狀的嚴重意義。我們還須研究在過去一世紀之中，因企圖國際貿易不斷地擴張而起的極複雜極精細的區域分工 (territorial division of labor)，即地方工業專門化。雖然受了保護關稅，戰爭以及其他種種障礙，國際貿易在歷史進程中愈漸變爲提高人類生活程度的重要因素。大西洋北岸諸工業先進國，在這人口劇增的當兒，幸有美洲，澳洲，及非洲新起諸經濟社會貿易量的增加，才能維持或提高她們的生活程度。大不列顛，德意志，比利時以及意大利諸國整個的經濟組織是建築在國際貿易上。貿易之繼續與發展，實爲她們經濟繁榮的關鍵。德國工業大部都恃出口；製造品的推銷，出口佔百分之一〇至五

○，卽如其最重要之化學，鋼鐵，工程，及電氣化學等工業，有百分之一○至二○是銷售於海外市場的·大不列顛工業出產差不多百分之二五是出口的·以上所舉各國處於這種貿易不斷地衰落情形之下，必須將其工業全盤調理才是，但是這樣一來，生產成本必增，而人民生活度程必至低降，就是美國，雖其生產品只有百分一○是賴出口的，也逃不出這困難的環境。而且這種辦法乃是轉變十九世紀工業進展的方面，而回到自給經濟(self sufficient economy)的表現。

貿易上的障礙勢力——不僅只保護關稅，還包括其他種種或公或私對於出進口貿易的干涉——與經濟恐慌究竟有什麼關連呢？要得一個精確的答案，我們必須把這次恐慌前前後後幾年各國的商業政策加以研究。一九二五年至一九二九爲全世界產業復興時間，尤其是在歐洲。產業合理化(rationlization)減低農工業的成本，幣制是穩定了，而歐洲與世界其他各國經濟均衡很快地恢復了。國際貿易的發展較之生產的增加還快，世界於是乃呈繁榮之象，國外生產品需要也激增，因之製造品貿易也有顯著的開展。各國經濟情形的寬裕，自然會引起各國商業政策緩和運動。商業競爭的激烈狀態緩和下來了，自由貿易之利益亦能得到更多數人的信認，而且往昔因爲戰爭的需要而不得不加諸國際貿易的層層縛束以及戰後國家主義心理的反映與蔓延，人皆益愈覺得非但不能助長商業的發展，實是阻礙其前進的。

舉世圖謀減低關稅與解除種種縛束的熱望，激起了一九二七年五月至六月間的世界經濟會議(World Economic Conference of May-June1927)。雖然這次會議祇是空談幻論，不過其中不少强有力的呼號，確能予世界上爲寬容商業政策奔走的一些政治家經濟家以不少聲勢。會議宣言中有謂：『現在正是我們停止加增關稅而另向他方走的時候了』，這句話實爲改革關稅政策之先聲。施行這次會議關稅方案的企圖在一九二七年十月就開始了，當時曾召集一個國際會議討論解除關稅牆壘問題。討論的結果，十九國代表共同簽訂一條約，禁止各國運用經濟縛束，及以商業政策爲彼此抨擊的工具。不過我們不可忽略在這次條約上並沒有提到關稅問題，不論是保護關稅或僅爲收入性質的，都沒有提到。所加以限制的，僅及封鎖港口(embargoes)護照制等等超過保護政策之外的行爲。這次條約美國也簽過字，並經參議院的核准，但是終始是沒有生效的。承認這個條約的國家已合法定的數目，不過有許多國家的首肯是以指定其他國同時承認爲條件的。最後到一九三〇年七月這個條約的命運就被波蘭(Poland)一國所斷送，蓋波蘭當時拒絕簽認這個條約，因此條約遂失其縛束效力，雖然尚有七國——美國爲其中一個——同意遵守這條約(註一)。

一九二七年五月間的世界經濟會議的次一個目標是在穩定關稅(stabilization of tariffs)——即防止稅則時常或突然地修改。輾轉一二年，這個目標看起來似乎可以達得到，據却謨博士(Dr. Henry Chalmers)的調查，歐洲各國關稅的總修改在一九二七共有一〇次之多，至一九二八年已減至五次，及一九二九年則僅只有二次，但是當時惟有關於農產品的關稅却是十分不穩定的。不僅祇美國的農業想恢復戰後的情形較之工業尤感困難，就是全歐洲及全世界的農業也感到同樣的困難。美國及加拿大農業的機械化與海上運輸費的減低使其所產穀類在歐洲市場上有更厚競爭力量。在這個時候歐洲各國政府受了本地農產者的懇求，就不得不給予他一些幫助，於是乎關稅就此提高，無論新舊方法，都兼施並用，以抗拒外來產品的競爭。甚至有規定各麵粉廠須用若干土產大小麥的，穀類的進口量亦加以限制，還有許多國家竟由政府壟斷穀類的貿易。

就是因爲有了這保護農業的新企圖，所以歐洲一九二九年的關稅平均率是要比一九二七年七月世界經濟會議召集的時候要略高一些。因此各國就怕關稅增加的慘劇重演。由這種畏懼的心理，遂發生了補救方案，以造成所謂和諧的經濟行動。(concerted economic action)。於是就在國際聯盟號召之下，於一九三○二月間召集了一個調協會議(Truce conference)各國代表都希望諸重要國家協訂在一二年之內不再提高關稅或徵收有保護性質的新稅致添一些貿易上的障礙。但結果這次會議是失敗了，所簽訂的條約，空文一張，既是軟弱且多含糊，故不能引起各國的注意或贊助，而且條約實行的時期，也沒有議定，至今猶爲懸案。

一九三○年歐洲對於關稅政策態度的改變，大半是受了美國新關稅政策的威脅。霍雷案(Hawley Bill)與斯莫特案(Smoot Bill)在議院內反覆討論了一年加半載，歐洲及南美商人們都望穿秋水，希待一些新獻；結果農業工業產品的關稅一一的都提高到空前的新記錄，這不啻是封鎖了世界一大好市場的門，怎敎他們不失望呢！在這種嚴重環境逼壓之下，那些在歐洲鼓吹解除關稅牆壘的人們自覺無能爲力了。上一期本刊內，本篇作者曾經講過歐洲如何對付這斯霍關稅(Smoot Hawley tariffs)(註二)，我們知道一九三○年歐洲關稅的修訂多是含有報復性質的，雖然這會經正式官場的否認。1930年歐洲發生六次關稅的大修訂，稅率增加了，當年進口關稅實陷入渾亂不定的情形，除一二國外差不多全歐各國的關稅都有大小的改變。新的稅最大多數較舊的要高。在南美諸國中，顯見地也起了關稅運動，至少有五國重新訂定稅率，結果皆高於從前的稅率。英屬澳大利亞各地也增加了進口關稅，此外更施其他種束縛與禁例。而新錫蘭(new zealand)也大加修訂提高關稅。加拿大亦曾二度增訂稅率。

除了謀抗美國關稅政策之外，一九三〇年歐洲關稅之重踏故轍高築圍牆實與商業循環向下走的趨勢有深切的關連。世界經濟恐慌愈演愈劇，於是商業下落遂變爲决定歐洲關稅政策的惟一因素，對美暗抗猶其餘事。世界農業原料及糧食的價格暴跌不已，歐洲各國的農業一如美國也不得不採取關稅保護政策。而凡糧食出口各國如澳洲及南美諸國也就因糧食價格暴跌激起關稅改訂運動，不過南美及澳洲諸國的提高關稅並不是爲了保護農人們，而是爲鞏固國家貿易及預算。一九三一年英國的放棄金本位又造成了增加關稅的一個好機會，即用保護關稅以抵制匯兌「屯併」(exehang dumping)。一九三一年尚未終了，印度，加拿大，芬蘭，日本以及斯堪丁諾非亞諸國(Scandinavian countries)都效法英國停止金本位，這種趨向遂使關稅牆壁層層增加不止。而且就是名義上尚維持金本位的諸國也妄加限制國外匯兌，致出口進口商人們叫苦連天。

一九三一年在經濟發展歷上可說是保護關稅主義極盛時期。當年正月有中國的增訂關稅運動，繼之而起者有智利，加拿大，巴拉圭(Paraguay)，愛斯湯利亞(Estonia)，阿根廷，印度諸國，均先後增訂關稅。除此之外，多數國家如墨西哥，中國，意大利，及南菲聯合國(Union of south Africa)更有所謂關稅附加稅(Surtax)，助長關稅提高的浪濤。還有，吾拉圭(Urnguay)限定關稅百分之二五必以金元納付；布利直數月後也規定納付關稅現金與紙幣之比率；澳大利也訂了折合外幣的方法；以上一切運動無不加劇關稅提高的趨勢。包括以上所舉出的，在這一年之內關稅的改訂竟達一四次之多。尤其是使舉世震驚的一件事乃十一月間英國毅然決然地宣佈放棄其傳統的自由貿易政策。十一月二十五日英國商務部在進行討論關稅案的時候，通過緊急稅則多項，擇定許多貨物照價徵抽百分之五〇的關稅。

在一九三一年之中，普通細瑣零碎的關稅改訂真是不知其數。實際上，每一個重要通商國家都改訂了進口稅率，稅率的增加與減低的次數相較，大概成爲四對一的比例。歐洲法蘭西，意大利，德意志，波蘭及愛蘭自由邦諸國改訂稅則的聲浪尤其是高唱入雲，南美及中美諸國也指定物品增收關稅；墨西哥，阿根廷，及古巴三國的關稅情形至今尙在醞亂狀態之中。至於美國呢，胡佛總統改組了稅則委員會（Tariff commission），將二二項稅率加以改訂，有一五項是減低了，七項增加了。

影響擾亂國際貿易更大且最直接的不是關稅而是種種限制與禁例。不幸這些限制與禁例各國正無所不用其極。除掉因衛生上及其他非經濟的禁例之外，在一九三一年差不多有二二國又走到泛用種種可怕的禁例與限制的一條路上來。在歐洲，法國要算倡導限制進口方法的先鋒。有些物品如煤，焦煤，木料，糖，牛乳製造品，生肉及魚類等在一九三一年必得法政府的執照方才能夠運往法國。波蘭也是泛用限制國家之一，由美國輸往波蘭的肥皂，橘子，摩托車，罐頭魚及波羅等當年每季只准輸入一定的分量。北海諸國，（Baltic states）對於穀類的貿易也加以限制，而瑞典甚至把穀類貿易收歸國家壟斷。波斯並聯合蘇俄把國外貿易的事業完全都歸政府包辦。加拿大曾正式宣佈禁止指定蘇俄某種貨物的進口，澳大利亦曾宣佈五年之內，禁止糖的輸入。其他各小國要生存於這逆施的潮流之中，也只有猛起直追，照樣的頒佈禁例。如愛斯蘭（Iceland）限制罐頭食物的進口，通利斯(Tunis)，限止肥料的輸入。沙爾法多(Salvador)政府受了該國印刷工會的要求，竟禁止五年之內排鉛字機及其印字機的進口，以謀補救失業問題。

有的限制當時就取消了。因爲物價的跌落，有些出產原料品的國家遂減低出口關稅以圖原料品暢銷於國外市場，特別是墨西哥與羅馬尼亞，在解除出口的種種限制上有具體進步與成績。但是站在世界的立場上看，新起的加於出口的限制，實足沖消她們這一點進步和成績；尼加里亞(Nigeria)限制錫的出口，日本限制米的出口，而荷屬東印度也在極力地限制糖的輸出。

上述的情形到什麼時候才能平息呢？很顯然的在過去兩年之中各國捲入這關稅狂瀾的原因完全是出於各謀自全的報應。只要是能夠解除自巳生產者及財政上的危難的，無論什麼方法都不惜一試，可是沒有一個知道人人都濫施這種政策，結果，必致世界物價益形跌落，國際間貨物的流通越是減少，而失業者必日多一日，世界經濟情形將永無安定之一日。我們從最近幾年的經歷可以看得出關稅不但不能補救目前的恐慌，實則是致生今日恐慌的一個最大主因。每逢世界上農產原料品及糧食的價格跌落，那必是大恐慌將起的朕兆。而這些農產物價格的跌落又實歸罪於關稅及進口禁例限制等等之阻礙其流通。不僅歐洲人士的批評是如此。就是據美國人自己深刻觀察所得，亦皆承認一九二二年至一九二九年美國現金的過分的堆積與風狂的投機的勃起以及其影響無不應該歸咎於美國過激的保護關稅政策。

果眞保護關稅能夠醫治商業恐慌病症的話，那老早牠應該一顯其功能。拿歷史的資料來證實證實，在大戰前厲行保護政策的德俄二國，仍舊是免不了頻頻的商業恐慌，而事實上素採自由貿易的英國及荷蘭倒反比她們的境遇略勝一籌。美國的關稅可說是世界上最高的，以此他所遭受的財政及商業恐慌恐怕要比任何國家還多。

但是現在又起了一般爲關稅辯護者，他們以爲關稅正是國民經濟設計（national economic planning）最好的一個工具，不信可看蘇俄，全世界不是只有他一國在一九三一年的貿易量較一九二九年大麼•他們說我們今日的遭遇不是因爲關稅太多了，而是因爲太不足了。他們以爲今日世界各國惟有像蘇俄一樣實行國民經濟設計方才能夠跳出危難的圈子，他們以爲今日世界經濟極大恐慌足證國際經濟相依爲命的不可靠，倒不如自足自給孤立的國民經濟的穩妥。

製造工業的專門化的確有不可否認的危機。如像英德比三國的生命完全就繫在他人需要起伏上面，而他所需他人供給的糧食與原料品的價格的變化，又非他們所能駕馭，這三國所處的兩重危境，是不可諱言的事實。但是同時我們也得承認，在中國內地自給經濟社會裏從來未曾也許永遠不能聽到世界經濟恐慌的事•那交通的不便與距離世界財政貿易中心的遙遠已足使世界經濟恐慌的影響達不到•那些自給的社會，更何需關稅政策呢？不過那些自給的經濟社會裏雖然沒有恐慌的礙難，同時也就沒有需到與外國通商的文化和繁榮•假使美國是閉關自守不與外國通商往來，我們相信她整個的工業制度不至於受外面任何影響。然而關稅的圍牆只能屏除外來的影響而不能免除內起的恐慌；而這種內起的恐慌因爲孤立的緣故，恐怕比外來的還要利害，因爲國外貿易有時的是國內商業的救命圈。美國有多次國內恐慌是恃出口貿易有利而平息的。也有幾次恐慌的期間是因出口貿易的優勢而縮短的。

即使商業孤立(comercial isolation)能夠倖免商業恐慌的影響，可是這個商業孤立是否辦得到呢？要達到商業孤立成本是不是太大了麽！就拿美國來講，假使我們要做到商業孤立這一步，我們必定要從此斷絕進口他國的貨物，這時候我們的貨物，當然也就不想出口了，試問這末一來我們整千整萬的棉花製造者，烟葉製造者以及麥子生產者的出產品不是沒有銷場嗎？我們能夠經得起這麽大的犧牲麽？反過來說，我們若要實行澈底自給主義，試問，我們製造汽車者每年所需五〇〇，〇〇〇噸的橡皮，罐頭業者所需的錫與農人們所需的麻繩將從何而來呢？假使各工業與職業能夠很迅速地得着調和，即謂人民生活程度不致十分低落，那麽要問對於我們的財政地位有什麽影響呢？

這次世界經濟恐慌所給予我們最大的教訓就是說國際貿易與國際理財是不能分離的。若是我們斷絕了國際貨物的流通，我們同時亦必不能希望貨物的出口，而他國所必須付給我們的償債資本與利息亦無從流進。我們只要明看透這些複雜的事實，那就會譏笑那些幻念着商業孤立的人們頭腦的簡單。按美國現勢而論，就是不計戰債的債權，僅論商業上的債權也有一八，〇〇〇，〇〇〇，〇〇〇金元。如果要行不可靠商業孤立的話，犧牲未免太大了罷！

商業孤立的路既是行不通，那末我們應走什麽路呢？我們不是處於進退維谷的境地麽？不，我們是有路可走的，郡就一致行動或國際經濟合作。依目前局面觀之，這似乎只是一個幻夢。不過一旦繁榮曙光初露的時候，各國自必會進行討論貿易限制與關稅園牆等問題的。與世界各國一致行動以解除出進口貿易之種種限制與禁例，美國是有利而無損的，因為美國從來並沒有利用這種限制與禁例的武器來保護國內市場，但在出口貿易上及原料仰給方面却受他們的影響不淺。

至於美國自動減低關稅將發生於何時，則尚難逆料，因為做到這一層不但是要為各受保護工業所反對，而且習慣與執迷也有很大的障礙力。不過我們相信一九二九年所發生的經濟恐慌必能使美國商業政策走入新的趨向，因經濟政策是跟隨經濟情形而變的。但是這個新的路徑不是馬上就達得到的，總須假以相當的時間。美國近代歷史還由一個債務國家一變而為一個債權國，這種變遷遲早會使極端的保護主義改變其態度。我們預料變遷必是很慢，但是一九二九——一九三二的事變一定會促催這變遷的進行和實現，恐怕這次世界經濟恐慌所給予我們的報酬也就這一剎那的變遷和改革。

這篇稿子係譯自 Foreign Affairs Vol.10 no.3. April 1932. 原題曰 "Trade, Tariffs, the Depression".

(註一)當全部條約還在進行磋議的時候，關於皮革骨等物貿易的種種禁例與縛束，經十七國的協約是取消了的，這個條約自一九二九年十月起有效

(註二)參看 "The new American tariff: Europes answer" Foreign Affairs October 1930

中美貨運單據及簿記之比較

汪鑑衡

我國自鐵道部推行鐵路負責運輸方法以來。最値吾人注意足資研討者。厥惟貨運單簿之分析。往昔貨運。概由貨主自行負責。故路局謹防之心甚淺。而各種單據簿記。均甚簡率。所有裝運手續亦較輕易。然近日鐵路已實行負責運輸矣。倘有短少損壞等情。一切概歸鐵路負責賠償。是故鐵路有改良貨運單簿之必要。以重裝運手續。而免短少損壞之糾紛。緣是鐵道部於推行負責運輸時。同時頒布各項負責貨運單據簿記。而一切裝卸手續亦詳載於辦事細則之中。此項單簿之增加。用之得宜。固可免除種種意外損失。然若過於煩詳。則必辦事多磨。貨主因而眩糊。致效力減少。事倍功半。此其害一。單簿名目種多。辦事員易致誤用。此其害二。如單簿可無需設立而設立者。路員必忽視之。名目雖存。亦不一用。則此項單簿等於廢紙。徒耗印刷之費。此其害三。故負責貨運單簿。實有研究之必要。研究之目的。無非求得最切實用及最經濟有效之辦法Efficiency and Economy作者以美國鐵道爲世界之模範。特舉該國貨運單據。及其效用。逐一與吾國鐵路近日所採行者相較。各舉利弊。而以管見所及。推議棄取。幸識者敎之。

(一)鐵路負責運輸收據　此卽美國之 Straight bill of lading 是也。自實行負責運輸後。凡一切負責運輸貨物。均適用此種負責貨運收據。此據分預付到付及記賬三種。每一收據。共分五聯。(1)收據交起運人。轉寄收貨人。(2)貨運通知書。隨貨運送。由到達站呈報會計處。(3)到達站存根。(4)起運站存根。(5)起運站報局。呈會計處備核。負責收據。應塡明貨物起運時價值。以爲將來損失賠償之根據。在美國之情形。一切貨物。均由鐵路負責。當貨主運貨到站之先。首行自備提單一紙。貨站收到貨物後。由路局蓋印仍交原主。作爲貨運收據。

(二)託運單　託運單者。負責貨運之寄貨聲明書也。與美之 Shipping order 相同。此單中之項目。最足注意者。一爲託運號數。一爲起運時價值。前者爲分配車輛先後之根據。後者由起運人塡寫。作爲將來賠償之根據。此種價值。應轉錄負責貨運收據。或提貨單內。路員不得代塡。以免糾紛。然有一點須注意者。蓋託運之手續。中美不同。中國則由路局歸定格式。首由起運人先將貨物運站。堆置妥貼。幷將託運單備就。交站員點驗。方得裝車。而美國則由起運人自備託運單。請求撥車若干。自行裝車。託運單存站。以備編造貨票之用。單內列有貨物名稱到達地點重量運費等項。

(三)提貨單　此單與貨運收據式樣相同。惟性質稍異。此單特點。即可向銀行押款是也。即美之Order Bill of lading 是。然預先需得會計處之蓋印。幷備有存根。託運人請發提貨單時。應在託運單特約事項欄註明。以便照發。此單亦可轉讓。備抵押之用。然需蓋印以杜流弊。目今此單尙不普及應用。不若貨運收據爲多。然在美國則甚普及也。

（四）貨位憑單　因美國裝運貨物。由貨主自理。故無需貨位之歸定。而中國因分撥車輛若干。須按照裝運貨物之多少。當貨主送貨到站之先。須向貨站請求貨位。取得貨位憑單。由起運人按單內塡明貨物種類件數等項。由檢貨司事或過磅司事塡明貨區。及貨位號數。限二十四小時內。由起運人將貨物送到。堆置妥貼。

按此單可無須設立。因託運單內。已詳載貨物情形。故只須由站員在託運單內蓋一貨位號印已可。交還託運人。卽可作貨位憑單之用。旣免重覆之手續。又省費用。且普通貨物不存棧者居多數。亦使起運人省却麻煩不少。

（五）存棧收據　凡貨物業經送站。而因某種情形。當日不能裝車運出者。卽給貨主以存場收據。以示貨物業已存站待運之意。俟貨物裝車時，須卽交還貨站。換取負責貨運收據。或提貨單。在美貨物旣由託運人直接裝車。自無採用存場收據之必要。卽在我國。如須存場。亦祗須在託運單內。蓋一存場圖章。塡明月日交還貨主。已可代存場收據之用。似不必另設一種格式。致多耗費。

（六）領貨出門證　此證由貨物司事塡給。凡收貨人到站提貨者。須將提貨單或貨物收據繳銷。幷付淸到付各費後。交由交貨司事提取貨物。出門證由交貨司事或守門夫收囘登記之。此證美國不設。因卸貨由收貨人自行卸車也。

（七）貨物授受證　此證與貨主無關。乃承運者（路局）爲授受貨物明定責任起見。採此以備存查。首由起運站塡發授方受方二紙。由站長車長分別簽字。授方一紙。由起運站收存。受方一紙。交車長保存。迨抵到達站車長再備授受證兩紙。由該站站長簽字。及車長分別簽字。授方一紙。車長保存。受方一紙。到達站存查。零担貨物。用零担貨物授受證。美國不設此證。

（八）零担貨物彙報　此單據與美之 Manifest(list of way bills) 相似。備整車零擔。及合裝零担之用。沿途零担不適用此單。單內將每一到達站之貨票。逐一列入。由出發站填發兩份。一份起運站備查。一份裝入貨票專用信封。交由車長。送到達站備查。

（九）沿途零担知照書　凡沿途零担車出發之站。應備具之。此書分兩聯。由始發站存查。一聯由押貨司事送交到達站。轉呈車務處書內詳列零担貨之名稱起訖站件數重量等。凡電知始發站預留車位者。亦須列入。美國零担車之地位。往往充足異常。通常無須預定車位。故無所謂知照也。

（十）變更託運請求書及變更單　整車貨物經承運後。貨主得請求變更託運。請求變更時。貨主應備具變更託運請求書。詳列原貨票所有事項。暨所請求之變更事項。加蓋與原託運單上同樣之圖記。交由起運站執行。美國貨主請求變更託運。通常以請求書信或電報爲之。

託運請求變更單。卽根據請求書塡發。

（十一）運費雜費訂正單　此單分四聯。一爲存根。一爲貨主通知。一爲報告會計處。一爲到達站或起運站通知。載明原記事項。訂正項目。暨應補收或退回之金額。此單與美之 waybill correction 性質相似。訂正單之發生。有由於貨票差誤者。有非由於差誤者。蓋貨票製成並列報之後。往往發見種種錯誤。而有更正之必要。如運價。貨物重量分類。數量之錯誤。金額之錯誤等。凡起運站寄出貨票後。發現錯誤。須用此訂正單通知貨主。及到達站。以便補收或退還。

(十二)賠償請求書　貨物遇有損壞或遺失。經會同貨主檢驗。須由鐵路賠償時。貨主乃填具請求書。載明原託運單及貨票。所有事項損失情形件數及金額等。連同應行呈繳之單據。貨物價格證明單。交站長辦理。請求書內。附有(1)賠償請求書收據。(2)領取賠款收據兩紙。美國本已採行負責運輸。故賠償請求書。已印成一種標準式樣矣。(Standard form for the presentation of loss and damage claims)

(十三)請求賠償損失報告表　此表與美之 agents claim brief 性質相似。側重站長調查損失情形。說明事故。擬賠償金額。意見等。站長接得賠償請求書後。應備具損失報告表。呈送車務處。以憑處理。

(十四)貨物事故報告表　此即美國之 O. S. and D. reports 是也。凡遇有下列事故之一者。應即備具貨物事故報告表。呈報車務處。

一、貨物遺失

二、貨物損壞潮溼腐爛

三、包裝破裂

四、貨名等級及重量不符

五、封印鉛彈破壞

六、貨物誤裝誤卸誤交

報告表計分三部。首敍貨物起運暨到達狀况。次述發現損失暨檢驗情形。復次列處理情形暨意見。每一報告表。應備二聯。以一聯存站。一聯寄呈車務處。

（十五）車牌　車牌者。插置於車外之標誌也。車牌之功用。則在用簡單方法。表明車儎之種類。便利運貨員工之處甚多。至若危險及鮮貨等物品。宜有顯著之車牌。以便小心將事。加速運出。是甚重要者也。美國於普通貨品。不設車牌。惟如危險物品。氣體毒物。須加宜當心者。始用醒目之車牌。車牌之分類有二。

1. Placards for expensive and other dangerous articles

2. Labels for preference trains such as red ball, green ball and golden ball labels

（十六）運出貨物登記簿　凡運出貨物之貨票。一一根據存根分別站名逐日記入是簿。以備月終編造運出貨物總結表之用。並備起運站存查。此簿等於美國之 copy of report of waybill forward 。在較大之站往往逐日報告。副本存站。原本報告會計處。

（十七）運進貨物登記簿　此卽美之 Copy of report waybill received 與前者相反。乃到達站將到達貨物之貨票。一一分別起運站名。逐日記入是簿。以備月終編造運進貨物總結表之用。幷備到達站存查。此簿與運出貨物登記簿式樣相同。惟在金額方面。多一「短收數」一欄。蓋到達貨票。均先由貨物司事查核。然後記入是簿。如發現短收之數。卽記此欄。以便向收貨人補收。

（十八）運出貨物總結表　此表乃運出貨物之會計報告。應於月終根據運出貨物登記簿。編造呈送會計處。備稽核之用。表內將運往每一到達站之各類貨物重量運費及雜費金額。從登記簿結總轉錄。乃貨站重要報告之一也。美之 report of waybill forword 與此表相同。

（十九）運進貨物總結表　與美之 report of waybill received 相似。辦法與前表相同。此乃到達站重要報告之一。呈報會計處。備稽核用。

（二十）貨運進款日記簿　即美之 Station cash book。此簿專記貨站之現款收入。凡運出貨物之預付運費。運進貨物之到付運費。以及各種雜費。如延車費。存儲費等款。均於實際收入時。記入此簿。

（二十一）運出貨物日報表　美國不設此表。因商品分類統計在美直接由貨票編造。且由會計處辦。理無需各站報告也。我國之有此表。亦充統計之用。每一貨票。應就其里程及重量計算延噸公里。以省會計處編算之手續。此表由起運站報告會計處者也。

（二十二）貨棧帳　此分批提貨之許可證也。美國貨運。卸車均由收貨人自行為之。故無此項簿冊設立。（零担貨物情形不同）。凡收貨人欲將貨物暫行存棧。分批取貨者。得將貨物收據繳銷。并繳付大洋五角。換領貨棧帳一紙。即可據以分批取提。迨全批貨物提完。貨主應將存棧帳繳銷。連同提貨證明書。由貨站呈送會計處。

（二十三）調車裝卸延期收費單　此與美之 Local Switching order 及 Demeurage Bills 用途相彷。延期費之性質無非限止商人濫用車輛。實爲罰款之一種。凡裝貨及卸貨過於四十八小時者。得收延車費每天二元。第五日起五元。此美國之通例也。我國鐵路之免費裝卸時間。以六辦公小時爲限。(Demeurage agreement)。逾期每載重量一噸收費五角。實則貨物多由鐵路代卸。延期費不多見也。此單分爲三聯。一聯交付收款人收執。一聯呈報會計處。一聯存站備查。并用以登記進款日記簿。

(二十四)運費收據　我國通常並不一律發給。乃由於客商付款時之請求。然後塡給之。美之Freight Bill應用甚廣。約分預付收據(prepaid freight Bill)及到付收據(Colelct frieght Bill)二種。前者備起運站用。後者備到達站用者也。

(二十五)貨運業務平準表　此卽美之Station Balance Sheet是也。乃全站全日或全月貨運業務之總結表。爲會計上重要報告之一。其借方羅列各種貨運收入。應由本站負責收取者。貸方則記逐日匯解之款項。及其他貸項。其兩差額。卽爲應收未收之費額。美國各路採取式樣。大同小異。要皆用以表現全站業務之總數者。平準表之數字咸取自各種報單及出納部與收款員所給之金額。按日記入記錄簿。是爲貨棧綜合記錄簿(Agent's Consolidated record)平準表卽由此記錄簿編製而來也。

(二十六)卸車司事貨物登記簿　卸貨司事將貨運通知書核對貨物。并卸貨之後。卽由通知書登記到達年月日事項。託運人收貨人於是簿。凡有貨物與貨票不符之處。應記「附記」欄內。以備查考。美國不設是簿。但有卸車員之檢貨報告。(Checker's Tally Sheets)或提貨收據(Delivery Receipts)足資依據無須另立簿記。亦節省之一法也。

(二十七)交貨司事貨物登記簿　美國無此簿記。其中有類似之名目者。爲 file of Signed Delivery 。其性質亦略同。此簿當貨物由卸貨司事交與交貨司事保管時。卽由交貨司事轉登是簿。迨交貨時則將交貨日期及時刻塡入。

(二十八)中轉貨物登記簿　凡貨不能直接運抵到達站中。尙須經過調掛或裝卸手續者。謂之貨物之中轉。任何中轉貨物均須抄下。如有短少。應在附記欄內註明。美國於中轉貨物之辦法。有二：a, Transfer Notations on Waybill b, Transfer record for all exceptanees

(二十九)裝運通知明信片　美國無此卡片。因無存場收據故也。我國貨物如有當日不能起運者。暫給存場收據。如次日可以起運。應用此片通知託運人。來站繳費起運。

(三十)貨到通知明信片　此等於美之 arrival notiee 。無此通知則延車費或保管費無由歸定。然該貨物抵到達站時。應用此片通知收貨人。以便持單來站提貨。免受保管費之損失也。

尙有其他簿記。關於篷布繩索等類。因普通商貨在美均裝篷車。若須篷布繩索等類。亦由貨主自備。故無此等單據也。

綜上中美單據比較。凡關於貨主與鐵路間之憑據。性質大率相類。皆必需之單憑也。然我國商民運貨。均由轉運公司居間經管。故貨商與鐵路間之隔漠相沿甚久。今雖負責運輸。業已實行。使客商與鐵路漸趨接近。

不過單據甚多。非經相當時間。貨商難諳應用之方。甚望可省者去之。不可省者。詳釋其應用之法。向商民作明切之宣傳指導。則直接報運或可免除若干障礙也。

鐵路貨運單據概述

桂香先

單據之於鐵路運輸，猶之軍報之於軍事行動，一切運輸活動消息胥賴之儘量供給，軍報如有不確不詳之弊，則軍事預備必有疏失之虞；鐵路單據如有不完，不詳，不準之情，則業務之改善定失南針，責任之釐定，必起糾紛，管理之進行，難期完美，關係之大不言可喻！

單據者紀載運輸上一切常態變態事實之基本格式也：所載乘客人數，延人公里，貨物噸數里程及種類等，統計編製之所由資也；所登貨物件數，種類，性質，裝卸狀況，運輸條件保管條件等，運輸責任之所由釐定也；所載預付到付或記購運費，雜費，及墊付數量等，會記稽核登記之所由依據也。其他各工作效率之測驗，監督管理之施行，莫不直接間接賴乎單據之輔助。

鐵路貨運共分二大系統，一爲貨運，一爲客運。據美國之鐵路之統計報告，貨運收入佔總運輸收入百分之七五，客運百分之二十，餘則爲雜運收入，我國貨運佔百分之五十，客運百分之三九；餘爲雜運收入，貨運地位之重要，由此可見。

貨運之爲物也，有整車零担之分，有負責運輸有不負責運輸之異，而貨物本身又有笨重輕薄貴賤，易於腐壞及易於破碎之差，其所以裝卸，起運，保管，看護之手續既綜錯頻繁，而負責之隨時增減亦復煩複精微。唯其如此，若無完美單據爲之翔實紀載當時事實，則何所依據，而可處置裕如有條不紊！貨運爲運輸事業之主要業務，而單據又爲處置貨運之重要工具，茲姑提綱挈領，專論貨運單據。至於客運及雜運等，以其重要性既形減少而繁複之程度又相形見絀，其單據之形式及應用手續之簡易，比較觀之，誠不可以道里計，特爲從略不論。然掛一漏萬在所不免，是所望於讀者之指正焉。

甲　貨運單據之功用

（一）確定責任，處理糾紛——

實踐本項使命之單據爲負責貨運收據，或提貨單，其上除載明托運貨物件數名稱，性質，包裝及標誌情形外，鐵路對於各種貨物之運輸所負責任之差別，及乎鐵路不負責之條件，均有明確登記。此單據一經鐵路與托運人簽字，雙方受授後，遂成正式合同，設遇意外，則揆之實際，參照合同而定責任之誰屬，及賠償數額大之小，本單據非但堅立公衆對鐵路之信任心，且可促進運輸事業之發展，此單據之法律上功用也。

（二）流動金融，促進經濟活動——

上述運輸合同（即提單）共分二大種，在美國鐵路爲非轉讓及轉讓提單；（Straight and order Bill of lading），其在我國鐵路則爲負責貨運收據，及提貨單，前者除作爲運輸合同外，別無他用，後者則可用作抵押品以達押匯之目的。在此制度下，甲地商人售貨與乙地顧主時，可免除貨到而後付價原則之應用。無庸俟諸乙地顧主業已收到貨物後，始得取得現金，而能直接間接將提單向銀行作抵押借款。苟貨物價值相當，無不如願以償。如此在賣方可以貨出值入，無所稽延，在買方可以儘量利用信用，購得必需貨物，其活動金融之效，殆可稱爲金庫之鑰。而當我國今日農村破產，經濟現狀不景氣之下，尤爲必要！此貨運單據之財政上功用也。

(三)調度車輛，指揮行車——

鐵路發出提單或收據後即根據托運單製造貨票：此爲决定車輛數目，指揮列車沿途停進之命令，蓋其上所載貨物件數里程數及質等，即爲核算車輛數目，種類，及如何調度之根據；而其上所載各貨到達站名，即爲列車停進之南針。其他有關調度之單據尚多，貨票其一也，此單據之運輸上功用。

(四)爲綜覈收支稽查賬目之根據——

貨票除上之功用外，對於會計亦有密切之關係，其上詳列貨物種類，運率，運費，雜費等項，各站每日依之製造解款單，每月編輯貨運進款平準表等，呈報會計處。處方又據此製造點驗單，進款憑單等，轉登各賬，然後各單位時間收入之總數，即可核算，以便比較，至於支出方面，則有請求書，薪工單，發票，發款憑票等以爲登記之根源，設有不符，錯誤，舞弊諸情，參考原有單據，立可水落石出，堂奧大白。會計所用單據極多，限於篇幅，難以盡露，以上所說，略具端倪。

(五)畢露現狀，指導來茲——

客貨運輸總量之升降，運費收入之增減，運輸成本之多寡，社會經濟狀况之測量，莫不賴有精密統計，俾資洞悉現狀，而爲來日進行之方針。然此種統計材料直接間接胥來自貨票及運輸成績概況日報表等。此單據之統計功用也。

乙、貨運單據之種類

茲將我國負責運輸實行後，所用單據，依據應用地點及性質分類如下：

A 關於轉運之單據(Operating shipping papers)

(a) 常態運輸狀况下應用者：

(1)起運時之單據：

(一)貨位憑單 (二)托運單 (三)貨物在場收據 (四)負責貨運收據 (五)提貨單 (六)起運站貨票存根及報局副張 (七)貨物授受證(起運站用) (八)蓬布繩索寄送單 (九)蓬布繩索出入簿 (十)裝運通知書 (十一)運費及雜費訂正單

(2)行車時之單據

(一)零担貨物彙報 (二)沿途零担貨物彙報 (三)押貨司事報告 (四)中轉貨物登記簿

(3)到達時之單據：

(一)貨到通知明信片 (二)運費收據 (三)預付及到付領物出門證 (四)卸貨司事貨物登記簿 (五)交貨司事貨物登記簿 (六)貨棧賬 (七)調車裝卸延期收費單

（八）各站使用篷布繩索登記簿　（九）篷布繩索旬末報告　（十）貨物運輸成績報告

（b）非常態運輸狀況下應用者：

（1）客商應用之單據

（一）變更托運請求書　（二）賠償請求書　（三）提單遺失聲明書　（四）到期提貨請求書　（五）押款提貨請求書　（六）銀貨證保狀提貨請求書

（2）鐵路應用之單據：

（一）變更單　（二）請求賠償損失報告表　（三）貨物事故報告表

B關於會計之單據(Acounting shipping papers)

（一）運出本路貨物登記簿　（二）運進本路貨物登記簿　（三）運出本路貨物總結表　（四）運進本路貨物總結表　（五）運出聯運貨物登記簿　（六）運進聯運貨物登記簿　（七）運出聯運貨物總結表　（八）運進聯運貨物總結表　（九）貨運進款日記簿　（十）貨運業務平準表　（十一）運出貨物日報表　（十二）解款單

丙、我國運貨應用各種單據之手續

A起運手續

（1）整車貨物

托運人未將貨物送到以前，應向貨站過磅司事或檢貨司事領取貨位憑單，指定貨位，在二十四小時內，車送至站，堆存後，再備具托運單，連同貨位憑單交由過磅司事或檢貨司事檢查貨物交運時之狀況，藉資確定責任，檢查完畢後，乃按托運之秩序，規定托運號數，以便順序分派車輛。

貨物之托運，視貨物性質及收費大小，分爲：

（一）特種貨物，如鮮魚水菓等；

（二）普通貨物，照普通運價加收一成；

（三）優先貨物，照負責運價加收三成；

（四）最優先貨物加收六成，車輛分配之先後依其等級而定。

托運號數填入托運單後，檢貨司事應在貨堆上插置貨牌，其上號數與托運號數同，掛牌後，應按號數「過磅」所得重量過磅或檢貨司事填入托運單交外部領班查閱。

外部領班查閱無誤後，應按托運程序能否裝運，如當日不能運出者應在托運單上加蓋「暫發場存收據」圖戳而後發給貨物存場收據，如可裝車，應依序裝車，車號由裝車司事填入托運單。

貨物裝運後托運單由裝車司事轉交內部貨物司事，從事核算運費，核算後，註入托運單內，而後照托運單所列項目，填寫負責貨運收據，起運站存根，及報局副張，貨運通知書（貨票），到達站存根五聯，用複寫方法一起製成，如托運單註明「請發提貨單」者，應另繕提貨單經站長蓋章後，方爲有效，但發提單則收據必需註銷

銷幷註明簽收，收票司事應將該收據或提單與運進貨物登記簿核對查明應收之運費雜費幷有無保管費及其金額，蓋到達貨物依章逾六辦公小時卽核收保管費，查對後乃塡寫領貨出門證，由收款司事收款後蓋章於上，交收貨人提貨·

收貨人持領貨出門證，乃向交貨司事提貨，交貨司事應就貨物登記簿核對有無錯誤後，始得將貨物交收貨人提出·

C 中轉手續及應用之單據

凡貨物不能直接運抵到達站，在中途尙須經過調車或裝卸手續者，謂之中轉，對整車貨物：中轉司事應點驗封印是否完整等，對零担則須會同卸貨司事點驗，幷用貨票核對貨物，如有短少損壞等情，卽須電知關係處處理之　裝車時，中轉司事及裝車司事須會同檢驗以明責任·

中轉站應備用中轉貨物登記簿，按照貨票分別整車零担登記之，幷應加蓋中轉站名，裝卸年月日時之圖記

中國之民用航空

黃寬釗

第一節 民用航空之重要

歐戰以後，列强對於空軍之設備，一日千里 各國航空預算多至數千萬元，卽戰後之德國，亦悉心經營，居然與法美英諸國同以航空雄於世，有志航空之士，更竭其才智財力努力於民用航空之發展。政府方面亦從而輔導之，鼓勵之，保障之，故各國民用航空之發達，更為近年來在領空方面一驚人之舉也。

吾國之設立航空機關，遠在二十年前，軍事方面，徒供武人作爭權奪利之工具，且其統馭不專，設備簡陋，而一切訓練人才及製造飛機之要責，又委之於外人，欲冀其有整頓發展，固戛戛乎其難，軍用航空猶且如此，至於民用，更不待言。

民用航空之應用極廣，如：郵政，運貨，測量地畝，調查，殺蟲，及廣告等等，其中以郵政之應用為最重要：傳遞文化，溝通商情，聯絡國民感情，鞏固國防，輔助社會之進展。吾國幅員廣博，交通工具缺乏，內地與沿海之居民，有如隔世，消息不靈，風俗各異，國民精神之聯絡，可謂散漫已極。郵政航空為民用航空之出發點，先能創設郵航以資試驗，然後備作擴充其他目的之準備，處今列強環伺之中，我國若不急起直追，積極提倡擴充，來日之國難，固未已也！

第二節　交通部之計劃

當一九二九時交通部鑒於航空事業之重要，乃擬就關於施設航政計劃者計有四種：

（一）施設國營航空線之步驟及其預算

（二）國營航空站之步驟及其預算

（三）國立航空學校之步驟及其預算

（四）國營飛機工廠之步驟及其預算

茲將國營航空線及航空站略述如下：

國營航空線及航空站分五期成立：

第一期：舉辦京桂線之京滬一段，及京藏線之南京成都一段，合成爲上海至成都之全線。

第二期：（a）舉辦京喀之開封蘭州一段及開封至青島之聯絡線，合成青島蘭州之全線，分爲兩段，以開封爲中站，經停濟南西安等處。

（b）京桂綫之京粵段，及京黑綫之京奉一段，合成廣州至奉天之全綫，分爲四段飛航，以福州，上海，北平爲中站，經停汕頭，杭州，青島，天津，熱河等處。

第三期：（a）舉辦中部南北綫，卽廣州至北平之綫，分兩段飛行，以漢口爲中站，經停韶州長沙開封石家莊等處。

（b）舉辦京滇綫，分兩段飛行，以長沙爲中站，經停南京，洪江，貴陽等處。

（c）完成京黑北段及舉辦北部東西綫之黑庫綫一段，合成奉天至庫倫之全綫，分兩段飛行，以黑龍江爲中站，經停吉林哈爾濱克魯倫車臣汗等處。

第四期：（a）完成京桂綫之廣州至南京一段。

（b）舉辦京甯綫，分兩段飛行，以太原爲中站，經停濟南，歸綏，包頭等地。

（c）完成京新綫之蘭州至迪化一段，分三段飛行，以肅州哈密爲中站，經停西安吐魯蕃等處。

（d）完成京藏綫之成都拉薩一段，分兩段飛行，以察木多爲中站，經停打箭爐嘉黎等處。

第五期：完成國營航空線計劃之一切幹綫，但國際航空綫除外，計：

（a）京新綫之迪化，經烏蘇至伊犂之天山迤北延長綫。

（b）京藏綫之拉薩，經扎倫布薩噶至噶大克之延長綫。

（c）京新綫之吐魯蕃，經焉耆阿克蘇，至喀什噶爾之天山迤南之延長綫，分兩段飛行。

（d）北部東西綫之庫倫，經西庫倫，烏里雅蘇台，科布多，承化，喀爾巴哈台至伊犂之線。

第三節　國民政府之計劃

國民政府以航空事業與國防及工商業均有極大之關係，吾國軍備不修，交通險阻，飛行事業實有積極提倡之必要，前於軍政部中特設航空專署，復有中國航空公司之設立，規劃發展不遺除力，顧飛行設備及停機場站之修築實爲首要，故於民國十八年核准航空署所擬之完成全國航空幹綫場站時期表，訓令各省府依照表列時期進行，建築停機場所統限於二十一年三月以前一律完工，今者時間早過，完成者寥若晨星，茲特錄其表冊以示政府過去固有計劃也。

完成全國航空幹線場站時期表

期別	段別	幹綫名稱	共經站數	完成年月
第一期	第一段	京迪綫	由南京至蘭州七站	限十八年九月完成
		京庫綫	由南京至綏遠五站	
		京粵綫	由南京至廣州七站	
		京滇綫	由南京至長沙四站	
	第二段	京迪綫	由蘭州至迪化六站	限二十年三月完成
		京庫綫	由綏遠至庫倫四站	
		京滇綫	由長沙至雲南五站	

期	段	綫	路程	完成期限
第二期	第一段	京哈綫	由南京至哈爾濱九站	限十九年三月完成
		京安綫	至南京至青島四站	
		京拉綫	由南京至成都八站	
		京張綫	由南京至張家口六站	
		京齊綫	由南京至承德五站	
	第二段	京安綫	由青島至安東四站	限二十年九月完成
		京拉綫	由成都至巴安三站	
		京齊綫	由承德至齊齊哈爾四站	
	第三段	京拉綫	由巴安至拉薩八站	限廿一年三月完成
第三期	第一段	京桂綫	由南京至邕甯九站	限十九年九月完成
		京閩綫	由南京至福州七站	
		京滬綫	由南京至上海三站	

第四節 民用航空之應用

民用航空之應用於各方面者極廣，茲臚列於下：

（一）郵政

文化之傳遞，惟報紙是賴，報紙之消息，首貴靈通，我國如四川蒙藏遠在邊陲，對於各處之緊要新聞，雖憑專電而錯誤難免，今若用飛機運送，則雖遠若外蒙西藏亦可於二三日之內接得遠省報紙，倘有重要新聞即可轉載，靈消息，通聲氣，其便利何如耶！

(二)貨運

甲地之貨如運至乙地確能賺利數倍者，然往往以時間關係而貶其價值，今若用飛機輸運，自可操奇計贏，如貴重之飾品，時鮮之食物，商貨之樣品，機器之零件，在寄者收者固以愈速為愈妙也。

(三)測量

吾國地畝徒憑昔時之丈量多不準確，若再用舊法重新測量，則為時多而需費復鉅，茲以飛機測量及照相之法，用以作地畝之丈量，則省時省費，度量又可劃一，他如山川街市蘆蕩沙灘，不便於陸地測繪者概可以飛機測量之。

(四)殺蟲

植物之有害虫，損失極鉅，若藉人工以散布藥粉，事倍而功半極不合算，且入行田畝間有礙植物而其所散又極不勻，茲若用飛機在有害虫之植物上面數十尺之高度飛行分布藥粉，手續簡易得益復廣，他如施肥料，播種子等，亦極便利。

(五)巡守

收穫歉薄對於民生政治均有重大之關係，倘有饑饉而不知預防，勢難收拾，若徒賴農夫之探報又難稽核，若用飛機巡視卽可於三四小時間觀察數千方里，且可攝取影片以籌善後。此外如森林場之四周，派遣飛機常時巡守，保護森林，保障利益，兩有賴焉。

（六）探察：

我國礦山不勝枚舉，然在未開採之前能斷定其優劣者，非精於礦學而富有經驗者作一度之觀察不能。然分別調查，實覺麻煩，且觀察稍一疑誤，徒費巨資，茲若以有經驗者，乘坐飛機，分巡各省，察其十分可靠而有利益之礦，造具報告及預算，然後興工開採，贏利可操左券，再如駕機探險，更可作科學之研究，爲人類求新知也

（七）緝私：

我國濱海產鹽之區極難禁私，政府稅收旣受影響，公家管理亦難周密，故雖曾專設兵士以緝私，亦無成績可言，茲若以飛機，每日在海灘之上，來往飛巡，自高而下，不難一覽而遍數十里，彼私販私晒者儘可一網而獲。

（八）廣告：

商家若用飛機散發廣告，則瞬息之間，遍地皆知，收效之宏，莫可言喻，若於機上裝以噴烟器，飛翔於數千尺以上之空中，隨字畫方向行駛，成數千尺之大字，同時百餘里之行人，俱能見到，其引人注意爲何如耶！

以上所舉不過其犖犖大者，他如救火，救生，游玩等，應用極多。

第五節　郵政航空

中國過去及現在民用航空方面僅一郵政航空略有成績，其他尙無進展，茲分目敍述郵航之經過，及現在之

狀況於下：

(a)交通部之全國航空郵運計劃

交通部於民國十八年成立滬蓉航空管理處，後以其範圍過小，乃在航政司外另立全國航空郵運管理處以專責成，對於全國郵運航綫分三期計劃：

第一幹綫為滬蓉綫：由上海經南京，九江，漢口，沙市，宜昌、萬縣，重慶以至成都，定上海為總站。

第二幹綫為京哈綫：由南京經蚌埠，徐州，濟南，天津，山海關，奉天，哈爾濱為止，南京為全線總站哈爾濱為第二總站。

第三幹線為滬滇線：由上海經福州，廣州，桂林，貴陽以至昆明為止。

(b)滬蓉線之正式飛航

交通部於民國十七年，開始籌備航運業務，經一年之結果，購定美國司汀遜飛機四架，遂於十八年七月八日先舉行京滬段之郵客航運，成績頗為美滿，同年十月舉行京漢段，於是滬漢兩地可以當日抵到，每日來往各一次，便利兩地客航匪淺。

(c)國民政府之中國航空公司

民國十八年三月國民政府以民用航空事業亟應創辦，爰擬籌資創辦中國航空公司，該公司係國營性質。嗣後凡國營航空事業，均由該公司管理，其條例公佈如左：

(1)國府爲經營發展全國商務，郵務，航空事業起見，特設中國航空公司

(2)中國航空公司設於南京。

(3)中國航空公司資本總額，定爲國幣一千萬元，由國庫一次或分期撥付之

(4)中國航空公司之事業如下：

(甲)計劃發展全國商務，郵務，航空事業；

(乙)投資經營全國商務，客貨運輸及郵務運輸之航空事業；

(丙)辦理經營其他關於商務郵務航空事業。

(5)中國航空公司經國府核准，得與國內外商辦航空公司，團體或個人，訂立合同，發展特定路綫之商務，郵務，航空事業。

(6)中國航空公司設理事長一人由國府特派充任之，副理事長二人由國府簡派充任之。

(7)理事長處理內部一切事務，並有任免公司職員之權，對外代表公司。理事長因事不能執行職務時，由副理事長一人代理之。

(8)中國航空公司設理事會，以理事長，副理事長，及國府所派之各部理事組織之。理事會代表政府，監察及稽核公司。

(9)理事會每一個月開會一次，但理事長得臨時召集之。

(10)理事會應於每年度終，將本年度經營航空事業情形報告政府。

(11)中國航空公司關於營業及處理各項章程規則，得隨時擬訂，呈請國府核准施行。

(21)本條例自公佈日施行。

(d)中美航空郵務合同

中國航空公司與美國航空發展公司，訂立航空郵務合同全文如下：

第一條

第一節　中華民國國民政府特設中國航空公司（以下稱中國公司）與美國德理華省註冊設立之航空發展公司（以下稱公司）訂立合同如左：

第二條　初辦之路線

第一節　自合同訂立日起六個月內，公司願將必須設備準備完竣，以為立卽開辦下列三路航空郵務之用

1. 由上海往南京至漢口。

2. 南京經徐州濟南天津至北平。

3. 由漢口經長沙至廣州。

第二節　中國公司願於合同訂立後六個月內，在上列各都市供給設備，保衛，維持及準備妥善充分之空港及中途飛降場所為航空郵務之用，每個中途飛降場所之距離最多不得過一百英里，六

個月期限已滿而訂立合同人有一方面不能履行準備完竣之條件時，須於每日賠償第二方面損失費美金二千五百元，在公司方面以此數爲愆期中每日經費開銷實在之損失。

第三節 如雙方或一方因不可抗力不能於規定之六個月內開始飛行工作時，則雙方或一方對於此種由不可抗力發生之合理愆期，均不負賠償損失之責任。

第四節 如開辦之前或開辦之後，中國公司及公司兩方互相同意，可將第二條第一節開列之空道改變或重新勘定，惟須依照原擬定三路規定之辦法執行，幷須保存第六條之規定，每日最少航行空綫三千英里之原則。

第三條 將來之路線

第一節 原定三路開辦後，如中國公司欲願公司應照原定各線條件延長路綫，從北平或天津經瀋陽至哈爾濱，從上海經寧波(或溫州)福州，廈門汕頭至廣州，惟該項新綫從開辦日起，最少須繼續舉辦兩年。

第二節 中國公司與公司兩方面均諒解，及願允在延長路綫未開辦前，中國公司須於相當時間通知公司，使公司有充分時間，爲增加設備用人及組織等項準備。

第三節 中國公司願允於新增路綫開辦時候，供給設備，保衛，維持及預備妥善，本條例增設各路綫所必須之空港及中途距離不過一百英里間之飛降場所。

第四條　中途停站

第一節　中國公司得增加或減少各路綫之中途停站，惟於停站之增加或減少前，各空港及設備必須由中國公司先行充分籌備。

第五條　覆算距離

第一節　雙方願允幷同意，規定如依照本合同規定，裁撤現有停站，或增加新設停站時，該站距離須依照本合同第七條之規定，重行計算之，該路飛行里程酬金之計算，以修正之距離數目為準。

第六條　飛行最少哩數

第一節　在規定飛行時間表內，每日至少有飛機一架，從每方起飛行，星期日及例假均在內，中國公司根據每日飛行最少三千英里之原則担保公司酬金之給予，每日飛行里數，除受第十五條規定外，公司願每日至少飛行三千英里

第七條　計量距離

第一節　以距離推算撥付公司款項時，其距離應以空線中規定各停站間此城市之中點，達彼城市之中點計算。

第八條　飛機標誌

第一節　公司願允將本合同規定路線所用之海陸飛機，均用中國文字書明中國公司字樣，及其他由中國公司規定採用之標誌，以別於政府所用之其他飛機。

第九條　設備

第一節　公司願允只用最新式及最有效能之設備，在中國或外國製造，但須適合本業務之用，在沿城市應有相當數量之飛機發動機及各種配件，以備臨時需用，各種輸入品以新造者為限。

第十條　酬金

第一節　公司因設備及舉辦航空郵務為規定飛行，或特別飛行中止及重新飛行時，如用小飛機載重量在八百磅以內者，每英里應得酬金美金一元五角；其載重量在八百磅以上者二千磅以下者，每英里美金二元二角五分；在二千磅以上二千八百磅以下者，每英里美金三元七角五分，二千八百磅以上四千磅以下者，每英里美金四元五角；其載重量在四千磅以上者，付給公司酬金應按照上列數額遞增。

第十一條　中止飛行之酬金

第一節　公司應得酬金，全按所做工作計算，即以每日之規定及特別飛行中止或重新飛行哩數而定，其飛行在一日內完成與否，均可照哩數推算，如因事故致令公司每日飛行不能達三千英里限度時，公司所得之酬金亦只按飛行哩數計算，或照所作工作為準。

第十二條　付款方法

第一節　中國公司願允於每月之十五日以前將本合同規定一月所得酬金及至本月一日止所欠酬金數目付給公司。

第二節　在航空郵政收入未能抵撥或超過本合同規定應付公司酬金之全數以前，中國公司願於每月十五日將上月航空郵務收入現款全數撥付公司每月積欠公司之酬金，由中國公司製定欠單付給公司，該項欠單以美金爲本位，定期八年，年息百分之八，利息每半年清付一次，並須以航空郵務收入爲抵押，由財政部長或其他部長代表國民政府無條件担保之，欠單全數不得超過美金二百萬元，如航空郵務收入超過酬金全數時，則所有盈餘應卽爲償還欠單之用，中國公司得於欠單未到期前，將本金及到期息金付清後先行收還欠單之一部或全部。

第三節　爲本合同履行起見航空郵務收入之計算，應以四十（卽每磅郵件之平均數目）乘所載郵件磅數再以此數乘航空郵件每件之郵票價率。

第十三條　中國職員

第一節　公司規定政策，凡中國人有合職員資格者，卽行錄用，在可能範圍內並於開辦時卽用合格之中國職員。

第十四條　修理之工廠

第一節　在航空郵務開辦前，或開辦時，公司當建築及設備必需之工廠，爲配合，料理，修正，保存飛機及發動機件之用。

第十五條　空港

第一節　在合同規定由中國公司供給之各空港及中途飛機降場所內，中國公司當於合約期限內，指定公司使用相當面積，爲建築有效能營業之工廠，飛機棚及辦事所，公司當繳納相當地租

第十六條　飛行條件

第一節　如公司於天氣不宜飛行，或因飛行者之生命財產可發生危險時，有停止已發動之飛機及臨時停止飛行之權，待天氣轉佳始繼續飛行，如停止飛行應即通告於最近地點有關係之郵務局

第二節　本合同所擬定之飛行專在日間，如將來夜間飛行設備妥善後，欲創辦夜間飛行時，其條件酬金等項由雙方另訂合同辦理。

第十七條　水陸送遞

第一節　本合同祇規定空中運輸，并不涉及水陸各路運輸，中國公司應將公司運載之郵件乘客及貨物等，從各地送遞至空港及從空港送遞至各地，在可能範圍內，中國公司於相當時間前，將須運載郵件乘客及貨物之量數及性質先行通知公司，有相當時間準備一切。

第十八條　保護

上海交通大学百年报刊集成·第一辑（1896—1949）·学术学科

第一節　中國公司應予公司以中西職員財產上，營業上，及工作上充分之保護。

第十九條　稅

第一節　公司之財產營業及本合同規定所得酬金均免予徵稅。

第二節　如公司用品進口須繳納關稅，則中國公司於付給公司酬金時，應將所繳關稅如數附加償還於公司。

第二十條　專利

第一節　中國公司予本公司以本合同規定之各路綫，及第三條所列之各延長路綫，於中國公司許可時郵件運輸之專利權，國如中公司予公司以其他航空郵務路綫時，亦予以同樣專利權，其他公司或個人概不得在本合同規定各綫內經營平行或與公司直接競爭之航空郵務路綫。

第二十一條　無綫電

第一節　公司有權裝置小力發收無綫電報機及無綫電話機，此種電報機電話機係專供公司各站與飛機間消息交通之用，凡商報及與公司無關係之電報，一律不得傳遞，政府准以相當電波專給予公司使用。

第二十二條　責任

第一節　公司應負責及願允負責，嚴密檢查各飛機及機廠房屋，無使任何違禁品，如軍械鴉片或食鹽等物得以偷運或窩藏，如公司已經相當嚴密檢查，並非由失察犯法時，公司不負法律上之責任。

第二十三條　仲裁

如在合同發生糾紛時，應付仲裁，仲裁員中國公司派一人，公司派一人，由所派二員同選第三者一人（不論國籍）以過半數取決之。

第二十四條　合同期限

第一節　本合同從簽訂日起有效十年，除在期滿前二年，有一方以書面通知對方，願意中止外，於期滿當繼續有效五年。

第二十五條　合同之轉移

第一節　公司得將本合同規定之權利名義及關係，轉移於一專爲執行本合同條文而創立之美國公司，惟除有中國公司書面認可外不得將合同轉移於其他公司或個人。

第二十六條　政府之核准

第一節　在中華民國國民政府未有命令核准本合同條文，及保證中國公司能確實履行本合同條文以前，本合同不發生效力。

第二十七條　合同條文

中國之民用航空

第一節　本合同用中英兩國文字製定四份存中國公司，兩份存美國公司，如條文解說發生異議時以英文文件爲準。

(e)合同之糾紛

自中美航空合同簽定後，外界反對頗烈，如各地航空機關，及郵政職工等，皆有激烈之表示，玆歸納其反對之理由於下：

(1)領空權操諸外人於國防不利；

(2)政府過去未准允華人或外國人投資專利航空者，今劇然給美人以專利權，十年至十五年。

(3)合同規定每日飛行三千哩，由美商按飛行哩數領取，每哩酬金每日至少約合國幣一萬二千至一萬七千元之巨，而美商所耗油料，工人，管理，機器，消耗等總計至多不過二千元，且縱令郵航發達，决難償補此數，是吾國徒受賠累，美商坐收鉅款，損失利益太大。

(4)主管機關紛亂，全國航空事業不劃一。

(5)中國郵政近年來裁減郵路一萬七千餘里，郵政經濟拮据異常，更難負此賠累，郵政前途勢將破產。

(6)理事長俱未就職，卽簽訂合同，置國家利益於不顧。

(7)保障美商利益過甚，有傷國體，違反國民革命原則，該合同於十八年四月訂定公佈，同年十二月由國府指派交通軍政財政外交四部精密研究，改訂該合同，務期中美兩國各無所損，因此外界風潮方暫息落以迄於今。

(f)航行狀況

(一)滬蓉綫

民國十八年七月八日京滬綫開航，同年十月交通部所設立之滬蓉航空管理處與中國航空公司合併，仍用中國航空公司爲基本，開航滬漢段，十九年四月延長至重慶，惟川省軍閥割據，迄今尚因軍事政治等關係，未能達成都，殊爲遺憾，茲言其每週開航次數：

1.滬漢段：每日晨八時由滬漢兩地對飛，規定當日下午二時半到達兩地，

2.漢渝段：每週逢星期三六，由漢口飛重慶，星期四日，由重慶飛漢口。

此綫爲沿長江流域，一律用水陸兩式機，沿長江飛行，以便隨時降落，保護旅客安全，除偶然天時及特殊關係外至今未停航。

(二)京平綫

民國十九年八月舉行此綫，由南京經濟南天津至北平，此綫未能按水道行，乃用陸行機，不幸於二十年十二月肇禍於濟南，乘客寥寥，郵件亦不發達，故遂停航，現中國航空公司改定航綫，由上海經海州，青島，天津，而至北平，現已開航，惟旅客較少，賠累過多，爲便利郵航計仍繼續飛行。

(g) 郵政業務及取費

現時碩果僅存之航綫，除其他已籌備而未成立航行，或已飛航而停止者，僅有此中國航空公司所辦之滬渝段。郵政當局與該公司所訂之郵運合同其大者爲：

每月郵局按所收航空郵件之重量在100 Kilometer 之內者，每 Kilometer（公斤）付與該公司郵費國幣$13.20

郵局對人民信件之收費亦以 Kilometer 計：凡屬信件其重量在二十公分以內者，寄遞區域若在 1000 Km 以內者除通常應付之郵費外，另付航空郵費$0.15；若超過 1000Km，或在 2000Km 以內者另加一倍郵費。其他據此類推，單式明信片在1000Km內者收費$0.15。

雙式明信片在1000Km以內者費$0.30。

匯兌：航空匯款除照收普通匯費外，加收航空郵匯資費，暫時定爲每元五厘；匯銀人欲將此項匯票之發銀回帖爲航空郵件退回者，除照收普通發銀回帖費外，另收航空費$0.15。

第六節　各地航空機關之組織

中國航空之空氣，以民國十七年最爲濃厚，內中主持及有力者多爲當地軍事長官，表面以提倡民用爲由，內幕之宗旨非吾人可得而知，迄今數年成績殊少，其能眞爲人民利用者蓋未之見也，惟該時曾有一度動機或略有籌備，茲特略述一二，以見各地民用航空事業，誠有所發端，其良好之現實惟俟諸於來日。

1. 武漢民用航空協進會：　民十七桂軍主鄂政，李宗仁氏卽爲該會之重要發起人，任主席委員，一切計劃籌款，航綫，購機……，皆已有端倪，並已試飛數次，後以李氏戰敗離鄂，此事遂成爲歷史上之一頁，當時空氣之盛，籌備之熱烈，爲其他各地冠，迄今無下文，殊爲慨嘆！

2.中華航空協進會：　爲滬上商政要人所組織，全國聞名之飛行家張惠長氏亦爲其中之一員，國府蔣中正主席亦捐助大宗款項，目的在籌備全國民用航空，其組織規模之宏大，會員人數亦多爲全國政軍商工各界有力份子，惟開會紀錄頗多，始終未見有如何之成績！近以外侮日迫，提倡航空救國，宣傳之功，未可漠視也。

3.中華航空協進會之特別區分會：　此組織有二，一在廣東名爲中華航空協進會第二特別區分會，一在開封名爲第三特別區分會，有執監委之組織，過去未見若何發展，或因政治經濟等關係耶？

4.其他粵、滇，黔，川等省皆有民用航空機關之成立。

第七節　結論

由上列各條知過去中國航空事業，各地皆有相當之注意，惜鼓吹宣傳籌備……已凡六年，而事實之成績如此者，實因政治經濟……等關係而未得發展，航空事業所費之成本既大，駕駛技術尙未能得國人之信仰，因時有肇禍之不幸消息發生，旅客裹足，加以航空郵費取資亦昂，一切皆爲民用航空事業不能獨立發展之原因，國家最緊要之國防軍事航空事業，尙無特殊發展，遑論民用事業，但吾人失望之餘，對於吾國未來之航空事業尤有熱烈之企盼，玆特槪列希望於吾國航空界應注意之點用以束我篇：

1. 嚴格訓練吾國專門駕駛人材，以免假借外人。
2. 研究本國原料製造機件。
3. 主持機關統一。
4. 保持領空權。
5. 民用航空機關應與政治絕對脫離關係。
6. 以人民交通利便爲宗旨不分省界。
7. 在可能範圍內減低價格——如美國航空信件每件收費洋五分，其目的在減至二分與普通信件同——發展期間不應以牟利爲宗旨。
8. 目的口號不宜過事誇張應注重實在功效。

號誌之理論與實際

王 萊

(一) 小引

鐵路運輸業務之最要鐵律曰求安全而已(Safty First)，而工程建築設計時又以最經濟之資本獲最大効力爲依歸，是以欲求客貨兩運之安全，號誌之設備尙焉。

單線(Single line)上列車行駛之方向旣有二種，則其較之尋常雙線爲易出變故，自屬顯然可見。欲免除變故，將單線改成雙線，固屬一法，惟所費甚大，在多種情形中，車務較簡，如此改作，未爲合算。如有鉄路介於兩地之間，其列車之來往，雖屬必需而不可少，然不甚繁，則自以單線爲最宜，若造雙線，卽屬耗費。但因列車頗爲重要，則又當採用良法，以求安全也。單線鐵路上，當適宜之處，恆有雙線之短段，以爲兩車行駛讓路之用，在兩讓車段之間，必不可兩列車對向行駛，此理甚明。然偶然有極短之支線，因僅有機車一輛在上或來或往者，自無列車互撞之危險，故可不用讓車道，此法或爲最安全之法，然其應用之機會極少，故亦不能取以解決防險安全問題，而號誌之設卽爲解決凡此種種問題也。

(二) 什麼是號誌

(甲)號誌之性質　目下最普通之鐵路號誌，謂之臂形號誌 Semaphore Singal 如第一圖，甲爲號誌柱，乙爲號誌臂，丙爲號誌燈。號誌之姿勢卽爲一種表示，每一姿勢卽對於列車之司機者表示一種之號令，如臂橫爲『危險』或「停止」之表示，臂斜五十度爲「小心」或「緩進」之表示，臂垂爲「前進」之表示。

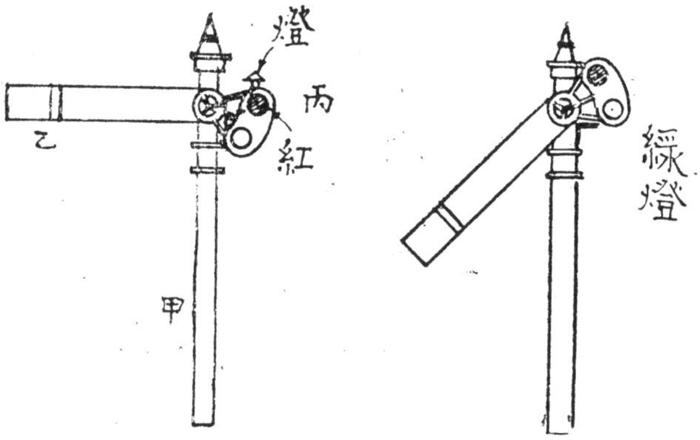

第一圖

晚間則於臂之支點一端設一三色之玻璨，置於一燈之前。因號誌姿勢之不同，而燈前亦顯得現紅，或黃，或綠，如臂橫時現紅色，臂斜四十五度時現黃色，臂垂時現綠色，每色之表示與同時臂之姿勢同。臂斜四十五度及垂直有向上者有向下者，而燈之顏色，亦不一定以紅色黃綠爲標準，紅色示危險，世界幾一致用之。黃綠二色有代以白或橙色者，則習尙之不同也。

我國鐵路習慣，號誌僅有橫與下斜四十五度之二姿勢，晚間顏色爲紅爲綠，表示前進及停止而無小心或緩行之號誌，紅綠二色晚間遠望甚顯，白色易與車站上之燈光相混，而黃色又與白色相差無幾也。

如站內有障礙，外來列車不許進站，應於站外設置號誌，俾列車一見危險之表示，即行停止，然列車在急速度行駛時，或不能於望見危險號誌後有限之距離內完全停止，致生不測，故每於進站號誌之外若干距離，再設一號誌，名曰遠距離號誌，如遠距離號誌示安全，則進站號誌定必安全，列車得開駛入站，如遠距號誌告危險，則列車得於未到進站號誌之前，完全停止，我國進站號誌，臂之末端爲平直，遠距號誌之末端爲魚尾形如第二圖，俾列車司機者得一望而知之，

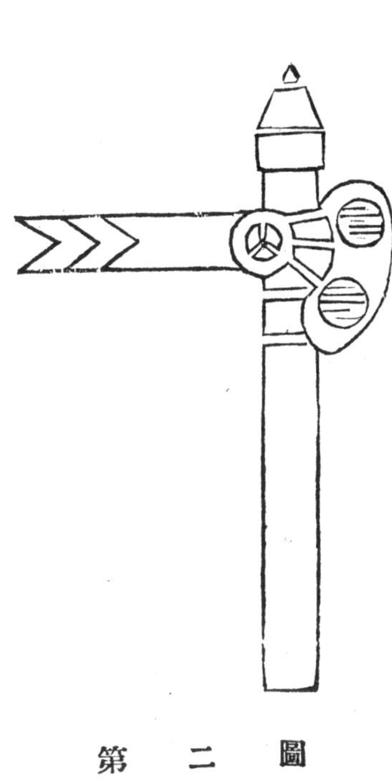

第二圖

(乙)號誌之構造　號誌柱多以三和土加鐵筋製成，號誌臂以鐵板爲之，長約一·五〇公尺，末端寬約二十公分，支端寬約十五公分，我國習慣則用平直之鐵板爲之，正面塗以紅色，間以白條一條。背面塗以白色，俾不與正面相混，司機見之，無庸注意。號誌平常悉表示危險，僅於前站通知列車已出發時，始爲安全之表示，故站員須時常留心注意號誌臂之姿勢。日間在站多能望見之，晚間宜置一白燈，使號誌臂橫平時，在號誌臂之背面表現白色，號誌臂斜垂時無光，則在站上望見白光時之有無，卽知號誌臂之姿勢爲何如矣。

連接號誌之鐵繩，有藏管內，以資保護者，然苟非有道路跨過，致爲行人之障礙，多數祇用鐵繩，而以轆轤支座支持之，如路線灣曲，尤須多用支座及轆轤，俾得運用自如，不生障礙。

(丙)號誌之設置　號誌柱之設置，有在軌路之左者(依列車進行方向視之)，有在軌路之右者，此則各國習尚之不同，在軌路之左者則號誌臂亦設於號誌柱之左(如第一圖)，在軌道之右者，號誌臂亦設於號誌柱之右。我國號誌則以在軌道之左爲標準，然在大站分岐，號誌衆多之地，則多建一號誌橋，跨過各軌道，橋上每一號誌司一軌道上列車之行動。

依設置之距離地位而言，大概在每一車站有一號誌房，對於每一線鐵路，常有號誌三處。其一名進站號誌(home signal)，在車站近旁，居列車行進之一端，此端號誌柱常甚高，因其爲諸號誌之重要者，須能令過站不停之列車從遠處卽可望見之。其二曰出發號誌(Starting signal)，亦在車站近旁而居列車行出之一端。此號誌常置於短柱之上。其三曰遠距號誌(distant Signal)在進站號誌後相距約一千五百公尺。此號誌之臂爲魚尾形，用為識別，列車行至其旁，不用停止，因此不過警戒列車司機，注意於進站號誌，是否許車進站而已。是以若遠距號誌舉起時，司機並不下車，但減低車之速度，俾行至進站號誌處，如遇指示停止，則可立卽停車。

出發號誌之目的如次：一列車行近應停之站，但因先後之一列車，尙未行過前一號誌房，故前方線段，尙有阻礙，於是號誌夫將其進站號誌臂舉起，俟列車已近停止乃止，彼再將號誌臂放落，而讓列車緩緩前進，以至出發號誌。若無此號誌，則彼必令車停在站外，以待前方線段之掃清矣。

凡運輸頻繁，車站較大之處，另有一號誌，曰遠出發號誌（Advance starting signal），位於出發號誌前，其功用有二：一防列車行速度之急，進站後，不易徐停，而過出發號誌，乃用遠出發號誌，示其不能前行也。二因欲將正線上之列車讓入岔道，以便後來之列車，得以特別事故而先行出發也。當讓車時列車行過出發號誌，至遠出發號誌處，再反行讓入岔道，是故遠出發號誌與出發號誌間，必有可容一最長列車之通距也。此四種號誌之設置地位，如第三圖：

第三圖

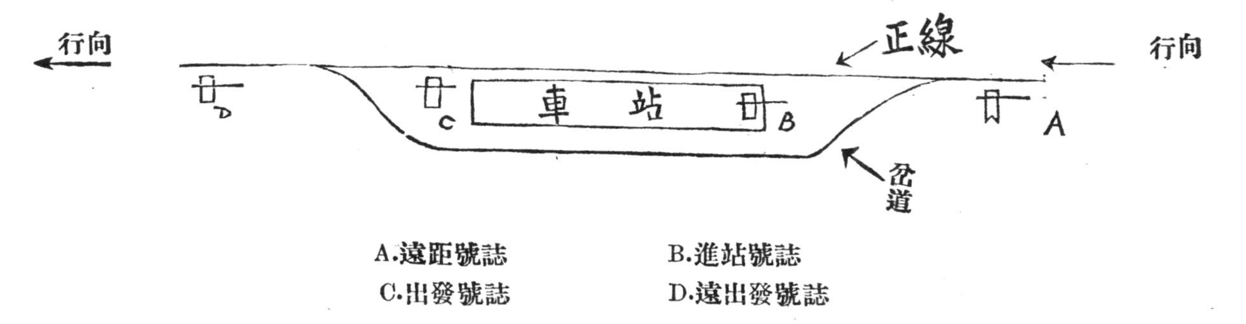

A.遠距號誌　B.進站號誌
C.出發號誌　D.遠出發號誌

此外有時路上無遠距號誌，但司機不能不斷望見號誌之處，則有復述號誌(Repeater Signal)，其異於原來號誌者，祇在其燈之一黃一綠也，大都用在灣道弧線處(Curve)。

又如一站之終站中，常於一列車停在站台旁後，再有一列車須停於此同一站台旁，於是項情形中，如用尋常之號誌，則後一列車司機，或以爲站台旁並無別車先在　而預停其車於站台之遠方盡處，結果將與前車相撞，爲避免此項危險起見，於號誌之下，另設誌臂，稱爲關照臂(Calling-on arm)或另旁設一關照號誌(Calling-on signal) 其用在關照司機可駛車前進，惟須緩行而謹愼，若遇有阻礙，可以隨時停止者也。

其他如在搗車場內則有種種之號誌及標誌(Indicator)如調車號誌(Shunting signal)專爲搗車用，誤途號誌(Wrong way signal)爲指示調車行向之反常徑途而設，茲從略。

(丁)號誌之運用　號誌臂之運用，多以人工爲之，在車站站台上操縱之。號誌臂之一端，連於一鐵索，以轆轤之支座至站台上之槓桿，槓桿扳動，即能變更號誌臂之姿勢。然欲使號誌臂之姿勢正確，使列車之司機不至分辨不清，應於號誌柱上設置槓桿一種，其一端爲一重量之鐵塊，使臂橫時鐵塊下墜，則因鐵塊重墜之故，平橫之姿勢，得以保持準確，且萬一鐵索中斷時，鐵塊重墜，號誌臂立時平橫，阻列車之入，以備萬一之虞，本國號誌之設置，多類此。然號誌法之運用有用人工者(Manual signal)，有用統馭人工者(Controlled manual signal)，有用鎖及區截者(Auto-munual signal or lock and block)，有用自動者(Automatic signal)，亦有用壓氣者(Machine signal)。

（三） 號誌運用法之分析

號誌運用法得分二部分述之：一曰區截法（Block signaling）藉以保護在同一軌道上行動之列車，免其衝撞．二曰聯鍵法（Interloking）用於鐵路轉轍或交叉，以防列車之撞衝或出規也．

（四） 區截法

（甲）區截法之原理　為行車之安全起見，同一段之路內，不容有兩列車同時同方向行動，所謂一段之路者，卽兩端各種號誌以保護之，以表示此段內有無列車也．然苟一段之路線太長，則前行之列車須出於此段之外，後之列車方能繼至，其間時間甚長，實為每日能向一方開發列車次數之一大限制，區截法者卽將此一段較長之路分為數短區，每區之始點設一號誌以保護之。列車入第一區時，第一號誌卽示危險，迨出第一區而入第二區，第一號誌示安全，而第二號誌示危險，後開之列車可駛入第一區．每區之長度既小，則前後兩列車之時間較短，因之每日能開發列車之次數可較多，譬如每區之長為五公里，列車速率為每小時五〇公里，則列車能隔六分鐘開行一次．不過事實上列車之密度如此之大，則每區之長或更減小耳。

（乙）區截法之運用　區截法之運用，普通以人工為多，卽於每區出入號誌之處，設號誌夫守之，凡行車之行動，各區間以電話互通消息，而號誌夫因使號誌為危險或安全之表示，區截法之長者宜用人工，若每區之距離短，則需用號誌夫較多，應用自動區截法為便；夫號誌夫用尋常電話或電報以通行車之消息，固無不可．惟現今都用特設之電報機，名曰區截電報機（Block telegraph instrument）則較為安全，特設之電報機有幾種，論

其原理則相同，其機恆有兩部，卽一爲上行，一爲下行也，其最簡單之電報機如第四圖

第四圖　區截電報機

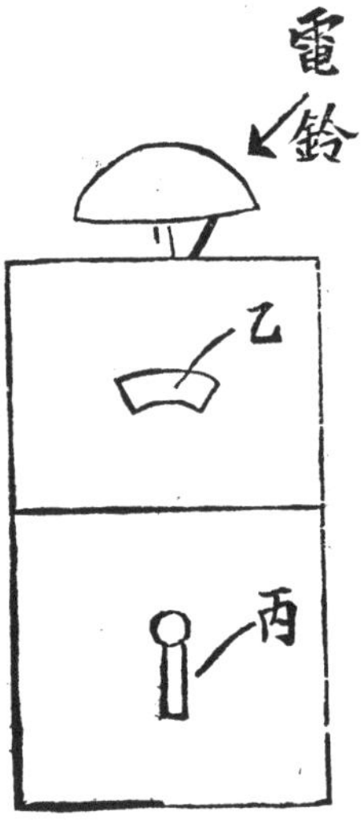

電鈴

乙

丙

甲　電鈴
乙　字跡顯沒處
丙　手柄

各機具一小箱，上有一小孔，而在便利之處，置有一小鈴，兩機之鈴聲甚殊異，極易辨別，在平常時孔中顯出『路線截住』(line blocked)之字跡，而孔下之手柄垂直下向

相隣之號誌房中之號誌夫，以鈴響之次數爲號，來告彼有一列車行近，而請許其放之前進，此房中之號誌夫，於是將手柄移向一邊，而孔中之字跡易爲『路線已通』(line clear)此際隣房中之機所顯字跡亦同，於是鄰房中號誌夫將其號誌落下。繼又電鈴又鳴，表示列車已過鄰房，斯時此房中之號誌夫，立將手柄移向別向，則孔中『路線已通』之數字不見，而有『列車在路』(train on line)等字跡以代替之，迨列車行過此號誌房時，號誌夫隨將其手柄復行拉直，而『路線截住』之字，復行顯見焉。

此特備之電報機，最爲簡單，故甚可靠。其特點在僅發三項信息，而此三項信息，實爲關係於列車行動之安全者。各信息并非一瞬間之號誌，而須保存至第二號誌發出時，方除去之。是以若有號誌夫於收到「路線已

通』之號誌後歷一分鐘時，放列車前進，則爲錯誤。蓋彼必於放車通過時，親見此號誌方可，否則不得放車前進也。

(一)路簽法　依路簽法，將一單線分爲若干段，各段有一特別路簽(Staff)，常爲一鐵桿，上標該段之名，凡列車司機如未有得某段之路簽，則不能在該段行車，此即路簽之規律，在讓車之處，司機將適間離開之前段內之路簽，交於此處站長，或號誌夫，而領受將駛進段內之路簽。如此逐段依路簽而行，自不至有危險矣。然用此法時，如列車之方向，一來一往，互換有常，自無何項困難發生。但車務情形恆不若是之簡單，往往兩三列車，依同一方向，先後前行，當此之時，無將路簽攜回原站者，則何以免此困難乎？

(二)路簽與行車憑票法(Staff and ticket)　第一法之困難，可用此法解決之。在各讓車之處，不僅有一路簽，且有一箱中，藏印就之行車憑票(train ticket)數張。路簽之一端，造成鑰匙，爲開此箱之鎖之用。如站長或號誌夫得知在此段中將有數列車依同一方向，先後進行，則彼可用此路簽以開此箱之鎖，而取出一行車憑票。彼以此票給第一列車之司機，而不給以路簽，但須將路簽示之，司機見簽受票，即可進行矣。如依同一方向進行者，不止兩列車，則以後各列車司機，亦皆見簽受票，至末一列車，方受路簽如常也。

(三)路牌法(Tablet)　第二法亦有缺點，如因後來列車進入此段時，前一列車或尚未出該段，故爲防危險起見，須於該段兩端之車站，設電信以通消息，實爲煩雜。又有一缺點，則爲若忽有一列車入此段之一端，而路簽適在他端，則當俟別一列車自他端駛至帶來，或派人送來，未免耗時矣。此路牌法之所以尚也，此路牌法為現世界各處鐵路單線上所通行之最普通法也。

用此法時，每一段之單線，在兩端各有一機器，用電線相連。兩器完全相似，外方為一木櫃，上附指示器(Indicator)及匙扣(Knob)數件。與若干路牌，其數常在三十上下。

欲知此機之如何動作，可視兩器為用電線聯成一器者，依其構造，一次僅可取出一路牌。一牌取出後，其餘在兩器中之各牌，即不復能取出，直至該牌復行置入為止。凡取出路牌，可在此段線路之任一端，其置入時，或在原處，或在別一端，皆無不可，但每次僅可取出一件耳。路牌交給司機，為准許列車前進之記號，司機如未得有此牌，必不能前進，路牌為鐵製小件，其上標明何段，且編有號數，故可以辨別。路牌之形式，亦略有差異，故不能置入錯誤之機器中也。

如列車之行動依同一方向，則結果將令諸路牌聚於一端，遇此情形處理之法，為俟任一端之牌數少至定限時，假如僅餘五件則號誌夫通知電報生(Telegraph linesman)，俾其整理之。電報生有一鑰匙，彼用此能從積聚路牌一端之機器中，取出多餘之路牌，彼之為此，僅在有最特別之情形時方可，彼於取出路牌時，須作一表記其號數於所備記事簿，且令此端之號誌夫簽名於下，彼須將各牌親自攜至路線他端，置入機器中，取得其號誌夫之簽名，乃可離去，吾人初以為此路牌法，如其路牌可以為任何人隨便取出，實極危險，然當知其規則極為嚴密，且有兩端號誌夫之互相簽字，自無危險。然為謹慎起見，司機者執有路牌，亦必遵守號誌所示而行車也。

(四)鎖及區截法(Lock and Block)　除普通之區截法外，尚有此鎖及之法，則將路線分為若干段，每段中祇許一列車行經，不許兩列車同時經行。在每段之發端處有一號誌房及一號誌。諸號誌房皆用電線相連，而備置數種特別之儀器。今舉一段為例，假定其一端之號誌為甲，而他端者為乙，設有一列車行過甲處，而其號誌夫欲將號誌臂放下，以讓車通過。但彼因號誌鎖住不能為此。彼於是發電報於乙房，請其准許放車前進，如路線已通，則乙號誌夫回一電報，其電報即將甲房中之槓桿開放，此際甲號誌夫能將號誌臂放下而令車進行。設第一列車行後，隨有第二列車繼至甲處，其號誌夫又請乙號誌夫准許放車，但此時乙號誌夫不能發回所請求之電報，因於發回第一電報後，其儀器業經鎖住，須待列車行至該處輾過軌條所置之踏板(Treadle)乃得放開。是以第二列車須停在甲處，俟第一列車行出此段，乙處儀器復行開放後，乃可開行前進。僅有當此時，乙號誌夫能發電報至甲處，以放開其鎖住之槓桿。夫謹慎之號誌夫，固不任意放車前進，而此項設備，實亦防險之必要也。

(五)自動號誌　或稱自動區截，所有每區始點之號誌，均以電力運用之，使列車一入該區時，其保護該區之號誌，即能自動而為危險之表示，無須用人力者也。

此法之原理極簡單，所根據之事實，為在木材雖極溼時，亦極難傳電，而每軌道之兩鋼軌條，在常時乃不能通電。設用一小電池，其電壓僅有數伏爾脫者，連於左右兩軌條之間，則無電流通過，縱有亦極小。茲設有一列車行此軌道上，其車輛有重大之鋼輪及鋼軸，於是諸輪諸軸，將成為電流之通路，因各件之阻力皆甚小，

故電流將頗大•

茲設吾人欲得一指示器，以指示在某段軌道上是否有列車停止或經行。先須使此段軌道與相鄰之段，不能通電，乃用隔電體爲之。此種隔電體爲特製魚尾板(fishplate)之夾有隔電材料者，故能令相鄰兩軌條，雖相連而不能通電也•於是用一電池與兩軌道連絡，在自電池引至一軌條之電線上，置電表(Galvanometer)或他種驗電儀器，以驗電流之通否•如吾人注意視察電表，則於列車入此段之際，見表上橫針，忽然轉動，是卽列車入段之象，以後將見指針轉動復原　是卽列車已出此段入他段之象。當列車在段內時，其針將永爲電流所扳轉也

如此可得一種軌道電路　惟就號誌法上言，尙具一絕大之弊病，其弊病爲何，卽如電池或電線損壞，則所表示者將與無車時同，設有列車在段中，遇電池或電線損壞，則其電表將作路通之指示矣。

然此一弊病，卻甚易除之，以電池於路線段之一端連於兩軌條，而於他端以電表連於兩軌條，於是電流自電池出，經一軌條，過電表，至別一軌條，而歸於電池，故當路通之時，電表指針，將常牽動，若遇列車行入此段，鋼輪鋼軌之阻電力不及電表之大，電流幾盡由軌輪經行，而入電表者極少，故其指針將返原來之零度地位。依此設備，遇電線折斷或電池損壞時，則指示器所指示者，將與路中有列車時相等，此錯誤實足以令列車愈加安全。是以今所用軌道電路之原理，不外用列車自身，作電路之通路，成爲趨捷電路(Short circuit)易言之，卽導引電流使不入指示器也。指示器在常時，有電流從電池流入，而列車來時則令電流離，藉以指示車之入段也。其自動號誌之行動見第五圖

第五圖

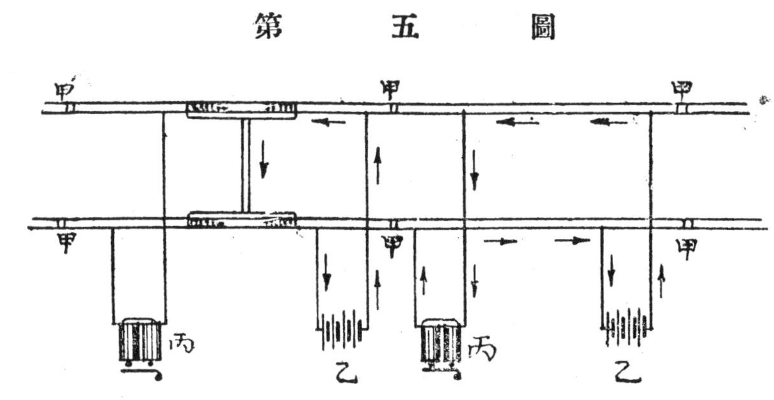

甲爲軌條中之隔電軌隙，矢頭指示電流方向，在右邊一段中，電流經過繼電器 Relay 丙令具磁性，在左邊一段中，電流經過車輪，而令繼電器失其效用，繼電器爲管理號誌者，此爲直流之軌道電路，但交流之軌道電流，原理亦相類也。

(五)聯鍵法

(甲)聯鍵法之性質　聯鍵法包含下列三要素：一、於路綫分岔及交加處設置號誌，以管轄列車之行動，二、將所有運用此種號誌之槓桿，聚集於一號誌台，以便運用；三、爲防止號誌夫之萬一錯誤起見，所有號誌槓桿之管轄對方列車行動者，均有關鍵互聯，務使一種號誌表示安全，准許列車從一方向駛入時，則管轄對方列車行動之號誌，受聯鍵之牽制，而不能移動以表示安全。欲移動此號誌以表示安全，非先俟他方之號誌先示危險不可。機件互相牽制，自無雙方同時皆作安全之表示。自有聯鍵法，而路上列車行動之危險可以大免。

若單綫鐵路上下行兩列車同時在站上交車，則爲避免危險計，亦應阻止兩車同時入站，必使一車先入站停止後，始許他車駛入，故上下行列車之號誌，不能同時表示安全，必須一方之列車入站，號誌由安全而變爲危險後，他方號誌方能表示安全，以許他方列車之駛入，吾國各路之號誌設備，大都如此。

(乙)聯鍵法之原理　欲明原理，卽將聯鎖機一研究卽足矣。聯鎖機（Interioking apparatus）之底爲一長鐵塊，其長與槓桿長排相同，而其寬約在一公尺上下，此名鎖盤(locking trough)。在其上面，有多數之槽Groove）其長者縱列，其短者橫列，而相交成直角，每一短槽中，置一鋼條，其面光滑，而其尺寸適與槽合，能在中滑動而不起震顫，鋼條之動作，殊難以言語述說，茲用簡圖三幅表示之。

在第六圖中，無關要義之部分皆從省略。僅留存表示此機如何動作之必需部分，表示鎖盤之一部分，具兩滑條，滑條甲在其右邊有一缺口，而滑條乙則在其左邊有一缺口。在一縱槽中有一短鋼片，稱爲鎖片，圖中所

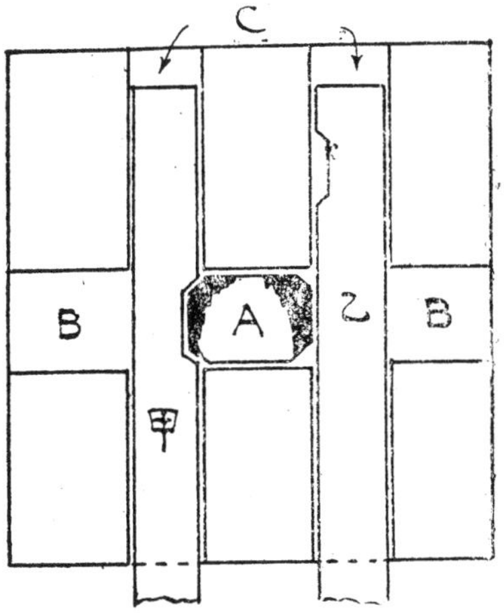

此圖示號誌槓桿如何鎖扣，以防號誌夫錯扳槓桿。滑條甲因有鎖片抵住，不能拉動，但滑條乙則否，設滑條乙拉動，則得第七圖所示之情形。

A 鎖片　甲滑條　乙滑條

B. 鎖槽

C. 滑條槽

第六圖

示者爲其一端嵌入滑條甲缺口中，而其他端抵於滑條乙邊緣之情形。今設欲拉出滑條甲，則其事爲不可能，因鎖片已嵌入滑條甲之缺口故也。但滑條乙不然，乃能滑動自如，設將其拉動，則其位置如第七圖所示，此際滑條甲不受牽制，因當拉動時，鎖片自能滑動向右而入於滑條乙之缺口也。

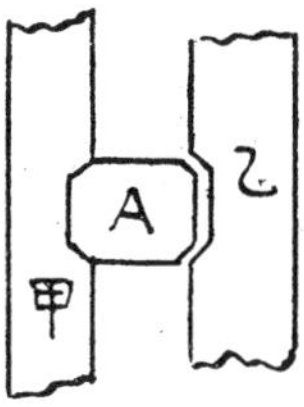

此圖示拉動滑條乙，將滑條乙之鎖解開

第七圖

至此得第八圖所示之位置，滑條甲已自由，但滑條乙復被鎖住，適與原來之情形相反，故必須將滑條甲推

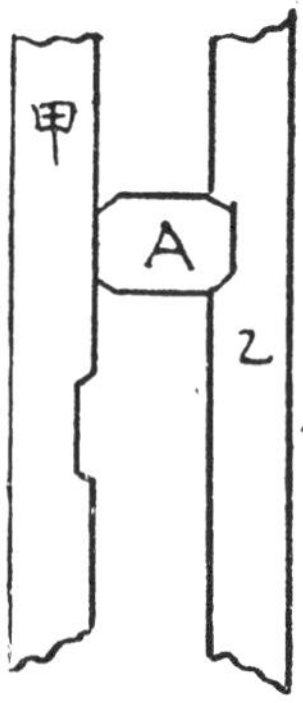

第八圖

甲　A　乙

此圖示拉動滑條甲，將滑條乙鎖扣於其拉動後之部位。

還原位後乃能將滑條乙拉動也。

此上所述，僅示其原理，故甚簡單，在實際應用，各種聯鎖之配合，極其複雜，而爲細思深慮之結果，然勿論如何複雜，祇須其滑條上有應具之缺口，而置應具之鎖片於適當之處，則其機之運用，卻極簡單，惟其極爲簡單，故不致有錯誤失敗。且此機之全部構造，極爲堅實，無論號誌夫筋力如何巨大，決不能強將一不應拉動之號誌拉動 而違反其應有之位置。

每一號誌之槓桿之末端，連於一鎖條，號誌之活動，完全爲由此滑條節制之。

今舉一分道叉號誌之動作情形，以釋明連鎖之効力，設此分道叉處由正線分出一支線，下行向右，則下行列車欲入支線時，必跨過上行線，此點最爲危險，故當特別注意，因入支線之下行車每易與正線中之上行車相撞也。於是有一種佈置，令分道叉非在一切節制上行軌道之號誌，皆表示危險時，不放下行車越過上行軌道；且當分道叉已如此安置後，則上行軌道諸號誌 咸不能落下，聯鎖機於有如此點之處，實能防止一切危險，而

有効力。

（丙）聯鍵法之運用　聯鍵之運用，有全用機械者，有助以電力者。機械之設置，僅限於較小之範圍，電力則可以及遠。如遠距號誌之運用，則以電力爲宜。蓋遠距號誌，常在進站號誌一〇〇〇公尺或一五〇〇公尺之外，俾速行列車得從容停頓。在此遠距，未能全藉機械之利用也。

（六）尾聲

號誌在鐵路運輸上，爲保障旅貨兩運之安全起見，必不可少之設備。尤在單線盛行之區，若改作雙線，所費綦距，然爲事實上亦不需要，最經濟之資力獲得最大効能安全方法，惟有此號誌之設備。

號誌設備之有系統組織，大別有二：一以時間原則爲依者，一以距離原則爲依者。前者稱之曰時距號誌制度（Time interval signal system），後者稱之曰地距號誌制度（Space signal system）。前者昔嘗通行於大陸之國家，迄之今世，咸皆廢而不用矣。現世通行者，厥惟後者，故本文討論範圍，祇及乎此。

號誌之種類甚多，大概而言，則有形示號誌（Visible signal）及聲示號誌Audible signal）之分別。後者之用，大凡在人口稠密之區，煙囪既多，大足爲促霧之生成，且霧異常污穢而濃密難於透光，遂致晝晦。或則確在天霧之時，因是列車司機人，在霧氣中不能望見一切，或僅可模糊望見景物，故須用後者以代前者也。最普通者爲警霧號誌（Fog signal）即有時所謂響墩或響炮（detonator）者也。吾國尤在於緊急時期，譬如前途橋梁中斷而該地無形示號誌之設備者，則亦用響墩，置於軌道上，以警示司機者聞聲而將車立刻停止也。

形示號誌之中，又分若干類，聲示號誌之中亦含有十數種，茲抄錄武書常先生所編行車管理上關於號誌之種類枚舉例表如左：

- 號誌
  - 聲示號誌
    - 吹笛　Whistle
    - 機笛　Engine whitsle
    - 響燉　Detonator
    - 搗車吹角　Shunting Horns
  - 形示號誌
    - 燧發焰　Fusee
    - 手示號誌
      - 舉臂　Raising of arms
      - 手提燈　Hand signal lamp
      - 搖手旗　Hand flag
    - 固定號誌
      - 聲笛牌　Whistle board
      - 慢行牌　Slow board
      - 停車牌　Stop board
      - 搗車號誌
      - 岔道號誌——誤途號誌
      - 遠距號誌——復巡號牌
      - 進站號誌——關照號誌
      - 出發號誌

以上表，除形示及聲示號誌外，又可分爲：固定號誌及活動號誌之分。其運用之法，後者較前者爲簡單易明，故本文討論簡略之。

吾國內鐵路，除北寧路唐榆一段（唐山至山海關）及平漢路之平保一段（北平至保定）爲雙線外，其他皆單線，運輸情形，尙未需用區截法。至於目前之區截法，卽爲此站與鄰站之距離；實未能盡區截法之利用也。改鋪雙軌資本之擔負甚重，改良號誌爲費較輕；故在單綫路上能改良號誌之設置，以省添設雙軌之繁，誠吾路政上目前之要圖也。聯鍵則吾國鐵路大都如此。

附言。

本文之作，以凌鴻勛所編鐵道工程學爲主，參考各書而加以補充之。幷得吾師潘承梁先生之教材而增益之，非敢掠美，用茲附言：

Train operation by signal indication——Henry M. Sperry

Train operation——Nichol

The Romance of Modern Railway——Thomas Corbin

Railway Signaling——Everett Edgar King

北寧路月刊

鐵道工程學　凌鴻勛編

編後語

本會的刊物也已經有了相當的歷史，從南洋時代的經濟學報到本報以前的經濟週刊，經過的時間，已經有了九年。所出的數量，則已如封面第二頁一覽所載。從去年起，復因種種關係，改出學報。這不過是形式上的改變，我們的宗旨，仍是一貫的。至於質的方面，我們總想盡我們的力量來改進，充實。不過要從功課繁忙的我校，從容地埋首著述，實在是不可能的事。雖然，本期的內容似乎比以前的週刊充實些，但是統計所有的稿件，演講筆記和翻譯之作，又佔據了一大半，光從這點觀察，就可以證明我們沒有充分的時間，來埋首著述。

這次承鍾院長爲本報作發刊辭，又蒙沈奏廷，熊大惠，黃寶桐三位老同學熱誠幫助，惠賜佳作，都是應該聲謝的。宋孝璠君的價值論是在馬寅初博士指導之下，並從重要的經濟名著中，成立了一個有系統的意見，這是值得我們一讀的。鐵道公路與國防，原著者曾在本校演講過的，後來又發表于中國評論週報，編者深覺當此國難期間，大家都應該認識這個問題，所以就請劉世中君譯了出來，藉廣宣傳。桂香先君的鐵路貨運單據概述，是他底畢業論文的綱要，閱者可與汪鑑衡君的中美貨運簿記比較互相參考。黃蔭萊博士和陳延炯先生的講演，承徐宗蔚和陳錫二君記了下來，使本期內容，質量雙方都有了顯著的增進。袁永祖君的譯作，在本校的刊物上是有相當的地位的，他的譯筆多麼自然而暢達；他所選的原著，正是現在國際經濟的重要問題，也是值得一讀的。黃寬釗君的中國民用航空，是關于交通調查的性質，足爲研究交通經濟者之參考。其餘各同學的作品，都是經過相當的努力的，讀者可以翻閱原文，因編幅有限，恕不爲一一介紹。本期稿件，特請朱念本鄭丙澤二君校對，同時並由原作者幇同校勘。至於其他方面事務，由王萊君經理一切，使編者減輕不少的負担，也是應該誌感的。

剛寫完了編後語，不料經濟發生問題，臨時把已經排好了的周一士，自我，徐仁，童傳華諸君以及編者的稿子，抽了出來，預備移交下期的編者來發表，又蒙老同學黃宗瑜君惠賜鐵路貨車支配應有之工具一文，因不及排印，也只好留待下期來發表。

本報廣告條例

等級	全頁	半頁	四分之一頁
特等 底封面之外面	三十元	十八元	
優等 封面底面之內面	二十元	十二元	
普通	十五元	八元	五元

二十二年三月訂

接洽交通大學經濟學會飽承佐處

徵稿簡章

一．本刊稿件除由本會會員撰述外外界來稿亦所歡迎

二．本刊稿件以關於討論經濟會計統計及運輸等原理及問題者為限

三．惠稿諸君請開列詳細姓名住址以便通信

四．來稿登載與否不能豫先奉覆原稿亦不能寄還但滿五千字之稿件經投稿人豫先聲明並附還稿郵票者如未登載可以退還

五．一切稿件本刊有增刪之權

六．來稿經揭載以後由本社酌奉本刊若干期

七．來稿請郵寄上海交通大學經濟學會出版部

The Journal of Economics of the Economic Society of National Chao-Tung University, Shanghai, China.

中華民國二十二年三月發行

經濟學會 創刊號

定價大洋每冊三角

編輯者 王烈望

出版者 國立交通大學經濟學會

發行者 國立交通大學經濟學會

代售處

《经济周刊》简介

该刊由交通大学经济学会始创于1927年秋，是继《经济学报》停刊之后的会刊，属于周刊性质。刊名由交通大学校长黎照寰题写。每逢星期一附载于上海《时事新报》工商界栏内[①]，刊至第60期后，开始单独发行，停刊时间不详，前后共出版140余期。目前，该刊存世较少，且残缺较大。本书收录1930—1932年的第21—60期（缺第35期）。

该刊以"探讨经济问题，促进经济建设"为主旨，栏目设置分为学术论著、国外优秀译著、周闻简报、交通研究、专题专载等。内容涵盖丰富，"举凡交通、实业、财政、金融、会计、统计、商情、贸易诸端，靡不时有论列，无间中外。而尤以有关交通之文字为最多"[②]。即特别注重国内铁路运输经济问题。这主要缘于交通管理和工业经济是民国时期交通大学管理学院的学科特色。此外，至20世纪30年代，随着抗日救亡运动的高涨，《经济周刊》开始刊载大量揭露日本侵华经济策略的文章。

该刊的作者与编辑都是交通大学管理学院师生。他们"平日本其所得，就其所长，发为文章"[③]，就各种经济现象与问题加以分析研究。质量方面，院长徐佩琨曾评价："既无偏僻之言论，复无幼稚之思想，虽非字字珠玑，要皆言言药石。"[④]自刊行以来，深蒙各界读者赞许。特别值得一提的是，1930—1932年间，著名经济学者马寅初曾来交大开设多场关于中国经济与财政问题的演讲，其演讲内容均由交大学生笔录，刊发于《经济周刊》[⑤]，颇受学界关注，也间接提高了该刊的知名度。

---

① 《校闻：本校经济学会"经济"周刊停刊讯》，《交通大学日刊》1929年第67期。

② 徐佩琨：《序一》，交通大学上海交通管理学院经济学会编：《经济论丛》（上编），广益书局，1929。

③ 徐佩琨：《序一》，交通大学上海交通管理学院经济学会编：《经济论丛》（上编），广益书局，1929。

④ 徐佩琨：《序一》，交通大学上海交通管理学院经济学会编：《经济论丛》（上编），广益书局，1929。

⑤ 如《经济周刊》1930年第23期刊载《今日中国之田赋问题》；《经济周刊》1931年第33期刊载《中国之预算与决算》；《经济周刊》1932年第58期刊载《废两改元问题》。

經濟週刊 (一)

經濟週刊

黎照寰題

上海交通大學經濟學會出版部編輯兼經理

第二十一號

本刊每逢星期一出版

印刷者法租界褚家橋華僑印務局

中華民國十九年九月廿九日

本刊每份零售大洋壹分 每學期洋五角郵費在內

目錄

論著
經濟學在今日之地位（鍾偉成）
倫敦銀價與上海英滙的關係（黃寶桐）
貨幣的貢獻（宋孝璠）
譯著
企業家和資本的供給（凝石）
交通研究
美國近十年來交通界之新趨勢（葉錦如）
載客飛機之設備（劉貽瑜）
專載
何德奎先生論金貴銀賤（楊城）

論著

經濟學在今日之地位（鍾偉成）

經濟學會經濟周刊續版有期。出版部長程君問序于予。予維近代列强之政治外交。窮縱橫捭闔之能事矣。顧一究其實質。殆無不以經濟爲重心。易曰。相彼雨雪。先集維霰。遠者不必論。姑以近數十年者言之。歐戰既終。巴黎和會首謀列國分贓。華府會議進圖經濟協調。推而至倫敦軍縮。海牙賠款諸會。背景若何。彰彰明甚。近者白里安以外交怪傑。高唱歐州經濟同盟。夫以白氏之老謀深算。毅然捨外交而言經濟者。蓋亦深知經濟爲解決糾紛之關鍵。匡時救世之妙劑也。以我國言。燕冀甫定。政府即籌開經濟會議。經濟爲用。不綦重乎。今諸同學致力于此。洵爲當務之急。惟經濟爲學。其域至廣。諸同學不第摭拾陳言。侈尚空談已也。必以邁進之精力。蓆枕于典籍。然後融其所得。創爲新義。造福于社會。供獻于世界。願本斯意。與諸同學共勉之。

倫敦銀[illegible]與上海英[illegible]

倫敦銀價[illegible]與上海英滙的關係，長[illegible]，非常密切，近日上海先令行市之故

經濟週刊（二）

敦銀市場之銀價若何，夫倫敦為世界最大之銀市場，亦為世界金融之中心點，各國銀行買賣銀塊，均委倫敦金銀仲買商(Bullion Broker)(如Mocatta & Goledmid及Samuel Montagu and Co.等)經手買賣，分近期及遠期二種，(Spotsilver, Forward Silver)近期者，在一星期內交貨，遠期者，在兩個月後交貨，其市價每日電達各處，滬上各大報紙經濟新聞上，每日均印有此項市價，除星期一，則付缺如，蓋日曜無行市故也，茲將倫敦大條銀市價折合上海英滙之計算，詳載於左，即可明倫敦銀價與上海英滙的關係矣。

英銀成色，約合千分之九二五，餘七五為銅，而運華之大條銀，(London Bar Silver)則千分中含銀九九八銅二，兩者相較，大條銀的成色為高，究高若干，試觀下式可也。

$$0.998-0.925=\frac{239\frac{1}{2}}{240}-\frac{222}{240}=\frac{17\frac{1}{2}}{240}$$

由此可知，大條銀成色較英銀高十七又二分之一，(比較優之成色謂之Betterment)。

大條銀運到中國者，往往以廣平平之，今由已往經驗，考得廣平八十二兩七錢八分一厘五毫，適合大條一百盎斯(Ounce)。廣平銀百兩，約合上海規元一百十一兩二錢。由倫敦運載大條至上海，所有運輸費保險費及一切雜費，每銀百兩，約八錢至一兩，折中之為九錢，或謂千分之九。

既知以上四端，可以求大條合先令之推算率矣，算式係應用最淺近之算術連鎖法(Chain rule)計算，因連鎖法，易於使人明瞭故也，茲將算式列之如

107.8829(英國標準銀)＝100盎斯(運華大條銀)

100.9　(手續費在內)＝100盎斯(抵華之大條銀)

100盎斯(抵華之大條銀)＝82.7815兩(廣平)

100兩　(廣平銀)　＝111.2兩(規元)

1兩(規元)　x 盎斯

$$\therefore x=\frac{107.8829\times100.9\times100\times100}{111.2\times82.7815\times100\times100}=1.182\text{盎斯}$$

此即上海規元一兩等於一，一八二盎斯也，此數為恆數，(Constant)永久不變，(注意：並非絕對的不變，如保險費水脚等，有特大的更動時，當然亦要隨之而更易矣，)此數既得，折合上海英滙，即可以銀價推算矣。

(注意)英國標準一百另七兩又八八二九，等於大條銀一百盎斯，即成色九九八的銀百兩，需成色九二五的銀一百另七兩八八二九。

$(107.8829\times0.925)\div0.998=100$)

例如今日大條銀[illegible]五，則英滙之法定市[illegible]

1.182×16.625＝19.6[illegible]

或1先令7便[illegible]

上海方面，每晨接得倫敦大條銀價[illegible]後，例由滙豐銀行算出，各國滙市在九時半露布，(俗謂掛牌)但掛牌行市，未必與算出法定市價，適相吻合，有時相差頗遠，此因市上利率關係、求供關係、及其他種種原因所致也。

貨幣的貢獻

(朱孝璠)

吾人莫不知貨幣之主要職務有三：一為交易之媒介，一為價值之公量，一為價值之標準，吾人之經濟生活能至今日如是之發達者，要皆貨幣之所賜，但貨幣何以能盡此三職務？此問題頗值一究，吾人知食物之能養生，以其含有滋養料；煤之能為燃料，以其含有氣與炭；貨幣之能盡此三職務，以其含有何物乎？本篇即着眼於此問題，以求

一究竟之解決。

財貨之有價值，以其含有效用•於財貨自身方面觀之，則為效用；於吾人方面觀之，此效用即為財貨之價值•但有價值之財貨，不必皆有價格•何以言之？價格乃財貨之價值表現於貨幣者；財貨之價值，不必皆可以貨幣表現，僅有交換性之財貨，其價值始可以貨幣表現•價格乃財貨與貨幣交換之比率，故有交換性之財貨始有價格，而價格亦惟於財貨可交換時能存在•故在共產制度下之財貨無價格，但不能謂其無價值也。

吾人已知財貨之有價格，因其有交換性•但其價格又將何以決定之乎？決定價格之高低之因子，吾人名之為出售性•出售性強者，價格高；出售性弱者價格低。出售性之強弱，又視財貨之流動性而定•流動性愈大者，其出售性亦愈強•故知價格變動之程度，一決於財貨流動性之穩定與否，亦即對該財貨之需要是否一定也•同時，價格變動之程度，又視流動性之強弱而定•流動性大者，其價格之變動甚小：（本文所謂價格之變動，乃指出賣價格與購進價格間差數之大小及其變動，非指市價之漲跌•）公債票之流動性甚大，故其價格降低之程度甚微，以其為人人所需要之故也•

今日世界上流動性最大，出售性最強者，莫若貨幣•故貨幣之買賣價格間之差數，甚屬低微•吾人觀銀行錢莊對於存款與放款利息間之差徵甚小，可知也•因其價格之變動小，故人人需要；故其流動性極大•貨幣以其極大之流動性使他種財貨之流動性加大，使他種財貨之出售性加強，且可使無交換性之財貨變為有交換性；故流動性實貨幣之唯一效勞也•

物物交換之世，交易者恆苦難得所欲之物，恆苦難售所售之物•設有賣米與賣布者二人。米布之比價為二與一之比，賣米者需布甚切，而賣布者則不需米，或所需甚少，此時賣米者必減其價。設米布之比價變為一與一之比•米之所以跌價者，以其出售性弱也；以其流動性小也。夫米一石本值布二疋，今米一石僅值布一匹，是米之價值與其價格不同矣•是物物交換之不便，不僅有交易時之不便，且使財貨之價值與價格不同，揆其原因，厥為米之缺乏出售性•是種不便，至貨幣興後始行消滅•

在物物交換時代，物與物之比例未能一定；在貨幣交易[illegible]物與物之價格可藉貨幣已身之價值以定其比例，有米者可先換貨幣，而後以貨幣買布•貨幣，人人需要之物也•故米之出售性雖弱，但經此貨幣間接交易之手續後，則變強矣。賣米者將不以米之本身向賣布者易布，而以米之代表—貨幣易布，貨幣為人人所需之物，故其價格不貶，是非貨幣能提高財貨之出售性而使財貨之價格與價值間差異數變為極小乎？

吾人讀貨幣學時，知幣材第一要件為『一般公認的價值。』故貨幣者，人人所需之物也。因貨幣為人人所需，若以各種財貨變為貨幣，是各種財貨亦有廣大之需要矣。在物物交時代，財貨之需要不定，其流動性因之而不定；出售性因之而不定，價格因之而變動無常。且有某種財貨其出售性甚弱，價格甚低，雖具有大價值，而無人願與交換，非不能交換也，實需要少也，此於今日不動產如山場者可以覘之。因其流動性甚小，而出售性遂亦因之

週聞簡報

▲國民政府決定于軍事結束後、即召集全國經濟會議刻財政部已着手籌備。

▲中國經濟學社于九月廿至廿四日、在無錫開第七屆年會、本會推揚城葉錦如出席。

▲上周金市趨跌、惟周末又高至五十餘兩。

▲北平國家銀行結束。

▲中央銀行發行新十元兌換券。

而弱也。

吾人知財貨價值之決定，視乎該財貨之供給與需要之關係。需要即財貨之出售性，供給即財貨價值之內含。吾人固不斤斤以生產費為財貨價值之唯一要素，但決不否認生產費實為價值決定之要素。在物物交時代，因財貨出售性，甚弱之關係，常使財貨之價格遠低於生產費之下。出售者以求售心急，不得不於是種低於價值之價格售去。

或以為低於生產費不必為低於價值，彼且可以種種例證明其說，但吾深信價值之源泉乃社會邊界效用。在正常交易之下，財貨之價格必不低於此價值。生產者知其生產品之成本若高於此價值，則彼必不能以得償失，彼必停止生產。故據社會邊界效用而成之價值，必高出（最少平等）生產費。夫價格既已低於生產費。其必低於價值也無疑矣。

時至今日，貨幣（信用雖非貨幣，實為貨幣使用之方法，猶分工之於生產。）以其人人需要之故，且有絕大之流動性與出售性，不僅已身如是，且能使他種財貨增大其流動性，增強其出售性，且可使無流動性與出售性者亦具有是種性質。如山場田地，不動產也，今則可以公債票代表之而出售於市場，珍寶奢品，某一階級之消費品也，今則可因貨幣而不減其值；雖需者少，無傷也。

於此，吾人可結束本文。貨幣之所以能為交易之媒介，價值之公量，及價值之標準者，以其為人人所需要；有一般公認之價值；而具有極大之流動性，且能使他種財貨，亦因之而流動也。

譯著

企業家和資本的供給

Barnett 原著　凝石 譯

英美經濟學中利潤原理Theory of profits 的進化，主要的注意，着重在企業家的職務方面；就是，在服務的性質方面。本文的主旨，在搜集證據來表明利潤原理的進化，原於重視企業家職務的性質的，實在不若原於資本主義Capitalism的重要形式中的改變的和原於供給實業資本的機關的改變的那樣多。這些改變的結果，可以說，在本身和利潤相連屬的那個生產原素中，產生了變化。分配中真正的變易，在許多關於職務 Function 方面的辯論中，已經是潛伏的原素了。

如果我們像現在的經濟學家那樣，起頭來引用克勒克教授Professor clarn的定義——企業家是出產品的主人——利潤 Profits 就成為企業內總收入超過土地，勞力，（包括管理的勞力在內）和資本成本的盈餘。利潤是由各種經濟項目所造成，關於這類項目此地也無須去更特別的研究，尤其因為其種類不同並且從沒有適當的分析過。此後的論點，是對於結果方面：有的情形之下這種盈餘全歸資本，有的情形之下歸管理的勞力，還有的情形之下歸『動的』Active或冒險Rick-taking 的資本。究竟是歸此歸彼，大半是決定於所需資本的種類和數量以及定時定業內所流行的資本市面Capital market。現今利潤的職務原理Functional theories of profits，有將埋沒這種種變化的事實，而使利潤原理歸於統一的趨勢；這種統一，是背乎當今的經濟世界的。

從斯密斯Smith到米勒 mill的經濟理論中，資本家作為出產品的主人，並且超過土地和勞力成本的一切都以資本家的對待歸於他。依照斯密斯說，利潤以分外勞力 Extralabor 和特別委託 Particular commitment 中所包含的非常危險而不同。超過土地和勞力成本的盈餘Surplus和常率Normalrate的利潤，都是當做各種商業中管理危險和分外勞力的報酬。負起這些危險和花費這種管理的分外勞力的人，常常是資本家。一切的資本家都當為取得利潤的人。因此，利潤一項成為總合的收入，其中主要的原素就是資本。其餘造成利潤的各種原素都作爲歸於資本家的一種自然發生的增加。對於借貸利息Loan interest 和利潤Profits的區別，到處都有參考的資料；不過這種區別看來無大重要。

這種利潤對於資本關係的觀念，在一種銀行事業方與商業的公司形式 Corporate form 初行和投資的代表方式屬於農業方面的國家裏。却是自然而正確。可惜，我們關於十九世紀前期的資本主義知道得狠少，只不過些瞬息流光將我們引入一種見解：以爲一個企業家差不多要單靠他自己的財力，或要拉進一個有資本的同夥 Partner。如果一個人要賺利，他必須要有資本；而利潤的總額是和資本成比例的。

利潤當做利息Interest，危險的報償，Payment for risk，普通勞力運用的獲得，和偶然利益的集體的觀念，直到十九世紀最後的幾年差不多都沒有改變。在經濟科學的泰斗中，對於這種觀念最重要的歧異，怕要算塞尼爾Senior的了，關於『利潤』這個名詞是否不應該用純管理俸金Wages of management 和利息的組合而使運用資本的單純勞力Merelabor以工資 Wages去報償，他發生疑問。他說：『這樣必須要將資本家分做兩類：不活動的資本家Inactive caprtalists和活動的資本家Active capitalists；第一種人僅收利息，第二種人獲得利潤。』(見塞尼爾所著政治經濟學Political ecornomy 一四三頁)他所用的主要的說明，是引的一個證券經紀人bill broker，這個人用別人的四十萬金鎊，一年淨賺了四千金鎊。他總括的斷定：『對於一個固定名辭和一種固定區分的差異所發生的種種不便，非常之大；我們不能想，把這些不便之點以更未接近正確的方法將其補救。』資本家和企業家同一的觀念，仍舊的保持着。

十九世紀的後部，銀行和其他信用事業的利便增加得如此之多，大部分運用於工商業的資本都是借貸的資本Borrowed copital了。從一八五一年到一八七二年，依照最精的估計，英國銀行的貸款 Loans 貼現 Discounts 雙倍起來了。同樣的發展發現於美國。自由註冊權 Freedom of incorporation在兩國之中都已經得到。工商業進行的程度，却仍然比較的小。固定資本 Fixedcapital對於流通資本 Circulating capital 的比例，在大部分工業之中都是不高。在這些情形之下，具有商業才能的人，可以去謀求資本而根據管理才能從事經營事業了。

一種新的利潤原理 Theory of profits—勞力管理的原理Labor management theory—就應運而生這種原理，根據於資本裏面中的改變的歷史分析的，並沒有根據現存事實的觀察的那樣多。但在瓦克爾 Walker和馬希爾 Marshall的幾篇著作中，却表明他們並非不知道這些改變及其意義。瓦克爾說：

『英美的經濟學家，普通都將資本家視爲勞力的雇主 Employer，就是說，雇用勞力只爲的是有資本，並且只能雇用到他有資本的那種程度……在工業發展的近代，資本的所有權不復成爲雇用勞力惟一的或主要的資格了。……這類的責任，如此其重要困難；所需的才能，又如此其難得；所以，凡能幹盡這些責任的人，通常總能求得所需的資本。如果他是個經營事業的人，糧食，器具，和原料在我們現代信用制度之下，對於他不會長久的缺乏的：……一個人因爲他是資本家就變成雇用勞力的人，這種見解不復正確了。人們調度資本，是因爲他們有雇用勞力的資格。對於賦有這種資格的人，資本和勞力是同樣的會向他們那裏去的……這並不是說：雇主在任何情形之中或任何程度之下都不是一個資本家；不過，他若僅具當資本家的那種程度，他却不是一個雇主；他是一個雇主也不是因爲他是一個資本家。』—見瓦克爾所著政治經濟 Political Econemy 二三三頁二三四頁—

看馬希爾Marshall對於利潤的

見解漸進的發展，到是有趣的事在工業經濟 Economics of Industry 一書中，一大部關於管理報酬 Earnings of management 的討論，乃是討論的借貸資本 Borrowed capital 和固有資本 Ownedcapital 貿易上比較的優點。他得到的結論是：『以借貸資本經商的人好像大佔了以固有資本經商的人的地位。』這種觀察原於見解，就是說：凡具有小資本的人，以較低的管理報酬就可以滿意了。然而在原則方面；着重之點，根本在獲得資本的才能，因為這是事業力量上獲利的必要條件。

『因此，不問一切的人事，變遷，能幹的商業家普通總可以看到：在他掌握中的資本，畢竟是和他的才能成比例的。

當那時候……能力小的人來調度大資本很快的就會失去……這兩組的勢力，一是增加能者所調度的資本、一是減削弱者手裏的資本，生產了一種結果：就是在商業家的才能和他們所有事業的規模之間，有了一種適合，比較當初預料的，來得更加密切。』——見瓦克爾所著政治經濟三九〇頁—三九一頁(待續)

交通研究

美國近十年來交通界之新趨勢

(葉錦如)

運輸工具與業務是不絕前進，無時或已的。經過百年的鐵路努力，似已十分完善；然大戰後鐵路的設備與事務，其改進有足驚人，非前此之所能期望萬一者。同時汽車運輸，航空運輸，異軍突起，對于運輸界，別開一新生命矣。

當二十世紀初葉，運輸問題，皆聚訟于電汽機車之是否全能代以蒸汽車一事。蓋用電汽，其利益確是有足多者：能伸縮如自；不拘業務之大小；應用之簡單與奏効。且可在富有天然動力(水力等)與廉價燃科處，做大規模之發動力，引之遠地應用。故自初葉至一九一〇年引用電汽之郊外鐵路里程大增，而其餘客運鐵路之用蒸气者，亦莫不躍躍欲試，似非代以電气不足以圖生存者。時至今日，情勢變遷，三十年前蒸气機車所認為洪獸猛虎之電气機車，現已難能維持其收入。最近之將來，電汽機車，實難再有得勢之望。短距離之用電力機車，大都虧本而停止營業。即財力充裕者，亦唯奄奄一息，日暮窮途。蓋最近通行之公共汽車與運貨汽車已奪得水陸客貨運之大半矣。

廣用汽車之使機車不能盡行電汽化者。固屬重要之原因，然蒸汽機自身之能延長生命者，亦有二由：一為機頭之引曳動力增進與燃科之漸能節省經濟。二為機頭機械之成功；軌道，坡度，設備之改進；行車方法之改善。自是蒸汽機之運輸量增而每單位之費用少。故蒸汽機之為用亦善，人又何苦根本改造費巨金以採用電汽機。

大戰時之情形，實予電汽機之發展以一大打擊。即城市電機車，與山坡段落，莫不受其影響。蓋一方面往來各城市之電力機車，全持旅客為收入之大宗，參戰歐陸，收入自形頓減。一方面戰時廣用汽車運輸，以助鐵路之不足而俾迅速。故汽車運輸之發達實大戰有以促成之。百年前運輸方法之以蒸汽車代人力獸力，結果經濟革命以起。新大陸工商業之發達，乃有如此之神速。分區生產、製造唯最大利是圖。因之國的滿佈大城市；國民財力富厚，生活程度，日臻佳況。

自今日汽車運輸盛行，經濟組織，社會生活，又將丕然大變。此在最大多數汽車製造與汽車運用之美國為尤確；生產激進，農業尤增。美國汽車事業與聯帶營業之總共投資數，已超過鐵路投資總數而占全美之第二位；(唯遜于農業)且方興未艾，後日正未可限量。

汽車運用之重大意義，不唯在生產

，抑關社會生活。藉此縮地搯法，工人家庭，亦可卜居于山水之間，朝出暮歸，優遊自得，改善最大多數之工人生活，應響于社會者豈鮮。

汽車運輸在運輸革命史上的應響是深切而普偏的。窮鄉僻壤，汽車類多能達。從製造工廠，直接運貨至任何處在，爲時當不遠矣。只要發展運輸者與立法者的心目中認定各運輸工具間的相互關係、而使水陸空三者的一致連絡，成爲統一的運輸制度。一九二〇之運輸規律，已一反以之前態度，爲獎勵各運輸工具間之合作與合併矣。

美人以前深信船運可與鐵路頏頡，而能限制其運價者；經過數十年之事實證明，始悟航運正非鐵路之敵手，故爲航運計，只有聯絡鐵路而爲水陸聯運。不然內河航運，其衰敗眞不知伊于何底。

自汽車運輸執美國運輸界之牛耳，其與鐵路，運航及公衆之關係，顯燃成爲一嚴重之問題。美政府尙未頒布公路運輸規律，以其需要之迫切，爲期當亦不遠。現各州個別訂律，已屬不少。

一般輿論，認承汽車與鐵路爲不共生存之競爭者，然現在鐵路公司自已正在極力擴充沿路短距離之汽車聯運，以收手臂之效。而鐵路之提倡汽車運輸，其將來之成績，定有可觀者。

各運輸工具相互間之二重關係——競業與合作——已引起一般的認識。自一九二〇年以來，美政府時以統一運輸制度爲己任。高唱競爭不及合作相併之爲得策。故近年來美國所頒之規律，政府皆有意歸併鐵路成爲權力相等之幾條系統。截至現在，其結束雖不甚佳，然至少吾們承認這是運輸統一的開始。

載客飛機之設備

（劉貽瑜）

飛機，以前以爲是神祕的東西，現在也不神祕了。我們長江一帶的住民，彼此通信的時候，心上一急，立刻破費一角五分以上的大洋，去買張飛機郵票，寄封航空信。這是比快信快得多，比電報也慢不了那裏去。如果膽子大點，再肯慷慨點子，不坐火車輪船，而搭乘飛機，也不算奇事。這種現象，極可樂觀，料想十年以內，飛機一定要像現在的汽車那樣多，在空中來往如梭地穿行的。

可是載客飛機，設備上是一個很難的問題。簡陋，則能花得起金錢的人不願乘；奢華，在目下的中國，一時又辦不到。我現在且把國外的飛機上之設備，介紹於國人，以備採納。

大概說起來，普通的飛機，應載客五人至十二人。而現在的趨勢，飛機越大越好，坐位越多越妙。與其用一個飛機師，倒不如用兩個飛機師來得安全。他們的坐位呢，是在乘客的前面。最高的速率，每點鐘一百一十英里至一百三十五英里。這是就陸上飛機而言，海上飛機的速率，還沒有這樣快。

無線電的設備，一定少不了的，因爲藉此才知道氣候，而氣候是今日飛行時最應當留心的事情。此外，乘客的安全和舒適，還有許多應當注意的地方。

爲甚麼要兩位飛機師呢？因爲一人的精力有限；如果有一位助手在旁邊，一來膽子大些；二則，如果危急的時候，不至手足無所措。在較長時間的飛行途上，兩個駕駛尤其不可少，因爲可以彼此掉換，恢復精神。這樣，不至因駕駛者有甚麼困難，勉强落下地來。

發動機，是機器方面的學識，我們無從談起。不過，國外乘客的飛機，現在多不以僅有一個發動機爲滿足，而設置二個或二個以上的發動機了。如此，一個偶然用壞了，可以拿另外一個代替。這都是爲了乘客的安全設想。

至于爲了乘客的舒適呢，則坐位問題，視線與光線問題，溫度與空氣的流通問題，頭昏發暈問題，鬧雜的聲浪和顛播振動問題，防火問題，下落傘的設置問題等等，非常地複雜。

新式的坐位，是兩行釘住的椅子，面都向前；中間留一個走道。有些飛機，一排是二人並坐的椅子，另一排是一人獨坐的椅子，和現在滬寧路上的頭等車一樣。這種排置，在較大的飛機裏，常常採用。

(坐十八人至卅二人的)從前，艙位內的頂蓬太低，客人只好坐着，站不起來。新式的飛機，可以讓人隨便站起來了。坐位的前後相距，至少要三十英寸，寬，至少十八英寸。這樣，腿才伸得開。這在較長途的飛機中，尤其重要。中間的走道，窄點也不要緊，十二英寸到十五英寸，也就足夠了。

坐位的墊子，一定要厚而有彈性。坐位的底下，是要牢牢地釘在地板上。像椅上的鋼鐵或木頭，都要用軟東西好好包起來，以免乘客撞到上面去，致有損傷。(曾有位美國的婦人，和她的丈夫一同搭飛機。偶然不小心，讓椅下的鐵架子，碰上了小腿。和航空公司辦了好久的交涉，終得勝利。從此該公司對于這些地方，格外當心。)有一種安全帶，是為乘客不至因高速度的行時，而至左右傾倒的。

艙位的入口，每每是太小。這也不是好現象，應當改良的。門楣雖不能過于高大，却必要讓普通的乘客，不至出入碰頭。一個預備好的小梯，一定要附在門口，以便乘客上下。還有，機身四圍的門，要極巧妙地製造，使得乘客不至無意把它弄開，以至跌出機外；而在必要之時，這門又要能隨乘客的意思，一拉就開，好藉下落傘安全地落下地來。

(未完)

專載

何德奎先生論金貴銀賤

(楊城)

銀價之所以跌，金價之所以貴，其最大原因，不在金銀生產量之增減而在需要上之緩急。蓋金子在寰球流通，不易散失，(除沉海底)積有數百年之積蓄，其量很多，雖偶爾一年多生產，或減少，如滄海之一粟，不足以影響其價格，此其一。再以近年統計金銀生產之量而比較之銀亦不過為金子之十三倍，其二者比價，決不能如現時五六百倍之高，此其二。由此可見金貴銀賤，不在生產量方面明矣。夫什物之有價格，在需要此什物以饜我人之慾望。若需要迫切，則其價格愈高。金銀本是一種貨物，何能逃此定例。茲考銀之用途有二：一則為貨幣，其價較高；一則為裝飾品其他用，其價略低。雖然，尚有一種需要在。然自各國採用金本位制以來，其以銀為貨幣者，僅中國而已。故我國為銀子之第一最大需要處所。益以印度改用金本位，大量銀子輸出，日本金解禁後，收金正多，於是銀之需要更少，而金之需要愈切；金銀比價相差之數，已大可驚人。又以我國近年土匪充斥，戰爭頻仍，民間窖藏，(銀子)均移積於內地城市，如天津漢口等處，不能利用如許之銀貨幣，於是漸集中於上海。如是上海銀子供給驟增，而需要因戰爭關係，不能往內地購物，反而減少。益以外來輸入銀子正多，同時輸入軍火等項之用金子結賬需要迫切，投機家又利用機會，大做投機金子生意，結果銀價愈跌，金價愈漲，直至現狀不可堪問。補救之法，在使銀子之需要增加，其法莫若：(一)抽生銀進口稅，可分之五十六十不等，寓禁於征，使輸入銀子，無利可圖，以絕其自由輸入。此種方法，有一缺點，即當國內銀根緊急時，因銀子不能自由入口。不免發生恐慌，但此種恐慌，可以第二法救濟之。(二)設立調濟銀事委員會，專司放行銀子進出口事宜，此種委員會，政府委派財政部二人中國商聯合會二人，上海總商會二人，上海銀行公會二人，上海錢業公會二人，中央銀行，交通銀行，中國銀行，各一人，中國經濟學社二人，組織之。若國內需要之時，則由委員會決定，交中央，交通。中國等銀行採辦。其數目由會中決定主席及副主席簽字，通知海關免稅放行。如此銀子數量既因有限而得以維持原價，不致再跌；同時我國時對外滙兌率，亦可趨於穩固，不致吃虧。若此時採用金本位制，銀子需要必更少，金子需要必更多，是則銀價更不堪問，市面上多增一番滋擾，非徒無益，抑且有害。如放大眼光觀之，十年二十年以後，因世界各國均用金本位，我國亦非采用金本位不可，以為一勞永逸之計，自當採用金本位。要達到此目的須要做一番預備功夫，如(一)禁止金子出口(二)銀行發行紙幣，以金銀並用為準備，藉以漸漸吸收現金。要而言之，此金貴銀賤問題，不在金本位制可以采用或不可用之焦點上，在此時金貴銀賤極造高峯，能實行與否之焦點上也。

(按上述演詞。係何先生在無錫中國經濟學社年會所講者、茲僅記其梗概如右。惟未經何先生親自校閱。如有舛誤。概由記者負責。城附誌。)

上海交通大學經濟學會編行

中華民國十九年十月六日

經濟週刊

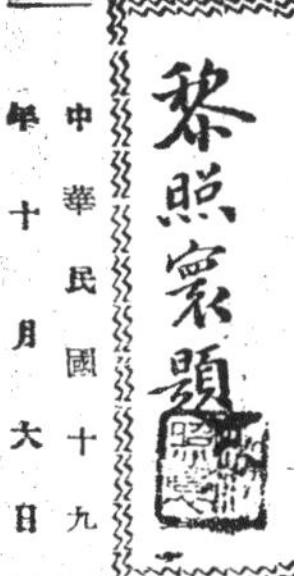

零售每份大洋一分　第二十二期　每逢星期一出版

印刷者 華僑印務局

論著

海外華僑之經濟勢力

（劉泮珠編述）

英國人常自誇的說：『凡太陽所照見的地方，莫不有英國國旗飄揚於其間。』但是凡人間所到之地，都可以見到的中國人，可是從來沒有聽見自己誇張的說：『凡人間所到之處，莫不有中國人』的話。

在二十年前，南朝鮮之某鎮，曾目擊若干中國人，成羣結隊的種植青菜，以供給剛剛移殖之日本人，其一種克勤克儉之精神，茹苦茹辛的經營，實在是令人佩服。民國十五年，曾有人由西貢至東蔔寨，作熱帶地方旅行，凡所經各部落，亦莫不有華僑經營之各種商店，這是更使人歎服的。彼等華僑竟不畏一二〇度以上的酷熱，並以廉价的雜貨與土人爲買賣的對手，實屬至奇。至其所以販賣廉價雜貨，亦未始無因，一則因土人之購買力薄弱，二則因廣東附近出產的物價，事實上確係低廉。該項華僑既專事販賣廉價物，結果壟斷了該地的商業，至使品級較高，價值較貴的日本貨；無法輸入。

離開可留戀的故鄉，拋棄可愛慕的祖國，作天涯孤客，就人情上言之，當然誰也是不願意的，可是唯有中國人，對於故鄉決不留戀，能夠深入極寒極熱的不毛之地，而作久居之計，此種特性是爲其他民族所不及的。因爲在目下的中國苛政誅求，除執有權力的人，以及均霑權力的一部分人之外，要想找一個地方能夠安居樂業，在事實上是沒有的，這雖是可以促成中國人容易移居海外之一種原因，可是也非素富冒險性堅苦耐勞民族特性，決不至如此大成。

凡移居海外的中國人，總稱『華僑』，華僑之成功而回到上海香港等處，至今在社會上都佔有相當的地位。並且在號稱『人間樂園』的廈門鼓浪嶼建築瀟洒的住宅以娛晚年的，亦不乏其人，凡中國人之對僑外成功而歸者，國人對之均表示一種羨慕而尊的感想，此種情形，均能給論海外僑華以刻深的激刺以底於成功。

本期要目

論著
海外華僑之經濟勢力　劉泮珠
譯著
工廠位置和牠的經濟環境　袁寶棟
企業家和資本的供給（續）　凝石
交通研究
載客飛機之設備（續）　劉貽瑜

華僑之數量及其分布

若根據 Prof. Macnair's The Chinese abroad所載：四十年以前，中國人之華留海外者，不過三百萬左右，若據二十年前 William 教授的推算，則有四百萬，若據一九一九年四月C. K. Chan之推算，則如左數：

北美合衆國及其領土內	一八萬
英帝國及其領土內	百萬
日本帝國及其領土內	四百萬
歐洲大陸	七〇萬
中央及南美	五〇萬

合計爲六三八萬，若中國人口假定爲四億，則華僑當占全人口一分六厘，足見Prof. Maenair 當時的推算爲八九百萬之數，並不爲多

且按中國年鑑各項調查的綜合計算之，約有七百十三萬三千九百零十人，若依前北京農商部的調查，則有八百六十七萬七千餘人之多，其數量的分布如左：

馬萊半島	五〇萬
交趾支那	一七四萬
紐絲蘭	五千
琉羣島	四萬五
西伯利亞	五千
南洋	一五〇萬
暹羅	一四五萬
印度	一九〇萬
加舒大及墨西哥	二〇萬
爪哇	二萬五千
南洋阿非利加	一萬二千
美國及其他	五〇萬

中國人口從無精確調查，所以華僑之數量的調查，亦僅祇，有推算的一法。但是我們可以認定Prof. Macnair 所推定的，九百萬人的數目的說法，是相差無幾。據民國十五年的海關報告，西洋人之在中國的爲數有三十四萬六千餘人，若以中國的華僑兩兩相抵，則僑華的西洋人僅占華僑二十分之一而已。卽加入四十萬的日僑，爲數亦僅八〇餘萬，由此數目看來更足以證明華僑之多。至日本之在海外的，按大正十三年（卽民國十三年）的調查，共計不過五十二萬五千餘人，除留中國的四十多萬外，在留西方及南洋的爲數僅二十萬，在日本言之，己占全國人口百分之一，比較中國的華僑額，則相差甚遠。

華僑的分布，殆遍世界各國，其中心地則爲新加坡，東至法領安南，西至英領印度，南至爪哇蘇門塔臘，及南洋羣島一帶，至於其主要地方，華僑分布狀況如左：

世界各地的華僑

▲日本　函館，橫濱，神丘，大阪，長崎等處，多華僑並多從事商業。以廣東人最多，江浙人次之，北方人更次之。勞働者之在日本者至少，因有種種入國限制的緣故。

▲朝鮮　朝鮮的華僑，以在仁川，漢城，釜山，鎮南浦，及平壤的爲多，其中多數爲山東人，其次爲浙江，廣東，湖北人。山東人多從事小販及泥水工，並在北凡朝鮮及鴨綠江沿岸的多屬開礦及代木工人。然其生活程度，高於朝鮮人。廣東浙江湖北人，多從事商業，如生絲雜貨等類。

▲西伯利亞　每年由芝罘，天津等處，經南滿鐵道到東蒙與西伯利亞華僑，每年有二三十萬人之多其中的一部分，則以農民爲業以終老其地，另一部分的好像勞燕一般，春去冬歸。又其中因來往不便而留居者，當然日增無已，今後在構成其地位與勢力上，是值得我們注意。

談到西伯利亞，別處不談，僅就烏拉旗兒與赤塔二處，己有十萬多華僑，他若烏斯利與阿姆烏兒兩流域，已有華僑之數量，反超過俄國人以上。這種數目，是值得注意的。

▲暹羅　因歷史的關係，所以暹羅的華僑極多，按一九〇四年與一九〇九年間的暹羅人口總調查，其全

國人口七百萬人中，華僑竟占七十萬。且僅曼谷(Bangkok)一處，有華僑二十萬云。又據一九一二年至一九一四年間之調查，僅由廣東汕頭一處直赴暹羅的華僑，有四十萬三千人之多。其事竣歸汕頭者不過十一萬餘人。且該處華僑多與當地人結婚，若將混血兒一同計算之，其數當遠在七十萬以上。暹政府對華僑之入國雖無限制，但強制勞働，仍所不免，故華僑多入暹羅國籍，年納人頭稅五六志。該地華僑亦以廣東人居多，其次爲福建人，從事各種商業與職業，已脫勞働者的境遇而轉入堂堂投機商人地位。故暹羅的礦業與精米業，悉受華僑的支配。據一九一九年的調查，暹羅全國六十六處精米廠，華僑竟占其五十六所云。

法領安南　安南華僑總數，號稱三十五萬，其集中地點多在交趾支那的西貢及錫蘭二市。西貢爲交趾支那之首府，並屬政治發展的中心。與該地相連接的錫蘭市，均由華僑開發而成爲一唯的商業地，故住民除安南人外，悉爲華僑。其住民之總額，三倍於西貢。印度支那的華僑，從事農工與都市大宅的園丁甚少，大都爲商人，且西人與土人的買賣，必經華僑之手，米的買賣，凡西貢市稍大的精米所，悉數操在華僑掌握中，就是其他的一切買賣也是一樣。交趾支那爲便於統治起見，於一九〇六年以法律明文規定，按華僑的祖籍，分華僑爲廣東人，福建人，瓊州人，並汕頭人以示區別。此種區別在東蔔賽亦行使之。在交趾支那的華僑，雖年被當局課以極重之人頭稅，但華僑並不因人頭稅而減少，且嘗驅逐當地的土人，而成爲法政府統治上的一大障礙。此地華僑，亦與暹羅華僑同樣的與土人爲婚，若加入混血兒，其數亦當有可觀。

▲南洋　華僑之最著名者，首推南洋，因中國人之所謂南洋，即指亞細亞東南諸島而言。其中前領東印度的華僑，遠在明朝，當時有一部分廣東福建人，即移住於此。十七世紀之中葉明亡清興，多數福建人，多乘帆船而至菲利賓與馬萊半島及東印度等地，其初均住沿海一帶，漸與內地土人開始交易，遂漸次侵入內地，至十九世紀末年，多數廣東人復移住於此。據一九一七年之調查，在蘭領

週聞簡報

（黃恭儀）

▲京滬路修正客票價目按一二三之比數修正以符定制例如三等售票一元頭等即爲三元外間不明眞相以爲擬將四等車票取消殊非事實

▲最近北滿經濟現狀因俄亂後原氣未復繼遭金價影響商業凋零民生維艱已大現危機但日本對北滿經濟侵略則日漸進展

▲南滿鐵道收入銳減本年度至九月一日止較上年減少達七百五十萬元

▲東鐵決實行減政裁併附屬事業二餘處已由理事會令路局實行

▲津浦膠濟恢復聯運

▲滿哈快車在拉里姆站被白俄羈留

▲平漢南路恢復客貨車北上特快車二十九日亦照常開駛

▲東北歡迎德人投資發展鐵路事業

▲米價近又回漲原因實係各處鄉貨見價已狂跌不肯出售致來源稀少故市價不得不略爲高漲

▲洋厘步漲由於市上現洋流通不豐之故惟近兩日來又稍稍跌落

東印度有七十萬人之華僑，其中在爪哇者計有三十萬人左右，爪哇華僑之中有五萬人是住在巴他維亞(Batavia) 及泗水(Swrabaya)三寶攏(Samarang)一帶，其他六萬人則分居於附近之大都會。其他則以爪哇爲中心之波羅州(Borneo)邦加(Banka)蘇門得拉(Sumatra)之東海岸等地均爲華僑之主要居住地。住在邦加之華僑，大部分多爲廣東之客家族，依邦加一九一七年之國勢調查，五萬五千人華僑之中，有二萬人被使用於政府所創辦之錫鑛，在畢魯頓島有一萬五千人華僑，對於錫鑛是個人所有的；除此錫鑛勞動者以外，有爲商人，有爲錫鑛主人的，蘇門得拉在一八七六年與一八九八年之間，因爲政府之獎勵烟草耕種，由汕頭移作而來的華僑，有五萬六千人之多，因此將所有該地之日本人幾乎驅逐盡淨。

(待續)

工廠位置和牠的經濟環境

袁寶棟

▲敘言

一般人的意思，以爲工廠位置、沒有什麽深文大義，用不着仔細的研究。牠的環境，合宜也好，不合宜也好，是經濟的也好，不是經濟的也好。只要別人願意將袋裏的錢，送到我們手裏來就行，誰去管牠什麽環境不環境呢？但是我們會到江北去買小麥，在無錫開麵粉廠，把製好的麵粉運到上海來銷售。我們決不會跑到庫倫買羊毛，在新疆省裏開辦一個織呢廠，把織好的呢絨，用駱駝背出來，送上火車，運到上海，賣給外國人做西裝。這是什麽原故？不說庫倫和新疆，包頭我們會去麽？假和爲挽回利權起見。一定要開辦一個織呢廠，那麽天津是我們最注目的地方；張家口似乎尚談不到，這又是什麽原因呢？我們不到庫倫等地方去，因爲這些地方，地廣人稀，沙漠遍野，奇寒奇熱，五穀不生；并且感覺到交通不便，不是我們設立工廠的好地方。換一句話說，牠的經濟環境，不適宜於工廠的存在。我們知道中國的資本，不是已經感覺到不足麽？所以我們不能作無意識的消耗，跑到庫倫，或是新疆去試驗一下。

天時，地利，人和，古人已經給我們一個暗示。太公管仲能夠興霸齊國，就是因爲他們的經濟環境好。他們的經濟環境，包含着漁鹽之利。文化進展到現在，生產要素，早經變爲土地，資本，和人工。這三個要素，在生產程序上，是不能缺少一個的。經濟環境，和生產事業的關係，多麽密切吸！工廠亦屬生產事業之一，那能視爲例外。故工廠位置選擇，不能不依科學方法探求，研究牠的位置；設立在經濟環境適宜的地方；庶幾成效方面，可以得到事半工倍利益！

▲經濟環境中的首要原素

庫倫新疆等地方，因爲經濟環境不好，不宜於工廠的生存，已如上述。但是經濟環境中，應包含些什麽要素，綜合於工廠的生存呢？這是我們研究的交點，也可以說是工廠位置選擇標準，應有的條件。依工廠需要輕重緩急來講，經濟環境中原素，可分爲首要原素，和次要原素兩大類。

首要原素，是工廠方面必需的，不能缺少的，次要原素則不然，因爲首要原素既有之後，再進一步的研究，環境方面，就可以更經濟一點；我們的工廠，比較上得到容易發達和進展可能性。首要原素有下面四個：

(一) 市場

(二) 原料

(三) 工人

(四) 原動力

(一)市場　市場，是工廠生存惟一的要素；因爲牠是工廠銷售出產品的地方。沒有市場，差不多就沒有工廠。古人說：『日中爲市，交易而退，各得其貨。』就是這個道理。假如工廠沒有銷售出產品的地方，牠的貨品，只好一堆一堆的堆起來。我們設立工廠的目的，是把原料製造貨品，把貨品賣成金錢，拿金錢來買原料，再製成貨品。這樣的循環下去，因此我們就可以獲利。現在出產品既然賣不出去，利益從什麼地方出來呢？不但利益沒有下落，我們的資本，受風雨霜露的摧殘，一定會折舊的了。折舊，就不免損失！多麼危險呀！所以市場變成一個重要的原素。

(二)原料　談到原料，與市場一樣的重要。你的出產品銷路好，就是表示你的工廠發達。可是原料不夠廠裏製造的需用，你的出產品，能憑空出來麼？那麼你的工廠，一定要停工，停工是和沒有銷路，同樣的危險，同樣的損失。所以工廠要接近原料出產的地方，就是這個原故。這樣，原料纔能夠敷用，不虞缺乏。

在交通不發達的地方，工廠位置，接近市場和原料，非常的重要。帆船運貨，已經慢不可言，比其駱駝和驢車來還覺輕便得多。庫倫和新疆，不能開辦工廠；交通不便，也是一個主要原因。可是在交通已經發達的地方，原料和出產品轉運上，又發生了問題。就拿上海來說罷，五洲固本廠的肥皂，或三友實業社的「一一一」呢，預備運到南京去賣；火車也可以運，輪船也可以運。退一步說，帆船未嘗不可以運。或者幾年後，牠們會從天空中飛到南京去。運輸雖然便利，却又發生兩個問題，或是說兩個條件，做我們運貨時選擇的標準。兩個問題就是(一)運輸是便利和敏捷麼？(二)運價是低廉麼？這兩個問題研究的原故，因爲足以影響到市場和原料的功效，同時也影響到製造出產品成本。運輸便利和敏捷的功用，是把工廠位置和市場及原料，拉攏起來，使得工廠的經濟環境，格外好一點。運價低廉的結果，使得我們製造成本減輕，在銷售出產品方面，價值比別人來得小，那麼營業方面比較容易發展些。

(三)工人　把工人列於首要原素中，似乎不對。人是什麼地方都有的，人的本能，就是工作。所以工廠招人做工，不會招不到的，他們如果不懂怎麼的做法，那麼加一點訓練就行了。但是事實上並不如此的簡單。人是工作的不錯，處處有的人也不錯。不過他們願意不願意做工，是一個問題。能不能做工，又是一個問題。我們知道寧波人是精巧的，狠合宜於做工，但是不開化的民衆，(不能說沒有，中國內地多着呢！)認爲機器裏面，是鬼做工；工廠會要人的靈魂的。所以他們不肯來做工，不敢來做工；你怎麼樣辦呢？況且農民在中國占大半數的，他們如果有土地耕種，決不願意跑到工廠裏面來做工的了。所以工廠位置所在的地方，必定要有肯做工的人，能做工的人，那麼工廠纔能夠存在。因此首要原素中，放着工人進去了。

至於工資，是工廠清耗的大宗，與工廠營業有直接的關係。營業發達的時候，工人僱用得多，同時付出工資的總數就來得大。反過來說，營業衰落的時候，僱用的工人少，工資總數也就降低些。因爲工人僱用的數目，是隨着營業盛衰變動的，所以工人的供給方面，還要有伸縮性。

工廠有種類不同；營業和製造的性質，因之不同；故牠需要工人的情形也就不同了。單就工人說，有有些地方，適合於甲廠的營業；不能適合於乙廠。固然是甲乙兩個工廠的性質不同；但工人供給，也有種類不同的原因。工人的種類，分爲(一)男工，(二)女工，(三)童工，三種。童工女工不適用於銅鐵廠和開鑛的工作，却適宜於紡織工業。男工的用力，是適合於任何工廠的，可是工資比較貴些。所以在選擇工廠時候，要顧慮到工人供給方面兩個要素，伸縮性和他們的種類；是不是合於我們事業上的需要。

(四)原動力 原動力，比較上不甚重要，可是在工廠的製造過程上，是不能缺少一件東西。機器的轉動，受牠的指使。原動者用水力來產生的，費用低廉。在小規謀生產的工廠方面說，原動力仰給於他人，比自己供給來得便利；亦復低廉。所以也列爲重要原素之一。在自己供給原動力工廠，却牽涉到原料問題；因爲原動力的產生，除去水力，電力利用外。不能不借重煤來做她的燃料。(未完)

譯著

企業家和資本的供給(續)

Barnett 原著　凝石 譯

一八九三年的著作，康楠教授Professor Camnon認爲利潤的管理原理Mauogement theory of Profits固定的成立了。他說：

「資本從生產要素的合三體Triad of productive regusites中的轉移，而降與組織Organization 知識Knowledge 智力和體力Mental and Muscular Power等項列於同等地位，到或者沒有多大的重要，如果說在這三合體中資本並未代表最活動的原素。像這樣的改變，却是未可限量。……管理工業的力量不歸於不能言語的沒有生命的資本，甚至於也不歸於資本的主人，而歸於一種特別的勞工階級—企業家Entrepreneurs—並且，這是可明顯的看到的：就是他們，也只能夠用他們對於消費者定購的一種理智預測，來將工業納於各自的途徑之中，這般消費者的需要，他們必須在感受破產的痛苦上始可予以滿足」。—見康楠氏所著生產和分配的原理 Theories to Production and Distribution中三九八頁—

然而，克勒克教授Prof. John B. Klark在一篇作品中（這篇首發表於政治科學季刊 Political Science Quartuly繼發表於近代分配程序 Modern Distributive Process一書中）已經確述過一般新有勢力的見解就是說：管理的報酬 Earnings of Management 可變成工資Wages他說：

「純粹的利潤Pureprofit是單獨的所有權的報酬 Return。這種利潤是脫離一切工資Wages和利息 Interest的混雜的。這應當歸於那一種人，他僅將他的物權保護Aegis of his civil rights推及到一種出產品成分上，又因爲這種出產品移轉他人再將這種保護權收回的。企業家Entrepreneur或稱臆斷家Assumer 是負起所有權責任 Responsibility of owsnership的人」。見克勒克與吉登Giddings合著之近代分配程序Modern Distributive Process中三八頁—三九頁

但是，管理的附屬Subordination of management是業務管理原理 Theory of business management正確上的一種阻礙。自然，第二步是將利潤劃歸一個新原子了。從那時候以來，即就是在那時候，以前利潤原理Theory of Profits已漸多的採用霍萊氏冒險原理 Risk theory

或法特爾教授Professor Fetter「活動資本」Active capital原理的形式。凡此種種都認定了一種事實：就是，在現代的經濟組織之下，利潤在事業範圍較大的部分之中，不歸於業務管理方面而却歸於主有出產品的資本。

工業組織和資本市面中的大變更，使事業管理家Businers manager不得不抱棄大部分事業範圍內出產品的所有權，可以簡單的說一說。第一點因爲事業單位的形體之大，單獨的事業管理家或團體的事業管理家不能徵集必需的資本。第二點，還要來得重要，就是因爲所需資本的形式--係固定Fied而非流通Ciroulating—使事業管理家不能藉商業銀行的貸欵 Commercial Bank loan而獲得控制。這類的貸欵，因爲大部分靠業務才能做基礎，不很能用爲謀獲生產用具的方法，假使這些貸欵的期限常比個人的生命長久。第三個因子，將業務才能降至契約地位Contractual Position的，乃是專利Monopoly的或准專利Qusimonopoly的利潤的極大發展。這些利潤，在許多的事業之中，都是大而且久的。關於分配中的這個重大改變，公司形式Corporate form的組織就是明證。

觀察這種大變化在利潤新原理的發展中所處的地位，到是堪以注意的事。但這種變化的實質並不曾認爲新利潤原理New theory f Profits的創作家的眞正原動力，這是可以斷定的。更有一點，這種變化乃是支配原理的些改變情狀上的觀察而非研究。因此，公司組織雖常超羣出衆，也不過是關於附屬管理才能的一種表明罷了。所以克勒克教授Professor klark說：

「所謂資本家，管理家，和出產品的主人，有時候可以同是一個人，這並不影響到分析方面。三種職務是不同的，並且，附屬的報酬也是不同的。公司組織的發達，實際方面，就有劃分這種種職務的趨勢。資本家就是一般股東，Stockholders，債劵所有人 Bondholders，事業的債權人Business creditor的一個團體；管理家是俸給人員的一個團體；而一般企業家Entrepreneurs，照名詞的局部意義講來，就是一般股東。純粹的利潤在一部分股息Dividend之內，這種股息就是超過已繳資本 Paid-up capital上的時息current interest的。

見克勒克與登合著之近代分配程序Modern Distributive Process中三九頁——近代大多數的教本之中，都是取公司組織用做同樣的說明。

工業中的種種大變革，歸納起來成爲由個人的或合夥的企業家而進於公司形式的轉變，已漸漸的來了。主張業務管理原理 Business management theory的人，必須碰到這些事實，因爲自從瓦克爾 Walker和馬希爾Marshall定出利潤的管理原理 Management theory of profits以來，公司形式當時就漸漸的重要。瓦克爾 Walker認爲公司組織顯然是一種無足重要的發展，他將股東的利潤，解釋爲業務才能的一種單純利用。在經濟季刊QuarterlyJournal of Economics「地租學說與工資的剩餘要求原理」Doctrine of Rent and the Residual claimant theory of wages 一文中，他曾說：

「變態的利潤 Disguised Profits也歸入許多公司的股息之中，這些公司都具有幸運，高見和好感，將有極高業務才能，天生工業領袖的一般人留爲經理，這般人因爲優渥的待遇和高級的俸金（這都是協同工作中習慣或誇耀的勢力。）總想久留不去，即就是他們達到一種聲望：如果他們自已獨立而爲製造家的時候，足有控制現狀的能力」。——見杜威氏Dewey所輯苑克爾的討論Walker'sdiscusions第一卷四二七頁——

馬希爾Marshall也知道這種事實：在公司組織裏面，存着一種正式的利潤分配，和「管理報酬」Earnings of management的限度兩不相符。關於管理報酬方面，他承認管理工作各部分的一種新分配，不過關於這些報酬擴張的種種可能，他却抱着灰色的懷疑態度。分明的，只因爲他對於公司形式的組織的將來發展抱着懷疑的態度，才使得他認定業務管理原理Business management theory 是這類事實的適當解釋。

利潤原理的歷史，如果上述的正確，並不是以經濟分析上正確程度的增加來決定，乃是決定於工業的和信用的大改變，這些改變是隨時轉移出產品的所有權的。眞正重要的歷史問題，是：在一定情形之下，利潤究竟歸誰？不是：企業家幹什麼去獲得利潤？當到那種情形之下，業務才能常足以獲得利潤的時候，利潤是業務才能的報酬的一種原理，就會產生出來；又當所有權落於「活動資本」Active Capital的時候，一般冒險原理Theories of Risk-bearing也就會成立。

實際的說來，兩者任一原理的形式，即就是當做利潤歸屬的一種陳述，總不是單獨的可以實用。在那些工業之中，大資本，固定資本，和有價值的譽產Goodwill是常見的，冒險原理Risk theory比較的適合事實。但在其他的工業，小資本，流通資本和比較不重要的譽產Goodwill佔勢力的，業務管理原理Theory of Business management 較切於事實。還有一點，必須承認的，就是：在大多數的情形之中，這兩種原理的混合，却比各自單獨的來得好。（完）

交通研究

載客飛機之設備（續）

劉貽瑜

雖然流通空氣的設備，是已經計劃好了；然而，窗子還是要能夠隨意開關，以便乘客，窗子有兩種裝置：（甲），樞紐式的；（乙），滑動式的。後者比較適用些，因爲不至受空中狂烈的風力而吹動。窗子安置得講究，還有一種好處：就是是喜歡頭暈的旅客，可以眺望下面的風景，吸受些涼爽新鮮的空氣，不至十分難受。坐位和窗戶是有聯帶關係的，因坐位裝置得好，可以很舒服地『坐游』，不至於因爲俯覽地面的風景，而時時立起來高度表，時計，速度表，溫度表，皆是不可少的陳設。有些公司並且預備空中航線圖。

防止旅客昏暈最簡單的法子；（一）空氣流通；（二）設法使旅客的心上有著落，不至無一種寄託；（三）要有純熟的駕駛技術，免除或者減少飛行時的振盪。

稍爲大一點的飛機、就設有大小便所的設備。所謂「衛生的廁所」，是今日時髦的裝置。不僅僅有一个洋式便桶而已，要有消毒的設備，和吸收鮮氣，排除臭氣的氣管。一个小面盆也是必需的。（未完）

編者園地

劉泮珠先生，精研經濟。爲本刊草「海外華僑之經濟勢力」一文，值得介紹。

承諸同學踴躍投稿，不勝感謝之至；惟以篇幅關係，一期上登不了許多，容當分期陸續發表。

交通研究一欄，在本刊中佔重要地位，希望同學常常賜稿。

本刊形式及內容兩方面，均不惜努力刷新。一切批評，均所歡迎。

惠稿請交新宿舍一一三號劉貽瑜。

上海交通大學經濟學會編行
中華民國十九年十月十三日
第二十三期
零售每份大洋一分
每逢星期一出版

論著

海外華僑之經濟勢力（續）

（劉泮珠編述）

華僑在貿易及商業之地位，與農業一樣的有勢力，並且根基很鞏固，以致使馬來半島之土人不能起任何的野心。他們都是乘着外國人不能忍受酷熱的機會，於是華僑就在各方面活動。尤其是在當地生長的華僑，他們多數都佔有白楊茶，砂糖，橡皮樹的種植地，在財力上均有相當的勢力。至東瓜哇之砂糖工業，也同暹羅一樣被華僑所獨占。因此當地的華僑，便成了商業的中心，就是小賣買中的人，亦多屬華僑掌握。且如荷蘭商人之輸出輸入貿易與土人生產消費賣買之介紹人。其擁有資本者，多直接貿易，以與荷蘭人競爭於商場之上。

華僑之勢力

以上所述，不過為華僑之大概。關於海峽殖民地，英領印度，澳洲等地華僑的狀況，可以說是大同小異。總觀以上所述，便可明瞭華僑是有一種堅忍不拔之精神。能夠耐勞而發揮其偉大的生活力，使其地位蒸蒸向上。

交趾支那，暹羅，南洋的華僑，不僅握當地經濟上之實權，且為當地財政上之重鎮。卒能在僑居地方建設雄厚的勢力。不僅如此，就是對祖國，實亦有相當的勢力。華僑之對於祖國，不但有經濟上的勢力，並且由經濟而及於政治，例如孫中山先生當提倡革命時一切資金，多由南洋海峽殖民地之華僑供給。最近國民革命軍之北伐等費。亦間有由華僑捐助而來的。他若五卅事件之上海總能工罷市之資金，大部亦由華僑之寄贈，這不過舉其大者。他若供養亡命的政客，則亦有所聞。總之，中國革命的後盾，所賴於華僑者很多。

華僑在祖國經濟上之勢力，現在除開經成功回國而在財政界之活勢者，姑置不論，即在海外貿易上，他們實在有很顯著之成績。例如本國製造品之輸出，食物如酒類，器具之輸供，皆由海外華僑一手經營。至華僑對祖國經濟上之供獻，其最著者，為匯款。華僑莫不以其賺得之貯金，以供家用，為數異常可驚，故每當陰歷年底，常因華僑匯款而引起銀行之大變勢。其每年匯款總數，雖無正確統計，然據墨耳斯氏之推算，每年計自五千五百萬至一億五千萬兩云。至由各地匯回之數，約計如下：

本期要目

論著
海外華僑之經濟勢力 劉泮珠
工廠位置和牠的經濟環境 袁寶棟
倫敦紐約銀價與孟買銀價的關係 黃寶桐
演講
今日中國之田賦問題 馬寅初
交通研究
載客飛機之設備 劉貽瑜

印刷者 華僑印務局

地名	最少	最多(百萬兩)
米國加奈大	一、四〇〇	三、八〇〇
檀香山	一五〇	三二五
中美與南美	二〇〇	五〇〇
奧洲	五〇〇	一、〇〇〇
日本	一五〇	二七五
西伯利亞、朝鮮	一五〇	二〇〇
菲力濱	三〇〇	四〇〇
法領安南	五〇〇	一、五〇〇
新加坡、馬萊半島、蘭領印度、暹羅	一、七〇〇	三、五〇〇
英領印度	二五〇	一、〇〇〇
台灣	二〇〇	五〇〇
合計	五、五〇〇	一、三〇〇

中國國際經濟上之地位，其在貿易以外的收支姑置不論，據由同治三年至民國十五年之六十餘年間之海關貿易表所載，平均每年入超七千餘萬兩。如將此長時期間之入超額計算，華僑之滙款，當占其中之大部。並且中國之在國際貿易上之決算，所負外債甚多，華僑之滙款，最少限度，不能不認爲與外債有相當利益。中國因連年軍閥互爭之結果，以致產業不振，更無餘暇來做福國利民之事；其國際的經濟之得以維持，實多賴華僑之力，蓋中國若無華僑，不僅財政上破產，卽國際經濟當亦隨之破產。

華僑在中國的政治經濟上，既占如此重要的地位，然則由華僑之消長，可以決定中國前途之盛衰。查華僑之勢力與其成功，完全由於生活上能夠耐苦，勞働上能夠勤勉，能夠發揮其天賦之貯財性，與四海爲家之偉大努力而得。至五色國旗與青天白日旗與彼等並無保障，換言之，他們並不是以國家爲其活力之背景。

目下所顧慮的，就是在美國地方，自從該國頒佈移民法以來，對所有黃色人種之入國，則極力排斥——尤其是對於華工之入境，採取了嚴格的禁止，這一點是給華僑以莫大的打擊。

其他各地之對待華僑，則加以嚴重的人頭稅以抑止華僑之增加，也都是能夠給華僑以損害。至於其他富有天然資源而缺乏勞動的未開地方，對於有勤勉特性之中國人的入國，不獨不禁止，反加以歡迎，這些都不過是一種利用時期而已。等到資源已經開發，統治國一切企業已經成爲資本化，能夠使其企業稱霸的時候，於是對於中國人之存在，不獨不必要，而且加以仇視，他們更以爲華僑能夠勤勉勞動之結果，有使本來在本地定住之住民發生謀生無術之危險。例如在交趾支那一帶之華僑，因爲在經濟勢力夠能壟斷，於是法國政府祇好假藉侵害土人生活，及妨礙法領支那印度之統治，等等口實，對於華僑慘淡經營之事業，不惜加以種種摧殘和剝奪。此等華僑在平時對國家背景素所薄弱，鄉黨觀念又太深，所以全體團結素不注重，更加以祖國政府，對僑民保護，漠不關心；處此寄人籬下之環境中，於是祇有任人宰割而不能反抗，總之華僑的前途，決非平坦，茫茫前途，患難正多。爲維持華僑現在與未來地位起見，現在所最急要的是希望華僑能夠自動的覺悟，大家團結，同時更望黨治下的政府尤應在外交上，能予華僑以充分的保護，此不獨華僑之幸，抑亦中國前途之幸事也(完)

工廠位置和牠的經濟環境（續）

袁寶棟

▲經濟環境中的次要原素

原料是工廠製造的材料，市塲是工廠銷售的地方，工人和原動力是幫着工廠製造的；所以能引起我們的注意，仔細的推求，竟做了我們選擇工廠位置的標準，已如上述。但是工廠位置的環境，還可以受他種原素的利用。利用這個環境，變得格外好一點，格外適宜一點，格外經濟一點，成一個無美不收，無善不備的好地力；做一個工廠的環境。

次要原素，就是進一步的推求，利用環境的結果。但是次要原素，非常的多，非常的複雜，因爲工廠性質和製造的不同，所以發生不同的需要。下面說的，不過是狠普動的幾種。

(一)交通　交通的便利，處處受到利益，尤其在工廠方面，更覺到重要，因爲市[illegible]面，都受[illegible]面已經說過。

(二)氣候　氣候却影響到工人的功效。酷熱的時候，工人懶於作工，希望得到休息。寒冷的天氣，工人却又不能儘量的工作，功效也就減少。空氣的燥溼，都不宜於工廠裏面的製造，因爲牠能影響到製造品的質量。適宜的氣候，不能不注意的，但是人力的供給氣候，比天然的容易調和，不過消耗大些。

(三)銀行　財政是工廠裏面一個重要問題。現金的流轉，是隨着工廠營業上的需要變動的，工廠營業有好壞的時候，現金的流轉就有快慢的現象。換一句話說，現金需要的數量，是不能一定的；有些時候多，有些時候少，所以現金的供給，不能沒有伸縮性。銀行是幫着工廠財政的，尤是其在供給方面，有伸縮的可[illegible]。因爲銀行重要的營業，放款，存款和放款，就給工廠財政方面無窮的便利。現在銀行和信託公司，可以說是工廠財政上的代理人，牠們的關係多麼密切呢!?

(四)租金和租稅　租金和租稅，是工廠消耗的一部分，却影響到製造的成本。租稅是工廠應當繳納的，并且不能避免的。租金是工廠用土地和房屋，應當付出的代價，也是不能不付的。但是各個地方工商業

週聞簡報

黄恭儀

京滬路取消特別快車在鎮江旗站之停靠。仍擬恢復以前狀態，並有定於十月十一日起實行之說。

全國人口統計，將達五萬萬。內部近據遼吉等十四省報告，確達二萬五千餘萬。全國總數。超出四萬萬以上。已可斷言。

進口新稅則，在立法院財政委員會審查中。

東鐵允撥四萬二千元爲特區長官公署協款。

北寧路已通，徐汴交通恢復，天津德州間亦於五日開始通車。平石車停開，傳係晉軍折毀。

財部籌發戰區急賑，聞內定爲三百萬元。

財部令總稅務司籌設威海衞分關。

隴海路工程師任免發生糾紛。

無錫絲廠一致停業。因銷絲呆滯，各廠已陷絕境，呈請政府撥款以資救濟。

蘇錫等六縣錢業公會，提議請以二月一日至翌年一月末日爲商業會計年度。

甘末爾設計委員會稅收政策意見書發表。

京滬滬杭甬兩路局飭擬整理取締車輛入站辦法。

世界聞名之英國 R101 大飛船，在空中失事，死傷數十人，爲航空界自有歷史以來之大慘劇。

出，數目上也[illegible]如上海罷，外人租借地的租金和租稅，(是一種規費的性質，)比華界就高得多。爲減輕成本上消耗起見，我們的工廠，要設立在租金和租稅低廉的地方。

(五)法律的限制　工廠設立的地方，不能妨害到民衆的安全，但是民衆在可能範圍內，能夠限制工廠的設立。例如煤氣廠，不能接近市民居住的地方，因爲牠的爆發性狠大；上海的煤氣廠，在設立的時候，是距離城市狠遠的，不過現在的發展，纔把牠包圍到中心去。法律的限制，關係到工廠的存在，我們在一定要注意到工廠的設立，應當在法律限制比較寬鬆的地方。

(六)保險費　因爲預防財產損失起見，所以將財產保險。火險是絕大的損失，預防方法，在工廠方面，設備充分的救火器具；在地方政府下面，救火器具和制度組織的完備，都影響到保險費高低。這種費用，和租金等費用一樣，是工廠絕大

[illegible]當選擇保險費低廉的地方，務使工廠的位置。

(七)修理工廠　關於修理方面，大規謀的工廠自己有修理的地方，不過小規謀的工廠，却不顧及到修理工廠的接近；因爲自已設備，消耗太大，距離太遠罷，搬運又不方便，并且工廠機器的損壞，又是不能免除事實。

▲鄉村，城市，和近郊的比較

工廠位置是需要適宜的經濟環境。經濟環境的要素，首要的次要的，和工廠位置的關係，非常的密切，也非常的重要。但是我們曉得一個地方的經濟的環境，包含的原素，不能夠完全的。所以在選擇方面又發生了問題，鄉村，城市，近郊，究竟那一處適宜呢？這是我們討論的地方。

(一)鄉村　鄉村的優點，雖然說是狠少，對於工廠，却狠重要。牠供給我們的土地廣大，并且租金低廉，法律的限制比較上寬鬆，都給了不少的利益。可是工人的供給，就發生了問題。技巧的工人不多并且僱用的工人，多是長期，絲毫沒有一點伸縮性。鄉村距離市場太遠，并且不能接近原動力和修理工廠，都是牠的壞處。但是能夠得到運輸上的便利，可以解除一部分的困難。

(二)城市　城市中的生活程度，比較高些，工人的工資，比較貴些，但是在供給方面，却狠充分。接近市場，原動力，和修理工廠，尤其是幫着料理財政的銀行，相距不遠，得到不少的便利。牠的劣點，却是消耗太大，和法律限制太嚴。

(三)近郊　大商埠或大城市的近郊，是把鄉村和城市溶化成一爐的地方，能夠包含牠們的優點，免除牠們的弱點。并且是把經濟環境中原素，首要的和次要的，都包含在內，至少是包含一大部分，所以近郊是設立工廠的一個好地方。工商業中心的城市，能夠發達到達到極點，就是這個原故。

上面說的，是按一種普動情形，在經濟狀况紊亂的國家，又當別論。現在把上面的話歸納一下，權作一個結論。工廠不是可以任意設立在任何地方的，要注意牠的環境。經濟環境中的要素，和工廠位置，關係狠密切，并且非常的重要，因爲牠們能影響到工廠的存在。城市中，是適宜於小規謀生產者，鄉村是大工廠設立的地方，同時我們不要忘却最好的地方，城市的近郊。

★　★　★

倫敦紐約銀價與孟買銀價的關係

黃寶桐

世界最大之銀市場，爲英之倫敦，美之紐約，印之孟買，英因國際貿易特盛，故執全世界國外滙兌之牛耳，豈特銀市而已矣，美爲產銀之區，印刷銷銀最廣，(注意，此爲過去事實，今已改易爲金本位制，蓋印度在三十七年以前，即一八九三年即已廢止銀本位制，四年以前，於一九二六年，彼復由金滙兌本位制而改用金塊本位制，並

決議逐漸出售其由融解羅比所得之過剩存銀，故今日銀價暴跌，印度改易幣制態度，亦一重大原因也，但於其未正式實行金本位時，其需銀之量，進胃頗濃，據耿愛德報告，印度現在存銀約有四三〇〇〇〇〇〇〇〇盎司，中國雖爲用銀之國，而用銀程度，僅及印之四分之一也，由此觀之，銀在印度銷路之廣，有不可言喩者，）故國際間計算匯兌銀價等，莫不根據以上三處市況而定奪，而以上三處亦互爲相維相繫，玆將其計算法，詳論如下：

(一)以紐約銀價爲標準計算孟買生銀市價

孟買標準生銀之成色爲千分之九九八，重量爲一百託拉，（一百託拉合三七、五盎斯）故該標準銀計合純銀三七、四二五盎斯。

37.5盎斯×0.998＝37.425盎斯

而紐約標準生銀之成色，爲千分之九九九，今如以孟買標準生銀取至紐約市場，而此値三七、四二五盎斯之孟買標準銀，遂成爲値三七、四六盎斯的紐約標準銀矣，算式如左：

∵印度生銀含純銀37.425 oz

$$\therefore \frac{37.425}{0.999} = 37.462\text{盎斯}$$

∴孟買銀合紐約銀爲37.62盎斯

如十月一日 紐約銀價每盎斯爲三角五分八七五，則孟價生銀之比價爲：拾三元四角三分八厘七七五（美金）

∵紐約每 爲$0.35875G

∴印度銀値美金37.46×0,35785＝$13,43775G

今若以美金十三元四角三分八厘七七五，（卽印度標準銀値美金的價格）以印幣羅比表示之，則約合三十六，九五六六三一二五羅比，

∴美印滙價爲$100G(美)＝275羅比(印)(注意，此數係假定的)

$$\therefore \$13.438775 \times \frac{275}{100} = 36.95663125\text{羅比，或約爲37羅比，}$$

故孟買生銀市價爲三十六羅比又九五六六三（紐約孟買間之現金輸送之費用尚未在內）

由上例我人可得一永久公式，以計算孟買生銀市價，其式如左：

紐約銀價對於孟買銀價之比價＝37.462×紐約銀價×美印匯價、

(二)以紐約銀價爲標準由英美滙價及英印滙價而計算孟買生銀市價

本節爲補救如無美印直接滙價起見，而轉由倫敦對美對印匯價而計算，亦一簡單法也，

∴印度銀旣値美金$13.438775G

∵英美匯價爲$4.85(假定)

$$\therefore \frac{13.438775}{4.85} = 2.77\text{(鎊)或爲664.8G（便士）}$$

又設英印匯兌價格爲1先令6便士

$$\therefore \frac{664.8\text{便士}}{18\text{便士}} = 36.94\text{羅比 或約爲37羅比}$$

由上例我人卽無美印直接匯價，亦可簡接求得孟買生銀市價，其永久公式如下：

紐約銀價對於孟買銀價之比價

$$= \frac{37.462 \times \text{紐約銀價} \times 240}{\text{英美匯價} \times \text{英印匯價}}$$

(三)以倫敦銀價爲標準計算孟買生銀市價

我們固已知孟買標準銀，計含純銀三七，四二五盎斯，而倫敦標準生銀之成色爲千分之九二五，今如以孟買標準生銀取至倫敦市場，而此値三七，四二五盎斯之孟買標準銀，遂成爲値四〇，四六盎斯的倫敦標準銀矣，算式如左，

∵印度銀含37.425盎斯純銀

$$\therefore \frac{37.425}{0.925} = 40.46\text{(孟買銀合倫敦銀)}$$

如十月一日倫敦銀價每盎斯爲十六便士六二五，則孟買生銀之比價，爲

∵倫敦每盎斯爲16.625便士

∴印度銀値英金 40.46×16.625

＝672.6475便士

又設英印匯價爲1先令6便士

$$\therefore \frac{672.645}{18} = 37.3\text{羅比}$$

玆將其公式錄之如左：

倫敦銀價對於孟買銀價之比價

$$= 40.46 \times \frac{\text{倫敦銀價}}{\text{英印匯價}}$$

綜觀以上三公式，均甚簡易，且第二公式卽由第一公式而來，第三公式與第一公式亦頗相似，此三種公

徵求本刊

本刊第二十一，二十二兩期，印行較少，不敷分配。外界紛紛來函索取，實在無法應命。同學中有願將本刊該兩期割愛者，請擲交執信西齋樊正渠君，不勝感謝之至！

式極易推算，故無須強爲記憶也，讀者對以上任何某公式，可舉一反三根據代數遷項原理，既知XY可得Z，如知ZY則可知X，故不必再化此公式而成多數式子。

★ ★ ★

演講

今日中國之田賦問題

馬寅初講
廢名筆記

此文未經馬先生親自校閱。廢名註。

田賦之種類

兩三千年以來，田賦是中國收入之大宗。它的範圍極廣，包括著四種來源：(一)地丁；(二)漕糧；(三)屯糧；(四)租課。

△地丁 賦出于地。役出于丁。實在就是人頭稅。因爲人頭稅的性質，是按人抽稅；所以調查戶口時，老百姓總是以多報少，希圖逃稅。(清康熙時，朝廷覺得人口久不增加，頗爲奇怪。密加調查，才知道人口的確增多；不過以多報少，遂得不到眞確的統計，因此有『人口滋生，永不加賦』之論。意思是賦可以少收，人口萬不可以少報。)地丁本是分收。雍正時，才取消丁稅，歸入田賦。

△漕糧 漕糧是甚麼性質呢？因爲中國向來建都北方，北方不產米，米要從南方往北運，因有所謂漕運。(運河卽是漕運的要道。)米運到北方以後，屯在倉內，以備王室之用、八旗之餉。由南到北，沿途設置官吏，開支極大，而且時有遺失之弊。因改折銀錢，每斗三角，是爲折色。江浙兩省例外，還要送米一百萬石到北京去，一直到民國元年，江浙才改漕運爲折色。不過就是前清，也還留一部米糧在南京，供給綠營。糟糧改折色後，亦歸入田賦。(因各地銀兩數量單位之不一，有耗羡之貼補，而主其事者，卽得藉以舞弊。)

△屯糧 明代在各地置衛所，用以屯兵。衛所有屯田，屯田之租卽作屯兵之糧。及清雍正朝，廢衛所，撤屯兵，屯田之租也歸入田賦。

△租課 租者，由合同之關係，以田租與佃者，而令其每年納租也。課的種類也很多。如蘆課，有蘆之處卽須納課。現在租課都歸入田賦。

定稅之標準

如何定田賦，其標準又奚若？昔者以地價(Value)定租額，而他價則依其純收入而定。假設有一塊田地，二十年間平均之每年收益爲十元，而當時利率爲一分。以一分除十元，則可定此地之價爲一百元。此卽所謂資本化的地價，(Capitalized Value)(但若當時土地之需要孔殷，則地價或因之抬高。抬高之價格爲市價。而地價還是應該依收益計算。)

田賦紊亂之原因

明萬歷時，張江陵分田地爲三等九則。(上上，上中，上下；中上，中中，中下；下上，下中，下下。)直到現在未曾變更，以至田賦紊亂不堪。撥其原因有：

(一) 年代久遠，或因陵谷變遷，或因市廛發達，上上之地或已變爲下下，而下下者或已變爲上上矣，但稅收如故也。其不公平，不言可喩。

(二) 甚或田地變遷，有有稅而無地者，(如原爲田地，爲水所淹，不能耕種。)亦有有地而無稅者，(如河中漲沙等等。)除此二大原因外，尙有次要原因：

(三)『飛灑』，假設有一地主，已成絕戶，但是每年還要納租。同時另一地主，因自己地稅甚重，思欲減租，因向吏胥私自接洽。吏胥可以把重稅的一部分，移給絕戶，而自己得些微微好處，這是飛過去的。還有飛過來的。如有沙田漲出，土豪佔領已久，恐官廳向之升課，因向吏胥接洽，吏胥可以設法使負担重稅的地主，移一部分到沙田。官廳若要沙田升課，則有串單，可以爲已納課之證據，所以南地北串，北地南串，爲常有之現象。

（四）又如有王某有地一段，賣與李某，李某多付若干價錢，使糧串仍由王某納付。後來李某又賣與張某，張某又轉賣與陳某。如果王某（原地主）死去，或離鄉遠行，租課卽無人付納。此時陳某（現地主）有地而不納稅，又無人代之納稅，國家收入因之受損。此種情形，福建最多。

（五）中國土地界線不明，每以四至爲標準。（如東至某姓，西至某姓云云。）以至產業如果易其主人，則四至卽無從劃清，而失其納稅之根據。

補救之辦法

田地的所有權既不清楚，稅收自然紊亂。唯一的補救辦法，就是丈量。全國的土地，須一律經過丈量而登記。有不登記者，則法律不予以保護。如此，無一地主不敢不登記，稅收自然增加。不過，舉行丈量，有二大困難：一，經費；二，人才。所以，在丈量之先，必需計劃此二者。

立法院頒布的土地法，主張土地農有，是兼採各國之長而訂出的，在世界允稱首屈一指。不過，施行起來，有種種困難之處，所以一時恐難以實現。

土地法之目的，既在耕者有其田，所以想用種種方法，叫貧農能夠買田。此種方法，大致有二：

（甲）征收收益，壓低地價，叫貧農有購地之可能性。如浙江之二五減租是。

（乙）開設農民銀行，使農民可以抵借。

耕者有其田，其最大之利益，在改進農產品。因耕者生活固定，不虞解僱，不虞田爲人奪，則能專心于地力之培養，產品之改進。

（完）

載客飛機之設備（續）

劉貽瑜

飛機行動時的響聲極大，使神經稍微衰弱的旅客，就覺得討厭、這種聲浪，雖不能完全免除；可是，在可能範圍之內，是想逐漸減少這種聲浪的。這聲浪的來源有二，一是機器的轉動聲，一是板壁的振動聲。在板壁之內，採用聲浪隔絕的設計，多少可以奏點效力。如此，室內乘客談話的時候，不至彼此充耳不聞了。聽說這種能以隔絕聲浪的板壁，普通是每方呎重一磅又四分之一呢。

進出的門，是一個困難的問題。在飛機出事的時候，門口總是擠得行人逃不出來。（卽使「文明國」人，到了這種時候，也難有 Line up的精神了。只好在設置上，特別研究。）臨時用的太平門，多半開在頂上。這樣，不幸掉在水上的時候，人們還可以趕快從頂上爬出。所以，因爲有時不幸要落在水裏，機身四旁的門縫，一定要非常嚴密，不要透水才好。如此，機身始可暫不沉下。水上的飛機，頂好能把坐褥做成氣墊，危急的時候，可當救生圈用。

行李架上，只能載些帽子，大衣，和沒有甚麼重量的小匣子。稍爲大的行李，一定要放到特設的行李間去。行李間內，所有的行李一定要牢牢地繫在架上，以免因機身振動而翻騰。

窗上的玻璃，總要有相當的厚，以免常常破損。最薄的玻璃，要十六分之三吋厚。大的窗子，是可以當太平門用的，於瀏覽風景，也便利些。可是，窗子太大了，第一，常常使玻璃破損；第二，需要較厚的玻璃；第三，妨礙減少聲浪的設計。所以，窗子不可過大，也不可過小。

下落傘：本是空中唯一護身的法寶。不過，使用起來，也有一些困難：第一，是使用的方法，難以教會乘客；第二，對於乘客是非常累墜的，尤其對於婦女。實在說起來，普通便利行旅的飛機，如果在空中闖下禍來，它飛行的高度，足以叫人無法運用下落傘。因爲它離地甚近，落下一定極快。在這一刹那的時間內，乘客連逃出飛機的工夫都沒有。然而，國外好些專家，還是在極力主張用下落傘。一方面，研究改良下落傘的大小和用法。如此，有備無患，胆小的乘客，也許要安點心。

在國外，裝璜漂亮，髹漆乾淨，也是一種引起顧客對於航行公司的信任心的方法。內部整齊而且清潔，使顧客相信這個飛機的種種，都絲毫不含糊的。窗子一定要有簾子，因欲免除光線太烈的緣故。而且有時胆小的乘客，每因窗上無簾子，偶而俯視地面，生出戰栗的心思。許多飛機公司喜歡用皮革一類的東西做位子和牆壁。地板上，則舖以油布。這都是爲了容易洗刷乾淨的緣故。

調節艙內的溫度，和流通空氣，有同樣的重要。據說：在冬天每人應有七百到一千立方呎的空氣；在夏天，則一千五百到一千八百立方呎才夠。法國航空公司聯合會，主張空氣流通的速度，在華氏六十度時，每秒鐘不能過於六呎。如果溫度高些，則空氣流得快些也不妨。還有，進來的空氣，要平均分配到艙內才好。至於汽油和揮發油的氣味，萬萬不能讓它進來；否則，要容易使人頭暈的。

至於艙內的溫度呢，則熱水管，電爐都被採用過的。結果，都不甚高妙，還是熱蒸汽好些。如果採用熱蒸汽，有兩種方法：一種是把熱氣散佈在室內，一種是散佈在管內。後者比較爲適用些。管子一定要安置在乘客足下，以免他們的腿部受冷。溫度調節的機關，也要公開，使乘客便於啓閉才好。

「夜行機」，現在已數見不鮮了。德國和美國，多採用能以放下的椅子。（白天坐，晚上睡。）計劃夜行機唯一的難題是地位問題，經過詳細的研究之後，感覺到一個牀舖，要佔到兩個坐位的地方。因爲夜航發達的原因，即使放大機身來容納牀舖，也是值得的。（完）

（注）此文取材於 Black, Transport Aviation, 1929版

美國鐵路一小時內之工作

（綺）

美國爲世界鐵路最發達之國家。近據美國鐵路新誌社調查一九二九年美國鐵路一小時內平均所做工作如下。其數量蓋可驚也。

一、每小時行車收入七一六，八四〇元。

二、每小時行車支用五一四，三八六元。

三、每小時付工資三三〇，六一二元。

四、每小時付各項稅款四五，二八八元。

五、每小時所裝整車，六，〇二六車。

六、每小時乘車者，八八，九三二人。

去年全國對外貿易

（補白）

十八年上海及各埠對外貿易，均受戰事影響，而未能充分發展，茲據海關及各國商務署發表之統計，彙集報告如下：上海全年輸入貿易總額，約計六億兩，較上年約增五千五百萬兩，輸出總額，計一億八千萬兩，約增一千七百萬兩，其他大連輸入各一億二千萬兩，約增三百萬兩，輸出爲一億八千五百萬兩，減少四百餘萬兩，天津輸入一億三百萬兩，約減少一千萬兩，輸出七千四百萬兩，約減少八百萬兩，青島輸入五千二百萬兩，增加一千五百萬兩輸出二千五百萬兩，約減少一百萬兩，總計各大商港，輸入貿易總數，爲十二億六千萬兩，輸出總數，爲九億九千二百萬兩合計輸出入總數，爲二十二億五千二百萬兩，與上年比較，輸入增加六千四百萬兩，約佔五分成數，輸出僅增加一百萬兩。

上海交通大學經濟學會編行
中華民國十九年十月二十日

經濟週刊

黎照寰題
零售每份大洋一分　第二十四期　每逢星期一出版

論著

利潤左右生產之勢力

（王烈望）

在資本主義和私有財產制度之下，利潤已成爲營業唯一的原動力了，營業的努力，是爲了得利，生產不過是達到那種目的的方法。凡是生產的種類和數量，都要經過利潤預期的決定。如果多製汽車可以多賺錢，那企業家使多多的去從事於製造汽車了。如果多做家用器具，可以多賺錢，他們就棄彼而趨此了。所以生產是跟着利潤預期跑的。

預期的利潤，有時也不能實現，或竟至相反；但是預期一經確定，生產的程序，就會受了牠的支配。預期是根據於推測和估計而來的，如果推測和估計發現了錯誤，那確定的預期，非重行把牠糾正或修改不可。改正了的利潤預期，便接着支配了新的生產程序，簡單地說，今天所預期的利潤，支配今天的生產程序，但是到了明天，因爲今天所預定的計劃，還有不妥的地方，須得糾正或修改一下，那末生產的程序，也不得不隨之而改正。利潤預期對於財貨生產的具體的影響，可以從生產上主要的變動研究出來。這種變動，可以分爲長期，循環，定期，和不規則四種。茲將利潤對於此每一種的影響分述如次：

（一）生產長期的變動　最近五十年內生產的總數，有固定的增加趨向，平均每一種出產品的發加率，每年約爲百分之二。這種生產量的增加，確係受了利潤預期的指揮。所以資本主義的擁護者常常誇口說：「利潤是超過其他一切的生產制度，因其爲利潤而出產的貨物量，比歷史上無論那一種的營業制度所出產的要多些。」在這空前的物質的富庶和幸運看起來，我們當然要歸功於利潤的神聖及其偉大的力量，但是從科學的立場看起來，我們却不能同意於利潤的崇拜。我們所承認的，只有利潤使每種財貨增加的事實。至於利潤預期的勢力是否將這樣繼續其生命，是否比其他支配生產的方法優越，和是否是永久的不可少的及生產目的的最好計畫，都是可以辨難的問題。但是不在本文範圍之內，只好另作別論。我們此處惟一的關鍵，是歷史上的事實，——生產長期變動的趨向，在利潤預期的勢力之下，表示生產量有顯明的增加。至於利潤操縱生產的現象是這樣：把利潤希望很

本期要目

論著
利潤左右生產之勢力　王烈望
調查
英格蘭銀行　唐慶永
演講
列車調度之效能　鄭寶照
金貴銀賤問題　諸青來
交通研究
膠路站台之研究　王伯玉

印刷者、華僑印務局

大的事業，迅速地鼓勵起來，利潤平常的事業增加率，使之緩慢，可是對於沒有相當利潤的事業，就要把牠減削了。

（二）生產循環的變動　生產的週轉是商業循環的問題，詳細的討論，非此處所能及。生產循環的次序，也是受利潤的形式上的支配。當商業上有很明顯的利潤的時候，一般的生產事業，就有興旺的樣子；反之，當利潤形勢曖昧的時候，一般的生產事業，就現出衰落的樣子。所以生產的循環，是為利潤的循環所支配的。如果今年的生產比上年少了百分之十，因為今年利潤的希望黯淡了的緣故；如果今年的生產比上年多百分之十，因為利潤希望光大的緣故。利潤的循環，實比生產循環廣大的多。在一九一七年資本賺率大概百分之二五的地方，在一九二一年只有百分之三四了。前者的定率比後者差不多大了八倍，但是物質上的生產量，前者較後者僅大了十分之一的光景，所以生產變動的範圍，實較利潤為狹。生產與利潤相互變動的大小，隨各種實業而不同，既無一律可見，也沒有固定的關係。金融的週轉支配貨物的週轉，在乎每種實業的單獨性質及其方向，而且因每種貨物的情形而異其限度。但無論其性質怎樣，限度怎樣，近今的統計和往復的經驗，很明白的告訴我們，利潤的尋求，支配了生產的循環。

（三）生產定期的變動　多數的實業，顯出一種生產定期的變動。定期生產去適應定期的市場，必定有利潤的報酬的。但是這種定期生產，並不是固定的，或不得不如此的。許多實業家已經斷定他們能以近今管理方法，進行長年的生產去適應定期的市場。這一種變更，是因為從營業上發現了連續生產的新政策，可以得到更優越的利潤。不過定期生產總是定期的，除非有連續生產可以得較多利潤的機會。如果消除定期生產較為有利，則定期生產就會因此而不見。所以定期生產也是受了利潤的支配。

（四）生產不規則的變動　這一種變動也是一樣地跟着利潤而表現，例如定開戰之結果，船舶石炭之需要驟增，因天災地變而米價暴騰，一般投機家都將起來營此種需要極強之事業，以期博得巨大的利潤。為了這一種博利的動機，生產界就會起一種不規則的變動。

綜之，天下攘攘，皆為利往，天下熙熙，皆為利來。利者誠為近今營業所求之中點，而亦為營業之神經系也。故欲明了資本主義社會經濟生活之內部性質，非了解利潤在營業中之重要不可。

★ ★ ★

調查

英格蘭銀行

唐慶永

小引

今日世界經濟組織的原動力，實全系於英美，而英美經濟的澎漲力，實緣於各金融機關之發達，及調度之有方。蓋所謂經濟的社會，統言之，不外銀行，信託公司，證券交易所，及其他大實業機關為其骨幹。所以談到英國的經濟社會，當然以英格蘭銀行 Bank of England英國之中央銀行為全國經濟界之主力。

英格蘭銀行的建築外觀

英格蘭銀行地處倫敦隆拜街 Lambard Street，隆拜街與美國之華兒街 Wall Stuer 性質相同，為各金融機關會集之區。街道狹小，亦不甚清潔。猶憶作者赴該行參觀時，走遍隆拜街竟不能得一世界著名之英格蘭銀行。蓋以為該行之建築，必魁梧奇偉，與美國之紐約聯合準備銀行之高大相同。不意該行破舊不堪，牆壁灰黃，令人見之昏昏欲睡。牆上假窗甚多，係雕成窗形，實則並不通風。大門祇一，亦舊極。銀行之全體，形如古堡。內中空氣之不流通，光線之薄弱，可想而知！（其一部分正在改建，拆除者甚多。另有借貨部，與舊屋相近，爲新建築者，較爲美好。）蓋英格蘭銀行之設立頗早，其建築自不能與新國家——美國之聯合準備銀行相比擬也。

英格蘭銀行過去的歷史

英格蘭銀行爲英國金融市場之核心，亦爲倫敦匯劃總會十大會員之一，茲列十大會員之名於后：

(1) Barclay Bank, Ltd.

(2) Lloyds Bank, Ltd.

(3) Midland Bank, Ltd.

(4) National provincial Bank Ltd.

(5) Westminster Bank, Ltd.

(6) Bank of Liverpool and martins, Ltd.

(7) Glyn, mills and Co,

(8) Williams Deacon's Bank, Ltd,

(9) Contts and Co,

(10) Bank of England,

英格蘭銀行之所以能爲英國金融界之核心者，攷其歷史，卽可知其梗概。當一六九一年時，英政府爲威廉 William 氏所主持，因欲徵集款項，爲對法交戰之用，需貨幣銀行之人材孔亟。適當時有帕忒孫者 William Paterson 爲英之蘇格蘭人，爲人富有冒險性。上呈政府，謂欲求國家財政之整理，民間資金之安全，使國富得以發達，惟以設立一有信用之銀行爲最切要。結果，於一六九四年，有英格蘭銀行之設立。其資本金定爲一百二十萬鎊，均從民間募集而來。以年利八厘之利息，悉數借與政府。同時，政府特許該行發行同額之紙幣，爲營業之資本。其後，主張通貨說庇爾 Sir Rubert Peel 草銀行條例，今日該行所遵循者卽此，茲譯述其條例於下：

（一）自一八四四年八月三十一日以後，英格蘭銀行發行兌換券，應由另設之發行部專司之，不得再與普通業務互相淆混。

（二）英格蘭銀行應移交一千四百萬鎊之證券及營業部所不需之金貨金塊於發行部，以易同額之兌換券，藉充營業上之使用。又，除第五條規定外，不得增發兌換券。發行部與營業部之間，如已完了以上之手續，英格蘭銀行不得另發兌換券。

（三）英格蘭銀行所有之銀塊，不得超過其所有金鎊塊四分之一以上。

（四）無論何人，持有金塊，皆可以金塊一盎斯對三磅十七先令九辨士之比例，向發行部請求兌換券。

（五）既有兌換券發行權之銀行，若放棄其發行權時，英格蘭銀行得以其數額之三分二爲限，而繼承之，以增加其保證準備之制限額。

（六）英格蘭銀行，因超過此條例所定一千四百萬磅以上之發行，其所獲之利益，應悉納之于國庫。

（七）在一八四四年五月六日以前，各行對於兌換券之發行如有違法者，則此條例公佈後，卽喪失其發行權。又，凡已有兌換券發行權之銀行，自此以後，其發行數額，亦不得超過一八四四年四月二十七日以前十二週間之平均數額。若該行放棄發行權，或因破產而喪失發行權時，以後卽不得恢復之。

（八）英格蘭銀行之兌換券不負貼用印花之義務。

（九）凡一八四四年十月十日以後在英格蘭及威爾斯發行兌換券之銀行，應自同月十九日以後，每星期提出其前星期中每日之發行數額，及一星期間之平均數額於租稅委員會。該委員會卽應指定其中之某日，使英格蘭銀行發表其發行部及營業部之該日報告於倫敦官報。

註：原文見飛利浦著貨幣銀行學節讀第四百三十九頁。譯文可讀孫祖蔭著各國中央銀行比較論。

英格蘭銀行的業務

英格蘭銀行的緊要業務，略述於后。

（一）管理英國政府府庫；

（二）爲全英國銀行之銀行；

（三）有特權發行鈔票；

（四）爲金融救濟者；

（五）爲英國金準備之儲藏者；

（六）儲藏金準備，而爲世界滙兌的樞紐。

（另詳永著歐美銀行的比較觀文內）

英格蘭銀行最近情形

英格蘭銀行的最近情形，可於

該行印行之一九二五年十二月報告內見其大略，譯文如后：

發行部			
兌換券發行數額	162,553,130鎊	政府借款	11,015,100鎊
		其他證券	8,734,900鎊
		金貨與生金	142,803,130鎊
	162,553,130鎊		162,553,130鎊

營業部			
資本金	14,553,000鎊	政府證券	44,357,645鎊
公積金	3,528,638鎊	其他證券	76,120,602鎊
政府存款	26,226,587鎊	兌換券	20,115,320鎊
其他存款	98,096,484鎊	金銀貨	1,826,967鎊
七日到期及其他票據	15,825鎊		
	142,420,534鎊		142,420,534鎊

該行資本，最初不過百二十萬鎊，已如上述。今則已增至一千七百八十八萬七千鎊，較諸創立時，多十五倍，其速率實堪驚人。

又查其股東之權限，較諸他國之中央銀行亦大。股東會每年召集兩次，事務在審查營業報告，承認決算，並決定紅利分配率……等。並設正副經理各一人，（任期兩年）董事二十四人，均由股東選舉之。資格以有額面五百鎊以上之股票者為限。此外，尚有諮詢會議，由歷任之董事等所組織，職務在為正副經理之顧問，經理得其幫助不少。

附論

談到我國銀行，尚在幼稚時代。國內新式銀行之勢力，每屈居舊式錢莊之下。所謂中央銀行，與普通商業銀行，無大差別，可以說並無中央銀行之功用。苟一究其原因，實有不便明言之處，茲不贅。

作者此次由紐約歸國，道經歐洲，勾留日久，對於該洲各國的社會經濟落組織，稍稍攷察。回國後，首在無錫民衆教育館演講：『歐美社會的比較』。茲值本校經濟學會諸同學索稿，當將前演講稿之一部份，整理寫出，與讀者諸君共同討論之。

永誌　十，六，一九三。
於交大圖書館

★　★　★

演講

列車調度之效能

鄭寶照講
丁長齡記

列車調度制度 Car Control System，不特在行車方面是最重要的事情；就是在鐵路全部事業中，也佔有相當的地位。中國，自從一九二二年後，才採用此制。（一直到現在，還只有京滬，膠濟，北寧等數路。）所以中國行車的制度，是很幼稚的。

無論何種實業，要拿科學方法處理，才有發達的希望。鐵路是一種大規模的實業，所以處理的方法，尤其非根據科學不可。列車調車制度，就是歐美所發明的處理鐵路行車之科學方法。我國鐵路，欲求行車有效能，當然採用此制。不過，採用的時候，也要先加一番研究，何去何從，要弄一個清楚，要不盲從才好。

列車調度制度，差不多普遍到全世界了。最初行此制的，在一九〇八年，是英倫米蘭鐵路。據該路統計報告，一九〇七年列車延誤時刻，每週平均二萬多小時。迨採用此制後，延誤時刻逐漸減少——至一九一八年，祗有七千餘小時。進款方面，一九〇七年，每小時每車進款約八鎊，而實行此制後，增至二十二鎊。一九一三年，全體總收入，增多八十餘萬鎊。所以，列車調度制度，是一種既經濟而又有效能的行車制度。

列車調度之最要工作，即就各處營業情形，將所有車輛比例分配於各段各站。平漢路是未採行此制的，如果有人想知道某站有車輛若干，車務處恐怕將要瞠目無以應的。如果間之於京滬路上的調度人員，則各站之車輛種類及其數目，定能歷舉不爽，因爲京滬路已採行列車調度制度，對於車輛之分配狀況，有顯明之圖表及詳細之紀錄，可以一望而知也。譬如，近來南京江邊站貨運增加幾乎有從前一倍多，苟無此種制度，車輛一定不便調度，因之也就不敷分配的。

未採用此制以前，應當攷察研究的，大概有三件事情：

(一)路線　路線之長短，與調度制度之組織，有密切的關係。如果路線短，宜用集中制，Centralized system；路線長，則宜用分段制。Divisional System or Sectional system

(二)鋼軌及橋樑之載重力，月台及岔道之長度，各站裝卸器具，交叉點，以及電報電話等設備。

(三)沿路的出產品　譬如出產品的種類不同，所需的車輛不同；礦產物則需平車，糧食則需篷車，鮮物則需冰車。又，出產品數量的大小，區域的大小，都是要攷察的。

列車調度之目的，是在：一，使列車準時到站；二，在例行車不應所求時，可以計劃開駛臨時輔助車或專車；三，儘量利用機車之拖引力；四，裝車至最大限度，不使容載量虛耗。

調度員(英國名Controler，美國名Dsopatcher)的職務，大概有下列幾種：一，設法節省列車虛糜的時間；(即是減少無益之停頓及延擱車輛)二，設法運輸不能運輸之貨物；三，遇路上發生危險或營業稀少時，改變列車路線，或取消列車，或佈置救險車，四，研究各處營業狀況，以調節運輸事宜；五，支配車輛於各站並管理編列車輛Mashaling，及倒車Shunting事宜，六，監督貨物之裝卸，使不超過規定時間；七，編訂時刻表及行車圖；八，佈置交車地點。(在單軌或雙軌過險時。)(西班牙之調度員之職務，甚爲特別：除佈置開駛專車，輔助車，及僱用或辭退人員外

週聞簡報

黃恭儀

▲京滬路車務處長，以該路每日行駛列車，有三十六次之多，而貨運軍運等專車，猶不在內，因是行車時刻，常有延誤。茲已由車務處與機務處商妥，擬將新購太平洋式機車六輛，用以駛行特別快車及快車；現有機車，則按其能力分駛區間車及貨車。日內即將見諸實行云。

▲平漢路仍設兩局，合管路務。

▲賑品運輸免稅，續展三個月。

▲津海關奉令開關，紀爾森任稅務司，舊關員一律復職。

▲平漢路漢鄭間十日起通車，但尚不能按日開鄭，日內當可恢復。

▲平吉通車出軌，其原因有三：(一)，出軌處水淹，土基鬆潰！(二)車輛比吉敦加重；(三)，速度太快。

▲日米運滬銷售。

▲國際限制關稅會議，定本年十一月十七日，在日內瓦開第二次會議。

▲歐亞郵運航空合同，國府已核准。

▲內部訂定統計考成規則。

▲東北航業大改革，三江航輪團結一致，訂定聯合營業航章。

▲招商局性質，將提出四中全會決定。

▲近日公債趨勢頗閒散。

▲洋佣漸殷，而銀根轉鬆。

，對於例行列車，祇問開行及到達各站之時刻，其他調度事宜，一概不管，好像是專門傳遞消息者。）

調度制的組織，可以分爲兩種：

(一)集中制　設立一「總調度處」，管理全線調度事宜。並且劃分路線爲若干段，每段設「段調度處」，以管理該段調度事宜，而隸屬於總調度處。在段調度處之下，又設「分段調度處」。

(二)分段制　劃分路線爲若干段，每段設立調度處，隸屬各該段長之下。大都不再設立總調度處，即設總調度處，亦無直接管轄各段調度處之權。

兩制各有優點，何者適用，當以路線之長短，運輸之繁簡定之。英國路線較各國爲短，易於統治，故集中制很爲適用。美國路線甚長，且運輸甚繁，故非採用分段制不可。

我國究竟應採用何制？據我個人意思，仍以集中制爲尚，因爲其易於管理。或謂我國各大路線如平漢等，多緜延數省，以地勢論，當以分段制易於管理。但我國各路運輸，尚不及英美小路之半，集中制何嘗不可行。且我國現在人才缺乏，若採用分段制，何來如許人才？如濫用無用之人，則調度制之利益不可得，恐不測之害，反接踵而至矣。就目下情形觀察，仍以集中制爲宜。

列車調度制緊要之事件，有下列數種。

(一)電話——電話，可於短時間中很敏捷的傳遞消息。所以於調度車輛，爲必不可少之物。若無此物，則消息不靈，調度一定遲鈍，而所謂列車調度制度亦不能成立。電話式樣，宜用選擇式 Selected Type Telephone 在外國很小很幼稚的路局，業已採用此式；但我國用者甚少。（京滬所用者，已嫌老式。滬杭預備採用此制，已購得最新式之一架。）

(二)列車牌 Train Board——此牌用以指示各種車輛所在地點。有此，則各站車輛盈虧，瞭如指掌，指揮始能統一，調度始能裕如。故分配車輛時，此牌至爲重要。

美國路線修長，車輛衆多，故於調度制中之調度 Control 及分配 Distribution 車輛。皆分開管理。至於歐洲各國，大概統轄於一處。我國各路車輛，統計不過一萬七千餘輛，祇有五類，分配事宜，較各國皆爲簡單，故調度課可兼而管理之。

(三)人才——雖有最好的制度，和精美的設備，若無相當人才處理，則不能收得效果。中國現在所最缺乏者，即列車調度之專門人才也。

欲求鉄路之運輸效能增加，必須完備之車輛。車輛不足。則求過於供，不能應社會之需要。然而車輛過多，則供過於求，又使鐵路蒙受莫大的虛糜。故欲求供求相應，不能不有賴於列車調度制度。制度良，則路局能利用最少數之機車與車輛，而獲最大之效果；社會方面，亦能受到運輸便捷，經濟流通之利益。大而言之，實業因以發達，文化籍以傳播。即就軍事政治而言，亦可得到不少的益處。所以有無列車調度制度，與此制度的良否，是有極大關係的。

金貴銀賤問題

——中國經濟問題之一——

諸青來講　王烈望記

（此文已經諸先生親自校正）

(甲)外滙與國際收支　(乙)滙市與銀市　(丙)滙市與標金　(丁)治標策　(戊)治本策

▲(甲)外匯與國際收支　中國對外滙兌單位有二：一曰主位一曰客位，主位者，以國幣爲單位，表示外幣之比例，如今日匯價規元一兩，可兌英金一先令六辨士八七五，又如規元一百兩可兌美金三十四元等是也，俗稱先令長，係指國幣價貴，即規元一兩可兌較多之先令；反之先令縮，係指國幣價跌，同爲規元一兩僅能易較少之先令也，客位者，以外幣爲匯兌單位，表示國幣之比例，如日幣一百元，合規元一

百二十九兩，日幣之漲落，俗稱爲大小，如日東匯小，即係日幣賤，而國幣貴；稱日大則反是，東滙大小與先令長縮之表示相反，蓋一爲客位，一爲主位故也。先令長，東匯必小，縮則東滙必大。東匯大，先令長則中國外匯有利，反之吃虧，按匯兌變動之原因，亦基於供求定律，外匯之供求，何由而來？則由於國際收支；如貨物出口，政府或民間募外債，外人投資，華僑匯款等項皆屬於國際之收入；償還外債，貨物進口洋僑匯款，本國游學生費用等項，皆爲國際之支出，前者爲外滙之供給者，後者爲匯票之需要者。供過於求，則以主幣表示之匯價漲，以客位表示之匯價落，求過於供則反是。中國進口每年約值銀二萬萬兩，償付貨價，似須有二萬萬兩生銀出口，然事實上銀反進口，其故何哉？蓋因中國國際收支，除貿易一項外，大抵收多於支，華僑匯款於本國，外人投資及借款，其數不小。外資流入我國，似有侵蝕利源之嫌，實則不然，此舉可增加國際收入，使匯市常有利於我，又能開發地利，減少本國人民失業之痛苦，總之國際收入愈多，則匯價愈有利；反之支出愈巨，則匯價愈不利，蓋匯市之漲落，與國際收支有密切之關係者也。

▲（乙）滙市與銀市　中國對外滙兌與其他金本位國不同，蓋除匯票之供求關係外尚有須受銀市之影響，銀市漲則中國外滙有利，落則吃虧，按銀市之漲落，直接足以影響中外匯兌，間接足以影響國際貿易，如銀價跌，則持有銀幣者之購買力小，購買力小，則洋貨不能暢銷於國內，洋貨不能暢銷，則洋商受其損失。故銀價之回復，不獨中國人民所期望即彼外人亦具同樣之希望也，蓋國際貿易之利益，係共同的；故余謂經濟無國界，社會主義無國界，資本主義亦無國界也。今世界中銀市有三：一倫敦，二紐約，三孟買，欲求金一兩，值銀若干，以大條行市除九四三即得，例如今日大條行市爲十六辨士三七五（設生銀一盎斯值英幣十六辨士三七五）則 $\frac{943}{x}=\frac{943}{16.375}=57.58$ 即金一銀五十七強，在本位相同之國，本有造幣平價，如英金一鎊等於美金四十八元六角六分是，中外滙兌，則無平價可言，因他國用金，中國獨用銀故也，對外雖無固定之比率，亦有一時之平價，所謂滙兌平價是也，滙兌平價，係隨銀價而變動，計算匯兌平價之公式，爲一，一八二乘大條行市，設大條行市爲十七辨士則一，一八二乘一七得二十辨士零九四，合一先令八五士強，英金掛牌價與滙兌平價略有不同，然相差不能太多，因須受運輸點（Gold Point）之牽制故也，掛牌價不過爲一種種標準，實際成交價（俗稱內盤）亦有參差，隨時上下，蓋隨賣買情形爲轉移者也，近年我國外滙大不利之原因，約言之，不外二端：（一）由於世界供求關係，即生銀供多，求少；（二）中國國際收支的關係，即支多收少，前者原因甚多，舉其較近者言之：

一、印度自改金本位制以後，去年該政府賣出生銀約有四千萬盎斯；

二、安南改虛金本位，出售之銀約有三千萬盎斯；

三、法德等國，改鑄輔幣，餘銀約有一二千萬盎斯。

每年銀之產額，約爲二萬萬五千萬盎斯，其用途約與產額相等，中國印度約須購入十分之七八；印度雖巳改金本位，然其窖藏之風猶存，故於銀仍有需要，其餘用則於工業及鑄造輔幣，銀之需給，尚屬相等，惟以歐洲諸國印度安南等存銀出售，銀市供給驟增，需要如故，於是銀價不得不大跌矣。後者之原因，爲左列二項：

（A）國際支出增加，亦即滙票之需要增加；

一購買軍器約一萬萬兩以上，

因近年歉歲，糧食進口甚多，

（B）國際收入減少，亦即滙票之供給減少；

一連年戰爭，地方不寧，交通阻滯，以致輸出土貨減少，

二海外市況不佳，需要華產原料亦減。

（待續）

交通研究

膠路站台之研究

王瓊玉

此次暑假，瓊奉派往膠濟路實習。祇以軍事關係，大部份實習時間，均在青島。今茲所論，大都以青島車站為根據。玉附註。

(甲)膠路站台之缺點

德人建築膠路，志在侵略吾華，故其種種佈置，皆以軍運為主，對於商運，頗有不便之處。各站站台，除青島濟南及新增之辛莊站三處外，餘均不合商運。其失當之點有左列數端：

(一)缺少雨棚——膠路各站，無論大小，除張店站站房前有一小雨棚Rain Shed外，皆無此種設備。青島車站，每月上車人數，約二萬九千餘人，下車旅客，約二萬三千餘人，平均每日上下車者，約五千七百餘人。車站之出入口，偏處站台南部，距列車中部，約有百碼。雨雪之時，旅客至為不便。瓊曾親見四五百人，冒雨下車，狼狽殊甚。

(二)狹——該路站台，皆極狹窄。其位於避車線與正線(Loopline)之間者，狹尤甚，寬僅數尺。若同時兩線俱有列車，旅客夾於中間，勢已危險，倘再人衆擁擠，其險更甚，且小站停車，為時甚暫，下車旅客若攜帶手提物太多，必先攜下一部，置之站台，返取其餘。此種物件，即無人看管，每易為他客衝動，(或物主倉猝，未能放穩)。滾入車下。若係堅硬之物，受車輪撞輾，或落路傍，或碎輪下，尚無大妨。若係衣服被褥，既柔且韌，使車輪有出軌之危險，(Derailment)甚者，數站站台，且成斜傾之勢，(一邊高出路面Road bed尺餘，一邊則與路面相平，)尤易釀禍，急需改良。

(三)短——各站站台，多過短小，普通車站之站台，約僅百公尺許。瓊某次隨車實習，所乘列車，共十一節。(計機車一，守車二，客車八，總計換長(Equivalent of Length)(膠路算車長短之制度)一九點二，約長百九十餘尺。列車最長限度，為換長四十二，瓊所乘者，尚未及半數，到青州站時，最後三車，已停於無站台處。青州為一中途大站，尚且如此，其他小站站台之短，可以想見。站台太短，缺點甚多，其重要者如下：

(甲)旅客上下不便，且易生危險。

(乙)在無站台處，裝卸行李，或不滿整車貨物，Car Load Goods 甚為不易，以至費時誤點。

(丙)貨物行李，在無站台處裝卸，易致損壞，鐵路有賠償之責。

(四)低——膠路站台，高不滿二尺，登車之時，須由車階Foot Step or Board of Train 拾級而上，攜物入車，至為不易。老人與幼童，尤感困苦。行李貨物，裝卸亦易損壞。鉄路人員，每於車開行後，上車下車(照章不可如此，但以種種原因，路員常常如此)站台太低，易有生命危險。且路簽Staff接遞，亦極不便，然站台低矮，並非絕無優點，建築費低，優點一也；上下便利，優點二也。膠路站台，多兩兩相對，連車站之台前，設軌道之一。再前，即為對站台，此台他旁，又為軌道。是以對站站台，夾處兩軌道間，若欲加寬，必須先移軌道，以增兩軌道間之距離。此舉耗費既巨，又於行車有妨，非不得已，不宜出此。站台既不得放寬，則天橋Over Bridge地道 Subway 俱不能設。蓋站台寬僅數尺，天橋地道，至少亦須四尺，橋腳道口，將佔站台為二，故膠路全線，絕無兩站台間之天橋或地道。既然如此，旅客之至對站站台上車者，必須由連車站之站台，下經軌道，而後達對車站站台。設站台高至三四尺，如其他鐵路，則上下不便，若旅客於經過軌道時，火站行近，因上台不易，迴避稍遲，易致危險。膠路站台，低矮異常，跨步可登。此種危險，可以減少，亦其優點也。

(五)佈置未能盡善——膠路站台佈置，其一站夾於避車線與正線之間，擴充極難。車若停於兩邊俱有站台處，旅客即由車之左右齊下，車站人員，立於車之一旁，不能照顧他旁旅客，往往方在下車，而車已開，頗為危險。(未完)

上海交通大學經濟學會編行
中華民國十九年十月二十七日

經濟週刊

黎照寰題

第二十五期
零售每份大洋一分　每逢星期一出版

論著

中國之銀行制裁問題

（慧）

銀行主要之功用

現代銀行的功用有九種：第一，借錢給人，牠收些利息；第二，貼現一切的期票和匯票；第三，接收存款；第四，出期票給人；第五，出支票，或是付存戶簽來的支票；第六，賣出銀行匯票；第七，賣買國內外的商人滙票；第八，接收信用；第九，代客存儲保險特件。

照牠的功用分來，銀行可以分爲商業銀行，和非商業銀行兩種。商業銀行是專以銀錢和信用而營業爲目的，牠的工作是借貸與貼現。期限每每是很短的。非商業銀行的借貸期限較長：牠的工作也較多，組織也較複雜。（最顯著的是儲蓄銀行，牠的工作是專做長時期的儲蓄。但是現在有許多銀行，都是商業與儲蓄兼做的，如上海商業儲蓄銀行是。）

銀行最主要的功用，是製造信用，和司理銀錢。說淺點子，牠就是社會上一切人銀錢貸借的調和機關。比方說：有人要錢用，他可以有條件的去向銀行要，有人有錢多了，他可以去放在那裏。銀行是專做這種調濟的工作，而從中取一些佣金的。工作看去雖是很小，但是實際上，牠可以左右全社會的金融，影響人民生計，勢力也並不小呢。

銀行有了信用，方始可以引存款。信用愈大，存款愈多，那末牠的的工作愈廣，而獲利愈厚。如果銀行信用不好，存款一少，銀行週轉不靈，就有破產之虞了。如果破產，則一髮牽動全身，社會上所受的影響，每每是出乎意料之外地大。

所以，銀行是一種有重大影響於社會金融的一種組織，牠的成敗，可以使社會上其他的事業受莫大的利害。所以牠是應該受政府的監督和保護，否則流弊是不堪設想的。

銀行應加制裁之主張

銀行一定要有很好的信用，要有鞏固的準備金，和嚴密的管理，方可營業。不然，營業上就會發生危險，而使社會上許多人民受損失。如何牠有信用，有鞏固的準備金，和嚴密的管理呢？很多經濟學家，都主張銀行應該受政府的制裁。政府要在銀行設立的時候，調查牠的內

本期要目

論著
中國之銀行制裁問題　慧
銀價低落的救濟問題　宋孝璠
調查
四川全省馬路建設現狀　明培
演講
坎拿大太平洋鐵路之管理狀況　葛灃
交通研究
膠路站台之研究　王伯玉

印刷者　華僑印務局

容，資本和組織。在已成立之後，政府要牠每星期出一種報告，表現出牠營業的狀況，準備金的多寡，存款總數和借貸總數。如果營業狀況，一有不合，政府就要警告或竟行取締。

銀行應聽其自由之主張

反對上面的主張的，以爲銀行既是靠信用而營業，那嗎，信用不好，銀行自然而然不能營業。銀行的準備金不足，存款不多，營業不發達，牠的信用不好，人家不會去上牠的當，不必要政府取締，牠自己就會停閉的。

所以這派人的主張，以爲銀行的營業，政府不必去過問，聽其自然好了。鞏固的銀行，信用卓著，人民自然信仰牠，至若不鞏固的銀行，信用不好，人民自然不去信仰牠的，政府大可不必管。

兩種主張之比較

拿這兩種主張來比較，可以有下列的四點：

（一）銀行在初開幕的時候，信用沒有鞏固，勢必以重利爲吸引存款的方法，那時社會上定必有貪些徵利之徒，願意去存放儲蓄，等到後來信用低落，銀行行將破產，則至少有些受牠影響或是損失的人。雖然這些人是禍由自取，然而國家總究應該設法救助。

（二）銀行是爲社會服務的，銀行必須互相聯絡，方始可以效用增大，動作靈敏。如果在此許多銀行中，有一家倒閉，那嗎，其他各家，必連帶而受損失，間接便是社會受影響，所以銀行不可放縱。

（三）銀行往往會做許多投機的事業，牠是拿存戶的存款去做的。如果政府不加制止，設或一朝投機失敗，則存戶方面，損失極大。

（四）銀行發出的紙幣，是要有準備金的。如準備金不充足，常常發生擠兌，於是存戶爭先提款，每每使社會起無名的恐慌，有害商業市面。

就以上四端，綜起來觀察，銀行是應該受政府制裁的。

銀行在中國

中國向來沒有銀行，晚近百年內，民衆感覺到銀錢儲藏周轉的不靈，所以有了一種專司銀錢來往的機關發現，這也許就是現在錢莊的初起，也就是銀行的雛形，但是因爲方法未善，組

週聞簡報

黃恭儀

▲崇關特稅，仍難取消，國貨可望免稅。

▲平漢黃河橋損失極鉅，非數月工程，決難修復。

▲湘鄂路全線已通車。津浦直達通車，須鐵部與東北協議後，始可。

▲日本國債總額，截至九月底止，爲六十一億六千五百七十六萬四千元。

▲北甯路自與瀋海吉海於十八年次第接軌後，即計畫聯運，今已於本月十日起，平吉正式開駛直達通車，由北平至吉林三十六小時可到。

▲廣州工商銀行宣告破產，負債額不敷四十四萬餘元。

▲川黔間鹽務發生糾葛，黔咨川之加價，川責黔之包稅。

▲中俄會議停頓，加拉罕提要求四項：（一）履行伯力協定；（二）解散白俄政治團體及軍備；（三）交還哈埠自動電話，改革東鐵路局；（四）中東路線警備改中俄公共負担。莫德惠專使據此，已電京請示。今據京訊，政府以俄無誠意交涉，將召莫回國。

▲京滬路夜車在鎮江丹陽間，忽有匪徒向車守鎗擊，行李員竟斃命，兇手押至丹陽。

▲蘇農礦廳發表全省農礦產品及副產品之總價值，爲三十一億九千四百五十二萬六千五百三十三元。

織不好，所以一直不會十分發達。

自歐風東漸，西洋學術和實業，隨之而來，銀行之說，始入中國。有了銀行，方始有紙幣，以及其他信用事業，國民資本的來源，漸漸擴大，所以數十年來，工商業也漸漸的有了一種勃興的氣像。

但是，中國人民向來不主張借錢，對於信用之方法與應用，多半是不大知曉認識，現在一旦的來了許多靠信用營業的銀錢機關，每使一般人民，懷疑和奇怪，因是大家都不信仰銀行，銀行營業困難。所以在目前中國之銀行問題，實在是值得注意的。

銀行在中國，還祇是嘗試時代，設立銀行者多帶有些投機的色彩。普通的一般人民，對於銀行的功用和性質，還不大知道，所以也不大信仰。在前幾年，一般人因爲鑒於銀行獲利頗厚，紛紛創立。過了不久，很有幾家倒閉的，如此一來，人民損失不少，從此對銀行的信仰，更加薄弱。

不過近來這種情形，又稍稍的回轉來了。

中國之銀行應嚴加制裁

因爲中國的銀行尙在初創時代，所以對於銀行的本身，必須有良好的保障。這種保障，就是政府的制裁，牠能助長銀行的良好信用。政府的制裁，一方面是防止軌外的事情，一方面是替銀行作一個介紹給人氏，使他們有所適從。這對於銀行方面，也是件有利的事。

中國目前的資本不發達，也是銀行不普及的一個很重要的原由。內地的小資產階級，都願意把銀錢藏起來，或是重利盤剝。這樣，一方面減少資本的供給，一方面使人民不敢借貸資本，大大妨礙工商業的發展。銀行如果普遍的設立起來，是可調濟資本的供求，救濟社會的金融困難，功效甚大，而政府的制裁，可以幫助銀行達到這個目的的。

所以在目前中國，銀行不受政府的制裁，將增加銀行自身的危險。間接是足以阻妨工商業的發展的。

銀價低落的救濟問題

宋孝墦

銀價現在總算是跌住了脚，從二十六辨士餘(十八年一月)至十五辨士(本年六月四日)，其間的差額是這樣大，并且跌至歷史上從未見過的低價。回想一九二〇年的銀荒，銀價高至六十一辨士以上，當有不勝今昔之感。就是因爲那一次的高漲，美國便採用皮德曼條例，售出庫中存銀，英日等國改鑄輕質銀幣，德法各國曾於短期間中，用其他物品代替輔幣，(法用亞鉛德用磁幣)各國復發行多量紙幣，以應急需；於是乎歐美人引爲大憂的銀荒問題，便得了解決，銀價便漸漸趨入常軌。一九二二年日內瓦國際經濟復興會議，討論維持金本位問題，規定條例。各國便於元氣漸蘇之際，次第恢復金本位。一九二六年印度採行金塊本位制，銀之銷路遂大減。各國又減少鑄幣的生銀需要額，而金準備額又遞增。同時金產不豐，銀產又增，市况供需不能調和。故在此十年中，金漸漲而銀漸跌，尤其在最近一年，銀價跌至一個空前的價格。

試溯歷史，銀價的非常漲落，多受政治及經濟的影響。銀價的高低，又受供需律的支配，特別是人爲的過剩的供給，與突然的大量的需要減少。而銀價的需要減少與供給的增加，又與金的供需成一個對照。如一八七一年後銀價暴落，同時，德國改用金本位，美國停止銀幣鑄造，拉丁同盟國限制銀幣鑄造。一八九三年後銀價暴落，同時，印度停止自由鑄造，美國廢止佘曼條例。一九一六年後銀價暴漲，同時，各國採用紙本位，東亞用銀國的出口貿易大發達。最近銀價之暴落，又適在印度銷售存銀，漸改金本位，安南採用金匯兌本位，日本金解禁之時。因用金者多，用銀者少，在世界金銀市場中，銀爲貨物，故金價漲，物價低，銀亦不得不隨之而低。

銀價的低落并不如銀價的高漲能聳動歐美，至多他們感覺到市場縮小；決不會感覺到幣制將要發生關係。在中國則不然。中國是用銀國，銀塊本位的國家。銀價的低落，便是人民在世界市場中的購買力減小，便是國富減少。若是中國能夠自給，銀價的漲落要少發生些問題；偏偏中國是入超國，國際貸借關係常趨逆勢，故銀價的暴落，便給與中國民生一個致死的重擊。

中國與用金國的滙兌，無一定的平價。平價的高低，完全看銀價的漲落而定。銀價漲，平價便于於中國有利；銀價落，平價便于用金國有利。而銀價的高低，又受中國國外滙兌的影響。因爲在中國的外滙供給量超過需要量，在倫敦銀市便不見中國有銀售出反見中國買進。若在中國的外匯需要量超過供給量，銀行便向倫敦抵進，在倫敦銀市便見中國售出。售出則銀市供給多，銀價便落。買進，則銀市需要多，銀價便漲。故銀價與中國國外滙市互相影響。要銀價不落，這是世界各國的責任，不是中國一國所能勝任的。如果想滙市有利我國，這倒是中國的力量所能辦到的。

銀價的低落：是近幾十年來的趨勢。在一九二〇年高漲之後，又慢慢跌落。到去年，便因種種關係，乘機大跌而特跌，今年跌的更利害。據孫拯氏的意見：以爲近來銀價的跌落的原因，有一半可歸之於金購買力的騰貴。『如以倫敦物價與大條銀價比較；截至三月底止，銀價之跌落，由於一般物價之跌落者，約居二分之一；截至四月底止，由於一般物價之跌落者，約居三分之二；而銀本身之特殊的低跌，僅居三分之一。惟他國物價之低落，不若倫敦之甚，故作爲半由於金，半由於銀。四月間各國物價下跌之趨勢，均改爲和緩，而銀價亦然。歷考近數十年銀價之變化，幾無年不與一般物價之變動相似；即知期按季按月之變化，其騰落亦頗一致，惟其趨勢向低。此種向低之變化，爲銀價特殊之變化；其餘之變化，爲銀與一般物價共同之變化。前者之原因歸於銀，後者之原因歸於金。』而今年在巴黎開會的國際商業會議，認爲近今物價低落之原因甚多，其主要者有二：一爲各國的深溝固壘的關稅壁障，一爲黃金不均平的分配和積儲。

關於銀的本身方面；多數的銀鑛已經減產，（因爲價格已跌至生產成之下。）印度自四月後已無銀輸出，其他各國亦無銀售出，而印度方面需要反見增多，我國仍未減少輸入。其他銀的銷路，如工藝，美術，鑄貨幣之類，每年都無重大變化。從銀本身觀察，銀價在最近的將來，當無急劇的漲落。

世界銀市場在最近的將來，或不致有急劇的變動。因爲近來世界經濟界的不振，已引起了各國深切的注意，并已發見了不振的原因。雖然國際間的情形不十分好，但暫時的相當的穩定物價，總可建立的。因爲這種不振是世界的現象，各國都想設法救濟。

在這種情形之下，銀價再變動與否，則視我國的外滙情形如何。這次銀價的暴跌，固是世界銀市塲中很久的趨勢，但進口商延不結價的習慣，實開其瑞。而揚其波者，爲出口業的不振，生產業的衰頹，政府的空言，國內頻年的戰爭，和因軍事原因的大批進口等等。於是，滙市遂呈空前的堅昂，投機者亦呈瘋狂之舉動，銀價亦因之而受影響。

我國爲銀塊本位國，銀價即幣價。銀價一有變動，幣價即表示相符的變化，而物價亦隨之高低。我國受此次銀價低落之影響之所以如是之大者，即因銀價與幣價未分開，故目前除能實行金本位外，當求我國幣價脫離銀價，因爲這樣，物價才能得相當的安定。但是維持國內幣價，在現在政治狀況之下，是難以行得通的。

但是即使幣價與銀價分離了，物價得有相當的穩定，而匯市的變動依然不能免除。在現在經濟狀況之下，什九的日用品都是舶來品，中國國際貿易常呈逆勢。金滙堅，銀價軟，中國的物價仍然是高，中國的物價也同樣受世界銀價變動的影響。因為滙市是受銀價的支配的，所以穩定外滙是解決金貴銀賤的第一個重要問題。

如何能穩定外滙？最好是行金本位制。但是這是世界和我國的經濟情形所不許。其次，便是實行金塊本位和金滙兌本位。後者較前者容易實行，但世界的經濟情形和我國的經濟情形能容許金滙兌本位制度的實施麼？世界現正鬧金荒，再確當地講，正鬧着雖有金子而難獲得的恐慌。若忽然有一個久餓的大肚子的人，伸出手向正鬧着金荒的人們去要金子，金市的奇昂自在意中。不特不能救現在世界的經濟界的不振，且更落井下石，將世界經濟恐慌形成極尖銳化；同時銀價自然慘落，國內人民的購買力必大大的減小。而且我國本無充足財力，又因銀價的慘跌，更無能力可以採用金滙兌本位制度了。

採用人為的方法去隔離幣價與銀價，在現在既難行得通，且亦未必有效，而穩定滙價又乏相當合用的方法；將如何呢？我們再看銀價是否可不致有遠烈之變化？如果沒有，我們不如暫守銀本位，以待機會去實行金本位；何必自取紛擾，去採用種種結果尚不一定有效的人為方法，去達到金本位呢？銀價能否不大變化，前文已有解答。但銀價之騰落，本甚難知，歷來推測銀價者，尤鮮能命中。但吾人亦不得不有所觀察，以為立論之本也。

在今日穩定滙價之方法中，最易行的，最無弊的，最有效的，便是節約運動與提倡國貨運動。節約所以補購買力之減低，而減少入口商品的數量。這是治標方策。日本金解禁時所行的緊縮政策，便是節約。意思是想免通貨的需要增加。提倡國貨的後面，便是振興本國工商業；這是救濟銀價低落一個基本方策。在運動初行時，提倡使用國貨，減少進口，同時可使本國工商業興盛，迨我國出口超過入口後，我國國際收支為順勢時，我國便可即刻改行金本位，毫不受絲毫的損失。這豈不很好嗎？

假使我們覺得這個方案的效力，僅是一部分的，而想用國際的手段去解決金貴銀賤問題；則當由政府徵求世界有關係的各國的意見，召集國際會議，籌個方案，立個規約，去處置銀價問題。這個舉動各國是一定贊助的，因為他們也感着銀價跌落的痛苦，且正謀如何提高銀價的方法，我國若登高一呼，便無不裹粮影從的。而且這種會議，已經開過，且有相當的效果。內求滙價之提高和穩定，外求銀價之提高和穩定，雙管齊下，自是一時救濟的較佳辦法。至於長治久安之計，在經濟變動劇烈的今日，誰也不能確立的。

※　※　※

調查

四川全省馬路建設現狀

明培

四川因夔門之隔，劍閣之險，處處保存其舊有情形。即以道路一項而論，高低不平不問也，遇雨泥濘不問也。於是以地廣人衆所素稱為天富之邦者，因交通不便，反成為無數「民至老死不相往來之寡民小國」矣。是以鼎革後軍閥得以割據稱雄，分王一方，借分治之名，行搜括之實，病民殃國，交通建設不良為之厲階也。近年以來，民衆因受大局潮流之激蕩，軍閥亦漸憚於社會之輿論，始漸注意及公路之建設。創其始者，厥為楊森。當民國十三年楊督理川政時，首先倡修成都全城馬路。當時一般社會民衆因安常習舊，大起反對。而楊不顧一切，毅然行之。其後，民衆見馬路之果益人羣也，於是一時咸視馬路為寶物，莫不願慷慨解囊，以圖久遠之福利，近數年來，吾蜀父老，除每年須給軍閥以大宗款項外，而馬路費一項，亦年約七八百萬元。（蜀民年輸巨款，惟此或可謂獲得真正之報酬。）截至十八年底止已完成馬路千餘里，所耗費用，亦在千萬以上；工程頗巨，是則尙足差堪自慰者也。將來努力進行，能使所謂「全川馬路網」之計劃完全實現，則更幸矣。茲將此計劃之大概及已成未成之情形，詳列如后，亦藉以預祝吾蜀馬路建設之成功焉。

（一）幹線

幹線以成都為中心，各路詳情如下：

（1）成萬路。卽由成都東門起，經簡陽，資陽，資中，內江，隆昌，榮昌，永川，璧山，重慶（卽巴縣）江北，長壽，涪陵，酆都，忠縣等十四縣而達萬縣，長約二千二百餘里。名曰東道。其間修竣而已行車者，僅成簡一段之二分之一，約四十里途程耳。由簡陽至重慶間各縣，均以縣城為起點，因近來苦於軍事，至今猶未修出縣界，與鄰縣連接。重慶至萬縣一帶，馬路捐雖已徵數次，依然未見動工也。

（2）成松路。由成都西門起，經灌縣，汶川，茂縣，等三縣而達松潘。長約九百五十餘里，名曰西道，其已修通而行車者，只成灌間一百一十里耳。

（3）成嘉路。由成都南門起，經雙流，新津，彭山，眉山，青神等五縣，而達嘉定。長約三百七十五里，名曰南道，修築已經完工，聞亦已開始通車。

（4）成廣路。由成都北門起，經新遂，廣漢，德陽，羅江，綿陽，梓潼，劍閣，照化，等八縣而達廣元。長七百六十五里，名曰北道。其已修竣而開始行車者，僅成綿段一百九十里。

（二）支線

（1）東路支線

（a）遂簡路。由遂甯經樂至而達簡陽縣屬之石橋場，長約三百三十五里，已竣工通車。

（b）遂安路。由遂甯縣城經該屬之安居壩，及安岳縣屬之通貨場而達安岳。長約一百二十里，已完工行車。

（c）遂潼路。由遂甯達潼南，長約一百二十里，已竣工通車。

（d）潼安路。由潼南至安岳，長約一百五十里，刻已成工者，僅四十里。

（e）潼銅路。由潼南至銅梁，長約一百五十餘里，現僅修築四十里。

（f）渝綦路。由重慶南岸黃葛埡起至綦江，長約一百八十里，尙未動工。

（g）萬梁路。由萬縣至梁山，長約一百六十里，尙在修築中。

（h）江鄰路。由墊江至鄰水，長約一百六十里，築成者僅百里，尙未完全通車。

（i）鄰竹路。由數水至大竹，長約一百八十里，尙在修築中。

（2）南路支線

（a）新邛路。由新津至印崍，長約九十里，已修竣通車。

（b）峨綏路。由川邊至綏江，長約二百六十餘里；已告完成，但因盜匪猖獗，不能通車。

（c）嘉江路。由嘉定至夾江，長約七十里，已完竣行車。

（3）西路支線

成都以西，卽接近川邊，大山綿亘，工程匪易，現除趕修成松幹線之松茂，（由松潘至茂縣）汶茂，（由汶川至茂縣）等段外，支線尙未籌劃。

（4）北路支線

（a）成什路。由成都北門外起，西北經新繁，及彭縣等地而達什邡，長約一百五十里，已竣工通車。

（b）成起路。由成都至趙家渡，長約一百里，於前歲（十七年）卽已完工通車。

（c）平綿路。由綿陽經江油而達平武，已完成江綿間一百三十餘里，已行駛汽車。但平江段因山勢竣峭，工程異常浩大，恐非短時間內所能完成。

（d）潼綿路。由潼川至綿陽，長約一百四十里，現已竣工行車。

（e）潼保路。由潼川經鹽亭至保甯，長約六百餘里。聞已聚川北難民，施以工代賑之計劃，著手修築。

（f）武順路。由武勝至順慶，長約

二百里，現已動工修築。

(g)順遂路。由順慶至遂溪，長約一百二十里，已竣工通車。

(三)各市縣路

(1)成都市路。成都全市公路，於民十二楊森督理時代，即修造完竣，現成都爲全川馬路中心，城外日漸繁盛，去歲成都市府，復計劃修建環城馬路，計長三千一百七十八丈，限期三月，想刻已有相當成績矣。

(2)重慶市路。重慶地勢，高低不平，不便於修造馬路，但渝城以處於兩江之交匯點，市場日益發達，該地當局曾有「於舊城外，另闢商埸」之計劃，及南北中三區段，共長約五十餘里，現已將中區段修成十六里，並與成渝路幹線相連絡。已告通車。

(3)萬縣市路。當民國十六，十七兩年，楊森駐防萬地，亦馬路於此時着手，頗已粗具規模，但僅能行人力車。

(4)瀘州市路。瀘州馬路現分三段建築，第一段已竣工，第二第三兩段，亦已籌款修築。

(5)宜賓(即叙府)市路，酆都市路，嘉定市路。現皆着手進行，積極籌劃，不久或可竣工。

(6)合川市路。遂甯市路，潼川市路，錦陽市路，中壩市路。均於前年底次第完成，聞有通行人力車者。

(7)自流井至貢井馬路。自貢爲四川產朴地，富商大賈頗多，故該地馬路，冠絕全省。但長僅十五里，已於去歲六月間完成，七月一日通車。又該地爲富(順)榮(陽)威(遠)三縣接壤所在，故現擬由自貢分向三縣修築馬路，由自流井至富順之井富路，已興工進行，(計長約百餘里)想三路竣工均爲期不遠矣。

(8)其他各縣馬路。凡爲四大幹線所必經之各重要城縣，市內馬路，大都皆已築就。他如渠河，嘉陵江，涪江，沱江，岷江，等兩岸之城市，亦多修築馬路矣。

(四)馬路網之連絡線

(1)東路幹線

(a)由萬縣東下，可與湖北宜昌之馬路聯絡。由萬(縣)、梁(山)，(大)竹，連渠(縣)，順(慶)，蓬(溪)等處。再由順蓬達蓬趙(家渡)及成趙，則東北兩幹線，完全連絡。

(b)由武(勝)順(慶)連遂(甯)簡(陽)，則東北支線與東路幹線，即得連絡。

(c)由渝(重慶)綦(江)南接貴州之松坎，則川黔路又可取得連絡矣。

(2)南路幹線

(a)由成嘉路向南，經犍爲，宜賓，折東經瀘縣，合江，直運松坎，又可爲川黔連絡線。

(b)由永川達瀘縣，則東南兩幹線即可連絡。

(c)由富順達榮縣，則南路支幹各線與東路支線，皆能取得連絡。

(d)由富順經榮縣，達南幹線成嘉路。

(e)由嘉定至雅安，經榮縣，漢源而達瀘定，即可與川邊連絡。

(f)由雅安連彭(山)邛(崍)則南支分達川邊之支線，又可與南路幹線連絡。

(3)西路幹線　由邛(崍)經大邑，而達灌縣，則南路幹支線又與西路幹線取得連絡矣。

(4)北路幹線

(a)由平武達松潘，北路支線與西路幹線即可連絡。

(b)由潼川，保定路達廣元則北支與北幹線又得連絡。

(c)更由廣元北上，直達陝西漢中，則川陝路又告連絡。

(d)由保定達順慶，東北兩支線與東北兩幹線皆得連絡。

※　※　※

演講

坎拿大太平洋鐵路之管理狀況

葛灃講　藏林記

(前略)什麼叫鐵路管理？—工程機械等等，我們都知道，非專門人才不能辦。至於管理方面，不過買材料，賣票，收票，扳洋旗，指揮調撥車輛等等的事情，與在街上做買賣，大同小異，無論什麼人總會做的，何以成爲一種科學？又何以政府不惜犧牲光陰金錢創辦學校而加以研究呢？實在因爲鐵路管理不是泛泛的；鐵路管理，是一種科學的，經濟的管理。

鐵路亦營業的一種，其目的在多賺錢而少化錢。期實現此目的，非使用費節省不行。鐵路是很大的事業，所有費用，動卽整千論萬，一省就是大宗款項。所以牠的管理，是要本乎經濟原則的，是要應用科學的。造路舖軌，爲什麼要用工程師呢？也不過想少化幾個錢。那麼，我們可以說：管理人才對於營業上，是同工程師對於造路上，一樣的重要。

現在要使經濟二字的重要，更加顯明點，先舉兩個例子來說：

（例一）前清造平綏路時，請人估計用費，據某外人報告：至少需二千萬元。我國詹天佑先生計算，祇需七百餘萬兩。後來該路由詹先生承造，結果用去六百九十餘萬兩，只合一千萬元。和外人的估計比較起來，竟省到一千萬元。因此一來，我們這位詹先生遂成了個赫赫有名的工程師，他的經濟才幹，就是外國人亦深爲佩服。這條路在當時是很經濟的，但是照現在看來，尙有幾處不經濟的地方。就是南口一帶，路之坡度太高。（平常路之坡度，不過百分之一。卽每百呎長，可高一呎。而該處坡度，竟到百分之三、三。）致非較大車頭，不能越過。行車消耗極大，此不經濟者一。南口至康莊之路，祇能容重二百噸之列車行走，致較重列車，從此經過時，須先行拆開。此不經濟者二。坡度既高，則車之行經其上者，必賴完備之汽閘 Air Brake，方不致發生危險。但該路有汽閘之車輛不多，於是往來列車到此，須重行分配後，方能行走，時間虛耗。其不經濟者三。我們後生小子，對於前輩如詹先生者本不敢有所批評，不過，現在是以研究科學爲目的，所以不妨提出來討論討論。使我們曉得經濟二字，不僅要顧到現在，且須顧到將來。

（例二）從前兄弟有一友人，覺得枕木之用法，太不經濟，他提議每間一根，用兩根短的，代替一根長的。據云，可以省四分之一的木料。（以之詢各專家及大工程師，皆以爲然。但必須經倫敦專家實地試驗後，方可實行，而實驗經費，至少需一百萬元，祇以款項無着，致此偉大計劃，至今無相當解決。）苟依此計劃而行，照現在每根枕木十八元之價格計算，每哩可省五千元，則如京滬線長二百哩之，枕木一項，就可省一百萬元了。

（未完）

交通研究

膠路站台之研究（續）

王伯玉

（乙）暫時補救之辦法

由前述各點，可知膠路站台，急應改良。然以佈置失宜，放寬爲不可能之事，改建則用費太巨。卽欲加高，工程亦非小可。以天橋地道，俱不能設之故，人每從軌道上經過，台高則不易上下，故台不必加高。至於放長一層，則宜于最需要處，酌量展長。蓋膠路待興事多，如橋樑之弱，鋼軌之輕，皆急宜改善者，今尚以財力未逮，不能立加更換，豈可捨急就緩，修築站台耶？茲於無法改良之中，思出補救方法三則，蒭蕘之見，還乞讀者指正，是幸！（一）通知司機車守及站長，列車到站，於可能範圍內，務須將客車停於有站台處。若係小站，尤應注意三等客車之停所，以小站極少頭二等乘客上下也。

（二）避車線與正線間之站台，原備上下避車線上之車用。（假設站房建於正線旁）故可於該台靠正線之邊，設一木檻。如此，則旅客可依木檻而立，行李可靠木檻安放，以免站台過狹，生出危險。且正線上列車之旅客，被木檻阻止，不得在此台下車，（只可在車之另一旁下車）可無車站人員照顧不到之虞。

（三）關於雨棚設備問題，玉以爲各站齊設雨棚，耗費太大，恐難辦到，不妨先在青島濟南兩終點站，（上下乘客最多）建設雨棚。不特便利旅客，且亦有裨觀瞻也。（兩站爲交通要道，中外觀瞻所繫，設備不宜太陋。）

（完）

上海交通大學經濟學會編行

經濟週刊

黎照寰題

中華民國十九年十一月三日

零售每份大洋一分　第二十六期　每逢星期一出版

論著

我國工業難以發展之原因

貽瑜

據統計，我國人口百分之八十以上是農民，所以，我國現在仍是一個農業經濟社會。不過，這些農民並不完全從事於耕種，其中的一部分每當農餘的時候做些手工業，藉此賺些錢，來補助他們的生活費用。以這些半農半工的人民，再加上原有以手工業爲職業的人民，計算起來，我國從事手工業的也就不少。所以，一大部分的經濟學家稱我國尙未脫離手工業時代。然而，在最近的幾年，各大商埠似乎頗有些新式的烟囱豎起來——無論是中國的或外國的資本，然而勞動者一定是中國人，用的是新式的機器；所以在表面上看來，我國大有由手工業時代而進入工業時代的趨勢了。

不過，趨勢畢竟祇是趨勢，新式的烟囱，大都發現於幾個大商埠，能夠豎在內地者極少，換言之，即是我國的工業未曾盡量地發展。而且，據事實上看來，這幼稚的工業，非常難於發展。何以難於發展呢？研究這個問題目的，各人有各人的答案，我現在搜羅幾條答案，簡括地寫在後面。

一　不平等條約之束縛

我國自然界的產物，極其豐富。即就現代工業上所需要的幾種而言，也不在人後•煤的儲藏量，在世界上佔第二個位置；鐵，第五個位置；銻，世界第一；金，世界第六。石油，錫，銅的儲藏量，均不在少。木材的多，僅次於俄羅斯。絲，世界第二；棉，第三。

自然界的物產這樣豐富，工業用的原料不成問題。何以工業不能發展？這首先就要怪到不平等條約之束縛了。因爲不平等條約的緣故、外國人挾他們雄厚的資本，進步的商品，得以自由地侵入中國，中國舊有手工業，萬不能和他抵抗，就是新興的工業，也無法與之競爭。資本是發展工業的第一個要素，而中國的資本，完全在外國資本勢力掌握之中。外國在華銀行的資本，存款，及其營業範圍，幾乎不是中國的銀行所可望其項背的。再就交通方面看：外資所辦的鐵路，和外國航船公司，在中國佔絕大的勢力。帝國主義者藉不平等條約之力，遣他們的走狗資本家到中國開礦

本期要目

論著
我國工業難以發展之原因　貽瑜
增加工資是否爲提高價格之原因　王烈望
調查
中美公路籌款法之比較　警
演講
金貴銀賤問題（續）　諸青來
坎拿大太平洋鐵路之管理狀況（續）　葛灃
交通研究
招商局國營以後　去非
一所賣票有秩序的車站　瑗

印刷者　華僑印務局

，開工廠，復利用關稅制度銷行他們的貨物。他們利用條約上的束縛，無所不至。中國的各種新興企業，在這種狀況之中，是無法可以和他們抗衡的。

二　缺乏資本

在現代中國的社會裏，資本仍然是工業的基礎。資本太缺乏了，就無從發展工業。不幸中國就是一個缺乏資本的國家。中山先生曾有借外資以興實業的計劃，本是中國現在唯一的籌集資本的良好方法；不過近來外國人不大願意在中國投資了，因爲中國的時局太不安靜，各種工業的前途，多無一定的把握。譬如，政府爲了招商局要向外國銀行借款，外國銀行一定不會答應的。

缺乏資本，工業不能發展；工業不發展，資本更加缺乏。所以資本的缺乏與工業的不發展是互爲因果的。新興的工業，因爲受了外國同樣工業之競爭，非常感覺資本的不夠；然而又無法增多資本，只好望洋興歎吧了。

三　缺乏專門人材

即就國內幾種新興的工業而言，高等技術的專門人材，仍多仰給於外國。越是新的，賺錢的工業，中國越發缺少這種工業的技術人員。不說機械之運用和管理了，即就成本會計而言，懂得的就不多。還有，大規模工業的經營，也並非普通沒有訓練的人所可担任的；中國這種管理人才也不多。事業上的規畫和經營，工程上的建築和修理，缺少了專門人才，的確是一大難題

四　交通不發達

運輸和工業是有密切關係。運轉不靈敏，運價不低廉，工場開辦起來，所出的貨物，只能行銷一個極小的市場。而這些工場所用的原料，一定是昂貴而且缺乏。我國現有的鐵道(中外所辦的鐵道)和馬路，里數太短，絕對不能便利原料和工藝品的運轉。河流，只有天然的可用，而且常淤塞或崩潰。譬如說，山西是產煤的，因爲交通不便，和運價太昂，上海所用的煤，反而多取給於日本，這不是一個太滑稽的現象嗎？

五　厘金制度及其他苛捐雜稅

厘金制度的弊病，是物物有稅，節節有稅。仿制的新式工業品，和他所用的原料，雖然可以得到一些優待，然而總不能暢行無阻。這個可以說是工業所以不能發達的一個致命傷，其重要僅次於不平等條約之束縛。政府不肯立刻裁厘，因爲厘金每年供給不少的收入。工商界一時也不願裁厘，因爲恐怕裁厘後另有種種繁瑣之營業稅及其他。簡直這是飲酖止渴，眼光太短淺了。

苛捐雜稅四字，性質也難斷定。普通以爲新加的稅，非苛即雜，而認爲老稅都是好稅，其實這是大大的錯誤。是否苛捐雜稅，只要看他是否公平，是否摧殘國民經濟，和是否供正當用途。政府現在所定的稅，頗有以爲尚未納入正軌者。無論如何，現在稅的名目太多，足以使企業家不敢大胆地與辦實業，是有幾分眞實的。

六　時局之不安定

一切工業的發展，都有賴安定的時局，因爲這樣才有保障，這樣才有出品的銷場。工廠的所在地不安靜，工廠無從出貨；工廠所在地以外的地方不安靜，出貨無從暢銷。政局安定，可以保障一切工業；政局不安定，可以摧殘一切工業，此處無庸多說。

七　貨幣的不良

中國是用銀的國家，現在金貴銀賤，看這個趨勢，銀價一時不能上升，除非中國實業發達，內地銀的需要增加。普通多以爲金貴銀賤於中國工業有好處，其實正正相反。中國工藝品粗糙，並不能投外國人之所好，所以在外國無從立足。可是中國的工廠裏，機器也外國來的，原料是外國來的，(如織布廠的紗，人造絲；烟公司的烟葉，烟紙，大半是從外國來的。)高等技師也是外國人，(薪水多照金價算；如果平時照銀兩算，當金貴銀賤之時，薪水一定要提高。)金貴，則此三者都貴。而且銀子不值錢，工人一定也要加工資；不然，就有罷工的危險。所以金貴銀賤的結果

週聞簡報

黃恭儀

▲鐵部籌開全國鐵路運價會議，以便與各方切實討論各路運貨價目，各種手續，現正在籌備中，會期約在四中全會之後。

▲鐵部孫哲生部長，決向四中全會提議，請徹底裁撤各路各項附加捐稅，籍以維持鐵道事業，促進工商發展，以裕民生。

▲歐亞航空公司，在德所訂購之飛機，日內即將由德搭輪運華，預計明年二月即可試飛平滬段，至於飛歐計畫，如經過俄境不發生其他問題，則二月後，亦可實現。

▲粵漢路廣韶段車被刦，地點在琶江站，損失現款萬七千元，各貨無損，擄去四人。

▲津浦路兩年來之損失，總數達二千四百十七餘萬元。

▲蘇省營業登記稅，財廳正在擬訂徵收細則。

▲財部整理無擔保外債，係與整理無擔保內債採同一步驟，年由海關稅收項下撥五百萬元作基金，本年度已實行整理辦法，但現尚無具體決定。

▲英國商務調查團前日過滬。

▲浙繭商請禁止日繭進口。

▲平總商會組織改良捐稅建議委員會，藉以反對苛捐雜稅。

▲招商局改國營，明令已發表。

▲津浦路政，可望統一，不日即將恢復駐津辦事處。

▲工商部於十一月一日在南京舉行全國工商會議，揭櫫四大方針（一）厲行工商政策；（二）促進生產事業；（三）鼓勵對外貿易；（四）增益國民經濟。各方面送到之提案，四百餘件。

，只是產出貨品的成本增高，售價自然也增高。高價的貨品，銷路還好得了嗎？

綜上所言，有些是暫時的，有些是永久的，當此全國工商會議開幕之時，工業的經營者和國內的專家，對此當有詳細的討論，且看他們解決這些難題的方案吧。

增加工資是否為提高價格之原因

王烈望

商業場中，咸以工資之增加，為價格提高之原因。僱主常以此而進忠告於勞工曰：「苟汝輩欲爭工資之增加，則此所增加之成本，將附增於物價；工人亦同時為消費者，其所得增加之工資，適足支付增加之物價；工資增加百分之十，同時物價亦增百分之十，則適相抵而無餘矣。」

據經濟學家之研究，價格之提高，非成本增加之故，而由於貨幣數量變動之結果，及普通商業心理之轉移也。此項原則，可以極顯然之例說明之；前者德國物價之高，發行過量之紙馬克致之也。是則勞工成本之提高，實為價格騰貴之果，而非為其因也明矣。

吾人更可以邊際效用之分析證明此說之不謬。苟使物價超過于邊際購買者之所願支付，則其貨物將不能暢銷於市場。故僱主不能任意使其出品之價格提高，而致銷路之滯鈍。邊際購買者之掉頭不顧，實為價格上升之最大阻力。然如政府與銀行發行多量之貨幣時，則消費者便能購買價格較高之貨物，而賣者審此實情，遂將物價步步升高，工資之增加與否，固無與於此者也。不然，雖使工資增加，生產者不能使其物價提高也。

調查

中美公路籌款法之比較

警

交通事業之發達與否，足以覩一國之興衰，而整頓交通之要圖，尤非從擴展公路入手不為功，中山先生詳言之矣。美國素號富强，其對於公路之建築，進行不遺餘力，成績優美，令人嘆服。我國地大物博，人口衆多，然而以其道路事業與歐美諸國相較，實有相形見拙之勢。今國人已深覺道路之重要，而羣起從事建築。然各省各縣所應行建築之道路，當在二三千萬里之數，其建築經費至少亦在一萬萬元以上。中央對此雖有具體計劃，然以國庫不充，籌款維艱，難以實現。各省各縣欲建築公路者，皆自行籌款，其方法各不相同。茲將我國最通行之籌款辦法略述於後，以與美國之公路籌款辦法，作一比較。

（甲）中國公路之籌款方法

我國公路建築分公私兩種。所謂公者，即由省政府及地方政府籌資承辦；所謂私者，則由汽車公司籌資承辦。請先言省政府及地方政府之籌資方法：

（1）附加稅法　此法近年各地採用者甚多，即此一種稅之外略加附稅，以爲建築公路之用。例如河南省在煙酒附加稅外，每元再課以一角五分之公路附加稅，而於每袋食鹽亦課以五角五分之附加稅。山東於每兩田賦外再課以公路附加稅五角五分。

（2）特稅法　此法係於暫時課某種貨物以稅，如米糖等。

（3）捐法　此法由一地之行政官吏向各該地紳商捐助，而以獎章等物鼓勵之。

（4）公債法　與普通之公債同，年利一分，限期贖回。此種公債多屬強迫性，由政府強迫人民購買

（5）公債盈餘法Bond Premium　分公債爲兩種即優先公債與普通公債。此種公債又分爲七類：a,一元公債票b,五元公債票c,十元公債票d,五十元公債票e,一百元公債票f,五百元公債票g,一千元公債票。十元以上之公債票有下列之權利：

a,考核帳目權

b,選舉路局職員之權及被選舉權

c,紅利權

至於十元以下之公債票則僅有紅利權。其所盈餘之百分之廿四提作修理費，百分之二作職員之債金，百分之二作優先公債之酬報金，百分之十六則作普通公債之紅利。公債之期限大概十年者居多，十年後分期贖回。

汽車公司承辦公路，其籌款方法，不外發行股票。其股票之票價分：a,一元股票；b,五元股票，c,十元股票；d,廿元股票；e,五十元股票；f,一百元股票。此種股票所得之權利與商業有限公司同，惟其認買之方法則含有強迫性質。例如廣東新會縣凡十口之家之居民必須認買五元之股票一張。房主則以兩月之房金作買股票之用，不足之數則補以現金。地主則每畝出洋一角以作買股之用，福建同安線沿路之居民亦以購買該路之股票爲當然之義務。其法用現金地皮勞力均可。

（乙）美國公路之籌款方法

美國公路略計二百餘萬哩，其中九成爲泥路，與污湫隘，不良於行。當此新事業盛行時，實爲前途一大障礙。該國人士，有鑒於此，故相率以改進道路爲急務。於是聯邦政府當爲之倡，一九一九年國會通過聯邦津貼案，規定二萬萬元改進公路費。同時州政府亦獎勵築路，州路公債由人民票決者計三萬三千四百萬元，此外由地方籌款，以作此項用費者爲數亦夥。今將其最通行之三種方法，分別言之：

（1）公債法　預計目前修築及將來保存，應需費用多少，依數發行公債票，取貸於人民，與一定利息，限定時日贖回。此種公債以流行期限論有「長期公債」及「短期公債」之分，以償還方法論有「準備償金公債」及「分期償還公債」之分。

a長期公債　通常定爲五十年。以年利四釐或四釐半計算。屆贖回時，所費利息，已較實値多一倍或一倍又四分之一。平均每年贖回費，以期限五十年，年利三釐計算，每元須費八毫九絲。然則一千元之公債贖回費，共須四百四十元。加以四釐或四釐半年利。實費二千四百四十五元，或二千六百四十五元。

b短期公債　其年限依據路之各

部分能保存適當之平均年限而定。

準備償金公債　此券非屆券面上注明之時日不贖回。債額全數於此時期內均付息。並另置準備金存儲生複利息，積至償還時期，適合債金之總數。

分期償還公債　每年贖回一次，其數多少，隨債額而定，已贖者停息，未贖回者付息。惟在頭數年贖回時，路既未經完成，公家復無贏利，而債金及息金輒須極大之款項，殊感不便。因遂生出一種「延期償還公債」。即債金及息金不同時支付，債金俟有餘利時再行支付。通例每五年或十年支付一次。息金則如常按年清償。

（2）年預算法　即每年將應用款項規定於預算案內。屆時徵稅於人民，以清付之也。

（3）特別攤派法　此法由一部分人民担負，因公路之直接利益，每由與路旁隣近之人民首先享受之故。以其所受之利益為比例分派最為公平。惟鄉村居民稀少，財力薄弱，難於負担重款，州及縣政府為獎勵公益事業起見，常助給費用之一大部分。美國最通行之州津貼法即基於此。

演講

金貴銀賤問題

（此文已經諸先生親自校正）

諸青來講　王烈望記

——中國經濟問題之一——

銀市之高下，固足引起滙市之變化，滙市之變化，亦可引起銀市之高下，試設例以明之：如有某甲向上海某外國銀行買進遠期外滙一百萬鎊，某乙則賣出一百萬鎊，照例銀行售價與買價有相差之數，甲乙兩方賣買相抵，銀行從中賺此差數，不負若何風險，假使某乙只賣出五十萬鎊，所餘五十萬鎊之外滙，銀行有時亦自為買主，但為避免滙市變動之危險計，即拍電至倫敦購值價五十萬鎊之期貨銀條以為抵補，如此可免金滙跌價之危險。倫敦銀市苟無別種變化，則因上海方面購進，必將大條放長，以需要增加故也。此種買賣行為，俗稱「套頭」，即英文所謂「希擎」（Hedging）是也。然此種套頭，常為現銀運進點所限制。按現銀運進點為一・一九六乘大條行情之積數；如此數較滙價高若干，則銀行可做上述之套頭，否則作罷。設現銀運進點為一先令七辨士，滙價為一先令七辨士半，此相差之半辨士，即銀行淨得之利益。至現銀運出點，為一・一三六乘大條行情之積數；如此數較滙價低若干，則銀行在滬售出外滙，向倫敦拋售相當之期貨銀條，亦必有利可圖。銀行因有利可圖而做套頭，倫敦銀市，遂間接受其影響矣。雖然，外滙供求，虛實相劑，實供足以壓倒虛求，虛供終不能勝過實求。近年滙市狀況，華商投機家始而紛紛拋售期滙，外國銀行自處於安全地位，依套頭以應之，及外滙實求紛至沓來，拋空者為其所擠，滙價乃扶搖直上，而有不可遏抑之勢矣。

▲（丙）外滙與標金　標金者，重漕平十兩成色九七八（即千分之九百七十八為純金）之金條也。其名稱之由來：或云指合標準者而言，或謂舊時從東三省運出金塊，備有保鏢，故名標金。兩說孰是，尚待考證。按交易所中之標金交易，係一種期貨，在期前賣買兩方，本可抵銷，如不抵銷，到期時賣戶交貨與否，聽其自便，設果交貨，買戶非收貨不可，此係習慣使然，與其他期貨不同，亦因中國產金太少，到期時無貨可交，亦屬無法。不交貨，則講結價；結價之算式為 480 × 東滙價 +3= 標金結價。東滙價係照交割日滙豐銀行掛牌，三兩係運送保險等費。例如某甲賣出期貨一批，為五百九十兩，到期無貨可交，結價為五百七十九兩，則甲可找進十一兩。買戶某乙買進原價，設亦為五百九十兩，則找出十一兩，故買戶不能壟斷居奇。但自禁止金條出口，金價與結價相差甚多，買戶乃稍占優勢矣。近年標金上漲之

之眼光與努力如何。同一國營之鉄道，而各路營業之盈虧，工作之效能，各不相侔，是全視負責者爲何人，國府此次特派李仲公氏經營該局，前途順利，固吾人所馨香禱祝，不特拭目俟之而已也。

一所賣票有秩序的車站

瑗

我國各路車站賣票窗前，有秩序者絕少。固爲國人無遵守公共秩序之心理，亦各路局管理不得其法也。瑗在膠濟路實習時，見青島路站售票窗前，皆設木欄一，購票者必須由一端入欄，他端出欄，旁立路警，維持秩序，使旅客依到時之先後，排列成行，魚貫而前，不得爭先，互相擁擠，故翦綹不能伺隙，無遺物失金之虞；少壯不能逞強。老弱亦不至被擯。不特青島一站如此，膠路其他各大站賣票之時，動輒數百人，列如牆垣，長及數丈，後到者，每有等至三四十分鐘，始能購票，亦惟有自怨到遲，不敢爭先，蓋亦由習慣使然。（至於孤身女客，則無須循序而前，可直入木欄內購票。）津浦路濟南站，北甯路塘沽站，南滿路大連站，皆行此法。聞其他各路未採此法者，少數賣票員，每利用擁擠之際，故意少找餘款，其甚者且以贋幣找客。一般旅客，或急於乘車，或欲速脫重圍，每不細察，至受其愚。奸滑之徒，更乘擁擠之際，出售贋票，或僞代旅客購票，騙款而逃，若施行青島車站 Line Up之法，不惟旅客稱便，鐵路名譽，亦可因之增高也。

編者園地

本刊每期僅一萬餘言，所以長篇鉅幅，容納不下。請惠稿諸君注意。

本刊極端歡迎有時間性的文字。

經濟落後的中國，有許多應行討論的地方，本刊歡迎此類作品。

本刊每期稿件，均經蔡星五先生審閱檢定。然後付印，蔡先生精研經濟與交通，最近奉令派充鐵部專員。本刊得諸位顧問先生及蔡先生之指導，在經濟界及交通界之刊物中，自樹一幟，可斷言也。

已畢業之同學在各路實習者，心得必多，公餘之暇，尚乞多惠大作。

日本在滿洲的投資

投資者		投資項目	數量
南滿鐵路公司	直接經營之事業	鐵路	248,277,556
		港口與碼頭	59,989,109
		航行港口之船舶	4,044,933
		煤礦	102,730,711
		鐵業	20,747,607
		衛生	14,550,686
		教育	13,489,848
		市政事宜	134,979,952
		其他	46,231,332
		總數	644,841,734
		借與中國鐵路勵鼓實業之款	59,452,855
		與中國訂約搆造鐵路預付之款存款及未收回之債等	150,528,206
日本政府借與中國政府之款			98,730,823
日本各種公司借與中國政府及個人的			25,282,080
日本各種共有之大宗財資			439,003,410
日本私人私有之資本			94,991,560
		總數	554,277,050
總共			1563,117,849

南滿鐵路報告

上海交通大學經濟學會編行

中華民國十九年十一月十日

經濟週刊

黎照寰題

零售每份大洋一分　第二十七期　每逢星期一出版

論著

科學管理法與實業合理化

胡賡運

科學管理法與實業合理化，在這個社會主義來改良資本主義的社會中，甚囂塵上。前者始於美法而流播於世界，後者濫觴於德意志而響應於全球。頗有人以爲這就是拯救現代社會最好的藥方，也就是免除階級鬥爭的不二法門。

這兩種口號，現在也在中國時髦起來了。中國本來沒有甚麼大規模的公司，所以應用到科學管理法的甚少。況且採用科學管理法以後，上上下下，都難以作弊，如果難以作弊，雇用者的高級員司，首先就不高興幹了。然而這高級員司所反對的科學管理法，正是下級工役極所歡迎的，因爲採用此法之後，平的待遇他們可以花費較少的勞力得到較公，較多的休息時間，和較多的工資。除去高級員司不歡迎科學管理法以外，雇用者自身也不甚明瞭科學管理法的優點，又乏此種專門人才，所以科學管理法的名詞，雖然久已爲中國人所稱道，然而一直未曾抬過頭。

實業合理化，在我國更是嶄新嶄新的名詞。然而我國的實業極其幼稚，欲求其不合理而不可得，更不必唱甚麼合理化了。不過，中國人老是迎上頭去學的，所以鐵道和公路沒有辦好，現在又致力於航空；電報線寥寥如殘風暴雨後的蛛絲，現在又倡行無線電；人家有好的，我們都得學，爲的是新鮮，爲的是不落後，爲的是與歐美各國並駕齊驅。

不過，實在說起來，這也並非一味的盲從。在這極幼稚的實業國度裏，爲增益國民經濟的充實程度起見，爲抵抗資本主義的侵略起見，爲防止共產黨的煽動工人防礙生產擾亂社會安甯起見，不得不對於合理化的方法，加以研究。如果實行實業合理化，則對於這經濟紊亂，生產低落的中國，就有一個具體的計劃，不至於走灣灣曲曲的路。

如果生產合理化，則資本家不能以利潤爲生產的唯一目的，而要顧及到全國的經濟狀況，這是一種多麼理想的生產！如果商業合理化，則商人不至壟斷居奇，亦不至作無謂的競爭，而免除現在因爲壟斷和競爭的流弊。如果銀行合理化，則銀行不至濫發鈔票　和投機到危

本期要目

論著
科學管理法與實業合理化　胡賡運
調查
世界航路述略及太平洋線之概況　黃寶桐
演講
江浙兩省籌備之營業稅　馬寅初
工業電氣化　周鍾岐
交通研究
鐵路營業進款一瞥　伯
雇用汽車之營業要點　相青

印刷者　華僑印務局

險的事業上去。一切的實業，如果眞能合理化，則前途一定可以比較光明些，不至如現在的各行各是，彼此毫無聯絡和調濟。本來，我國的資本極其薄弱，我國的工業也非常幼稚，以個人或一個公司的力量，無論如何，是無法與外國資本家抵抗的。如果全國實業界有一個具體計劃，則拿全國的精神和財力，一定可以得到較大的效果。

如果欲求實業合理化，則丟不開科學管理法。實業合理化是全國整個的計劃，科學管理法是每一個公司或每一種實業達到實業合理化的手段。惟有科學管理法 始可以促進生產，免除無謂的消耗和清弭勞資的糾紛。如此，實業始可以談到合理不合理。譬如說：我國現在已經實行生產合理化了，那嗎，第一個計劃，就是提倡國貨，抵制外貨。如何可以提倡國貨呢？必定要就可以抵制外貨的國貨增加他的生產量。如果欲增加生產量，必定要工廠內的財力不虛耗，人工不虛，原料不耗虛耗。那嗎，非厲行科學管理法不行了。

科學管理法並不是壓迫勞動者的，而是幫助勞動者的。科學管理法之目的，是以最小的勞力，最低限度的資本和原料，獲得最大量的生產。（而這大量的生產，如果已採行實業合理化，絕對不至於生出流弊。）他用不著壓迫工人，即可得到良好的效果。因爲科學管理法，非常注意到工人的工資，和其他的享受。一方面增加工資，減少工作時間；同時訓練工匠，鼓勵出品的速度。結果是事半功倍，成本輕而售價廉。工人固然是得了益處，社會也間接蒙了福利。譬如，厲行科學管理法之後，紗廠的工人偷不到棉紗，然而因爲工資增高，待遇改良，固不必再行偷竊。公司方面，以所偷竊的東西，變出錢來，還給工人，在公司和工人兩方面，都是堂堂正正的，豈不比一個要做賊，一個定要把人當賊的好。在科學管理法中，首先要訂定工作標準和報酬標準。所以工人不能偷懶，也不願偷懶，廠方決不至吃虧。同時，廠方要以相當的報酬給工人，工人也不至受壓迫。如此，廠方因爲管理的順理，工人無怠工罷工的危險，自然放膽投資。工人因爲報酬豐富而且公平，也不至偷懶，而樂於工作。這樣生產出來的貨品，成本一定要減輕，售價也自然隨之減低，銷路當然要比較暢旺。銷路暢旺，資本有了報酬，漸漸就要充裕起來了。

然而，科學管理法，只是局部的改良，非採行實業合理化，則以科學管理所得的生產，不能適應國內的經濟環境。資本主義的工廠，何嘗不採行科學管理法，然而他們所生產的商品，每每是不合理的。如果生產不合理，那嗎，科學管理法只足以濟資本家之惡，就大體上說來，未曾得到良好的結果。

總之，欲求實業合理化，非嚴行科學管理法不奏效；欲嚴行科學管理法，非首先訂定實業合理化不爲功。

※ ※ ※

調查

世界航路述略及太平洋線之概況

黃寶桐

海洋交通，端賴汽船，汽船運行，往來如鯽，所經之路，謂之航路，航路非貿然可定，須根據以下二大原則：

（一）第一，航路預擇最經濟之路線，聯絡最重要各埠。（如此則成本節省，收入豐富）

註：地球上兩點間之最短距離，爲連接此兩點之大圓之弧。（參觀球面三角，有詳細定義。）凡海洋航路，莫不根據此點，以定初步路程，然後研究所經各埠，於國民經濟上，社會利益上，航船本身成本上，有無影響，以爲最後定奪。

（二）第二，航路須避免關於天文上氣象上各不利點，（以免增加成本，或其他危險等事。）

世界各大汽船公司，均根據上列原則，定其航線，現在航業極盛，海洋之上航線甚多，大別之，得分爲以下八大幹線：

(一)北大西洋航路。(North Atlantic Route) 此線爲使美國東邊沿海各埠，與歐洲之北海波羅的海各埠互相聯絡。該線係橫斷大西洋，經英法海峽而至北歐。

(二)東洋航路。(Mediterranean and Oriental Route) 該線自美國東岸，經歐洲之地中海各埠，至東印度中國日本等處。

(三)南非航路。(South African Route) 該線在大西洋上之起點，爲歐美兩洲。東部方面，則經非洲之西部，南部，東南部，而至大洋洲。

(四)南美航路。(South American Route) 該線爲聯絡美國東西洋兩岸，迂道經過南美之航路。

(五)加勒比海航路。(Caribbean Route) 該線範圍頗廣，可謂北大西洋航路之南方支線，歐美間與墨西哥灣間貿易，均取道此線。

(六)太平洋航路。(East Asia-American Route) 此線橫貫太平洋，爲美國至亞洲孔道。

(七)北美西岸至大洋洲路航(North and South Pacific Route)該線自北美西部，至澳大利亞新西蘭等地，亦爲世界南部幹線之一。

(八)巴拿馬線。(Panama Route) 該線在南美航路上占重要位置，凡昔時之迂回航線，均得由巴拿馬線代之。

以上八大幹線，係將世界各航路歸納而成爲系統而已。所有船舶，並非既走甲路，不涉及乙路，汽船縱橫海上，隨處可往，否則世界航路網將不見諸今日矣。

世界八大航線，既已列舉如前，而太平洋航路，尤爲我遠東人民所亟應研究，故本篇於研究世界航路之餘，而將太平洋一線，加以較詳敍述。

太平洋之航海權，由美日英三國操縱，互相競爭，而日本尤不甘居人之後，奮勇自強，故其航業之

週聞簡報

黃恭儀

▲平黑通車，北甯路局業已着手準備，時刻表不日即可訂定。

▲膠路改訂新運價，准一日實行。

▲善後短期庫劵條例已定，劵額爲五千萬元，六十六個月還清。

▲平漢路黃河橋三十日完全修竣，車輛可通行無阻。

▲財部賦稅司消息，全國裁厘籌備大體完畢，惟裁厘後遞補問題，尚待商洽。

▲膠濟路新購大批貨車，約有三十餘輛。

▲南滿中東兩路，收入銳減。

▲北甯路擬辦鐵路銀行。

▲平浦四日起，直達通車。

▲白河天寒水涸，輪船被阻未能入口。

▲膠濟路煤車與貨車互撞，損失尚不過重，交通暫時停頓。

▲美財政界與實業家，計畫組織國際託辣斯，以挽救世界商業，藉以集中經濟理論與共同財政之指導。

▲行政院議決通過撤銷崇關徵稅。

▲全國工商會議，於本月一日，在京正式開會，是日到會員二百餘人，下午開分組審查會議，三日下午開第二次大會，各組均有報告，四日下午第三次大會，討論勞工問題，五日第四次大會，勞資協作方案，重行審查後，全體通過，六七第五次大會，審查一切議案。八日閉會，宣言揭櫫十大方針。

▲日人欲攫取濟南電話公司。

▲世界最大飛機杜克斯號，裝置馬達十二具，七千二百四馬力，速率二百公里，準備飛渡大西洋。

發達，實亦不亞於英美。茲將行駛太平洋上之各郵船之名稱，公司之區別，及其路線分述如下：

A 屬於美商者：

一，提督郵船公司

二，大來郵船公司

B 屬於日商者：

一，日本郵船會社

二，大阪汽船會社

C 屬於英商者：

一，昌興郵船公司

美商提督郵船公司所屬之郵船，如格蘭脫，麥迪遜，傑克遜，麥金蘭，傑弗遜等總統號，各具二萬一千噸之噸位，每十二日自西雅圖開出一輪，經維多利亞而入太平洋，越十二日而抵日本之橫濱，再經神戶而抵上海，自美至申約為十六天，該輪抵申後，再放香港馬尼剌等處。此線為往返上海西雅圖間最速之線。

日商大阪汽船會社所具之郵船，如伊豫丸，靜岡丸，加賀丸，橫濱丸，日商日本郵船會社所有之郵船，如阿非利加丸，阿拉培買丸，阿拉伯丸，阿利查納丸，巴黎丸、倫敦丸，各有一萬二千噸之噸位，其往還上海西雅圖間所歷之行程與各總統號相似。

昔美國太平洋郵船公司所具之林肯號，克里扶倫號，批亞士號，塔孚脫號，威爾遜號等五船，後轉售於大來郵船公司，該公司遂將該五船行駛上海舊金山間，謂之太平洋班，其行程由舊金山經和諾魯魯，至日之橫濱神戶而至上海，全線約須二十一天，抵滬後，再放香港馬尼剌等處。

大來公司尚有環繞地球之郵船，其始航點為紐約，每十四天由紐約開出，經可侖(Colon)而抵舊金山，再由舊金山依太平洋原有航線而抵滬，再由滬駛往新加坡地中海經馬賽入大西洋而回紐約。

英商加拿大昌興公司所有之亞細亞皇后號，澳大利皇后號，加拿大皇后號，俄羅斯皇后號，專來往上海溫哥武之間，其航行之速率，與大來公司之西雅圖班相差祗一二日也。

尚有美商福來公司，祥泰公司，天祥公司；日商川崎汽船會社，山下汽船會社，天華洋行，在太平洋航線內，亦有相當位置，惟以其營業範圍較小，茲不贅。

試觀以上各公司之航線，莫不相似，競爭之劇，概可想見，世界各國，於航政素為重視，茲以太平洋一線之情形觀之，他線亦可類推矣。

徵稿啓事

敬啓者：本刊鐵道研究專號，准於本月十七日出版。諸位師長同學及校友，如蒙惠稿，請準於十四日以前交下，是所至禱！

劉貽瑜謹啓(新宿舍一三三號)

演講

江浙兩省籌備之營業稅

馬演初講

丁藏林記

營業稅在中國最為重要，因其為彌補裁厘損失之惟一方法。我國之厘金由來已久，不但為中央收入之大宗，各省間接中亦得到不少好處。因厘金雖為中央稅欵，但中央不直接征收，均係委託各地方政府代收的。時代變遷，物價增長，稅率必加高，(如一帽之價，從前為五元，值百抽一，稅為五分；若現在帽價為十元，則所抽之稅，應為一角，方合百分之一。)此沽價後所增之稅，大概為地方所留用，數目亦很可觀。今一旦厘金裁撤，則中央政府一大宗之稅收無着，而地方政府亦無形中失去一項收入。為彌補計，中央有特種消費稅之成立，而地方政府亦有營業稅之創辦。

▲營業稅之歷史　最先實行營業稅者爲法國。法國革命後，人民對各種直接稅，皆甚憤恨，故改用此稅。不久復用舊制，此稅消滅。至歐戰時，因直接稅之收入不夠，又恢復營業稅。不過革命時之營業稅，是代替直接稅的；而歐戰時之營業稅，是輔助直接稅的。此其不同之點。英意兩國無此稅制，因其歸併於所得稅中。美國亦無營業名目，但其所行之銀行稅，公司稅等，皆屬營業稅之變相；所不同者，此等稅爲特種的，而營業稅是一般的。

▲收稅之標準　營業稅之標準有三：(一)，外表 Appearance；(二)，資本 Capital，(三)收益。Net Profit。法國根據第一種，故稅率之多寡，依裝潢及僱用之人數而定。德國依第二及第三兩項而定。日本依第一及第三兩項。比較起來，德國之方法最爲繁難，日本次之；因資本一項，無妥當方法調查，常致以多報少，不能得到眞數。至於收益數目，更不易正確；因營業費種類甚多，不易校對，而倒賬預備金及折舊費等，亦無正當標準計算，且擴充營業費及借用資本之利息等，應否從毛利中除去等之的問題，皆使找出正確純利時發生困難。

我國營業稅是初創的，政府無此經驗，商人無此習慣，方法斷不能過於繁難。所以德國之方法固不合用，日本之方法亦不宜易行，當擇更粗淺之法行之，其法爲何？即：

一，以資本周轉次數 Turnover爲標準。換言之，即販賣稅。General Sales Tax假定某店資本爲一千元，每月周轉三十次，則一月之生意爲三萬元。照百分之一之稅率，每月應納之稅爲三百元。

二，以毛利爲標準。有幾種營業如銀行，信託公司，交易所，經記人等生意，此進彼出，周轉甚速，一日甚至有百萬元之交易；若照周轉次數收稅，每日須納稅一萬元，焉能担負得起？故此種營業之稅，不依周轉次數而定，而以所獲之毛利爲準。

三，以營業之數目爲標準。有幾種營業，如繭行，茶行，絲行，牙行等，皆爲代客買賣之性質。祇見其買進，不見其賣出，可謂毫無周轉次數，則稅收無從訂定。故凡屬此種營業，則以其所做之營業數目爲準而收稅。

此種制度祇可暫時用爲過渡時代不得已之辦法，若長久行之，則弊端百出，茲擇其大者言之：

一，累進稅率不能實施。因周轉次數不能正確找出，有以多報少之弊。

二，累退稅。此稅不但不能應用累進稅率，且將使稅制變爲累退的。因物質價格各有不同，營金剛鑽者周轉雖少，而獲利甚大；而業肉鋪者，周轉次數甚夥，而獲利極微。若祇照周轉次數，不問資本及收益之多寡而收稅，將使資本大利益厚者納稅輕，而資本小利益微納稅反重，不是一種累退式麼？

三，影響不同。物之購買性有能伸縮 Elastic 者，即可買可不買的。有不能伸縮Inelastic者，即非買不可的。稅高則價漲，此自然之理；價既增漲則無伸縮之物之營業，毫無影響，而有伸縮性之物，必至無人問津，而將關門大吉矣。

四，貧人負担重。營業稅是一般的。無論何種皆須納稅，而此種皆間接由用物者負担，這是大家知道的。至一般貨物大都皆貧者所買，則稅收必爲彼等所負無疑，故長久下去，恐將成爲窮人稅了。

五，小資本被大資本打倒。例如一本書須經過五項手續，即(一)紙，(二)印刷，(三)膠粘，(四)裝訂，(五)發賣。在小資本經營之下，此五種工作必分五家經營，則有五處周轉次數。而由大資本家經營，可將五種工作聯合一處，則祇一處之周轉次數。因之小資本者之稅重，而大資本者之稅輕，結果小資本者必被打倒。

營業稅較厘金好處有三：

厘金節節設卡，商業進行受其阻礙，而營業稅一次蘉付，毫無此弊。

二，關卡數目，商人不知，且各卡之稅率又不一致，商人無從預算稅款之多寡，利益之有無遂無從測知，致營業含有賭博投機之性質。而營業之稅率，皆一律規定，商人對於貨物之成本有準確之預算，不致盲然行之。

三，厘金名目衆多，不若營業稅之一種名目，包括百物。

但我國商人對於此制，毫無經驗，不知此制於彼等之利益，拘執營業秘密之成見，不願以賬冊示人，致周轉次數，無從尋找，營業稅制，無從實施。政府為遷就計，改為牌照稅，於領照營業時，依資本之大小，分成等第，每年按等納稅。而商人又不贊同。乃復改為登記費，於登記時收費若干。但商人仍取觀望態度，趑趄不前，一若此制並不善於厘金者，眞應著亞當史密士所謂之「舊稅是良稅」Old tax is the good tax 一語。

要知此種登記費，不但商人觀望不前，難以成功，照我個人看起來，實行時尚有幾種問題發生：

一，營業稅本為地方政府用以彌補裁厘損失者，今改為登記費，僅能在登記時收費若干，以後不能再徵，即使商人遵行，不過暫時有一種收入，且此種收入，照預算尚不敷開支，於彌補何有？

二，營業登記屬工商部分內之事，若由省府處理，恐於工商部之職權上，不免發生衝突。

三，照江蘇登記費章程規定，普通業為百分之二，洋貨業為百分之五；但依中日新訂之條約，中外貨物納稅義務應當一律，則將來實行時，又難免受日本之抗議。

有此種種原因，所以照現在的情形看起來，恐怕連登記費亦不能辦到。

此文未經馬先生校閱。附註。

工業電氣化

周鍾歧講

長齡筆記

今天和諸位研究的問題，是我們在中國工業上應當向那條路上去發展？我們中國的工業，現在是狠幼稚的，除去上海及其他大商埠看到幾個烟卤外，餘外的地方，工廠是不大看見的。但是照目下的情形看起來，我國的工業，不久就要發達，而且來得狠快的。現在為來雨綢繆計，所以提出這個問題來，和諸位討論。

所謂工業，是機器的，不是用人工的。自從蒸汽機發明後，機器應用甚廣，遂一變從前之手工業而成現在之工廠制度。Factory System 自這種制度成立後，大量生產 Massproduction 成功，成本因之較廉，這當然是牠的好處。同時也有幾個困難問題發生，就是需要的資本太大，而且許多工人聚在一處工作，發生光線不足，空氣不好，易於傳染疾病等等的弊病。況且工廠的工人既多，則一廠倒閉，必因之發生失業問題。凡此種種，皆是歐美各工業先進國常常碰到而未能解決的難問題。

我們既曉得中國的工業馬上就要發達，而且來得是狠快的，則我們應當研究怎樣解決此種困難問題，使能受到工廠制度之利，而免去其弊。照我個人看起來，解決這些困難問題最好的方法，就是工業電氣化。換句話說，就是用電氣做機器的原動力。據現在發明電流可送至三百里以外，如此，則祇須有一個大規模的發電所，周圍六百里內，可任意設立工廠，工人不必聚於一個城市之中，各種困難問題自然不至發生了。

但欲使大家應用電氣，價格必須低廉，現在有人發明將煤變成焦炭，可得許多油液副產物，為汽車上及化學上的用品，如將煤變成焦炭後做發電所的燃料，則成本必賤，而電價可廉。

英國於一九二六年的冬天，國會議決將全國電氣事業收歸國營。美國有大電力運動，Gaeat power movement 以供給賤價電力於人民為目的。日本人民已有百分之八十一之戶數能用電氣，政府猶未滿意，現正計劃大規模之發電廠所。可見各工業國對於普遍電氣，非常努力。

電力所負之使命，有下列四種：

1.扶助工業向鄉村發展。電流可送至三百里外，前已言之，故工廠不必聚於一處，可以向鄉村任意發展，因有五種利益隨之而生：(一)免都市地價太高，設廠不易之困難，(二)鄉間地價既低，可得充分地面以供發展；(三)工廠可擇立於原料豐富之區域；(四)鄉間空氣新鮮，衞生上大有裨益；(五)工人可得寬大房房居住，起居生活較在城市中舒適幸福。

2.限制資本集中，免手工業被壓迫而消滅。手工業亦有相當好處，應加保存。利用電力，則營手工業之工人，可花很小資本備一小機器，Small motor 用電氣工作手工業。既免消滅之虞，失業問題，亦不致發生。

3.扶助農民增加生產，改良生活。我國農人向來是藉己力或畜牲力而工作的，終年胼手胝足，所獲甚微，而生活甚苦。利用電力，則可事半而功倍。或謂我國農人耕地甚少不合於應用電力。但是，可用合作方法，或租賃方法行之。據說無錫農人，即用租賃方法而成效甚好。

4.使主婦安適。我國現在的太太們是很舒服的，因爲許多勞苦事情可以僱用僕人去做。但是將來工業發達，人們大多到工廠做工，恐怕僱用僕人是不容易的。那麽，燒飯洗衣等等工作，必須自己去做，如用電氣，則繁難工作變爲簡單，等於用一僕人。現在美國婦人晨起時，祇須將電氣開關一扭，等她修飾完畢時，麵包咖啡皆已燒好，一舉手之勞，早餐已備，還不舒適麽？

據一九二八年的調查，世界上用電最多之國爲瑞士，平均每人每年用七百個開羅瓦特。Kilowatts 英國最少，平均祇七個。至於我國，因無正確統計，不得而知。但據大概調查，除上海外，全國各廠所發之電，每年約共三千八百萬個開羅瓦特，則平均每人一年尚用不到一個開羅瓦特。所以廉價電氣的供給，是我國現在最需要的。

但此事需要很大資本，在我國目下民窮財盡的時候，不是馬上就可辦到的。所以現在祇可算是籌備時期，在此期中，有三件事是應當做的：

一，統一電位。我國各廠的機器，以購自不同的國家，不能一致，故電流之電位，完全不同。以致甲地人民搬往乙地時，所有電氣器具，如電爐熨斗等，皆不適用。這是不經濟又不方便的，故電位須求統一。

(二)統一會計。會計之所以亦須統一者，因對於資本可得正確數目，將來政府收買時，有所根據而不致受欺。

(三)將發電廠所需之原料，如煤水——潮瀑布等之數量及所在地，調查清楚，以備將來應用。

我們有了這番籌備工夫，則將來工業發達的時候，可以從萌芽時期一躍而爲電化時期，則現在工廠制度所發生之困難問題，斷不至遇到了。

此文未經周先生校閱。附註。

交通研究

鐵路營業進款一瞥

伯

按照鐵道部規定之鉄路會計則例，國有鐵路營業進款之分類，略如下表：

▲運輸進款

(1)旅客業務——旅客R-1

尋常R-1-1

政府R-1-2

優待票R-1-3

遊覽票R-1-4

補價票R-1-5

睡車票R-1-6

特別費R-1-7

定期票R-1-8

(2)旅客業務——其他R-2

·行李R-2-1

包裹R-2-2
車輛及動物R-2-3
專車R-2-4
郵運業務R-2-5
裝卸力R-2-6
貨幣R-2-7
其他R-2-8
（3）貨運業務——貨物R-3
普通貨物R-3-1
他路材料R-3-2
本路材料R-3-3
（4）貨運業務——其他R-4
調車R-4-1
裝卸力R-4-2
延期費R-34.
（5）渉船業務R-5
▲其他營業進款
（6）電報R-6
（7）總機廠贏利R-7
（8）租金R-8
（9）雜項進款R-9
廣告R-9-1
站上車上之特許利益R-9-2
無主物及沒收物之變賣R-9-3
材料轉賣之贏利R-9-4
其他R-9-5
（10）附屬營業R-10
磚廠R-10-1
汽船事務R-10-2
發光廠及馬力房R-10-3
注木廠R-10-4
旅館R-10-5
船塢船港及船埠R-10-6
橋木R-10-7
其他R-10-8
（11）互用車輛R-11
客車R-11-1
貨車R-11-2

各項進款中，以運輸進欵爲最重要，因運輸進欵每佔全部營業進款百分之九十八。至於附屬營業及互用車輛所進之欵，不過百分之一，爲數極微，無關大體。但是，有的時候，這兩項進款也是非常重要的（譬如在互用車輛項下，就可以看出國有各路相互間之關係。）

在運輸進欵中，貨運業務佔一個極重要的位置，每每超過全部營業進欵二分之一，客運業務則超過百分之三十。（民國十年，客運進欵占全部營業進欵百分之三十五）。在貨運與客運中間，尤以普通貨物R-3-1與尋常客運R-1-1爲收入之大宗。民國九年，普通貨物之收入，超過全部營業進款百分之五十，尋常客運超過百分之三十。所以這兩項進欵，佔去百分之八十左右，而成爲鉄路營業主要之收入。所以，國有鉄路營業之進欵，以普通貨物之運輸爲最大來源，次則尋常客運。不過各路環境不同，所以收入也不無軒輊，有以貨運爲主要收入，亦有以客運爲主要收入的；然而以客運爲主要收入的，究屬少數。

※ ※ ※

雇用汽車之營業要點

相青

雇用汽車，指非公共汽車，非私有汽車而言。就是備好許多輛汽車聽候顧客臨時雇用的公司的汽車。在國內大商埠大城市裡，這種事業逐漸發達，前途頗有希望。然而因爲營業不合法的緣故，許多汽車行隨開隨倒。不特汽車行本身吃虧；就是需用這種汽車的，也感覺到不便當。

據各方面的經驗，雇用汽車之營業要點，有如下述：

（一）組織嚴密

只要規模稍大，雇用汽車公司的工人，是爲數很大的。組織一定要嚴密，務使公司內一切狀況，總經理可以一查便得。因爲分工的緣故，每個停車廠，頂好設一個主任，總理該廠的一切。監工也是必需的，然而有時可由主任自兼。雇工一定要先經過嚴密的攷察，尤其注意的是司機者。

先要把組織系統訂好，再利用科學的管理方法，如會計，報告等等，皆要綜核名實，絲毫不苟。如果組織嚴密，呼應才能靈通，銷耗才能減少，成本才能減輕，取費才能低廉，營業才能興旺。

對於工人成績好的，應有褒獎，才能鼓勵。而這種褒獎，一定要極其愼重，極其公平，否則有害無益。工人是公司的基本隊伍，非有科學的管理法，每易使公司運用不靈的。

（未完，第三十期續。）

上海交通大學經濟學會編行

中華民國十九年十一月十七日

鐵道研究專号（一）

鐵道在經濟學中之地位

程志政

晚近數十年來，世界各國之競爭，愈趨愈烈，推其主因，無不導源於經濟。經濟之爲用，既廣且備，經濟之研討，遂亦由理論而切於實際，此近代經濟學術昌明之所由來也。顧經濟之發皇，雖半由環境之需要而促成，半亦由於其他事業之影響。茲姑以鐵道事業影響有關於經濟者略論之。

經濟學中，厥分四部：曰生產，曰消費，曰交易，曰分配。生產者，所以造成人類樂用之貨物，而應人類之需要也，人類散居各方，欲以生產之貨物，一一送諸消費者之手，其勢非利賴運輸不爲功；而鐵道事業，以其地位之優越，輸送之便利，遂爲生產者所不可一日缺，近代工業，多側重於大量生產，良以大量生產，則每個單位之貨品，成本較廉也。夫生產之量大，則推銷之市場必廣，鐵路爲生產者增加推銷之便利，抑卽促進大量生產之原動力也。以言消費，則惟一條件，當以引起人類慾望爲鵠的。而增加慾望之工具，首推鐵路，蓋地方尚未開發，則人民日常所見者至鮮，慾望亦極低微；鐵道貫通，百貨萃薈，於是人民耳目一新，紛求所欲，慾望隨之而激增，消費數量，亦因之而偉大，此蓋於新興各地數見不鮮者也。至於交易，不外以貨物相交換；換言之，卽謀生產與消費雙方之接近也。在昔鐵路未與，交易者欲以貨物運至消費者之手，其事大難，故交易亦難於興發，商業無從進展；鐵道既築，朝發夕至，千里之途，近若比隣，交易範圍，亦由一省一國而至於世界，苟非鐵道，曷克臻此。再言分配，土地因交通利便而價值激增，金融因交通利便而足資周轉，結果地租日高，利息趨跌，工人工資增加，表面視之，似與鐵道無若何影響；然

鐵道研究專號（一）

要目

鐵道在經濟學中之地位　程志政
二路二港與一系統一港　劉時叙
鐵路推廣貨運問題之研究　盧福基
鐵路運率與國民經濟之關係　彭劍鋒

印刷者　華僑印務局

一究其實，則同一工資，因鐵道發展，物價低廉，其購買力亦隨之而增加：事實上工人已獲其賜，次則慾望增高，工人常努力於工作，以期工資增加，故工作效率，亦蒙良好之影響。

總上觀之•經濟之受鐵道影響，至深且鉅，設近代無鉄道以便利運輸，則經濟爲用，何有今日。二者關係之切，有如水乳中之相融，

誠不可一日缺，再就他方面觀之，因鉄道興發，而人口遷移，蠻荒之地，遂成富庶，失業恐慌，因之大減，此尤彰明較著者也。以言鉄道與經濟相關之例，指不勝屈，故知今日世界之重視經濟者，實由鉄道之力促成之。然則研求經濟學術者，於鉄道又烏可忽視，本刊今日發行鉄道研究專號，爰述其旨趣如右。

二路二港與一系統一港

劉時叙

▲(一)概論

日本帝國主義，處心積慮，欲亡我滿蒙者，數十年於茲；並以二路二港主義相標榜。所謂二路二港者，即：

(一)南滿鉄路與大連港

(二)吉會鉄路與朝鮮之清津港

南滿鉄路，直穿南滿，而以大連爲貨物集散港，吉會路則橫貫吉省，其西並因吉長路而與南滿連接，其外則以朝鮮之清港爲集散港。故斯二路直環抱奉吉二省，而遙控北滿及內蒙。此二路二港主義之實現，直足使我東北交通經濟之樞紐，受其控制，國防空虛，軍事上亦受其把持。甚且能使滿州不復爲國有。現南滿路在滿州，已根深蒂固，識者論及，俱有談虎色變之概。幸吉會路經我國民衆之激烈反對，尚餘一段未完成，然日人固無時無刻不思完成之也。年來東北民衆，鑒危機四伏，憤外侮陵夷，築路運動，突飛猛晉，已成各路，有十餘條之多，儼然成一系統，惟仍藉大連爲商港，不啻爲南滿之營養線，故利權外溢，仍與年俱盛，殊難言與南滿競爭也。

今年七月二日，葫蘆島築港，舉行開工禮，約計五年之後，即可完成。此誠我國建設中一極快事，蓋葫蘆島水深而不凍，實爲優良商港，而地適處遼甯省錦縣之南，可爲滿州鉄路系統之總集散地。故日本之二路二港主義，吾國可以一系統一港主義抵制之，日本對東北之侵略，不難因此而瓦解，何況吉會路尚未完成，日本實際亦只一路一港耳。

滿州我國自有鉄路，可列爲一系統，而分成三段如下：

(一)東段——包括北甯路之山海關瀋陽線，瀋海線，吉海線

(二)中段——包括打通線，通鄭線，四洮線，洮昂線，齊克線

(三)西段——包括錦朝線，及其西向之進展。

所謂一港，即以葫蘆島爲此系統之總集散點，與大連相頡頏，雖現在設備，不及大連，然苟能加意經營，鉄路運輸與港務，二者之發達，自可互爲因果，前途之繁榮，因未可量也。

▲(二)吉會鉄路之重要意義

日本欲建築吉會鉄路，數十年前，已有計劃。前清光緒三十三年日本第一次向我國談判吉會問題，以後中日交涉無一次不提吉會事件。現在吉會路之朝鮮部分，在日人掌握之中，自無庸述，其在我國之部分，則吉林之天寶山至圖們江一段，已經日人強行建築，藉口天寶山礦產運輸之便利，復乘我國內亂之時，遂爾成輕便鉄路。至吉林至敦化之段，亦因條約關係，由滿鉄會社借款承築，既所未築者，僅敦化至老頭溝之一小段，計長二百三十華里。近年日本仍欲完成，經當地人士誓死力爭，始未興築。此路在軍事方面及商務方面，均甚重要：在商務方面，可吸收全吉省及黑省貨物，且可與中東路競爭，而使海參崴受影響。至在軍事方面，則影響更大，既有一南滿，東北國防，已趨空虛，若再加以吉會；則直

如門戶均操之他人，其危險可設想耶？

▲(三)南滿鉄路之變相的特殊勢力

南滿路之在東北，很可恥地說一句，就是等於行政機關之於殖民地。按南滿鉄路，屬於南滿鉄道株式會社，而滿鉄會社，係直接受日政府管理，該社之使命，即爲侵略滿蒙，併吞東省，該社之直接營業爲鉄路，尚有附屬營業，如輪船公司港灣碼頭礦山冶鉄電氣瓦斯旅社等等，無不經營，並舉辦地方事業，如土地街市教育警備衛生，如上海之工部局然，其野心及目無我國之情形，可以概見矣。茲將該社近年之資產價額，簡單列表如下，以見其勢力之浩大。

★ ★ ★

民國十六年滿鉄會社資產價額表(單位百萬元)

資產名稱	估定價額	百分比例
鉄路	二二五、〇	三七、九
工場(總材料廠在內)	一二、〇	二、〇
輪船	四、三	〇、七
水碼頭	四九、八	八、四
煤礦	一二九、一	二一、七
鞍山鐵工廠	四五、九	七、七
荒原	二、八	〇、五
鐵路佔用土地	七五、四	一二、七
其他各種	四九、七	八、四
合計	五九四、〇	一〇〇、〇

現南滿鐵道會社每年純益，達數千萬元，皆我國民之脂膏也。大連港每年之純益甚巨，民十七年，達二百五十萬日金圓。大好商港，供人利用，殊覺可惜。將來不平等條約定須取消，大連亦定須收回，然在收回以前，積極抵制方法，則在我國自身之建設也。

▲(四)葫蘆島築港之重要

葫蘆島築港，喧議甚久，然因關內種種關係，迄未實現，直至本年七月，方始動工，由荷蘭公司承辦，完工期爲五年半，築港費定金圓六百四十萬。

葫蘆島位於遼甯錦縣之南，距北甯路連山站三十里，該島形若葫蘆，因以此名，島之環抱處，名連山灣，即擬開港處也。此港之優點，可舉於下：

(一)結冰期間，每年平均不過十日，且均係小冰塊，打碎甚易。

(二)港內波平浪靜，可以避強烈海風。

(三)水量甚深，潮落時，尚有

週聞簡報

黃恭儀

▲平漢路平局撤銷改爲駐平辦事處，

▲中東鉄路因收入不旺借欵三百萬，工資減給半數。

▲招商局積極整理股本債權，清理計劃已定，添購輪船發展南洋航路。

▲全國度量衡會議，十日在工商部開幕，收到各處提案有五十五件，分三組審查，並推定主席委員。

▲鉄部從事整理各路路務，因津浦平漢隴海平綏四路，若不急圖整理，將淪於破產，因擬組一委員會，專事研究處理各路之具體計畫，茲先從債務着手，然後行政及其他各方面之改進。

▲京浦輪渡關係首都交通頗鉅，聞設計今已內定爲活動橋樑式，全部建築費，約須四百萬元。

▲鉄道部孫部長向四中會提案三件，(一)請將國有鉄道購運材料續予免稅三年，以利建設，(二)請確定義庚欵全部三分之二以其一部分充完成隴海鉄路工程不敷之欵，其餘充修築各路鋼軌橋樑用，並飭將該項庚欵迅即撥交鉄部管理支配，(三)請確定俄庚欵之三分之二，完成隴海路工程，並飭將該項庚款，迅即撥交鉄部。

二丈六尺至二丈八尺深不等。潮漲時，則有四丈，故極大輪船，亦可自由出入。

（四）海底多係泥土，浚渫易施，需費可較省。

（五）我國現在對於該港，有完全主權，不比安東營口等處，均有日人勢力侵入。

吾人試將葫蘆島與大連作一比較，則知葫蘆島實有經營之價值。不過在港灣及碼頭等之設備上，恐將來完成後，不如大連港，但葫蘆島與滿州各大市之距離，則較大連為短，此亦一優點也。下列之表可以證明。

☼ ☼ ☼

葫蘆島或大連與各大市距離比較表（以有鐵路聯絡為準）

地名	與葫蘆島之距離	與大連之距離
瀋陽	二九四、四四公里	三九五、八一公里
鄭家屯	四九七、〇一公里	六七四、一七公里
昂昂溪	九五〇、九一公里	一、一二七、九〇公里
吉林	七一七、一三公里	八三二、九八公里

照以上各地觀之，葫蘆島均較大連為近，如鐵路運輸，聯絡得宜，運價自比至大連為低，則所吸收之貨運，必較多也。

（五）東省我國鐵路聯運之完整系統之重要

鐵路商港，互相倚賴，大連之於南滿，海參崴之於中東，前例明甚。葫蘆島之發展，視乎路運甚巨，若鐵路能成一完整系統，而以此為總匯，則其功効更巨。現在滿州我國鐵路系統，已規模大具，如前節所述，可分為東路中路及西路三部。現東部包括瀋海路吉海路，將來再須向北進展，以達呼蘭，而與呼蘭海倫路相接，則黑省東都及吉省貨運，均可儘量吸收。中部既包括北甯路打虎山支線，及打通通鄭四洮洮昂四路，更跨越中東路，而與齊齊哈爾相接，并可聯絡齊克路。西部現僅錦朝一短線，然西部待開發之處甚多，將來路線定須向西進展也。

由上觀之，可知滿州鐵路系統，已具良好規模，只須經營得當，即可蒸蒸日上，現中部洮昂四洮與北甯已有聯運，而東部亦有北平直達吉林通車之訊，則鐵路系統前途，益可樂觀，而葫蘆島港之繁榮，更可預期也。

（六）結論

日本向所標榜之二路二港主義，因吉會鐵之未完成，實已失去一半勢力，現所存者，惟南滿之特殊勢力，現我國北吉通車，一面使吉會完成之理由，加以根本上打擊，同時洮昂四洮諸路，可阻止南滿吸收西部貨運，我國方面鐵路系統已有規模，再加以優良之葫蘆島港，則此一鐵路系統及一港，足以破壞日本二路二港主義，是此項建設，非將為東北之曙光，要亦足為打倒帝國主義之先聲也，抑尚有言者，國內需要此類建設之處正多，惟希內亂早息，一切建設，得以早日着手耳。（完）

★ ★ ★

鐵路推廣貨運問題之研究

盧福基

鐵路營業之大宗收入，其來源有二：一為客運，一為貨運。貨運之進款，每佔收入之大部，尤較客運為重要。除少數路線，以地位環境之關係而以客運為主要收入外，多數路線，類特貨運以維持。故貨運之能否發達，常足以決定鐵路營業之興衰。此所以推廣貨運問題，為從事路政者所不得不研究者也。

鐵路事業，經緯萬端，與社會息息相關；而於產業界尤有密切之關係。貨運之來源，多為農業工業之出產品，而托運者多屬商人。社會方面之關係，既如此其密切；故推廣貨運問題，討論之範圍，遂亦因之而俱增。撮其要者，則有左列數點，茲逐一伸論於次：

（一）運價之審訂 運價之高低，直接影響貨運之漲落；蓋運價即貨物成本之一部，為決定賣價之原素。商人之運銷物品，所以謀利也；使運價過高，成本必增，所定之賣價亦必隨之而長。設不能與低價之同貨競爭於市塲，則銷路阻滯，無利可圖，寧復再求運銷。如是，鐵路承運之貨物減少，收入將亦隨之而削。故審訂運價，除注重營業成本外，尤須顧及市况；俾得訂一適宜公平之運價，使交運之貨品，得以暢銷於市面，則貨運之增加自可期也。

（二）服務之效能 服務效能，亦足以影響貨運之興衰。如路方對於運商能為敏捷完善之運輸，則運商鑒於轉運之便利，自必樂於托運：而貨運之來源遂與日俱增。反是，運輸停滯，致貨品失銷售之時機，或發生品質之損壞，運商將相率戒途；而交運之貨必日見其減。故欲謀貨運之發展，須增加服務之效能。他若服務員司，對於運商。尤應持以禮貌。其諮詢事件，必切實予以明示，切不可露傲慢之態，增人嫌惡。蓋運商對於路方之批評，常以員司之服務作為根據也。

（三）營業之招攬 鐵路營業，亦如商家之銷售商品。商號之出售者為物品，必覓主而求沽；鐵路之出售者，為運輸之服務，亦須有其買主。主顧之來也，自動者固屬不少；然使能再事招攬，則結果更多。民營鐵路事業之國家，各路之間，競爭營業至激，欲增加貨運，固非招攬不為功；即國營鐵路事業之國家，路線如屬平行，則各路為謀本身之發展，亦難免不為營業之角逐。即使無平行路線之存在，或亦有水道之競爭。故招攬營業，於貨運之推廣，關係至要。至招攬之事，則由招攬員任之；而此種招攬員，必須熟悉鐵路近區內之工商情况，方可受推廣營業之效也。

（四）工業之推廣 鐵路承運貨品，既以工業出品為大宗，故欲培植貨運之來源，莫善於推廣沿線之工業，使其生產增加，營業發達，路方因亦可享受共存共榮之利益。對於幼稚工業，則以低廉運價，助其發展。對於成長工業，則多方予以運輸之便利，保持其發達之地位。對於未興工業，則可派遣專員，調查出產原料，廣事宣傳，喚起投資家之注意，以便其從事舉辦。工業發展，間接即貨運之發展；與鐵路營業，關係至巨。此推廣貨運之所應先行推廣沿線工業也。

（五）農業之推廣 農業與鐵路之關係，與工業同，鉄路承運貨品，農產物亦為大宗。使農業發達，出產增加，則鉄路貨運之來源，自亦隨之而充實。故欲謀推廣貨運，並宜注意沿線農業之發展。農產品之轉運，務求低廉與敏捷，俾得暢銷於市塲。而季汛之期，出品增多，尤須預謀充分之準備，以免臨時車輛缺乏，無法運銷，致多損失。他若關於農業之宣傳，如改良種子，變化土壤，利用機器，預仿水旱天災等，尤賴有農事專員，以專其成。必使沿線農業，得以改良發展，則出產增加，路方貨運之來源，將亦蒸蒸而日上矣。

（六）廣告之宣傳 廣告術對於商業之重要，已為近世所公認。其目的在製造需要，推廣營業。鉄路之廣告，則更以增進路方與社會民衆之合作，為最後之目標。蓋鉄路為公用事業，必得社會民衆之扶助，始可期諸發展；而貨運來源，尤賴產業界予以維持也。合作之養成，在乎諒解；而諒解之產生，則恃乎宣傳。是則廣告對於貨運之推廣，可想見其重要矣。貨運廣告，種類甚多，大別之，則有左列五種：

（甲）全線之宣傳 此即將全線作整個宣傳之謂。如印送全線地圖，使運商暸然於路線經過之區域及各站之地位，俾便選擇路由，交運貨品。又或叙述本路之史蹟，及商業中地位之重要，使社會增加關懷與同情，共為營業之維護。

（乙）沿線重要區域或重要城市之宣傳 此乃分區宣傳之謂。如宣傳沿線重要區域內之富源，以鼓吹企業家對於該方之投資。又或宣傳某城市之發展，以喚起該地人民，同情於鐵路之發展。

（丙）服務之宣傳　服務之效能，對於貨運之關係，已如前述。欲使社會民衆，對於路方之服務，有良好之印象，必須以宣傳爲之助。

（丁）增進合作之宣傳　鐵路與沿線民衆之關係，最爲密切。民衆方面所發生之種種困難，仰賴於運輸以謀解決者至多。使鐵路能致力於合作之宣傳，俾沿線民衆瞭然於鐵路與本身關切，知幫助鐵路即所以自助，自可共維貨運之發達。

（戊）客運貨運聯合之宣傳　客運宣傳間接可以致貨運之增加；貨運宣傳亦可致客運之增加。如運商見可以鼓動游歷之性趣，而使客運增加，或企業家取道游歷者，見貨運之廣告，知區內可以從事生產，而動其投資之念生，間接使貨運增加也。廣告之宣傳，或以文字，或以圖畫，或印行成冊，或登諸報章雜誌，均視情形之適宜而定。

（七）聯運之規定　運商交運貨物，往往有由本路而達於客路者。如各路之間，無聯運之規定，則展轉裝卸，手續至繁，糜費尤多。此不特予運商之不便，兼足致運輸之延滯。夫運商稱便，方樂於交運；轉運便捷，運輸效能方增。故各路之間。應有聯運之規定，使商貨得由甲路而直達乙路。一國之內，鐵路事業無論國營民營，聯運之規章。尤貴劃一，如是則環域之內，四方轉運，方可收直達之運也。

吾國鐵路事業，比年以來，受政治軍事之影響，各路之損失，直接間接，爲數極多。原有營業尚難維持，因不足語乎推廣，方今全國底定，漸入昇平；各路環境，亦由飄搖而趨於安定。今後時期，正可從事發展。吾國天產豐饒，惟農業工業，尚均幼稚。貨運方面，其可推廣者猶多。上述諸端，俱爲根本問題，果能悉心研究，縝密規劃，則俾益於鐵路事業之發展者，實非淺鮮也。

鐵路運輸與國民經濟之關係

彭劍錚

交通事業可使國民生計發達，因交通事業能使生計地位完全擴張，而生計的擴張，與生產事業有密切關係，增加生產又以交通爲最重要的條件。交通事業缺乏或不完善，則生產的擴張限於一部分的市場，欲擴大市場當藉交通以促進之。市場的擴大生產的發展即國民生計的發達。

鐵路爲重要的完善的交通機關，對于經濟的發展有極大的影響，每一處鐵路均生兩種的影響：其一是對於在鐵路的生產與實業有很大的影響，其他即與一般社會的經濟生活有密切關係。前者是鐵路直接的效果，後者是鐵路間接的效果。

鐵路通過地，其生產可以勃興。在有鐵路的區域，因交通發達，貨運便利，本地的出產可運銷各地，並得由他地運來製造品與原料。本來生產與消費是互相維繫，設生產品的銷路不能擴張，則生產品過剩，勢必至生產縮小，鐵路交通的便利，既能擴大生產品的銷路，生產即因消費增加隨之發達，同時這地方不只爲生產的區域，亦爲消費的市場，他地的生產品時常運銷此地，這一地的實業可得繁盛，所以鐵路是直接影響於生產實業等等的。

鐵路的發達，即社會上的交通愈稱便利。社會文明進步與交通是相輔而行，交通發達的結果，是文明的啓進。文明與慾望有互爲因果之關係，慾望發達足以促文明進步，而文明進步又足以助慾望發達，人民望之量增，則需要隨之而多，生產與消費因之增加，一方面因有鐵路交通之便利，貨物易於移動，需給自易調節，原料易於獲得，製造品易於銷售，由是工商業可以發達，生產消費並實業等等，皆可發達，經濟生活得有充分的發展。

復次，鐵路交通迅速正確而又經濟，便於旅行，人民遠往他地，不感到何種的困難，無論其爲遊歷或係謀生覓利，均極便利，或以爲如此將使人口集中於都會，實則如果地方交通機關完備，鐵路的建築普遍，則都市專利用爲事業中心，都市之外爲住居地，人口仍得平均分配，所以鐵路發達，同一般國民經濟上言之是很幸福的。

鐵路是有益於國民經濟，但其効果能否普及？則又以運率爲定，運率適當，其効果自能表現；運率高昂，則鐵路不只無補於國民經濟，並且反有害於社會的利益。

鐵路運輸亦係營業，貨客轉運自當收相當代價以補其費用，此類費用抱括一切支付欵項，如營業費，材料費，工資，薪金，利息，租稅，保險等等費用均由鐵路收入填補，所收之運輸代價以及其他附業所獲之資金，即鐵路之收入，至其所收運率即『鐵路爲轉運客貨支付勞務所獲之對價之比率』(見伊籐重郎着史維煥譯「交通論。」) 所以運率之構成則依鐵路本身費用及爲利益所作之工効價値。

現在可將鐵路運率之高低與國民經濟發展之影響細論之。

鐵路與生產之關係極爲明顯，鐵路自身本爲發展生產之利器，但是其效用能否普及或完全表現；則又視其施行方法之利鈍爲歸宿，如速度之快慢，時間是否正確，所收運價之貴賤，均有極大影響，現就運價之高低而言：鐵路運率高，則貨客担負的能力不足應付，因爲貨物運價亦爲生產費之一，運費過多，增加生產的成本，成本大，則貨物之銷售的價格亦大，價格大，又影響市場上之需要，人民對於高貴的價格不能担負，勢不得不減少其需要，市場上供需失其平衡，生產品發生過剩，結果生產業不振，陷於經濟困危，只有歇閉，並且生產原料因運價高，轉運不易，原料本爲生產必需的，設原料因運價之影響，不易獲得，由是生產必至停滯，生產事業漸趨衰落，足以危害國民經濟之發展。

運率高，亦是使人民旅行次數減少。因其運率之高爲旅客不能擔負，由是旅行者無論其爲遊歷或經商謀生，均感行旅不便，只有困守一地，間接即影響文明之進步與生產之發達，以及國民生計。鉄路的工作，雖極完善，但因運率太高，終不得實現良好之效果。

生產事業衰落，足以波及消費。生產同消費本是互相因果，生產之盛衰，固由於消費率之高低，而消費率之高低，則又由生產之盛衰，運率高，成本增加，商品需要減少，生產漸次停滯，於是消費率低落，同時因鉄路運率高，貨物運輸不易，生產品或原料不能運銷，供給製造，而各地所有的生產品與原料亦不能運至工廠，即使能彼此轉運，而所費太大，又影響銷路，由是一方面發生製造品過剩的恐慌，一方面消費市場又陷於衰縮，即供給不能調節，國民經濟引起莫大的恐慌。

運率之高低又有關於工商業之進展，鉄路之敷設，對於工業亦有極大貢獻。因鐵路交通可以吸收內地原料，以供工業製造，發展內地實業，設運率高，則原料運輸費自大，於是供給工業製造之原料，亦難轉致，而工業停滯，內地實業無發展之希望試觀膠濟路之建築與其運價之影響于工商業，即可知運率與工商業之關係，玆錄膠濟路車務處譚書奎對於該路運價之意見如下：(見十一月五日申報)

『新運價與工商業之關係：當初德人佔領青島之目的，爲實行其政治上經濟上之侵略政策，…………………故膠濟路之建築，厥爲供德人經濟侵略之工具，非藉以發展內地實業者，膠濟路既專爲吸收內地原料，及銷運外洋製造品而設，故德人所訂運價，決不予內地工商業以發展機會。………以上運價，以內地爲最高，輸出爲最廉，輸入次之，因輸出運價低廉，則大批原料可以輸出，內地，運價最高，則原料與製造品，皆不能與外國工廠競爭，內地實業即無振興之希望。………』

據此而觀：則鐵路之建築，本欲使沿線並內地工商業發達，但因運率高，致其效果反不能實現，且將破壞固有之工商業。

由生產退化，消費縮小，商業衰落之結果，使經濟上的分配低減。土地之效用愈大，其需要愈高，則由土地上所得的利益亦愈厚，即土地價值增高。然土地價值依生產而高低，生產既因運率高而退化，消費率與商業亦隨之低落，由是土地效用減縮，其價值亦因效用而低降，一般地主希望由土地上所得之分配減少了。

復次，勞工作工機會亦因生產縮小，其需要不能與人工的供給相合，需要少則勞工失業者多，國民生計艱難，發生一般經濟的恐慌，社會失其安寧。

其次，資本用途緊縮，需要不殷，因生產不發達，投資事業稀少，用以生產的資本之流動停滯，由資本所得之利息率低降，國民經濟將有破產之危險。

利潤亦受影響低落，企業家希望投資從事生產及商業，結果因生產衰落，商業不振，利潤不得，而受很大的損失。

這是鐵路的高貴運率，間接上對於國民經濟之惡影響，如果運率減低，則貨物易于流通，生產費較省，成本較輕，供給製造的原料易於獲得，生產品的價格低賤，消費率擴大，供求調節，商業因以繁盛。經濟上的分配豐厚，結果足以發展國民經濟。但是國民經濟之發展與衰落自非單純受運率之高低的影響，不過運率可算為重要的原因。所以鐵路制定運率。除足抵其運送的費用外，能獲微利已足。因須顧及一般經濟上所生的効果。即為國家對于其國內各種產業的方針，謀國內產業發達，於貨客運率自當低減，使成本減低，貨物易於銷售率至於原料半製品與製造品的運率則應低於所造出之低級半製品或原料與製造品，至其他與農業有關的肥料亦應科以低運率。由是生產因一部分費用減省，成本低，易於投資。生產增加，國民經濟亦藉以發展。

綜以上所言：可知鐵路運率與國民經濟之關係，鐵路制定運率，一方面以運送費為標準，一方面則顧及貨客的担負力，同時又當以國民經濟為準則。

本篇參攷書：日本津村秀松著，馬浚甫譯：國民經濟學原論。伊藤重郎著，史維煥譯：交通論，馬君武譯：交通政策。Jones: Principles of Railway Transpotation Johnson and Van Metre: Principles of Railwcy Transportatiun.

京滬滬杭甬路將召集商務會議 (補白)

京滬滬杭甬兩路，橫貫江浙兩省，其起訖地點，一端為全國最大商埠之上海，一端為首都而與貫通南北之津浦線啣接，另一端為杭州，即行將完工之杭江鐵路之起點，故兩路貨運，極有發達希望。自劉維熾兼領兩路局務後，立即改組車務處，添設商務課，計劃改良兩路貨運，今甫五月，已大有成效。現決作進一步之研究而召集商務會議，討論一切具體辦法。

會議聞將在下月舉行，車務處長劉維熾鄭寶照為籌備此事，極形忙碌。除兩路各處處長課長為當然委員外，復聘請江浙兩省省政府，沿線各市縣商會，各業公會，各轉運公司，及運輸專家出席，除請各會員儘量交入提案外，對於外界一切改善貨運計劃，均極所歡迎云。

編後

本期為鐵道研究專號之一部分，下期仍為鐵道研究專號。

關於目前的急切的鐵道問題的研究，請多多賜稿！

劉時叙君，對於本校經濟學會曾有極大之貢獻，為本刊撰「二路二港與一系統一港」一文，頗有研究價值，編者敢作一負責之介紹。

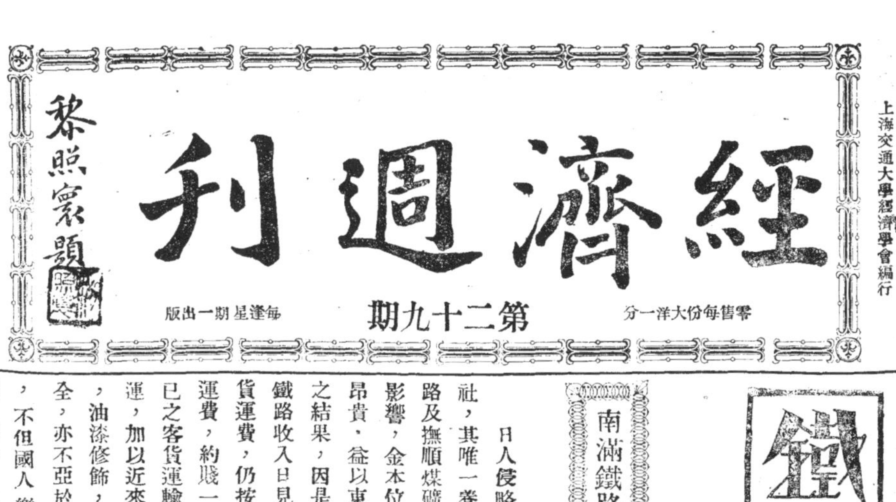

經濟週刊

黎照寰題

中華民國十九年十一月二十四日

上海交通大學經濟學會編行

第二十九期

零售每份大洋一分

每逢星期一出版

鐵道研究專號（二）

南滿鐵路的影響—東北鐵路實行聯運及葫蘆島築港

黃恭儀

日人侵略東北之大本營滿鐵會社，其唯一養命根源，厥惟南滿鐵路及撫順煤礦收入，自受金貴銀賤影響，金本位運費之實質上，大見昂貴，益以東北國有四路實行聯運之結果，因是橫跨我國領土之南滿鐵路收入日見減少，蓋中國鐵路客貨運費，仍按銀元計算，較之南滿運費，約賤一倍以上，故非爲不得已之客貨運輸，均改由國有鐵路裝運，加以近來北寧路對於各級車輛，油漆修飾，整理一新，其清潔安全，亦不亞於南滿列車，價廉物美，不但國人樂就之，即外人亦皆交口讚譽，故各路業務，頓形活動，頗有接應不暇之處，因是南滿路日形衰落狀態，收入銳減。滿鐵當局，雖力謀設法補救，但以金價繼長增高，事實上無法挽救，因滿鐵制度向以金本位爲標準，凡一切客貨運費，均以金票爲正式收入，在此金價昂騰銀價低落中，彼仍保持其舊有地位，不稍變更，滿擬乘人之危，攫爲已利，詎爲我東北交通當局洞悉個中情弊，特將國有鐵路實行減價聯運，貨運核減至五成，且減輕海關稅爲三成，到溝幫子者，則關稅全免，客票方面，則凡持聯運證者，祇收價十成之三，普通客票凡持有三線聯絡運輸乘券者，亦核減二三成不等，以上又均以國幣爲單位，國幣二元，始合金票一元，我國客商因國有鐵路運率之低廉，較南滿相差甚遠，爰移轉其運輸之趨向，滿鐵因之大受打擊，收入銳減，乃日人不知反躬自省，核減運率，以爲滿鐵前途計，近且遷怒於我交通方面，不應有減價運輸之舉，此眞無理之尤者，無端藉故生釁，良可浩嘆。玆將國有鐵路三線聯運每車貨價，與滿鐵比較，

鐵道研究專號（二）

要目

南滿鉄路的影響——東北鉄路實行聯運及葫蘆島築港　黃恭儀
土西鐵路之價值與邊疆問題　王同文
中國鐵路的科學管理　黃明培
鉄路建設原則之經濟觀　張迺修
中國鉄路與外交　徐明翼
鉄道與汽車　宋孝璠

印刷者上海法租界愛來格路華僑印務局

其相差之距如下：

(一)大豆一車由四平街驛起運，經聯絡之四洮打通北甯三線，達營口，運費爲國幣三百七十七元一角五分。

(二)大豆一車，由四平街驛起運，直由南滿線達營口，運費爲金票二百九十三元七角，按五二折作現銀洋，應合現銀洋五百六十四元八角

由以上兩線比較，是由國有路線達營口者，每一車即可省減一百八十七元六角五分，故國人均放棄南滿鐵道，不但由四平街達營口之貨運減少，即客票一項，凡黑龍江省及鄭家屯以西之旅客，經往平津營口者，亦皆由西而下，因此日方研究打通線減費五成，與我國有鐵路對抗，但因國有鐵路聯運效力增加，終不能敵，因之收入驟減，自今春四月以來，迄九月底止，減收額已達一千萬日金元，截至十月十七日止，比上年度實收之累計額，已減收至一千一百八十六萬三千三百三十六元，內計乘客減少一百二十四萬四千零二十名，客車收入減少一百七十四萬六千四百六十四元，貨運減少一百四十九萬六千四百五十基羅噸，貨車收入減少九百二十四萬一千五百五十四元，倉庫及其他收入減少十二萬四千六百八十二元，至於與其有密切關係之大連碼頭，因到埠輪船減少，故進出口貨物數量，亦大呈退色，本年度截至九月份止，到港輪船數爲二千零三十隻，載重五百七十四萬六千三百一十噸，進口貨五十一萬四千九百四十九基羅噸，出口貨二百二十二萬二千四百五十三基羅噸，若與去年同時比較之，到埠輪船減少五百二十八隻，總噸數減少一百二十七萬八千三百二十噸，至於進口貨物減少二十九萬零七百三十五基羅噸，出口貨物減少一百三十萬九千三百三十基羅噸，依照目前該路營業衰落狀態，則本年度滿鐵之鐵路收入與煤礦收入等項合計，恐將打破滿鐵幹部所預想之最高減收額二千五百萬元，現在滿鐵方面，雖曾極力設法謀求補救方策，務使全部減收不至超過二千萬元，但其計劃終未必能如所願，以現狀推測，本年度之紅利分配率，最多在七八厘左右觀以上所述，則南滿鐵道之業務，固呈非常之減少，每況愈下，昭然若揭，倘東北各國有鐵道，能乘機繼續改善，以謀挽回利權，當可事半功倍，而南滿今後之減收，尚不知伊於胡底也。

葫蘆島之築港，關係東北將來之繁榮，足使南滿鐵路之前途日趨衰落，該港完成以後　中國方面正在進展中之滿鐵包圍鐵道，得有海港，現在由滿鐵輸送之多量貨物，將爲所奪。按中國方面之滿鐵包圍線，計有三線：

(一)葫蘆島　打虎山　通遼　開通　扶線　哈爾濱　海倫線　(二)葫蘆島　打虎山　通遼　洮南　齊齊哈爾　大黑河線　(三)葫蘆島　打虎山　奉天　海龍　吉林　一面坡　方正　依蘭　同江線（又吉林　哈爾濱　海倫線）

第一線中從葫蘆島至通遼間，於去年十月下旬，業已全通，其他部分，亦已測量完結。第二線，祇待通遼至洮南間完成，即可直開齊齊哈爾。第三線，自海龍至吉林間，正在敷設，自葫蘆島至吉林，則已全部開車，誠以葫蘆島與大連爲基點，而測其與奉天之距離。

瀋陽——大連間　二四九哩

瀋陽——葫蘆島間　一七九哩

則大連較之葫蘆島，相差七十哩之遠，更以打通線終點之通遼爲中心，而比較其至滿鐵線之大連營口與中國鐵道之河北葫蘆島二者之距離。

大連	四九〇、九哩
營口	二六七、九哩
葫蘆島	三五四、二哩
河北	二四六、七哩

則營口比之河北，相差二一、二哩之遠，大連比之葫蘆島又差一三六、七哩之遠，且打通線勢力得延至南滿鐵路四平街附近四洮線之八面城，故葫蘆島築港完成以後，加以滿鐵包圍線之積極進展，結果滿鐵陷於絕大危境，亦未可知也。

週聞簡報

黃恭儀

▲粵漢鐵路促成會湖南分會，向中央四全大會提議完成粵漢路，其所擬之辦法如次，（一）指定湘粵鄂三省人民，集股興築，並由中央派精於工程者一人，或二人，監察其工程及材料，（二）規定四年或五年爲完成期限，（三）規定從修竣通車之日起，以十五年後歸還中央直接管理，（四）迅將米鹽公款，歸還湘省，以作湘段基金，（五）指撥中央可靠之款幾分之幾，以輔助人民力量之不足，列爲政府股本。

▲鐵部召集四路會議，（津浦膠濟平漢隴海等四路。）開會地點在徐州，主要議案爲清理車輛，十七日開幕，到代表十餘人。

▲平漢路中斷，已將半載，現已全線貫達，軍運業告結束，客貨運隨之開始，平漢路當局，現正擬訂整理各項路政計畫，以期早日恢復原狀，而利運輸。

▲淞滬車站，決定遷移，新車站在寶山路東百餘步，三星期以內卽將興工建築，建築費約需二萬元，明春當可落成。從此寶山路上之交通問題，可以不至時時阻斷矣。

▲平綏路匪刼，綁去乘客四十名，平綏交通因之暫阻。

▲京遼通車定二十四日開始，每週對開二次。

▲平綏北寧實行聯運，已在津商妥。

▲東鐵借款成立，十七日簽約，遠東行百萬，中交兩行二百萬。

▲京滬路車在黃渡有出軌情事發生。

土西鐵路之價值與邊疆問題

王同文

▲土西鐵路之興築沿革

蘇俄最近交通建設事業中，首推土西鐵路之完成，（或稱中亞鐵路）此路爲開始連絡土耳其斯坦與西伯利亞之鐵路，起於諾伏西皮斯克迄阿利斯止，惟其二端，已有一小段早已完成，故現自塞米帕拉汀斯克與塔什干附近之魯谷伐耶二端同時建築，共計長一千四百八十一基羅米突，（約一千七百哩）建築費據正式報告，爲二〇三，七〇〇，〇〇〇羅布，（二〇，三七〇，〇〇〇鎊）於本年四月二十三日竣工，二十八日通車。

查此路之建設計劃，初始於帝俄時代，當時帝俄政府之計劃，其路線卽由西伯利亞鐵路之諾伏西皮斯克站，向延長，直貫基爾吉期以達烏絲貝其斯坦。此計劃之主因，除軍事之作用外，更在商業運輸；惜此計劃當時並未積極進行，迨大戰發生時，方從事興工，後革命政府成立，仍繼續興築，故於一九一九年時，由諾伏西皮斯克至塞米帕拉汀斯克之一段已通車；其餘塞米帕拉汀斯克與魯谷伐耶間，於一九二七年又決然興工，預定四年完成，建築費須一〇六，〇〇〇，〇〇〇元，後因工程總監謝托夫將原定經過山嶺之路線，略爲修改，遂較預定時期，早一年半完成，並省經費一八，五〇〇，〇〇〇元，從事建築之工人，共有四萬人之多，並有二十萬駱駝，運送材料。凡鐵路上所用一切之裝置車頭車輛等，均係蘇聯自已製造供給，絲毫不借外力。

▲土西鐵路之經濟價值

本線所經過之地，均富於農產之區，其最要者，爲中央亞細亞之棉產區，與西伯利亞之穀物區。由西伯利亞至中亞地方之米麥糧食等，因土西鐵路之完成，得以運送便利，供給裕如。土耳其斯坦本適宜種棉；但近以米糧不足，不得不改種穀米，因此俄國棉產，大爲缺乏，其所用之棉，百分之五十，來自外國，如美國埃及等，每年費盧布一萬萬。現土西鐵路開通，關於糧食之缺少，可由土西鐵路從西伯利亞運來；是以沿線之區，因糧食供給之便利，無須再種糧食，可恢復種棉，蘇俄棉產，將來便可自給，而紡織工業，亦因此日漸發達。此外如沿線之牧畜業，與煤礦業，及其他礦產如鋼鉛鋅等，可因鐵路而發展，鐵路方面，因增加貨運，亦受互惠之利。

新疆之對外貿易，全是對俄貿易，計由新疆出口至蘇俄，其主要者，爲獸毛(羊毛駱駝毛馬毛)皮貨家畜乾果水果棉花等 由俄國輸入新疆，以砂糖棉布陶磁器五金類及五金製品煤油紙張火柴等項。在土西鐵路未成之前，中國對新疆之貿易品，有時尚須經由海參威，經俄國鐵路運往塞米帕拉汀斯克，再由此運往新疆，頗多周折，現土西鐵路完成後，較爲便利。現蘇俄對中國西部貿易中心地之距離，大見縮短，時間可以減少，運費得以低廉，兩國之貿易關係，更現密切；換言之，吾國新疆之富源，由俄人吸收，經濟方面，勢必由俄發展，任其指使，成其勢力，可謂痛心。

▲土西鐵路與邊疆問題

土西鐵路之第二重要性，即得相當軍事上之價值。此線與中國西北邊疆平行之處，約有七百里之長，其與外蒙古新疆邊界之距離甚近；因此土西鐵路對於吾國新疆邊防問題，至關重要。在初蘇俄欲向東進兵，抵由西伯利亞單線而進，現由土西鐵路已與哥加索之鐵路接連，可雙管齊下。若中俄一旦有事，則蘇俄可利用此線，向我方進兵，向新疆作包圍之進攻；同時我邊陲七百里之地，勢必遭其蹂躪；而回顧中國方面，新疆無尺寸鐵路，交通不便，不知如何談邊防？總之，從軍事上立論，土西鐵路爲蘇俄插足外蒙與新疆西區之路，而使其受俄國種種之侵路。

其次，土西鐵路與中央亞細亞其他各國，亦有重要關係。如阿富汗本爲英俄勢力相爭之地，其國內原有親英與親俄二派，阿孟烏拉之被逐，亦即表示俄國在阿富汗勢力之消退；但據最近消息，納弟爾已退位，阿孟烏拉又復歸國執政，如是可見英國在彼之勢力，似乎反受打擊；而當此之時，關係於中亞國際形勢之土西鐵路，適又完成，則其於阿富汗之未來形勢，當有極大影響，不言可喻；且不僅於阿富汗如此，即其隣近之波斯，與現在民族運動高潮之印度與安南，亦蒙其相當之影響。

▲邊防問題與總理鐵路計劃

士西鐵路，既得經濟與軍事上之價值，其重要可知。現吾國欲防止俄人侵略西北邊疆，使外蒙與新疆同中國內部聯絡一起，厥惟先完成總理計劃之西北鉄路系統。此系統東起北大港，西貫滿蒙新疆，止於三區邊境各點，全系統共分八線，長七千餘哩，路線所過，皆係平坦，無高山大河，建築甚易。此線之功用，能發展北大港商業，聯絡東西交通，開發滿蒙新疆經濟，調節國內人口；並爲西北邊防之必要線。現八線中，其最重要而急宜完成者，當推北大港迪化線，迪化伊犂線，迪化於闐線，與第三聯站外蒙西北邊境線；若此四線完成，則以中國過剩人口，向西北開墾，發展其經濟，以供給本國。如是，土西鉄路雖具有經濟與軍事上之價值，而蘇俄對中國西北侵略之效用不無有的打擊。(完)

中國鐵路的科學管理

黃明培

現在科學管理與產業合理化等新鮮名辭，愈加引起人家的注意了，我們相信將來的實業，——尤其是將來中國的實業——的確有賴於科學管理來發展，鐵路佔一實業中最重要的一席，現在且來談談中國鐵路的科學管理：

(一)中國的鐵路爲什麼要加以

科學管理 本來在歐美各國，鐵路認為是最大的事業，有詳細的計劃，有遠大的政策，一條鐵路，不是隨隨便築成的，用之于運輸時，也不是馬馬虎虎去管理的，可是他們還認為沒有達到完全目的，還在精益求精的講求科學管理。再看中國的鐵路情形，方之歐美自然是遜色多了，有了錢高興就建築，財源稍感困難就不築；在平原而易于敷設的地方就建築，在高原或多山的地方就不築。原沒有一定系統，也不十分講求計劃。所用的原料，差不多通通都從以外國購來，也不問是否經濟。至於組織方面，甲路有甲路的組織，乙路有乙路的組織，這樣，組織既不劃一，政令也每每的因之不能一體奉行了。還有個不良現象，就是『人』不講『才』的問題，只論『數』的問題，不講某某是否眞正鐵路人才，只講某路有人員若干，這樣，關于如何才能發達鐵路營業，如何才能增進鐵路運輸車輛調度的效率，車輛交換與調濟方法又如何 當然都被屏棄，不去過問了。偶遇內爭，就只好一任毫無科學頭腦的軍人去任意把持，操縱，甚而至于破壞。這樣下去，簡直不『合理』極了，還能希望發達？所以說，科學管理，實是目前中國鐵路首要之圖。

（二）中國鐵路要怎樣科學管理才能使之合理化 欲使鐵路合理化，一方面在築路的時候固然要有計劃，要有系統，要有政策；而在管理方面，尤不可忽，因為管理之良惡與改治不得法，能直接影響鐵路之本身，茲列大概如下（一）營業的合理化，（Rationalization of operation）包括運輸，路線防護，車具防護等合理化而言，這是鐵路的製造（manufactming of railroad方面應當合理化的第一點；（二）車務的合理化（Rationalization of Traffic）包括招攬，訂立運價，發展車務等合理化而言，這是屬于鐵路的發售（Selling of railroad）方面應當合理化的第二點；（三）第三是鐵路理財的合理化（Rationat izationofF i- enncing）實在，我們譬如拿鐵路購料一樁來說，如果合理化了，能將全國各路各段所需的材料，集中起來，通由一總管機關購置，這樣能使買價便宜得多；他如招攬客貨合理化了，能化最少的費用而得到最大的效果；運費合理化了，能以最小限度之運價，而獲得最大之收入，總之，若果厲行科學管理，鐵路合理化了，大概有三個特徵：第一特徵，就是鐵路生產性的增大（換言之卽運輸的效能的增大）第二特徵，就是鐵路所得利潤的增加。第三特徵就是鐵路營業的規格化與標準化。

（三）中國鐵路實施科學管理後，結果怎樣 由以上鐵路管理合理化的三特徵，我們很明白的可以得到下列的幾個結果：（一）鐵路的生產性增大，就是說鉄路能以最少的原料人工與用費，而能得到最大數量的客運與貨運，因為所費的成本既輕，所以取之于客貨的運費，自然會減低了，這是能夠造福一般民衆的第一點；（二）鉄路本身因管理的合理化，雖取之于貨客的運費甚少，可是運費的成本很輕，收相抵後所得的盈餘，仍然很大；並且運費減低，愈能使客貨增加，所以利潤也必隨之俱增，這是足以為利鉄路本身的第二點；（三）最後，我們中國人較之歐美人，着實有點過于浪漫，所以孫中山先生也說中國人委實太講個人自由了，這種放浪的天性，若果加上一種規格化標準化，來調濟調濟，也未始不是我們中國人生命上的一個新的轉機哩！

嘗見今之鉄道當局，很感覺收入的不豐，因而專事增加運費，而在客貨方面，又感着運費的過高，而視鉄道運輸為畏途，現在欲要解決這個問題，恐怕非科學管理不為功了，由上看來，鉄路合理化，對于中國是有百利而無一害的，（卽或有，如勞工失業等在目前中國也不成問題）我們應當卽起提倡才是啊。

※ ※ ※

鐵路建設原則之經濟觀

張迺修

(一)緒言

以我國版圖之大，人口之衆，僅僅七千英里之鐵路，則鐵路之建設，誠爲不可遲緩之舉。且國府對於鐵路亦頗有發展之決心，設有專部司掌之，據最近中英庚款解決大綱，內謂所有自一九二二年十二月一日起應付之庚款，英國政府俟必要之法案經議會通過後，全數交還中國政府管理，但中國政府當將交還款項之大部份，創立基金，即以之整理及建築鐵路，且孫科已於四中全會提議，確定俄國庚款全部三分之二完成隴海工程，義庚款全部三分之二以其一部分補充完成隴海鐵路工程不敷之款，其餘充修各路鋼鐵橋梁之用，故目前在經濟上已有相當之把握，爲實現總理之計劃，及發展我國之前途計，建築鐵路勢不容緩。

(二)建設之性質

鐵路之功用原爲路線動力裝載具三項之交相爲用而成，此三者又非厚集資本則運輸之目的不能達，蓋建設鐵路必先投巨額之資本於建築費，而建設費中之大部份如路線，建設物，土木工事費，機械器具車輛均屬於固定資本，雖機車及車輛可以轉售，但大部份之資本，非繼續營業殊無利用之餘地，倘一旦計劃失當，虛設不需要之路線，或誤施工事上之方針，則所投之巨額資本決無收回之希望，故當敷設之始，不可不熟審，營業之多寡，運輸量之大小，工程之難易及隧道橋梁之便利，以及人口之統計，物產之調查，工程之估計，均爲不可缺少之步驟，經數次之調查，合各方之計算，而確立萬全之策，庶不致虛糜金錢，而有害於國民經濟也。

(三)建設上之經濟原則

鐵路建設之目的，不專在作成技術上最完備之路線，而在布設營業上最有利之路線，故建設費之多寡，當以營業收支是否合於經濟爲原則爲標準，蓋建設費與營業收支有密切之關係，鐵路之建設工程簡易，則營業上頗感困難，乃致減少收入，增加支出，當前清光緒末年，創議與築京張路之時，據外人之估計至少需二千萬元，粵人詹天佑先生估算僅需七百餘兩，該路卒由詹先生以六百九十餘萬兩合一千萬元之譜築成，較之外人之估計竟省至一千萬元，故當時在建築上頗爲經濟，但按現在之情形言之，則有數處頗不合經濟之原則，就南口一段而論，路基之坡度太高，在平常路線之坡度不過百分之一，而該處坡度竟至百分之三，三，以致非較大之車頭不能拽過，行車之消耗極大，此不經濟者一，南口至康莊一段祇能容重二百噸之列車行駛，致較重之列車，由此經過必須先行拆分數段，分次拽引，此不經濟者二，坡度既高，則行車必有賴汽閘之裝置，方不致發生危險，但該路有汽閘之車輛甚少，於是往返列車，至此須重行裝載，方能行駛，時間之虛耗，手續之繁雜，載量之有限，皆不礙營業之發展此不經濟者三，此例極足證建設費與營業費有密切之關係。如是將節約營業費以圖收益之增加，而多投資乎，抑以圖目前之利益以減少建設費爲得策乎？欲解決此問題，則不能不作下列之研究：

(一)資本利率之高低：建設費之利率高，則增加資本之效果須大，故建設費增加後，其減少之營業費，及增加之營業收入，當足以補償利息之損失。反之，則建設費在相當範圍內以不增加爲有利也。

(二)工資及燃料之高低：工資及燃料之價高，則建設費增加之利益巨，蓋日常營業費之開支，超過建設費增加之利息故也。

(三)現在及將來運輸之密度：在運輸閑散之地，以節省建設費爲有利，蓋建設費增加後，其營業收入加多之數，尚不足抵消資本之滯呆之損失也，但該路如將來有莫大之發展建設費之多寡則不能以目前運輸量爲標準，當根據各項統計調查之結果，以預計其將來之運輸量也，否則一旦營業發達，則路基之不鞏，鋼軌之過輕，車輛之狹小，組織之簡單，設備之不全，皆可以直接影響營業之收入，間接有礙於工商業之發達也。

(四)文化之程度：文化達於高度，經濟發展之國家，其人民之生活標準必高，其渴望於鉄路者乃安全與舒適而已。在此種環境之下，其建設費當增加，以適應行車之迅速，防險設備之齊全，車上生活之娛樂，及終點站之便利。文化較低之國，則可以節省資本，以減運價，而適應人民之生活程度。

(四)結論

以上所述乃證明營業收入營業費及其他經濟要素與建設費有直接之關係，而適合是等狀態之建築，即鐵路計畫之主要目的也，故當布設鉄路之始，第一宜先踏勘路線，概算建設費用與營業上之收支，以決定該地域之果宜敷設與否，第二敷設決定以後，宜依實地測量選擇起終兩點間，擇費工最少，收益最多之路線，且詳定工事之方法，雖前者之決定權屬於企業家，後者屬於技術家，但二者有密切之關係，未可畸輕畸重，故欲建設鉄路，當依經濟技術兩方面以決定其綱領也。

中國鐵路與外交

徐明翼

吾國鉄道之外交關係，約可分三期言之：

第一期——發達初期——自一八七四至一八九四年爲吾國鉄路萌芽之時期，吾國鉄路發端之時，即有外交之牽涉；司梯文孫來華力倡建設蘇滬鉄路，英商杜蘭德在北平之建造小鉄路，皆爲清廷禁止。嗣有淞滬路爲英商怡和洋行所創辦，卒以壓斃一兵士，清廷決議贖回拆毀。

第二期——各國攫取利權時期——自一八九五至一九〇五年，此十年間爲吾國鉄路與外交關係最密切之時期，蓋自日俄戰後，各國皆注目於吾國之富源，極其侵略之能事，於是鉄路建設及其附屬之優先權，乃爲各國所競取，蓋無此工具不足以實現其侵略之目的也。如俄國之攫得中東鉄路承辦權使西北鉄路與海參威聯絡以便利其極東之進出，法國之獲得滇越鉄路建設權，英德之津浦利權合同，英俄在中國北部之勢力範圍協定。又如美國之倡議機會平等門戶開放主義。更有日本由俄獲得之南滿鐵路，視吾國國權於不顧。在此時期內，吾國鐵路權利節節損失，而外交亦正處於不利之地位。

第三期——鐵路恢復時期——自一九〇五年後國人漸有覺悟，奮起競爭，於是吾國鐵道前途乃漸有光明之希望。加以歐戰醞釀，列強無暇顧及吾國之權利，吾國更以參戰之結果，乃得收回膠濟路。最近對收回中東路問題，亦曾有一度之極力競爭，雖未達目的，然亦見國內民衆對於鐵路已有相當之認識；故此時期亦可稱爲「民衆覺悟時期」。

由此觀之：吾國鐵道事業與外交之關係至切，考其原因：實爲列強以鐵路爲侵略唯一之工具，於是外交亦不得隨鉄路而轉移矣。綜觀吾國鉄道外交之事項，皆處於失敗之地位，雖因國力未充，然彼時當事人頭腦不明，自暴自棄，力不勝任，實爲造就以往鉄道外交失敗之主因概括以往鉄道外交所以不振之故，其重要者述之如下：

一、約文用概括字義——條約用字每無一定之界說，日後乃爲對方國家籍口作非分之侵害如：

(一)英約內有言：「揚子江流域」，實有將沿江數省悉捆載而與之疑義。

(二)俄約內有言：「由北京向北或向東北」，豈非欲將滿蒙數萬里幅員，聽其干涉歟？

(三)法約內有言：「或不至南甯而

至別處」，此別處二字之範圍何指耶？

二、定約往往許以例外之利益——如延長幹綫另造支綫應儘先商辦等。實爲作繭自縛，如滬杭不能借美款，京奉不能借英款之類。

三、會談不愼重——如光緒廿四年間，日人堅稱總理衙門面允與以閩浙贛等省造路權。

四、逾期文件往往不依法註銷——如香港政府之借款合同，已於民初本息還清；而不取出湖廣總督之照會，以致英使藉口有湘鄂造路權之妄言。

五、政府不注意合同上訂明之事——如中東路爲中俄合辦，滇越路不准交趾鹽入口等，吾國政府往往有鞭長莫及置之不顧之事，此實爲極大之謬誤，豈非置國權于不顧乎。

上述各點，爲以往鐵路外交失敗之原因，現今吾國鐵路正在努力建設，以企實現總理十萬英里鐵路之大計劃時，前車之鑒，誠爲不可忽者也。

★ ★ ★

鐵道與汽車

宋孝璠

鐵道和汽車是近幾年來陸路上重要的交通工具，在十餘年前，汽車還不足以語和鐵道幷駕齊驅，只能在城市作便利的交通工具；但十年以來，長途汽車發達，大道建築興盛，汽車事業，遂寖寖日盛，有凌駕鐵道之勢，世之論者，對鐵道之將來，遂不無有懷疑之處；爰作斯篇以明之。

▲鐵道與汽車在英美之情狀　自一九二〇年以來，美國客運火車，營業漸次衰敗；而汽車運輸，逐日興盛，據美國鐵路學會考查之報告，遠距離之鐵道，每歲盈利增加之數甚微；而距離較近者，則累年賠本，近來美國事業雖日益發達，人口雖日增加，而鐵道建築則甚少，且有折毀舊有路軌之議，據某鐵道公司總理言，至少要折去三萬英里，美國政府近來鑑於二者競爭之不利，乃以法律限制其競爭程度；而鐵路公司又或收買集一大汽車公司，親自經營，或由鐵路公司出半數資本與他人合組一獨立之公司，但於行政與組織方面，仍有極大之權力。

英國亦因汽車運輸事業日益發達，近來鐵道短程客運，多轉於道路運輸；長途客運，亦日在風雨飄搖之中，至於貨運，亦被汽車公司奪去不少。鐵路營業，遂日就衰落，於是有鐵路兼營汽車運輸條例之頒行。

英美近來此種之趨勢，乃在免除二者之競爭，致害及鐵道對社會之服務，而使二者相得益彰，一方既可維持鐵道公司與汽車公司，他方又可提高對顧客之服務。

▲鐵道與汽車在交通上之職務分別觀　鐵道與汽車，各有所長，各有所適，鐵道適於長途運輸，汽車則便於短程，鐵道宜於貨運，汽車宜於客運，細而別之如左：

（A）鐵道之運輸力甚大，其運輸力亦能耐久，長距離大量之貨運，固需鐵道，即遠程客運，鐵道亦比汽車舒適便利，鐵道之建築費甚大，維持費又大；而鐵道營業之組織又爲最複雜者，經營管理頗爲不易，而費用又多，且鐵道車輛之調度，不如汽車簡捷；裝卸又不如汽車之簡便，隨意，故鐵道之短程營業，每爲汽車奪去。

（B）汽車之使用較鐵道便利，而開始費用及維持費用又較小，因其僅需大道，而不須他項設備也，汽車事業之組織管理，較鐵道簡便，故事易舉，而利亦溥，且因其調用簡捷，能隨時適應需要，不若鐵道之必依常規也，故短程之客運及小量之貨運，常由汽車運輸；因其較鐵道價廉而又利便也。（未完）

編後

承同學紛紛惠稿，兩期分載不下，第三十期仍爲鐵道研究專號。編者上週有小恙，蒙黃寶桐君代爲集稿，謝謝！

第二十七期雇用汽車之營業要點一文，容綏續。

上海交通大學經濟學會編行

中華民國十九年十二月一日

本期要目
論著
食米何以成爲問題　左車
演講
金貴銀賤問題　諸青來
交通研究
我國鐵路運價改進的新趨勢　袁寶棟
行車統計與鐵路管理　丁長齡
鐵道與汽車　宋孝璠
中國鐵道運輸能力薄弱之原因　胡選堂

論著

食米何以成爲問題

左車

（一）本國食米之不足

半年以來，我國經濟界陡起兩個極大的恐慌：一個是金貴銀賤，一個就是食米取給於外洋。這兩種現象，表面上看來，好像是陡然發生的；實際上，早已種下禍根，不過今年才發作罷了。金貴銀賤、在前年冬天，已有『山雨欲來風滿樓』之勢。至於食米取給於外洋，早已有此現象，十年以來尤烈。不信，請看十年來海關貿易冊的報告：

※　※　※

歷年米穀入超之統計

九年	九四〇、九一八石
十年	一〇、五九四、五三一石
十一年	一九、一一一、〇六五石
十二年	二二、三七一、八三七石
十三年	一三、一五七、九一九石
十四年	一二、五八九、三六四石
十五年	一八、七二九、六五六石
十六年	二一、〇六二、四四七石
十七年	一二、六七四、五二一石
十八年	未詳

十年以來，每年有出口的米，也有進口的米。可是進口的米，總是比出口的米多些，所以十年來都是入超。（以前食米也常常入超，不過不如近十年之甚。）而且入超的數量，有逐漸增加之勢。這就是告訴我們每年本國所產的米，都是不夠吃，而且非常地不夠吃。

（二）米價年來之高漲

好笑得很，我國號稱以農立國，但是人民主要的食品——米——竟至不夠起來。因爲不夠的緣故，所以米價一天一天地貴。如何貴法，不妨仍舊拿數目字來表示它。

據上海市政府社會局報告，八年以來上海粳米的售價，如下表：（本文所採取的，是每年五月的平均米價。）

十二年　每石　十一元六角八分

印刷者上海法租界愛來格路華僑印務局

十三年	九元三角七分
十四年	十元五角一分
十五年	十五元六角五分
十六年	十五元七角三分
十七年	十一元○九分
十八年	十二元六角一分
今年	十九元四角

八年以來，米價的曲線，上升的時候多，下價的時候少。十七，十八兩年米價之所以賤，據我猜想，因爲十六，十七兩年，南京政府初成立，長江一帶，以及南方產米的區域，大致安靖；加之那兩年雨水調順，所以十六，十七兩年，產米較多，次年米價較賤。

就長江一帶說，前清光緒年間，米價每石兩元；嗣後逐漸高漲，今年糶價是每石十五元。雖說現在的一元，不及光緒年間的一元值錢；可是米價單獨地高漲，是無可諱言的。換一句話說，就是諸般物價都漲，但沒有米價漲得利害。

(三) 國內無他種食料可以代替

一部分食米既然取給于外洋，同時，米價又逐漸高漲，我們吃飯的問題，也就有點難以解決了。如果我們有別的食品，足以代替米穀，也還可以。但是，我國的土質，水田和旱地的面積，大致相等。也不能收獲多量的麥。就是說麥吧，雖然每年可以出四萬萬多石，也還有不足的現象。據海關統計，每年進口的麥和麵粉，逐漸增多。民國十七年，麵粉入口，竟至六百八十餘萬石，較之民國二年，增加兩倍。較之同治年間，增加四百餘倍。這是一種多麼駭人耳目的數目字。

米麥是食品的大宗，既然不足，只好購諸外洋。非與外洋完全經濟絕交，自不願以他種食料不識下咽者代之。(如玉蜀黍大豆之類)

(四) 粥少僧多

食料雖然缺乏，如果人口減少，也還可以敷衍。然而，據一部分經濟學家的統計，雖然連年戰事，人口並不減少，且有增多之趨勢；但是米的收獲量的確減少了。另有一部分統計家，承認中國人口，的確減少了。不過他們以爲人口減少的曲線平些，食料減少的曲線陡些。這就是說二者同時減少，而食料減少得多些。譬如一個人需要一個單位的食料，這裡有一百個人，恰巧可以收獲一百個單位食料，則剛剛夠吃。如果走掉兩個人，同時少收獲兩個單位食料，則九十八個人，有九十八個單位食料，還是夠吃。如果走掉兩個人，却少收獲四個單位食料，則九十八個人，只有九十六個單位食料，自然感覺得不夠起來。

我們無論聽從那一部分的統計，粥少僧多的現象，總是無可諱言的。

收獲量是如何減少呢？前面可舉的每年米穀入超的數字，不能作爲滿意的答復。(因爲也許收獲量並不減少，不過人口增多，所以需要外米。)但，可以拿全國米田面積和粳米收獲量的數字來證明的。

(參看中國年鑑及海關貿易冊)

年份	產米田地總畝數	收獲總量石數
三年	五萬三千二百餘萬	二億○六千七百餘萬
四年	三萬四千一百餘萬	一億一萬一千五百餘萬
五年	二萬一千四百餘萬	四萬八千二百餘萬
六年	二萬萬餘	四萬六千三百餘萬
七年	一萬四千四百餘萬	二萬五千二百餘萬

此種統計，都是經過精細的攷查，和嚴密的計算，並非臆測，似乎不當忽視。我們如果相信這個統計，則在此五年之內，產米田地畝數，減少十分之七；收獲量，減少十分之九。這還是十年以前的統計，十年以來，戰亂相尋，千里爲墟，收獲量的減少，已經不必再要數目字來證明了。

粳米收獲量減少十分之九；但食米的人口決不能減少十分之九。這樣看來，無論『僧』之增減與否，『粥』的確減得太少了。

因此種種，所以食米成爲問題。

週聞簡報（一）

黃恭儀

▲津隴平膠四路清理車輛會議，連日均以談話式討論，關係複雜，不易清算。

▲鐵道部爲整理運價起見，將開鐵路運價會議，已正式函徵關於運價各項意見。

▲京滬路前向英國定造最新式機關車頭六輛，現已抵滬，聞將分配於該路試用；其速率較尋常機關車頭高出頗多，每小時可行六十至八十公里。

▲隴海路局得鐵部嘉獎，因此次戰事該路員司調度有方，以少數車輛應付重大軍運，毫無貽誤，頗著勞績。現該路更加積極整頓，添開特別快車，籌劃開濬大浦河港，增加各項車輛及終點設備，以襄便利客商。

▲鐵道部近將各路被扣車輛開列清單，約二千輛，呈國務會議行政院海陸空軍總部，請通飭各軍限期將所扣車輛放還，以利各路客貨運輸。

▲路局奉令整飭戰後交通，禁止軍人無票乘車及强占路局房屋扣車掛車等。

▲津浦路近常受匪患，平綏亦然。

▲東鐵實行裁員。

▲隴海路增設軍運股，以利豫中各軍運輸。

演講

金貴銀賤問題（續）

諸青來講
王烈望記

此文已經諸先生親自校正

在禁金出口以後生金少一去路，期貨標金較結價掀至數十兩之多，乃有私運金條出口者，爲關員查出充公，商人只知圖利，不計其他，金條亦屬貨物之一種，國內市價，較國外爲低，私運出口，自屬難免。未禁金出口以前，說者多以爲金價上漲，係奸商囤斷居奇所致；其實當時商人多數爲賣戶，以致因金價騰貴而傾家蕩產者有之：彼輩動機，並非爲維持銀價而賣出，實係眼光不到之故。故目爲奸商固不可，謂爲愛國，却亦不是。自禁金出口以後，多頭公司之組織，即應運而起，行其囤斷手段。蓋上海金條存貨有限，大概不過二三萬條，以每條五百餘兩計算，不過共值一千餘萬兩。彼等乃湊集資本，並向銀行抵押借款，盡量吸收現貨，一面又在交易所買進，賣戶無貨可交，照章須照結價計算，例如交割日之東匯掛牌爲一百二十兩，則標金結價爲120×4.80+3=579兩，設原定賣價爲五百五十兩，賣出者應找出二十九兩。賣戶無貨可交，結價又不合算，只得貼費掉期。要之自禁金出口以後，買戶設法囤斷，賣戶反處于不利地位矣。

▲（丁）治標策　自金貴銀賤問題發生以來，紛紛籌議救濟；其救濟之方有屬於治本者，有屬於治標者，試先就治標之策，加以討論。

（1）禁金出口（此策已見諸實行）主此策者，以爲我國產金極少，此微量之金，應保留於國內，未嘗無相當理由。但亦有缺點，因生金既禁出口，又無他項重要用途；金價掀低，私運出口者必多；蓋利之所在，人皆趨之，雖有嚴法，不能禁也。故必須使金之用途增加，而後此患可免。增加用途之法，莫如規定發鈔銀行應以生金作爲一部分之準備；在金本位國，生銀可充作銀行準備，則銀本位國當然亦可以生金爲準備。或謂金價若跌，則銀行不將受其損失乎？則應之曰，保證準備中之公債票，其市價上下亦不一定，則金價之漲落，正亦如之，此不必過慮者也。自禁金出口以後，外滙反縮，標金反漲，於是國內經濟專家，以爲此策非但無效，而且有害。外滙之縮，實由此項禁令所致，此亦過甚之辭；蓋自此策實行以後，標金仍見上漲，由於外滙之奇縮；外滙所以突縮者，另有原因，並非受禁令之影響。標金雖漲，不能與外滙並駕齊驅；其撳低之數，多至百兩，少亦四五十兩，則由于此項命令使然。不過此策仍屬無濟於事，因其僅能抑低金價，而不能壓平滙價也。滙價上下，除受銀市影響外，尚有供求關係，前節已詳言之。若不能調劑其供求，滙市自無轉機之望。且政府只有消極的禁金出口，而不設法增加其用途，亦非善策。

(2)海關改徵金單位　(此策亦已實行)中國一部分外債之付息，以海關稅爲擔保；但收入以銀兩計算，付出以金磅計算，因金貴銀賤致受磅虧之損失。政府爲彌補磅虧計，故改徵金單位。此完全係財政上的問題，所謂金單位者，乃以純金六〇．一八六六公毫爲單位，合美金四角，僅爲虛定之單位，並無此項金幣。海關兩折合金單位之算法如下：4海關兩=7金單位；1海關兩=1.75金單位。然所謂改徵金單位者，不必實際徵金，不過依據原定稅則，按照滙市折算而已，譬如稅額應收一百海關兩，即合一百七十五金單位。假定美金四十元合規元一百兩，按照下列比例，即可算出應收之銀兩 $40:175\times0.4=100:x$；$x=\frac{175\times0.4\times100}{40}=175$兩 原納一百海關兩者，僅折作規元一百有零，今則須納一百七十五兩，可知改徵金單位，雖無加稅之名，而有加稅之實，此於財政上有利；然人民負擔，反而加重，因在表面上雖由商人納交多之關稅，實仍舊消費者負擔。消費者誰？則爲本國人民也。或謂此策頗似保護關稅，可以抵禦洋貨進口，其實此策實施以後，加稅甚多，洋貨仍須源源進口，有一部分國貨以舶來品爲原料，原料既貴，成本加重，安見有毫末之益哉？

(3)制止投機　主此說者以爲金貴銀賤，係由投機商操縱市面之故，亦從米價之貴由於米商之壟斷也。彼只知滙價隨標金而漲落，不知其因果適相反，故以爲制止投機以後，則金價自平，實屬錯誤。其制止投機方法有二：(一)停止交易所營業；(二)限制買賣滙票。標金漲落，隨滙市爲轉移，並非滙市隨標金而上下，前文已詳述之矣。金市雖停，滙金仍可迭縮，不能達制止之目的。至於滙票買賣之樞紐，在外國銀行；本國銀行雖亦賣買滙票，但一方賣出，一方即須在外國銀行補進，故其歸結仍在外國銀行。政府豈能制外國銀行之賣買耶？且期滙賣買，本含投機性質；在現行經濟制度之下，投機之於商業，自有其特殊功用，不必爲因噎廢食之計。主此說者，實不明投機之原則也。制止投機，既無實效，然則一任投機商之操縱可乎？是亦不然，吾人應利用投機，以壓平市價。設在投機商競買期滙時，苟有魄力甚宏之國際滙兌機關，爲盡量之供給，則彼輩自望而却步。彼投機者，僅恃一時虛氣，苟以實力應之，未有不能克服者也。對內固可利用投機方法，平定市價，即對外亦奚獨不然？所成爲問題者，能否有此强有力之金融機關而已。

(4)禁銀進口　主此說之理由爲：(一)減少滙票一部分之需要；(二)預防銀價再跌之損失，歷年以來，生銀均係入超；銀亦與其他貨物一樣，進口愈多，則外匯之需要亦愈多，欲使先令不縮，必須減少外滙需要；禁銀進口，即係爲此，銀價照大勢看去，總歸趨跌；此後任其進口，仍將跌價，不如禁其進口，以免未來跌價之損失，國內原有之銀，其損失固屬無法挽回，然禁止進口以後，跌價損失，僅以原有者爲限，其主張之理由若此。

(5)徵銀進口稅　有人以爲禁

進口太趨極端；中國本非產銀之國，若禁銀進口，不啻斷絕銀之供給，徵銀進口稅，即係糾正此弊，蓋此不過限制銀之進口而已，其理由：爲(一)提高匯價，假如大條市價每盎斯十七辨士，徵稅三辨士，則其成本爲二十辨士矣。銀價改高，匯價自須酌量放長。(二)減少銀價再跌之損失，其辦理亦與禁銀進口同。因徵稅令行，生銀運進口後，不便再爲運出，人不願多運進生銀。此策較禁銀進口爲緩和，亦有相當効力，其理由若此。(未完)

※ ※ ※

交通研究

我國鐵路運價改進的新趨勢

袁寶棟

在歐美鐵路發達史中間，我們得到一個經驗—或者說是一個教訓，就是鐵路運價的制訂，是要顧及到三方面的，鐵路，運商，和社會。在鐵路那方面說，運價的收入，至少要抵消牠的費用。我們曉得，運價增加得太高，鐵路的收入不一定是增加起來的，因爲鐵路的收入，是靠着運輸數量的增加。太低呢，運輸數量雖然增加，但是收入不能夠抵消費用，鐵路營業，也是不能維持。所以，適中的運價，却是鐵路推廣營業唯一的要政。

運商大約分爲兩種，就是牟利的商人商店，和商品的生產者—工廠。商店的利益，是在貨品的買進和賣出，他們希望在成本最低時候買進，在市價最高時候賣出。工廠也是一樣，他們希望用最低的生產消耗，去製造貨品。運價是增加貨品成本的，是影響工商業發展的，所以運價的制定，不能不注意的。

運價是增加貨品成本的，換一句話說，就是增加物價。物價太高，一方面增加人民生活的標準，一方面阻止國家工商業向外的發展，社會的損失，多麼重大呢！

鐵路運價，分成客運運價和貨運運價兩種。客運運價，比較簡單，普通不大注意；貨運運價不然。大量的運輸：在現在交通狀況之下，只有輪船和鐵路，能夠担任運輸。但是輪船，因爲河流受着天然供給的限制，不能儘量的利用，所以大量的貨物每每靠着鐵路去運轉。并且運價影響到貨品的成本，關係社會的利益，因此貨運運價，却成了討論運價問題的中心；下面的討論，也是趨重貨運運價方面。

我國鐵路運價制訂的標準，是依着運輸成本的，這是因爲我國鐵路的建築，大半是借着外資，還本，付息，是先決的條件。同時也顧及到鐵路本身的費用—行車費，養路費，職工薪金等費用。根據了運輸成本，去制定運價的高低，非常的公允。可是事實上不是這樣；在軍閥時代，鐵路的收入，完全移做軍費，運價的增加，是滿足軍閥的私慾，不合經濟的原則，現在雖然儘量的撤消，但是社會上還留着不良的影響。

厘金已經決定在明年一月一日裁撤，社會收到利益不少，但是尚有種種的附加稅在路局征收，却是無形中增加了運價。同時路局中的積弊，也時常引起不良的影響，都給社會利益以重大的打擊。

現在的轉運公司，在運價方面，很有研究的價值。轉運公司在鐵路方面，可以說是介紹運輸的，在運商方面，也可以說是一種代理人。在鐵路和運商中間，有中間人—轉運公司來牟利，無形中就是增加運價，在經濟原則上，已經是不符合。况且牠們是向運商征收逾額的運價，向鐵路索還鉅量的佣金，對於鐵路，運商，社會，都有不良的影響，不僅在增加運價的一部分。

事實上告訴我們，現在運價的狀况，有許多是要改進的，但是我們曉得，運價的改進，沒有停止的時候。在民國十二年以前的運價制度，和現在比一比，就覺到改進得非常的快，現在大路的敘述一下。

我國鐵路建築，是借着外資，同時管理權，也大部分讓給人家代理，所以各路的建築不同，組織不同，以及種種的不同，貨物分等當然不會例外。平漢(京漢)鐵路和北寧(京奉)鐵路，就有顯然歧異。從前，平漢路是分着頭，二，三，四，五，六，六等，北甯路是分着頭，二，三，和危險品四等。正太鐵路的貨品分等，沒有一定標準的，是臨時按照價值定的。這樣不同的分等，已經在運輸方面，生出許多的麻煩。況且貨物列入的等級，各路也是不同，譬如一種貨物，在甲路是列入第三等，在乙路會跑到頭等裏面的；這樣分歧的貨物分等，不能符合社會上的需要。所以在民國二年第一次聯運會議，卽着手整理劃一貨物分等，四年第三次聯運會議議決，由北寧路着手編訂，經過五年交通會議和七年運輸會議的審定，九年第二次運輸會議，方纔議決採用，十一年由交通部公佈，於十二年一月一日實行。

貨物分等，雖然劃一，但是運價的標準，仍是依據各路的運輸成本，所以還是不同。十七年交通會議議決，增設貨等運價委員會，從事整理各路現行運價，修改貨等和運價制度，增訂計算運價方法，在可能範圍的裏面，去做便利運商和社會的事體。

鐵道當局，和各路的努力，改進一切，尤其是在運價方面。但是我們覺得，這種改進，只在鐵路本身方面去改進，對於社會和運商，不曾有互相改進的趨勢，在成效方面，不免有些減色。況且在建設時期中間，發展工商業和增進國民經濟的力量，需要鐵路的地方很多，運價又是鐵路問題的中心，所以運價的改進，必須要各方面的協力合作，尤其是負有直接關係的實業界和鐵路當局，共同的努力。京滬鐵路增設商務科，就是這個動機，北寧鐵路，因爲要和南滿鐵路競爭營業，覺得非先和實業界合作，不能夠去和人家競爭，所以在去年開了一個商務會議，去尋找改進的機會。成效怎麽樣，此時不能夠預定，但是在聯運方面，減低運價，減收關稅，引起了南滿鐵路的恐慌，是值得我們注意的一件事體。

鐵路的積弊，轉運公司的操縱，附稅的征收，和一切影響運價的事體，在工商業發展的時期，必定要改除的。這種改進又不是鉄路本身所能辦得到，所以京滬滬杭甬兩路召集一個商務會議，定於本年十二月二十日開會。根據十一月廿六日民國日報登載商務會議的消息，我們曉得，此次會議的目的，係鐵路欲明瞭運商的需要，和運輸困難的情形，以便將來儘量的改進。根據這一點，我們覺到商務會議的使命，非常的偉大，同時我們也覺到，運價改進這個問題，也轉了新方面，就是運價的改進，不是靠着鐵路本身去解決，是社會公同的責任，尤其是受着直接影響的實業界。

我們又從報紙上得到一個消息，就是鉄道部擬開一個運價會議，聘請全國實業界領袖參加，這樣一來，我們可以證明運價的改進，真實跑到鐵路，運商，社會三方面合作的趨勢那邊去，使我們依着運輸成本的公允運價，再進一步的公允，去幫着工商業的發展，國民經濟力量的增加，這是多麼可幸的一件事體！

※ ※ ※

行車統計與鐵路管理

丁長齡

鐵路之要務，在能使用最經濟之方法，而得到最迅速之運輸。管理之主要目的，亦不過在實現最經濟而迅速之運輸方法而已。但此種方法之實現與否，全視乎管理之得當與否而定；而欲管理之得當，又必求助於行車統計。苟管理者得完備而精確之行車統計，相對比較，優劣立現；則方法良否，一見即知，善者用之，不善者去之；管理之方法，自臻完善矣。

行車統計之功用，撮其要者，厥有四端；試逐一述之

（一）表示正確之工作及其費用　鐵路之主要工作爲何？卽行駛列車而已。工作當然以多爲佳；若開行空車，工作不可謂不增，但結果則並不佳。至費用一項，有因物價

高昂而增加；此增加之費用，亦得謂為不經濟否？故欲知工作之效能及經濟，不僅視工作及費用之多寡；必細加分析：在一定之費用中，所得之工作結果，究有若干？在一定之結果中，所耗去之費用，究有多少？而後方可斷其是否經濟也？然無統計將工作及費用之確數表而出之，則此種分析，無由實施。

（二）協助監督之不及　管理欲求善良，監督必使精密。鐵路事業。至大且廣；欲一事一物，皆有相當監督，勢所不能？亦事實上所不許也。苟管理者有適當之統計為根據；舉凡全線之一事一物，一舉一動，無不在其嚴密監督之下矣。

（三）為改善工作之指導　工作方法，須適應環境之需要。環境時時變遷，則工作方法，不能墨守舊規；應因時制宜，而有相當之改換。且方法亦有因其不善，而須加以改良者。但所改之新法，究竟良否？必與舊法比較之，苟無精密統計，何從比較耶？且改良之動機，非因一特異情形而發生，必經過長久之考察而決定。如今日之停駛一例車，非因昨日之業務特少，實因經長久之檢查，覺此例車之營務，可分配於其他例車中所致。然在長久之考察期中，苟無統計供給適當之研究資料，則需要改良與否，亦無從決定也。

（四）增進工作人員勤勞之興趣　普通工作人員—尤其是下層工作人員—以為彼等之工作，在上者不得而知，與其勤勉而無聞，不若苟且而自安。於是作事取馬虎主義，欲其工作善良而敏捷，甚不可得？苟有統計，則彼等工作之迅速與否，結果之善良與否，時時在管理者監視之下，如此，則各色人員中，向上者，希得升職之嘉獎，益自奮勉，而努力于其應行之工作；卽自甘暴棄者，懼工作不良，為上峰所知，而遭斥責，亦將勉力從事，以求不虧厥職。工作結果，又安得不良？

總上觀之，可知行車統計，與鐵道管理之關係，至深且鉅；故行事統計，在鐵道管理中所處之地位，至大且要。苟無精密適當之行車統計，則鐵道管理之方法，斷不能既周且詳也。

鉄道與汽車

（續）

宋孝璠

▲鐵道與汽車之將來　觀二者在英美之情形，（歐陸各國汽車不若英美之通行）察二者於交通上之幼敢，對二者之將來，已可得其半解，近今汽車製造事業雖日益進步，汽車運輸事業雖日益發達，鐵道運輸雖被其侵奪；但鐵道運輸事業，仍有其不可或去之優點。此猶之前數十年，鐵道事業業不能盡奪水道運輸事業；因水道運輸自有其特長，人類之進步雖不可測量，但在此百年或數十年內，鐵路于交通上仍將佔一重要之位置，可斷言也。

▲鐵道與汽車在中國之需要　去歲有一西人於密勒報上發表一文，意謂中國此後宜採用汽車為主要陸路上運輸之機關。彼謂按美國情形，鐵道事業現在停頓衰頹之中，而中國又缺乏資本，而富於勞力，允宜與築大道，建設汽車運輸事業，以發展內陸交通，而無待於十萬英里鐵道之建築。此議初視之似甚合理，但『今歲萬國鐵道協會大會中，經三十餘國三千餘人議決，鐵道仍為最經濟之運輸方法，汽車可以幫助鐵道為短程之運輸，在各國富有汽油出產者尚如此，則我國以煤為重要產品而缺乏汽油者，運輸方面應以鐵道為最經濟，誰曰不宜。』（王繩善院長參與鐵道部二週紀念之演說）且我國幅員遼濶，產物饒富，將來運輸，決非汽車所可勝任。我國此後內陸交通線網，應以鐵道為主幹，而以大道及水道為支線。十萬英里之鐵路，僅為幹線之幹線，建設事業固應顧及將來，但亦不可因將來而犧牲現在。鐵路在遠的將來之運命何若，此時固不可必；但在近之將來，當為交通運輸上不可稍缺之工具也。

中國鐵道運輸能力薄弱之原因

胡選堂

鐵道運輸爲一國農工商業之命脈，各地之農工業出產品必賴敏捷之鐵道運輸爲之分佈全國，是故運輸能力之强弱與工商業之是否發達有直接的關係。顧我國鐵道之興已有五十餘年，迄今僅有七千餘英里，且此區區路綫猶未能盡量發展，實令人惋惜。近年來鐵道事業經鐵道部努力整頓，大有起色，惟因財政困難，對於設備方面未能完善，管理亦不甚得法，以致運輸能力薄弱如故。愚以爲總括其原因，大致有三點：列車行駛速度太慢一也；列車行駛次數太少二也；車輛在站停留時間太長三也。茲詳言如下：

（一）列車行駛速度太慢。

(A)路線之不良——各路如橋樑之太舊，軌枕之失修，及路線高度過度，對於列車速度及載重，均感不便。

(B)機車之缺少——機車多爲軍人所扣，存者常不敷應用，每每列車到站後，棄置道旁，而將其機車折下或作本站調車之用，或駛往他站掛車，輾轉延誤。

（二）列車行駛次數太少。

(A)車輛之缺少——我國車站多無貨棧，即或有之，索價甚昂，貨物到站，受貨者常不按法定時間來取貨，亦不將貨物運至貨棧，任其擱置車上，必俟覓得買主，始來領取，致車輛被其延滯，行駛次數因之減少。

(B)建設上之缺點——現在國內各路之各站相互間距離過遠，且又少雙軌鐵道，倘添加行車次數，列車交錯殊覺不便，故行車次數難以加多。

（三）車輛在站停留時間太長

(A)裝卸力之薄弱——國內各路車站大都無裝卸機器，嘗見車到站過多，苦力缺乏，致裝卸延誤，故車輛停留車站不得不久。

(B)設備之不周——各路大站裝卸貨運只設有二股線路，調掛稽延，車輛時積，致不利於錯車，此車輛所以不得不在站停留很久也。

※ ※ ※

週聞簡報（二）

均

▲美國經濟界呈不安現象，星期銀行倒閉一百卅家。

▲本埠英商電力公司之盈利，一年來已達九萬六千英磅。

▲南北洋及長江各華輪全部復航。

▲銀行界組織內債債權團。

▲華綢絕跡朝鮮市塲，並有大批日繭來華。

▲財部籌備抵補裁厘後之國稅：一，特種稅；二，出產稅。

▲財政部整理內外債，擬分先後緩急於三十年內償清。

▲金市漲跌不定。

▲招商局計劃南洋航線，實行抵制渣華輪。

▲英經濟調查團日昨到滬。

編後

我們集中精力，出了兩期鐵道研究專號，內容雖不能如所期料的那樣美滿；但是，在功課如此嚴重，攷試如此紛繁情形之下，簡直寢食不安！那來許多功夫發表文字？我們已經有了這樣的效果，不管人家滿意不滿意，我們自己却是非常滿意的。

本來特約幾篇佳作，預備在鉄道研究專號第三期（卽本期）發表；因爲他們實在太忙了，以至遲遲未能交下，所以本期不能如約刊行專號。

關乎鐵道研究方面已經交下的作品，都已擇要載在本期交通研究欄內，鉄道研究專號，卽此宣告結束。

上海交通大學經濟學會編行
中華民國十九年十二月八日
第卅一期
零售每份大洋一分
每逢星期一出版

論著

商業循環的分析

盧福基

盛極必衰，否極泰來，是人事變遷的自然趨勢。經濟社會的現象，也是同樣的狀態。市面興旺，達於極點了，就漸漸的衰落下去；市面的衰落，達於極點了，又漸漸的興旺起來。如此的盛衰相因，繼續不絕，成一個往復的循環。這種循環的現象，經濟學中叫做商業循環。

商業循環的週轉，通常是分做四個時期。經濟社會最發達的時候，稱為隆盛時期，漸就衰落的時候，稱為低落時期。衰落達於極點的時候，稱為衰頹時期。由衰落轉機的時候，稱為復興時期。再由復興時期回到隆盛時期，成一整個的循環。

商業循環中的各時期，長短不一；各時期所發生的經濟現象，强弱的程度也不同。有的時期狠短促，有的時期很久長。各時期隆盛，低落，衰頹，復興，的程度也有溫和激烈的差異。這是因為經濟現象變化無定，各時期自有各時期的特徵了。

各個商業循環的週轉，雖然是不能相同；可是每度循環，却有一定的過程。所以，我們將各週循環的特徵除外，對於商業循環的過程，可以作一個模範的分析。

循環中的四期，是互相為因互相為果的。因此，我們不能夠說，這種循環究竟起於那一個時期。現在，為分析的便利起見，暫從衰頹時期，來開始敘述。

當衰頹時期，社會的經濟活動很少。一般的現象是商業黯淡，工廠倒閉，工人失業，物價大跌，工資低落，勞工的供給加增，銀行的準備金多，利息低，企業家都很顧慮的抱着悲觀態度。

然而，不多時，貨品的購買量增加了。因為，普通人購買的物品，總希望物價極低。現時的物價，已低到他們合意購買的那種程度；所以，貨品的購買量，就因此加增了。衰頹時期，工廠的出品減少，各企業家的存貨有限。購買量既然增加，存貨將漸漸的售完，不得不需要新貨的供應了。在這種需要增加的情形之下，製造就慢慢的恢復起來。

復興時期開始以後，工業製造

本期要目

演講
商業循環的分析 盧福基
中國幣制問題 何德奎
金貴銀賤問題 諸青來
交通研究
鐵路召集商務會議之意義及其使命 樊正渠

印刷者 上海法租界愛來格路華僑印務局

的發展，擴張得更快。製造復興，職業的機會增加了。工人可以多多的安插，企業家也稍有利可圖。他們的收入增加，他們的購買力因之增加。購買力增加，貨品的需要，也就隨之而增。工業方面，受着這種額外的刺激，漸漸的勃興。企業家也由悲觀轉於愉快了。這種轉機的趨勢，或者可以適逢年歲的豐收而更趨良好，或者不幸受着戰事的影響有所阻滯；但是，工業的活動，却已在繼續推展之中。

物價，當衰頽時期，是很跌落的；現在，開始的高漲了。這種增加的趨勢，漸漸的普及到全體工業，因爲各工業之間：是有連聯帶關係；一種工業出品價格的增加，足使其他工業出品的價格也增加起來。

生產增加，物價增高，利潤因之澎漲。一方面，許多的成本：如薪金，保險費，債券還本等等，仍然的固定，並且工資和短期利息，所增亦屬無幾；一方面，出品的價格却日趨飛騰。因此，成本和收入之間，有了很大的盈餘。利潤愈大，生產愈湊發展，而企業家亦愈趨樂觀！

這種變遷的趨勢，好像一個球，越滾越快。物價的飛騰，促進了加速的經濟活動。許多人購買貨品，不是爲他們自己的消費，却是希望高價轉賣。他們這種需要的增加，足以提高物價，增加生產。經濟活動的增加，就是貨幣流通數量的增加，消費的力量增加，商業發達的程度增加。

本刊啓事

本刊本學期出至第三十二期爲止，如蒙諸師長同學惠賜稿件，請於本月十二日以前，擲交新宿舍一三三號劉貽瑜爲盼。

但是，過分的發展，漸成不支的狀態。營業的成本，逐漸增高了。工資的增加，雖沒有物價增加的快；但是，每生產單位的勞力成本，可已加了不少。過度的工作，是靡費的，並且是減少效能的。許多技術稍差的工人，就不得不雇用起來。同時，勞工方面，求過於供，工人因爲沒有失業的恐懼，工作的努力就不免稍差了。

其他的成本，也是同樣的增高。關於成本方面的契約，原來的數目，定得低的，期滿之後，新契約的締結，數目自然增高了。此外，利息方面，繼長增高。原料的價格，也同時高漲，並且比貨品的價格，增高得快。結果，加速度的生產，變成浪費了。

另一方面過度的狀態，是關係貨幣市面的。信用的擴張，不能無限止的繼續下去。銀行的放欵，也有一定的安全限度。企業擴張，銀行放款的需要，因之增加。因爲物價的水平線愈高，所需的交易媒介(貨幣)愈多；企業家見自身財力有限，就迫向銀行求助了。利率隨隆盛時期的繼續而增長，直長到那種程度，獲得信用方面的幫助，漸漸的變成困難。

隆盛臻於極度以後，工業設備品的添置，就漸漸的低減了。普通，大批設備的添置，多在商業正發展的時候。因爲擴張的程度漸漸的緊縮，新機器的購置，實際上就減少了。即就是商業方面，還是繼續的發達；設備品的製造，却已漸漸的低落下去。一種工業的衰落，影響其他工業的隆盛，牽一髮而動全身，低落時期，已經預兆了。

物價提高，越來越難，利潤就大受影響。利潤的跌落，是轉移現狀的因子。從此，信任心一變而爲警戒心；警戒心復變而爲恐懼心。債權人相率索欠、隆盛入於恐慌了。因爲經濟活動的加速度、是由於想像中的利潤增加；現在利潤跌落，各懷着恐懼損失的心理，經濟活動，不得不爲之阻滯了。

由此以後，恐懼心更加推廣。各種商業機關總盡力想整頓現狀。商人分頭的收欠賬，而且總想丟開他們的債權人。對於銀行方面的需要，一時變爲嚴重。社會中隨處都充滿着恐懼的空氣。如果一處商號倒閉，有連帶關係的債權人也同受其累了。縱使情形不是這樣，那麼，清算的手續，也終要實行的。

貨品，當隆盛時期，已經積得很多。現在這些貨品，都湧進市場；因爲商人要將這些存貨出售去，償還欠款。物價低落了，生產也衰敗了。再因爲一般購買的人，利用時機，暫時不買，等待物價的更跌。需要方面，更加的減少了，這樣、工廠方面，因為出品銷路的停滯，減少製造，繼續的關門。因此，工人失業了。工人失業，收入減少；他們的購買力因之減削；貨品的需要，就更加的低落。

衰頹時期到了；衰頹的現象，充滿着社會之中。利潤的損失，使企業家悲觀起來。物價跌落，銷路阻滯。一般趨勢，轉於黯淡消沉；隆盛時期中之過分發展，一掃而盡。生產的成本，又漸漸的低落下來；金融的緊張，又漸漸的鬆動；經濟社會的現象；又回到開始取逃的一期，週而復始了。

演講

中國幣制問題

何德奎講 劉德均記

自去年七月到今年九月止，銀日賤而金日貴，做進口生意的中外商人，遂爭運外貨進口，因為成本輕而得利厚，可以藉此得一二分利。不料一二月之後，在他們應當納付貨價之時，金價飛漲，故原有之一二分，不但不能得到，反至虧去成本，為數甚鉅，所以進口生意，人人視為畏途，外貨進來漸少，到了後來，簡直宣告停頓了。這是說進口方面所受的影響。談到出口方面，有人以為銀日賤而金日貴，是輸出的良好機會，但事實上並不如此，頗有種種困難。因為：(一)金貴銀賤，則中國貨之成本低，銀愈低則貨愈賤，如此下去，則中國貨成本便宜，外國商人逐漸虧本，勢必減少購買中國貨的熱心。(二)，近一年來，全世界市面蕭條，工藝品過剩，銷路滯塞。中國貨多半是工藝品所用的原料，工藝品之銷路既然不靈活，需用原料自少。(三)，中國的原料輸出外國，外國的製造品輸入中國，本是相互為用的。中國因為金貴銀賤，買進外貨少，則外貨所需用之原料亦少，故輸少亦少。(四)連年土匪猖獗，兵爭不已，交通不便；運輸維艱。內地即或有貨，不易運至商埠，轉運出口，失去金貴銀賤的好機會。

所以金貴銀賤的時候，出口不行，同時進口亦不行。所以交易蕭條，經濟恐慌，因此有人以為根本的毛病在銀本位，要國際間匯兌不至吃虧，則中國應該採用金本位。但是，兄弟不以為然：第一，因為我們中國銀價日賤，金價日貴。這種現象有加無已。何以銀價日賤呢？因近五年來世界上銀之產量比金之產量，每年不過多出十三四倍，但是金本位國家日多，銀本位國家日少，故銀比金便宜五六十倍，銀子的需要減少，（不因為生產之增多。）故銀價日跌。現在如果不增加金子需要，也許能抬高銀價；中國如果採用金本位，則結果適得其反，因為金子需要愈大，則金子益貴，銀子需要愈少，則銀價益跌。故欲採行金本位以救濟銀價，結果恰恰相反。

第二，我反對採用金本位、因為凡採用金本位，非先有準備不可，如不產金而欲用金本位，則尤需充分準備。中國每年不過產十多萬兩金子，已經不夠用，如何能採用金本位？甘末爾之計劃以為可採銀輔幣計劃：國內以銀輔幣代金幣，輔幣分量甚小，造幣廠改鑄之時，可賺的錢，約計三萬萬三千萬元。但是，我以為無此好結果，因為甘末爾去年十一月報告成立以後，銀價又跌，如採金本位，則銀價愈跌，造幣廠改鑄，決無三萬萬三千萬元之多可賺，所以甘末爾之計劃辦不通。另有一法，謂可向外國借款，作為準備；然在現在狀況之下，借債恐怕不大容易。

第三：如果採用金本位，此亦非永久不敝之本位。如果國家經濟狀況不好，則金本位無法維持下去，如英法德諸國是也。生產既少，外貨流入甚多，欲維持金本位，不能不用勉強方法，故英法德在大戰時皆採用Embargo，日本亦然，至今年始解禁。我國現在內地實業不發達，日日需要外貨，外人輸入銀子，如普通洋貨一般。但金子不能需出，只好中央收集，但是，國際

說之理由如次：

(a)逐漸養成用金習慣　因中國將來必須採用金本位，苟能預先養成用金習慣，則施行金本位時，便利多矣。

(b)免磅虧　照現在情形，發行外債(公債或公司債)名義上雖以金磅計算實際仍收生銀，還本時則須支金磅，故難免有磅虧發生。若金銀並行，則舉債時，可借金存金，還本時可免磅虧。

(c)發行金證券吸收生金　既有金幣名目，自可發行金劵，以易生金，如現在中央銀發行海關金單位劵，卽金銀並行之一端，惟其流通範圍較狹耳，

反對此說之理由，亦有三點：

(a)幣制愈複雜　中國幣制，複雜已極，今又加金銀並行，二者並無法定比價、幣制將愈形紛亂。

(b)助長投機　發行金劵，既照市價行使，投機家必群起而爲買賣，不免有推波助瀾之慮。

(c)增加外匯需要　發行金劵，卽賣出金幣之意；一面必須抵進，故外匯需要必增。

但此三點，可以答辨如左：

(a)中國幣制將來總須劃一。至金銀比價，本無一定。現海上中外銀行，均開立金幣往來戶；海關金單位，亦已開金銀並行之先河，有何紊亂之足慮耶？

(b)金劵並不通行內地，僅在通商大埠行之，當無助長投機之嫌。根本上消滅投機，只有立卽實行金本位耳。

(c)發行之銀行，當然經理國際匯兌，外匯有進有出，並非偏於需要一面；亦視其應付之道如何耳。此法苟在歐戰時行之，定可吸收多量生金，而爲改金本位之準備；因其時金賤銀貴也。今時雖失，行之亦斷無流弊。

(10)有限銀本位說　此說主張永守銀本位，與其他各說，大不相同。其所持理論甚複雜，此處不容作詳細之討論，故僅述其辦法，並略加評語如次：

(a)禁銀進口　此法與前第四項同，然既永用銀本位，如何可以禁絕銀之供給？卽使以紙幣流通市面，一部分仍須以銀作爲準備，故此法實自相矛盾。

(b)劃一幣制並統一紙幣發行　此項不論誰何，自屬一致主張，並非此說之特點。

(c)廢止自由鑄造　此爲節制貨幣數量，使幣值與生銀脫離關係。幣值雖可抬高若干，國外銀價設使繼續跌落，本國銀價，未必能維持；若市價與法價相差過大，幣值亦必有動搖之虞。且既不自由鑄造，貨幣流通數量，究以何者爲根據，而定供給與否之標準耶？如無確實根據，節制不得其當，物價忽高忽低，社會經濟必將爲之擾亂也。

此說之最大缺點，在匯價任其自然，果若此，則保持固有之銀本位足矣。不必另倡新說也，

(戊)治本策

(1)振興國產　此爲根本大計，無論改定本位與否，均須以此爲基礎，其理由及辦法，衆所共喩，無庸詳述，

(2)節制消費　此無消極的辦法，本應列入治標策；今轉列于此者，因工業有初級與高級之別；現在國人只能創辦初級工業，多數精製品，不能仿造；在此種情形之下，只有節制消費或設法替代之一途；如精細呢絨，高等化裝品之類，均應竭力節省消費

(3)改本位

(a)金本位　金本位之利益，爲世人所公認。然此刻欲改金本位已不可能，蓋中華向爲用銀之國，存銀甚多，歷年鑄發銀圓流通全國，其數有二千兆元之鉅，金產甚少，寶藏不興。欲以固有之銀，易取海外之金，匪特理論上所不許，亦爲事實所難能，

(9)虛金本位　金本位既未便實行不得已而思其次，只有金匯兌本位(Gold Exchange Standard)之一策。當前清末葉倡改行金匯兌本位之議者，實爲美人精琦氏。(Jeremiah W. Jenke)民初荷人衛斯林之改革幣制計劃，其歸宿點雖在金本位，亦以金匯兌

本位過渡。去年美國幣制專家甘末爾。「E. W. Kemmerer」受聘來華，爲我設計改革幣制，並擬定『中國逐漸采行金本位幣制法草案』按該草案中所稱金幣『孫』，仍係虛定之單位，『余於東方雜誌二十七卷第十六號發表甘末爾幣制計劃評論一文，甚爲詳盡，可參閱之』並無實幣。以輕值之銀幣爲代表，是爲虛金本位，實施虛金本位，必須預設匯兌基金，方有實力以控制國際匯兌。國際匯兌定率倘能維持，則金銀兩者之間常保法定比價。人民對於輕值銀幣所以信任不疑者以其，能充對外支付之用也，不論誰何，持幣請求匯欵，立卽按照定率，給以匯票，毫無折扣，如此方可昭示信用，爲輕值銀幣之保障。其在國際收支不能相抵之國，國家應常備鉅額基金，以資彌補；稍有不足更須陸續補充卽使對外收支，通計當能適合，偶值青黃不接之際一時供不應求，亦須設法墊補，方可措置裕如，此匯兌基金誠不可一日或缺者也，我國歷年國際貿易，均屬輸入超過，對外負債纍纍，每年攤本付息數甚可觀，幸能勉渡難關者，賴有華僑滙款，外人投資及借款，以彌補其缺而已，究竟收支兩方，各有若干，能否相抵，並無確實統計，可資證明；要而言之，我國欲行金匯兌本位須常置相當之匯兌基金也，斷無疑義，滙兌基金倘無着落，此制自難實行，

且改本位之舉，目下更非其時，銀市倘無法維持，銀愈賤，金愈貴，改制之希望愈少，須俟銀價漸回，市況穩定，方有改制之機會，銀價如何能逐漸回高，可分內外兩方面論之：對內所希望者，剷平匪亂，安定地方秩序，而後生產力得以恢復，出口貨較可增加；輸出增而輸入減，對外匯價，可轉縮爲長矣，對外所希望者，則在國際合作共維銀價，今日用銀最多者，爲我國與印度，而印度藏銀尤多；產銀最旺爲美利堅，坎拿大，墨西哥等處，金貴銀賤所受影響雖異，其有利害關係也則同，謂宜本互助精神，取協議方式，銀產如何不使逾量供給，存銀如何不得任意處分，必須共籌善後之方，人心方可鎮定，以上所陳，雖屬空談無補，然欲改革幣制以安定銀價爲前提也，可無疑義，若在銀價未定以前，憑空立說，任意宣傳，海外銀市，受其影響，人心愈覺不安，賣戶氣餒愈張，銀價將無恢復之望矣。(完)

以上改本位一節，係摘錄諸先生甘末爾幣制計劃評論一文，載東方二十七卷第十六號，因當日講演時間局促，諸先生未能詳論，故爲補充如右。記者附誌

交通研究

鐵路召集商務會議之意義及其使命

樊正渠

——祝京滬路商務會議開幕——

交通機關爲國家物質精神之命脈，貿遷有無，賴以運轉，文化思想，賴以推進，其於國家政治文化，社會工商生計，所關至鉅。查鐵路營業，端賴貨運，故鐵路與貨商，彼此尤宜互相維繫，共謀發展，獨中國向來以鉄路爲國家衙門之一，不知有營業兩字，更不識路商合作爲何物，吾國承專制之餘，階級之見未能悉泯，官商隔閡，自昔已然，故鐵路雖稱營業機關，而一切設施未能出以商業化之精神，博得人民之信仰，卽鐵路自身，亦從未於商困民瘼，一加注意，商民於鐵路遂無接近之機會，終至背道而馳，弊竇叢生，兩無裨益，茲鐵路當局不特打消此種錯誤觀念，更進一步設法謀路局與貨商雙方之利益矣，近來各路，爲欲明瞭運商之需要與運輸之困難情形，應如何改進運輸方法，發展沿線工商業，以增鐵路營業，更籌減輕苛捐雜稅之方策，厘訂適當運價之原則，求路商合作，聯絡感情，交換意見，故召集沿線商民稅關代表及經濟專家於一堂，開誠布公，慎思明辯，討論出切實可行之辦法，以挽垂敗之商業

，救鐵路之危機也。是卽召集商務會議之意義所在也。意義既明，請申述其應有之使命焉：

（一）路商切實合作——鐵路營業，係賴商貨之運輸，而商貨之貿遷，係賴鐵路之轉運，彼此互有相助關係，所以必須鐵路與商人合作，免除一切隔閡，互相協議雙方利益之方法，然後庶有發展希望焉，在鐵路方面，欲求營業暢旺，從事競爭，非與貨商謀合作不爲功。在商人方面，欲謀事業之發展，亦非與路局合作不可。

（二）設法減輕捐稅及改良徵稅之手續——苛捐雜稅商人直接所受之痛苦，及鐵路間接所受之影響，應報告與會各稅關代表及其當局，使之明瞭民困，而籲請其允予減免，減稅一端，雖實際上頗有困難，然路商當能聯合一致爲繼續不斷之努力，苟若是，則在最近之將來，必有達到目的之一日也，其繳納捐稅手續，亦應改良，由鐵路於起程或到達車站代稅關一次徵收，并祇在起程或到達車站儘一次辦理查驗事項，茲事關係甚巨，而比較易行，其於路商雙方，當亦不少裨補。

（三）研究運輸改進問題——運輸問題，包括甚廣，茲擇其重要而亟應實行者述之（1）公平分配車輛，以請求之先後，而定分撥車輛之次序（2）籌辦負責運輸，可免去商人自己押運之勞苦與費用，（3）代保火險，可以保障商貨被焚之損失，（4）代報關稅，可免中途檢驗之煩，以及費時失事之弊，（5）接送貨物，商人寄貨時，以電話或書信通知路局，路局卽可派人前往，將貨物接到車站起運，其由他站運來之貨，車站亦可直接送至收貨人處，（6）改善支配車輛方法，設計一最完善而切實用之車輛支配方法，以資採用，凡此種種，均有研究之價値。

（四）厘訂適當運價——厘訂運價有三要素，卽鐵路營業成本，各地商務情形，及競爭勢力是也。是以路局厘訂運價，必須顧及雙方利益，卽適當運價是也，蓋適當運價之效能，不特貨商受惠非淺，同時鐵路營業因而發達，得益更多，而對於農產品，國貨，出口貨等類運價，應極力減少，以示獎勵而資提倡。

（五）計劃發展沿線工商業——商務會議之會員，除路局高級職員外，其餘皆係沿線各地商會領袖與經濟學者之流，對於經驗學識，極爲豐富，尤于各該地商情交通更有深切之認識，及詳細之報告，於是各代表對於各地經濟情形，如某地有某種出產品，某地缺少某種營業，某地需要某種商業，均甚明瞭，然後各代表回去可藉以興辦各種新事業，則商人活躍，需要一多，供給自漲，內地生產增加，貨運暢旺，路收旣裕，國家稅收自亦連帶上漲，人民購買力乃隨之進步，社會全部受其利潤，藏富於民，庶幾近是。

（六）解釋路章及貨運規則——路章與貨運規則，述其提綱絜領，文句簡單，但其中專門名詞頗多，其手續更覺複雜，決非一般商人得以了然，卽知之，亦不過一知半解，凡此最易引起種種錯誤，路商每易發生誤會，與業務進行，殊多障礙，故鐵路當局應於商務會議中對各代表將重要路章，詳加解釋，至於貨運規則，更應逐一加以精細說明，使各代表一一明瞭而後已。

查北寧路局曾於去年十二月間在天津召集一次商務會議，可謂開我國鐵路界新紀元，其成績與效果頗有可觀，現京滬滬杭甬路局亦定於是月念日在上海舉行商務會議，深望鐵路當局與各代表對於此會之使命，加以注意而採納之，并盼其對於將來之議決案能一一施諸實行，更有言者，今日民困商難達於極點，在上者，堂高簾遠，下情不易上聞，在下者，飲泣吞聲，向來只有隱忍，吾人雖欲廣爲呼籲，每苦不得資料，今商務會議，係由路局負責召集，各地代表，自宜利用機會，將身歷苛捐雜稅之苦痛，運輸之困難情形，一一公開，宣諸社會，藉令民間疾苦，盡量宣洩，其影響於國計民生者實爲重大，是又望蒞會代表，毋虧厥職，勿徒徵逐酬應，敷衍了事，徒負鐵路當局關懷民瘼，體念商難之善意也。

中華民國十九年十二月十五日

黎照寰題

經濟週刊

上海交通大學經濟學會編行

零售每份大洋一分　第卅二期　每逢星期一出版

論著

五萬萬盎斯白銀真能利國福民乎

黃明培

一，引言

據十一月二十日新聞報載有借款消息一則，大意謂「字林西報云：美國國際白銀委員會之顧問歐士賚，頃到上海，欲與銀行家商家商權，由該會借給中國大宗銀條，以重量計算，約有五萬萬盎斯，此議於上半年該委員會會長坎耐已提及，其辦法則以此項大宗銀條作為物質看待，於四五十年間仍用盎斯攤還，略取利息，直僅以金銀換算論量而不論價也，歐氏並語人云，所借之銀，在中國鑄　貨幣　用於有益之途，可使中國現在受苦之人立得救濟，因此使人民於生計上得生活之資，世界各國銀價可因之而漲，使中國益能向外購買貨物，此事關係各國，其重要不僅在於美國一國云云，」此種問題，大有研究之價值，吾人若自歐氏談話觀之，一則曰論量不論價，再則曰仍用盎斯攤還，而何得又謂金銀換算？是此時所借者為白銀，至將來歸還時，係用黃金抑係白銀？歐氏並未明言，是已有一疑點存乎其中矣，姑置此不論，請先言此項投資之本身：自此項借款消息在報端披露以後，頗引起一般士人之注意，討論之者亦時有所見，概括言之，總不外反對與贊成兩方面，然亦見其利者而未見其害，見其害者而未見其利，有所側重，偏見存之，要知此種重大問題，關係至為複雜，非從各方比較研究不為功，僅就管見所及，先詳論其利害，最後始斷定其結果，

二、各方面之利害

▲（a）利　此種借款確能救濟目前中國之經濟困難，申而言之，有左列各點，

一、開發農礦富源，我國天產饒富，礦藏亦豐，徒以缺之資本，

本刊暫行休刊啓事

本學期本刊出至本期為止，茲特擴充篇幅，改出一張半，如有遺漏，請向送報人索取，此請

公鑒！

上海交通大學經濟學會出版部白：

本期要目

論著

五萬萬盎斯白銀真能利國福民乎　黃明培

醫產的意義　袁賓棟

發展中國農業經濟　彭劍鋒

調查

美國公共汽車運輸談　郁仁充

交通研究

京滬路增設車站問題　鄒雲

運輸合作之經濟觀

雇用汽車之營業要點　相青

半年來中國之交通　劉怡瑜

印刷者上海法租界愛來格路華僑印務局

貨棄於地，甚爲可惜，若能有此巨量數額，致力於農礦山之開發，則貧窶之邦，不難驟臻天府之國矣，

2.發展工業建設　中國本農立國，工業素非所重，直至近世紀，各資本主義國家之工業驟形澎湃，始打破我數千年傳來之農業迷夢，至此東施正欲效顰，然而缺少資本，巧婦亦不能作無米炊，此近年來建設聲浪瀰漫空際，而實業進展仍極寥寥也，果能利用此項大宗款項於建設事業則所謂久旱逢甘雨，則我國工業定有勃興之望矣，

3.充實國庫　再究中國政府言之，民窮財盡，加以財政尚未統一，故國庫之空虛；已屬盡人皆知，財政部雖時有借外債之舉，然額數過小，促肇見肘，事不易舉，無怪其然，今有偌大巨款，則可爲所欲必卓卓有餘裕矣，

4.提高一般生活水準（俗名生活程度）嘗一國接受他國之投資，必向投資國或轉向其他國家購買多量之貨物，以爲抵消，是國民物質欲望自然增加，物質欲望增加，則一般生活水準卽隨之而高矣；生活程度增高，本不能作爲被投資國之利，然而高生活水準，亦爲更明國所應有之現象與過程也，

5.減少勞工失業　一國之勞働階級失業，資本缺乏其一因也，中國失業現象雖未普遍，然而在工業較發達之大都會，失業亦漸成爲嚴重之問題，若能趁此機會，將此大宗國外投資，移作建設大規模之工廠，則勞工失業，至少能得一部份之解決，

▲b害　吾人若再從反對方面觀之，則此種問題，亦足爲害將來，緩析言之，如左：

1.增加洋貨輸入抑制國貨輸出，　依國際投資之原理言之，凡一國接受別國投資，非僅接受而已，必有種種方法以抵消之，抵銷之法唯何？一曰增加外貨輸入，二曰減少國貨輸出，蓋外貨輸入增，必付以大量之款；國貨輸出少，（甚而至於減至於無）外資始不能再增，故此二者，爲一被投資國之必有現象，今若我國接受美之巨額投資，勢必至於使洋貨銷路頓漲，國貨銷路頓落，欲借外債而發展實業者，而結果工商實業或反因外債而愈不能發展，此借債當局不可不熟權輕重而三思之者也，

2.減少國內原有銀洋之購買力　吾人若依經濟上之供求原則：「物以稀爲貴，以多爲賤。」果將來此種巨額借款成事實，銀之購買力將與銀量成反比例之消漲，則我中國原有銀洋之購買力亦勢必隨之而低落，試舉例言之：若中國原有銀量爲五萬萬盎斯，今又新添五萬萬，則原有一千元之家者，必驟減至五百元無疑！此豈非國民財富上之一無形損失歟？

3.中國金將更貴而銀更賤　若再從上項而申言之，多量之銀，與少量之金，二者間之比率將顯示金愈貴而銀愈賤，此理之甚明者也，如此，我之金貴銀賤潮，恐將一往不返，能不慨然無憂乎？

4.年必付息增加債務　此次雖出美人自動，而利率似較微少，然而本數過大，卽不云將來還本之債務甚大，卽就其利息一項而論，亦恐年非千百萬不辦，况正值此民窮財盡，債台高築之際（據十二月九日時報載全國內外債總額逾二十萬萬）於國民經濟上豈易負担耶，

5,有不能用于開發農礦及發展實業之危險　吾人試就過去事實言之。以前所借外債亦已夥矣。每次當借款時，莫不曰此係發展工業建設也，開發農礦富源者也。然而一察究竟，工業建設，發展有幾？農礦富源，開發何在？結果大半皆用之于購軍用品！充戰爭費！現雖號全國統一，然遽謂完全眞實用於發展工商，開發農鑛，吾人本過去經歷，就有所不能盡信焉。

6,有不用于購買必須品而耗于購置奢侈品之危險　卽謂此宗借確不再用於購置軍用品或充爲戰費矣。能保其不輸入奢侈品，而全部皆作買必需品之用乎？凡人必耗必需品始能生產，而奢侈品，不但不能增加生產。且能使風氣淫糜，民族沉淪，大不合經濟之道也。若以之

全部購奢侈品，是全部借款等于無用，若以一部購奢侈品，即一部借款等于無用。

7，此外，尚有一未定之弊端，即將來還金還銀之疑點也。將來若還銀，可不多論。蓋以銀價賤，而無損益也。若彼條件爲還金。而金價將來有漲無跌，已成一定趨勢則將來還本，必超過厚額無疑。此種數目，亦必大有可觀。

三，結論

吾人既將此事件之利害各點，詳爲描出，然後再一一評之。

試先就利點而言，第一點開發農礦富源，與第二點發展工業建設，苟該項借款用之得當，固有是項可能性，若用之不得其當，仍以之購軍火，與內戰，或移購必需品者而買奢侈品，則非特無益而又害之•此由已往事實，不能決其不可能也。除此而外，僅充實國庫，提高生活程度，減少勞工失業三點足以云利而已。而借外資究能否減少本國勞工失業，今之學者，猶互相辯論，迄無定論，則確足以云利之點固亦僅矣。

其次再就害點而言，第一點增加洋貨輸入押制國貨輸出。此係一定不易之理，凡習國外貿易者，咸所深知。第二點減少國內原有銀洋之購買力。與第三點之金將更貴而銀更賤。此稍熟國際投資者，皆知其勢有必至，理有必然，而借人債者，尤不能無息以酬之。則第四之害端亦甚明瞭。所不易明瞭而目前尚難確定其爲害者，則第五第六第七各點也。蓋有「不能開發農礦及發展實業」之害但亦有「能開發農礦與發展實業」之利也；有購奢侈品之弊，但亦有「買必需品」之益也；還金有害，還銀亦可有利也。(但若還金時金價大跌，就是還金也有利；不過依目前情形觀之，此係絕無之事耳。)由此觀之，此次借款，利雖有五，而其無確定性者有三。換言之，即確能認爲于國有利者，或僅充實國庫與提高生活水準兩點而已。至害則有七，而其無確定性者則僅三。換言之，如增加洋貨輸入，減少現銀購買力，金貴的銀賤，與夫休息諸端，皆爲確定之害點。且尤有進者，各利點中一二等點無確定性者，反較有確定性者爲重要；而各害點中，有確定性者反較無確定性者爲重要，則是此次借款危險性之多且大，又不言可知矣。

余之爲此，非故作危言有以寒當局之胆也；亦非謂外債皆足病民害國 而不能利民福國也。世事本無定，要在行之如何而已，苟能確係此款盡數移作開發農礦 發展實業，亦誠爲懷，稟公執行，不購軍用物，少買奢侈品，外貿確可利國福民無疑；非然者，爲前借建設之名而自肥囊橐，假，外資外才之遺訓，而擅增國民負担，勢非至害國病民不止。寄語外債當局，苟能設法保證增加以上各利點之確定性，借之可也；不然，各害點之確定性無法減低，則其流弊所及，有非吾人所忍言矣。而況此次借款之本身，害點尙多而且重於利點哉。可不愼于事先而眞爲歐氏口中之確能利我國而福我民乎？

譽產的意義

袁寶棟

在現在商業社會中，有一種習慣，使得我們懷疑，懷疑牠特殊的意義，在商業習慣上已有相當的承認，可是沒有名詞來表明；在法律上也有相當的承認；可是牠不能全完授法律上的保護。譬如說罷，商店在出盤和受盤的時候，我們可以看到他們買賣的價值，往往超過商店所有一切財產。我們曉得，商店的生財，貨物，和其他的財產，在出盤的時候，一定是要折舊的，至多也不能超過當時的估價；但是現在超過了，並且受盤人狠願意接受和履行這種條件。

幾年前，上海某時裝公司，因爲做了幾件特殊新婚禮服的原故，營業非常的發達。同時有人狠想在這種條件下面，去收買過來；就是

週聞簡報

黃恭儀

▲瀋海路，因運輸繁忙，新向斯可達廠訂購車頭二十四輛，現已運到四輛，由東北大學工廠代爲裝置。

▲興安區屯墾公署興建之洮索鐵路，洮安至索倫山路長四百餘里。本月終軌道可修竣，明年開始通車，經費四百萬元。

▲全國裁厘籌辦事宜移京辦理，滬籌辦處撤消。

▲財部派員分赴蘇浙皖湘鄂贛等六省，考察本國紙張蠶絲繭等出產與銷售情形，並核計稅率高低，以作製定稅率參考。

▲滬杭甬路局爲電話裝置工竣，此後該路調度車輛，益臻完善，擬準定自明年一月一日起，開始應用。

▲鐵部再請發回車輛，以維交通。

▲英美對華投資辦法，不以現銀而以材料物品爲大宗。

▲標金近又飛漲，最高點達六百五十二兩。

▲鐵部訓誡路員十點，違則重懲，（一）應尊重行政系統，（二）凡事應恪遵部令部章辦理（三）應改良現有狀況，謀最高效率（四）應知對國民服務爲路員天職，（五）嚴守預算不得絲毫濫耗（六）恪守編制，不得濫用冗員一人，（七）砥勵廉潔，不得侵吞公款一錢（八）未奉部令，不得擅購材料，（九）不得於正當運價外，另收用費（十）應依照規定時間辦公。

▲滬平航空線，積極籌備。

一切財產，照市價估計，并且額外以多量的金錢，去頂受時裝公司的招牌。但是時裝公司不願意接受這種條件，表示公司招牌的代價，不是少數金錢所能受買的。

上述兩個例，可以表示出商業上一個習慣，在事實上有相當的承認，可是沒有適當的名詞。

現在報紙上登載假冒人家貨品的消息，非常的多，用劣料去製造貨品，拿貨品銷售去牟利，是正當的事實，爲什麼去冒牌呢？況且冒牌是國家禁止的，爲什麼一定要冒牌去犯法呢？這個問題，就牽涉上面敍述習慣的承認。換一句話說，[illegible]就是商店能得較高的一種利，常常會引起人家來假冒。假冒的貨品，都是市場很暢銷的，就是這個原故。這可以表示習慣在法律上承認。

上海的商店，是形形式式，無奇不備。陸稿荐熟食鋪，可以說到處皆有。我們以爲和汪裕泰茶葉店一樣，是總店和分店的關係。但是我們在他們的招牌上，發現矛盾的地方，有什麼真陸稿薦和老陸稿荐的不同，并且他們還聲明着，「只此一家，並無分舖。」還種現像，和假冒同一樣的非法，至少也有騷財的嫌疑，但是這種冒牌，不受法律上的限制。

老招牌可以說是這種習慣的名詞，但是牠不能完全代表這種習慣的真確意義，我們承認牠是造成這習慣的要素。

老招牌是從 (Goob will) [illegible]譯過來的，但是 (Good will) 的譯名有好幾個，就是招牌，家聲，商譽，招牌不能夠代表，在上面已經說過。家聲這個名詞，也似乎不妥，在事實上不能夠沿用下去，因爲家聲在習慣上，已經應用到一家的名譽上面去，包含的意義太廣。商譽呢，在商業組織上非常的吻合，不過容易和商標溷合起來，把牠當成一種專別的權利。所以我覺得在家聲和商譽兩方面來調劑一下，還是譽產這個名詞，比較上適宜，并且中肯些。

譽產的意義，就是顧客對於某一個商店有一種好感，在事實上呢，就是老顧客很願意跑到老地方去。這兩句話，表面上沒有什麼重要，可是在商店那方面，却是營業發展的要素。商店的牟利，在貨物買進和賣出；但是利益唯一的來源，全靠着顧客的購買。老顧客跑到老地方去的商店的營業，不是有了相當的保障麼？顧客對於商店發生了一種好感，不是對於商店有了相當的信任麼？因此商店的營業，又得一層保障，所以商店的營業，會無形中增加起來的那麼，他們的利益，能夠超過市面上普通利率的。

依上面的陳述，譽產可以增加商人的營業總額，同時也可增加商人的純利，牠是負有財產一切的性質，因為牠沒有實質的表顯，所以把牠當着無形財產。現在有許多會計專家的意見，是要把專利權，商標等無形財產，都包括到譽產裏面去的。

譽產的意義，既然是這樣，和我們在事實上已經承認，沒有名詞的那個習慣，可以說是完全符合，所以譽產這個名詞，就應用上去，去尋找牠的新使命，就是法律上保護。那麼商人努力經營的結果，更加一層保障。

發展中國農業經濟

彭劍鋒

最近時代的工業可算極其發達，各國都鉤心鬥角利用機械作為一切生產的原動力。工業製造品時時增加，一國的富强，文明的進步，都靠着工業的發達為轉移。素抱經濟孤立的農業政策的中國，受世界潮流影響。也在工業的旋渦中急起力追，但其結果還是相差太遠。所以莫不要用各種的方法，使落後的工業能夠盡量的發展。補助國家經濟和國民經濟。但是我們努力於振興工業，却還棄固有的農業，以致工業還未完全的發展，農業經濟却已破壞。此對於國家經濟和國民經濟受極大的損失。所以在從事發展工業中，同時也要建設農業經濟。

產業革命的結果，是機械工業發展，而農業受工業極大的影響，中國的農業也因工業的發達而劇變。中國本以自給自足的農業經濟為社會的基礎，這素來估中國國民經濟重心的農業經濟組織和力量不斷地崩潰，其原因由於帝國主義侵略，他們機械的工業流入中國，原有的手工業漸漸消滅，採用機械替作生產業的原動力。這單純的農業轉入工業。世界的帝國主義以中國地大物博，是絕好的消費市場，和供給原料的地方，所以一方面將洋貨運銷中國，由手工業所產生的製造品自不能和牠們競爭，由是國內的市場差不多全為洋貨所佔，國內農民的製造品反停滯不能暢銷，農民的副業如紡織等不能自存，同時還要由中國運出原料。這樣使其與世界經濟發生密切的關係。結果中國轉入國際資本主義的勢力的威脅之下，對外貿易漸次擴大，自足自給的自然經濟日就崩潰，衰落。

以農立國的中國，因受帝國主義的侵略，農業逐漸崩潰，他方面却盡力發展工業，繁榮商業，固有農業棄置不理，政治的紛亂，年年的內爭，[illegible]，土匪流散各地，擾亂國內的安甯，封建軍閥又因爭權奪地，自相殘殺。以致貽禍於人民，使一般農民不能安居樂業，耕種田地，農產品日見減少，農業經濟破壞無餘，這樣我國的農產品不夠分配，所以製造的原料和其他食料之一部分，還由外國輸入，據民國十四年的貿易統計，輸入品中二四%為食料，原料則占二八%，再看民國十六年的海關報告，其中重要食料和原料的輸入也不少。（參觀下表）

	十六年　海關兩
麥	七，〇五五，六六七
米	一〇七，三二三，八一二
麵粉	二二，〇九三，九五三
蠶豆	二，〇五三，五二六
糖	七五，二六五，三三二
棉花	八二，二〇五，二七二
絲	一一，二七九，八二六
麻	二三四，一六〇

所有這些物品，全為中國日常所需要，以農立國的中國自己不能夠充足供給，還要內外國輸入，這是多麼痛心。雖然，要振興工業，

在原料還不能自給。只覺年內工業製造品方面，流到外國大注的利源，還不知在農業國裡却有幾萬萬兩，耗在輸入的農業品。

照中國的農業經濟的崩潰、以及目前農業經濟的狀況愈趨愈窘，我們應該速即注意於發展中國農業經濟。

使我們覺得中國農業經濟有發展的必要，概括起來、有幾個原因。

農業和工業有極密切的關係，工業的製造品，其原料均係農業的生產品。如果農業不發達，或且破產，則農業品減少。一方面民食不足，民生受到影響。人民感受窮困。國民經濟衰落，生產力減少。生產力的高低，影響工業的興衰，他方面農業生產率低，則供給製造的原料少。原料缺乏，工業自然不能發展，甚至隨之衰落。所以我們專注重工業，要顧農業，這就一般的原因看來，農業經濟是應當建設。

中國因感着帝國主義的侵略，外來資本主義的橫行，年年送給他們許多的金錢，國家的貧弱，民生的困苦，都有連帶的關係，所以才努力工業，抵塞漏巵，固有的農業，任其荒廢；反由外國購入許多原料，損失許多金錢，工業的改進還不成功，金錢先損失許多。所以應先墾發原有的農業，使增加農產品，以供給國內的工業，由是年年耗於購買食品與原料的金錢，可免外溢，

以地大物博的中國，若將其農業整頓，其所得的生產品自狠豐富，由是可將有餘的食料原料等，運銷外國，則每年有很大的收入。這可以抵償由工業品上所受的損失，國家經濟可以充裕。

中國人民大部分是農民，靠農業生活，近來民生日漸凋敝，因為帝國主義的侵略，和不良的政治，農業衰落，生路斷絕，設能發展，則一切的農民問題，便可解決，人民得以安居樂業，就是社會的安甯，國民經濟的發展。

發展中國農業經濟的方法，也值得研究，這些方法狠大，可擇重要的，略加討論。

政治的不良，影響到農業的發達

要發展工業經濟，要有良好的政治，這就使國家安甯，人民安居，致力耕種，和其他生產事業。

復次，良好政治產生健全的政府，一切設施全為人民的幸福，最顯明的是租稅制度改良，農民可担負輕簡的田賦，不至和以前一樣，所得的利益，除繳付租稅外，只足過窮者的生活，可所有餘力來發展他們的農業。

中國土地，瘠腴不等，肥瘦的土地生產豐富，除供給本地的人民外，還有餘接濟他地 衰瘠的土地，出產不足供給本地的需要，由是供需可以調劑，並且各地因氣侯、性質不同一地有一地的出產品，這一地的物品可運往彼地，而彼地的物品，也可以運來，這是土地分工，促成土地分工的效能，常有良好的交通，中國交通阻塞，各地不相聯絡，物品不能互換，富應之區却有盈餘，衰瘠之區，却感不是，農業是畸形的發達，結果民生還是凋敝，所以要使農業興盛，常改進交通。

教育的改革也是助農業發展的良法，農民不受教育，智識低陋，牢守方法的耕種，所以農產品不豐，現在當普及教育，持高農民智識，灌輸以新法耕種的智識，使農業興旺，出品的數量加增，供給國內的需要，還可輸出外國，得一方法的利源。

其次墾發荒地，可使農業增加，耕種的面積擴大，容納多數的農民，農業經濟可以發展。

農業經濟和國家經濟有互相關係，繁榮工業也不要忽略農業，農業經濟的發展，其利益會及於工業，同時也就是堅固國家經濟的基礎，日前中國的農業經濟，漸次破產，國家貧弱，民生凋疲，雖然努力提倡工業以發展國家經濟，却忽略最堅固的國家經濟的基礎，所以我們現在當工業政策正在澎湃的時候，應當注意於發展農業經濟，作為中國最重要的經濟建設。

關於建設農業經濟，邵元冲先

生已經討論過的，現在我也追隨先進之後，把自己所見的來研究這個重要的問題，希望大家共同來討論，提倡，因這是中國目前最要的經濟建設。

※ ※ ※

調查

美國公共汽車運輸談

郁仁充

美國近年來公路建設，日臻發達，公共汽車事業發展迅速，已爲國內主要運輸系統之一。當一九二五年時，全國有公共汽車五萬三千二百輛，駛行路線長三十四萬五千五百哩，載客八萬萬七千萬人。一九二九年全國公共汽車數計九萬二千四百輛，路線展長至七十一萬九千五百哩，乘客數增爲十七萬萬九千三百萬人。四年之間，公共汽車數增加百分之七十四，路線及乘客兩項均增加至一倍以上，其進步之速，概可想見，實開運輸業空前之紀錄。

自公共汽車事業發達後，火車與電車公司所受之影響至鉅。火車公司久因私家汽車之增多，短程客運業務，減色不少，自公路增加，公共汽車因有穿行各城市中心及沿途上下乘客之便利，及運價之較低。短程乘客之改搭公共汽車者日多。鐵路客運收入銳減，計自一九二五至二七年起，鐵路客運收入減少七千八百八十萬元，搭客人數減少五千一百萬，但乘客之平均旅程增加百分之九，由此可知鐵路長程客運並不減少，所損失者全屬公共汽車競爭之短程客運。

電車公司以主要營業亦屬短程客運，故所受公共車之影響，更見重大。且公共汽車有下列各優點：(一)佔用之路面較少。據專家計算，三千五百三十九輛電車行駛時，佔地一百四十四萬三千九百十二方呎，若代以四千六百八十五輛公共汽車，佔地一百十二萬四千四百方呎。兩相比較，可少佔路面三十一萬九千五百十三方呎。(二)無電桿，電線，電廠，路軌等建設與維持之困難。(三)以無軌線之故，如遇一車損壞，後來之車不致被阻停行；且如中途遇火災，遊行，出會等事，得繞行他路，不致停滯難進。(四)汽車運輸比較舒適，故電車客運業務被公共汽車侵佔不少，計一九二二年至二七年間，電車公司數目減少百分之二十一，路線與車輛均減少百分之七，公共汽車之競爭，實有以致之也。

美國鐵路公司所受公共汽車之影響，既如上述，鐵路公司方面自不能不力謀抵制之方。但以公共汽車運輸確有優於鐵路運輸處，若鉄路公司專用排斥之手段，終必自受損失，無補於事，在過去數年中已有顯明之事實，故鐵路公司現多改變方針，與公共汽車實行聯絡運輸，由鐵路公司出資收買或設法自辦公共汽車運輸，或與公共汽車公司互訂聯運辦法，減少不利之競爭，共謀業務上之發展，與公衆之便利。

在一九二五年時，美國火車公司從事於公共汽車運輸者凡三十一家，用汽車三百七十五輛。至去年全國共有六十六火車公司兼營業公共汽車事業，共用車一千四百五十四輛。如紐約海文哈德福，合衆太平洋，大北，南太平洋，本薛文義亞，等七公司均於公共汽車運輸力謀發展，現各有汽車一百輛以上，火車公司行駛公共汽車之情形，大概可分述如下：

(一)鐵路客運清淡之支線，往往入不敷出，維持爲艱現多逐漸減少客車，而行駛公共汽車。蓋以汽車之載客數量適合於需要，行駛費用較省，公司負担得以減輕，公衆之便利仍得維持。

(二)火車客運，貴乎迅捷，常以停靠站數太多，致耗時間，但若減少停靠站數，對於旅客又有不便。現鐵路公司多用公共汽車行駛於大小站間，使啣接火車時刻，火車於小站不再停靠，乘客得於附大站上下，由公共汽車担任大小站間之輸送，火車行駛時間上得經濟不少，同時對於小站旅客亦無不便。

(三)火車經過之附近地方，常有名勝古蹟足以號召遊客者，火車公司現多於此等地方辦理遊覽公共汽車，使啣接火車時刻，在附近車站接候，駛行各處，爲遊客謀種種便利，火車客運，得藉以發展。

(四)火車運輸不能直達之處，若展築鐵路，有種種不便與不經濟，或以地方需要缺乏持久性。(若建築鐵路後，需要減少，損失太鉅。)鐵路公司現多用公共汽車與鐵路各站相啣接，以擴展其營業區域。

(五)最近本薛文義亞鐵路公司與格萊巷(vrayhound)公共汽車公司有聯絡運輸上之新發展，即自本年四月一日起在紐約與費城至芝加哥與聖路意司間之客運，發售聯票。由火車担任夜間運輸，公共汽車担任白晝運輸，乘客得於白晝在汽車中享游目騁聘之樂，晚上在Pullman車中高枕安眠。此種聯絡運輸，時間上雖較直達火車稍多，但運價便宜，例如由紐約至芝加哥之火車及臥位，票價三十九元九角，現祇需三十二元一角八分，故頗能迎合不少人之需要，將來營業發達，鐵路與公共汽車公司均有利益。

美國電車公司之兼營公共汽車者，在四年前，共一百九十三家，現有二百六十家。駛行之公共汽車，自三千輛增至一萬〇六十二輛，路線達二萬〇二千二百八十哩。現有公共汽車百輛以上之電車公司計二十一家，以紐求賽省之公共服務聯絡運輸公司(Public Secvice Coorodihated Transport)爲最，達一千七百八十一輛。各電車公司與公共汽車作聯絡運輸之情形，大概可分述如下：

(一)，美國各城市逐漸發展，對於運輸之需要日增，如展築電車軌線，所費太鉅，公共汽車置辦省易，故多用以與電車作聯絡運輸，擴充營業區域，增加電車收入。

(二)，原有之電車路線，有以地方情形變更，客運減少，軌線等維持需款，負担太重者。減少損失與維持交通起見，現多用公共汽車代任運輸。

(三)，電車路線有不相連接者，常使來往於兩線間之乘客感到不便，現多由公共汽車往來其間以聯絡之。

(四)，大城市內之住家區域，常離悉頗遠，電車路線較長，行駛時間宜求快捷。電車公司現多擇客運繁盛之區，加駛公共汽車，使與電車同行一路，但以公共汽車任普通運輸，途中必停，而以電車任急運，停靠站數減少，乘客欲至兩電車站中間之區域者，得於電車與汽車公共停靠之站轉搭公共汽車以達目的也。

以上所述，爲公共汽車與鐵路及電車聯絡運輸之情形，公共汽車以載客人數不多，行駛速率較低之故，在大城客運繁重之區，尚不能完全取鐵路運輸而代之。據美國汽車協會統計全國人口十萬以上之九十城中，有公共汽車者八十二城。其中由公共汽車獨任市內運輸者，祇有一處，在人口二萬五千以下之六百二十城市，有公共汽車者二百十八城，其中由公共汽車獨任市內運輸者佔一百二十七處，故公共汽車在大城市內總輔助鐵路運輸之不足，而鐵路運輸不便或不經濟處謀發展，而與鐵路實行聯絡運輸。

美國現時各地爲謀市內交通便利與真正聯絡運輸之經濟起見，多有以市內公共汽車與電車運輸同歸一公司辦理者，即由電車公司出資收併市內之公共汽車公司。(間亦有公共汽車公司收併電車公司者)計自一九二二年至一九二九年，美國各市電車公司兼營公共汽車者，由五十二家增至二百六十家，同時市內公共汽車公司由二千八百七十一家減爲八十三家。雖市內公共汽車公司之減少，不能完全認爲與電車公司合併之結果，但電車公司收併公共汽車公司之事，日見增加，且各地多有主張統一市內運輸機關之趨勢，故公共汽車在市內運輸方面與電車之聯絡運輸，將日見發展也。

行駛市鄉及市際間之電車公司，多以營業不旺，資本負担太重，辦理不良之故，發生經濟困難，路軌輛車各項，年久失修，每況愈下，且各市鄉間公路縱橫交叉，在在與公共汽車公司以發展之便利。至於相隔數百里之大城間之運輸，火車雖行駛迅速及有臥車設備，得保持其客運業務，但公共汽車以取價廉，近來對於長途客運設備，更力求安適，已有臥鋪餐之供給，復不惜鉅資，在各地建築精美之公共汽車站，以便行旅營業頗形發達。因此行駛市鄉間及市際之公共汽車公司，方興未艾，與鐵路公司之競爭，當愈見劇烈也。

交通研究

京滬路增設車站問題

（錦）

京滬線上來往的客車，都不能準時到站，慢車的遲了一二小時，固然名副其實的不足爲怪；卽彼快車特別快車的誤點，亦已司空見慣。因之旅客責有煩言，總說路局的辦理不善。首當其衝的，要算車務處了。的確、車務處的責任是要準時行駛列車的。所以車務處也在極力想法在他可能範圍之內努力改進，最顯著的如報上所傳說的增設許多車站。使二站間的距離縮短，便於交車，不必老等來車。如陸家浜與安亭中間距離有十一。三七公里，平常總要行十四分鐘。換句話說，不巧的時候，上行車就可以等在安亭十四分鐘，以便下行車的陸家浜至安亭交車。要是中間增設車站，那麼照上例兩車都可開駛至中間站交車，或者至多只要等到七分鐘。豈非至少可省一半的時間。同例崑山與正儀之間增設新站的道理也在此。這話固然也有一部分的眞理，不過依吾看來，總不是最好的辦法。

安陸間的增設車站，對於客運方面，（貨運絕對無望）固然也很需要，而且將來是有發展的可能。因爲附近有不少的市鎮，（天福庵，外岡，蓬萊）而太倉的出入，也可在此上下。至於崑正之間，則似乎除掉爲交車之用外，很難找到他項意義的存在，因爲崑正的距離雖有一〇，七〇公里，然那邊的人口並不密佈，村落四散，財富方面，在崑境內只比貧窮的北鄉好些，而原有的水運也很便利。那麼在營業方面講起來，覺得得不償失。而這次所擬的新站，很有與此處的情形相髣者。

講到行車經濟，吾們知道機車離站二公里之內，與將到站的二公里之內是不能開足速率的。一則礙於惰性，爲經濟機車計，一則易於控制機車少萌危險。因之除掉開始與將止的四公里外，中間的里程才能開足速率的疾駛。而這開足速率時的駛疾的時間，至少須在十三分鐘左右，才能算做經濟。因爲時間過少，許多蒸汽，不免閑費。所以增設車站，交車的時間，固可減少，然而車在路上行車的平均速率一定是要小了。結果，達到終點時間，未必能速。現在京滬路有三十九站（M.R.J. M.R.T. S.T.M. N.K.J. 四站不計），兩站的中間距離從二—四公里者五；從四—六公里者六；從六—八公里者七；從八—十公里者十；從十—十二公里者八；從十二—十四公里者三。以全路長除站數，平均距離爲八公里弱，按之最經濟之時間爲十三分鐘左右，以每時的最快速率爲六十公里計，則十三分鐘須十三公里。撥之現狀，已覺不經濟。何得再設不亟需之車站，減少最速行駛時間。

不過列車的因爲等交車而延遲時間，固然是實在情形。但這是果，不是因。眞正的原因在於機車曳引力的不足。換言之，此責任不在車務而在機務。改進的著眼點，當然也在機務方面的。

現在京滬線的機車，共有五十一輛，平時六輛修理，四十五輛在路應用。以三一一公里長之京滬線，每日行駛四十三次列車，已覺不易應付，除非調度得法。連次的戰爭，精工忙於製造鐵甲車，吳淞工廠因無隙地。到現在立待修理的機車，有十五輛之多。只有三十六輛機車，可以在路上運用。而這三十六輛機車也都是近二十歲的年齡，能夠行駛已屬十分勉强的了。巧婦難炊，調度爲難，有時就不得不以貨車機頭拖帶客車。凡此種種，皆爲誤點脫車之主要原因。蓋車務處依照完善機車的曳引力而定出恰好的時刻表，不前不後，各得其所。要是一車誤點，庶必響應全路，所謂一髮牽動全局。況乎現在所有的機車個個都不十分靠得住呢。

故京滬列車的誤點，只病在機車，證諸以往無戰事之情形卽可知。現在路局已自美購得八輛新機車，四輛已可於年終裝就，經過一月之試驗卽可拖帶客車。新機車之曳引力有一千五百噸之大，較前倍半，而速率可至每時八十公里。是則誤點之憾，自可迎刃而解，路局又何爲乎多設不亟需之車站呢？

運輸合作之經濟觀

時至今日，運輸的工具也可以說是發達到相當的程度了，上達天空，有如飛鳥般的飛機；落到地上，有宛若長蛇的火車，更有動如脫兔的汽車，臨到水面，又有活像游魚的輪船；差不多可以說是無往不利了，但人們還要把這些工具具體的組織起來，成爲一個整個兒的，有系統，有連絡的計劃，能夠取其所長，捨其所短，除去無益的消耗、儘量增加他們的效率，這就是叫做運輸合作。

從經濟的立場看起來，運輸合作有二重意義：(一)運輸合理化，(二)消除自殺的競爭，(Cut-throat Competition)爲什麼運輸也要合理化？因爲各種運輸工具都有他們的特性，要順着各個固有的特性去利用他們，才能夠做到以最小的勞力，而獲得最大的效果。

先言鐵路：築路，敷軌，購買機車，車輛和其他的各種設備，僱用多量的員工，在在須要大量的資本，所以運輸成本較貴，運價也就較高，但在整車和遠道的運輸尚覺經濟，因爲運價多是遞遠遞減的，而整車的運價又廉於不滿整車，鐵路行車速率也很高，除飛機外，就要算到火車了，爲什麼汽車的速率不如火車呢？因爲在每一個Headway當中，不許有二列車同時行駛，所以火車可以用最高的速率，但汽車受市政法的限制，就不能不把速率減低下來了。

次言汽車：汽車運輸須用資本較小，因爲公路都是政府出資建築的，有公路的地方，就可以行駛汽車，不像火車只能在一定的鐵軌上行走，所以汽車的通行較廣，但汽車只便於短途和小量的運輸，因爲拖引力不如火車之故也。

次言水運：輪船運輸受天然水道的限制，速率也較低但水的摩擦力 Fricton 只有鐵軌的五分之一，所以若用同量的力來運輸貨物，輪船可五倍於鐵路，且水運運價却比鐵路公路，航空各種運輸爲低廉。

次言空運：飛機的製造，和飛機場，航港的設備却要很大的資本，因之成本很貴，運價較上述三種運輸都來得高而飛機只能載郵件，小包裹，和少數的旅客，故他的運輸能力很小，但不受地理上的限制，什麼高山大海，都可以安然飛過。

照上述各種運輸工具的特性看起來，我們曉得各有所長，各有所短，遠道和大量的運輸應用鐵路；近途和小量的運輸應用汽車；低品貨物和不須捷運者應從水運；郵件和貴重之小包裹應從空運，這樣一來，運輸就可說是合理化了。

什麼叫自殺的競爭？就是不顧成本，減低運價，藉以招攬生意，結果是財政破產，事業失敗，這不是等于自殺嗎？這裏面又分（一）同樣運輸的競爭，譬如鉄路與鐵路，水運與水運；（二）各種運輸的競爭，譬如鐵路和汽車，水運和鐵路，美國在一八六九間，各鐵路競爭劇烈，削低運價，叫做運價戰爭，（Rate war）近年鐵路和汽車又是利害衝突，大起爭訟，在公司本身，固然受損，而影響工商業之發展，確也不小，運輸合作就是解決這個問題的關鍵，大家聯合起來，作一個有系統的計劃，四面八方有接續不斷的運輸，各自努力業務的改善，效率的增進，那麼實業得以發展，生活得以提高，運輸事業也自然蒸蒸日上，不虞虧折了。

★ ★ ★

雇用汽車之營業要點

摘第二十七期　相青

（一）愼擇司機

司機是公司的代表。顧客只認識司機的面孔，不認得公司總經理的面孔。如果司機有禮貌，人家以爲這個公司好；否則以爲這個公司拆爛汚。如果司機在銀錢上作弊，吃虧的是公司，勢必增加車費以取償，而影響及其營業。尤其要緊的，是司機的駕駛術，不在乎伶俐，而在乎老成，與其闖禍，不如緩行。所以外國選擇司機的標準，每以忠實爲第一，銀錢不苟；老成爲第二，心思不亂。他們未入公司以前的職業，和已否結婚，皆極有關係于他們的行爲。一個未婚而年輕的司機，極易闖禍和有不端的行爲，而每每不能安于其位。

空車行駛里程太大，是雇用汽車公司所最忌的。如能雇用忠實之司機，則在可能範圍內，每能將空車里程減少。

(三)安全爲先

無論那一種運輸事業，總是安全爲先。沒有意外發生，公司所受經濟上的損失猶小，而名譽上的損失，是無可補救的。行車與其快，不如意穩。徒快不足以增進公司之名譽，反足以造成公司之損失。所以公司方面，每每告誡司機，或竟訂出條例，速率每小時不得過若干英里，不應掉搶花假裝伶俐，嚴禁飲酒及起居失時等等。汽車本最易闖禍的，而雇用汽車公司的汽車，每以忽忽送到乘客即能了却責任，總是圖快。所以安全爲先四字，在雇用汽車公司裡，極其重要。

(四)會計嚴明

會計系統，在雇用汽車公司裡，極爲重要。不特成本宜精細算出，以定用費之多寡及員司之薪工，和雜項開銷；而于收入方面，尤宜注意。每一個錢由顧客手裡出來，一定要毫無折扣的送到總經理那裡，才是成功的辦法。如何能夠這樣，那就非有嚴明的會計制度不可了。已有好的會計制度以後，尤其要能夠執行。所以雇用汽車公司關於銀錢方面的職員，每每是極所信任的，而能負責的。

(五)裝飾鮮明

裝飾是一個公司的代表，如同商品有商標。譬如車身的顏色一律採用黃的或寶藍的，鮮豔奪目，一定能夠搶其他公司的生意。所以不宜用不同樣的車身，尤其是不同樣的顏色。美國有許多汽車公司，把牌號漆在車門上，使人一望而知，以免營業發達時，有人影射或假冒，這也是很好的方法。或者車身上半和下半，用兩種不同的顏色，或雜以一定的花紋，也都是一種預備鮮明的裝飾而引人注意的方法。在這種商業競爭時代，也就是資本主義社會中商品的廣告猖獗時代，雇用汽車公司對於此點，萬萬不能隨便的。

✲ ✲ ✲

半年來中國之交通

劉貽瑜

中國的交通工具雖然簡單交通事業雖然幼稚；然而半年來的歷史，欲在這寥寥千餘言中間說畢，似乎也不甚容易。本篇是臨時草成用以補白的，譾陋已極，萬望閱者見恕，是幸！ 作者附識。

甲 鐵道

孫科向四中全會提出三大築路案。全部通過。

京浦輪渡興工，長江南北岸之火車行將來往自如。

津浦膠濟平漢隴海四路曾在徐州開會，主要目的在清理車輛。

東北鐵路網計劃，全長一萬七千啓羅米突，包括一百餘線。

中東南滿收入說減。中東已縮小營業範圍，南滿正力圖恢復。

國有鐵路被扣車輛爲數二千。

杭江線杭蘭段逐漸完工，明年三月可通車。

京滬滬杭甬舉行商務會議，並積極整理路政。

以軍事關係曾被阻斷之各路，現皆逐漸通車。

乙　公路

粵省公路有四大幹線之計劃。

南昌德勝路通車。

各省新造公路，聞有八萬四千餘里。

丙　水道

內河航行權，交通部會同外交部積極向締約各國交涉收回。

招商局收歸國營，內部改組，有具體新計劃。

停頓已久之江海航運，現以軍事告一段落，逐漸復航。

四川航務交部積極整理。

東北航商團結，航務頗有起色

丁　航空

中國航空公司改組，滬蓉線暫擬飛至重慶為止。滬平線積極籌備，滬粵線亦有相當計劃，

中德航空合同，計劃三線：（一）滬，京，津，平，滿州里，西伯利亞，歐！（二）滬，京，津，平，庫倫，西伯利亞，歐；（三）滬，京，新疆，甘肅，西伯利亞，歐。

中美航空有新合同。

滬蓉線上海號飛機，十二月九日在上海失事，死機師及乘客五人，重傷二人，為中國商運飛機自有歷史以來之第一慘劇。

戊　郵政

全國郵區，將重行劃分，四川與蘇皖之郵區已另行支配。

郵政總局將遷京。

己　電信

水電廢約，已有相當解決。

中日電信交涉，尚在交涉。

上海租界電話，由華洋德律風公司出賣於國際公司，交涉收囘無結果。

編餘

本刊在本學期開始之時，議定內容分為七欄：論著，譯著，演講，調查，交通研究，週聞簡報，書報介紹；專載。本來約定幾位先生担任書報介紹。但是拖拖欠欠，到現在還沒有將稿子交下，所以書報介紹一欄。本學期竟無一字。又因為本刊是為了本會會員發表心得的，所以儘會員的稿子先登；很有幾篇有價值的文章，本想轉載的，始終覺沒有地位空出來，祗好割愛了。

蔡星五先生給我們審閱稿子，我們非常地感謝！

本學期本刊各欄文字的數量：計論著十六篇，譯著一篇，演講七篇，調查五篇，交通研究十四篇，週聞簡報十三篇，專載一篇，外序言一篇，計共五十八篇。又鐵道研究專號兩期，刊文十篇，統共六十八篇，約十五萬言，凡一百頁。

週刊是非常注重時間性的，最好是上週的文字，在下週看來已經是古人的作品了，這纔不失為眞正的週刊。可惜在校的同學功課忙得利害，而又無暇實地攷察經濟界的現象，所以有時間性的文字，竟不多覯，這是我們所深以為憾的。我們希望將來把周刊改成半月刊或月刊；不然，就極力充實內容，寧缺毋濫，不在乎每週發表一萬多拚湊而成的文字。

本刊因學期終了，不得不和讀者諸君暫作一月的小別。編者是和本刊關係最深切的人，囘憶到半年來所做的工作，雖當不起「辛苦」二字，非然每期要維持按期出版，又要精選材料，確也是十分不易。本學期承各位師長；各位同學，熱忱地為本刊撰稿，又承校內外各界，謬加贊許，編者除了感激以外，並願加倍努力，接受各位的指教。新年快到，本刊同人順便借這小小園地，向諸君

恭賀新禧！

中華民國二十年二月二十三日

經濟週刊

上海交通大學經濟學會編行

零售每份大洋一分　第三十三期　每逢星期一出版

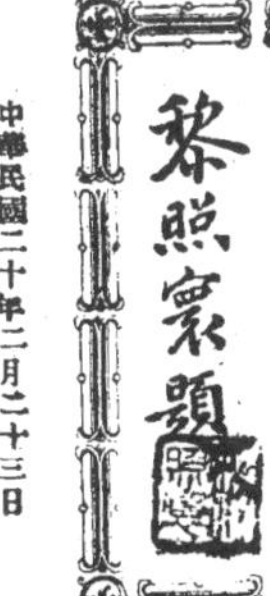

論著

日英美在中國之市場爭奪

黃雪邨

列強對中國市場之爭奪，至今日而日起激烈。所謂豐富原料之資源，巨量商品之輸出市場，及投資區域，均爲彼等誓死力爭之目標，就中尤以英日美競爭爲烈。蓋以現今世界之經濟恐慌日甚，欲謀穩定，不得不從事於殖民地與半殖民地市場之再組織與再度分割，中國市場遂形成其重要性。惟列強對華輸出，因銀價之空前低落，而受一絕大打擊，更因新關稅之實施，致發生另一障礙，同時中國更提倡國民工業之保護。雖此國民工業之能力在高度的帝國主義經濟時代不能作任何防禦，惟因以上述兩種原因爲中心，列強之對立遂益尖銳化，由日英美三國對華貿易可以概見。

日本之對華輸出約佔全輸出額百分之二•五，此數字爲根據英國之二•〇，美國二•五而決定，（其中如殖民地—例如香港等—之對華貿易尚未計入）。日本對華貿易重要者爲棉製品，因英國亦有此項商品對華輸出，且中國當有自製者，遂依此而形成混戰狀態。英國雖努力從事爭奪，然事實仍不能挽回其頹勢；更因銀價暴落之故，又蒙絕大打擊。至日本資本之工塲，則隨其國外品輸入之困難而獲得良好之成效。兩國商品對上海之輸出額有如下表：

（一）棉布（疋）

	一九二九年 一月至九月	一九三〇年 一月至九月
日本	五、九三六、一四三	五、四三三、四九三
英國	四、四四三、六九八	一、六七一、五四三

（二）綿，毛，人絹織品（碼）

日本	三、三三三、一四五	一、一三九、三二五
英國	八、一八七、六五〇	三、三四四、二八五

由上表足見英國品輸華額之減退率之大，自一九二九年上半年爲排日運動以後日本商品之勢力囘復期，英國商品則日趨頹勢。

除棉製品以外，日本對華之重要輸出品爲海產物，琺瑯鐵器，砂糖，紙類，水門汀土，小麥粉，石炭及諸雜貨類。此類商品均爲比較低級之物，須於低率關稅之下，方能確保其市場，銀價之暴落與新關稅之實施當然能予以障害。因此，此類低級之輕工業以輸出困難伴國內工業之勃興而同來，日本商品與國內工業之對立自不得不更趨尖銳化。在中國新關稅施行期內，以三年爲期限的互惠商品爲棉製品之一

本期要目

論著
日英美在中國之市場爭奪　黃雪邨
最近之中美銀借款問題　楊城
不景氣之研究（上）　程志政
演講
中國之預算與決算　馬寅初

印刷者上海法租界愛來格路聯僑印務局

部與鹽魚，晃布及小麥粉；對現行稅率二分五厘尙可自由增課者爲棉製品之又一部，海參，瑤柱及琺瑯鐵器等；此外商品則一律增課相當關稅。

至於銀價暴落之使日本商品所蒙打擊，殆與排日運動之結果同其悲慘，茲略舉對華輸入數事列表如下：（單位擔）

	一九二九年 自一月至九月	一九三〇年 自一月至九月
砂糖	七五〇、九一九	三六六、一二七
洋紙	三七四、五三八	五三七、七七九
海產物	一六三、一四一	一六三、六六〇
石炭	七九三、一〇八	七〇七、四九九
洋灰	三〇一、五七九	三〇九、三七一

以上商品於增加關稅時，則其數必更減少。

英國之對華貿易，上節所述已知棉製品輸華之衰退情勢，爲挽回其頹勢起見，是以有英國經濟考察團之來華，其他主要輸華商品爲機械類，金屬製品，化學製品及肥料等，均與美德兩國發生對立關係。

機械類（海關兩）

英國	四〇三六、二四六	八、二九八、五四〇
德國	一、一八九、二六七	一、四五六、四一六
美國	一、三三四、三〇三	三、八九八、六八七

（期間與前兩表相同）

此項數字之增加，一則因單位係海關兩以銀價低落而增大，一則因中國國內，戰爭之頻仍而武器輸入額提高。

英國之對華輸出以棉花，石油，汽車，機械，麥粉及木材等爲大宗，在銀價暴發與新關稅實施之情勢下，不但未受若何打擊，且因中國資本主義之新發展，使美國從中獲得利益不少。

日本因見對華貿易輸出困難，於是於上年五六月間乃從事於投資各種企業與在上海設立工場之準備，但此種企圖之實施必使日本商品之輸出益形困難，蓋工場之設置須受一定限制。最近工業投資之能收成效者可以該國人在上海之紡織業爲代表，不過此項工場在同種工業上與中國資本又不得不形成對立，同時工人方面時有罷工風潮發生（如上年靑島日本紡織廠工人罷工即其明例），再如棉花統一稅與互惠條約等皆不過徒供本國產業之犧牲。結果，工場設置之一利一害僅足相抵，欲挽回全部貿易減少之頹勢則殊不可能！

近年來列强之中國經濟視察團來華，表面上雖以振興貿易爲目標，其實係因見中國戰事中止，乘國民政府財政困難之機會而謀予中國以巨額借款，其欲達到獨占中國市場之傾向日形顯著，如德國之肥料，瑞典之火柴，玖馬之砂糖。瑞典與玖馬均有絕大法國資本之背景，均欲以强制手段收回其專賣權。以上數種商品之爭奪固已成爲表面化之問題，其他與此同樣之各種主要商品自亦同此趨勢。總之，列强以中國爲舞台之市場爭奪戰已日趨激烈矣。

※ ※ ※

最近之中美銀借款問題

楊城

（1）單特門借款計劃（Pittman Loan Plan）

自銀價慘跌以來，我國所感之痛苦，固爲最甚。其他各國之蒙重大影響者，亦所在皆是。而美國對於銀價之關切，更具二層特別原因：其一，美爲產銀國，市價之賤落，當然感受切膚之痛。其二美爲巨大出口國，一旦用銀國，因銀價之賤落，而減退其購買力，將使美國之出口商，遭受猛烈之打擊也。

關於第一點前次美國國會，曾努力提議，每盎斯生銀，征收進口稅三角，以期保護本國之生銀產業。此項稅則，當時參院方面，頗表同情，卒以衆院之否決而打銷。乃者美國對於銀價之一問題，已間接由研究中美貿易關係入手，參院通過之單特門決議案，已見實行，所有研究此問題之『外國關係副委員會』Foreign Relations Sub-Com

週聞簡報

記者

▲營業稅已開辦，惟江浙二省以所定稅率過高，商民反對甚烈。

▲滙豐銀行去年盈餘，共計純盈二千〇七十二萬六千七百三十兩三錢二分。

▲晉人呈中央，請恢復金融公債，廢兵工廠，改生產事業，及取消省鈔附加等。

▲鐵道部近查各路損失，據津浦鐵路呈報，關於駐軍強提路款，軍事運輸記賬，營業列車損失，共一千四百餘萬。京滬約爲一百五十萬。

▲蘇俄遠東銀行，盛傳將恢復，據宋財長表示，並無其事。

▲北方財政會議二月十日閉幕，各省區市預算，因收入支抵，相差懸殊，未有結果。

▲國府着手整理外債。

▲法銀行存金額增加，計自一二二、〇〇〇、〇〇〇佛郎，增至五五、六〇〇、〇〇〇、〇〇〇佛郎。

▲銅元兌價暴漲，上海每元僅換小洋十角銅元四五枚。

▲對美銀借款問題，已漸具體化。

▲標金逼近八百兩關。

mittee」業已組織成功，即以參議員畢特門氏爲主席。蓋以氏爲尼凡大省（Nevada)代表，該省爲產銀最多之區也。其他參議員，若加利福尼亞省之約翰生氏，Johnson，密歇根之范敦堡氏，Vendenberg，維勤尼亞之史璜生氏，Swan Son被指派爲此會委員；而此會研究之結果，將報告於下屆國會。同時又委在華爲國府法律顧問美人甯白克，Dr.Paul Linebarger與我國政府開非正式談判，幷調查我國用銀之能力。(China's Capacity for sivluer comsumption)甯氏對此，頗具熱忱，並返美而代表中國，與其政府作非正式之談判，最近得其關于借款條件之報告如左

(一)此項借款，係由美國政府，以銀塊借以中國政府，爲建設事業，開發天然富原，增加生產，及改進中美貿易之用。

(二)此項借款總數爲一、〇〇〇，〇〇〇，〇〇〇，盎斯，計分五期支付，每期支付數量，爲二、〇〇〇，，〇〇〇，〇〇〇，〇〇〇盎斯。其第一期付款日期，爲一九三一年七月，其餘各期付款日期則以中國政府需欵時決定之。

(三)此項借款期限，爲五十年，利息爲年利百分之二，俟至一九四一年，中國政府得視當時情形，以金或銀償還之。

(四)此項借款，係根據中美友誼，彼此信任，相互利益，及中國之尊榮和信用，而無任何担保品。再中國政府，亦得發行國債，但其本利，須以銀計算。

(五)組織委員會，以監督其用途。此種委員會，應有美國政府代表在內。同時再設立一特種銀行，以資經營。

以上五款，係根據民族週刊（Chinese Nation Vol.1,No.34)之記載轉譯而來。茲據本年二月十三日民國日報第一張第二版，關於畢氏最近之進展如左：：

國新華盛頓電●參院商務委員會由畢特門主任者，已於十一日，以報告書提呈參院外交委員會，此項報告，名之曰畢特門報告。其中要

點如下：（一）對中國中央政府表示信任，（二）主張由有關係各國人民，輔助中國之發展事業，（三）提議以巨額銀借貸與中國，（四）對將來中國政府如不若今日之穩健，則將發生危險之說，提出駁議，（五）提議貸與中國之銀借款，應以銀貨交付，而不以圜幣交付，（六）條陳美國，當如何參與國際銀假以中國，以充建設事業經濟之辦法。

又路透華盛頓電：在過去一年中，研究改善對華貿易，及恢復銀價方法之股員會，已發表其報告書，據昨日消息該股員會，向參院外交委員會條陳之事。同時參議員畢特門，在參院提出請求胡佛總統實行該項條陳之議案。畢特門又聲稱，渠將請外交委員會卽行討論云云。陳三事如下，（一）對英國開談判，以期阻止印度現銀，傾銷於世界市場之政策，（二）開國際會議，以謀以銀爲幣之諒解，（三）以國際銀借款於中國。報告書建議爲防止濫用起見，可組銀行團現銀需要時，借以中國以鑄相當貨幣，俾發給工資，及收買於銀團所核准和平事業之材料，凡與中國發展及商業有關者可請其加入銀團。報告書又建議對華銀借款，宜以銀爲根據，而不以銀幣爲標準，以其價難定也，美國庫存銀四萬九千五百萬元，正宜利用此欵之一部份，以貸與中國云云。

（二）畢特門計劃之評議

按是項借款成功在美國可使銀貨得以流通，不致有囤積之虞，在中國可以提高購買力，以行銷外人過剩之生產品，故外人之用心，仍在爲己，而非爲人也。然我國正值資本缺乏之時代，政府諸公，滿欲望其成功。試聽王寵惠胡漢民諸公之言論，卽可知矣！至於上海等處之金融家，對此亦有表示反對者。今我人以第三者之地位觀察之，此舉是否能利國福民，作者不敏，爰就所見，陳述於左：

我國是否需款建設——我國地大物博，財富甚殷，何以民窮財盡，凋敝乃爾者？此無他，缺乏資本，而無力生產之故耳，考適當生產之要業，爲土地、勞力、資本三者之平衡。今我國人口衆多面積最廣；一切日用品，尙不能自給，而須仰給於外人，此可証明資本不能與土地勞力之平衡，所以不能得到大量之生產。倘今有大批資本之輸入，則國內工廠，可以次第設立，以製造一切日用必需品，以塞漏巵。再以其一部份資本，建築鐵路，疏濬水道，以發展交通，使本國各廠所出之物品，可暢銷於國內，而維持其營業復次，以一部份之資本，用以開掘礦產，培植森林，及改良農事等，使內地產品由便利敏捷之運輸，直達於工業區，或出口商埠。若是，則我國財富，可以日增，人民之生活，日漸裕如，所以利用外資，以建設中國，可無疑義。況該借欵係彼外人自動，而無任何担保品，所取之利息，亦僅百分之二，當此建設方殷之時，需錢孔亟，安可坐失良機。

（乙）借款是否能用於生產——考國際借款之性質有二曰：政治借款，曰實業借款。我國北京政府時代，所借之款，靡不美其名曰實業借款，究之是項款既到手，卽用以購軍火子彈等，非徒無益，而且年必付息，增加國債，此種借款，當然加以反對，今畢特門計劃中，爲防止濫用起見已提議組織委員會，以資監督。濫用之虞，可以不必顧慮。吾人試觀中華文化基金委員之效力，使庚款不致移作其他用途卽可知矣。

（丙）借款還款論量不論值是否有利——借款還款，論量不論值，所以避免銀價漲落上之吃虧便宜。第就目前金銀比價以觀，已屬利於債務者。設或屆時還本之時，金價高於現在，則債務國爲有利。若金價跌，則我須購買大宗銀貨以償還，其吃虧之程度，當然不可計算，不過四五十年之情況，非今日所能預斷。假使我能努力生產，吸收海外之銀貨，或於國內開掘銀礦，有大宗銀貨出產，則今日之借入銀塊，固，大有利益矣。

（丁）銀價是否可以不致下跌——論者謂此項借欵之成功，必不利於中國，其故有二：(一)倘所借之款，用以購入外貨，則世界銀價，必更跌；因此我國購買力，必愈見退縮，其影響，必更不利於用銀幣之國家。(二)若其他情形不變，(Other things remain the same)忽然由政府之主動，增加如許多之銀幣，或信用於國內之市場，必致物價抬高，銀幣之購買力減少，其結果與濫發紙幣之影響同。按此種理論，初視之頗覺持之故，言之成理，孰知此次所借之款，係用以為建設事業，而非用以購買外貨。(除非萬不得已)譬如談改良農事，我國即須自設製造農具之廠，或製造肥料之廠，而不以之全購農具。又如發展工業，當以之為製造機械，或製作化學物料之用，而不以之全購機械。是則該項借款，用之於購外貨者甚微，不足以影響世界市場之銀價。且也世界金銀之比價，係決定於全世界金銀供求之總數量，今照借款之手續，係僅將美國有多之銀，轉移至中國為建設之用，對於世界銀數之總量，并無影響。復按畢特門計劃中有：(一)對英國開談判，以期終止將印度現銀，傾銷於世界市場之政策(二)開國際會議，以謀以銀為幣之諒解，此蓋用以調劑銀數之供求，銀價得以維持之策也。至於國內市場，若因此項借款，遂致銀價必更賤，此點更可無慮。何則？(一)倘政府以此項借款，鑄成貨幣，流入內地，以為建設之用，當不致聚集於上海或香港等通商口岸，而影響其幣制，似濫發紙幣者然(二)此項債款，係分期輸入，而非一次借入，更不致影響市場。(三)此款既係借以為增加生產力，則將來我國出口貨多，外人對之銀於需要必多，而銀價遂得以維持

(三)結論

我國經濟落後，需款建設應畢行借款，自無疑義。倘畢特門計劃，果能切實執行，再加以銀產節制，當不致有弊無利。故在款借得以後，國內政治清平，社會秩序安甯，一切建設，次第樹立，國人經濟，烏有不日厚者乎？倘是時也，我國生產力既增，出口貨必多，一方面可以增加銀之需要、一方面可以貨物換來之金，及國內歷年採礦之金(按吉林省依蘭，樺川，穆稜，富安等四縣每年可產金十萬兩。現吉省鑛務局，正設開採。見本年二月二十六日的事新報。除吉省而外，我國產金之區尚多，均可次第開採。)儲積之預為改用金本位之準備。準是以觀，於國計民生，烏有不利者乎？

不景氣之研究(上)

(程志政)

比來世界各國，幾無不感受經濟之困難，無不感受失業問題之恐慌，迄今不景氣益瀰漫全球，不可收拾。而社會政治諸問題，亦日趨嚴重。觀其大勢，猶方興未艾也。茲將各國情形，與夫我國所應取之方策，擇要論之。

不景氣之原因

溯自歐戰以還，瞬及一十二載，世界經濟之變動，亦至劇烈，其最顯著者，莫如美德二國。蓋美國於歐戰以後，即一躍而為全球惟一之債權國，一九二六年六月，美國與協約國間之債務，達一百十五萬二千二百三十五萬四千元美金。而協約國承困疲之餘，詎有餘力以資清償？於是以美之所需，轉索之德，計總額為一千三百二十萬萬馬克。惟一九二一年德國即不得按期支付。一九二二年遂有法兵占領魯爾之舉。一九二五年道斯計劃告成，德國每年須付二十一萬萬餘馬克。如是五年，又以德經濟衰落，不能支付。直至一九二九年揚格計劃成立，改總賠額為三百五十萬萬馬克，分期陸續償清。故事實上世界經濟之推移，以德美為主體，將來德美經濟如有動搖，其影響亦必及於全世界。自一九二九年下半年起，世界經濟已感恐慌，而美國為尤甚，德國次之，其他英意日諸國，無不波及。夫以美國之富強，何致覺

陷于經濟困阨乎？欲明此理，先不可不知近代資本主義之進展，蓋世界各國，爲求經濟競爭，無不力求生產量之增加，生產成本之低減。生產方法，在歐美已極完善，而美國之進步，則尤神速。科學管理之說興，生產臻於合理化，而生產過剩之現象，乃至一發而不可收拾矣！故最近世界之景氣不造成，不可謂非淵源於生產過剩也。

貿易之衰落

美國——美國一九二九年，對外輸出額之巨。實爲自一九二〇年所未有，惟以銀價低落，各國關稅障礙，消費力減少，故一九三〇年雖仍呈出超，然數量已大減，其成績如左。

美國上半年貿易狀況　（單位百萬美金）

一九二九年上期			一九三〇年上期		
輸入	輸出	出超	輸入	輸出	出超
二·二八六	二·五七八	二九二	一·七三六	二·〇九七	三六一

可知輸入輸出量，俱已減少甚多。所幸尚有新資金之流入，蓋截至一九三〇年五月底止，美國現金輸入，超過輸出凡二萬〇八百三十二萬九千元，實屬異數，是殆亦美國經濟界否極泰來之先兆歟？

（二）英國——英國之對外貿易狀況，亦有得而言者？查英國輸出輸入於一九三〇年俱呈遜色，其數擧如下：

英國上半年貿易狀況　（單位千鎊）

一九二九年上期			一九三〇年上期		
輸入	輸出	入超	輸入	輸出	入超
六〇五·一二四	四一九·三〇〇	一八五·八二四	五四一·八〇四	三五四·〇四八	一八七·七五六

是英國在一九三〇年之貿易，已減少甚多，入超幾達二萬萬鎊，茲再將英國近年重要進出口商品，列表如左。

（甲）輸入重要商品

小麥	一九二九年上期	五三·四百萬英担（英担等於一一二磅）
	去年五月底	三四·九
棉花	前年上期	八·二百萬生特（Centare）
	去年五月底	六·六
羊毛	前年上期	五·七百萬生特
	去年五月底	三·六

（乙）輸出重要商品

棉布	前年上期	一·九一三百萬平方碼
	去年五月底	一·三三一
鋼鐵	前年上期	二·二四百萬噸
	去年五月底	一·六四
煤	前年上期	二八·二百萬噸
	去年五月底	二四·五

雖上表載一九三〇年僅爲前五個月之統計，然衰落現象，已可觀其大概矣！

（三）德國——一九二九年德國對外貿易，輸入約一百三十四萬四千萬馬克，輸出約一百三十四萬九千萬馬克。比一九二八年輸入減少六萬一千萬馬克，輸出則增二萬四千萬馬克。兩抵出超五千萬馬克，至其內容，則輸入方面，食品一項，比一九二六年減少四萬萬馬克，原料品減少四十萬馬克，製造品減一萬九千萬馬克，値茲世界咸覺不景氣之時期，而德國獨能如是成績，良屬不易。蓋一九二九年德國年歲豐稔，農產物生產頗多，一方加之國民努力謀輸出之增加，遂比較上視各國爲安定，然失業問題，猶方興未艾也！

（未完）

中國之預算與決算

馬寅初講
丁長齡記

關於預算決算之問題，可以分為五部，即(一)，預算之準備，(二)，預算之編製，(三)，預算之議定，(四)，預算之施行，(五)，決算之編製。茲特分別討論云。

一、預算之準備

▲會計年度　其中最重要者為會計年度，即預算中所包括之時期。其大小無一定之規定，各國所採用者亦不一致！有一年者，有二年者，有六年者，甚至有十年者，在小國歲出入之數狠微，且事業簡單，無大變化，用十年做一會計年度，尚可勉強辦到。若在大國，(如中國)歲出入之數極大，而事業紛繁，時有變遷，如以十年為一會計年度，必不合用。故我國所採用之會計年度為一年。

▲歷年　即會計年度之起迄日期。關於此點，各國亦不一致。如法國所採用者為一月一日至十二月卅一日，英國所採用者為四月一日至三月卅一日，美國所採用者為七月一日至六月三十日，究以何者為合用；有一先決條件，即會計年度開始時，應擇收入較多而支出較少之期。在我們中國一月與四月非收入少即支出較多，皆於此條件背道而馳，此英法二國之制所以皆不合於我國之用也。但在七月內收入多而支出少，正與此條件不謀而合，狠為適用。故我國所採用之歷年，正與美制相同，始於七月一日，而終於六月三十日。

二、預算之編製

▲編製日期　預算應於何時着手編製，並無一定之標準，須視一國之交通及其他情形而定。但預算須經國會通過，故無論如何，總須於國會開會期前編製完竣，如我國從前國會開會期間，為三月一日至六月三十日，則預算須在二月中旬完成，提交國會審議。

在外國，日本為五月起編，十一月完成，十二月提交國會，至翌年三月議決，四月實行。英國則九月起編，十二月完成，翌年一月提交國會，八月議決實行。兩國比較起來，就編製時間講，日需七閱月，英祇四閱月。此英勝日之處，因事物變化多端，編製之期，以距提交之期愈近為愈妙也。就議決之時間言，日祇需四閱月，而英需八閱月，此英遜日之處。但英在八月所議決者為收入一項，其支出部份，則於三四月間即行議定，故尚無大礙。

我國地域廣闊，交通不便，來往需時，預算收集不易。故編製時間，應稍放寬：四月起編，至翌年二月提出，三月至六月議定，七月一日施行，但自起編至施行，相隔有一年餘，則事物變遷，難免不生差異，處置之法，厥有三端：

(一)流用　流用者，轉移借用之謂。即將某種能剩之數，移給不足之項下支用。但自由流用，弊端百出，故應有相當限制。預算編製之分科，為便於比較起見，包括兩部：(一)縱分法 Classified by Ftunction，即依用費機關之職權而分，是謂『立法分科，』如我國之某款某項屬之。(二)橫分法 Classitied by expenditure，即依費用之種類而分，是謂『行政分科，』如我國之某目某節屬之。為免流用之弊端計，我國規定行政分科，可由行政機關自由流用，而立法分科，須經立法機關通過之。

(二)預備金　即在預算中設預備金若干，以備預算不夠時挪用。

(三)追加預算　即將溢出預算之數，先行支用，而後請求立法機關追認。預備金之數有限，苟溢出之數較大時，預備金必不敷用，而國會開會之期亦有定時，大概在預算施行之候，正國會閉會之期，即欲將溢出之數交其通過，勢所不能，故祇用有追認之法以濟之。但任意追加，預算之精神無存，故有兩條件以限制之：(一)必於國家存亡有關之事，非追加不可者；(二)須於最短期間提出，以便調查。

▲編製者　編製預算者美國從前為國會，英國為國務總理，前者屬立法機關，後者為行政機關，但立法機關編製預算以對於行政事務不能明瞭，難以準確，美國有見及此，故於一九二一年以後另設總核計員 Controller General 專理其事。

我國編製預算者，從前為財政

總長。此制亦不佳，因財政部與其他各部爲平行機關，大權獨攬，似欠公允。所發命令，將爲各部所漠視，結果預算必不能如期完成，故現國府另設主計處辦理之，與美國之總核計處正復相同。

▲編製方法　預算製編有二種：即總計預算與純計預算是也。前者將收入之實在總數編入，其應有之開支則列入支出項下，後者則將收入總數除去該項支用之淨餘數編入預算之中。我國所採用者，爲純計預算，因各種稅收，大都爲包攬制度，有不得不然者，但欲求某項之實數而測人民之負担，或欲尋某項收入與支出之比例時，皆不可得，故以用總計預算之爲尙。

▲編製程序　編製之先，由主計處將預計之收入及分配於各處約數通知各院部，再由各院部約略分配於所屬各機關而通知之。各機關乃將預算編造呈送各院部，是謂『概算。』各院部對概算發生疑義時，將其發回核減，核減後之預算設之『要求數，』即無可再減之數也。乃由各院部將其送至主計處，由主計處總其成而送至立法機關審議之。

三、預算之議定

▲議定之機關　議定預算爲立法機關之職務，立法機關當然爲國會。我國從前亦爲國會，現國民政府初成立，則由立法院主持，不久國民會議開會，國會正式選成後，當然由國會處理之。

國會在外國有上下議院之分，我國亦有參衆議院之別。預算之議定，應由人民之代表處理，故在外國爲下議院之職務，自無問題。但我國之參衆兩院，皆由人民所選出，究竟議定預算應歸何院辦理？不過參院爲人民間接所選出；衆院爲人民直接所選出關係較爲密切，故預算應由衆院議定之。

▲議定之辦法　議定預算，須全體出席呢，抑祇要一部份人員處理呢？此亦當研究者。若須全體出席，就現在之立法院言，有三十九人，將來國會成立，人數達數百，則會議時意見紛岐，恐將毫無結果，故應先選有經驗者從事研究，提出意見，交全體通過，再送參院復核，庶幾事半而功倍也。

設對於預算之議定，參衆兩院意見不能一致時，應如何處理，其辦法各國不同，有下列四種：

(一)由兩院各組委員會研究；不過意見仍有時不能一致。

(二)往來復議，即發回重議；但議定之時間知時又不合用。

(三)由兩院開聯席會議解决之，但兩院人數不均，參院必避不到會，必致毫無結果。

(四)集各領袖會商之。

我國從前之辦法，最爲滑稽，由兩院對所持之數各讓少許，以求折衷，理之有無不問也。

▲國會之職權　有兩點須研究：

(一)國會對預算可否增加？國會既爲人民所選成，一切行爲乃人民之代表，其增加預算，可謂代表人民願增担負之意，似無不可。但照各國規定，國會對於預算祇有權核減而無權增加。蓋因議案提出，爲少數議員，此少數議員，或將有背景存在，不能作全體國民之代表也。

(二)參院對中院之減少數可否增加？照各國規定，可以增加，但不得超過原案之上。蓋因參院議員經驗較富，心性較爲和平，授與此權，庶可使預算收準確公允之效。

▲議定之結果　國會對預算不同意時，則結果有二：(一)不議定；(二)不成立；設議定之結果爲不議定或不成立，而距施行之期甚近，應若何辦理？其法有二：(一)用假預算，(二)用前年度之預算。但假預算亦須立法機關通過，故祇適用於不議定之時，若在不成立之情形下，祇有用前年度之預算也。

四、預算之施行

▲施行要素　預算之施行，即收支之處理也。其要素有二：

(一)金庫集中，即將各項收入全數存放金庫中，以專保管。各項支出，亦由金庫給付，不得由行政人員自由處理。

(二)財政統一，即將財政出入以獨立機關管理，使命令機關與收支機關分開之謂。關於收入者，命令機關祇有命令收款之權，而實行收款之事，則由獨立之徵收機關處置。關於支出，命令機關亦祇有命令照付之權，至實行付給之權則由獨立之支付機關辦理之。

▲監督　預算之施行，在於準確。苟無相當監督，則時有溢出之虞，預算必等於虛設。欲求準確，必有嚴密之監督也。監督有三種：

(一)行政監督　即行政長官對於自已收支命令之審核。

(二)司法監督　即由指定之司法機關對收支命令審核之，如我國之監察院。

(三)立法監督　即由指定之立法機關對收支命令加以審核，如我國之審計院。

五、決算之編製

決算爲會計年度終了時所做之事。實在收支報告數目能與預算相等爲最佳，但事實不能辦到，所以總有點相差，不過相差之數能愈小爲愈妙。

決算由行政機關編製後，送審計院審核，再由審計院送至主計處，乃由主計處總其成，送往立法機關——國會——通過，以爲來年預算之根據。

(此文未經馬先生校閱。附誌)

上海交通大學經濟學會編行
零售每份大洋一分
第三十四期
每逢星期一出版
中華民國二[illegible]年

論著

現代失業問題之研究

劉世中

引言

世界各國，年來因產業凋零，經濟衰沉的緣故，失業人數日見增多。自一九二九年，至一九三十年，號稱富强之國如英國失業人數竟由一，二○四○○○增至一，六九四，○○○，人德國自二○九一，○○○人，增至二，三四七，○○○人。美國至今有四百萬日本有四十萬，其他各國皆有加無減，因此，失業二字，已成了最普遍，嚴重的名詞，並且已經成了社會上公共認識的一個問題。各國國會都以失業爲其政爭的焦點，英國麥克唐納的改組內閣，德國首相海門牧勒的辭職日本濱口首相的被刺，與美國的共和民主兩黨的爭論，沒一個不爲是了失業問題。故此問題於近時代已成爲國家主要行政政策之一，其重要可以想見了！

失業的影響

失業問題的應響不是顯明而直接，且暴發於一時間的。所以一般人民，因爲感覺不到，便把牠當作不重要的問題，置之不理。實則失業問題，是社會病態之一，影響於社會，政治，經濟，非常重大。所以我開首就把失業的應響，先述一下子：

(甲)社會方面—

(一)道德降落，—勞働者一旦失業，無法謀生，於是羣聚一起，每發生許多不軌的行動，搶刼竊盜，綁票奸淫，自殺兇鬥種種墮落社會道德的行動，皆是極自然的結果。據日本內務部社會局調查。近來因生活問題自殺者無日不有；置生死於不顧；忍棄其身作奸犯科，何事不可無，失業者最易流入，盜匪之類已蓋因謀生爲難，道德禮法諸念已絕之故。社會類此之人及事旣多，則不特道法降落，且良民亦難以安居樂業，百業必形漸蕭條衰落。

(二)生產力減退—無論何種工作，如果是練熟者，必比較初從事工作的人底能力要強。勞働者何獨不然勞働者在失業之後，因職業的難求，與生活的壓迫，必感到十二分的焦悶和煩惱，終必漸漸陷於自暴自棄的一途。因精神上的頹衰，和沒有機會去練習，其技術必漸退步。即使他日能獲到職業，已不能像以前同一的技術上發揮其技術了。且失業者，在未求到職業以前，無論是怎樣劣無的職業，祇要有歡

本期要目

論著
現代失業問題之研究 劉世中
不景氣之研究(下) 程志政
譯著
銀價跌落與中國購買力 施亞昌

印刷者 上海法租界愛來格路華僑印務局

迎自已的人，總是聊勝於無，不惜去委屈就職，而一經就職，從前熟練的技術乃漸漸忘却而反去學習新的技能。有了以上的弊病，社會上的生產怎麼會不減退呢？

(乙)經濟方面——

(一)工資改低——失業的人數一多，資本家必乘勢在他們困窮的時境中，用低廉的工資來使役他們。如此，則資本家對於目下所使用的勞働者，得作減工的威脅準備。失業是所謂產業上的預備軍，有低資的預備軍，現在有業中的勞働者就必感到不安與威脅，工資的減低那是必然的現像了。

(二)貯蓄金減少，與負債增加，——勞働者大概是藉一天，或一時期的報酬來維持次日，或下一時期的生活。所以一旦失業生活費就必發生問題了。若該勞働者，平時有貯蓄金，則此時必消費其儲蓄金，若缺乏或沒有儲蓄金，則必於可能範圍向人告貸。無論其怎樣，總是把現在正用爲國民生產事業，或將來的資本消耗，生產事業的資本減少，生產事業就發生應響了。

(三)生產量減少——大部份的工資工作者，是受政府或國家的雇用，而勞働，而生產。故社會苟減少一部份勞働力，生產量自必減少。且失業的應響又能使資本減損與社會上的購買力減低，其必然的結果當然使工場，或製造廠停閉，或縮小範圍，減雇或解雇工人，生產量的減少是不待言了！

(丙)政治方面——

社會不甯政治動搖——失業者因爲生活問題，能使社會秩序不安，已如上述。但若無救濟辦法，或救濟失當，則彼頻於飢饉之途，無法可想，必至挺而走險甚則成羣結黨，組織大規模的團結足以應響政府的地位；日本之倒閣運動，英國之工黨屢現危機，美國此次改選民主黨的得勢，以及今日中國之[illegible]蠢動，莫不是失業的反映。而此種失業之沉毆，更足予[illegible]者，宣傳煽動的機會，社會革命至易暴發。

失業問題的重要和失業的危險，現在已明白了。那沒我們應當推根求源，來解決這問題以免種種禍危，茲就發見所及略述於次：

失業的一般原因

(一)經濟的循環變動——經濟社會的被循環期的變動所支配，是無須爭論的了。各種事業的變動終是循環發生暢旺和疲滯的環境。幾年前各國經濟狀況，都是在暢旺繁盛的時期裏。因爲各種事業都能產生利益，一般爲個人利益的投資家，和投機家，莫不興奮激昂的增加。或擴充有利益的事業。結果就產生了供求不相應，生產過剩，金融和證劵市況的頓挫，更進應響到生產事業的本身，倒閉或減縮範圍，而勞働者的地亦因此動搖，至於失業！

(二)工業之進步——產業革命之後，生產的手段都採用了機器，家庭手工業已完失去了他的地位，而因爲機械的効用強大，使工人的需要減少，如美國的製鐵事業，往常需要六十人勞動，現在祇需七人卽極充分，鐵之出產，過去需百二十人勞動，現在二人卽可代替。其他事業都是如此所以其餘一部份的工人就此失業了，故工業愈進步，失業的人愈增加是無可疑義的了。

(三)生產方式的變動——機械發明，工作漸趨於簡易而省勞力，生產組織就大起變化；變化由家庭工業制而進於工廠制。從前從事於家庭工業的人因工廠的勢力大，就不得不拋一切，到工廠去謀生。這種工廠，分工又是精細，工人可以在極短時間內學習，所以童工，女工亦更加入工作，因童工女工的加入，和工人需要的減少勞働者，失業就亦增加了。而近來又有所謂產業合理化的倡導，用種種方法來搾取工人以增進資本家的利益，結果又是增加失業的人數。

(四)季節的變動——因爲季節的不同，作業者的，需要亦隨之變動，有許多事業，常因爲氣候轉移而起變化有時非常忙碌，有時非常空閒，工人的需要因季節而有增減者，如農人之春種秋收，冬夏兩季就空閒了；在春秋因爲種收的繁忙，

週聞簡報

記者

▲立法院通過江浙絲業公債條例。其發行原因。係爲救濟及改良兩省絲業。定額六百萬元。以三分之一獎勵生絲出口。三分之一改良絲廠機器。三分之一改良蠶桑。

▲全國商運會議。一日開幕。到各界代表數百人。孫部長主席並致詞。收到提案八十餘件。

▲東北各路貨運甚擠。瀋海路尤甚。北甯路每日撥車供給。

▲國際聯盟交通部長哈斯。來華接洽國際借銀問題。

▲實業部訂定保護沿海漁業及整理全國鎢礦辦法。

▲美國墨西哥銀礦均停開。產數大減。逆料銀價不致再跌。

▲德國失業人數。佔全國人口四分之一。

▲鐵道部通令撤銷兩路貨捐。又令兩路撙節用款。

▲上海運出二萬金條赴美。

▲財部擬徵銀行所得稅。以盈餘額爲此例。直接徵納。

▲北方各省府勵行緊縮政策。規定省廳用費。

▲中國棉產改進統計會議。卽將開會。參加者異常踴躍。

▲日本擴張在華紙業。

▲國聯經濟部長蘇爾德。由滬來京。蘇氏此來任務。據財界所傳。係在可能範圍內。以科學方法。供獻中國財政全盤之整理計劃。及管理組織諸設施。對金借款問題。雖有相當關係。但無具體使命。財部對甘末爾所設計之中國逐漸採用金本位幣方法草案。是否合於中國經濟狀況。將與蘇氏。再作一深切研究。

▲外銀團息。美銀債美方不如月前之熱心。一因銀鑛陸續破產。產銀大減。二美資本家脾氣。一時高興大發宏願。稍不遂心。就此擱淺。三因華方應付新借款。希望做足由美國動議。而華接受。俾求諒於國人。而美方則以旣居貸方地位。希望出自華方請求。至國聯金債。現雖有人從中拉攏。但手續繁重。一時斷難就緒。總之向人借貸。關於監督與擔保及用途。均須有相當條件。不能如前傳之簡單。所以列國銀行家。早料美款難成事實。

就常僱用短工幫助；到了冬，夏季，工作減少，工人亦被解僱了，其他事業也是一樣。雖然因地域的關係，季節的變動不是在同一時候，被解僱的人可以至他處工作；但是亦極困難。所以季節的變動與失業是有很大的關係。

（五）勞資的紛爭——勞資的紛爭是近代最普遍的事，而亦是失業的大原因。資本家爲自身的利益起見，對勞工方面便極力的壓搾。而勞亦爲自身的利益，向資本家方面有種種的要求，或抗議。雙方爲着利害關係，各不相讓，因此有罷工等種種衝奪。在這種紛爭上，若勞働方面得了勝利，則便無失業之虞，若一旦勞働者失敗，則他們自已的地位一定就要搖動了。且資本家那有時可以用一種排斥的手段，將全體工人開除。另將其他勞働者，補充之其後勞工者因生活的壓迫，只得無條件的屈服。其原來的勞働者則將全部失業了，當紛爭的時候，若業主受不了罷工的虧累而破產。則工廠停閉更將引起無數的失業者。

（六）人口的增加——歐戰後各國人口的增加率漸漸的高漲起來，至於現在已成了世界一個大問題。有幾個國家因爲人口的過剩就有限制生育的運動。而世界上大部份的人都是勞働者。若生產事業，或勞動的需要不能和人口增加率同樣的增加，那麼失棄的人就多了。現在就是這樣的境況，所以這亦是一個原因。

（七）原料的缺乏——原料是生產要素之一。沒有原料，就不能生產。所以若原料缺乏工廠必陷於停頓。現在世界上從表面上觀可是不少。但實際上因爲戰爭和各國互相的妒視，工業國家已感到原料的供給十分困難。生產不能進行。

（八）金貴銀賤的應響——金貴銀賤對於各國對外貿易的應響的，大家都已覺到。又其是與中國，然中國又是世界市場一旦進出口貨減少則尾閭失却，外貨必愈形過剩。生產事業受應響而失業者亦增多了。

（九）天災與戰爭——風，雨，水，火旱，饑饉與地震等等天災，都是出人意料之外。且災區廣大，決非短時間所能恢復原狀者。勞働者得免於難已屬大幸，若欲再謀同樣的工作可說難乎其難了。至於戰爭，直接的能損毀一地的事物，阻礙交通，致人民於流離失所，傾家蕩產，間接的能使金融動搖，商業衰落，及生產機關之停閉，以及盜匪橫行，種種禍危皆足使失業人數的增加。

（十）日傭制的存在——日傭制就是零工，這種工人大都是因爲沒有一項專長的技術，不能得到長期的工作，只得在工場門口守候一點零星工作來解決生活問題。因此其工作時間十分的短促，而雇生則又得在他們中任意選擇使用，再可以任意解雇，不會求過於供的危機。故這種勞動力的過剩，足可以引起工人失業的危險。

（未完）

不景氣之研究（下）

程志政

失業之增加

生產過剩，物價跌落之結果，卽爲失業人數之增加，失業不僅爲一經濟問題，實亦與社會階級之鬥爭有關。其癥結最深，而危險最大。失業可分二種：一爲完全失業者，一爲減少工作者，前者之損害固不待論，後者因生產過剩而減縮，或改爲五小時工作制，或改爲七小時工作制，工資隨減。據蘇俄調查，美國失業者六百六十萬人，英國一百八十萬人，德國三百萬人，三大產業國合計已達一千一百餘萬。另一調查，則謂世界失業工人，至今已超過二千萬人，又據美國勞工協會會長格林氏調查，美國失業工人，最近已達三百九十萬人，尚除辦公處之職工及農田勞工。美商務總長報告，則爲二百二十九萬八千五百餘人，佔人民百分之二。又據一九三〇年七月九日倫敦電訊，英國失業者，至六月卅日止，共計一百八十九萬餘人，其他如日本中國更無論矣。

推其中尚有一可注意之事實，蓋各國中以美國爲最多。可知產業愈發達之國家，失業者愈增，玆分論之：

（一）美國——關於美國失業人數究爲若干，初無定說，大致在四百萬左右，參議員瓦勒曾加分析，勞工部長台維司亦作下列報告：

企業別	一九二五年一月工人	一九二九年一月	差數
大工業	八，三八三，七八一	七，七三九，九〇七	六四三，八七四
鐵道	一，七五二，五八九	一，六四三，三五六	一〇九，二三三
共計	一〇，一三六，三七〇	九，三八三，二六三	七五三，一〇七

可知至一九二八年初，失業問題已見端倪，至一九二九年一九三〇年益與日俱增。又據勞動協會公布，一九三〇年十一月，全國失業工人已達四百八十六萬人。比十月份增三十六萬，然此數尚屬儉計，確實之失業人數，當達七八百萬。卽福特公司，亦遭波及，該公司近曾解雇工人萬名。各方無不力謀救濟，其嚴重亦可知矣！

（二）英國——歐戰後英國經濟界大受打擊，欲求挽救，其勢非實行科學管理與減削工資不可，結果失業人數，遂有加無已，其統計如下：

保險工人中失業人數（單位千）

月次	一八二七年	一九二八年	一九二九年	比上年增數
九月	一，〇七五	一，三八四		三〇九
十月	一，三六八	一，五六五		一九七
一月		一，一九九	一，四三四	二三五
二月		一，一〇九	一，三九一	二八二

又一九三〇年十二月十一日申報載九日倫敦電：「上週（十二月七日以前一週）英國失業人數，增至二，七四二，〇〇〇人，比去年同時期幾增一百萬人。」由此電報，更可知英國失業人數增加，其數目異常龐大。總之，在英國產業合理化實施期間，本已可致工人於失業，今更益以市場之蕭條，乃至一發而不可收拾矣。

（三）德國——德國自歐戰失敗以後，割地賠款，國內金融，至爲紊亂，加之殖民地多遭強奪，原料供給與銷售市場，俱發巨大影響，國內產業界頗有一蹶不振之勢，失業工人，隨之而增，據一九三〇年十一日申報載柏林專電：「十二月九日，官報失業人數，將達四百萬，按上月(十一日)底失業登記者爲三，七六二，〇〇〇人，上月望爲三，四八四，〇〇〇人，十月底僅三，三二三，〇〇〇人，且此數僅係赴官廳登記者，大都爲工人及下級雇員，等級稍高之雇員，尙不在內，故德報之評論，亦謂失業已非節季之現象，事實上已可成季節以上之問題，國人幸勿再以慢性之現象視之矣。

（四）日本——日本爲後進之工業國，務農爲業，初無若何失業問題。大戰後工業發展，厲行合理化，生產激增，駸駸有後來居上之勢。惟比年來不景氣發生後，生產過剩，世界購買力銳減，經濟界遂呈絕大恐慌，失業問題亦隨之滋長無已，據日本內務省社會局調查：一九三〇年五月一日，全國失業推定人數七百十萬七千名中，共有三十七萬八千五百十名，其失業率爲百分之五三，三，比較四月間失業人數，共增加六千八百三十八名。其增加率爲百分之〇•〇八。在上述失業人數中，計給金者有八萬四百四十人，日傭勞動者有十三萬二千六百八十人。熟練勞働者有十六萬五千三百九十一人，其中給金日活者較四月增加一千八百四十一人。日傭勞動者因力謀救濟關係已減少二千六百十三人，而熟練勞動者則增加七千一百六十名之多。至於此項失業者之分佈狀態，則在東京有五萬餘人，大阪有二萬餘人，兵庫福岡神奈川有六千至九千或一萬人，確實人數尙不止此。

（五）意大利——在墨索里尼統治下之意大利，各項事業，多呈活業，惟生產實施合理化以來，失業問題，隨之增長。一九二八年達四十一萬人，一九二九年較減，惟一九三〇年七月，又行增高，其統計如下：

意大利歷年失業人數表

一九二六年	一〇九，〇〇〇
一九二七年	二二八，〇〇〇
一九二八年	四一二，〇〇〇
一九二九年	二九三，〇〇〇
一九三〇年上半年	二八五，〇〇〇
一九三〇年七月	三四二，〇〇〇

（六）蘇俄——蘇俄自共產黨專政策，農村破產之情勢，政府終無救濟善策，於是農民紛紛入市工作，然獲得工作者，終居少數，加之一九二八年實施合理化，工人多被裁汰，失業問題亦不能免，惟據蘇俄官場發表，目前失業已漸減少，一九三〇年十二月九日上海民國日報紀載莫斯科八日蘇聯電云，一九二五年至二六年，報失業者爲一，〇一二，〇〇〇人，一九二六年至二七年，增至一，二二三，〇〇〇人，一九二七至二八年，增至一，三八五，〇〇〇人，但一九二八至二九年，卽減至一，三一九，〇〇〇人，至一九三〇年八月一日，失業人數僅爲六〇〇，〇〇〇人，九月一日，又減至五〇〇，〇〇〇人〇，果所載確鑿，則蘇俄已漸達於產業復興之候矣。

除上述美英德日意俄諸國外，法國因人口不振，尙未至失業恐慌程度，一九二九年僅一，〇〇〇人，一九三〇年增至二千人，在各國中當推最安定也。

不景氣與中國

世界各國之經濟恐慌，旣如上述，而我國所受之影響，究何如乎？此吾人所急欲從事研究者也，玆分論之：

（甲）貿易之衰落　吾國貿易之入超，固不必論矣，惟其中有對外素佔優勢之幾種工業，遭莫大打擊，實爲吾人所不能忽視。查我國主要工業爲絲茶，自人造絲出，我國之絲，遂爲所制，去年因天氣關係，江浙二省之秋繭，均屬歉收，產額大減，加以日絲降跌，美莊滯銷，絲廠之因虧本而停業者，有無錫絲廠四十八家，全滬絲廠共一〇六家，先後停歇者九十七家，男女失業工人達三萬人以上，洵可驚矣。至絲之對外，則一九三〇年上半年之輸出赴美者，祗一萬〇二百十五包，較上年同時減一千四百二十三包，實爲近年來之最低紀錄，茶則洋莊逐步減色，各國對中國紅茶，已不如往昔之癖嗜，去年因中俄絕交，俄方之茶市，幾盡爲他國所奪，滬漢兩地華茶之存貯待沽者，蓋在十萬箱以上也。餘如火柴捲烟等，皆日見衰落。

（乙）物價騰貴　各國不景氣之現象，多如物價下落，物產過剩，資金泛濫，利率減低，失業日增，惟中國之不景氣，則物價反轉騰貴，金貴銀賤，外貨因匯率關係，不得不漲，然則吾人能摒外貨而自行供給乎？曰：是又不能，蓋我國在國際貿易上輸入之品，大部爲吾國人所認爲必需品者，米糧爲日用最要之品，每年來自外洋者，以萬萬計，其他若棉花，砂糖，羊毛製品，棉紗，煤等，舉皆仰賴于外人，一九二九年之海關統計，其中必需品之輸入，達六億兩之巨，殊駭聽聞，國人旣無力以自行供給，物價騰貴，終亦無可如何也。

（丙）財政之拮据　自金貴銀賤之怒濤起，全國經濟頓起騷動，其影響於國家度支者，則因人民購買力減少，關稅收入亦受影響，且因鎊虧損失，據前年統計，較一九二八年多支出一千萬餘元。去年損失，當猶不止此。我國近年來所舉外債，以金計數者甚多，此項外債本息之償付，率以關稅鹽稅爲担保，去年度須付之本息，除庚款約二百七十九萬鎊外，約有六百五十三萬三千餘鎊，此項損失，甯可數計？國民經濟之總破產，殆爲期不遠矣。

他若失業之增加，民食之不足，不復贅述，總之「外國不景氣之結果，除失業日增與我國相同外，其餘則適得其反，因銀價低落，而物價日益騰貴，因產業不振；而物資缺乏，資金因無適當之用途，咸趨於投機，利率則因投機之勃起，而益堅其高度，外國人民可以下落之物價，補償其失業之損失，可以豐富之物資，支持其銷沈之生活，而中國人民，則仍不能不以日趨減少之購買力，以消費高價之物資，故中國人民，實處於不景氣與物價騰貴兩者夾攻之中，……」（時事新報社論）

不甯惟是，各國以經濟恐慌，多出其全力，謀擴充市場於我國，最近歐美日本來華考察我國實業狀況者，摩肩接踵而至，莫不存耽耽虎視之心，對我經濟侵略之步驟，亦愈趨愈急，吾人究將如何而自拔于此陰霾之現狀，與應付目前嚴重之局面乎？是不得不予以深長之考慮者也。吾意今後之方策，應有四種；

（一）節約政策　日本經濟後，卽由朝野實行緊縮政策，吾國在此期間，尤宜仿效，政府方面，應通告全國，努力節約，凡各機關及人民之服用，必以國貨爲則，一方竭力裁駢枝機關；以省支出，輕稅收以保護實業之發展，凡外貨之爲生活所必需而無可替代者，用時務宜節約，蓋能少用一分外國貨，卽爲國家全體存一分元氣，能少加一分租稅，卽爲人民減少一分負担，就國民方面言，眼光萬不可重視洋貨而薄國產，衣毛葛而不衣綢緞，漏巵則巨，其理蓋極顯明也。

（二）努力建設　各種生產事業，應于可能範圍內，努力擴充，在今日情形之下，固難於創造，而模仿亦不可少。

（三）防禦侵略　外國之經濟侵略，須善爲防禦。蓋各國生產過剩，常以「傾銷」法輸入我國，而幼稚之工業，當之遂無噍類，最近當局有傾銷稅之設，職是故也。利用外資，初無不可，第不可喪失主權耳。

（四）改善習慣　我國社會，顯分二派，卽一方過於保守，一方過於維新，於是調和不易，所有經濟上一切政策與設施，非失之過舊，卽失之太新，故須使之適合現狀，如是內旣一致，進以禦外，亦事半而功倍矣！

（完）

譯著

銀價跌落與中國購買力

施亞昌譯

銀價低落之際，每聞複本位之鼓吹，此固非偶然者也，近兩年來（一九二九—一九三〇）銀價極度慘落，使主張維持銀價說者，益得增進其地位，赫孟氏Mr. John Hays Hammond最近在國家商業Nation's Business上有文激勵是策，銀生產者贊同之，而參院議員，亦多深思熟慮於此項問題，誠然此種思想之無傷，倘銀有固定價格，必有利於用銀國（中國爲主要）及產銀國（就中墨西哥爲最）之國外貿易，蓋銀價漲落無定，實使此種國家擾亂不安也。雖然，余信（作者自謂）關於此問題數點，每爲人所誤會，茲將十一月二十五日紐約時報所載，畢德門Senator Key Pittmam之演詞，以爲佐證：

畢氏參按總統胡佛十月二日在克利佛蘭美國銀行公會年會之演說，「以爲有數種物品之過量生產，爲商業凋弊之一因，而銀價低落，實影響於智利，秘魯，墨西哥，澳大利亞，印度及中國之購買力」，故畢德門之言曰：『總統所云，猶有未盡，應再添以南美及其他各國，至少有全世界大多數人民，十分之九之國家，均以銀價跌落，影響於購買力，蓋彼等以銀爲唯一財富，除銀以外，實無其他貨幣流通也。欲知總統銀價跌落影響於用銀國購買力之說之不謬，可注意於對華出口之統計，中國爲我國（指美國）商品之大市場，自一九二九年迄今，出口減少，已逾二分之一。其他爲對南美等處用銀國家之輸出，亦相當減少，』畢德門復引克蘭因博士Dr. Julius Klein 之言，謂銀價跌落，爲美國對華貿易遜色之大因；拉門德Thomas W. Lomont亦以金貨稀少，銀價低落，置爲商業不振之重要原因；又據美國商務調查會主席巴恩斯氏Julius H. Barnese之論，「數年前生銀一盎斯，在美金一元四角五分左右，今則一跌至三角五分，卽此可知大多數人民之財富下落，實足致傷全世界之商業大局也。

中國四萬萬餘人民之購買力，隨銀價而步步低降，已爲大衆公認，去夏參議院外交副委員會Senate Sub-Committee on Foreign Relations之議事錄及英國大林氏 J. F Darling 之觀察，皆可爲是說之例證，由是知銀價跌落，擾亂多數國家之實業，擾亂產銀國家，同時亦擾亂用銀國家，然此兩種國家所受之影響不同，中國爲主要用銀國，試觀其購買力究受何種影響？

例如中國打字機進口商，在一九二九年十月以申規一兩合美金五角四•七七分匯價結算，一年以後，滙價以銀價日跌而下落，平均申規一兩，祇値美金三角九•一〇分，倘紐約市場之打字機價格仍舊，則該進口商今年所進之貨之成本，較去年貴三分之一，但有一事，必須注意，即中國爲銀進口國，每年銀貨進口，乃該國國際貿易之特點，按照上海某領事之統計，中國於一九二九—一九三〇年間，金銀進出口如下：

※ ※ ※ ※

	進口(單位美金一元)	出　口	入超或出超
金	一三六·〇七一·五〇八	一八三·一七三·三二八	(出超)二七·一〇一·八二〇
銀	七四四·三三二·六七九	二三七·七六八·九六九	(入超)五〇六·五六三·七一〇

故中國非特毋須用銀付輸入物品，亦且以絲茶桐油等輸出，換取進口之銀貨也，近來銀價下落，中國可以同量之輸出，易較多之銀貨，或可以較少之商品，獲同量之銀，假定中國輸出物之售價，並不下降，則在此情形之下，中國購買力究有若何影響耶？以個人言，或因銀行賬項及債務關係而受影響，但以整個中國視之，定可於新基礎上，恢復其貿易原狀也。茲以最近銀價低落時銀價與對華輸出之比較證明云：

(一)一九二九年初十月中，純銀之平均價每盎斯爲美金五角三分，九七，一九三〇年同時期爲二角八分，九二，計實跌百分之三七，八九；

(二)對華輸出，一九二九年一至九月共爲九三，一〇〇，〇〇〇元美金，一九三〇年同時期內，爲六三，四〇〇，〇〇〇元，計減少百分之三一，九二；

(三)此百分之三一，九二對華輸出之減少，非全由銀之下落，蓋美國輸出之遜色，一部分固因購買力之變遷，然另一部分，則緣於世界不景氣現象，證之美國對外總輸出之不旺，即可明矣，倘以一九二九年十個月內美國輸出總額，與一九三〇年較，自四，三七二，一九〇，〇〇〇元減至三，二八〇，一五三，〇〇〇元，計少百分之二四，九七，

故其對華貿易之減少，大部分—約占三十二分之二十五—乃由於輸出總額之降落，而其餘三十二分之七中，又大半因中國內亂，交通斷絕，富庶者類多遷居租界影響於內地實業所致，

時人每謂戰事發生，則軍用品之需要增加，因之進口驟增，此實大謬，蓋無戰事，中國可有多量產物，運銷海外，因而輸入亦得增進。去年中國購買力之低降，實受兩重影響，即國外華貨需要之銳減及國內紛亂所致，九月份商業報告上，有一節言之頗爲切：『中國國內紛亂情形，我儕亦須有相當認識，在過去數月中，揚子江中部湖南江西一帶，被[illegible]蹂躪，依然紛亂不堪，商業凋弊，所以一致於斯者，此爲主因。銀價之反常，猶是次焉者也。此處我儕須明瞭者，即一九三〇年間，中國未獲有與一九二九年同值之貨品輸出，蓋貨價在金本位國家，已有變動，打字機仍可照一九二九年價格出售，然絲價不得不有相當下降矣。故欲討論銀價跌落與中國以不良影響，須根據(一)各方面觀察，及(二)單言銀價之影響購買力，余信猶有其他更重之影響，然其影響之所生，亦必根據於銀價也。』

由上所述，中國間接地以絲茶及其他有形與無形之輸出，以易進口銀貨，實則中國有形物品之貿易差額，每入超於出，既有銀貨進口，復有商品入超，然則中國固何自償其進口之銀價歟？曰無形之輸出耳，關於是項無形輸出之估計，據南開統計事務處所纂之中國國際收支平準表如下：

※ ※ ※ ※

中國國際收支平準表(一九二五—一九二八)

收項	金額(單位千海關兩)	付項	金額(單位千海關兩)
商貨輸出	八五四，〇〇〇	商貨輸入	九〇〇，〇〇〇
金銀輸出	一一，〇〇〇	金銀輸入	六二，五〇〇
外人投資	一〇，〇〇〇	外債及賠款之本利金	五四，八〇〇
外債	五，〇〇〇	外商之盈餘	一二，〇〇〇
外國商輪在華之修理及維持費	四，〇〇〇	運費及保險費	一〇，〇〇〇
外交官吏費用	二〇，〇〇〇	中國外交官吏費用	二，五〇〇
補助學校及醫院之捐款旅行費	共一〇，〇〇〇	外僑滙款	一，七〇〇
華僑滙款	一三〇，〇〇〇		
合計	一，〇四四，〇〇〇	合計	一，〇四四，〇〇〇

(未完)

上海交通大學經濟學會編行

經濟週刊

黎照寰題

中華民國二十年三月十六日

零售每份大洋一分　第三十六期　每逢星期一出版

論著

現代失業問題之研究

劉世中

引言

(十一)勞動市場之不調節—工業革命之後，機器工業已大部的代替了手工業，勞動力已漸漸的商品化了。勞動者的工作機會，需視資本家的需要和自己的供給多寡而定。若然在某一工業區內的勞動需要超過供給，那麼勞動者的職業就容易得到了，而取工資亦可以較高一些。反之，則工資減低失業的機會亦多了。近來美國等先後配佈移民條例，禁止工人入國，都是為了工人的供求關係。而一般人口過多的國家，如日本等，就覺得非常困難了。

(十二)勞働者自身的偶然不幸—疾病是人生免不掉的事。雖然病的種類很多，但病的時期的長短是沒有一定。況且大都的工廠，對于衛生方不能有十分良好的設施，易於疾病，亦易於傳染。有時再因為機器的裝置不妥，或不明機器的內容，在工作時偶一不慎，發生許多危險，小則疾病，大則成為殘廢。凡此種種，都是致工人於失業之道。

(十三)勞働者品性不良—品性不良，有由於先天的傳遺，有由於社會不良習慣的引誘。像欺詐，盜竊，賭博，等事都不能為雇主所容納，終至於解僱失業，而且這不良的引誘最多在工人團體中。因為他們的知識程度較底。且容易聚在一起。這種習氣一經傳染便不知不覺的將自己的工作荒蕪，所以這亦是一個原因。

(十四)社會財富的分配不均—產業革命的最顯著的結果就是使社會財富的分配平均，資本集中在少數人掌握中。造成富者擁資千萬，貧者無立錐之地。而大多數勞働的生產物，又反被小數資本家所剝奪，而失去其購買力。復因教育的缺乏技術的不精，往往被工廠淘汰而失業。即他們工作的時候，因為資本家的剝奪對於生產品的購買有時已覺得十分的困難。有時覺至無力購買。於是社會的生產物祇供少數資本家的享樂，少數人的消耗，普通人大都無力顧問。那末生產便必過剩，銷路遲鈍，工商清淡，而資本家又須他自己的利益就免不了暫時或永久的把工廠停歇。勞働者亦因此失却工作。這可說是現代失業問題的根本原因。

本期要目

論著
現代失業問題之研究　劉世中
譯著
英國鐵路貨物分類之歷史與進展　黃明誥
銀價跌落與中國購買力　施亞昌
調查
農村的信用　葉乂材

印刷者 上海法租界愛來格路華僑印務局

上述的失業原因共是十四個，雖然不能說失業的原因完全由此，況且各國有各國的特殊情形，但是可以說除中國外這幾個都是其他各獨立國的失業問題的普通原因。至於中國呢？情形又不同了，數千來都是封建勢力之下，一切事業都以守舊爲最好的行爲。所以在歐美各國已經發明了許多無論交通，戰爭，生產的機器，吾國還是用着長槍短戟，小車子手搖紡織機等工具。對於外國的機械，非不去學習模仿，反而拒絕。及至甲午戰後，方才感到自已的缺點。於是漸漸的提倡起來，然而因爲內亂頻仍至今雖有幾處已經踏入了產業革命的途程中，內地仍舊守着農村經濟家庭手工業的狀態。資本還沒有發達，祗有大貧小貧的分別，機器的使用尙是極少，更沒什麼大工廠，但是據一九二五年，上海萬國商會會長李夫報告，中國的人口總數是四三六，〇九四，九三五失業人數爲一六八，三二二，六五四，其失業率爲三八•六，此猶，五六年前的事，近來戰禍頻仍雖不能知確數然有增無減，是毫無半疑問的了。但是中國失業人數爲什麼有這樣多呢？這就是中國的特殊情形有以致之，所以我對于中國的事情零外提出討論。

中國的特殊原因

中國的失業原因除上面所說的(四)(五)(八)(九)(十)(十二)(十三)外再有

(一)帝國主義的侵略與壓迫—中國受帝國主義的壓迫，已將八十餘年，彼在本國則高豎保護關稅的壁壘，提倡國貨，限制外人入口，而在殖民地竭力的壓迫華僑，使中國人不能在外謀生。於我國內則持不平等條約享有的特權，如內地稅百分之二五，領事裁判權，內河航行權，租界與內地設廠權等，一方使彼國之物品得暢消於我國，一方可消滅與我土貨的競爭，尤其是設廠權，就中國之原料加以製造仍售於中國，轉展利獲，而中國的土貨就因此不能振興，如絲廠，南洋煙草公司等的停閉皆彼之所賜也。

(二)富藏不開發—中國地大物博是世人所公認的，本不應有原料缺乏的問題，但是現今生產的原料，大部份仍是依賴外國。我們有了這樣豐富的財源，不得使用，實業自然不能充分的發達了，況且他們一切的行都是爲巳的，對于我們用種種挾制手段。那沒原料不足，勞力自然沒有用了。

(三)機械幼稚—我國工業尙在初進時期；非但沒有大機器，小的尙且仰給於外國，像機車，發電機等等都須向外國購買。且資本又不發達，沒有多大的購買力，因此一切開礦，緞練，交通等等生產事業不能發展，碩大的勞動力置之無用。交通不發達更足以使人口不調節，荒地依舊無可開墾，而一般工業比較發達的地方，如上海等，反而感到人口過多勞力過剩。

(四)貨幣紊亂—幣制不統一，最足使交易不暢，一地的產物不能直接的運銷他處，因此商業阻滯，生產機關就不敢充分發揮，其技術。我國原因爲沒有大的生產機關而至失業，現在又要這樣，失業者自然更多了。

(五)捐稅繁重—因爲戰爭政財缺乏，各種苛捐雜稅便一層層的加來。不顧企業家的利益，強制征收，如厘金等稅，到一地抽一次。這樣不但使貨物不能暢銷，竟能使他們不敢生產，厘金現在雖巳命令裁撤，然陽奉陰違的所在亦屬不少。何況其他各種不良捐稅依舊存在這亦是失業之道。

(六)會計制度不完備—會計是全事業的總領，倘若不完備，則一方面能阻礙事業的發展，他方面易於生出壟斷，操縱，作弊，等情，直接應響事業的生存、所以我國會計制不完備亦是原因之一。

(七)教育制度之不良—教育是造就人才的地方。若教育制度不良，培植不得法，則造就出來的人自然亦不能効用於社會上。就現在一般大學畢業生論，良好的固然亦有；徒有虛名而無實學的，亦不乏其人，這不是失業的原因麽？工人教育尤其是社會上不可少的，智識淺薄，對于各種技術，就難學習，對

週聞簡報

•記•者

▲中政會通過促成二十年度預算案辦法，(一)責成財政當局及管有收入之院部會，根據最近年度收入實況，編製二十年度國家總收入預算書送核，(二)責成軍事當局，根據現有兵額，儘量縮小單位，編造二十年度軍費經常預算，另將現在剿匪及差遣軍事高級機關費用，編造臨時預算、(三)嚴定編造預算違誤程限罰則，逾限者免官，其應造預算，由上級機關按照舊案代編，無論大小機關，一律厲行，不許寬限，(四)厲行審計制度，嚴定各機關長官及會計人員解除責任期限自二十年度起，凡經管冊報，逾六個月未能領得解除責任証書者，現在職務，無論已否升轉，概予停職，違者停止敍用

▲據銀行界息，去年上海各銀行，均獲盈餘，其中以中國銀行獲利最鉅，爲六百萬餘元，交通上海各百萬左右，中央二百萬，其他大小各銀行，無一不有盈餘云

▲全國商運會議，對運價所訂五項原則如下，(原則一)各路貨物運價構成方法，應行劃一，以貫澈統一貨等發展運輸之原則，其構成方法內容，應行劃一者如左，甲•各路貨物運價各等間高低之比例，乙•里程略等之路，貨物運價遞遠遞減之構成方法，丙•整車運價與不滿整車運價高低之比例，(原則二)甲•國產煤斤運價，應根據各路運輸成本，及各礦出煤成本，銷煤價格之最低可能範圍爲標準，乙•在一線路上之經營之煤礦，應一律平等待遇，不得因互惠情形，減輕運價，(原則三)關於左列普通民生必需物品，其等級從輕規定，甲•粗糧農器籽種棉花，及各種發展農產物品，乙•林苗，丙•煤柴。(原則四)因發展中國製造及土產出口起見，由鐵道部訂定運價保護政策，幷咨商實業財政兩部，妥擬辦法，(原則五)關於國內各地方遇有災區，輸出輸入貨物或賑品，及災民，應特別減輕運價。

于品性道德又容易被惡劣的環境所引誘。所以歐美各國於教育上十分着力。但我國呢？教育幼稚極了！既缺少良好的專門學校，又疎忽於平民教育；大部份的工人，都目不識丁。一但解僱，便沒有從事於別種工作。更加以環境不良，易於被僱主辭歇。雖然政治不良，致教育行政有很大的關係，現在値此建設時期，對于教育制度應當竭力改良，培養切實的人才，適用於社會。那沒因教育不良而失業的問題可以解決了。

失業的救濟法

綜觀上述世界各國失業的原因，我們可以說：「失業的根本原因是由於現代社會組織的缺陷。」但是社會組織的變遷，非突然而來，乃有其一定的歷史的使命，在其歷史尚未完盡時，任何人不能立刻推翻之。且立刻推翻之各階級人，尤其是勞働者，必將受極大的犧牲與苦痛。所以我對于失業救濟策分爲治本的，與治標的。治標的又分爲保持或復得職業的，與失業者生活的救濟。

•（甲）治本策

我們知道根本的原因，是在現在社會制度的不良。現在的社會是資本主義的社會。所以澈底改造資本主義制度而樹立社會主義制度是惟一的救濟方法。蓋在社會主義成立的時候，生產機關收歸國有，一國的大生產事業，概由國家統制。結果營利生產，投機事業，及自由競爭等都可消滅。一國的生產與需要可以一致，沒有供求不調，生產過剩，更不至有急激停閉與縮小範圍以致產生失業。復次，社會主義國家是以勞働階級如本位的社會制度，故能確立勞働權。且苟不勞動，就不能予以生存權。故凡有勞動力者都要工作。社會主義之國家既能保障勞工階級的生存權，勞働者以前所受資本家的產業上犧牲的剝搾就可以免却。而這種犧牲是由全社會負担，所以被任意解僱的危險又可免除了。在社會主義之下，生產機關既歸國有，而國家又是全體人民的自由結合，個人的資本家

便無由而生了。故無論機械如何發達，生產如何合理化，人們都是「各盡所能，各取所會，」決無失業的危險，及而人們的生活能夠上增。雖然，我已說過社會組織有其一定的歷史和使命，不是我們所能立刻推翻的。惟其如此，我們祇能待諸後來；但爲解救目前的失業痛苦計，祇得就予所謂，「治標策」的實施。若能運用得宜，亦必能減少許多失業的現象。

(乙)治標策

(子)保持及回復職業

(一)限制生產——資本主義制度之下，生產狀態是無政府式的各人都是爲了自已而生產，因此發生生產過剩週期變動等結果，所以第一個救辦法就要變更生產的管理，但是現在的國家，社會是受資本家的挾制，產業不能盡取歸國有。所以惟一的辦法：就是限制生產。在生產量到了某一點時，政府制止其不再增加生產量，以求需給相應，不再發生恐慌，而勞動亦可以保持其職位了。

(二)縮短工作時間——生產量達某一點時，既不能再增加，那末一定有一部份的勞動力剩餘。資本家爲自身利益有見，當然把一部勞働者辭歇，失業問題又起了。所以一定要把現在的工作時間減低，這種制定是由於政府做的，因此勞働者可以沒有失業的危險。我們要知道八小時工作規律還沒完全通行於世界，八小時外許多勞働者依舊在廠裏工作呢！

(三)增加國營事業——在現代的社會裏，大部份的生產事業都被資本家獨佔了。他們爲個人着想，置勞働者多數人於不顧。勞働者不但受着剝搾，且常在不穩定的地位，完全由施們意志而定。現在若增加國營或移某類事業由私營至國營；那末供求可以相當，恐慌減少，事業安穩，勞働者亦安穩了。

(四)提倡合作事業——勞資衝突一方面可以危害生失業的生存；一方面可以引起失業的增加。所以欲免失業，必先免勞資衝突。合作事業，使勞資合爲一體，互相協作，均分利益，免除勞資衝突，至于非合作的生產事業，欲免勞資衝突，那末惟有勞資協調的法了！

(五)廢除日傭制——資本因爲日傭制的關係，可以任以解授工作，引起許多失業者。所以廢除日傭制，而授以長期工作，足以減少失業。

(六)實行內地開墾，或海外移民——墾荒移民政策是間接的減少失業法。蓋墾荒所需的勞働者概爲粗雜的農業勞働者，熟練勞働者沒有多大用處。所以墾荒者大都是人口過多地方的失業遊民。若熟練勞働者墾荒，非但不能較遊民輩可以多得効果，反而使，他們的勞働技術減退。但是移民墾荒一方能增高勞働需以減少一地的勞働力的供給；一方能啟發寶藏。這都是使產業興旺失業減少的方策。如英國之移民加拿大，日本之於東三省都是爲此緣故。

(七)限制僱用童工——因爲機器的使用和資本家的自利心，童工的使用便出來了，佔奪一部成年人的工作。這都是因爲童价低的緣故，而童工因爲工作的關係，對於發育上不能顧到，因此於成年時往往不能有多大的能力。工童制於童工的自身既有這樣的弊病，對於其他勞働者又有這樣的應響，所以應該加以相當的限制，使國民健康上，及勞働地位上都蒙到利益。

(八)改良工廠設備—疾病傷害一部份是由於勞働者自己的疏忽和不講衛生。但是工廠設備不周和設施不合衛生亦有極大的應響：設備不周，則機器易於發生危險；房屋不清潔，空氣不通暢則工人易於致病，況且工廠內人口衆多易於傳染。所改良設備是以免去因病失業的危險。

(九)設立職業指導介紹所—職業指導介紹所的職務是在調節勞力的需給，與指導勞働者。彼因爲對勞働者有詳細的認識，所以能使傭主得到稱職的人。勞働者得到相當職業。這種介紹所從主辨者地位上的不同可以分爲五種：一、私人所設的以營利爲目的。所以常常生出許多弊病。二、勞働者自己所組成的職業介紹所是限於會員，但是有和資本家妥協的弊病，若不妥協則不易得到職業，不然則必就資本家的脅制。三、由資本家所組成的。因爲是資本家所組成的，被介紹的都是屈服於資本家者。五、由於慈善團體所組成的，完全以利人爲目的。六、由國家所設的。完全以救濟失業爲目的，且其職權廣遍全國，經費充實。所以職業指導介紹以國家和慈善團體所設的爲最適當。其餘的應當加以規定。

失業者生活的救濟

（一）失業保險—失業保險者，即當失業的事故發生時爲補償勞働階級所蒙工資的損失之一種共同基金制度。至於失業保險的組織可分爲三種：曰強制保險與任意保險，公營保險與相互保險一般保險，與產業別保險至失業保險費的負担一、勞働者一方負担；二、由雇主與勞働者共同負担；三、由國家雇主，勞動者共同負担。余以爲失業保險必須強制以免一聾不顧將來的失業者困苦和危險而保險的負担又須國家雇主勞動者共同負担爲最適宜。蓋若然把勞動者的醵金除外則失了保險的性質。若雇主不負担則失了失業者的社會性。三方負担則可以顯出失業者的危險，是具有個人的，社會的，及產業的性質。這種制度在英國意國等已有相當的成績。其他的組織雖沒相當的利益，然往往受到限制和困難。但是被保險者必須其失業原因不是自己的過責，所以失業者不一定可以拿到保險費。

（二）利用勞動組合—勞動組合的目的，在維持勞動條件的向上發展。牠的職務與失業有關者，便是補助金之制度。即工會平時向會員徵收定額的會費；當會員失業時，工會乃應其失期的長短給以若干金額，用爲維持生活，這就是失業救濟金。其利有二：一、可使失業者免去失業的困苦；二、使失業者服從會章不屈低工資的職業而應嚮到其他有工作的會員。但是這種制度祇能行於失業時間短促和失業人數不多的時候。若在社會情形特別險惡時，失業範圍既廣，人數時間又多，且長，則工會對于失業者不能向之收取，同時又須付出救濟金，遂蒙則政治上兩重壓迫。若該會的財政不鞏固，則就難免紊亂了！

勞働組合的職務除上述者外，再有老年補助費，勞働銀行等。勞働銀行是勞働者自己設立的在工作時定時提出一部份進款存在銀行，便由銀行貸與款項以爲生活費且這銀行的組合者就是這銀行的股東，這銀行的事務又不專在勞働方面可以放欵至於商業上取所得的利分給儲蓄者或增加資本，這種事業在美國頗通行，如A F L等。在那裏，這種銀行也有國家設立的，即所謂平民銀行等是。

（三）設立失業救濟局——失業者的生活若沒有前二項的保障則惟一的救濟法，當賴政府的津貼。然政府津貼耗費國幣而沒有補賞，故設立救濟局授勞働者以簡便而暫時的工作。如修築道路等，較爲良佳。蓋一方面勞働者仍舊可以生產；一方面又可以得到生活費，誠屬一舉兩得之事！

中國特殊的救濟策

至於現在的中國她的特殊原因已在上面說過。所以救濟法又有不同之處，除上述㈢、㈣、㈤、㈥、㈦、㈧、㈨、及生活的救濟策外，再有。

（一）廢除不平條約，以解除各種束縛。

（一）消弭內戰以安民生。

（三）免除苛捐雜稅，使原有事業得以發展，新事業得以創立。

（四）開發富源，與獎勵農產，以增加生產原料。

（五）獎勵工業，以利生產手段。

（六）發展交通，以便內地移民與商品運輸、

（七）統一幣制，以便交易。

（八）改良會計制度以免壟斷，探縱作弊等情。

（九）改良教育制度以提高勞働者之知識。

結論

失業問題，是世界各國的問題，此金貴銀賤之止於幾國的問題，更重要以其有連環性質，一部人失業，是以應響他一部人的工作地位。故若非有完善之策以救難之，則將來的危害必致不堪設想。上述的種種，不過是犖犖大者，且其設施，必先視其內部環境況何如，而後定其法則與輕重。至於救濟的責任亦非，勞働者，雇主，或國家所能單獨負担；必三者協作才奏功効。至於中國前已述過，根本的原因，不是在資本主義社會的弊病，而是在內亂與外患。所以消弭內戰，驅除外患，實行 總理遺教，就是解決失業問題的除本策。最後我希望際此建設時期各界對此問題，加以注意。

（完）

譯著

英國鐵路貨物分類之歷史與進展

（黃明培）

我們講到鐵路貨物分類的歷史，便不能馬上拉到英國了！因為他是有鐵路的第一個國家，英國是鐵路的發祥地的緣故！

一、最動的貨物分類

歷托登達林登鐵路(Stsckton and Darlington Railway)是英國最早鐵路中的一條，他把各種貨物分為三類，如左：

（一）石灰石，官路或公路之建築材料，以及各種肥料為一類。（此類每噸每哩，徵取運費，不得超過四辨士）。

（二）各種煤炭，焦灰，灰渣，灰層，石，砂，灰泥，石灰，泥土，鐵礦，並其礦物，及磚瓦，石板並各種未經製造之粗笨貨物與建築材料為一類，（每噸每哩，亦不得超過四士辨）。

（三）各種成張或大塊之鉛，鐵條，輪鐵，木料，以及其他貨物又為一類，（此種每噸每哩，不得超過六辨士）。

但在利物浦滿捷斯特鐵路於一八二六年又有不同之規定，這就不像前一條鐵路的那樣的雜亂無章，他一起分做了五種不同的等級：

（一）第一類包括石灰灰石，肥料，混合肥物及修築路道之石。沙，泥等，並樹椿，小石，石板，木料等物

（二）第二類包括糖類，穀物，麵粉，染料，鉛鐵，及其他金屬物質。

（三）第三類包括棉織物，毛織物，皮革，藥材，雜貨，及製造品等。

（四）第四類，包含酒，酒精，硫酸，玻璃，及其他危險物品。

（五）最後，又括煤炭，焦炭，炭渣，木炭，及炭屑等而為第五類，

可是，在大西鐵路(Great hestern railway)上，又只規定分為四等貨物，不過各種貨物，大概都為上述，惟類別又稍不同耳。

以上所述，各路以前的條文，係出自英國國會(act of parliment)之手，而一國各地，就且不同如此，可知初始時鐵路貨物，分類情形復雜之一般。

二、影響分類之要素(Factors affecting classification)

在以前的時代，鐵路確定貨物分類，必須注意下列五要點：

（一）貨物價值(Value of Commodity)

（二）運輸所值(Cost of handling)

（三）是否昌於損壞 (Damageablity)

（四）裝包方法 (method of packing)

五 關於重量之大小或體積，Size or bulk in relation to weight)

同是一樣的運貨指（兩種貨物的重

量或體積相同而言」。假如一方面是賤價的煤，而他一方面是值錢的海豹的皮，在此種情形，如何決定分類，價格要算最重要的要點了、其次、如桌椅等佔面積很寬而不易裝卸之物，與夫粗笨過重者，應列入較高等級；但又如蘿蔔等易於裝卸之物，則列等稍低．至於貨物之易損與否，亦殊重要，如水菓稍久放卽腐，所以就不能不把牠列入較高等第。此外，注重裝包，也是一個很重的要素以前有些貨物，因裝包不同，而竟每有分兩三等的，譬如橄欖油用大箱裝或鐵桶裝的，歸入第一等；不然，看用其他方法的裝包，就列入第三等，又如用箱裝的礦水歸一等，不用箱裝的。就列入二等，還有，一定重量體積的大小，也是很要緊的，如壓緊了的草類，通都比沒有壓緊的運價來得低，所以由運草或棉等類貨物時，最好是采用水壓機或气壓機(Hydraulic or Steam press-packed)把牠軋緊，

這幾種要素着實重要，因爲一直沿用到現在，英國決定貨物分類，差不多還是依這種要素作標準，近十年來，英國成立得有什麽運價顧問團(Retes advisor Conunittee)校訂貨物的分等，差不多就是該團的首要工作，這是一九二〇年起始的，到一九二一年，當鐵路條文(Railway act) 該項工作才告定竣，以此以後，商品的運價，都以這種分類爲基礎，他這種分類，把以前所定的八種貨物(卽：A,B,C,1,2,3,4,5,八等)八分爲二十一種，而煤炭一類，尙不在內，所以一起算來，一共有二十二種，關於貨物分類，在一九二一年的條文中，決定貨物分等的要素，大約和以前的相同，他們是：

(A)貨價(Value)。

(B)與貨重於比之體積(Bulkf in Comparison to weight)。

(C)貨物損壞之責任(Risk of damage)

(D)運輸所費的多少(Cost of handling

(E)當運輸大量貨品，及在其他合宜情形內，而能省運費者(Saving of cost when merchandise is forwarrded in largf guantities, in addition to all other nelevant circumstances.)

此種要素沿用至今，英國決定貨物分類猶以之爲準則而未變云。

附註：此文係著譯Philip Burtt氏的鐵路運價之原則與問題 (Railway Rates Principles and Problems,)一書。

銀價跌落與中國購買力

（續）

施亞昌譯

雖然估計所得，不甚確切，但至少亦可觀其大概矣。中國所以能付國際貿易上出超差額者，全恃三大來源，卽外人投資，舉外債，及華僑匯款是也。由上表可知，一九二五—一九二六年，各項總收入爲一•〇四四•〇〇〇•〇〇〇海關兩，其中！三〇•〇〇〇•〇〇〇兩爲華僑匯款（照立法院統計處之研究，每年平均有四萬萬元由華僑滙寄回國），二〇•〇〇〇•〇〇〇兩爲各國駐華外交官吏之費用，一五•〇〇〇•〇〇〇兩爲外人投資及外債，一〇•〇〇〇•〇〇〇兩爲旅行費，四•〇〇〇•〇〇〇兩，爲商輪在華之修理及維持費；商品輸出共八五四•〇〇〇•海關兩，而輸入爲九〇〇•〇〇〇•〇〇〇海關兩，入超凡四六•〇〇〇•〇〇〇海關兩，此項入超數，與一七九•〇〇〇•〇〇〇海關兩之無形輸出較，爲數固甚微也，而在此無形出超中，有五一•五〇〇•〇〇〇銀貨進口也。

中國爲碩果僅存之銀本位國家，而與中國有通商及債權關係之國家，均採用金本位制，値此金價飛騰，銀價慘落之時，所受影響，當然較他國爲重，購買力之低減，亦自在意中；

而本文作者，以爲銀價跌落之於中國購買力，影響並不甚大，就理論上言之，似亦並無不通，而實際上則大謬不然，譯者不敏，不敢妄加是非，故不避簡陋，將原文譯出以供諸同志之研究焉(譯者附註)

※　※　※

調查

農村的信用

葉又村

「他沒有信用，因爲他是窮苦；他是窮苦，因爲他沒有信用」——Giutino Tortunato

剛從學校跑到黃浦灘的時候，見了一座座的小山般的建築，每家門口都如寫着「一一」銀行，又見到裏面的熙攘忙碌，不期而然地覺得中國的信用是的確很擴大的了，誰知經過了一夜的行程，第二天早上，兩脚踏着的是鬆柔的泥土，兩眼見的是綠油的禾稻，放眼望去，一看就是幾十里，那裏有什麼銀行，那裏有什麼信用了，雖然這是於農業有限重大的關係。在鄉間住了數年，覺得他們農夫們，並沒有錢，並沒有儲蓄，可是每年春間，却也能費了資本，購買了大批肥料種子，用之於耕種，未免有點懷疑，經了幾次的探聞，在田頭，在橋上，得了許多消息，因此而知田野間也自有其信用組織，一切都很值得研究，

第一種是農民的抵押放款銀行，換句話說就是「當鋪」，在都市裏是被認爲萬惡的，盤剝的，可是在田間却不能不認爲最適當的農民銀行，爲吸引人們注意起見，當鋪就在前面粉牆上，寫着很大、當字，每當春夏之交，總見有很多面貌忠厚的農人們，把冬間的厚被棉衣，整担的挑進當店去，換出洋錢和一張不識的當票來，到了冬間，又帶了這些把整担的衣被再挑了回去，從他們嗤笑的臉上，可見他們覺不以此爲羞恥的，因爲這與銀行放款完全相同，不過一個是用貨品土地做担保，一個是用衣飾做抵押的罷了，一個當鋪裡的職員對我說：「當鋪的利益，是和收獲成正比例的，收獲愈好，取當愈多，取當愈多，則利也愈厚，」他又說：「去年的取當佔當物總數的百分之九十五」，從這幾點，我們可以看到當鋪與農民實在有很大關係的，鄉間當鋪的利益大抵爲一分八釐，期限二十四個月，較之上海的當鋪，利率既低，年限也長，更兼保管貨物的費用和危險性很大，所以獲利極少，在最好的時候，也不過打足一分官利，有時還要蝕本，其結果是一方面農民困於重利，一方面當鋪還要受損失而致於息業，這其間，就可以看到當鋪的弱點，再當鋪因爲老班們十分有力，也有許多農人送款子來儲蓄，然而數目很小，選擇很嚴，所以不能發展，不然，當鋪便完全成爲銀行了，這種存款的利息，大概爲一分。

第二種是無形的信用合作社，就是日常俗稱的「搖會」，一個農人爲了農事，或是別事，缺少錢用的時候，就可請他的鄉人親友們的幫助，組織成「會」，那個即刻需錢用的人，就做了會首，會首在初時，必須辦了酒席。恭請會員們參加，於是大家就在筵上把每年會款的數目，付款的期限，一一議定，會首就把這年各會員應付的款項，收了起來，每年每人應付的會款數目，是與收款的時間成反比例的，會首所出的數目，總是最大，此數的計算方法很是討厭，通通只須查：會底就知道，到第二年，會首再辦了會酒請會友們到會。那會款就要讓別人收取。不過這其間輪流收取會款的方法，各有不同。　(未完)

本刊啟事

上期本刊應爲第三十五期。(三十四期。係手民誤排。)特此聲明。希讀者注意。

上海交通大學經濟學會編行

經濟週刊

黎照寰題

中華民國二十年三月二十三日

零售每份大洋一分 第三十七期 每逢星期一出版

演講

東北鐵路之危機

鄒東湖講
程志政記

在講東北鐵路之先，應當要明瞭東北的地勢，因爲這兩種是有相互關係的。所謂東北，實際上包括遼，吉，黑，熱河，蒙古，等省，以及河北省的一部分，面積五十萬方英里，人口二千五百萬，東北南，東北西都是高山，南部連海，北部有嫩江松花江，南有遼河，土地肥沃，物產豐富，現在大豆每年出口，有幾百萬噸，在這種優良地勢上建築鐵路，本無問題，不過鐵路須有海港做出口地，不然便成爲死港。東省鐵路勢力，首先達到的，是俄羅斯，它的計劃，是分縱橫兩綫，以大連爲出口港。日俄戰後，南部勢力，全爲日本奪去，自長春到大連一段，（即現在的南滿路）歸之日本。俄國喪失大連以後，便經營海參威，所以最近的東北，實在是在日俄兩大勢力割據之下。中國自己在東北也有鐵路，可是並無政策，其中最早的是北甯路，係爲運煤而築，所以談不到未來計劃。此外吉長，四洮，山通，（北甯支線）洮昂，瀋海，吉海，吉敦，呼海諸路，都是華人自築，可是漫無標準。其中吉敦，吉長，四洮，洮昂四綫，係向日人借款而築，事實做了南滿的營養線。所以東北運輸特權，皆在外人勢力之下。譬如大豆是華人所產，但日人儘量收買，運輸則由中東，南滿分配，後來國人想挽回權利，於是完成山通線，如此可以由營口出海，但爲了平行綫問題，現在還在交涉。鐵路是死的，如何招徠營業，還是在乎人。如果沒人好好去辦，貨物依然不能來。東三省鐵路當局已注意到這一點，想從人事方面努力。第一，研究運價，是外人的路來得便宜呢，還是中國鐵路便宜。第二，研究捐稅狀況。第三，研究運輸方法。先講運價，南滿中東兩路的運價，在同一情形之下，比中國來得低，所以由比較的結果，第一步便減低運價，北甯路約減百分之二十五。至於捐稅，則中國各關卡層層剝削，外人鐵路通行無阻，最近裁厘成功，各捐當可裁汰，但在未裁厘以前，張副司令已毅然不顧一切的將各苛捐裁去。運輸方法，中國更及不到外國，南滿路各站長和當地商人極有聯絡，而時不時邀請宴會，給予種種利便，並訂有返還

本期要目

講演
東北鐵路之危機 鄒東湖
交通研究
計算車號 徐明翼
調查
農村的信用（續） 葉乂材
專載
經濟學理與經濟問題 沈孝明

印刷者上海法租界愛來格路華僑印務局

運價辦法。中國鐵路雖努力提倡此種精神，可是一時終不易於訓練得好。

目前東北運貨，完全爲負責運輸，貨物列車，時刻也是一定的，最多誤幾小時，不會誤幾天的。此外還有混合保管大豆法，就是同等的大豆，如果乙商存在路局而不需用，甲商需用而貨未運到，路局可以將乙的轉借給甲，俟甲的貨到了，再還給乙，這樣調劑緩急，於商人極有利益，東省當局還樣努力了一年。可是結果並不見什麼好處，因爲我們減價，他們也減，南滿路是用金洋計的，一金洋照現在滙率等於華幣二元半，現在他們也一律改收大洋，這種犧牲，當然是不可多得，而日人的存心壟斷東三省運輸，已昭然若揭了。

假定我們的目的是達到了，我們以東四路和西四路來包圍南滿，（按東四路爲吉長，吉敦，吉海，瀋海，西四路爲齊昂，洮昂，四洮，山通。）那麼，日本依然是可以想法子來破壞的，他可以將北甯路割斷。因爲北甯南滿交义處，是在瀋陽的老頭溝，北甯路在橋下經過，南滿路在橋上跨越，（即張作霖被炸處）。橋上駐有日本軍隊，不時藉口圖謀破壞交通，放槍打人，從前從瀋陽到北陵的支線，即被日人藉口農場關係，强行撤除，所以如果日本人到無法可想時，他當然不擇手段，假端將北甯路割斷。如此，我們的一切計劃，便成泡影，况且西四路他還可藉口平行綫，不准接軌，這些都是目前最嚴重的問題。

再看借日本債款建築的幾條路吧，日本爲什麼情願借款給華人造路呢？其中却有一大原因，因爲日本自已來造路，必遭我國反對，如今選定路綫，借給中國人自造，一則運輸成績如何，不必負責，現成有九厘利息可拿，倘營業發達，還有紅利可拿即使失敗，也影響不到南滿，計策眞是很毒極了。如今吉敦僅夠開支。談不到擴充，每年應付息二百餘萬，尙不能付，吉長亦然，四洮路進款僅夠「必要開支，」洮昂一年虧幾十萬，煤還是欠南滿的，至民十八年底，四路債款如下：

路名	債款(單位日金)	利息
四洮	五千一百萬	九厘
吉長	一千一百萬	五厘
洮昂	二千三百萬	九厘
吉敦	二千七百萬	九厘
共計	一萬一千二百萬	

如果以日金一元等於華幣二元半計，那麼，已近三萬萬元。單利息一項，每年就要二千萬元，五年又是一萬萬，這樣本利相複，本利又如何能還得清？日人還要求築吉會路，吉會路係由會甯到吉林，其中吉林到敦化西段已成，天寶山到圖們江東段也已完工，祇餘天寶山至敦化一段。因我國反對未築，會甯過來就是清津港，出海卽到日本的敦賀港，如此路築成，那麼，由日本到東三省，不必再轉大連，對於軍事方面，更有意義，現在爲避國人反對起見，改名爲敦圖路。

東省鐵路交涉，已開始了，南滿派的是木村理事，此事不但關係東北鐵路，抑且關係東北全局，因鐵路失敗，卽東北全部的失敗，木村的條件，最重要的有兩條，一是平行綫不可築，已築的可以有條件的承認，二是運價協定，不得彼此競爭。據兄弟的意思，平行綫限制要有範圍，是否該項平行綫能影響南滿路，譬如從前新民至法庫一段，與南滿相隔祇七八十里，自然可說受影響，但通遼路已離得很多，如果認爲一切和南滿路平行的路都不能築，那便毫無限制，近於强詞奪理，而且日本根本錯誤，是在於觀察上的錯誤。要知道東三省不是日本的國土，在我國國土而限制我國鐵路建築，豈非怪事。所以凡已得而用合法手續得來的。我國不妨承認，不合法的要他自動放棄。其次借款條約，超過經濟合作範圍之外的要取消，日本以五厘借來的款子，以九厘借給我國，實在已出經濟合作範圍以外。如果日本能夠承認，那麼，其餘一切都可迎刃而解了。

（本文未經鄒先生校閲，附註）

週聞簡報

記者

▲關稅休戰會議，宣告失敗。

▲五十里內常關，去歲已奉命結束，惟該項稅關，尚未裁撤，現財部方面，以出口新稅則，不久卽可實行，五十里內常關，屬於通過稅之一種，自應一律裁撤，現已着手辦理，所有與該常關有經濟關係部份，一律移轉於出口新稅則，

▲宋財長修正出口稅則之提案已由中央政治會議，一致通過，提案內容，略謂所有從價或從量之出口稅率，名義上均爲百分之七，五，然事實上從價稅雖確納百分之七，五，而從量稅僅納百分之二或三，以此項出口貨品之估價，猶爲咸豐八年公歷一八五八年所定與現時價格，相去天淵，爲減少從價與從量稅率實際上之差別，以免該項稅收之損失計，該提案提出下列三點，(一)從價稅率照舊，(二)從量稅照近年各項貨品市價，按百分之五稅率徵收，(三)免稅與特種待遇各項貨品，照舊，照此項修正出口稅則從量稅自百分之三增加至百分之五，計所增僅百分之二，於出口貿易，不至有若何之影響，蓋(一)滙兌升降，一日之間，常及百分之三或百分之四；(二)銀價低落，出口貿易自應增進也，該項修正稅則未實行前，財政部將先頒通告　俾各業得相當預備，至於本年一月一日新進口稅則頒布後，五十里內常關所徵之出口土貨稅，亦將於修正出口稅則實行時撤銷

▲奧，德，荷，匈，波蘭，保加利亞，南斯拉夫，捷克斯拉夫，與羅馬尼亞諸國代表，在維也納舉行中歐經濟會議，

▲華貨物在南滿路運輸日少，因金幣太貴，近來連日貨亦大減，該會社提議改用銀洋計算，以抵制北甯路，並吸收華貨之運輸。

交通研究

計算車號

徐明翼

計算車號者，爲行車調度時最重要工作之一。卽計算機車之牽引，及列車之長度。在京滬滬杭甬路，則由車務處調度課調度員管轄之；在膠濟路，其初步工作多由終點站或其他掛車站之車號司事掌理之。

計算車號之目的，如下：

一、爲求行車安全——若列車過長，在錯車道上其首或尾部常超出準橛。以致錯車或交車時，每易發生危險。故列車之長度，在組合列車時，事先必需有相當之計算。

二、爲求旅客之便利——如列車長度超出月臺，則兩端旅客上下必感困難。他如機車牽引過重，以致中途停溜等；皆於行旅有礙。故機車牽引，及列車長度，必需有準確之計算也

三、節制機力——機車牽引過分每易受較大之損傷；故其所牽引之車輛，必需在其牽引力以內。計算車號，卽所以求適合機車之牽引力也。

四、免延誤時刻——按機車之牽引力而編配列車，則其牽引力充足，自可免除延誤時刻之弊。故計算車號、實爲改進客運業務，惟一之途徑。

五、免除中途停頓，及其他行車之險阻。皆有賴於機車牽引及列車長度之適合。

由上可知：計算車號，直接影響行車調度，間接影響運輸業務之全部，甚而至於鐵路本身。蓋鐵路之發達，賴於行車之妥善；而行車之妥善，首賴於計算車號之精確也。

因計算車號之重要，故吾國各國有鐵路多採用之。如：

一、膠濟 四、隴海 七、道清
二、平漢 五、北甯 八、京滬滬杭甬
三、平綏 六、津浦

計算時，亦有一定之單位，及表格。計算之單位，有兩種。其數目，則通稱爲「分」或「輛」。茲分別列之，如下：

一、單位

一、換長率—爲計算列車長度之用。

二、換重率—爲計算機車牽引之用。

二、需用之表格

一、機車用途表—述明各式之機車，及運用。如六聯式(0—6—0)：其記號爲S，號碼自一至九號。其用途，則爲調車及作短距離區間車牽引之用。

二、機車牽引定數表—此表內述明各式機車又在各地段內牽引客貨或混合列車之「分」數，作計算機車牽引之用。幷記明夏日之牽引力，較冬日爲多之數目。

三、車輛換重率及換長率表—此表述明各種車輛及機車之記號，號碼，換重率，及換長率，在換重率內，又分爲「空」「重」兩種。更因各式車輛之不同，此表又分爲四類：

(一)機車換重換長率表、
(二)客車換重換長率表、
(三)貨車換重換長率表、
(四)守車及特種車換重換長率表。

四、外路車輛換重換長率表—此爲外路車輛流入本路，及運回時，計算其換重及換長率之用。惟不包括機車。

五、私用車換重換長率表—如美孚油車，及煤礦公司用車等。

除上列之單位，表格外。計算車號時，尚有專門之歸定。此種歸定，因各路情形之不同而異。茲以膠濟路爲例，說明之如下：

一，一列車之延長，除機車外；不得過換長四十二輛，或四百二十分。

二，本路混合列車，不得過換長二十五輛，或二百五十分。

三，列車之換重率，不得超過機車之牽引力。至不得已時，亦不得超過四分，或〇•四輛。

四，機車不良，及氣候不佳之時。機車之牽引定數，可以相當減少。

五，連結補助機車，即以二機車拖帶一列車時，其牽引定數，以各機車牽引定數之和。減去百分之八計算之。但換算分數時，可以四捨五入法計算之。

六，規定自四月十六日至十月卅一日爲夏期，其他時日爲冬期，以便計算機車牽引力。此種規定，在其他各路，因所在地域氣候，之不同而變易。

七，其他關於計算及調度之特種規定如：

一，鮮魚車，裝普通貨物之時：則車輛換重率增加二分，即(〇•二輛)。

二，礦石車裝煤時，減少換重三分。

三，蓬車裝零担貨物時，減少二分。

四，守車有特別指定專爲旅客列車用者：其算換重時，須有空重之分。

五，特種煤礦公司，或其他私用車：另有特別歸定之換算分數。

既明計算車號之特別歸定，及計算之單位後，即可知其計算之方法，茲分述如下：

一，抄錄車號——以備計算。

二，查機車用途表——以抄得之機車號數，於機車用途表內查出其記號，以便求機車牽引之定數，或牽引力。

三，查各車輛換重率——同時

須注意其空重之別，如該車輛係空車，則依其車號查出其換重率表內之「空」項之分數，以備計算。

四，將機車及各車輛換重率之分數相加，與機車牽引力比較之：是否超越其牽引定數。——此卽計算換重之法。

五，查車輛換長率——依機車及各車輛之號數，查其換長分數●

六，將機車及各車輛之換長分數相加，使不超越特別歸定列車長度數。（四百二十分，混合列車二百五十分）——此卽計算換長之法。

七，互證換長及換重總數——列車編配須在歸定之長度內，并須適合其機車牽引力。故於求得換長換重之總數後，必需互相引證，務使其適合於換長及換重兩者之歸定，方爲適用，茲舉例說明之如下：

設機車爲四〇八號，牽引一旅客列車，引車十四輛，其車號見下表。

查知四〇八號機車，爲太平洋式，其記號爲P；

又查知P字機車之牽引力，卽換重總數，爲一百卆分；

茲計算其換長換重如下：

換重	換長	車號／歸定之分數
170	402	
57	——	P.408
8	10	801
20	20	702
13	14	752
20	20	551
20	20	557
20	20	580
20	20	412
20	20	414
13	14	404
13	14	351
20	20	321
20	20	216
12	14	101
8	10	820
284	236	總數

由上表之計算觀之：雖其長度在歸定分數之內，但換重則超過歸定之牽引力甚夥，中途必致發生事變；故知此次列車之編配不適合，必須減少其引牽之車輛，及其他之糾正如下表之計算：

※ ※ ※ ※

換重	換長	車號／歸定之分數
170	402	
57	——	P.408
8	10	801
20	20	721
13	14	501
13	14	352
20	20	216
12	14	101
8	10	820
151	102	總計

由上表可知：該列車祇能掛車七輛或八輛，過多則不合矣。

（附注）：此稿所述係專指膠濟路而言，他路之計算方法，亦各有大同小異之處，惟其原則皆同，可參閱天職周刊第八九期「鐵路行車之調度」。——作者。

調查

農村的信用（續）

葉乂材

有的是排定了次序：按年收取，還有一種是不把利率規定，各人把願出的利息數目，寫在一張紙上，事前守着祕密，到開會時一齊拿了出來，比較那一個利息最大，就給那個收取。可是已經收過的，不能再收，這樣一來，有急用的人。就肯出很大的利息，若再曉得同時別人也要收取會款的時候，利息就會抬得更高，時常有到三四分的，這種以供求來決定利率的大小，是狠合乎經濟的原則的，可是會員們的吃虧，也就在這個地方，這個會款輪流收取下去，直到每人都收取過一回，這會也就無形解散了、這種組織之所以可稱爲信用合作社者，因爲他和信用合作社的原則，完全相同，一方面鼓勵有餘者的儲蓄，一方面就把儲款放給需錢的人，前者是零存整取，後者是整借零還；而且他們貸借的關係，完全建築在信用上面，並不像別種土地銀行之需要很大的担保，然而反過來這種組織也有很多的壞處：(一)利息之漫無限制，會員們因爲要緊要錢用，就不得不忍痛出很大的利息，有限制的競爭是應該的，無限制的競爭，使利率高到情理之外，却能使會員受了極大的痛苦，反之，在收獲很好的年頭，會員不需錢用，利率就會跌得很低，甚至於無息，也是很不經濟的，(二)會首費用太大，因爲每年集會的時候，都在會首家裏，會首也得備着好酒好肉款待他們，一個十個人的搖會，會首每年總得化費十元以上，靡費實在太大，若說是要廢除這種陋習呢，在初始的時候，就會沒有人加入，此後每年，會員從幾十里外，帶着洋錢前來，那個不望油油嘴，若是「沒有豬頭肉吃」，那個願意特爲前來付錢，所以這一層，看如容易，而實在很難解決的，(三)會員危險性太大，會員們在平時有認識的，也有不認識的，他們的拉攏，就全靠了會首，萬一收獲不好，會員沒有錢，或有病死等情，整個的責任，就在會首身上，然而會首那裡担得起這般大的重任呢，結果還不是把辛苦掙來的錢全數倒去了。

第三種是現在很受社會注意的商店兼營銀行事業，這種組織在山嶺下面最多，因爲我鄉每年山門出產的收獲，只有在一定的時候，這種出產如西瓜，楊梅，竹，筍，山芋，蕃薯等，從山上挑到市場上去，太抵有必須經過的道路，這種商店，或逕稱行家，就在山下這種路傍，在平時，他們盡量把錢供給山中人，利息約在一二分之間，到了山中人可以把產物挑下來出賣的時候，就得先把貨物送給他，抵銷借款，等全數清償以後，才許出去銷售，店中的司事，和山民大半相識，所以他們貸借的關係，也是建在信用上，而且山民樸素，除了不得已，總不願意賴債的，所以一到春間的毛筍，五月裏的楊梅，六月裏的西瓜等上市時間，山下就只見一批：短褐整潔，布襪草履的山民，把貨物整担地挑了下來，同時商店中也就堆滿了綠的西瓜，紫的楊梅，據說上海市場上所有的楊梅西瓜，除了蘇州等處間有出產外，餘外的都歸他們包辦，卽此，就可見到這種商店的偉大了。此外，這種商店還有營物物交易和物物貸借的信用的，山民把柴：布等物賣給他們，同時便換了米糧上山去，也自把米在平時賒給山民，到貨物上市時，就用貨物折價抵償，這種帶有太古遺風，而又混有現代商業技巧的組織，是直確值得讚美的。總之，這種組織的好處，在商店方面，則用貸款方法，取得貨物之先買權和廉價權，在山民方面，則平時得以借款調濟，出產時，還可省去銷售的種種麻煩，只除了利息稍高外，處處都顯出是一個最合乎山民，一種的信用組織。

第四種是最簡單的私人放款，這其間經營的有兩種人，第一是鄉間的富農和在都市的傭人們，他們把辛苦掙來的錢，指望着錢中還能生錢，以高利借與別人，既沒有抵押，又沒有契約，只憑着一個雙方信任的保證人。第二種是鄉間的土豪劣紳，把造孽錢以高利借與貧民，小數就只憑着信用，大數就須用田契做抵押，這種借款的毛病，在利錢太高，因爲這種放款危險太大，利息也不得不高，滿望在利息中補償借款的拖欠，可是利息愈高，則債戶負担愈重，負担愈重，則償還者愈少，償還愈少，則利錢愈高，這樣循環不息，使利息提得極高，而危險也到了極點。可是我們在這裡，可以很清楚地看到一點，就是鄉間。也有許多欵項，願意存放，不過因爲沒有適當的儲蓄機關，不得不流于一種投機性的放款，要如有很好的信用組織，這種放款，一定可以減少許多。(未完)

專載

經濟學理與經濟問題

沈孝明

導言

經濟之學，權輿於實際問題之討論：如借貸之取息，公平之價格，鑄幣之流弊，金銀之流動，勞動之政策，及貧窮之救濟等等，皆未有斯學時之經濟問題也。重農主義者 (Physiocrats) 及斯密亞丹 (Adam Smith,) 對此複雜問題，均曾予以一貫而有系統之討論。李嘉圖 (David Ricardo,) 則更進一步，將政治經濟形爲一種科學，包括大部由演繹所得之法則，而假定此種法則，爲半可以歸納方法，推移損益，且可用爲各種政策之南針者。及一八二一年，第一部之經濟學出，作者穆勒詹姆士(James Mill,) 又將此種見解，推至極端，隱然以幾何學之態度，陳述經濟定理，而未嘗顧及實際問題，顧氏固急進之改良家，而主張科學之功利化者也。氏子約翰斯圖亞特(John Stuart Mill,)較氏尤爲著名；其對於經濟學，亦多師承其父之見解；但當一八四八年發表其所著之經濟學時，乃知兼顧體用爲較善之原則，而其經濟原理與其對於社會哲學之一二實用 (Principles of Political Economy with some of thier Applications to Social Philosophy) 一書，亦能名副其實焉。此後之經濟書籍及論文，遂皆未能脫離穆勒父子之軌範；不惟專事敷陳學理之書，如穆勒詹姆士之經濟學初步 (Elements of Political Economy)者，比比皆是；即專事解析實際問題之書，尤有甚於穆勒約翰斯圖亞特之經濟原理（一）者，亦所在而有也。

至一八四八年以返，而經濟學之本身，無論其所着重者，爲體爲用，乃彌覺有難以紹介於一般民衆之勢。經典派經濟學。（一）譯者按此書即經濟原理與其對於社會哲學之一二實用一書之簡稱。(Classical Political Economy)之根本學說，多自相離析分路揚鑣，其派別之多，直使經濟學家無一能有相同之分類；如邊際分析說(Marginal analysis)如新經典學派(Neoclassicism)如心理學派(The psychological school)如貨幣論理學(Pecuniary logic)如制度說(Institu tional theory)如福利經濟學(Welfare economics) 蓋猶皆此種旁支別流，可以認識者之一二耳。此種派別之歧異，自半由於所着眼問題及方法之不同，然欲使一二學說，發表於世，而能得各派經濟學者之公認者，已不可多得。是以經濟學界，每將有一種新著之時，苟其作者之理智愈高者，則亦愈覺其不得不於一羣候選學說之中，隱然或顯然，爲徒招怨尤之選擇也。

進而言之，各種經濟學說，在今日而能如穆勒父子時代，自信可以完全代表經濟學者，亦幾不可覯。蓋近代經濟學家精心結構之作，多專就實際問題而言；如公司財政(Corporation finance)市場交易 (Marketing)租稅(Taxation)勞工(Labour)商業循環(Business cycles)農場經濟(Farm economics)保富政策(Conservation)貨物運輸(Transportation)社會保險(Social insnrauce) 及其他無量數之問題，皆爲今日林林總總之經濟學家所分業專攻者。此分業專攻(Specialization)之現象，原無不可即作爲定則可以援用於無數特別事實之証明，如當李嘉圖時代之經濟學家，即不難立作是想。顧今日各專家之能覓得一二現成學理，足以援用於其所研究之問題上者，乃不可多得；而吾人之瀏覽專門著述者，腦海中復常覺有作者鮮用經濟學理之印象；反之，或且怏怏然以爲此專著之結論乃使學理本身，有修改之必要也。此精研學說與探討問題，而不顧及一般所謂公認學理之態度，實爲學術界之勃勃生氣，亦即所謂嘗試錯誤之法 (Process of trial and error) 而使人類得以漸進其智識者。顧進步之爲物，即使爲科學者，亦每難按步就班，井然有序，而經濟學家又不能與時代幷駕而驅；故專門學者於每若干時之間隔，卽應予以科學上之新知。今者其他學術，飛馳猛進，此種間隔難以愈知，而完善的經濟概論(Introduction)之著作，亦以愈難，然正因此類著作之艱難，而廣博淵深之概論，乃需要愈殷也。

伊第教授之作斯書，以應時要，其有裨於經濟學者殊非淺鮮，以君敷陳斯學：不視爲純粹抽象之學理，或一羣實際之問題，而視爲關於人類行爲一方面，而滋生不已之有系統的學識也。君所觀察及分析之世界，卽爲吾人所生於斯，食於斯，合作於斯，而競爭於斯者。爲求觀察之正確，則利用各種經濟社會之統計；爲求分析之詳明，則援引各種學理問題之結論；而其對於經濟科學或經濟制度也，又從未略抒已意。蓋君之所欲昭示吾人者，實在如何爲學而已，信其說而從之，非所必望於吾人也。

著述經濟概論之理想目的，究須何若，論者雖無定見；而余則以爲有書如此，終必風行一時，而爲民衆所推許。且不惟爲人師者用之，足以大增其學識，卽常人讀之，亦將以爲經濟學雖至今日亦足予人以極大之興趣與鼓舞也。

米恰爾衛斯力 (Wesley b. initchell)序於美國國立經濟研究會 (National b'rreau of economic research)

第一編　概論

第一章　概說

經濟學之範圍　經濟學(Economics)所研究之問題，凡三大類：曰物質(Physical)問題，曰金錢問題(Pecuniany)曰社會(Aocial) 問題。物質問題論有形貨物之生產 (Prduction) 交易 (Exchange) 及消費(Consumption)金錢問題論貨幣收入(Money income) 之出納，料量，及經紀；而社會問題則論如何可以使貨物貨幣爲人類造極大之幸福。但斯學之物質及金錢方面，實應以更形重要之一方面，卽所謂人類生活者爲其最終之鵠的凡物質生產及金錢收入之測驗，皆應以人類幸福爲最高之標準者也。

自物質方面言之，經濟學者，研究人類對於財富 (Wealth) 之生產及使用方面種種之活動之科學也。故斯學一方既討論各種具體貨物之生產，及一定勞役(Definite service) 之供給，如小麥之種植，麥粉之研磨，麵包之烘焙，煤，鐵，之採掘，鋼銅之運輸，房屋，橋梁之建造，及其他類似之情形；一方復研究有形貨物之消費，如食物，衣裳，舟車，及房屋，等之使用。而合而言之，則斯學所謂生產及消費者，亦實卽人類與自然(Nature) 爭競之問題也。蓋自然界富有各種財富，而人則取而用之，以維其自身之生計，以圖其自身之享樂；自天然原料之摘取，以至各種貨物之構成，運輸，及消費，殆無一不與物品財富息息相關。故經濟努力之目的，實在使自然界供給最多數額，財富，以滿足人類之欲望(Want)也。

自金錢方面言之，經濟學者，研究人類對於貨幣之出納及經紀方面，種種活動之科學也。惟此種活動又以物價(Price) 爲中心，故經濟學亦可釋爲討論人類行爲關於價格方面者之科學。蓋以一切企業皆不外爲若干買賣之契約，而此種契約又無一不含商議價格，償付款項及授受貨幣之作用也。譬如種麥者之悉心耕種，卽以其產物之可得善價，而將予以若干貨幣也。勞動者之努力工作，卽以其勞役之可得工資，而將予以若干金錢也。工業者之從事製造，卽以其出品之可得利潤，而將予以若干現款也。而消費者之取得貨物，亦非先出若干貨幣，爲相當之代價不可。是以吾人之經濟生活自始至終皆以錢幣之出納經紀，爲其主要之特徵；而經濟努力之目的、亦可謂爲在使每次交易可得最多之錢幣。蓋物質生產之方法，實亦須視博取金錢之方法爲如何而定也。

（未完）

上海交通大學經濟學會編行

經濟週刊

中華民國二十年四月六日

零售每份大洋一分　第三十八期　每逢星期一出版

演講

新銀行法之特點

馬寅初演講
張迺修筆記

銀行法在中國是首創，從前雖有銀行通則，但迄未實施，無論何人都可以組織銀行，這是何等的危險，照已往的辦法，是先開辦銀行，然後向政府註冊。新銀行法就不然了，必需先訂立章程呈請財政部批准，然後至實業部登記。如是財政部就有伸縮力，可以調查創辦人的信用，資本的實收，及地方的需要。銀行是公司組織之一，所以一定要到實業部去登記，但是銀行是與財政部有密切關係。所以規定財政部有批准權，實業部有登記權，這是新銀行法特點之一。

照從前的規定，銀行祇要收足資本四分之一，就可以開辦，其餘的四分之三，何時收足也沒有限定。現在公司法已經改爲二分之一，新銀行法也是如此，並且限定其餘的二分之一三年以內收足。這是新銀行法特點之二。

無論錢莊或銀行，祇要是所做的營業是存款，放款，押匯，在法律上都認爲是銀行事業，同受銀行法的限制。這是新銀法特點之三。現在錢莊要成立錢莊法，這是不對的，因爲錢莊與銀行的業務是一樣的，據他們說錢莊是（一）信用放款（二）無限責任（三）開設內地（四）存款無定期。但是銀行也不是完全抵押放欵，也是靠信用的，公司組織種類不一，也有無限責任的，銀行更不是完全開設在都市，內地也有，如常熟，蘇州等處都有銀行設立。錢莊的存款，不是完全無定期，有許多是定期的，所以他們所持的理由，都不能成立。進一步說，如果一種營業要一種法律，那麼，洋車夫有洋車法，裁縫匠有裁縫法，這是辦不到的事。

銀行的資本，本來是做爲擔保存款的用處，但是現在有許多銀行如果有五百万資本，他就將一百万投資紗廠，一百万做出口貿易，一百万入股他公司，二百万去開煤礦，這種的投資實在是很危險的，所以在新銀行法中第十七條規定，銀行不得爲商店，他銀行他公司的股東，其已經做股東者，限三年以內退出，其不退出者將原有資本減少。這是新銀行法特點之四。世界上除德國的銀行法是允許將一部份資本投入他公司，他銀行，其餘都是不准的，何以德國允許呢？因爲德

本期要目

講演
新銀行法之特點　馬寅初講
論著
汽車運輸與農產　選堂
從中國失業問題中看出鐵路的重要性　宋孝璠
專載
經濟學理與經濟問題（續）　沈孝明

印刷者上海法租界愛來格路華僑印務局

國銀行的資本很大，管理很好，拿一部份去投資，對於銀行的擔保是沒有很大的影響。中國的銀行資本很小，管理不良自顧尙不暇，如何能效法德國的辦法。最近的日夜銀行不但是將資本完全投入，其他企業，並且將存款一併投入以致釀成現在的悲劇。以上所說，並不是不許銀行與其他同業發生關係，銀行祇可以放款給他們，決不可入股，變成某企業的股東。

信託事業在外國是由人民委託代營財產，並兼營保管事業如鐵路以財產抵押發行債劵，抵押品大都委任信託公司保管，上海的信託事業，因爲沒有人相信他，所以祇可將一部份的資本去買地皮，公債。另一方面以保息八厘的利益吸收存款，去做他們地皮生意，如果地皮漲價，不但保息無慮，還可以有紅利可享、在表面上看起來是很好、但是目前上海地皮的漲價，是受了金貴銀賤的影響，外人在中國投資所獲得利益，因爲滙兌率的不利，不願意滙回本國，於是都投資到地皮事業，同時中國人也效法，所以地價飛騰不止。但是這種現象，不是可靠的，如果內地匪患平靜，那麼上海的居民，一定減少。金本位採行，外人必定不願意再投資上海地皮事業。領事裁判權收回，租界的勢力減少，這都足以使地價下跌的。到了那個時候，不但紅利沒有，恐怕保息也靠不住了。所以在新銀行法中規定，如果銀行辦理信託事業，其資本不能以銀行資本及公積金補充。這是新銀行法特點之五。

照甘末爾銀行計劃，他主張中國的銀行負債總額（存款及鈔票）不得超過純資本及公積金的五倍，這種意見，雖然是很好，存戶可以得到相當的保護，但是在中國現狀之下，是不能採行的，因爲中國的銀行資本很小而存欵很多。譬如上海商業儲蓄銀行的資本，不過是五百萬，公積金二百五十万，存款已經有一萬萬，照甘末爾的意見，上海商業銀行的存款，至多不能超過三千七百五十万元，那麼必定要再開設二個如上海銀行的銀行，去容納其餘的六千二百五十萬存款了。再說到中國銀行。存欵更是超過資本的五倍，在這種變態情形之下，大量的存款必定要流入外國銀行，因爲外國銀行有治外法權的保障，是不受這種限制的，豈不是關巧反成拙了。所以在新銀行法中，顧全到各方面的利益，折中辦法規定股東須實有所認股額兩倍之責任。我們的意義是保護存戶，並不是保護股東。這是新銀行法特點之六。

獨資經營銀行事業，是很危險的，是應當取締的，就是合夥經營銀行事業也是不對的，因爲合夥事業，政府不能檢查賬目，不必公布營業狀況，但是銀行事業是有關社會金融，國民生計的，必需由政府監督，所以新銀行法中規定非公司組織的銀行，三年以內變更爲公司組織，這是特點之七。

儲蓄銀行與民生更有密切的關係，必定要另法詳細規定，所以在普通銀行法中，沒有提及，這是新銀行法特點之八。

分行制度，中國的各銀行都是採用的，如果法律不准許，也是辦不到的，並且外國採用分行制度所得的結果也很好，譬如加拿大的銀行是採用分行制度，所以他可以吸收資本集中的東方的存款，放到需要資本的西方，那麼資本可以調濟，利息可以平衡，中國採用分行制度以後，也可以將江浙的存款，投到未開墾的西北富原。並且商人如果銀行沒有分行，必定要在各地與各銀行往來，常常因爲不熟習的原故，發生種種礙礙，如果有了分行，商人祇要同一個銀行往來，雙方都能互相明瞭，可以得到各種的便利，所以在新銀行法中是承認分行制度的，但是分行太多，因爲營業競爭的原故，時常用不正當手段去發展營業以致影響金融的安甯這也是不妥的，所以在新銀行法中，又規定分行的設立是要財政部的批准，如果確有分行是需要，然後才可以設立，這是新銀行法特點之九。

（本文未經馬先生校閱—附誌）

週聞簡報

記者

▲滬宜航空，自三月卅一日起直達飛行，經過南京，蕪湖，安慶，九江，漢口，沙市諸站，每星期二，四，六三日，由滬直駛宜昌，星期三，五，日三日，再由宜下駛來滬。

▲國府主計處，四月一日正式成立，立法院統計處已結束。

▲國際商會大會，將于五月四日在華盛頓舉行，吾國業已推定代表，四月中旬出發，

▲鐵道部定於五月十八日開統一鐵道會計統計會議，

兩路管理局，因客貨車不敷應用，業已添購客車二十輛，並租賃貨車二百輛，卽日可裝運來滬，撥歸路局調用。

▲各項特稅稅率，經一日中政會通過，其稅率如下：繭，家蠶乾繭值百抽五，野蠶乾繭值百抽四，木材值百抽十竹值百抽五，磁器免稅，桐油生漆均值百抽五，茶葉茶梗茶末茶子值百抽十，紙值百抽五，錫箔值百抽二五，棉花值百抽四，蔴值百抽五，豆芝蔴花生值百抽四，乾果值百抽五，皮裘值百抽十，鞭炮值百抽十，藥材值百抽五。

▲前裁厘會議議決舉辦之特種消費稅，政府深恐實施時，形成變相之厘金，故由國府會議決議，不予舉辦。

論著

汽農車運輸與產

選堂

我國以農立國，農場產物素佔貿易中之重要地位，在運輸方面，概持水道，鐵路，下至八蓄之力，而於最新式之汽車，尙未注意，惟汽車運貨，在短距離若三百英里以內，固有不能不承認之優點，但以汽車運銷農產物，是否適當，誠爲一値得考慮之問題也，美國之汽車事業，至爲發達，其于敎育慈善社會諸方面之影響，可暫置而勿論，其在農產運輸方面，已予鐵路一大打擊，由此可見此問題之重要性矣。

依美國農部市況調查專員于一九二八年之報告，其對紐約及本雪佛尼亞(Pennsy Lvania)二附洲農產運輸情形如下

註(以五噸貨車爲單位)

州名	由鐵路運輸者	由汽車運輸者
紐約	四三七一六車(註)	一〇六〇五車
本雪佛尼亞	九六四〇車	一一三二車

又一九二九之報告中有謂在南印第那州(South Jndiana)方面，百分之三十八之農產物由汽車運出，在衣利諾卅(Illinois)方面，則達百分之三，致使鐵路之整個貨運數目減少十分之一，豈不驚人，此外如牲畜運輸，亦有同樣現象，在一九二九年內，五分之一之牲畜（包括牛豕山羊之屬）改由汽車運送，其總數爲三七七五九〇五頭，較一九二八年多百分之二十，若與一九二五相較，則高出二倍以上，由此可見汽車運輸事業，在農場方面大有發展之可能，其業務確有蒸蒸日上之勢，且農產物之運輸，不比他種工業品之須遠運，大都在短距離內週轉，故捨鐵道而採汽車，這是必然的，但其主要之原因然不僅

在此，茲分別言之。

(一)農產物交鐵道轉運，裝卸之手續較繁，自出發以至市場，車輛數易，不若汽車之直捷也。

(二)既因鐵道運輸時之轉輾裝卸，農產物(如葡萄等水果)不免震擋損傷，致農家受到損失，汽車則無此等弊病。

(三)火車行馳，概有定時，裝卸貨品須受其控制，若用汽車裝運，於時間方面，有相當的彈性。

(四)汽車運農產品，不須加分等級及包裝諸工作，若於鐵道則不可免，故對售主及顧客，不但省却費用及勞力，且交貨迅速。

(五)農產物之運出大都以某小市場爲目的地，故用汽車送運，各鄉鎮之連絡，更爲密切，不必一致集中某鐵路某站，再行分佈，致貨物在路途延擱多時，發生腐爛也。

汽車運輸農產物既有這樣的優點，故一般人經營此事者，日見其多，茲就美國情形分爲三類：一爲小資本之商人，彼等利用汽車直接向農場購取農產物，或作本店進貨，或轉售同行，從中取利，二爲農產物主人翁—農夫—他們以汽車運其農場產物至市場，其間可不必乞助他人，三爲專營汽車運輸事業者，受農夫或買主之委託，代爲運至某提定地點，上述三種之中，一二兩項不能算爲營業，只能當作推銷或購買貨物的較經濟方法，但以數目方面言之，第三項遠不及一二兩種之多，試觀下列之統計卽知。

	紐約州	本雪佛尼亞州
商人承攬轉運者	75%	80%
農夫兜攬者	17%	16%
汽車運輸公司	8%	4%

汽車運輸之直捷，經濟，發達，既如上述，但也有不可掩的缺點，其大概如下

(一)汽車所運之農產物，既未經分等級，致與農產標準化計畫(standardizationProgram)實行上發生絕大的阻礙，此爲缺點之一

(二)汽車運輸事業，至今尚未有大規模之組織，率由農人及小商人主持，彼等對于市場情況，不能有整個的精密的調查。往往于甲市場。供過于求，乙市場則求過于供，以至市價漲落無定，引起市場的不安，此其二也。

(三)以汽車爲一運輸單位，使之直接與農家接洽，雇員作弊之機會其多，買主易受損失，此其三也。

總之以汽車運輸農產，在一定條件之下，必較鐵路轉運爲經濟，誠爲不可掩之事實，美國境內，公路縱橫，屢屢平行鐵道，常有發生競運，吾國建設當局，若能注意及此，以鐵道爲主幹，再分公路達各小市鎮，令鐵道方面兼營汽車運輸，使鐵道公路相輔而盛，如此則不但農工商業因之發達，且一旦發生軍事行動，能朝發夕至也。

從中國失業問題中看出鐵路的重要性

宋孝璠

一九三〇年間世界上的最大問題是失業問題，中國的經濟組織雖與別國不同，但失業問題同是十分嚴重的，不過每爲政治問題所掩蓋，便未引起社會人士的十分注意，中國失業問題的性質與世界上甚他各國失業問題的性質是大不相同，甚至於是絕端相反的，性質既有不同，救濟的辦法當然各別，本文的目的只在略述中國失業問題的性質，由此進而推出鐵路的重要性，救濟法則略而不論。

推求一個問題的性重質，最好的方法是推求此問題所由而發生的原因，所以下面便是中國失業問題發生的原因的大概。

(一)經濟的原因　外國的失業問的起於生產與消費不能調和，換句話說，便是生產量超於消費量，中國的失業問題的發生原因恰恰不是生產量超過消費量，而是本國的消費量超過本國的生產量，但人民的消費力，又不敵消費量，這種多餘的消費量便以外國生產量(外貨)來供給，外人遂伸展經濟勢力侵略中國，中國的生產力更退步，在今日的中國，農村制度是崩潰了，而新工業却又因受帝國主義的經濟壓迫之故，不能適應經濟需要而發展、於時弄到前不見村、後不着店的狼狽情形，農業經濟社會與工業經濟社會不能啣接，中間發生了一個很大的罅隙，這個罅隙便是中國現在的經濟情形的欹形表徵，也便是中國失業問題發生的主因，農人耕田所得的收入沒有都市，工人所得的大、且沒有都市工人得來的容易，在被物質文明侵入的都市，工人的物質享用在農人眼光中看起來，似乎比他們享用好得多，於是農人們便都離棄他們祖宗遺下來的世產世業，到都市上來求他們認爲較好的能多賺錢的工作、這種情形，我們常是見着的聽着的，又兼之國內的混亂、受苦最深的又恰是農人，於是都市的人口日形膨脹，上海的人口在世界上坐了第五把交椅，所以號稱以農立國的中國向外國輸入大批糧食是毫不足異的，都市上的勞動者儘管拚命地增加，而勞動的需要却依然如故，且有減少的趨向，兩下一夾，中國的失業問題遂格外尖銳化了，結總一句話，一方面是農村的破壞，一方面是工業的滯息，此二個經濟的原因，將中國的失業問題完全托出來了。

(二)政治的原因　中國失業問題嚴重性在一方面看來，本不如外國的失業問題來得重大，且似乎還要輕微些，但在另一方面看，中國失業問題都是中國政治混亂的原因又是政治混亂的結果，中國的政治的混亂是新舊思想互相衝突的表現，這是無疑的，但也是失業所致、一般智識階級窮極無聊，作小扇子之行爲，專一撥亂唆非，乘機撈錢，他們唯恐天下不亂，利用頭腦簡單的軍人，做自已升官發財的工具，但因政治不良，社會就現着動搖，智識階級又逼得只有一條路可走齊奔上政治的大道，吃碗衙門飯，所以不問你是學藝術的也好，農學的也好，都想求得一官半職，大學的教授，一得有機會，也甯願捨棄所謂神聖清高的教育事業而徵逐於所謂卑鄙齷齪的仕途中，這幷不是他們有好做官的本能，乃是一來舍做官以外別無職業，別無較爲容易工作的職業，(實在講起，做官那裏容易)、二來做官的收入比窮教授的薪水要多得多，未受過多少教育的大多數人民因爲社會不安，沒有職業，於是不是以性命換幾塊光洋去受軍閥的利用，便是逃竄山中，做綠林中的英雄，政治遂更弄得不堪設想，失業問題遂格外嚴重，所以總結一句話政治的混亂與失業二者互相爲因果，互相激盪，於是由經濟原是因而發出來的失業問題被混亂的政治一激一扇，遂如火如荼，更趨嚴重了。

教育的原因　這只是一個副因

，但却也值得一下討論，中國以前的士大夫教育造成了無用的智識階級，大多數人民都因襲着老法，不曉得適應潮流，新環境一到時，便弄到手足無措，今日中國的工人，大部是新由農間跑到都市上來的，即使是有工作可做，他們也是不能勝任的，他們都是些無技藝的工人，即使有技藝，也是手工工業時代的技藝，不能適應現代的新工業，談到學校中的畢業生，也是所學不足致用的，一方面需才孔亟，一方面待沽的却如過江之鯽；這種畸形乃是學校所教的與實際生活不相符，南其轅而北其轍，怎樣不表現着人浮於事，事浮於人的矛盾現象呢？因爲沒有職業教育，因爲教育不知實際生活發生關係，因爲敎育不適應社會的要求，中國失業問題便更形嚴重了。

明瞭了原因便了解了性質，第二個問題便呈現于我們的面前。

對於中國失業問題，鐵路能有何貢獻？對此問題，請看下面：

(一)鐵路能穩定，發展農村　農村的繁榮第一要件是產農產物能以善價暢銷，這却非交通便利，運輸機關發達不可，鐵路的任務便是完成這件工作，農業發達，農村遂得以穩定，發展農業是經濟財貨的搖籃，是經濟事業的基脚，鐵路便是鞏固這基脚必須而不可一缺的工具，

(二)鐵路能促進工業　孫中山先生曾經說過，「貨暢其流」，原料自產地至工廠是要敏捷的運輸；製成品由工廠運至市場賣給消費者，更需要敏捷和準確的運輸。這便是「貨暢其流」的意義，貨流既暢，工業自然興盛發達，勞力的需要自然要大大地增加。合(一)而論，鐵路能使農業經濟社會與工業經濟社會以快速度互相啣接，使二者間的罅隙迅速變小，不啻使中國失業問題早得解決。

(三)鐵路能促進統一　鐵路這種職能，只要舉一例就可看出，四川省爲什麼老是戰亂相尋的軍人分據，而中央不能即加以解決呢？便是因爲到四川省的交通不大便，這班小軍閥有視無恐，自作威福，若是他們在湖北河南，江蘇等地，老早被中央解決了，湘贛的[illegible]爲什麼還不能肅清呢？因爲湘贛多山，交通不便，軍隊的調度供應，不能得心應手的緣故，鐵路使叛亂早平，政治易上軌道社會便以之安甯，人民便能安居樂業，自謀生活了。

此外鐵路也可能增大知識的傳播，文化的廣揚，且不多論，總之，中國失業間題的救濟辦法當然不是只建設鐵路便與，但是無論如何鐵路在救濟中國失業問題中總是一個不可一缺的工具，這不僅因爲上列的幾個貢獻，即是在建設的當兒，鐵路也是需要很多的工作人員，不論勞心與勞力的都需要，據人計算，中國現在的失業人數，大約有十六億人，但若實行孫中山先生的十萬英里鐵路計劃，可以養活三倍於中國現在的人口即將鐵道部所計劃的四十四組鐵路綫置諸實現，現在的失業問題，是可迎刃而解的。

總之對於中國失業問題的目前救濟和以後的解決，鐵路是佔着極重要的地位的。

北寧路

添造發電車

已有一部裝成

北甯路運輸處前以該路所有發電車不敷分配，復經通盤籌算，計頭二等合組發電車共需二十五輛，除現有可用之十六輛，尚缺九輛，二等發電車共需十七輛，現有已足應用，無須添造，三等發電車共需五十八輛，除現有可用之三十五輛，尚缺二十一輛，發電守車共需三十三輛，除現有可用之十五輛外，尚缺十八輛，發電郵車共需十四輛，除現有可用之五輛外，尚缺九輛，餘如守車，行李車，郵車等，亦須添裝自磨電機，以供自用，不仰給於他種發電車，亦不供給他車之電，至新舊三等發電車，均擬添造小營廚房，幷將非三等發電車附帶廚房者，拆卸改裝，以期一律，業經繕開清單，函由該路廠務處，監督廠工趕造，現已有一部裝成應用云。

專載

經濟學理與經濟問題

沈孝明

導言

自社會方面言之，經濟學者，研究如何可使貨物貨幣如人類造極大幸福之科學也。蓋經濟學不能限其範圍於本然無情之分析；雖其所研究者，不能全屬情感方面，而斯學本身則必如一種人性之科學，以經濟學分析問題之步驟　常隱含若干倫理之意義，欲將此種意義，絕對撇開，實爲事之所不可能者也。然則使吾人對此必不可無之倫理現念而能抱無隱無諱之態度，則其研究問題所得之利益，從可知矣。此經濟學中之倫理前題（Ethical assumption），就其最廣義者言，即如貨物貨幣均應造成足使社會生活達最高程度之地位，而各種經濟制度之良楛，又皆應以是否顯然有利於社會爲測驗之標準者也。

根據上列經濟學範圍之三重觀念，吾人又可概括之，而如經濟學下一定義曰：經濟學者，研究人類對於財富之生產使用，對於貨幣之經紀出納，對於幸福之積極促進等活動之科學也。

此經濟學之三方面，皆基於人類之經驗，且皆以與經濟問題同時發生之心理反應（Psychological reactions），爲其共有之基礎；而此心理基礎，即通常以欲望及努力（Effort）兩大原素之關係而表明者。至所謂經濟欲望者，即人類活動之原動力，而誘人努力生產之客體（Objective）也欲望之滿足，爲經濟行爲（Economic process）之登峯造極，而滿足欲望所生之主觀樂趣（Subjective gratification）即促人生產之基本原因。然欲滿足欲望，必先勞心勞力；而勞心勞力之本身，除少數如可樂者外，在今日之情形下乃多爲可厭可惡者。以今日人類之工作，殆無一不有相當之原因，而各種努力亦多不以其本身如可樂而後作也。故欲人類之勞動，勢必先有最後之報酬，如其努力之目的；此最後之報酬，即欲望之滿足是也。然財人苟欲饜其欲，殆非努力勞動不可矣。經濟行爲者，即以主觀之態度，權衡：欲望之輕重，與滿足欲望所需犧牲之大小；好逸惡勞之心理，與賞心悅意之情形；勞動努力之痛苦，與消費財貨之快樂；而定其取捨之方向也。而經濟學中之所有原素，一言以蔽之，亦即皆所以說明努力與報酬之生現關係（Subjectvie relation）者耳。

財富與經濟財　在物質世界之森羅萬象中，其可稱爲經濟財（Economic goods）者，實僅佔極小之部分；以經濟財須有必要之條件：二一曰稀少（Scarcity）二曰効用（Utility）也。

效用爲滿足人類欲望之能力。質言之，凡物之欲成爲經濟財者，必先有人對之有欲得之心；此欲得之心之所由生，即一物之效用爲之效用如之也。囊士之邱，不毛之石，亂苗之草，北極之冰，固皆可稱爲物，然以對之無需要之人，亦無待饜之欲，不得謂爲有效用者，故遂亦不可稱爲經濟財。

顧經濟財之所以立，效用而外，又必賴乎其量之稀少，；稀少，供給（Supply）有限之謂也，日光，雨水，空氣，風力沙漠之沙，與海洋之水，非絕無設用者；但因其在普通情形之下，取之無限，用之不竭，完全無稀少之現象，故亦不得稱爲經濟財焉。

此種供給無限之物，應名之曰自由財（Free goods），自由財與經濟財均爲有效用之物，所不同者，一有稀少之現象，而一則無耳。高山之景物，天色之美麗，及色圍於人類四周之空氣，固皆爲有效用之物；然使其數量，不能變爲稀少，則安不能成爲經濟財，而終爲自由財耳。

自學術上言之，與經濟財之意義，不相入出者，又財有富一語。財富之所有者（Owner）可爲私人，亦可爲政府；政府之森林油礦之爲有效用與稀少之財富，亦與私人之油井林場毫無二致。堆所謂全國財富（National wealth）者，則國有與私有經濟財之集合體耳。

雖然，經濟財與自由財之界線，亦非能截然分明，不相淆混者。

譬如空氣之如目由財，即不能確定不移；以若以美國公寓（Apartment house）之例而言，彼居屋之上層者，因日光空氣較足之故，即不能不多付租金也。然則日光，空氣，在某時某地之特殊情形下爲發生稀少之現象，卽不難有變如經濟財之可能矣。又如水之供給，本至無窮，而在都市之中，因家用之水爲量有限故，乃不能不用水表（Water meter）；是水在都市亦非不可謂如經濟財者。然墾荒者在新闢之地，視源源不盡之流泉，固仍認其爲自由財也。近代文明進步，生活複雜「自由財在特殊之環境下，多漸呈稀少，之現象，而一，變如經濟則。則稀少現象之非固定不變，而如隨經濟制度之變遷而推移者少斷言也。

世多以貨幣與財富混而爲一；以爲富人者，乃擁有巨量金錢之人，而富力之差異，卽以貨幣，數量而計量，且一若吾人之行爲，卽以求獲無量數之金錢爲目的。不知貨幣之爲物實僅一利用財富之工具，而吾人之所以服服孜孜，日以金錢爲事者，亦因其可購吾人所欲得之物也。不然，使有人焉，日徒枯坐於紙幣金錢之中，而別無長物，則飢無以食，寒無以衣，不將奄奄待斃乎！誠以貨幣爲世界公用之購買力（Purchasing power）雖可藉以取得財富，而其本身，則並不得謂爲財富也。

貨幣不爲財富固矣，顧經濟財之所以別於自由財者乃卽因前者可得貨幣爲代價，而後者則否之故。如水之一有願出代價之買者，而卽可成爲經濟財者，卽爲其例。誠以自金錢方面言之經濟財之質，胥視一物可易貨幣之能力以爲斷，而經濟財之量，胥視一物可易金錢之數量以爲衡也。故使一噸之磚，價值十五，一噸之鉑，價值百萬，則後者之爲金錢之富，卽可千萬培於前者。雖自物質方面觀之，此磚與鉑同爲一噸之財，而以貨幣經濟言，則一物之爲富，固僅視其可易貨幣之數量以爲量也。是以凡一物可易之幣愈多者，則其爲富安愈大。

雖然財富爲經濟貨財，與財富爲貨幣總量之說，均非正確之見解也。吾人苟欲對於財富有適當之觀念，自非更進以求社會之見解不可。社會學家納斯欽（John ruskin,）嘗謂：『除生活外別無所謂財富』，繼又詳言「福利」與「禍災」（一）之所以別者何在。霍蒲孫(J. A. Hobson, 亦謂：『每種具體之財，均應以其生產時生活上之成本（Vital costo）與消費時生活上之用途（vital uses），衡其價值』(二)，然則自社會方面觀之，彼高接雲宵之屋數千兆噸之煤，以及其他億兆京堆之富，固皆須先問其能否造成人格，健康，與幸福，而後可定其爲富之價值也。誠以富之爲物，不僅爲若干噸之生鐵，或若干元之金錢，而爲社會之安甯與福利；富之測驗，不爲物質者，而爲人性者；使工廠礦山之出產，現金現銀之累積，不足以養成健康快樂之勞動者，聰明正直之消費者，則皆不足以爲富也。換言之腐敗墮落之地，卽使機械有百分之產力，府庫有充足之金錢，亦不可謂富；而物質，或金錢之所得，苟非能使社會國家之各原素，皆得顯而易見之利益者，則亦終如罪惡耳。

生產消費交易及分配　經濟行爲有連續而不可分之步驟四：曰生產（production），曰消費（consvmption），曰交易（exchange），曰分配（diotvbution）；斯四者皆經濟學上最習見之名詞也。（未完）

……………………………

（一）譯者按—此處原文爲（"Wealth"與"Ielth"二字"Wealth"）本應譯作「財富」，但納氏此處因着重於人生方面故得此字作如別解，而以之與譯作「禍災」之"Ielth"字相對，以"Wealth"之語根爲"Weal"本有福利之意也。

（二）見霍蒲孫工作與財富（Work and wealth）"A Human valuation"章須一。

上海交通大學經濟學會編行

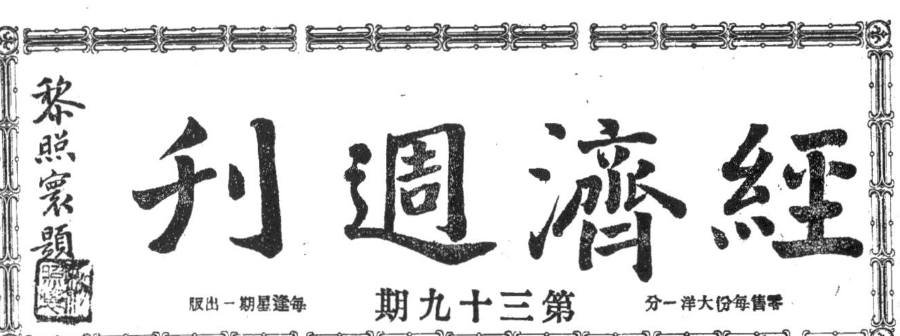

中華民國二十年四月十三日

論著

上海錢莊在金融市場之魔力

楊城

我國金融操之於錢莊者彌久，近雖有新式銀行與之抗爭，然其魔力，迄未稍遜，其故可得而言之於後。

（一）決定本埠洋厘銀拆，及國內滙水。

上海洋厘銀拆及國內滙水，（滙兌之價格）均由錢莊決定主持有年，由來已久，此三者皆錢市之要素，而悉操諸錢莊之手，此項特殊權利，亦即其一部分利益之源泉也。

上海進出口貿易，雖通常以銀兩爲滙兌之媒介，而其他交易，如往各省內地購辦農產品，及商人家日用開支等銀圓之需要，亦殊繁夥，故各錢莊每日於上午八時半，及午後十二時半兩次集議於公會，以決定本埠銀兩與銀圓間之正式市價，而各錢莊即可於銀兩銀圓買賣進出之間，按照當日市價加減，自半厘至一厘，以博餘利，約計每家此項利益之收入，已足應付其全年之開支而有餘，夫一商凖而有兩種本位貨幣誠奇異之現像，故近年廢兩用元之說，甚囂塵上，其理論不可爲不正，但一經廢兩，足使錢莊驟然減少其業務之一種，則事實之昭然者也。

其次本埠每日銀拆價格之決定，亦完全爲錢業公會所執掌，大致與歐美購買期票利率相類似，此項銀拆，亦每日宣告兩次，以每銀一千兩每日拆息若干分計算，例如銀拆一錢即等於年息三厘六五，蓋以一年共三百六十五日乘之也，銀拆之決定，以知期借款之供給與需要爲準繩，故欲知本埠之金融市況者，此實其最良之測量表也，銀拆價格之高下，每日每銀乙千兩，可自零分至於七錢零分之術，語謂之白借，大抵舊歷新年後二個月間，各種商業未臻活動，此時每日之銀拆，鮮有超過一錢者，迨後繭米茶棉等農產品，逐次登場，需用款項赴內地採辦，於是銀拆隨以俱增，按照錢業公會章程，其最高限度爲七錢，即等於年息二分五厘五五，惟如此高昂之銀拆必於金融恐慌市面緊張之際，始偶一遘之也。

上海銀拆之價格，關係全國金融命脈，至爲重要，各內地城邑莫不隨時集注於上海，倘知期借款之拆息，較各該本地爲高，則將其款項劃滬，以資供給而得較厚之利益。

又次爲錢業所決定者，即國內滙兌之價格，是所有重要城鎮，如北京天津漢口廣東等商業集中地點，莫

本期要目

論著
上海錢莊在金融市場之魔力　楊城
合作家主張有利息麽　葉乂材
專載
經濟學理與經濟問題（續）　沈孝明

印刷者　上海法租界愛來格路華僑印務局

錢莊劃洋票銀三萬兩，又收到票銀二万五千兩，又收到票錢一千兩，又還劃五千兩，又莊票五千兩，又客路匯劃一萬零一百五十七兩，共計七万六千一百五十七兩，至下午二點以後，甲錢莊將所有之票，送至乙莊，（外國之票據交換所，則無此手續）其送至乙錢莊者，並非取現，不過照票而已，於是乙以七萬六千兩之公單付甲，其餘額一百五十七兩則記帳，即乙錢莊收甲帳百五十七兩，蓋公單最小額須五百兩，故在五百兩以下之餘額，須另記帳，其與中國各銀行異者，甲銀行如有二銀行之票據，甲銀行即向乙取現款，而不軋公單，在中國之華商或外國銀行皆如此，又與外國之情形而不同者，即外國無送票之手續，直接携他行票據至票據交換所，而行清理也，反之，乙錢莊收到甲錢莊劃洋票銀四萬兩，又收到一万五千兩，又收到二千兩，又還劃四兩千、又拆票三千兩，又客路匯劃一万三千二百十七兩，共計七万七千二百十七兩，至下午二時以後，乙以票送甲呈照，甲乃出七万七千兩之公單於乙，又於乙帳內收二百十七兩，乙欠甲之餘數，爲一百五十七兩，甲欠乙之餘數，爲二百十七兩，兩相比較，尚差六十兩，由即付乙以六十兩現銀，於是餘額已清理而公單則尚未清理也。

（二）軋公單，甲欠乙之公單，爲七万七千兩，乙欠甲爲七万六千兩，於是甲乙均至總會，（所有入會之錢莊，均須至總會）公單軋過後，則甲付乙以一千兩之現銀，此係僅有兩錢莊時之情形，爲錢莊正多，則亦可照票據交易所之法以清理之，錢莊多時設公單，軋過以後之結果，爲甲淨欠一千兩，乙淨收回一千兩，丙淨欠三千五百兩，丁淨欠一千五百兩，戊淨收五千兩，於是甲出一千兩，丙出三千五百兩，丁出一千五百兩，乙收一千兩，戊收五千兩，是出與收之類相等，總會則可通知甲，使甲將其應出之一千兩付乙，通知丙丁，使其將其應出之數付於戊，而清理之事了矣，但應出應收之數，恐仍爲劃帳，而能實以現銀交付也，故旁人有機錢莊爲無準備，而只記帳者，實坐此故惟此固商業發達，自然之超勢，不以劃帳而非難錢莊也。

有一種錢莊曰元字號，錢莊者即元字號小錢莊也，不能到總會去軋公單，如有公單待軋時，非託入總會之匯劃莊不可。

結論

由以上各點現之，錢莊之所以能存在，至於今日，蓋有由矣，倘現今之新式銀行，欲謀業務之發展、應採錢莊之長而徐圖有以補救之法，庶其有豸。

合作家主張有利息麼？

葉乂材

（一）羅勃渦文反對利息麼？（二）現代合作事業是否分配利息？

有人說羅勃渦文——合作主義的鼻祖，要打倒利潤和利息，引起了我的懷疑和興趣，就在許多合作書上，我尋了許多時候，結果是擁護利息的話，固然沒有，反過來，打倒利息的話，也是沒有，好樣是渦文在當時根本就不很注意到利息，經過了許多時候的探究，覯得渦文對於利息，在理論上似乎並沒有什麼可以反對的，而現在的合作者，更認利息爲不可少的分配，現在且把我的意思，貢獻出來，敬祈師友們的指教。

我們現在先看合作經濟學家季特在他的協力主義政治經濟學說明合作主義的幾種目的：

「一切目的，不在廢止私有制度，乃在廣布之使各人能成爲小份者，且同時發生非個人基金之集合財產，用以發達社會，辦理社會利益。」

「一切日的，不在銷滅資本，不過排斥管理生產之勢力，並由此而收其贏餘……」

根據了第一點說，私有財產，並不廢除，不過使爲小份，同時也還有一種公產，是專門限於辦理社會公益事業之用的，根據第二點說，資本還應存在，不過如因此管理生產，並且獲得利潤的應試打倒，及過來說，資本之專用於幫助生產，並不因此截得管理生產之權勢，自然應該存在，再把第一第二兩點混合起來說一句，則資本非但不應該廢除，而且都是屬於小份，私人所有的產業。以上所說，雖只是季特對一般合作主義者的見解，然而渦文的思想，太偏於幻想派社會主義的理論以外，其餘如勞動交易所等，都很切合上述的目的，渦文之被稱爲合作主義的鼻祖，也正以此。

利息的起因，雖有很多學說，然最有力的，總不外乎是：(一)節約說或犧牲說，(二)冒險說，(三)勞力說，(四)生產說，等幾種學說

今如有一個工人，在國民公平勞動交易所交換他的貨物，又假設他每天需以維持全家生活的勞働只要八小時，而現在他工作奮不顧身，每天做到十六小時，要如他把作物送到交易所去，除了維持生活所需的八小時外，不是每天多餘八小時的勞動券麼？這種勞動券所代表的也許是耕田的犂鋤，木匠的斧鑽，或竟是紡織的機器，這樣一來，他每天就多餘着一些資本，若他再能犧牲着目前的享樂和奢華，把他儲蓄起來，積年累月，就成爲可以運用的資本了，那時他自已既然不需用他，或自已也用不了這許多，而他方面別的勞動者，却需用幾樣小的工具，自然打量着借與別人，可是在借與別人的時候，他決不願意白借，總要希望得到些報酬，而同時這種報酬，也深合乎利息的原理，因爲：(一)這種資本的儲蓄，包括節約和犧牲，他忍耐一切目前的消費，並把他聚積起來，(二)這種資本，也帶點危險，放了出去之後，或者是收不回的，(三)生產這種資本，也需要很多的勞力，一切的資本，都是他過去勞力的結晶，(四)這種資本，要是不借給別人，自已運用着，也可以多少生產一點的，而借去之後，運用者可以增加許多生產，因爲這幾種理由，他的資本，也就不期然的產生利息，不然，那個還願意節約着自已，來儲蓄資本呢？那個還願意冒險貸放資本呢？那個還願意加倍那勞力來生產資本呢？那個還願意犧牲自已生產，把資本借與別人呢？其結果還不是把社會淪於無資本無工具的狀態，總之，在這種社會組織之下，一切的資本和利息都和現在相同，不過前者是用勞動券代表，後者是用金錢代表罷了。

基特又代社會主義者說；「由是吾人將謂資本有二類，小資本，爲合法之私有權，因此爲個人與忠實勞力之結果，大資本，吮血之資本，其私有權爲不合法，因此爲利用他人勞力之產物也，」(見陶樂勤譯基特協力主義政治經濟學第二篇第二章）這幾句話，說明了上面那個假設的工人，應該得到利息，同時又說明了認利息和利潤爲差不多者的差誤，小資本是私有的，所以要有利息，大資本是不應私有。，所以不應該得到什麼報酬，而小資本之所以私有，正因爲小資本家只收到了一點利息，而大資本之所以不應私有，也正因爲大資本家不但得利息，而且得到所謂：「管理產業之權勢，並由此而取得其贏餘，」所以利息和利潤是很不同的東西，而合作的目的，就只在打倒利潤。

上面所說的，都是要說明羅勃渦文在理論上，並不反對利息，不過在此，我得再說明一句，渦文前後的思想，有一點不一致的地方，正是經濟學史內所說的：

「廢貨幣之說，不始於奧渾，奧渾創工票可以代貨幣，社會主義家大抵宗之，然奧說若行，是與奧氏理想之共產主義不能一致，蓋奧氏之理想共產，以按各人之需要定各人之享用爲的，用工票制，是以用力之多少定享用之多少矣」，見王建祖譯經濟學史卷二第三章第一節奧渾(渦文)

換一句話說，就是渦文的勞動交易所的主張，與他的共產村理想，有些予盾，前者資本仍是私有，

利息自然也有，後者在共產組織以下，利息也就無形消滅了，然而至少可以說合作主義者渦文，或是組織勞動交易所時代的渦文是並不反對利息的。

至於現在的合作家，非但不反對利息，而且認利息爲不可少的分配，一個合作社的經營，也和普通企業一樣，需要資本，勞力，和土地，勞力者必須付與薪資，土地不能自用，也須付與地租，爲末爲什麽資本供給者不能得到利息呢？現在我們假擬一個消費合作社，資本二萬元，營業每年十萬元，內中社員的購買六萬元，非社員的購買四萬元，毛利一萬元，其營業的費用假設如下：

借款利息 一千元

薪金工資 五百元

地租 五百元

淨餘 八千元●此項淨餘又分配如下：

教育基金 一千元

公積金 一千元

股息 五% 一千元

發還社員六%三千六百元

發還非社員•二•五%一千四百元

在這樣一個簡單分配之下，我們可以看到合作社不但付與借來的資本以利息，而且還給社員之資本以股利，不過這種股利，決不是如企業般的利潤，而是的：確：的資本上的利息，關於這一點可以用下列幾點說明：

（一）股利之在淨餘項下分配，因爲合作社員在有餘時候，能夠得到所發還的贏餘，在蝕本時，也要分受虧損，有時這種股利也許沒有，就是因爲每人的虧損，把資本上的利息衝銷了。

（二）非合作社員，若在社中購物，也能發還贏餘，而股利却不能得到，他們所分的是利息潤，股利却是資本底利息，他們既沒有供給資本的利息，所以也沒有股利。

（三）這種股利有一定的限制，在美國大概是六釐，在英國只有五釐，但無論如何，決不能超出於社會普通借款率利，若是利潤的話，決不能有所限制的，至於上面股，兩字，因爲他是按股分派的，和中國的官利同質，所以叫他股利，並不和英文中的 Dividend 同義，

至於在別種合作社中，也同樣付與利息，其理由和上面相同，例如：法國著名，製造火爐的古定生產合作社，也同樣把盈餘每年付給股金常息五釐，然後再把盈餘依照一定比例，分配給勞工和資本，英格蘭的生產合作社，在盈餘未按工資額分配與勞働者以前，先付與資本底利息，而勞動而兼股東也受五釐資本底利息，農業中的供給合作社，把盈餘除償還負債外，就先付股資規定的利息，販買合作社中，社員在貨品未賣出以前，要向合作社先行支取代價，也須付相當的利息，蘇格蘭批發合作社，採用雇員分紅制，這花紅的一半，留在社內，作爲花紅基金，每年給以四釐的息，德意志供給合作社，社員買的貨物，須在一月內付款，過了期限，便取五釐的利的。

至於信用合作社，那利息是更重要了，正如許爾志所近：「非資本家底第一個職分，是將他自己變爲一個資本家，」所以許爾志平民銀行，非但放款要利息，就是儲蓄也給很高的利息，因爲放款的利息，比儲蓄還高，所以分配了許多紅利，經社會上的攻擊的事，也是有的，此外，此種銀行還做貼現再貼現等事業，利息的需要，更不用再說的了，總之，合作社所需求者，不過是管理上的平等，與贏餘之平均分配而已。

☼ ☼ ☼ ☼

專載

經濟學理與經濟問題

沈孝明

一、導言

何謂生產？生產之義甚多；有可釋爲人類製造物質，使成財富之動作者；有可釋爲人類操縱價格藉求利潤之行爲者；有可釋爲人類企圖適應其社會及物質環境之活動者；質言之，卽可從物質，金錢，及社會三方面，而分別分析之也。然此三種見解，實同有「生產行爲創造效用」，之主觀觀念，故吾人又可爲生產下一界說曰：「生產者創造及管理貨財之努力，而藉以增加其滿足人類欲望之能力者也。」此種種不同之見解，吾人爲求分析範圍之廣博淵深計，自不能不兼收而并蓄之。但若僅有一種特殊之目的，則是中自亦不無彼善於此之見解。爲研究生產之數量，則當着重於具體貨物之製造行爲；姸究企業之利潤，則當着重於價格貨幣之經濟制度；研究人類之福利，則當着重於生產努力之社會影響；研究價值之學理，則當着重於創造效用之主觀觀念者是。但事實上此數種見解實彼此相關，有互相發明之作用，而無抵牾矛盾之情形；吾人苟欲完全明瞭生產之意義者，自不可不視之爲經濟分析之整個部分也。

消費者，生產程序之所由定也。生產者（Producer）非消費者（Consumer）所需之物不生，而其生產方針，亦正目視消費之標準而定，故其職務實祇在探求消費者之需要，而爲相當之供給而已，舍此而外，卽不願有所生產也。至消費之義，則有釋爲使用有形貨物之物質行爲者，爲麵包，布帛，冠履之因用而消磨者是；有釋爲使用貨幣收入之金錢行爲者，如對於貨幣夜用之數量及方法之決定者是；有釋爲造成人格，促進福利之社會行爲者，爲消費得宜，則足以造成人格，健康，及進步，消費失宜則足以長成罪惡，邪毒及禍災者是。此外亦有以主觀觀念說消費，以爲消費乃對於生產所得效用之享樂行爲者；是則蓋以此種行爲爲人類對於勞動及努力所得結果之活動，而藉以滿足其欲望者也。此種種見解，雖各各不同，然吾人苟欲求消費之義，適當完全，則此種見解殆無一而非必要者矣。

夫使生產如經濟行爲之始，而消費爲經濟行爲之終，則兩者之間，勢不能不參加一二原素，爲之致聯絡之效。以貨物自生產至消費，必先經過彼此交換之程序，而其在社會各原素間應爲何分派，又必預爲決定也。此種問題卽爲交易及分配問題。

交易問題者，研究各種貨物，交換比率之法則者也。譬爲甲製履而乙織布，則甲乙間之問題，卽爲布與履之交易問題也。蓋今日之經濟制度，生產者多爲他人而生產製履者雖用履，未必卽爲其自已之所製者；織布者雖用布，未必卽爲其自己之所織者；種麥者雖用麥，亦未必卽爲其自已之所種者。推而言之，彼每年所出數千萬斛之穀類，數千萬噸之煤鐵，數千萬磅之糖料，蓋無一而非以足饜人欲之交換比率，而交易者也。此種一物可換他物之能力或一物可易他物之比率，胥謂之價值（Value）。價值爲經濟學之基本學說，其目的卽在說明物與物之交易關係；易言之卽在闡釋各個人互以其所生之物，易其所需之物之程序也。

物之價值常藉價格以表明之。質言之，交易場中有麥者苟欲得履，必先以麥易幣，而後心能以幣易履。價格者，卽一物可易貨幣之數目也。此價值問題之金錢方面，實爲所有商業行爲（Business trauea ction）之中心勢力；故吾人研貨物之物質交易（Physical exchangs）者，同時必兼及其金錢交易（Pecuuiary exchange）。金錢交易所着重之點卽近代價值制度中貨幣參加活動之部分也。又貨幣及價格在世界買賣場中所佔之地位，亦已漸爲價值學說所說明者，最重要之一部云。

分配問題者研究各階級各個人分享財富及收入之狀態者也。質言之；分配云者，非貨物之銷售之謂，乃各個人分享全國物產（National product）之謂；亦卽地主所得之地租（Rent），資本家所得之利息（Inturst），勞動者所得之工資（Wages），及企業家（Enterpriser）所得之利潤（Profit）之所由形成也。故吾人應行研究之點，實在此影響各原素間分配情形之勢力而已。又人類之財富及收入，在在有不平之現象；社會上有貧者，有富者有安坐而食者，亦有辛勞而終者；分配學說亦卽所以說明此種人類不平之現象者耳。分配問題與生產，消費，及交易同，亦可以物質，金錢：社會，或主觀觀念分別說明之；而此所謂分配之物，實亦兼包收入。機會（Opportunity）逸居（Leisure），及福剌等幷非專指具體之貨財而言者。其詳細情形容當於討論消費各章內再詳述之。

吾人分析經濟問題之論理步驟，爲求其效之大且遠，自當使生產，消費交易與分配四者三互相關連。此四種經濟學上之範疇，實爲自來討論此類問題者之立論基礎；非經濟問題之各方面，殆無一不可以斯四爲依歸。惟近代經濟學中不乏有新知創作之發現然皆未嘗與之有枘鑿不相容之處也。

第二章　　經濟社會之歷史背景，

欲明經濟學之內容者不可不先明近代經濟社會之所由演進；以近代社會之文明，皆往昔人類勞動之結果也。故歷史學家之研經濟演化史者，常先確定一種基本之原則以爲凡一發明（Invention）一制度（Institution）之形成，胥爲過去人類發現（Discoveries）及成功（Achievements）之累積，而累積之所由始，則當自十九世紀，遠溯至石器時代（Stone ages）。彼惑於二十世紀時期科學機械之精巧者，見其與遠古粗劣器具之懸殊也，而遂原始人類之物質文明，以爲是皆野蠻時代之遺跡也，不亦過乎！

人類學家嘗謂吾人不當驚異遠古人民生活之簡陋，而當驚異其智能與工具進步之神速。蓋原如人民之有造於經濟社會之發展者，實與二十世紀之科學家，同其重要；而近代人類之豐功偉蹟，亦實僅爲進步歷程中最高之一點。彼原始人民對於物質文明所發明所手創之模範，固依然存在，且繼續影響近代文物之形式與規摸也。然則此經濟演化史上之景積觀念，固亦卽所以說明初期景積行爲之爲近代文化之梯階者耳。

經濟演化之程序可包括者計三方面：一曰生產之枝術（Technology of production）二曰方法之組織（Organization of methods）三曰消費之標準（Standard of consumption）；而三者之中，又以第一項爲最要之原素，以方法之組織，與消費之標準，實僅爲枝術發展之結果，與應用枝術之手段也然則何謂生產之枝術曰生產技術者，人類所能製造器具之種類使用工具之技能及對於物質特性與科學法則之專門學識也；故換言之亦可謂爲二業之藝術（Industrial arts）工業藝術爲經濟制度，經濟組織生活程度及消費標準之性質之所由決定者。舉凡經濟社會之各原素，殆無一不以之爲活動之中心，亦無一不視其進步之程度決活動之性質。故經濟社會之歷史，乃卽以應用科學，工具及機械等之累積發展爲全部之軀軒焉。

（未完）

上海交通大學經濟學會編行

中華民國二十年四月二十日

論著

歐州新風雲——德奧關稅同盟

李菊休

現在世界的重心已經由政治轉移到經濟：從前人類所注意的是政治的形式，以及個人自由的建立與保障，到了現在，人類注意的目標是財富生產的分配及消費了。

第一次世界大戰所受的苦痛，隨着時間的過去，已沒有一點兒痕跡留在人們的腦筋裏，而第二次世界大戰又在那裏醞釀，似乎在不久的將來再有爆發的危險。這從最近騷動全世界的德奧關稅聯盟裏就可以看得出來。

★ ★ ★

德國為謀國家的繁榮，為謀工商業的恢復常態，為謀新的經濟基礎底建立。一方面整理國內財政和生產事業，一方面則極力設法發展海外貿易，德奧關稅新協定的成立，就是為了上述幾種原因而發生的。

德奧兩國協定在去年九月間，德外相寇蒂斯與奧外相史科白郎開始交涉，至本年一月間，羅馬尼亞，南斯拉夫，匈牙利，捷克，波蘭等五國也陸續加入交涉，企圖結締農業同盟乃至關稅同盟。她們迫於現在這個深刻化的農業恐慌，都感覺着有協同的必要，乃互謀進行救濟農業的國際運動。德國雖然是一個工業國家，但她也亟欲與農業國提攜，開始一條經濟的新道路。

德奧關稅協定的內容，據德總理白魯甯，外相寇蒂斯所言，則謂德奧協定為趨向全歐聯邦實現的第一步驟，如其他歐洲各國願意加入，德奧兩國政府皆願與之談判，以達此共同目的。德奧兩國將頒發同樣的稅率，同樣的關稅法，非根據雙方議定的基礎，不得修改；德奧兩國的貨物不得徵出入稅。但特別指定之貨物，得由雙方議定，暫收關稅。兩國關稅行政仍定全獨立，此項新協定，得適用國際貿易及與第三國貿易。任何一方政府得與第三國另訂商約，惟此商約不得與新協定相抵觸。雙方在此種談判中彼此合作，設有公斷委員會以決定各種爭執問題。此約有効期間為三年，期滿後欲取銷時，須早半年通知。又謂：此約既不影響於兩國政治與經濟的主權，亦不抵觸凡爾賽與聖日爾門兩和約，其效果祇使兩國關稅的合併，和撤廢兩國間的關稅壁壘，並約束兩國商約與關稅政策，使互相協調而已。並且在若干過

本期要目

論著
歐洲新風雲——德奧關稅同盟　李菊休
查調
農村的信用（續）　葉乂材
中國人力車概況　陳　淼
專載
經濟學理與經濟問題（續）　沈孝明

印刷者上海法租界愛來格路華僑印務局

渡時期中，仍准奧國對於德國工藝品入境時，採用一種逐漸減低的稅則。所以這個新協定並不能認爲是德奧政治合併的預備步驟，實可謂爲歐洲經濟聯邦的核心。但每經若干時期，則將其收入按照戶口比例互相分攤一次。

★ ★ ★

自德奧經濟協定發表以後，歐洲各國，尤其是法國非常注意。法意捷克三國公使會訪奧外相，謂德奧經濟協定違反一九二二年的日內瓦草約。據法報所載，法意捷克等國之所以反對德奧經濟協定，是因爲在十九世紀時，日耳曼各邦先締結關稅聯盟，後來卒成爲政治聯盟而成爲一國。今德奧此舉，恐將爲德奧合併的先聲。而日內瓦和約，苟不得國際行政會各個會員的同意，德奧兩國不得有政治聯盟。英國實業與農產總會也致函外相漢德森，請求政府積極設法阻止德奧關稅協定的實施，因該約大有害於英國利益。但英國邱吉爾在柏林論壇報則謂：德奧稅約締結的新聞傳出，竟能惹起歐洲外交界諸大的風波，實在是一件不可解的事情。吾人日常對於稅關的阻礙商業發展，已經覺得是疾首疾心。但到第一阻礙攻破的時候，各國又大聲疾呼以咒詛之，使想像中的利益不能實現。然德奧稅約終必成爲事實，而歐洲各國將皆蒙其利。該報又載匈牙利總理彼得倫氏的談話謂：現在歐洲已屆經濟建設的時期，巴黎，華沙，日內瓦，羅京，貝爾格勒，羅馬等地的會議，即其前驅，而最近德奧稅約的締訂，亦占極其重要的地位。匈牙利現正欲採取同一政策，在本年年終以前，必能開始籌備，以期達到改造經濟狀況的目的。

★ ★ ★

歐洲各國對於德奧關稅協定，有的是歡迎，有的是反對，有的是疑懼，法德本爲世仇，而此次德國所聯絡者又爲與其有歷史關係的奧國，無怪白里安要大驚失色，無怪法國人民都對德奧關稅協定抨擊！

法外長白里安鑒於德奧關稅協定的無隙可擊，於斯把消極的態度拋棄，採取積極方策，以圖抵制德奧稅約，建設締結德奧法及其他諸國之經濟大同盟，過去的關稅休戰會議和歐洲聯邦計畫是已經失敗，這以反對德奧關稅協定的泛歐聯盟當然也不會有實現的希望。

英國對於德奧關稅協定本來是本其冷靜的外交政策，坐觀變化，但是最近忽又邀請德總理白魯甯，外相寇爾斯於五月初旬前往吉可爾斯英首相的別墅會議。柏林報界都宣傳吉可爾斯會議是英德完全親善的預兆。

現在，德奧關稅協定雖然有法國從中破壞，惟因無所藉口的原故終於沒有辦法，且德政府並通知國聯祕書長德羅孟氏，謂歐洲關稅休戰會議既已失敗，德國甚願德羅孟氏以泛歐委員會總祕書的資格，使德國能在泛歐委員會裏面陳述德奧稅約的內容，以使各國之採取，如果沒有特殊的變化，在本年國聯理事會開會以前，或期騷動全歐的德奧稅約的爭辯可以暫時平靜，不過德法兩國間的邦交又多加上了一層隔膜了。

調查

農村的信用（續）

葉又村

到了這裡，我們再迴顧篇首的兩句話：「他沒有信用，因爲他是窮苦，他仍是窮苦，因爲他沒有信用，」這樣下去，農人們辛苦了一世，怎樣地生出來，又怎樣地死下去，一輩子做着佃主的牛馬，一輩子耕着別人的田這是何等可悲的事情，

也許有人要問上面列的舉幾種信用組織，難道不是信用麽，我可以回答說的上面幾種信用，決不是眞：的信用，不見上面幾種不都有其弊害麽，不都需要很的高利息麽，利息既高，則農人借款，得不償失，即在不得已時，借到一筆款子，在數年

週聞簡報

記者

▲內政會議決提倡國貨辦法三項，經國府交內政實業財政三部審查，經合併修正，各機關及在政府服務人員，所需物品，應以採用國貨爲原則，由主管長官提倡督促，以引起人民重國貨之觀念，如無國貨可資採用者，方得酌用外貨，國府十四日令直屬機關遵辦，

▲山西省府商會等，聯合組織整理金融設計委員會，連日該會迭開會議，討論維持省鈔方法，昨將擬定辦法六項，呈請省府採納，省府已通過照辦，茲錄辦法如次，㈠責成省行理事監等，將該行發行鈔額，及所有財產，明白詳細宣布於民衆，然後逐月將該行鈔票之收出暨用途公布一次，以釋羣疑，㈡軍隊編遣後，既歸副總司令節制，所有軍餉，當然由副總司令部願發，此後無論如何，不得再向省行提取軍餉，㈢由省政府制定辦法條款，嚴禁各錢商做遲期匯兌，並限制各錢商之收買或屯積大宗現洋，㈣飭省銀行逐日在錢市儘量設法收買鈔票，借以抑制行市，勿任暴落，收買後，即行悉數焚燬，㈤嚴行稽查現洋大批出省，商人販需大批現洋出省時，由商會代爲呈請省政府特准發給護照，㈥由相政府令飭太原市商會及縣政府轉飭各商號及房主等，物價房租，仍照舊一律以省鈔爲單位，不另定現洋價格，國營機關，由省政府與之商洽，着其按市價收用省鈔。

▲出口新稅則審查完畢，決提立法院討論，聞關於從價稅者，最高額爲值百抽七點五，從量稅則根據歷年物價之更變，參照現時貿易之榮枯，酌量訂定，最高額亦不得超過百分之七點五，凡應受保護之工業品，則分別減低，最低額爲百分之二，全部貨物品類，約六七百種

之後，加上利息，就會變成比原數六數倍的大數目，因循下去，終致使他拖了一大批債，永遠不能動彈，永遠不能自拔，這無異是替他開了一個牢籠，又把他關在第二個牢籠裏，那裡能得到信用的好處呢？所以爲農民的利益起見，一種完美的農民信用組織是十分需要的。

農業信用的目的有三一爲貫徹總理：「耕者有其田」的主張，使農人耕種自已的田，一方面使他們境況改善，一方面使農物生產增加。二調節農民經濟，因爲農業的收獲，只在一定時間，在平時農人的日用，總覺十分困難，若能在這時能用低利息貸款給他們，允許他們在收獲時一併歸還，於他們是很有幫助的三幫助他們購買肥料，農具等物，以便改良方法及土地。爲此農民信用組織也因有三個特質：一長期的放款和儲蓄，自一年而至於十餘年，前者爲便利農民購買種子肥料等物，後者則便利他們把款項用於購買土地，農具等物。至於放款儲蓄的方法，最好是採取整借零還和零存整取等方法，使農民不會感到驟然的壓迫。二放款利息應低，一方面使農人易于償還，一方面也須使放款的機關，不至於蝕本。三依照農時收款放款，如放款應在耕種的時候，收款應在收獲時候等。這一切，都不是商業，儲蓄，等銀行所能做的，所以爲農人的利益起見，一種專門的農民信用組織也是十分需要的。

差幸現在我國各級政府已經很注意到農業信用，也竟然有許多地方組織起土地，農民等銀行來，成績如何，因爲沒有報告，也沒有統計，很難臆說，可是歷史已經有了很多的例子：我國王安石的青苗法，試行不久就消滅了，成績很壞，法蘭西拿彼崙第三曾創設一個農業信用社，完全以謀農民金融上底便利爲目的，但是農民因爲見聞不廣，對於這種組織，不知是何用意，都畏怯不前，這個信用社，因無人顧問，不久便消滅了。意大利政府設立的農業銀行，也受到同樣結果，農民既然懷疑，一方面政府因爲

摸不着人民的痛苦，也就無法可施。美國的聯邦土地銀行制度，雖說有點成功，可是手續繁複，組織「農業借款會」很困難，在我國也很難成功。總之，因為上面幾種先例，我們對於現在中國的土地銀行等，也就覺不很樂觀。

現在我大胆敢在這裡，提出一種我認為最完善的信用組織——農業信用合作社，我們一面見到許多急待信用救濟的農民，一方面又見到一大批藏着洋錢尋找儲蓄地方的農民，若我們能把搖會組織擴大起來，再參酌着各國農民銀行的制度，由農民在國家指導之下，自已經營，把上面說的兩種農民併在一起，一方面吸收存款，就把存款放了出去，在不足的時候，再用相銀行政府以低息借到大批款項，減低利息，延長年限，趁着農時放款，收款，不就是一個最完善的農業信用組織麼。我們試再迴顧到「去年取當約估當物之百分九十五，」「他們的貸借關係，完全建在信用上，」幾句話，覺得我們的農民實在是最能利用信用的人，那末為什麼不讓他們自已來組織信用呢？為什麼不讓他們自已來供給信用呢？

「惟有由於平民底自覺，由平民自已出資，由平民自己組織的機關，才能真正的救濟平民底困難」——合作主義者的話，

二十，三，五，於交大

中國人力車概況

陳淼

(一)引言　近世之言交通者，皆尚空中之飛機，水上之輪船，陸上之火車汽車電車等屬；人力車雖亦為交通之一，然已乏人注意但是以中國論，人力車猶不失為城市商埠交通之樞紐，度之將來，人力車在中國，亦必有消聲滅跡之一曰，此事少注意歐美都市狀况者，即知此理之不謬也，其惟將來拖拉人力車勞働之生活，其將如何？實令人注意而担憂者，恐亦為最近各大都市中，最難解決問題之一也，諸君就憶前年北平杭州等處，人力車夫搗毀電車公共汽車乎？去年上海人力車夫反抗增加租金之運動乎？最近更有人擬在人力車車蓬招登廣告，以維人力車夫生活者，今錄其發起動機如下（見二月廿四日申報二月廿五日新聞報）「考海上自有黃包車以來，已有二十年之歷史，車輪行走于市者，可八餘千輛，窮黎苦氓，恃以為生者，逾數万人，向分日夜二班，風雪晴雨，終日奔走，苦不堪言，前年海上鉅子，馮炳南先生測然心傷，曾於字林西報發表意見　對于此輩窮苦車夫，憐憫有加，首創人力車福音會，登高一呼，義舉斯成，同時建議，以為在黃包車護輪板上及後車身上登載廣告，收什一之利，救濟窮苦車夫之年老力弱者，而該廣告社發起之動機，亦基於此，」該廣告社發起之動機，如極合慈悲腸心。惟其目的何在？用意若存？余未詳悉其內容，不敢妄加批評；今謹將人力車之現狀及人力車夫之生活狀况，拉雜略述一二，以便後來改進者與實行家之參考，亦可少悉人力車夫痛苦之一班矣，

(二)人力車之起源及其名稱　人力車為十九世紀末葉美國哥勃爾(Goble)，發明，首先採用於日本，次及我國，西歷一八八六年我國舊都北平市始發現此項車輛，開各地之先河後十二年遂見公共人力車來往於市中，當時人力車之車輪，非為橡皮，乃木輪外包一鐵皮而已，此等車輛名稱，各地互異；北平喚之曰洋車，以其常為洋鬼子所乘，或以其為洋貨故也、上海則名之曰黃包車，因其車身色黃又多私有故也，亦有數處稱之曰東洋車者，因此等車輛大半運自日本故也，惟通常皆喚之曰人力車，因此等車輛進行，不用蒸氣煤氣電氣等力，只藉人力而已，惟覺人力車三字，比較合理，亦較普通，故以後所述皆用人力車三字，使各稱統一，不致有所混亂也。

(三)人力車及人力車夫估計　人力車及人力車夫之確數，因無精密統

計，故難知曉，其大概情形，則可，并附有每日之租金與每月之租稅在一九二八年中國勞動年鑑悉一二甚詳，今照錄如次。

地名	人力車總數	車夫總數	每日租金	每月稅金
上海	一〇〇〇〇	五〇〇〇〇	英界八角五分 法界五十二枚 華界三十六枚	英法界二元 華界一元
北平	三五〇〇。	五五〇〇〇	三十枚	四十枚
南京		七五〇〇	新車四角 舊車五十六枚	二元八角三分
安慶	自二八〇〇至七〇〇〇		四十四至五十四枚	一元
蕪湖	七〇〇		六十六枚	一元三十三枚
南昌	自三四〇〇至三三五〇		八十枚	
漢口	租界一五〇〇 華界一四六〇		租界八十八至九十三枚 華界一〇〇枚	租六十五元一年 華照會五元馬路捐二四〇枚 警察捐三四〇枚
武昌	一二〇〇		九十六枚	照會五元 馬路捐二四〇文
漢陽	新一五九 舊一三〇		新一〇四枚 舊六十四枚	新五二四〇枚照會五元 舊六〇枚
長沙	二三七八	四〇〇〇	新六十二枚 舊五十六枚	四百六十枚
成都	四四一六	自七〇〇〇至八〇〇〇	特別一元一角 普通半元	六角
廣州	自三〇〇〇至四〇〇〇	自七〇〇〇至八〇〇〇	六角七分	
福州	自三〇〇〇至四〇〇〇	自七〇〇〇至八〇〇〇	五十枚	一元二十枚
太原	一〇〇〇		新二角五分 舊二角	

人力車及人力車夫大概情形，詳細情形者，請參考勞動年鑑可也已見上表，無用細述，而欲知各地。

(四)漢口人力車夫概況　漢口人力車夫，共計約一萬二千五百餘人；其中六千五百餘在華界工作，餘下六千餘人則在租界工作，惟因人多而車少，失業者衆，約占全數百分之二十四有奇，而尤以華界失業者為特多，拉人力車者，極苦極賤之工作，然漢口行政當局，尤課以重稅，豈非可悲可歎者乎？今將課狀況一述，則始知吾言之不虛也，漢口華界每一人力車需付，租金一百三十六枚，教育稅六枚，故每車一月所付，有十元六角五分之多，者以特別車計之，必大於此，彼每日需付租金一百七十四枚，教育稅八枚，每月需付十三元八角，即以二者平均計之，則每車每日應四角一分，月需洋十二元二角二分矣！故華界當局每月由人力車收入，(包抱租金及稅)約有一萬九千餘元，數目不可為不大矣，然則租界之情形如何，每一人力車需付租金一百十二枚包辦銀(付給承包者)十八枚，月計之，則為九元七角五分，特別車則每日需付租金一百八十二枚，包辦金十八枚，月計應納大洋十五元，二者平均計之，每車每日需付四角一分，一月應付十二元三角七分，故租界當局每月由人力車收入，亦當在一萬八千五百元以上云。

(五)人力車夫之工作時間　工作時間即工人生命問題，俗語說：「贏得工夫便是錢」今欲詳悉人力車夫之工作時間，則非先知每日班次之多少不可，惟各地有各地章程，各處有各習慣，普通自二班至三班，三班者之工作時間為六小時，二班者之工作時間，由七小時至十四小時，今為明瞭計，列表於次，以見各埠之大概狀況。

地名	第一班 起時	第一班 至時	第一班 工作時間	第二班 起時	第二班 至時	第二班 工作時間	第三班 起時	第三班 至時	第三班 工作時間
上海	上午三時	下午五時	十四	下午五時	上午三時	十			
北平	上午六時	下午三時	九	下午三時	下午十二時	九			
南京	上午七時	下午二時	七	下午二時	下午九時	七			
武昌	上午六時	上午十二時	六	上午十二時	下午六時	六	下午六時	下午十二時	六
漢口	上午六時	上午十二時	六	上午十二時	下午六時	二	下午六時	下午十二時	六
漢陽	上午六時	上午十二時	六	上午十二時	下午六時	六	上午六時	下午十二時	六
成都	上午六時	上午十二時	六	上午十二時	下午六時	二	下午六時	下午十二時	六
廣州	上午六時	下午二時	八	下午二時	下午十二時	十			
福州	上午五時	下午一時	八	下午二時	下午十二時	十			
杭州	上午三時	下午三時	十二	下午三時	上午三時	十二			
天津	上午五時	下午三時	十	下午三時	上午二時	十一			

因人力有限，精神易疲，不能終日拉車，不息工作，必須二三人合拉一車，此既省人力又合衛生，失業車夫亦可略減，故換班一制，驟視如極微細，然於個人及社會，皆有莫大利益在也，惟換班時間，及工作久長，大可計論研究，而加以改良者也。

（十八）人力車夫之工資 工資者爲勞働者工作所得之報酬，又名生活費，其得工資大小高低之緣因，論者不一，有主張生存費說者，有主張工資準備金說者，有主張特別生產說者，有主張交涉說者，亦有主張交易價值說者，惟皆非本篇範圍以內，恕不詳述，今欲知中國人力車夫工資之高下，不得不將各地人力車夫每日所得即除去租金雜稅之淨收入，略下如述。

地名	每日平均淨收入
北平	一百三十二枚
南京	一百枚
安慶	一百三十枚至一百四十枚
蕪湖	四十枚至五十枚
商昌	二百枚至三百三十枚
武漢	三百枚至四百枚
長沙	二百枚
廣州	一元
福州	一元
太原	一百四十枚二百二十五枚
抗州	一百八十五枚至一百九十二枚
上海	一元五角

鐵道部注意路款

頒布駐路總稽核職掌規程

厲行預算制度並防止浮濫

鐵道部以各鐵路路款收支，應厳密稽核，特制定特派駐路總稽核職掌規程公布，茲將該規程探錄於下。

第一條，鐵道部爲稽核國有鐵路路款之收支及其他有關財務事項，以厲行預算制度，防止浮濫用款起見，特派駐路總稽核，直隸本部，常川駐紮各路辦事，於路局設總稽核辦公之地。

第二條，總稽核室得酌設稽核員二人，事務員及書記若干人，其名額由總稽核呈部核定，稽核員事務員由部派充，書記由總稽核派充，呈部核准備案，總稽核室經費由總稽核造具預算呈部核定後，由部按月撥發。

第三條，所有會計處收支款項，由會計處長負責核簽後，應再送總稽核審核，親自簽署。

第四條，總稽核對於全路一切款項之支出，均以奉部核准之預算爲稽核之標準，所有預算以外之開支，未經本部核准者，總稽核應拒絕簽署。

第五條，一切支款及銀行支票未經總稽核會同局長或委員長簽署者，作爲無效，總稽核應將簽字式樣送各來往銀行存查。

第六條，會計處一切用款之支付，送總稽核審核時，應將單據連同帳單等檢齊附送。

第七條，路局對外訂立契約，應由總稽核審核，會同局長或委員長簽署，方生效力，其應呈部核定者，應先呈部請示。

第八條，各處一切帳冊簿據單表契約文件，總稽核得隨時調閱，遇有疑義得隨時查詢，主管人員應詳細答復。

第九條，總稽核對於其他各處及各段站廠所帳目，應隨時親自前往或派員查核。

第十條，總稽核遇事務上必要時，得臨時借調各處員司協助辦理。

第十一條，總稽核應出席局務會議。

第十二條，總稽核與局長或委員會往來文件，以函行之。

第十三條，總稽核應將稽核工作情形，按旬報部，其重要事項，應隨時報部。

第十四條，凡於本規程頒布前所有各路已設之總稽核，其組織及權限均依本規程之規定修改之。

第十五條，本規程自公布日施行。

專載

經濟學理與經濟問題

沈孝明

經濟演進之分期　經濟歷史劃分時期之法，至爲繁夥，而最普通者，則大抵將其分爲五段：一爲漁獵或直接採取時代（The hunting and fishing or direct appropriation stage），二爲牧畜或遊牧時代(The domestication of Animals or pastoral stag)，三爲定居農業時代(The agricultural stage of settled community life)，四爲都市發展，商業萌芽之手工時代（The stage of handicraft manufacture)，五爲機械發明，人口增進及商業繁具之工業時代(The industrial stage)。此種分期及其他類似之辦法，自不無相當之價值，但皆迹近矯揉牽強，未免有將歷史事實化成過簡之弊，以歷史之進程，爲連續不斷者，不能截然分爲數期也。研經濟史者，苟能持累積發展之觀念拚劃分時期之辦法，而認經濟社會之發展，爲繼續變遷，而非自有段落者，則庶能較合歷史事實之性質矣。

生產技術之爲經濟演化之中心勢力，既如上所述矣，茲當再就此累積發展之見地觀察之，以覘其進化之跡。溯自世界始有各種工具之雛形以後，人類卽按步就班，循序前進，積漸增加其實用之智能，而其工具之製造，亦日漸複雜，日臻精巧。醞釀至若干世紀，卒以造成最複雜最精巧之機械，而開機械技術（Machive technology）之新紀元；此新紀元之開始，蓋遠在十八世紀之末葉也。夫工具技術（Technology of the toal）之萌芽，約言之，當猶遠在一千世紀以上；自簡單工具之發現，以至十八世紀機械之萌芽，人類之努力者既逾十萬載，而自十八世紀末葉以後，機械科學之應用於工業界者，又二百餘年，然後乃有今日之機械經濟（Machive economy）。是人類自有生以來，固曾費其百分之九十九之時間，以養成其技術之學識，而後始能造成此第一部之機械也。故自古迄今所有簡陋之發現，進步之發明，以後關於物質特性日就目將之學識，殆無一不爲應用科學上大發現之要素，而足以形成機械時代(The machive age)者。誠以此古代儲藏之學識，世世相承，以迄於今者，不僅爲人類遺傳之技術而已，且能繼續發展，至最高之一點，使彼爲經濟社會基礎之科學的理想力與發現力，得以逐漸解抒其責任也。

原始時代之生產技術　距今三四十萬年以上，人類生活，至形簡陋，方之禽獸，殆無多殊，而其所謂工具，除棍棒，木槍，及偶然造成便於投擲切割之石塊外，亦別無長物。在此生活艱難，物競猛烈之環境中，人類之努力奮鬥者，不知又若干年，乃卒徒手造成空前第一部之石器，是卽所謂拳斧(Fisthatcher or coup-de-poing)也。拳斧係劈削(Chipped)火石而成，邊緣粗鈍，略便割削，而形式笨重不利把持，以言工具，誠麤劣矣。然苟念及當時人類智能之薄弱，發明一物之艱難，則此石器之創作，因與近代電學上化學上之大發現，同其重要也。故歷史學家，乃以此拳斧之發現，開石器時代（The stone ages）之紀元(約去今十二萬五千年前)焉。

石器時代在歐洲者，約終於西元前二千年，而其最後之一萬年，則謂之新石器時代(The new stone ages)；云新者，其生活已有顯著之進步，應有以別於舊石器時代(The old stone ages）也。然若以石器時代之全部言，則舊石器時代因已佔其十之九矣。此十之九之時期，雖猶不脫原始生活之色彩，而經濟文明，則已有重要之成就。故克累相（A. L. Kroeber）嘗概括其發明之重要曰：『人類文化之基礎，

多已肇端於此；雖形態未完，而胚胎則具備矣』(1)，

(1)見克槑柏人類學("Anthoropologe")頁一七九

茲特略舉舊石器時代所成就者之梗概如次

(一)工具　廢劈削之法，改用緊壓之力，精製拳斧而使之銳利。並發明用木，石，獸骨，鹿角之類，製造刮刀，針，刀，槍，鎚，鑿，楔，魚叉，彈丸及匕首等種種工具。

(二)衣服　發明縫紝之術；以獸皮爲衣，並文飾之，藉以禦寒彰體。

(三)飲食　開始火食之制；凡肉類野蔬之屬，皆烹而後食之。

(四)取火　發現人工取火之法；並利用之以供烹食物，避野獸，禦嚴寒。

(五)居住　始有蔭庇風雨之所；凡山洞，樹穴，及水畔之岩罅，皆爲當時人民之房屋。

(六)美術　美術能力，已有相當之發展；舉凡洞穴之牆垣，工具之形式，以及漁獵爭鬥之武器，莫不含有美術之色彩。

(七)技藝　發明力及理想創造力，亦已有相當之成績；如胸與手之技能之日臻精巧；美術與工作之融會貫通；對稱感 (Sense of symmetry)，美感 (Sense of beauty) 與手工技術之互相聯絡，及關於動物習慣與物質特性之學識之日漸增進者皆是。

此饒有意味之舊石器時代，倘吾人僅以未開化之野蠻時代目之，則以上種種事物之重要，將皆如過眼雲煙，瞬息即逝。而實則此時已成就，誠有如奧茲本 (H. F. Osborne) 所謂：『凡近代人類經濟能力之本根，皆於是時發榮滋長者』(2)，此後人類之發明，以至機械時代之發現，皆不過爲此本根所茁之幹枝果實耳。夫自古迄今人類之將此種基本規模縱橫綜合，顛倒分析，以求千變萬化之結果者，其用力誠不在少；然若一念及今日複雜技術之大部，均不過爲原始基礎，五花八門之變相者，則此原始生活，亦大有景仰低徊之餘地也。

自舊石器時代之基礎，演進而至更爲複雜之技術，自非爲不可能之事。然技術一進，則時代即有遞嬗之趨，故歷史學家又以技術之演進，爲新石器時代之特徵，而紀其年爲始於西元前萬二千年，終於西元前二千年。至新石器時代之進步，則可類別而簡括說明之如次：

(2)奧茲本舊石器時代之人類(Men of the old stone age)頁三〇一

(一)工具　發明以砥礪琢磨之法，精製工具，而使之銳利；並大量增加工具之種類。故吾人苟以當時所有之工具，與近代鐵器舖之存貨較，始未有不驚嘆其種類之完備者。

(二)紡織　人民之衣服，除獸皮外，又增麻布一種。某人類學家嘗謂：當時某村居戶『無一無織機者』(3)，即爲其證。

(三)飲食　發明以烘乾黏土製作陶器之法，因之烹調之術，亦大有進步。

(四)房屋　建築工程之技術，亦大形發展；如當時之浮湖爲村，掘洞爲屋，豎木爲村，編枝爲垣，環村爲堡，築土爲墳，架屋爲閣，刳木爲舟，攻石爲磨，及設立專廠以造石器者，皆爲其顯著之例。

(五)農業　各種事業中之成績最著者，爲牧畜與農業二事。故勺

(3)見台勒耳 (John M. Lyler) 新石器時代 (The New Stone Age) 頁八三

特衛爾 (James T. Shotwell) 嘗曰：『原始人類社會革命之最大者，爲自遊牧生活，變爲定居生活，並養成儲積貨財及慮及來日之習慣』(4)，蓋斯時漁獵刼掠之習，已一變而爲安居務農之風矣。

(六)經濟組織　當時農人之儲藏累積，即爲生產資本 (Productive Capital) 之來源；土地，畜類，及產物之所有制度，即爲社會財產之形式；人民之定居生活，即爲安甯進步，戰爭避免，生產增加，掠奪減少之明證；而生命財產之有保護之必要，亦即國家經濟職務 (Economic function)之所由起也。

（未完）

經濟週刊

黎照寰題

上海交通大學經濟學會編行

中華民國二十年四月二十七日

第四十一期

零售每份大洋一分　每逢星期一出版

論著

從管理觀念中研究會計

實棟

（一）引言

依管理觀念去研究會計，最好是研究關於會計的歷史和進展，現在我們所討論的，不過是對於會計問題的一個起點。關於使用會計的目標，有許多會計學者的意見，是實佈在某一時期中正確的財政狀況，和在此時期所得的財政結果；要講到這種財政結果，却是表示財產估價和會計科目分類的意思。但是也有人以爲會計的應用，不僅表現財政狀況和損益計算，並且表現各種業務的成本。在他們的意見，會計師工作的起始，是在已經得到後面的財政結果。這種會計，可以叫做回顧的會計；回顧會計理論的發展，完全根據了會計觀念，去表示財政狀況的。雖然會計在商業中，居很有用的地位，但依管理觀念的評論。會計學不過是一種的過去事實，

管理意思的不同，正如關於會計目標的不同，也就是用不同的方法去求會計的目標；現在簡單的敘述一下。有許多的管理者，在管理一切業務方面，不用已過的事實，去做將來的借鏡，這種管理，可以叫做臆斷方法。他們不注重會計的原故，因爲牠的需要，僅是做報告書用的，並且在決定商業方針時候，用不着這一類報告的。別種管理方法，是完全借重過去的事實，和考慮記載營業狀況的會計制度；但是這種記載的利用，不能在很效果的營業計劃方面的，因爲牠們僅是一種過去的財政事實，長於管理學識的當理者，用種種不同的方法，利用這一類的記載，適宜的報告，都是從正確的記載得來；從這種記載方面可以得到很有價值的推論，應用到管理方面上的。

過去的事實，管理方面所借重的，不過推測將來的。假如在管理方面，會計的利用，能和牠的潛勢力能反比例，那麽，會計可以幫助去解決管理上營業問題。會計制度的應用，是想像現在的狀況，和過去的重要事實，去計劃將來的。這是因爲管理是完全注重將來的，所以在功效和目標不同的觀念下面，會計是需要的。回顧的會計，對於管理的價，僅是在管理觀念下面的會計一小部份。

本期要目

論著
從管理觀念中研究會計　實棟
調查
中國人力車概況（續）　陳淼
專載
經濟學理與經濟問題（續）　沈孝明

印刷者　上海法租界愛來格路華僑印務局

依據了管理觀念，會計是幫助權力和責任的分配，幫助將來計劃，宣佈計劃實行的結果，和幫助推測計劃和實行結果不同的原因；這就科學的目標——推論。如是會計在廣義觀念下面，能夠將預定計劃的結果，比較臆斷的來得正確，那麽會計對於管理的價值，是沒有限制的。

要達到會計的目標，組織是必要的。在這種組織下面，權力和責任的分配，要依據管理方面幾種責任的限制；所以組織應注意到關於權力和責任互相關係的減少。董事會，經理，和重要職員的職務，應當很顯明的規定，並且他們的責任，應和他們的職務相符合，所以在這樣組織裏面，標準和記錄是必要的條件。這種標準和記錄要有很大效用，一定要有一二個職員，去推測和分析；此種職員，對於總經理，是重要的人員。在管理方面，標準的用途，尙未得商人的認識。如果要得到最好的結果，一定要把標準和記錄，做管理借鏡的。

(二)預決算

正確的預決算，是管理事業的指南針，因爲預決算是造成標準必要的條件。正確的預決算，是包含三種要素，就是時間，單位，和價格。時間對于營業計劃，非常的重要，事實上往往不然。這是因爲記載在已經得到結果的時候，時間沒有多大的影響的，牠所表示出來的數目，僅是單位和價格的結果。單位和價格變動，所造成的這種事實，一般商人，是不容易曉得那一種的改變；所以他們解釋這種改變的原因，那是依着個人的臆斷。記載依着單位和價格，在反對的方面總以爲是太耗費，但是現在有許多方法的應用，來減少這種複雜的步驟，物價指數是一個很好的方法。

上述的預決算，是用着去定營業計劃的；但是制定預算，要根據有系統的事實。假如不是這樣，預算就不能夠做實行的標準，那買不會有好結果的，如果牠是含糊的制定，對於營業，非常的有害。我們曉得，預算是一種預言，預算中所表示的，都要能準確，所以正確的報告，是造成預算的要素。

財務報告書，已經公認爲管理方面的幫助，因爲牠是狠顯明的給一個正確的解釋，所以在管理方面，估有重大價值的。不用正確的報告，去做財務報告書，對於管理是沒用的。會計師在營業方面，估一位置的原故，是管理方面要用會計做幫助，如果不能得正確事實，是不對的。最大的困難，就是會計是負有歷史性的，幷沒有表示引導未來的意義。事實除了能夠特別的利用，對於管理方面的貢獻是有限的。

解釋或是分折，必定要把事實搜集得來，是負歷史性的會計，一個弱點。財務報告書，從在牠的本身講，沒有多大的價值。牠最重要的貢獻，是分析和估計過去事實。分析一個公司的財務報告書，我們可以曉得，財務報告書，和在此時期中股票的市價，沒有多大關係。這是商品售價的問題，財務和其牠的報告書，對於商品售價的制定，不過是大略的計算，因爲牠在這種狀況下面，對於管理，沒有眞實效用。

依管理觀念，財務報告書的分析，是用做營業南針的。最後的分析，公司利潤的可能希冀，是估計營業價值的要素。財務報告書的分析，是比較公司的經濟狀況，利潤的預定，是根據了財務報告書，或是市價，所以比過去的事實好得多。財務報告書和損益計算書最大的用途，往往不會引人家注意，就是預算和決算的比較，預算是沒用多大的用處，除非牠是用着做比較—計劃和事實的比較，幷且把不能相同的原因，分析和估計出來的。經過這種步驟，可以發現不少的管理知識和經驗。一個最有效用的原則，在管理方面，就是把計劃，預算或者是標準，和事實比較，牠們不同的地方。普通的方法，是把營業收入和財政狀況比較一下，這是不能夠滿足的，因爲管理不能控制這種事實的，所以不夠比較。最大的錯誤，就是今年的結果，和上年的比較，可以得到管理效用的。不能比較的原故，就是情形和發生的問題，

週聞簡報

記者

▲全國經濟委員會設立主旨，在統一全國財政，將來各省財政，能同受該會節制，與以前僅供研究性質之經濟委員會，權限不同，該會與中央財政委員會主計處，審計院等相連相類機關的事權，暨地方與中央收入等權責，必須有長時間之討議，方能劃分清楚，

▲鐵部派工程司凌鴻勛，會同陝省府，派員察勘靈寶至潼關西安一帶路線，預定六月，由靈寶開工，十月初旬，靈寶至潼關一段可通車，兩年內路軌可鋪到西安，經費以俄庚款發行公債，發行手續，刻與財部商洽中，

▲宋財長談中央銀行概況云，中行爲十三年總理所手創，其時不僅無資本，即印鈔票之款，亦係借來，總理臨病時，猶念及中行，十六年設籌備處于滬道勝銀行舊址，十七年政府集資二千萬元，十一月正式開幕，在滬時各行均拒收中央鈔票，經向各行各存五萬元始止，十七年資產總數四千七百萬，十八年末八千七百萬，十九年末已至一萬二千四百萬，本年三月已超過二萬萬，鈔票流通數額，十七年爲一千二百萬，十八年一千五百萬，十九年二千二百萬、本年三月超過三千萬，此純由於政府權力擴張，及本行信用增加，中行除普通業務外，凡政府所有銀行事務，概歸辦理，故關鹽兩稅，均歸中行辦理，本行理監事多就銀行界及金融機關領袖選任，總裁副總裁，由政府任命，可表明本行政策，非純爲政府謀利，尙須籌國民經濟之發展，比年軍役，本行貸款政府，始終未超出定額，故信譽隨軍事而益堅，如國內永保和平局，五年內資產可增到二十萬萬云。

不是一樣的。現在所需要的，只有計劃和事實的比較。管理是要先見的，不是開倒車的；但是管理不是幻想，牠是要達到已經決定目的，或者解釋計劃和事實不能符合的眞正原因。

（未完）

調查

中國人力車概況

陳　淼

（七）「人力車之生活狀況及其生活費」生活狀況即處世之情形，生活費即謀生必需之費用，人類因階級不同，需要互異，其生活狀況及生活費，亦因此而常有差別，中國人力車既乏人注意，故其生活狀況及生活費，亦無確實調查，今只將李景漢先生之「北平人力車夫現狀之調查」爲根據，將其中重要者摘錄於下，以作有志之參考：

（甲）生活狀況　北平城內。共有車夫五萬五千人，依賴彼等生活之家族，人數在二十五萬以上，而北平總人口爲八十萬，而人力車夫則占全平人口百分之七；合其家族計之，則占全人口百分之卅有餘；換言之，即每十一人中有一車夫，而每一車夫又有三四人靠其爲生，此等勞働者關於社會之安甯，由此而知不可忽視者也。

此五萬五千車夫中，以其藉貫論之百分之五十五爲本城人，百分之三十一爲本城城區內人，百分之九爲河北人，百分之五爲山東人，餘下爲他省人，然爲數已不多矣！若以年齡大小論之，則百分之六十爲自二十一歲至四十歲者，此正當年富力強有作有爲之時也，百分之八在五十歲以上，百分之五在十二歲至十七歲之間也，依法律言，此二種人皆在被禁之例，深望警察當局界法以取締之，若以住宿論之，則車夫之已結婚而住於家中者占百分之六十二，餘下之車夫則悉住於

車夫寄宿舍或小客棧中，若以拉車久長論之，則自一年至五年者，今為全數一半有另．次之為六年至十年者，下年以一為數亦屬不少，今為明瞭起見，將車夫拉車開始年齡及車夫拉車年數列表如下：

拉車開始年齡	人數
自十一歲至十五歲	七十六
十六至二十	二八六
二十一至二十五	一七二
廿六至三十	一六八
三一至三五	一二一
三六至四〇	九七
四一至四五	六二
四六至五〇	三八
五一至五五	九
五六至六〇	三
六一至六五	四
六六以上	一

拉車年數	人數
一年以上	一〇七
一年至五年	五〇九
五年至十年	二三一
十一年至十五年	八六
十六年至廿年	四六
廿一年至廿五年	十八
廿六年至卅年	一
卅年以上	二

（乙）生活費　調查者拜於五五〇〇〇車夫中出一〇〇〇人作生活費研究之標準，其研究結果如下（一）「飲食」其中五五九個車夫在家吃食，四四四一個在外吃食，在家吃者每人每月需用二•九四元，在外吃者每人每月需用二•八〇元（二）「衣服」衣服每人每平均計之約五•五四元左右（或每人每日用四，二五枚）「鞋」每人每年平均約二•七四元（或每人每日為二•一枚）但有許多車失不出鞋費，因鞋製自家中故也（四）「房租」以一〇〇車夫為根據，每家每月約用一•一元其餘單身車夫，有向親友家中住者，則不出租金，有住在車廠中者，只略付房租而已，平均計之借人每日約用三枚或三•五枚，（五）「燃料」，燃料，與天氣有關，亦以一〇〇車夫為根據，冬天平均每日為一五•〇六枚，夏天平均每日為一〇•八一枚，冬夏平均計之每月約一•三八元，但亦有許多人家不要出錢購買燃料者，只由小孩婦女檢焦煤或打柴草而已，（六）燈油大半用煤油，每家每日需費約三•五五二枚。

現將調查所得，總論之可分二層研究，即車夫個人與車夫家庭是也。單獨車夫每日要用六〇•五枚為飯食費，六•三五枚為衣鞋費，三•〇四五枚為住房費，如此計之飲食估總出款百分之八六•五五，衣鞋費估百分九•〇九，住房費估百分之四•三六，其他雜費燃料油等，因所化有限，當然不在此內，每家每月之出款。因家庭情形不同而互異，然其最普通者，每月所用約在一〇元，與一二元之間，但其平均數時為一四•二五元，其中開支較省者為八元四角，最大者為廿七元，每人每月平均用去二•七〇元但車夫每日平均收入約自一〇一枚至一一〇枚，每月平均收入為三一六五枚，或一一元另三分，大概言之，平均每月入款比出款約少三元之數此虧負之數或由家人職業入款為彌補，或由借貸所得，不然只得求救于當鋪或重利盤利之守財奴，此種生活情形，豈不令人心痛者乎？今又將每家生活費列表如下以明其概略：

科目	家庭百分數	個人百分數	每家每月費用	家數	每家每日費用	家數
食料	九五	八六•五五	自八元一角至十一元	九	自十六元一角至廿元	十
燃料	九	—	十元一角至十三元	六	廿元一角至廿三元	七
房租	八	四•三六	十三元一角至十四元	十六	廿三元一角至廿四元	一
衣服	五	九•〇九	十四元一角至十六元	十七	廿四元一角至廿六元	一
雜項	三	—	十六元一角至十八元	十二	廿六元一角至廿八元	一

（八）「人力車費之標準」凡人至一都市時，常因資格少淺，路途不熟，偶一不慎，常被車夫敲榨以去，行人不勝其苦，故有一二市政當局，有見於此；即提出廢除講價制度，由政府劃一車價，使車夫無勒索之餘地，人民亦得益非淺，此重要之舉也，望未劃一或已劃一而不實行之市都，速起而圖之，上海工部局於一九二五亦曾有學理上之價目歸定，然惜未能實行，其歸定之價目如左。

每一哩或少於一哩者	一角	講距離
每加半哩或少於半哩者	加一角	講距離
每小時或少於一小時者	五角	講時間
每加一小時或少於一小時者	加五角	講時間

漢口市政府亦會歸定其價目如下：

從乙碼頭	至一元	十六枚
	至青年會	二十二枚
	至中山公園	五十四枚
	至郵政局	十六枚
從車站	至青年會	十六枚
	至郵政局	三十枚
	至市政廳	四十枚
	至中山公園	五十枚
	至乙碼頭	三十六枚

（九）「人力車夫工會與罷工」人力車夫所組織之工會既少，又不甚發達，故常不能引起社會人士之注目，現武昌漢口長沙等處，已先後成立工會，上海車夫欲組織之會，惜已被社會局所否決車夫加入工會，往往非常湧躍。在長沙一埠，車夫加入工會者，已有四千餘人，其入會費為四十枚，每人每月又須繳納會費六枚，在武昌漢口二埠，車夫之加工會入者，有三萬人之多，其入會費為五十枚，每人每月亦須納會費二枚，其中最大之人力車夫工會則在北平，據聯合報社駐平記者(Mr. D. C. Bess)在一九二九年十一月九日宣稱「北平最大之工會為人力車夫工會，因搗毀電車之故，被市政府所解散，此會總共有會員五萬另四百五十七人（此據政市政社會局所調查，謂其中一大半是城內車夫云）。

自一九二八年，革命軍佔領北平後，工會風起雲增，到處皆是，約略計之，為數不上數百，工運前途，抱有極大之希望，今忽一道命令，解散最大最有力之人力車夫工會，因此工運前途，暗礁百出矣，自人力車夫與電車工人爭鬥後，責任應歸何方，討論研究，逕數星期之久，然仍未能解決，全線交通，亦因此停頓，若欲恢復原來之狀況，恐非數年之後不可能也。

雖然如此，此次騷動搗亂，政府已置嚴重處罰，其中百餘人，充軍流放至西北夏與西各處，其中情節較重領首之人，則處死刑以示衆，此次政府在事前不能預防，在事中不能負指導之責，而在事後則重罰他人，以減少自已之過失，余覺彼等處置失當，辦理欠佳。

況人力車夫之悖恨仇視電車，非存惡念劣意，全因個人生活問題，五六年前，北平方指定電車路線，舉行開工典禮時，當時人力車夫亦即刻提出抗議，謂一電車運輸之力，可抵一百輛人力車或一百個人力車夫，若開電車一輛，則一百人力車夫及其家庭之衣食住，勢必被其掠奪盡矣！況電車尤不至一輛，政府見騷動之所自起，開導以言詞，出任調停，差商之結果，雙方各自讓步，電車公司方面，減少行駛車輛，以免人力車夫失業之恐謊，豈知時至今日，仍不免于難，此自然之趨勢，非人力可能阻音也」

（十）「拉車費力計算」廣東中山大學生理學院教授貝斯盧（Adolph Basler）博士，曾在紐約科學雜誌上，作一文章，其題目曰「人力車夫拉車所費之力」(Energy Spent by the Ricbshman)其計算非常有趣今摘譯其重要者如下：

「人力車夫所訓練者，只一快行動而已，其行動奔跑之狀態，約可分為二種(甲)慢跑即每分鐘跑一百步，每二步距離長二百十生的米達，即七呎，此種奔跑與平常之走路相似，在足蹈地與離地極短時間中，需將足全部着地，(乙)快跑一此種快跑，只足光與足跟着地，但因人力有限，故不能繼續長時間與長距離之快跑也。

人力車夫足部之動作，在照相上甚屬明瞭，余曾在繁華商埠，靠近馬路之商店，計算人力車夫每步之距離可惜不能給余一良好之結果，因此等事業不能似在實驗室中所能結果之準確，只余求得之平均數，亦即余之標準數為：每一雙步約自一百卅至二百生的米達，即四呎六呎半，但依維般(Weber)所得，則為二百十生的米達云。

人力車夫每分鐘足部之變換，約自七十六次至久十七次，身部向前速率，每分鐘約一〇九至一六二米達，即一小時可前進四七二分之一哩至六哩。

現評估人力車夫所作之工作，人力車之構造，原將行動時一切重量，之歸於輪軸上，故車夫無需用向上之力，只用其全力而前拉可也，故輓引槓桿時，只需勝過地上磨擦之阻力，即可前進，余曾算得此種阻力約自四磅至十一磅之間，所以人力車夫所作之工作，與穿一繩過一滑車，在滑車一端，繫乙四磅至十一磅重量之物，以二手攜引另一端所化之力相等。

人力車在一極快速率時，拉一車所費之力，約十分之一馬力，此種高速度之奔跑，只能數分鐘，不能持久，然其每分鐘外部工作之數量，與其所做之事，較諸埃及人自尼羅河中汲水，及法國濬河工人爬上梯之所用之力較少●即較大學生競渡中之搖獎者，亦覺省易多矣。」

(十二)「結論」依照貝斯盧博士(Dr. Baslor)研究所得，則謂人力車夫之工作并非十分殘酷，然余以為不然，因不論何人當乘車之時，永不思及同一人類不應作牛馬生涯，故奔走烈日狂風暴雨之下，連奔三四小時之久，無人憐之，無人諒之，況其一日工作時間又為特長，非十數小時不可，故車夫伐平北之騾，拉一大車行于淺泥道中，路人側目不之見，而況彼等將來之地位，又非常危險，余不自量，拉雜陳之，希望能有較多人士，注意及此，并起而研究之，尤其十二萬分希望國內人士或政府當局，對此數十萬人力車夫，有所供献，有所補救，使他們能拋棄是項工作，向別方得一較好較妥當之職業於將來，而不幸今上海市政府當局，又將加添人力車一千四百輛，之議其不體念貧民，竟至于此乎？余實百思而不得其解也。(完)

外國銀行紙幣之激增

以國內銀行信用之擴張，銀元鑄造量之增加，及國人民族意識之發露之三因，外國銀行在華之基礎，雖不至發生動搖，而一般社會對外國銀行之信用，不免稍遜，此徵之在南方外國銀行紙幣發行數之減少，已可概見，自國民的立場觀之，未始非一種良好現象，然邇來又有相反之事實發生，聞香港之三發行銀行如滙豐，麥加利，有利三家，去年底之發行數合為一億一千萬元，今正驟增至一億三千七百十三萬元，以一月之中，增加二千萬元以上，以視國內各銀行發行數量增加之程度，其緩速殆不可同日語，論者謂外國銀行紙幣增加之原因，由於銀價低落，銀之購買力減少，故不得不增加通貨之數量以補充之，此說近是，而以吾人之見，殆由於毫洋上漲，一般錢商預購香港紙幣，以待他日毫洋之跌落，因此一時投機的行為，對於港紙之需要，遂爾大增也，總之無論其原因為如何，外國銀行紙幣之增加，則為確定不移之事實，所以致此，吾人不能不歸咎於國內銀行之漫無設備，遂令外國銀行坐着先鞭，今者國內銀行但知為鬩牆之鬥，爭利而不知生利，嫁禍而不謀防禍，長此以往，則外國銀行活躍之機會正多，又豈止發行一項而已。

专载

經濟學理與經濟問題

沈孝明

（七）分工制度　當時火石之採取，石器之製造，衣裳之縫紉，及陶器之燒煉等之分地爲之，卽已有地域分工（Territorial division of labor）之意。

而工具應用者與製造者之互相分離。僧侶，醫士，農夫，酋長之各有專業；及婦女之逐漸退處家庭，專事紡織陶瓦之職者，亦卽近代職業分工（Occupational diuision of labor）之雛形也。

（4）見勺特衞爾歷史之歷史（The History of History）頁四〇

（八）物之交換　馬焚（F. S. Marcin）曰：『新石器時代倘非已有通貨（Currency）之雛形者，則其物之交換（barter）之科學，亦必發展至最高之限度。』（5）

是云云者，皆爲人類有史以前所已成之事業；世界之經濟文化肇端於是，近代之經費制度亦種因於此也。

遠古經濟文化對於現代之影響　今日人類對於生產之技術，有基本之工具二：一爲屬於智力（Intellctual capacities）本能（Instincts）及情緒（Emotion），

（5）見馬焚歷史之進步（Progress of History）頁四四

方面者，二爲屬於專門學識方面者。前者當原始時期，卽已完全成熟；後者之基本原素及大略規模，在石器時代亦已發榮滋長，備具胚胎。所不同者，學識與技能，在最近一二萬年間，猶有繼續不斷之進步；而心能與腦力，則故步自封，毫無增益耳。故今日工廠勞工之感情（Feelings），衝動（Impulaes）古之石器時代之工人，乃根本相同，無所差異。然則上古文化對於近代之影響，其重要從可知矣。夫精神工面之，方具既完全成熟於上古環境之下，今乃使其陷溺於枯澀無味之近代工廠中，則其不能適合嚴酷之紀律，而發生單調，疲勞，不安，辛苦，及怠工之現象，自亦爲事之固然者。故吾人今日之間題，卽爲如何可以使此適合上古環境之精神工具，足以應付機械時代之生產生活。

其次，專門學識之基本原素及大略規模，在上古時代之成就，亦爲至稱重要者。以經費組織之原素，皆脫胎於原始之生產技術；工業技能與經費技能，皆有一定之形式與模型，而經濟文化卽繼續原有之模型而發展也。（6）

此技術模型之大體，卽由原始人民對於自然法則（Laws of natuei）及物質特性之無窮學識，推演而來。如選擇木材及其他材料以建房屋造器具，織布帛，製陶器。作杯棬者，必先審度物質之硬度，形式，狀態，抗力（Resjietance），阻力（Friction），熱度，韌性（Fexilrlity），裁割之狀（cut）伸張之力（Teusile streugth）磨損之度（Alrasion）及其他種種之特性；獵取禽獸，豢養牲畜者，必先諳習動物之習慣，體內之搆造，及其皮革肌肉之性質；種植樹木穀阜者，必先明瞭植物之特性，及各本草木之滋養，醫藥，及含毒之作用；使用槓杆（Lever），尖劈（Wedges），斜面（Inclined planes）法馬（Weights）者，必先知機械學及物理學之原理；卽爲其例。此外人類發動之習慣，工作之技能，紡織，陶冶，製造，及種種工藝之精巧，亦無一不爲促進手工技藝之要素。處原始人民之技能，其範圍之廣大，技藝之複雜，固與其工作之正確，能力之精巧，同有絕大之影響也。然則原始人民之創造生產技術之原素及搆成經濟文明之基礎者，甯非信而有徵乎？

（6）見勺特衞照歷史之歷史頁二。

金屬器時代　石器時代在西歐者，至西元前二千年，始達其終點。然當西歐猶未脫離石商生活之時，小亞細亞及埃及之人，卽已推闡發揚其原始之基本學識，而開金屬器時代之紀元，以尼羅（Nile）河畔之居民，當西元前四千年左右，已早知鎔鑄與應用金屬之法也。金屬器具之最先應用者，當爲銅針，銅針以前，銅之爲用本祇限於飾物方面。厥後爲用既久，其質漸明，而銅製之工具武器等之發明，乃層出

不窮。然銅之爲質，柔而易展(Malleable)，以供爲器之需，終有難以適用者。故當時人民在急需之環境下，又偶然發現銅與錫以九與一之比例，混合而成之青銅(Bronze)，爲較裨實用。於是冶金之術，遂以萌芽，而金屬器時代之技術，亦蒸蒸日上，寖然有促進工業技術之勢力矣。

西元前一千三百年，小亞細亞又發現用鐵之法；此後鐵之技術遂代銅而執東方技術界之牛耳，然同時青銅已自地中海之東部，挾其勢力越海而西，使歐洲深受其影響，一變而爲青銅器時代矣。至西元前一千年左右，鐵又於流行東方之餘，遂漸西進，寖假而遍西歐之全部•於是金屬器時代，在東方者自西元前四千年，在西歐者，自西元前二千年，遂繼續維持其勢力，至十八世紀之實業革命(Industrial revolution)時代而始衰，雖然，斯時之生產技術，固仍不過爲石器時代之費濟組織及物質文明之發揚光大者耳。

終金屬器時代，經濟文化之始燦爛，繼衰微，而終崩毀者，凡十數度，然察其消長之跡，實皆與民族之勢力。同其進退；已自埃及文化之由盛而衰，降至羅馬帝國之由興而亡，其間大民族之前起後仆者，亦爲數不少也。在此時期之中，世界文化之牛耳，嘗由巴比倫尼亞Babylonia)，亞西利亞(Assysia)，腓尼基(Phoenicia)，巴力斯坦(Palestine)，波斯(Persia)，克里特(Crete)，希臘(Greece)及羅馬(Rome)之民，更迭執之。厥後時過境遷，此各民族之勢力，亦一一成爲陳跡。然其在文化上之地位，固仍上承前代經濟技術之基礎，而爲重要之發明；下爲近代經濟社會之文明，造基本之原素也。

自技術方面言，斯時製器及金屬之業，因石器之勢力寖衰故，已大形發展，現羅馬一城，共有工業八十餘種，即可知矣。茲舉其重要者：則陶工轆轤(Potters wheel)之發明，開近代車牀(lathe)之先路，而使陶器成爲當時主要之工業，車輪橫軸之銜接，良陸路運輸之方法，利族行商賈之兵車往來，而使戰術及侵略方法受極深之影響。舟舶之有帆或槳與操槳之奴，促航海之發展，使遠道之交通，而使戰鬥史上開海上戰爭之紀元。此外玻璃，紙張之製造，紡織技藝之精進，

要之芽程，建萌皆工之當亦，登墁爲築術之重坊技展時成就。至若農田之灌漑，道路之修築，及廟宇，墳墓，金字塔(Pyramid)之建造，則足以見則量工程之進步；金屬武器之增加，則尤足以見當時或戰爭之猛烈；與手武備規模之浩大也。

與生產技術同時發展者，爲經濟之組織。蓋工具增加，分工進步，貨物之交易，既日漸紛繁，則商業之規模，自日趨擴大。商業之規模擴大，則一方因人民之接觸日密，交通與紀錄之重要日臻，而有字母文字之發現；一方因貨物之授受日繁，交易媒介(medium of exchenge)之選擇日酷，而有金屬貨幣之發明；而一方又即因金屬貨幣之發明，引起貨物價格之制度，而使帝王有徵收租稅之可能，人民起貧富不均之現象，貴族生奢侈，貪婪，及凶暴之習慣焉。至因各國貿易之激增，而開世界商業之途徑，使地中海沿岸之民，互相接觸，而經以溝通歐亞之文化，交換東西之智識者，則尤學術界所公認爲發展得濟生活最重要之原因也。

當時勞工之組織(organization of lafor)，基於社會上之兩大階級，即所謂貴族(nobilitp)與奴隸(slaues)者；而中產階級，如工匠及自由民等，則努力爭存於兩者之間，事飄搖無定之生活。奴隸爲當時機械之代用品；凡戕木，汲水，操槳，採金及其他笨重勞苦之力役，殆無一不由彼輩爲之。最低之估計，謂希臘之奴隸幾佔人口三之一，而羅馬奴隸之數且有謂其遠過於自由民者，則當時此級人民之多，亦可想見矣。

自埃及以至羅馬，社會組織之最流行者，爲各種名異實同之封建制度(Feudalism)。封建制度以土地爲最要之財產；故凡有大地產之所有權者，即爲貴族與巨富之特徵，而農奴(Serfs)與奴隸，則爲之事勞役焉。當時一般小農階級，非無時思奮鬥，以求克自樹立於大地主勢力之下者，顧皆爲時不久，受貴族之排擠，而接踵敗亡，而社會上稍稱肥沃之地，遂皆歸於大地主之掌握矣。在地主之食邑(Manor)中，所有手藝工作，具由自由之工匠(Artisan)及有手藝之奴隸任之。故當時小規模之作場(Worlsshops)工場(Factories)，雖有在文化上佔較高之地位者，而社會之主要單位，則仍爲容納奴隸，農奴及自由民之食邑。惟埃及之手藝工人似已有行會(Gild)之組織，而希臘羅馬之手藝工會，且更臻重要，隱然開中古末葉，歐洲行會組織之先河也。

黎照寰題

經濟週刊

第四十二期

零售每份大洋一分　每逢星期一出版

上海交通大學經濟學會編行

中華民國二十年五月四日

論著

鐵道事業與社會經濟的關係

侯亮

鐵道事業與社會經濟，是有極密切的關係的。在經濟狀態還未發達的社會裡，鐵道敷設的需要，固盡人皆曉，無待贅言；而在經濟狀況已有顯著的進步的社會裏，鐵道事業在各種交通事業中，也佔有極重的一個地位的。

在經濟狀態已發達的社會裡，鐵道事業的影響，至少可以從三方面去觀察：（一）生產方面；（二）消費方面；（三）分配方面。以下詳述這三方面所受的影響，以明鐵道事業與社會經濟的關係：

（一）鐵道事業與生產的關係

鐵道事業與社會經濟最顯著的關係，要算生產量的增加了。我們要想生產能夠增加就得先求生產所需的要素能夠充分供給，謂生產的要素就是勞工，資本和土地。

（甲）關於勞工之供給，在交通不達的時期，因經濟的關係，勞動者只能就地徵募。因爲路程遠了，工人的食宿問題，發生難困；而且往返奔波，對於工工時間上，也很不經濟。所以我們要仰給工人於數十百里之外，是事實上所難辦到的。結果，往往有甲地的勞工雖感不足，而乙地勞工却有過剩。但是，鐵道建設以後，交通便利，八民遷徙就容易多了，數十百里以外，片時可到。勞工的供應，是無庸顧慮的；並且火車速率甚快，對於行旅所需的時間，也可以減少許多，換一句話說，減少行旅的時間，即是增加勞動的時間。

（乙）關於資本之供給，投資家每每因爲遠地情形隔膜，對於投資不免顯着躊躇，結果，甲乙兩地的資本也不免有此多於彼；或彼過剩而此缺乏的現象。有了鐵道之後，無論行旅通訊都很便利，各地方情形，不但可以立即週知，就是未來的變化，也可以預測一二。投資既然有了保障，投資家自然很願意而且很放胆地去投資了。並且資本因爲鐵道的運輸，流動格外迅速，無形中可以增加資本的効用，結果，就等於增加新資本一樣。

（丙）關於土地之供給，土地因爲鐵道的敷設，也可以格外流動些這是因爲土地的利用分量可以增加的緣故。例如鐵道縱橫的區域，勞工和資本，都很容易募集，推銷運許銷各種生產品的困難，也減少了

本期要目

論著

鐵道事業與社會經濟的關係　侯亮

從管理觀念中研究會計（續）　竇棟

專載

經濟學理與經濟問題（續）　沈孝明

印刷者　上海法租界愛來格路華僑印務局

多；以前本來是很偏僻的所在，現在却可以蓋工廠造工場了，以前本來沒有人居住的地方，現在却成爲工人們的眷屬居住的集合處所了。又如鐵道發達，生產市場可以擴大，以前本來是荒地，現在却逐漸開墾變成可以耕種的農場了。所以鐵道的建築，直接簡接都是扶助農工業的發達，而使土地的利用分審增加的。

鐵道事業的發達，不但可以增加生產的數量；（生產數量的增加，與生產的三要素資本，勞工，土地的增加，成正比例。這就是說生產品的增加，是增加資本，勞工，土地三要素的結果）並還能夠增加生產的種類。例如：社會因鐵道發達，交通便利的結果，物質文明增高。人民的需求，也跟着增加起來。原始的供給，不能滿足他們的慾望。於是新興的事業，製造新需求生產機關，也就自然而然的添設起來了。新的生產機關既然增加，那末，生產的種類也就繼續地增加起來，以應社會的新需求和新慾望。

生產的數量和種類既然增加，由是同業之中就有競爭的必要了。何以呢？因爲某種生產品不但在某地有人競爭，以爭取傚利；並且因鐵道事業發達的結果，外界運來的貨物，也可以加入競爭。這樣，雙重競爭之下，生產者要不去改良生產謀生產合理化，那就未有不失敗的美。

所謂合理化的生產，就是極力設使生產品能夠物美價廉。在交通不發達的地方，輸送貨物頗感困難；並且有時很不合於經濟原則。所以各地方的需用品，往往自立門戶，不管牠的生產條件是否優良，雖卽亟亟的去從事生產。在這種情之下，甲對於某種貨物的生產，然優良，每因鎖路的狹小而不能發展；反之，乙地對於某種貨物的生產，很不經濟，但爲適應需要起見，又不得不勉强從事生產，結果，使生產費非常昂貴，生產非常地不合理。

我們要使社會經濟能夠發展，就得抑長補短，使生產能夠合於經濟原則，合於理想標準。要達到這種目的，那就非建設鐵道不可；因爲鐵道事業發達之後，凡原料品及製造品，無論是在經濟方面，在技術方面，並且，不論遠近，都可輸送。所以生產者可以撰擇生產條件優良的地方，從事經營，而生產的銷路也可以大大的推廣了。

鐵道事業的發達，除了能夠使生產合理化之外，並且還能夠形成地方的分業。我們曉得，在沒有鐵道以前，交通不便，大量運輸極感困難，貨物在某種市環場上因爲沒有競爭的緣故，往往有獨佔之可能，並且生產者也不願意去加以改良。可是有了鐵道以後，生產者因有利可圖，競爭的就多起來了。競爭的結果，因爲外來的貨物是合乎生產，優良的條件而且價格較爲低減，所以當地的不合生產優良條件的事業便失却了他的原有位置，而不得不想法子經營對於當地生產條件較優的其他事業，這樣，一方面外來的生產者儘管去努力經營他們的生產條件優良的事業，而他方面當地的生產者也努力地去經營他們的生產條件優良的事業。於是，條件的選擇日漸發達，因而形成了地方的分業。

總而言之，鐵道事業的發達，使交通便利，因之生產者同業競爭熱烈，爲要鞏固他的地位起見，不得不利用技術和科學的經營方法，一方面改良出品的品盾，一方面研究生產費的，減少，撰擇生產條件最優良的地方，去經營各種適當的事業，使生產合理化。所以鐵道事業實在可以促成各類事業的改進愈事業愈改進，那末生產優品盾就愈優美價格也就愈低廉，銷路也，就推廣。這樣，使鐵道的運輸量大大的增加，鐵道本身的地位也愈加充實，愈加改良而一般利用鐵道利通的生產事業也愈容易發達。這樣看來，鐵道與生產不是互相利賴，而有密切的關係嗎？

(二)鐵道事業與消費的關係

我們由經驗上可以看出人類的慾望

週聞簡報

•記•者•

▲財政部改變全國幣制爲金本位事，經凱末爾經濟團，擬定改造計畫後，現已開始進行，最近財政部錢幣司，特派專員，在滬上及南北各重要商埠，調查各外人在我國所設銀行之發行紙幣數目，及其流通市面狀況，以便設法逐漸取締，俾使將來金本位計畫實現時，不致發生障碍，一方本埠中交等銀行，均代爲收買標金，以爲進行鑄造金幣之準備，最近中央銀行由元興永大興永，乾昌祥，及交易所，等標金商所代收之標金條，已達四萬五千餘條，上次曾有一次運美鑄造，又關於中央銀行發行關金兌換券事，據云，由該行之業務局向商人出售，人之完納關稅時，均須以換券付稅，同時此種兌換券，即成爲改變金本位制之試驗，原以兌換券發售後，商人以感覺使用便利，遇有以金價購貨時，難免有以兌換券付現者，因之此種兌換券，有漸行流通市面之勢，改用金幣制之試驗，遂由此開始云。

▲鐵道部近爲謀張興國產，及實業計劃計，聞擬將凡屬民主需要物品，及對外競爭貨物，由全國各路運輸時，其運價酌予減低，現正在規劃中。

▲出口新稅則已經國府會議照立法院修正案通過，預定猶豫期間爲一個月，約六月一日起實行，至徵收貨幣單位，決按金本位計算，俾與進口稅則，採取一致，例如某貨值華幣一千元，此數按市價折成現金，即照現金市價計值科稅，以期兩無所損該稅實行後，海關每歲可增收一千五百萬兩至二千萬兩左右、

▲津浦決購太平洋與天皇式機車各八，現月收百八十萬，經常開支月九四萬，貨車千一百輛，能用機車共六九，除去運兵運煤運料客調車與鋼甲車佔者，僅餘五機車運貨。

▲浙杭江路大借款四百萬元，合同草案，省府三九五次議通過，即可簽訂，滬銀團定名企信。

是極無限極複雜的。差不多每個通常人每日都需要許多的貨物，來滿足他們的慾望。這種事實是基于一個法則就是：每一個社會的消費力是非常大的。不過，人類的慾望雖然多到無限，而所以能滿足他們的慾望的物件，却大有限制。譬如我們的慾望是要去蒙古或西藏遊歷，因爲這兩個地方交通都很不方便，使我們不容易達到，結果，我們的慾望，也不容易滿足。又如，住在中國北部的省區如北平天津等地的人，要在荔枝成熟時，想食福建和廣東出產的新鮮荔枝，也是難以辦到的，所以該兩地人民的慾望也不能夠滿足。爲什麼人類的慾望會受限制呢？一言而蔽之：供求不相應而已，爲什麼供求會不相應呢？交通不發達。何以交通不發達呢？沒有鐵道的緣故。所以要想足我們的慾望，第一是在調劑供求，使之能相應合，而供求的調節，又非建設鐵道事業不爲功。因爲鐵道的敷設，對於行旅的人在經濟上，精神上，時間上，都得到不少的便利；對于貨物的運輸，也減却不少的困難；對于技術方面的交通，也可以扶助其他交通所不及。試以我們的旅行言之，在鐵道四達之處，所需的費用，當然比較沒有鐵道的地方來得省些，而安全，迅速却遠過之。所以有鐵道的區域，往往會引起人們旅行的興趣。試以傳遞訊息言之，鐵道雖不如電報電話來得快，而對於信件的傳遞，却於郵便上有極大的助力。再進而言貨物的運輸，因敷設鐵道的結果，以同一的費用，從前只能搬運到十里或數十里的，現在却可以由鐵路運到什百倍那麼遠的地方去。並且，從前有許多貨物，因運輸耗費的錢太貴了，這種貨物便不能送到更遠的地方去，以致就地放棄不要的也有。現在因爲運費低廉的緣故，可以運到遠方消費的場所，並且還會賺錢。至於蔬菜，水菓魚肉等易壞的東西，在鐵道貫通的地方，也可以由生產的地方運送到遠方消費的場所去。　總理在三民義內曾經說過：雲南內地所積存的米穀極多，因爲交通不便，無處法理，該地土司有時於每年收穫時把陳米燒毀。而同時東南各省，並且還要仰給於國外安南等地的米穀輸

入。又如北方各省，葡萄的產量很是豐富，品質也很佳美，但是，在東南這幾省。只見美國葡萄乾充斥市上。上海西洋食品店並且還有美產的無核鮮葡萄出售。捨近求遠，到底是什麼緣故呢？實在是因爲國內鐵道事業不發達，無法輸出。使天賦財源，隨地拋棄，豈不可惜！

還有一事我們所不應忽視的，便是鐵路事業發達後，大量貨物的運輸。大量貨物輸送的必要，在經濟進步社會裏，尤其顯著。在經濟進步的社會裏，因生產分配的關係，其所需的原料品或製造品，大部份是仰給於遠方各地的。我們要想我們所需要的物品能夠價格低廉，那就必須大宗地去採購。所以近代鐵道是負有大量運輸的責任的。所貢獻於社會民生之處，實在和上面所講的廉價，迅速，安全三大要素同其重要。

鐵道事業發達，可以使貨物的耐送能力增加，因之貨物販賣的市場也擴大了。因爲貨物運費，是構成貨價要素之一部分，故運費低減，假使沒有別的阻礙，可以使販賣的市場擴大。這種理由，是極其明顯的。

鐵道事業發達，不但可以使市場擴大，便是農工商礦各業的出品，也可以推擴銷路；並且，運費減少出品的價格也可以便宜些。所以以前因爲價錢太貴，銷路不佳，現在卻比較容易銷售。換言之，鐵道事業發達後，不但因市場的擴大，而使銷路推擴，並且也因爲物價的低廉，使銷售數量增加了。至於增加到什麼程度，那就一方面關係於各地居民的密度和所得分配上地理的狀態並貨物的需要伸縮力！一方面還要看生產擴張力的怎樣以爲斷。

(三)鐵道事業與分配的關係

鐵道事業發達後：運價減低，輸送的時間迅速準確，投資的利息，可以減少，並且輸送安全，保險費期可以減少，而生產製造所需要原料品機械器具以及一切補助材料的成本，也都因之而減少。就通常的食品和其他生活上的需用品並旅費，通訊費等等凡屬生產製造所需要的一切費用，都要由鐵道事業的發達而減輕。生產所需要的各種費用既然減輕，而生產品和製造品由產地製地輸送到市場的運費又甚低廉，所以鐵道事業的發達，實在可以促成物價的低廉，而物價的低廉，又能使銷路增加廣大。二者相互爲用，更可以使物價愈趨低。(未完)

從管理觀念中研究會計(續)

寶棟

(二)成本會計

關於回顧成本會計和標準成本會計，在過去幾年中，有不少的研究；但是用在管理方面，去控制利潤，到是狠少的提及，的成本會計的記載，在管理方面，可以幫助尋找考察生產過程中的損失，或者是狠貴的成本；可以決定利潤；可以指出貨品售價的，這是狠好的目標，不過在施行方面，是依照估計和推測。要求這種目標，在管理方面，有狠大的效果，必定要看實行的力量怎樣，不是紙上空談所能功的了。

現在討論貨品售價。價格的決定，不是由管理者依照成本定的，材料加人工，加費用，加利潤，就等於價格的，價格的決定，也不是如經濟學者所說，要依照供給和需要兩方面的，雖然價格不是任何方法可以決定，但是在競爭市場上，我們可以用一個狠普動的方法，去決定價格，就是賣者和買者，將貨物和牠的售價，連續的比較，然後決定的。假設質料是一樣，價格的決定，是出于競買的。競買的心理，是非常的有趣，管理者制定的價格，不一定和大多數人所想像的一樣，并且這種價格，有時比製造成本來得少，管理者是不注意成本的，他們所注重的，就是在一種狀況下面，他們能不能控制一切；因爲成本改變的狠厲害，所以管理者不大注意，不注意的原故，就回顧成本會計的記載，在繼續改變的情形下面，不能夠用着去解決所發生的一切問題。對於價格的愼重考慮，就是我們能不能得到最大，或是最小，或是理想上的利潤。

成本會計的用途，是避免在生產過程中的損失，和狠貴的成本；并且負有估計和推測的責任，某一種成本記載，可以幫助此種方法富進行，但是普動的一種回顧成本會計，是不合這種宗旨的，去年，或是月上一種貨物的成本　每一件是七元一角；在本年，或是本月，已經是八元五角；此種事實，不能夠有多大的幫助，因爲一種成本太貴，別一種太賤，是沒有標準來比較的，標準成本會計，在正當的使用上，能夠利用成本記載；并且可以得道狠大的效力，標準成本，是根據時間，標準的狀況，和正確的管理，假設管理方面，在施行範圍的中間，得到一種記載，能夠宣佈利潤，而這種利潤，是從幾種貨品在不同的實行力量下面，市價和成本改變中得來的，這種記載的利用，對於營業方面，制定特價，非常的有益，成本記載的應用，要有效果，一定要能夠供給材料和事實，去幫助管理方面，制定有利潤的物價，回顧成本會計，不能供給完全的事實，但是僅能供給的一種事實，需重行估計和推測的，不經過這種手續，對於管理方面，沒有多大的價值。

回顧成本會計，在劃一的制度下面記載，一個工廠的成本，在一定時間裏面，可以和別一個工廠的比較，比較的結果，可以得到節省和浪費的，假使工資是一樣，關於人工方面成本的改變，有種種原因、機器力量的不同，工作鐘點的不同，工人技能和訓練的不同，管理方法的不同，和其他的原因，別種成本的要素，也是這樣的，現在成本記載的進展，加重了回顧成本會計，對於管理方面的價值，標準成本，在適宜和正當的用途上，可以從一堆事實裡面。求出一點事實，對於管理方面的用途，可以使結果的估計，狠容易推論的了。

在幾種事業方面，過去的成本記載，經過正當的推測，用在管理方面，可以估計未來的希冀，例如汽車售價的，決定不是依照過去成本的，但是在某種情形下面，過去的成本，可以做成本和市價大略的考察，根據在生產狀況改變不厲害的時候，或者在一年裏面，成本不改變的時候，這種成本記載，非常的有價值，狠少公司是贊成固定成本和售價的，因爲成本和售價，在比較狠小的改變下面，公司可以在損失利潤的，假如一個公司，要得到狠大的利潤，和比較上穩固的營業，過去的成本，可以用着去求利潤，假使沒有非法舉動的危險和損失，許多公司，所在的地位，不是這樣，卽就是他們可以用改良的方法，——標準會計，去代替，能夠得到較好的結果，他們不願改進，這是非常不幸的一件事體。

(四)統計

會計記載，除了對於財務報告書和損益計算書有所貢獻，在管理方面，往往消失牠最有價值的貢獻，內部統計，是從公司裏面財務報告和損益報告中得來，這種統計，是公司報告中一種不同的分類，內部統計，包羅大量的記載，但是我們不能說在會計工作完了的時候，就是統計工作的開始，會計的記載，是用貨幣做單位，統計的記載，是表示量數的，這種不同，在表面上似乎沒有反駁的理由　內部統計記載的一種事實，所用的方法，是和簿記所採用的一樣，就是用不同的方法去分類，內部統計，是會計問題的一部分，假如不用這種統計，在任何情形下面，我們不能夠估計和分析普通的財政事實，

表示數量的事實，在管理方面，非常的需用，貨幣的單位，元，角，分，是空虛的，不容易明瞭，假如用元做單位，收入可以是增加了，但是售出貨品的數量，是減少的，反過來說，也是一樣，除非在管理方面，注意這一類的事實，公司的盈虧，決不容易知道在眞正情形下面的結果。

除非我們能夠得到表示數量的事實，我們決不能用許多的理論，去給公司做一個預算，和推測未來的結果，假如公司曉得自已在工業上的地位，和發展的成放，在預算方面，所發生的一切疑難問題，都可以迎刃而解的了，用貨幣做單位，去推測工業的地位，是非常的困難，這是因爲貨品的價格，是常常

改變的，幷且用貨幣單位，去表示各種貨品售出總量，是不可能的，商店售賣的貨品，是有很多種類的，不是一種的，物價指數，可以應用去求貨品售出總量，但是這種指數，是必定要用統計方法，幷且材料的搜集，是從公司內部，或者外邊得來的。

在過去幾年中間，商人已經承認別種工商業統計報告的價值，這是因爲各種工商業的情形，能夠影響單獨的工商業的，任何工商業不能單獨的前進，除非已經注意到別種，工商業的進展，所以在現在工商業中，大都注重外界工商業統計，幷且僱用專門的人材，去做這件事體，他們的目標，是想得到關於工商業進展的情形，尤其是對於生產的數量，供給和需要的情形，等重要事實的，對於此種記載不大注意，那買，會引起重大的損失，工商業的情形，似乎沒有狠大的改變，這是不能表示和營業方面沒有關係的，許多公司，承認在市價漲落極微末的時候，公司方面，可以有盈餘，也可以受損失，所以內部營業工作的方針，要推測外面情形的了。

統計工作，是分着許多種類的，但是總要有標準，纔能得良到好的結果，統計的搜求，是改良生產的工具，假如去研究生產率，可以依標準去比較未來的，搜集這種記載，最好方法，就是搜集統計報告，幷且研究牠們發生的要素，現在用在搜集統計材料的費用，是有限制的，所以最有效用的工作，應當先做，這是因爲統計工作，大都在管理者推測結果後面的，沒有統計和試驗，標準是沒有改良的可能，假如要從過去事實中，得到驗經，在會計方面，一定要有標準，統計的搜集，對於會計搜集，有非常的效力。

幾種重要的統計報告——預算，銷貨量和市場，生產量，成本和費用的減少利潤，和方針，都是增會計對於管理方面價值的，這幾種研究，是要依着營業中的基本原則，假如是合於經濟原則的，這就表示牠們是在完全商業組織下面的了

(五)結論

準確的估計，是要根據經濟力量和商業力量去做的，因此才能得到結果，估計就是評判，所以一個件事體的估計，要有根據，幷且要用有系統的方法，依照原定的步驟，去搜集材料，然後做一個詳細的事實記載，表示過去的經歷，估計是從財務報告書，損益計算書，和統計，產生出來的，分析估計的效用，是非常的重要，估計方法的構成，要有一定的原則，和有系統的程序，事實的分析，是依很搜集事實的方法，所以這種分析，是包含着估計的原則，估計不依照適當的標準，是容易濁亂的，幷且引推起測事實意義的錯誤，這是要注意的。

假設一個公司，利用很好會計制度，在牠的財務報告書上，表示純財產在一年中間損失，百分之十五，這種意思，分析是需要的，這種分析，當在眞正情形，和管理或是投資的觀念下面，很容易談解，非常的明顯的了。所以這種觀念，不能成爲事實，但是此種結果，怎樣的和人家比較呢？分析的意思，要注重公司財政方面過去的歷史，一種營業過去的事實，僅是時間上一點痕跡，牠不能表示現在進行的狀況，進行的狀況，是股東和管理者所要知道的，推論是能達到這個目的最好的方法，將來的計劃，怎樣的進行呢？我們一定要利用過去有價值的記載，去計劃將來的；分析計劃，和施行結果不同的原因，這是因爲經驗，是一個不良的指導者。

雖然估計和分析，是很重要牠的目標，可以簡略的敍述一下，會計是供給報告的，這種報告，是幫助營業計劃的，適當的去控制結果，幷且供給很有效用的記載，對於計劃，對於施行，對於計劃和行施結果不同的原因，在會計方面，所用的工具，是預決算，成本記載，費用記載，內部和外邊的統計事實，標準，調查，估計，和分析，但是在沒有組織下面，牠們也不能夠有良好結果的了。

(完)

專載

經濟學理與經濟問題

沈孝明

凡奴隸存在之地，其輕視勞動之風，每波及自由之民。而視力役之事，爲皆卑賤者。故在此經濟社會之中，工匠及手藝工人遂舉爲人所輕視。其影響之深，直使希臘羅馬深思靜慮之大科學家及大哲學家，限其思想於抽象之科學，而不欲其應用於實際之工作，以使工藝之進步，及機械之發明，得以早日實現；蓋以爲奴隸將奴化科學也。

同時此金屬器文化，在其演進之過程上，亦有逐漸趨於都市生活之勢。故當時食邑而外，又有城市之發展；希臘諸城之人口，間有多至五萬以至十萬者；羅馬當全盛時代，其人口之概數，且高至百萬左右。此種生活都市化之因，蓋由於當時政府經濟職務之擴大。如埃及之法老(Phaarhs)(7)，卽爲有史以來帝王力能統馭百萬民衆之最早者。法老能率數逾十萬之勞工奴隸，以造金字塔，則其政治手段與經濟能力之雄偉已可概見。此外，國家法律之編纂與管理，則足以保障財產契約之利益。海陸軍備之維持與增加，則足以助長經濟侵略之政策；蓋當時奴隸供給之加增，世界商業之控制，土地礦山之佔據，及臣屬人民租稅貢物之徵收固無一不以武力取得也。然則當時政府除保障本國人民之生命財產外，且兼以剝奪外人及奴隸之生命財產爲職務矣。

(7)譯者按——法老係古代埃及王之稱

與城市之發展，齊驅並駕者，爲經濟欲望，與消費程度之增加。其增加之序、可於衣服之形式，食品之種類，房屋之設做，娛樂之方法，美術之欣賞，及人民對於高尚教育之欲望見之。而當時社會階級之所由分者，高半可以逸居人民之增多，奢侈程度之進步，深佚罪惡之滋生爲判。故是時文化之演進，卽所以表示富人階級消費狀況之豪侈，與當時人民智力上藝術上之成就者，其進化之跡誠有可以睥視今人者在也。

雖然，此提高消費程度之能力，亦非能久維不退者以當時生產之技術，猶不足以肩斯任，而專事玄想之科學家，又或於輕視手工與實藝之見解而不努力於機械之發明也。然則金屬器之文化，所缺者獨缺乏推持久遠之物質基礎耳。(8)

機械時代前之漬進過程　西歐之食邑制度，自西元五世紀羅馬帝國分裂後，卽異常發展，漸進而成經濟而兼政治之組織，以食邑本身雖爲經濟之原素，而封建政治之物質基礎，則胥樹立於是也，在食邑制度下，土地爲主要之財產，地主 Lord 爲主要之土地所有人，而耕作田地者，則爲介乎農隸與自由民間之農奴。農奴除定期爲地主力作外，并須於其自己之小管業(Petty holdings)中，負輸納各種貢物之責在。其農具僅爲粗劣陳舊之木犂，鐮刀，大鐮，及小車等，生產力亦至薄弱，每英畝恐猶不及今日三之一。然當時有少數手藝工人，因欲生計較爲穩定故，間仍有自請附屬於食邑之內者。此外行旅交通，亦甚艱難，故食邑雖非完全，自足而其物品如鹽鐵等之交易，苟以全邑之消費總額爲比例，仍屬爲數甚少，蓋食邑者實一鄉村之農業社會，而含有孤立，地方化，及不活潑之特徵者也。

(8)見阿瑟(A. P. Usher)英國工業史(Industrial History of England)頁二七——二八

食邑之安全，基於以封建制度爲地方政治，而發生之保護勢力，質言之，卽貴族與教會，在能力脆薄之中央政府下，進而負擔政府之經濟職務也。故食邑實亦爲一合法之軍事組織，而由貴族，農民與工匠互相團結，以謀自保者，至其所以然之故，則胥由於羅馬帝國，行政制度之崩毀，人民不得不自謀保障其生命與財產耳。然當時戰爭刧掠之事，仍有遍於全歐之勢，此種地方合作之制，猶未能盡保護捍禦之能事也。

降至十一世紀歐洲各處之都市，乃漸萌芽生枝於封建單調之生活中茁，然有發榮滋長之勢。此都市經濟(Town econowy)之所以形成之胥由於十字軍東征復，歐洲商業之發展，及與東方人民之接觸，蓋有商業而後有都市也『都市經濟爲若干村落與都市所合組之經濟單位，其中心卽爲都市，而都市周圍一二十英里半徑圍周內之村落土地，則此經濟脆之其餘部分也。』(9)

都市既爲經濟之單位，則必自地主及僧侶手中，奪經濟上之自由，而任此解放競爭之第一戰線者卽從事國內外貿易，嶄然新興之商人階級也。商人階級在都市之地位，事實殆無殊於一市之中央政府，故對內則保安甯，維秩序，一如在鄉之地主，對外則爲大規模之組織，以應保護通商要道及生命財產之急需，蓋欲貫澈經濟統一之目的，自不能不負地方行政之專責也。此外商人階級爲求行動之一致計，又有行會之組織，與同盟 (League) 之結合行會之特殊利益，卽爲市內貿易之獨占(monopoly) 其達到目的之法，係用繁瑣殘酷之條規，限

(9)見格剌斯(N. S. B. Gras)經濟史綱(Introducuton to economic history)頁一〇九——一二

制競爭之自由，與造成特殊之利益，特有之權利，及貿易待遇之分歧(Discrimination)至同盟則係若干都市在貿易上與條約上之結合，如漢撒同盟(Hauseatic league)，卽爲其最著者，此種商業同盟之勢力，幾包歐洲大陸諸城之大半，其目的亦在以淵深廣博之條規，掃除各地責取貢物，徵收苛稅，及特殊利益之障碍，至其所得之權利，則爲各種重要之公司特許權 (Corporate frauchise) 及貿易特許證 (Trrclecharters)也。

都市經濟之關于工業方面者可自當時勃然復興之手工階級覘之手工技術，自其大者言，誠與前代匠人，相差龐遠顧其經濟地位之提高，則爲無諱言者。蓋此輩匠人在都市中，已有手工行會 (Cragildsft) 之組織，在法律上已有充分經濟之自由，匪特不如前代匠人之困處於貴族奴隸兩級之間，陽有自由之美名，陰受經濟之桎梏，且又能實際進處中等階級之地位，而保障自由行使權利之能力，其地位之高，實爲前此勞動史上所未有也。此外手工工人對於都市自由及自治權利之擁護與維持亦佔極重要之地位，其行會幷得利用方政府或國王所予之特權，而強迫市內所有匠人加入該會，使其遵守學徒習藝之條規，宗教節目之儀節，與製造貨物之標準，至其格守獨占之原則，維持特別之權利排斥會外之工人，與規定工資，二時物行，銷售之條例，則尤與商人行事之策略，毫無二致。蓋自由競爭 (Free dom of compeitoin)今日所認爲商業上之靈魂者，在當時因此認爲貿易之魔鬼，而自由工作之觀念則尤會中人所認爲最猙獰之妖物者也。

寖假而至十五世紀，行會制度乃爲工商業之新勢力所搏擊，而漸有搖動之勢，而代斯制而興者，則商業方面爲勢力日強之中央政府，的業方面爲方興未艾之家庭制度(Domestic system)，前者係用大規模之商業條規與歧視政策，以剝削商業行會 (merchant gilds)之自主特權者之影響行業，則大略如下。

在家庭制度之工業下，通常由資本家負供給原料及銷售貨物之，而勞動則自備工具，與其妻孥力役於其所住之茅屋中，茅屋之外師沒隙地若干，藉供耕種，勞動於工作之餘，固仍不廢其耕事也，然勞動者中，非無孜孜力役於汚穢不潔之情形下者，亦非無羣聚而作，略具代工廠之規模者，在此制之下，貨物種數，自至參差不齊，毫無標準但其最佔重要者， 則爲的毛織貨物。觀英格蘭當此極盛之時，之輸出品，毛織物竟占至三分之二，卽可知其追要矣。當時資本家每因力與金錢，固家庭工業日漸發展之故，大都飛馳猛進，與俱增、，而其手中所畜積之資金亦綽——有餘，大足以購機械，設工場，而開工廠制度Factory system之光路，故或遂有謂家庭資本制度(Domestic capitalism) 卽爲工廠資本制度 (Factory capitalism) 理財方法之諫習所者。顧此制雖大有造於資本家而勞動者之地位，則相形見絀，蓋彼輩皆散處鄉村，毫無組織，其義假與索假之能力，頗萬難與坐擁巨資之雇主處同等之地位則其所受不公平之待遇，與被壓迫之情形，自亦必至爲強烈也。故機械時代前，生產潰進過程之最後一幕，實可以資方聲勢之頑強，勞方能力之薄弱，勞動資本之分級，工與兼事商之資本階級的之發展等重要特徵，概括之。

(未完)

上海交通大學經濟學會編行

黎照寰題

經濟週刊

第四十三期

零售每份大洋一分　每逢星期一出版

中華民國二十年五月十一日

論著

一九三〇年美國銀行倒閉之原因

（于繼平）

銀行者，製造信用交易制度之機關也。其效用為調和資金之供求，節省貨幣之使用，增大資本之效率，助張生產之發達，減少物價之變動，保障資金之借貸，獎勵儲蓄之動機，與推行健全之社會政策、故銀行事業之發達與否，實影響一國之進步焉。

美國於一九二九年十二月三十一日為止、全國銀行共有二萬四千六百三十所；以全國土地面積而論，約五千三百英里即有一所銀行。然一九三〇年全國有一千三百二十六所銀行倒閉，或十九所銀行之中即有一銀行倒閉（嚴格言之為一八•五七分之一）。溯之既往，無論其商業情形如何凋落，年歲之如何不佳，均從無此種記錄。即以一九二一年最壞之一年而論，亦祇有五百零一所銀行倒閉耳，一九二八年有四百九十一所，一九二九年有六百四十二所。

上段謂平均十九所銀行中即有一所倒閉，其說亦不盡然可靠，因彼此內容，組織，性質，規模，及管理方面均各有不同，否則美之經濟狀況豈有不受其打擊者乎？查已倒閉銀行之總存款僅佔全國銀行中存款總數之六十分之一而已，即全國銀行每六十元之存款中，倒閉銀行僅佔其一元耳。

然則一九三〇年美國銀行破產之原因果何在乎？商業之蕭條與制度之不良均非其主因，吾人必須先研究其他要點，然後知小規模之銀行，其生命大都較為短促。

吾人不能遽謂一九三〇年之銀行無力抵禦現在商業之情形，蓋過去歷史告示吾人，每年均有三百至五百所銀行倒閉。試一觀過去十年銀行之倒閉者，即可知每年平均約近七百所銀行停止付款。右表為自一九二一年起美國銀行之倒閉數：

年度	銀行總數	準備銀行會員	非會員
一九二一	五〇一	七〇	四三一
一九二二	三五四	五七	二九七
一九二三	六四八	一二四	五二四
一九二四	七七六	一五九	六一七
一九二五	六一二	一四六	四六六

本期要目

論著
一九三〇年美國銀行倒閉之原因　于繼平
華絲衰落之研究　許緝綱
鐵道事業與社會經濟的關係（續）　亮侯
專載
經濟學理與經濟問題（續）　沈孝明

印刷者　上海法租界愛來格路華僑印務局

一九二六	九五六	一六〇	七九六
一九二七	六六二	一二四	五三八
一九二八	四九一	七三	四一八
一九二九	六四二	八一	五六一
一九三〇	一、三二六	一八八	一一三八
總數	六、九六八	一、一八二	五、七八六

祇從過去十年銀行之倒閉情狀而加以研究，實際上亦無濟於事，蓋未指出其主要各點，亦卽仍不能減少各銀行劇烈之倒閉，未免躐等而進。查存款爲銀行最要之業務，商業之盛衰恆以此爲斷；商業興盛，則存款必行膨脹，此一定之理也。故預先從存款額方面加以詳情分析，然後方能洞悉停止付款各銀行，其精確之要點安在，則其精密也，較之算學統計或不稍遜色歟。右表爲自一九二一年美國倒閉銀行之存款額(以千元爲單位)：

年度	銀行總數	聯邦銀行會員	非會員
一九二一	一九六、四六〇	四二、五〇三	一五三、九五七
一九二二	一一〇、七二一	二四、二四三	八六、四七八
一九二三	一八八、七〇一	五一、二二八	一三七、四七三
一九二四	二一三、三三八	七四、四六九	一三八、八六九
一九二五	一七二、九〇〇	六七、二六四	一〇五、六三六
一九二六	二七二、四八八	六八、八一二	二〇三、六七六
一九二七	一九三、八九一	六六、三三六	一二七、五五五
一九二八	一三八、六四二	四二、二四〇	九六、四〇二
一九二九	二三四、五三二	五七、一三五	一七七、三九七
一九三〇	九〇三、九五四	三八八、七九九	五一五、一五五
總數	二、六二五、六二七	八〇、五二九	一、一四二、五九八

由此加以每個銀行之分析，探得其存款額究爲若干，然後可知破產之銀行，其規模大半較小。右表爲美國破產之銀行在各省之每個銀行平均存款額：

省別	每破產銀行之平均存款額(圓)
亞爾千薩斯(Arkansas)	三六四，〇〇〇
伊俄華(Iowa)	三六二，〇〇〇
華盛頓(Washington)	三五五，〇〇〇
勿爾吉尼亞(Virginia)	三五二，〇〇〇
密芝安(Michigan)	三二二，〇〇〇
亞拉巴馬(Alabama)	三一二，〇〇〇
南加羅里那(South Carolina)	二九七，〇〇〇
南達科大(South Dakota)	二六〇，〇〇〇
干薩斯(Kansas)	二五五，〇〇〇
喬治亞(Georgia)	二五一，〇〇〇
尼布拉斯加(Nebraska)	二三二，〇〇〇
俄克拉荷馬(Oklahoma)	二一二，〇〇〇
蒙大拿(Montana)	二一一，〇〇〇
密蘇里(Missouri)	一九三，〇〇〇
哥羅拉多(Colorado)	一八四，〇〇〇
明尼蘇達(Minesota)	一四七，〇〇〇
北達科大(North Dakota)	九三，〇〇〇
俄納岡(Oregon)	八七，〇〇〇
伊達荷(Idaho)	四六，〇〇〇
紐約(New York)	二三，二五〇，〇〇〇
紐罕什爾(New Hampshire)	一一，四〇〇，〇〇〇

週聞簡報

記者

▲中央銀行發行之關金兌換券，計分十元五元一元及二十分十分五種，已於五月一日起開始發行。

▲中央對民會提案中。有六年建設程序一案。其大旨如下（一）確定總理建國方略中之實業計劃，為中華民國物質建設之最高原則，由國民政府，詳定分期實行計劃，依次遵辦，（二）按照現在國計民生之急切需要，限期完成以下鐵路，甲粵漢鐵路，株州至韶關，限民國二十二年底完成，乙隴海路，一潼關至西安一段，限民國二十一年底完成，三運河站至台兒莊支線，限民國二十一年六月完成，丙新隴綏路包頭至甯夏一段，限民國二十三年六月完成，丁京湘路南京至株州，限民國二十三年底完成，戊滄石路滄州至石家莊，限革國二十一年六月底完成，（三）限於民國二十四年底，導淮工程全部全成，修治黃河工程，應即由國民政府儘先辦理，限期完成（四）限至民國二十四年底止，必須將南方東方兩大港，及葫蘆島海舟兩港之第一部工程建築完成，（五）限至民國二十四年底止，全國必須增加並完成二十萬公里之公路，其路線之分配，由國民政府按照交通需要規定之，（六）限至民國二十四年底止，全國必須增加五萬華里以上之航空線，及一千架商用飛機，由國民政府積極籌設及獎勵，（七）限至民國二十四年底止，增加國營航業，自二十萬至三十萬噸，除內河及沿海岸航業外 應開辦南洋及國外航業，對於人民經營航業，應加以獎勵及協助，（八）水利電氣及鋼鐵酸碱煤糖煤油汽車等項基本工業，應由國民政府積極興辦，其能由私人投資興辦者，政府應獎勵協助，並予以確切保障，（九）關於農業生產之增進，應以農業科學化為原則，除水利電氣等項重要建設外，應一併注重農產之實驗改良，與造林事業之推進，並於每省劃定實驗縣區，作改良農業之模範，其詳細計畫，由國民政府切實製定推行，（十）對於東北西北及西南之開發，應努力從事，如交通之建設，土地礦產之開闢，移民及屯墾之舉辦，應由國民政府，按照當地情形之參酌，國防上之需要，擬定詳密計畫，限期實行。

本雪凡尼亞(Pensylvania)	三，六〇〇，〇〇〇
馬薩諸塞(Massachusetts)	三，三七四，〇〇〇
康內克(Connecticut)	三，〇六八，〇〇〇
馬理蘭(Maryland)	二，四六三，〇〇〇
干特基(Kentucky)	二，一八〇，〇〇〇
加利福尼亞(California)	一，五三四，〇〇〇
俄亥俄(Ohio)	一，一七六，〇〇〇
佛羅里達(Florida)	一，一四二，〇〇〇
田納亞(Tennessee)	九九三，〇〇〇
紐折爾(New Jersey)	八八八，〇〇〇
洼滿的(Vermont)	八八四，〇〇〇
西勿吉爾尼亞(West Virginia)	七六七，〇〇〇
北加羅里那(Norh Carolina)	六八〇，〇〇〇
烏台(Utah)	六七四，〇〇〇
路易西亞那(Louisiana)	六五八，〇〇〇
亞里蘇那(Arizona)	六一三，〇〇〇
密西西比(Mississippi)	五七五，〇〇〇
伊里諾斯(Illinois)	五二四，〇〇〇
印第安(Indiana)	四四五，〇〇〇
得撒(Texas)	三九〇，〇〇〇
威士干遜(Wisconsin)	三七一，〇〇〇

觀乎上表，每個破產銀行之平均存款額在五十萬以下者有二十二省，在十萬元以下者亦有四省。其無一銀行倒閉之各省爲緬因(Maine)，羅特島(Rhode Island)，得剌灣(Delawrae)，窩明(Wyorning)，新墨西哥(New Mexico)，尼華達(Nevada)，科倫比亞(District of Columbia)。故小規模之銀行，其生命大半較為短促。不

特存款已也，即管理方面之欠缺，亦爲一理由，如紐約之美國銀行(Bank of cnited States)，即其一例。且也農業經濟之困難，旱災之發生，亦爲銀行倒閉之原因。下表爲美國各省銀行之倒閉數：

省別	銀行倒閉數	省別	銀行倒閉數
亞爾干薩斯	一三三	北加羅利那	八九
伊里諾斯	一二四	伊俄華	八六
密蘇里	一〇四	北達科大	五九
印第安	八九	南達科大	五三
密西西比	五一	蒙大拿	一一
干薩斯	四三	路易西亞那	九
尼布那斯加	四二	西勿吉爾尼亞	九
佛羅里達	三九	紐約	八
得撒	三五	加利福尼亞	六
亞那巴馬	三三	康內克	六
喬治亞	三一	亞里蘇那	五
干特基	二九	哥羅拉多	五
田納西	二八	馬薩諸塞	三
南加羅里那	二六	紐折爾西	三
俄亥俄	二五	烏台	三
威斯干遜	二四	華盛頓	三
明尼蘇達	二三	俄勒岡	二
俄克拉荷馬	二三	馬里蘭	二
密芝安	二〇	洼滿的	二
本雪凡尼亞	一九	紐罕什爾	一
勿爾吉尼亞	一九	伊達荷	一

查亞爾干薩斯省苦於農業之不振與天旱之加諸，尤爲最甚；伊里諾斯，密蘇里，印第安，北加羅利那，及伊俄華諸省亦均有此種情形。惟其停閉之後，亦間有復業者。前十年自一九二一年起至一九三〇年爲止，倒閉銀行共有六千九百六十八所，而復業者有七百六十七；即如一九三〇年一千三百二十六所倒閉銀行中，亦有一百三十八所復業。亞爾干薩斯之復業者爲三十一所，尼布那斯加爲二十二，印地安爲十八。

吾人由此可以得一結論，有如下列數點所述：

（一）一九三〇年銀行之失敗大都集中於小規模之銀行（非絕對的）

（二）因農業不振興旱災所致。

（三）管理方面不良，亦其一因

（四）商業凋落，非其主因，蓋銀行每年均有倒閉者。

（五）加入聯邦準備銀行之會員，可望減少此種情形。

更進而言吾國銀行之情形，吾人可知應注意下列數點：

（一）銀行制度之應改良。

（二）銀行業務之宜規定。

（三）銀行管理之宜改善。

（四）農民銀行之應發展。

最近立法院對於銀行法業已通過，極合於（一）（二）（三）諸點，深望銀行界能起而遵行也。

（附註）此篇大都譯自Bankers-Magazine Vol. CXXII, No. 2之Bank Failure in 1930

華絲衰落之研究

許緝綱

蠶絲是我國的特產，這是誰都知道的，其發源最早，自黃帝元妃累祖爲始，蠶絲便成爲中國固有的良業，江浙一帶，產額最豐，農民相依爲生，因之『蠶市』『繭市』便成爲農家重要的時節，但繭價的消長必須視乎絲供求何如；近來絲市不振，絲廠紛紛倒閉，他們的希望眞是可怕得很，中國的絲業前途更不堪設想；中國素以繭絲著名，現在茶市那樣衰落，絲市又同歸一轍，人民的生計，國家的財源，都受到莫大的打擊，良可悲痛！日本在魏晉時把我們的蠶種帶了過去，在這區區的島國，沒有多少良地可以種桑，但他們現在却佔了世界最大的絲市，我們何以這樣落後，趕不上他，是值得研究的一個問題，去年絲市，更是一落千丈，廠家呼籲之聲，常見於報紙，新近發了一種絲業公債，以爲暫時的救急辦法，究竟爲何這樣衰落？，便是使我們注意而不得不加以研究的，今先將其衰落之程度如何，精密地觀察一下，再來研究其衰落之原因，及其此後的趨向與治濟方針。

華絲衰落之覺察

(一)統計上的觀察

江海關十九年一月至九月生絲之出口量數與前二年同時期出口數量的比較表如下（這還不過限於上海一埠其他各埠情形相仿）。

(單位爲担)

絲名	十七年	十八年	十九年
白絲	三一一	七〇三	四二八
白經絲	一三三三	三五一	六一〇
白廠絲	三九、三一九	四一、四二九	三七、四二四
黃廠絲	六四八	六五七	四二三
同功絲	二、六二三	七、五二一	三、三四五
頭絲頭	四二、八四七	四八、八六七	三〇、一六五

在這表上看來，知道去年絲市的跌落，煞是可驚！照例講來，非惟不應跌落，應有很大的增加，因爲世界用絲日增一日，今更將中日和美國的生絲貿易狀況列表於下，從這比較上我們便可以明瞭中國的絲業的退步狀況。

最近中日對美生絲貿易數量比較表(單位千包)

年份	中國	日本
一九二三——二四	三七、六	二四四、四
一九二四——二五	三〇、四	三〇七、八
一九二五——二六	三一、八	三二〇、六
一九二六——二七	三七、八	四三一、八

商業雜誌第五卷第十號又有這樣一段話『…………十九世紀中葉，(一八五〇——五九)美絲三分之二購自中國，日絲則尙無地位之足言，二十年後(一八七五——八四)日絲則已與華絲並駕齊驅，自是而後，日絲愈占愈多，(一八八五——一九〇四)之二十年間，復進而占三分之二，大戰後竟增至總額四分之三，或五分之四，其澎脹速度由此可見；反觀我華絲則(一八八五——一、九〇四)以後且降至五分之一，雖華絲歷年未見減少，然與日絲較量相形見絀，衰不可堪了！』

(二)現狀下的觀察

以上的統計是在出口量的比較，我們現在再看國內的造絲廠與絲綢廠的情形怎樣，更可明瞭絲業狀況之究竟。

據繭業公所調查，上海絲廠有一百零六家，共有絲車二萬四千部；無錫絲廠四十五家，共有☼車一萬四千部；浙江各市鎮共有絲廠十七家，絲車六千部；去年天氣不和，蠶多僵病，因之繭收大受打擊，絲廠既須出高資收繭，分收不足，平均全年須乾繭五十四萬九千一百担，但祇收了江蘇十萬担，浙屬十五萬担，其他各地二萬五千担；同時歐美因經濟衰落，絲織家都願減輕成本，採用人造絲，而日絲廉價出售，佔霸市場，因之中國絲廠紛紛停業，至九月十日上海絲廠停工者有九十七家之多，無錫也是同一情形，後慢慢經政府設法救濟，且調解工人稍減工資，以相成望，方得陸續復業，不過幾家受虧過甚的絲廠，更難希望恢復，就此永遠倒閉了！最近政府才允許發出絲業公債，以圖挽救某日報載絲業公債法如下。

『…………蘇浙絲綢商聯合會向政府請求發行公債，經財政部次長張壽鏞氏在滬一再召集絲業代表會商結果，發行公債額爲萬百八元，以二百萬爲改良絲繭之用，六百萬分配各廠，實行救濟，利息規定週年八厘，還本則定七年六個月，以出口絲爲担保物品，於每担出口時，由海關扣存基金國幣三十元，以便償還公債本息，領取公債概以車絲各半為標準，以六百萬元為實施救濟各廠之數，依絲車多寡為比例，惟停業過久，無復業希望者，則不得領取，再各廠須俟所做之絲出口時，始得領取，廠絲出口，並須由海關登記』。這當然是一個敷治的良法，不過絲廠家要會利用會改良才好，萬一如其舊，以絲市為投機事業，一心營利，不顧出品之良否，祇圖投機投着，便可賺錢，那麼他們的產品，永不會受外人的歡迎，要圖競爭於市場，眞是緣木求魚了！

我們再來看國內的絲綢業，綢業與絲業是有密切關係的，絲綢業是中國生絲自用的行業，我國絲織物發明最早，江蘇的南京蘇州鎮江浙江的杭州湖州紹興都是主要產地，而以杭州湖州為最出名，依據十六年的調查，杭州共有絲綢廠五十二家，至十八年冬降至十三家，這樣的猛跌，是何等可怕！湖州最盛時計城箱內外共有六十餘家，到十八年底，倒閉近半數，至十九年，僅存三十家了！蘇州綢業的低落，在某大時報也載過，總之綢絲廠的倒，較絲廠尤甚，這也可以顯出中國絲業不振的一端。

以上所述為中國絲業不振的一般現象，今細細考察牠衰落的原因，以立治本之法；華絲不振的原因可分兩方面說，一是本國的一般原因，二為最近織界各國的影響，今分述如下。

本國的一般原因

（一）蠶種之不究——我們向依舊法，對於蠶種，絕不注意，任其自然孵育，不加科學的改良，近年來政府稍加留心，開設學校，訓練製種及指導的人才，金陵與嶺南兩大學也有蠶桑系的開設，以圖改造；不過同時引起了一班投機營利的奸商，開設製種場，冒稱按科學製造，實際則製出劣種魚目混珠地賣好的價錢，而農民沒有智識，揀便宜些的買了，養出蠶來，都有病，這樣中國的絲，也受到莫大的襲擊好，在前年的農商部與現在的實業部，尚能注意及此，故此弊必能漸漸免除。

（未完）

鐵道事業與社會經濟的關係

（亮侯）

鐵道事業的發達，還可以使各地間物價的相差率減少。譬如以前鐵道沒有建築，傳遞困難，因之，甲地廉價的出產品不容易運輸到高價的乙地去銷售，即使能夠辦到，也因為交通的不方便，為數甚微，致甲乙兩地的貨價差得極遠。但是，鐵道事業發達後，大量生產品的輸送是可能了，由是貨物可由廉價的甲地運銷到高價的乙地去，沒有多大的困難。所以乙地的貨格，就逐漸地低落，直到他相差的價格和兩地間所需的運費相差不遠然後止。鐵道事業十分發達之後，運輸的費用、僅佔物價中的一小部分，所以各地物價只有極微的相差。並且生產製造者因為市場逐漸開拓，出品的價格，就是在出產地和製造地也將要漸漸騰貴了。因為一方面逐漸增加，一方面逐漸減低，結果一定會做到雙方平衡而後止。所以鐵道事業發達的結果，可以使各地方的物價相差率日趨于微小。並且鐵道事業發達，對于各地各時期的相差率也大為減少，因為交通改便，各地各時期消費供給狀況，可以詳細調知，由是對于目前和將來的需要供給都可以隨時調節，沒有供過于求或是求過于供，而使物價受到大變動的毛病。

上面曾經說過，鐵道事業發達後，光就運費減少一項，直接間接都可以使物價減低。因為運費是構成貨物販賣價格的一要素，所以運費減少和減少生產費是有同一的效果的。我們曉得大量生產的生產費比較小量的經濟些，所以生產者就是在沒有競爭的市場上，假使薄利多銷能夠有利，他們也一定會自動的把物價減抵。倘若在鐵道事業很發達，交通很方便，消息很靈通的地方，競爭者多，那末，物價自然會低落。所以鐵道事業很發達，直接的可以使物價減低，這種理由，是極其明顯的。

專載

經濟學理與經濟問題

沈孝明

與工業發展有密切之關係者，爲顯著之農業變遷。農業本爲英格蘭人民之主要職業，其重要之地位，雖遲至十八世紀中葉，始爲工業所化，而其封建色彩之農奴制度，則早已逐漸衰微。故當十六世紀之際，此種制度乃絕跡於英格蘭，凡農民向之須以勞力物產供給地主者，今皆可確定價值，折合金錢，而行旅之便利，與商業之發達，又使一般人民，得以自由遷徙，自由謀生，能稍具自立之精神，漸去依賴之積習，不惟力役於田間者，已變爲自由農(Free peasauty)已也。顧此種農民，其初雖皆有租賃或自購之小管業(holding)若干，藉以自耕自食，而其後因圈地發展之數乃皆爲大地主所併吞，而不得不就食於外，蓋以貿易繁興，工業發展，羊毛需要，日漸激增，大地主多圈地爲牧羊之所，而面積相同之地，苟易田爲牧，則可依以爲生之勞動者，復不如爲田時之多也，故自此之後，務農之民，乃多趨於工業中心，以謀生計，而人民痛苦不平之現象，乃隨此變遷而變本加厲焉。

雖然，牧羊事業非能制奪全部農場之生產也，彼自由農之被壓迫，與小管業之被併吞，實亦半由於農業上新技術之發展。蓋倘農田能爲大規模之耕種則地主欲利用新發明之技術，藉以博獲巨利也。新技術者何？一曰溝渠之開鑿，二曰土地之化沃 (Land fertilization)，三曰種植之更換(crop rotation)四曰竹籬之編築，五曰林藝之改良，六曰新植如蘿蔔金花菜及其他改良草種之種植。此種技術之被人採用，誠不在一朝一夕之間，顧自耕種及牧畜方法改良後，不百年間，農產收獲，即增一倍，而牛羊體重，亦增其半則其效率之大，已可推知，惟自由農之生計，因是而剝奪者不知凡幾彼物質上之所得，能否抵償大類生活上之所失者，未易言也。『質言之，斯時之農業制度，蓋已自地方自足之生產，進至供給市場之生產；而其勞農之生活，亦已自獨立生產之地位，變爲受雇代耕之地位矣』(10)

(10)見阿保特(W. C. Abbott)歐洲之發展(The expansionof europe)卷二，頁三四六又斯雷忒Gilbert Slater) 近代英格蘭之新建設(The making of modern england) 頁二五

與農工之發展，幷駕齊驅者，爲商業與交通之變遷。商業與交通，自十一世紀十字軍之東征至十八世紀實業革命 (Industrial revolution)之發現間，日升月恆，發展頗速，其影響之深，不但使中古制度之固定與惰性，破裂無餘，即實業革命之基礎與動機，亦胥肇于此也。當時歐人因與東方互市，甚需捷徑故，即已有尋覓印狄茲(Indies)之動機；而國家爭雄之思想，又使歐人探險之心，日益蓬勃，故葡萄牙王子航海家亨利(Prince Henry the Nairgator)，馬可波羅Marce Palo)，得伽馬(ce Gama)，哥倫布 (Columlns)，麥哲倫(Magellam)及其他酷好漫遊之人物，遂先後均有重要己發現。都市自熱那亞(Genoa)以至佛羅稜薩 (Elorence) 自安特衞普 (Antwerp)以至倫敦，皆逐漸發展，變爲大城；重要河流如來因河 (Rhine) 等，亦次第成爲商業要道。而新大陸之發現，與殖民地之開闢，又益使貿易及開墾事業，飛馳猛進，發展無已。於是昔日範圍限於江河，內港，大陸沿岸，及濱海島嶼之商業，今乃一變而爲越大洋遍五洲之世界商業矣』(11)

(11)見瑟柏德 (M.P. shepherd) 政治學季刊 (Political Sencee-Quartuly) 一九一九年，頁二一八

商業之發展，既破壞食色與行會之制度矣，其次，又於政治界及經濟中。造成資本式商人階級 (capitalistic traders) 。維持商業公司(Trading Company)已有股份組織(Joint stock principle)之辦法，藉以分攤危險，推廣投資而開近代公司證券(Corporate Securtiise)之紀元。而各處金銀礦之發現，又予歐人以造幣之原料，俾得鑄造貨幣，以應急需；於是懋遷往來，遂益因而便利。至信用借款之法，則始創於猶太人，猶太人放款取息之法，雖本爲人所不齒，然不久法律亦正式承認之，而各種公私銀行之設立，遂亦竊自意大利諸城，傳

至倫敦。故貨幣，銀行及信用制度之形成，實亦肇基於商業之發展也。

此外，商業之發展，又使政府之權力，逐漸擴張。當時專制帝王，因欲統馭商人階級之故，曾與之競爭權力，結果商人反佔優勝之地位，於是厥後之立憲政治，遂多以商業上之利益及財產爲前提。此外政府且有進而積極促進國內之商業視之爲分內之責任，而用航海條例（Nairgation acts），保護稅則，獎勵金（bounties），補助金（subsisdies），獨占特權，及分歧待遇等政策，爲獎勵商業之利器者。在此潮流之中，重商主義（mercantilism）之經濟學說，卽由之而起。重商主業者，以貿易順差（favorable balance of trade）之觀念，爲其中心之精髓，以爲貿易之差額，必以金銀支付之而銀金之爲物，又爲最重要之財富，故幾貿易差額之由於輸出超過輸入者始爲順利，而國際貿易之所以於國有利者，亦以其可得金銀也。此種思想之形成，自半由於政府需要大宗之款項，藉以實現其帝主之野心，或維持其浩大之戰費；而當時國家之視商業爲歲入與租稅之新財源，而欲於建設強國政府，發展行政制度之時，藉爲挹注者，亦未始不爲其故之一。故當時之歐洲因中央政府勢力日強故之，多有稱爲國家主義時期者，而此國家主義之重商主義之混合色彩，卽政府經濟職務發展之特徵也。

在此變遷蛻化之中，一般人民之消費標準，亦逐漸提高。每歲新奇食品，及珍異織物，自亞洲美洲流入歐羅巴者，幾不可勝數。此種貨物在先本皆爲豪富之家，所視爲珍奇怪異者，迨後乃漸流入中人之家，以至下層階級而寖成爲日用必需之物，如生絲，繡帷，棉布器具，玻璃，陶器，藥糖蕃薯，煙草，果品等卽皆爲其最著者。於是人民嗜好及社會時尚乃爲之一變，而斯時之經濟欲望，亦已重定其水單線於較高之點矣。

此種種新發生之經濟欲望，誠屬重要，顧若以其總額而言，則仍不及近代遠甚，蓋斯時，猶缺機械生產之方法也。雖當時之生產技術，猶在手工時期，以手工與工具之技術，而能使生活程度，有繼長增高之發展，已不可謂爲[illegible]造極，然埃及希臘之文明，亦曾有相同之成績所不同者，古代文明，每倏盛倏衰，莫能持久，而十八世紀之文化，則因同時有智識上之革命，乃得不遭此厄耳。

實業革命之形成，由於應用科學之發展，而應用科學之發展，又由於智識革命之成功；故智識革命者實十八世紀商業變遷，最重要之影響也。蓋希臘科學家之思想文章，本皆能彪炳一時者，獨以其崇尚玄談，輕蔑實用，視發明機器，如市井賤役，故雖智識力高超，而終希臘一化，卒莫能脫離工具之技術之生產。今十八世紀時代，於商業發展之餘，乃又能爲智識上之發展，棄『思想重於物質』之見解，破中古保守頑固之精神，而汲汲然爲思想之解放，此其所以物質上之進步，乃能如日之升，如月之恆也。不然，使仍泥守中古之遺風，迷信鬼神之權力，祈求來生之幸福，而一以神父，聖經及亞理斯多德（Aristolb）之遺言，爲一切行爲之圭臬，則科學技術，又焉能發展乎？是以自文藝復興（Renisasonce）及宗教改革（Reformatir）後，歐洲思想界卽蓬蓬勃勃盛極一時，除地理因新航線之發理而改編外，又有哥白尼（Copemicus）刻卜勒（Kepbr），及伽利略（Galiles）之改造天文學；牛頓（Newton）來布尼茲（Leibnitz），波義耳（Boyle）及納披爾（Napier）之始以實驗方法，研究數學，力學，與物理學；普利斯特利（Priestley）拉瓦節（Lavoisier）及卡汾狄士（Cavendish）之推闡化學，賈法尼（Galvani），佛蘭克林（Franklin）及服爾塔（Valta）之實驗電學；此外醫學及生物學亦有極大之發展。至若十三世紀時培根羅哲爾（Rogr Bacon），及十六世紀末葉至十七世紀初葉時培根法蘭西斯（Franeis Brcon）之養成『科學及批評的思想之習慣』；(12)笛卡兒（Descartes）之決以疑問態度，應付一切問題；福耳特耳（Voltaire）之攻擊教會與國家；陸克約翰（John Locke）之否認帝權之神聖；盧梭（Ronsseau）之倡自由與民約編；孟德斯鳩（Montesquieu）之說共和政體；倫敦帝國學會（Royal Society of Londow）與法蘭西大學（Academy of Fronce）之從事科學研究，重農主義者（Physiocrats）之主放任政策（Lrissez faire），而攻重商主義，與由此所發軔之經濟學，卽一七六六年斯密亞丹所發表之原富（Wcalth of Oations），則亦皆爲近代科學思想之基礎，而實業革命之動機也。

(12)見魯濱孫創造之心理（The mind in the making）頁一五二

論著

談羅盧載爾制底合作運動

（彭劍錚）

羅盧載爾制爲合作運動的中興，合作事業自羅勃渦文與威廉金兩氏特倡，頗盛一時，其後因英國革命的影響，人民無暇顧及合作運動，所以合作事業漸就沒落，至一八四四年，有羅盧載爾制度的合作運動崛起，使合作事業何得繼續存在。

關於羅盧載爾制的營業方面，有兩大問題是值得討論，在未論之前，先將羅盧載爾制，略爲述之。

欲明羅盧載爾制的意義，可參其起源，自能分曉，羅盧載爾制示爲合作運動，這制度是發生於英國北部冷卡鄉Lancasoire之羅盧載爾Rochdale地方，故即以其地名之。

當一八四三年，冷卡鄉的羅盧載爾地，法蘭絨工人爲要求增加工資，和廠主衝突，因而同盟罷工，以爲抵抗，但廠主仍態度強硬，不允所求，並且閉廠拒納參加同盟工人，結果工人失敗，由是就有二十八個的工人，集謀改良工人底狀況，主張建設工人生活的計劃，由工人共同設立一所零售什貨店，爲會員所有，由他們經理，其資本係由會員艱苦積蓄，經二年之久，每人才得一磅，統共二十八磅以爲基本金，後設主社所於土巷，Toadlane名爲羅盧載爾公平先鋒社，羅盧載爾制就，此漸次發展，而成爲合作運動之一。

羅盧載爾制的合作社，其組織原則可以簡略摘述如下：

（一）社員人數及緫本總額均不限制，惟社員每人投資不得超過二百磅。

（二）社員投資多少不同，其所享的投票權是一樣的，就是每人只有一票之權，可以選舉職員，表決議案。

（三）股份利息的利率不得超過市場上的最低利率。

（四）所得盈餘除作爲營業費用，股份利息，公積金，及敎育基金外，其餘概按照社員而社中購買量之多少分配，作爲紅利。

（五）貨物所售價格，當與市價相等。

（六）社員交易概用現金。

由以上原則，可以觀到這制度有幾個特點，是與近代商業制度，以及渦文和金氏底合作思想有不同之處。

本期要目

論著

談羅盧載爾制底合作運動 彭劍錚

交通研究

華絲衰落之研究（續）許緝綱
鐵路歧視問題之研究 桂香先

印刷者上海法租界愛來格路華僑印務局

(一)由近代商業制度方面觀察，羅盧載爾制度是劇除大股東操縱的弊害，因近代商普通企業公司，多予投資多的股東各種的利益，即就投票權一項，是股一票，由是大股東所得的票自權多於小股東，他們以操縱一切的行政，專顧自己的利益，小股漸次為其淘汰，所以羅盧載爾制的合作社，限制社員投資的數額，規定不論投資多少，均只有一票之權，這是立於平等的地位，免除操縱的弊。

(二)所得盈餘，分給股東，是為紅利，其分配方法，不似近代商業之按股分攤，是實行購買分紅制，這樣可以免除商業上盈餘集中少數大股東手中，而形成大資本家的弊害，同時還可廢除利潤，因盈餘是由營業所得，亦係由消費者身上所括的，以消費者所出的盈餘，復還給消費者，這自非普通利潤。

這購買分紅制，還可使營業發達，因社員欲多得紅利，均踴躍向社購買，同時加入的社員亦多，所以營業發達，結果盈餘增加，社員所得紅利亦隨之而增。

(三)合作所售物品價格，多低於市價，以致發生合作社與普通商店競爭，這是不合於合作主義底放任政策，設高於市價，則又違反合作主義底目的，所以惟有聯合作社底貨品價格與市價相等。

羅盧載爾制與過文學說和金氏學說比較上，亦有不同的特點。

羅盧載爾制與渦文底思想趨向一致，同以實現新社會為目的，但其進行的手段稍有差別，渦文組織共產村的願望，是欲藉以剷除壓迫人民的現在會制度，與社會立刻隔絕，至於羅盧載爾制是當初辦之時，實力未厚，可以暫時先投入現社會中，緩緩進行，由零售商店發展建而設或購置房屋，以安置社員，再稱而、事生產，以供社員底需要，這是緩進的，非激進的，雖所希望的目的不能立刻，達到，然尚易於成功，不如渦文底共產村計劃，反成為幻想。

與金氏學說所不同的特點，是在實行購買分紅制，金氏底合作社制度，是將盈餘積聚社中，以備達合作社，結果是反因盈餘積聚愈厚，社員以有利可圖，就要求退出，以便領回應得的盈餘，由是合作社反不能發達。至於購買分紅制因社員欲多得紅利，就多買貨物，非社員亦加入為社員，所以營業可以發社社務擴充，實力漸行雄厚，可以達到目的。

羅盧載爾制底合作社，有兩個原則，有的人認為合理的，有的評為不適當的，這就是非社員交易，與現企交易，這可算為這制度底上營業方面的兩大問題。

(一)非社員交易問題 這是羅盧載爾制合作社底原則所規定的，即社中社員無限制，非社員交易亦得鼓勵，由合作社營業方面而言，則欲謀社中營業發達，自須擴充對外交易，若單靠社員交易，是有限的。但若就合作原理而論，則非社員交易是與原理衝突。因合作社是消費者為謀減輕經濟上負担，由是集同興趣的幾個人，實行自已生產供給自已消費的辦法，所以社員就是生產者與消費者，生產者將生產物品給給社員消費，這利益自不是非社員所得享的。

按事實上而言，亦不容非社員交易存在。考羅盧載爾制合作社是分紅制實行購買，社員所得的紅利，是由購買而來，非按照股份而分的。因社員購買可得紅利，非社員若亦向合作社購買物品，自無受購買紅利的權利，這是經濟上不平等的待過，是不容於合作主義，所以非社員交易不能存在。同時因社員購買可以分紅，誰還肯與合作社交易，而棄去這個示利益，由是一般非社員的顧客，自亦加入為社員，便得享同樣的待過，所以非社員交易，根本上就無從存在。

復次，合作家本以利潤為一切罪惡之源，故以廢除利潤為第一個目的，羅盧載爾制買底購分紅制就是要達到這個月的底間接方法。因社中所得盈餘，是由物品售與社員而來的，現在將這盈餘又分給社員，是得自消費者復還給消費者，事實上己不成其為利潤，這若單就社員交易而言，還可說得通，但若兼營非社員交易，則與合作社底目的大相矛盾。因非社員不是社中的生產者消費者，自無得購買紅利的權利，但他總是一個消費者，然却不能得到得自消費者復還給消費者的盈餘，這不是與合作社的目的衝突嗎？

其次，社員所得的紅利實不是普通商業上的利潤，這在上面已經說明。假使合作社擴充營業於非社員，則社中得得的盈餘，並非純得自社員消費。純粹的由社員消費所得而復還給在員的盈餘，才不算爲利潤，但在非社員交易制度中所得盈餘，並非純粹，因有一部分的盈餘，并不分配還給消費者，那末這部分的盈餘，就成爲利潤。以合作社而賺罪惡之源的利潤，是與合作原理和目的衝突。

(二)欠賬問題合作社交易概用現金，不能欠帳，因欠帳會使社中流動資本漸次短少。因一方面物品售出，收不到現金，一方面還要預備現金，採辦供給社員的貨品，這樣地只有將資支出，未有經營收入以彌補，自使合作社生經濟上的恐慌所以欠帳是不應該的。且從道德而言，欠帳亦爲不正當的事情。

然而商業上的習慣，不只零售的經營可以欠帳，即大宗批發亦何常不能欠賬。即因爲零售有欠帳的習慣，所以批發商亦不得不允欠帳。這才可以周轉應付，同時零售的商人，因批發可以欠帳，所以對其顧客亦允許欠帳，以招攬營業。至零售的商人按期收回欠帳，即以之清理。所欠他人的帳目，在這樣情形之下，無須動耗巨大流動資本，經濟上亦得活動，並且因欠帳給顧客以便利，營業反可發達。合作社亦爲營業性質，自當欠帳，並且合作社的消費者均爲有股份的社員，自不至有不道德的賴帳不還的事情。

其次，合作社的目的是爲扶助社員，以謀經濟上相互利益。這一般社員多是受經濟壓迫，爲要經濟社員起見，社中就不得不暫濟社員的需要，惟一的方法，只有許社員欠帳以便周轉。因設使社員是勞動者，每月所入不豐，僅足供給個人或全家的最低生活，並且他們的工資，是週末或月底發給。那末每日的生活費，從何而來？由是只有合作社先供給生活上必需的物品，暫時欠帳，至週末或月底，得到工資，即以償還欠帳。如果耕農的社員，更不能不欠帳，因農人一年所入，只在收成的時候，在耕種時間之內，他們是毫無收入，這時他們的生活上的物品，只有向合作社掛帳購買，待收成後，農產品發賣所得，即用以濟付欠帳。是以爲暫時接濟社員的經濟上的困難起見，是應當允許欠帳，才能夠扶助社員，和達到經濟上相互利益的目的。

至於欠帳，不一定是不道德的事情，惟有以動機如何爲斷，如果因經濟上暫時困難，儘可向社中或其他商店欠帳購買，以後只要按時付還，並未絲毫捐及個人的道德。假使是存着欠帳不還的動機，這才算爲不道德。然不能以少數不道德的動機，即肯定欠帳是不道德的事情。

綜以上所論，則羅虛戴爾制合作社關於營業方面的兩大原則，均爲不合理。爲實現合作主義的目的，剷除利潤，謀社員經濟上的利益，就應當廢除非社員交易的辦法。至於欠帳交易，亦可以合理的推行。

華絲衰落之研究

許緝綱

(二)製造之不良——中國許多地方，還不使用機械，其出品的質和量自然遜於機器的，出品，因此其市場的價格，與銷售量就不能增加了，即有許多用了機械的落江浙兩省，因爲廠主的目的，祇減輕成本，以圖營利，並沒有改良出品的目的，所以出產品總沒有日本那麼好，號數的不定，條份不勻，絲身不潔，與多膠結，便是最大的缺點；中國的絲在高速度機上，時復斷頭，耗費甚多，故在上機前必費重淨的工夫，而節省經濟是生產的第一要道而中國的生絲，恰缺乏那幾點，反之日人則深得其妙，因之世界市場就被他佔去了。

(三)貿易之不妥——中國國際貿易之智識，固甚缺乏。卽國內之買賣，亦多阻礙，不能發展，故生產者不能以生產品直接達到消費者，中間轉折經過許多中間人，絲之交易，自不能逃脫此例，生絲之銷售外洋，必經洋行之手，洋行又必經絲號絲棧之手中，間之佣金（已是不少）而以下則絲廠得繭又必經繭行，鮮有直接收繭者，其中又費一層佣金，凡此種種俱是增加成本，阻礙交易。

(四)自殺的稅制——中山先生也說過的我的稅制，完全是一種自殺的稅制，人家極力在保護關稅，以徵稅的手段，防止外貨的侵入，藉以促進本國製造品的發達；而中國的關稅，因爲不平等條約的束縛，非但不是保護土貨，而且獎勵進口，阻礙土貨的流通，絲業受到這自殺的關稅政策之後，自然只有衰而沒與絲希望了，觀去年四全會時上海絲廠聯合會申請免稅的電就可知道我國關稅對於絲業的壓迫了：

『三日之所以興，華絲之所以衰，因不外負担之不同，蓋日本對於原料之繭無捐，對於出口之絲無捐，國內運輸絕無捐納；反觀我國，繭有繭捐，（向來江浙繭捐乾繭每百斤八元皖省每百斤六元，此外尙有附帶北伐捐納四元，由此省至彼省，又須納過境稅一元，進口落地又有子口稅關銀一兩五錢，及其成絲時，，（每百斤平均乾繭六担）出口時，須納正附各稅十兩六錢二分，是百斤之絲，共須担負捐稅至一百○三元之譜，與日絲之比較相去天壤矣：』

以上是四個最大的原因其餘數內頻年災歉，受軍事不寧，交通阻隔弄都是絲業的命致衰

最近世界各國的影響

(一)世界經濟恐慌——最近各國失業問題卽引起的經濟恐慌，眞是觸目驚心不容多說了，尤其是美國關得更利害，誰都知道美國因生產過剩，而致工廠倒閉，因此便有失業問題，因此便有經濟恐慌，他們在這個時期，生計且難維持，那裏再能顧到奢華品，同時日本又貶價銷絲，更把中國的絲業斷絕了生路，所以近年世界經濟恐慌，外人購買力薄也，是中國絲業跌落之一大原因

(二)人造絲的替代——近年來人造『的製造，日精一日而近來歐美經濟又不振，絲絲家爲着自身的利益以及一般人民購買的力薄弱，乃力求減輕成本，用人造絲來替代，人造絲雖欠厚實然光亮不輸於生絲，且歐美用絲作奢華品的多，所以人造絲不會失效用，查近二十年人造絲之產額，約增三十倍，因其價廉僅及天然絲二分之一，現更低至三分之一以下，現在拿美國來看她，在一九二六年後人造絲的銷量超過生絲消費以上，其消費之增加與生絲又顯然有差，列表於下：

年份	生絲銷費量	增加率	人造絲銷費量	增加率
一九二三	四七・三一一	○・三	三八・四二九	四・五
一九二四	四八・四五七	○・二	四○・八○四	○・六
一九二五	六六・一七七	三・七	五八・七九四	四・四
一九二六	六六・二○五	——	六八・○六三	一・六
一九二七	七二・七八二	一・○	九八・二一八	四・四

由此看來人造絲之增實足以少少蠶絲業的發展

(三)歐美婦女之裸足風——這個原因似乎很有些奇特的，不過我們若細察一下，便知道歐美——尤其是美國——生絲之銷費，第一是婦女的長統絲抹，她們不分時令地一年四季穿着所以絲的用處大增降，但在近年來她們却歡喜裸足，以爲美觀，這樣袜的銷場驟然減少，因之於生絲的銷費也大降落，去年中國生絲驚人的跌風，美州婦女盛行裸足風氣，便是一大原因，說來似乎倒很滑稽的！

（四）美國與加拿大進口絲稅的加增—國際貿易道報第二卷第三號有下面這樣一段話

『吾國生絲每年不下十萬包，價值恆逾一萬萬兩，去年因繭產歉收，原料昂貴、成本無法減輕，絲價日趨疲滯，國外貿易已有岌岌不可終日之勢，而華絲最大主顧之美國，向不徵收生絲進口稅，者自去年五月一日實行徵收百抽二五以上之生絲進口稅，加拿大亦自去年十月一日起加徵進口絲稅，輸往美國加拿大之華絲成本頓形增加，且出口華絲運費向以銀兩計算，因金貴銀賤，英法各郵船公司一再增加水脚，運歐華絲，負担亦重，而日本則以存絲充厚，新繭亦頗豐收，並得日政府鉅款，補助，力奮海外推銷，不惜虧本永售，華絲更難與之競爭矣』！

本年三月各國郵船見中國之絲運一跌不起，曾將水脚續漸減下，漸有平復之勢，但到四月六日，各報又載各國郵船增加運絲水脚的消息，總之際此金貴銀賤之際，運輸各費也只能見牠升上，狠難希望平下，而進口稅之特增，更難盼望取消，更足障礙華絲銷售的。

此外華絲於國外貿易之疲滯，更因印度之抗英風朝，辦貨停頓，而吾國黃絲銷路，以印度爲第一，占半數以上，故爲此亦大受阻抗，此外更有蘇俄繭產激增，極力推銷外國，及西班牙包塞洛挪織造公司之改用日貨，亦有莫大的影響呢！

以上推論華絲衰落之公原因，對於最世界的影響，那是外來的沒有方法可想，于國內的一般原因，是自己的，可以設法救治的，不過老生常談，誰都聽得耳熟了，中國人理論都很精明，但少實行吧了！以上敘了這許多現狀，與各種原因，似乎不得不在結束時理論幾個救治方法，今照例提出一二，略而不詳，惟願讀者由此推理發現許多新的法則，能切合實用易於推行的才好。

凡一商品的發展，總不外生產與銷場兩方面，生產改良則價廉而物美，銷路自廣，故治本的方法，還在生產的改良，生產之道分二途，一爲品質的提高，二爲本的減輕，繭本佔生絲成本百分之七十至八十，而繭層的纖折怎樣，繭絲的纖度怎樣，對於生的的出數及其勻淨，都有莫大的關係，所以要品質提高，與成本減輕，還是首宜注意蚕繭的改良，現在江浙一帶，用場種（科學製種場所出之種）固已很多，然種場之欺騙營利者亦屬不少，政府應嚴厲取締，現在實業部對於此項工作，尚能留意，在報紙上常時可以看到取締之蠶種，與製種場，但獎勵必須與取締並行，則事理公平，而提倡有方且中國資產落後，宏火之規模及良好的設備不易辦到，政府便應於審查合格之製種場，按其設備在必要時借與流動資本，或由政府担保向銀行移借，或由若干製種場組織信用合作社而由政府依法保證牠，這也是總理實業計劃中詳細討論的一節，就是保障與護助小企業使得良好發展那一回事。

政府於製種場應具的態度，於絲廠也應如此，政府須時時監督絲廠之製造，注意改良出品，與商業道德，不致再蹈舊轍，同時也宜扶助與獎勵，使營業得充分發展，中國少大規模的工廠，政府於必要時可以國營，國營的事業一則可免去資本家的壟斷，二則可從事改良，國產品，發達國家資本，所以國家經營是最有益的。

致於自殺稅制，我們自應急急取消的，好在釐金一項已于去年正式取消，不過我們對於那替代的營業稅還希望快能免去出口稅應盡營減輕，以減出口貨的成本，而增高數目，得在歐美奪得市場，對於國外貿易，我國人自宜特別注意研究，免去許多經手人的剝削及洋行之制裁，這也是總理所提高的，使生產者以生產品直達於消費者所去中間人的種種美巧營則。

總之中國的業絲，還是很有希望的，產絲者如法國，因勞力的昂貴，人人的缺乏，繭產已逐年退步，復受戰爭的影響，眞是成了強弩之末，意絲較法國稍佳，亦無望進展，且意國因注意糧食的種植，桑田漸漸減少，現在所餘的勁敵，惟有日本以然日本也祇區區三小島，決不能有怎樣大的發展的，且國內人口逐漸加增，糧食將感缺乏，於是就不得不放棄蠶桑，但我國面積廣大氣候適宜，加以人工的便宜者遠勝各國，今昔之所以鬱鬱不振，都害於政治紊亂，經濟不鞏固，教導不普及，與商人沒有遠大眼光，若此後時局平甯，政府督責有方，蠶絲界快勵改進，則他國正不是望我之項背呢！方今中國建設已上了軌道，樣樣都在求革新，正可說是百業的一線曙光，在此時期絲業決不會永遠衰落的，不久當即將奪得世界市場，今試拭目以待之。

交通研究

鐵路歧視問題之研究

（桂香先）

鐵路負有便利交通，發達工商，傳播文化，統一政治，鞏固國防之主任，其事業之興替，非僅本身之問題，全國之榮辱繫焉，關係之大，不言可喻，然欲其發達也，當如何而後可，則方法繁多，難以備載，惟綜其大要，可得兩端，一爲『增加收入』。一爲『減低用費』，用費之減低爲內部管理問題，玆姑不論，惟收入之增加。則有關於外界享用運輸之公衆，其能增加與否，全恃運價之公允，及待遇客商之平等如何以爲斷，此乃天經地義，爲鐵路事業中不移之原理，但運價公元問題，已博得全部注意，作有統系之研究，專刊書籍之印行比比皆然，惟於待遇平等問題。非特人皆忽視，抑討論書籍亦付闕如，即或有之亦散簡殘篇寥若晨星。其實言之，其重要正不減於運價之釐定，蓋若不平等也，對甲商之運價，低於乙商，或對甲地之運價高於乙地，其結果也，受惠者固欣然盡量輸其貨於此路而使業務增加，但他方受虧者必改途易轍，轉而他向，業務必因之減低，比較之餘所得或難償所先，在此時也，運價雖云公允，亦無所用，此歧視問題，所以有研究之價值也，玆且不辭譾陋，爰將搜險所得，略作貢獻，

（一）歧視定義

歧視者，用同一方法，運輸同一性質，數量，距離之貨物，征取不同運費之一種鐵路政策也，但若其中有一情形不同而致運費歧異者，皆不得謂之歧視，

（二）歧視種類

一，地方歧視，二，對人歧視，三，貨物歧視，

（三）地方歧視

A其發生與否可由下列兩種現象測知之：

（一）凡一鐵路運輸同樣貨物從a地至b地，或從a至c地，如a b之距離等於a c之距離，而征不同運費者，謂之地方歧視，

（二）凡鐵路運輸一種貨物從a至b或從a至d，若a b之距離包於a d之內者，而取收歧異用費，亦謂之地方歧視，

B地方歧視發生之原因：

（一）爲適應與水路競爭　鐵路每對於水陸兩道可運之貨物特別減低運價，以招徠之，冀保增加其業務，此地方歧視發生之第一因也，

（二）爲適應路與路之競爭　鐵路係一種『收入遞增(Incrras is Rtueras)』之事業，業務愈大，則獲利愈厚，反之，則有賠損之虞，故鐵路間無不盡其所能，從事招徠，鐵路固欲取收最高運價，但若因此而喪先業務，反不若稍低多多得業務之爲愈也，但無論若何減低，必其能維持聯合用費 (Joint cost) 及賺以相當紅利而後可，固然，凡在一區域僅有一路可達而無他路競爭，能局可以在可能範圍內征以高運價，但如有水運或其他鐵路與之競奮，則斷斷乎不能爲所欲爲，蓋非然者，則客商將轉而他顧，所以處於此種環境下，鐵路必須對客商減低運價，藉資引誘，在競爭點（Competitive poins)內之運價，雖須斟酌減低，但必能維持增加成本，(Sdditional cost)設若欲此尙不

可得，則鐵路對運輸此種貨品必毫無所得，可斷言也，競爭業務率多類乎此者，對競爭點予以低廉運輸，對非競爭點必須特別增高了，以資失之東隅收之桑榆，此地方歧視發生之第二因也，

（三）鐵路員司之不軌行動　凡一地方因與鐵路重要員司有密切關係而致享受特別運價之情數不一觀，此種歧視先全起於人的關係，於鐵路財政上毫無所補，僅對個人有所裨益，此地方歧視發生之第三因也，

C地方歧視之劣點甚多約略迷之可得下列諸端

（一）在此種歧視情形下競爭點之工商大受鼓勵，但非競爭點必因運價增高而致工商業受莫大之打擊，設若競爭點非天然工商之區，而非競爭點反然，則如此之鼓勵失宜，非特鐵路營業發生障礙及影響，即國家全體之富源亦於無形中蒙莫大之損失，對巳對國均屬不利，此其害一也，

（二）利乎甲則必損乎乙，東隅桑榆之計，大日違背公平原則，此其害二也，

（三）因城市享受特別低價運輸之機會較多於鄉村，人們爲求便宜起見，必相率徙之於市，終至釀成城市比肩，村鄉無烟之狀態，使失業問題益臻嚴重，對經濟發展使之日趨衰敗，緣此所生之弊害不可勝計，此其害三也，

觀察上列三害，則歧視自當絕對禁止，但理論與事實每多違背，無限制之運用固非良策，但於在利範圍內運用之，其結果也非特無損且有益，爰將其必須情形分列述之，

（一）能使鐵路踐處於極端競爭之下，繼續其營業，無所影響，當劇烈競爭時鐵路之唯一武器，厥爲減低運價，但此種特低運價，恆不能抵償相當用費，長此以往，將恐破產，故爲維持計，不得不向非競爭點取以較高運價，以資挹注，而補損失，若此則鐵路可以維持而不至發生恐慌，此其利一也，

（二）如在水陸交通競爭下，路局對特種貨物攬而運之，其所增之額外用費（Additional cost)幷不鉅大，則路局此特應稍犧牲以與政爭，蓋此貨物攬而運之，其利益並不大，較之於無勝過多矣，此歧視之必須二也，

（三）凡能自產之市場所輸送之貨必須與此特別低價，俾其成本減輕，而能在市場逐鹿也，否則，此市場將自給自足，外埠運入之高價貨物尋將棄而不顧，若此則客商營業固遭失敗，即鐵路業務亦相形降低，故此時也，利用歧視，實一舉兩得之策也，

（四）凡對出口及通商口岸輸入口貨競爭之物貨，應與低價運輸，以資鼓勵，而增國富，此歧視之必要四也，

（五）如沿鐵路兩方向相反之區域其需要某種貨物之容量，甲地大於乙地，則路局應與向甲方運輸之某種貨物，以低價運輸之便利，蓋如此則需求與供給適得其平，而經濟效用固以大增矣，此地方歧視之必要五也，

一言以蔽之，地方歧視於特殊情形下，有利於國家社會及路之本身範圍內，確屬必要，惜乎各路運用之者，非失之太過，即失之不及，其效用既不能光個發展，而流弊滋生六，故在發達之國家，如英美等均有限制，或完全消除之趨勢，爰將促成此趨勢之成因，分別述之，

（一）合併運動之遊展　競爭合併之因，各鐵路既由相敵地位進而達合併局勢，其因競爭而起之地方歧視，自必絕跡於無形。

（二）法律之制止　如美國一八八七年，所通過之監督商業案，內載明凡鐵路對徑距離之運價大於長距離，而往距離包含於長距離之中，且運輸狀況完全相同者之歧視舉動一律嚴厲取締之，此卽法律制止之一榜樣。

（四）對人歧視

一、定義　凡鐵路待遇上旅客以同樣之運輸便利，然收費大小不同，或者取相同而供給之便利自然不同之對人岑視，恆施惠於運貨商之大者，而拒絕小者，設若大者之組織費，此謂之對人歧視。

二、對人歧視發生之原因

(一)維持收入　鐵路爲一收入遞增而用費固定之事業，如其對少數人之運輸與以特別，減價便利，甚至所收入與其用費相差甚遠，則此無謂輕甲之負，重乙之累，然亦事出不得已，若不爾者，將必憑於破產，此對人歧視發生之第一同也。

(二)鐵路員司或董事等串通作弊，優待有關係者之結果，路局員司因與某公司有財政上關係而充分與以減價運輸便利者，數不一觀，蓋如此即可，博得對方之歡心，而其和濟矣，此乃如對親友旅行與以減價便利，亦對人歧視之一種。

三、對人歧視之劣點

破壞中等原則　減價便利僅少數運貨商可得，大多數均被擯絕；而對小商人尤然，如此之歧視，平等何在，鐵路之效用何在。

(二)減低國家生產能力　鐵路窳敗，管理失宜，而小者反嚴密有方，則鐵路之盲目歧視，豈不獎其劣者，而抑其良者乎，如此之鼓勵顚沛，不惟大而急者終無進步，即小而精者亦將志衰氣餒，無意再鼓餘勇以求精進，其結果必至兩無一進，而國家生產能力大受影響矣。

(三)增加商業上之不穩及危機　在此種歧視狀態下得其優待者固可安享厚利，而不得反担負增大者，勢必出於增加其物價一途以求補償，如是消費者最後遂負担激增，其需要必因以減少，影響所及，莫可預測，商業危機，將必隱惡暴發，可斷定也，

(四)減低總運輸量　如此歧視受惠者固被鼓勵而增加其運輸量但其他或將因此而減少，兩較之下恐或得不償，失影響於收入實非淺鮮。

(五)促成獨佔事業降低業務　對人歧視之既久確有促成獨佔之可能，但獨佔之厚利作得內壟斷供給之結果，故鐵路運輸必將因其壟斷而致業務降低，由此演進，社會與鐵路兩蒙其損，智者所不爲也。

(五)對物歧視

對物歧視，係鐵路因適應社會之需要，或由於慈善起見，對某種貨物特與以低價運輸，算使暢遂其流之一種政策也，如教育用品，賑濟品，軍用品，農具肥料等，鐵路每予以減價運輸，帶其例也，大概對物歧視流弊尙少，蓋其目的純正也

(六)各種歧視之實施方法

(一)降低等次

(二)起票乖誤

(三)私相授受

(四)租用　公司之車輛，租金特高

(五)私路服務，條件特輕

(六)購買物品，給價特高

(七)損失賠償，高出尋常

(八)其他如免費堆存免費輸送拒絕車輛之分配

發展兩路新計劃

▲添購車輛材料

▲訓練工程人才

▲購車確數　據稱，購車確數，計共太平式六呎七吋車輛貨運機車十輛，每輛價八千鎊，太平洋式五呎二吋車輛貨運機車十輛，每輛價八千鎊，京滬路線客車底架十六輛，每輛價七百鎊，京滬線客車十六輛所裝用士東氏電燈每車共計價值遂三百鎊統共四千八百鎊，滬杭綫客價車十六輛所裝用士東氏電燈每車三百鎊，統共四千八百鎊，京滬線一比通十分山道五十付，每付價三十五鎊，京滬線一比通八分山道三十付，歲付價三十五鎊，以上京滬滬杭兩路所購定之客車底架，將來關於京滬路者，須裝成二等客車六輛，三等客車十輛，關於滬杭路車，則須裝成頭等客車二輛，二等客車二輛，三等客車十二輛，

▲將來發展　此項新機車客車征車等購置後，局方預算，每年可增收一百二十萬七千五百元，至首都方面之津浦路聯運輪渡完成，每日至少有客貨三千噸之運輸，則每半年中，又可增加收入三十二萬四千元，上項計劃如果完全成功，則路務發展實難言喻也現下尙有一事最感困難者，厥爲修理機車之人材缺乏，蓋如果此項機車來滬，而吾人未能充分熟諳此項修理等等手術，亦屬徒然，故彼擬條陳當局，訓練人材，使對於修理各種機車，更有相當之經驗，則於改進路務，亦爲一澈底之辦法也，

本刊啓事

學期瞬將告終，本刊暫行結束，半載以來，承　蔡星五先生審閱稿子，諸先生諸同學踴躍投稿，不勝感謝之至。

本刊原定計畫，頃已如期出版，內容雖不能盡人如意，但在嚴重功課，考試紛繁之下，能得相當結果，此鄙人所堪告自慰者也，謬誤之處，懇乞賜教爲幸。

總編輯黃寶桐謹啓

上海交通大學經濟學會編行

中華民國二十年十月十四日

交通研究

京滬滬杭甬鐵路轉運事業實況

黃宗瑜

引言

我國國有鐵路之貨運業務招徠之方法素少研究，蓋其貨運多由轉運公司承攬，路局車務處，雖有商務課之設，然對於工商之情形，運務改良絕少注意，而轉運公司代理報運，沿習既久，遂成慣例，因之勢力日見雄固，而營業日見發達，顯然於運輸業務中佔一地位矣。吾校鐵道管理學院，以轉運事業與鐵路經營關係甚切，因之有轉運與捷運科目之設，聘由武書常先生教授：武先生於路局服務有年，深知學理須測以實事，故於日常課業之外，兼重實務，因囑同學分組往京滬滬杭綫，各轉運公司調查前後數次，惟以事屬商業，未便一一咨詢，且以時間限制，難以周詳，區區所得，遺誤必多，茲擇其重要之點。略述如左，至其詳情，容再續成以資參覽。

(一)沿革

轉運公司在鐵路未成立以先，即已設立，其時期約在民國元年，而由私人各湊資本數百元組織之，其一切組織與吾國舊式商店無異，其營業範圍甚小，大都爲代客轉運貨物，因鐵路尚未通車，故一切貨物，在本埠送接者，均用人力車，運往外埠則由民船，是時貨運多由民船，客人對民船轉運，一切習慣，均甚諳熟，故多不願假手轉運，以故此一時期，營業範圍甚小，但當時生活程度甚低，又無固定資本，稍有羸利，即可敷衍，且有時可以略沾利益。迨後鐵路通車，貨物多由鐵路運送，而客人以未諳鐵路規章，且鐵路爲官督商辦，往往對客人報運，待遇不週，客人爲省事計，乃向各轉運公司，託其代運，轉運公司，爲應付客人之需要起見，乃擴充營業，設立堆棧，並與各地莊客，訂立聯號合同，向鐵路公司註册，而經理一切關於轉運業務，歷年以來，營業情形，大概相同，無甚變動。

(二)定名及地址

各公司定名均爲舊式商號用某記某號，總店設於車站附近。

(三)組織

轉運公司雖名公司，並非依照公司法組織，其性質完全與我國舊式商店相同，其組織與浙江之過塘行及信局，大同小異，故甚簡單。本公司有經理一人，總攬全部事務，並負本公司一切責任，其營業及

本期要目

交通研究
京滬滬杭甬鐵路轉運事業實況　黃宗瑜
論著
折舊問題之研究　桂香先
專載
改進京滬滬杭甬鐵路運輸效率芻議　劉應騏
(週聞簡報附前)

印刷者上海閘北香山路二十二號進化印務局

財政計畫，均由本人規定，遇有必要時則向店夥磋商，共謀進展，其下雇用員工，約二三十人，確數無定其事務分掌如下。

(一)會計 (a)處理公司賬務其記賬法與我國舊式商店所通行者同(b)保管本公司一切現金票據及合同。

各公司會計事務，由二人司理，分內外賬，內賬司總登簿，外賬司日用賬，貨物收送登記，及流水簿。

(二)文牘 專司本公司與客商，聯號，及鐵路公司來往文件。

(三)營業 專辦理客商託運之貨物及其一切運送裝卸事務，其他雇用人員約十餘人，其名稱及職務如下。

(a)跑街 爲公司雇用者二三人，專爲招攬貨物，仍有俏客多人，非公司雇用，乃由其自往招攬客貨，交由本公司代運，公司視其招攬貨物之多寡，結與佣金。

(b)押運 由本公司雇用，其任務爲貨物裝車後，押赴到達站。以免中途損失，貨物到站交與本公司之聯號或客商，以便提取，並同時照料貨物裝卸。

(c)貨員 凡有客人交貨代運，其一切送接裝卸及報運事務，均由本人處理，並同時督察貨物裝包及貨車封鎖事，並計算運費及裝卸費

(d)棧員 爲公司雇用，管理堆棧一切事務及貨物上棧下棧手續並計算棧租。

(e)夫役 爲公司所雇用之工人，專用以推送貨物，搬運裝包，及其他一切營業事務須用勞工者，均由夫役任之，其組織有老司夫一人爲工頭，餘爲工友均由工頭導領工作。

(f)學徒 學徒又名學生，非本店雇用，乃公司經理爲人請託，帶入店中，學習一切營業事務，無薪俸由公司給以津貼，學徒並無職務，一切由經理或其他職員指與工作。

(四)事務 公司所有一切雜項事務，由各員工協同經理分別處理，並無一定界限。

茲將其組織系統列表如下；

- 經理一人
  - 會計
    - 內賬一人
    - 外賬一人
    - 學徒
  - 文牘
  - 營業
    - 跑街……店夥肩客
    - 押運
    - 貨員……夫役
    - 棧員
  - 事務

(四)資本 各公司爲私人企業性質，成立之初，未有規定資本額數，需款應用，即由經理私自設法，或由私產中撥付，或由他處挪用，大都平日所有一切流通資本，均由經理憑其信用，向錢莊及銀行拆借，或向客人稱貸，其數目視營業範圍，及開支之大小而定，故從無一定之記載。

(五 設備 公司除營業房屋外，且設有堆棧一所或二所以存貯來往貨物，並收棧租，遇有大批貨物且裝運甚速者，則臨時向鐵路局或其他公司租用棧屋或堆地，暫時將貨物堆積，此外公司備有大車及手車，由工人推挽，以便接送貨物，若遇大宗貨物，則租用運貨汽車，其車資由公司代付或客人自理，此外尚有篷布包裹箱籃等器什，均爲便利轉運貨物之用。

(六)代理店……聯號

各公司有分公司者，多於通商大埠設立之，如杭州甯波等處是也，否則一切業務均由聯號代爲照料，聯號者爲代理店，其資本營業用人，行政，概與本公司無關係，其代理之轉運業務，不止本公司一處，由數個公司聯合組成，與本公司訂有合同，其大略如下：

(一)代理本公司在貨物到站時，提取貨物，並代收應收各款。

(二)代理本公司在該號所在地裝卸及轉運貨物。

(三)爲本公司招攬客貨。

(四)爲本公司向鐵路公司辦理一切交涉。

(五)爲本公司代理貨物保險貨物報捐及報關事務。

此種聯號，其一切業務，均與本公司無關，其所代理之事，由本公司每年給與手續費及佣金，其數目視貨物之多少而定，但聯號包辦

貨物所得佣金，每年須與本公司依規定比例，平均分別，其比例亦依貨運之多少而定，但聯號向鐵路報運時，可借用本公司名義。

（七）營業範圍

轉運公司之營業，大略分主要業務與附屬業務二種：

（a）主要業務

（1）招攬客貨　轉運公司營業目的，即爲代客運輸，欲求貨物源源而來，必須設法招攬，此項事業，由跑街任之，跑街多人，四出兜攬，其招攬方法，各有不同，或以本公司設備周完，以相號召，或以公司運送迅快，安全以相取信，或畀商人特殊利益，或收貨主以較低費用，其對於商人招待週到，言語和悅。但其招徠之多少，則完全視跑街之信用而定，苟其深得貨主之信任，則雖稍增運費用，客人均願由其代理矣。

（三）代客報捐　貨物起運時，本地有百貨商捐及貨物捐照抵站後，又有地捐，此種捐稅，有客人自付，然多由公司代付，無論何種貨物公司俟貨到站時，即將貨物種類及數量，通知徵稅所，驗明後，照章納稅，掣取稅單及驗單。

（四）搬送貨物　客人未雇用工，其託運貨物搬送，常由公司代爲料理，貨物由商店或堆棧中運往車站或由車站運往商人貨棧，前者多由公司代辦，後者多由商人自理，其由公司代爲搬送者，除向客人徵收車資及工費外，且向其徵取手續費，其數目大都以貨物之大小及件數而定，約洋二三分一件用此以補償小工津貼。

（五）貨物裝卸　滬杭綫對於站內貨車之裝卸，一切均用鐵路工人，其用費由鐵路訂定，客人可依其貨物之件數噸數，向路局納費，而由本公司代付亦可，不過貨物由公司裝卸者，除派人到站照料外，其一切手續均由公司與鐵路運輸工頭接洽，其裝卸費亦由公司與工頭包定每批貨物共貨若干，故較節省。

（六）照料運輸　貨物列站之後，其一切報運手續，客人以其繁煩，常託公司代理，公司則派人赴站接洽車輛，用公司名義向鐵路填具請求車輛單及寄貨人聲請書，會同站員過磅裝車，再由貨員起票，發給貨物收據，至應付之運費或先付或到站付給或記賬，均依公司與鐵路之成約而定，但公司對於客商或代墊運費，或預先付出，則視客商之信用及每年託運貨物之多寡而定，此項代客報運除代路局徵收運費外，視其貨物報運手續之繁簡酌收手續費。　貨物交運時，其包裹必須完整，其數目按件點算。或不點算，以整車數計，均依貨物性質及客人之信用而定，其貨物收據由公司之押運人或快郵寄到達到站，公司之聯號。提取貨物，交收貨人。

（未完）

論著

折舊問題之研究

桂香先

引言

一切公共事業，爲鐵路，電話，電報，自來水等及其他以固定資本爲經營之主體者，其服務資格（Paymentof service）之決定，小則關係公司之收入，大則影響於社會經濟狀況之發展工商事業之進行，職是之故，政府爲克除壟斷，維護大家利起見，監督之嚴，無微不至，如英之聯邦商務委員會即其一例，惟欲其取償之公平，必先確定其財產公平之價值，蓋取償係根據於財產價值之總額而定也，此研究估值問題，所以爲刻不容緩之舉，而在估值進行中，所最感棘手者，厥爲折舊問題，譬如一機件新購入時，價值千元，現已使用數年，則其價值之耗折爲百元乎，爲二百元乎，抑爲他數乎，議論紛紛，莫衷一是，估值者之觀念不同，因之各人所宣佈之結果亦判然而異，孰是孰非，非片言所可決定，必有待於精密之探求，審慎之考慮，精密之計算，庶幾或可得一較確之定率，迨乎此問題業已解決裕如，則估值之繁難已功過半矣，茲且不辭譾陋，敢將平日思念所及，參考所得，拉雜記之以求讀者之指正焉，但本問題為一最複雜最難解決之問題，研究者雖接踵而至，然不可破之疑點，仍所在皆然，且其範圍所及，多為機械學家及估值學家之專門討論，初學者及不治此道者實有瞠乎堂奧，望洋興嘆之感，本篇所述，僅限於以會計學眼光所窺得之應有認識，而凡超乎此範圍以外者，則不得不暫時置之高閣，以待覽者。

I 折舊之定義

折舊者，即實體財產為屋舍，機械，器具等因受使用及時間之影響，致其原來價值日有總耗減少之謂也。

II 折舊計算之目的

其目的可由二種觀察，分別說明之；

(1)從機械學家估值學家立場言之，則折舊之目的，係在對照表上指出各種實體財產之確實純粹價值，其着重點全集中於估值問題。

(2)從會計學家立場言之，則其目的為求在損益報告表上，表示真確業務成本；其着重點完全集中於出品之成本，而置估值問題於次要之列。

III 折舊與整個工廠內工作效率之關係

折舊之總數量，並非根據工作效率而求得，易言之，即此二者無反比例之關係，但每個機件或其他實體財產，則與折舊有些許關係，蓋後者達至其極限時，亦即機件普通效率不能繼續維持工作之時，此時也，必須另置新機以繼承之，下列表圖略可表示其端倪：

x
c
y
工作效率
時間

xy代表折舊

xcy代表工作效率之低減

計算折舊，應以局部狀況(Locae Condition)為最重要之根據(Controlling Factor)

欲求得一種折舊率可以用於各種機件而無稍差異，機械學者曾明白表示謂係事上之不可能，故無論若何，須以每個機件之實局部狀況為依歸，蓋決無兩種財產完全相同也，此局部狀況所以為計算折舊率之中心根據也Local Conditon is the controlling Factor for calculating depreciation)

各論

本段為本篇最重要點所在既繁且雜，為便利明瞭起見，特分為下列各部討論之！

I 折舊之種類(Various kinds of depreciation)

以上二分法為標準，折舊可分為下列各種！

1. 理論與實際的折舊(Theoretical & practical depreciation)

將一種實體財產折舊損失之總數，平均分配於各期，使每期担負相當的部份者，屬於理論的折舊。

依據實際狀況，幾於每一期末，計算其應得之折舊損失屬於實際的折舊，例如有一機件求用時，其折舊較輕，愈後愈重，殆至該機全部失其機能時，而後已，依此計算所得之每期折舊損失，即為實際的折舊。

2. 會計的與估值的折舊(Accounting depreciation & depreciation of valuation)

會計的折舊與理論的折舊，大概相同，其着重點在於計算每一期折舊之損失，而明白表示之。

估值的折舊之目的，在求得各種實體財產每一期末之公平價值，故確定各種財產原來價值於每時期之末因折舊應減少之價值，為其唯一使命。

3. 完全的與不完全的折舊(Complete & Incomplete depreciation)

凡指工作機能或使用效能業已完全終止，而被摒棄各種實體財產之折舊，謂之完全的折舊。

反之，如係指仍在工作進行中之財產之折舊，則謂之不完全的。

4. 單獨的與綜合的折舊(Individual & composite depreciation)

凡指組成一種財產各部份中每一份之折舊損耗，謂之單獨的折舊，若係指整個的工廠內各種機械之綜合價值損耗，則謂之綜合的折舊。

5. 物質的與效用的折舊 (Physical & functional depreciation)

因損耗 (Wear & tear) 及衰老 (Decrepitude) 所致之折舊，屬於前者。因不合時 (Obsollscence) 或不適用 (Inadequacy) 所致之折舊屬於後者。

II 折舊造成之原因 (The causes of depreciation)

折舊造成之原因，約而言之，可得三種下表所列乃示其大綱：

實體的財產
- (1) 物質的 (Physical depreciation)
  - 損耗 (wear & tear)
  - 衰老 (decrepitude)
- (2) 效用的 (Functional depreciation)
  - 不適用 (Inadequacy)
  - 不合時 (Obsolescence)
- (3) 不定的 (Contingent depreciation)
  - 意外的損失 (Accident)
    - 疏忽所致
    - 自然界變動
      - 風
      - 電
      - 火
      - 水
    - 搆造缺陷
  - 病態 (Disease)
    - (1) 寄生虫作用
    - (2) 水的分解作用
    - (3) 水管中之形形色色
      - 礦物的
      - 植物的
      - 動物的
    - (4) 電化作用
    - (5) 支解作用 (Crystallization)
  - 供給減少 (Diminuation in supply)
    - (1) 氣質原動力之減少
    - (2) 水質的原動力之減少

（未完）

專載

改進京滬滬杭甬鐵運輸效率芻議

劉應騏

（一） 緒論

鐵道部近以全國商運會議決議京滬滬杭甬鐵路改建雙軌案，經飭主管各司覆核，僉以建築雙軌，固為要圖，惟款巨難籌，非倉卒所能舉辦，若添築岔道，改良號誌，亦足以增進單軌之運輸效能，故現已飭令兩路通盤籌劃擬具辦法，呈候核飭遵行矣。竊按鐵路之最大使命，要以最高之運輸效率，貢獻於社會，況兩路所經各地，咸為工商業薈萃之區，其運輸效率之強弱，關係沿路經濟全國民生者，至大至巨。茲於全國路政進行整理之中，改進兩路運輸效率，實為急下容緩之圖。當局現奉部令，諒能統籌兼顧，妥慎設計，兩路運輸效之提高，實利賴之。下愚不揣淺陋，敢於欣盼之餘，敬獻芻蕘之言，聊作當局萬一之參考焉。

語有之：「工欲善其事，必先利其器。」現欲改進兩路之運輸效率，則於兩路之運輸工具——線路車輛及機車，自須同時加以切實改善，俾能彼此適應，各盡其功，萬不可有所偏重，虛費路帑。蓋三者對於運輸之完成，有同等之效能，其中並無絲毫軒輊；其改善之程序，亦須兼籌並顧不容稍有輕重。然後相應為用，方可奏效，否則顧此失彼，未有不敗者也。譬如某路機車皆已充足，而線路設備缺乏，則必有道路擁擠調度困難之患；又如某路，線路車輛皆已充實，而機車設備缺乏，則必有牽引無力，無法掛運之虞，又如某路，線路機車皆已充實，而車輛設備缺乏，則必有無法裝運坐失利益之苦；由此可知，三者之同等重要及其必須平均發展之急切矣。故平均發展兩路之運輸工具，實為計劃改進兩路運輸效率之最要原則。本此原則，外應社會需要，內顧路局經濟，統籌全局，按步實施，則兩路運輸效力之提高，其庶幾乎！

（二） 改善兩路綫路問題

論者每謂兩路運輸日繁；原有單軌萬不敷用，近來列車誤點，多因等候錯車所致，故必須相當時間籌劃敷設雙軌，以利進行。竊以為根據現在兩路營業發達之趨勢，預測將來必須建改雙軌之時機，自不在遠，但觀察目下之實際情形，在經濟方面，暫時固無餘力，可以舉辦，即在效能方面，試問兩路單軌之運輸效力，果已達到最高程度必須立時敷設雙軌以應急需耶？抑未達到最高程度，猶可設法增進耶？此皆改善兩路綫路，亟待先決之要點。

按美國鐵路專家羅列氏(L.E. Love)之意見，凡路綫每日列車次數達四十次之多者，方有改建雙軌之需要。現在京滬路每日例行客車二十七次，例行貨車六次，外加臨時列車數次，亦不過共有三十餘次，至於滬杭路每日例行客車僅有十次，例行貨車僅有六次，則更不及京滬之多矣。是以每日列車次數爲標準，則無論京滬滬杭，皆似乎斷不至於需要改建雙軌，然而在事實上，兩路單軌之運輸效率，比較美國遠遜弗如，改建雙軌，似乎急在燃眉者，其故何在？考其原因，極爲複雜，茲就綫路設備而論，則避車道之短少，交車站之距離過遠，行車號誌之欠完備，以及其他種種，皆其最顯著者。故吾謂改善兩路綫路，第一步應先儘量設法增進單軌之運輸效率，如增加並展長避車道，添設交車站，改良行車號誌，咸爲必須舉辦之事項。俟單軌之運輸效率達到最高程度以後，運輸能力猶有不應求之時，第二步再實行分段敷設雙軌，概猶未晚，顧在實行第一步工作時，即須未雨綢繆，預爲第二步工作之準備，以免臨渴掘井，不能從容應付。如此分期改善，則所需財力較易籌劃，社會需要亦可從早逐漸滿足，實事求是，自易見效。此次鐵部先行飭令兩路設法增進單軌之運輸效率，概此意耳。

兩路前擬於安亭南翔眞茹崑山望亭唯亭橫林奔牛丹陽龍潭等十站增設錯車道，以便交車，又酌定棲霞山，下蜀，鎮江，新豐，呂城，常州，石塘灣，周涇巷，蘇州，正儀等站，爲應行增築或展長避車道之地點。且議定於距離過遠各站間，增設交車站，以利行車如京滬之

週間簡報

宋孝璠

▲災區免賦 內財兩部會商豁免災重區域田賦辦法，大致擬妥，即會呈行政院核定。

▲九月下旬日本對外貿易額出口三千六百五十七萬一千元，進口三千三十六萬二千元，對抵出超六百二十萬九千元

出口貨之主要者

生絲 一三，三一五，○○○元

棉織物 六，四四一，○○○元

絹織物 一，三一四，○○○元

進口貨之主要者爲

棉衣 七，二六四，○○○元

▲美國預備大放款 十月七日白宮特別會議議決：將組織一放款機關，取名救急放款團，備資本美金五萬萬元，得隨意以借款供給任何財政組各云。

▲東鐵收入預算核減 東鐵來年度收入預算定二千七百五十萬金盧布，較本年度核減三百五十萬。

▲歐亞航郵將試航 交通部通知歐亞郵航公司，西北航綫將十月內試航云。

▲膠路局召開煤炭評價會議 三日路局開煤炭評價會議，討論治標辦法，一，由魯實廳及縣府會同限制產煤價格，二，清濟兩市商定售價，三，如兩轉法不行，即由省市政府組織公賣局，治本辦法，一，由實業部及實廳對各礦予以援助，俾成本減輕，二，由實業監督鑒定煤質，四日續開會。

▲隴海路路綫之擴充 路息，隴海路靈潼段路軌現達蠻頭鎮，定五日起開始售票，距潼僅二十四公里，尚未竣工，由華陰至西安段路綫，已測竣。

▲鐵道部將召開材料會議 鐵道部定下月召集各路局代表，舉行材料會議，確定補充管理稽核等辦法，以資整頓。

▲標金改用美滙結價 近因中日關係惡化，及英之暫停金本位，上海金業交易所議決標金結價，改用美滙，不用東滙。

▲日本現金運往美國 十月上旬本橫濱正金銀行將價值日幣三千萬元之現金運往美國，以抵補在外滙兌準備金。

(一)定亭陸家浜間，(二)崑山正儀間，(三)蘇州滸墅關間，(四)無錫石塘灣間，石塘灣橫林間，(六)新豐渣澤間，又滬杭之(一)王店嘉興間，嘉興嘉善間，皆在增設交車站之列。并擬改良麥根路車站道，以及站號誌，以謀營業上之發展。此皆兩路規定之計劃，在在與運輸效率之改進密切關係者，一向以路款支絀，未能逐一舉辦，截至目下，見諸實際者，不過一二而已。現在吾盼兩路當局對於以上計劃，再作精密之研究，製成周詳之方略，以便呈候核准，即可立時籌款興辦。至於第二步改進雙軌，以各段車次之密度，爲分段次第建築之標準，則兩路之中，自以京滬爲先，而京滬各段之中，更當以東段爲先也。

(三) 改善兩路車輛問題

近數年來，兩路客貨運輸，日漸發達，而車輛不足之呼聲，亦日漸濃厚。於是一般人之論調，多以添置車輛爲解決兩路運輸問題之唯一方法，殊不知車輛與綫路機車之發展，必須保持平衡之程度，若不發展綫路之運輸能力，以及機車之牽引能力，僅注意於車輛之增加，則其結果，亦徒使所增加之車輛，擁塞停滯，無法掛運，而其運輸效率，或竟不見進步，反而退步。請述曾世榮君於其「鐵路運輸物質上的要素」文內（見鐵道旬刊一卷二期）所舉之事實於后，以資證明。曾君云：

「京滬鐵路之貨運成績，在一九二〇年三月至一九二一年四月，每輛貨車平均每月最多可以裝貨十次，自一九二一年五月以後每輛貨車平均裝貨次數最多僅爲八次。吾人現在可以注意者，則一九二一年後，究有何種重大背景，足以減少每輛貨車之運輸能力，然考之實際，當時沿路工潮尚未發生，軍運亦無多大之阻礙，運輸情形，大致相同，惟於一九二一年五月，曾添加四十噸貨車一百五十餘輛，以百分計算，約計增加百分之七十，當時機車之機力，僅加百分之三十七，車站設備則並未增添，以致增加之貨車，無從發揮其効能，遂致全部成績，反覺添少」。

然則單獨車輛設備之畸形發展，不足以改進運輸效率，實爲明甚。故現在改善兩路車輛問題，縱舍添置車輛以外，並無其他方法，亦當與綫路機車二種設備爲平均之發展，與夫種類之支配，尤當參酌營業需要以及路局經濟，決定辦理。

現請再作進一步之研究，試問兩路現有車輛之運輸能力，果已用至最高程度，必須全賴添置車輛，而後在運輸上始能供求相應耶？抑未達最高程度，仍可設法使其運輸能力增加，對於改善車輛問題，作相當之解決耶？或謂現在兩路客車，日行兩次列車者有之，行三次列車者有之，至少者亦須日行一次，隔日完成往返旅程，即以兩路貨車而論，亦不過在數日以內，已可往返輸行一次，故以車輛旅程次數而言，似已晝夜轆轆，毫無虛糜矣。愚以爲此乃表面之談，若細加探討，則車輛之延擱，果已盡免耶？車輛之支配，果已適當？車輛之平均載量，果已達到最高限度耶？此皆最重要之問題，在在與兩路車輛效率有關者也。兩路車輛之延擱情形，已有民國二十年兩路編印之「客貨車輛調度概況」一書，論之詳矣。對於兩路車輛支配之未盡善，以及平均載重之未達最高時度，一時雖無統計證明，但現在客運列車，有時在某段以內，或竟滿坑滿谷，不容立足，在他段以內，或竟旅客稍少，寥若晨星；貨車掛運至某站，往往在卸貨以後，空車放到某站，再行裝運，並未用特殊方法，利用空車，招攬貨運，將車輛之效能擴張盡至；貨車裝運，未用最科學化最合理化之方法，促成最高載重之實現……凡此種種，均不容隱諱之事實。由此觀之，兩路車輛之運輸效能，實仍有增加之餘地，如減少延擱，調和支配，充實載量，咸在必須改善之列。故管見以爲改善兩路車輛問題，第一步須從增加現有車輛之效能方面着手，以謀達到最大限度，第二步再酌量情形，添置車輛，以補現額之不足，並顧未來之發展，如此則物盡其用，貨暢其流矣。

兩路現有車輛之運輸效能，仍可增加，已如上述，茲就愚見所將，將其方法列舉如下，以供參攷；

(一)改善現行統計制度，以圖增進行車效率；

(二)確定車輛會計實施，以樹支配車輛標準；

(三)厲行客貨運輸調查，以明實際狀況；

(四)調劑客貨車輛支配，以應社會需要；

(五)促進路商雙方合作，以免車輛擱置；

(六)監督裝卸工人工作，以求裝卸迅速，

(七)節縮軍事運輸，以便客商；

(八)充實平均載量，以謀經濟。此外線路運輸能力以及機車牽引能力之發展，固皆足增加車輛之效能也。

(四)改善兩路機車問題，機車拖力爲運輸之原動力，其重要夫人盡知：某路機車拖力之強弱，固在乎應用數量之多寡，而駛用年份之長短，亦足以影響拖力之增減。今觀兩路之機車狀況爲何如耶？據民國二十年歲首兩路正式報告：京滬共有機車六十一輛（新購太平洋機車八輛在外），其中客列車用十九輛，平均每日修理十八輛，鐵甲車用一輛，京市路一輛，備用救援用一輛，貨物列車及其他用十二輛，是實際用於客貨運輸者僅佔全數之半，而存廠修理竟約全數三分之一；滬杭共有機車三十輛，客車用十二輛，貨車用七輛，調車用三輛，修理八輛，是支配狀況雖較京滬爲佳，而存廠修理亦復有八輛之多，幾達全數三分之一，此兩路機車應用數量之短少情形也。又據兩路同時報告；京滬機車共計六十一輛，其中駛用年份在二十五年以上者十二輛，二十年以上者十八輛，十五年以上者六輛，十年以上者十五輛，十年以內者僅有十輛；滬杭機車共計三十輛，駛年份在二十年以上者八輛：十七年以上者五輛，十六年以上者二輛，七年以上者八輛，三年以上者七輛，其中『p』字號機車購自英國歐戰時之舊貨，到路雖僅三年，實在年限已在十五年以上，此兩路機車駛用年份之過久情形也。夫兩路機車，修理擱置，實用數目不敷分配，駛用年分過久，拖力大減，縱欲維持往昔之運輸狀況，已屬難能，況近三年來，客貨運輸均有巨額猛進，列車次數較前大增，而機車添置數量則頗有限，故拖力缺乏，無法掛運，限制運輸，影響營業，當爲不可避免之情事。

愚對於改善兩路機車問題，與改善綫路車輛亦有相似之管見，以爲第一步須先就現有之機車設備，加以切實改善，以盡其用，第二步再行添置，以補不足，兼圖發展。茲將改善現有機車設備之方法，摘要略述如左：

(甲)促進修理之迅速——兩路機車因修理而擱置之情形，前已說明，按其原因，約有數端：一由於歷年機廠車屢有增加，而機廠之規模設備，則反有減無增，遂致事掣肘，不敷應用；二由於近來金價奇高，平時購自外國之修理材料，價格大漲，斷非現在路款支絀之時所能一一採辦，於是需款較巨之修理材料，大都缺少，而修理工作：亦受限制；三由於機廠工人任事忠實，工作勤勞者，固不乏人，而飛揚跋扈，不聽指揮，藉故延擱，拒不工作者，亦復大有人在，以致無形之中，機廠成績，大受影響。故欲促進修理之迅速，亦須從三方面進行，第一擴大機廠之規模，第二充實機廠之材料，第三監督工人之工作。近聞兩路業已呈准鐵部息借庚款十二萬金磅，擬該款之一部份，擴充吳淞機廠，又聞閘口機廠近經主管者之嚴格監督，工作成績，業已稍進，竊以爲此皆有關機車修理之佳音，深盼其繼續進展，以底於成者也。

上海交大通學經濟學會編行

經濟週刊

蔡照寰題

零售每份大洋一分　第四十六期　每逢星期三出版

中華民國二十年十月十四日

論著

從此次路展會所感到的中國築路問題

葉仲暘

在國難最緊急的時候，我帶着一點悵惘的情感，把最後一天的路市展覽會參觀一過，得到許多淺薄的感想回來，在歸途中，遙望直立的城牆式大門，覺得倘使向日本復仇是要靠內部振作的話，那麼這個無疑地是第一座凱旋門了。

在會中陳列着最精彩的是各市的展覽室，我們撇去各種建築物不談，道路的種種模型，除了工程部分，不能明瞭外，餘下都使人感着整齊偉大，此外有許多築路的圖畫照片，使人感到我國築路的勇氣和精神，但超過一切，使人想起羞辱的，是道路運輸最要緊的工具，汽車和汽油，都陳列着外國出品，各大汽車廠出品的完善，自是全人類之幸福；然而從我們所受的壓迫看來，自製汽車，是極端不能缺少的，遼甯迫擊砲廠改組的民生車廠，有第一輛中國自製的汽車，陳列在那裏，無論在那一方面看來，終不覺得有什麼不如他們，然而最可憐是民生車廠已橫遭日人的破滅，再興不知復在何時，於此，我們不得不痛恨日本爲破壞世界文明的魔鬼，而需要我們沉着的迎頭痛擊。此外國產汽油更是絕無僅有，雖有「陝西出汽油」的標語，貼在那裏，然而也找不出什麼新鮮材料來。

在此我們見到中國築路用路，還未到發達時期，然而實際上道路是行動工業中最要緊的部分，如實業計劃所說：

「……中國欲得近時文明，必須行動，……惟中國現尚無法使個人行動容易，古時之大道既廢，內地尚不識自動車及摩托爲何物……但欲用自動車，必先建造大路，吾於國際發展計劃，提前一部已提議造大路一百萬英里。」

總理提議造鐵道十萬英里，而大路則一百萬英里，可見道路在我國或竟是世界上最重要工業之一，（其重要竟超過鐵路）而中國目前只有公路二萬哩，僅爲計劃五十分之一，使人覺到無限空虛，以下爲作者對築路一些淺薄意見—

依照二十年六月六日公佈的國道條例第二條規定爲；（凡連貫兩省區以上及有關係國防之要塞港灣商埠之路皆爲國道），捨此以外，還有省道和縣道，然而若照現在情形看來，國道之興築，實在是刻不容緩的，無論軍事上交通上，都得用着國道，省道和縣道雖然也是重

本期要目

論著

從此次路展會所感到的中國築路問題　葉仲暘

折舊問題之研究　桂香先

交通研究

京滬滬杭甬鐵路轉運事業實況　黃宗瑜

專載

改進京滬滬杭甬鐵路運輸效率芻議　劉應騏

（週聞簡報附前）

印刷者上海北閘香山路二十二號進化印務局

要，然而緩了幾年，決不要緊，照現在鐵道部規定的國道路線綱，計共十二線，內中以南京為中心的有五綫，又有京黑張遠京蒙三綫於現時對日對俄聲中，尤為國防上重要的路綫，所以國道的修築，萬不能再行遲延。於此國道條例亦有規定：

「第三條　全國鐵道路綫由鐵道部規定並權衡其輕重緩急指定與築程序。」

「第六條　國道邊防線之修築應由鐵道部籌款直接辦理或撥交有關係各省區辦理。」

希望當局，能依此規定，立卽實行修築國道，把省道縣道暫時擱下，集中力量，庶幾國防可以充實；國恥得以滌雪；同時，交道也得以發展，人民也得墾殖的行動自由！

鐵道部顧問華召爾博士說；「中國的富源當中，人工就是其中之一啊！」這個呼聲實為目前築路最大的誘惑。中國的人工既多且賤，而且有許多人願得最低廉的代價而不能，築路所需要的是：(一)材料，(二)人工，(三)機械，華召爾博士在他們上鐵道部的條陳裏，已說明了機械也可以暫時不用，他說：「一直到今日，中國還是少用機械，劃和筐是築路利器，平原後面地方，鶴嘴斧、鐵鋤，楔，也都要用，又瀝青用手搓，石子用手搗，一部搗石機，運到內地要多少代價，搗石機，滾路機，剷路機都不必用，雖然將來用場必大。」這位有經驗的工程師，既已把我們購置機械的疑慮袪除，現在所要討論只是材料了。

中國現在築路，「省」字實在是一個重要的祕訣，目前鐵道部分路面為四種，計(甲)不透水之碎石路面，(乙)礫石路面，(丙)沙泥路面，(丁)泥土路面，並註明凡築國道除甲種路面外非經鐵道部允准後不得採用他種路面，然而諸種中，最便宜的是泥土路面，要是沒有陰溝裝置的話，每哩二千元就夠了，便是甲種碎石路，也只要五六千元就足夠，(準確數目，只有讓有經驗的工程師來決定，在此只有約計)，柏油路要省，其實也可省掉，便是美國現在也是土路佔極大多數。

現在機械和材料既然豫備儉省，人工便顯得更加重要，去年國民政府公佈過築路徵工的條例，大抵是在築路時，每個壯丁都應該工作若干日，但也得出錢雇工替代，實業計劃中也說：「若以大路一百萬英里除四萬萬人數，則四百人乃得大路一英里，以四百人造一英里大路，決非難事。若用予計劃以造路，為允許地方自治條件，則一百萬英里之大路，將於至短時期內造成矣，」四百人造一英里路還不容易麼？何況還有希望自治的鼓動力呢？

並且在中國，人工作路，還有兩個極大的來源，第一個是軍工，第二個是以工代賑，中國兵隊太多，最大的弊害，是因為他們根本是非生產者，倘使把他們開到邊防上去，並命令築路，兵多的弊害，就去了一大半，而且編遣後的軍人，也得了工作，至於以工代賑的應該實行，是不必再加申說的，最大的好處是：災民都能自食其力，不致依賴他人生活，省去一大筆募捐來的賑款，同時還使災民就近在故鄉工作，免致拋鄉棄邑的逃荒，照這兩點看來，人工的來源，實在是供過於求，於是教他們做別種工作，就反而覺得十分困難，開設工廠，那兒，那兒來的大資本，所以捨墾殖而外，築路就是最大的出路了。

築路既是除便利交通外，尚有更重要的兩個使命，就更覺到築路之急迫！現在把工人因事制宜的分成種類區域，也有必要。

(一)軍工　大都應在邊防綫上工作，以原有官長為領袖，而以工程專家輔之。

(二)災工　應卽在受災各縣募集，最好卽在本省工作，勿使遠離，以便回鄉做農事工作。

(三)徵工　參閱國民政府公佈的建築徵工條例，據貴州省政府報告，此事早已實行，是：「於農隙時，在幹綫經過各縣徵集民衆，組織民工隊，每隊三十六人，以鄉鎮長為隊長。」很可以效法。

（四）雇工　如有專門工程時，必須雇工工作，此項並不重要，不久以前，鐵道部有一計劃，每年撥付國道處現洋一千萬元，及以人工抵換之三千萬元，共四千萬元，以興築幹路，由國道處雇用專員，購備器具，設立學校，訓練築路人才，由教授擔任工程師，並妥設專局，指揮編遣各軍士，其餘二千萬元，由各省用人工來代現款，如此每年中國可成上等幹路五千哩，此項計劃，據說未能在國民政府通過，雖說政府有其困難之處，然而此項計劃的光輝，決不因而埋沒，一方面他能把訓練人才和築路合而爲一，一方面又能想到軍工的指揮問題，最精彩的還是令各省以人工代三千萬元經費，我們必須記住：我國人工是最大的富源，也是計劃內最大的原素，雖說每年五千哩，還不能滿足現時的需要啊！

一待道路築成，運輸的獨立。也是主要，換句話說，汽車和汽油，必得自己製造，實業計劃中的意見是設立製造自動車之工場，最初用小規模，後乃逐漸擴張，最可惋惜的是民生車廠已經被毀，政府自應另行計劃開設，此外油礦的開採，計劃必須遠大，中國四川甘肅新疆陝西等省都已發見油源，若是不再自行開採的話，則運輸燃料，永遠請人供給，仰人鼻息，而且歐美各國，煤油正在逐漸減縮，由外國輸入之煤油，斷不足以供中國之需要，將來的困難，必更無窮，據最近報載有一位外籍工程師樊諦諾在河北省附近，發現油礦，現正用上法採取，其產量足供給全中國且及全世界，如此富源，放棄自是可惜，國道運輸計劃大綱內有：

第十二條　鐵道部爲謀運輸事業之獨立，應籌設大規模製車工廠及汽油礦廠。

這一條是鐵道部的計劃，也是我們最大的呼聲，深願政府依此進行，以完成整個運輸的獨立。

現在總納上面所說的話，就是路市展覽會陳列着的決不是我們的榮光，是整個的羞辱，牠暴露了我們道路的貧乏，運輸的不能獨立，政府築路的不努力！然而因爲這裏面也有一些的曙光，同時也因我們至少在此得到一點「煙士披里純，」而想到築路的重要，所以這會是應該歌頌的，在築路方面，我是主張應該集中全國力量，提先趕築國道幹路，尤其是國防綫的，同時我國築路，應以人工爲原素，材料既須極省，機器暫置不用，而人工築路，還能解決，比築路本身還重要的兩件問題——編遣和賑災，設專校訓練專門人材是必不可少，汽車和汽油的自己製採，以謀運輸獨立，更爲重要，還有最要緊的，是希望我們永遠記住一位工程專家的話，時時鼓勵國家和自己來築道路，便是；

「中國的富源當中，人工就是其中之一啊！」華召爾的話，願讀者們三復斯言！

二十，十，九，於交大。

折舊問題之研究（續）

桂香先

非實體的財產—（Intangibe property）{時效之限制(Limited in tims)；擯棄而不用(Abandoned)}

（1）物質的成因 (Physical depreciation)

a 損耗——損耗者，因使用而致工作效能減低之謂也。

例如機件，其損耗與其使用次數之多少久暫，恰成近比例，使用次數愈多，則損耗愈大，惟此種耗損之折舊，可由修理維持諸法補足起來，在有利範圍內，此種修理費用必須犧牲，但至所得不信所失之時，則惟有置之高閣，使之受天然之淘汰。

b 衰老 (Decrepitude)

時間治度之變化，氣壓之更易，及手風雹之侵蝕，所影響於實體財產之損失極大，即使一機件也，購入時卽不用，過二三年後，雖不用而亦必因自然界之變動，及乎時間之蹉跎而有無形之遜色，此其所以爲折舊之一成因也。

（2）效用的成因（Functional depreciation）

A不適用（Inadequacy）

不適用者，係指因人慾增進，現有機件或器具等，所製成之出品，不足適應需要之一種槪況也，而不適用自身，又由下列之因促成之：

a商業政策之改變(Change of business policy) 每當數公司，合併爲一大公司之時，或製造一種新式物品時，原有機件常有不能應付要求之窘況，於是遂因其不適用而發生其價值之減低，此種損耗，實爲折舊之一種，但所感困難者，厥爲此種不適用現象之來也，不可預測；否則自當作爲折舊之一成因，而用數字計算入之。

b工程經濟之講求(Considaration of Engineering economy)

凡乎初辦一事業也，抱謹慎政策者，先必設備價格稍低之機件，以製造物品，殆乎出品已得着社會上之相當信仰，事業前途亦有相當之發展時，則從而更換價值較大之機件，藉以適應需要，此乃講求工程經濟者必用之法。於是則原有機件遂必因此種經濟之講求，而漸淪入不適用之列。

c難以預測之發展(Unforeseen developement)

設一地也，原來風氣閉塞，需要簡單，後因鐵路之舖設，港灣之建築，及河水之疏濬，致人口激增，工商業蒸蒸日上，於是市面上之需要狀況，遂亦因環境之改變，而進步在此轉環之衝，原所應付簡單社會之機件，自必因不測之發展，而漸成不適用矣。

B不合時的成因(Obsolescence as a cause)

不合時，係指另有一種新發明，其生產方法，較爲經濟，且可適應新環境之要求，原有機件比較之下，不免相形見絀，而致其價值減低之謂也，此種折舊率，皆受外界之影響，而生，如人力車讓步於馬車，馬車讓步於火車，汽車等是，所謂讓步者，卽不合時之謂也，至若不合時之折舊損失，究爲若干，實難以準確數字表示出來，此不得不有待於進一步之研究。

（3）難測的折舊（Contingent depreciation）

難定之義不僅指某事件有發生之可能性，並進而表示在一定情形之下，爲不可免之事實，概括言之，可分下列三種：

a意外事件(Accident)

b病態(Disease)

c供給減少(Diminuation in supply)

a意外事件

意外致成之原因，甚多，或由於疏忽，或由於天時之變，(Act of God)或由於構造之缺陷。(The defects of structure)在事業進行中，此種意外損失，殆不可免，蓋無論若何，雖於事前有相當之防範，然其結果終歸於失敗者，比比皆然。

b病態

病態之成因，由於下列數端：

一，蠹蟲之侵蝕——各電桿，鐵路上之橋梁橋墩，枕木，及其他一切建築物莫不受蠹蟲之侵害，而致減低其價值。

二，水之腐蝕（Water pollution）

如電線桿，橋墩時受浸潤於水中，其受水之腐蝕之損失，頗有可觀，故亦未可等閑視之。

三，電解作用（Electrolysis）

由於電解作用所成之折舊，乃專門電學問題，本篇難資詳論。

四，支解作用（Crystallization）

有幾種機件，如受重大壓力或震動，其分子之組織頓成支解，抵抗力遂因之降低，此種狀態，謂之支解作用。

（c）供給減少（Diminuation in supply）

供給減少，係指原動力如或氣之供給缺乏，而致全廠機件所受之損失之謂也。

上所論及之折舊之成因，僅限於有列實體財產，而於無形非實體的財產如商標，出版權，及其他政府予之特權等，尚未述及，請更略綴數語以爲結束：

無形財產，如商標權或譽產 (Good will) 等，係由政府特別授予或社會賜給，使之經營一種司業，而得政府之特別保護也，但其有效期間之限制頗嚴，在此期內，其價值無窮，但出此期外，則毫無所值，故特效問題，爲決定無形財產之扼要一點，爲防也有效期間終亡後之損失計，事前一定期間內所籌出之準備金，不得不視爲折舊之損失，此折舊之名詞，所以可用於無形財產也。

III　計算折舊率時應注意之各點！

A　普通原素 (Normal)

(a)通常使用態度 (Normal operating condition)

(b)平時使用態度 (Normal load)

(c)平時修理政策 (Normal repair policy)

(d)平時天氣狀態 (Normal climatic conioitn)

B　難測之原素 (Contingent factor)

a　因使用程度時有變更，致有疏忽亂用之弊。

b　商業政策之改變，對於機件價值之影響。

c　市場需要之變更，對於實體財產各機器等之影響。

IV　普通折舊率計算之根據 (Basis of normal rate)

此種根據應依器具或機件使用之狀態分三類討論之！

A　活動器具類 (Movable apparatus)

(a)亂用 (Abuse)

(b)疏忽 (Negligence)

(c)溫度變更 (The change of temperature)

(d)氧化作用 (Oxidation)

(e)使用時之不規則的震動 (Irregular shock in use)

B　固定發動機件類 (Installed operating & generating machinery)

(a)顛沛倒置 (Reversal)

(b)不規則之使用 (Irregular service)

(c)過分使用 (Excessive uses)

C　固定器具 (Fixed equipment including boilers & pipes)

(a)過分及不規則之彈壓 (Excessive & irregular strain)

(b)內部之腐壞 (Interior causes of decay)

(c)化學作用 (Chemical action)

(未完)

交通研究

京滬滬杭甬鐵路轉運事業實況

黃宗瑜

(b)附屬業務

(一)貨據押滙　公司爲便客商資本周轉起見，特設押滙，此項業務，每公司平均每年約七八萬元，其押滙多由本公司自辦，有時亦持貨物提單向錢莊(與本公司有往來之錢莊)其所押之數目，視貨主之信用，貨物之市價，(約存押之款爲貨物市價之半)及貨物之性質與銷路而定，且有規定期限，到期貨主將本息一律歸清，即可向公司取回貨物，或貨物提單，向鐵路提取貨物。

(二)代收貨價　還賣主以其貨物及提單交公司，代爲運到銷售地，由公司通知買主，付淸貨款，提取貨物，其貨款即由公司代滙至賣主公司，折去佣金(百分之幾)其數目亦視客人信用而定。

(三)貨物保險　客人以貴重貨物代運，公司以責任重大，或鐵路須保險方肯代運，則公司與貨主商酌，或代爲保險，其一切手續，由公司代理，而取若干佣金。

(四)代存貨物　貨物因一時車輛缺乏，不克運出，或貨物到站客人未遑提取，則公司備有貨棧，將此項貨物，先行上棧，代爲貯存，然後由客人自由搬運，並按日徵收棧租。

(八)收入之費用　本公司之收入，分代收與實收二類代收爲代理鐵路公司或其他關卡所收之費，實收乃本公司實得之利益。

(A)代收費用有下列各種

(1)運費 (2)調車費 (3)囤積費 (4)延期費 以上各種費用，均由公司代客人徵收，付與鐵路。

(5)百貨商稅 (　)落地稅

(7)特稅 此各種稅款由公司向商人征收，付與關卡。

(B)實收費用有下列各種。

(1)回佣 公司由向鐵路註冊後，卽規定每運費達至若干，卽給與回佣，其額數由下列方法規定。

(一) 每年運費不滿五萬元者不給回佣。

(二) 每年運費滿五萬元者給與百分之二•五回佣。

(三) 每年運費滿十萬元者給與百分五回佣。

(二)手續費 公司代客人索車，報捐，過磅，起票，押車，裝卸，貨物，代收貨價，代爲保險，一切手續，均視客人情形，酌收手續費，其費用由公會規定。

(一) 零件貨物 依件計算每件五分。

(二) 零噸貨物 依噸計算每噸一角二分。

(三) 整車貨物 依車（普通三十噸車）每車洋三元。

(3)棧租 客人租用堆棧，所付租金，及雇人着守之費用，

(4)押滙利息 直接向公司押滙，其利率由客人與公司面議，其利息視所借時錢市拆息而定，至多二分，若由公司代向錢莊押滙，其利率視月拆而定，公司轉向客人稍手續費而已。

(5)整車與零噸運費之差 整車運價約小於零噸運價，公司爲免貨物分批運送之損少起見，常集合數個人之零批貨物，向路局整車報運，照整車運價起票，雙方均便，而公司卽可由整車與零噸運價差中取其一二稍沾利益。

(6)雜項收入 除上五種收入以外之其他收入，如代保水火險之佣金，客人借用車輛之津貼，均爲無定收入。

(九)所出之費用 轉送公司收

週聞簡報

記者

▲救濟匪災區域農業辦法 實業部擬具救濟匪災區域農業辦法，設農業推廣委員會，就財力所及，指導復興生產事業。

▲美國成立全國貸款公司 本月九日美國成立全國貸款公司。此公司可發行債劵，以十萬萬元爲限，給與參加該公司之各銀行。而參加之各銀行須按照其活期與定期存款百分之二認購債劵。

▲湘鄂路路基修復 此次水被毀之湘鄂路路基，現已修復，定於十四日正式通車。

▲隴海路快車展至陝州 隴海路徐州洛陽間特別快車，自十月十日起，已展至陝州。幷將會興鎮陝州兩站，加入國內聯運站。

▲京平航空綫開始載客 中國航空公司以京平航空自復航以來，僅運郵件，以該綫今已非常安全，準於十月十四日開始載客。

▲各路扣車放還 路局息：平漢隴海各路扣用車輛，今放還。平漢路局已派人赴錦州領還北甯借用車輛。

▲關稅率改兩爲元緩行 財部因海關改兩爲元一案，現時尚有許多窒礙。請俟修改稅則時，規定標準國幣，再遵照改訂。已呈由行政院轉國府核準，令行財部知照。

▲財部商定維持公債價格辦法 財部對維持公債價格辦法，經與滬銀行界協商結果爲(一)由部籌現款一千五百萬，委托中央，中國，交通，三行儘量收買；(二)凡經理公債進出，均按實際價格收付款項，不得買空賣空。此兩辦法刻已實行，故近日公債價格上漲甚急。聞除此治標法外，財部將擬一治本辦法，以穩定公債之價格。

付出之費用，亦分代付與實付二種。

（a）代付之費用（1）稅捐（2）運費（3）其他付鐵路之費用，（ ）裝卸費（6）車資 以上各種費均公司代客人付出，隨卽向客收回。

（b）實付費用 爲本公司實際用款，擇其大者。

（1）鋪捐 卽營業稅由市政府財政局徵收。

（2）會費 本公司爲運輸公會會員之，一每年須繳會。且依每年營業及託公會代辦事務之繁簡，每年給以津貼。

（3）保證金 公司向鐵路局註册，須納保證金五千元外有運費記賬，亦有保證金。

（4）租金 公司常時借他公司房地及器具均須與租金，其數目面議。

（ ）營業開支 公司執行轉運業務，所有一切用費，如薪工伙食雜用修理費用均屬之。

（6）折扣 公司爲廣招徠起，凡於客人，大宗貨物託運者，給與回扣，其數夫有一定，且所給之數亦甚微。

（7）回佣 公司與其他同行聯合本公司名義，向鐵路起票，年終所得回佣，出其五分之三，分與其他公司。

以上均爲本公司出費用之大宗，其他零星用款，限於篇幅，未能細截。

（十）費用之收付

收 本公司爲客人之便利起特將所有收費用分爲二種，（1）收現 貨物託運時卽將所有應付之款一律繳清，方代料理，（2）懸賬 客人應付各款，暫爲記賬，至年節或月終結算，且有每半每月結算一次者，其結算期，以客人信用而定。

付 公司對於應付之款，亦分付現與欠賬兩種，至於付與鐵路公司之運費，則依鐵路公司現行辦法，分記賬，預付，到付，三種，大概零件貨物預付者多，而整車貨物，則多記賬。

（十一）簿記

轉運公司爲稽之營業惟形起見，所用各種簿記，均爲中國舊法，記載法，用上收下付式，玆謹就調查所得，略爲分析如下。

賬簿分日記賬與總登賬兩種，日記賬爲日用收付，總登賬乃依之分立收支並存年終或月終結算，所登應支應付數，均由日記賬中滕依其分戶册入依次登入各分戶俾知實數，每類所用賬簿分述如下。

（A）日記賬計有下列四種專爲日常營業之用。

1 流水 現金簿，用以記現金之收付，每月結一次。

2 日用流水 記金每日零雜開支，月結一次。

3 流水 日記賬中會主要賬簿，就其內容可分爲兩宗。

（a）應收之款如運費及代墊各種款項，客人欠而未付。

（b）應付之款，如捐款運費及其他用款，與轉運業務有關係者，流水乃由日用流水之一部分，玆爲便於查考特分出之。

4 貨物收發簿 此種簿記，對記貨物收發之件數，何人託運，運往何地，交付何人，及徵費若干，計分二種。

（1）貨物送出簿 此種簿，其簿面署「送往」，蓋收入貨物送往他處之記載。

（9）貨物收入簿 此種簿記，乃由他處運至本地交與收貨，故其簿於署曰迎來。

以上各種日記賬，除第四種外，其餘均月終一結，其結餘之數，轉入總登賬，總登賬亦分下列三種。

（A）錢總 乃現金之總賬。

（B）貨總 乃受付貨物之總賬。

（C）戶分賬 乃本公司與各商號各貨主各運轉公司及鐵局來往之賬目總數，所以視人欠欠人之多寡也。

（十二）單據 本公司所用各種單據，向無定式，大都均用函件，或印好之名片，茲就現有單據略述。

(1)貨物收據　客人交貨，託爲轉運，即由公司給與收據，計分三聯，一給貨主，由其寄與收貨人，俾便貨物到站時憑收據取貨，一給本公司聯號，由押運人或快郵部與貨物提單，一律寄往，一爲存根，貨物收據亦名。

(2)提單　提單，乃鐵路規定，由鐵路收貨後發交公司，以爲提貨準據。

(3)現金收據　公司收到貨主所納各種費用，所給之憑據，其格式大都分兩聯，一存據，一給付款人。

(4)到貨通知書　貨物到站由本公司聯號用印就片函通知收貨人，到站取貨。

(5)合同　公司爲營業使利及劃清手續起見與有關係之對方，立有合同，其合同分下列三種。

（未完）

專載

改進京滬滬杭甬鐵運輸效率芻議

劉應騏

(乙)精究燃料之選擇——燃料選擇之妥當，及其燃燒景況之適宜，足使機車各部之運用，達到最完備最經濟之程度，並足以增進運輸事業之效率，故對於燃料之採擇，不應僅以價格低廉爲標準，當以機車運輸效率爲早要之前提。昔日京滬材料總管達鞭頓，不遵當局命令，擅自混和煤質，以致機車速度不足，列車往往未能按時到站，貽誤運輸，累及商旅，於時該員卒受罷免處分，革職而去。由此可知燃料之重要及向來兩路重視之一班。按兩路機煤，每日共需一萬二千噸，年來因國煤出產處之交通不便，故每月購用國產中與煤四五千噸外，其餘均購用日貨撫順煤。近以日煤非但價昂，並且質劣，故已決定完全購用國煤，與中興煤礦公司簽訂十萬噸之合同知。吾人於此，敢以今後以最低炙度之燃料費用，達到最高限度之運輸效率爲盼。

(丙)注意司機之訓練——嘗，京滬綫某機車房負責者云：「新聞太平式機車八輛，雖有較大拖力購但以司機及火工夫不善駕御之政，並未用至最高限度」等語。然則司機及火夫之訓練如何，固與運輸效率有深切關係。故愚以爲對於兩路司機及火夫，應教以最穩妥之開駛法，及如何開駛機車最合經濟之原理。

(五)結論

以上所述改善綫路車輛及機車三種設備芻議，所謂第一步辦法，多含有整理性，所謂第二步辦法，多含有發展性，二者之間，並無輕重，對於改進運輸效率，同爲要圖，不過分劃步驟，便利進行耳。當其進行也，二者實施，或稍有前後，或在施行第一步辦法時，即須籌劃實行第二步辦法，又或在施行第一步辦法時，即須先謀第二步辦法一部份之實現，此皆須根據營業需要，參酌路局經濟，而後決定者也。要而了之，以上所擬第一步辦法，實爲改進兩路運輸效率之最低限度辦法，亦爲易於着手而收效迅速之辦法，無論如何，必須最短期內促其完成，然後路路之運輸效率，方有改進之一日。

再者，兩路運輸效率之改進問題，事關車務工務機務會計材料等處，斷非任何部份單獨設計進行，所能收效，必須羣策羣力統盤籌劃而後可。故愚以爲莫若由者關係之各部份，合組一改進兩路運輸效率設計委員會，藉收集思廣益協衷共濟之效。迨整個改進計劃擬就後，自當逐呈鐵部，敬候核飭遵行，至於所需款項，恐非目下本路財力所能籌劃，倘能借用庚款，是爲至善。將來運輸改進，營業發展，自可在巨額贏餘項下，分期撥還本息也。

完

上海交大通學經濟學會編行

經濟週刊

蔡照寰題

零售每份大洋一分　第四十七期　每逢星期三出版

中華民國二十年十月二十八日

論著

隴海鐵路現況

劉貽瑜

已成路線　大浦至靈寶　八百二十五公里

將成路線　靈寶至潼關　七十二公里

未成路線　潼關至西安　一百二十九公里

計劃路線　西安至蘭州　六百五十七公里

全　　綫　一千六百八十三公里

一　簡史

一九〇三年冬，（光緒二十九年）我國政府與比國簽訂汴洛鐵路借款合同。一九〇五年開始測量。一九一〇年完工通車，計長一百八十五公里，東至開封，西迄洛陽。築路及車輛設備等費，約計四千一百萬法郎。

民國元年開始察勘開封以東及洛陽以西之路綫，時已與比公司訂立新合同。二年興工。四年，開封至徐州二百七十六公里通車，洛陽至觀音堂九十一公里通車。此兩段用款共約四百萬金鎊。

五年至九年，以歐洲大戰之影響，路工完全停頓。十年，重復商安興工。十二年，徐州運河段七十二公里通車；十四年，運河海州段一百十四公里通車。共用荷幣三千〇七十五萬佛羅冷。十三年，觀音堂至陝州段四十九公里通車，用款一萬三千七百七十四萬法郎。

陝州至靈寶段二十六公里，十三年興工，十五年通車。

靈寶至閿鄉，爲靈潼之一段，已於八月廿六日正式發售客貨票，每日來往列車各一次，客貨混合。

閿鄉至潼關一段，如無戰事發生，則在明年一月一前，可以正式通車。

潼關至西安，現正進行覆測。如果大局平靖，工款有著，潼西段於二十二年可以通車。

西安至蘭州，亦已履勘，如果按時測量興工，則廿六年以前可以完工，而全綫完成。

二　工程

至大浦至鄭州，地甚平坦，故坡度不大。（僅爲百分之點五）而亦無甚弧綫，惟以小河頗多，故橋樑不少，但無一偉大者。又新安鎮至海州有七十五公里未舖道碴，枕木接近地面，枕木壓毀而地面亦已高低不平。此處工程爲荷蘭人承辦，其敷衍了事，殆係路界唯一無二者也。

鄭州以西，自汜水至孝義，二十四公里之間，有山洞十一，共長二公里許。（二千八百公尺）列車經此，計須在洞中歷時十分鐘左

本期要目

論　著

隴海鐵路現況　劉貽瑜

折舊問題之研究　桂香先

交通研究

京滬滬杭甬鐵路轉運事業實況　黃宗瑜

專　載

何謂投資信託　栗皇譯

（週間簡報附前）

印刷者上海閘北香山路二十二號進化印務局

右。

更西，過洛陽，自觀音堂至橋口，三十公里之間，有山洞五座。而以廟溝之四號洞爲最長。該洞長一千七百八十公尺，比平綏路之八達嶺洞尚長六百九十公尺。建造該洞者，爲李樂知先生，唐山老學生也。現仍擔任本路新工段務，對於建築山洞，富有經驗云。五號洞在更西八公里，本路之最高點在焉。（現在國有之鐵路，若合中東，廣九計之，四號洞屆居第三位，否則當首屈一指也。）

函谷關在靈潼段之西端，頗有小山洞。且有一洞穿越潼關城，長度亦在一千公尺以上。

橋樑甚多，而西部之山谷，尤需甚高之旱橋。車行西部，往往甫出一洞，卽上一橋。才越一橋，復入一洞。傍山臨淵，彎彎曲曲，危險萬狀，使乘車者不敢左右盼也。

洛河橋之最長者，三百一十八公尺，曾以軍事兩次炸毀，旋卽修復。

本路採用鋼枕，成效極好。惟未完全舖設。至新築之靈潼段，則完全採用德比二國之鋼枕，其壽命得延至十五年，比木枕耐久至四五倍，（美國松僅能用三年）而價值則爲十與六之比。故採用鋼枕，頗合算云。鐵軌每尺四十二公斤，長者十二公尺短者九公尺。

三 營業

本路以前營業權，完全操諸外人之手。自從十六年八月二十日，與外人再三交涉，撤銷營業總管理處及營業監督局，改組爲隴海營業管理局，派鄺煦堃爲局長，總管全路營業事宜。其後薛篤列，徐祖善，張聯甲，聞承烈，錢宗澤相繼爲局長。至督辦一職之權限，（王正廷劉驥而後，業已取消督辦名義。）現歸之鐵道部。

貨運與客運之比，約爲三比二。十四年以後，軍事影響營業至巨，收入大減。現在平均計算，每月有四十餘萬元，最低限度有三十萬元，最高可達七八十萬元。以視中東鐵路之日入十萬元，眞有小巫見大巫之識矣。（中東鐵路一千七百二十六公里，較隴海路營業路綫兩倍餘，但營業收入幾及十倍。）

供用之車輛一千有餘，但本路外路，互相攙雜，「孔子删書，斷自唐虞。」以前軍事時代，失去之車輛，無法追回；外來之車輛，亦不放去。現在始有淸算辦法。車頭六十餘，有頗整齊者。

貨運以落花生，鹽，白煤，棉花，皮革，羊毛，水菸，藥草，及其他之農產品爲大宗。靈寶，陝州，爲陝甘出貨要道。大浦現爲貨物出口總滙。鄭州，徐州，爲轉貨站。其他如歸德，碭山等站，均以貨運爲進款較多之站。

車站原由外人計劃，異常簡陋。每每效棄城市；歸德站距城且至十五里，旋客因感不便，卽貨運亦頗費周轉。

每逢秋季，農產品均已收獲，花生，棉花之類，堆積站上待運者，以千萬包計，頗壯觀瞻。行車時刻表內無貨車次數，但有客貨混合車次數，按日開行。其整車貨物，大批運出，臨時支配開車時間，通報各站，及有關係各段。

四 組織

本路組織，最高機關爲管理局及工務局。直轄於鐵道部。工務局之組織較簡。管理局之組織如次：

局長　祕書室

（甲）總務處

（內）文書課　編譯課　攷績課

警務課　產業課　材料課

庶務課

（外）材料廠　總醫官室　警務段

（乙）工務處

（內）文牘課　工程課

（外）工務總段三分段八

（丙）車務處

（內）文牘課　運輸課　計核課

商務課　電務課

（外）車務總段三分段八

（丁）機務處

（內）文牘課　工事課　稽核課

（外）機務總段三分段三　停車廠

四機車廠三修理廠一

（戊）會計處

文牘課　綜核課　出納課

檢查課

（己）部派稽核員辦事處

（庚）總工程司辦事處

文牘課 編譯課

五 其他

本路爲未完成路綫，目前之計劃，在於二年半以內完成潼西段；五年內完成西安至蘭州路綫；運河至棗莊台兒莊支綫，亦擬於一年半內完成。目前急需疏浚大浦港口，以便海船停靠。至若連島築港，蘭州至新疆綏定之興築，則其計劃遠大，一時恐難實現。然使一旦實現，不但有利於本路之營業，實大有裨於國防也。

本路工程了草，設備簡陋。卽萬不可省之行車號誌，亦未設置。然而因其簡陋故工作之員司，人數少而責任大，以視他路之冗員充斥者，較可樂觀，然以所經地帶，多係衰落之農村，加之土匪充斥，營業頗難發展也。現在隴潼段卽將正式通車，特別快車已由徐州洛陽展至徐州陝州，以利豫西旅客，此爲國難聲中較可安慰之點。營業日有起色，路綫逐漸展長，不特五千員工之所望，亦中原人民所日夜希冀者也。

折舊問題之研究（二續）

桂香先

V 計算之方法

A 比例法 (Proportional method)

比例法卽每期之折舊，與財產整個價值，有一定比例之謂也，此法又可與爲下列四種，玆特分別討論之：

a 直線法 (Straight line method) 直線法者卽代表折舊之圖，爲一直線也。

例如有一機件其原來價值爲1000元，其剩餘價值 (Junk value) 爲100元，使用時期共爲9年，則其每年之折舊可由下法得之：

$$D = \frac{V1-Vn}{n} = \frac{1000-100}{9} = 100$$

從此可知每年之折舊爲100元

b 工作鐘法 (Working hours method)

此法卽（a）法中之n化工作鐘點而已。

例爲有一機器其原來價值爲150元其剩餘價值爲50元其總共工作時間爲12000點鐘，假定第一年會計年度工作3000點鐘，第二年4,500點，第三年2,700點，第四年1200點，第五年600點

其第一年度之折舊可用下法計算之。

$$D = \frac{(V1Vn)3000}{(Total\ working\ hours)} = \frac{100}{\ } = 25$$

餘依此類推，從此可知其第一年之折舊爲25元損失

c 出品法 (Output method)

此法特點，在將a法中之n代以某一機件出品之總數。

例如；有一水管其原來價值爲1000元，剩餘價值爲50元，服務年限係5年，從其中經過之水量爲10000加倫：第一年經過之水量爲2000加倫，第二年3000第三年1000第四年2000第五年2000求第一年之折舊：

$$D1 = \frac{(V1-Vn)2000}{10000} = \frac{900\times 1}{\ } = 180元$$

餘類推。

d 綜合生命法 (Composite life method) 此法之特點在將工廠內，所有機件視爲整個的，而計算其服務年限，非以每一機件爲準繩，試設例爲說明之：

設有一工廠第一部內之機件總共價值爲55,000元，剩餘價值爲5000元，服務年限20年第二部內價值25,000剩餘價值3000元，服務年限15年，第三部內總價值16,000元，剩餘價值1000元，服務年限10年，用直綫法求之則其全廠機件之綜合，可用下算式得之：

用直綫法計算第一第二，之三部機件每部之折舊爲2500元，1333.31元，及1500元，總共折舊爲5333.33設其綜合生命爲原則

$$K = \frac{85000}{5333.33} = 15.938年$$

B 數量均勻變更法(Uniformly varying amounts method)，此法與比例法之分別在折舊率或基數Base有其一係固定的，其他則係變動的，即折舊率固定，其基數必變動，反之，亦然，在此法之原則上又可分為下列三法，玆當一一分別討論之：

a 折舊率不變，而基數遞減法(Fixed percentagd of eiminishing value method)

試設例以明之，假定有一機件原價值1000元，固定之折舊率為10%其第一期之折舊為100元，第二期90元，第三期81元，依此類推以此例為標準，可得下列公式

V1＝V(1－d)；V2＝V1(1－d)＝V(1－d)(1－d)＝V1(1－d)2；V3＝V2(1－d)＝V(1－d)(1－d)(1－d)＝V(1－d)3 ——————————

$$Vn=V(1-d)n \quad (1-d)n=\frac{Vn}{V1}$$

$$d=1-\sqrt[n]{\frac{Vn}{V}}$$

$$=1-\sqrt[n]{\frac{scrap\ value}{cost}}$$

b 基數固定而折舊率變更法(Changing percentage of cost less scrap method)即基數為原價與剩餘價值之差，始終不變，而折舊則有時變動法。

例如有一機件器，其壽命為5年，故用一年後其應有之生命為4,3,2,1年，分計其各年有效生命之數宗總和為法，此數作為15公分母，而以5,4,3,2,1依次為分子於是每一期終了時其折舊與財產，之比例為 $\frac{5}{15}$，$\frac{4}{15}$，$\frac{3}{15}$，$\frac{2}{15}$，$\frac{1}{15}$ 五個分數，依次以每一分數乘此機件之純粹折舊總價，即得其每一期應得之折舊。

c 任意法(Arbitrary method)此法并不依一定原理為根據，故不能稱為正式之法，惟此法之特點在每一期折舊之決定，并無準繩，由當事者任意而定，其唯一法則，即在各期折舊數量，比較起來，或為累進的，或為累退的，以其不倫不類，故略而不述。

C 複利息法(Compound interest method)此法之特點在用複利息原理，計算折舊，依此又可分為1提金法(Sinking fund method) 2 年金法(The annuity method)及 3 成本單位法(The cost unit method)與試設一例而演明其一貫之原理應用法

設有機器一件，其原有價值為1000元，剩餘價值50元，工作生命為15年，每年之折舊可由下法求得之：(其複利率為J＝4%sm＝2)

RS $\overline{15|}$ at 4%＝950

$$R=\frac{950}{\frac{(1+04)15-1}{0.04}}$$

$$=\frac{950}{\frac{1.80094-1}{0.04}}=950\times\frac{0.04}{0.8009}$$

$$=\frac{4}{80.09}\times950=47.446$$

D 雜組法(Miscellaneous method)捨上三法外，雜法尚多，玆擇其要臚列如下，而統冠之以雜組之名以資結束：

a 維持費法 (Maintenance method)依此法，則每一期之折舊總數，恆等於每期之維持費。

b 更替法(Replacement method)此法僅承認有折舊之事實，而不可認為計算折舊法之一種，其特點在將新修及更換機件所有費用，作為計算折舊之根據。

c 五十分法(Fifty percentage method) 此法係根據下列理論而成立：凡於各部均相同之財產，如修鐵路枕木等，殆乎其修理時期已至，各部須修理，普通理想，以為修理可維持其百分之五十之工作效率，而其餘之百分之五十則為折舊損失，此所以謂五十分法也。

d 估值法 (Appraisal method)依此法則每一營業期末，必須將所有財產估值一次前一期估值之總數，與後一期之差，即為折舊損失，此估值法之特點也。

e 毛利法(Gross profit method)此法之理論，即在根據毛利計算若干成，以為折舊，至如此率(Rates)當見機而定，非一成不變者也。

VI 折舊之登記

折舊登賬之唯一條件在一方表示營業之損失，一方則表示財產之眞實價值 (Actual value) 其在賬簿上之記載或如下：

折舊　X

折舊準備×

(Reserve for depreciation)

折舊須輕入損益賬，蓋其業務成本之一種也：折舊準備則須轉入對照目下減去之，藉以求得各種財產在每一期之純粹價值，(Net value)

注意！

本篇材料多自原來採來故當印刷時所有原文註釋必須用括弧註明，望印刷者注意。

完

交通研究

京滬滬杭甬鐵路轉運事業實況

黃宗瑜

(一)　公司與聯號所立之代理轉運及收費合同。

(二)公司與其他公司所訂之合同。

(三)運輸公會各商郎（轉運公司）所訂之公約。

(十三)運貨之負責

轉運公司對於客人所託運之貨物，均小心代爲運送，除下列情形之外，如有損失，概負賠償之責，茲將其例外依次分述於下。

(A)客人貨物如遇有天災兵燹，鐵路崩壞車輛事變，以至損壞及遺失者，公司概不負責。

(B)凡貨物容易走漏破碎及腐爛者遇有損少，公司不負責。

(C)原來包件未經點查載在收據者，如有損失，概不負責。

(D)託運之貨如夾帶違禁品或捏報貨品，經路局或官廳查出扣留，或允公者，公司概不負責。

(十四)貨物之賠償　貨物損失，如非由上列之例外情形，公司均須照貨物市價賠償，但貨物如係短少件數，客人須限定日期，任公司詢查，如未尋獲，則由公司與客人磋商，或照短少之數折扣賠償，或全部賠償，凡貨主要求賠償，須在接受貨物時申明，倘貨已交代清楚，客人將貨物收據，交與公司以後，再言損失，公司概不受理。

受貨人如將貨物收據遺失，須有店保證明掛失，方可向公司提取貨物，原有聯單由收貨人登報聲明作爲廢紙。

(十五)貨物之拍賣。

貨物運到終點，一月以後，客人仍不到站取貨，或貨物運到，客人欠款不付，公司即代拍賣，其款除扣去所應付之款外，餘數找與貨主，如有不足，仍向貨主理楚，憑單即作爲廢紙。

客人以貨託運，如欠公司款項，未能繳清，歇業或倒閉，其貨物，須扣留拍賣，憑單作廢。

鐵路公司，有鐵路負責及貨主負責，轉運公司並無是項規定，一切貨物既交公司，代爲轉運，一切均由公司代爲負責，但有時客人信任未深，恐蒙欺詐，公司可先言明。

以上已將轉運公司其業務情形，詳細述及，茲更將其與其他機關之關係，分別述之。

(一)與鐵路公司之關係

(A)註册　公司爲便轉運計，特向鐵路局註册，爲正式承認之轉運公司，並交納保證金五千元。

(B)回佣　鐵路局視公司每年報運貨物之多寡，給與回佣，其數目規定如前，但所報運之貨，在下列情形不給回佣。

(1)貨物以專價轉運者。

(2)裝卸費及他項雜費用。

(3)用旅客列車裝運之貨物。

(C)記賬　本公司代客運貨，可照路局定章記賬運輸，但繳須納保證金，其數目，未有定額。

(D)免票　鐵路局爲便利轉運公司押貨人照料貨物及公司跑街接洽業務，特發給免票一張，以便乘車來往。

(E)租地　公司常鐵路局租用空地貨棧，堆積貨物，其租金，與他商人所繳納者相同。

(二)與其他轉運公司

(A)聯合起票　其他未註册之轉運公司有貨待運。無論其運費若干，均不能獲得回佣，乃托本公司代爲報運，其提單即用本公司名義。

（B）互運貨物　有時大宗貨物，一公司不克代運，則數公司聯合，代爲照料報運，其手續費，依其代報貨物之比例。按成均分。

（C）回佣分析　公司因與其他公司聯合起票，向鐵路局取得回佣，此項回佣，須與其他公司分析，其成數爲五分之二，即每百元回佣本公司得六十元，其他公司得四十元。

（D）租用設備　公司因貨物擁塞，設備不敷，可出租金向其他公司租用，有時他公司所分得之車輛亦可租用。

（E）設立公會　轉運同業，爲謀對外一致及謀轉運事業之進展起見，乃組織公會，訂有公約，凡同業間，一切關係及發糾紛，事故均由公會處理之。

以上各節中，關於轉運公司一切情形，詳細具述。惟調查時及值各公司營業時間，職員均因職務綦重，未能詳細具答，茲乃直接或間接咨詢所得，擇其重要，撮記如右。

上篇所述，乃對鐵路轉運公司之實况，擇要申說，茲將對於轉運公司之意見，再析言如左。

（1）轉運公司爲利益最大之事業。

自鐵路開辦以來，各路沿綫轉運公司相繼林立，大者組織公司，設立分號，廣招佰客，延攬運商，其小者一二人。擇其適宜地址，掛上牌號，四出招致，同其資本無定較小者雖一紙一筆亦可經營，故其成本甚輕利甚厚蓋代客轉運，不過將貨物，由甲地運至乙地，其一切業務，均不過照料手續而已，經營此業既無須大量資本，以資流通又無良好設備，以供運用，人工器具，仰給於鐵路，而其費用乃取自客商轉運公司居於鐵路與運商之間以其工作之勞力，從中謀利，故經營轉運事業者，如果深得客人信用，未有不利市三倍者也，且營業用費，大多數固定，若貨運加多，每一批所負之費用自減，而收益自大，故轉運公司，經理得宜，其事業

週聞簡報

記者

▲平浦貨車失火　平浦車於廿日過平時，貨車失火，損失兩車貨物。

▲鐵道部注意車上設備　鐵部以嚴冬將屆，令各路局注意車上暖氣設備，及防止行車誤點。

▲北甯路撫卹被難員工　北甯路局以此次日人侵佔東三事變中，員工仍忠於職守，爲撫卹此次事變中死傷之員工起見，特制定特別撫卹辦法；凡死者立予治喪費二百元，并對其遺族担負教育養贍之責，其受傷者分別輕重，酌給月薪，殘廢者則養其終身；而凡受傷之員司工警，除違犯刑章外，概不裁汰或減薪工。至對於在危險區域各段站及列車服務之員司工警，亦制有特別優待奬勵辦法。

▲京杭國道正式通車　京杭路計長六百餘里，全綫業已完成。定於十月二十日正式通車，每日一次。

▲導淮會徵用民地新法　導淮會對徵用民地辦法，除根據國府公佈之土地法外，所有收買，照原契所載，并參酌現在土地適當之價格，由各地方機關團體組織評價委員會，共同協定。

▲內部籌開水利大會　內部爲補救水災，現正籌備召集華北，太湖，導淮等各水利委員會，及辦理水利機關，舉行全國水利大會，討論治本各事宜。

▲坎拿大禁金出口　坎拿大禁止現金出口，有政府執照者除外。其目的在維護金本位，應付國外債務，并維持法定鈔票發行準備金。此項禁令實施至於年三月一日止。

▲瑞士銀行患多金　瑞士各金行近因存款驟然增加，無投資之機會，故長期存款亦不給息。但各銀行對此多金皆憂形於色云。

鮮有不蒸蒸日上者矣。

（2）轉運公司對鐵路之利弊。

轉運公司既因鐵路而發達，故其對鐵路營業，不無影響，然其影響若何，是又不可不一觀其利弊，今請先言其弊。

（未完）

評述

何謂投資信託

栗皇譯

何謂「投資信託」範型，而與其他類似之組織為區別，Investment trust投資者往往不能明耳。其真相，即銀行家亦多有所誤解。一般人士方購買一特殊組織（譯者按即投資信託）之證券，即以為別種公司之股票或債票，於此種情態之下，種種失策，久之自所不免。

按之實際，在今已有六種不同之財政會社，蓋即所謂「投資信託」是也。此種組織，如能措施適當，甚可行其合法有用之職務；且於經濟上之勞務，有極大之貢獻，故投資者或銀行家，殊有認識此種之必要。

「投資信託」一辭初自英國傳來，此在波邦甚與美國「一般管理的投資信託」相類似。用此冗長之名辭者，蓋所以表明投資信託原始之普通管理的投資信託 General Management Investment trust

普通管理的投資信託之性質，有如左述：

（一）將各種不同之證券，如實業公司，公用事業，鐵路，政府，無論在國內外，所發之股票，債票，短期或暫時之債券，登記於表册。

（二）此項表册，即歸具有下列各種資格之人員，永久管理之。

（A）對於經濟學與財政學，有深切之訓練者。

（B）具有國際思想而與全世界相接觸者。

（C）對於各種實業，以及各個別公司，有深切之認識者。

（D）對於全世界主要之證券市場，頗稱熟息者。

（E）關於經濟政治實業，以及金融之日常的正確消息，極為靈通者。

彼等對於變更此項表册之內容，所用以為判斷者，決惟上列各項能力是賴。此項投資信託之組織，其基本原則，不在買空賣空；亦不在拋大批之證券，故於證券市價，影響殊微；而於發行證券之公司，亦未嘗參與其管理。權此項組織苟能處理適當，而無特別之變動，常可獲得充分之所得，如利息紅利等，足以支付一切之營業費用，固定消耗，以及優先股之紅利。彼如見有低價之證券，需款購買時，得出售其所有市價之較高者而購進之。綜言之，此項信託，係一種投資會社，並無投機之意義存焉。

貿易公司The trading Company

另有一種會社，每易與「普通管理的投資信託」相混合，是即所謂貿易公司，其目的蓋在買賣證券，從而取利，故買空賣空，雖非必要，而亦往往為之。至於每次拋進之證券，為數雖屬有限，然以一年計之，其所有各種不同之證券，則為數頗鉅。彼固未嘗以投資為基礎，乃係一種投機會社耳。以此種公司之故，一般人士遂視投資信託為一種「盲目的結合」惟如有應宜之組織，有良好之管理，則此種組織，殊不應受此種批評，何者，蓋其所給與欲作投機者之機會，必較由個人行動所獲得者為優故也。至其與「一般管理的投資信託」之區別，於此已顯，無庸再釋。

財政公司The finance Company

財政公司為時下所稱投資信託之另一範型，與一般管理的投資信託有根本不同之點在焉。其惟一目的，蓋在供給各種公司之財政上的需要於彼尚未能從大衆所得信用之時。彼何以能得財政公司之助，且給與後者以獲利之機會，此中實大有理在。一新興之公司或製造新產之工廠，其前途希望，至為遠大，從以未至成熟時期，極難博得大衆之信用；或有成立已久之公司，其證券惟爲極少數人所保有，今欲擴充範圍，需款孔殷，然而信用未廣，殊難將股券直接售與大衆；又有以改組之故，或新從改組之後，處財政拮据之地位，其不能大衆之信用者，更爲明顯。凡此種種，遂與財政公司以機會。彼可將此種公司所發之證券，大批購入，且從而取得一部分之管理權。財政公司以此種證券之予利，襄助發行公司之公衆信用的開展。俟其地位已臻穩固之時，然後以高價拋出前以低價所得之證券於市場。其獲利之道，大率如此。

財政公司與「一般管理的投資信託，」實有根本之區別，前者對於發行證券之公司，得參與一部分之管理，而後者則否。財政公司拋進證券，每以大批行之，有時以收納過多，故除最繁榮之時期外，一經推銷，影響於其市價者，未有不至鉅且烈；更以事有關於發行公司之生存，整批推銷，勢所不許，是故彼之表册，從未見有流動之狀。一般管理的投資信託則不然，彼僅將有比較少數之證券，當處理適宜之時，其表册常在流動之中。進言之，財政公司以持有大批固定之證券，故鮮有「一般管理的投資信託」轉變之可能。雖然，財政公司苟能措施靈敏，取財有道，則於經濟上之貢獻，亦有足多者焉。

執掌公司The Holding Company

執掌公司爲商業組織之一種，在美國財政界，久爲人所熟知，而常稱之爲投資信託，讀者得毋以爲離奇乎？此與一般管理的投資信託相較，固有幾項特點，全然殊異。其主要之職務，蓋在掌理附屬公司之財政及其營業，因之執掌公司對於附屬公司之證券，握有統馭之權，而於管理方面亦多在其掌握之中，此實爲與財政公司類似之處，所不同者，執掌公司之範圍，僅限於一種實業或兩種以上之有密切聯繫者，不若財政公司得同時與各種不同之實業發生關係也。復次，執掌公司所享有統馭附屬公司之權利，往往繼續保留，雖後者狀況已入佳境，公衆信用，已見確立，亦不出售與人。

執掌公司與普通管理的投資信託不同之點，即在前者持有大批之證券，因之常處於半固定式之狀態，此與後者相較，正得其反：前者對於附屬公司享有管理權，而後者則否，簡言之，執掌公司與普通管理的投資信託，其目的，組織，及營業，至爲懸殊。

固定與半固定式的信託

Fixed & semi-fixed trust

除普通管理的投資信託外，尙有二種投資信託之範型，——固定的與半固定的——盛行於美國。此種投資信託之組織，蓋以管理，彼僅爲一種證券交易之中間人，一方購進一批，——多爲股票——而後售轉於大衆，惟其表册所開列之證券，一經登錄以後，永不更換雖發行者之信用地位，有所上下，亦不之顧，故投資者因此所受之損失，實無法爲之擔保。爲去此困難起見，半固定式的投資信託，因之而產生。此雖不繼續管理投資之事，然於表册之內容，得爲有限之修改。綜之以缺乏管理與週轉不靈之故，此種投資信託，實不可與「普通管理的投資信託，」同日而語也。

凡此種種不同之投資信託，其優點確屬不少，如能出之於眞誠幹練之管理，對於經濟上之貢獻，豈淺鮮哉？若夫普通管理的投資信託，實爲其他各種投資信託之淵源，而可爲一切投資信託之表率焉。在一般人之心目中，所謂「投資信託」一辭，亦係指此而言耳。更有進者，彼之證券，實爲最能適合投資者之需要。投資者對於此各種不同之財政會社，必須認識其顯著之區別，且於購買其證券時，必須擇其最適合投資者自身之財政上的需要者。是則此作之微意也。

本刊啓事

啓者本刊第四十六期係本月二十一出版付印時仍排「十四日出版」實係未改前期所排日期之誤希讀者鑑察是幸

中華民國二十年十一月四日

經濟週刊
蔡照寰題
第四十八期
每逢星期三出版
零售每份大洋一分
上海交通大學經濟學會編行

論著

英國停用金本位與世界金融

亮侯

一 緒言

當中國外患天災交迫的時候，同時世界金融界忽然也發生了一個重大的變動。這種變動，和美總統胡佛之宣言緩付戰債一年，倫敦七強之救濟德國財政會議，同樣的被認爲是今年國際間的重要事件，同樣的會引起世界各國人士的注意，而值得在世界經濟史上大書特書的，那便是九月二十一日英國政府宣布停止金本位這一件事。

英政府宣布停止金本位的嚴重性，可以從兩方面去考察：一是金融上的；一是經濟上的。

英國是工業革命的發祥地。在大戰以前，關於工業製造，世界貿易，執了全球的牛耳。關於金融市場，財政機能，世界各國也都要受牠的支配。但是，大戰以後，情形却改變了。戰後的英國，財政情況有愈趨愈下的形勢。中間雖也經過短期的繁榮，而大勢却大有衰落的現象，這是無可掩飾的。尤其是最近數年，更爲顯著。所以戰後的世界貿易，工業製造，英國已把第一把交椅讓給美國了；世界的金融中心市場，也大有由倫敦移到紐約的傾向了。加以近二十年來，世界各國因工業發達，生產過剩，結果物價低落，工廠倒閉，失業增加，而世界經濟界遂起空前未有的衰落。這種衰落潮流襲到英國，凱蘭州的工廠，停閉的達三分之一以上，失業的人數達二百五十萬人。財政金融，自然非常緊迫，而英國的政治，因此也發生了極大的變化。例如：最近英國爲要維持預算均衡起見，擬削減失業救濟費百分之十，因勞工黨員的反對，竟與首相麥克唐納發生意見；又爲要維持預算均衡起見，擬削減海軍人員薪俸百分之十，也因此引起了海軍人員的拒絕服役。這些都可以證明英國財政上的困難。英國爲了要恢復戰前經濟上的權威，不得不想法使國外貿易能夠發達，因此就宣布停止金本位，利用鈔現之差（即英鎊的滙率，較現時眞金低。）使英國工業上的製造品，得以相當的賤貨，銷售於世界市場。我們只要看英國市場一般都歡迎英政府所宣布的停止金本位法案，並且大家都認爲是工業上的福音，就可以曉得停止金本位在經濟上的嚴重性了。

大戰以後，世界各國對於黃金的爭奪與保持，眞是「不遺餘力」

本期要目

論著
英國停用金本位與世界金融 亮侯
中國應速即制定最低工資法談 陳蓀
杭江鐵路之現狀 樂仁
交通研究
京滬滬杭甬鐵路轉運事業實況 黃宗瑜
（週間簡報附前）

印刷者上海閘北香山路二十二號進化印務局

。戰後的各協約國，沒有一國對美國不負債的。美國收回這種債款，因之國內增加了不少的金貨。同時法國也在那裏積極的吸收並囤積現金。這種被吸收的現金，並不拿來做信用資金的準備，也不用於其他的生產途上去，只是深閉之於金庫之中。所以黃金便失却了牠的流通作用，失却了牠的正當功用，而世界各國就感覺到黃金的缺乏了。黃金的偏枯，黃金的分配不勻，可以使世界金融界發生週轉不靈的現象、直接間接影響到生產的運用，而使生產極度的衰落。英國便是首先感到痛苦的一國。戰後倫敦的英蘭銀行準備金，一天一天的減少下來。因爲英國有悠久的歷史，充足的準的準備，所以雖然付償大部分對美債務，使大批的現金流出國外，而倫敦仍不失爲世界金融的中心市場。近兩年來，世界經濟蕭條的巨浪，頻頻襲來，英倫金融市場已經感覺到一點不利了；而今年夏間德國財政恐慌，又影響到倫敦來，於是英國的現金入口就難抵當現金的出口了。雖然世界的金產額大部分都在英國的屬領中，然而產量已漸微少，決不足以抵抗法，比，德，荷，瑞，美，等國在倫敦的吸力，尤其是最近這幾個月間，倫敦英蘭銀行的存款大部分都被人提走了。計由七月中旬到九月中旬中間，被各國提了二萬萬鎊以上的現金去。英蘭銀行的準備金額，只剩了一萬三千萬鎊。在一九二五年英國恢復金本位的時候，康利甯委員會曾經指示英蘭銀行，說以後保持的金貨，不能少於一萬五千萬鎊。但是，現在所剩的準備金額，却遠在康利甯委員會所指示的最低限度以下了，所以英國政府不得不宣布停止金本位法案，藉以阻止通貨兌換現金，暫時的使金貨不至再至國外之這是英政府停止金本位在經濟上的嚴重性。

的確，英政府宣布停止金本位，不僅是英國一國的事情，而是被世界各國，尤其美法兩國的逼迫威挾，不得已出此非常的舉動。所以牠的影響，也是遍於全世界的。現在把英國停止金本位的前因後果，加以分析如下：

（未完）

中國應速即制定最低工資法談

陳森

「中國工人所得的工價，是世界最便宜的；所做的勞動，又是世界中最勤苦的」！民權主義第三講。

（一）緒論：我國近年以來，勞資糾紛，日益加增，罷工，案件，層出不窮；此實爲我國社會安甯上，最重元問題，亦卽我國工商業發展上，極大之障礙。然事必有因，水必有源，決非猝然而發；故我人對此問題，當先推究其原因，以明癥結之所在，然後能使此等糾紛與罷工，日漸減少，而至於消滅，然則此項糾紛與罷工之原因癥結，究安在乎？依最近我國勞動界之趨勢，似已由政治羣衆運動，蹈入經濟問題矣，換句話說：我國的勞働運動，已由「國民革命之運動，必恃全國農夫工人之參加，然後可以決勝，」之時期，到達「中國工人不是反對資本家；要求減少工作時間。增加工資，完全是吃飯問題」（十三年五月一日總理對各工團所說）之時期，試觀上海十九年度之罷工統計，百分之四十有另，因工資問題而起，由此可知工資問題實爲解決我國勞働問題之中心，亦卽維持社會安甯，發達工商業重要之關鍵也。

工資者，工人日常必需之要素也，缺此工人卽不能生存，然工資既不能太高，亦不可過低；工資過高，資方受其累，幷養成工人奢華之惡習；若工資過低，勞方尤受其苦，有時能影響其生命之危險，然則如何善其後，使勞資雙方各得其利乎？於是政府出矣！政府當局以第三者公正之眼光，制定勞資互守之最低工資法，以保證工人最低生活限制之工資，以便免除因工資而再起勞資仇視，故國際勞動會議，憲章第三條，對工資亦有如此之規定：「工資必須合於工人適當生活之要求，其數目，以工人所處時代及生活程度而定，」我國工廠，雖尚未十分發達，然勞資糾紛，年有增加，其爭執之原因，大半關於工資，我黨有見於茲，故本黨第二次全國代表大會時曾有「最低工資之制定之議決，本年五月五日全國第三次代表大會時，亦曾有請求政府速即規定全國最低工資之提議，惜至今政府尚未有具體之方針與計畫，最近實業部有調查上海工廠情形之舉，以備將來改良工人待遇之根據；想最低工資，亦必其中欲解決問題之重要者也，今敝人將最低工資略述如下，昨拋磚引玉之望，希高明者見教指正爲幸。

(一)最低工資之略史：最低工資之鼻祖，當推澳州之維克多利亞(Victoria)，雖在維克多利亞以前，尚有新西蘭等處，早已通過一取締賤值工制之法律，以改良工人之狀況；然終不若維克多利亞之完善與優良，故後世之談最低工資者，往往以維克多利亞制爲標準，當一八九六年時，維克多利亞境內之一般與論，極烈反對以賤值雇用勞工，幷組織一反對賤值雇工同盟會，熱心工作，努力宣傳，後逕維克多利亞勞工部部長批玫克 (Sir Alexander Peocock)之主張，得制定一最初最低工資律，自此律制定後，國內資本家及企業家，曾劇烈反對，想法破壞；彼等揚言曰：若此法實行後，我國之工人非將不能得利，幷有二大不利：(甲)國內資本因實行此法後，將悉流海外；國內企業將遭驅除，工人亦將因此而失業。(乙)卽使資本不流海外，則資本家必將專雇技術能力較高之工人，而解雇能力技術較低之工人，則一部分工人勢必無工可作矣！資本家根據以上二大理由，爲最低工資律萬萬不可施行云，惟資本家反對雖烈，而輿論之鼓吹，政府之提倡更烈；萬衆注目而爲後世各國仿効之最低工資法，終乃通過於國會，見諸公佈而並實行矣！此法先以最初四年定爲試驗時期，其適用之範圍亦不甚廣，僅限於六種特別工業而已！其後該法成績優良，結果圓滿，乃自一九〇四年起，定爲永久法律，幷將此法日漸擴大，至一九一六年來，指定最低工資之委員會，已達二百三十六處，享受最低工資律之工人，亦在拾伍萬人以上，占全人口十分之一；至此，工資最低律不復認爲工人一時救急之計，而認爲定各業工資標準之適當辦法，其法律範圍亦日漸廣大，資本家反對之聲，亦消聲滅跡於境內矣！

若以英國論之，英國工業最爲發達，工人衆多，然工人因知識幼稚，若所得工資，不足維持其生活時，其影響於社會之治安，國本之基礎，非淺鮮也，因此，工人聯合會及工黨等，劇烈鼓吹最低工資律之優良，及英國速卽採用之必要；乃於一九〇九年，根據維克多利亞先例，將職業組織條例通過，此項條例規定：「凡一職業中，若工人所得之工資太低時，勞工部得設立一工資會，想法研究幷制定此職業中之最低工資，」此項條例在一九一〇已今佈實行，至一九十二年時，因英國煤礦工人大罷工，幷要求速卽制定全國最低工資律；政府乃於是年始，每縣設一工人代表部，設法制定每縣內各種工業之最低工資，惟因範圍太廣，此種計畫，不甚順利，當歐戰時，因生活程度暴漲，最低工資律已失其効用，工資會雖欲設法補救，或改訂最低工資律，然困難繁多，成効鮮見，大戰後，新職業局產生，工資局幷於一九一九年秋，在英吉利及威爾士境內，訂定女工及童工之最低工資律；至於成年男工在歐戰後所得工資，則已較法定最低工資，高出多矣！

(三)何者是最低工資之標準。中國應採用那一種？…此不易解決之疑問也，考歐美各國經濟學者之意見，對最低工資標準之理論，大數可分爲四派，今略述如下：(甲)最低工資者，卽使工人及工人家庭能苦過其日常生活，此等生活，應省而又省，儉而又儉，雖妨害其個人及家庭衛生，以致疾病叢生，亦所不惜，此黑暗無人道之舉也，陽借最低工資之名，陰行榨壓掠奪工人血汗為實，(乙)對最低工資之解釋則謂：工人及工人家庭用此工資，能免強維持其日常物質需要，換言之，即一日所進，適合一日所出；病魔不能降臨，快樂之神亦宜遠避。不然債台高建矣！(丙)最低工資者，即除工人及其家庭日常衣食住行外，為有少少儲蓄，以備簡單衞生及將來疾病之用，(丁)最低工資不特能使工人及其家庭本日夠花足食，并另有餘款，以作災害保險娛樂之用，少有享受快樂之機會。

然則此四說我國若制定最低工資法，以何者標準為根據乎？(甲)(乙)二項，對工人太壓榨，非我國民黨之中國所宜取也，第二次全國勞動大會亦有如此之議決，一年來生活用費日高，而工資所增極少，工人待遇，苦不可言，因此要求按照各地生活情形，規定最低限度之工資，究應該要夠工人恢復勞動能力，及維持子嗣，」即以普通眼光，公平意識觀之；亦當以(丙)(丁)二說為優；因最低工資，非只保障或維持最低生活限度，并宜使普通工人及其家庭，皆得藉之以維持其肉體精神與勞動能力之謂也。以事實論之，各國大部亦以(丙)(丁)二說為標準，例如：澳洲一九一二年之規定：「最低工資是以使一般工人維持相當安適生活，並能兼顧其家屬之負担。」英國亦常以每區域內，每種職工之工資，應合於該地最仁厚雇主所定之標準，在美國各種法律中亦常有「正當生活必需之費用，」及「維持健康與幸福。」等規定。

(四)最低工資規定之方法：最低工資規定方法，既難又重要，若偶一不慎，影響於社會國家非淺鮮也。現將近世各國所通行者，約二法，略述如下，(甲)一般工資率 (Flat-Rate Law) 此法即在每國國家法律中，規定全國普通之最低工資率，凡國內勞動者，不論工人技術，工人種類，及職業種類，只少每人每日或每週應得工資多少，例似澳洲法律中，曾規定每工人每星期，以七角二分為最低普平工資以保障童工與學徒等之勞而無資者，美國亞利桑那省，亦曾規定每工人每週以十元為最低工資率，亦有國家法律以工人種類不同，而分別規定全國普平工資者；例如美國烏台省，規定十八歲以下女工，每日最低工資率為七角五分，未熟練女工，每日則為九角，熟練女工，每日則為一元六角五分，(乙)工資審定會之法律(Wage-Board Law)此種法律英澳諸國亦有採用之者，工人常因生活情形變遷，而原有工資過分低落時，工人可託工資審定會從事訂定最低工資，工資審定會因工人等級地位不同，可按時或按件規定最低工資，幷特定相當期限，過此期限，工人再可提出修改，故此種最低工資率，可隨時隨地變更也，然則我國應用何法以規定最工資乎？中國工人所受經濟壓迫，至此已極；所以總理亦曾說：中國工人非但受本國資本家壓迫，幷受外國資本家虐待，外國資本家藉帝國主義淫威，以不平等條約為護身，使我國工人在外國資本家暴壓之下，過非人之牛馬生活，故我國第一步應調查全國生活狀況，編制各種勞動統計，審訂全國童工女工男工三等普平最低工資，不論何種職業，何種工人，所得工資，不得較低於全國普平最低工資；惟因此法規定全國普平工資，常因時因地因情形之不同，幷在重要城市，設立工資審查會，其職務乃考查其所在生活狀況，勞工情形，以確定該地普平最低工資，或該地一種職業之最低工資，但無論如何，該地最低工資律之規定，不能較低於全國普平最低工最為原則。

(五)實行規定最低工資之利益：近世勞資雙方，因利害不同，而起種種衝突，實為難免；然衝突既起，其解決之法方，或由雙方同意調解，或由政府強制仲裁，此皆事後之補救而已！最低工資，乃由合理方法，以訂定工資，務使勞方不致再因工資發生爭執，或至少此項爭執，減少至最小限度。故調解與仲裁，不過為解決勞資爭執之治標方法；而最低工資，則為解決勞資爭執之治本方法；我人豈願捨本而治末乎？有人以為最低工資法，於工人有莫大之利益，於資本家有損而無利，此大謬不然之論也；最低工資既有益於工人，亦有利於資方，並於社會亦有許多好處，不信！分述如下：

(甲)雇主方面之利益：

1 增加生產數量：最低工資能使工人生活優渥，身心安樂，因此工人工作効能大增，生產數量，雖無人監督察查，自然日漸增加。

2 優美及改進生產質量：工人因工資足夠其生存，愛業之心，不覺油然而生，業外遊蕩之心日減，其心既專，生產質量之改善，可立而待矣。

3 減少材料消耗：例竊材料，浪費材料等，為工廠所難免；然實行最低工資法後，此項消耗可歸於無形。

4 經濟工作時間！工人自得最低工資法之保障後，覺自己地位頗佳，不願作奸犯科，從事規外之行動，因此工人無遲到早退等事之發生

(乙)工人方面之利益：

1 增進工人健康：最低工資法，在保護勞工法中另備一格，使工人不致再因低廉工資，妨害其生存，而致疾病叢生，夭壽而亡。

2 減少道德罪惡：欺詐，盜竊，賭博，犯法，鬧事，偷懶，工作粗莽，及不守規則等不良品性，又道德行為，皆產生於工資太低；若最低工資法適當實行後，則此等弊害罪惡，必可減少。

3 提高工人工資：現今一般工資，實覺太低，將來最低工資法實行後，全國普遍工資必高出於今日多多矣。

(丙)社會方面之利益。

1 工人佔社會絕對多數，彼等因工資過低，受經濟壓迫亦甚，彼等便結黨成羣，破壞工廠設備，搗亂社會治安，故最低工資法，能保障社會之治安。

2 工人在勞動市場上，以低值貶價，互相競爭，出賣其勞力；使資本家大發其財，顯分貧富階級，最低工資法，能使每一工人，有足夠進款，維持其生存；使一國財富分配比較平均。

3最低工資法，又能使需要勞工增加，解決近世難處置之失業問題。

(六)結論：共產黨專以打倒資本家，工人專政為口號，欺騙工人，使工人失業流離，工商業摧殘凋落，本黨乃以「站在扶助勞工立場上，來發展實業；站在發展實業立場上，來扶助勞工。」所以本黨第一次全國代表大會宣言曾說：「國民黨對於農夫工人之運動，以全力助其開展，輔助其經濟組織，使日趨於發達，以期增進國民革命之實力；一方面必當對於農夫工人要求參加國民黨相與不斷之努力，以促國民革命運動之進行，」今以三民主義為出發，將扶助勞工之二法，總括如下，以作此篇之結論。

(甲)站在發展實業立場上，來扶助勞工。

即節制私人資本，提倡國家資本，使資本不致集中於一人；此法可得大量生產之利，而免其弊，一國實業必可發達，工資及一切福利，自然增加。

(乙)站在扶助勞工立場上，來發展實業。

即制定最低工資法，增加福利設備，使工人効能增加，生活安定，生產量增加。生產質優美，實業必得發展。

杭江鐵路之現狀

樂仁

兩浙交通，懸殊特甚。浙西既有滬杭鐵路為主幹，復有輪舶長途汽車為之佐輔，交通至為便捷；浙東多山，交通阻滯，民智閉塞，即錢江上流一帶，因江身淺狹，小輪祇通至桐廬為止，商旅往來，捨舟楫莫由。自江州至杭州，不過二百餘公里，而帆船駛行，亦非五六日不辦，一省內之交通，尚如此困難，無怪全國之經濟不能發達也。前浙省府為開發浙東便利行旅起見，爰有與築杭江鐵路之建議，惟因省款

週聞簡報

記者

▲贛湘公路開工　贛湘公路於十月二十四日於牛行車站行開工典禮，先築自牛行至西山一段。

▲交部擬發展航業計劃　交部擬發展航業政策(一)擴充招商局船隻，(二)補助現有本國航業公司，(三)實施獎勵航業。

▲美國銀行倒閉　美國各處又倒閉銀行十家其中有設於西雅圖之日本銀行一家。

▲日本大批現金運美　日本於十月內金運美共十大批，計值日金一萬三千五百萬元。

▲鐵部飭查損壞車輛　鐵部令各路局及各管理委員會轉飭機務處，對於損壞車輛，嚴行檢查，以期減少事變，而安行旅。

▲鐵部新購頭等臥車　鐵道向法國購得頭等臥車四輛，交京滬路應用。

▲膠濟路計劃興築三支線　膠濟路為發展營業，儲款贖路，故擬定擴充支線計劃。

(一)濟道線—自濟南經臨清，至河南道口。沿線物產以棉著。

(二)博泰線—自博山經萊蕪至泰安、大汶口與津浦綫接，長約二百公里。沿綫物產以煤最著。

(三)博山至炭坑綫—此綫原為商辦之輕便鐵路，長三十里，膠路擬收買之。

支絀，故改為輕便鐵路。自十九年三月興工後，中間又曾一度因款絀擬從緩辦。去歲年底，省府改組，實行緊縮政策，經費尤感困難，大有陷於絕境之趨勢，旋建設當局與上海銀行團迭商借款，簽訂合同，始能繼續工作，由錢江對岸江邊至蘭谿一段，已不成問題，其餘路綫，因省庫空虛，聞有改築汽車道之擬議，此乃建設杭江鐵路之經過大概情形。至於內部之組織以及分段通車後之現狀，因未親往實地攷察，不能十分明瞭，茲將參攷所得，約略報告，諒亦關心交通事業者所樂聞也，

(一)組織——杭江鐵路之組織，因經濟關係，範圍較國有各管理局為小，一切均照工程局組織。局長副局長下，設總務工務會計運輸四課，每課設課長一人，可由局長兼任。其系統列如下表：

浙江省建設廳—杭江鐵路工程局—
- 總務課
- 工務課
- 會計課
- 運輸課

(二)工程——杭江路創辦伊始，規模粗具，各項工程，因經費支絀，類多因陋就簡。各車站土工，祇築避車軌道一條，橋工，大都用木樑槽墩樁座構成，間有小橋用石座及混凝工座。木梁多有為"9"×18""洋松及滬杭路出售十八呎長舊鋼樑。槽墩樁座，用12"方洋松，每排五根。小拱橋均用混凝土築成，僅尖山江橋中間六孔用鋼板樑，每孔長四十二尺，下墊雙排木架墩，每排用長七十尺之美國圓松樁叉根，共約需款九十餘萬至一百萬元。因經費有限，永久橋梁基礎工程，俟將來營業發達時，再圖改建。其餘車站房屋及設備，除必須正式建築外，或租賃民房，或從簡建築，而如車站台調車綫等工程，統俟蕭蘭全段竣工通車後，利用客貨收入，藉謀資金之週轉，始分別緩急，先後另謀擴充。鐵軌，暫按輕便鐵道計劃，每碼重三十五磅，杭州蘭谿間正綫一九五公里，側綫四十公里，共長二百三十五公里，需鐵軌八〇七九噸價一百二十萬元。枕木，三七四，七八五根，需價七六九，五七〇元。其他附件及工費，又五十餘萬元，隨時可更換車軌，行重量機車。

(三)機車及客貨等車——機車等係分批向美國購買，客車輛為節省開支起見，祇買底架，車身則在國內有自製。第一批已到機車三輛，為2—6—0式，各三十六噸重，每輛值美金九千六百五十元。客車底架六輛，各長十二公尺，寬二•八公尺，每輛合美金八百九十一元。平車底架十輛，各長九•六公尺，寬二，五公尺，載重十二噸，每輛值美金八百〇五元。敞車底架八輛，各長六•六公尺，寬二，五公尺，載重十二噸，每輛值美金九百四十三元。棚車底架二輛，各長六•六公尺，寬二•五公尺，載重十二噸，每輛值美金一千一百十四元。第二批訂購，有載重五十三噸之機車六輛。客車底架二十四輛，並有各載重十五噸之平車底架十輛，敞車八輛及棚車二輛，不久可以運到。最近又擬添購五十四噸重之機車三輛，十二公尺長之客車二十輛，故共計有機車拾二輛，客車五十輛，平車底架二十輛，敞車十六輛及棚車四輛。

(四)營業現狀——杭江鐵路，每修成一段，即行設站通車，自六月一日起，江邊至導山一段，已實行售票，每日祇開上下行客車一次，營業未見發達。七月後展至諸暨，營業仍無進步，據局中職員謂該路現近每日收入約五百元，月收祇一萬餘元，以之維持第一二總段經費，十分勉強，關於營業不興旺之原因，不外下列數條：

1.路綫太短，經過區域，祇蕭山諸暨二縣，均非富饒之地，且兩端接連處無鐵道及其他交通機關，與之聯絡。

2.車輛缺乏，未能多開客車次數，而貨車尚未行駛，運貨完全停頓。

3.錢江交通不便，行旅不便，行旅往來，仍賴義渡，水淺之處，須用人力撐篙旅客爲免除搬移行李麻煩，願乘杭諸輪船。

4.未與滬杭路實行聯運。

5.人民對於鐵路，尙少信仰。軌道上螺栓道釘，時有被竊情事發生。

6.運價增高，輪船競爭甚烈。以前三等客車，每公里基本運價，爲一分三厘五。後因金價高漲，各種材料價値昂貴，將三等票之基本運價，改爲每公里一分五厘計算。運價雖較各路稍輕，然經過區域內民衆之生活程度較低，定價似嫌過高。

7.設備未週，旅客之上下，貨物裝卸，諸多困難。

以上各種困難，均係新興鐵路所有暫時之阻礙，苟年內客貨車通至蘭谿，機車客車等，完全運到，則路綫旣然增長，而蘭谿各地之物產，亦較豐富，對於十二兩項困難，可以迎刃而解。他如增加各種設備，擴大民衆宣傳，建築跨江鐵橋，釐訂適當運價，以及與滬杭路會商聯運等，如能分別緩亟，次第舉辦，營業前途，定可樂觀。所可慮者，經費支絀，未能照原定計劃，展至江山，以期將來繼續修至南昌，與南潯路互相接運，則鐵路本身，或將如粵漢路之湘鄂段，陷於虧蝕之地位，故杭江路不謀發展則已，果欲求鐵路交通之健全及客貨運有長足之進步，至少須築至江山，始可以維持本身之利，深望浙省當局，不惜經費，積極進行。浙東民衆，更宜不爲求全責備，少持門戶之私心，努力督建設事業之完成，則國家地方，兩受其益矣。

參攷書；

1.浙江建設月刊

2.天津大公報

交通研究

京滬滬杭甬鐵路轉運事業實況

黃宗瑜

（1）轉運公司資本充實信用卓著者固多，然資本不充，巧設牌號，把持貨運，誘迫客商者亦復不少，甚或僞印運價表，勒索運費，時或勾結路員及稅員，揑報貨物，以多報少，以貴報賤，藉以從中取利，此皆貽害路務者也。

（2）當車輛缺乏之時，往往虛請車輛，致有貨待運之商人，反積滯不前，甚或包賣車皮，以謀自肥，此亦可害及路務者也。

以上乃轉運對於鐵路之弊，今再言其利。

（1）招攬貨運　吾國鐵路，素無招致貨運方法，且運貨旣難負責，貨物損失，欲求賠償，又極繁難，故客人對於鐵路信任未深，且貨運規章非常複雜，普通客商，無法諳熟，而鐵路員司以鐵路爲專利營業，忌自尊大，輕視商人故客商多不願直接向鐵公司報運，而轉運公司則不然，對於客商竭誠招待，又以熟悉商情，招攬貨運，不遺餘力，貨物託運，完全負責，遇有損失，照價賠償，且以熟悉運貨規章，故貨物報運手續時簡捷商人既可減少時間，又不多費金錢，故樂於趨諸轉運公司之門矣，轉運公司，藉鐵路以運送，故鐵路公司貨運，自日臻發達。

（2）節省時間　鐵路規章異常繁複，非運商所能明晰，若客人直接向鐵路報運，往往錯誤滋生紛爭時起，將有用時間，虛耗於無益之爭論，非但人工效用減低，抑且減少收入，有轉運公司焉，從中代客報運，手續旣敏捷且可將零批貨物化爲整車，故報運亦較爲便，是故有轉運公司而貨運時間可省也。

（未完）

本刊啓事

啓者自東省事起倭寇日亟中日間種種經濟問題急待研究本刊特擬於第五十期出一「中日經濟問題專號」同學如有關於該方面之稿件請送新宿舍二百六十五號黃明培君收可也

論著

英國停用金本位與世界金融（續）

亮俠

二 金本位今昔之不同

貨幣交易的媒介，這是誰都曉得的。貨幣爲什麽必須有本位做範型呢？所謂貨幣的本位簡單說一句，就是法度，就是標準。無論那一種物質或非物質都可以當作本位，像皮，帛，銅，鐵，銀，金，信用，計表等等都可以用做本位的。貨幣的本位，多半是從一個國家或是一個社會所演進的歷史，嬗遞而來。

英國在世界各國中可以說是實行金本位最早的國家。最足使人注意的，便是英國之由金銀複本位制，而進於金單本位制，完全是偶然的，是由於歷史上的自然嬗遞，並非如別國之用人力的改革方法。就是這一次停止金本位也是順於自然，非人力所能左右的。因爲這個緣故，英國漸進的金本位制，纔由國家漸次用法律來規定。

所謂金本位制是什麽呢？就是一種通幣依法可以掉換定量的現金之謂。凡有兌換通幣的義務的，都須以現金按照已定的比率去應付。所以行金本位制的國家，牠的貨幣與外國滙率，完全繫於金價；而對於其他金本位國的滙率，在輸入或輸出現金兩者，那一種有利中，發生變化。今以英鎊與美元爲例：英國法律規定，每鎊含純金一一三，二七四英厘，成色十二分之十一。美國法律規定每元含純金二五，八英厘，成色十分之九。現在英國市面所流動的是金鎊紙幣，因爲金鎊紙幣已認爲與金鎊硬幣有同等的價值，所以與美元有一定的比值。兩國既然都是用金做本位。牠的實際比值，可以計算得出，就是每一鎊合四．八六六元。一元合四九．二五辨士。假使英國人付款與美國人，必須用英幣換成同值的美幣，而後才能履行他的債務。換一句話說，就是英國人要付出若干數量的英幣買進若干數量的美幣。至於所得美幣數量的多寡，那就要看當時滙價的高低了。但是，英幣同美幣同是用金做基礎，所以彼此換算比價的漲落，就有一定不可逾越的範圍，不能與牠的金值相差過遠。假使美滙過高，那末，要買美滙的人自然不願意吃虧，而願意按照定價以英幣換現金，直接運去美國了。不過運輸現金有許多困難：（一）運輸耗費很大；（二）包裝搬運要妥愼（三）要保險（四）防竊盜（五）運輸時期，現金不能生利。所以英國人假使要運金去美國，那末，英鎊每鎊原應合英

本期要目

論著
英國停用金本位與世界金融 亮俠
交通研究
京滬滬杭甬鐵路轉運事業實況 黃宗瑜
（週聞簡報附前）

印刷者 上海閘北香山路二十號進化印務局

金四，八六六元的，實際上運到美國時，只能得四，八五元。因此英幣在英的滙價，要跌到這個界限，才有運現的必要；否則，他一定不願意運出的。這一種低價，可以引起人民運現的舉動，通常叫做『最低金運點，』(Gold export point) 一方滙價上漲，使美國人願意用現金運去英國，這種高價，叫做高金運點。(Gold import point) 這樣看來，英國一天不廢除金本位，那末，鎊價的漲落，總不會超過這種高低二運點的範圍之內，是很明瞭的。

歐戰期中，參戰國努力集中現金。各國紙幣實際上已經變做紙幣本位了。因為在市面流通的，只是不兌換紙幣。所以金貨與紙幣的價值，相差極大。戰後一般貨幣學者，對於金本位的恢復，討論得很詳細。有的主張恢復金本位，有的主張實行複本位，有的主張用管理通貨法(Managed Currency)。議論紛紜，到現在還沒有一個確定的辦法。但是，無論如何，要想恢復戰前的金本位，不惟理論上說不過去，就是事實上也難辦到。可是美國戰後，黃金之多，有如洪水。所以美國便首先於一九一九年恢復金本位制。其他各國，也就相繼效尤。由一九二九年日本宣告金解禁止，全世界已完全歸於金本位了。現在把各國實行金本位的日期列表如下：

金出口解禁日期表

美國	一九一九年六月五日
俄國	一九二二年四月四日
德國	一九二二年九月五日
英國	一九年五年四月
荷蘭	一九二五年四月念八日
挪威	一九二五年五月一日
意國	一九二七年十二月二十日
法國	一九二八年六月二十五日
瑞士	一九二八年八月一日
日本	一九二九年十月二十一日

戰後各國國恢復金本位制，或是低減貨幣的平價，或是變更貨幣的單位。所以歐戰以前與歐戰以後的所謂金本位制的性質，完全不同：戰前是以金的鑄造，兌換輸出，輸入，絕對自由為原則的，戰後却一變而為收回國內流通的現金，全數集中於中央銀行，作為卽期債券與貨幣的準備金。金本位制既是說通貨可以依法兌換定量的現金，那末，英國的停止金本位，事實上就是禁止通貨兌換現金，保障英蘭銀行的金準備而已。

三，英國停用金本位制的原因

英國停用金本位制，原因很多。而這許多的原因，又有互相因果的關係，錯雜其間，所以很難劃分清楚。現在姑且把牠別為遠因近因兩點，而後再加以解釋。

(甲)遠因

(一)對外貿易的衰落　英國一向是採用自由貿易主義的。一方面吸收大部分的世界原料，加工製造，以之出口，販售於國外的市場；一方面倫敦又是金的自由市場，金的出入，聽其自由。所以海外投資，其數可驚。近數年來，各國注重保護政策，因之生產過剩，商業不振，引起世界經濟恐慌。本年上半年六個月中，英國進口貿易降至二，〇八九，三七〇，〇〇〇元，和去年比較，減少六一九，〇七五，〇〇〇金元。出口貿易本年降至一，一七四，三二〇，〇〇〇金元，減少四九八，三三五，〇〇〇金元，因此英國的自由貿市場，就有動搖的現象，而轉以主張保護商業聞。至於國外貿易，何以忽現衰落的現象，國際經濟，何以忽然發生未有的恐慌，則有以下的幾種原因：

(1)近年來用銀的國家，改用金本位，金的需要增加。金價愈高，而物價就愈低。世界經濟恐慌愈演愈烈，英國的國際貿易也因此而受最深刻的痛苦。

(2)東方各國，自歐戰後，力謀振興國內的工業，如紡織製造，輪船運輸等，英國因此就失去了從前國際貿易的優越地位，直接受世界各國競爭的影響。

(3)印度本來是推銷英國貨物的極大市場，近來有所謂『不合作』主義而使英貨的輸入，大受打擊，英國既然失却了這麼大的商場，世界經濟的恐慌，也就不能不適當其衡了。

(4)歐戰後，各國對於工業方面都採用最新式的機器和科學管理方法，以符所謂『合理化』的原則，使製造品的成本得以減輕，藉以推廣國際市場。反之，英國的工廠，仍多守舊不加改良，以致成本比較別國高，不能同他們競爭，世界經濟恐慌的變化，也就無法避免了。

(二)失業工人的增加 爲了國外貿易的衰落，因此就影響到英國國內工廠的倒閉。在工業興盛的季節，失業的工人已經常在二，五〇〇，〇〇〇以上，那末，在九十月後工業衰下的季節也就可想而知了。此項失業的救濟經濟，都是出自國庫的，很費政府一番苦心。

(乙)近因

(一)英國預算的虧空 本年四月二十八日，英財長史諾登提交他的本年度預算於國會。據他的預算，本年虧空達一八七，五〇〇，〇〇〇金元。補救的辦法第一，提前將明年的所得稅在本年完納，可得五〇，〇〇〇，〇〇〇金元；第二，由紐約的滙兌賬項一六五，〇〇〇，〇〇〇中，提取一〇〇，〇〇〇，〇〇〇金元；第三，新徵收的汽油稅，可得三七，五〇〇，〇〇〇金元。但是這種計劃，沒有實現。史氏又提出第二次的預算案，削減勞工失業救濟費百分之十，勞工黨不贊成，退出內閣，因此有聯立內閣的組織。史氏的削減失業救濟費等藉以彌補虧空的預算，得以成立。英國財政的困難，基於以下數種原因：

(1)因國外貿易不振，而影響到物價的低落。由四月到八月中，稅收減少約一〇〇，〇〇〇，〇〇〇金元。

(2)緩付戰債及德國賠款一年，今年財政入損失五五，〇〇〇，〇〇〇金元。

(3)國會增加項目的經費達三五，〇〇〇，〇〇〇金元。

(4)失業工人救濟經費之付出。

(5)史諾登的財政政策，因德國財政的危急而動搖。

(6)英格蘭銀行的金貨，相繼被各國提走。

(7)債額每年應付三〇〇，〇〇〇，〇〇〇金元。

應付上述困難，只有開源節流兩法。開源只有增加賦稅，而英國的稅率已甚重。戰前是一，〇〇〇，〇〇〇，〇〇〇金元，現在已經增加四倍以上。節流即須削減社會經費，官吏薪俸及失業救濟費等，但是，工黨反對失業工人救濟費，海軍人員因減俸而宣告拒絕服役，所以兩條路差不多都走不通。

本年三月保守黨自由黨在下院，對此問題，加以詳細的討論，促勞工黨政府組織一節約委員會，以邁氏(Sis George May)爲委員長，研究事實。結果該委員會報告本年預算虧空六〇〇，〇〇〇，〇〇〇金元，比較史諾登所預測的一八七，五〇〇，〇〇〇金元虧空，大了三倍，這事的嚴重，就震撼全國了。

(二)倫敦現金的流出 自一九二五年到一九三〇年之六年間，英國的現金，陸續流出國外的爲數不少。在此期中，流入英國的現金計十三萬三千四百八十八萬元美金，流出的達十三萬八千九百四十八萬元美金，出入相抵，出超五千四百六十萬餘元美金，其中英蘭銀行除一九二六年入超六百二十七萬鎊外，每年均爲出超。在此五年中，該行流出金額達一千六百四十八萬鎊之多。

當胡佛宣言停付戰債的時候，德國發生金融恐慌。這種恐慌，也影響到英國來。倫敦市面於三十天的短期內，被法國，荷蘭，比利時，美國等提去現金三千六百七十三萬六千三百九十五鎊之多其中以法國提取最多，計達二千二百六十五萬三千六百十鎊結果，英蘭銀行的金準備於七月末就降到一萬三千二百萬鎊，爲一九二九年以來的最低紀錄。九月以後，在英國是進口旺盛的時期，很需要現金，而當時貸放於德國各銀的行款項，約有七千萬鎊到一萬萬鎊的資金，無法收回。七月間，英蘭銀行曾將貼現率由三厘半提高到四厘半。但是現金依然流出。於是不得不於八月一日向法蘭西銀行及紐約聯邦準備銀行，各締結五百萬鎊的借款。這在保守的英國，認爲是很重大的侮辱。

英國由一九二七年五月到現在，金貨就不斷的向法國流出。在一九二七年到一九三○年的四年中，由英國流入法國的現金，總數約有一萬一千萬鎊。在同一時期，英國現金流出的總額計二萬五千九百萬鎊。那末，流入法國的，差不多佔去半數。照此趨勢，世界的現金，集中於法美，以致英國的金自由市場，完全動搖。英蘭銀行的金準備，也少於康利甫委員最(Cunliffe Committee)所指示的最低限度一萬五千萬鎊的數額了。因此，向以世界的銀行自命而執全世界金融活動的牛耳的英蘭銀行，到此也不得不提高貼現利率，所以常較美法中央銀行的金利高。而倫敦已失却世界金融中心的存在了。並且據英商部發表的一九三○年國際借貸表，英國在國際金融中心活動的惟一依賴海外投資的剩餘資金，比較過去兩年約減一萬萬鎊，不過三千九百萬鎊而已，英國已經濟沒有繼續做長期資本投資的可能了。

四，英國停用金本位的經過

九月念一日英蘭銀行將貼現率抬高到六厘。英政府停止金本位制法案在國會通過一切階段，並獲得英王的批准，成爲正式法律。該法案包含三大款：(一)中止一九二五年金本位法之一部分；(二)補償英倫銀行因內閣所命施行行動的損失；(三)規定條例（如有必要，由國庫命令行之）以應付或將發生的任何時局。最後一條，預料爲對任何以英資輸往國外而發，像遇糧價暴漲等，政府將立即制止之。

看了上面的議決案，我們要明瞭本問題的內幕，對於一九二五年英國金本位條例的概要，和過去英國的貼現政策，實有認識的必要。

一九二五年英國金本位條例的概要，

英國的一九二五年金本位法(An Act to Facilitate the return to a gold standard and for purpose therewith)簡稱爲(Gold Standard Act)該法的特點如左：

(一)銀行券及政府紙幣停止兌現 一八三三年的英蘭銀行條例第六條，規定『英蘭銀行券以能維持與法定鑄貨兌換爲條件，准許該銀行券有法貨的資格。』一九二五年新金本位條例，免除該行有兌現的義務，但依舊承認其有法貨的資格。

一九一四年的『政府紙幣及銀行券條例』第一條第三項所定：『政府紙幣在英蘭銀行兌換現金』的規律，也由新條例施行後廢止效力。

(二)限制自由鑄造 一八七○年貨幣法第八條規定：『無論何人，可以生金請求造幣廠化驗及鑄造。』自新金本位條例頒布後，造幣廠僅對英蘭銀行負責，應銀行需要，鑄造金貨；換一句話說，就是由英蘭銀行直接輸納生金於造幣廠，由廠鑄造貨幣。

(三)生金的賣出與收進 (甲)英蘭銀行在總營業時間以內，對於以法幣請求該行出售生金的，有每一標準盎斯生金，以三鎊十七先令十辨士半的比率，付與現金的義務。但是點法律的規定，要以含有純金約四百盎斯的金塊爲限。標準金的成色是十二分之十一，所以要得四百盎斯的純金，一定要拿出一千六百九十九鎊十一先令八辨士的法貨才行。在這種額數以下的，一概不能兌付現金。(乙)一八四四年的銀行條例第四條規定，仍舊有效。就是說，無論何人，都可以拿生金向英蘭銀行，按照標準金一盎司合三鎊十七先令九辨士的比率，請求兌付銀行券。換一句話說，就是英蘭銀行仍負買收生金的義務。

(四)金準備的集中 政府紙幣同銀行券合併的議論，雖然沒有實行，可是，新金本位條例頒佈以後，已經把財政部政府紙幣發生局對於政府紙幣所保有的二千七百萬鎊的準備金，移交英蘭銀行，而由英蘭銀行付給同額的銀行券。使全國的準備集中於英蘭銀行。

(五)滙兌調節資金的融通 調節滙兌，也跟恢復金本位有關係。

所必需的資金，由財政部用認為適當的方法去調度。

所以英國這一次停止金本位，實際上就是暫時停止一九二五年的新條例中『准許英蘭銀行照一盎司合三鎊十七先令十辨士半的比率付出現金』，這一項的運用。我們只能說『英國暫時停用金本位幣付現』，而不能說『英國停止金本位制』。因為英國此項緊急辦法的目的，在禁止金貨的出口，和維持滙兌的平價，而直接間接與預算均衡，經濟繁榮，都有密切的關係。於金銀二者間，實在沒有取舍的意思。對於金本位制既不是完全廢棄，也不是長久停止。

至於議決案的有效期間，本定六個月，但政府得以尋常國會的手續展長。所以英國財政部長史諾登在會議說明此案的時候，鄭重聲明本計劃並不妨礙倫敦的自由金市。英幣的交易，當然不會發生影響。並且各銀行已經答應與政府合作，除應付貿易實際需要或履行現時合同關係，或因旅行等相當用費外，限制英人購買外滙或移轉款項。史諾登發表警告說：『任何英人自身或替別人購買外國證券，就是存心增加國家困難。』但是這種警告，也不妨礙於他國政府或銀行所存於英蘭銀行的現金移動。英政府仍有迅速依借款條件償付現金的義務。這是因為英國國內財政狀況的劣化，和法美借款的到期，英國政府不得不這樣，以渡現金的恐慌。

過去英國的貼現政策

在一九一九年三月以前，英政府因戰事財政及金融的關係，曾採取放任政策。一九二〇年初，纔採緊縮政策。信用收縮，流動通貨大為減少。一九二〇年秋物價大跌。當英政府決定緊縮政策的時候，英格蘭銀行於一九二〇年三月把貼現率提高到七厘。市場的貼現率，也跟着提高。英國政府和商人為了貼現率的提高與銀行透支的利息，差大多損失了二六,〇〇〇,〇〇〇鎊。英國政府的公債證券市價，也跟着大跌。當時法定磅的滙率是每磅合美金三，三三五元。一九二二年一九二三年又把貼現率降低，以便提高政府債券的市價。這種政策很有成效。當戰事公債及內國戰事公債提高到滙兌平價時，需要設計方法，維持提高後的價值。達到這種的目的惟一方法，就是恢復大戰期中所停止的金本位，於是就提高貼現率及短期放款利率，一九二五年三月到四月間完金回復到金位本了。英國這一回的恢復金本位，是得到美國聯合準備局及紐約摩根銀行的合作。蘭英銀行總理納曼（Montagne Norman）在紐約得到三〇〇，〇〇〇,〇〇〇金元的借款，才能夠成功。當時英鎊的滙實是每磅四，八五金元。那時倫敦泰晤士報發表紐約負責銀行家的言論說：『英國為維持她的滙兌平價起見，必須願意放棄以前長期放款的優越地位，並須願意管理英格蘭銀行的貼現政策，使倫敦短期放款的利率，比較紐約高。』假使我們拿一九二四年和一九五年的英格蘭銀行的歷史來攷察一下，就曉得這一句話說得不錯。

近年來英國調劑銀行的貼現率，很費一番苦心。而其結果，却不很樂觀。去年因為世界商業蕭條的結果，中央銀行等又降低貼現率。目的在使貨幣的價格低落，以便鼓勵商業。但是結果並不能增加生產的數量和貨幣的數量。直至今年夏天英國的金貨流出。一天多一天，磅滙率也一天漲一天。直接影響到英格蘭銀行的準備，及一般金融，簡接影響到英國工商業及經濟的繁榮。迫不得已，纔有九月二十一日停止金本位法案的通過。

五，英國停用金本位制的影響

金銀問題，是現今世界經濟盛衰的焦點，各國社會政治都要受金銀問題的支配。英國是最老的金本位國，一旦停用金本位自然會震動世界各國的。由英國停止金本位到現在，各國所受的實質的影響，已經有事實可以證明，至於心理的以及不易顯現的影響也很重大。現在略舉一二如下：

（一）目前的影響

（1）各國證券交易所的經紀人，聽到英國止金本位的消息後，紛紛停市。交易所停止交易的有：丹麥，德國，荷蘭，法國，美國，南非，印度，日本等。

（2）各種證券市價，無不一落千丈。

(3)歐洲各國相繼停止金本位的，有瑞典，挪威，丹麥，芬蘭，等國。

(4)自英國停止金本位而抬高銀行利率後，各國懼怕現金的流出，於是爲自衛計，也努力於金利的抬高，茲摘記如次

荷蘭　自二釐改爲三釐
荷麥　自三釐半改爲六釐
瑞典　自五釐改爲八釐
挪威　自四釐改爲八釐
意大利　自五釐半改爲七厘
希臘　自九厘半改爲一分二
布加利亞　自八厘改爲九厘五
愛爾蘭　自五厘改爲六厘半
芬蘭　改爲九厘
日本　一律增高二厘

(5)英國金融界的危機，影響銀行最大。各國銀行倒閉或停業的，日有所聞，而以美國爲最多。

至於英國本身的影響，則當宣布停止金本位後(1)倫敦市場的物價劇漲，有幾種物品的價格，增加了百分之十或二十不等；(2)對外貨幣滙兌的金鎊。價格大跌。(二)英國國際貿易要受相當的損失。英國本部有四千五百萬人，平均每人耕地不及一英畝二分之一。一切生活必需品和次要品，都是由外國輸入的。在目下英國商業衰落期中，一部分款項必須用金鎊償付。現在金鎊的價格，已經跌到百分之二十了。那末，英國多付這種款項，當然要受損失的。(3)凡依靠工資，年金，利息，生活的人，爲了磅價的低落，（以前值得十磅的，只等於現在的八磅）。物價的暴漲，(以前一磅的購買力，只等於現在的四分之三磅）。一般人的損失不少。(4)英國政府的公債庫券，因利息的減少而價格跌落，國家財政也要受到影響的。(5)因金鎊價格的跌落，以後英國的出口貿易，一定要乘這個機會，推進牠的發展。

(二)未來的影響

(1)英鎊原是世界貨幣，暫停付現後；因鎊價的移動，世界貿易將受阻礙。

(2)英國現在有長期債權約四百萬萬美金，短期債權約二十五萬萬美金。以後爲了要防衛她的金融界勢力起見，也許要隨時把這種債權酌量收回。那末，受英國供給多數資金的阿根庭澳洲各地，將因信用閉塞，物價跌落，減殺他們的購買力，而目前世界商業的衰落更甚。

(3)投資於英國證券的海外投資家、因證券價格的跌落，而減輕他們的購買力，更抑制他們的消費，使商業不振加甚。

(4)從來靠倫敦市場財政的援助，以謀改良自國財政金融的國家，以後因英國對外投資的戒備，這種希望或至不可能。

(5)以英鎊代以美金或佛郎，結果將更助長現金之偏在於法美二國。

六・結論

我們由上述種種原因和影響，更作造一步的觀察，而得以下的結論：

黃金戰爭的結果，使世界貿易上金融上起了莫大的恐慌。所以我們與其說世界貿易衰落，金融停滯，是由於產業過剩，銷路阻塞的結果，勿寧說是於黃金偏枯，週轉不靈的關係。黃金與世界貿易金融．實在有極相關連的作用，這是不可不注意的。歐戰以後．各國新設中央銀行，成立金本位制，不遺餘力

週聞簡報

記者

▲維持公債辦法　財政部擬維持公債辦法：(一)由財部籌款二千萬元收買現貨；(二)計劃化零爲整，收回各庫劵，改發一金融公債。

▲膠路煤運風潮解決　鐵部令膠路收回加價成命，而煤商須服從下列三條：(一)膠路沿綫各礦產煤不得售於外人；(二)煤礦商不得乘機減價；(三)煤礦商供給膠濟路用煤，其價格須減輕。此條件路局與煤商均皆接收，故一場風潮遂告解决。

▲償還美麥借款及籌賑款辦法　財部以賑災公債不易募集，擬定一辦法，卽：自本年十二月一日起至來年七月終止，按關稅現行率附徵百分之十，專以撥充賑款之用。來年八月一日起，減爲附征百分之五，專爲歸還美麥借款之本息，至清償爲止。

•一方面現金偏在於美法二國；他方面各國努力擁護金本位制，使之不至搖動。那時維持金本位制的困難，已略現其端倪，到了現在，國際間金的戰爭更已入於短兵相接的時期。我們看了以下所列的表，便可一目瞭然。

世界黃金分布狀況表（單位百萬鎊）

	一九三〇年末	一九三一年六月	五個月間之變動	一九三一年七月	本年初以來之變動
美國	八六八	九三一	(+)四五	九四五	(+)七七
法國	四三一	四四八	(+)一七	四六六	(+)三五
英國	一四八	一五二	(+)四	一三二	(+)一六
德國	一〇八	一一七	(+)九	六六	(-)四二
日本	八五	八七	(+)二	八七	(+)二
西班牙	九七	九六	(-)一	九〇	(-)七
阿根庭	八五	六七	(-)一二	不明	—
意國	五七	五七	—	五八	(+)一
澳洲	一五	一五	—	不明	—
比利時	三九	四一	(+)二	四一	(+)二
荷蘭	三五	三七	(+)二	四八	(+)一三
瑞士	六	二五	(-)三	四三	(+)一五
坎拿大	二三	二〇	(-)三	不明	—

美國在今年九月九日存金為五十萬萬美金。計自六月十日以來，增加一萬九千七百萬美金。法國在今年九月十八日存金為五百八十五萬七千五百萬佛郎。計自六月十九日以來，增加二十萬五千萬佛郎。美法共有現金七十二萬九千五百萬美金，或一千四百九千九百萬英鎊。全世界現金約計一百二十萬萬美金。所以這兩個國家竟占了全世界現金總額的百分之六十，實在狠不少了。

法國吸收英國的金貨最多。自佛郎安定到一九三〇年，蓄積金貨約達二四，六八〇百萬佛郎。一九三〇年末，實擁金貨五三，六〇〇百萬佛郎。紙幣發行額的金準備高到百分之七十，恰較法定最低準備的百分之三十五大二倍。法國是金塊本位制而非金貨流通本位制。蓄積這麼多金貨，實在是不必要的。然而法國在六月末囤積的現金更增加了二•八四八百萬佛郎。

美國積金之多，也曾使人駭異—數月前聯合準備銀行的金庫，屯積金貨達五〇〇，〇〇〇，〇〇〇，〇〇〇金元，約為一，〇〇〇，〇〇〇，〇〇〇鎊。而最近阿根庭又准備輸送現金五〇，〇〇〇•〇〇〇金元到美國。近日由日本運去美國的現金也不少。由十一月一日到現在，陸續運出貨達日幣一萬五千元。雖然美國本國輸出的現金，竟有四萬三千萬元，而美國聯合准備銀行的存金還是狠多。在法定通幣准備金外，尚存十萬萬元的現金。而他處存有的現金還不在內。大概美國吸收世界的現金，總在四分之三左右，數不可謂不大了。

這種現象，可以表示世界金融紊亂的狀態，世界經濟組織將要崩壞的象徵，英國之不能維持金本位制，只是表現英國國際信用的衰落，英國在國際經濟地位上陷於絕境的先聲而已。相信這種現象再延長下去，那末，所影響的决不止英國一國，這是可以想得到的。有人以為英國人擁有全世界金產最豐富的地方，現在因金融的壓迫，竟然宣告破產。因之而懷疑英國的恢復金本位制是不可能的事。這種見解是錯誤的。據英人自誇富甲天下，怎麼會破產呢？最近倫敦經濟雜誌發表一極可注意統計的研究，證明英國仍為世界第一債權國，美法金融勢力之壓倒英國，尚為極遠的將來之事。據其統計全世界十大國之中，債權國共有七國，其次序為英，美，法，比，荷，瑞士，瑞典，其餘都是債務國。英國的國外投資，約達四百萬萬美金，比較那一個國家都多。去年由其投資收益達二十三萬五千萬美金。除海外投資之外，英國財產的重要成分尚有船舶運輸業。全世界的商船共七千萬噸，其中英國所有二千萬噸。所以世界經濟一旦恢復，英國可以由這種財產中獲得巨大的利益。英國人口只有四千六百萬人，以少數國民，保持每年需費八十萬萬金的政府，這一點和別國完全不同」云云。又云：『世界的富，可分兩種，一是有現金的，一是缺乏現金而有地產和其他不動產的富。英國是屬於後者。美法在英國缺乏現金的時期中收回他所放出的短期資金，英國就無法應付了。按理在平時若有鞏固確實的信用，現金並非必要。在今日金融極不安定的時候，却要發生極大的困難。美法等國是有現金的富，因此占了世界金融的霸權。但是英國的富力並不下於美法，所以英國的經濟基礎，是無容顧慮的』云。這種話出諸英國人的口中，雖然有點誇大，却是事實。因爲英國這一次發生風潮，完全是受了別國的累。一方面債權未能收回，他方面債務必須償付。內則現金涸竭，外則信用重要，所以不得不停止以金幣付現，而以金鎊按國際市價付出，藉以陋止現金的流出。英幣在國際市場素來作爲貨幣的標准，所以權威的恢復，只是時日問題罷了。

至於有人聽到英國停止金本位的消息後，有的以爲英國將廢棄金本位不用的；有的以爲英國即須採用金銀複本位的，有的竟謂英國捨金用銀的。這些揣測，都是昧於事理的觀察，似有神經過敏之嫌。英國並沒有棄金用銀的意思。而國際間金分配的不勻，金問題的嚴重更將因是而益劇。因爲英國的對外貿易，價格跌落。對於貿易將要增加牠的競爭力。在未開始再恢復金本位之先，其努力於吸集現金，自然不用說了。所以英國的停用金本位，使世界各弱小國的金本位，也不能不防止現金的流出。於是，就以傾銷和保護關稅的方法，激起國際間的商戰。而各國也將要如歐戰開始後一樣的陸續施行禁金出口的政策，那末金的閉塞將更加利害。而美法兩國也决不能任其無限制的流出。這種封鎖狀態，足以使世界經濟恐慌，更感困難。英國之所以不顧一切，而實行停止金本位制，完全是自衛起見，而又不願放棄金本位制的主張。其他各國至今還沒有完全步英國的後塵的緣故，是因爲各國對於禁止現金出口的痛苦，已經有較深的經驗。非到萬不得已，决不願驟然的拋棄他們維持金本位的政策。所以暫時以抬高利率做防禦綫。一旦防禦綫也被破壞，那就非重演禁金出口不可了。總之，將來金的需要，不但不會減低，並且還要增加。目前各國人士，應注意兩件事：(一)自英國風潮發生後，英國議員即有召集世界金會議的主張。英國有所謂『中國協會』也提議開一國際銀會議；美議員則建議召集國際幣制會議。用這種會議，來解决世界金融問題，實在是最好的一種方法，我們應該促其成功；(二)英國財政部長史諾登在議會說明停止金本位案時，曾說『希望能因目前的風潮，輔成國際合作的先路』。世界各國在這件嚴重的情勢下，假使不想一種合法的方法，那末，有世界性的經濟恐慌，他的影響，無論那一國都不能避免的。（完）

京滬滬杭甬鐵路轉運事業實况

黃宗瑜

（3）輔助運輸　吾國鐵路對於貨運設備既簡，業務尤爲簡陋，因之而運輸遲鈍，對於商人諸多不便，往往一批貨物，交運之後，閱時多日，方可起運，商人資本因之積滯，又因車輛缺乏，交運之貨，雖可裝車或因設備不周到站之貨，又不能下，雨溼風傷，蟲蝕鼠嚙，鐵路又不賠償，客商祇得忍受，無法申訴，有轉運公司焉，押滙貨票，藉以流過客商之資本，保險堆棧，以維客商之損少，設備既周，辦法又簡，商人蒙其利，而鐵路之缺點亦可藉以彌縫矣，此所以轉運公司可以輔助貨運也，以上乃轉運對鐵路之利益，前章已將關於轉運公司對於鐵路之利弊大略言之，權其利弊，利多弊少，吾人欲糾正轉運之弊害，自當提倡直接報運，欲求客人深信，并須效法轉運公司，招攬貨物，改善運輸規章，俾客人易於報運擴大商務課處組織，雇用熟悉商情者，任其事，實行貨運負責，創辦押滙保險，以求貨運迅便，經理釐損雜稅，以免貨運之停滯，嚴訂請車收費規則，俾路員無法施其刁難勒索之慣技，則客商既免轉運公司從中取利，又可期運輸之迅速，自然欣然而求，向鐵路直接報運，而轉運營業必漸衰落，終歸淘汰矣，但當今之時，鐵路公司對於貨業務，未能改良，昧然而倡言取消轉運公司，是猶自戕其生，而貨運業務將日見其敗矣。

附各公司所運各種貨物之百分比例

鹹魚	百分之三十六．七	運往杭州
洋貨	百分之二十．一	運往杭州
繭	百分之十六．二	運至上海
綢緞	百分之十一．〇	運至上海
現金	百分之一．六	來往有
雜項	百分之四．四	來往均有

中日經濟問題專號

中日經濟問題專號
（第一號）
本期要目
中日東北鐵路問題　黃明培
中日經濟的關係　劍錚
（週間簡報附前）

中日東北鐵路問題

—一切中日問題之核心—

黃明培

日本侵我東北，當以鐵路政策為極先鋒，近年以來，見我東北民衆之逐加覺悟，當局亦漸事振作，日人於是驚惶失措，一方故意造出滿鐵已被包圍，既得權利完全喪失之謬說，而一方面更恣意於國際宣傳，力飾日人為開發東北之功臣，而陰謀破壞我國之現狀。其存心也至險，其為計也至毒。是以此次轟然一聲，東省事起，日人即明搶暗刼，盡其凶殘橫蠻之能事，而猶口口聲聲，藉曰「一切中日問題概成懸案，未得解决，而所謂中日懸案者，鐵路交涉即佔其極重要之部份，吾人於此國土橫被蹂躪之時東北問題急待解决之際，對於鐵路問題之究竟，實有充分認識之必要，决不應有所忽視也。

然則東北鐵路交涉問題之內容如何乎，約而言之，不外興築路綫問題平行路綫問題運價協定問題及借款償還問題四端，茲詳述如左：

一，興築路綫問題

日本在滿蒙興築鐵路之計劃，依據田中積極政策之奏章中，所認為急須興築者，計有吉會，長洮，洮索，延海及洮熱五綫，此所謂滿蒙五路政策者是也，一一分敍於後：

（一）吉會鐵路　由吉林至朝鮮之會甯，此路為日本五路中之最重要者，無論以經濟或政治或其他方面觀之，該路皆佔有異常重要之位置，故田中於其奏章中有曰「按此路如成，就是我新大陸之成，以前欲往歐此之人，須經大連或浦鹽二港（浦鹽港即俄之海參崴）今則由清津港經會甯而入西北利亞鐵路，可赴歐洲，不啻東洋之交通大動脈，將來不論人與貨，皆須經由我地，斯時也，我把此交通大動脈之權，可以無客氣的侵略滿蒙，實行明治大帝第三期滅亡滿蒙之計劃也，如斯則大和民族征服世界矣。於此可見吉會一路性質重要之一般，現在吉會鐵路，已築成兩段，一自吉林至敦化，即所謂吉敦鐵路，一自天寶山至圖門江，即所謂天圖輕便鐵路，所以吉會可謂已完成其大半，所未成者，僅敦化至天寶山長約一百〇五公里之一段而已，此次暴

印刷者上海閘北香山路二十二號進化印務局

日強佔吉遼後，積極加工修築該段，限期兩月完成，並擬將天圖輕便鐵路改爲寬軌，現已事隔月餘，想此吞亡我國之大動脈完成在指顧間耳。

按吉會一路，吉敦綫雖已築成，並無正式借款，係由滿鐵會社承辦工程，承辦費爲日金一千八百萬元，年利九厘，嗣因不足，又加六百萬圓，共計日金二千八百萬圓，但工程陋劣不堪，我方迄未驗收，故日方實無條約上的根據，主權在我，日款可以隨時退還。至天圖輕便路，日人運動甚久，幾經挫折，始於民國十一年十月由吉林省政府與飯田延太郎訂立天圖密約，路係中日合辦，資本爲日金四百萬圓，此祕約並未經中央政府認可，故日人絕不能借條約來相要挾，至於日人此次強築敦化天寶山間一段，更屬不顧一切，目無法紀，毫無所謂條約之依據了。

（二）長洮鐵路　此路係由長春經扶餘大賚而至洮南，長約百三十一哩，建築費約需一千一百萬圓，該綫對經濟軍事，皆頗重要，田中曾謂；「此鐵道如成，我對北滿之進出頗爲便利，且可打倒中東鐵路，而培養南滿鐵道利益」，將來日人又擬由大賚築自大賚至洮南，大賚至安達，由大賚至齊齊哈爾之三叉路綫，以攻俄之西北利亞大鐵路而攫取北滿之富源，故田中又言「此鐵路如可執在我手，則北滿及蒙古之富源盡爲我有矣，……至將來吉林之敦化綫與我會甯路連絡開通之時，其蒙古及北滿之富源，可一直至東京大阪，待有事之秋，我由東京方面出師，經日本海一路直至北滿蒙古，中國之陸軍必無力可突破北滿地方，在日本海之交通，亦俄之潛水艇，亦必無力可以入我朝鮮海峽，蓋我日本唯望吉會長大二路速成，則食料及原料皆可自給自足，不論與誰戰，皆可自由自在。」可見日人之欲積極經營長洮路實不亞於吉會路，我國若不於此抵死拒絕，將來一旦任其修築，狡日必又將援引其大不能成立之條約根據以制我國人於此前尚未修築之前不可不深思熟慮而堅決拒之。

（三）洮昂鐵路　此路綫係由洮南至索倫，途程計長百三十六哩，建築費估計約需一千萬圓左右，日人築此路之動機有二，一則藉此綫可與赤俄在北滿平野相與逐角，而又一則可利用之以侵入蒙古之東部，而實行其所謂與蒙古王公攜手之計劃。故田中之言曰：「此路如成，我南滿之軍兵，可由此路綫而迫赤俄陣後，亦可阻止俄增軍於北滿之用。又謂「他如旣與我接近之扎薩克圖王府及圖什業圖王府等，亦可利用此路以保殖我國勢力，以便開拓土地，按我國之欲與內外蒙古王公握手，收買其土地礦山牧畜商業等，以備將來有用之機會，專賴此鐵路而侵入內外蒙古」。由此可知該路之爲用亦非常重要，我國應於其尚未動工之時無論日人之如何威逼，終不爲其所屈，務必上下一心，堅決反對，而絕不允其實現者也。

（四）琿海鐵路　是路第一步係自海林築至延吉，故又稱延海鐵路，第二步，再展至會甯附近之琿春，全綫計長百七十三哩，築成約需建築費二千四百萬圓，此路之用途，有數端如下：（1）開發北滿農礦及森林，（2）培養吉會鐵路勢力，（3）挽浦斯德港之繁華而繁榮朝鮮之會甯，而尤該路綫旁邊之鏡泊湖水之用爲最大，據聞可發生八十萬匹馬力之水電，而可以獨占滿洲之一切工業，故田中奏章中有言：「以琿海路培養吉會路之便而可打倒中國之計劃，挽其北滿富源于我朝鮮之清津港，我依琿海及吉會路而運搬北滿產物者，其運費比之中國綫可減輕三分之二，比之西北利亞綫可減輕三分之一，按此路如成，中國及赤俄之鐵道，皆不能與競爭，其戰勝之榮冠屬我，皆可拭目以待」。此路雖僅爲吉會路之培養綫，專事注意於農礦及工業，其重要雖不及吉會路，然亦爲日人所朝斯夕斯，渴欲築成者，國人不能不隨時加以注視之也。

（五）洮熱鐵路　該路係北起遼甯之洮南，南迄熱河之承德，亦稱承洮鐵路，其初步爲建築由河熱至通遼之鐵路，故田中又簡稱之爲通熱鐵路，通遼至熱河，途程計約四百四十七哩，全綫建築費約需五千萬圓，此鐵路日本預計將以專作開發內蒙古之用，其於軍事及經濟上亦佔有極重要之價值，該路之最大用處：(1)內蒙(即今熱河一帶)可耕之地頗多，可容日本移民二千萬，(2)牛羊產類極多，可逾二百萬頭，其肉可爲食料，其毛質佳而量多，又可用以爲工業之原料，故田中言曰：「如此之富源，倘未致被世界知道，以防缺毛國之歐美與我競爭，故我必先攫其交通權，然後極力擴張蒙古羊毛，使他國知之而無爲我何，如通熱鐵路能歸我手，我之羊毛，可以自給自足，又可加工毛製品輸販於歐美，且如欲完全與內外蒙古王公握手，亦非賴此鐵路不可，如以我日本手腕開拓蒙古，亦非賴路不爲功，蓋我帝國主義對內外蒙古之浮沈，盡在此路綫已耳。」由此可知日人之重視此路，實不亞於吉會諸綫，宜乎日人之念念不忘，未嘗一日去諸懷也，吾人趁其計劃尙未實現之時宜若何奮起自救，根本否認其所謂條約上之特權，以期打出此種重圍與難關，不然，我國定被征服，將永無翻身日也。

上述路綫係民國十七年，強迫我東三省給予所謂『滿蒙五路之建築特權』，然此等條約，當初既未經我中央政府之合法承認，且亦有背華盛頓會議「不得乘機取得損害友好國權利及利益」之原則，況我國自國民政府成立，此等不合法不平等之私約，早已在否認之列，吾人爲正義計，爲和平計，應堅決抵死拒絕日人之建築此等路綫也。

二，平行路綫問題

平行綫問題，日人所謂平行綫問題，就南滿鐵路平行之東西二幹綫而言也，東西二幹綫者爲何？述之如後。

(甲)東幹綫者，即北甯瀋海吉海吉敦東四路聯合而成之幹路也。四路中有北寧瀋海兩路及瀋海吉海兩路，皆已辦理聯運事宜，如無日人阻撓，四路不久即可實行聯運，茲以大豆雜粮每三十一噸一車爲標準，由吉敦吉海瀋海運至瀋陽，計五百三十二公哩，需運費三百六十四元，如由吉長南滿至瀋陽，計五百三十六公里，需運費大洋五百三十四元，故自上例觀之，以較由中國鐵路運輸爲廉也。除運費外，他爲裝卸費，調車費，過綫費，小工費，碼頭費，存棧費等，大概一車在營口約需大洋四五十元，在秦皇島約需八十元，在大連約需一百元，如中國鐵路此聯運車輛足夠直通，此等雜費尙可稍減也。

(乙)西幹綫者，即北甯，四洮洮昂，齊克西四路聯合而成之幹路也。西四路貨運，於十八年十二月開始辦理聯運，茲以大豆三十噸一車爲標準，由龍江運至秦皇島，計一千一百二十八公里，運費需洋一千〇三十九元，由龍江至營口，計九百五十五公里，運費爲八百四十一元，如由四平街經南滿路達營口，計九百四十一公里，運費爲九百一十八元，(內南滿運費日金二百六十六元七角，按國幣一元二角折算)，如由四平經街南滿路至大連，計一千一百三十一公里運費爲九百九十元，(內南滿運費日金三百二十元四折合率同上)再如由昂昂溪經中東南滿直赴大連，計一千三百九十公里，運費爲八百七十七元(內東路運費二百九十餘盧布，按國幣一元三角計算，南滿運費日金四百十七元折合同上)可見中國鐵路所減的運費已足與外路競爭，如遇金價漲高，銀價低落，則中國鐵路運價更低，此爲西幹綫之情形。

日本見以上種種情形，於是發爲滿鐵被平行綫包圍之謬論，而竭力阻撓我計劃，查日本對此平行綫問題，僅憑藉前清光緒三十一年，中日滿洲善後協約，會議記錄上中國委員之聲明：「中國爲欲保護南滿鐵道利益，在該鐵道未收回以前，承諾不在該鐵道附近，建設平行幹綫，或有害該鐵道利益之支綫」，此等聲明之能否發生效力，姑置不論，即原紀錄上云之「附近」，其里程遠近，並未載明，我瀋海大通等綫，去滿鐵數百里，何得謂爲違背該約聲明「附近」二字之規定乎？況此等不合法之條約，我國早已推翻而否認之，之人尙何得援引有條約之根據乎？國人速醒，主權在我，勿過爲柔弱無抵抗而任人宰割也。

三，運價協定問題

自我國東西八路聯運成立後，因欲與南滿鐵路競爭起見，嘗核減運價，例如以前由龍江運三十噸一車之大豆至秦皇島時，需運費一千〇三十九元，今者西四路聯運，核減爲八百四十三元，而同時因年來金價暴漲，南滿鐵路運價，亦隨之而增，因而影響營業甚大，日本乃要求訂立運價協定，南滿鐵路及中國各路之單位運價（即每噸里之運價）完全一致，以免競爭之損失。

實則運價協定，關於里程之遠近及設備者至巨，以現狀而言，東省貨物，經南滿路而至大連，每比中國各路而至秦皇島爲近，即以營口而論，南滿及北甯二路貨運，皆可經由營口出口，其里程亦相彷，然而南滿路在營口之碼頭，設備完全，運輸便利，而北甯路在營口之情形，幾於完全相反，裝卸貨物，尙須輪船轉渡，故爲運價成立協定，於日本則完全有利，而我中國鐵路則受損無窮，所幸者，我國葫蘆島之築港將成，將來東三省貨物，將經中國鐵路而至葫蘆島比經由南滿鐵路而至大連爲近，此則於我國似較有利 然此次暴日肆虐，蹂躪中國各路備至，葫蘆島亦受影響，迨我重整旗鼓，不知何日始克恢復原狀也。

四，借款償還問題

中國素以「窮」著稱於世界，對於一切建設事業，皆極缺乏資本，故我國每於國有鐵路之興築，名雖爲自辦，而實際則幾盡係借用外資，東北鐵路借款，與日本關係尤密、如四洮，吉長洮昂，吉敦等路借款，共達日金一萬萬一千餘萬，以國幣計之，當在一萬萬七千萬以上，爲數之鉅，可謂駭人矣，茲略將各路借款情形分述如左：

（一）四洮路，欠日包工費計日金五千一百萬元，每歲營業收入，除付出之一切用費外，以之付息，尙年虧四百餘萬。

（二）吉長路，欠日借款，計日金一千一百餘萬元，目前營業歲入，除去一切用費外，所有盈餘，僅能彌補付日利息。

（三）洮昂路，欠日借款，計日金二千三百餘萬，收支相抵，每年尙不敷六十餘萬元，益以付息二百餘萬，歲約虧欠三百餘萬元。

（四）吉敦路，欠日包工借款，計日金二千七餘萬，每年收支相抵，以之付息尙不足三百餘萬元。

總計四路共欠日金一萬萬一千餘元。合國幣一萬萬七千餘萬元，四路總計，約年虧一千餘萬日金，以國幣計之，當在一千五百萬以上。以中國目前之國貧民困，年有偌大漏巵，無惑乎各路皆徒喚奈何，大有不能維持之勢。且此等路之建築，又可與南滿拉客貨，不啻間接爲南滿之培養綫，故無論此等中國鐵路之營業如何，對於日本皆有利而無害，蓋進則可使此等路爲其南滿之培養，即使該路等之營業不振，退亦可坐收其利息，日人計之狡，策之險，吾國固早已投其網羅中矣。可憐目前我國鐵路，苟營業旺盛，亦屬造福他人，倘遇營業衰頹，還須自已貼出錢來償付利息。如不按期付還本利，則日人即用種種威嚇手段，或不顧一切，實行武力掠奪，如此次之強佔我吉遼土地，明眼人早知其非出諸偶然，用心固已久矣。

此等日借款，爲數雖不下一萬五六千萬元，然當日本包工之時，處處存心損人利巳，故意怠工，或用舊料及劣質修建，故所築各路窳劣不堪，我中國方面，多未予承受，迄今猶且聚訟不能解決，日人侵我每美其名曰有條約之根據，則條約固已根本自失其根據矣。何況日人所謂條約，大都即指二十一條約而言，二十一條約者，我之亡國條約，上下一致堅拒而未係毫承認者也。日人即依之爲根據，何其不思之甚爾，故若站在正義的立場上觀之，日本實一無條約之根據可言，其速還我一切主權，然後再談解決懸案可耳。

然則，東北中日鐵路交涉之懸案，究將如何解決之乎，此係將來之事件，亦關我國存亡（不僅東北）之根本大計至巨，吾人於此固不宜孟然有所主張，然而解決此等懸案之原則，有不能不先事確定，以爲將來行之標凖者，特仍分四項論列，藉以作本文之結束焉。

（一）關於興築綫之問題　日本在我東北之鐵路，凡巳築成者如南滿安東及吉會路之一部目前可不必談，（因可歸併入借款問題）其未築者如計劃中之所謂滿蒙五路，一概不許興築。

（二）關於平行綫之問題　凡在中國境內建築任何中國鐵路，主權在我，爲任何人所不能反對，况現有之中國鐵路，並不在滿鐵附近，更談不到平，行平不行故該問題可不承認其爲問題。

（三）關於運價問題　凡物欲求生存於世界，而必出於競爭，此爲必然之天演公理，故自近世自由競爭之說興，而從前之所謂獨占協定等，皆巳逐見消滅，漸受天然之淘汰，况我國鐵路運價之高低，無與日人事，日人即使欲與我成立協定，亦當徵得同意，安有武力相逼而強人以不欲者？故吾人亦應堅拒到底。

（四）關於借款問題　語有之有借不還，故關於中國自辦之鐵道借款，必須急力設法分期還清，至於日本修築之南滿洮昂等路，俟各路期滿卽遞次贖回，此大批之贖款或另借外債或募內債，皆須含辛茹苦早日籌備，須知債務人應負履行債務之責任，我人際此國難當前，應以德國戰後償付戰債之精神，還淸一切日本借款，則將來日人卽欲謀我，亦將無所借口矣。

總之，我國須行使我正當主權，極力推翻日人所謂種種條約根據之謬論，則東北鐵路問題，始可得有正當之解決，而我滿蒙庶不致爲朝鮮之續耳。國人其鑑之。其勉之

週聞簡報

記者

▲近兩月日本對華之輸出　本年九月份日本對華輸出值日金二千六百萬元，出超一千三百萬元；十月份對華輸出值日金二千二百萬元，出超八百萬元。本年十個月對華貿易結果，共出超日金三千六百萬元本比去年同時期減少二千四百萬元。但日本年對外貿易，因受世界經濟恐慌之影響，本較去年爲遜色云。

▲國輪復業現狀　自國輪復航後，招商局江輪近日上水生意之佳，爲近年所罕有，貨脚每船多者一萬兩以上，客脚更巨，上水貨脚巳增加一成半，去貨大宗爲糖，糧，油，及疋紗等，下貨則大缺。北洋班內以麥粉紙頭紗布爲大宗，運費亦增。南洋以荳等，生仁爲大宗。刻下南北洋內中國海輪之行駛者，亦有三千艘以上，合江輪海而計，華輪現行者約有六十餘艘；而日則僅有十八艘行駛，幷無營業。

▲車票附加賑災費鐵部令各路局以三個月爲限，將頭，二，三等客票，凡票價在五角以上者，每張加收賑災費一成，其他客車費則不加收。

▲京市糧食評價標凖　評價標單：（一）物價指數。（二）生產費及生計費。關於評價最低限度要件：（一）便利運輸，減輕運費；（二）產米有分不得遏糴；（三）實行貯蓄。（四）取締奸商操縱，及私運出口。

▲大批金條現銀出口　中央銀行運金條二十四箱往美國，計值美金一百五十萬元。又本埠金融界將有大批現銀陸續運往大連云。

中日經濟的關係

劍錚

日本自明治維新以後，政治制度，逐漸改良，人民種種束縛解除，國民生產力增加，產業發達，人口繁殖，達六千萬人以上。但全國土地面積有四百三十六萬七千四百十八方里，地狹人多，所以就發生人口過剩的嚴重問題。並且因地小物產不富，不敷供給日見增加的人口。由人民過剩問題，連帶發生糧食不足問題。其次則因日本國內市場狹小，在國家產業發達情形之下，所以出產的大量工業製造品，不能在國內盡數暢銷。這應向國外的銷貨場推銷，以解除此種困難。至於原料在日本亦極感缺乏，不足供給發達的工業。這原料品亦應設法，向國外採取。國內產業繁盛，資本逐漸次增加。但日本因地小本國內可以投資的地方很少，由是資本有盈溢之慮。須向外投資，才可補救。日本為要解決以上各種困難問題，日夜焦思，結果就向地大物博的中發國展，侵略，實行其所謂新大陸政策。其侵略方式，有武力，政治，經濟，文化等。現在我們單就經濟侵略方面討論中日經濟的關係。

從貿易上論中日經濟的關係

日本國家產業發達，工業生產品極多。但日本地狹民貧，購買力薄弱本國內市場狹小，大量的生產品在本國內斷不能暢銷。所以將過剩的生產品運銷於地大人多的中國，而中國遂成為日本的唯一商品銷售市場。

中日貿易關係的發生，在一八七一（同治十年）即有之。不過在一八七一年中日兩國締結修好條約及通商章程後，兩國貿易更見發達，此可由下表見之。

六十四年來中日貿易統計（海關兩）

年份	自日輸入 價值	增加率	由華輸往 價值	增加率	總計 價值	增加率
一八六八	二，三二五，九九五	一〇〇・〇〇	八三四，一九一	一〇〇・〇〇	三，一六〇，一八六	一〇〇・〇〇
一八七八	四，〇五〇，五五八	一七四・一	一，六八二，七一八	二〇一・七	五，七三三，二七六	一八一・四
一八八八	五，七七四，八一二	二四八・三	三，五六二，一五八	四二七・〇	九，三三六，九七〇	二九五・五
一八九八	二七，三七六，〇六三	一一七七・〇	一六，〇九二，七七八	一九二九・一	四三，四六八，八四一	一三七五・五
一九〇八	五二，五〇〇，九六〇	二二五七・一	三七，一一九，九四八	四四四九・九	八九，六二〇，九〇八	二八三五・九
一九一八	二三八，八五八，五七八	一〇二六九・一	一六三，三九四，〇九二	一九五八七・一	四〇二，二五二，六七〇	一二七二八・八
一九二八	三一九，二九三，四三九	一三七二七・三	二二八，六〇二，四五三	二七四〇四・一	五四七，八九五，八九二	一七三三七・五
一九二九	三二三，一四一，六六二	一三八九二・六	二五六，四八二，三二〇	三〇七三九・八	五七九，五六九，九八二	一八三五九・七
三九三〇	三二一，一六五，〇〇〇	一四〇六五・六	二一六，五五五，〇〇〇	二五九五九・九	五三四，七二〇，〇〇〇	一七二〇五・三

此六十餘年間，中日貿易輸出入總額增加一百七十倍。反觀中日商約未締之前，中日貿易在一八八四年不過二百七十萬，海關兩，一八八六年則三百十六萬兩，至一九三十年竟增至五三四・七二〇・〇〇兩，其所增數字可驚。

對華貿易，在日本貿易上的地

位而言。日本內地（朝鮮台灣等殖民地除外）一九〇七年以降至一九二九年止的對華輸出額，最高的爲占內地貿易輸出全額的百分三十七強，最低的爲百分之十五強，平均過占百分之二十二又二。再對華輸入額的最高額，則占內地貿易輸入全額的百分之十六強，最低的爲百分之八又三。

『中日貿易在日本國際貿易上所占的地位，尙未占第一位。其最大的貿易數額，尙係美國輸出。在日本大正元年（一九一二）占百分之三十二，大正十一年起增至百分之四四・七，以後各年均在百分之四十以上，輸入方面：大正元年爲百分之二〇・五，次於印度，（同年印度輸入爲百分二一・八）二年以後，增高而列首位。最高如大正元年占百分之三七・四，最近亦均在百分之三十左右。而次於美國者，則爲中國輸出，占百分之二十，輸入占百分之十左右。輸出最高，如民國三年占百分之二七・五，輸入最高如民國七年占百分之一六・九。中國不僅爲日本之第二大市場，抑且爲日本之第二大供給國，由此亦可概見矣。』——國際貿易導報

由以上所述，可知對華貿易在日本貿易的地位。

其次對日貿易在中國貿易上的地位觀之。中國對外貿易頗有增加，其中一半是因爲入超額增加。現將對日貿易比較表摘錄如下表。

——國際貿易導報第二卷第七號

對日貿易比較表

	由日輸入 價值 千兩	與總輸入百分比	輸往日本 價值 千兩	與輸出百分比	出入口總計 價值 千兩	與總額百分比
民國元年	九一，〇一七	一九，二	五五，二六二	一四，九	一四六，二七九	一七，三
五年	一六〇，四九一	三一，〇	一一二，九二二	二三，四	二七三，四一三	二七，三
十年	三〇，三五九	二三，二	一七二，一一一	六，六	三八二，四七〇	二五，三
十五年	三三六，九〇九	三〇，〇	二一一，七四一	二四，五	五四八，六五〇	二七，六
十九年	三二七，一六五	二四，六	二一六，五五五	二四，二	五四三，七二〇	二四，五

按上表可知，吾國對日貿易之重要，逐年增加，總約佔吾國貿易三分之一。

吾人可再將中國對日貿易與對英美兩國貿易一比較之，以窺日本貿易在華之所佔地位之重要。

中國對日英美三國貿易百分比較表

	由各國輸入占全中國總輸入之百分數			由中國輸往占全中國總輸之百分數			總計占全中國總貿易之百分數		
	日	英	美	日	英	美	日	英	美
一八七〇	二・〇%	三八・〇%	〇・六	四・五%	五二・五%	一三・七%	三・二%	四四・七%	六・七%
一九二〇	二九・七	一七・三	一八・一	二六・二	八・三	一二・四	二八・四	一三・六	一六・一
一九二九	二五・五	九・四	一八・二	二五・二	七・三	三・六	二五・四	八・五	一六・二

日英美三國在華貿易較之他國爲大。然日本在一八七〇年不過占全中國總貿易中百分之三，又三，而英則占總額百分之四十四又七，美亦佔總額百分之六又七。一九二〇年爲歐戰之後，英對華貿易低落，美略有增加，獨日本超過，英美兩國，而激增至百分之二十八又四。一九二九年日本對華雖略降至百分二十五又四，然仍超過英美之對華貿易。由此可知日本貿易在中國所佔之重要地位，而中日間經濟關係亦較爲密切。

從採取原料上觀察中日經濟的關係

日本國內原料缺乏，每年所產的原料不敷供給國內工業。由是就向物產豐富的中國採取原料，以供生產。所以中國對日貿易輸出多爲原料品。即如鐵煤兩項爲工業的主要原料，但是日本煤鐵的出產原是不多。三島間鐵礦不過八千萬噸，朝鮮有一億二千萬噸，再加以歷年開採，更見藏量竭盡，所以每年由中國輸入日本的煤，約值二千萬兩，

鐵亦值六百萬兩。觀最近三年由中國（象鼻山大冶等處）輸入日本之鐵礦，即可知鐵之輸出在日本的重要。

	數量	占日本鐵礦總額之百分比
一九二六	五〇二，七四七	三八%
一九二七	五〇二，五九七	三二
一九二八	八七七，八四一	三七

至其他的原料品如東三省的荳粕，大荳，江浙的棉花，以及羊毛牟皮荳餅等，每年由中國輸往日本的為數亦不少。如一九二六年度的統計，荳粕列有二千六百萬担；大荳的輸出，到日本，合計有三千四百四十萬元，——五百六十四萬担；其他荳類，約有九百五十三萬圓，——一百六十萬担。其次棉花的輸出，自一九一八年至一九二七年的十年間，日本紡績的中國棉費累計額為七十八萬六千俵，占全日本消費棉花的百分之三十以上。由此可知日本仰望中國供給的原料品實在不少，中日間經濟關係更為重要。

茲再將投資於各項事業，紀列如下表（單位日金）

如果中國農業荒蕪不豐，對於中日貿易的增減，是有極大影響，同時的日本產業亦受鉅大影響。

從企業上觀察中日經濟的關係

日本不只將中國作其推銷過剩生產品的唯一市場，和取給原料的外府，同時更作其過剩資本投資的地方。日本國家產業發達，資本膨漲，在本國內無從再投資，建設企業。所以就利用過剩資本，向中國投資，在中國作種種的事業。一方面既可免過剩資本在本國內盈溢，因而發生由資本過剩所引起的商業經濟的紊亂；他方面又可所利用中國低工銀和就地採取原料品的便利，以及節省原料運費的利益，而減少製造成本。所以日本在華投資額已達十八萬萬以上。其中在滿洲投資有十二萬萬以上，其餘上海投資三萬四千五百餘萬，漢口投資四千六百七十一萬，天津投資合計三千四百六十萬，其他地方投資合計二萬五千萬。（以上均按日金計算）。

事業	投資額
鐵道運輸倉庫業	六五〇，一五二，〇〇〇
銀行及信託業	二五六，三三二，〇〇〇
紡織業	二五六，六四五，〇〇〇
農業礦業林業	二六六，一九五，〇〇〇
一般貿易	一六二，八六〇，〇〇〇
製造業	一四四・九四〇・〇〇〇
電氣及瓦斯業	四七・二一一・〇〇〇
土木事業	三一・七〇八・〇〇〇
其他	一八九・一五四・〇〇〇

上面是概說日本在華的企業。至於中國人在日本的企業，那都是零零散散，無記述的價值。

從中日經濟的消長上觀察中日經濟的關係

日本的經濟發展，差不多是全向中國方面努力而來的。如果我們中國對於產業能振興，發展工業，國內自己製造生產貨物以自給。則日本貨物之在中國推銷，必為吾國的產業所排擠而衰落，因而產[illegible]之濟的發展亦漸就沒落。試擇中國輸入的重要品中所變遷的幾項，以證明中國粗工業之發展，足以減少日本的輸入。

	一九一三年 金額（單位千兩）	對全體百分	一九二〇年 金額	對全體百分	一九二一年 金額	對全體百分
棉製品	一八二，四一九	三二・〇%	二四六・八一三	三二・四%	二〇八・六六二	二三・〇%
紙捲烟	一二，五八九	二・二	二二・〇三〇	二・九	二四・九一三	二・七
海產物	一二，九八四	二・三	一三・三〇五	一・七	一四・二八八	一二八

以上的現象，都是中國工業勃興的明證。日本資本主義的近代工業之海外輸出中的約百分之五十，是依靠對華輸出的。所以中國工業發達，給與日本工業的大打擊，漸將日本對華輸出品的各部驅逐了。復次，我國對於農業復興努力，以發展自國的經濟能力，由是可以由粗工業而進於精工業。就可以和日本資本主義競爭，脫去了日本資本主義的束縛。日本因吾國的自由地盡力發展，加之中國天然資源非常豐饒，產業勃勃發展，日本的產業，必受影響而衰落。

其次，日本之對華投資，亦可於中國之資源開發，產業勃與，金融充裕，將日本的投資排擠，使不能立足。那末日本過剩資本，無從投資，由是即發生金額盈溢，金融上發生紊亂狀態，一切社會經濟亦隨而動搖了。

總之，中日經濟關係極為密切。我國的經濟發展，產業勃與，日本產業沒落，經濟紊亂。因日本的經濟與對華貿易互相準繫的。所以應努力提倡國家產業，以打倒日本資本主義，即足以制日本的死命了。

上海交通大學經濟學會編行

經濟週刊

蔡熙家題

中華民國二十年十一月二十五日

零售每大洋一分　第五十一期　每逢星期三出版

中日經濟問題專號

第二號

日本侵我東北交通概況

安定一

引言

日本之侵我東北，由來久矣，溯自日俄戰後，日本得承襲強俄，租借旅大，經營南滿，敷設鐵路。於焉卽肇其侵略之端；嗣後日人，亟亟經營，不遺餘力，狡詐百出，變本加厲，極進展之能事，大有一日千里之極；沃壤富藏，盡遭啓發，金融交通，全被壟斷，東北半壁，早已風吹雨淋，岌岌可危，奈何國內不靖，二十年來，天災人禍，未有已時，我民自顧不暇，遑及邊廷，於是日人得寸進尺，遂有今日之禍，數十年之處心積慮，欲獨飽饞饜之狠心，一旦暴露無餘。鐵蹄到處，山河轉色，警耗傳來，朝野惶然，舉國無論上下，咸同聲憤恨，議有以克制之，顧對於東北情狀，殊苦隔膜，十九未能確曉日本侵略之眞相，是以不惜略加搜羅，約其概況，以饗讀者，惟一已之心力有限，頗難周詳，故僅能將關於交通方面者，略敍述之。顧星星之火，已告燎原，今復斤斤推考其肇焚之因，當不免有落伍之嫌，特亡羊補牢，未必云晚，或亦可藉得挽救之方，未必全無微效寸力也。日本在東北關於交通方面之侵略，可分爲鐵道航運。郵電三部份敍述之，茲分述於下：

(一)鐵道——附滿鐵會社

鐵道爲近百年來交通上唯一之利器，其運輸力之偉大，與關於一地經濟發展之重要，遠非他物可與倫比。是以不欲操縱一地之經濟則已，若然，則非先攫得該處鐵道管理之大權不可，鐵道者實一切事業之樞紐也，日本於一九〇五年根據日俄補次茅斯條約第六條之則定「俄國以中國政府之承認，將長春旅順間之鐵路及其一切支綫(中略)，無條件讓與日本」并附約第六款「中國政府先將安東奉天間軍用鐵路仍由日本政府接續經營(下略)」，即開始其東北鐵道之侵佔，於翌年遂設立南滿鐵路株式會社於大連，一如英人東印度公司之舊例。會社之資本爲日金二萬萬元，半由日政府担任，餘向中日兩國人士募集，兩國者美其名而已，實幾純係日款也，按當時中日人應募之數，爲一與一〇六六之比。嗣營業發達，迄今資

本期要目

中日經濟問題專號

日本侵我東北交通概況(續)　靜定一

滿洲之富藏　養元

我國計劃之東北鐵道網

本已擴爲四萬四千萬元，內半數仍屬諸政府，日政府在我東北投如斯之鉅資，其居心叵測，不問可知。社中最高職員，乃正副二總裁，全歸日政府任命，並均受日政府設在東北之關東廳之監督；社內經營事業更包羅萬象，無所不有，鐵道僅主要之一部份而已。該會社所編之滿州課本有云：「本會社員有開發滿州經濟文化之使命，除鐵路事業外，兼營海運港業鑛產冶鐵以及其之他工業，并兼理會社所管地方內各種土地建設衛生教育之實施與調查」。觀上所述，可知滿鐵會社對於侵略東北，實負極大之使命，非等限之以營利爲目的者，可與一概而論也。社內營業進展之速率，殊堪令人乍舌，姑立表以明之：

年度	收入(日金)	支出	純益
一九〇七年	一二•五四三•一一六	一〇•五二六•五三一	二•〇一六•五八五
一九一六年	六九•四二九•二五二	五四•五〇三•六一〇	一四•九二五•六四三
一九二六年	二三〇•五五八•五二四	一九四•二八四•二〇一	三六•二七四•三二三

會社概況，本不屬之鐵道範圍，惟因該社爲東北在日勢下鐵道之主管機關，會社狀況與鐵道狀殊難分劃，故發筆略及之，以下乃在日本勢力下之東北鐵道實況：

日本在我東北，向有鐵道網之計劃，以南滿路爲主幹，四洮吉長洮昂等輔爲肢爪，以期藉此巨靈之掌，可以在我東北操縱一切，發我蘊儲，吸我膏脂，以挽救其本國經濟之危亡，用心之險可謂甚矣。二十五年來經鐵會社之慘淡經營，目下所成之鐵道，已頗可觀；內有純係日人主辦者或中日合辦者，更有名爲中國國有鐵道而因借用日款關係大權仍操之日手者，諸如此類，不一而足，言之殊堪痛心焉，茲將已成之路，列表於左：（總計一四五四•六哩）

名稱	性質	開通日期	區間	路長(哩)
南滿—幹綫	日本經營	民國四年	大連至長春	四三六•七
南滿—安奉		民國一年	蘇家屯至安東	一六一•七
南滿—旅順		民國五年	旅順至臭水子	三一•九
南滿—營口		民國四年	大石橋至營口	一三•六
南滿—烟台		不詳	烟台至烟台煤鑛	九•七
南滿—撫順		民國四年	渾河至撫順	三五•四
吉長	日本借款	民國元年	吉林至長春	七九•四
吉敦	日本借款	民國十七年	吉林至敦化	一三一•〇
四洮—幹綫	日本借款	民國十二年	四平街至洮南	一九四•〇
四洮—支綫	日本借款	民國十二年	鄭家屯至通遼	七〇•六
洮昂	日本借款	民國十五年	洮南至昂昂溪	一四一•七
金福	中日合辦	民國十六年	金州至城子疃	六三•四
天圖	中日合辦	民國十三年	地坊至頭道溝	六九•〇
溪城	中日合辦	民國三年	本溪湖至牛心台	一四•七

各路內情複雜，不暇一一詳述，茲姑擇其尤要者，分敍其概況如左：

1南滿鐵路，本路爲日本侵我東北之基本總脈，純由滿鐵會社出資與辦與經營；其幹綫與支綫，直接連絡大連安東營口二大商港，更相接各路之培養，營業蒸蒸日上，遠非我國任何鐵路可與比擬。運費收入，以自貨物所得爲多，貨物與乘客進益之比，達八十四與十六。每屆冬令，東北土產之運出，不勝煩忙，內尤以大荳粕雜穀石炭爲大宗，日人吸我原料之情形，於斯可鑒。該路整有車輛八千一百八十七輛，計機車四四一輛，客車四八六輛，貨車特多，達七千二百六十輛，誠駭人聽聞也已。

2吉長鐵路，本路向東直抵吉林，應爲日本侵略北滿松花江流域一帶之總樞。其巧用有二：(甲)吸收北滿原料，轉交南滿鐵路輸出，增加該路之營業。(乙)與吉會鐵路相接，可以直接東向連絡朝鮮，貫徹日本之侵略計劃，清光緒三十三年，日本強迫我政府借款修築該路，路成後，由日人代理經營，我國國有其名而已營業亦以貨運爲主，現有車機車二十一輛客車二十五輛與貨車一百八十輛之多。

3吉敦鐵路，本路由由日人根據

條約，迫我借款興辦，一切操情形與吉長路不一而同，所異者本路民國十四年，始行築造，先後不同而已。敦化離朝鮮尚有百餘哩，故在吉會全路未成以前，仍不能直達會甯，與朝鮮溝通。九月十九日東省事變以來，日人即連夜趕造，吉會未成之一段，瞬將告成矣。完成之後，日本無論在軍事上經濟上，均有莫大之裨益，從此日人可以朝發夕至，自鮮境直抵我東北內地，我東北其亡無日矣，國人曷不略加注意焉。

4 四洮，本路主權與前兩路無異，鐵道所過之處，沃壤千里，農產畜牧，儘可盡量掠取。輸出品以荳粕獸皮等爲主，輸入則以棉絲織品火柴磁器紙張等爲多。現有機車三十六輛，客車四十二輛，及貨車二百零二輛。

以上所及均爲由日本間接或直接統轄之東省已成鐵道，其餘日人所擬築造以完成其鐵道網者，若洮齊洮索大賚新林賓黑開海長洮張熱張赤等，正復根延支蔓，不知凡幾，果我國能早克日本，則已成之路，猶可收回，未成之路，自不啻畫餅矣。茲固成敗未卜，而未成諸綫，在實際上確尚不生何影響，爲節省篇幅計，暫予不論。

(二)航運——

陸上行車，水中行舟，雖一灣之隔，自非船舶莫渡。在汽船未有以前，航運事業，尚屬次要，良以汪洋萬里，常非一葉扁舟所能飛渡，內河航運，自是有限耳。迨夫汽輪創行，風雲猝變檣桅帆櫓，遺如敝屣，巍然巨舶，出入重洋，如履平地，非惟行旅稱便，抑且國際貿易隨之大盛，航運事業於是始興，在交通界上亦漸佔一首要位置焉。日本在世界上，夙有善於經營之譽，航行一事，自不甘後人。慨自光緒二十九年我國正式允許日本在我內治航行以來，未數十年，日船已彌漫於我中北兩部，「日清公司」之名，想我均已熟聞之矣。其活動範圍，除長江一帶外，厥惟東北，除滿鐵會社素有船舶外，其他若大連汽船株式會社等，營業均甚發達，英美諸國，罕與之匹。數十年來日本在大連營口安東三港進出之船隻與噸數，常占總額百分之六十至八十不等，日本操縱東北航運之情形，可見一般。茲將航運分爲海外與內河兩部份，各述之如下：

1 海外航運，我國東北左鄰朝鮮，北接俄壤，出口之處，惟有南方一隅，即遼東半島是也。大連居其額尖，佔地形上之優越；營口安東，各爲遼河鴨綠江之門戶，並有運輸之便利；日人將三港呵成一氣，遂統攬東北一切海外航運，故欲求明瞭日本侵我東北海外航業之眞相，祇將三港情形，一覽可已。

(甲)大連港，東北之唯一之不凍港，交通上商業均佔中心地位，繫舊壁岸總長一萬六千二百六十八尺，每日能容十萬噸之船舶，每年有七百萬噸以上貨物之出入，日人之善於經營，良足驚人。港內出入船隻，年達七八千艘（汽船），大部屬之日人所有者。茲附民國十六年出入大連之船隻與噸數於下；該統計雖似陳舊，但略備參考，固無妨也。

國別	入港隻數	噸數	出港隻數	噸數
總數	三，五九九	五，七八八，二九六	三，五六六	五，七六二，七二一
日本	二，五五七	三，九八四，八九二	二，五五八	四，〇二三，四四一
中國	六四二	五一六，六二四	六三五	四八五，一八六

船舶所運之旅客與貨物，泰半屬之中國可見我中國東北之航運，幾全爲日人所代庖，貨物以輸出者爲多，若石炭荳粕荳油大荳高粱等。噫！東北豈日人之農場耶？

(乙)安東港，安東處於鴨綠江口，轉運沿岸土產，異常便利。附近數里內，可以停泊一千噸內外之汽船，所有港務，概歸滿鐵會社所屬之安東驛統轄，據民國十六年調查，出入港口船舶有七七〇隻，內中屬於日本者三分之二；噸數共爲二九四•一七六噸，而日本居其三。輸出品以沿鴨綠江之木材爲大宗，大好森林，任人樵伐，可概也夫。

(丙)營口港，營口之開港，早於大連安東，由滿鐵會社銳意經營，一切設備，均斐然可觀，繫船壁長達四千八百尺，平均水深三千尺，同時可以容納二萬噸之船舶。所患者遼河時有洪水之碼，難免分被損害；隆歸嚴寒，交有凍冰之憂耳。據民國十六年調查，入港之船共有六七七隻，出港者爲六五九隻，內日佔四分之一，英佔六分之一，餘則我國者居多，蓋往還於沿海各埠者耳。

2內河航運，我國東北鐵道之發達，遠勝於關內各省，故內地運輸事業，幾全被鐵道所獨佔，但或有偏僻所在，非鐵道所能直達，今須仰助於船舶者，更有若木材等，質量龐大，不勝笨重，似交以水運爲宜，總之內河航運，僅助鐵道之不足而已，非佔極重要之地位也，東北主要之內河可供航運者其五；南若遼河，東若鴨綠江，北若松花江嫩江黑龍江等，除黑龍江之航權，日人正在與俄競爭外，餘均早爲日人捷足先登，攫爲私有矣，遼河蜿蜒於南滿平野，可以航行船隻之部份，達一千四百餘里，輸送物則以雜穀爲主。鴨綠江上游，古木參天，旅者過之，常數十里不見日光，雜穀爲主，鴨綠江上游，古木參天，旅者過之，常數十里不見日光，實爲我國著名之森林，木材之輸出，賴於是河者多焉。至於松花江流域，乃爲北滿農場，每年穀物之輸出，常逾數十萬噸，內尤以大爲豆爲夥也。

(三)郵電

物不平則鳴，蓋示所意也，人爲萬物之靈，有語言是焉，顯聚語一室，自能彼此明解無遺，設或相去百里，甚至千萬里，而欵示意於對方，當非向空咄咄可以奏效。我國古有驛站之設，傳遞緊急消息，法固善矣，而於傳遞速率，猶未臻極乘，令人愜意焉。近百年來，世上乃逐有郵信電報電話之發明，千里之外，可以示意於頃刻，商情滙市，瞬息萬變，悉賴之而佈達。日本謀我東北，對於郵電，自亦竭圖壟斷，茲將郵務電報電話三項情形，概述之如下：

1郵務，日俄戰時，日本在我東北有野戰郵遞之設備，戰後懶於撤毀，半掩半露，擅改爲郵政通信局，草創伊始，計有總分支局九十四處，續漸發展，現已僨至二百十六所，內各地郵局四十一所，分局八所，辦事處十七所，代辦郵務所一百五十處，日人之在東北諸省者，可毋需我國郵局代爲通信矣，自大連至日本東京，郵件三日可達，傳遞之速，我國望塵莫及也，茲列民國十六年度日本在我東北之郵局收發郵件概況於後，聊資稽考。

收入	普通信	四八・八八六・八八二
	快信	九九六・三二五
	價格表記	六五・九一六
發出	普通信	五三・〇二五・五六〇
	快信	九六三・五一六
	價格表記	五五・九三四

附設於郵政局者有郵政貯金部，專理儲蓄事宜者，經日政府一再獎勵貯金，儲款總額達數千萬元，日本之吸我脂膏，誠無微不至矣。

2電報，電報綫無有綫兩種，傳遞消息，並屬重要，而無綫電關於一國空中之主權，影響國防頗巨，與國家之關係，自更密切。兩者情形迥異，故與陳之。

(甲)有綫電報，我國有綫電權，除海綫外均爲自主，間有以借款瓜葛，微遭牽制而已。人在我東北，對於陸上日電權，亦殊無從問鼎，所能霸佔者，惟有海底電綫，於一九〇九年日始與我締結中日電報協約，嗣即積極進行海綫敷設事宜，以謀通信之便利，迄今日本在東北主要之海底綫有二，大連佐世保間與旅順芝罘威海衛間是也。

(乙)無綫電報，外人在我境內，設有無綫電臺甚多，既不受我國交通行政之支配，且有外兵保衛，形同私有之特殊機關，其電力之大小，電度之長短，皆無從推測，爲患良非淺鮮也。日人在我國之電臺有八，於東北者居二，大各與滿州里之電臺是也，民國十七年更有創設國際航空無綫局之進行，其侵削之野心，誠不知其伊於胡底焉。

3電話，世間電話電業，進展極速，已日呈普及之象，市內不足，繼之長途，海洋難越，則聯以水底電纜，甚之空中，亦能無遞傳話，效用之大，有過電報而無不及。我國於清光緒中葉，始有外人在華創設電話之舉，迨民國紀元前八年方有自辦者，經二十餘年之努力，依然後人，已不振作，所以啓外人代庖之心也日俄戰時，日設臨時電信隊於大連，繼而擴至瀋陽奉天（即今瀋陽）鐵嶺新民公主嶺旅順等處，後迄未撤消，遂成爲該地之公共電話電業、嗣又完成大連長春間瀋陽安東間兩大幹線，更自安東右連朝鮮，瀋陽南接平津，於是日人在東北，除鐵道網外，復加以電話網之籠罩，虎益利爪，其勢愈張，殘零之東北，更添一重束縛，從此東北更難於掙扎矣，料學日益昌明，日人之侵略，隨人俱進，晚近復後先改大連旅順瀋陽三處爲自動電話，更在大連設有無線電話，以臻傳話之敏捷，日人侵略之端，正方興未艾也，國人其速圖之。

綜觀以上所述我國東北之舉凡交通上路郵航電四大要政，無一不受日本帝國主義之侵略，爲其把持，以致政治無由進展，經濟瀕於破產，人爲刀俎，我爲魚肉，奄奄待斃，一息僅存，揆之情勢，東北固早已亡矣，無逮今日之事也，此次禍變，徒爲日人積極政策上不獲避免之步驟，非有何特殊之進展也。東北已矣，苟我國無堅強之手腕，殊難恢復，即使僥倖，已被吞併之東北土地，得以和平歸還，終難脫帝國之樊籠也，前車可鑒，國人其毋重蹈覆轍，雖云東北之禍人侵略，然我國事前不由於日本之侵略，然我國事前不加防範，臨危又無抵禦，亦有以致之。往事已矣，來者可追，大好山河國人其加以愛護焉。

滿洲之富藏

養元

滿洲有單獨供給日本原料之可能，以食物一項而論，則有穀類動物與夫肥田必需之豆粕餅，除此之外，又有鐵煤，石油，鹽，磁石……等，皆有輸日大量之供給，其中尤以食物，石油，煤鐵及鹽，以經濟社會與國防各方而言，對日本皆甚重要，吾人雖不能謂滿洲之所有能解決日本之一切問題，然致少亦足以濟其一大半之實困。所以日本欲保持並擴張其工業發之現狀，捨侵畝滿洲之利益外，別無途由也。

一 關於糧食方面

稻米及其他穀類之生產，全仗肥料之施用，日本所用之大部肥料，概屬舶來品，爲價之巨，年達一五〇，〇〇〇，〇〇〇圓，其中硫化物，雖逐漸增加，而自滿運來之豆粕餅仍佔進口肥料之第一席，其次則爲硫化錏，智利硝，菜油滓餅，棉子油滓餅，及磷化物等。而此種混雜之肥物，又含有百分之四十五豆粕在內，則是滓餅之於日本，其重要當益顯見矣。滿洲之豆產，不僅爲一地出產之大宗，而於全世界，亦佔有極重要之位置。此豆之爲物，不特爲滿洲之糧食與作日本之肥料，又可製成豆油，作用於工業，而暢銷於歐美，近因列強需用甚急，東北各地製油廠遂大爲發達，全滿豆類產額，雖無精確之統計，然據一九二七年南滿鐵路當局宣稱，約有五，三四〇，〇〇〇噸之多，而其中大部，則皆出於南滿，即以此論之，已佔全世界產量之半矣。（全世界產額約千萬噸約佔發分之五十）

下二表爲中國豆類經大連，牛莊，及安東等處之總輸出及輸往日本之情形：

（一）出口總量

年	數　担　數	價　值（海關兩）
一九二五	一四，九二四，四〇四	五四，二〇四，四八九
一九二六	一二，八八六，六六八	四七，三一三，七三〇
一九二七	一七，〇二六，七二二	六三，四五一，九六三

（二）運往日本數量

年	數　担　數	價　值（海關兩）
一九二五	五，九六〇，二四七	二一，七四三，二八八
一九二六	三，九四五，三〇五	一四，三一八，二三六
一九二七	五，九六五，一五一	一四，六一三，九四七

二　關於鐵產方面

日本本國，所有鐵礦之蘊藏，確切計之，亦不過一萬二千三百萬噸，而又尚未盡量開採，除由高麗供給其一部需要外，大部皆來自中國之大冶及挑沖及馬來半島等處平時日本之鐵產供給，雖係毫不稍感困難，但爲交通一經受戰事之影響、則該項問題即變爲異常嚴重，現日本在南滿沿路一帶區域內，已有鞍山及本溪湖等處之鐵礦。今試將鞍山弓長嶺本溪湖南滿地帶內之鐵鑛蘊藏量，列表示之如下：

礦地	含質不多之礦藏量(噸)	含質頗多之礦藏量(噸)
廟兒溝	七○，○○○，○○○	一，四○○，○○○
弓長嶺	二六八，○○○，○○○	二，五○○，○○○
鞍山	四○○，○○○，○○○	二，○○○，○○○

鞍山鐵礦，其開掘工作自東北而西南，已環成一半圓形，其直徑約九哩，共計其地有十一處，最初之計劃，預定年出一百萬噸，其二百五十噸之風箱爐曾有兩座，但能用僅其一，一九二七年，籌備開採含質不甚豐富之鐵礦，始克完竣，年出鐵產，可二○○，○○○噸，去歲又建一五百噸之風爐，並有兼煉銅鐵之計劃，則鞍山礦之前途定必有驚人之舉也。

鞍山鐵礦，質不甚純，含鐵僅百分之三十五至四十，開採頗不經濟，故最初僅先掘其含質較豐者。數年前，日人完成利用磁石集中鐵質之方法，南滿鐵路遂投資千萬餘圓以實施此種用磁吸鐵之計劃，自此法行，鐵量出產遂爲之激增。弓長嶺礦，原不甚佳，但經磁力之後，含質能有百分之三十五，且尚有高至百分之七十者。本溪湖鐵礦，普通平均約有三百呎深，其質僅含鐵百分之三十至四十，而現今所採著，大抵皆含質最富之礦，成分約有百分之六十至七十。故日本之在滿洲已攫得特殊權利，已無可諱言，即有戰事發生，需鐵量即將全仰給於滿洲，他處皆無爲此之利也。

三　關於煤產方面

試先言日本煤炭之蘊藏，據一九二五年之估計，約略如右：

	無煙煤(噸)	石油煤(即有煙煤)(噸)
九洲	七○，○○○，○○○	三，八○六，○○○，○○○
本洲	—	四，○四○，○○○，○○○
四國	四五，○○○，○○○	八二九，○○○，○○○
台灣	—	三八五，○○○，○○○
北海道	—	一，三六二，○○○，○○○
總計	一一五，○○○，○○○	一○，四二二，○○○，○○○

此外朝鮮全境，煤量富藏，又約有一千五百萬噸之多。可是日本雖有多愈百萬萬噸之煤量，而可開採者不過四十萬萬噸而已，現在日本本國既是一面產量減少，而他方面又復消耗日增，於下表即可窺其消耗量增加之一般：

一九○七	一○，八五三，○○○噸
一九一七	二四，二七二，○○○噸
一九二二	二七，一八○，○○○噸
一九二七	三四，一九六，○○○噸

於此可知日本之消煤量每年約增加千分之五，若依此而論，俟三四十年後日本所有之煤藏量，即將開發而無餘，此其所以仍轉彼念頭終究不忘滿洲也。

依測量所得，遼寧與吉林二省沿南滿鐵路一帶，約藏有煤量一，六二，七六二，○○○噸，其分佈，狀況如左：（僅列千萬噸以上者）

撫順	九一五，七○○，○○○(噸)
本溪湖	一○三，二○一，○○○
煙台	四○，○○○，○○○
大疙疸	三一，○七四，○○○
牛心台	一一，○○○，○○○
田師付溝	一九，六○○，○○○
缸窰	一○，○○○，○○○

至於北滿地內，尚無精確之考查，但大部礦藏，皆在沿中東路之穆陵，密山，虎林及札蘭諾爾諸地，在瑪蜒河一帶有四四○公里之木炭礦山，而吉會路沿路一帶，亦有大量之礦藏，將來如該路築成時，

其煤礦之盡量開發，更爲便日人不少。總計北滿之煤藏，約在千萬噸以上，分佈如下表：

札蘭諾爾	三〇〇，〇〇〇，〇〇〇(噸)
燕城	九三，〇〇〇，〇〇〇
鶴立岡	一六，〇〇〇，〇〇〇
蒙克窪	一四，五〇〇，〇〇〇
密山	一四，〇〇〇，〇〇〇
洮爾諾夫斯恭	一三，〇〇〇，〇〇〇
馬加爾	一二，〇〇〇，〇〇〇
哈蘭諾爾	一〇，〇〇〇，〇〇〇

內蒙東部藏煤總量有一，二五五，〇〇〇，〇〇〇噸，茲述其在千萬噸之礦藏情形如左表：

新邱	一，一〇〇，〇〇〇，〇〇〇噸
五家	三五，〇〇〇，〇〇〇
冰溝	二四，〇〇〇，〇〇〇
北票	二〇，〇〇〇，〇〇〇
西元寶山	二〇，〇〇〇，〇〇〇
十大分	一六，〇〇〇，〇〇〇
南票	一二，〇〇〇，〇〇〇
東元寶山	一〇，〇〇〇，〇〇〇
松樹台	一〇，〇〇〇，〇〇〇

吾人於此，即可見滿洲內蒙煤藏豐富之一班。此日人之所以每欲解決煤的問題，終念念不忘滿蒙而思攫爲己有也。

四 關於石油方面

日本關於煤油於之出產方少，而需用之額量又多，故轉其日光於滿蒙，此又自然之勢也。似直至最近爲止，在滿蒙區域內，雖尚無所獲，然而已經發現，在撫順煤礦之上，存有大量之石油礦岩，深約三九〇呎，而以其量估之，約有五，五〇〇，〇〇〇，〇〇〇噸。日人經數年之考究，已有煉製方法自此種礦岩一噸，能得下列各產物：

汽油	一·五〇加倫
機油	一·五四加倫
石腦油	四·二二加倫
臘	二〇磅
燃燒油	五·五八加倫
硫化錏	四〇磅

日本自發明此法後，出油成本，極其輕微，而其藏量之多，又足供日本三百年之需要。僅自地之表面吸出者，亦足供日三百年之用。現在撫順一地，每年之出產如下：

不純油	二六，五〇〇加倫
硫化錏(俗稱硫安)	六，四〇〇加倫
臘	六，五〇〇加倫
焦炭	二，二〇〇加倫

至於食鹽，日本本國所出，不過十萬萬包，而其消耗量之大又每年即逾十五萬萬包，不敷之數，皆自台灣，大連，旅順運求，現在日本在旅大已有一萬二千幅外場，能年產五萬萬餘包，於是日本食鹽問題，遂得以安然解決。

磁石在近代工業製造上需用甚廣，製造飛機等皆用之，滿洲除上述之礦藏外，磁鐵礦蘊儲亦最富，在南滿鐵道區域內大石橋之東北十四公里，即爲磁礦之所在約略估之當在二萬萬噸以上也。

曹達灰(Soda Ash)亦爲工業時代之化學原質，當歐戰時，日本每年僅能出產三，〇〇〇噸，而耗之曹達灰，已達五〇，〇〇〇噸。後因戰事持久，海外來源斷絕，乃改由自造，出產遂因而突增，一九一九時即二六，〇〇〇噸之出產量，然製曹達所需種原料如食鹽，煤炭，石灰，及硫安，皆係來自滿州，旅大年有八，〇〇〇幅鹽場之過剩，以之製曹達，則能有一〇〇，〇〇〇噸出產也。

總之，滿洲之富源，誠所謂甲於世界者也，然皆因自己不知開採，大抵爲日人所壟斷，任彼貨棄於地，彼狡者矮，安得不思所以盜之。現日人謀滿，日益緊逼，自九月十九日遼省事發，其公然明火執杖，作盜行刦之態，益暴露於世界而無餘，要知，滿洲爲中國之滿洲，滿洲之寶藏爲中國之寶藏，國人宜急上下齊心，羣起自謀，以圖收回既失之一切權利，素不負吾祖先遺下之一塊肥沃滿洲也。不然，拱手讓人，滿洲將非吾人之滿洲矣

我國計劃之東北鐵道網

——五十餘線

路名	距離（公里）	起訖地點
吉五	一六二	由吉林至五常
哈依	三〇八	由哈爾濱至依蘭
朝安	三五八	由朝安鎮至安圖
黑安	一一二	由黑河經林甸至安達
洮熱	八八八	由洮南至熱河
長大	二一二	由長春至大賚
齊扶	二四七	由齊齊哈爾至扶餘
小林	二七	由小喬至林甸
呼鶴	四六三	由呼蘭至林立崗
海嫩	二七〇	由海倫至嫩江
公伊	五七	由公主領至伊通
鐵法	五六	由鐵領至法庫門
盤大	二四〇	由盤山至大虎山
新邱	四八	由新立屯至新邱
安拜	一七三	由安達至拜泉間
臨安	二七五	由臨江至安東
海鏡	一三八	由海林至鏡波湖
密富	二八八	由密山至富錦
扶哈	二一八	由扶餘至哈爾濱
開林	三四五	由開魯至林西
開扶	一四八	由開通至扶餘
瀋遼	八〇	由瀋陽至遼陽
扶鄭	二九	由打通鐵道經彰五驛至鄭家屯
吉呼	二〇八	由吉林至呼蘭
滿青	九二	由滿溝至青岡
窰德	二二	由窰門至德惠
臨長	一八四	由臨清至長白山
興臨	三二〇	由興京至臨江
甯海	二二三	由寧古塔至海林
滿肇	三三五	由滿溝至肇東
遼厲	八六	由遼陽至厲家窩舖
赤林	二七〇	由赤峯至林西
滿興	八八	由滿溝至興龍鎮
穆三	二六五	由穆稜至三姓
德九	四五	由德惠至九台
一五	九七	由一面坡至五常
一依	二二五	由一面坡至依蘭
海索	四八〇	由海倫諾爾至索倫
石楡	六四	由石頭城子至楡樹
延琿	九五	由延吉至琿春
同五	一六八	由同濱至五常
朝濛	二六	由朝陽鎮至濛江
四西	八六	由四平街至西安
延海	二八	由延吉至海林
朝間	三四四	由朝陽鎮至間島
穆密	一八〇	由穆稜至密山
以下十餘路距離不詳		
新林		由新邱至林西
齊黑		由齊齊哈爾至黑河
齊嫩		由齊齊哈爾至嫩江
敦五		由敦化至五常
穆牡		由穆稜至牡丹江
濱黑		由哈爾濱至黑河
密虎		由密山至虎林
吉甯		由吉林至甯古塔
瀋熱		由瀋陽至熱河
達大		由達家溝至大和莊
三一		由三姓至一面坡
阜厲		由阜新至厲家窩舖

編後

辱承諸同學踴躍賜稿「中日經濟問題專號」得繼續出版兩期無任感激尚有該項未排完之稿件容後繼續發表諸希作者原諒　編者啓

上海交通大學經濟學會編行

經濟週刊

黎照寰題

第五十二期

零售每份大洋一分

每逢星期三出版

中華民國二十年十二月二日

論著

日本併吞東三省之經濟的背景

汪心偉

一、導言

日政府此次以不足萬人之兵力，威逼張學良之二十萬大軍，使之不戰而逃，東北政治中心和經濟中心之瀋陽吉林長春營口諸地，悉爲日軍所佔領，東北之全部領土事實上已成日本之屬地。此誠中外歷史上所稀有，二十世紀高唱國際公理時代所僅見，亦即中國人民所受空前之奇恥大辱也。此時我國民衆之抗日運動雖未見有若何之具體進展，而各地民衆對日本帝國主義之暴行在情緒上已建立了很普徧之惡感，亦可謂睡獅的中國也漸有警覺的表現。過去的事實告述我們，每次反抗帝國主義之壓迫，我國人民都有同一的弱點表現出來，就是無論如何激烈的運動，經過了五分鐘後便漸漸消沉下去了，這正是由於認識未深刻所致。現在日軍尚在向東北增加，戰事逐漸擴大的時候，各地之抗日反而未若當初之激進，實前途之最不幸者，今後吾人應致力於日本帝國主義之理智上的認識，以增進抗日工作之毅力。

日本積極謀我東三省，二十餘年如一日，已往祕密誘惑軍閥訂立所謂特殊權利之條約，取得在政治上經濟上之支配地位，其五百餘處之炮台，更扼着了軍事上之咽喉。是日本在東三省早已建立了穩固的基礎，完成了占領的形勢，九月十八之軍事行動，不過手續上之最後完成罷了！絲毫沒有奇怪的地方。當事變發動時，日政府爲掩蔽其罪惡和欺騙中國的民衆計，即欲以第三者自居，謂東省之占領出於軍人之自由行動，政府未負其責，以期中國人民皆信日軍之行動出於偶然，無關大體，其用心不可謂不深。吾人今後之抗日，是永久的運動，不是暫時的衝動，是要把已失去的經濟地位用政治力量作後盾從日人手中奪回來，不是在表面上得着了撤兵的敷衍，即可了事的。換言之，就是要打倒日本的經濟侵略，除去日本政治侵略的原動力而後東三省始算恢復，東省的同胞始得解放，

『經濟力的壓迫比政治力的壓迫還要利害，政治力的壓迫容易看得見的，經濟力的壓迫普通人都不容易生感覺，』這是中山先生在民族主義的講演中所特別提出的警語，在形式上的表現是政治而實質上

本期要目

日本併吞東三省之經濟的背景 汪心偉

孟子經濟思想之分析 于繼平

週聞簡報附前

印刷者 上海閘北香山路二十二號進化印務局

是經濟的今日國際關係演進中，我們爲使民衆對日本之侮辱有深刻之認識計，爲抗日運動能貫澈計，都有把日本侵略東省的本面目，加以研究之必要。

二，日本向東三省推進之原動力

許多人一提到東省問題，就聯想到日本的過剩人口無法安置，不得不向東三省地廣人稀之地謀一出路，我國人士亦多以此爲日本併吞東三省之最大原因，仔細考查一下，這種見解完全不確。

帝國主義者爲誘引其國內之民衆負担大量之軍費以作發展殖民地之工具，爲向弱小民族掩蔽其拓殖之罪惡，於是奉 T. R. Maltus 的人口論爲理論之根據，一方面以國內人口日增國土有限，非向外發展不能維持民衆之生存，欺騙國人；一方面以共存共榮，無侵略野心之甘言飴弱小民衆，實則爲資本家維持原料之供給發展消貨之市場罷了。試觀英國之殖民地徧五洲，宜乎過剩人口之問題可以解決了，爲何還有幾百萬失業人口無法安置呢？爲何不送至地廣人稀之澳洲去呢？美國地大物博，沒有人口過剩之患，爲何也成了尋求殖民地的帝國主義呢？

人口過剩是帝國主義用來廣號召掩罪惡的口號，日本帝國主義之侵略東三省，當然不會例外，我們試看日政府移民之成績，便可知道。

日政府表面上對於移民很努力，田中內閣時代曾規定在三十年內投資二十七億元獎勵殖民及移民，但在資本家操縱之時代，早已視爲一種營利之機會，日人之移至南美者，其法是由私人組織會社去購置土地，再利用窮人去耕種，如東山農事會社就是有名的財閥三菱所經營的，而連年移去者一共不到十萬人，以與每年增加之七八十萬人口比較，何濟於事？這樣看來，日政府之獎勵移民，是爲安置過剩人口？還是爲的資本家之投資於國外呢？日本自滅了朝鮮而後，已有二十餘年，迄今在鮮日人不過幾十萬人，而朝鮮人每年被移至日本內地者，反不下萬人之多，這豈不是解決過剩人口的一個極端矛盾舉動嗎？東三省之生活與氣候皆不適於日人之居住，二十餘年來移住東省之日人，尚只二十萬人，其中大部爲有資經營企業之人與政府之公務員，所以向東省安置過剩人口完全是假的。

人口問題不是日本侵略東三省之主要原因，已爲事實證明了，這樣看來，其主要之原因究竟何在？

武士道是日本社會中最流行的，自明治維新以來，政府又積極採用德國之軍國主義，軍人夙具向外發展之野心，薩藩之主幹海軍派主張南進，而長藩之主幹陸軍派主張北進，南向見阻於英美之兇焰，只有北進成爲政府之傳統政策，軍人派之積極於大陸之發展，而形成日本帝國主義之侵略行爲的色彩。軍人受狹隘之愛國心所指使，而向東三省採積極行動，固有幾分正確，然此亦只能謂爲日本帝國主義之特徵，不能謂爲今日之原動力。日本軍人之國家關念甚深，其行動絕對受政府之指揮，非如我國軍人之操縱政權不顧國體者可比，此次占領東省，出於政府之預定計畫，盡人皆知，是其明證。

日本占領東三省之原動力究竟是什麼？

自世界大戰而後，日本的資本主義已發展到了極度，國內之原料如煤鐵等皆有不敷供給之危機，而國外市場又只剩中國尚可染指。東三省之原料豐富，如煤鐵等之產量無不多過日本數倍，食糧如大豆高粱水稻之多而且賤，皆足使日本資本家垂涎。日本資本主義者要保證其投資經營之利益安全，就不得不；一，使他國資本不能有投於東三省之機會；二，維持其於不平等條約上所得的特殊權利爲有效之發展，並使中國失其自由發展經濟之機會。這兩方面的努力如有一方面失敗，就有使日本資本主義失去其依賴而立地破產的危險。所以他們的代表把持的日本政府不得不用政治力量爲掩護，更以軍隊爲壓服我東三省無組織的同胞的工具。這樣看來日本的軍國主義至今日已化爲資本主義侵奪原料和市場的工具，資本主義之日本人才是侵占東省之主使者，是無疑的了。日本每次增兵東省都是以保僑民之生命財產爲名，此次驅逐東省當局目的在使東省之經濟建設無由進行，不是軍主國義效忠資本主義之明證嗎？

三，東三省之經濟環境與日本資本主義

日本帝國主義之積極向東三省進攻，其目的在剝削東三省民衆之財富，取得在東三省之統治權，以擴大其國境之範圍。其任務是爲日本資本主義開拓消貨的市場，維持生產的原料，保障投資的安全。這是不可否認的事實。至於日本擁有政權之資本家爲什麼要驅使其軍人在東三省境內跳梁作惡呢？我們要考究這點，就不得不看看東三省之經濟環境怎樣？日本之經濟環境怎樣？并看看東三省之經濟環境給與日本帝國主義前途之影響又是怎樣？

東三省是滿洲民族的老家，地廣人稀，在昔人民皆以游牧爲生，未從事於土地之耕種，也不知富源之開發，及清室握了中國本部的政權，以文化不及漢人，漸漸同化起來，滿洲這是一塊未經開發的土地亦自動改爲今之所謂東三省，任人民從事開墾。這樣看來，東三省之進於農業經濟時代，不過三百年間事耳。東省區域既爲新近開發之地，其土壤肥沃，適於農植，原料豐富，利於工製，自爲必然之事。據日本經營東三省之機關滿鐵社調查之結果，東省可耕地有三千餘萬町步，既耕地一千餘萬町步，每年可開發三四十萬町步。農產品如大豆高粱水稻皆爲大宗。至於可作製糖用之甜菜與紗廠必需之棉花亦可在東省境內殖繁起來。原料方面：鐵之埋藏量七億噸，煤之埋藏量二十餘億噸，松花江鴨綠江圖們江各流域之森林，皆數千年從未採用者。此種估量出於日人之手，雖難免有過甚其詞，誘引其國人到東省之作用，而大致當亦不會相差太遠。東三省之經濟環境如此其充裕，而人民智識低落，土地之耕種既無大規模之經營，工業亦不發達，原料棄於地下，正與中國其他之部分相同。

東省人民既未能從事於工業以利用原料，然而在一個農業經濟過程的領域中，又可以看見工廠林立，勞工民衆竟整千整萬的有人招之去作工，這豈不是一個奇怪的反常的現象嗎？這種現象就是倭奴造出來的！東省境內之七百餘工廠皆是倭奴的資本經營者，這種工業進展與中國人沒有利益的關係，中國人方面只有勞力的犧牲和原料的損失土地的被強佔罷了！日本資本主義在政府作工具之下，很快的把工業經濟建立起來，其目的就在剝削農業經濟，以獲厚利，長此以往，即使日政府不以軍力壓迫，而東三省民之衆亦不得不爲日人作奴隸了！這是吾人不可不特別注意。

世界如是之大，日本帝國主義何必定要向東三省去誰也知道日本後進的帝國主義，除了中國可染指而外，幾至無處可圖發展。我們要研究的是日本向東三省推進的經濟的背景，是要考究日本向東省發展何以演進到今日的現象？日本以區區四島爲根據而建國，境內多山，而且地震時起，火山常噴，以致可耕地爲之減少。日人之生殖力號稱第一，每年增加人口八九十萬，更使可耕地之使用愈使其生產力再增。據日政府之統計，國內共有耕地五百六十多萬町步，稻之種植地爲三百十餘萬町步，每年可收獲五千八百萬石至五千九百萬石，國內米之消耗量爲六千七百四十三萬六千石，每年不足三百二十四萬六千石。食糧除米而外就是麥爲最重要，日本每年可產麥二千一百一十萬五千石，每年消費量爲二千五百三十萬五千石，每年不足之數爲四百二十萬石。原料方面如煤鐵等之產量日減，而工廠之需要日增。這是日本經濟環境的大概。

物價的漲落，是以貨物在市場中的供給與需要的關係而定，供給

方面少，需要方面多，物價就漲，反之，物價就落，這是經濟學中已經證驗無誤的定律。日本國內每年米之供給不足三百餘萬石，麥之供給不足四百二十萬石，則人人必需的米麥之價格必有其高漲之時期，也就是資本家投機營利的機會，自爲必然之事實。資本家投機的方法不外二種：一是從米麥出產過多的國家依公平交易的手續買回國內去賣；一是以人口過剩爲口號，利用政府的力量和金融組織的特殊地位向弱小民族的國家買得便宜的貨物，再運至國內去獲利，或收買土地，直接耕種，再以所收獲者運至國內去賣。前一種方法是正當的辦法，但獲利甚微，危險性大，非狠心的資本家所願爲，後一種方法是極通行的。朝鮮人的米每年由日人用政治力量爲掩護金融組織爲工具以便宜價錢強買去的在二百萬石以上！可憐的韓人只得以粟代不足之米了。東三省是米麥之出產地，當然逃不出日資本家的打算，日人用對朝鮮的方法對東三省的中國人，把中國人的血汗騙至本國去營利！我們試看製粉業爲日人在東三省所有三大工業之一，共有機器製粉工場六十餘所，原動力皆用蒸氣或電力，每年約有一千五百萬袋的生產能力。白米業在東三省也由日人發展起來，如大連精糧公司工場，大矢組公司大連工場，大矢組米精工場等的資本金各有百萬之多，就是日人以中國農民之血汗作投機的明證。至於投資土地直接經營者亦多，南滿鐵道沿綫土地多強被買去，日人買去之土地，有二百三十五萬九千畝，東亞勸業株式會社是收買土地的機關，民國十二年成立，資本二千萬日金，買去的土地也有一十二萬四千六百七十二町步，這又是直接投資的證據。日人食物之缺乏不限於米麥，即資本家投機的範圍不限於米麥，亦即東三省農民之被剝削不限於米麥，試看日人在東三省境內油坊業與釀酒業之盛況，便可知道。

日本資本主義已發達到極度，國內的原料雖感缺乏，而工場的生產不能停止，因而就不得不在東三省及中國各地取得原料之占有權。東省之製鐵製紙玻璃皮革等皆在日人之手發展起來，日本資本家不但利用中國之原料，且發見東三省之勞動力價廉物美，於是東三省之日本工廠林立了。這些工廠都是利用中國原料的機關，也是剝削中國人勞力的機關。日本資本家有政府作保障，有優越的金融組織作工具，他們的獲利豐富，他們的剝削力大，也就是中國人的犧牲大！

日本資本主義之過剩商品，除食料如米麥等運至本國而外，其他皆須出售與中國人，東三省自然是一最大之消貨市場。東三省既爲日本資本主義的原料供給場而同時又是消貨的大市場，東三省給與日本的影響就可想見了。

四、日本在東三省投資之分析觀

日本爲了有效的經營東三省而造成其所謂特殊權利，爲了維持幷發展其所謂特殊權利而出兵，所謂特殊權利究竟是些什麽呢？日本向吾人宣示的是些紙上的不平等條約，實際上乃是些投資的結果，我們要了解日本之所謂特殊權利，就不可不分析投資的狀況。

日本在東三省投資的範圍極廣大而普徧，概括言之，可分爲政治的與事業的兩種。事業的投資可考，而政治的投資則不能統計。日人以爲日俄戰爭之役，犧牲了生命財產擊退俄人，才保全了東三省，這算日本經營東三省之投資。東省境內各要地建築的礮台與每年派到東省境內鎮壓民衆的軍隊所費至巨，也算是日本對東省的投資。他如歷次助長軍閥的作亂與援助土匪的作惡，所費更巨，許多條約也是威逼利誘之結果，凡此皆爲政治投資，而必須向東三省取回利潤者。

政治的投資是爲事業的投資，而起，日人在東省投資的實況是怎樣的呢？據日本工商省之調查，一九二八年度日本在國外投資的總額爲十萬萬一千九百四十萬日元，其中投於中國者占八萬萬五千六百一十萬日元，而六萬萬九千七百五十萬日元投在東三省境內。可見日本在中國投資總額占對外投資總額之百分之八十五；在東省投資總額占對中國投資總額之百分之八十；卽日本對東省投資總額占對外投資總額之百分之六十七。投資之目的在得利潤，我們再看日本收入的利潤怎樣？日本對外投資之利潤收入總額爲六千四十餘萬元，其中得自中國者占四千四百七十萬日元，而三千五百八十萬日元來自東三省。可見日本對外投資所獲利潤之百分之七十四來自中國，投資中國所獲利潤之百分之八十來自東三省，卽對外投資所獲利潤之百分之五十九來自東三省，這就表示東三省與日本關係之密切，亦卽東三省所受剝削之利害。

投資總額已如上述，茲再以日元爲單位，誌其在東三省投資之內容：

事業種類	投資額
鐵路	二二五，〇〇〇，〇〇〇
鑛業	一七五，六〇〇，〇〇〇
水運業	五四，一〇〇，〇〇〇
工業	四九，六〇〇，〇〇〇
紡織業	一二，九〇〇，〇〇〇
電氣煤氣業	三一，六〇〇，〇〇〇
其他	一四八，七〇〇，〇〇〇
共計	六九七，五〇〇，〇〇〇
收益額	三五，八〇〇，〇〇〇

事業投資之內容如此，茲再一考其進行投資之當事者。帝國主義者爲保其向殖民地投資之進展與安全計，恆以政府力量保護之經濟組織作開路先鋒，英國帝國之以東印度公司經營印度開其端，日本效法英國以南滿鐵道公司爲經濟侵略東三省的大本營。南滿鐵道公司是日政府與人民合辦的，其任務是作日本資本主義投資的開路先鋒，爲日本資本主義建設投資的便利。他的經營範圍除了鐵路而外，并兼營工場船舶鑛山港灣等在政治上軍事上有重大意義的事業。茲將一九二六年滿鐵公司投資的概況列表如左：

種別	投資額(以元爲單位)
鐵道	二二五，〇三九，三六九
工廠	一一，九八四，一一五
船舶	四，三二二，〇一一
港灣	四九，七八三，二三二
鑛山	一二六，一二七，一五五
製鐵所	四五，九〇二，二八六
旅館	二，七六六，七七四
地方設施	七五，三六〇，八〇一
其他設施	四九，六三八，〇五九
共計	五九三，九二三，七九九

由此可知投資額大半出於滿鐵公司，因爲此公司爲經濟侵略之先鋒，所以這種現象是必然的。但是日本私人的企業，也在東三省發展起來了，東三省之三大工業爲搾油製粉造酒，以私人經營者爲多。他如絲業，火柴，皮革，紙，棉織肥皂等亦皆私人資本經營者。滿鐵公司之先鋒既已大功告成，今後日本資本家經營事業，極感便利，蒸蒸日上是可斷言的。

五，結論

日本以工業經濟的組織力置於東三省農業組織之上，而從事其剝削工作，日本資本主義之獲利，就是東三省民衆之破產，這是近年來一個很嚴重的問題。東省之負責者因循苟且，不事解決，也不宣告國人，造成日本之鞏固基礎，東省人民之被壓迫久矣。現在日軍實行占領土地，奪取統治權了！東省之統治階級失去支配地位，除了聞風喪膽而外，他漸知帝國主義卵翼之不祥；國人亦熱烈的持久不懈的努力抗日工作，齊聲呼號打倒日本帝國主義。今後吾人應注意之點是要打倒日本的經濟侵略，以絕政治侵略的原動力，而後日軍撤退後始無再進之可能性。故我國苟欲恢復我東省之主權，必須根本推翻日人在滿之經濟勢力而後可！

孟子經濟思想之分析

于繼平

(一)緒論

孟子一書是全部注重社會經濟問題，沒有一處不是先講經濟問題，然後再講教育問題的。換句話說，他是特別注重民生問題，他對梁惠王和齊宣王先後討論政治，都說：

『五畝之宅，樹之以桑，

五十者，可以衣帛矣。鷄豚狗彘之畜，無失其時，七十者，可以食肉矣。百畝之田，勿奪其時，八口之家，可以無饑矣。謹庠序之教，申之以孝悌之義，頒白者不負戴於道路矣。七十者，衣帛食肉，黎民不饑不寒，然而不王者，未之有也。』（梁惠王上）

所以由此可知孟子救國救民的方法，是在使人民先得到肉體上的安慰，再求得精神上的快樂，那末國家也可以自動的變強了。我們更可以說得孟子以為經濟問題的解決，同時也就是政治問題一部份的解決。所謂『國以民為本，民以食為天，蓋不足食則胡以養民，胡以立國。』是也。他的思想和中山先生的民生主義頗相類似，因為民生主義的目的是促進經濟上地位平等，要人人都能夠做事，人人都有飯吃。而且民生主義也是注重民食要足的，如『……政府當與人民協力；共謀農業之發展，以足民食；……』『見國民政府建國大綱第二條』可見孟子的經濟思想是很合於現代潮流的，換句話說，也就是很值得我們研究的。

（二）孟子經濟思想的出發點

一個思想的發生，必有一個當代的特殊背景所激成，這是一定不易的道理。所謂一個時代的特殊背景，就是指那個時代的環境是怎樣。如果一個人為環境所束縛，逆來順受，那末他是和環境同化，無所謂思想的發生了。如果一個人覺得環境的不適合，要想打破這環境，要想改造這環境，要想建設新環境，那末他是和環境奮鬬，這就是思想的發生。孟子恰巧生在那個好亂的戰國時代，那時的環境可分做四點來講：

（甲）兵戈不息　『爭地以戰，殺人盈野，爭城以爭，殺人盈城，此所謂率土地而食人肉，罪不容於死。』（離婁上）

（乙）暴政橫行　『……民之憔悴於虐政，未有甚於此時者也。』（公孫丑上）

『凶年饑歲，君之民，老弱轉乎溝壑，壯者散而之四方者，幾千人矣；而君之倉廩，府庫充，……』（梁惠王下）

『奪其民時，使不得耕耨，以養其父母，父母凍餓，兄弟妻子離散。』（梁惠王上）

（丙）貧富不均　『庖有肥肉，廄有肥馬，民有饑色，野有餓莩，……』（梁惠王上）

『堂高數仞，榱題數尺，……食前方丈，侍妾數百人，……般樂飲酒，驅騁田獵，後車千乘，……』（盡心下）

『今也制民之產，仰不足以事父母，俯不足以畜妻子，樂歲終身苦，凶年不免於死亡，……』（梁惠王上）

（丁）異端並起　『聖王不作，諸侯放姿，處士橫議。楊朱墨翟之言盈天下，天下之言，不歸楊，則歸墨。楊氏為我，是無君也。墨氏兼愛，是無父也。無父無君，是禽獸也。……楊墨之道不息，孔子之道不著，是邪說誣民，充塞仁義也。仁義充塞，則率獸食人，人將相食，吾為此懼。……能言距楊墨者，聖人之徒也。』（滕文公下）

孟子那個時代，可說上下都以爭伐為務，功利學說極為盛行，制度廢弛，秩序紊亂。人民既不能得到生活上的滿足，又得不到生命的保障。做人君的，都以權利地盤視為政治的去就；而楊朱墨翟等人物，又以偏見惑世。孟子眼睜著諸侯紛爭，惟利是圖，猶恐不遑。民衆糜爛，肝腦塗地，脂膏潤野，而當時的學者又唱高調，不能和他合作。他因為受了這種內外的刺激，不能不妥籌對付的方法，這就是他經濟思想的出發點了。

（三）經濟政策——財政策

所謂經濟政策，普通可以包括財政政策，農業政策，商業政策，工業政策，交通政策等等。政治是管理衆人之事，政治學是講原理的

週聞簡報

記者

▲民國二十一年上半年收支概算　全全國經濟委員會發表民二十一年上半年（一月至六月）收支估計表，計收支兩項總數，共各三千萬萬二三百萬元。茲錄該表如下。

收入				淨收數
一、關稅	總收入		一八七，三〇〇，〇〇〇元	
	減征收費		二〇，〇〇〇，〇〇〇	一六七，三〇〇，〇〇〇元
二、鹽稅	總收入		八六，七〇〇，〇〇〇	
	減征收費	一二，七〇〇，〇〇〇元		
	減補助及當地留用	三六，八〇〇，〇〇〇	四九，五〇〇，〇〇〇	三七，二〇〇，〇〇〇
三、統稅	總收入		三七，八〇〇，〇〇〇	
	減征收費	二，〇〇〇，〇〇〇		
	減補助費	五，〇〇〇，〇〇〇	七，〇〇〇，〇〇〇	三〇，八〇〇，〇〇〇
四、於酒稅	總收入		一八，〇〇〇，〇〇〇	
	減征收費	二，六〇〇，〇〇〇		
	減當地留用費	九，四〇〇，〇〇〇	一二，〇〇〇，〇〇〇	六，〇〇〇，〇〇〇
五、印花稅	總收入		八，〇〇〇，〇〇〇	
	減征收費	一，六〇〇，〇〇〇		
	減當地留用	四，一〇〇，〇〇〇	五，七〇〇，〇〇〇	二，三〇〇，〇〇〇
六、其他收入				五，〇〇〇，〇〇〇
總計淨收數				二四八，六〇〇，〇〇〇
不敷數				七三，四〇〇，〇〇〇
共計				三二三，〇〇〇，〇〇〇

（又註）經財政委員會討論後，軍費改定月支一千八百萬元，在黨政協款項下減去一百萬元，又臨時及特別費項下可滾用若干。

（註）依本年預算數估計

支出		
一、黨務費及政務費（包括補助費在內）	每個月假定為	五，〇〇〇，〇〇〇元
	六個月合計	三〇，〇〇〇，〇〇〇元
二、軍務費	每月假定為	一六，〇〇〇，〇〇〇元
	六個月合計	九六，〇〇〇，〇〇〇元
三、臨時及特別各費	每月假定為	一，〇〇〇，〇〇〇元
	六個月合計	六，〇〇〇，〇〇〇元
四、債還各項內外債利息及庚子賠款除去退還賠款內指撥之內債還本數		八七，〇〇〇，〇〇〇元
還本　內債		八四，〇〇〇，〇〇〇元
外債		一九，〇〇〇，〇〇〇
	支出合計	一〇三，〇〇〇，〇〇〇元
		一九〇，〇〇〇，〇〇〇元
		三二二，〇〇〇，〇〇〇元

（註）金債每磅作十六元計算，美金一元作四元。

，可說是政治的目的或是解釋；政策是講技術的，可說是政治的方法或是手段。經濟政策的意義就是拿政治的手段，解決經濟問題，達到政策的目的。孟子處處以為要行仁政，王天下，必須先保民養民，就是解決經濟問題，所以當然脫不了經濟政策的。我們先從他的財政政策講起。

（甲）量出爲入原則　孟子以爲財政是受政治支配的，所以說『無政事則財用不足。』國家的財政既然爲辦政事所支配，那末辦政事必須有經濟的行爲，因爲要達到辦政事的目的，其結果必需一種交換的經濟行爲以報酬之。這種交換的經濟行爲，在政府是支出，這就是叫做國家歲出。所以孟子之主張財政應支配於政治的，實在是現代財政學上所謂量出爲入的原則。

（乙）利入爲目的原則　這就是

說財政應當以公共心和道義心的發動做原則。財政是達到種種目的的手段，這種種目的是大概不出乎維持安寧和秩序，增進福利和發展文化三種的範圍，所以財政的行爲，必須以公共的需要和社會的正義做標準。我們更簡明的說，就是財政的支出，應該有利於最大多數社會或人民的最大多數幸福。孟子也是抱定這種主張，不過他是從反面講起，他以爲政治不好，實在不應當征收賦稅。他說：

『君不鄉道，不志於仁，而求富之，是富桀也。』(告子下)

『求也爲季氏宰，無所改於其道，而賦粟倍他日。孔子曰。求非吾徒也，小子鳴鼓而攻之可也。由此觀之，君不行仁政而富之，皆棄於孔子者也。』(離婁上)

(丙)單一稅論　單一稅的意思就是除一種租稅之外，不再徵收其他租稅。孟子對於租稅的意見很帶些單一稅論的色彩。他說：

『有布縷之征，粟米之徵，力役之征。君子用其一，緩其二；用其二而民有殍，用其三而父子離。』(盡心下)

『市廛而不征，法而不廛，則天下之商皆悅而願藏於其市矣。關譏而不征，則天下之旅皆悅而願出於其路矣。耕者助而不稅，則天下之農皆悅而願耕於其野矣。廛無夫里之布，則天下之民皆悅而願爲之氓矣。』(公孫丑上)

『戴盈之曰。什一，去關市之征，今茲未能，請輕之，以待來年然後已，何如？孟子曰：何待來年。』(滕文公下)

(丁)租稅之確實的原則 (The principle of certainty) 這就是說租稅應確定，不可任意改。對於稅額，納稅的時期和方法都應當明白地告知於納稅人和人民，使人民感覺便利，容易計算；使徵收官免去武斷和魚肉的機會。孟子主張什一稅率，並且多既不能，少也不可；這也就是確定稅額而含有公平不偏的意思，同時也含有所得稅的意思。他說：

『夏后氏五十而貢，殷人七十而助，周人百畝而徹，其實皆什一也。』(公孫丑下)

『龍子曰：治地莫善於助，莫不善於貢，貢者較數歲之中以爲常。樂歲粒米狼戾，多取之而不以爲虐，則寡取之。凶年糞其田而不足，則必取盈焉。爲民父母，使民盼盼然，將終歲勤勤，不得以養其父母，又稱貸而益之，便老稚轉乎溝壑，惡在其父母也。』(公孫丑下)

『白圭曰，吾欲二十而取一，何如？孟子曰，子之道，貉道也。萬室之用，一人陶可乎？曰不可，器不足用也。曰陶以寡且不可以爲用，況無君子乎？欲輕之於堯舜之道者，大貉小貉也。欲重之於堯舜之道者，大桀小桀也。』(告子下)

(戊)租稅之平等的原則 (The principle of equality) 平等的原則是指國民應當依他因爲受國家保護而生的收入底多少，做他對於負擔政府的費用底比例。上面已經說過孟子主張什一稅率，既不能多，也不可少；但是爲什麼他口口聲聲說『薄稅斂』三個字呢？也無非是因爲那時暴征橫行，兵戈不息，人民最底限度的生活費也難以維持，還可以不薄稅斂嗎？所以他說：

(未完)

經濟週刊
蔡照寰題
上海交通大學經濟學會編行
中華民國二十年十二月九日
第五十三期
零售每份大洋一分
每逢星期三出版

論著

從對日經濟不合作說到如何振興國內實業

許緝綱

溯自五九五三以還，國人憤日暴之專橫，一時熱血萬丈，奔騰不已，於斯熱烈救國聲中，乃有對日經濟不合作之倡議；蓋以不供日人原料，不購日貨，以斷絕其生機也，此計畫堪稱妥善，良以日本侵略吾國於外交上，軍事上，尚屬次要，而經濟之侵略，實中國之致命傷！其狠心前後可證：始有日本前財政大臣勝田主計著「日本對華經濟侵略之過去及將來」一書，其欲藉經濟侵略之力，以併吞中國之野心，已昭然若揭；最近閱日本田中內閣侵略滿蒙之積極政策，亦不外以經濟之勢力，漸次侵入其地，終以軍事勢力併吞之，以資殖民，以富供給，彼惡毒政策之唯一目的，在以經濟之勢力，肆行侵略，使中國成一血虧癆病之中國，永永孱弱，以供彼之魚肉，其用意至遠至毒也！故在此抗日聲中，以經濟不合作之方法，斷其供給，絕其市場，可稱獨一無上之妙法；然每因熱烈一時，不久煙消雲散，不合作主義未能貫澈至終，反爲日人輕笑，而益肆其侵略之能事，是實痛心而足供考究者也！

值茲國際貿易，世界商業競爭之時，閉關自守之策，決無實施之可能，各國必將以其過剩，易其所乏；蓋物有剩，値必低，貨有乏，價必高，而己之所剩，未始非他人之所乏，以剩易乏，可以擴大其市場，增高其價值，而以低廉之價，購所需之物，又人人所樂爲也；故爾國際分業，日重一日，中國地大物博，富源甲天下，而製造乏術，開發無力，致爲日人乘間侵略，今欲憑空提倡對日經濟不合作，雖或一時熱度至高，志意至決，及見日貨之價廉物美，不由不買，及見日銀之利率輕微，又不由不借；夫日本以三島之狹土，農礦微乎其微，所產遠不及其所費，而借我國供給之原料，加以製造，去其本身之消費外，復運來中國，吸收財源，購買原料，如是循環經營，不數十年，民生旺盛，財力豐富，竟爲世界列強之一，其營業之精明良可注意！而我國適反之，沃野千里，出產豐盛，而乏製造之方，營利之術，致生貨剩餘而出口，製造品缺乏而仰給於外人，日貨尤甚，如是，而欲求利權不外溢，烏乎可哉？故値茲抗日聲中，欲求打倒日暴，必先打倒其經

本期要目

論著

從對日經濟不合作說到如何振興國內實業　許緝綱
孟子經濟思想之分析（續一）　于繼平
週閒簡報附前

印刷者上海閘北香山路二十二號進化印務局

濟侵略，欲打倒其經濟侵略，必施行不合作主義；而於對日經濟不合作之際，同時須顧及國內營業，發展之，改良之，提倡之，使剩餘之生貨，得其所用，而製造品亦有所供給，庶幾乎抗日工作，可以貫澈；日方既斷絕生路，而我國復得藉展民生，發達實業，將來更足競世界之市場，其利蓋莫大焉！

今以不合作主義分兩層言之，一曰對日經濟絕交，以調查考察之方法，爲消極之抵制；二曰振興國內實業，以研究改進之方法，積極提倡國貨。

（A）對日經濟絕交

（一）調查日貨及日營事業

國人欲抵制日貨，必先知何種爲日貨，具明顯識別之力，是則調查日貨尚矣！日貨在華市場者，枚不勝舉，凡一切日用品，多半混日本貨，故吾人常購之而不自覺，今者中日貨對照表，已按日在報端發表，無用贅述，今祇集其要項類別於下以資研究：

1.棉紗　2.棉織品　3.毛織品　4.化學製造品　5.醫藥品　6.海產　7.農產　8.礦產　9.五金機器材料　10電器材料　11服裝用品

以上均多日貨之銷售，凡吾國人均宜注意及此，留心考察，以免受欺；除日貨侵略華人經濟外，尚有日人在華與在日開設侵略中國經濟之銀行；或日人投資啓發之實業，亦必調查清楚，以事抵制，今日本侵略中國最大之金融機關列下：

1.橫濱正金銀行　2.朝鮮銀行　3.台灣銀行　4.日本興業銀行　5.中華滙業銀行

此數銀行專以金融之勢力，侵略吾國，操縱經濟之權，須知經濟爲國家之命脈，何可握於人之手哉？今悉中國交通銀行向與上述銀行通往來，今既實施對日經濟絕交，則中國各銀行早應斷絕關係，而吾同胞更不應向此等作存款借款之舉，使彼縱有此侵略之工具，而無隙可乘，而自趨敗亡。

次有日人在華投資之企業，攫取華夏富源，尤非切實調查與抵制，不足以貫澈不合作主義而顯抗日之效力，今探得日本侵略中國之投資，機關如下：

1.東洋拓殖公司　2.東亞興業公司　3.中日實業公司

侵略中國之大本營則以南滿鐵路爲最著，固無庸贅述矣。

（二）抵制日貨及日營事業

日貨之抵制，全在個人不買日貨爲原則，而以政府之合作爲實行之方法，後步則在提倡國貨爲替代，今以後項留後詳論，先論前項；對於日營之事業亦以不合作主義爲抵制之原則，凡日商僱用之華工應一律退出，而於日人代華投資之各企業，應設法贖回，今併而論於后：不買日貨及不供日人原料，其法須以政府與人民合作乃可，政府之責，在加重日貨進口稅，及積極提倡國貨，凡政治學術等各公共機關，須嚴格不用日貨，並穿國貨制服，以爲民衆提倡之模範，國內學生，則可盡調查宣傳之責，努力喚起民衆，並可化裝演講，以引人民之注意，民衆方面，則可組織抗日會，嚴禁奸商販賣日貨，此蓋早經各地採納施行，然日貨仍多充塞於市，其咎半在顧客聳恿商店爲奸；據某商人談，國人購日貨已成習慣，著店中缺少某項日貨，必驚訝責問何以店中短此日貨，且將疑該店營業不興，設備不全，而另就他肆；嗚呼！此國人購買日貨之習性已成，除竭力宣傳勸化外，非以強迫之糾正不爲功，其法使任何人見有日貨之賣買，不問商店與顧客，一律可拘赴抗日會受同等之處罰，如是不獨使顧客不敢聳恿商店購買日貨，並可使識日貨商店之危險，認爲畏途而不敢前，同時以宣傳之力，裨明嚴格抵制之理，由此教責有加，其向有之謬見當可漸漸糾正矣！

對於日營之事業我等抵制之法，亦以不合作爲主，凡日店所用之中華職工，應一概退出，則彼自然影響，即不致停業，最小可使經營乏力；日營之事業，半爲供華人直接消費，半爲本國籌供給，其在供華人直接消費者，在此抗日聲中，經濟絕交期內，自失其效用；而在本國之須給者，則由華工罷業後，亦得告相當損失，對日代營事業（即日人代中華投資之事業）則急宜收回，收回之法，首重金錢，蓋日人所以能在華侵略經濟事業，全仗金錢，彼挾金錢，來華投資，代我國開發富源，建設道路等，今擬收回，必以金錢向贖；然中國政府，一時必不能有若大資本，此則國民天職所在，應盡各人能力捐助，若此刻抗日會已發起抗日募金之募捐此法甚善，惟爲引起國人慷慨之心，須有相當獎勵，凡捐滿某數以上者，得贈以某種名譽獎章，如是殆較有效；他法可用貯金條例，其法在中國已試用數次，效果尙佳，若昔日之膠濟路貯金等是，至萬不得已，則由政府發公債票，以收回之產業及利潤爲担保，此又一法；若由以上三法試行而合併其效率，余以爲吾國對與日人代營之事業，大部可謀贖回矣。

(B)振興國內實業

凡欲抵制外貨，必先提倡國貨，而欲提倡國貨，必先設計如何改良工商業，使生產效力增加，出品精良，而成本減輕，此振興國內實業之不可不研究者也！論振興實業之方，又各具主張，或倡農礦，或倡工商，余以爲就中國現狀而言，無一不須求振興，蓋各種實業均有相互密切之關係，決不能單獨進行，例如欲求振興農業，必藉機器與肥料之力量，而機器與肥料，則賴工業之製造，商業之運輸貿易，故無論何種實業必須振興，然於此緊急抗日期內欲抵制日貨，以國貨爲替代，則工商業之振興，尤屬急不待緩！今首先提爲詳論，來日謀治本之興國大計，則自然包括農礦等一切實業此應爲後步計畫，姑置之下論，先論如何求工商之速進：

提倡工商業又可分爲人民的，與政府的兩方，提而並論，蓋獨賴人民之經營奮鬥，而無政府之指導與獎勵，其效力甚小；若專憑政府之提倡，而無人民之努力合作，其成效更小，故曰政府與人民合作而努力，則事半功倍，成效可收，今按次論於後：

(甲)人民的——易言之，亦即工商企業家本身，蓋中國國營事業甚少，一切均歸人民私辦，或合辦，故欲改良此等營業，亦必以人民本身努力爲先。

(一)工廠技術之研究——中國工廠，向乏科學與技術之研究，而內地各廠更多墨守舊法，絕不順時代之變遷，合人民之須要，致出品頑劣，而價奇昂，即若中國多僱人工少用機器一例，已可明喻，僱用人工，其所費昂，而出產微，若採用機器，一則可免人工之浪費，而出產亦可增加，再則出品之式樣與品質可一律無細差，而中國各城之廠方，均未能注意及此，此亦吾國實業上之一大錯也！其次中國工廠所造之出品，缺少藝術化，此亦墨守舊法不求改進之弊，若瓷器一項，中國自古以瓷著名天下，而今反爲外貨所逐，尤多日貨暢銷於吾國，何者？蓋中國瓷廠所出，一若十百年前所出同一式樣，粗笨而不雅觀，同時以質料多費，成本占重，而價不得不高矣！反觀日瓷輕巧花妙，式樣既悅目，價格復低廉，（蓋以其質薄本輕）試問國瓷倘得與之競爭於市場乎？此所以中國工廠技術之急須加以研究改良而也。

(二)工商組織之改良——中國所有之工商業，大都小本經營，而乏大工廠大商店之組織，然小店之害，既不能引動顧客，同時又競爭之浪費，而無合作之精神；總理實業計劃中「擬將一概之大公司歸人民公有」，蓋必有資本雄厚之大公司，始得有全售國貨之大商店，是法可聯絡各小企業，成爲一大企業，若美國鋼鐵廠乃聯絡各小鋼鐵廠而成，今規模之大，獲利之厚，無可與匹；中國資本落後，更須要如此之大聯合，而大商店之組織，亦屬不可缺；著得徵集百貨，薈萃一堂，以光怪離陸之陳飾，爲盡力宣傳之號召，使國人均知國貨之不亞於舶來品，則誰不欲愛國，誰不願爭購國貨哉！其次更可請全國工廠各將其所製優良貨品，普通寄售之方法，就可能範圍以協助大公司，庶百貨咸集，使國內人士知所問津，如是廠商產品得賴公司推銷而流動，而公司亦得廠商合作而發展其營業，互助以前進，前程殊未可限也！

(三)推銷販賣之考究——中國歷代經商，均不賴宣傳之力，及洋貨輸入國內，國貨逐日爲舶來品所驅迫，幾至無地自容，其價格之貴，及質料之劣，固屬一大原因，然外人宣傳，未始不足以敗國貨也！試觀上海外國各商店，其廣告費之鉅，是否十百倍於我？其僱員薪金之厚，是否遠勝於我？而中國之商店，若欲求一以百元用一廣告員，以萬元十萬元爲宣傳費者，眞如鳳毛麟角！而在外商，則百萬元在所不惜也！若中國僱用之人員，薪金既微薄非常，且常有歇職之慮，如是欲求其忠信爲店，以發展業務，殊不可得；故爲今計每店應特設宣傳推銷部，請專家計劃其事，延富有經驗之人辦理之，並加高店員薪俸以安其心，如是一心一德，業務未有不展也！

於販賣一項，國人尤少和藹可親之態度，與正直無欺之行爲，中國原稱禮義之邦，而今竟虛負此名，適得其反，試入一外國商店，其謙恭和藹之態度，實有使顧客不得不買之勢，其價格亦劃一無欺；反顧我國之商家，其傲慢之態度，先使顧客有裹足不前之勢，且若入其門不購其貨，尤多不禮貌之景象，此實非澈底革除不可，致於價格之高下，全視顧客善否交易之道以定，每舖門首雖必高懸「童叟無欺」「眞不二價」等虛號，而流弊種種，此實攸關商業道德，不加改革何以重信用，更遑論競爭於世界市場哉？

(四)經濟能力之集合——上端已詳述工廠技術應如何改良，工商組織應如何改良「推銷販賣之術又應如何考究，然若無經濟能力之集合，何以循吾策而現之於實哉？此又不得不詳加計劃者也，欲求經濟能力之集合可分三項：

1. 設立提倡實業儲蓄會——中國之有儲蓄會，由外人創辦，始於上海，今計歷史最長者，就其所置產業而言，竟抵三千六百萬元之多，若以此三千六百萬圓，辦一提倡國貨事業，其成績殊可觀，惜中國人民所投，及爲外人操縱，而利用之；然亡羊補牢，未爲晚也，爲今可請國內經濟專家，詳細計劃設一提倡國貨之儲蓄會，以較高之利息，較穩之担保，鼓勵人民儲蓄，投資而集腋成裘，以此經營國貨事業，則大公司大商店之成立有望，而國貨之發達亦可預卜矣！

2. 設立提倡國貨獎勵會——所謂提倡國貨獎勵會者，乃以集合消費能力，與集合投資能力二者爲要則；消費能力之集合，在以某種方法獎勵消費者之購買國貨，其法或以購滿國貨洋一百元者，得若干之贈券，或購滿五十元者，予以何等折扣之優待券，贈券固以購國貨爲限，而優待券亦足使多購國貨，如是消費力可集中於國貨；投資能力之集合，可使有志協助國貨營業者獨立或集五千元以上之資金，存儲會中，予以相當利息，而任投資者指定其所願投資之事業，准許運用此金，會中如有須要願借此金，則必詳述應用此金之方式，得投資者之允許，然後可提用，如投資者對於會中有不滿意處，儘可隨時提出，不若股份公司之束縛不自由，此所以保護熱心提倡國貨而投資者也！

3.變通招股辦法——於此不得已時期中，國貨公司之招股儘可變通辦理採用特種計劃，以鼓勵投資，其法（一）可多發優先股票，於公司創立之初，規定一時期以前交款者，得享特別利益，並保障常年利息，（二）可發賣零股，其法以多設一元五元十元等小股，以廣招徠；（三）爲發行彩票股，由國貨公司發行彩票，以獎金之半數，發給公司股票，若是公司之股本，當較易於徵集，此亦我國鐵道萌芽時所採用之集資辦法也。

（乙）政府的——政府實有促進國內工商業振興之力，除直接獎勵補助外，若關稅之保護 Protected tariff 法，盛行歐美各國，而各國之實業乃振，餘如謀運輸之迅速，培養工商人才等等，皆足輔助實業之發展，故由政府之督促獎勵，人民之努力，國內實業乃能臻於至善，不然恐難免事倍功半也！今以政府輔助之辦法一一列論於後：

（一）培養工商人才——在昔閉關自守時期，商業之範圍爲地方性的，爲國家性的，而今日之商業，乃世界性的；昔日之商業爲小本經營，而今日者則爲鉅資之大企業；昔日之工業，限於手工業，分家的，而今日之工業爲機器工業，分區的；是故於此大企業經營之下，非有特別之工商人才不可；而吾國向以營商習藝者爲陋，若古時商人不可衣絲，不得乘車，不齒於士大夫，於此傳習之下，商人之技術，商人之道德，自不容提；而於今二十世紀世界貿易，國際商戰之時，若不養成良好之工商人才殊不足以言興國，今欲求物品之質料改良，觀瞻之美豔，與生產量應如何增加，非培養專門之工業人才不可！至於出品如何可引起顧客愛好之心理，如何可使推銷擴充，及考求原料之供結地，貨品之消費地，既運輸廣告陳列等學識，皆爲商業人才之所研究，若國家不注意此項人才，則一般無知愚商何得與外洋商業專家謀競爭，此無異乎以卵擊石，安得不敗哉？

（二）廢止自殺稅制——中山先生向謂我國之稅制，實自殺稅制，他國極力保護國稅，以徵稅之手段，防止外貨之侵入，藉以促進本國實業之發達；而中國之關稅，向因不平等條約之束縛，非惟不能保護土貨，反獎勵進口，阻礙土貨之流通，昔北寧路局開商務代表會議，據各處商務代表之報告，各地出產品運至銷售地點，必征三四次，至五六次以上之稅，出產有稅，通過有稅，落地有稅，營業有稅，名目繁多，不勝枚舉，而一處有兩稅局者亦復不少，況吾國之關稅，因不能自主，洋貨通行，可以報關稅單爲憑，而國貨則不能，甚致國人甘心託庇於洋商勢力之下，以運其貨，豈不痛心？國貨以征稅之重，增加成本，乃不得不提高其售價，以爲小補，致洋貨反較國貨爲廉，而銷路亦廣，於此情景中，欲求國貨暢銷，國內實業發達，是猶緣木求魚；故欲獎勵國貨，振興國內實業，必先設法求完全關稅自主，而廢止自殺稅制，庶幾乎國產之替代日貨，可望有實現之一日！

（三）整理運輸方案——物產之交易，全賴運輸，運輸之方式，或藉鐵道，或藉公路，或藉航輪，我國鐵道，既不發達，公路更屬寥寥無幾，而航輪之總噸數，不及外輪之半，實爲深憂；蓋經濟四大原則，曰消費，曰生產，曰分配，曰交易，未有交易，則生產品無由傳達，消費者之手中，消費者既不消費，而生產者必過剩其貨，而不復生產，遑論分配？故交易乃爲不可缺之要素，而交易之工具唯賴運輸，若運輸之速率倍於人，運費之價目又下於人，則物產之推銷，自較他人爲捷；慨吾中國運輸之工具，既不完備，而近年更受軍事之影響，致鐵路之車輛不全，運輸價格既高，而尚不保貨物之損失或延誤，往往貨至站台，有歷數日或數十日者，有始能裝運，而至半途或告不能前進者，此種損失，更十百倍於運費之高；若論公路，中國尤少發達，交通之閉塞，爲世界文明各國所未有，若川陝甘新及內蒙各處，物產運至沿海各大商埠，所須之運費，竟超過貨價數倍或數十倍；若論中國海運，則全以外輪爲主，平日既備受侵略，至緊急時期更受牽制，若是舉手投足莫不受制，無感乎國家生產之低落矣！爲今計，急應敷設鐵道，依孫總理十萬英里計劃按步擴充，同時以公路補助之，而航業亦屬急不待緩，宜維持國有，蓋不積極於交通之整理，生產永無發展之望，國民經濟永無解決之時，雖言提倡國貨，而國貨之不能振興如故，雖言抵制日貨，而日貨之暢銷如故，可不慎哉？

（四）扶助幼稚營業——中國經濟落後，所有經營，俱係小本機械不備，設施不全，豈知無精良之機械，卽無美好之出品，故必須政府扶助之，使臻於至美至善，此各國皆有保護幼稚營業之由也！中國因生產落後，尤多洋貨之競爭，故以政府之單獨保護尚不足，非有切實之敷助不可；日來外人尤明見中國已逐日自醒，一切不平等條約卽將廢除，關稅亦將自主，此後大勢難以舶來品奪我市場，乃紛紛挾巨資來吾境內設立工廠，以低廉之價值，僱用中國人工，又購廉價之原料用精良之機器，從事於中國境內製造，而吾國以工商業之幼稚，安得與彼強有力者競勝負，結果蓋未有不敗；試觀上海各紗廠，無不仰日人之鼻息，吾國出產之棉花，其價格亦爲日人所左右，現在之情形如此，卽使關稅自主，而洋商壓迫仍爾，吾何足以相全？卽能減輕關稅，而外人在吾國境內所設各工廠，亦得援例請求其本國政府，若民十二三年，我國紗廠請求免稅，日紗廠繼起按例請求政府，此其明證，故今吾國政府，除取保護關稅外，復應予相當補助，或津貼本金，或派任專家，或補助機械，如是而爲之，殆能使國內實業稍有振興之氣，不致重蹈過去之覆轍乎！

結論

及中國之國產漸興，營業漸振，後步當求保險銀行郵電等事業之完備，及全國農工商大聯合，蓋工商界欲求事業之穩固，危險減少，則保險是尙；保險足以使社會事業安寧，不爲一部突然之變動致起恐慌，而影響大局，故凡文明各國保險事業必甚發達，而一二意外事，不致妨害社會安寧，故此亦未可缺也！銀行之便利營業，亦非淺鮮，彼以資本之流通，救濟百業之乾涸，而欲啓發實業，尤不得不商借於銀行，有穩固完備之銀行，則人民得安心儲蓄，企業家得籌資興業，而商界可得妥捷之滙兌，其利尤非淺，交通事業，隨路政外，以郵務電信事業爲重，有便利之郵電，商界最受其惠，蓋商情一刻千變，必藉消息之靈通，始不致緩遲誤而招損，故保險銀行郵電爲輔助之三要素，於積極提倡實業之際務須重加注意，以收事半功倍之效。

最後步驟余以爲須引導全國農工商大聯合，蓋農工商三業，本有密切不解之關係，商業固賴工業之製造，而工業復賴農業之供給原料，礦業之供給煤鐵，而農業若不有工業爲之製造，則所產無所用，剩爲廢物，工業賴商人之買賣，亦復如是，故欲振興實業，提倡國貨，終不可忘聯絡農工商爲一大團體，以合作之精神，達營利之目的，而組織國內農工商大同盟，盡力求國際貿易之發展又可以中國固有之特產排日貨於世界商場；若茶，若絲，若瓷，若漆，均為吾國自古相傳之特產，近因國內政治不良，實業不振，營造之術，致為日貨乘機攫取市場，如國內實業振興有方，又以農工商三業聯合，互助之益，當不難奪回吾固有之利益，而排日貨於世界商場也。

吾中華地大物博，自古相傳，而農礦尤非其他各國所可倫比，若山西之煤，據專家之推測，足供世界三千年之用，東北之森林乃上古所遺，亦非他國可擬，他若米麥絲棉等等衣食原料，則如此之沃野千里，氣候温良，蓋未有應產豐收者；往年所以鬱鬱不振，全為軍事紛爭，未及注意於興革所致，今則和平即在目前，一致對外之精神，已堅決不移，故我國知國貨之必興而日貨之必敗也！

再者吾中華四萬萬同胞，亦一消費之大本營，向以國業不振，致多消費洋貨，財源外溢，無怪乎民生憔悴；日貧一日，今同胞已多猛醒，誓死不買日貨，則利權之外溢已減少一分，將來實業漸興，國貨漸備，則物有己出，苟非喪心病狂之徒，決不致拋棄國產而好用外貨，如是國貨之銷用日廣一日，而洋貨絕跡，以己所出供己之用，得抵制日貨者小，而抵制世界列強之經濟侵略者大，中國民生由是而重振，故倡興實業，推廣國貨，非惟為目前之抵制辦法，亦永久興國之本，謹就管見所及述與國人共策之！

主要參考書籍

國貨營業計劃書

日本對華經濟侵略之過去與將來

商學雜誌第一卷第四號

孟子經濟思想之分析（續）

于繼平

『地方百里而可以王，王如施仁政於民，……薄稅斂，……壯者……可使制梃以撻秦楚之堅甲利兵矣。』（梁惠王上）

我們再看現代財政學說，關於在平等公正的原則之下，必須注意的各點，就更可明白這意義了。下面各點是以個人的所得稅為例的：（一）最低限度的生活費用之免稅；（二）財產所得與勞動所得間之差別的課稅，前者稅率宜重，後者稅率宜輕；（三）所得人的個人環境的斟酌；（四）重複課稅之避免；（五）所得大小之斟酌，大者稅率重，小者稅率輕，就是要採用累進率。（見李權時博士著財政學一一七頁）

（四）農業政策

在工業時代以前，經濟的過程是農業時代；在那時代農業在生產界中佔主要部份，何況中國以農立國，所以孟子以為要想社會安甯，以達『王道』的目的，必先解決人民的生活問題，要解決人民的生活問題，就要提倡農業。他說：

週聞簡報

記者

▲取締現銀出口　財部近以大批現銀出口影響於經濟金融甚鉅，乃擬一救濟辦法：

（一）由銀行公會組織登記現銀調查團，調查各銀行商號之現銀出入存儲狀況。

（二）海關檢查現銀運送，凡有非為調劑金融之輸出，海關得隨時禁止運送。

▲德國對華貿易本年上半年之概況　德國本年上半年對華之輸出為七千一百萬馬克，由華輸入為一萬一千二百萬馬克，入超四千一百萬馬克云。

▲禁糧食出口　行政院令各省市禁止私運糧食出口，以維民食。

▲太平洋日船減班　自實行對日經濟絕交以來，日船在華營業一落千丈。自本月份起中美綫內日輪，將減少一半行駛。

▲英鎊暴跌　二日倫敦英鎊暴跌，僅值法郎八十二又八分之五，值美金三元二角五分。

▲大條倫敦價　二日倫敦大條收盤，近期十九便士四三七五，遠期十九便士六二五。

『五畝之宅，樹之以桑，五十者可以衣帛矣。雞豚狗彘之畜，無失其時，七十者可以食肉矣。五畝之田，勿奪其時，數口之家，可以無飢矣。謹庠序之教，申之以孝悌之義，頒白者不負戴於道路矣。七十者衣帛食肉，黎民不飢不寒，然而不王者，未之有也。』(梁惠王上)

他的農業政策可分以爲下面幾種：

(甲)井田制度　孟子既以提倡農業爲解決人民的生活問題，那末他是要使人人都可以飽食暖衣，所以他第一步實施井田制度。他對於測量土地，劃定界限，如何分配，如何賦稅，都說得極爲詳細。井田的優點就是人民有定產，自食其力；田地有定分，豪強不能兼併；賦稅有定法，貪暴不能多取。孟子說：

『夫仁政必自經界始。經界不正，井地不均，穀祿不平。是故暴君汚吏，必慢其經界。經界既正，分田制祿，可坐而定也。請野，九一而助，國中什一使自賦。卿以下必有圭田，圭田五十畝，餘夫二十五畝。死徙無出鄉，鄉田同井。……方里而井，井九百畝。其中爲公田。八家皆私百畝，同養公田。公事畢。然後敢治私事。……』(滕文公上)

(乙)利用耕種之時　農時就是指春耕，夏耘，秋收，冬藏而言。戰國時代，兵戈既然不息，農民當然要被諸侯調做兵役，因之農事勢必荒廢；所以孟子說農民不要錯過他們耕種的時候，政府也不要使他們耕種的時候跑走了，因農業受時間性的支配是極大的，是極重要的。所以孟子說：

『不違農時，穀不可勝食也。』(梁惠王上)

『百畝之田，勿奪其時，數口之家，可以無飢矣。』(梁惠王上)

『彼奪其民時，使不得耕耨，以養其父母。……』(梁惠王上)

(丙)保護公共農場　彼時的山林川澤，都是人民所共有的，如果任意漁收斫伐，不特損害天然物產的生長，而且影響全國人民的生活問題；所以對於公共農業場所，應當加以相當的限制。孟子說：

『數罟不入洿池，魚鼈不可勝食也。斧斤以時入山林，材木不可勝用也。』(梁惠王上)

(丁)從事副產事業　利用田間的空地來從事蠶桑牧畜，既可供結土地的肥料，還可作農業的副產事業，且可使婦孺童叟都有職守。所以孟子說：

『鷄豚狗彘之畜，無失其時，七十者可以食肉矣。』(梁惠王上)

『五畝之宅，樹牆下以桑，則老者足以衣帛矣。五母鷄，二母彘，無失其時，老者足以無失肉矣。百畝之田，匹夫耕之，八口之家，足以無飢矣。』(盡心上)

(戊)注重農民教育　中國農民教育之缺乏，事實昭彰，農民之不識字者佔全國不識字者之大部分，所以要改善政治，健全國家，必先要注重農民教育。孟子早已想到此點，他以爲農無智識，無禮義，仍然不能達到最後的目的。他說：

『后稷教民稼穡，樹藝五穀，五穀熟而民人育，人之道也，飽食煖衣，逸居而無教，則近於禽獸。聖人有憂之，使契爲司徒，教以人倫，父子有親，君臣有義，夫婦有別，長幼有敍，朋友有信。放勳曰，勞之來之，匡之直之，輔之翼之，使自得之，又從而振德之。』(滕文公上)

上海交通大學經濟學會編行
零售每份大洋一分
第五十四期
每逢星期三出版
中華民國二十年十二月十六日

調查

長江流域一帶的幣制概況

明培

註：該文所有材料，係今署友人返川，來滬後爲余述及者，故各種統計，皆爲實地調查之結果，我國幣制紛繁，於以見內地金融紊亂之一般。

中國的幣制，說來眞是花樣百出，太不統一了！南方有南方通用的貨幣，北面有北方通用的貨幣，甚而至於甲省用的銀銅等幣，到乙省就不能通用了；此縣所通用的錢幣，在彼之隣近各縣就遭拒絕了。無疑的，這是國家財政不統一的象徵！我現在僅就調查所得的，特底提出一部來談談，希望財政當局，加以注意與改善。中國北部的黃河流域一帶，和極南的珠江流域各省，因爲我不會親自遊歷，情形此較隔膜，暫不多去囉嗦，而長江流域一帶，因爲曾經跑過了好幾趟，情形自然較爲淸楚，所以從調查的結果，實地的寫了出來，俾國內人士，藉以明瞭內地金融紊亂之一斑。

現在先從下游起，由下而上，自東至西，將沿江各重要都會的幣制狀況，略分銅幣，銀幣與紙幣的數方面，述之如下：

（一）銅幣：國內銅幣，有當十當二十當五十當一百當二百文五種，現列各幣通用之地段如下：

自江蘇上海至江西九江通用當十文銅元

自江西九江至湖北漢口通用當二十文銅元

自湖北漢口至同省宜昌通用當五十文銅元

自湖北宜昌至四川萬縣通用當一百文銅元

自四川重慶以上以至成都通用當二百文銅元

我們從上表看來，自江口以至於都，拿里程來說，遠還不過七千里，而銅幣一項，竟由十而二十而五十而一百而二百接連改變了五次！所以要是一個人從成都出來，到了重慶，就非得通通把隨身所帶當二百的銅元，一概用去不可，如果實在無法用完，也得想法要把當二百的銅元換成當一百的銅元，以備到萬縣去用。一樣的手續，從萬縣到了宜昌，要把當一百的銅元用完；到了沙市，要把當五十的用去；到了漢口，若再有五十的銅元，也直等於廢物，因爲這兒已是通用當二十的了；再從漢口到九江，又須將當二十的銅元用盡，要是用不

本期要目

調查
長江流域一帶的幣制概況　黃明培
論著
孟子經濟思想之分析（續完）　于繼平

印刷者上海閘北香山路二十二號進化印務局

盡的，也只好換成當十的銅元；然後拿了這當十的銅元才可以一帆風順，直用到上海！你看，這是何等麻煩！何等討厭！我想像這種繁復紊亂的幣制，在別國恐怕眞是夢想不到的！然而，還要更進一步，在四川境內，情形更複雜了，當二百文的銅元，又分兩種，一稱「老二百」，體形較大，故又稱「大二百」，又一爲「小二百」體質約較大二百小三分之一，現僅用於川東綏屬境內，後經一般民衆反對其過於不合法之小幣與大幣同價，聞刻已由當局下令「小二百」只作一百五十文計算矣，於此可見混亂繁複之一般，當地民衆，處於積威之下，亦只得徒喚奈何而已！除以上之種種銅幣外，尚有遺下之小毛錢一種、近因幾盡改鑄銅元；所以現在已屬鳳毛麟角，民間雖或偶存得有少許，可是也只當作古董一般看待了！

(二)銀幣：中國以銀爲貨幣的單位，大別之，有銀元及銀兩二種，銀兩因運用上種種不便的原因，現在除海關等處，一時不能驟行改革，尚依舊通用外，一般社會間，差不多完全廢止了，即如從前的所謂大錠（約十兩）中錠「(約五兩）等銀塊，亦全不存留於人間！現在所最通行，大概要算銀元了。可是銀元又得分中山像銀元袁頭銀元及大清銀元數種本國製造之國幣，此外又有由墨西哥流入之鷹洋，但其質量與效用，差不多純與國幣一樣。以上四種銀元、是沿江流域各省所通用的。可是四川銀元與雲南銀元，因當地軍閥的任意濫鑄，成色過低，以致不能通用於下各省。四川銀元，背面印有十八圈，又稱十八圈銀元，不能用出川境，而成都方面，更有所謂「廠板」之稱，此種銀元，五元始抵　洋一元，至大清龍洋之印有「四川省造」數字者，亦只能用至宜昌，過此又成廢物了！以上是屬於生幣的情形，至於輔幣，在四川與雲南則有四川與雲南半元，在江蘇則又有廣東毫洋，此種輔幣，概不通用，譬如在長江上游，絕不見有廣東小角，而江蘇一帶，也不見有四川或雲南半元的踪跡了。不特江蘇，即在川滇本省境內，此種半元，亦不能通行，至雲南半元，雖曾在川中流通數年，而於民國十三四年，亦已爲川人所拒絕矣！

(三)[illegible]次再講到[illegible]幣，因上海爲全國的金融中心，加以銀行林立，所發的紙幣，自然很多，其中最著名者，有中國，中央，交通，中南，四明，中國實業及浙江興業等銀行鈔票，而尤以中國銀行所發行之鈔票，用得最廣，上可直通用至兩湖四川等省而無阻礙，因該行係前清大清帝國銀行所開設，開設較早，信譽亦最佳，以故各地都有他的分行。通行之紙幣，則以一元五元爲最普通，角票有一角二角者數種，在川鄂各省，除銀元鈔票外，尚發行一種銅元票，每張分一千文，五百文數種，這也是與下江各省，不同的地方。

(四)銀幣與銅幣互相兌換之混亂惟形：

沿江各地，因銅幣與銀幣之種類，歧異得非常利害，(上文已經說過）所以銀元換銅元，其數也就隨地而殊了。現在，銀幣姑且以最通用的國幣作爲代表，且把在沿江各大商埠，一元國幣兌換銅幣的大概情形(因兌換行情，時時變更，並非固定，所以不能有確切的打目）列表如下：

沿江重要城市	所屬省分	每元換 最高數(文)	最低數(文)	平均數(文)	銅幣種類
上海	江蘇	二五〇〇	二九〇〇	二七〇〇	當十文銅元
南京	江蘇	二六〇〇	三〇〇〇	二八〇〇	
蕪湖	安徽	二八〇〇	三二〇〇	三〇〇〇	
九江	江西	二八〇〇	三二〇〇	三〇〇〇	
漢口	湖北	四〇〇〇	四二〇〇	四一〇〇	當二十文銅元
沙市	湖北	四〇〇〇	四五〇〇	四二〇〇	當五十文銅元
宜昌	湖北	四二〇〇	五〇〇〇	四五〇〇	
		六〇〇〇	六五〇〇	六二五〇	當一百文銅元
萬縣	四川	六〇〇〇	七〇〇〇	六五〇〇	
重慶以上至於成都	四川	一三〇〇〇	一五〇〇〇	一四〇〇〇	當二百文銅元

以銀元爲本位則「最高數」應改爲「最低數」「最低數」應改爲「最高數」

照上表看來，由上海以至於成都，愈而上游走去，所換的銅幣數量逾高，可是，江蘇安徽一帶，每元國幣，雖只換二千七八百文，可是用當十銅元計算，到也有二三百枚之多，在漢口市場用當二十的銅幣算來，不過二百枚銅元，到了沙市宜昌一帶，每元只能兌到當五十文的銅幣八九十枚，卽至到了萬縣等地，只能換到一百銅元六十餘枚，再往上溯，至於重慶以上，每元國幣，亦只能換得當二百文的銅幣七十枚而已！所以若以兌換銅 的文數說來，則從上海愈向西去愈見其多，但是要使以 換銅幣的枚數說來，則從上海愈向西去就愈見其少了。這種汚七八遭，混亂糊塗的狀況，實在是觀觀止了！世界上恐怕再也找不出第二個這樣的國家來！這種現象，若用圖解表示出來，左如：

每元銅幣枚數
每元銅幣文數
上海
成都

以上是關於銀元銅元互相兌換的情形，現在再說銀兩，特別一點的海關兩（關秤一兩，等於規銀一，一一四兩，或等於庫秤，一。〇一六五兩）不說，卽以庫秤兩的情形而論，全國的銀市也相差很大，以極東的上海而論，普通的布價，國幣一元 ，値庫秤〇 ，七二七……兩（卽七錢二分七厘；）再以極西的四川各地而論，國幣與生銀的兌換，通常皆在〇，七四（卽七錢四分）以上。從上面各方面看來可知中國的幣制單位的錯綜複雜，由來已久，並非偶然形成的了！

（五）統一幣制方法或計劃

長江流域一帶，爲全國精華會萃之區，且括有全國金融要地，其幣制單位之複雜，尙且如此，則全國金融之紊亂，不問可知。無怪乎處珠江流域之人，一旦來至長江各省，無異適被異國，而長江流域諸省之人，苟越黃河流域而至黑龍江流域諸地，又不當遠遊他邦了！所以在這種情形之下，惟有積極的改良並統一幣制單位，主幣一律改兩用元，而輔幣也完全改用依十遞進的小單位（卽一元分爲十角一角爲十分…等）這樣，中國幣制，才有劃一的希望，而全國的金融，也才有整理的可能。去歲（一九三〇年十日）財政部對於統一全國的幣制，曾擬得有一個很詳細的計劃，當時財部感覺到實際的困難一時恐不易言劃一，特定各省先後分期實行，由蘇浙起而逐步推廣，其進行辦法，還是値得我們硏究和注意。其計劃共分五步如下：

第一步：由各地中央銀行，先將各民營銀行所發鈔票及兌換劵，限最短期內，一律收回。

第二步：由各省中央銀行，發行鈔票及零洋兌換票劵，推行各縣。

第三步：完全以元爲單位。

第四步：各省中央銀行鈔票，無論流通至何省，完全十足兌現通用。

第五步：銅元一律按十進制，以當十爲單位，未有複數（作者按卽絕對廢止當二十，五十，一百，等銅幣之意）銅元一律收回改鑄。

以上辦法，係財政部所擬具，當時並且還說：「一俟完全决定後，卽呈行政院，轉令各省轉飭施行」，然而遲遲至今，仍未見政府有統一幣制的命令發出。想必這都是因爲年來國家多故，政府諸公，無暇及此甚或已經淡然忘之的緣故了。總之，從本篇看來，中國幣制的紊亂，已達極點，改革計劃，是刻不容緩的，尙望國人讀罷此篇，惕然猛醒，促政府從速實現其計劃，不要以爲這是一回細故而忽略視之才好啊！

論著

孟子經濟思想之分析（續完）

于繼平

（己）提倡互助合作 井田制度

就是一種土地公共制，含有互助生活的意思，在文化發達的社會，互助是人們間絕對不可少的一個東西。孟子早已在二千年前提及互助兩字了；他說：

『死徒無出鄉。鄉田同井，出入相友，守望相助，疾病相扶持，則百姓親睦。』(滕文公上)

(五)商業政策

我國古時儒家的思想，都是看輕商業，孟子也免不了這個偏見，他說商人是「賤丈夫」；不過這也是因爲商人太想利的原故，否則孟子決不會恨到這步田地的，因爲他是主張交易的。他說：

『子不通功易事，以羨補不足，則農有餘粟，女有餘布；子如通之，則梓匠輪輿皆得食於子。』(滕文公下)

既然有交易的行爲，當然就有商業的存在，既有商業，商人當然要想利，可是這個利字不能祇對商人講，對於顧客也要有利的。如果兩方面都互相有利益，我相信孟子決不會這樣的輕視商業，因爲孟子是反對自私自利的「利」，而贊「最大多數之最大福利的「利」」。見(胡適博士著中國哲學史大綱)法律之精神(Spirit of Law)的著者孟德斯鳩(Montesquieu)說：商業的效果爲富，而富的結果則爲繁華，繁華的結果又爲美術的完成。』於此可見商業的價值。孟子的商業政策是：

(甲)反對獨占企業(Monopoly)

孟子的反對獨佔企業，是因爲這種獨佔的行爲是想賺高大的利息。現代國家也有很多反對企業的獨佔，如民生主義張大規模的獨佔企業歸國家經營。孟子斥這種獨佔的所有者—商人—是賤丈夫。

『有賤丈夫焉，必求壟斷而登之，以左右望而罔市利。…』(公孫丑下)

(乙)提倡自由貿易孟子主張自由貿易，他的方法是採用不征稅或單一稅。他說：

『市，廛而不徵，法而不廛。則天上之商，皆悅而願藏於其市矣。』(公孫丑上)

孟子主張自由貿易的目的有二點：因爲國不徵稅，一方面別國商人皆要到此國行商，因此可以增加人口；一方面別國的生產都要齊集此國市場上兜售，因此可以增加國內財富。(見郎擎霄著墨子學案一三六頁)

(六)人口政策

孟子的人口論是沒有主張人口增加的意思，如「無後爲大」也莫非是獎勵人口增加之意。(見李權時博士著中國經濟思想小史七二頁)那時地廣人稀，生衆食寡，所以有人口增加的主張。孟子的人口增加主張用移民的方法，所以孟子的人口政策也可以說就是民政策，如上面說的國不徵稅而引起商人都跑到國裏來，人口就無形的增加了。孟子主張的移民政策，以一「仁」字做起點，然後從此點發揮，使人口能夠自然地增加。(見郎擎霄著墨子學案一三七頁)他說：

『今王發政施仁，使天下仕者，皆欲立於王之朝；皆欲耕於王之野；商賈，皆欲藏於王之市；行旅，皆欲出於王之塗；天下之欲疾其君者，皆欲赴愬於王。其若是，孰能禦之？』(梁惠王上)

(七)經濟學本論—消費論

人類爲了要生存起見，必定要食物以充飢，後來有了飯吃，又想別的用品，有了用品又要想享樂了；這種不足之感和求其充足之願二者合成的心理作用，就叫做慾望。(見馬凌甫譯國民經濟學原論二頁)一種行爲來滿足這種慾望，就叫做消費。孟子主張必需品的消費，他是主張厚葬的，所以厚葬是正當的消費，也就是必需品的消費。孟子從齊國葬他的母親到魯國，充虞以爲棺槨太美了。孟子答他道：

『吾聞之，君子不以天下儉其親。』(公孫丑下)

『吾嘗聞之，三年之喪，齊疏之服，飦粥之食，自天子達於庶人，三代共之。』(滕文公上)

孟子是反對有害的消費。(Harmful Consumption)他說：

『養心莫善於寡欲；其爲人也寡欲，雖有不存焉者寡矣；其爲人也多欲，雖有存焉者寡矣。』(盡心下)

這裏所說的「存」，就是存「心之誠」，荀子說過『養心莫善於誠』，誠就是說存誠，「欲」和「誠」是不並存的「欲」寡就「誠」存，「欲」多就「誠」亡；不過「誠」究竟是什麼一回事呢？孟子以爲「誠」是人格中心，他主張人格化的教育，因以人格建立於感情上，其收效極大，無論其爲何時何地，苟有懇切精神的人，卽能以一己的人格，感動他人。所以孟子說：

『至誠而不動者，未之有也。不誠，未有能動者也。』(離婁上)

誠的好處是在建設一個完美的人格，周濂溪的養心亭說裏面也有『誠立賢也』，可見得誠是含有好的人格的意思；但是爲什麼「欲」寡就「誠」存，「欲」多就「誠」亡呢，我們可以顯然的看出這個「欲」字並不是懷好意的「欲」，一定是不正當的「欲」；所以名之曰有害的消費，因爲牠破壞好的人格。或許有人說孟子主張寡欲主義，但是他也不全儉，也不全奢；他是本着儒家以禮爲制裁的本色。（見甘乃光著先秦經濟思想史）看看他答彭更的問：

『彭更問曰，後車數十乘，從者數百人，以傳食於諸侯，不以泰乎？孟子曰，非其道則一簞食不可受於人，如其道則舜受堯之天下不以爲泰，子以爲泰乎。』(滕文公下)

可見得什麼都不要緊，總要合乎道便可已，所謂道就是儒家的禮。

(八)生產論

生產是創造或增加財的效用，所以滿足人類的慾望，生產愈盛則財愈多，財愈多則慾望充足的機會也愈多，人生的幸福因此也愈可增進。生產的要素有四個，就是土地，勞力資本和企業；孟子對於後面兩個要素似乎太嫌忽略些。他是極注意生產的，他說：

『富歲，子弟多賴；凶歲，子弟多暴；非天之降才爾殊也，所以陷溺其心者然也。』(告子上)

他認爲子弟的爲善爲暴，全在衣食饒足與否做標準。衣食是人類的慾望，要滿足這種慾望，惟有努力做供給衣食的工作，這種工作在古時叫做興養，在規代就叫做生產。孟子的生產論中最精彩的幾點要算土地生產，勞動生產，土地報酬遞減法等。

(甲)土地生產　孟子的土地生產說可以分做兩方面來講，一方面注重制產，一方面注重方法，就是採用井田制度。他以爲『民有恆產，方有恆心，苟無恆心，放僻邪侈，無不爲已。』所以他說：

『無恆產而有恆心者，惟士爲能，若民則無恆產，因無恆心，苟無恆心，放辟邪侈無不爲已。』(滕文公上)

至於恆產究竟是什麼東西呢？孟子是注重土地的恆產。所以他說：

『入其疆，土地辟，田野治……則有慶，慶以地。入其疆，土地荒無，則有讓。』(告子下)

『廣土衆民，君子欲之。』(盡心上)

『齊地不改辟矣，民不改緊矣，行仁政而王，莫之能禦也。』(公孫丑上)

『諸侯之寶三：土地，人民，政事。』(盡心下)

他對於土地王產的方法，則採用井田制度，前面已經說過了。井田制度是一種土地國有制，計口授田，可以免去有田不耕和無田可耕的弊病。

(乙)勞動生產　要土地出產米麥等等，必需人力去種的，這人力叫做勞力或勞動。孟子對於勞動方有兩種主張，第一是分工。他以爲分工而後做事可以得到精巧，可以他說『人有不爲也，而後可以有爲。』。第二是他推崇精神勢動，未免帶些貴族色彩。他說；

『有大人之事，有小人之事。且一人之身而百工之所爲備，如必自爲而後用之，是率天下而路也。故曰，或勞心或勞力，勞心者治人，勞力者治於人，治於人者食人 治人者食於人，天下之通義也。』(滕文公上)

『無君子莫治野人，無野人莫養君子。』(滕文公上)

『陶以寡，且不可以爲國，況無君子乎。』(告子下)

『君子居是國也，其君用之，則安富尊榮。其子弟從之，則孝悌忠信。不素餐兮，孰大於是。』(盡心上)

『於此有人焉，入則孝出則悌，守先王之道，以待後之學者，而不得食於子。子何尊梓匠輪輿而輕爲仁義者哉？曰，梓匠輪輿，其志將以求食也。君子之爲道也，其志亦將以求食與。曰子何以其志爲哉？其有功於子，可食而食之矣。且子食志乎？食功乎？曰食志。曰有人於此，毁瓦畫墁，其志將以求食也，則子食之乎？曰否。曰，然則子非食志也，食功也。』（滕文公下）

李權時博士謂『勞心者治人』一語，含有注意組織和管理爲生產之一要素之意義云。（見博士著中國經濟思想小史七一頁）

（丁）土地報酬遞減法　土地報酬遞減法又叫做土地收獲遞減律。（Law of Diminishiny Return）土地生產力，受相對的限度和絕對的限度之支配。相對的限度是指土地生產力技術上的限度；譬如努力耕種，多加肥料，利用灌溉排水，改良耕種方法，以增加土地的植力和養力，固可促土地總收獲的增加，可是地力如果盡了，這種內翠方法（Intensiʌe Culture of Land）也失其效用。絕對的限度是指土地生產力經濟上的限度；就是說即使地力未盡，生產可以增加，但是所增加的收獲不足償還其增耗的勞費，那末農事改良，也勢必停止。土地的收穫有總穫收和純收穫，有穀量上的收穫和金額上的收穫。穀量上的收穫對於其總收穫有絕對的限度，對於其純收穫有相對的限度，一達其限度，收穫祇見比較的漸減。（見馬凌甫譯民經濟學原論一七八！一八五頁）這種土地報酬減法是屠果爾（Turqot），威特斯（West），馬爾薩斯（Malthus）利加圖（Ricardo），等所主張的學說，孟子也老早有這種的主張。他說；

『耕者之所穫，一夫百畝，百畝之糞，上農夫食九人，上次食八人，中食七人，中次食六人，下食五人；庶人在官者，其祿以是爲差。』（萬章下）

這是說一夫受田一百畝，再加一百畝的糞，結果收穫最多的可不供給九個人用；最少的祇供給五個人用。收穫供給九個人，用的田全在乎用勤苦的勞力和雄厚的投資；不過再用勞力資本下去，收穫也難再增加了。現在拿孟子和馬爾薩斯的土地報酬遞減法，立表於左，以便參考。（見熊瘦著晚周諸子經濟思想史五十一—五十六頁）

馬氏報酬遞減法

土地	資本	勞力	收穫額
十畝	十元	十人	十石
十畝	二十元	二十人	二十石
十畝	三十元	三十人	二十五石（相對的限度）
十畝	四十元	四十人	二十五石（絕對的限度）

孟氏土地報酬遞減法

土地	資本	勞力	收穫額
百畝	最少	最少	下食五人
百畝	少	少	中次食六人
百畝	中	中	中食七人
百畝	多	多	上次食九人
百畝	最多	最多	上食九人

（五）交易論

交易廣義的講起來，有人的交通，財的交換，和通信三種。狹義的只指財依經濟的方法之交換。孟子是主張交易的，所以他說：

『子不通功易事，以羨補不足，則農有餘粟，女有餘布；子如通之則梓匠輪輿皆得食於子。』（滕文公下）

孟子的交易論是由分工而來的，他以爲沒有分工，就用不着交易，因爲『百工之事，固不可耕且爲也。』，所以要『以兵所有，易其所無。』。這種定論和現代經濟學說是相符合的。現在我拿馬凌甫譯國民經濟學原論中關於交易之起因一段寫在左面，以便互相參考。（見該書三二七頁）

『交易之起因有三，分業之發生亦爲其中之一。吾人既不能以單獨之力，充足慾望，而必借助於他人，斯固然矣。然借助之方法如何？詳言之慾望發達之結果。自已之慾望充足力漸覺不足，此各人共通之現象；而此共覺自力不足之人，其欲借他人之助力，果用如何法方乎？此當然發生之問題也。因解此問題而自然發生者，則爲「分業」。蓋人類慾望，一方旣各爲無限之增進，他方又各異其種類與分量，於是「需要之差」以起。而人類之生產；一方人各有短長，他方又有土地之適與不適，於是「供給之差」以生。由此甲欲乙財，乙欲甲財，甲地適於甲財之生產，乙地適於乙財之生產；而甲乙二者間之分業生，甲乙兩地之交易行。甲乙兩者各依相，之助力，各得充足其慾望；甲乙兩他各藉相互之供給而彼此共補其不足，是分業爲交易發生之又一原因。分業不行，交易亦不起也。……』

孟子的交易論中要算價值論最爲出色。交易要講物的價格的，因爲交易的意義是財依經濟的行爲之交換，就是說財依價值的交換。孟子是以人工做作价值的本位，再副以盾量上的分別。總他駁許行的說話中可以看出來，他說：

『百工之事，固不可耕且爲也。然則治天下，獨可耕且爲與？有大人之事，有小人之事，且一人之身，而百工之所爲備，如必自爲而後用之，是率天下而路也。故曰，或勞心，或勞力。勞心者治人勞力者治於人。治於人者食人，治人者食於人。夫物之不齊，物之情也；或相倍徒，或相什百，或相千萬；子比而同之是亂天下也。巨屨小屨同價，人豈爲之哉？從許子之道，是率天下而僞也，惡能治國家？』(滕文公上)

孟子以許行既承認分工，就應該不反對勞心勞力的分別，既然計及布帛的去短，麻屨絲絮的輕重，五穀的多寡，屨的大小，有个「數」和「量」的分別，就應該計牠的美惡精粗「盾」的分別、還要曉得何以相倍徙相什百的緣故。如果不計物「量」「盾」的區別，則必令天下的人作僞了。孟子的價值論，是根望支配的。其次他是主張自由競爭，反對獨佔；因爲自由競爭一劇烈，物價就可以低落，因之孟子最反對的自私自利的「利」也可以減少了。至於獨佔是想賺自私自「利」這個「利」是不普及於最大多數人民的，前面已經提過了。

(十)分配論

消費的目的在滿足慾望或生產，生產的目的在交易，交易的目的在分配(所得)，分配的目的又在消費；這四個經濟現在是互相爲用，是有連環性的。孟子的分配論是注重勞力的所得。以工資分配論講起來，固然是勞力使用而生的所得；以勞力說的利息分配論講起來，則又以勞力爲儲蓄，儲蓄的結果是資本，利息就是對這貯蓄勞力的報酬。孟子是提倡井田的人，可見他是主張人非自力，不許得食，這種勞力的分配也可叫做食力主義。他制度人人受田，除非做官的和其他執事的人，纔可受祿，但是這種受祿，仍舊叫做代耕，拿這種食力代替那種食力的說法罷了。這兩種勞力的使用在現代叫做自由職業者的勞働和不自由職業者的勞動。如孟子說：

『抱關擊柝者皆有常職以食於上，無常職而賜於上者以爲不恭也。』(萬章下)

『今有人於此，毀瓦畫墁，其志將以求食也，則子食之乎？曰否。曰然則子非食志也，食功也。』(滕文公下)

『無君子莫治野人，無野人莫養子。』(滕文公上)

孟子分配的原則是分給有功使用勞力的人，無功的人雖要也不給的。

(十一)結論

從上面所講的各點，可以拿孟子的經濟思想到爲一表如左：

(表移下一面)

我們看了孟子經濟思想以後，覺得他對於貨幣政策太忽略了。我們知道從交易的有無和牠的形態上觀察經濟發達的順序，可以分做前後兩期：前期無交換經濟時代，後期是交換經濟時代，交換經濟時代又可分做物物交換經濟時代，貨幣經濟時代，和貨弊信用經濟時代。孟子說過：

『古之爲市者，以其所用，易其所無者。』(公孫丑下)

從這句着想，可斷定那時決非物物

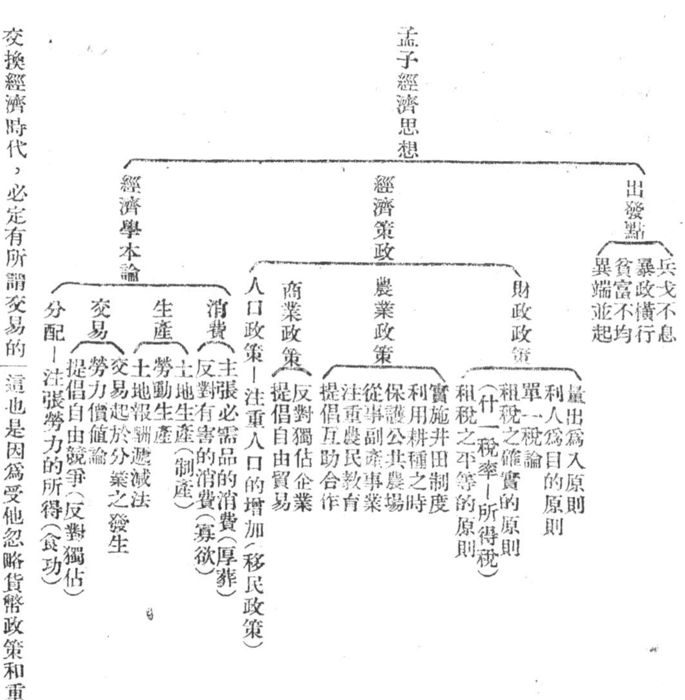

交換經濟時代，必定有所謂交易的媒介(貨幣)，介乎其間。否則爲什麼不好不用『古之爲市者』的「古」字嗎？第二孟子因爲太注重農業政策的緣固，而忽視商業政策了。不過這也難怪他，因爲當時交通不便利，工業不發達。第三孟子在生產論中略生產要素的資本和企業。這也是因爲受他忽略貨幣政策和重視農業政策影響的結果。第四孟子的價值論太注重勞力說了。勞力說的價值有時是不對的，因爲有種不勞而生的價值，有種徒勞而價值不生，更有時因爲時尙的關係而生勞力和價值不一致的問題。第五孟子的分配論也太注重勞力的所得。這也是因爲他在生產論中太忽略資本和企業所致，他的分配論只以勞力做資本，所以孟子分配論中勞力的所得不是淨收穫，是總收穫。

孟子的經濟思想在現代看起來，雖然是不十分完備，可是在戰國那時的確可算是極精美的強國富民的政策，正好比中山先生的三民主義一般，可惜當時人君不予採納，終於不能王天下。最後請看看現在中國的情形和孟子那時的環境—兵戈不息，暴政橫行，貧富不均 和異端並起—是不是相同的嗎？政府勵精圖治嗎？政治上了軌嗎？軍閥壽終正寢嗎？貪官污吏正法嗎？苛捐雜稅消滅嗎？做大人物的是不是奢○得不無樂嗎？做小百姓的是不是困苦到極點嗎？中國自相矛盾人實在太多了，他們嘴裏喊着遵守三民主義，做的事却是害民主義。我希望大家起來研究孟子的經濟思想，再擴而充之。從今以後不要再做嘴裏「仁義道德」肚裏「男盜女娼」的人了！大家起來奉行民生主義，努力經濟建設，解除人民痛苦，充實人民生活吧。

啓事

駒光爲流，聯逾半載，刻學期行將告終，本刊自應結末，惟數月以來，國事益亟，幾於無日不號呼奔走，安心從事無由。幸賴 蔡星五先生勤加指導，各同學竭力扶持，本刊的以順利進行，按期出版，此應對 蔡先生及各同學，誌感不忘者也。

本刊因經費關係，原定只出八期，俟校多方設法，得增出兩期本學期計自四十五至五十五，共出十期，內容雖未能居當人意，然處此國難關頭，風雨飄搖之際，能得相當結果，此差堪自慰者也。尙希海內廣達，進而教之。

本刊總編輯黃明培謹啓

上海交通大學經濟學會編行

零售每份大洋一分

經濟週刊

黎照寰題

第五十五期

每逢星期三出版

中華民國二十一年七月二十七日

論著

政府干涉企業與公衆福利

R.T. Ely　平鎬節譯

自一九二九以來，世界不景氣之現象，日甚一日，生產過剩，物價低落，失業增加，金融恐慌，無不相繼而至，卽富強如英美者，亦仍難免。于是舉世之經濟學者，聚訟紛紜，皆擬一探其究竟。此類文字，我人常見諸雜誌，聞諸講演，其爲數至多，然考其大較，多係掊擊資本主義之經濟制度，而謀建設一新的經濟制度。雖然，正統派之經濟學者，亦自有其說。如塞立格曼 Seligman 是一位財政專家，就財政的立場上敍說他的補救方法。泰萊 Taylor 証明機器發明以來，失業人數日漸減少。韓恆孝 Hearn Shaw 就理論上說明社會主義的阻礙，是現在經濟恐慌的唯一原因，最近伊來(R.T.Ely)又著了一篇文章，發表他的意見，他是一位托辣斯問題專家，所以他的話，也都偏重于這一方面，翻譯這篇東西的目的，並不是替資本主義辯護；不過是想使讀者看到一些學術界的各方面情形。

近來在報紙上，常常有人說：「工商界的領袖，既不能阻止經濟恐慌的發展，資本主義的經濟制度，顯然是在那裏崩潰了。」工商界的領袖，雖然受了這些責備，可是他們實在沒有相當的權力，去對付這些困難。他們的束縛，是極利害的；非但自己有利益的事，不能去做，就是與公衆利益有關的事，也不能去做。然而一般的人，對於這事的實在情形，一些也不知道，盲目地將這些罪惡，却歸在他們身上。因之，在一九三一年的八月，美國工商界的領袖，組織一所美國工商業聯合會 Federation of American Bvsiness，并且發出了一張宣言書說：「他們的目的，是在阻止政府與私人企業間的競爭，這種競爭，根本違反我們政府的原則，牠損害私人企業的財產與安定，全國的企業界，爲了怕這些不公平的競爭，繼續蔓延，都存了一種恐慌的心理。」

至於以第三者的眼光看來，作者以爲，政府是不應該與私人企業競爭的，作者并且相信，大多數有能力而公正的思想家，也都同意。經驗告訴我們說：這種競爭，無論對於個人或國家，都有損害；這不是說，政府明份中應做的事，凡有一些競爭的性質，都不去做。我們所注意的是政府想要管理全國工商業而用有組織的計劃私人企業競爭的事，尤其是像鐵路那些與公衆利益有密切的事業。伊來教授接着就舉了二個例；一是普魯士的鐵路公私并行制的種種不利，最後，爲俾斯麥購歸公有，然而他的最大目的，是在國防。另外一個，是紐西蘭 New Zeuland 的企業公私並營制，其結果發生了極度的經濟恐慌。

關於社會控制的原則，工商業的領袖，也都承認。鐵路當局，雖然也許有時要反對鐵道公會 I.C.C.的

本期要目

政府干涉企業與公衆福利　平鎬節譯

銀行錢莊利息之研究(一)　黃寶桐

二十世紀美國經濟思想之派別(四)　宋孝璠

印刷者　上海法租界愛來格路三十八號華僑印務

壟斷，但是他們也像旁的公用事業的領袖一樣，對於有獨佔性質的大企業，都極力主張應該用法律來監視牠。現在所有一切爭論的焦點，是在這種監視的程度深淺而已。

因爲政府態度與政策的改變，不能與經濟界的發展，並肩齊進，其結果遂使企業界受極大的束縛，公衆受莫大的困苦，美國工商業聯會會甚而至於說，現在的經濟恐慌，全由於休門反托辣斯條例 Shermen Anti-Trust Act 所造成。

這是沒有疑問的，因了爲公衆利益而合併（如保存天然原料等）的不可能，使他們受到很大的損失。我們的煤油事業，因爲極度的競爭，每年不知浪費了多少資本，虛耗了多少財源；所以我們的煤油事業，應該組織起來，極力減少這些浪費。沒有一個人會說；這種組織，不需要社會控制；同時，有頭腦的人也決不會說；這種煤油企業，不應該集中。我們要阻止這種極度的競爭，我們要用一種在社會控制下的和諧而統一的組織，來替代牠。

石炭事業，現在也有這種現象。每年有許多的勞力與資本是這樣無謂地浪費掉。假使我們能夠組織起來，非但工人可以有公道的工資，而無失業的恐慌，就是資本，也可大大地節省。其他像美國的棉麥，巴西的咖啡，英國的橡皮，都可這樣做去。

政府的工作，是在用適當的控制，提高私人企業，競爭上的倫理標準；這是我們進步的大道。政府與自己的公民去競爭，決沒有好的結果。

在建造平民住宅方面，有一個有趣的譬喻。假使政府替貧民造了十所住宅，在起先我們總以爲多少有些好處；但是這樣競爭的結果，也許會阻止了本來要用私人資本去造的一千所住宅。換一方面講，假使減少些過高的地租，也許可以鼓勵私人去造一萬所住宅。如此曰，祇剩下了一個問題，就是如何用適當的控制，去提高造屋競爭的倫理標準；而使欺騙變爲誠實，混亂變爲適合。

作者深信，政府不應該用競爭的方法，去形成或指導我們的經濟生活。

這是一個最後的結論，作者以爲要渡過現在的經濟困難，政府在救濟失業的時候，給失業者的職業，祇好限乎沒有競爭的事業。不然，政府與私人企業競爭的結果，不免又要發生種種糾紛。譬如我們鼓勵失業的人到街頭去賣水果，我們的確給了他們一種職業；但是普通總忽略了這種救濟的結果是毀壞私人的企業——如水果店，雜貨店。最後，我們還是增加了失業的人。所以假使政府存心要給他們找職業，作者以爲應該給他們做在競爭範圍之外的事，如清道築等等事。

總之，在一個進步的世界之中，我們要有一種適合這種進步的頭腦。

Roview of Review, Oct. 1931

民廿一，四月譯

○　○　○

銀行錢莊利息之研究

（黃寶桐）

銀行錢莊總論：——凡商人經營商業，無論範圍大小、欲求其資金流通，運用裕如者，非與銀行錢莊往來不可，蓋其範圍之愈大者，則其金融之出入亦愈繁，故凡收入者，必不肯將其現金呆藏於銀櫃，支出者，亦未必將他日所需之款，先行藏之而待，按此種情形，不特稍明經濟者所必不爲，卽我人亦不致出此也，蓋商人之所有利益，惟賴資金之運用靈敏耳，銀行錢莊卽利存放借貸以調劑商人金融之流動，凡商人於款項無用時，則之存於銀用錢莊生息，需款時，則提取之，如此則商人可免自已保藏之責，又可逐日生息，甚至商人需款時得以透支，（另詳下章，玆不贅述），或無存款之需款者，亦得向銀行錢莊請求貸借，是故銀行錢莊之有關於商人者，豈淺鮮哉，今將其銀行錢莊之實際狀況及其實際之各種計算方法，均一一分章詳述於後，

銀行之利息與利率：——按經濟學上，利息之產生，由資金之運用而得，故銀行生息之多少，實是代表其資金運用之效果，亦爲銀行獲利之增減標準也，故其營業之方針，以存款爲資金之源，以貼現爲放款之宗，要皆使資金之周轉而生息也，惜我國銀行之貸款，尙不能以貼現爲主，惟所云貸款者，卽普通之以現金放債生息耳，故欲於歐美銀行相競爭者，可得乎，利率者，計算其利息多少之標準率也，故利率之大小（或稱高低），卽代表其利息之多少，凡銀行大都以低利

之吸收，高利之貸出，世人往往以利息即為利率者，此大謬也，利息有單複二種，單利者，以本銀於一定期內，所生之一次利息也，複利者，以所生之利息，再併入下期之本銀內而生息，俗謂利上滾利者是也，

銀行利率之計算：——按銀行之定其利率，有用年利者，凡存款等屬之，有用月利者，凡放款等屬之，有用日利者，惟同業往來屬之，故其利率之成分，亦各不同，然世人往往忽視而不加以研究，一至實際計算時，輒致錯誤者，即此故也，凡欲研究銀行計算者，可不注意乎，今特一一舉例解釋列下，

年息1分即 $\frac{10}{100}$

年息5厘即 $\frac{5}{100}$

月息1分即 $\frac{10}{1000}$

月息5厘即 $\frac{5}{1000}$

日息2毫即 $\frac{2}{10000}$

銀行存放款利率之伸縮：——銀行之定其利率高低於存款放款者，已述如上章，然有因其各種性質之不同，而定其利率之高低，如定期之與活期也，或有因其資金運用時之需要與否，及其流動力之敏捷與否，而定其利率之高低者如下圖，

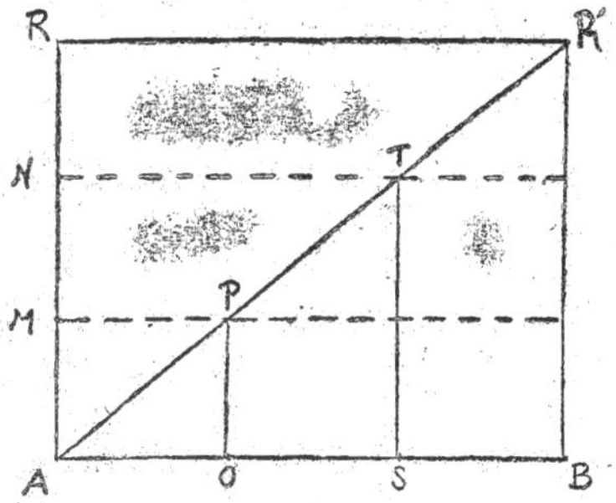

按上圖，

設AB為貸款數，取AO,OS,SB為其貸款數之增減單位 (unit),

AR為貸款利率，取AM,MN,RN為其貸款利率之增減單位,

AR為存欵數，取AP,TP,RT為三個存款增減數之單位，

定OP,ST,BR,為三個定其存款利率之高低標準，

(解)當市上營業發達時，銀行之放款必增加，則其貸款利率因需要而亦增高，故如上圖之貸款數，初自AO增加至AS時，而其貸款利率自AM亦增高至AN，因銀行放款增加時，天然應增高其貸率而博多量之獲利也，然銀行斯時恐存戶之有提取之發生，或因不滿足其貸款之大宗而尚須吸收其外面之存欵者，即如上圖之存款為AT時，為AR時，或為AP時，均不得不增高其存款利率自OP而至ST，反之，凡市上營業清淡時，銀行之放款必減少，則其貸款利率亦因之而轉低，即上圖之貸款設AS減至AO時，則其貸率亦自AN而減之為AM，今無論其存款數為AP時，為AT，時，為AR時，總以其存款之利率亦需減低W為自ST而至OP，否則，銀行須受其存率之損耗，是故銀行存款利率與放款利率亦有相密之關係，而定其高低之伸縮，

存放款之研究：——存款有定期活期二種，定期者，即存款時訂定其期限，須至期方可提取也，故其利率較其他為最高，因銀行可將其存款隨意運用，無須準備故也，學者可參閱下列之圖一 活期者，即存款時訂定其隨時可以自由支取也，因銀行將其存款不若定期之可盡數放出，需留幾成之準備，以供存戶隨時之提取，故其利率之不得不低也，學者可參閱圖二 至於放款，大都為屬定期，蓋銀行錢莊之所以取定期者 一則對於債戶屆時(即屆期)須負償還之必要，二則銀行錢莊自己可利用其屆期有收回之大宗款項再生產於其他，惟間有活期者，即銀行錢莊之存放同業也，因其性質之特殊，故亦不得不活期也，另詳下章之存放同業，茲不贅述，

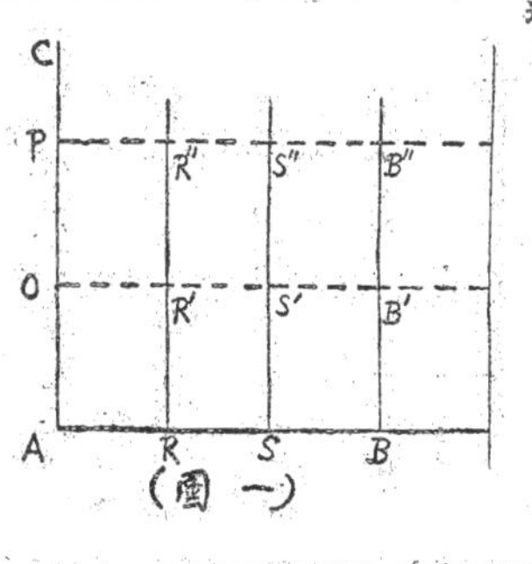

(圖 一)

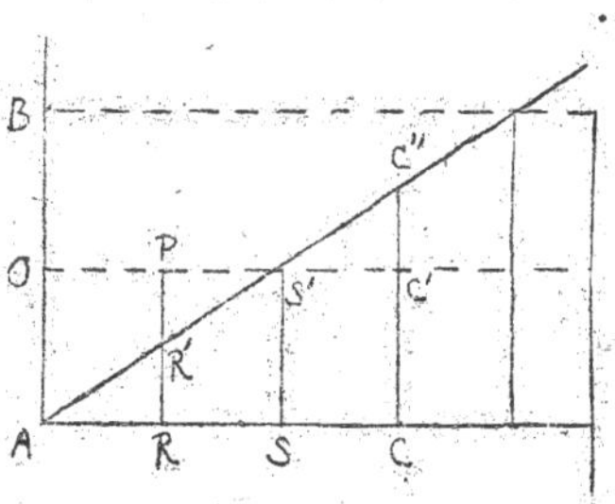

(圖 二)

按圖1，設AB爲總有之數量（屬存款），取AR,RS,SB爲三個數量之增減單位(unit)，

AC爲總有之時期，取AO.OP,PC爲三個增減之時期單位，

定RR' R'R'' SS' SS''等等，爲求其利率之高低標準，

（解1）按上圖觀之，可知存款之數量無論其大小爲AR時，或爲AS時，甚至或AB時總以其在AO之一個時期內應定其利率之高低同在OB線上，故數量AR時之定其利率爲RR數量AS時之定其利率爲SS'甚至數量AB時之定其利率爲BB'餘依此類推，故不一一述之也

（解2）倘時期增加自AO而至AP時（因AP較AO又多一時期）．則定其利率之高低，無論其數量爲AR,AS,AB等等，欲定其利率之高低總在同一PB''綫上，故其利率之爲RR''SS''BB''等等是也，

按圖2．設AB爲總有之活期數量（屬存款）．取AO.OB爲二個增減數量之單位，

AC爲總有之時期，取AR.RSSC爲三個時期之增減單位，

定RR'SS''CC'爲求其利率之高低標準，

取R'P,C'C''等爲活期與定期之相差利率

（解1）按上圖可知其活期存款數量之大小，與定其利率之高低亦無關係也，故其數量AO或AB在其AR時期內，定其利率之標準均爲RR'也，倘時期增加（即增長）自AR而至AS時，故其利率均爲SS也，餘依此類推，茲不贅述，

（解2）總之按上圖，定其利率高低與定期與活期者，在乎時期，而不在乎數量者明矣，

銀行對於存放之定期計息法；——按銀行之定期計息法，亦不外乎取（本銀）×（利率）×（時期）即得，今姑按代數原理，一一詳列於下，

設 P＝本銀（存款或放款），R＝利率，D＝時期，I＝利息，

故其求利息之公式，即爲

I＝P×R×D＝PRD，

由上式即可推求其他之利率，時期，本銀等公式如下，

$$P=\frac{I}{RD}\cdots\cdots\cdots\cdots\cdots\cdots（求本銀公式），$$

$$R=\frac{I}{PD}\cdots\cdots\cdots\cdots\cdots\cdots（求利率公式），$$

$$D=\frac{I}{PR}\cdots\cdots\cdots\cdots\cdots\cdots（求時期公式），$$

（註）今將其存款放款之應用計若干，算法，均一一分章詳述於後，故本章不再舉例也，

定期存款之計算；——定期存款爲預定期限而到期方可提取之謂也，故此種存款於商業上絕鮮，惟所有之存戶，要皆一般生息之居積者，而銀行得將其存款在一定期內隨意運用之，故其利率亦較高於其他存款，今將其應用之實際計息法，舉例列下，

（例）存入上海銀行洋2500元，年息8厘，定期一年，問其利息，

$\because I=PRD$，

$\therefore I=2500\times\frac{8}{100}\times1=200$元，

通知存款之計算；——按此項存款爲存戶需款時，必先行通知銀行後，然後方可提取也故其利率較定期存款爲低，因銀行款受通知後，亦須準備故也，然較活期存款爲高，因銀行未受通知前，亦如定期存款之可以隨意運用之，至其通知期限，有爲三日，五日，七日，十日者，今將其適用之實際計息法，舉例列下，

（例）存入商業銀行500元，訂明十日前通知，年息6厘，經10個月，問可得利息若干，

$\because I=PRD$

$\therefore I=500\times0.005\times10\times25$元，

（解）按年息6厘，即$\frac{6}{100}$化至月息以12除之故得0.005.

定期放款之計算；——按定期放款者，即信用放款也，故無徵取抵押品之必要，惟我國錢莊貸貸大都均爲信用放款，故一經大債戶之倒閉時不能盡其信用，乃錢莊常有被累而倒閉者，即此故也，今將其應用之實際計息法，舉例列下，

（例）十五年一月十日向上海銀行借入洋800元，月息1分2厘，本年十一月期，問屆期須付息若干，

$\because I=PRD$

$\therefore I=800\times\frac{12}{1000}\times10$

＝96元，

定期抵押放款之計算；——按此項貸款即担保放款，故銀行貸款時，需向借款者徵取其抵押之物品，凡債戶之至期滿而不能償還其銀款時，銀行得出售其抵押物而償還其

利息及債務，故此項放款，甚為可靠，銀行大都為之，今將其應用之實際計息法，舉例列下，

(例)十五年二月十日永大公司向上海銀行商做定期抵押放款，洋5000元，月息1分，8個月，問需付利息若干，

∴ I = R R D

$$\therefore I = 5000 \times \frac{10}{1000} \times 8 = 400\text{元}，$$

通知放款之計算：——按此項放款，為銀行有利之貸款，凡銀行放款時，得與借款訂定如銀行需款時，可先期通知借款者，屆時即須償還其債務云也，故銀行即利用其資金之寬裕時而貸出，俟金融緊迫時而收回之，其運用資金之便利，亦可概見，今將其應用之實際計息法，舉例列下，

(例)上海銀行貸洋25000元與商業公司，訂定五日前通知，月息1分，經9個月，問需付息若干，

∴ I = P R D，

$$\therefore I = 25000 \times \frac{10}{1000} \times 9 = 2250\text{元}，$$

(註)按以上銀行之各種存放計算，均為關於定期者，今將其活期計息算法，另特詳列於下，

銀行對於存放之活期計息法：——按活期之計息法，非若定期之簡易，且其支取之時期亦不一，故其收付之手續亦甚繁，欲求其計算之如何方法，學者可參閱其下列之公式

設 I＝利息， R＝利率，(單位以厘計) T＝積數， D＝日數，

B＝餘額，

$$\frac{R}{100} \div 365 = \text{年利化日利式}，$$

$$\frac{R}{1000} \div 30 = \text{月利化日利式}，$$

∴ T＝D×B……………(計算之第1式)，

$$\therefore I = T \times \frac{R}{100} \div 365$$

…………(計算之第2式)，

$$\text{或} \quad I = T = \frac{R}{1000} \div 30 \cdots$$

…………(計算之第3式)，

(註)按以上各種計算方法之公式，皆為鄙人所排列，以供學者之研究也，至其實際應用，今當一一分章詳述於下，故本章不另舉例也，

銀行之日息表：——按此表之造成，即以公式 $\frac{R}{100} \div 365$ 及 $\frac{R}{1000} \div 30$，而以利率(R)之次第增減，按式將其一一次第增減之利率代入之，乃求得其化成之日利數，凡以年利化日利之公式求得者，曰年利化日利表，今設名之曰A表，若用月利化日利之公式求得者，曰月利化日利表，設名之曰C表，凡銀行之實際計息時，以其能節省計算上之一相除之手續，故人莫不稱便之，今將其年利化日利表(即A表)，及月利化日表中，(即C表)，另特詳附於本書之後，以供學者之參用，

往來存款之計算：——按此項存款，大都為商業上之存款，凡請商人以營業上所收入之銀款，欲免其自己保藏，乃以活期計算存入銀行，既可生息，又可託銀行代負保藏之責，凡存戶需款時，亦得隨時自由支取，誠為商業上之完美方法也，凡往來存款之存戶，得透支者，銀行有徵取其抵押品者，曰往來抵押透支，銀行或憑其信用，而無需抵押品者，曰往來透支，今將其往來存款之實際計算法，舉例如下，

(例1)十五年一月永大公司上年底結欠洋400元，三月初十日洋300元，四月十二日付洋900元，五月二十日收洋500元，問銀行至六月底結算時期，可得本利共計若干，

(解1)我人實際計算時，可先將上列各數，一一記載之於一銀行往來存款計息帳單，然後再一一按數計之，似較便利，今特將往來存款計息帳單附後，以供學者之應用，

銀行往來存款計息帳單

15年1月1日起至10年6月30日止

起息 年月日	摘要	收項	付項	餘額 收或付	餘額	日數	積數 收項	積數 付項	利率	利息 收項	利息 付項
15 1 1	前期結欠	400,00		收	400,00	68	27200,00				
3 10		300,00		收	700,00	33	23100,00				
4 12			900,00	付	200,00	38		7600,00			
5 20		500,00		收	300,00	42	12600,00				
6 30	止息	19,37		收	319,73		62900,00	7600,00	欠息以月息1分計 存息以月息5厘計	21,00	1,27
	本期結欠		316,73								19,73
										21,00	12,00

(解2) 先將上例之日數及餘額求得後，然後再求其積數（即七式之T），但至銀行每年六月底及十二月底之結算時期，須將其全部之收項積數一一相加，求得一收項之總積數，乃代入下列之公式內，即求得其一期之欠息若干，另將付項積數亦一一相加，求得一付項之總積數，乃代入下列之公式內，即求得其一期之存息若干，學者可參閱上列之銀行往來存款計息帳單，今先將其計算之應用方法，列式如下

設M為收項之總積數，

N為付項之總積數，

$\because T = D \times B$（已詳前章），

$\because M = T+T+T+T+\cdots\cdots$（計算之第4），

$N = T+T+T+T+\cdots\cdots$（計算之第5），

設I'為一期內所求之欠息數，

I''為一期內所求之存息數，

(1) 關於年率化日利者：

$\because I = T \times \frac{R}{100} \div 365$（已詳前章），

$\because I' = M \times \frac{R}{100} \div 365 \cdots\cdots$（計算之第6式，）

$\because I'' = N \times \frac{R}{100} \div 365 \cdots\cdots$（計算之第7式），

凡銀行實際之計算，均採用日息表，茲不贅述，今將以上三式，推得其應用日息表之方法，列式如下，

設A為年利化成日利表之日息數（已詳前章），

$\because I = T \times A \cdots\cdots$（計算之第8式），

$\because I' = M \times A \cdots\cdots$（計算之第9式），

$\because I'' = N \times A \cdots\cdots$（計算之第10式），

(2) 關於月利化日利者：

$\because I = T \times \frac{R}{1000} \div 30$（已詳前章），

$\because I' = M \times \frac{R}{1000} \div 30 \cdots\cdots$（計算之第11式），

$\because I'' = N \times \frac{R}{1000} \div 30 \cdots\cdots$（計算之第12式），

今將以上三式之推得其應用日息表公式列下，

設C為月利化成日利表內之日息數（已詳前章），

$\because I = T \times C \cdots\cdots$（計算之第13＝），

$\because I' = M \times C \cdots\cdots$（計算之第14＝），

$\because I'' = N \times C \cdots\cdots$（計算之第15＝），

(解)今將上列之往來存款計息帳單內之數量，均一一按式計算之於下，

$\because T = D \times B$，

$68 \times 400 = 27200$	$38 \times 200 = 7600$
$33 \times 700 = 23100$	
$42 \times 300 = 12600$	
$\therefore M = 62900$，	$\therefore N = 7600$，

(1) 代入公式為

$I' = 62900 \times \frac{10}{1000} \div 30 = 21$元，（弱）

$I'' = 7600 \times \frac{5}{1000} \div 30 = 1.27$元，

(2) 應用日息表為

$I' = M \times D = 62900 \times 0.0003333 = 20,96 = 21$元（弱），

$I'' = N \times D = 7600 \times 0.0001667 = 1,27$元，

(註)由上例觀之，用日表較公式少一再除之手續，故其計算亦便利，按上例之C，即月利化日利表內之化成之日息數也，

特別往來存款之計算：——特別往來存款亦活期存款也，其所異於往來存款者，惟不能透支耳，故其計息方法，亦較往來存款少一計其透支等手續，今將其計息算法，舉例列下，並附特別往來存款計息帳單一，以供參閱，

(例)十五年一月大生公司上年底結存洋400元，三月初十日收洋

2030元，四月十二日付洋200元，五月二十日收洋100元，年利5厘，問至本年銀行結算期止，應有結存若干，

（解）銀行結算時期，上期爲本年之六月底，下期爲本年之十二月底，此爲銀行之結算日也，凡大規模之商業公司大都如此，

銀行特別往來計息帳單

15年1月1日起至15年6月30日止

起息 年	月	日	摘要	收項	付項	收或付	餘額	日數	積數 收項	積數 付項	利率	利息 收項	利息 付項
15	1	1	前期結存		400,00	付	400,00	68		2720,000			
	3	11		300,00		付	100.00	33		3300,00			
	4	12			200,00	付	3000,0	88		11400,00			
	5	20		100,00		付	00,00	42		8400,00			
	6	30	止息		6,89	付	206,89			50300,00	年利5厘		6,89
			本期結存	206,89									
				606,89	606,89								

（解例）今將上列之帳單，計算之如下：——

$\because T=D\times B$，

$\therefore N=T+T+T+T$——

$\therefore I'' = N\times \frac{R}{100} \div 365$

或 $I''=N\times A$

（1）應用上式之求出其N爲

$68\times 4002=7200$

$33\times 100=3300$

$33\times 300=11400$

$42\times 200=8400$

$\therefore N=50300$

$\therefore I''=50300\times \frac{5}{100}\div 365=6,89$元

或應用日息爲

$I''=N\times A=50300\times 0,00013699=6,89$ 元

（註）按 0,0001399即年利化爲日息之數也，

（未完）

二十世紀美國經濟思想之派別（四）

宋孝璠

英國經濟學者殷格蘭Ingram曾經說過，經濟學說之發生，大半決定於當時的實際情形，需要和傾向。他又說，一個思想家，不管是站在人們的上面或前方，也不過是時代的產兒，他不能脫開他所生遊處的環息境，一定會受他周圍情境的影響，并特別受他同代人們的共覺的實際事變的影響的。他又說，經濟思想之運動常常地并且劇烈地受一般對於社會事物流行思想，甚至習慣的情緒之影響。經濟研究是社會思想之一部，牠的哲學，方法，和主義，也受進化程序中較先發如的各科學之影響。因此，他以爲經濟研究中最重要的事是看出牠對於外圍情境和其他同代思想之種種關係。

經濟學和其他科學一樣，是由於人類的實際要求而生。牠是研究經濟事實，發見其中的因果關係，

以改進人類生活的科學，經濟學研究的對象既是經濟事實，所以經濟事實一經變動、經濟思想也跟着變動。經濟事實是隨着人類的文明不停地發展，所以經濟思想在各時代也就有了各種有不同的派別。

同時，經濟思想是人類思想之一，牠所根據的哲學，方法都與其他思想有相當的關聯。美國經濟學者韓納 Haney 說，人類半爲環境之產物，故其思想亦每爲其當時環境之變遷所引導，所束縛。宇宙是一條大鐵鏈，迴環往復，每樣東西都是互相關聯，互相作用，互相反應的。

這是事實，歷史已經昭示了我們。古典學派的創立者受了重農學派自然哲學之感化，著了原富，以適應英國資本主義之發達，遂在英國播下了自由貿易主義，德國歷史學派及國家主義派之興起一方面是由於德國社會與政治漸漸之發達，一方面是受了黑格爾的進化哲學之影響。到了新歷史學派謝慕勒的時候，德國工業已極進步，所有工業革命引起的禍害都已發現，謝氏等又受了社會主義派的刺激，遂創立了講壇社會主義派，夠了不必再講，只要將各時代中的社會狀況，思想潮流，及經濟思想間的關係一加研究，便可知經濟思想只是事實的反映，是當時思想氛圍中的產物。

新大陸上的美國，因爲地位好，地力好，所處的時代好，吸收了歐洲幾百年間努力的成果，事事超越了古老的歐洲。在本世紀，牠攫了大戰的機會，在歐洲各國正呻吟於戰爭所遺的痛苦之中，獨自發榮滋長，成了資本主義的五國。眞的，無論在那方面，美國表現了一個資本主義國家的最高級的典型。美國人因爲環境的緣故，沒有像歐洲一樣受有歷史上的桎梏，一切活動，都是十足的資本主義者的表徵。他們愛好自由，崇尚民主，對前途永遠是樂觀。因爲生產事業的發達飛躍，思想上也起了相當的適應。在哲學上有詹姆士及杜威等的唯用主義（胡適譯爲實驗主義），在社會學上有愛爾華德及烏格朋等的心理社會學與文化社會學，在心理學上有詹姆士及華孫等的機能派與行爲派；總而言之，一種崇尚實際的空氣充滿於學術界，經濟學當然也不能有例外。制度學派近來在美國漸漸佔有重要的地位，不是偶然的。

關於二十世紀的經濟思想，迄今很少有系統的敍述。美人霍曼所著的現代經濟思想 Paull T. Holman: contemporay Economic Thought 一書，也只論到幾位經濟學者，沒有系統的概述。但在一九三一年美國却出了一本譯著，書名二十世紀的經濟思想 Economics in theT wevtieth century; by Theo Suranyiunger, edited by Edwin R. A. Seligman, Tran slates By Noel D. Moulton。著者是匈牙利人在德國就學，精通德、法、意、英、美諸國文字。這本書的德文本是在一九二九年出版；內容很新，自本世紀之初直至一九二八年的上述五國的重要經濟思想都包括無遺。敍述頗有系統，完全根據發生法，不是枯燥的平敍事實或加以個人的批評。（所以這本書又名國經濟思想在國際間發展之歷史 The History of Its Internattonal Pevelspmrx 先述每一國各派經濟思想之理論基礎——哲學與方法，繼論各派之系統，再述思想之內容。內容以價值論，價格論，及分配論爲主，不敍論貨幣理論，因爲各學者的貨幣理論大多與他們的其他理論不相融合，又因爲牠的內容過於複雜，對於生產與組織問題也未加以敍述，但却指出了今日經濟學的研究有此這種問題爲中心之趨勢。總之，這本書誠如塞利曼教授所云，是一本溝通各國經濟思想的書。所以我便乘便將牠略略介紹一下。

這篇的內容大半是自這本書中摘譯而成，略述最近美國經濟思想之派別的大要情形；至於各派思想之內容，則以篇幅關係，暫略而不論。

二十世紀美國的經濟思想大別之可得兩派，一爲理論派，作抽象之研究，一爲寫實派，崇尚事實的研究。理論派大都是奧大利派的追隨者，不作實際的研究，而以一原則去說明各種經濟現象。自本世紀之初，塞利曼教授在美國經濟學會宣讀一篇論文後，對於研究的方法，學者間迭有爭論。但自大戰後，近年來大多數經濟學者，都傾向於實在的研究 Realishic Reserch，雖然採用推論，也都根據事實，因此這種論爭便無形消滅了。（未完、

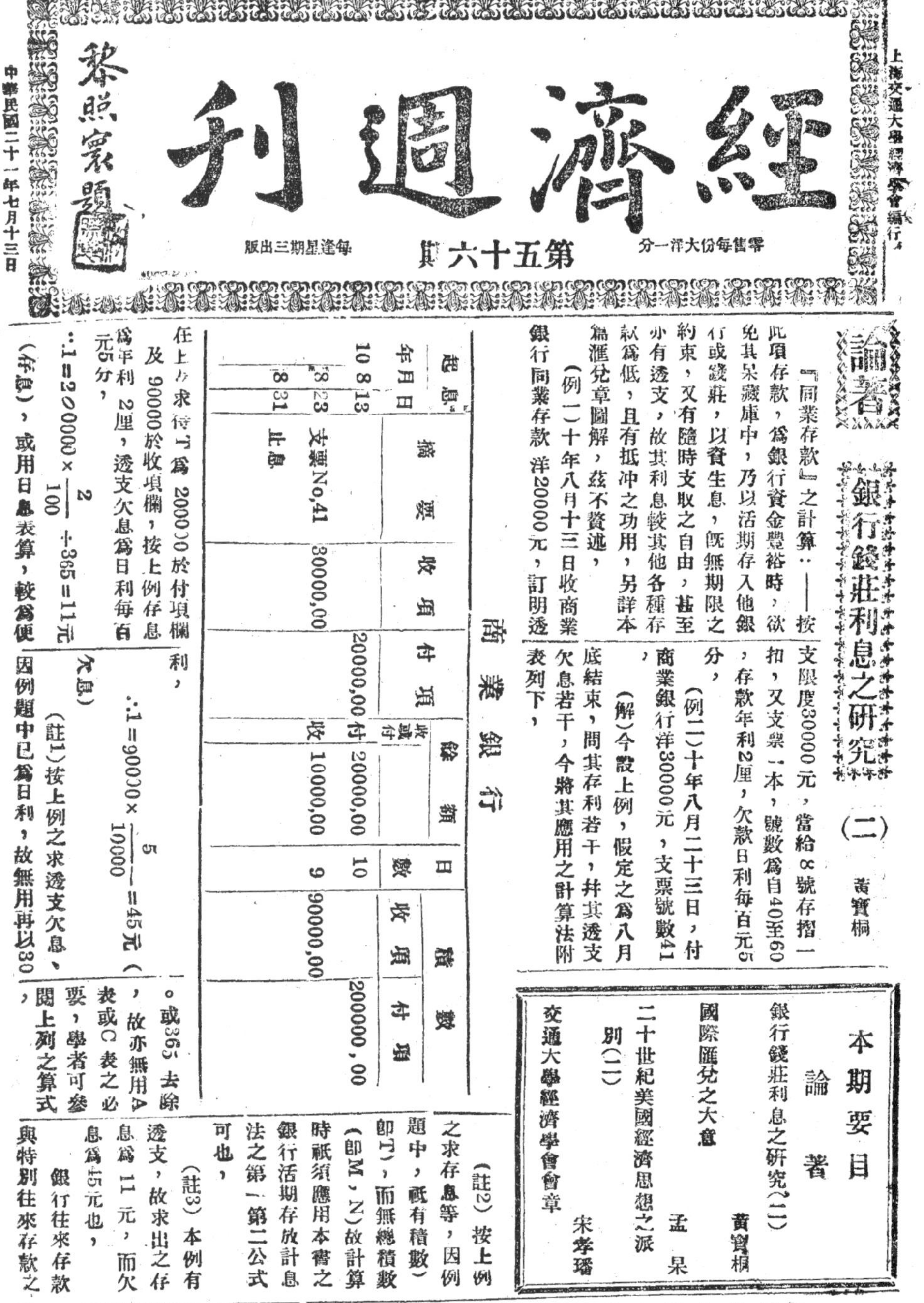

上海交通大學經濟學會編行

經濟週刊

黎照寰題

零售每份大洋一分　第五十六期　每逢星期三出版

中華民國二十一年七月十三日

論著

銀行錢莊利息之研究（二）

黃寶桐

『同業存款』之計算：——按此項存款，為銀行資金豐裕時，欲免其呆藏庫中，乃以活期存入他銀行或錢莊，以資生息，既無期限之約束，又有隨時支取之自由，甚至亦有透支，故其利息較其他各種存款為低，且有抵沖之功用，另詳本篇匯兌章圖解，茲不贅述，

（例一）十年八月十三日收商業銀行同業存款 洋20000元，訂明透支限度30000元，當給8號存摺一扣，又支票一本，號數為自40至60，存款年利2厘，欠款日利每百元5分，

（例二）十年八月二十三日，付商業銀行洋30000元，支票號數41，

（解）今設上例，假定之為八月底結束，問其存利若干，并其透支欠息若干，今將其應用之計算法附表列下，

商業銀行

起息年月日	摘要	收項	付項	餘額 收或付	餘額	日數	積數 收項	積數 付項
10 8 13			20000,00	付	20000,00	10		200000,00
8 23	支票No,41	30000,00		收	10000,00	9	90000,00	
8 31	止息							

在上表求得T為200000於付項欄，及90000於收項欄，按上例存息為年利2厘，透支欠息為日利每百元5分，

$$\therefore I=200000\times\frac{2}{100}\div 365=11元$$

（存息），或用日息表算，較為便利，

$$\therefore I=90000\times\frac{5}{10000}=45元$$

（欠息）

（註1）按上例之求透支欠息、因例題中已為日利，故無用再以30或365去除，故亦無用A表或C表之必要，學者可參閱上列之算式，

（註2）按上例之求存息等，因例題中，祇有積數（即T），而無總積數（即M，N）故計算時祇須應用本書之銀行活期存放計息法之第一第二公式可也，

（註3）本例有透支，故求出之存息為11元，而欠息為45元也，

銀行往來存款與特別往來存款之

本期要目

論著

銀行錢莊利息之研究（二）　黃寶桐

國際匯兌之大意　孟杲

二十世紀美國經濟思想之派別（一）　宋孝璠

交通大學經濟學會會章

印刷者上海法租界愛來格路三十八號華備印務局

餘額研究：——我人由前章之往來存款帳單，及特別往來存款，計息帳單觀之，始知其餘額之計算，亦有不同者，即一爲有付而又有收者，一爲祇有付而無收者，此乃表示帳單之能透支與不能透支也，茲將其實際之狀况，舉式列表如下，

設B=餘額，ム=存款數，P=支取數，Dr,=餘額之屬於爲收，Cr,=餘額之屬於爲付，C=支取數與存入數適相抵過而無餘額者，S=訂期時之透支限度，

(1)關於往來存款之定其餘額者如下表

設爲（P=ム，P<ム，P>ム，P=S）時定其餘額之收或付者、爲（C.，Cr.，Dr.，Dr.）即其爲（支款與存款相抵無餘、支款尙未逾其存數額、已超過其存額、故即透支、已逾其透支限度、故亦透支、）

(2)關於特別往來存款之定其餘額者如下表：

設爲（P=L，P=L）時，定其餘額之收或付者，爲（C.，Cr.）即其爲均未逾存額，故無透支，

(解1)按上列二表，此項之收付，均以戶名爲主，非以銀行爲主也，

(解2)按上列二表之P=ム項，爲理想的，故於實際之往來時，決難如是之相巧也，

『存放同業』之計算：——按銀行資金需用時，雖無人請求貸出，銀行亦不肯將其資金呆藏庫中而自求損耗，乃以活期存入他銀行或他錢莊，其法與同業存款同，凡存放而亦得訂定透支，且亦有抵冲，（另詳下章之匯兌計算，茲不贅述），惟存放同業之異於同業存款者，即一爲貸款，一爲存款耳，

(例1)本行將銀10000元，託運業公司運交天津商業銀行訂定代理收解、存放限度爲20000元，透支限度爲10000元，利率爲年息2厘，透支則年息8厘，十五年八月十三日訂，

(例2)十五年八月二十三日本行函託天津商業銀行解顯康緞莊洋1000[illegible]元，

(解)設上例、今假定之爲八月底結束，問其存息若干，并求其透支欠息若干，今特將其應用之計算方法，及其計算上之與以上往來存款等之不同特點，均銀行詳列於下

天津商業銀行

起息 年	月	日	摘要	收項	付項	餘額 收或付	餘額	日數	積數 收項	積數 付項
10	8	13	由運業公司運交	10000 00		收	10000 00	10	100000 00	
	8	23	託解顯康		15000 00	付	5000 00	9		45000 00
	8	31								

按上單求得之T（積數）爲100000於收項欄，及45000於付項欄，其計息法因收付兩項之積數，均以年利計，故應用A表（即年利化日利表），即 $I = T\times A$

$\therefore I=100000\times0{,}0000\ 5479$

$=5.479$元（存息），

$\therefore I=45000\times0{,}00021918=9.833$元（透支欠息）。

(註)我以上之銀行往來存款及同業存款，均爲一種之存款性質，故結算時，凡收大於付者爲透支，惟本章之存放同業爲一種之放款性質，故結算時凡付大於收者爲透支，讀者須注意之，

貼現之計算：——貼現在歐美最爲風行，凡持有匯票或期票，欲未到期而先得金額而上現金可向銀行請求貼現，故貼現即銀行運用其資金之貸出，而買進其未到期之匯票或期票，由買進日起，算至到期日止，先扣除其應收之貼現利息，銀行又因其情形之不同，得分類而處理之，曰信用貼現與抵押貼現，以貼現之有無抵押品而區別名之，曰本埠貼現與外埠貼現，以貼現之區域而名之，至其計算法則一也，今將舉例列下，

(例)十五年十一月四日，永大公司以第一號期票來行貼現，票額8000元，本日出票，十四日到期，日息六分，出票及付款人大生公司，問銀行可得貼現息若干元，

$8000\times\frac{6}{10000}\times10=48$元

轉貼現之計算：——轉貼現者，爲小銀行既買入未到期之匯票或期票後，因資金缺乏，不待其到期收款，乃轉向他銀行貼現而得現金，名曰轉貼現，蓋轉貼現之銀行，即利用其高利貼現而貸出其資金，向他銀行以低利轉貼現而收回其貸出之現金，一轉瞬間，銀行得坐收其利，按此項貼現，非特能調劑銀行同業之金融流通，亦足以發展其銀行貼現之興趣；試觀英之倫敦銀行，因其業務完備故使英國商業發展，實業振興，全國金融伸縮自如，甚至操縱世界金融，今將其計息法，舉例列下，

（例）十五年十一月四日，即以永大公司，向本行貼現之第一號期票洋8000元，轉向中國銀行貼現，貼現息日利四分，問應付轉貼現息銀元若干，幷求其銀行一轉瞬間之獲利若干，

$$8000\times\frac{4}{10000}\times10=32\text{元}$$

$$48\text{元}-32\text{元}=16\text{元}$$

（註）按本例之48元，即前章貼現時銀行所扣得之應取貼現息，本例32元爲銀行轉貼現時所應付與中國銀行之轉貼現息也，16元即銀行1轉瞬間之實獲利也，

押滙之計算：——凡出口商，以及保險單，以作抵押到銀行請求、以貼現謂之押匯、蓋亦銀行對於商人之一種最完美之貼現法也，今將其計算之法舉例如下，

（例）十五年八月十日上海大成綢莊，以裕商提單一紙，計杭緞500匹，每匹時價95元，又怡和保險單一紙，來行商做大連押滙洋24000元本日出票，八月三十日到期，日息每百元5分，收貨者利昌公司，問需付押滙費若干，

$$24000\times\frac{5}{10000}\times20=240\text{元}$$

滙兌之計算：——按滙兌之大部分而論，有國內匯兌即匯往國內各地者，有國外匯兌，即匯往世界各國者，銀行匯兌方法，普通最適用者莫如以下三種，

（一）票匯……由銀行給匯票與匯款者匯款者即將此匯票寄交收款者，向票面指定之他埠分行或往來行領取之，

（二）信匯……由匯款者，出一信與銀行，由該銀行寄往他埠之分行或往來行，託其將所匯之匯款，送交收款者，

（三）電匯……因匯款者之急於付匯，可由銀行以電報致他埠分行或往來行託其立即付款與收款者，故匯時需多一電報費也，

（解）匯兌之惟一功用爲銀行利用匯票匯而免匯款者之麻煩，銀行既有匯費可得，衆可利用其外埠存欠而作抵冲，今特圖解於下，以供讀者參考，

匯兌抵冲法圖解：——本圖以其性質之不同，可分之爲二類，如下

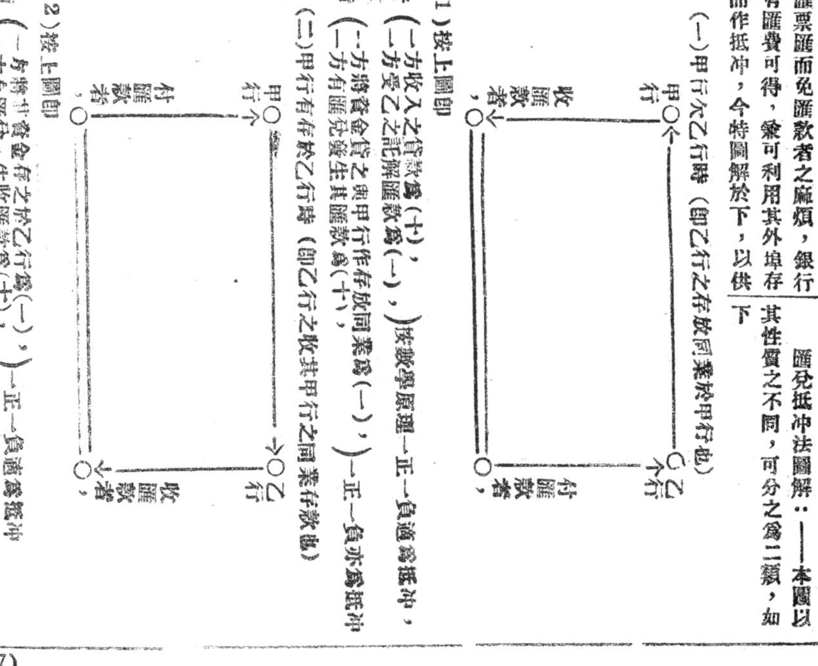

（一）甲行欠乙行時（即乙行之存放同業於甲行也）

（解1）按上圖即

甲行 ｛一方收入之貸款爲（十），一方受乙之託解匯款爲（一），｝按數學原理一正一負適爲抵冲，

乙行 ｛一方將資金貸之與甲行作存放同業爲（一），一方有匯兌發生其匯款爲（十），｝一正一負亦爲抵冲

（二）甲行有存於乙行時（即乙行之收其甲行之同業存款也）

（解2）按上圖即

甲行 ｛一方將其資金存之於乙行爲（一），一方有匯兌發生收匯款爲（十），｝一正一負適爲抵冲

乙行 ｛一方收到甲之同業存款爲（十），一方受甲之託解匯款（猶返之與甲）爲（一）｝一正一負亦爲抵冲，

(註)按上圖觀之，有匯兌之發生，適能抵冲其舊有之雙方存欠，而省卻將來還款時之現金運輸也；故其功用甚大，但實際抵冲時，有爲全部抵冲者，有爲抵冲其一部分者，要皆各依其實際之往來而定也

國外匯兌之計算：——凡我國匯往各國者，曰國外匯兌，今上海各大銀行逐日有外匯行市掛出，讀者可參閱報紙之經濟新聞，故欲匯款若干，則不難依法而求，非如中國國內匯兌之紛雜也，今特將其計算公式，排列如下，並附錄民國十七年十一月二日之新聞報經濟新聞外匯行市表一則，以供參考，

外匯

銀行賣價

倫敦電匯 二先令七辨士五
倫敦即期 二先令七辨士五六二五
又四月期 二先令八辨士七五
意國電匯 十二利拉一四
(以上各合規銀一兩正)
印度電匯 一百七十四羅比
法國電匯 一千六百三十法郎
紐約電匯 六十三元六二五
漢保電匯 二百六十七馬克
爪哇電匯 一百五十八福祿令二五
(以上各合規銀一百兩正)
香港電匯 規銀七十八兩三七五
(合港洋一百元正)
日本電匯 規銀七十三兩三七五
(合日金一百元正)
新加坡電匯 規銀八十九兩二五
(合新加坡幣一百元正)

回銀行買價

倫敦四月信匯二先令九辨士五
又四月押匯二先令九辨士六二五
又四月信匯二先令九辨士八三五、又六月期押匯無市
(以上各合規銀一兩正)
法國四月信匯 一七〇〇法郎
紐約四月信匯 六十六元八七五
紐約四月押匯 六十七元三七五
(以上各合規銀一百兩)

(1)關於規銀100兩、合外幣市價者、如上表之美德法印荷等匯用之，今特列式於下，

設F爲外國幣數，

S爲規銀數，

$\frac{T}{100}$爲外匯市價

$\therefore F = S \times \frac{T}{100}$ ……計算之第1式

$\because S = \frac{F}{\frac{T}{100}}$

$\therefore S = F \div \frac{T}{100}$ ……

(計算之第2式)

(例)託巴黎銀行解商業公司8500法郎，按外匯市價爲每規銀100兩1630法郎，洋厘市價爲規銀7錢2分5，問照市合銀元若干，

$81500 \div \frac{1630}{100} \div 0.725$

=6896,55元，

(2)關於規銀1兩、合外幣市價者，如上表之英匯是也，其不同者、卽前節爲規銀100兩爲標準者、本節爲規銀1兩作標準者、故其公式之排列，亦因之而稍異，

設F爲外國幣數，

S爲規銀數，

$\frac{T}{1}$爲外匯市價，

$\therefore F = S \times \frac{T}{1} = S \times T$……

(計算之第3式)，

$\therefore S = \frac{F}{T}$

$\therefore S = F \div T$…… 計算之第4式

(例)代倫敦商業銀行收上海成昌洋行交款銀10000兩、照市合英金收該行帳，問有英金若干，

(解)按上表之英匯行市爲2先令7辨士5，因每先令爲12辨士，先將上列之英匯行市化成辨士爲(2×12)×7,5=31,5辨士，乃可代入公式而求之，

10000＋31'5＝315000辨士

=1312金磅10先令，

(註)因每金磅爲20先令，每先令爲12辨士，故315000辨士，依法化成1312金磅10先令，

(3)關於外幣100元，合規銀若干，以作外匯市價者，如上表之新加坡日本香港等用之，故其計算之公式，亦全然不同，

設F爲外國幣數，

S爲規銀數，

T爲外匯合出之規銀若干數 100(卽以外幣100元者)

卽外匯市價，

$\therefore S = F \times T$…(計算之第5式)

$\therefore F = \frac{S}{T}$

$\because F = S \div T$…(計算之第6式)

(例1) 託上海銀行匯去旅日實業考察團銀8000兩，問匯去應得日

幣若干，

(解)按上表之日匯市價為每日幣100元合規銀73兩375，

代入上式為

$$8000 \div \frac{73,375}{100} = 5870\text{日元}$$

(例2) 匯港洋25000元，按外匯行市每港洋100元，合規銀78兩375，問合規銀若干，

$$25000 \times \frac{78,375}{100} = 19593,75\text{兩}$$

(待續)

國際匯兌之大意

孟杲

國際匯兌，起於國際貿易，所以為後者謀便利也。苟國際貿易而為國家集團間之貿易也，則無需乎貨幣更無需乎匯兌。吾今設一喻以明之：假定全球只有甲乙二國，則甲之出口，即乙之進口，乙之出口。亦即甲之進口，進口與出口。互相抵銷。雖或一時有差額，而終必趨於平衡也。二國間之貿易然，推而至於數國乃至數十國亦無不然。然而事實上之所謂國際貿易，實即各國人民個別之貿易。非國家集團之貿易也。私人之貿易，各為尋求其私利，一有交易，即需結算；出口者不能期待進口者之以同值貨品為抵償也。故利用貨幣之支付，實為不可避免之事。然一國之貨幣，不能通行於國外，則欲為國外之支付者，必先以國幣易得外幣而後可，非如此，不能完成其交易也。國幣與外幣之兌換，是曰國際匯兌，經營斯業者，是為銀行，銀行者，國際匯兌之樞紐也。

(一)國際匯兌之方法及其性質　國際間之支付，大概以發匯票（Drawabil) 與匯付 (Remit) 匯票兩種方法行之。(1)例如英商甲售貨於美商乙，則乙負有付款之責。甲如出一匯票 (Draft) 命乙付款於持票人或其命令，或所指定之人，甲持之向紐約銀行貼現，銀行付款於甲，復將其匯票送往英倫銀行。然後由英倫銀行持之向乙，請求承諾或兌款，收得之款，即作為紐約銀行之存款，此為第一法。(2)又如美商丙欲匯款於英商丁，乃持款向紐約銀行購一銀行匯票寄與之，英商丁持票向英倫銀行貼現，銀行付款以後，即登入紐約銀行存款賬之左方，（如果與前款相等則兩方適相抵銷）此為第二法。至於匯付現金，則以其不便與過費，平常多不使用。由是可知進口商所需之匯票，實為出口商所供給者，其間不過須經銀行之手耳，銀行買賣匯票，其行市往往各不相同，其所以不同者，蓋有由焉。

(二)決定匯價之要素　匯價有二種，一曰平價；一曰本地行市，茲分述兩者決定之要素如左：

(A)平價　一國本位幣所含之純金或純銀，比較他國本位幣所含之純金或純銀所得之平衡名曰平價。例如美金四·八六六五圓所含之純金量與英金一磅所含之純金量相等，故美金與英金之比率，猶如四·八六六五與一之比率，亦即四、八六六五為英美匯兌之平價也，故兩用金國或兩用銀國之本位幣相比較，可得一定之平價；若一國用金，一國用銀，則金銀異質，平價自無一定。然則決定金銀匯兌之平價，必別有所在，所在為何？二者之時值是已。大抵用金國之于銀，與其他商品同視，是以銀價可由金幣以表示之，用銀國之於金亦然，故金價漲，即銀價跌，銀價跌，即金價漲，各相關連，不能分離也。以金銀之時值有變動，故匯兌之平價亦因之而有異，欲求其平價之固定，豈可得哉？至如用金國或用銀國對於紙本位國之滙兌，其平價之成立，大抵視兩國貨幣購買力之比較而定，設例以明之：德之紙馬克與美之金圓，其匯兌之平價原為四比一，(金洋一圓換四張馬克)現在德政府以財政竭蹶，濫發紙幣結果物價飛漲，幣值下落，以前四馬克所能購得之商品，現在須出八馬克之代價矣(假定)如美國之物價無甚變動，則德美之匯兌平價，亦將為八與一之比。何以言之？蓋馬克之購買力既已較前減削一半，則匯兌平價勢必隨之而同跌；否則，美金一圓，仍只可換四張馬克，則購買馬克者，將大受損失，蓋美金之購買力不變，而馬克之購買力已較前減削一半矣。因之馬克之需要必縮，而馬克之供給反增，終至匯兌平價與馬克之購買力適合而止。若

馬克之購買力再往下降，則匯兌平價亦將隨之而下降焉。

(B)地方行市　實際上之匯價即爲地方之行市不同之地方，即有不同之行市，此種行市之成立，大抵視匯票供求之多寡而定；供過於求，則匯價必跌，蓋銀行陸續買進外匯，實無異轉移其資金於國外，致使在外國銀行之帳上，有剩餘之存款，故急於售出外匯，而不願使在外剩餘之支付力呆着不用；反之，求過於供，則匯價必漲，蓋銀行陸續賣出外匯，則在外之存款或支付力，將有竭蹶之虞，故急於設法購進外匯以補充之，庶可繼續適應本地市場之需要。故銀行對於外匯所認價值之大小，概視供求之多寡以爲定。惟外匯之漲落，實有一定之限度，不能高於此限度，亦不能低於此限度，是爲現金輸送點。

(三)現金輸送點　平價加上現金輸送之費用，是爲現金出口點，亦即匯價之最高點；平價減去現金輸送之費用是爲現金進口點，亦即匯價之最低點。例如英美之匯兌平價爲四、八六六五元，假定現金由紐約運至倫敦，其所需費用爲〇•〇三，則現金出　點應爲四•八九六五元，匯價超過此數，則進口商不願向銀行購滙票，當直接運金於英倫矣；從四•八六六五元減去〇、〇三，即爲現金之進口點，滙價低於此數，則出口商不如由英倫直接運進現金之爲愈也，然實際上現金之輸送，概由銀行行之，銀行因欲繼續其外滙營業，故一遇在外支付力將近竭蹶之時，（斯時滙價將近現金出口點）即運金國外以補償之；反之在外支付力剩餘過多時（斯時滙價將近進口點）即運進現金以減少在外之呆款，固不必待滙價之超過限度也。惟現金輸送點有時亦將失其調節作用，例如一國禁金出口，則現金不能自由輸送，匯價之超過限度，極屬可能之事；又如傳聞甲國將有發生極大恐慌之消息時，則乙國銀行及商人在甲國之債權，必將同時收回，斯時乙國方面以外滙之供給驟增，現金輸送點，亦將打破。

(四)國際滙兌與國際貿易之調節作用夫進口之多寡，足以影響外滙之漲落；而外滙之漲落，京足以影響進出口之消長。蓋入超則外滙之需要增，而滙價漲；出超則外滙之供給多而滙價跌，此至顯之例也。至若滙價跌，則利於進口而不利於出口，結果必至於進口多而巨口少；反之滙價漲，則利於出口而不利於進口，結果必至於進口少而出口多。由是以觀，可知進出口之多寡與夫滙漲之漲落，實在爲因果而互相調節者也。

二十世紀美國經濟思想之派別(二)

宋孝璠

陶西格 Frank W. Taussig 是一位馬夏爾的美國同志。他的一般理論很與與馬夏爾的相同。他的見解大都繼承着米爾 John stuart Mill 與克拉克不發生關係。美國的經濟學教科書以前都偏重保守，但他的經濟學原理一書，却取了進取的觀點，開美國人傾向於改造社會的風氣。這本書不僅是對於現代各種經濟思想有一個廣闊的涉獵，就在敍述方面，體裁方面，都是一部極佳的書。他很喜用數學方法；對於動態經濟與靜態經濟之區別有很好的說明。他也採用通常的唯樂主義及實利主義的觀點，但他對於心理學沒有健全的理解，故對於界限效用問題，沒有新的見解。對於貨幣數量說及財政學，也沒有特出的貢獻。但他對於現代實業與分配理論間的關係却有很正確的把握；這却是一個很大的貢獻。在一九二一年後，他是被實在研究的潮流捲去，很注重經濟生活中的實際事實，及這種事實與社會的關係。

西格 Henry Rogers Seager 頗爲克拉克所影響。他也常用法國洛桑學派 Lausanen School 所持的靜態經濟這個概念。(這就是由社會平衡說Theory of SocialcialEquilibrium平中推演出來的經濟平衡說 Theory of S Econom ic Equilibrium 但是近來他拋棄了以前對於價值論及分配論的抽象研究；受了帕登 Patten 的影響，很注重實際的經濟生活，因此很注重社會問題及社會主義。在政治上的見解，關於經濟方面，他折中了個人自由主義與政府干涉主義。在同時諸經濟學家中，他最注重消費問題。他以爲人類的慾望是人類一切經濟行爲的基本動力。凡是消費者認爲是好的便是經濟生活中重要的事實；生產，交換，及分配都是依據消費上的重要事實而定的。

二、費雪Ivuing Fisher的貨幣及利息論

費雪是數理學派Mathematical School的代表所以他的研究方法是抽象的，演繹的；他也服膺界限效用學說一九一二年他曾著有一本經濟學概論Elementary Principles Of Economics,體裁同他人所著的體系不同。費雪以爲我們不能將經濟理論組織爲一個系統完滿的學說，因爲對於一種經濟，各人的觀察標準總有點不同。因此他對於經濟學上的各種問題，有的詳加討論，有的只大概地說一說現代美國關於分配的中心理論的普遍觀念，他以爲是錯誤的，因爲他不能給所有的經濟現象以一個完全的解釋。所以他祇提出貨幣價值問題及利息問題來特別研究，以爲這樣他便可建立一個現代之社會的及經濟的生活的理論。在利息中他看出一種較常人所以爲的更普遍的現象。在貨幣價值的變動中，他找出了我們經濟組織中最壞的弊端之一，這種弊端是受各種可能的武器所攻擊的。

三、達文波Hebert Joseph Davenport

同費雪一樣，達文波對於經濟程序也有他獨自的觀點。他的最大努力，是去分析企業家個人利益的欲望與社會的經濟利益之間的根本別及對立。研究的結果，他以爲在某種範圍內，私人謀利的活動可以不侵害社會的經濟生活。他將這個觀念根植在一個極端深刻的理論與心理之基礎上來發展，由此去分析經濟學說的基本理論，但是這個理論被人批評得很利害，他以反效用學說Theory Of Disutility爲基礎，研究實際經濟生活。他指出了普通以數學方法解釋價格論有幾點不妥，他又反對一般的界限效用說。他以爲界限效用說的本身是不錯的，因爲價值和價格確是發生於界限效用或界限犧牲之平準上面；但價值和價格決不是由此決定。所以他以爲全部的界限效用說是建立在一個眞正經濟關係之錯誤的概念上面、界限效用說的主要錯誤，及以界限效用說爲基礎的數學派的錯謬推理之主要錯誤，都是建立在這種偶然關係之假設上面。同費雪一樣，他以爲分配理論不能獨立；而謂分配理論與市場現象之分析是同一件事。

復返於馬克溫Ma:Uan達文波以爲界限效用的決定應該根據價值與價格的研究，因此他使努力研究這兩個問題，而以實際的貨幣來代表這兩個概念。依他的意見，當我們用一種貨物去滿足一定的慾望，或用我們的勞力與時間去獲得一定的生產之活動，此時我們所要研究的不是這種貨物之絕對的製造成本，而是因永遠喪失第二次最好的使用的所受的犧牲。他名這種犧牲爲「機會成本」Opportunity Cost自企業者的立場看，生產成本不包含原料費，工資，等等，而是等於他的收入，這種收入是他以他的第二次最好的學識，權力及資本等所支出所獲得的。達文波將相對的界限犧牲來代替界限效用，由此去用一種與舊式的價值成本論毫無同點的新方式，來解決價值問題。強生Au in Asunders Jo'nson很正確地指出達文波在方法上及組織上與古典學派大有關係，特別是在達氏很注重企業者及交換之重要這兩點上發生自己的學說系統也很接近古典學派，因爲在價格論及分配論中，他很注重成本這一要素在這方面他受克拉克的影響很大，但在價值論中，他又傾向於奧大利學派。他的這種捨取連絡了奧大利學派及以後的美國學派。他的立說頗嚴整有序，而爲抽象的論究；但近年來，在著作中也引用很多實際的經濟生活來作理論的說明。

(四)費特Frank Albert Fetter

前述諸人，雖各有自己的立說，但大都多少對於現代歐洲學說，古典學派及克拉克的學說皆有取捨，不過對於此三方的取捨的程度各有不同而已。其能屹立於各派之外，如斯潘Othmar Spann自立一系統者，只有費特。他在美國的經濟學史中，自己創了一個學說系統。同斯班一樣，他反對經濟的牟利主義及正在伸長的物質主義Chrematistics and materialism。他以爲經濟學只是助人達到目的的一個方法。在這裏，他又同斯班的勁敵李福曼Liefmon一樣；反對現行的經濟學說，而謀於以一種心理學爲基礎，在其上建立一個新學說來代替他。他反對功利的態度，對於邊沁Bentham的唯樂的態度有時也

不不贊同。依他的意見，以意志說一經濟學說。他批評現代的美國經濟的心理學 Uolunt aristic sycho logy為基礎，可創立價值論及全部理論是非個於古典學派及與大利學派之間，折衷而不完全。（未完）

公布

交通大學經濟學會會章

第一章總章，第一條，本會定名為交通大學經濟學會，第二條，本會以研究經濟學術為宗旨，第三條，本會會員分左列二種，(甲)凡交通大學上海管理學院同學皆為本會會員，(乙)凡交通大學教職員及上海管理學院畢業同學得為本會特別會員，第四條，本會最高機關為全體大會全體大會閉會期間為執行委員會，第二章會員之權利及義務，第五條，凡本會會員皆有選舉權被選舉權複決權罷免權及彈劾權，第六條，本會會員有享受本會所給與之權利，第七條，本會會員有繳納會費之義務，第八條，本會會員有遵守本會一切章程及議決案之義務，第九條，本會特別會員有第六條及第七條所規定之義務及權利，第十條，本會特別會員有指導本會一切工作之責任，第三章全體大會，第十一條，全體大會每學期舉行一次大會，主席由執行委員會主席任之，第十二條、全體大會之職權、(一)，議決及修改本會章程，二、彈劾及罷免本會各部職員，(三)決定本會進行方針及重大事項，第十三條，全體大會經會員卅人以上之請求，或於必要時，經執行委員會之議決，得召集臨時全體大會，第四章執行委員會，第十四條，執行委員會由全體會員所選出之五人組織之，第十五條，執行委員會設主席一人，由總務部長兼任之，第十六條，執行委員會分下列五部，(一)總務部，(二)參觀部，(三)研究部，(四)出版部、(五)書報部、第十七條，各部設部長一人由執行委員會委員分任之，第十八條，執行委員會之職權，(一)為本會對外代表、(二)執行全體大會之議決案，(三)編製預算決算，(四)議決及執行本會一切進行事宜，第十九條，執行委員會主席之職權，(一)總理本會一切進行事宜，(二)為本會對外代表，(三)執掌本會印信及簽定本會對外文件，(四)為執行委員會主席，第二十條，執行委員會主席因故缺席時，由參觀部長代理之，第二十一條，執行委員會每兩星期開常會一次，於必要時，得由主席或執委三人以上之請求，召集臨時會議，第二十二條，各部組織及職權，(一)總務部、本部設左列四股辦理部文書會計交際及庶務事宜，(甲)文書股，(乙)會計股，(丙)交際股，(丁)庶務股，(二)參觀部，本部設左列各股辦理本部參觀事宜(甲)事務股，(乙)交際股(三)研究部，本部設各種研究會及左列各股辦理本部研究事宜，(甲)事務股，(乙)調查股，(丙)演講股，(丁)討論股，(四)出版部，本部設出版委員會辦理本部出版事宜，(五)書報部，本部設左列各股辦理本部書報事宜，(甲)事務股，(乙)編查股，(丙)管理股，(丁)流通股，第二十三條，各部職員得由各該部部長提交執行委員會聘請之，第二十四條，各部辦事細則由各該部自行擬定交執行委員會通過施行之，第廿五條，各部於必要時得，召集部務會議討論各該部進行事宜，第廿六條，各部工作計劃應先交執行委員會討論之，第五章經費，第廿七條，會員會費每學期大洋五角，第廿八條，特別會員會費每學期大洋三元，第二十九條，學校津貼及募捐，第卅條，必要時經大會通過得向會員徵收特別費，第六章顧問及各班幹事，第卅一條，本會得聘請富於經濟學識者為本會顧問，第卅二條，本會根據學校所分定之班次，各班設幹事一人，由各該班全體會員選舉之，第卅三條，各班幹事對於執行委員會委託之事件負執行之責，第七章任期及選舉，第卅四條，本會各項職員任期皆為一年，連選者得連任，第卅五條，本會執行委員之選舉應於每年夏季大考前一月由執行委員會委託各班幹事辦理之，第八章會議法定人數，第卅六條，本會各項會議均以過半數之出席為法定人數，第九章附則，第卅七條，本會章程有未盡善處，得隨時由全體大會修改之，第卅八條，本章程經全體會員通過公佈施行，

本刊啟事

本刊因印刷關係遲至今日始能出版有勞懸望特此致歉此後望各校友同學源源賜稿稿件則請投交新宿舍一〇二號宋孝璠收

上海交通大學經濟學會編行

中華民國二十一年七月二十日

論著

日本今日經濟之危機

George E. Arderson 原著　日新 譯

即使日本這次沒有對中國窮兵黷武，橫肆侵略，日圓是否能夠維持其金本位，實在是一個頗費議論的問題。也許有人以為假使民政黨能夠繼續施行其緊縮政策，限制進口，因而使入超減少，這或者可以補救她出口的低落，但是這也是十分靠不住的一種測度。不過我們可以無疑，這次日本對中國的侵略實在是造她財政極端窮窘的最大原因。貿易入超的數目還是在增加着，尤其是本年開始二個月來，其增加的率特別的大。日本以前在國外幾個最大的財富源流，如海運事業，經紀事業等，目前是愈趨愈下了。還有，日本自金解禁令使行以來，現金不住地往外溢流，結果銀行存款激減，現金缺乏，銀根一日緊似一日。在這種情形之下，挽回危局，惟有舉借外債一途，然而此路是走不通了，一則是因為日本目前財政之不穩定，一則是因為她這次對華積極侵而略引起各國對她的懷疑和畏心。

日本既處於上述種種困難情形之下，卻又加上了必須清償的兩筆大的負債，一筆是屬南滿鐵路株式會社的共計有六，○○○，○○○金磅，於本年四月到期；還有一筆是屬東方電力公司（Toho Electric Power Company）的，計金元一一，四五○，○○○元，於本年七月到期。而且日本各銀行現在是很難得到國外銀行之短期借款，就是現存的借款債務的抵押，各國尚且要求增加，所以銀行業務已是陷入一蹶不振的地步。雖然現金是不住地在往國外運，日本從前所有美國及其他國家之股票及公債也是不斷地在出賣，可是日圓的價格，自從去年十二月十一日以來，依然是落跌了百分之三十六，更可注意的就是其所跌落之三分之一是上海事件發生之後；在上海事件未發生之前，金圓的價格，還是穩定在三角七分左右的。

日本這次在中國所費的一筆軍事費雖然是很大，但是實在說起來，這還不是使她陷入目前恐慌的直接原因。日本的預算，早就一個過以公債為預入，而且十分靠不住的預算，所以用費的增加，就是國家債務的加重政府的愈趨竭蹶。因此日本最為恐懼的一件事，就是她與中國糾紛的延長和戰費的繼增了，直至本年二月底為止，日本對中國撥用軍費不及一○○，○○○，○○○日元，其中四二，○○○，○○○，元是早就指定為侵略東三省之用，還有五六，○○○，○○○元是在二月裏才姓撥的。這一批軍費的來源，實在就是她從前，最近，或將來所發的公債，預料其總數必達四八，八○四，○○○金元。以上的數目，還是在政府決定增加上海軍費一倍之前的統計，所以最近的他將來，日本軍費必還要大為增加。按照日本這次的軍力計算，的軍事用費並不見得大，不過照現勢

本期要目

日本今日經濟之危機　日新譯
我國抵制日貨之回顧　桐逸
二十世紀美國經濟思想之派別(三)　宋孝璠
週聞簡報

印刷者上海法租界愛來格路三十八號華僑印務局

觀察，他最近一次的費用恐怕不見得少於四○，○○○，○○○，元，所以眼見每月的費用總在二○，○○○，○○○金元左右。而這一筆數目，就是他本年預算中開支的三分之一了。如果軍事是繼續地擴大，軍費必隨之而增加，其結果當然不免濫發公債一途！

從各方面看來，日本財政問題中最嚴重的一個問題莫過於公債問題。因爲公債的濫發不但是增加了國家不應該担負的債務，而且要日本目前畸形之膨脹財政情形更其膨脹，按照民政黨在朝的緊縮政策，只是於可能範圍內提高進口稅，及其他稅征，公債的發行是所盡量避免的。然而按當時的預測，去年度至三月底爲止，尚且虧缺一三○，○○○，○○○日元，以平準當年通常的預算；這除了發行公債彌補之外，實無他法。去年十二月裏政友會組閣了；他們竟旅行一種公開的財政膨漲政策。他們本年度預算上共計的收入約爲一，四○○，○○○，○○○日元，其中公債的收入是一九一，○○○，○○○日元，佔總數百分之十三。他們並且倡議了許多關於公路，橋梁，運河，及港口的建築計劃。這麼一來，預計在來年的預算上又必添上六七○，○○○○日元，圓的公債，迄至本年二月底止，已批准將發行的公債是三○五，○○○，○○○日圓，而且國庫券的發行——公債發行的初步——也是大大的增加了。在本年正月的開始已發國庫券的數目，即達一七○，○○○，○○○日圓。據保守派日本商人的觀測，除掉已計劃之種種建設外，日本政府爲彌補其預算之虧虛，戰爭之用費，以及因圓價低落之種種損失，在本年度所必發的公債，將及八○○，○○○，○○○日圓。照數目字上看來，這已是增加了四○○，○○○，○○○金元的公債了！

目前在日本的一切銀行及投資者對於政府的公債是不願買受的日本經濟協會(Japanese Economic Association)曾於本年二月廿五日向大藏省提出書面聲明，指出目前政府公債政策的危機。他們說如果政府在現況之下再繼續發行國庫券，而一方既無充足之買受者，他方面又無現金或流通証券(Liquid Security)爲之担保，其結果必然迫使入金融膨漲；又長期公債之發行必定會使現存徵券價格跌落，這不但對於政府財政上引起不良的反應和辣手，而且各銀行及執有公債者，將感受極大的損失。很顯然的，日本政府的公債價格是低落得利害，甚至於與在美國市場上，一落千丈的日本証券價格立於水平線上。實在日本的投資者在再也不願意去買受公債的。在最近政府所發的一七○，○○○，○○○，日圓國庫券之中，只有一○一，○○○，○○○日圓是爲銀行及投資者所認受，可見公債信用紙落之一般了。在日本財政制度之下，每次舉發公債或是用其他的方法籌款，所發的一切債券，日本銀行(Bank of Japan)及大藏省儲蓄部(Deposit Bureau)——此部隸屬大藏省，專事保管郵政，金及各種政府信託基金——必能很迅速地全部銷納。但是目前儲蓄部的收入是減少了，而日本銀行在本年正月裏， 已經借給政府八七，八五○，○○○日圓，如果再買大批公債，勢必發生直接膨漲，而且執有大量的公債在銀行裡，對於他的流通力(liquidity)必大大地的減低，這是極不利於銀行本身的。日本政府舉行公債既然是不能得助於日本銀行及大藏省儲蓄部，然則在市場是否能夠銷售呢？我們至少可以說在日本目前通貨缺乏的時候，政府公債是很難於銷售的，就是爲緊急事故而不免舉債一途，那只好低價出售債券了。

日本今日經濟財政情形之所以如此窮窘，如此沒有着落，最大的原因還是因爲他在實業上和政治上的野心太大，以至種種開支，超過其預定之收入，尤其是海陸軍的擴充，可以給我們一個很顯証實，單就擴充海軍一端來講，所耗也就不貲了，還有使這種情況更加嚴厲的，就他積年的債務，現在我們暫且把日本因中國事件所造成的恐慌以及因日圓低落的影響置之不論，我們可以看得到日本財政窮乏的種子，還是佈在歐洲大戰的時候，當歐者正激的時會，日本的貿易的確是戰了意外的發展，因此獲了一筆大漁利。結果遂至商業過於膨漲，一則和約締定，和平恢復，日本的貿易乃就此受了一個重大的打擊；商業雖然從此日趨衰落，但是信用的膨脹則依然如昔，於是各銀行就不免負担許多死賬(Bad debfs)，徒然增加其無淸償力的債權。

在一九二三年又發生了空前未有的大地震，損失浩大，商業一時因之停頓，而這時候日本銀行在政府担保之下，担負了地震損失之大部份，至一九二三年底，該行就供給了一三三，〇〇〇，〇〇〇日圓的緊急借款，而後來借款的總數竟達八五三，〇〇〇，〇〇〇日圓，這種放款雖然是爲渡過這次天災的難關，實則不免像戰時一樣，增加了大量無償還力的放款。地震時的借款有許多本來只預作爲短期的借款，但是一直到今日，這項借款尚有未清理的。因爲這些無償還力的放款和其他的原因，遂有一九二七年的銀行恐慌 (The bank panic of 1927)，而在這一年之中，政府又向日本銀行担保借款六〇〇，〇〇〇，〇〇〇日圓，其中爲接濟台灣緊急事件所借的一九〇，〇〇〇，〇〇〇日圓，已謂是勾銷作爲死賬了。餘下的要十年才得還清，直至現在大多數還是沒有償還。在一般保守的商人的眼光中，這筆借款至少有大部份是無償還的希望。

(未完)

我國抵制日貨之回顧

（桐逸）

序言

曩者制敵，幾惟武力是賴，將士良矣，軍械精矣，於是制敵之具備，衝鋒陷陣，當者披靡，於是克敵之功奏，抗爭克制之術，舍此別無良策，而國家之強弱，亦遂以武力爲權衡焉。迨夫近世，科學昌明，而制敵之術，亦日臻奇妙，武力侵略，未必決操勝算，而憑經濟，已足以制人死命。兵不血刃，可以會敵人一籌莫展，　手就縛，其成效良足驚人也矣，昔英國藉東印度公司之財力，而　印度，可爲明証；而甘地之不合作主義，與我國之抵制日貨運動，亦皆憑經濟以爲消極抵抗之具，同足以見效於今日也。夫國與國間，皆互相溝通，尤其關於經濟方面，過往殊密，盛衰共之。日本自維新以來，百業猛進，一日千里，落伍之我國，望塵莫及，以此種種供給，悉仰求於人，不能自謀，而日本亦視我國，爲唯一之商場，國內出品，歲輸我國者，皆以萬計，據調查，日本對華貿易，佔對外貿易總額百分之三十六，我國人士，醉生夢死，對此歲漏數千萬元之巨扈，曾未一顧。及夫日本包藏禍心，一再侵削我國，國人憤慨之餘，乃有抵制日貨之舉，考其初衷，亦僅藉此洩憤而已，今日之成效，殆非所逆料，但願日積月累，行之勿怠，庶幾最後之標的，終得貫徹歟。

(一)去年以前抵制日貨之經過

抵制日貨，最初發生於一九〇八年，時有開往澳門之日本商輪，私運軍火，接濟中國革命黨人，事爲中國海關官員所悉，即予扣留，後中日間交涉結果，中國失敗。廣州工商界，仇外心熱，激於義憤，乃宣布拒絕買賣日貨，斯允爲我國抵制日貨之嚆矢。風聲所遍，國內大埠，若上海漢口等，相率響應，因此日商損失不貲。

嗣於翌年九月，因日本威脅我國，迫我承認其在東三省擴充路綫事件，而北京清廷，對於要求遽然承認，於是引起全國之反對，而國人仇日之心，亦與之俱增，故又有第二次排斥日貨之舉動。

民國肇興，項城執政，圖實現帝皇之迷夢，而同時歐戰方興，列強無暇旁顧，日本乘虛而入，藉故提出二十一條，迫我承認，國人大譁，競倡對日經濟絕交，數閱月間，排貨風潮，異常激烈，日本對華輸出暴落，跌至僅占全部對外貿易百分之六。

戰告終，日本佔於優勝地位，凡爾賽和會中，承認日本對於我國山東之要求，及二十一條利權之獲得，我國人士，蜂起抗爭，反對中國代表簽字於和約，而同時亦排斥日貨，使日人知所警惕，不敢復向我有非分之想。時東南一隅，運動最爲熱烈，各界人士，成一致行動，聲勢浩大；當抵制風潮最緊張時，日本對華貿易，幾全部停頓，後中日糾紛，終未有適當之解決，以是排貨風潮，遷延數載之久，一九二〇年，日本輸華之貨物，較上年減少百分之七十三。在此一年間，日本對華貿易之損失，達三千萬金元之鉅。

一九二一年，華盛頓會議開幕，涉及太平洋問題，中日糾紛，於是又舊事重提；中國要求在會中乘各解決，而日本主張由中日兩國自行單獨解決，因此我國內排貨之潮復烈，是爲抵制日貨之第五次。

日本相我旅大，本應於一九二三年期滿歸還，奈何於二十一條中，我國被迫延長相期至九十九年之久；於一九三三年之上半年，我國會勸告日本，宜自動取消此非法之條約，仍按原期交還旅大，日本不允，以此又激動我之排日風潮，國內人士，多能合作，故結果實予日八一當頭棒喝。

晚近國民軍興，北伐告成，底定江南，軍事進展及魚，日本甘受軍閥之煽惑，以保僑爲名，阻我軍事行動，於是肇成濟案慘禍，士庶無辜罹難者，數以千計。凡我國民，莫不憤恨，痛定思痛，計惟有以經濟絕交，始可重創倭寇，而抵制日貨運動，遂勃然復發，其激烈之狀態，實爲昔所未有，而勢蜿蜒，亦綿延數年之久，計自一九二七年五月起，直至一九二九年末抵貨之潮，猶未全消焉。

(二)最近一年之抵制日貨潮

去歲以還，暴日對我侵略頻仍，始有萬寶山之慘案，繼有九一八之事變，大好山河，橫遭宰割，痛心何已；而東北之烽煙未熄，淞滬之干戈又起，鏖戰累月，廬舍爲墟，平素繁華之區，遽罹此浩刧，所蒙之損失，實難以數計。當是時也，舉國惶駭，上自縉紳大夫，下及市販走卒，莫不奔走相告，憤慨異常，對於日本，尤爲切齒。於是排斥日貨之潮，風起雲從，頓時瀰漫國內，暴日入寇益烈，而抵貨之潮，亦日盛一日。國內市上，除極少數之日貨，魚目混珠，冒充國貨，得以推銷外，幾無日貨之踪跡，日貨來源，可云全部斷絕。日商損失，自非淺鮮，故暴日雖賴武力而勝利，終必以經濟而致敗亡也試觀日本大藏省有近年來對華貿易之統計，可以深味我國抵貨之成效若何矣。

(甲)按月別計去年九月間，日本對華輸出總額爲一一五五六千圓，與前年同期相較，減少百分之三四。八，十月之輸出額爲八四七三千圓，比前年同期，減少百分之六二。七，十一月日本對華貿易暴落，僅值三九六七千圓，減少百分之七八。八，迨十二月跌落尤甚，總額爲三七二一千圓，減少百分之八一。四，是實爲近年來抵制日貨最烈之時。及夫本年一月，日本對華輸出，又逐見增加計四〇四九千圓，減少率亦僅爲百分之七二。七，三月間總額又增爲五〇九七千圓減少率跌至百分之五七。九，在此一二月間，日商在華北大肆活動，且滬戰起後，國人咸聚精會神於東南而風雲於北方抵貨運動，反多忽略，質斯之故，日本對華貿易，日見增加也。

(乙)就地域論 爲便於明瞭起見，茲約分中國爲(A)華南(B)華中(C)華北三部，各詳述之如下：

(A)我國抵制日貨風潮，以南方爲最烈，緣兩粵熱血之士素爲革命策源之地，洪楊之亂，始於金田，辛亥之役，導自廣州，先年鴉片之戰，粵撫葉名琛，縶於英艦，附郭鄉勇，奮力刧還之，益可昭示南方抗外之烈。去歲九月間，日本對華南部貿易總額，爲二〇九千圓，較之前年同期減去百分之七二有奇。十月貿易量遽跌四倍，減爲五三千圖，減少率達百分之九二，十一月與十二月減少率皆爲百分之九七，日本對我南部之貿昔，瀕於全減矣。二月間日本對華南貿易量，僅九千圓，南方抵貨風潮之烈，不難想見也。

(B)日本對華中部貿易，爲額殊鉅，盛衰消長，影響扶桑之工商，非鮮。江浙學校林立，智識較別省爲高，而上海爲東方之大埠，每有舉動，國內咸惟馬首是瞻，故對於排貨風潮，自亦出入頭地，激烈非常，惜乎民風澆漓，繁華惑人，奸佞無恥之徒陽奉陰違，私運竊販，甘願爲虎作倀者，屢見不鮮，故較之南部，未免遜色也耳。去歲九月中，日本對華中部輸出，總額爲六五三五千圓較之前年同期，減少百份之四十四。後退減之度，與時並進，十月度之退減率爲百分之六十八十一月爲百分之八十，十二月與本年一月，皆爲百分之八十七，減少之量，亦不得謂小也。自二月起，因滬戰關係，中部貿易幾全停，是月間日本對我華中之貿易量較去年同，期減少百分之九十五之多。

(C)華北一帶，民衆智識較低，活動之能力亦小，且地方政務多未脫舊制，間有一二青年，意圖發展，動輒遭忌，故對於抵制日貨，除平津學界呼聲較高外，其餘人士，聲息極微，與南方相較，不無有麻木不仁之慨。據統計，日本在去歲九月對我華北貿易總額，爲四八一二千圓較前年同期，約減去百分之二十七。嗣減少卒逐漸遞高，十一月間竟達百分之七十三，十二月則略低僅百分之六十三，至本年一月遞跌至百分之三十二，抵貨之熱度，顯已大減。而尤可痛心者，本年二月間，日本對我華北貿易總額，有四七二九千圓之鉅，較去年同期之三六三七千圓反超出百分之二十三，時東南戰事方酣，而華北人民抗日之心，竟淡薄若斯，不禁令人齒冷。推其故，民衆不能自動抵制，而處於惡勢力之下，好商遂得大施神通耳。

(三)就商品個別觀察 日本多取我原料，而輸我工業出品。自去、載東北此事變以還，受我國內抵貨之影響，輸出大減除機械品與書籍以外，各種輸華日貨皆減百分之五十至九十不等。茲摘其去年十月間輸華貨物之各別數量，到表如下：（單本位元）

貨名	去年十月輸華額	前年同期輸華額	增減百分率
棉織物	一，二七七，九一九	六，三九二一六一	（一）八〇
精糖	一七三，六八九	二，四〇九，七八六	（一）九三
紙類	七八〇，八九五	一，六六三，七二〇	（一）五三
小麥	二三七，二二八	一，五六八五七四	（一）八四
石炭	三〇二，八五一	一，二五七，六二八	（一）七二
水產物	二〇六，九六四	九二三，四五六	（一）七七
衛生衣	二，六二四	二六四，二六二	（一）九
機械品	七〇四，九九九	四二三，七二六	（十）二

自一二八後，上海交易驟停、日商之專營滬上交易者，莫不愁眉蹙苦，而日本國內之工廠，因亦閉歇不少，如大阪之糖廠，早已相率驟業。若士敏土，本爲我國建築工程必需，因滬戰關係，遂全部停止入口。又若紙張，自日輸滬，歲計達千萬之以上，現亦大半停。更有煤炭，滬地向日採辦者，每年亦不下數百萬之，規則無人問津。此外日用百貨，若化粧品玩具等輸出，莫不大減特減也。

目前抵制日貨之狀況

以上所及，限於去年九月，而至本年二月，時值中日間形勢惡化之際，故國民頗能一致對外，從事於抵制日貨事宜，不遺餘力，成效尙復有足道者。何期滬戰稍懈五分鐘熱度，瞬刻即逝，本年三月以來國內已罕聞抵貨之聲，方是日貨復得暢銷無忌。據日本平大藏省報告本年三月間輸華總額，爲二三，七六七千元（內除華南華中華北外，尙包括東三省，香港等，）較之去年三月總額二五八四四千元，已相去無幾，減少率僅爲百分之八，誠若是日貨之死灰復燃，已無可諱言、而日商恢復固有之盛況，亦指日可待也。嗟嗟，當此東北三省，猶淪敵手，淞滬戰壘、血跡未乾，而我敵日之讎恨，豈遽爾忘却耶？余誠欲哭無淚，欲泣無聲，願我同胞，本已往之精神，始終如一，抵制日，貨庶幾中華前途，尙有一綫之生，機而使暴日，亦得知所顧忌焉。

二十世紀美國經濟思想之派別（三）

宋孝璠

五 卡浮及大戰後之理論派

他又批評奧大利學派這班人缺乏勇氣及去根據他們的根本正確的原則以達到一個邏輯的結論。他以爲他們是爲他們前面的廣大景象所恐嚇，遂中道逃到古典學派。在這裏他找得了他們各人間的理論爲什麼會各各不同，他們各人自己的理論爲什麼會不諧和。於是他就以心理學爲基礎，去發展維也納學派 Vienna School 某種的理論。這樣他便創立了價值論，他自己認爲這是一個定全不倚傍他人的能自立的理論。以價值論爲基礎，他便創立了分配論。他的推理是異常邏輯，雖他的論敵也不能否認。

費特以爲人們之批評界限效用說的狹窄的唯樂主義、是由於誤解了文字的意義，但他決不是奧大利學派的信徒。他以爲效用學說只有建立在意志說的心理學上才能站得住。他以爲經濟生活中最根本的活動是一個對於他能自由支配的各種方法的自由選擇 Free Choice 他的經濟理論就是根植在這上面的。他很注重動態經濟與靜態經濟間之區別他對於福利問題 problem of welfare 也頗注重。他以爲亞州斯密研究財富與福利 wealth and welfare 間的關係是把握着了正確的觀點自從李加圖傾向牟利主義，注重物價問題，遂使後世經濟學者鍥此不捨，致經濟學在今日猶陷於此魔障之中。米爾曾持有較合理的態度，但尙未能矯正此弊；經濟學者之囘至亞丹斯密所行之正確的道上，只有俟諸將來。我們要物價經濟學還是福利經濟學呢？費特自問自答道：建立在物價概念上的經濟學祗能解決私有財產的經濟問題；只有建立在社會福利的概念之上的經濟學、始能有最高的成就。他同英國的皮革 Pizau 一樣、將福利問題看作經濟學之中心。

卡浮 Thomas Nixon Carvar

決定此反應，而只是選擇牠；因為理性祇能捨棄那不能成功的反應狀態，而去選取能夠成功的動作，如果這些動作會滿足個人的及社會的生活之需要，這只是我們的天性之心理特性使然，決不是理智的預定，這種預定只能做那對於那種早已包含於心理作用而圖成功之動作加以選擇之次等職務。在這裏并未否認理性在文明人中的力量，只是說人類那正在增加不已的不同之心理作用是適應環境的變動，他們之能如此適應得很快，乃因人與其他生物不同，而具有很大的感受性。

因此我們便不能說人類的經濟行為是為一種理性律所決定，如同新演繹派用唯樂主義來說明人類的經濟行為一樣。根本說來，人類的經濟行為常是適應當時的經濟制度及社會環境的進化歷程，而且人性的發展與經濟的發展是互相并行的。如斯賓塞派Spencer's Doctvine所言，人類的最輕微的動作會使經濟制度變動，而經濟制度又以不同的方式來影響人性使之發生反作用。這種不斷地互相作用逐使二者不斷地互相平行地變動。因此一離開進化的觀點，而只考察在某一時期中人類的經濟行為與當時的濟經環境間的關係，還是一個靜的觀察，不能把握的形態。如果將人類的某種經濟行為抽象化，作為推論的根據，這也只是靜的觀察。我們所需要的是動的把握，因為一切需要與願望，目的與方法，個人行為的場合與方向都是一種制度的發展之函數，是永遠變動的、是無限的複雜的。

所以要知道經濟學的精髓，只有深切地研究經濟制度—他的性質，他的起源，他的成長，他在發展過程中所發生的變動，并他與他并行變動的實際經濟行為的互相的作用。他們以為制度是人們的通常行為中的普遍而又複雜的習尚。制度的模型，并非固定的，乃受羣衆的利益與衝突的壓力，以及新環境與新思想的衝動，而常常變更的。

他們又以為人既不是如李加圖所謂的私利而兼理智的經濟人，也不是馬夏爾所指的具肉與血的平靜人，乃是顯然不合理智的蠢者，受嗜好的習慣以及傳說思想所支配者

在大體上，這便是今日在美國經濟學界中漸佔優勢的行為主義的理論；他的基礎是美國的新興的心理學，採取德國試驗心理學及斯賓塞的進化論的觀點，而以聯合心理學為背景。同時，繼承歷史學派之方法，研究過往的歷史事實以分拆現在的狀況。

制度派學者間尚未有一致的思想系統，他們多少與其他各學派有相當的關聯。他們的態度都是歷史的，統計的，純數量的，純實在的或心理的，但程度各有不同。他們有一共同目的，那便是反對克拉克一派人所主張的正統經濟學。我們在這裏只舉出布克Fred Boucke及伊第Lione. D. Edie二人，他們的主張很可代表這一新運動之普遍的態度。

布克以敍述經濟現象之社會背景為主體，特別注重心理與生物二要素。他竭力避免數學的及機械的說明，置物價問題與分配問題不顧，專論生產問題；他將本問題中的物質因子講得很詳細。但他最有貢獻的還是對於生產力與商業循環間的交流之敍述。

伊第比布克要保守些，他仍採用古典學派的重要成果，并運用現代的界限說。他用心去觀察在經濟生活中活動的力量之間的正異異點。因此他便沖淡了經濟律，表示了一個十足實際論者的態度。例如，他以為構成價格的一切要素，最終不是求達供需之平衡。他曾於經濟制度中舉出了很多的歷史的及統計的材料作這種相對論者的態度的根據。

八，經濟學進展上之一種標記

在一九三一年，制度派學者出有巨著一冊，書名經濟行為，乃六大經濟學家所合作，其原名為Economic Behavoir: By Atkins, W.F. etc. 在書局的此書說明書中，有如下數語：『此輩作家描寫生產為整個的事業，用以代替生產可分土地，勞力，資本，經理四種要素；彼等描寫買賣者，在市場上各別情形之行為，以代替價值如何決定之學說；彼等對於經濟行為，不用假定狀態描寫之，乃將行為在變幻情形下的推進，一一實寫之；彼等對於常價Normal Price界限購買人 Marginal Purchasen 界限銷售人 Mrginal saler 功能分配學第Furctional distrrbution與夫假設給線與需要等原理，以其病於玄妙，皆未加注意也。』(按此段係摘錄自之江學報第某期某君所譯之近代經濟學教科書及其趨勢這種崇尚事實之敍述，在大戰後的美國經濟學說的建設方面佔着最重要的地位。

在二十世紀初年，他受克拉克的影響很大；同費特一樣，崇尚抽象的理論。但他却與費特有點不同，仍然贊同與大利學派的界限效用說，并且企圖以這種學說去解釋經濟生活上的一切現象。他這時的理論的發展在方法上很值得稱讚，對於抽象演繹的程序，有很大的貢獻。在大戰之初，他傾向於研究經濟學上的倫理問題；他同費特一樣，以爲經濟學的目的是國家的福利。達到這種目的的方法他以爲是可能的最低生活費用Cast of Living與可能的最高生產力之合作。他注重宗教及倫理問題，他注重一國人民的道德及精神上的品質，與一國的地理狀況；他以爲這些是決定經濟福利之因子。但是在理論上他然抱着初年的思想。他毀詰各種社會主義；具着一般美國人共有的樂觀心理，持着一種中庸的自由態度。他也贊同生產合作，雖然他不完全滿意合主作義。他雖然沒有歷史的態度，但却不輕視現在的事實。

白郎Henry Gunisson Brown反對卡浮的保護主義，以爲卡浮誤認經濟與商業是一件事。但是白郎在他自己的經濟科學與公衆福利Economic Science and Common Welfare 一書中，却未以經濟福利爲研究的中心，而注重於分析物價的客觀現象，以之說明分配論。他對於價值問題中的心理分析，很有成績，因爲他不僅由界限效用學說中推演出效用，也推演出成本。

泰洛 Fred Mouville Taylor 的學說系統，很富於抽象演繹的程序。他用數學方法去解釋物價構成之歷程，同時又應用界限學說，使他的學說系統完備，包括全部經濟學。在美國，除了克拉克外，對於美國經濟學派有大影響的，要推泰洛了；有很多經濟學的著作，都是獻給他的，是見其爲人景仰之一斑了。

費爾濟 Fred Rogers Fairchild也同泰洛一樣，受費雪的影響不少；但就他的整個思想看，他却是一位馬夏爾的景慕者。在他的著作中雖到處流露着古典派的氣息，他仍然是屬於界限效用學派的陣營的。他的最後派的態度 Finalistic atticude 在美國經濟學中起了一個新的漩渦就是他的書的體裁也是獨立不傍前人的。他雖用演繹方法，也用歷史的材料及現在事實的作他明理論的工具。

拜伊 Raymond T, Bye 是一位美國青年理論家。他特別注重組織問題 Prablem of Organization，專門研究獨佔及公司問題。在純理論方面，他是一位界限效用說者。他的價格論很好；他以需要去說明市場價格 macket price ，而以爲常價 Nromal Price 則爲供給與需要所決定。他也同費特及卡浮等相同，以福利觀念爲經濟學的中心。

六、白登Simon Nelsen Patten的社會改良說

白登的學說是一種奇異的混合物，包含純正的的理論及烏託邦的思想；他實在沒有能力去組織一個合理的系統。就全體而論，他反對現代抽象的與唯樂主義的態度，而傾向於實在主義者的態度。在一個相當的社會環境之中他接受界限效用說。他以爲勞動不是成本，因爲他是我們的賸餘精力的支出，因此他本身是一種娛樂。在經濟發展的進程中，娛樂的成份在最後吸收了一切必需的經濟勞動，因此成本這一概念遂完全消失了。在商業活動的交換的機械作用之中，在供給與需要的對立之中，在資本不斷的生產之中，他找出了同一無二的樂觀的平衡之狀況。縱然有資本主義及地租與工資制度，那正要達到的社會之和諧的秩序現在大部份却是被傳統 Heredity 所阻止，這種傳統便是種族及生活上的自然狀況所加之於個人的種種約束；但他以爲這種障碍不久會被美國人的經濟生活的力量移去的。

七、制度學派 Institutional School

自大戰以來，克拉克學說在美國大受攻擊。美國一些新進經濟學家，繼承范勃倫Thorstein vablen之後，綜合新演繹派與歷史學派之長，注重制度與經濟思想之關係，根據新心理學攻擊新演繹派之唯樂主義及功利主義，這派心理學在十九世紀後二十年與起於美，綜合了英國的聯合心理學 Psychology of Association【尤其是斯賓塞修正派 Speceian moefication 及德國的試驗心理學 Emperimental Psychology 依他們的意見，人性不是由理性複雜所指揮的簡單現象，不是先天的。隨着環境的不同。無限的複雜心理作用是在以各種不同的方式互相作用，互相反應。在這種反應一人類行爲一之中，理性的

任務不是蔑視理論之推闡，果眞可繼新演繹派而爲美國之一代經濟思潮嗎？不，約翰教授說他們是走到了另一極端。但在一九二八年，却有一新著問世，約翰教授以爲這本書是一本有價值的著作。

這本書的原名是現代經濟社會 Moderm Economic society, 1931, by schlichter, Summer H在此書的序言上有這幾句話：「本書對於讀者之貢獻，卽在使專門書籍或記事書籍與普通描寫產業社會之書籍，其間之隔閡，可以減少。」約翰教授以爲『石克黎特 Schlichter 氏之新著，其態度寬大而亦富有進取之表現，將傳統經濟學之見解與制度經濟學之見解甚或社會主義派經濟學之見解，在內悉予以聯絡，使之溶合。其取材旣豐富，而分析又復謹嚴，其爲一豐富有價值之著作，毫無疑問。又言是書對於正統經濟學派有甚多之批評，倚畀於制度學派者甚多。氏預測資本主義必有傾覆之一日，而此項資本主義之傾覆卽可於資本主義經濟學之消滅中見之也。氏書確爲經濟學進之展上之一種標記。此種著作可引吾人出荷曼 Homah 敎授所云之絕境而登於康莊之大道也。

尾音

從上文看，美國的經濟學是日趨於現實的研究，其激烈者且欲舉一切經濟律而廢之，專爲描寫實狀之瑣屑工作，使經濟學者有經濟學其將淪亡之嘆。吾人前已有言，思想乃時代環境之反映；美國以金元立國，大權操於金融資本家之掌握（按美之共和黨乃代表金融資本家者，）物質文明，超邁各國（卽近今之蘇俄建設，其技術方面，亦爲美利堅式）昔日資助資本主義之經濟學，自當趨於沒落之途，代之而起者，遂將分配問題棄置不顧，唯生產問題是視，對於財富之生產，誠哉盡善盡美；對於財富之分配，則瞠目束手，顧而言他，經濟學果眞如此無能，則誠如約翰教授所云。將瀕於絕境，但時代之輪，終將使經濟學進展至一新階段，此約翰教授所云石克黎克特氏之書爲經濟學進展上之一種標記歟！（完）

週聞簡報

記者

1. 中央發展全國鐵道計劃

（一）建築潼西鐵道，由潼關而達西安，共計需費達一千四百萬元，一旦完成，卽可與隴海路銜接，成爲關中唯一之幹道，

（二）完成粵漢鐵路，該路建築費，已經決定由庚款中指撥，惟係分期撥付，故現已決定以此項指撥之款爲担保，向他方籌借，決定于四年中完成全路，

（三）建築大潼鐵道，由晉省之大同而至潼關，俾他日與潼西隴海兩路聯絡，不但便利運輸交通軍事，且可開發西北豐富之天然產品，

（四）建築石沽鐵道，由晉之石家莊而至大沽，預定與大潼鐵道，同期于兩載內完成，

□國煤運費加價問題

國煤救濟委員會，以各路運煤，暫停加價。至八月二十一日，已屆滿期，爲抵制外煤起見，呈請鐵道部繼續展限，以資救濟，鐵部已電詢各路，邇來國煤運輸及沿綫產銷情形，至暫停運費加價，應否繼續展限，限三日電復核奪

□實部息借庚款籌設中央機器廠

實業部爲籌設中央機器廠，向中英庚款會，息借庚款十二萬鎊，由該會提出本月四日在滬舉行之討論會通過，並決雙方擬定合同辦法，以便簽字交款，該草約已擬就，本週內可簽字，照額交款聞實部該俟該項借款領到後，卽行着手，從事籌備，絕對照合同規定，不作別用，

□各機關臨時預算辦法

國府主計處以二十一年會計年度，已經開始，各機關編製預算非短期內所可藏事，特根據預算章程，規定臨時辦法，（一）自七月起，各機關開支，一律適用二十年度核准之預算，（二）特殊急需之經費，爲以前預算所無者，由該機關擬具概算，送該主計處，轉呈國府會議審查，以國府命令行之，（三）國府認爲必須成立之新機關，或亟應舉辦事業之經費，亦照第二項辦理由國府會議決定，

本刊啓事

本刊今已出版望各校友同學源源賜稿稿件則請投交新宿舍一〇二號宋孝璠收

上海交通大學經濟學會編行

經濟週刊

黎照寰題

零售每份大洋一分　第五十八期　每逢星期三出版

民國二十一年七月二十七日

論著

廢兩改元問題

馬寅初博士講
學生黃寶桐記

我國貨幣制度之不統一，早已成為社會經濟一極大問題，改革之議，倡之已久，徒因銀本位制，尚紊亂而無統系，如內地商民，通行銀元，各大商埠，則以銀兩為尚，既非洋本位，又非銀兩本位，非驢非馬，深堪浩嘆，考一國法定貨幣，須經法律規定，而我國之銀兩，則不然，平色龐雜，就地劃分，滬用規元，津用行化，平用公砝，就機關而言，則財政部用庫平，海關用關平，凡茲數者皆為銀兩，足舉為國幣統一之障碍，而其最有力者，則為規元，苟能一鼓而將規元藏滅，則其餘當無問題。

此次改元之動機，事有湊巧，一方鑒於歷來幣制之太紛亂，一方鑒於洋厘暴跌，最低時間六錢八分之新紀錄，洋厘所以暴跌之原因，不外以下六因(一)農村經濟崩潰，(二)都市資金集中，(三)金融季節失常，(四)城市工商衰落，(五)現金鉅額貯藏，(六)內地匪禍頻仍，洋厘市價，既一再跌落，於是握有成色較高之銀元者，不如溶之為銀，似為有益，因當作銀元計值，反不合算，所以近日爐房大忙特忙，每日有溶解銀元四十萬至五十萬之多，剩餘未溶者，多為次等銀元，其成色反有劃一可能，大有造於銀元成色之統一，考銀元之種類繁多，其流通市面者，如墨西哥之鷹洋，大清，江南，北洋，孫中山，袁世凱，尚有波斯洋，香港洋，等，其間之成色優劣不等，今如廢兩改元，幣制統一，以前之銀幣，本當予以嚴格之規定，今能溶去其一部分雜色銀元，反可漸趨一致，現在所用之銀元，係製自杭廠，其出品成色，與法定符合，但於重量方面，每大洋十萬元，有四十元之差耳，將來廢兩為元，辦法實行，新幣法價確定，則銀元預備在上海開鑄，因京廠廠址已燬，杭廠範圍較小，而滬廠機械能力，日可出大洋五十萬元，(年可出一萬八千餘萬元，)且有鑄造輔幣機器，如銀角銅元等，均可由滬廠一手經營，將來新幣成色，為百分之八十九重庫平七錢二分，故每元純銀為六錢四分另八毫，加上鑄費六厘，合庫平六錢四分六厘八毫，銀元之法定價格既定，加以銀兩取消，將來不再有洋厘名目，人心可以安定，社會金融，得以穩固多多矣。

現此策之實行，惟一困難焦點，在乎有利害關係者之態度、反對者所持理由如下，(一)恐政府從中謀利，政府因握有鼓鑄銀元之權，並規定銀元法定價格，於是在開鑄銀元時，故意將成色減低，其與法定成色所低之差，即為政府之利、(二)社會將受紙幣增多之患，一旦銀兩廢止，市上現洋籌碼，頓形不敷，於是可乘機濫發紙幣，於銀行大有裨益，否則籌碼則感缺乏，社會現象，顯見不佳，(三)軟硬幣統一之後，纔可廢止銀兩，今日各銀

本期要目

廢兩改元問題　馬寅初博士講　學生黃寶桐記
廢兩改元之問題　章傳華
國難期間世界經濟大勢　馬寅初講　施亞昌記
日本今日經濟之危機　日新譯
二十世紀美國經濟思想之派別(補一)　宋孝璠

印刷者上海法租界愛來格路三十八號華僑印務

行大多數發行紙幣，以致市上紙幣數量紊亂，硬幣質量，既已紊亂，軟幣又如此，故廢兩爲元，茲事體大，似尚嫌之過早，查上述三點，似是實非，政府如欲謀利，固不待廢兩改元後，在以前杭廠製造銀元時亦可，而政府在此時，固未嘗出此，故此點不攻自破，且銀元在出廠時，必須經公開化驗方可，況將來滬廠成立後，在商界實業界監督之下，開爐製造，決無問題，京方政治勢力，決不致波及也，故不如乘此洋厘下落，銀元價格下沉，多被溶化之際，奮力廢除銀兩，否則，固亦無法制止銀元之繼被溶化，如銀兩廢除，則社會上祇用洋，不再用銀，銀元化銀之目的消失，固不必取締，而自然停止矣。

反對者，不顧大局，惟恐將來利益問題，日趨減少，目覩銀行前途，環境轉佳，心有不甘，爲私利所衝動，所以表示反對態度，以圖轉圜，而我人以第三者地位觀察，此舉於銀行容或有利，但須知廢兩改元之惟一目的，非爲銀行，而爲大衆，故應以國家利益爲前提，似不應橫加反對。

在錢莊方面論之，利益當然喪失，因上海各錢莊有現賬，而無洋賬，例如存戶以洋元來存，彼照市價減一二五(一毫二忽五)或二五折成銀兩，因洋元無利息，故存戶亦願折合銀兩，以銀兩有折息故也，)至提取時，則照市價提高合算，出入之間，即得利益，若銀兩廢止，則錢莊不復能得此項利益，宜其反對也，但此尚非大故，今有更甚於此者，即存放同業之制，勢將不行，蓋上海雖然銀行林立，類皆資本充足，信用素孚，但勢力不如錢莊遠甚，即平日之收支各款，如與錢莊有關係者，非委託錢莊代理不可，蓋錢莊有匯劃總會，以爲交換票據之所，而銀行不得加入也，於是銀行之款，存放於錢莊者，爲數多則千餘萬，少則五六百萬，因欲委託錢莊代理收付，非先存放不可，此謂之同業存放，如今實行廢兩改元，則錢莊之惟一利器銀兩，頓被打倒，市上一律，均用銀元，銀元爲銀行所富有，於是一切交易，銀行均可獨自任之，固不必受制於錢莊矣，錢莊之受銀行存款，當然取消，所以同業存放，無形中因廢兩改元問題，而壽終正寢，一旦銀兩廢去，則洋元之用途大廣，於是銀行解收款項日繁，非籌設銀行票據交換所，不足以清理一切，蓋票據交換所成立之後，銀行相互間之欠人與人欠兩項，可以做錢莊軋公單之方法，兩相抵冲，現金之用途減少，搬運之麻煩可去，既可省手續，又免担風險，銀行從此可以致全力於營業矣，況在市面恐慌，或金融緊急之際，現金之需要驟增，銀拆飛漲，借貸停頓，苟有交換所以爲調劑，各行間可以改用公單，不用現洋，清理其存欠也，因此錢莊之勢力，更形減小，故歸納言之，此廢兩改元之後，錢莊受到三種影響，(一)一毫二忽半之利益無着。(二)同業存放取消，(三)銀行票據交換所成立，今年春間，上海各銀行設立之銀行聯合準備庫，即爲將來成立票據交換所之基礎，所發行之公單公庫證抵押證等，即爲各銀行間謀便利而設，故曰票據交換所之雛形已成，亦無不可，但錢莊之勢力，亦不致立即完全消失、錢莊所出信用素著之莊票，固仍能行使於市上，因莊票有五天期七天期十天期者，商人有幾天之利息，當然樂用，至於零星數目，則可用鈔票矣，但錢莊素所利用之滙劃銀與劃頭銀，則因廢兩改元問題實行，勢必取消，因銀兩二字，在廢兩後，根本不成立，考匯劃與錢莊有莫大之利，因匯劃銀即須過一天付現，於是錢莊可從事取得一天之息，但數目大宗，以一年三百六十六天計之，即等於一年之息，其利可觀，此無怪錢莊之極力爭執銀兩之存在也，至於錢莊反對理由中所云之銀兩，一旦廢除，則籌碼將感缺乏，如銀洋並用，則銀少洋代，洋少銀代，可以調劑，廢除銀兩後則不成，此語初聆之，似實有理，但仔細考察，毫無意識，蓋銀兩廢後，二者之力併而爲一，豈非一而二二而一，其效率固一仍如舊也，譬如有水兩小碗，甲碗水少，固可以乙碗之水補充之，反之乙碗水少時，可以甲碗之水補充之，此固言之成理，但吾人亦可將兩小碗之水併爲一大碗，水量絲毫不減，於應用上祇有便利，毫無困難，至於紙幣，亦不致多發，因發行紙幣，現政府限制綦嚴，須七成現金三成保證準備，始可易得十成鈔票發行額，且上海一埠，洋多銀少，上海現有大洋二萬二千萬元，銀兩五千萬兩，既然多洋，更不必多發鈔票，故銀兩廢止影響紙幣流通，並不甚大，錢莊又云，廢兩改元，須在軟硬幣統一之後，此語更不合邏輯，孰先孰後，誰能下此斷語，錢莊言此，似太無聊矣，蓋今日廢銀用元之目的，即在統一硬幣，斷無銀兩不廢而硬幣統一之理。

茲將廢兩改元後之優點，略述如下，(一)財政上之占惠，向之財政上種種弊病，多出於由銀兩折合洋元，或再由洋元折合銀兩，一、一入間，其弊遂成，(二)將來改革幣制時，易於着手，因銀幣已統一，無論將來改金本位，或逐漸採行金本位，均易於辦理，非若已往之紊亂，無從下手，(三)時間經濟，費用節減，銀兩如廢，則銀元之用途統一，手續因以簡便，固無須如往日之記賬，須記以洋之賬，同時兼須記銀兩賬，費用既大，手續又見紊複，(四)銀行票據交換所可望成立，因時勢之需要，票據交換所，當然可望籌設，立國於今日之世界，而銀行界尙無票據交換所之設立，在國際上，實爲一種奇特現象，(五)各地之銀兩，均可相繼廢除，因中國其他各埠匯兌，均以上海規元爲標準，上海規元既被打倒，各地銀兩，自無立足之地，(六)上海造幣廠一定開工，廢兩改元之後，洋元需要正亟，於是滬廠開工，以濟通貨之流轉，市上物價，不致發生影響。

○ ○ ○

廢兩改元之問題

（童傳華）

近日海上洋厘暴跌，爲近世以來未有之現象，究其原因，爲現金集中於上海一隅，現金之所以集中，約有下列數因，(1)農村經濟破產，(2)內地不靖等，因之現金紛向申江集中，設申能有巨大之需要，則多量之現金，亦不致發生若何影響。奈自一二八日人無端向我攻擊，我固有之工商業，幾瀕於破產，無餘力以銷此巨額之現金。且年來絲茶業銷胃，以受不景氣影響，日漸衰落，滬上絲廠關閉者達十之九，絲茶商客以營業清淡，不敢向內地採辦。是以往昔每當絲茶上市之時，求者以供求關係，洋厘必暴漲。今則多而求少，故洋厘日益跌落。洋厘若是暴漲，而現金存儲於申江者逐漸增加，物價暗漲，平民之生計，大受影響，且於商業前途，亦蒙不利，故當今國內經濟家，金融家，咸以斯時爲廢兩改元之良機，幣制之改革之時機業已成熟，故旬日以還，宏論巨著，日見於報章，並銀錢兩業，于政府當局，示有改革之決心，若持之堅決，則多年來病商害民之兩元並用，定能廢除，而代以銀單本位，於民生與商業有莫大利益在焉。

我國幣制之複雜無可諱言，外人譏我爲無幣制之國家，亦云宜矣。今我國除內地城市外，凡通商大埠，大宗交易，概以銀兩計算，而銀兩之應用，亦以地而異，如申之九八規元，津之行化，及漢口之洋例，然銀塊流通於市上者，業已絕跡，即存於銀行庫內者，爲數亦不過五千萬萬兩，流通於市上者僅銀元而矣，凡銀兩之往來均以銀元折合，是以銀元之本身無一定之價值，而銀兩又無現貨，各地之本位不一律，是以我國錢幣單位，尙付缺如，處於現今之世界，一國之中尙無一法定之單位，豈非異事，因銀元本身無一定之價值，是以日用品之價格亦高低不定，影響於平民生計者至大，且商人以洋厘之漲落不定，多意外之危險及不當之損失，中國商業安有發達之望，乃一般貪得之徒復利用其市價之漲落，藉以爲投機之目的物，一旦虧負，家破人亡者比比皆是，不甯惟是，我國信用制度尙未發達，交易往來均用現貨，故現貨之需用，較他國爲繁，加以外商銀行及錢莊進出多用銀兩，而中國商業交易通用銀元，故商人不可不有兩重之準備，因之通貨之缺乏，所感尤甚，而金融之緊急亦較爲多，且兩元通用，以兩易元，或以元易兩，匯兌之際，貼水所虧，受害無窮，且各埠銀兩，本位不同，計算困難，又耗時日，奸猾者復利其計算之複雜而上下其手，無形中之受損，亦屬不少，況今市上銀塊往來，大都以銀元折合收付，並無實際上之授受，則又何必以少數之銀塊作交易之籌碼耶。

兩元並用，既有上述諸弊，是以統一幣制，爲刻不容緩之舉，幣制改革之議，倡於亡清末季，屢言改革而未果，以始終無統一計劃與決心也。民國八年，承上海龍應洋統一行市後，國人漸曉銀兩並存之弊計，始知一面設立上海造幣廠，謀國幣鑄造之統一，一面擬廢兩改元，謀國幣流通之統一，全國銀行公會聯合會曾提出議案，向當局請願，奈因政局多故，且國人有因循苟且之態，十數年以還，毫無成功，往昔對於廢兩改元之問題，認爲窒礙難行者，約有下列數因(一)銀元爲數不多，恐不敷應用，(二)通常銀元市價，高出所含純銀實價頗多，改革之際，規定銀兩換算率，倘以市價爲標準，則反對者必以銀元成色不足爲口實，若以實值爲標準，則擁有銀元者又覺虧耗過大(三)造幣權未會集中，成色重量之是否準確並無切實保障。(四)硬幣之不統一，銀元之流通於市上者，有鷹洋，龍洋，大清幣，北洋幣，站人幣，廣東幣，江南幣，湖北幣，袁頭幣，孫頭幣等等，成色及重量各不相同，究以何爲國幣，而其他各種又如何處置。

今以洋厘暴跌，洋底濃厚，由是沉寂之廢兩改元問題，又重行提起，學者及金融界均以爲統一幣制，斯爲良機，以往者所顧慮者目下均得圓滿之解決矣。今上海之存銀，總數達二萬二千數百萬元之巨，開未有之紀錄，且中央造幣廠工程完畢，待有的款即可開工鼓鑄，甯廠廠址已燬，杭廠亦已奉令停工，鑄幣權已集中於中央造幣廠，而廠址位於上海，上海金融界，可隨時加以監督，俾成色劃一，該廠設備新穎，日可鑄幣五十萬元，源源供給，不致有缺，至於銀兩換算率之規定，以銀元市價低落至合銀實價之下，當不致發生任何困難與糾紛，因洋厘之低落，銀質較佳之貨幣，已爲銀爐所熔化，且現所鑄之孫幣，成色均不及其他銀幣，設以斯爲他日鑄幣之標準，則依格來歆律，Gresham's Law, 良好成色之貨幣，亦當爲孫幣所代，故硬幣之統一必不感重大問題也。

顧今日已屆改革之期，若再因循苟且，則將更無希望，夫興革之始，必有利害衝突，若我人認爲幣制改革後，使物價穩定，幣制確定，則目前犧牲，決不容惜。

國難期間世界經濟大勢

馬寅初講
施亞昌記

現在世界上有兩大主義對峙，即資本主義與共產主義（實則俄羅斯今日所行者非共產主義乃國家資本主義 State Capitalism）中國介兩大主義之間，究竟何所適從，此問題乃有待於我人解決者也。

何謂資本主義，由書籍中我輩知悉如正統派鼻都主張自由貿易，他們以爲一國之現金分配平衡則物價亦可以維持均衡，倘現金一多，物價即行高漲，物價一高，其他各國之貨均來銷售，如以英國爲例，英國之物價高漲，其他各國之貨物競向英國運銷結果英國之進口增高，形成入超即所謂貿易趨於逆勢。英欲償此入超乃將現金流出，現金既以流出而減少，物價乃又下降，另一方面各國因現金之流入物價增高，結果現金又有反方向之移動，此謂之現金移動之自然途徑（Natural Course of gold movement）但此種情形，自由貿易時代固然，今日則不然，現金與貨物不能自由流動，有人爲之阻力在其間，在在受政府之干涉，故貨物不得自由出入，例如

(1)預定百分數制度 Auota system法比等國行之，自歐戰後，各國競向國家主義，咸主自給自足，不依恃他國，於是有兩種方法。(a)國內市場之保存，各國既抱自給自足主義，咸從事大量生產，結果物產過剩，無從推銷，於是一面保守國內市場，用保護關稅制度，阻止外貨之輸入。(b)國內推銷不盡，則將餘額用屯併方法Dumping傾銷國外，貶價賤售，所有虧蝕之數再以國內貿易所獲利潤以爲彌補，其目的在減少進口增加輸出實爲最愚笨之方法，現在法比諸國均用百分比Auota制度先計算去年之輸入共爲若干，今年則比去年減少百分之幾，如美國佔若干，德國佔若干，預定一種百分爲之比例，今年無論如何不能超過此種定數，此亦政府干涉之一種。

(2)操縱匯兌(Control of exchngs)向國外購買貨物必先得政府允許，此允許之權大抵交與中央銀行，倘中央銀行以爲金準備之充足，可以允許，否則不能購買，蓋購買外貨必須付款，由金準備中提取現金，今爲政府節制，自不能自由出入矣，此法德與兩國行之。

(3)英國亦用人爲之力量操縱貿易，藉停止金本位利用英匯之跌

落，以謀增加輸出而限止輸入，瑞典，挪威，日本等國隨之，故所謂自由貿易，供求定律(Law of dem and and supply) 已完全不適用於今日。

(4)干涉最多者爲俄國，國外貿易不准私人經營，完全操於政府之手，據以上觀察，可知今日已無所謂經濟學中所說之自由貿易，此外經濟學中所說之貼現政策，現在亦不能應用，倘能實行，英國又何須乎金本位之停止。蓋現在銀行之存欵中大部分是活期存欵，定期存欵頗少，倘一旦將貼現率提高，不但不能誘外國之現金源源流入，以補充本國現金之缺乏，反引起各國疑慮，於是各國之提款更急且鉅，故舊時課本中之貼現控制政策，亦不能在今日奏効。

時至今日，經濟恐慌已至極點，其原因即由於各國競相盲目生產，將多餘貨物競向國外市場銷售，市場既有限而生產復繼長增高，終至極度恐慌。我人猛平心思索，各國皆拖增加出口減少入口之心，試問何處可容此偌大多餘生產。此種理論，根本已發生動搖。故各國乃競相生產用保護關稅阻止外貨輸入，一方再以津貼補助方法，獎勵國貨輸出，爲造成今日經濟恐慌之主要原因。

第二原因是戰債問題——德以戰敗之餘須負賠款責任，而受賠欵之國又須償還美國戰債。在債務國則曰德停付賠欵，彼等亦不還美債，在德國則曰今年儲大二十萬萬馬克(2 Billions Marks)賠款實無力可以支付。唯一辦法，將貨物輸出，而又爲各國保護關稅擋駕，不得已乃用種種「合理化」方法使成本減低，售價特廉，以謀銷售國外，因此各國貨物俱受其影響，牽連跌落。

更從英法等國方面言，英法力爭德國賠款與償還美債有連帶關係，而美國力主無關，當借債之時並未言明有連帶關係也。英法欲清償美債，亦惟有以貨物輸美，美以保護關稅阻之，英法則以傾銷還擊。於是美國貨物，亦被牽連下落，結果同歸於盡，此爲第二原因。

第三，由於人民購買力之衰弱——所謂人民者，大部分是農夫，値此農村經濟崩潰之時，農民之購買力大減，貨物皆感銷路稀少之困難，即以美國而論，農村亦已至日暮途窮之境，農產物皆因生產過剩而跌價，然又不得不賤價出售。例如Taxes省，向以棉產爲大宗，今以棉價大跌，全省農民陷困苦狀態中，農民既乏購買力，貨物之銷售無從，經濟恐慌乃益呈銳化。

其他較小原因如各國預算收支之不能相符等，亦足使經濟恐慌深刻化。

由以上種種原因，物價與日俱落，資方固蒙重大損失而勞方之失業問題以起，資方因所有投資非凝結Frozen 即價値低減，於是股票陡落，銀行之放欵既不能收回，存欵又相繼提出，迫不得已，銀行停業，去年美國有數百銀行相繼倒閉者，亦即由此。

對於補救目前恐慌，一般輿論約分兩種：——

(一)提高物價——他們以爲只要物價提高，就可解決一切，至於如何提高，則有二法：

(1)跌價貨幣 Depreciated Currency ——貨幣跌價以後，物價即可上漲，且可以獎勵出口貿易，但此種救濟方法，不免過於容易而缺乏實效，倘此法有效，則中國今日銀價跌落，豈非最好機會足以救濟恐慌乎，雖然貨幣跌落，足以增加生產，但如貨幣跌至無値，復誰願爲生產？既無生產，安能獎勵出口貿易，故跌價貨幣不能救濟恐慌已甚明顯。

(二)計劃 Planning ——如俄國之五年計劃，凡事經通盤籌算於先，便無生產過剩，亦無生產不足之慮，今美國亦有仿此之意，以上兩法，第一法重在貨幣，第二法重在貨物。

諸位不要以爲俄國是共產主義國家，共產主義乃危險主張，不必研究、此實差誤見解。前倫敦大學教授拉斯基氏著成批評共產主義一書，後由國人譯成中文，名之曰「共產主義」因命名關係爲警察盲目制止。此種盲目阻止實爲極大差誤，因拉教授書中固有贊美之處，同時亦加以種種批評也。

今世界各國競爭最烈者有下列五種專業：

(1)造船業Slup-building

(2)鋼鐵業Gron and steel

(3)紡織業Tertile

(4)化學工業Chemical In-dustry

(5)煤Coal

各國對於此種事業應先作通盤籌算使無生產過剩之慮，亦無生產之弊，我國商人重視資本主義，殊不知資本主義在今日已到日暮途窮之日，實有改善之必要，同時中國一般青年學生每以共產主義爲新思想，盲目遵從，亦屬誤解，實則俄國今日所行者，已非昔日政策，其不同如下：

(1)俄國今日並不主張階級鬥爭，惟側重於人民生活程度之提高，及生產能力之增加 Increase national efficiency，在中國之共產黨尚努力於殺人放火，比較階級鬥爭，更加厲害，實屬極大錯誤。

(2)寬容政策，俄國今日已改變其昔日之暴厲誅殺政策，而爲寬容政策Toleration，對於智識階級，盡量羅致，而對於反對者亦予以寬容之餘地。

(3)從前無私人創作(Private initiative)一切都由政府作主，現在則有之。

(4)以前無個人責任(Individual responsibility)現在一切工作亦須個人負責。

(5)從前不問工作如何，工資一律平等，現在亦有等級之分，共分十幾級。

(6)從前主中央集權 Centralization 現在亦漸主分權Deceutratization。

故中國青年學生認錯俄國之眞面目，夫俄國之預備世界革命固屬不謬，但其方法已非殺人放火之暴烈手段，Agression而以榜樣 Example示世界，萬一俄國示世界以好榜樣，則世界革命成矣，無所用其殺人放火。

俄國一切皆與昔日不同，惟有一步，則始終不放棄，即通盤籌算之計劃也 Planning 惟其有計劃故免盲目生產之禍。

資本主義以個人利益爲前提，不與他人合作，結果惟有失敗而已，火柴大王之自殺，即此理也，蓋個人主義已不適用於今日矣。

國際聯盟，現正從事於計劃一步，糖業合同之成功爲顯著之例，先將積存糖貨，銷售完罄後，再行生產而市場亦經分配定奪，故糖價得以維持。其他各業，大可應用此例。

中國今日，雖不能完全採取俄國政策，至少亦須有一種計劃，否則即能成大實業國家，亦不過蹈各國之覆轍而已。

☆ ☆ ☆

日本今日經濟之危機(續)

George E. Andereons 原著　日新譯

日本各銀行積年所放的不能償還的債款誠如上所述，已堆聚如山，這當然是處置不當的結果，此外還有一個大錯，就是因一九二七年銀行恐慌而產生的新銀行制度，並未將以前一切錯誤的地方加以改革和刷新，其中最大的一種失策即日本銀行之放款多以資產抵押而不以流通性的商業期票(Self-liquidating Commercial,Bills)爲抵押，結果，在恐慌的時候這種資產的變賣，雖然仍爲可能的事，但是欲免除損虧那是很難做得到的，而且在現存銀行制度之下，中央銀行與各種營業銀行是無密切的聯絡的，尤足驚奇的是各銀行只在結算或緊急時期才向中央銀行借款，而在中央銀行存款或否，各銀行是有絕對的自由，所以中央銀行對其他銀行，實在沒有控制的力量，再者政府對於各銀行準備之限制很寬泛，實在也可以說沒有什麼限制，又對於放款及投資亦無適當的裁制，結果，銀行慣例總是放款給極少數人或機關，尤其是各大公司，她們的資本差不多全是銀行的借款，而沒有人民的投資。這麼一來，整個的銀行制度之安全與繁榮遂爲極少數寡頭所操縱，於是金融的調協遂發生阻礙，一旦商業衰落或其他恐慌發生的時候必至弊端叢生，危機百出。再談到日本政府，當經濟恐慌發生的時候她是無有不竭力幫助各銀行及各種企業的，不過若是政府本身臨於急難的時候，那她就老實不客氣地向各銀行及各企業勒索借款，這在最近是常見的事實，

上面已經說過，日本各銀行所放給各界之款，結果都弄到沒有償償的希望，這樣當然會使金融枯澀而影響到日本整個的財政的伸縮力。再看日本今日工農商各業一般的狀況，我們更會感覺到那是使她經濟組織的瘉痪變本加厲了。在一九三一這一年之中，日本國外貿易的量或者還比一九三〇年大一點，並

少也是相等，不過若是以物價來作標準，計算起來那是低落得多了。例如一九三一年的生絲出口是較之上年增加了百分之十七但是實際上貿易的收入却比較上年減少了百分之十五，在這兩年之中，總共出口的價值，（朝鮮和台灣的出口額除外）是由一，四九八，六七七，〇〇〇日元減至一，一五五，八七八，〇〇〇日元。結算下來，日本兩年以來的入超，總算是由一六三，九九八，〇〇〇日元減至一二九，七九七，〇〇〇日元了。

仔細的研究起來，日本貿易史上所發生的最大的變化，是在一九三一年的後半部。在這半年之中，她在貿易上的損虧是累進地在增大。東省事件的暴發把她在那三省的貿易全部停頓，而同時在中國各地方之抵制日貨運動。日形尖銳化，這更足使日本的貿易全部覆沒。而且最使她寒胆的是自本年開始以來，以上的情形還是在進行中，雖則正月份她在東三省的貿易似有改之勢，但是在中國其他各地方之大部貿易是低落百倍了。而且在這一九三一年之後半部，日本與印度及英國各殖民地的貿易也因英匯跌落而受了影響，她當初放棄金本位的企望，是想因此舉而補救其與各國貿易之損失，但是在實際上她這一着是無絲毫的成效。本年正月裏日本的出口額較之一九三一年同月要減少三分之一，而其入超在正月已達四五，〇〇〇，〇〇〇日元，與上年同月比較，那是增加多多了。

日本貿易的低落，已如上所述，是愈趨愈下，同時她在外國投資的收入——尤其是在中國——是較之一九三一年有累減之勢。關於這種嚴重的情形，我們可以舉兩個實際的例子，來作一個結論。在本年二月裏，日本輪業海員聯合會（Jnappaese ShipowrersSseamen sassociation）曾經奏呈日政府，請求津貼，並且聲稱日本海運事業因中國之抵制日貨而受到在貨運收入方面的損失，差不多達到一〇〇，〇〇〇，〇〇〇日元。其在太平洋，大西洋，印度洋各方面之營業噸數，因貿易蠻個的低落，差不多減少了一，五〇〇，〇〇〇噸。還有一例子，是關於生絲出口方面的。日本生絲的出口，要佔總出口額三分之一。在一九三〇年這項出口的收入，約為二〇六，〇〇〇，〇〇〇金元。可是到了一九三一年，出口額雖說是增加了許多，然而所收入的却只有一七四，〇〇〇，〇〇〇金元。在一九三〇年二月間，生絲的價格每磅值金元一元六角；一九三一年同月價格每磅為二元八角；及至一九三二年二月廿七日生絲的價格每磅竟跌至一元五角。

自本年開始以來，日元價值的日趨跌落，固然可以說是受了日本財政前途暗淡之影響，實則這並不是一個重大的原因，最大的原因還是因為她的貿易的入超太大，至使國際債務激增，外匯陡漲，這才是日圓跌落的眞因。

日本新閣所施行的膨漲政策，對於日圓及公債的價格均有很大的影響。據去年九月三十日日本政府所發的報告書所云，她所有的定期償還的債務，共計是五，九四九，四三〇，〇八二日元，其中外債達一，四七七，三三四，七三二日元，內債為四，四七二，〇九五，三五〇日元。該報告書發表以後，日圓價值又一落千丈，於是外債以日圓折算，遂陡然增加了百分之五十九。按數目字計算這是增加了八七一，六二七，四九三日元。所以日本的債務，總結起來，實達六，八二一，〇五七，五七四日元，同時日本當然也可有許多債權稍以抵消這項重債，而且按人口平均計算，這在世界上並不能算是稀有重債，不過以日本這樣瘠薄的富源和稀微的歲入而論，這筆債務實足致她於死命了！

歸結起來，日本今日之經濟組織與財政制度，是否即將宣告破產，還要看她政府的處置是怎樣而定。眼前最大的危機還是她與中國潛伏醞釀的戰機，因為日本是專賴對外貿易與企業為其歲入之大宗，故這次遍及全世界的商業不景氣，影響於日本的命運尤其利害。而她最近與中國的紛爭，實在已經使她陷入不可收拾的田地。所以日本如果眞想擺脫她目前所遇的危機的話，她至少要一變她以前橫無顧忌的政策，而遇事要慎重出之為是！

（完）

譯者按本篇係譯自 Capital and Trade Vol. XIII No. 10 原文題目為 Japan's Problems in regard to banking, debts, andtrade decrease.著者 Anderson 君揭破日本外強中乾的局面

，淋漓盡致，可見日本今日正在趾氣高揚窮兵黷武的時候，也許就是她全部崩潰，日暮途窮的日子！不談別的，只要把高橋藏相最近發表的兩次談話拿來玩味玩味，我就敢斷定Anderson君言之不謬了！玆附錄高橋談話如下：▲本月十六日東京通訊：藏相高橋答記者問云：『日本自有史以來，實未經過如此困難之時代，不論財政問題，救濟農民問題，或滿洲問題，分別觀之，均能單獨構成一最嚴重之問題，說者謂日本現在正投入一生死有關之大戰中，實非虛語，然而此種最嚴重情形，日本人民似並未了然，在英國或美國政府可以增稅，減政或試行裁兵，此種辦法有英美等國可以實行者何也，因其人民能與政府合作故也，日本則何如乎，吾人之鄰居中國人與俄國人逼迫吾人用兵（按何不直言蓄心侵略別人！）吾人不得不維持軍備，以致軍備方面毫無節省之餘地，據現在情形觀之，發行愛國公債，實有必要，但吾人爲預防一旦對外有事起見，殊不欲再將現在所有之財源，用去一部，況現在所有之財源，固不十分充足也。至於增加租稅，不過彌補預算之虧空而已，殊覺無益，且即使有意增加，在勢亦不可能，以日本國家情形而論，不能有任何樂觀，國外發行之債券，其期限愈長者，其價值愈低，不見外國對日本未來，殊抱悲觀也。日圓繼續跌落，其原因由於吾國眞正經濟力之減少，余無術使之不再跌落，凡欲以不自然之方法，救濟幣價者，結果終屬徒勞，且反予投資者以新資料，以故目下危聽其自然以外，別無他法，與言及此，實爲痛心。然亦無可奈何也。予對於日本前途，極爲杞憂，所希者惟物極必反，疲敝之餘，或能自有轉機也』又▲十六日東京電：高橋藏相今日在地方長官會議席上發言云：『日本之財政已臨危機，今年度發行之公債，超過六萬一千五百萬圓，其中一萬六千萬圓爲歲出不敷之補足金，此爲日本財政史上未有之事，臨時國之新預算，亦以公債爲財源施於此種救濟事業……』

二十世紀美國經濟思想之派別（一補）

（續五十五期）　宋孝璠

一、克拉克學派 clark's School

克拉克 John Bates clark 是奠定美國經濟思想基礎的第一人，美國大經濟學家受他的影響的很多。他的經濟思想是混合傑文思 Jevons 的界限效用說與馬夏爾 Marrhatl 的新古典學派的學說而成的。他有傑文思的創作力，能夠在歐洲各學派之外，自經濟學說中發見基本原理。同時他也同馬夏爾一樣，很重視古典學派的理論與方法，他以此種方法將他的各種理論組織成了一個完滿的學說系統。所以二十世紀經濟思想一書的著者說他是一個古典派的景慕者，在某種程度內，他是在舊瓶中注入了新酒。克氏的哲學雖有些古典派的意味，但大部分與奧大利學派相同，傾向於唯樂主義及實利主義 Hedonism and Utilitarianism；因此常爲人指摘。他也同其他的美國人一樣，思想染有樂觀的色彩；如同他說，如果各種生產要素的所得，是由牠們的界限生產力所產生，這便是正當的所得，在最後是不爲社會的強力所減削的。他的思想都結晶於財富之分配 Distribution of wealth, 1899 一書中；在這書中他很注重分配問題，對於動態經濟與靜態經濟有很詳細的分別。他的態度是客觀態度與主觀的態度之有意的聯合。

在此派中要附述三位經濟學家。

賽利曼 Edwin R. A. Seligman 是現代財政學上的權威。他的思想有一部分是受了克拉克的影響，對於界限效用說有很好的解釋。但他與克氏不同，不喜用「經濟人」或「魯濱孫式」這個概念來作解釋經濟現象的基礎而傾向於實際的研究，在他所著的書中，有很多經濟事實的記載。他是德國留學生，受歷史學派，尤其是白暄 Karl Bucher 的影響不少；因此他很注重經濟問題之社會方面。他同克拉克一樣，是一個樂觀主義者。在解決社會問題時，他也秉承了美國人所特有的個人主義的，平等的，及民主的態度；當然，他是不贊成社會主義的。

更正

一、第五十五期上之二十紀美國經濟思想(四)，(四)改爲(二)。

二、第五十七期二九七頁。「五，卡浮及大戰後之理論派」應置於卡浮 Nixon Canvar 之前而一行。

三、第五十七期二九八頁自「決定此反應「至頁末「這種崇尚事實之敍述」應置於三〇〇頁頁首「任務」二字之後。

四、第五十七期二九八頁頁末「在大戰後……」以後上接二九七頁頁末「卡浮 Nixon Canvar」之後。

上海交通大學經濟學會發行
經濟週刊
黎照寰題
零售每份大洋一分　第五十九期　每逢星期三出版
中華民國二十一年八月三日

論著

銀行錢莊利息之研究〔三〕

黃寶桐

銀行之儲蓄計算：——銀行之有儲蓄，目的爲獎勵另星存戶養成儉德而設，故其所定之存儲辦法，以愈簡便爲愈佳，故凡另星之款，概自一元起，即可存儲生息，儲款亦分活期儲蓄與定期儲蓄二大類，定期中爲整存整付，整存零付及零存整付是也，本篇均一一分章詳述，其計算各法列下，以供讀者參考。

活期儲蓄之計算：——按活期儲款，猶銀行之特別往來存欵也，惟所異者，以其存儲數量之較少耳，大都自一元起即可存儲也，至其計算方法，與本篇前章活期存放之計算同，故本章不再排列公式，讀者可參閱前章。

(例)吳君與銀行訂活期儲蓄存款，以便隨時支取，利息按長年五厘計，今特另附活期摺扣一式，以供我人揭結其實際之應用計算，

民國十年	摘要	存入	支出	結餘	日數	積數	利息
一月一日	現銀	五		五	一一	五五	0·00七五三五
一月十二日	現銀	二		七	八	五六	0·00七六七二
一月二十日	現銀	一		八	十二	九六	0·0一三一五二
一月三十一日	現銀		二	六		本月利息合計	0·0二八三
一月三十一日	結轉後期		六				
二月一日	前期結存	六		六			
二月一日	利息併入	0·0二八三		六·0二八三			

(註)按上式中算出之利息等法，悉照前章銀行活期存放計息法可也，茲不贅述，至上式之年利5厘，爲0.00013699，即0.000137亦可，讀者可查A表(即年利化日利表)

整存整付之計算：——凡儲蓄者以整款存入銀行儲蓄而生息，待需用時將其本銀以複利支出，即謂之整存整付，凡計算者，即按其公式A＝C(1＋R)ⁿ代入而計算之可也，但銀行於實際計算時，欲求其敏捷起見，乃利用一表數，以省去其種種相乘之計算手續，按表數之造成，凡整存整付者，即取公式中之(1＋R)ⁿ爲標準，以1爲本銀，以表上之一端爲利率，左邊爲期數，凡在表中縱橫兩端相交之數，即名之曰表數，故表數者，即(1＋R)ⁿ公式之預先求成之一數也，今將其實際之應用計算法，舉例列式如下：

本期要目

銀行錢莊利息之研究(三)　黃寶桐
聽一個工人報告後　陳淼
週聞簡報
書報介紹

印刷者上海法租界愛來格路三十八號華僑印務□

(一)整存整付之計算公式：

設C＝存款，　R＝利率，

n＝期數，　A＝本復利和，

$\therefore A=C(1+R)^n$…………(求本復利和之公式)，

$\because C=\frac{A}{(1+R)^n}$…………

……(求儲存銀數之公式)，

(二)整存整付之表數計算式：

$\because A=C(1+R)^n$ (已詳前)，

$\therefore A=C\times$(表數)，

$\because C=\frac{A}{(1+R)^n}$(已詳前)，

$\therefore C=\frac{A}{(表數)}$，

(例一)吳玉記十年一月十五日以銀500元，存入銀行，定期四年，年利6厘，問屆期可得本複利銀若干，

$500\times1,2668=633.4$元，

(解)按定期存款長年者，以半年爲結算期，今年利6厘，半年卽3厘，今四年爲八期算，在整存整付表中，故查得其表數爲1,26677，或爲1,2668是也，

(例二)吳玉記十年一月曾存款於上海儲畜銀行，年利6厘，迄年四年，今收回本複利洋633.4元，問當時需整存銀若干

$\frac{633.4}{1.2638}=500$元，

(解)本題亦應用其表數計算之，且本題實猶前題之還原計算法也，

零存整付：——凡儲存者，以其零有之收入，乃一一儲蓄之於銀行，待需款時，作一整欵而支取之，故曰零存整付，凡其計算用法，銀行亦用表數而計算之，故其用法與前章整存整付同，惟所異者，卽本章表數之造成以$\frac{(1+R)[(1+R)^n-1]}{R}$爲標準，表以1爲每期零存銀數，卽求出其零存整付之表數矣，今將其實際之應用計算法，舉例列式如下，

(一)零存整付之計算公式：

設R＝利率，　n＝期數，

P＝每期零存銀，A＝本復利和

$\therefore A=P\frac{(1+R)[(1+R)^n-1]}{R}$…

………(求本復利和公式)，

$\because P=A\div\frac{(1+R)[(1+R)^n-1]}{R}$

…………(求每期零存銀公式)，

(二)零存整付之表數計算式卽爲：

$A=P\times$(表數)，　$P=\frac{A}{(表數)}$，

例一)每期倘儲入銀行90,05元，年利6厘，半年1期，問3年後，可得本利若干，

$90.05\times6.663=600$元，

(解)按本期爲零存整取，故上例之6.663，卽在零存整取表內求出之一表數，

(例二)吳君欲於3年後，儲得600元，今按年利6厘計，以半年1期，問每期需零存銀若干

$\frac{600}{6.663}=90.05$元，

(註)以上各種儲蓄計算表，於各商業數學書上均有，故本文從略。

整存零付：——凡儲蓄者，以整款存入銀行，待其需用時，乃分次而支取之，故曰整存零付，至其表數之造成，均同前章，惟本章所異者，以1爲整存零付銀數，以$\frac{R(1+R)^n}{(1+R)^n-1}$爲標準，卽求得其表數矣，今將其實際之應用計算法，舉例列式如下，

(一)整存零付之計算公式：

設　S＝整存銀數，　P＝每期另支銀數，

$\therefore$　R＝利率，　n＝期數，

$\because P=S\frac{R(1+R)^n}{(1+R)^n-1}$…………(求每期另支銀公式，)

$\therefore S=P\div\frac{R(1+E)^n}{(1+R)^n-1}$…………(求整存銀數公式)，

(二)整存零付之表數計算卽爲：

$P=S\times$(表數)，　$S=\frac{P}{(表數)}$，

(例一)存銀1500元於上海儲畜銀行，訂5年內，按每年支取2期，每半年爲1期，年利6厘，問每期可支銀干干，

$1500\times0,11432=171,48$元，

(解)按上例之0,11432，卽整存算付表中之一表數，

(例二)今欲於5年內，每半年支銀171,48元，每年2期，利息以6厘計，問需先整存銀若干，

$\frac{171,48}{0,11432}=1500$元，

(解)本例猶上例之一還原法，

(註) 按以上各種儲蓄計算，本篇均採用表數而計算之，所以求其簡捷也，

錢莊利息之計算：——按錢莊為我國固有之金融貨存媒介機關，故其實際之組織及其實際之計算，大都均為舊式，非若銀行之有理可喻也，今將其計算法之大概，分章略述之於下，

銀拆之研究：——銀拆者，即錢業中，按日所開之折息也，法以1000兩為單位，而以幾錢或幾分為每日應出之日息也，例如甲莊拆與乙莊1000兩，是日之銀拆為2錢5分，即乙莊是日應與甲莊息銀2錢5分是也，今錢莊之活期存放款，亦以每日之銀拆計息，今將銀拆高低之關係，圖示如下：——

定銀拆高低之圖解：——下圖即為定銀拆高低之標準法，

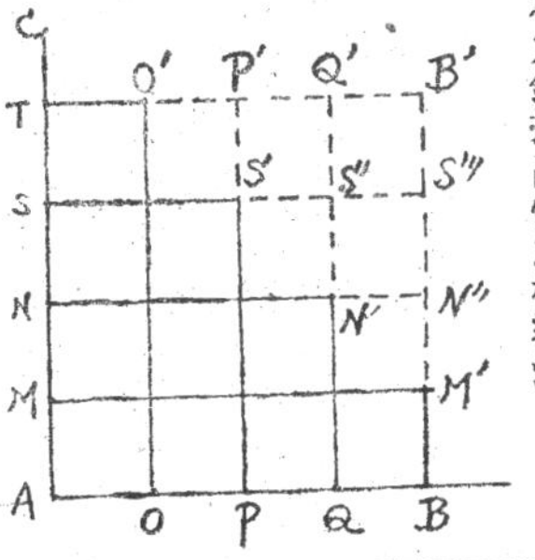

設AC為求 (Demand) 之總大數量標準，取AM,AN,AS,AT為逐漸增減數量之標準，AB為供 (SuPPLY) 之總大數量標準，取AO,AP,AQ,為其逐漸增減數量之標準，

定BM'為求之 AM 時及供之AB時之定銀拆價格之高低標準，QN'為求之AN時及供之AQ時之定銀拆價格之高低標準，PS'為求之AS時及供之AP時之定銀拆價格之高低標準，OO'為求之AT時及供之AO時之定銀拆價格之高低標準，

(解一)按上圖觀之，知定銀拆價格之高低，不外乎下列之三種定理：

(一)供過於求者、如上圖，雖供有AB之數量，而求則僅有AM，故定其銀拆價格之高低，以BM'為標準，我人常見報載(如上海新聞報之經濟新聞等均是，)銀拆之價格所以日跌，即因存底充斥，去胃呆滯，此即供過於求之故耳，

(二)求過於供者，如上圖，設求為AT，而供則為AO之極小數量時，定銀拆價格之高低，宜取OO'為標準，我人常見報載，商業勃興，去胃廣大，但因存底有限，斯時銀拆價格必自上漲而升高也，此乃求過於供之故耳，

(三)供與求適中者，(即供之數量多少，適合於求之數量多少時，)如上圖，雖求為AT，而供為AB時，而定其銀拆數量之高低，須取BB'(因OO'與BB'在同一綫上，故其銀拆價格數量相等也，)為標準，倘求為AS時，而供為AQ時，(仍相等)，則定其銀拆價格之標準，取QS''是也，餘依次類推，茲不贅述，故我人常見報載存底雖厚(即供多時，)故銀拆之價格，仍不相跌落，

(解二)由上解觀之知銀拆價格之高低，足以表示其本埠金融界存底之厚薄，或商業上之活潑與呆滯等一大標準也，

錢莊之長期存放：——按錢莊之所謂長期，其間相隔之時期實亦不長，惟僅六個月耳，詳下表，至其存放種類亦多，曰存款長期，曰信用放款長期，曰抵押長期，等種種之名稱，而於其計算上之方法則一，故本篇下章僅列其為長期存款之計算及長期放款之計算二大類，以供我人計算其他各種長期存放之標準，今將銀行錢莊間之長期存放異點，列表如下：——

長期存放之於
- 銀行——其交易，無需一定時期之規定，存期亦長，有一年，二年，三年，四年等，
- 錢莊——存放以三九兩月為其標準期，俗云三九兩底，自三至九，其間相隔僅六月，故此存放以六對月為標準，

錢莊存放時月之名稱
- 一對月(即一個月)，
- 二對月(即二個月)，
- 三對月(即三個月)，
- 四對月(即四個月)，
- 五對月(即五個月)，
- 六對月(即六個月，即長期存放之標準期)，

錢莊之三九兩底
- 新月——為開始其存放之長期交易期，
- 舊月
  - 有屬於存者付之
  - 有屬於欠者收之
  - ——為結束其存放之長期交易期，

（解）凡舊戶在此結束期內，在已屆之長期，經該莊信任其同意，亦許其展期，但其事實上，仍須另訂規約，作一結束，故三九兩月之收解，莫不較繁於其他時月，

長期存款之計算：——凡存戶以長期存入錢莊，其利息一方，較往來存息應厚，故錢業中三九兩底，凡所開之存息內盤，約有五六兩之數，是故長期存或放，終以內盤為標準，讀者可參閱各報之經濟新聞項內，今將其實際之計算，列式舉例如下，

（解）設

$\frac{R}{1000}$＝錢業中三九底所議出之長期每月每千之利率（卽內盤），

P＝長期存款，　　T＝長期期數（卽6對月），

I＝所求之利息，

$\therefore I = P \times \frac{R}{1000} \times T$…………………（求長期存息公式），

（例）十年三月存入永大莊5000兩，訂九底時收回之，按內盤存息6兩計，問可得存息若干，

$5000 \times \frac{6}{1000} \times 6 = 180$兩，

長期放款之計算：——凡向錢莊之借款者，其應出之欠息，亦以錢業會中議出之內盤為標準，今將其計算法，特列式舉例如下，

（解）設

$\frac{R'}{1000}$＝錢業中三九兩底所議出之內盤欠息率，

P'＝放款銀數，　　D＝長期期數（卽6對月）

I'＝，所求之欠息（卽應付之放款利息），

$\therefore I' = P' \times \frac{R'}{1000} \times D$…………………（求長期放款利息公式），

（例）放款40000兩，息價按盤以10兩計，問1期內（卽6個月內）有利息若干，

$40000 \times \frac{10}{1000} \times 6 = 2400$兩，

往來項之存款計算：——按往來項之存款，其欠息之多少，以一月內每日所開之銀拆總合之而定之焉，此外尚須一九五扣，今將其計算法，列式舉例如下，

（解）設

P＝往來項存款，　　T＝時期，

$M = \frac{P}{1000} \times T$…………………（求毛利公式），

I＝所求之存息，　　0.95＝往來存款之九五扣，

$\frac{R}{30}$ 或 $\frac{R}{29}$＝公議出之存息中所扯之每日拆息率，

$\therefore I = M \times \frac{R}{30} \times 0.95$…………………（求往來存息公式），

（例）十年1月存入生元莊2000兩，按是月存息為1兩95扣，問一月後可得存息若干，

$\frac{2000}{1000} \times 30 \times \frac{3}{30} \times 0.95 = 5.7$兩，

往來項之放款計算：——按往來項之放款，其欠息之多少亦按其一月內之銀拆而定之，惟所異者，此外尚須與一加碼合計之，乃始成一純正的往來欠息也，今特將其計算要法，另再列式舉例如下，

（解）設

P＝銀款，　　T＝時期（卽日數），

M＝毛利＝$\frac{P}{1000} \times T$

R＝每月開出之超過其坐盤之拆息

S＝坐盤（詳下），　　K＝加碼

N＝所扯之每日應負之欠息＝$\frac{R+K}{30或29}$ 或 $\frac{S+K}{30或29}$，

I'＝所求之欠息，

$\therefore I' = M \times N$…………………（求往來欠息公式），

（註）坐盤者，卽錢莊限制其欠息，以4兩5錢為其最低限度之一法也，由前章觀之，知存息之大小，終以其一月內之銀拆計之已可作一

標準率也，惟欠息不然，倘後銀拆計出之數量小於4.5兩者，而錢莊則以4.5兩爲標準率，按該率卽曰乇盤，加碼亦錢莊厚其欠息之又一法也，約加自3兩至6兩之數，此乃錢莊與銀行計算上之一特殊點，

（例）十年四月天生緞局向永康莊往來，初八日借銀5000兩，十五日還2000兩，十八日又還3000兩，二十日又借2000兩，二十四日還800兩，二十六日還1200兩，問需付欠息若干，

（解1）按上例是月假定R爲5兩，K爲4兩，並爲大月故以30日計，今代入上式，故N卽爲 $\frac{5+4}{30}=\frac{9}{30}$，

（解2）按上例本題內，有收項，有付項，而其求出之毛利，亦有一爲收項，一爲付項，應將其該收項毛利減去其付項毛利，卽得其本題所需之M結果矣，今特另列一表式於下，以供讀者之參考，

起日			$\frac{P}{1000}$	T	付或收	M
年	月	日				
10	4	8	5000	23	收	115
		15	2000	16	付	32
		18	3000	13	付	39
		20	2000	11	收	22
		24	800	7	付	5.6
		26	1200	5	付	6

$$\begin{array}{r}115\\+\ 22\\\hline 317\end{array}\text{(收項之毛利)，}\qquad\begin{array}{r}32\\39\\5.6\\+\ 6\\\hline 82.6\end{array}\text{(付項之毛利)，}$$

參照上列之註(2)，需將收項毛利減去其付項毛利，始成M，

∴ $137-82.6=54.4(M)$，

∴ $N=\frac{9}{30}$（已詳上列註(1)內，

∴ $I=M\times N=54.4\times\frac{9}{30}=16.32$兩，

錢莊之與洋厘計算：——按洋厘用途大都爲錢莊計算其（一）存放時之銀元，化爲記帳上之銀兩，（二）或在記帳上之銀兩，化爲實際上之銀元時用之，按洋厘亦有漲落高低，大都以市面豐寬時，或現貨（卽銀幣）充斥時，洋厘價格必低，凡市面緊張時，或現貨希少時，厘價必高，逐日均由錢業公議揭示，凡各種日報均有刊載，茲將洋厘之於銀兩及銀元間之二種計算法，舉例列式如下，

設 x＝銀兩銀元間之相互標準率（卽洋厘市價），

T＝銀兩數，　S＝銀元數，

（1）銀元化合銀兩時之公式：

卽　$T=Sx$……………（第1式），

（例1）今日洋厘7錢1分8厘375，吳君將洋8000元存入生泰莊，問該莊應入存戶名，收合銀若干兩，

（代入上式）　$T=SX$.

$8000\times0.718375=5747$兩，

（2）銀兩化成銀元時之公式：

∴ $T=SX$.

∴ $S=\frac{T}{X}$…………………（第2式），

（例2）向永生莊用銀28785兩，洋厘爲7錢1分9厘6毫2忽5，問可得實洋若干元，

（代入上式）　$S=\frac{T}{X}$

$\frac{28785}{0.719625}=40000$元，

——完——

聽一個工人報告後

（陳蓀）

自一二八滬變發生後，上海工廠幾全停歇，工人流離失所，乞食無門，悲慘之狀，難以言喻，然皆爲愛國熱忱所趨驅駛，幸無擾亂治安事件之發生。霹靂一聲，停戰協定，忽已簽字，上海勞工問題，亦由此漸趨嚴重，日益惡化矣！例似：商務，三友，兵工廠等工友解雇，遲延未決，郵工，電工，絲工等等相繼罷工，國藥業，捲烟業等之風潮疊起，風雲日緊，治安可慮。上海青年會等團體，有見于茲，特有勞働研究會之組織，以祈引起青年對于勞働問題之興趣，並于前星期日，開討論會于北四川路，敝人幸亦列席其間，會場上除請專家指導外，另聘到女工數人，報告各工廠生活之確實情形，其中有一日本喜和紗廠工人，報告較詳，錄之如下：

『去年陰歷年底，因工廠當局，不肯依舊例分發償工，幾次交涉，不得要領，沒法我們只得罷工，後來經過多少次的奮鬥，跳過不少的難關，才得了個小小的成功；那裏知道一波未平一波又起，今年一月廿八日，日人欲進攻閘北，奪我河山，以致炮火連天，殺聲震野，我們做工人的，當然也熱血填胸，救國不後于國人，立即議決全體罷工，以促日人之醒悟，現在停戰協定是簽字了，我們工人是失業了！戰時戰後，我們工人所受的苦痛，那就一言難盡了！

我們的女工，大部分是屬于包飯作的，聰明的包飯作的老板，他們見工人罷工後，就將所有的女工送回家鄉，倘不將她們送回去，工人飯是照例要吃的，而錢却沒有地方去賺了，他們不是要大虧其本嗎？這樣一來，我們工人隊伍裏，就缺了不少的勢力。現在工廠當局要開工了！工人却發生了問題，舊的工人必要資方先應諾若干條件後，才肯復工，而新的工人，一時也不易招集，可惡的日人！可恨的包飯作，他們狠狽爲奸，互相勾結，日本資本家送不少的銀元給包飯作的老板，叫他們快些到鄉村裏去招收女工，銀子是白的，眼睛是黑的，包飯作的老闆見了雪白的銀子，那有不動心呢？這樣一來，原來的工人，完全失業了！因原來工人的工資較高，平均一天約七角而吃新，來的工人，每天只要二三八角錢，的是二頓豆渣，一頓稀飯，住的是格子房，眞是一種地獄的生活，

失業的工人，爲了肚皮問題，也有忍痛自願降低工錢去上工，以免一餓，到這時工人的團結是沒有了！雖然有許多血氣工人和糾察隊，欲到廠門口去，勸阻新舊工人上工，但是工廠門前，站滿了日本的海陸軍，一言不合，就做槍下鬼；非特如此，殘忍的日本廠主，暴惡的資本家，還出錢雇了不少的流氓，手裏拿着利斧木棍，在工廠四周和工房裏巡邏，遇有阻止工人上工的工人，就向頭亂劈亂敲，現在已有一位同志，被打得血流滿面，危在旦夕，現在勞工醫院，諸位不信，可去一望便知。

按之，日人現在靠了軍事的勝利，對手無寸鐵的工人，更壓迫得暗無天日了！』

聽此短短報告後，有幾點值得我等注意，略加申述如下：

(A)『失業問題嚴重』釋迦牟尼曾說「生病老死，爲人類之四苦」現在加了個失業之苦，當工人無工可做時，自己固然無米下炊，家族亦同時受饑，工人雖欲作工，雖能作工，而無工可作，此謂工人之失業。比來世界各國因受產業革命及經濟恐慌之影響，失業問題亦愈演愈惡矣！有不少內閣因救濟失業不當而致下台者，亦時有所聞矣！我國產業無屬落後，自帝國主義挾其經濟勢力侵入我國後，手工業漸爲機器工業所破壞，況連年內戰不已，政局不完，加以天災人禍，重重壓迫，一切問題，無法解決，失業問題本已有加無已，今年上海戰事發生後，全埠工人，幾全失業，影響社會治安，一國財富，犯罪增加……前途豈可設想乎？據上海社會局調查結果如下：

上海社會局發表日軍侵滬後工人失業統計

(一)上海原有工人：二十八萬五千一百七十八人，

(二)日軍侵滬後之失業工人：二十四萬三百九十六人

其實際失業情形如下：

(甲)本國人所經營之工廠(以地域分區調查)

閘北區 五萬四千九百七十二人

南市區 二萬二千三百九十五人

浦東區 五千零三十六人

滬東區 四萬五千五百零九人

滬西區 三萬八千一百零五人

法租界區 一千九百五十七人

共計失業工人十六萬九千零零四八

(乙)日商經營之工廠（以產業分類調查）

棉紡業五萬四千六百零六六人
織造業 四千一百七十五人
機器業 一千二百零三人
化學工業 八百四十六
玻璃業 六百八十一人
製革營 二百六十五人
橡皮業 三百人
釀造業 八十九人
製糖業 九十六人
烟草業 七十人
印刷業 七百七十八人
日用品業 四十人
其他各業 二百三十三人
共計失業工人 六萬三千三百九十二人

(丙)其他外商經營之工廠（以產業分類調查）

紡織業 四千四百人
蛋廠業 八百人
印刷業 一千二百人
製藥業 一百六十人
機械業 四百人
其他各業 二千零四十人
共計失業工人 八千人

(三)工人失業損害估計：工人之工資損失，平均每人每日以一元計算，自一月二十九日起，至三月十日止，共計四十二元，其損失當為一千萬零九萬六千六百三十二元，據上海社會局原表附註，此項調查，僅以產業工人為限，至於職工人之損失數目，尚不在其內。

(B)「工人地位問題」 記得國民政府所聆佈工廠法，自去年八月一日實行後，訓練工廠檢查，聘請外國顧問，登記工廠，調查工廠，鬧極一時，結果等于一紙空文，虛糜數十萬國庫，工人得益全無；據熟內幕者云，工廠治之所以不能實行，完全因外人所設工廠與設在租界內工廠不願接受，他們依賴帝國主義之淫威，不平等條約之保護，無惡不作，無所不為，現政府已訂城下之盟，日本浪人暴徒流氓慘殺工人，政府雖目覩此情，亦只得忍氣吞聲，說一句心有餘而力不足；工人既無力與資方爭一日之短長，政府又無能為力，處此環境，將何以善其後乎？總理十三年五月一日亦曾說過「中國工人和外國工人不同的地方，是：外國工人只受本國資本家的壓迫……中國工人則要受外國資本家壓迫，外國資本家用什麼方法來壓迫中國工人呢？他們用貨物來壓迫中國工人，用國家的力量來壓迫中國工人」「中國國家表面上是獨立國，實在已成了外國的殖民地，外國的經濟壓迫，令中國工人謀生無路，」

照以上情形論之，中國工人除自己起來奮鬥外，應於政府人民站在一條戰線上，而奮鬥的目標，應為帝國主義，帝國主帝之先鋒外國資本家，故中國工人所處之地位，困難達于極點。而中國工人責任非常重大，比較外國工人更為重大，一方面固應要求本國資本家於可能範圍內，改善待遇，提高生活，同時又應與人民政府合作。對付外國資本家，如此，則中國勞工問題，將來可有解決之希望，唐海會在中國勞工問題書亦如此寫着：「國民啊！你們若是有靈的，應共同連合起來，與勞動者攜着手兒，與帝國主義作戰！勞動者啊！你們是受過了帝國主義者教訓的人，應當不忘記過去的仇怨，繼續我們的運動，以達光明之路。」

(c) 包工制度問題（上海人稱之謂包飯作）：包工制度者販賣人口之變相也，或稱之謂租人制度，雖已犯法，有外人保護，政府亦無可奈何？因此包工者(即包飯作老闆)剝削工人，虐待工人，毆打工人，……無所不用其極，有時他有權力置工人于死地，黑暗世界，人間地獄之生活，莫有甚于此者；政府明知有此種慘無人道制度之存在，亦不聽明令取締之，有時雖欲取締，往往自知權力不足而中止；完全取消，現已絕望，只有妥協一法：聊補萬一。今舉本年四月二十七日開灤煤礦工人與包工者訂立協定一例如下，以明真相。此項協定。工人費數年之心血，成能告成。

說明：條文中之「二八」「三七」等詞，係序明如利益無幾時，工人得七成，頭工(包工者)得三成，利益鉅大時，工人得八成頭目得二成，而工人包價若干，

(一)自立合同之日起，凡裏工臨時之包活，統歸頭目及工友等合作，惟需實行三七制及二八制。

(二)凡舊時成立之包活，訂立合同之人未作完竣者，不按三二八制即按三七制。

(三)做包活之工友，亦有代表估計

權限，但所包活之好壞，及有任何損失，由頭目代表工人共同負責。

(四)工人代表包活所得之紅利，每百元抽五元，給代表以為酬勞。

(五)每廠頭目不分大二頭目，凡有頭目名稱者，所得二成之欵，須平分之。

(六)某廠包活應歸某廠包作，縱因人不敷用，亦須由某擇其同樣技能者，臨時添用之。

(七)每包活必由代表負責，如被選舉之人，不願經理時，所有包活中一切利益，此人不得享受。

(八)以上各條，如頭目不遵行，故意刁難時，即取消其頭目名稱。

(九)以上各條如工友中有不遵行者，故意刁難時，則永無其享受之利益。

(十)代表人如有勾結頭目或行賄情形時，一經查明，按第七條辦理。

(十一)此合呈請省黨部及農礦廳立案。

(十二)此合同自簽訂之日起實行。

書報介紹

德國鐵道調查記 蕭仁源著

德國是近世一個以組織健全著稱的國家，就鐵道事業而論，也以她的制度為最良，效率為最高。更值得我們注意的，就是德國的鐵道有好多地方和我國的鐵道相似。第一點，德國的鐵道是國營的；第二點，德國鐵道政策不是如美國的商業政策而是以軍事，政治，及文化為目標的，而我國的鐵道政策也要計及這一方面的；第三點，中國的鐵道每年担負了很多的外債，而德國的鐵道，每年要負擔十萬萬馬克以上的賠款，比我國的鐵道的債額，更高數倍。但是他們在這重重壓迫之下，依然能排除萬難，有進無已，蕭君在此書自叙裏說，這是因為他們「有組織，能實行，有毅力，能負責！」

蕭君的書，給我們一個極詳盡的，有統系的叙述，全書三四一頁，分沿革，組織，管理，設備，運輸，財政，非國有交通及柏林交通，世界交通，等八編，附圖四十七，尤其是組織，管理兩編，足為我們的師法。

我們讀慣了美國書，只知美國的情形，而於與我們情形相似的德國鐵道，反不明瞭；這本書却給與了我們以一個透切的剖視。

週聞簡報

(一)

我國以財政困難，曾由外部照會英美意三國，商請將各該國庚款，自本年三月起，至明年二月止，停付一年，三國近均照覆表示同意。但英美庚款之用於我國文化事業者，不受影響。意款則用以向該國購買材料。

(二)

財部為補救賤政，將奢侈品稅率，提高至百分之七十至百分之八十以上，一日起各海關一律實行。預計實行後稅收可較前增至百分之十以上。

(三)

據財政界確訊。廢兩改元事，政府已決計辦理，大約先將條例辦法，於最近期內公布。至實行當在一二月以後。

(四)

上海錢業公會為廢兩改元之準備，與謀本多業務之增進起見。故特聯合元字同行及各匯劃莊。能足基本三千萬，組織錢業準備二年。

(五)

鐵道部為完成粵漢鐵路實行以工代賑。特咨覆湖南省政府　代為調查災民數目。

(六)

鐵道部因北站被燬，決定遷移，京滬滬杭甬兩路總車站，業已勘定市途路以內翔殷路北。及沿中山北路西面積六　英尺一帶地段為客運總站。地點中山路以西。眞北路以東。沿現有鐵路一帶南北各三千英尺地段。為聯運站地點。所有上述兩站地點範圍以內一帶地段。已由鐵道部呈請行政院電令市府公告自八月一日起。三星期內停止買賣移轉。以便收用。鐵部並派夏參事光宇。陳司長耀祖來滬調查上海地價。並至土地局調查最近各區土地交易情形。已由顧部長電請吳市長飭土地局協助云。

上海交通大學經濟學會編
黎照寰題
經濟週刊
中華民國二十一年八月十日
零售每份大洋一分　第六十期　每逢星期三出版

論著

廢兩改元問題之蠡測

孟杲

最近財政部因鑒於歷來幣制之紛亂，並此番洋厘之慘跌，重圖廢兩改元之計。于是時賢之鴻論偉著，滿佈于報章雜誌；近且由商榷討論進而至于短兵相接，何其盛也！綜覽各方意見，雖多已認廢兩改元爲整理幣制必要之圖，無所用其懷疑；即懷疑者，亦自謂贊成其原則。顧實際上仍觀望不前，逡巡却顧，以爲廢兩以後，流弊滋多，深恐擾亂金融，引起社會之不安。是皆于廢兩改元之原意尚有未曾澈底瞭解者；若既澈底瞭解，則信仰之心自生，何至于遲疑不決？雖或于實施方法，有所顧慮，但不應取觀望之態度也。至若不顧社會全體之福利，而惟沾沾於私圖，則非吾所敢知矣。今所欲論者一爲廢兩改元之必然性，用意在袪除對於本問題之懷疑；二爲幾點實施問題之商榷，謬誤之處，願閱者有所指正之。

吾國幣制紊亂之癥結，蓋在本位之不定，此衆所公認者也。故欲言整理幣制，首在確立本位。世界貨幣本位，歸納言之，當[illegible]三[illegible]：一曰金本位，二曰銀本位，三曰紙本位。經多數學者研究之結果，金本位與紙本位皆非所宜於今日之中國。中國今日所宜採行者，其惟銀本位乎？顧所謂銀本位者將以銀兩爲本位乎？抑以銀元爲本位乎？是即所以決定廢兩改元之大前提也，時人常有以廢兩改元之優點爲立論之根據者，如曰廢兩改元以後則（一），金融業可無須二重之準備；（二），財政上種種弊端，其出於兩元之換算者可以免除；（三）人民可免以兩換元，以元換兩時之損失；（四）國際匯兌可無以元換兩再以兩計算外匯之麻煩與風險；（五）以兩元之換算爲投機者將無所施其技倆；殊不知廢元改兩，亦可得同樣之結果，固不僅廢兩改元爲然也。凡此所舉引爲打倒兩元並行之根據則可，引爲廢兩改元之根據則不可也。夫整理幣制既在確立本位，則銀兩與銀元，必將有以去其一，擇其一，何者宜去，何者宜擇，是所當論。

（1）銀兩本位　近人頗有主張[illegible]銀兩本位制者，如最近[illegible][illegible]士評論報兪寧澄氏所發表一文，主廢元改兩，仿英之金塊本位而爲銀塊本位。憶前清張之洞曾亦主張鑄造銀幣，以銀兩爲單位。現且不問銀兩本位之理論如何，茲就目前國情而論。銀兩本位之不能引於今日之中國，蓋有數端：（甲）銀兩之在今日，已非多數人民所習用。內地交易，固無論矣，即在上海零星交易，工資薪俸，亦無不以元計算，今若一旦改用銀兩，非徒淆惑觀聽，抑且擾亂金融；（乙）據英人耿愛德之估計，今日我國所存銀兩及銀元數之比例，前者約爲百分之八，後者占百分之九十二，估計全國銀元流通數約百二十萬萬元。（見銀行週報廢兩改元問題專號（二））今若廢元改兩，則將置此鉅量之銀元於何

本期要目

廢兩改元問題之蠡測　孟杲
車輛問題　知我
專載
廢兩不可專從國庫利益着想　諸青來

印刷者　上海法租界愛來格路三十八號　華僑印務局

地？若照俞君之意另定兩元比價，仍任銀元流通，則兩元之並行，依然無恙，改革之議，豈非多事？(丙) 若廢元改兩，另鑄一兩新幣，則原有之銀幣，仍屬無法改鑄，抑且需費浩繁，將為財政所不許，且兩而屬幣，是仍元也，特其含量與今之元不同耳。(丁)就幣制之進化而言，只有從計重制進而為計數制，以計重煩瑣，計數便利故也，今若廢元改兩，豈非自開倒車？準此以觀，銀兩本位之不可行明矣。

(2)銀元本位　銀兩本位，既不可行，則為今日中國之本位者自非銀元莫屬。或有以銀元價值高低不定，成色不一為病者。殊不知此乃為一時之變態，不足為銀元本位之病也。為此論者其猶未覩整個的銀元本位之計劃乎？夫廢兩改元，不過為確立銀元本位之破壞工作，若謂廢兩以後，銀元本位即算確立，豈非笑話？

至此乃可得一結論：

(1)整理吾國幣制為萬不容緩之事。

(2)吾國幣制紊亂之癥結，在於本位之不定。

(3)兩元並行為確立本[illegible]礙。

(4)在今日之中國只有採用銀元本位。

(6)欲確立銀元本位，必先從廢兩着手。

可知廢兩改元，乃理勢之所必然，決不容吾人徘徊瞻顧而有所遲疑也。廢兩改元之原則，既若是其不可拔；然于其推行之道，亦往往有費考慮之處，茲復就管見所及，略述一二如左：

(1)新幣重量及成色問題　查民三國幣條例規定一圓銀幣總重七錢二分成色銀九銅一，其後財政部改為銀八九銅十一，但現在所流通之銀元，實未盡與此規定相符。據秦潤卿氏談：「我國現有之銀元，其含銀兩之不同，自七錢二分至六錢一分，計有七種之多」。目前以洋厘慘跌，凡成色較高之銀元，因惡幣驅逐良幣之故，當已銷燬殆盡，所餘存者均為成色次等之銀元耳；若新幣之重量成色，仍按照以前國幣條例之規定，已為事實所不許；因庫平六錢四分八厘之純銀(合規元七錢一分零二毫)與現所流通銀幣之實值(以劣幣充斥之故，平均每元實值，當在規元七錢以下，)相差已遠，將來收回改鑄，賠累不免太鉅，恐非今日中國之財政所許。鄙意以為新幣之重量成色宜以現在流通銀幣之實值(見下文第四節(B))為標準，其理由有三(1)可免改鑄之損失(如新幣實值高于舊幣)(2)可免舊幣熔燬過速，新幣不及接替，因而引起洋慌之弊，(如新幣之實值低于舊幣)(3)目前銀元市價與實值相差極微，若新幣之實值高于舊幣，則以元價低落之故，有隨鑄隨燬之虞。

(2)鑄費問題　新幣之重量成色既須重行規定，則鑄費當然亦有重定之必要。查民三條例其規定鑄費六厘之理由有三：(1)以市面通行之各種銀元，其市價實在所含純銀之上，加徵六厘鑄費，蓋所以使新幣市價與舊幣相平衡(2)補償鑄費之賠累(3)徵收銀幣鑄費，宜較金幣稍高，以金之價值數十倍于銀，故金幣之鑄費可少而銀幣之鑄費則不得不多；且銀幣而收鑄費太薄，則人民貪其成色之純，喜銷化以作他用，隨鑄隨燬，無從稽禁。以上三種理由，除第一種外，其餘二種，仍可為今日規定鑄費之參考。蓋目前市面通行之各種銀元，其市價與所含純銀殆已相衡，新幣之重量成色既不能抵于舊幣之市價，若再加上鑄費則新幣之法價未免離舊幣市價稍遠，將來新舊二幣同在市面流通，能否維持二幣之平衡，實值得注意者也。

(3)處理舊幣問題　將來廢兩以後自由鑄造實行，則百二十萬萬元之舊幣，自須逐漸收回，改鑄新幣，其在新舊二幣交替時期，自不得不暫以舊幣充當國幣，以資流通。其理由民三國幣條例曾有詳細之說明，茲述其意如左，以資參考：

(A)全國需用貨幣，至少須有四萬萬元內外，而造幣廠每日只能出五十萬元左右，計欲鑄成新幣一萬萬元，為期當在二年左右。今若不認舊幣為國幣，則勢必青黃不接，金融界之枯竭立見。

(B)改革幣制，必須藉國家銀行兌換券之力，欲兌換券之通行，必須有相當之準備金，若新幣未出，舊幣已廢，其將以何物為準備？

(C)改革幣制而不利用舊幣，則新幣全額，皆須立求生銀；則為鼓鑄，生銀之自境外流入者必驟增，將來若改用金，益且以銀多為患；而銀價之緣此驟漲，擾亂世界金融，又無論矣。

(D)若新幣之成色重量異於舊幣而又不認舊幣為國幣，則新舊市價不同，因之生出比價；是一元新幣，非惟不能整齊幣制，且以增幣制之紊亂也。

(4)過渡時期兩元比率問題

廢兩實行，則所有債權，以銀兩計算者，必須折成銀元。規定折合之比率，欲絕對使債權與債務雙方各得其平，毫無偏頗，恐非事實上所能辦到。錢業公會且引此為請求予人民以相當猶豫時期之理由；而最近廢兩改元問題研究會亦列為主要問題之一，可見其意義之重大矣。論者無不曰洋厘跌落為廢兩改元之良機，其於兩元之換算，亦一端也。蓋平時銀元價格往往超過於銀元所含之純銀，倘銀兩折合銀元，以平時市價為標準，則持有銀兩者自所不願。今日銀元市價跌落至合銀實值之下，對於兩元換算率之規定，自不至再有若何困難與糾紛。或謂按照目前市價，規定兩元之比率，則持有銀元者，不將受其損失乎？有駁之者曰，銀元之價格本已跌落至此程度，即不以之規定比率，彼持銀元以換銀兩，所得之銀兩，非能多於此也，故持有銀元者，其損失乃受之於洋厘跌落之時，決非以目前市價規定兩元比率者之咎也。雖然以市價作為兩元換之比率，亦非公允之道，其故有二：

(一)市價乃決定於需要與供給，與貨物本身之值，未必相符。

(二)我國中下階級所持有之貨幣概以銀元為多數，若以目前銀元之市價為兩元換算比率，究於若輩生計有關；此雖可歸咎於洋價跌落之故，然從大多數之生計着想，正應於此謀救濟之策也。

吾意以為最公平之法莫如以現所通行銀元之實值，加上鑄費，用為兩元換算之比率。然以銀元種類不一，成色互異，究以何種銀元所含之實值為標準？此實為困難之點。為一時權宜之計，鄙意以為宜採取左列二法，擇一以行。

(A)照民三國幣條例規定銀元之成色為九，後北政府又改為八九，至目前所通行之孫洋，其成色至多不過八八。採一折中主義，以八九成色為標準，計算一元銀幣所含之實值加上六厘鑄費，即作為兩元核算率。

(B)調查各地所存洋底，作一統計，以其平均成色加上六厘鑄費作為兩元之換算率。

以上二法，當以第一法較為切實可行；且為顧全中下階級生計起見，亦當以第一法為宜。蓋以惡幣驅逐良幣之故，目下所存洋底之成色，平均起來，恐不及八九之數也。質之時賢，以為何如。

車輛問題

知我

(一)中國國有鐵路之業務性質與車輛問題之重要

我國鐵路之業務大宗，厥惟貨運是賴，蓋我國鐵路猶如美國，各路進款咸以貨運為盈益！若曰貨運之鐵路，亦無不可也、茲抄錄王庸經濟地理學所製一九二七年中國國有鐵路乘客與貨運之比例表，即可覘其性質，

	哩數	乘客	貨運	其他
平漢路	822	28.13%	69.27%	2.60%
北甯	617	41.81	53.27	5.55
津浦	691	43.66	46.48	9.86
京滬	204	59.19	31.81	9.00
滬杭甬	180	67.74	28.27	3.99
平綏	461	25.22	68.43	6.35
正太	152	16.80	73.12	10.08
道清	95	17.65	77.20	5.15
汴洛	116	44.72	46.69	8.59
吉長	77	29.56	60.19	10.25
株萍	56	17.82	79.00	3.18
廣九	90	84.64	12.38	2.98
漳廈	18	20.79	4.07	75.14
湘鄂	264	38.52	40.30	21.18
四鄭	87	31.88	58.78	9.41
各路總計		37.83	49.95	12.22

親上表所列除京滬滬杭甬廣九潼虔四路外，乘客之收入，莫不少於貨運，是以欲研究中國鐵路業務問題者，先宜注意於貨運之發達也，

貨運之與旺與否，視各路貨車之多寡，及其調遣之方法爲定。蓋貨車多，裝運力即由之增加。調遣得法，不經濟轉運，即藉以避免。者是，非特足以增加路運，提高贏餘，即國內農工商業，亦因之得以充分發展，是以研究『車輛問題』尚焉！而其研究乃不可絲毫離開於貨車之問題也。嘗憶民國十四年間，國民革命軍，底定東南，直搗燕京，凱旋而還之時，方奉軍之向關外而退也，同時擄去各路車輛，有數千部之多。加有戰時期間之損壞者，爲數實屬不計。因之關內各路車輛益形缺乏。即就平漢路一路而言，沿途各站商貨山積，日久腐爛，工廠出品減少，存貨虧折，損失之巨，何堪設想。此外如北甯路當時除唐山機廠內，尚有機頭數輛外，至於車輛則一無存者，因致北平金城燃煤食糧無法接濟，煤荒饑荒，接踵而起，百價澎漲，民生艱苦，工廠停爐，勞工失業，金融市塲之而起恐慌，鐵路收入從此一蹶不振之感。車輛之缺乏關係於一國之經濟民生也若如其大也，

(二)車輛缺乏之原因

車輛缺乏之意義，即所供輛數，不應所求者之謂也。若某路有貨待運，客商討索，即可隨時撥發以空車裝載，該路即無車輛缺乏之可言。反之則車輛缺乏，然則車輛果何緣而達於缺乏也。或謂貨運偶然，增加，季汛大宗貨物運輸擁擠，各路所備輛數不敷應用，有以致之。實則非是，蓋鐵路貨車無論將其輛數增加至若何程度，而不將主要緣因設法以防避之，車輛雖多，徒增虛糜。將無補於事也。今將王志剛所述之車輛缺乏之緣因，列表明之於后：

車輛缺乏之原因

- (一)關於軍隊者
  - (甲)扣留
  - (乙)損壞
  - (丙)任意開駛專車
- (二)關於客商者
  - (甲)貨車囤存，貨物逾時不卸
  - (乙)裝車耽誤
  - (丙)所裝貨物不足貨車之容載量
- (三)關於鐵路者
  - (甲)終點站設備之不善
  - (乙)機力缺之
  - (丙)客車備用車輛不準時歸還
  - (丁)分撥車輛不均
  - (戊)調度及登記不佳
  - (己)修理遲慢
  - (庚)行車哩程減少
  - (辛)空車哩程增加
  - (壬)損壞過多
- (四)關於天災人禍者
  - (甲)罷工
  - (乙)大雪大雨
  - (丙)船隻缺乏

(三)補救法

車輛缺乏既有以上之緣因，設法補救，在所必須。惟第一條在乎政治清明，國內統一，第四條則非在科學方法漸漸發明完善以前本非人力所能制止，祗求其相當消滅而已。玆所討論者乃合第二條與第三條併論之，舉其補救法之犖犖大者，分爲(一)增添法(二)改良法(三)限制法而再摘其中之要端而略述之

(甲)增添法

增添法者以原有之不敷應用，加以建造而增進車輛運用之効率也。亦有數點應注意者，以次述之，

(子)宜添置車輛　貨運之收入，佔鐵路收入之最大部分，欲求增加其收入之總數，非認實整頓貨運不爲功。查鐵路所裝之貨物，可分進口出口兩種，兩相比較，尤以出口貨物爲最巨。就以平漢北甯津浦隴海膠濟京滬滬杭甬諸路，其每年所載運如豆子，豆餅，豆油，花生，花生油，棉花，大小麥，高粱，雞蛋，煙葉：芝蔴，與其他各種農產礦產等貨物，或運往別省，爲數頗巨。每逢廢歷三四五八九十等月份爲旺月。旺月時期各路客商因市價起跌之關係。爭運赴市。各處待運之貨擁集，以至各重要起運與轉運地點，貨棧月台旁近空點，轉運公司與私辦貨棧，堆積無空地，車輛往往頓形缺乏。賄買車輛之舞弊因此叢生。各路雖三令五申從嚴查禁，唯根本解決貨運車輛問題，仍非各路添置車輛，不足以收運輸快捷之功，而增加鐵路之收入。尤以京滬路爲急不能緩，以備疏通津浦

路南下之貨物。

茲根據統計，將國有鐵道各路原有機車及貨車數，與各路貨運之缺乏車輛，及貨物之堆積相較，由此可知添加車輛，刻不容緩者也。

各路現有機車，貨車數

路名	機車	貨車
平漢	一九一	二六〇五
北甯	二八七	四〇四五
津浦	一二七	一六四五
京滬	六二	五九九
滬杭甬	三一	四〇八
平綏	九八	七四二
正太	六八	八六三
道清	一一	一九〇
隴海	六六	八七九
湘鄂	四一	五三〇
廣韶	二七	二七〇
廣九	一一	四〇
膠濟	九八	一六四
南潯	一〇	一一二
共計	一一〇六	一五、五七二

各路現有機車，貨車及其用途表（截至二十一年一月十一日止）

路別	車輛別	貨運	路用	煤運	軍用	修理	借各路用	總計
津浦	機車	九	一九	二二	三	四二		一二一
	貨車	七〇〇	一六三		一七〇	六三六		一六六九
京滬	機車	六一			一		四	六六
	貨車	六九四	一〇		一三		八	七二五
滬杭甬	機車	三二						三二
	貨車	三五二	七				六八	四二七
平綏	機車	五〇				一	三七	八八
	貨車	四七八				三四	一七七	六八九
道清	機車	一一				三		一四
	貨車	一一四				四一		一五五
隴海	機車	五二			五	一一		六八
	貨車	[illegible]噸	四〇〇〇		[illegible]	四〇〇〇		三一〇〇〇噸
膠濟	機車	一二三				六〇		一八三
	貨車	[illegible]		[illegible]噸	三〇〇	[illegible]		[illegible]噸
平漢	機車	六三	一一		四	一〇五		一八三
	貨車	八五三	三九五		二八五	八八〇		二四四三
北甯	機車	一一九						一九一
	貨車	[illegible]						一[illegible]四八

（廿）宜特別添置篷車　查各路裝運貨物，可分為蓬運(Carload t raffic)與零運Loess (THan Carlo adTraffic)。所謂蓬運者，即全個車輛按照噸數繳納費運，任憑貨客載裝貨物是也。所謂零運者，即鐵路接運零件零包或零箱之貨物，按件數重量繳納運費發給提單而貨物不足一車者是也，鐵路對於蓬運之貨物，既全個車輛交與貨客自行裝載，其徵收費，又係按車輛之噸數重量計算，故其對於貨物之多寡，重量之多少，與保管之手續，均不負任何責任，此轉運公司之所由創也。此等車輛如用以裝運豆子，花生，煤，炭，豆餅，豆油，花生，花生油，棉花，大小麥，高粱，茶煙，芝蔴，等等，多屬無蓬車輛，

所有裝卸與沿路押車看護等車務，俱由轉運公司担任，故其關於包運貨物章程甚為詳細。現時各鐵路對於無蓬車裝之貨物，既無包運辦法，不負保管及賠償責任，此銀行所以不能以提單保證，而放款經營押匯者此也。唯鐵路對於零運的貨物，則俱用有蓬車輛裝載，其運費既按件數重量徵收，是以鐵路自然負担保管與賠償之責任。凡接運時即須將貨物檢點裝載車內，關鎖車門，註明貨單，派員看管，俟抵收貨站或地點，乃由押車職員點交站長，妥為存貯，然後通知收貨人憑單提取焉。鐵路不欲擴充包運則已，若欲擴充包運大幫貨物，即須添置有蓬車輛，以便易於保管，其或遇有需用無蓬車輛，亦須多置帆蓬蓋護貨物，每一列車須派路警掛車押護，以防盜竊與杜流弊，

(寅)擴建月臺　各重要起運點與卸運地點，如上海，浦口，南京，漢口，天津，青島，徐州，蚌埠，濟南，開封，鄭州無錫，張家口，等處，與其他各貨繁盛地點，亟應酌量擴大月臺，多設叉道，務期裝卸快捷，以免車輛塞滯，而生種種之窒礙。此外如美國貨運發達，有轉運站廣大，線分為數十行段，或以收貨者之姓名為題段名，或以數目字以分段名，是以貨物到站，甚不擁擠，即刻卸置按序於月台，以備收貨者之提取，而車輛亦免塞滯者，此我國亦可倣此而建造也。

(卯)增進車輛修理機頭及車輛之効率　車輛被損，急應於修理，以敷應用。若車輛之進廠者較出廠者為多，貨運方面，即感缺乏車輛之苦。機車亦然。蓋貨車雖多，而無拖送機車以助之，則貨車雖已裝貨，仍屬無濟於事。我國歷年機頭及車輛被損者為數頗巨，亟宜逐一檢點，又以此次上海北站被劫之情形為甚，分別送廠趕修，俾增機頭及貨車輛數焉。

(乙)改良法

改良法者，就原有之不適，加以改良，而增加車輛運輸之效率也。

(子)調度制之採用　列車調度制，為現在世界鐵路行路最嶄新最美善之制度。其增進運輸功能與經濟所獲成績之卓越，吾人姑舍抽象之理論，而以實質之數字証明之。英倫米蘭鐵路，於一九〇八年，採用列車調度制，據該路統計，一九〇七年列車延誤時數，每週平均為二一八六九小時，迨採用列車調度之後，逐年遞減，至一九一三年，僅七七四九小時，比較一九〇七年，減少百分之六十四。茲將該路各年列車延誤時數，列舉於左，以證行車工作之改善。

	每週平均延誤時數
一九〇七年	二一八六九
一九〇八年	一四五〇一
一九〇九年	一一六八〇
一九一〇年	九五四六
一九一一年	八九五九
一九一二年	七八七八
一九一三年	七七四九

試復將該路同一時期之貨物列車延誤時數與其進款相較，則更有意味，計一九〇七年貨物列車進款，每七鎊八先令延誤一小時，一九一三年，每二十二鎊四先令延誤一小時。又再從運輸工作之經濟言之，該路一九一三年貨運噸數，共計五〇五〇〇三〇〇〇噸，比較一九〇七年，增加三二三七〇〇〇噸，一九一三年貨運進款一三二九七〇〇〇鎊比較一九之七年，增加八三〇七五〇鎊，但噸數與進款雖增，而列車里程，反比一九〇七年減少一六五〇〇〇〇〇英哩，機煤節省九三一六〇噸，視乎此表之成績，列車調度制，對於運輸經濟與效能之增進，已自可驚。

列車調度制中，最重要之工作，為分配車輛，現在我國鐵路，其方法有二，一為集中制，一為分段制。茲略述之，

(一)集中制——行車專用電話制(Train Controller Telephone)　北甯，膠濟，津浦路浦徐段，京滬，及滬杭甬等路，均設行車專用電話，並由貨車調度員(Train Controller)專司其事，每日由各站，電話通知，各站所需車輛貨車調度員根據之，而按數而得以分配適當之車輛於各站而應用也。若一時車輛不足時，則由貨車調度員，斟酌需要之緩急公平分配之。

(二)分段制

除以上節所述之九路外，均無設有行車專用電話，而其一切分配車輛之事務，由車務段長管理之。每日由各站長，寄送索車輛通知書，車務段長(Traffic Inspector)根據之而按數而得以分配適當之車輛於每段中之各站，而應用。若每

段中車輛不足時，由各站長請示於車務處長(Traffic Manager)轉飭各段車務段長，酌斟需要之緩急而公平分配之。

按集中制與分段制，各有優異之點。各路採用何者為有利，當視各路之管理制度，路線長短，運輸繁簡而定，大體言之，集中制，能使全路一切運輸事務，統籌全局。故對於酌劑各段運輸情形，分配車輛，利用機車能力等等，功效易著。英倫各路路線，較諸各國及屬地各路為短 故採用集中制，頗為適當。至於美國路線多數，蔓延甚廣，且多屬大批貨運，故非採用分段制不可。我國各大路路綫，多綫長兩三省，以地形論，當以分段制為宜，但各路運輸，遠不如歐美鐵路之繁重，則組織制度，應以簡單敏捷為經濟且貴，加以人才缺乏，集……能使全路運轉事宜，集中於比……之平，故於可能範圍內，……則為宜。

……責任所獲之重要……公平分……有地域

(二)以一之努力，專注於車輛之支配及輪轉。

(三)保証車輛之供給為流動，以應節季運輸之需要。

(四)集中需用車輛，以應特別運輸之需要。

(五)增加車輛之行駛，結果即增加車輛之效用。

(六)節省空車里車。

(七)節省調車場及車站之調車機力。

(八)需用較少之車輛資金費用。

觀乎上列各節，我國之列車調度制，宜將各路次第增加行、專用電話，以取集中制之長處也。

(丙)限制法

限制法者，免原有之浪費，加以限制，而增加車輛運用之效率也。

(子)客商、卸貨特須求迅速

每一車輛之、運與每一貨車抵站，須限期起卸，訂定罰款，以免延擱車輛[illegible]塞軌道，而礙阻車輛之流通也……國國有鐵道貨物……各商留用車輛，……量一公噸每二十四……四小時，應徵收延……此項延期費為數甚小，而鐵路方面能免去眈誤，流通車輛，則其所獲之利，較之徵收此延期費實有過之者。非但此也，裝卸若能迅速，車輛即無形中增加，路局客商同受其益。換言之。設或每一千客商中有一百人將卸裝時間減少一日，則其他客商豈非多得一百輛之貨車，亦救濟車輛缺乏之道也。

(丑)客路借用車輛須迅速歸還原路 為鼓勵各路聯運起見，而有甲乙兩路車輛互相換用之規定。照目前京滬滬杭甬兩路車輛互用規則，訂定凡甲路之車路之車抵達乙路，其租費為每日每公噸計洋一角。此項規定無非為增加車輛車運力。免除車輛缺乏之辦法之一種。惟為數不多。因之時有乙路將甲路之裝卸貨後，不即歸還原路，如是若甲路並無乙路車輛相抵，車該貨運，將難以應付。按金士宜所編車輛運輸中譯有美國對於各路車輛換用，定有公約三種。(一)車輛便用公約(Car Service Rules)其所載之主要規則，即為客路車輛務需於最短期間交還原路。(二)日記法之租車費公約(Per Diem Rules)內載關於客路應付原路車輛租費計算等規則。(三)換用車輛或修理車輛公約(Code of car interchange or master car Builders Rules)內載關於客路車輛之在本路者，應予以相當保護及修管之責任。以及修理費等條例。上述各公約，其所載內容均極詳晝，而其目的，不外求車輛之得以利便調遣，裝運力之得以逐漸增加耳。我國各路換用車輛，亦當有統一規法，根據現行條例詳加修改，由當局飭各路員司，嚴為遵守，則將來我國鐵路哩程增加，車輛添多，而車輛紊亂情形，當可免焉。

(寅)軍隊不得扣車 此中國之特殊現象，應由鐵道部會同軍政部轉飭各軍不得擅自扣車，一切軍運，須由鐵路代辦，所扣車輛即行發還。

專載

廢兩不可專從國庫利益着想

諸青來

週報……見；易……也。時逾……徒託空言，幣……，即其應取之最……倘未能辦到；小者近者……大者遠者更無論矣。今廢兩……元之聲，又甚囂塵上，此次當局似有厲行決心，不達目的不止。其在社會方面，大抵表示同情，反對者於廢兩原則，亦無異議。惟以先決問題，倘待討論，事前準備，必須完密，不宜草率從事，致貽後患耳。愚在十五六年前，既爲提倡議者之一人，對於此舉，當然贊同。當世專家已紛紛陳說，無庸再湊熱鬧，惟有關係國信之一端，似爲論壇諸君所忽視；不嫌詞費，姑一言之可乎？

前次商界提議廢除銀兩，除因營業上利害關係，表示異議者外，社會人士莫不一致贊同：行政方面，對於此舉，偏主鄭重，不欲貿然嘗試，此無他，政府恐無所得，而反有所失耳。去年財政部，曾以關稅改徵銀元之說，諮詢總稅務司，當即呈覆困難情形，據云：『各地銀元成色不同，雖照標準率徵收，如就……則國庫受損非小……，倘恐受損，不……，更難實現。今……跌落至銀元實減……獻議當局，以爲千載一時，機不可失，正可利用此時，廢除銀兩，頗於國庫有利，又享勇於改制之名譽，一舉兩得，莫善於此。當局於是鼓其勇氣，志在必行，不如前此之逡巡却步矣。夫廢兩之舉，本爲改革幣制之初步，國庫雖有損失，亦應毅然爲之。將來新鑄國幣，關於重量成色，應取嚴格辦法，預防弊端，論者固一致主張，無庸詳加討論。唯折合率如何？訂定新幣重量成色，是否照舊？此二端與國家信用，民衆利害，關係非輕。當局志在改革，自應保全國信，不以牟利爲前提。在野論客，亦須注意民衆利害，不以逢迎爲得計。近據報紙記載，財政部擬定折合率，每元規銀七錢零四釐。此項折合率，吾未知其根據安在；將以目下洋釐爲標準耶？目下洋釐，常在規元七錢以下，今定折合率爲七錢零四釐，已抬高一分左右，似於持有銀元及倚薪工爲生（薪工多用銀元）者，並無損失；不知洋釐在七錢以下，並非固有現象；往年常在七錢二三分間，即以本年論，二月間曾至七錢四分，自四月下旬以後，始落至七錢以內，距今僅三閱月耳，安能以此極短時期之市價爲折合標準。試舉近十年來洋釐之升降如左：

年份	最高價	最低價
十一年	〇、七四六	〇、七一四七五
十二年	〇、七三	〇、七一六
十三年	〇、七三五	〇、七〇七
十四年	〇、七四	〇、七一八
十五年	〇、七四六	〇、七一三
十六年	〇、七三八七五	〇、七三一二五
十七年	〇、七一九一二五	〇、七一七五
十八年	〇、七二八七五	〇、七一四三五七
十九年	〇、七三四八七五	〇、七一二五
二十年	〇、七三〇八七五	〇、七二
二十一年一月	〇、七二二二五	〇、七一四二五
同二月	〇、七四	〇、七三一
同三月	〇、七三五二五	〇、七一〇二五
同四月	〇、七一〇七五	〇、六九九五
同五月	〇、七〇九	〇、六九七
同六月	〇、六九八一二五	〇六、八八一二五

按照右表所列，遠者姑置不論，以最近一年市價平均計之，須在七錢二分之上。即以本年六個月論，其平均市價亦在七錢一分以上。今若折合銀元爲七錢零四釐，未免太不公允矣。且按銀元實值，亦在七錢零四厘之上，從前通行銀元，及現鑄之幣，均依照民三國幣條例，每元含純銀庫平六錢四分零八毫（銀八九銅一一），約合規銀七錢一分餘。以有實值七錢一分餘之幣，而抑抵至七錢零四厘，令持有銀幣及仗薪工爲生者，每元損失七厘餘之多；一般民衆，大抵無銀兩之儲藏，今抬高銀兩，而抑抵銀元，實即剝削民衆利益，不可行者一。折合率若定爲七錢零四厘則將來另鑄新幣，不能依照從前法定成色；聞有人建議，每元含純銀二三，二八四一〇七公分，照原定成色，減低千分之十八，此說雖未必採用，新成色減低，殆將成爲事實；蓋不減低，則不能與折合率相適合也。原定重量成色，已沿行二十年，一旦藉口廢兩，忽予變更，得毋令人懷疑：謂其動機純爲牟利乎。此不可行者二。

要而言之，廢兩改元，不宜貽反對者以口實，有二點：

（一）折合率須參照銀元實值及平均市價，不可抑抵。

（二）新鑄之幣仍須依照原條例，不可減低含銀量。

至將來鑄幣須完全公開，紙幣發行之多寡，隨社會需行爲轉移，不可藉錢幣革命之說，任意增發，時賢已多闡明其理由，可不必更贅一詞矣。